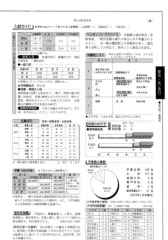

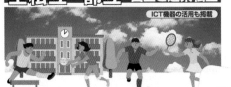

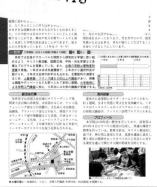

2025年度 受験用

東京都 都立高等学校

⑦年間 スーパー過去問

年　度	収　録　内　容	別　冊
2023・22	英語スピーキングテスト	ー
2024	英語・数学・社会・理科・国語	解説・解答用紙
2023	英語・数学・社会・理科・国語	解説・解答用紙
2022	英語・数学・社会・理科・国語	解説・解答用紙
2021	英語・数学・社会・理科・国語	解説・解答用紙
2020	英語・数学・社会・理科・国語	解説・解答用紙
2019	英語・数学・社会・理科・国語	解説・解答用紙
2018	英語・数学・社会・理科・国語	解説・解答用紙

受検者平均点

年度	英語	数学	社会	理科	国語	合計
2024						
2023	62.8	57.6	55.6	59.4	80.8	316.2
2022	61.1	59.0	49.2	61.4	68.8	299.5
2021	54.1	53.3	54.6	47.8	72.5	282.3
2020	54.7	61.1	57.0	53.4	81.1	307.3
2019	54.4	62.3	52.7	67.1	71.0	307.5
2018	68.0	66.5	61.5	61.5	65.9	323.4

※各教科100点満点　最新年度は発行時点では未公表です。後日ホームページに掲載します。
合計は各教科平均点の単純合計です。

★当問題集のバックナンバーは在庫がございません。あらかじめご了承ください。

提供：進学研究会(Vもぎ)

男子女子60%　2025年度　東京都立高校合格

総合得点

900　850　800　750　700　650　600　550　500　450　400　360

- 910 日比谷(61-69)
- 840 小山台(56-62)
- 835 三田(56-61)
- 705 雪谷(45-52)
- 690 田園調布(44-51)
- 560 大崎(39-41)
- 410 八潮(33-33)
- 355 大森(30-30)

- 880 戸山(59-66)
- 875 青山(59-65)
- 820 駒場(55-60)
- 765 目黒(50-56)
- 720 広尾(48-52)
- 590 松原(40-43)
- 555 桜町(38-41)
- 445 千歳丘(34-35)
- 390 深沢(32-32)

- 895 西(59-68)
- 795 豊多摩(51-59)
- 750 井草(48-55)
- 735 石神井(47-54)
- 670 武蔵丘(44-49)
- 645 鷺宮(43-47)
- 630 杉並(41-46)
- 455 練馬(34-36)
- 420 光丘(32-34)
- 390 田柄(32-32)

- 840 竹早(56-62)
- 815 北園(55-59)
- 780 文京(51-57)
- 730 豊島(48-53)
- 675 向丘(45-49)
- 590 高島(40-43)
- 560 板橋(39-41)
- 390 大山(31-32)

- 770 上野(51-56)
- 685 江北(45-50)
- 600 足立(42-43)
- 525 竹台(38-39)
- 505 足立西(37-38)
- 445 足立新田(34-35)
- 430 淵江(34-34)
- 355 青井(30-30)

- 815 小松川(54-60)
- 795 城東(53-58)
- 730 江戸川(48-53
- 715 深川(47-52)
- 670 東(44-49)
- 655 本所(43-48)
- 635 小岩(43-46)
- 580 紅葉川(40-42)
- 540 日本橋(38-40)
- 520 篠崎(37-39)
- 490 葛飾野(38-37)
- 455 南葛飾(34-36)
- 385 葛西南(30-32)

※この表は、2025年度のめやす＝総合得点と（換算内申—偏差値）を推測したものです。総合得点は英語スピーキングテストを含

格のめやす 普通科

〔このグラフは、60%の位置で総合得点（比重込み）を用いて表されています。学校名の上または下にある線の位置が、各学校の位置です。〕

855 八王子東 (57-64)
810 町　田 (55-60)
800 日野台 (53-60)
760 南　平 (51-57)
685 成　瀬 (45-53)
630 松が谷 (42-50)
610 富士森 (44-48)
595 日　野 (44-47)
570 小　川 (41-46)
545 片　倉 (41-44)
515 八王子北 (38-43)
450 山　崎 (34-39)
375 野津田 (32-33)

870 立　川 (58-65)
810 昭　和 (53-61)
750 東大和南 (51-56)
615 東大和 (45-48)
560 福　生 (42-45)
495 武蔵村山 (38-41)
440 拝　島 (34-38)
405 羽　村 (34-35)
400 多　摩 (33-35)
390 五日市 (32-34)

835 武蔵野北 (54-63)
815 小金井北 (54-61)
745 小　平 (50-56)
715 清　瀬 (47-55)
705 小平南 (47-54)
645 保　谷 (42-51)
555 田　無 (41-45)
515 久留米西 (38-43)
495 小平西 (38-41)
455 東村山西 (37-38)

890 国　立 (59-68)
800 調布北 (51-61)
760 狛　江 (51-57)
730 神　代 (47-56)
705 調布南 (44-55)
670 府　中 (44-52)
565 府中西 (40-46)
550 府中東 (40-45)
455 永　山 (37-38)

総合得点：900 / 850 / 800 / 750 / 700 / 650 / 600 / 550 / 500 / 450 / 400 / 365

コース制・その他

900 立川［創造理数］(61-68)

855 新宿（単位制）(57-64)
850 国際〔国際〕(57-63)
835 国分寺（単位制）(56-62)

720 小平〈外国語〉(50-54)
715 墨田川（単位制）(49-54)

685 深川〈外国語〉(48-52)
685 上水（単位制）(48-52)
660 芦花（単位制）(45-51)
660 翔陽（単位制）(45-51)
645 科学技術［創造理数］(42-51)
610 晴海総合〔総合〕(41-49)
605 松が谷〈外国語〉(40-49)
605 青梅総合〔総合〕(43-48)

555 つばさ総合〔総合〕(41-45)
550 杉並総合〔総合〕(40-45)
540 飛鳥（単位制）(40-44)
540 東久留米総合〔総合〕(40-44)
535 王子総合〔総合〕(39-44)
520 忍岡（単位制）(39-43)
515 片倉〈造形美術〉(38-43)
505 世田谷総合〔総合〕(38-42)

495 大泉桜（単位制）(38-41)
495 葛飾総合〔総合〕(38-41)
495 町田総合〔総合〕(38-41)
485 若葉総合〔総合〕(36-41)
485 美原（単位制）(38-40)
475 板橋有徳（単位制）(36-40)

…を含まない1000点満点で推測したもので、入試問題の難易度により年度で変動します。
※紙面の都合で、専門学科などは省略しました。

2024. 3. 15. 現在

提供：新教育研究協会（Wもぎ）

男子 女子 60% 2025年度 東京都立高校合

総合得点

915 日比谷(62-70)

900

880 戸　山(59-67)
885 西 (60-67)
870 青　山 (58-65)

850 小山台(57-63)
850
845 竹　早 (58-62)
840 三　田 (55-63)
835 駒　場 (54-63)
825 小 松 (52-63)
815 北　園 (56-60)
805 豊 多 摩 (52-61)
805 城 東 (52-61)

800

780 文　京 (53-58)
775 目　黒 (50-59)
770 上　野 (49-59)

750

735 井　草(48-56)
730 石神井(47-56)
730 江 戸 (47-56)
720 広　尾 (48-55)
715 豊　島 (47-55)
710 雪　谷 (46-55)

700
700 深 川 (49-53)

675 田園調布 (45-52)
675 向　丘 (46-52)
675 東 (46-52)
670 江　北 (44-52)
665 武 蔵 丘 (43-52)

650

635 本 所 (43-50)
625 鷺　宮(41-50)
610 杉　並 (44-48)
610 小 岩 (41-49)

600

580 松　原 (41-47)
580 足　立 (43-46)
570 高　島 (39-47)
565 紅 葉 (40-46)

550

540 大　崎 (40-44)
540 桜　町 (38-45)
525 板　橋 (40-43)
520 日 本 (41-42)
515 足立西(40-42)
505 竹　台 (38-42)

500
500 葛飾野(39
495 篠　崎(36
485 足立新田 (38-40)

455 南 葛 (35-39)
450 練　馬(36-38)

450

440 千 歳 丘 (34-38)
440 淵　江 (34-38)
435 光　丘 (35-37)
415 八　潮 (33-36)

400

400 葛 西 (32-35)
395 深　沢 (31-35)
395 田　柄 (31-35)
385 大　山 (31-34)
370 青　井 (31-33)
365 大　森(30-33)

365

※この表は、2024年度のめやす＝総合得点と（換算内申―偏差値）を推測したものです。総合得点は英語スピーキングテス

各のめやす 普通科

〔このグラフは、60%の位置で総合得点（比重込み）を用いて表されています。
学校名の上または下にある線の位置が、各学校の位置です。〕

総合得点

895 国　立（60-67）
865 立　川（58-64）
845 八王子東（56-63）
825 武蔵野北（54-61）
800 小金井北（52-59）
795 町　田（53-58）
795 日野台（53-58）
795 昭　和（53-58）
785 調布北（50-58）
755 狛　江（49-55）
750 南　平（48-55）
750 小　平（48-55）
735 東大和南（47-54）
735 神　代（47-54）
720 調布南（46-53）
705 小平南（45-52）
695 清　瀬（45-51）
685 成　瀬（45-50）
665 府　中（43-49）
640 松が谷（42-47）
640 保　谷（41-47）
635 富士森（43-46）
625 東大和（43-45）
620 日　野（41-45）
590 小　川（40-43）
575 田　無（39-42）
575 府中西（39-42）
565 片　倉（40-41）
555 府中東（38-41）
545 福　生（39-40）
505 久留米西（37-38）
505 小平西（37-38）
490 八王子北（38-37）
485 武蔵村山（37-37）
445 山　崎（34-35）
440 永　山（33-35）
430 拝　島（34-34）
430 東村山西（34-34）
390 羽　村（31-32）
390 多　摩（31-32）
370 野津田（30-31）
370 五日市（30-31）

900 / 850 / 800 / 750 / 700 / 650 / 600 / 550 / 500 / 450 / 400 / 360

コース制・その他

890 立川〔創造理数〕(59-67)
855 新宿（単位制）(58-63)
840 国際〔国際〕(56-62)
830 国分寺（単位制）(55-61)

745 小平〈外国語〉(47-55)
725 墨田川（単位制）(47-53)
700 科学技術〔創造理数〕(44-52)
700 深川〈外国語〉(46-51)

680 上水（単位制）(44-50)
670 芦花（単位制）(44-49)
655 翔陽（単位制）(43-48)
630 晴海総合〔総合〕(42-46)
630 松が谷〈外国語〉(41-46)
615 青梅総合〔総合〕(42-44)

580 つばさ総合〔総合〕(40-42)
560 飛鳥（単位制）(39-41)
560 杉並総合〔総合〕(39-41)
560 王子総合〔総合〕(39-41)
540 東久留米総合〔総合〕(38-40)
510 片倉〈造形美術〉(38-38)
505 忍岡（単位制）(37-38)
505 世田谷総合〔総合〕(37-38)

495 大泉桜（単位制）(35-38)
485 若葉総合〔総合〕(37-37)
480 美原（単位制）(36-37)
465 葛飾総合〔総合〕(36-36)
465 町田総合〔総合〕(36-36)
460 板橋有徳（単位制）(35-36)

まない1000点満点で推測したもので、入試問題の難易度により年度で変動します。　2024. 3. 15. 現在

※紙面の都合で、専門学科などは省略しました。

合格のための入試レーダー　東京都

2024年度入試はどう行われたか

受検者のみなさんへ

東京都内ではおよそ約200校の都立高校が入学者を募集し，現在約13万人の生徒が都立高校で学んでいます。各校は公立高校としての共通の基盤に立って一方向にかたよることなく教育の中立性を保ちながら，教育目標や指導の重点を定めて特色ある教育を展開しています。私立高校との比較でいえば，公立であるため学費が安い，特定の宗教に基づいた教育はしない，などの違いがあげられます。

都立高校にはいろいろな種類の学校があります。それぞれの学校の特色を理解し，志望校選びをしましょう。なお，現在は学区制度がなく，どの学校にも同じ条件で出願できるようになっています。

全日制課程

普 通 科　普通教科(おおよそ中学校の９教科と考えてよい)の学習を中心とする。国公立や難関私立大への進学実績の向上を目指した進学指導重点校・社会生活を送る上で必要な基礎的，基本的学力をしっかり身につけるためのエンカレッジスクールなどもある。単位制の学校では，多様な選択科目が準備され，自分の興味・関心のある分野を重点的に学ぶことができる。また，コース制では，外国語や芸術など学習内容の重点化を図っている。

専門学科　普通教科に加え，専門的な教科(農業・工業・科学技術・商業・ビジネスコミュニケーション・海洋国際・家庭・福祉・理数・芸術・体育・国際・産業)の学習を行う。進学型商業高校(大田桜台高校・千早高校)，先端技術分野の学習と大学進学を目指す科学技術高校(科学技術高校・多摩科学技術高校)，生産から流通まで一貫して学べる産業科高校(橘高校・八王子桑志高校)などがある。

総合学科　普通教科から，工業や商業・情報や美術などの専門教科まで，自分の興味・関心や進路希望に応じて履修科目を選択し，幅広く学べる。現在，晴海総合高校・つばさ総合高校・杉並総合高校・若葉総合高校・青梅総合高校・葛飾総合高校・東久留米総合高校・世田谷総合高校・町田総合高校や王子総合高校がある。

定時制課程

総合学科　チャレンジスクール：午前・午後・夜間の各部からなる三部制で，普通科の科目以外にも福祉や商業や美術などに関する専門的な学習ができる。

普通科・専門学科　夜間などの時間を利用して授業を行うもので，都内に勤務先がある者でも出願できる。単位制普通科の学校には午前・午後・夜間の各部からなる三部制の昼夜間定時制高校もある。専門学科には農業・工業・商業・産業・情報がある。

その他，通信制課程　中高一貫教育校　高等専門学校　がある。

英語リスニングテストの音声について

※コードの使用期限以降は音声が予告なく削除される場合がございます。あらかじめご了承ください。

リスニングテストの音声は、下記アクセスコード(ユーザー名／パスワード)により当社ホームページ(https://www.koenokyoikusha.co.jp/pages/cddata/listening)で聞くことができます。(当社による録音です)

〈アクセスコード〉 ユーザー名：koe　パスワード：04191　使用期限：2025年3月末日

●全日制課程

学力検査に基づく選抜の実施要綱

●第一次募集

1 応募資格

⑴2024年３月に中学校を卒業する見込みの者，中学校を卒業した者，など。

⑵原則として，都内に保護者とともに在住し，入学後も引き続き都内から通学することが確実な者，または応募資格審査を受け，承認を得た者。

2 出　願

インターネット出願を実施。出願は１校１コースまたは１科(１分野)に限る。ただし，志望する同一の都立高校内にある同一の学科内に２科(２分野)以上ある場合(芸術に関する学科を除く)は，志望順位をつけて出願することができる(立川高校と科学技術高校の理数科については別に定める)。

出願情報入力期間　12月20日(水)～２月６日(火)

書類提出期間　１月31日(水)～２月６日(火)

変更は他学科か他校へ１回のみ

3 志願変更

願書提出後，１回に限り志願変更をすることができる。ただし，同校同一学科内の志望の順位を変更することはできない。

願書取下げ　２月13日(火)　願書再提出　２月14日(水)

4 学力検査等

原則５教科入試

学力検査教科は５教科を原則とし，５～３教科の中で各校が定める。ただし，エンカレッジスクール(蒲田，足立東，東村山，秋留台，中野工科，練馬工科)は学力検査を実施しない。また，傾斜配点の実施や，面接，実技検査，小論文または作文を行う学校もある。

学力検査日　２月21日(水)

9:00～9:50	10:10～11:00	11:20～12:10	昼食	13:10～14:00	14:20～15:10
国　語	数　学	英　語		社　会	理　科

※英語学力検査時間の最初の10分間にリスニングテストを実施する。

日比谷，戸山，青山，西，八王子東，立川，国立，新宿，墨田川，国分寺は，自校で作成した国語，数学，英語の問題(社会，理科は都の共通問題)を使用する。国際高校では英語のみ自校作成問題を使用する。

5 選　考

選考は，調査書，学力検査の成績(面接などを実施する学校はそれらも含む)，スピーキングテストの結果(英語の学力検査実施校のみ)の総合成績と入学願書による志望，都立高校長が必要とする資料に基づいて行う。なお，自己PRカードは点数化せず面接資料として活用する。

原則
学力検査：調査書＝７：３

総合成績の算出

学力検査と調査書の合計を1000点満点とする。各校は学力検査と調査書の比率を７：３に定め，それぞれの得点を比率換算し得点を算出する。ただし，体育科(駒場，野津田)および芸術科(総合芸術)は学力検査と調査書の比率を６：４とする。それらの得点に，スピーキングテスト・面接・実技検査・小論文・作文(それぞれ実施した場合)の得点を加えて総合成績とする。

6 合格発表

合格者の発表　３月１日(金)　８時30分(ウェブサイト)，９時30分(校内掲示)

手続き　３月１日(金)，４日(月)

●全日制課程第二次募集

第二次募集は3教科原則
学力検査：調査書＝6：4

1 出　願

出願日　3月6日(水)　インターネット出願は実施しない。

志願変更日　取下げ　3月7日(木)　再提出　3月8日(金)

2 選抜日程等

学力検査　　3月9日(土)　　国語，数学，英語（各50分）

※面接・実技検査等・傾斜配点を行う学校がある。また，学力検査と調査書の比率は6：4となる。

合格者の発表　　3月14日(木)

※「インフルエンザ等学校感染症罹《り》患《かん》者等に対する追検査」は同じ日程で行う。ただし，分割募集実施校は追検査を実施しない。

●分割募集

全日制都立高校は，第一次募集期間における募集＝分割前期と第二次募集期間における募集＝分割後期の2回に分けて募集を行うことができる。日程，出願方法などは，第一次募集，第二次募集の規定による。

※2024年度実施校…日本橋，八潮，田園調布，深沢，竹台，大山，田柄，青井，足立新田，淵江，南葛飾，府中東，山崎，羽村，蒲田，足立東，東村山，秋留台，中野工科，練馬工科，野津田(体育)

●海外帰国生徒等入学者選抜

(帰国生徒対象/4月入学生徒)

1 実施校

三田，竹早，日野台，国際

2 出　願

出願情報入力期間　　12月20日(水)～2月7日(水)

書類提出期間　　1月31日(水)～2月7日(水)　インターネット出願を実施する。

3 志願変更

願書取下げ　2月13日(火)　　　願書再提出　2月14日(水)

4 検　査

検査日　　2月15日(木)　国語(作文を含む)，数学，英語，面接

※国際高校：現地校出身者は日本語または英語による作文，面接

5 合格発表

合格者の発表　　2月19日(月)

※国際高校の国際バカロレアコースなどの募集に関しては，別に定められている。

英語 出題傾向と対策

●出題のねらい

初歩的な英語についての聞き取り・読解の能力や，自分の考えなどを表現するコミュニケーション能力を見る，というのが基本方針。具体的には，①英語を聞いて，その具体的な内容や要旨を把握したり，聞き取った事柄について英語で表現したりできるか，②英語によるコミュニケーションを通して身近な問題を解決できるか，また英語で情報を伝えたり表現したりできるか，③まとまりのある対話文や物語を読み，その流れや要旨を把握したり，読み取った内容を英語で表現したりできるか，となっている。

〈英語出題分野一覧表〉

分野		年度	2021	2022	2023	2024	2025予想※
音声	放送問題		●	●	●	●	◎
	単語の発音・アクセント						
	文の区切り・強勢・抑揚						
語彙・文法	単語の意味・綴り・関連知識						
	適語(句)選択・補充						
	書き換え・同意文完成						
	語形変化						
	用法選択						
	正誤問題・誤文訂正						
	その他						
作文	整序結合						
	日本語英訳	適語(句)・適文選択					
		部分・完全記述					
	条件作文						
	テーマ作文		●	●	●	●	◎
会話文	適文選択						
	適語(句)選択・補充		●	●	●	●	◎
	その他						
長文読解	内容把握	主題・表題					
		内容真偽	●	●	●	●	◎
		内容一致・要約文完成	●	●	●	■	◎
		文脈・要旨把握	●	●	●	●	◎
		英問英答	●	●	●	●	◎
	適語(句)選択・補充						
	適文選択・補充						
	文(章)整序						
	英文・語句解釈(指示語など)		●	●	●	●	◎
	その他						

●印：1～5問出題，■印：6～10問出題，★印：11問以上出題。
※予想欄　◎印：出題されると思われるもの。　△印：出題されるかもしれないもの。

●何が出題されたか

問題の構成は昨年度とほぼ同じで，リスニングテスト1題を含む大問4題の出題である。1は対話やスピーチの内容を答える問題で，簡単な英語で解答するものもある。やや長めの文章もあるが，難しい表現はなく，わかりやすい内容といえる。2は表やグラフを見て答える対話文での適語句選択問題と，Eメールについての内容真偽およびテーマ作文となっている。作文は，与えられた条件で3つの英文を書くというもので，メール文の中にある空所を埋める形式である。3・4はそれぞれ会話文・物語の長文読解総合問題。設問の形式は，英問英答，本文中の文を別の表現で具体的に表すもの，本文の内容に合う英文をつくるものなどさまざまであるが，いずれも文章の内容を正しく理解しているかを問う設問ばかりである。

●はたして来年は何が出るか

近年の問題は，いずれも「実際に使える生きた英語力」を試す良問といえる。したがって，来年もほぼ同形式の問題が出題されるとみてよかろう。問題文に用いられる語句や文法事項は，ほとんどが基本的なものばかりである。リスニングテストでは，やはり対話の内容把握が出題される可能性が高く，問いは5W1Hと呼ばれる疑問詞の問いが中心となろう。日常的な慣用表現の問題も必出である。長文読解は例年，会話文と物語が1題ずつ出されている。内容は学生の生活や身近な社会問題などが多い。英作文は本年度に引き続きテーマ作文が出題され，自ら積極的に英語で表現しようとする姿勢が重視されよう。

●どんな準備をすればよいか

根本的には，平素の授業に地道に取り組んでいれば，十分に対応できる問題である。そこで，何よりもまず教科書を中1のものから丹念に復習し直し，基礎固めを徹底しよう。単語の綴りや文法事項を確かめながら，教科書を何度も「音読」するのが望ましい。基本的な英文に慣れることこそ，速読速解力を養う大切な第一歩である。また，会話でよく使う表現として，日常的な挨拶や電話・買い物・道案内での表現，依頼・勧誘・許可・申し出などの表現，各種の疑問文と答え方などをノートにまとめておき，しっかり覚えよう。さらに日頃から，習った表現を利用して身近な事柄を積極的に英語で表現するよう心がけたい。教科書以外の副読本や問題集に取り組むときは，自分の力に合ったものから始め，徐々にレベルアップしていくのがよい。なお，リスニング対策としては，日頃から英語の発音に耳を慣らしておく必要がある。教科書用のCD教材か，ラジオやテレビの基礎的な英語講座を毎日続けて聞くようにしよう。継続は力なりだ！

数学 出題傾向と対策

●出題のねらい

中学校で学習する領域全般にわたる基礎的・基本的事項についての知識，理解，技能を見るとともに，数学的な思考，処理，表現についての能力を見る，というのがここ数年の出題方針のようである。具体的には，数と式，関数，データの活用についての知識や理解と技能，三角形や円などの平面図形や三角柱，四角錐などの空間図形の直観的な見方や論理的な考察力および処理技能，さらに，事象を目的に応じて数理的にとらえ，見通しを立てて考察し処理する力などを見ることをねらいとしている。

〈数学出題分野一覧表〉

分野	年度	2021	2022	2023	2024	2025予想※
数と式	数・式の計算，因数分解	★	★	★	★	◎
	数の性質，数の表し方					
	文字式の利用，等式変形	■	■	■	■	◎
	方程式の解法	★	★	★	★	◎
	方程式の解の利用					
	方程式の応用					
関数	比例・反比例，一次関数	★		★		△
	関数 $y=ax^2$	●			●	△
	関数 $y=ax^2$ とその他の関数		★		■	◎
	関数の利用，図形の移動と関数など					
図形	（平面）計　量	■	★	★	★	◎
	（平面）証明，作図	■	■	■	■	◎
	（平面）その他					
	（空間）計　量	●	■	■	■	◎
	（空間）頂点・辺・面，展開図	●				
	（空間）その他					
データの活用	場合の数，確率	●		●		◎
	データの分析・活用，標本調査		●		●	△
その他	特殊・新傾向問題など					
	融合問題					

●印：1問出題，■印：2問出題，★印：3問以上出題。
※予想欄　◎印：出題されると思われるもの。　△印：出題されるかもしれないもの。

●何が出題されたか

出題構成は，大問５題，総設問数19問で，昨年と比べ，内容的には大きな変化は見られない。

[1]は数・式の計算，方程式，データの活用，図形など計９問の出題。基本的な知識や計算力を見るもののほか，作図問題もある。[2]は文字式の利用で，図形を利用したもの。２つの台形の面積が等しいことを示す証明問題も出題されている。[3]は関数で，放物線と直線に関するもの。変域や直線の式を求める問題に加え，面積比を利用して x 座標を求める問題もある。[4]は平面図形で，長方形について問うもの。平行線の性質などの理解が問われる。証明問題は，２つの三角形が相似であることを示すもの。[5]は空間図形で，三角柱について問うもの。三角柱の中にできる立体の体積などが問われている。

●はたして来年は何が出るか

今年同様，大問数が５題，うち１題が独立小問集合題で，総設問数が20問前後になるものと思われる。具体的には，[1]は数・式と方程式の計算，関数，図形，データの活用などからの独立小問で，いずれも学校の教科書レベルのもの。[2]以降は総合問題で，２題が図形（平面および空間），１題が関数，あるいは関数と他分野との融合題，そして残りが，事象を数理的に考察し処理する文章題になるものと予想されるが，これは，文字式の利用に関する問題で，証明問題か途中の式や計算を書かせるものを含むものとなるだろう。難易度も例年と同程度と見てよいだろう。また，図形の証明問題も今年と同様の出題になると思われる。

●どんな準備をすればよいか

難度が高い問題が見られることもあるが，いずれも基礎の上に立つものであることはいうまでもない。過剰な苦手意識は捨て，また，答えが出せればOKというやり方ではなく，正解に至る過程を大切にする学習を心がけたいものである。ここ数年の出題傾向に対処する方策として，具体的には２本立ての学習を勧めたい。まず第一は，基本学習の繰り返し（積み重ね）である。[1]のような得点源となる基本問題を十分にマスターしよう。また，確実に正解を得ることはもちろん，迅速さも要求される。ここで手間取っていたのでは，後半の総合題に費やす時間がなくなってしまうからである。そして第二は，広い分野，特に方程式，関数，図形での応用題，融合題を数多くこなすことである。総合題を解くことで，理解力，洞察力が深まり，さらに数学的直観力を養うことにつながる。作図，証明問題も出題されるので，最低限，基本的なパターンは身につけておくこと。合格のゴールは努力の先に見えてくるだろう。

社会 出題傾向と対策

●出題のねらい

地理，歴史，公民の各分野とも基礎知識を中心に幅広い出題がなされている。ほとんど全ての問題が地図，統計，図表などを利用して出題されており，単に知識を問うだけでなく，資料を読み取り，総合的に考察する力を見ようとしている。

出題形態にも工夫がなされており，地理，歴史，公民の各分野が融合問題や総合問題の形式をとっているなど，社会科の学力を総合的に試そうとする意図が感じられる。個々の知識を互いに関連させて問題をとらえる力が求められている。

●何が出題されたか

2024年度は昨年同様，大問が全６題出題された。構成は，三分野の小問集合問題が１題と地理が２題，歴史が１題，公民が１題，三分野総合問題が１題となっている。また，小問数は昨年までと同様20問で，文章記述の解答は昨年より１問増えて３問であった。配点は全問５点で，三分野の出題のバランスはとれている。

1は三分野の基礎事項からなる問題で，地図の読み取りを含む小問形式である。2は世界地理で，各国の気候や産業などに関する問題。3は日本地理で，各県の自然環境や，産業などに関する問題。4は歴史で，古代から現代までの海上交通に関する歴史をテーマにした問題。5は公民で，社会集団をテーマにした問題。6は三分野総合問題で，国際社会とグローバル化をテーマに，地図，グラフを用いた問題となっている。

〈社会出題分野一覧表〉

分野	年度	2021	2022	2023	2024	2025 予想※
地理的分野	地形図	●	●	●	●	◎
	アジア		地産　総	産		◎
	アフリカ				総	△
	オセアニア	総				△
	ヨーロッパ・ロシア	地産		総	総	◎
	北アメリカ		総			△
	中・南アメリカ					△
	世界全般	総	総	総	産　総	◎
	九州・四国					△
	中国・近畿					△
	中部・関東		産		産　総	◎
	東北・北海道					△
	日本全般	総	総	産人総	総	◎
歴史的分野	旧石器～平安	●	●	●	●	◎
	鎌倉	●	●		●	◎
	室町～安土桃山	●	●	●	●	◎
	江戸	●	●	●	●	◎
	明治		●	●	●	◎
	大正～第二次世界大戦終結	●	●	●	●	◎
	第二次世界大戦後	●	●	●	●	◎
公民的分野	生活と文化		●			△
	人権と憲法	●	●	●	●	◎
	政治	●	●		●	◎
	経済	●		●	●	◎
	労働と福祉	●				△
	国際社会と環境問題			●	●	◎
時事問題						△

注）地理的分野については，各地域ごとに出題内容を以下の記号で分類しました。
地…地形･気候･時差，産…産業･貿易･交通，人…人口･文化･歴史･環境，総…総合
※予想欄　◎印：出題されると思われるもの。　△印：出題されるかもしれないもの。

●はたして来年は何が出るか

形式は本年のように全６題程度の大問構成となる可能性が高く，地理，歴史，公民の各分野だけでなく，総合問題などを含んだバランスのよい出題となろう。内容も基礎事項を中心としながらも，資料分析力や総合的考察力などさまざまな力を試そうとする傾向には変化がないと思われる。地理では地図や統計を用いて自然や産業を問うもの，歴史では１つのテーマを取り上げて展開していくもの，公民では政治や経済，国際社会など，その他各分野にわたる総合問題など例年どおりの出題傾向が続くと考えられる。また，資料の読み取りを伴う文章記述の問題を重視する傾向にあることに注意しておきたい。

●どんな準備をすればよいか

基本的な設問から応用力が求められる問題まで確実に対応するためには，基本的知識を確実に理解していることが重要である。そのためには教科書を十分に活用して基礎知識をしっかり定着させることから始めたい。その際，知識を個別に覚え込むだけでなく，地図帳や年表，資料集などを積極的に利用して，個々の事項がどのように関連しているか，体系的にまとめていくとよい。地図や図表は例年出題されているので，日頃の学習の中で十分慣れておきたいし，統計も最新のものを確認しておきたい。また，地理，歴史，公民といった分野の枠を越えた総合的な学習も心がけたい。そのためにはニュースなどを通じて現代の社会の課題や国際問題などに対する関心を深めておこう。最後にそれまでの学習の成果を確認し，弱点を補強するためにも過去の問題を解いておこう。問題演習に慣れるとともに出題の意図や傾向を知り，その後の学習に生かしていくことが望ましい。

理科 出題傾向と対策

●出 題 の ね ら い

理科の出題のねらいは，中学校で学習する範囲内の各単元について，基礎的な理解度を見ることにある。基本的な知識を問うとともに，実験や観察を題材として，その手順と方法，結果，考察に関わる事柄にも重点が置かれている。出題単元についても，特定のものにかたよることなく，それぞれの分野の各単元間のバランスがはかられており，出題形式についても，記号選択式だけでなく記述式の出題を加える工夫が見られ，受検者の学力が適切に評価される内容となるように配慮されている。

●何が出題されたか

1は物理・化学・生物・地学の４つの分野から１，２問，合計６問の出題で，いずれも基礎的な知識を確認するための問題。2は岩石についての自由研究のレポートから，岩石に含まれる化石，金属を取り出せる岩石，石英，生物由来の岩石について，示準化石・示相化石，酸化銅の還元，光の屈折，生物どうしのつながりに関する４問。3は地球と宇宙から，太陽と地球の動きについて，知識や理解を問う問題。4は植物の体のつくりとはたらきから，光合成と呼吸について，知識や考察力を問う問題。5は水溶液に関する問題。電解質・非電解質，溶解度について，知識と理解が問われた。6は運動とエネルギーから，力学的エネルギーについて，仕事や作用・反作用，速さ，分力，エネルギーなどの知識や理解が問われた。

〈理科出題分野一覧表〉

分野	年度	2021	2022	2023	2024	2025予想※
身近な物理現象	光 と 音	●	●	●	●	◎
	力のはたらき(力のつり合い)	●	●			◎
物質のすがた	気体の発生と性質					△
	物質の性質と状態変化	●	●	●		◎
	水 溶 液			●	●	◎
電流とその利用	電流と回路	●	●	●	●	◎
	電流と磁界(電流の正体)	●				◎
化学変化と原子・分子	いろいろな化学変化(化学反応式)	●		●	●	◎
	化学変化と物質の質量	●	●		●	◎
運動とエネルギー	力の合成と分解(浮力・水圧)				●	△
	物体の運動	●	●	●	●	◎
	仕事とエネルギー		●		●	◎
化学変化とイオン	水溶液とイオン(電池)		●	●	●	◎
	酸・アルカリとイオン	●	●			◎
生物の世界	植物のなかま		●	●		◎
	動物のなかま	●			●	◎
大地の変化	火山・地震	●	●	●		◎
	地層・大地の変動(自然の恵み)		●		●	◎
生物の体のつくりとはたらき	生物をつくる細胞					△
	植物の体のつくりとはたらき	●	●		●	◎
	動物の体のつくりとはたらき	●	●	●	●	◎
気象と天気の変化	気象観察・気圧と風(圧力)	●			●	◎
	天気の変化・日本の気象	●	●	●		◎
生命・自然界のつながり	生物の成長とふえ方		●	●		◎
	遺伝の規則性と遺伝子(進化)	●	●			◎
	生物どうしのつながり			●	●	◎
地球と宇宙	天体の動き	●	●	●	●	◎
	宇宙の中の地球					△
自然環境・科学技術と人間						
総 合	実験の操作と実験器具の使い方	●		●	●	◎

※予想欄 ◎印：出題されると思われるもの。 △印：出題されるかもしれないもの。
分野のカッコ内は主な小項目

●はたして来年は何が出るか

例年どおり，特定の分野にかたよることなく，物理・化学・生物・地学の各分野からバランスよく出題されており，来年もこの傾向が続くのは確実である。その中で，「化学変化」，「電流とその利用」など，理解度の差が表れやすい化学や物理の分野の重要単元については，連続して出題されることが多い。地学や生物の分野でも，「火山・地震」，「動物の体のつくりとはたらき」，「天体の動き」などは同様である。いずれの分野も実験の経緯や観察結果の考察が問われるのは間違いない。年によって論述式解答問題や作図問題が出題されている。この傾向は今後も続くことが予想される。

●どんな準備をすればよいか

まず，教科書で扱われている内容については，しっかり理解できるようにしておくことが何よりも重要である。出題範囲の点でも，難易度の点でも，教科書レベルを超えることはないのだから，教科書のマスターを最重要課題とすべきである。知識的な項目を覚えていくことも必要だが，実験や観察を通して求められる理科的な思考力を身につけていくことが大切である。それには，教科書をただ読んでいくだけでは不十分で，自分なりの「理科ノート」をつくっていくのがよいだろう。特に実験や観察については，その目的，手順，使用する器具，操作の注意点，結果，考察のそれぞれについて，図やグラフも含めて丹念に書きすすめていくこと。この過程であいまいな点が出てきたら，学校の授業ノートや参考書で確認しておくとよい。この一連の作業をすすめていくことができれば，自然に重要なポイントを押さえることができるはずだ。テストや問題集で自分が間違えたところをノートにフィードバックさせていけば，さらに有益だろう。

国語 出題傾向と対策

●出題のねらい

中学校３年間で学習した内容をふまえ，基礎的な学習の到達度および理解度を見ることが出題のねらいとされている。今年度は，まず一と二で漢字の読み書きの能力を試し，三では文学的文章を読み，心情や表現についての理解力を，四では論理的文章を読んで，文章の論旨や段落の関係をとらえる力や表現力を，五では対談とそれに関する古文の引用がある文章を題材にして，内容理解や，古典の基礎的な力を見ようとしている。言語事項に関する力･読解力･表現力など，広い範囲にわたる総合的な国語力を試そうとする問題である。

●何が出題されたか

漢字の読み書きがそれぞれ１題ずつと小説の読解問題が１題，論理的文章の読解問題が２題の計５題という構成は例年どおり。まず一・二の漢字の読み書きは，読み５問，書き取り５問の計10問。いずれもごく基本的なものである。三は，ISSの観測会の様子を題材とした小説の読解問題。心情・内容理解に関する問いが中心である。四は，ヒトが共同作業を行ううえで基盤となる三項表象の理解について述べた論説文の読解問題。文章の意味や理由を問う内容理解や，段落関係を問う設問が出された。さらに課題文の内容から発展させた課題について，自分の考えたことを述べる200字の作文が出題されている。五は，和歌に関する対談と『無名抄』を題材とした読解問題。現代文の内容理解の設問が中心だが，古文に関する設問も含まれていた。

〈国語出題分野一覧表〉

分野		年度	2021	2022	2023	2024	2025予想※
現代文	論説文 説明文	主題・要旨					
		文脈･接続語･指示語･段落関係	●	●	●	●	◎
		文章内容	●	●	●	●	◎
		表現				●	△
	随筆 日記 手紙	主題・要旨					
		文脈･接続語･指示語･段落関係					
		文章内容					
		表現					
		心情					
	小説	主題・要旨					
		文脈･接続語･指示語･段落関係					
		文章内容	●	●	●	●	◎
		表現	●	●	●	●	◎
		心情	●	●	●	●	◎
		状況・情景					
韻文	詩	内容理解					
		形式・技法					
	俳句 和歌 短歌	内容理解		●			△
		技法					
古典	古文	古語・内容理解・現代語訳	●		●	●	◎
		古典の知識・古典文法			●		△
	漢文	(漢詩を含む)					△
国語の知識	漢字 語句	漢字	●	●	●	●	◎
		語句・四字熟語					
		慣用句・ことわざ・故事成語					
		熟語の構成・漢字の知識					
	文法	品詞		●	●	●	◎
		ことばの単位・文の組み立て					
		敬語・表現技法					
	文学史						
作文・文章の構成			●	●	●	●	◎
その他				●	●		◎

※予想欄　◎印：出題されると思われるもの。　△印：出題されるかもしれないもの。

●はたして来年は何が出るか

文章の基本的な読解力・表現力や言語事項に関する基礎的な力を試すという出題のねらいは，来年度も変わらないと思われる。また漢字の読み書きが１題ずつ，文学的文章が１題，論理的文章の読解問題が２題で，うち１題は古典を含む総合問題が１題という問題構成も大きくは変わらないであろう。文学的文章は小説，論理的文章は論説文が出される可能性が高い。また古文は散文だけでなく漢詩や和歌・俳句などが含まれることも十分考えられる。作文や記述式解答を求める設問は，来年度も今年度並みの割合で出題されると考えておいた方がよいだろう。

●どんな準備をすればよいか

出題のねらいが基礎学力を見ることに置かれているので，教科書から復習していくのがよい。現代文の読解問題については，教科書の小説と論説文を中心にじっくり読んでみよう。小説では人物の心情を考えながら，論説文は自分で要旨をまとめながら読んでいくとよい。教科書の復習が終わったら，市販の基礎的な問題集に取り組もう。解答が記述式で解説の詳しいものを選ぶこと。また作文など記述式問題対策として，自分の考えていることを的確に表現する力もつけておかなければいけない。新聞の社説やコラムなどを読んで，それに対する自分の考えを200字程度でまとめる練習がよいだろう。漢字は，小・中学校で習うものが全て読み書きできるようにしておくこと。文法については，国語便覧などを使って知識の整理をし，余裕があれば基礎的な問題集に取り組んでおこう。古文・漢文については，教科書に出てきた作品を読み返したり，受験生向けの現代語訳のついた本を読んだりして，文体に慣れておくことが大切だ。

特別収録

中学校英語
スピーキングテスト(ESAT-J)

- スピーキングテストについて
- スピーキングテストの準備と対策
- 問題と解答例
  - 2023年度　11月27日実施
  - 2023年度　12月18日実施(予備日テスト)
  - 2022年度　11月27日実施
  - 2022年度　12月18日実施(予備日テスト)

中学校英語スピーキングテストについて

※中学校英語スピーキングテスト(テスト名称：ESAT-J)は，東京都教育委員会が英語の「話すこと」の能力を測るアチーブメントテストとして実施しており，都立高等学校入学者選抜学力検査とは異なるテストです。

1 実施方法

タブレット端末等を用いて，解答音声を録音する方法で実施し，試験時間は準備時間を含み，65分程度とする。

2 出題方針

(1) 出題の範囲は，実施年度の中学校学習指導要領における英語「話すこと」に準拠した内容とする。

(2) 問題は，中学校検定教科書や東京都教育委員会が指定する教材に基づく。

(3) 基礎的・基本的な知識及び技能の定着や，思考力・判断力・表現力などをみる。

3 問題構成及び評価の観点

※評価の観点 ①コミュニケーションの達成度 ②言語使用 ③音声

Part	ねらい	出題数	評価の観点		
			①	②	③
A	英文を読み上げる形式の問題で英語音声の特徴を踏まえ音読ができる力をみる。	2			○
B	図示された情報を読み取り，それに関する質問を聞き取った上で，適切に応答する力や，図示された情報をもとに「質問する」，「考えや意図を伝える」，「相手の行動を促す」など，やり取りする力をみる。	4	○		
C	日常的な出来事について，話の流れを踏まえて相手に伝わるように状況を説明する力をみる。	1	○	○	○
D	身近なテーマに関して聞いたことについて，自分の意見とその意見を支える理由を伝える力をみる。	1	○	○	○

4 評価の観点の内容

① コミュニケーションの達成度(２段階)：コミュニケーションの目的の成立

	Part B	Part C	Part D(意見)	Part D(理由)
○	・各設問の問いかけに応じた内容を伝えることができている。 ・相手に適切な行動を促すことができている。 ★1	・各コマのイラストの内容(事実)を伝えることができている。 ★2	・意見(自分の考え)を伝えることができている。	・意見(自分の考え)をサポートする理由を伝えることができている。
×	・各設問の問いかけに応じた内容を伝えることができていない。 ・相手に適切な行動を促すことができていない。	・各コマのイラストの内容(事実)を伝えることができていない。	・意見(自分の考え)を伝えることができていない。	・意見(自分の考え)をサポートする理由を伝えることができていない。

★1 問題趣旨に沿って解答できていれば，解答は単語・センテンスのどちらでもよいとする。

★2 各コマのイラストについて判断する。

② 言語使用(5段階):語彙・文構造・文法の適切さ及び正しさ,内容の適切さ(一貫性・論理構成)

	Part C, Part D
◎◎	・豊富で幅広い語彙・表現や文法を,柔軟に使用することができる。 ・アイデア間の関係性を整理して伝えることができる。 ・語彙や文構造及び文法の使い方が適切であり,誤解を生むような文法の誤りや,コミュニケーションを阻害するような語彙の誤りもない。
◎	・複雑な内容を説明するときに誤りが生じるが,幅広い語彙・表現や文法を使用し,アイデアを伝えることができる。 ・簡単なアイデアを順序立ててつなげることができる。 ・語彙や文構造及び文法の使い方が概ね適切である。
○	・使用している語彙・表現や文法の幅が限られているが,簡単な接続詞を使って,アイデアをつなげたりすることができる。 ・簡単な描写を羅列することができる。 ・語彙や文構造及び文法の使い方に誤りが多い。
△	・使用している語彙や表現の幅が限られているが,簡単な接続詞を使って,単語や語句をつなげることができる。 ・簡単な事柄なら言い表すことができる。 ・語彙や文構造及び文法の使い方に誤りが非常に多い。
×	・求められている解答内容から明らかに外れている。 ・英語ではない,あるいは,英語として通じない。 ・力を測るための十分な量の発話がない。

③ 音声(4段階):発音,強勢,イントネーション,区切り

	Part A, Part C, Part D
◎	・発音は概ね正しく,強勢,リズムや抑揚が,聞き手の理解の支障となることはない。 ・言葉や言い回しを考えたり,言い直したりするために,間(ま)を取ることがあるが,発話中の間(ま)は,概ね自然なところにあり,不自然に長くない。
○	・発音は概ね理解できるが,強勢,リズムや抑揚が,聞き手の理解の支障となることがある。 ・不自然なところで区切っていたり,言葉や言い回しを考えたり言い直したりするための間(ま)が不自然に長かったりすることがあるが,話についていくことには可能な程度である。
△	・簡単な単語や語句の強勢は適切であるが,全体を通して発音の誤りが生じ,抑揚がほとんどない。 ・不自然なところで区切っていたり,言葉や言い回しを考えたり言い直したりするための間(ま)が多い,もしくは不自然に長かったりすることがあり,話についていくことが難しい。
×	・求められている解答内容から明らかに外れている。 ・英語ではない,あるいは,英語として通じない。 ・力を測るための十分な量の発話がない。

5 テスト結果の評価と留意点

●テスト結果は,都教委によるESAT-J GRADE(6段階評価)で評価する。
※IRT(項目応答理論)により,採点結果を統計的に処理し算出。

●このテスト問題及びそれに付随する採点基準・解答例の著作権は,試験実施団体に帰属します。

スピーキングテスト(ESAT-J)の準備と対策
～試験までにできること～

★ESAT-J全体の特徴

◆これまでの傾向

➡2022年度・2023年度に実施された計４回のテストからわかる傾向を見てみよう。

☞ 形式：自分の声をタブレット端末に吹き込んで行う。

☞ 構成：４つのパート，計８問(下表参照)で構成される。これはGTEC®(Coreタイプ)*とほぼ同じ。

*民間の英語試験。学校を通じて申し込める。できれば事前に一度受けておきたい。
*「GTEC(Coreタイプ)」は，株式会社ベネッセコーポレーションの登録商標です。

◆ESAT-Jの構成とパートごとの特徴

Part	No.	概要	準備時間	解答時間	類似問題
A	1, 2	40語程度の英文を音読する	30秒	30秒	英検® ３級[1]
B	1, 2	与えられた情報を読み取り，それに関する質問に答える	10秒	10秒	英検®準２級[2]
	3, 4	与えられた情報について，自分の考えを伝える，自分から質問する	10秒	10秒	なし
C		４コマのイラストを見て，ストーリーを英語で話す	30秒	40秒	英検® ２級[3]
D		身近なテーマに関する音声を聞き，その内容について自分の意見と，その意見をサポートする理由を述べる	１分	40秒	英検® ２級[4]

1　３級は30語程度。準２級になると50語程度になる。ESAT-Jはその中間といえるが英検®のように英文に関する質問はない。
2　準２級のNo.２とNo.３は，やや異なる形式ではあるが，単文解答式でという点で類似している。
3　２級の問題は３コマ。英検®の場合はイラストの中に文字情報があるが，ESAT-Jにはない。
4　２級のNo.３とNo.４は，やや異なる形式ではあるが，あるテーマについて自分の意見と理由を述べるという点で類似している。
*　英検®は，公益財団法人 日本英語検定協会の登録商標です。

★ESAT-Jの対策

➡スピーキングは一朝一夕では身につかない。大切なのは積み重ね。日頃から次のことを心がけよう。

☞ 教科書などを音読する。音読する際は，区切りや抑揚，それに英文の意味を意識して読む。

☞ いろいろな質問に英語で答える習慣をつける。聞かれた内容を理解し，それに応じた返答をする。

☞ 日常の生活で目にする光景や状況を日本語から英語の順でよいので，言葉にする習慣をつける。

☞ 身の回りのさまざまな問題やテーマについて考え，自分の意見を言えるようにしておく。日本語からでよい。日本語で言えないことは英語でも言えない。まず日本語で自分の考え・意見を持つことが大切。その後英語にする。

⇨Part Dの自分の意見とそう考える理由を問う形式は，高校入試の英作文問題でもよく出題されている。作文とスピーキングの違いはあるが，やること自体は変わらない。こうした作文問題に数多く取り組むことで，さまざまなテーマについて自分の意見を考え，養うことができるようになると同時に，その解答を英語で準備することで使える語彙や表現が増える。さらにそれを音読して覚えていくことで，即座に答える瞬発力を上げていくことができる。

◆対策のまとめ

Part	対策
A	・単語を正しく発音する。 ・適切な場所で区切って読む。不適切な場所で区切ると，聞く人の理解が妨げられる。 ・強く読むところや，語尾を上げて読むところなどを意識し，抑揚をつけて読む。 ⇨読む英文にネイティブスピーカーの音声がついている場合は，その音声の真似をして読むとよい。
B	・聞かれたことに対してしっかり答える。 ・情報から読み取れないことなどについて，自分から質問したり，自分の考えを伝えたりする習慣をつける。
C	・日常の場面を英語で表現する習慣をつける。 ・ストーリーはいきなり英語にしなくてよい，まず日本語で考え，それから英語にする。 ・必要に応じて接続詞などを効果的に使いながら文を膨らませ，伝える内容を発展させる。
D	・まず流れる音声を正確に聞き取る。リスニング力も求められている。 ・日頃から身の回りのさまざまな問題やテーマについて考え自分の意見を述べ，それを英語で表現する習慣をつけておく。 ⇨あるテーマについて意見を述べさせる形式は，高校入試の英作文問題でもよく出題されている。こうした問題に多く取り組むことが対策になる。書いた英文は先生などにチェックしてもらい，完成した英文を繰り返し音読し覚える。 ・表現の幅を広げるために，学習した語彙や表現を日頃から文単位で書きとめ，蓄積し，それを繰り返し音読して使えるようにしておく。
全体	・機械に吹き込むことに慣れておく。 ・毎日少しでも英語を声に出す習慣をつける。その際，ただ声に出すだけでなく，英文の意味を理解しながら読む。 ・解答までの準備時間があるので，まず日本語で考えてからそれを英語にした方がよい。 ・解答する時間には制限があるので，時間を意識しながら時間内に答えられるように練習する。 ・試験当日は，肩の力を抜いてできるだけリラックスする。 ・最初から完璧に話そうとする必要はない。途中で間違えても言い直せばよい。相手にきかれたこと，自分の言いたいことを，相手に伝えることが何よりも大事である。 ・Practice makes perfect.「習うより慣れよ」

★ESAT-Jの今後の予測

➡2023年度のテストは2022年度のテストと形式や構成，難度の面で変化は見られなかった。2024年度も同様の構成，難度で実施されることが予想される。

★参考

■東京都教育委員会のウェブサイトには，ESAT-Jの特設ページが用意されており，採点例や英語力アップのためのアドバイスなども掲載されている。

■英検®のウェブサイトには，各級の試験の内容と過去問１年分が公開されている（二次試験のスピーキングはサンプル問題）。

取材協力：星昭徳氏（日本大学高等学校）

2023年度　中学校英語スピーキングテスト（ESAT-J）　（11月27日実施）

Part A

Part A は、全部で２問あります。聞いている人に、意味や内容が伝わるように、英文を声に出して読んでください。はじめに準備時間が３０秒あります。録音開始の音が鳴ってから解答を始めてください。解答時間は３０秒です。

【No.1】

あなたは留学先の学校で、昼休みの時間に放送を使って、新しくできたクラブについて案内することになりました。次の英文を声に出して読んでください。録音開始の音が鳴ってから解答を始めてください。

（準備時間３０秒／解答時間３０秒）

▸ **No. 1**

Have you heard about the new math club? It will start next week. Club members will meet every Tuesday afternoon at four o'clock in the computer room. They'll study together and play math games. If you want to join, please talk to Mr. Harris.

【No.2】

留学中のあなたは、ホームステイ先の子供に、物語を読み聞かせることになりました。次の英文を声に出して読んでください。録音開始の音が鳴ってから解答を始めてください。

（準備時間３０秒／解答時間３０秒）

▸ **No. 2**

A woman lived in a large house. She liked singing and writing songs. One night, her friends came to her house for dinner. After dinner, she sang her new song for them. What did her friends think? They loved it, and they wanted to learn the song, too.

Part B

Part B は、全部で４問あります。質問に答える問題が３問と、あなたから問いかける問題が１問あります。与えられた情報をもとに、英語で話してください。準備時間は１０秒です。録音開始の音が鳴ってから解答を始めてください。解答時間は１０秒です。

No. １と No. ２では、与えられた情報をもとに英語で適切に答えてください。

【No.1】

留学中のあなたは、友達と学校の掲示板に貼ってある、来年開催される地域のイベントのポスターを見ています。友達からの質問に対して、与えられたポスターの情報をもとに、英語で答えてください。録音開始の音が鳴ってから解答を始めてください。

（準備時間１０秒／解答時間１０秒）

Question: What are all of the events in September?

【No.2】

留学中のあなたは、友達とコンサートに行くために、あなたのいる場所から会場までの行き方を、あなたの携帯電話で調べています。友達からの質問に対して、与えられた情報をもとに、英語で答えてください。録音開始の音が鳴ってから解答を始めてください。

（準備時間１０秒／解答時間１０秒）

Question: What is the fastest way to get to the concert hall?

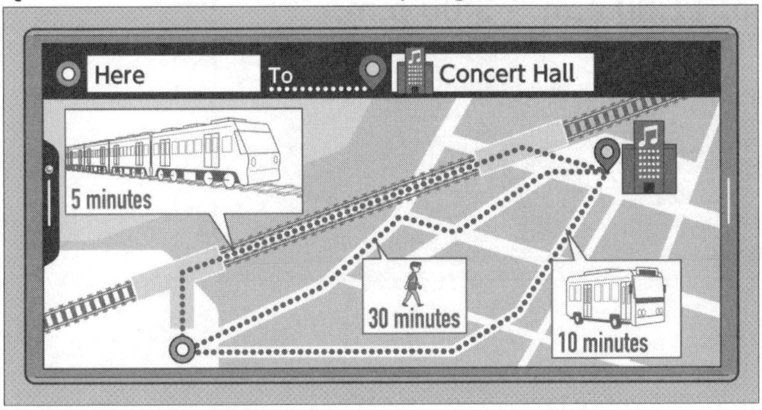

No. 3とNo. 4は、同じ場面での問題です。

No. 3では、質問に対するあなた自身の答えを英語で述べてください。No. 4では、あなたから相手に英語で問いかけてください。

【No.3】

留学中のあなたは、2日間で行われるサマーキャンプに参加していて、初日の活動の案内を見ています。キャンプ担当者からの質問に対して、与えられた活動の情報をもとに、あなた自身の回答を英語で述べてください。録音開始の音が鳴ってから解答を始めてください。

（準備時間１０秒／解答時間１０秒）

Question: Which activity do you want to do?

【No.4】

次に、あなたはキャンプ２日目に行われるイベントについての案内を受け取りました。あなたはその内容について、案内に書かれていないことで、さらに知りたいことがあります。知りたいことをキャンプ担当者に英語で尋ねてください。録音開始の音が鳴ってから解答を始めてください。

（準備時間１０秒／解答時間１０秒）

We're going to have a walking event.

Part C

Part C は、4コマイラストの問題です。これから画面に表示される1から4の全てのイラストについて、ストーリーを英語で話してください。はじめに準備時間が３０秒あります。録音開始の音が鳴ってから解答を始めてください。解答時間は４０秒です。この Part には例題はありません。

あなたは、昨日あなたに起こった出来事を留学生の友達に話すことになりました。１のイラストに描かれた人物になったつもりで、相手に伝わるように英語で話してください。
（準備時間３０秒／解答時間４０秒）

Part D

Part Dは、英語で話される音声を聞いたうえで、質問に対する自分の考えとそう考える理由を英語で述べる問題です。英語の音声は２回流れます。そのあと準備時間が１分あります。録音開始の音が鳴ってから解答を始めてください。解答時間は４０秒です。この Part には例題はありません。

海外姉妹校の生徒であるマイクから、ビデオレターで質問が届きました。そこで、あなたは、英語で回答を録音して送ることにしました。ビデオレターの音声を聞き、あなたの**意見**を述べ、そう考える**理由**を詳しく話してください。日本の地名や人名などを使う場合には、それを知らない人に分かるように説明してください。
（準備時間１分／解答時間４０秒）

【英語音声のみ・画面表示なし】

Hello. At my school, the students are going to choose a place for this year's one-day school trip. We can go to a mountain or an art museum. In your opinion, which is better for students, a trip to a mountain or a trip to an art museum? Tell me why you think so, too. I'm waiting to hear from you.

2023年度　中学校英語スピーキングテスト(ESAT-J)　(11月27日実施)　解答例

○　本テストでは、「コミュニケーションの達成度」、「言語使用」、「音声」の各観点により話すことの力を総合的に判定します。なお、各パートで評価する観点を設定しています。

○　各パートにおける評価の観点の表記
- コミュニケーションの達成度…**【コミュニケーション】**
- 言語使用…**【言語】**
- 音声…**【音声】**

Part A **【音声】**

No.1（省略）

No.2（省略）

Part B **【コミュニケーション】**

No.1（例）(They are) a fishing event and a music event. / Fishing and music.

No.2（例）The fastest way (to get there) is by train. / By train.

No.3（例）I want to [cook / dance / ride a bike [[bicycle]]].

No.4（例）Which way is shorter, A or B? / What should I take (on the walk)?

Part C **【コミュニケーション】【言語】【音声】**

I was running at a school event. Then, I dropped my cap. There was a boy behind me. He got my cap and gave it to me. After that, we finished running together.

Part D **【コミュニケーション】【言語】【音声】**

○生徒は遠足で山に行くべきという意見の例

I think it's good for students to go to a mountain. The students can spend time together in nature on the mountain. So, they experience nature and enjoy time with friends.

○生徒は遠足で美術館に行くべきという意見の例

In my opinion, it's better for students to go to an art museum because they can learn about many kinds of art at the museum. Then, they can find their favorite picture.

2023年度　中学校英語スピーキングテスト（ESAT-J）（予備日テスト）　（12月18日実施）

Part A

Part A は、全部で２問あります。聞いている人に、意味や内容が伝わるように、英文を声に出して読んでください。はじめに準備時間が３０秒あります。録音開始の音が鳴ってから解答を始めてください。解答時間は３０秒です。

【No.1】

留学中のあなたは、ホームステイ先の子供に、物語を読み聞かせることになりました。次の英文を声に出して読んでください。録音開始の音が鳴ってから解答を始めてください。

（準備時間３０秒／解答時間３０秒）

▸ **No. 1**

A boy lived in a house near a forest. In his free time, he liked to walk in his family's garden. One day, he saw a rabbit in the garden. What was it doing? It was sleeping in the flowers because it was warm there.

【No.2】

あなたは留学先の学校で、昼休みの時間に放送を使って、来週の校外活動について案内することになりました。次の英文を声に出して読んでください。録音開始の音が鳴ってから解答を始めてください。

（準備時間３０秒／解答時間３０秒）

▸ **No. 2**

We're going to go to the city library on Saturday. Are you excited? Let's meet in front of the school at nine o'clock. You can find many kinds of English books at the library. After visiting the library, we're going to have lunch in a park. You're going to love this trip!

Part B

Part B は、全部で４問あります。質問に答える問題が３問と、あなたから問いかける問題が１問あります。与えられた情報をもとに、英語で話してください。準備時間は１０秒です。録音開始の音が鳴ってから解答を始めてください。解答時間は１０秒です。

No. １と No. ２では、与えられた情報をもとに英語で適切に答えてください。

【No.1】

留学中のあなたは、友達とテニススクールの体験レッスンの案内を見ています。友達からの質問に対して、与えられた案内の情報をもとに、英語で答えてください。録音開始の音が鳴ってから解答を始めてください。

（準備時間１０秒／解答時間１０秒）

Question: What do you need to take to the lesson?

【No.2】

留学中のあなたは、友達と季節ごとの果物について調べるためにウェブサイトを見ています。友達からの質問に対して、与えられたウェブサイトの情報をもとに、英語で答えてください。録音開始の音が鳴ってから解答を始めてください。

（準備時間１０秒／解答時間１０秒）

Question: What is the best month to get cherries?

No. 3とNo. 4は、同じ場面での問題です。

No. 3では、質問に対するあなた自身の答えを英語で述べてください。No. 4では、あなたから相手に英語で問いかけてください。

【No.3】

留学中のあなたは、学校で開催される職業紹介イベントの案内を見ています。先生からの質問に対して、与えられた案内の情報をもとに、あなた自身の回答を英語で述べてください。録音開始の音が鳴ってから解答を始めてください。

（準備時間１０秒／解答時間１０秒）

Question: Which job do you want to learn about?

【No.4】

次に、職業紹介イベントで行われるスピーチに関する案内を受け取りました。あなたはその内容について、案内に書かれていないことで、さらに知りたいことがあります。知りたいことを先生に英語で尋ねてください。録音開始の音が鳴ってから解答を始めてください。

（準備時間１０秒／解答時間１０秒）

We're going to have a special guest.

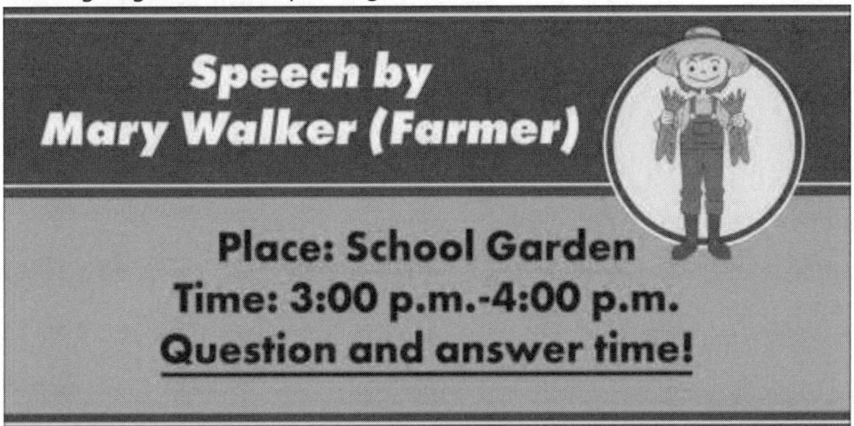

Part C

Part C は、４コマイラストの問題です。これから画面に表示される１から４の全てのイラストについて、ストーリーを英語で話してください。はじめに準備時間が３０秒あります。録音開始の音が鳴ってから解答を始めてください。解答時間は４０秒です。この Part には例題はありません。

あなたは、昨日あなたに起こった出来事を留学生の友達に話すことになりました。１のイラストに描かれた人物になったつもりで、相手に伝わるように英語で話してください。
（準備時間３０秒／解答時間４０秒）

Part D

Part D は、英語で話される音声を聞いたうえで、質問に対する自分の考えとそう考える理由を英語で述べる問題です。英語の音声は２回流れます。そのあと準備時間が１分あります。録音開始の音が鳴ってから解答を始めてください。解答時間は４０秒です。この Part には例題はありません。

海外姉妹校の生徒であるマイクから、ビデオレターで質問が届きました。そこで、あなたは、英語で回答を録音して送ることにしました。ビデオレターの音声を聞き、あなたの**意見**を述べ、そう考える**理由**を詳しく話してください。日本の地名や人名などを使う場合には、それを知らない人に分かるように説明してください。
（準備時間１分／解答時間４０秒）

【英語音声のみ・画面表示なし】

Hello. I read a book in class yesterday, and I enjoyed the story very much. I told John, one of my friends, about that, and he said, "I enjoyed watching a movie of that story." Now, I know that there are two ways to enjoy a story. In your opinion, which is better for students, reading a book of a story or watching a movie of a story? Tell me why you think so, too. I'm waiting to hear from you.

2023年度　中学校英語スピーキングテスト(ESAT-J)(予備日テスト)　(12月18日実施)　解答例

○　本テストでは、「コミュニケーションの達成度」、「言語使用」、「音声」の各観点により話すことの力を総合的に判定します。なお、各パートで評価する観点を設定しています。

○　各パートにおける評価の観点の表記
- コミュニケーションの達成度…**【コミュニケーション】**
- 言語使用…**【言語】**
- 音声…**【音声】**

Part A **【音声】**

No.1（省略）

No.2（省略）

Part B **【コミュニケーション】**

No.1（例）We need to take a shirt and shoes. / A shirt and shoes.

No.2（例）June is the best month (to get cherries). / June.

No.3（例）I want to learn about [doctors / singers / soccer players].

No.4（例）What will Mary Walker talk about? / How long is the question and answer time?

Part C **【コミュニケーション】【言語】【音声】**

I went to a coffee shop. I looked for a place to sit. Then, I found a chair. But I couldn't sit there because a baby was sleeping on it.

Part D **【コミュニケーション】【言語】【音声】**

○生徒は物語について本を読むべきという意見の例

I think it's better for students to read a book of a story because books often have more information. So, students can understand the story much more.

○生徒は物語について映画をみるべきという意見の例

In my opinion, it's better for students to watch a movie of a story. To understand the story, watching a movie is easier than reading it. And they can also see their favorite characters.

Part A

Part A は、全部で２問あります。聞いている人に、意味や内容が伝わるように、英文を声に出して読んでください。はじめに準備時間が３０秒あります。録音開始の音が鳴ってから解答を始めてください。解答時間は３０秒です。

【No.1】

あなたは留学中です。あなたは近所の図書館で子どもたちに絵本を読んであげることになりました。次の英文を声に出して読んでください。

（準備時間３０秒／解答時間３０秒）

▸ **No. 1**

Tom always had his soccer ball with him. He even took it to bed. One day, he put the ball into his bag and took it with him to school. After lunch, he looked in his bag. The ball wasn't there. Where was it?

【No.2】

あなたは英語の授業で、最近経験した出来事について短いスピーチをすることになりました。次の英文を声に出して読んでください。

（準備時間３０秒／解答時間３０秒）

▸ **No. 2**

Do you drink tea? You may have seen that there's a new tea shop next to our school. It opened last Saturday. Yesterday, I got some tea at the new shop with my family. It was great. You should try the shop, too!

Part B

Part B は、全部で４問あります。質問に答える問題が３問と、あなたから問いかける問題が１問あります。与えられた情報をもとに、英語で話してください。準備時間は１０秒です。録音開始の音が鳴ってから解答を始めてください。解答時間は１０秒です。

No. １と No. ２では、与えられた情報をもとに英語で適切に答えてください。

【No.1】

あなたは、あなたの家にホームステイに来た留学生と一緒に旅行をしていて、泊まっているホテルのフロアガイドを見ています。留学生からの質問に対して、与えられたフロアガイドの情報をもとに、英語で答えてください。

（準備時間１０秒／解答時間１０秒）

Question: Which floor is the restaurant on?

【No.2】

あなたは、留学生の友だちとスポーツを観戦するために、スポーツの種類とその開始時間が書かれたウェブサイトを見ています。友だちからの質問に対して、与えられたウェブサイトの情報をもとに、英語で答えてください。

（準備時間１０秒／解答時間１０秒）

Question: Which event will start the earliest?

No. 3とNo. 4は、同じ場面での問題です。

No. 3では、質問に対するあなた自身の答えを英語で述べてください。No. 4では、あなたから相手に英語で問いかけてください。

【No.3】

あなたはアメリカに留学中です。所属している生物クラブの活動で、自分たちで資金を集めて校外で活動を行うことになりました。あなたは今、資金集めの活動が掲載されたチラシを見ています。先生からの質問に対して、与えられたチラシの情報をもとに、あなた自身の回答を英語で述べてください。

（準備時間１０秒／解答時間１０秒）

Question: There are three activities. Which one do you want to do?

【No.4】

資金集めを終え、校外活動では動物園に行くことになりました。校外活動の案内を受け取ったあなたは、その内容について、案内に書かれていないことで、さらに知りたいことがあります。知りたいことを先生に英語で尋ねてください。

（準備時間１０秒／解答時間１０秒）

The club is going to visit this zoo.

Part C

Part C は、４コマイラストの問題です。これから画面に表示される１コマめから４コマめのすべてのイラストについて、ストーリーを英語で話してください。はじめに準備時間が３０秒あります。録音開始の音が鳴ってから解答を始めてください。解答時間は４０秒です。この Part には例題はありません。

あなたは、昨日あなたに起こった出来事を留学生の友だちに話すことになりました。イラストに登場する人物になったつもりで、相手に伝わるように英語で話してください。

（準備時間３０秒／解答時間４０秒）

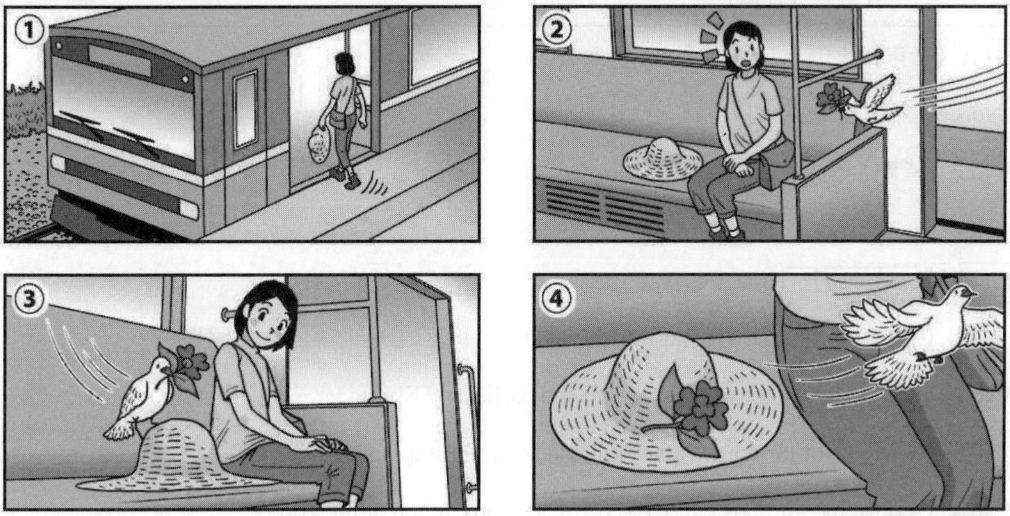

Part D

Part D は、英語で話される音声を聞いたうえで、質問に対する自分の考えとそう考える理由を英語で述べる問題です。英語の音声は２回流れます。そのあと準備時間が１分あります。録音開始の音が鳴ってから解答を始めてください。解答時間は４０秒です。この Part には例題はありません。

海外姉妹校の生徒であるマイクから、ビデオレターで質問が届きました。そこで、あなたは、英語で回答を録音して送ることにしました。ビデオレターの音声を聞き、あなたの**意見**を述べ、そう考える**理由**を詳しく話してください。日本のことを知らない人にも伝わるように説明してください。

（準備時間１分／解答時間４０秒）

【英語音声のみ・画面表示なし】

At my school, we can choose different foods for lunch. For example, I had pizza for lunch today, and one of my friends had a hamburger. But I heard that in Japan, students have the same school lunch. In your opinion, which is better for students: eating the same school lunch or choosing different foods for lunch? Tell me why you think so, too. I'm waiting to hear from you!

2022年度　中学校英語スピーキングテスト(ESAT-J)　(11月27日実施)　解答例

○　本テストでは、「コミュニケーションの達成度」、「言語使用」、「音声」の各観点により話すことの力を総合的に判定します。なお、各パートで評価する観点を設定しています。

○　各パートにおける評価の観点の表記
・コミュニケーションの達成度…**【コミュニケーション】**
・言語使用…**【言語】**
・音声…**【音声】**

Part A **【音声】**

No.1（省略）

No.2（省略）

Part B **【コミュニケーション】**

No.1（例）(It's on) the second floor. / Second.

No.2（例）The skiing event (will start the earliest). / Skiing.

No.3（例）I want to [wash cars / sell cakes / sing (at a mall)].

No.4（例）What animals can we see? / Can I buy lunch at the zoo?

Part C **【コミュニケーション】【言語】【音声】**

I got on a train. Then, a bird came into the train. It had a flower. The bird sat on my hat. It put the flower on the hat and then went away.

Part D **【コミュニケーション】【言語】【音声】**

○生徒は学校が提供する同じ昼食を食べるべきという意見の例

I think students should have the same lunch. School lunches are good for students' health. Each day, they can have different kinds of food. So, it's healthy.

○生徒は学校で食べる昼食を自分で選ぶべきという意見の例

I think students should choose their food for lunch because students like many different things. So, it's good for them to choose their favorite foods. Then, they'll be happy.

2022年度　中学校英語スピーキングテスト（ESAT-J）（予備日テスト）　（12月18日実施）

Part A

Part A は、全部で２問あります。聞いている人に、意味や内容が伝わるように、英文を声に出して読んでください。はじめに準備時間が３０秒あります。録音開始の音が鳴ってから解答を始めてください。解答時間は３０秒です。

【No.1】

あなたは留学中です。あなたはホームステイ先の小学生に頼まれて、絵本を読んであげることになりました。次の英文を声に出して読んでください。

（準備時間３０秒／解答時間３０秒）

▶ **No. 1**

There were three cats, and they were brothers. One loved to play. Another one loved to sleep. And the youngest one loved to eat. One day, the youngest cat ate his brothers' food when they weren't looking. Do you know what his brothers did next?

【No.2】

あなたは海外の学校を訪問しています。その学校の先生に、あなたが日本でよく利用する交通手段についてクラスで発表するように頼まれました。次の英文を声に出して読んでください。

（準備時間３０秒／解答時間３０秒）

▶ **No. 2**

Do you like trains? There are many trains in my country. My family and I like to take the trains in Tokyo every weekend. We can see many beautiful parks, rivers and tall buildings from the trains.

Part B

Part B は、全部で４問あります。質問に答える問題が３問と、あなたから問いかける問題が１問あります。与えられた情報をもとに、英語で話してください。準備時間は１０秒です。録音開始の音が鳴ってから解答を始めてください。解答時間は１０秒です。

No. １と No. ２では、与えられた情報をもとに英語で適切に答えてください。

【No.1】

あなたはカナダに留学中です。あなたは今、学校の図書館で動物に関する新着の本を紹介するポスターを見ながら友だちと話しています。友だちからの質問に対して、与えられたポスターの情報をもとに、英語で答えてください。

（準備時間１０秒／解答時間１０秒）

Question: What will be the new book in July?

【No.2】

あなたはアメリカでホームステイ中です。ホームステイ先の高校生と、一緒にホームステイ先に飾る絵を買おうとしていて、あなたはカタログで絵を探しています。ホームステイ先の高校生からの質問に対して、与えられたカタログの情報をもとに、英語で答えてください。

（準備時間１０秒／解答時間１０秒）

Question: We have 12 dollars. Which picture can we buy?

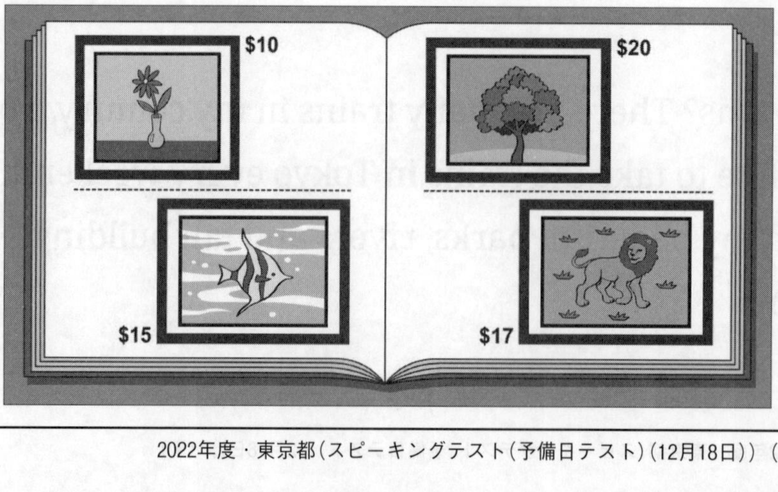

No. ３とNo. ４は、同じ場面での問題です。

No. ３では、質問に対するあなた自身の答えを英語で述べてください。No. ４では、あなたから相手に英語で問いかけてください。

【No.3】

アメリカに留学中のあなたは、スポーツセンターの受付で、スポーツ教室を紹介するポスターを見ながら、スタッフと話しています。スタッフからの質問に対して、与えられたポスターの情報をもとに、あなた自身の回答を英語で述べてください。

（準備時間１０秒／解答時間１０秒）

Question: Which class do you want to take this weekend?

【No.4】

どの教室に参加するか決めたあなたは、スタッフから無料のウェルカムパーティーの案内を受け取りました。あなたはパーティーに参加するために、案内に書かれていないことで、さらに知りたいことがあります。知りたいことをスタッフに英語で尋ねてください。

（準備時間１０秒／解答時間１０秒）

We’re going to have a welcome party!

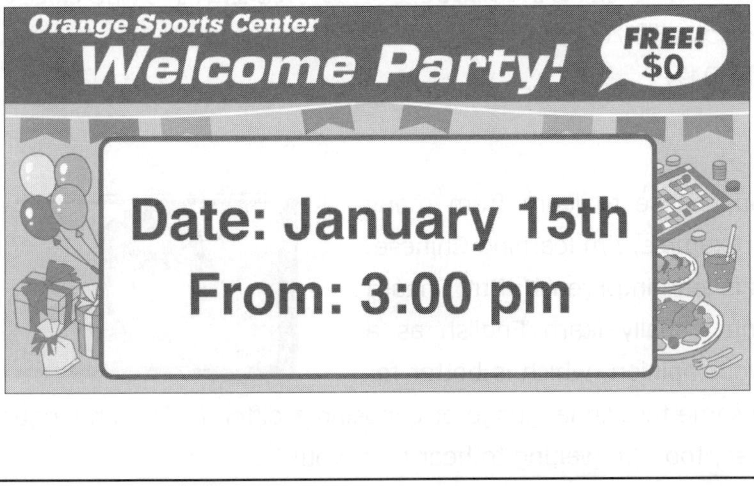

Part C

Part Cは、4コマイラストの問題です。これから画面に表示される1コマめから4コマめのすべてのイラストについて、ストーリーを英語で話してください。はじめに準備時間が３０秒あります。録音開始の音が鳴ってから解答を始めてください。解答時間は４０秒です。このPartには例題はありません。

あなたは、昨日あなたに起こった出来事を留学生の友だちに話すことになりました。イラストに登場する人物になったつもりで、相手に伝わるように英語で話してください。
（準備時間３０秒／解答時間４０秒）

Part D

Part Dは、英語で話される音声を聞いたうえで、質問に対する自分の考えとそう考える理由を英語で述べる問題です。英語の音声は２回流れます。そのあと準備時間が１分あります。録音開始の音が鳴ってから解答を始めてください。解答時間は４０秒です。このPartには例題はありません。

海外姉妹校の生徒であるマイクから、ビデオレターで質問が届きました。そこで、あなたは、英語で回答を録音して送ることにしました。ビデオレターの音声を聞き、あなたの**意見**を述べ、そう考える**理由**を詳しく話してください。日本のことを知らない人にも伝わるように説明してください。
（準備時間１分／解答時間４０秒）

【英語音声のみ・画面表示なし】

At my school, we can choose to learn from many foreign languages. For example, I'm learning Chinese, and one of my friends is learning French. But I heard that in Japan, students usually learn English as a foreign language. In your opinion, which is better for students: learning the same foreign language or choosing a different foreign language? Tell me why you think so, too. I'm waiting to hear from you!

2022年度　中学校英語スピーキングテスト(ESAT-J)(予備日テスト)　(12月18日実施)　解答例

○　本テストでは、「コミュニケーションの達成度」、「言語使用」、「音声」の各観点により話すことの力を総合的に判定します。なお、各パートで評価する観点を設定しています。

○　各パートにおける評価の観点の表記
- コミュニケーションの達成度…**【コミュニケーション】**
- 言語使用…**【言語】**
- 音声…**【音声】**

Part A **【音声】**

No.1（省略）

No.2（省略）

Part B **【コミュニケーション】**

No.1（例）(The new book in July will be) about dogs. / A dog book.

No.2（例）(We can buy) the picture with the flower. / The flower picture.

No.3（例）The [running / baseball / badminton / basketball] class.

I want to take the [running / baseball / badminton / basketball] class.

No.4（例）What will we do at the party? / Do I have to bring something to the party?

Part C **【コミュニケーション】【言語】【音声】**

I went to see a movie. A man sat down in front of me. I couldn’t see the movie because he was tall. So, I sat on my bag. Then, I could see the movie.

Part D **【コミュニケーション】【言語】【音声】**

○生徒は同じ言語を学ぶべきという意見の例

I think learning the same language is better for students. They can help each other when they have problems. Then, they can learn the language well.

○生徒は違う言語を学ぶべきという意見の例

I think choosing a language is better for students because it's good for them to learn about their favorite things. Then, they can learn a lot of things about them.

2024年度 東京都立高校 入試問題

英語

●満点 100点 ●時間 50分

■リスニングテストの音声は，当社ホームページで聴くことができます。(当社による録音です。) 再生に必要なアクセスコードは「合格のための入試レーダー」(巻頭の黄色の紙) の１ページに掲載しています。

1 リスニングテスト(**放送**による**指示**に従って答えなさい。)

〔**問題Ａ**〕 次の**ア**～**エ**の中から適するものをそれぞれ**一つずつ**選びなさい。

＜対話文１＞

ア One dog. **イ** Two dogs. **ウ** Three dogs. **エ** Four dogs.

＜対話文２＞

ア Tomatoes. **イ** Onions. **ウ** Cheese. **エ** Juice.

＜対話文３＞

ア At two. **イ** At one thirty. **ウ** At twelve. **エ** At one.

〔**問題Ｂ**〕 ＜Question 1＞では，下の**ア**～**エ**の中から適するものを**一つ**選びなさい。＜Question 2＞では，質問に対する答えを英語で書きなさい。

＜Question 1＞

ア Two months old. **イ** One week old.

ウ Eleven months old. **エ** One year old.

＜Question 2＞

(15秒程度，答えを書く時間があります。)

※＜**英語学力検査リスニングテスト台本**＞は英語の問題の終わりに付けてあります。

2 次の各問に答えよ。(＊印の付いている単語には，本文のあとに〔**注**〕がある。)

1 高校生のYutaと，Yutaの家にホームステイしているオーストラリアからの留学生のOliverは，来日するOliverの両親を連れて空港から家に帰るまでの経路と昼食の予定について話をしている。(A) 及び (B) の中に，それぞれ入る語句の組み合わせとして正しいものは，下の**ア**～**エ**のうちではどれか。ただし，下のＩ-1は，二人が見ている空港からYutaの家までの経路と所要時間についてYutaが書いたメモであり，Ｉ-2は，二人が見ている空港内にある飲食店の案内の一部である。

Ｉ-1

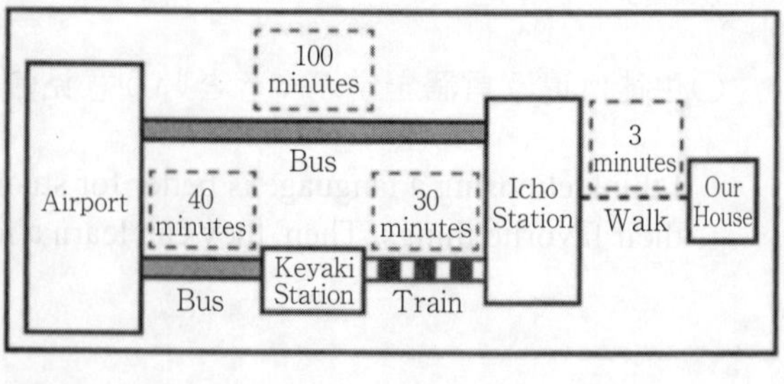

Yuta : Are your parents going to come to Japan on July 29th?

Oliver : Yes, they will arrive at

*Terminal 2 of the airport at eleven in the morning.

Yuta : OK. After we meet your parents at the airport, let's have lunch and take a bus to go to our house.

Oliver : Yes. We can choose one of two buses, right ?

I -2

Airport Restaurant List

Terminal 1	Terminal 2
Ramen Restaurant A	Tempura Restaurant
Sushi Restaurant	Curry Restaurant
Pizza Restaurant	Ramen Restaurant B

Yuta : That's right. Which one should we take ?

Oliver : It will be better for my parents to get home earlier. What do you think ?

Yuta : Well . . . , if we choose the faster way, we will have to take a train after getting off the bus. That will be hard for people with a lot of *baggage.

Oliver : My parents will bring heavy baggage. We don't have to take the faster way.

Yuta : I see. Let's take the bus to [(A)]. It's a longer trip, but I think it's better.

Oliver : OK. How about lunch ? There are many restaurants in the airport.

Yuta : Yes. What kind of food do your parents like ?

Oliver : They both like ramen. Let's have ramen at the terminal that my parents will arrive at.

Yuta : OK. Let's go to [(B)].

〔注〕 terminal ターミナル　　baggage 荷物

ア (A) Icho Station　　(B) Ramen Restaurant A

イ (A) Keyaki Station　(B) Ramen Restaurant A

ウ (A) Icho Station　　(B) Ramen Restaurant B

エ (A) Keyaki Station　(B) Ramen Restaurant B

2　Yuta と Oliver，来日した Oliver の両親の四人は，歌舞伎が見られる劇場への行き方について，地図を見ながら話をしている。[(A)] 及び [(B)] の中に，それぞれ入る単語・語句の組み合わせとして正しいものは，下の**ア**～**エ**のうちではどれか。ただし，下の**Ⅱ**は，四人が見ている地図の一部であり，地図中の◉は四人が話をしている地下鉄の駅の出入口を示している。

Oliver's father : How can we get to the Kabuki Theater ?

Yuta : Look at this map. We can walk to the Kabuki Theater from here at the station.

Oliver's mother : OK. Do we have time to go shopping before seeing kabuki ? I want to buy something Japanese.

Yuta : Yes. Let's go to

Ⅱ

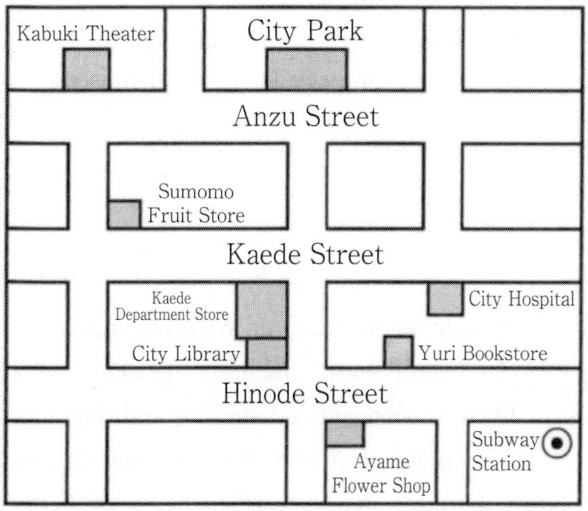

Kaede Department Store.

Oliver : How can we get there ?

Yuta : We can go along Hinode Street until [(A)] is on our left. Then we can turn right at that corner. The store will be next to the City Library.

Oliver : OK.

Yuta : After shopping, we'll go along Kaede Street to Sumomo Fruit Store. It will be on our [(B)]. Then we can turn right at that corner. We'll see the Kabuki Theater in front of us. It's very beautiful.

Oliver's mother : Thank you, Yuta.

Oliver's father : OK. Let's go.

ア (A) Ayame Flower Shop (B) right　**イ** (A) City Library (B) right

ウ (A) Ayame Flower Shop (B) left　**エ** (A) City Library (B) left

3 次の文章は，オーストラリアに帰国したOliverがYutaに送ったEメールの内容である。

> Dear Yuta,
>
> Thank you for helping me a lot during my stay in Japan. I had a good time. The kabuki I saw at the end of my stay in Japan is one of my best memories. I didn't know much about traditional Japanese culture, but their performance was very powerful. My heart was moved by it. I really want to see kabuki again.
>
> After returning to my country, my parents enjoyed watching kabuki in English on the Internet. After I saw kabuki in Japan, I became interested in drama, and I want to join the Drama Club in my school. If I join it, I want to practice singing and dancing a lot and then perform on a stage.
>
> Next month, my parents are going to see kabuki at a theater. I won't be able to go with them, but I want to see kabuki again in Japan someday.
>
> Has something moved you recently ? If something has moved you, please tell me about it. I'm looking forward to hearing from you.
>
> Yours,
> Oliver

(1) このEメールの内容と合っているのは，次のうちではどれか。

ア Oliver saw kabuki with his parents at a theater after he returned to Australia.

イ Oliver knew much about traditional Japanese culture when he saw kabuki.

ウ Oliver practiced singing and dancing before he came to Japan.

エ Oliver wanted to join his school's Drama Club after seeing kabuki.

(2) YutaはOliverに返事のEメールを送ることにしました。あなたがYutaだとしたら，

Oliverにどのような返事のEメールを送りますか。次の**＜条件＞**に合うように，下の□の中に，**三つ**の英語の文を書きなさい。

＜条件＞

○ 前後の文につながるように書き，全体としてまとまりのある返事のEメールとすること。
○ Oliverに伝えたい内容を**一つ**取り上げ，それを取り上げた理由などを含めること。

Hello, Oliver,

Thank you for your e-mail. I enjoyed reading it. While you were in Japan, we visited many places. I had a good time when we saw the kabuki performance with your parents. I have special memories of our time together.

I'm happy to hear that you want to see kabuki again in Japan. I'll tell you about a thing that moved my heart recently.

I'm looking forward to seeing you again.

Your friend,
Yuta

---

3 次の対話の文章を読んで，あとの各問に答えよ。（*印の付いている単語・語句には，本文のあとに〔**注**〕がある。）

Ryota, Maki, and Hiro are junior high school students in Tokyo. Emma is a junior high school student from the United States. They are talking in a classroom after school.

Ryota : Maki, you are a member of the *Library Committee, right? More students go to the library these days. Have the *committee members been doing something special?

Maki : Yes. We change the books on the shelves in front of the library every week. We did that once a month before. Now many students come to see the books. I'm very happy.

Emma : (1)That's great.

Maki : Actually, it was the idea of some students who didn't usually come to the library.

I learned something interesting from them.

Hiro : Tell me more.

Maki : When they passed by the library, they saw the books on the shelves. And sometimes they picked them up.

Ryota : Did they go into the library ?

Maki : Yes. When they were interested in the books, they did. When we changed books on the shelves more often, more students came into the library.

Hiro : Great. I also want to do something as a member of the Broadcasting Committee. I want to change the lunch time school broadcasting.

Maki : Sometimes it's good to try new things.

Emma : That's true. Can I tell you about one of my experiences ?

Hiro : Sure.

Emma : Before coming to Japan, I studied Japanese for the first time. But when I started to go to school in Japan, it was difficult to speak it.

Ryota : (2)<u>You had a hard time.</u> I didn't know that.

Emma : At that time, I couldn't say the things that I really wanted to say in Japanese. But I'm OK now.

Hiro : How did you solve your problem ?

Emma : I didn't solve it by myself. One day, one of the English Club members asked me some questions about English. Then I started to go to the club to teach English.

Maki : That was good for the club members.

Emma : I hope so. Then I talked about my problem there. One of the members said, "You are kind to teach us English. If you want to speak Japanese, please talk to me."

Hiro : That sounds good.

Emma : In the English Club, the members and I can teach each other.

Maki : (3)<u>That's nice.</u>

Emma : I can understand Japanese better and have many good friends now.

Maki : Great. Talking to someone about your problems is important.

Ryota : Right. I had a similar feeling when I did a presentation in my social studies class.

Maki : I remember. You did a presentation about a country you wanted to visit.

Ryota : Yes. When I practiced for the presentation, I used all the information that I had, and the presentation became too long.

Hiro : Then what did you do ?

Ryota : I showed my presentation to some friends before I did it in front of the class. (4)<u>They gave me good advice.</u>

Maki : What did they say ?

Ryota : First, they asked me what the most important point of the presentation was.

Hiro : What was their advice ?

Ryota : They said I should focus on that point. I used only some important information. That made the presentation better.

Hiro : It's important to hear different points of view. And other people sometimes can give us good help.

Emma : Do you think you can also do something as a Broadcasting Committee member ?

Hiro : We do lunch time school broadcasting every day. But I want to understand students' feelings about it. After that, I will try something new. I want chances to talk to students about it.

Maki : That's a good idea.

Hiro : First, I'll talk to some of my friends. They may give me some new ideas.

Ryota : (5)I hope they will do that.

Hiro : I'm glad that I talked to you all about this.

〔注〕 Library Committee　図書委員会　　committee　委員会

〔問１〕 (1)That's great. とあるが，このようにEmmaが言った理由を最もよく表しているのは，次のうちではどれか。

ア Many students come to see the books on the shelves in front of the library.

イ The Library Committee members change the books on the shelves in front of the library once a month.

ウ Students who didn't usually go to the library had an interesting idea.

エ Students go to the library to do something special.

〔問２〕 (2)You had a hard time. の内容を最もよく表しているのは，次のうちではどれか。

ア The English Club members couldn't ask questions to Emma.

イ Emma studied Japanese for the first time before she came to Japan.

ウ It was difficult for Emma to speak Japanese when she started to go to school in Japan.

エ Ryota didn't know what Emma wanted to say in Japanese when she came to Japan.

〔問３〕 (3)That's nice. とあるが，このようにMakiが言った理由を最もよく表しているのは，次のうちではどれか。

ア One of the English Club members said Emma was kind.

イ The English Club members and Emma can teach each other.

ウ Emma hoped the English Club members could talk about their problems with her.

エ Ryota and Maki have a similar feeling about the English Club.

〔問４〕 (4)They gave me good advice. の内容を，次のように書き表すとすれば，□の中に，下のどれを入れるのがよいか。

Ryota's friends said that □.

ア Ryota should sometimes give other people help

イ Ryota should focus on the most important point of the presentation

ウ Ryota should show other people his presentation before doing it in front of the class

エ Ryota should use all the information he had to make the presentation long

〔問５〕 (5)I hope they will do that. の内容を最もよく表しているのは，次のうちではどれか。

ア Hiro and his friends will have chances to do lunch time school broadcasting.

イ Some students will understand the Broadcasting Committee members' feelings.

ウ The Broadcasting Committee members will do lunch time school broadcasting every day.

エ　Hiro's friends will give him some new ideas about lunch time school broadcasting.

〔問６〕 次の英語の文を，本文の内容と合うように完成するには，[　　] の中に，下のどれを入れるのがよいか。

Hiro learned that it sometimes is important to learn [　　] ways of looking at things from others.

ア　different　　イ　exciting　　ウ　famous　　エ　similar

〔問７〕 次の文章は，Maki たちと話した日に，Emma が書いた日記の一部である。[(A)] 及び [(B)] の中に，それぞれ入る単語・語句の組み合わせとして正しいものは，下の**ア**～**エ**のうちではどれか。

> Today, I talked with my friends Ryota, Maki, and Hiro about getting new ideas. Maki was happy that many students came to the library. And students who didn't usually go to the library [(A)] her. I told my friends about one of my experiences. When I spoke Japanese, I had a problem. One of the English Club members understood my problem. And we solved it. Ryota's friends also [(A)] him. They gave him good advice [(B)] he gave a presentation in front of the class. His presentation became better. I think it is important to talk about my problems to other people. Sometimes they give me good advice. Hiro wanted to change the lunch time school broadcasting. He wanted to understand students' feelings [(B)] trying something new. I hope he will get good ideas from others.

ア　(A) helped　(B) after　　イ　(A) learned from　(B) after

ウ　(A) helped　(B) before　　エ　(A) learned from　(B) before

4　次の文章を読んで，あとの各問に答えよ。（＊印の付いている単語・語句には，本文のあとに〔**注**〕がある。）

Yumi was a Japanese second-year high school student. She was good at English, and she was interested in going abroad. She wanted to see how well she could communicate in English. One day in May, on the Internet, she found information about a *homestay in New Zealand for two weeks during the summer vacation. Yumi was interested in it and talked to her brother, Masao, about it. She asked him about his homestay experience in Canada. Masao said to her, "I enjoyed speaking English and making many friends there. <u>You should do that in the New Zealand program.</u>" She was looking forward to going to a high school during the homestay. She hoped to introduce something Japanese to people.

One Wednesday in early August, Yumi arrived in New Zealand and met Lily and Jack, members of her *host family. Yumi and Lily were the same age, and Jack was six years old. Yumi talked about many things with them. Soon they became good friends.

On Saturday, Yumi and Lily went to a *farm near Lily's house. Lily often took care of cows and sheep. Yumi wasn't able to help her very well. But she enjoyed it. Lily said to her, "I've been helping the farm to take care of these cows and sheep. I want to become a farmer.

I want people to eat ice cream made from milk from my farm."　Then Lily asked Yumi, "What do you want to do in the future ?"　Yumi couldn't answer anything.　She didn't have a clear plan for the future.　She became a little *embarrassed about that.

On Sunday, Yumi played with Jack.　She made some origami for Jack, such as a paper *balloon and a crane.　Jack enjoyed throwing the paper balloon and said to Yumi, "Can you make some other things, like a rugby ball ?　I like playing rugby."　Yumi said, "Let's check how to make one."　She found some origami websites.　She tried to make a rugby ball, and she made one.　But Jack couldn't make one at first.　Thanks to help from Yumi, he later made an origami rugby ball.　He said, "Thank you very much !"　Yumi thought that origami could be a chance for Jack to learn about Japan.

On Tuesday, at school, Yumi got a chance to introduce August events in Japan to her class. She talked about summer festivals and showed a video about fireworks and food *stalls. People in the video ate various kinds of food.　Some classmates became interested in *okonomiyaki* and asked Yumi about it.　She said, "It's made from *flour, eggs, and cabbage. You can put anything you like into it."　After school, one of her classmates, Kate, invited Yumi and Lily to a party which would be held on the weekend.　Kate wanted to make *okonomiyaki* with her family.　She invited neighbors and asked Yumi for help.

Four days later, the party was held.　People there enjoyed making *okonomiyaki* with the help of Yumi.　Yumi was happy that they made various kinds of *okonomiyaki*.　One of the invited neighbors put bacon and green peppers in it.　Lily said, "*Okonomiyaki* was a good idea and not difficult to make."　Kate said, "Thank you, Yumi.　You are a good teacher."　Yumi was happy to see their smiles.　She felt that the party would be one of the best memories of her stay.

The next day was Yumi's last day in New Zealand.　She said to Lily and Jack, "I want to learn more about my own country and tell people from other countries about Japan."　Lily said, "You will be able to do that in the future."

Yumi came home from New Zealand and said to Masao, "My homestay in New Zealand was a great experience.　I want to go there again.　I want to learn more English and more about Japan."　Masao was happy to hear that.　Yumi smiled.

〔**注**〕 homestay　ホームステイ　　host family　ホストファミリー　　farm　牧場
embarrassed　気恥ずかしい　　balloon　風船　　stall　屋台
flour　小麦粉

〔問１〕 You should do that in the New Zealand program. の内容を，次のように書き表すとすれば，□の中に，下のどれを入れるのがよいか。

Masao told Yumi that □.

ア　she should go to a high school in the New Zealand program

イ　she should introduce something Japanese in the New Zealand program

ウ　she should find information about high schools in the New Zealand program

エ　she should enjoy speaking English and making many friends in the New Zealand program

〔問２〕 次の**ア**～**エ**の文を，本文の内容の流れに沿って並べ，記号で答えよ。

ア　Yumi was happy that people at the party made various kinds of *okonomiyaki*.

イ　Yumi talked about many things with Lily and Jack, and they became good friends.

ウ　Lily said that Yumi would be able to tell people from other countries about Japan in the future.

エ　Yumi was interested in going abroad and wanted to see how well she could communicate in English.

〔問3〕 次の(1)～(3)の文を，本文の内容と合うように完成するには，□の中に，それぞれ下のどれを入れるのがよいか。

(1) When Lily asked Yumi about her future, □.

ア　Yumi couldn't answer because she didn't have a clear plan

イ　Yumi said she wanted people to eat ice cream made from milk from her farm

ウ　Yumi was a little embarrassed because she couldn't take care of cows and sheep

エ　Yumi said she wanted to become a farmer in New Zealand

(2) On Sunday, when Jack asked Yumi to make an origami rugby ball, □.

ア　she tried to make one and enjoyed throwing it

イ　she thought making one would be a good chance for her to learn about Japan

ウ　she said she could make other things, like a paper balloon and a crane

エ　she found some origami websites and made one

(3) On Tuesday, after Yumi talked about August events in Japan at school, □.

ア　Yumi showed classmates a video about origami

イ　Kate asked Yumi to help to make *okonomiyaki* at a party

ウ　Kate was invited to a party to help Lily make *okonomiyaki*

エ　some classmates got interested in the fireworks in the video

〔問4〕 次の(1)，(2)の質問の答えとして適切なものは，それぞれ下のうちではどれか。

(1) What did Yumi feel at the party？

ア　She felt that putting bacon and green peppers in *okonomiyaki* was a good idea.

イ　She felt that Kate's family and invited neighbors were good teachers.

ウ　She felt that it would be one of the best memories of her stay.

エ　She felt that making *okonomiyaki* in New Zealand was difficult.

(2) Why did Yumi want to learn more about her own country？

ア　She wanted to learn more about it to talk with people at a party.

イ　She wanted to learn more about it to tell people from other countries about Japan.

ウ　She wanted to learn more about it to do a homestay in New Zealand again.

エ　She wanted to learn more about it to talk with Masao more.

＜英語学力検査リスニングテスト台本＞

開始時の説明

これから，リスニングテストを行います。

問題用紙の1ページを見なさい。リスニングテストは，全て放送による指示で行います。リスニングテストの問題には，**問題A**と**問題B**の二つがあります。**問題A**と，**問題B**の＜Question 1＞では，質問に対する答えを選んで，その記号を答えなさい。**問題B**の＜Question 2＞では，質問に対する答えを英語で書きなさい。

英文とそのあとに出題される質問が，それぞれ全体を通して二回ずつ読まれます。問題用紙の余白にメモをとってもかまいません。答えは全て解答用紙に書きなさい。

〔問題A〕

問題Aは，英語による対話文を聞いて，英語の質問に答えるものです。ここで話される対話文は全部で三つあり，それぞれ質問が一つずつ出題されます。質問に対する答えを選んで，その記号を答えなさい。

では，＜対話文1＞を始めます。

Tom : Satomi, I heard you love dogs.
Satomi : Yes, Tom. I have one dog. How about you?
Tom : I have two dogs. They make me happy every day.
Satomi : My dog makes me happy, too. Our friend, Rina also has dogs. I think she has three.
Tom : Oh, really?
Satomi : Yes. I have an idea. Let's take a walk with our dogs this Sunday. How about at four p.m.?
Tom : OK. Let's ask Rina, too. I can't wait for next Sunday.

Question : How many dogs does Tom have?
繰り返します。
（対話文1と質問を繰り返す）

＜対話文2＞を始めます。

John : Our grandfather will be here soon. How about cooking spaghetti for him, Mary?
Mary : That's a nice idea, John.
John : Good. We can use these tomatoes and onions. Do we need to buy anything?
Mary : We have a lot of vegetables. Oh, we don't have cheese.
John : OK. Let's buy some cheese at the supermarket.
Mary : Yes, let's.
John : Should we buy something to drink, too?
Mary : I bought some juice yesterday. So, we don't have to buy anything to drink.

Question : What will John and Mary buy at the supermarket?
繰り返します。
（対話文2と質問を繰り返す）

＜対話文３＞を始めます。

Jane : Hi, Bob, what are you going to do this weekend ?
Bob : Hi, Jane. I'm going to go to the stadium to watch our school's baseball game on Sunday afternoon.
Jane : Oh, really ? I'm going to go to watch it with friends, too. Can we go to the stadium together ?
Bob : Sure. Let's meet at Momiji Station. When should we meet ?
Jane : The game will start at two p.m. Let's meet at one thirty at the station.
Bob : Well, why don't we eat lunch near the station before then ?
Jane : That's good. How about at twelve ?
Bob : That's too early.
Jane : OK. Let's meet at the station at one.
Bob : Yes, let's do that.

Question : When will Jane and Bob meet at Momiji Station ?
（対話文３と質問を繰り返す）

これで**問題Ａ**を終わり，**問題Ｂ**に入ります。

〔**問題Ｂ**〕

これから聞く英語は，ある動物園の来園者に向けた説明です。内容に注意して聞きなさい。

あとから，英語による質問が二つ出題されます。＜Question 1＞では，質問に対する答えを選んで，その記号を答えなさい。＜Question 2＞では，質問に対する答えを英語で書きなさい。

なお，＜Question 2＞のあとに，15秒程度，答えを書く時間があります。

では，始めます。

Good morning everyone. Welcome to Tokyo Chuo Zoo. We have special news for you. We have a new rabbit. It's two months old. It was in a different room before. But one week ago, we moved it. Now you can see it with other rabbits in "Rabbit House." You can see the rabbit from eleven a.m. Some rabbits are over one year old. They eat vegetables, but the new rabbit doesn't.

In our zoo, all the older rabbits have names. But the new one doesn't. We want you to give it a name. If you think of a good one, get some paper at the information center and write the name on it. Then put the paper into the post box there. Thank you.

＜Question 1＞ How old is the new rabbit ?
＜Question 2＞ What does the zoo want people to do for the new rabbit ?
（**問題Ｂ**の英文と質問を繰り返す）

以上で，リスニングテストを終わります。**2** 以降の問題に答えなさい。

数学

●満点 100点　●時間 50分

注意　1　答えに分数が含まれるときは，**それ以上約分できない形で表しなさい。**

例えば，$\frac{6}{8}$ と答えるのではなく，$\frac{3}{4}$ と答えます。

2　答えに根号が含まれるときは，**根号の中を最も小さい自然数にしなさい。**

例えば，$3\sqrt{8}$ と答えるのではなく，$6\sqrt{2}$ と答えます。

3　□ の中の数字を答える問題については，「**あ**，**い**，**う**，…」に当てはまる数字を，**0** から **9** までの数字のうちから，それぞれ **1** つずつ選んで，**その数字の ⬭ の中を正確に塗りつぶしなさい。**

1　次の各問に答えよ。

〔問１〕　$-6^2 \times \frac{1}{9} - 4$　を計算せよ。

〔問２〕　$2a + b - \frac{5a+b}{3}$　を計算せよ。

〔問３〕　$(\sqrt{7}-1)(\sqrt{7}+6)$　を計算せよ。

〔問４〕　一次方程式　$2x - 8 = -x + 4$　を解け。

〔問５〕　連立方程式　$\begin{cases} 5x + 7y = 9 \\ 3x + 4y = 6 \end{cases}$　を解け。

〔問６〕　二次方程式　$(x-8)^2 = 1$　を解け。

〔問７〕　右の**図１**は，ある中学校第２学年の，A組，B組，C組それぞれ生徒37人のハンドボール投げの記録を箱ひげ図に表したものである。

図１から読み取れることとして正しいものを，次の**ア**～**エ**のうちから選び，記号で答えよ。

図１

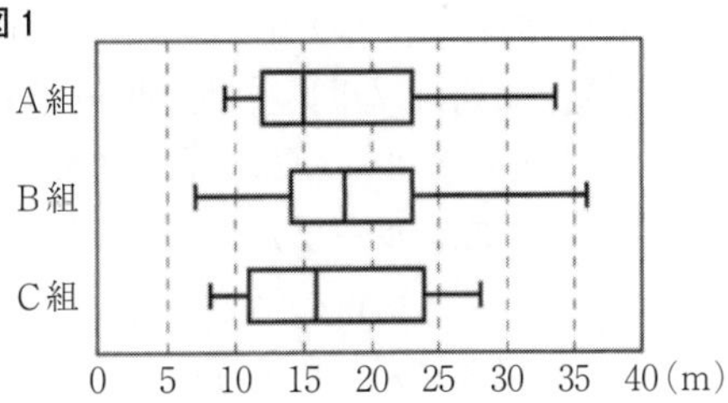

ア　A組，B組，C組のいずれの組にも，記録が30mを上回った生徒がいる。

イ　A組，B組，C組の中で，最も遠くまで投げた生徒がいる組はC組である。

ウ　A組，B組，C組のいずれの組にも，記録が15mの生徒はいない。

エ　A組，B組，C組の中で，四分位範囲が最も小さいのはB組である。

〔問８〕　次の □ の中の「**あ**」「**い**」に当てはまる数字をそれぞれ答えよ。

右の**図２**で，点Oは，線分ABを直径とする円の中心であり，３点C，D，Eは円Oの周上にある点である。

５点A，B，C，D，Eは，右の**図２**のように，A，D，B，E，Cの順に並んでおり，互いに一致しない。

点Bと点E，点Cと点D，点Dと点Eをそれぞれ結ぶ。

図２

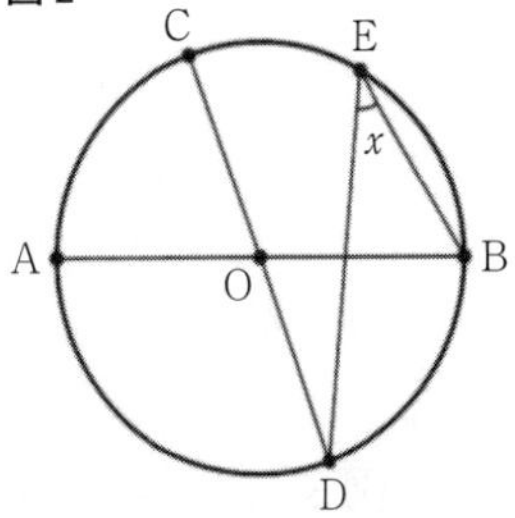

線分CDが円Oの直径，$\overset{\frown}{AC} = \frac{2}{5}\overset{\frown}{AB}$ のとき，x で示した∠BEDの大きさは，**あい** 度である。

〔問9〕 右の**図3**で，四角形ABCDは，∠BADが鈍角の四角形である。

解答欄に示した図をもとにして，四角形ABCDの辺上にあり，辺ABと辺ADまでの距離が等しい点Pを，定規とコンパスを用いて作図によって求め，点Pの位置を示す文字Pも書け。

ただし，作図に用いた線は消さないでおくこと。

図3

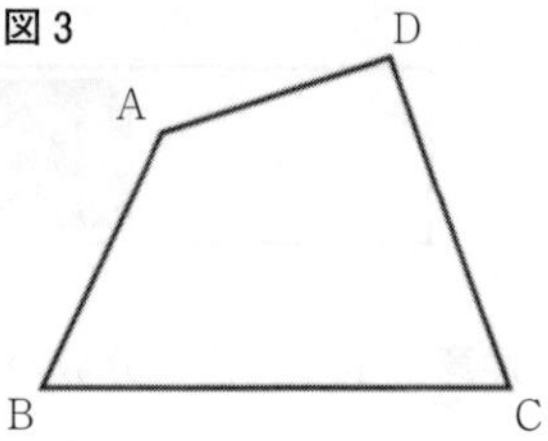

2 Sさんのクラスでは，先生が示した問題をみんなで考えた。

次の各問に答えよ。

［先生が示した問題］

a，bを正の数とする。

右の**図1**で，△ABCは，∠BAC＝90°，AB＝a cm，AC＝b cmの直角三角形である。

右の**図2**に示した四角形AEDCは，**図1**において，辺BCをBの方向に延ばした直線上にありBC＝BDとなる点をDとし，△ABCを頂点Bが点Dに一致するように平行移動させたとき，頂点Aが移動した点をEとし，頂点Aと点E，点Dと点Eをそれぞれ結んでできた台形である。

四角形AEDCの面積は，△ABCの面積の何倍か求めなさい。

図1

図2

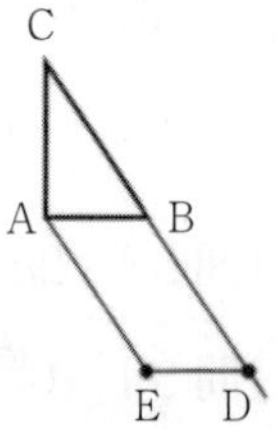

〔問1〕 次の□の中の「**う**」に当てはまる数字を答えよ。

［先生が示した問題］で，四角形AEDCの面積は，△ABCの面積の［**う**］倍である。

Sさんのグループは，［先生が示した問題］をもとにして，次の問題を作った。

［Sさんのグループが作った問題］

a，b，xを正の数とする。

右の**図3**に示した四角形AGHCは，**図1**において，辺ABをBの方向に延ばした直線上にある点をFとし，△ABCを頂点Aが点Fに一致するように平行移動させたとき，頂点Bが移動した点をG，頂点Cが移動した点をHとし，頂点Cと点H，点Gと点Hをそれぞれ結んでできた台形である。

右の**図4**に示した四角形ABJKは，**図1**において，辺ACをCの方向に延ばした直線上にある点をIとし，△ABCを頂点Aが点Iに一致するように平行移動させたとき，頂点Bが移動した点をJ，頂点Cが移動した点をKとし，頂点Bと点J，点Jと点Kをそれぞれ結んでできた台形である。

図3

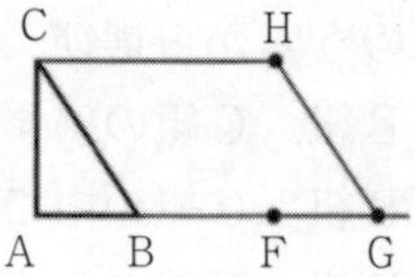

図4

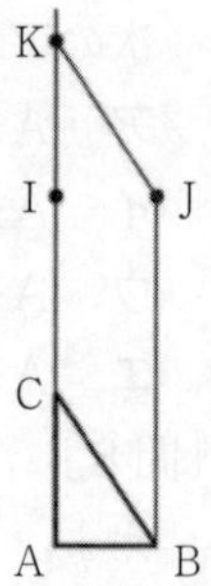

図3において，線分AFの長さが辺ABの長さのx倍となるときの四角形AGHCの面積と，**図4**において，線分AIの長さが辺ACの長さのx倍となるときの四角形ABJKの面積が等しくなることを確かめてみよう。

〔問2〕［Sさんのグループが作った問題］で，四角形AGHCの面積と四角形ABJKの面積を，それぞれa，b，xを用いた式で表し，四角形AGHCの面積と四角形ABJKの面積が等しくなることを証明せよ。

3　右の**図1**で，点Oは原点，曲線lは関数$y=\frac{1}{4}x^2$のグラフを表している。

点Aは曲線l上にあり，x座標は-6である。

曲線l上にある点をPとする。

次の各問に答えよ。

図1

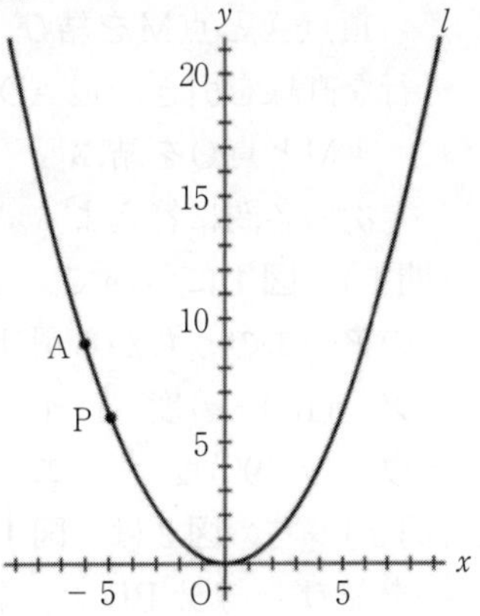

〔問1〕次の[①]と[②]に当てはまる数を，下の**ア**～**ク**のうちからそれぞれ選び，記号で答えよ。

点Pのx座標をa，y座標をbとする。

aのとる値の範囲が$-3 \leqq a \leqq 1$のとき，bのとる値の範囲は，

[①] $\leqq b \leqq$ [②]

である。

ア　$-\frac{9}{4}$　　**イ**　$-\frac{3}{2}$　　**ウ**　$-\frac{3}{4}$　　**エ**　0

オ　$\frac{1}{4}$　　**カ**　$\frac{1}{2}$　　**キ**　$\frac{3}{2}$　　**ク**　$\frac{9}{4}$

〔問2〕次の[③]と[④]に当てはまる数を，下の**ア**～**エ**のうちからそれぞれ選び，記号で答えよ。

右の**図2**は，**図1**において，x座標が点Pのx座標と等しく，y座標が点Pのy座標より4大きい点をQとした場合を表している。

点Pのx座標が2のとき，2点A，Qを通る直線の式は，

$y=$ [③] $x+$ [④]

である。

図2

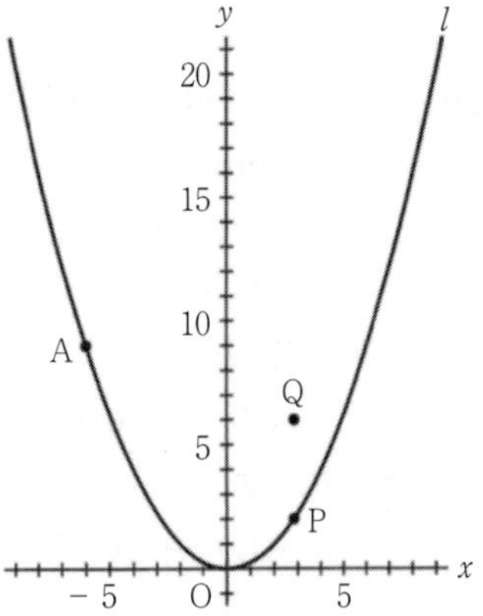

[③]　**ア**　2　　**イ**　$\frac{1}{2}$　　**ウ**　$-\frac{1}{2}$　　**エ**　-2

[④]　**ア**　6　　**イ**　5　　**ウ**　4　　**エ**　1

〔問3〕**図2**において，点Pのx座標が3より大きい数であるとき，点Qを通り傾き$\frac{1}{2}$の直線を引き，y軸との交点をRとし，点Oと点A，点Aと点R，点Pと点Q，点Pと点Rをそれぞれ結んだ場合を考える。

△AORの面積が△PQRの面積の3倍になるとき，点Pのx座標を求めよ。

4　右の**図1**で，四角形ABCDは，AB＜ADの長方形である。

辺BCの中点をMとする。

点Pは，線分CM上にある点で，頂点C，点Mのいずれにも一致しない。

頂点Aと点Mを結び，点Pを通り線分AMに平行な直線を引き，辺ADとの交点をQとする。

点Mと点Qを結ぶ。

次の各問に答えよ。

図1

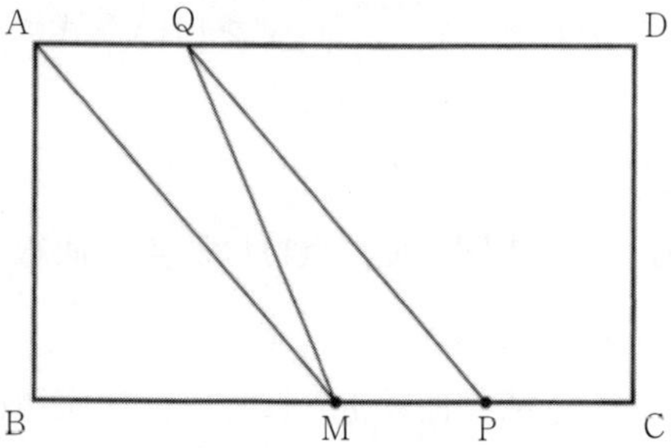

〔問1〕 **図1**において，AB＝BM，∠AQM＝a°とするとき，∠MQPの大きさを表す式を，次の**ア**～**エ**のうちから選び，記号で答えよ。

ア　$(180-a)$度　　**イ**　$(135-a)$度

ウ　$(a-90)$度　　**エ**　$(a-45)$度

〔問2〕 右の**図2**は，**図1**において，頂点Bと頂点Dを結び，線分BDと，線分AM，線分MQ，線分PQとの交点をそれぞれR，S，Tとした場合を表している。

次の①，②に答えよ。

① △BMR∽△DQTであることを証明せよ。

② 次の□の中の「**え**」「**お**」「**か**」に当てはまる数字をそれぞれ答えよ。

図2

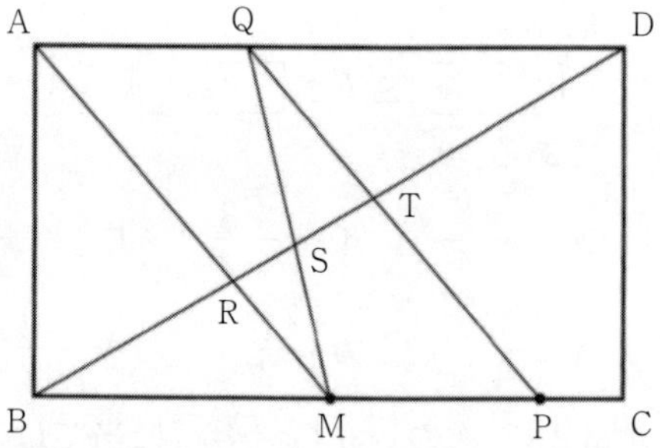

図2において，MP：PC＝3：1のとき，線分STの長さと線分BDの長さの比を最も簡単な整数の比で表すと，ST：BD＝［**え**］：［**おか**］である。

5　右の図に示した立体ABC-DEFは，AB＝AD＝6cm，AC＝BC＝5cm，∠BAD＝∠CAD＝90°の三角柱である。

辺CF上にあり，頂点C，頂点Fのいずれにも一致しない点をPとする。

次の各問に答えよ。

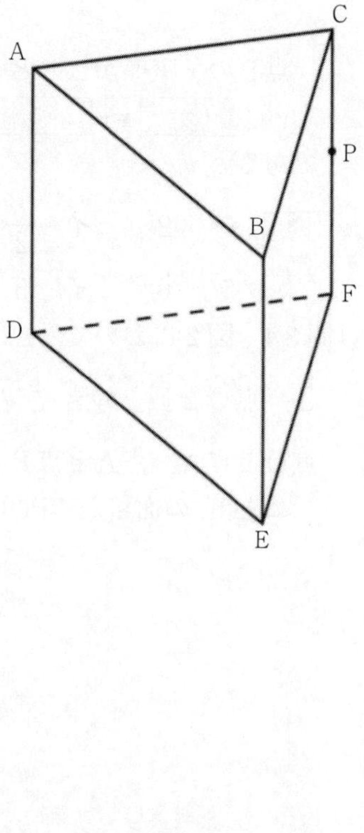

〔問1〕 次の□の中の「**き**」「**く**」に当てはまる数字をそれぞれ答えよ。

線分ABの中点をMとし，点Mと点Pを結んだ場合を考える。

∠BMPの大きさは，［**きく**］度である。

〔問2〕 次の□の中の「**け**」「**こ**」に当てはまる数字をそれぞれ答えよ。

頂点Aと点P，頂点Bと点P，頂点Dと点P，頂点Eと点Pをそれぞれ結んだ場合を考える。

立体P-ADEBの体積は，［**けこ**］cm^3である。

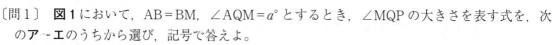

社会

●満点 100点　●時間 50分

1　次の各問に答えよ。

〔問１〕　次の地形図は，2017年の「国土地理院発行２万５千分の１地形図（取手《とりで》）」の一部を拡大して作成した地形図上に●で示した**A**点から，**B**～**E**点の順に，**F**点まで移動した経路を太線（━━━━）で示したものである。次のページの**ア**～**エ**の写真と文は，地形図上の**B**～**E**点のい

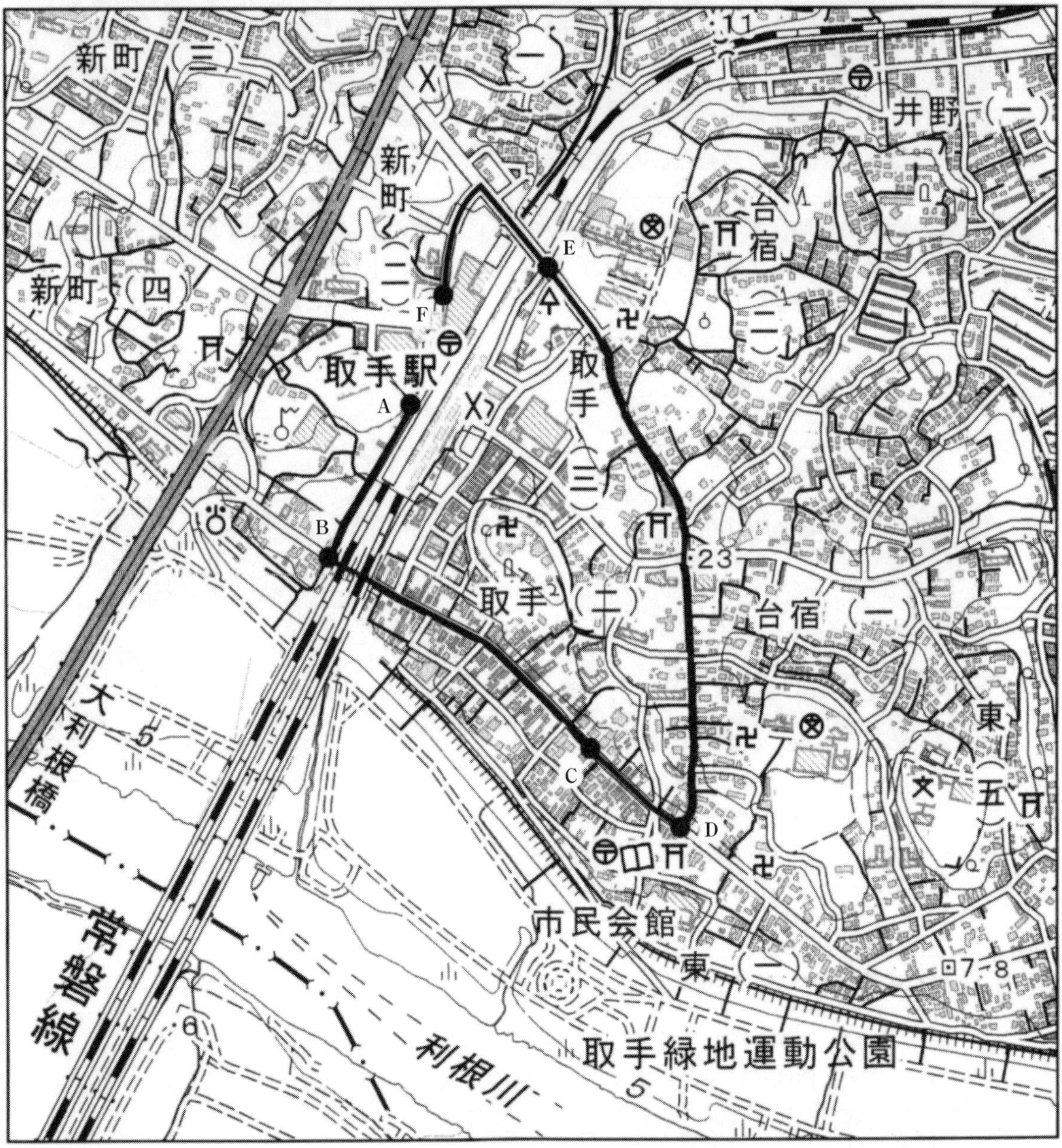

ずれかの地点の様子を示したものである。地形図上の**B**～**E**点のそれぞれに当てはまるのは，次の**ア**～**エ**のうちではどれか。

ア

この地点から進行する方向を見ると，鉄道の線路の上に橋が架けられており，道路と鉄道が立体交差していた。

イ

この地点から進行する方向を見ると，道路の上に鉄道の線路が敷設《ふせつ》されており，道路と鉄道が立体交差していた。

ウ

丁字形《ていじけい》の交差点であるこの地点に立ち止まり，進行する方向を見ると，登り坂となっている道の両側に住宅が建ち並んでいた。

エ

直前の地点から約470m進んだこの地点に立ち止まり，北東の方向を見ると，宿場の面影を残す旧《きゅう》取手《とりで》宿《しゅく》本陣《ほんじん》表門《おもてもん》があった。

〔問２〕　次の文で述べている決まりに当てはまるのは，下の**ア**～**エ**のうちのどれか。

戦国大名が，領国を支配することを目的に定めたもので，家臣が，勝手に他国から嫁や婿を取ることや他国へ娘を嫁に出すこと，国内に城を築くことなどを禁止した。

ア　御成敗式目《ごせいばいしきもく》　　**イ**　大宝律令《たいほうりつりょう》　　**ウ**　武家諸法度《ぶけしょはっと》　　**エ**　分国法《ぶんこくほう》

〔問３〕 次の文章で述べているものに当てはまるのは，下の**ア**～**エ**のうちのどれか。

> 衆議院の解散による衆議院議員の総選挙後に召集され，召集とともに内閣が総辞職するため，両議院において内閣総理大臣の指名が行われる。会期は，その都度，国会が決定し，２回まで延長することができる。

ア 常会　**イ** 臨時会　**ウ** 特別会　**エ** 参議院の緊急集会

2 次の略地図を見て，あとの各問に答えよ。

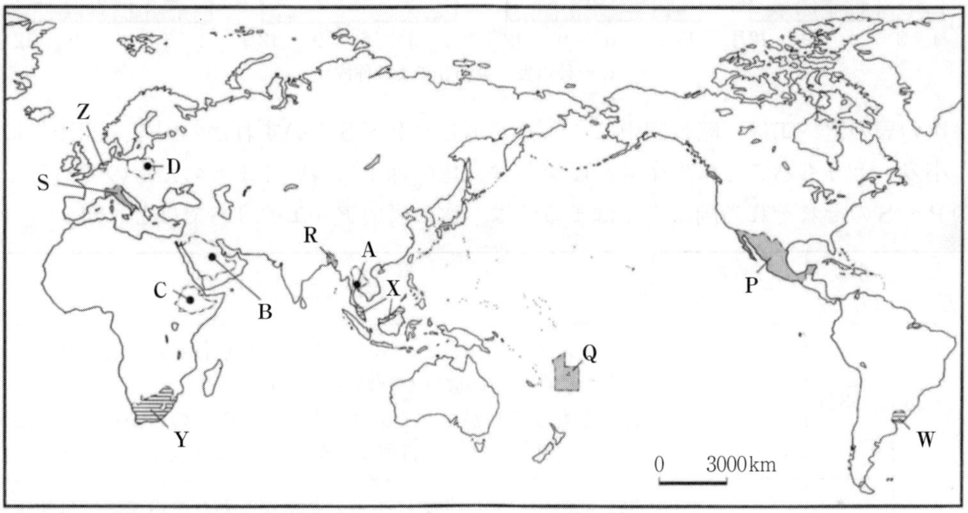

〔問１〕 略地図中の**A**～**D**は，それぞれの国の首都の位置を示したものである。次のⅠの文章は，略地図中の**A**～**D**の**いずれか**の首都を含む国の自然環境と農業についてまとめたものである。Ⅱの**ア**～**エ**のグラフは，略地図中の**A**～**D**の**いずれか**の首都の，年平均気温と年降水量及び各月の平均気温と降水量を示したものである。Ⅰの文章で述べている国の首都に当てはまるのは，略地図中の**A**～**D**のうちのどれか，また，その首都のグラフに当てはまるのは，Ⅱの**ア**～**エ**のうちのどれか。

Ⅰ

> 首都は標高約2350mに位置し，各月の平均気温の変化は年間を通して小さい。コーヒー豆の原産地とされており，2019年におけるコーヒー豆の生産量は世界第５位であり，輸出額に占める割合が高く，主要な収入源となっている。

Ⅱ

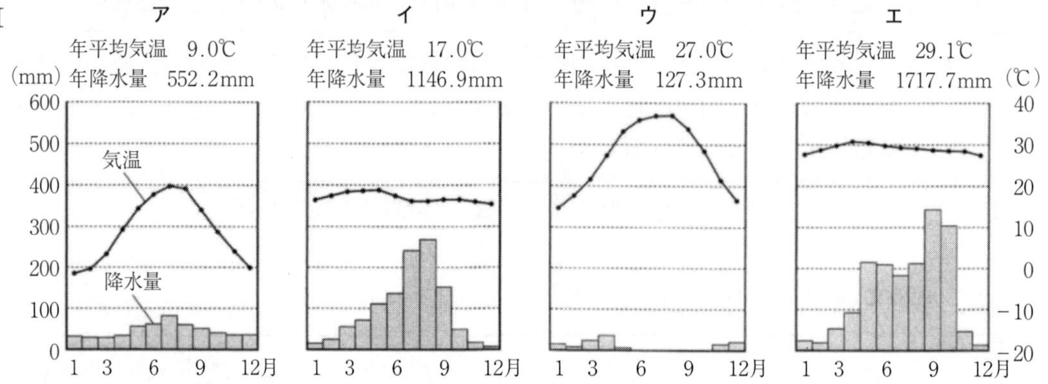

(「理科年表」令和５年より作成)

〔問２〕　次の表の**ア**～**エ**は，略地図中に　　　で示した**P**～**S**の**いずれか**の国の，2019年における米，小麦，とうもろこしの生産量，農業と食文化の様子についてまとめたものである。略地図中の**P**～**S**のそれぞれの国に当てはまるのは，次の表の**ア**～**エ**のうちではどれか。

	米（万ｔ）	小麦（万ｔ）	とうもろこし（万ｔ）	農業と食文化の様子
ア	25	324	2723	○中央部の高原ではとうもろこしの栽培が行われ，北西部ではかんがい農業や牛の放牧が行われている。 ○とうもろこしが主食であり，とうもろこしの粉から作った生地を焼き，具材を挟んだ料理などが食べられている。
イ	149	674	628	○北部の平野では冬季に小麦の栽培が行われ，沿岸部では柑橘《かんきつ》類やオリーブなどの栽培が行われている。 ○小麦が主食であり，小麦粉から作った麺に様々なソースをあわせた料理などが食べられている。
ウ	0.6	―	0.1	○畑ではタロいもなどの栽培が行われ，海岸沿いの平野ではさとうきびなどの栽培が行われている。 ○タロいもが主食であり，バナナの葉に様々な食材と共にタロいもを包んで蒸した料理などが食べられている。
エ	5459	102	357	○河川が形成した低地では雨季の降水などを利用した稲作が行われ，北東部では茶の栽培が行われている。 ○米が主食であり，鶏やヤギの肉と共に牛乳から採れる油を使って米を炊き込んだ料理などが食べられている。

（注）　―は，生産量が不明であることを示す。

(「データブック オブ・ザ・ワールド」2022年版などより作成)

〔問３〕　次のⅠとⅡの表の**ア**～**エ**は，略地図中に　　　で示した**W**～**Z**の**いずれか**の国に当てはまる。Ⅰの表は，2001年と2019年における日本の輸入額，農産物の日本の主な輸入品目と輸入額を示したものである。Ⅱの表は，2001年と2019年における輸出額，輸出額が多い上位３位までの貿易相手国を示したものである。Ⅲの文章は，略地図中の**W**～**Z**の**いずれか**の国について述べたものである。Ⅲの文章で述べている国に当てはまるのは，略地図中の**W**～**Z**のうちのどれか，また，ⅠとⅡの表の**ア**～**エ**のうちのどれか。

Ⅰ

		日本の輸入額（百万円）	農産物の日本の主な輸入品目と輸入額（百万円）		
ア	2001年	226492	植物性原材料 18245	ココア 4019	野菜 3722
	2019年	343195	豚肉 17734	チーズ等 12517	植物性原材料 6841
イ	2001年	5538	羊毛 210	米 192	チーズ等 31
	2019年	3017	牛肉 1365	羊毛 400	果実 39
ウ	2001年	338374	とうもろこし 12069	果実 9960	砂糖 5680
	2019年	559098	果実 7904	植物性原材料 2205	野菜 2118
エ	2001年	1561324	パーム油 14952	植物性原材料 2110	天然ゴム 2055
	2019年	1926305	パーム油 36040	植物性原材料 15534	ココア 15390

（財務省「貿易統計」より作成）

Ⅱ

		輸出額（百万ドル）	輸出額が多い上位3位までの貿易相手国		
			1位	2位	3位
ア	2001年	169480	ドイツ	イギリス	ベルギー
	2019年	576785	ドイツ	ベルギー	フランス
イ	2001年	2058	ブラジル	アルゼンチン	アメリカ合衆国
	2019年	7680	中華人民共和国	ブラジル	アメリカ合衆国
ウ	2001年	27928	アメリカ合衆国	イギリス	ドイツ
	2019年	89396	中華人民共和国	ドイツ	アメリカ合衆国
エ	2001年	88005	アメリカ合衆国	シンガポール	日本
	2019年	240212	中華人民共和国	シンガポール	アメリカ合衆国

（国際連合「貿易統計年鑑」2020などより作成）

Ⅲ

この国では農業の機械化が進んでおり，沿岸部の砂丘では花や野菜が栽培され，ポルダーと呼ばれる干拓地では酪農が行われている。

2001年と比べて2019年では，日本の輸入額は２倍に届いてはいないが増加し，輸出額は３倍以上となっている。2019年の輸出額は日本に次ぎ世界第５位となっており，輸出額が多い上位３位までの貿易相手国は全て同じ地域の政治・経済統合体の加盟国となっている。

3　次の略地図を見て，あとの各問に答えよ。

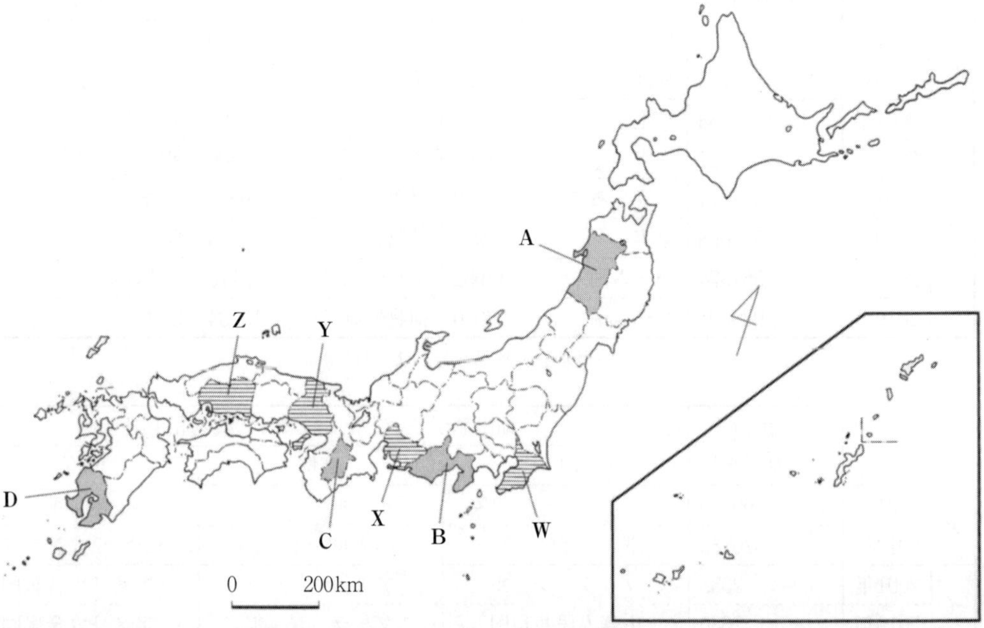

〔問１〕 次の表の**ア**～**エ**の文章は，略地図中に ▒▒ で示した，**A**～**D**の**いずれか**の県の，自然環境と第一次産業の様子についてまとめたものである。**A**～**D**のそれぞれの県に当てはまるのは，次の表の**ア**～**エ**のうちではどれか。

	自然環境と第一次産業の様子
ア	○南東側の県境付近に位置する山を水源とする河川は，上流部では渓谷を蛇行しながら北西方向に流れた後，流路を大きく変えて西流し，隣接する県を貫流して海に注いでいる。 ○南東部は，季節風の影響などにより国内有数の多雨地域であり，木材の生育に適していることから，古くから林業が営まれ，高品質な杉などが生産されていることが知られている。
イ	○北側の3000m級の山々が連なる山脈は，南北方向に走っており，東部の半島は，複数の火山が見られる山がちな地域であり，入り組んだ海岸線が見られる。 ○中西部にある台地は，明治時代以降に開拓され，日当たりと水はけがよいことから，国内有数の茶の生産量を誇っており，ブランド茶が生産されていることが知られている。
ウ	○南側の県境付近に位置する山を水源とする河川は，上流部や中流部では，南北方向に連なる山脈と山地の間に位置する盆地を貫流し，下流部では平野を形成して海に注いでいる。 ○南東部にある盆地は，夏に吹く北東の冷涼な風による冷害の影響を受けにくい地形の特徴などがあることから，稲作に適しており，銘柄米が生産されていることが知られている。
エ	○二つの半島に挟まれた湾の中に位置する島や北東側の県境に位置する火山などは，現在でも活動中であり，複数の離島があり，海岸線の距離は約2600kmとなっている。 ○水を通しやすい火山灰などが積もってできた台地が広範囲に分布していることから，牧畜が盛んであり，肉牛などの飼育頭数は国内有数であることが知られている。

〔問２〕　次のⅠの表の**ア**～**エ**は，略地図中に ▤ で示した**W**～**Z**の**いずれか**の県の，2020年における人口，県庁所在地の人口，他の都道府県への従業・通学者数，製造品出荷額等，製造品出荷額等に占める上位３位の品目と製造品出荷額等に占める割合を示したものである。次のⅡの文章は，Ⅰの表の**ア**～**エ**の**いずれか**の県の工業や人口の様子について述べたものである。Ⅱの文章で述べている県に当てはまるのは，Ⅰの**ア**～**エ**のうちのどれか，また，略地図中の**W**～**Z**のうちのどれか。

Ⅰ

	人口（万人）	県庁所在地の人口（万人）	他の都道府県への従業・通学者数（人）	製造品出荷額等（億円）	製造品出荷額等に占める上位３位の品目と製造品出荷額等に占める割合（％）
ア	628	97	797943	119770	石油・石炭製品（23.1），化学（17.2），食料品（13.3）
イ	280	120	26013	89103	輸送用機械（32.8），鉄鋼（11.2），生産用機械（9.7）
ウ	547	153	348388	153303	化学（13.6），鉄鋼（11.0），食料品（10.8）
エ	754	233	88668	441162	輸送用機械（53.0），電気機械（7.7），鉄鋼（4.9）

（2021年経済センサスなどより作成）

Ⅱ

○湾に面した沿岸部は，1950年代から埋め立て地などに，製油所，製鉄所や火力発電所などが建設されており，国内最大規模の石油コンビナートを有する工業地域となっている。

○中央部及び北西部に人口が集中しており，2020年における人口に占める他の都道府県への従業・通学者数の割合は，１割以上となっている。

〔問３〕　次の資料は，2019年に富山市が発表した「富山市都市マスタープラン」に示された，富山市が目指すコンパクトなまちづくりの基本的な考え方の一部をまとめたものである。資料から読み取れる，将来の富山市における日常生活に必要な機能の利用について，現状と比較し，自宅からの移動方法に着目して，簡単に述べよ。

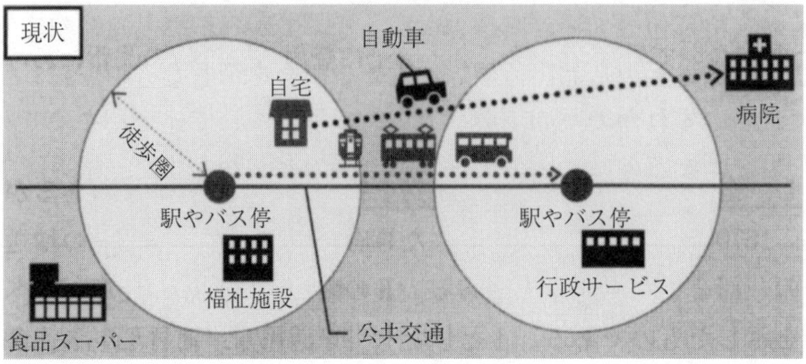

・公共交通のサービス水準が不十分で利用しにくい。
・駅やバス停を中心とした徒歩圏に日常生活に必要な機能がそろっていない。
・自動車を利用しないと生活しづらい。

こう変えたい

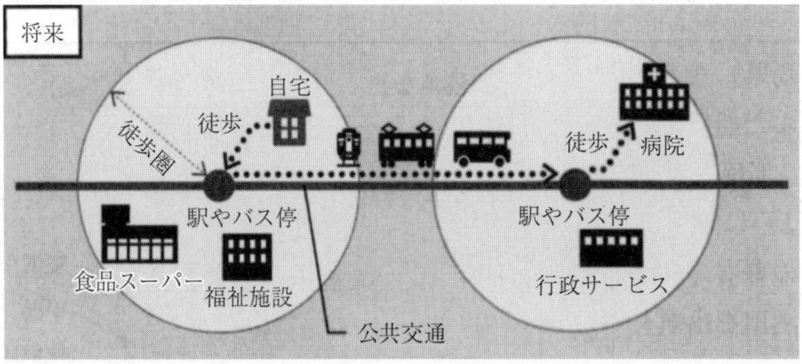

・公共交通のサービス水準が向上して利用しやすい。
・駅やバス停を中心とした徒歩圏に日常生活に必要な機能がそろっている。

(注)
・日常生活に必要な機能とは，行政サービス，福祉施設，病院，食品スーパーである。
・公共交通のサービス水準とは，鉄道・路面電車・バスの運行頻度などである。

(「富山市都市マスタープラン」より作成)

4 次の文章を読み，あとの各問に答えよ。

海上交通は，一度に大量の人や物を輸送することができることから，社会の発展のために重要な役割を果たしてきた。

古代から，各時代の権力者は，(1)周辺の国々へ使節を派遣し，政治制度や文化を取り入れたり，貿易により利益を得たりすることなどを通して，権力の基盤を固めてきた。時代が進むと，商人により，貨幣や多様な物資がもたらされ，堺《さかい》や博多《はかた》などの港が繁栄した。

江戸時代に入り，幕府は海外との貿易を制限するとともに，(2)国内の海上交通を整備し，全国的な規模で物資の輸送を行うようになった。開国後は，(3)諸外国との関わりの中で，産業が発展し，港湾の開発が進められた。

第二次世界大戦後，政府は，経済の復興を掲げ，海上交通の再建を目的に，造船業を支援した。(4)現在でも，外国との貿易の大部分は海上交通が担《にな》い，私たちの生活や産業の発展を支えている。

〔問1〕 (1)周辺の国々へ使節を派遣し，政治制度や文化を取り入れたり，貿易により利益を得たりすることなどを通して，権力の基盤を固めてきた。とあるが，次の**ア**～**エ**は，飛鳥《あすか》時代から室町時代にかけて，権力者による海外との交流の様子などについて述べたものである。時期の古いものから順に記号を並べよ。

ア　混乱した政治を立て直すことを目的に，都を京都に移し，学問僧として唐《とう》へ派遣された最《さい》澄《ちょう》が帰国後に開いた密教を許可した。

イ　将軍を補佐する第五代執権《しっけん》として，有力な御家人を退けるとともに，国家が栄えることを願い，宋《そう》より来日した禅僧の蘭渓道隆《らんけいどうりゅう》を開山と定め，建長寺《けんちょうじ》を建立《こんりゅう》した。

ウ　明《みん》へ使者を派遣し，明の皇帝から「日本国王」に任命され，勘合《かんごう》を用いて朝貢《ちょうこう》の形式で行う貿易を開始した。

エ　隋《ずい》に派遣され，政治制度などについて学んだ留学生を国博士《くにはかせ》に登用し，大化の改新における政治制度の改革に取り組ませた。

〔問2〕 (2)国内の海上交通を整備し，全国的な規模で物資の輸送を行うようになった。とあるが，次のⅠの文章は，河村瑞賢《かわむらずいけん》が，1670年代に幕府に命じられた幕府の領地からの年貢《ねんぐ》米の輸送について，幕府に提案した内容の一部をまとめたものである。Ⅱの略地図は，Ⅰの文章で述べられている寄港地などの所在地を示したものである。ⅠとⅡの資料を活用し，河村瑞賢が幕府に提案した，幕府の領地からの年貢米の輸送について，輸送経路，寄港地の役割に着目して，簡単に述べよ。

Ⅰ

○陸奥《むつ》国信夫《しのぶ》郡(現在の福島県)などの幕府の領地の年貢米を積んだ船は，荒浜《あらはま》を出航したあと，平潟《ひらかた》，那珂湊《なかみなと》，銚子《ちょうし》，小湊《こみなと》を寄港地とし，江戸に向かう。

○出羽《でわ》国(現在の山形県)の幕府の領地の年貢米を積んだ船は，酒《さか》田《た》を出航したあと，小木《おぎ》，福浦《ふくら》，柴山《しばやま》，温泉津《ゆのつ》，下関《しものせき》，大阪，大島《おおしま》，方座《ほうざ》，安乗《あのり》，下田《しもだ》を寄港地とし，江戸に向かう。

○寄港地には役人を置き，船の発着の日時や積荷の点検などを行う。

Ⅱ

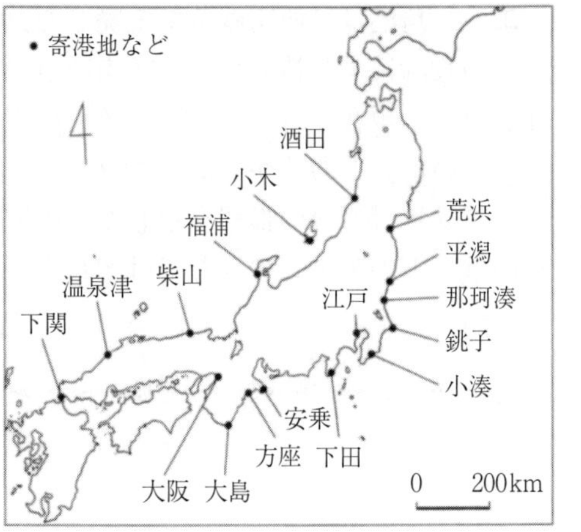

〔問３〕 (3)諸外国との関わりの中で，産業が発展し，港湾の開発が進められた。とあるが，右の略年表は，江戸時代から昭和時代にかけての，外交に関する主な出来事についてまとめたものである。略年表中の**A**～**D**のそれぞれの時期に当てはまるのは，次の**ア**～**エ**のうちではどれか。

西暦	外交に関する主な出来事	
1842	●幕府が天保《てんぽう》の薪水給与令を出し，異国船打ち払い令を緩和した。	A
1871	●政府が不平等条約改正の交渉などのために，岩倉使節団を欧米に派遣した。	B
1889	●大日本帝国憲法が制定され，近代的な政治制度が整えられた。	C
1911	●日米新通商航海条約の調印により，関税自主権の回復に成功した。	D
1928	●15か国が参加し，パリ不戦条約が調印された。	

ア　四日市《よっかいち》港は，日英通商航海条約の調印により，治外法権が撤廃され，関税率の一部引き上げが可能になる中で，外国との貿易港として開港場に指定された。

イ　東京港は，関東大震災の復旧工事の一環として，関東大震災の２年後に日《ひ》の出《で》ふ頭が完成したことにより，大型船の接岸が可能となった。

ウ　函館《はこだて》港は，アメリカ合衆国との間に締結した和親条約により，捕鯨船への薪《まき》と水，食糧を補給する港として開港された。

エ　三角《みすみ》港は，西南戦争で荒廃した県内の産業を発展させることを目的に，オランダ人技術者の設計により造成され，西南戦争の10年後に開港された。

〔問４〕 (4)現在でも，外国との貿易の大部分は海上交通が担《にな》い，私たちの生活や産業の発展を支えている。とあるが，次のグラフは，1950年から2000年までの，日本の海上貿易量（輸出）と海上貿易量（輸入）の推移を示したものである。グラフ中の**A**～**D**のそれぞれの時期に当てはまるのは，下の**ア**～**エ**のうちではどれか。

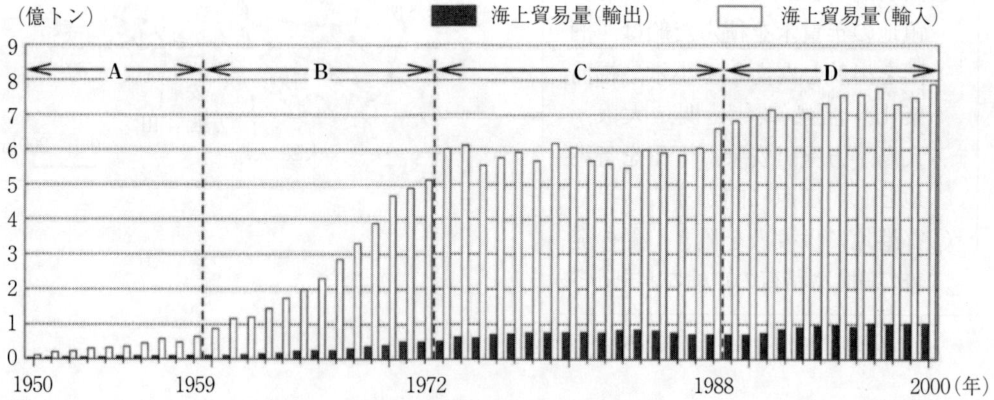

（日本長期統計総覧などより作成）

ア　サンフランシスコ平和条約（講和条約）を結び，国際社会に復帰する中で，海上貿易量は輸出・輸入ともに増加し，特に石油及び鉄鋼原料の需要の増加に伴い，海上貿易量（輸入）の増加が見られた。

イ　エネルギーの供給量において石油が石炭を上回り，海上輸送においてタンカーの大型化が進展する中で，日本初のコンテナ船が就航した他，この時期の最初の年と比較して最後の年では，海上貿易量（輸出）は約４倍に，海上貿易量（輸入）は約６倍に増加した。

ウ　冷たい戦争（冷戦）が終結するとともに，アジアにおいて経済発展を背景にした巨大な海運市場が形成される中で，海上貿易量は輸出・輸入ともに増加傾向にあったが，国内景気の後退や海外生産の増加を要因として，一時的に海上貿易量は輸出・輸入ともに減少が見られた。

エ　この時期の前半は二度にわたる石油価格の急激な上昇が，後半はアメリカ合衆国などとの貿易摩擦の問題がそれぞれ見られる中で，前半は海上貿易量（輸出）が増加し，後半は急速な円高により海上貿易量（輸入）は減少から増加傾向に転じた。

5　次の文章を読み，あとの各問に答えよ。

> 私たちは，家族，学校など様々な集団を形成しながら生活している。(1)一人一人が集団の中で個人として尊重されることが重要であり，日本国憲法においては，基本的人権が保障されている。
>
> 集団の中では，考え方の違いなどにより対立が生じた場合，多様な価値観をもつ人々が互いに受け入れられるよう，合意に至る努力をしている。例えば，国権の最高機関である(2)国会では，国の予算の使途や財源について合意を図るため，予算案が審議され，議決されている。
>
> 国際社会においても，(3)世界の国々が共存していくために条約を結ぶなど，合意に基づく国際協調を推進することが大切である。
>
> 今後も，よりよい社会の実現のために，(4)私たち一人一人が社会の課題に対して自らの考えをもち，他の人たちと協議するなど，社会に参画し，積極的に合意形成に努めることが求められている。

〔問１〕　(1)一人一人が集団の中で個人として尊重されることが重要であり，日本国憲法においては，基本的人権が保障されている。とあるが，基本的人権のうち，平等権を保障する日本国憲法の条文は，次の**ア**～**エ**のうちではどれか。

ア　すべて国民は，健康で文化的な最低限度の生活を営む権利を有する。

イ　すべて国民は，法の下に平等であつて，人種，信条，性別，社会的身分又は門地により，政治的，経済的又は社会的関係において，差別されない。

ウ　何人も，自己に不利益な供述を強要されない。

エ　何人も，裁判所において裁判を受ける権利を奪はれない。

〔問２〕　(2)国会では，国の予算の使途や財源について合意を図るため，予算案が審議され，議決されている。とあるが，次のⅠのグラフは，1989年度と2021年度における我が国の一般会計歳入額及び歳入項目別の割合を示したものである。Ⅰのグラフ中の**A**～**D**は，法人税，公債金，所得税，消費税の**いずれか**に当てはまる。Ⅱの文章は，Ⅰのグラフ中の**A**～**D**の**いずれか**について述べたものである。Ⅱの文章で述べている歳入項目に当てはまるのは，Ⅰの**A**～**D**のうちのどれか，また，その歳入項目について述べているのは，下の**ア**～**エ**のうちではどれか。

Ⅰ

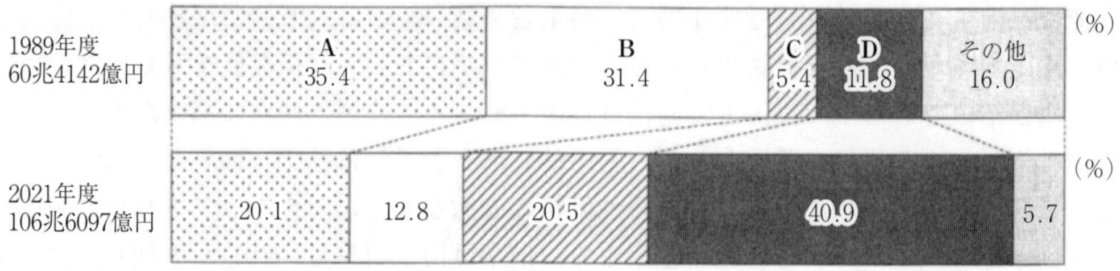

（財務省の資料より作成）

Ⅱ

> 間接税の一つであり，1989年に国民福祉の充実などに必要な歳入構造の安定化を図るために導入され，その後，段階的に税率が引き上げられた。2021年度の歳入額は20兆円を超え，1989年度に比べて６倍以上となっている。

ア　歳入の不足分を賄うため，借金により調達される収入で，元本の返済や利子の支払いなどにより負担が将来の世代に先送りされる。

イ　給料や商売の利益などに対して課され，主に勤労世代が負担し，税収が景気や人口構成の変化に左右されやすく，負担額は負担者の収入に応じて変化する。

ウ　商品の販売やサービスの提供に対して課され，勤労世代など特定の世代に負担が集中せず，税収が景気や人口構成の変化に左右されにくい。

エ　法人の企業活動により得られる所得に対して課され，税率は他の税とのバランスを図りながら，財政事情や経済情勢等を反映して決定される。

〔問３〕　(3)世界の国々が共存していくために条約を結ぶなど，合意に基づく国際協調を推進することが大切である。とあるが，次のⅠの文章は，ある国際的な合意について述べたものである。Ⅱの略年表は，1948年から2019年までの，国際社会における合意に関する主な出来事についてまとめたものである。Ⅰの国際的な合意が結ばれた時期に当てはまるのは，Ⅱの略年表中の**ア**～**エ**のうちではどれか。

Ⅰ

> 地球上の「誰一人取り残さない」ことをスローガンに掲げ，「質の高い教育をみんなに」などの17のゴールと169のターゲットで構成されている。持続可能でよりよい世界を目指し全ての国が取り組むべき国際目標として，国際連合において加盟国の全会一致で採択された。

Ⅱ

西暦	国際社会における合意に関する主な出来事	
1948	●世界人権宣言が採択された。	
		ア
1976	●国際連合において，児童権利宣言の20周年を記念して，1979年を国際児童年とすることが採択された。	
		イ
1990	●「気候変動に関する政府間パネル」により第一次評価報告書が発表された。	
		ウ
2001	●「極度の貧困と飢餓の撲滅」などを掲げたミレニアム開発目標が設定された。	
		エ
2019	●国際連合において，科学者グループによって起草された「持続可能な開発に関するグローバル・レポート2019」が発行された。	

〔問４〕 (4)私たち一人一人が社会の課題に対して自らの考えをもち，他の人たちと協議するなど，社会に参画し，積極的に合意形成に努めることが求められている。とあるが，次のⅠの文章は，2009年に法務省の法制審議会において取りまとめられた「民法の成年年齢の引下げについての最終報告書」の一部を分かりやすく書き改めたものである。Ⅱの表は，2014年から2018年までに改正された18歳，19歳に関する法律の成立年と主な改正点を示したものである。ⅠとⅡの資料を活用し，Ⅱの表で示された一連の法改正における，国の若年者に対する期待について，主な改正点に着目して，簡単に述べよ。

Ⅰ

○民法の成年年齢を20歳から18歳に引き下げることは，18歳，19歳の者を大人として扱い，社会への参加時期を早めることを意味する。

○18歳以上の者を，大人として処遇することは，若年者が将来の国づくりの中心であるという国としての強い決意を示すことにつながる。

Ⅱ

	成立年	主な改正点
憲法改正国民投票法の一部を改正する法律	2014	投票権年齢を満18歳以上とする。
公職選挙法等の一部を改正する法律	2015	選挙権年齢を満18歳以上とする。
民法の一部を改正する法律	2018	一人で有効な契約をすることができ，父母の親権に服さず自分の住む場所や，進学や就職などの進路について，自分の意思で決めることができるようになる成年年齢を満18歳以上とする。

6 次の文章を読み，あとの各問に答えよ。

国際社会では，人，物，お金や情報が，国境を越えて地球規模で移動するグローバル化が進んでいる。例えば，科学や文化などの面では，(1)これまでも多くの日本人が，研究などを目的に海外に移動し，滞在した国や地域，日本の発展に貢献してきた。また，経済の面では，(2)多くの企業が，世界規模で事業を展開するようになり，一企業の活動が世界的に影響を与えるようになってきた。

地球規模の課題は一層複雑になっており，課題解決のためには，(3)国際連合などにおける国際協調の推進が一層求められている。

〔問１〕 (1)これまでも多くの日本人が，研究などを目的に海外に移動し，滞在した国や地域，日本の発展に貢献してきた。とあるが，下の表の**ア**～**エ**は，略地図中に　　で示した**A**～**D**の**いずれか**の国に滞在した日本人の活動などについて述べたものである。略地図中の**A**～**D**のそれぞれの国に当てはまるのは，下の表の**ア**～**エ**のうちではどれか。

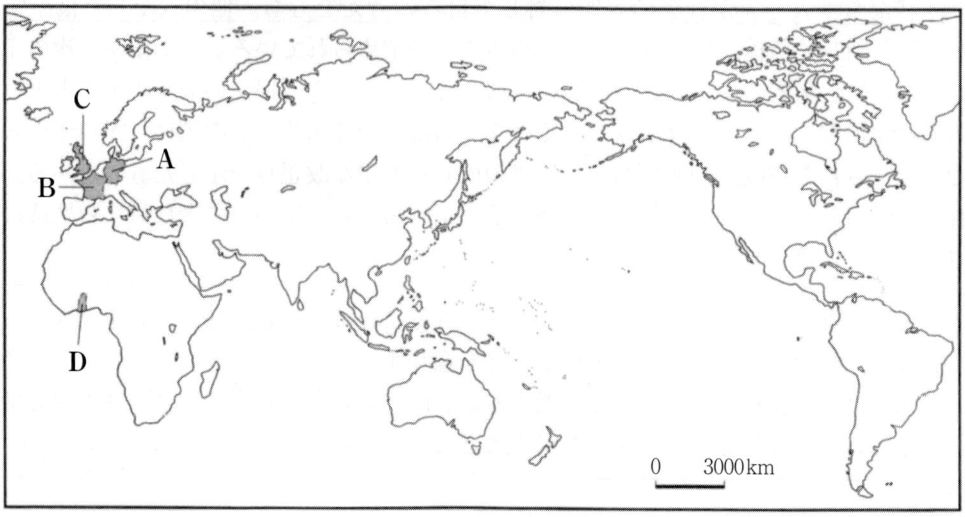

	日本人の活動など
ア	1789年に市民革命が起こったこの国に，1884年から1893年まで留学した黒田清輝《くろだせいき》は，途中から留学目的を洋画研究に変更し，ルーブル美術館で模写をするなどして，絵画の技法を学んだ。帰国後は，展覧会に作品を発表するとともに，後進の育成にも貢献した。
イ	1871年に統一されたこの国に，1884年から1888年まで留学した森鷗外《もりおうがい》は，コレラ菌などを発見したことで知られるコッホ博士などから細菌学を学んだ。帰国後は，この国を舞台とした小説を執筆するなど，文学者としても活躍した。
ウ	1902年に日本と同盟を結んだこの国に，1900年から1903年まで留学した夏目漱石《なつめそうせき》は，シェイクスピアの作品を観劇したり，研究者から英文学の個人指導を受けたりした。帰国後は，作家として多くの作品を発表し，文学者として活躍した。
エ	ギニア湾岸にあるこの国に，1927年から1928年まで滞在した野口英世《のぐちひでよ》は，この国を含めて熱帯地方などに広まっていた黄熱病《おうねつびょう》の原因を調査し，予防法や治療法の研究を行った。功績を記念し，1979年にこの国に野口記念医学研究所が設立された。

〔問２〕 (2)多くの企業が，世界規模で事業を展開するようになり，一企業の活動が世界的に影響を与えるようになってきた。とあるが，次のⅠの略年表は，1976年から2016年までの，国際会議に関する主な出来事についてまとめたものである。Ⅱの文は，Ⅰの略年表中の**ア**～**エ**の**いずれか**の国際会議について述べたものである。Ⅱの文で述べている国際会議に当てはまるのは，Ⅰの略年表中の**ア**～**エ**のうちのどれか。

Ⅰ

西暦	国際会議に関する主な出来事
1976	●東南アジア諸国連合(ASEAN《アセアン》)首脳会議がインドネシアで開催された。…………………………**ア**
1993	●アジア太平洋経済協力(APEC《エイペック》)首脳会議がアメリカ合衆国で開催された。……………………**イ**
1996	●世界貿易機関(WTO)閣僚会議がシンガポールで開催された。
2008	●金融・世界経済に関する首脳会合(G20サミット)がアメリカ合衆国で開催された。…………**ウ**
2016	●主要国首脳会議(G７サミット)が日本で開催された。………………………………………………**エ**

Ⅱ

アメリカ合衆国に本社がある証券会社の経営破綻などを契機に発生した世界金融危機(世界同時不況，世界同時金融危機)と呼ばれる状況に対処するために，初めて参加国の首脳が集まる会議として開催された。

〔問３〕 (3)国際連合などにおける国際協調の推進が一層求められている。とあるが，次のⅠのグラフ中の**ア**～**エ**は，1945年から2020年までのアジア州，アフリカ州，ヨーロッパ州，南北アメリカ州の**いずれか**の州の国際連合加盟国数の推移を示したものである。Ⅱの文章は，Ⅰのグラフ中の**ア**～**エ**の**いずれか**の州について述べたものである。Ⅱの文章で述べている州に当てはまるのは，Ⅰの**ア**～**エ**のうちのどれか。

Ⅰ

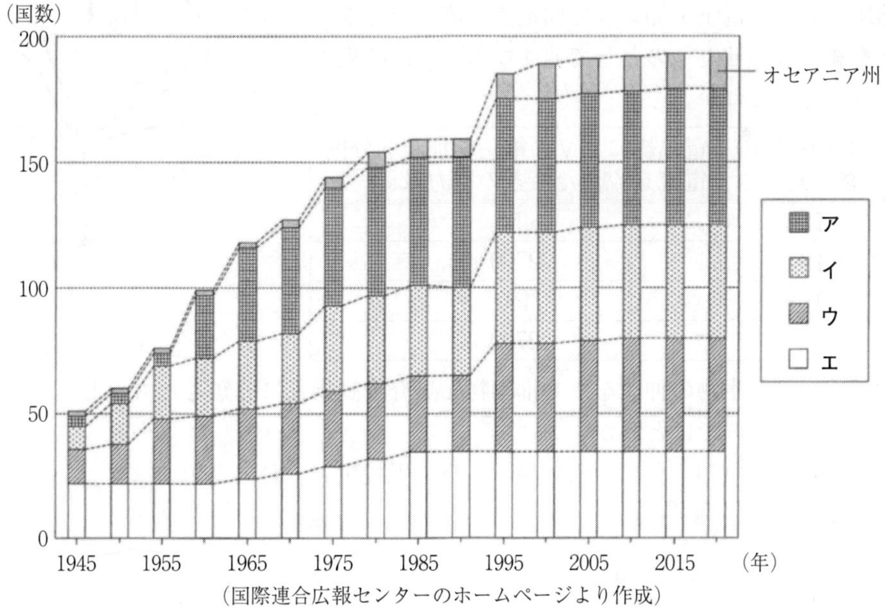

(国際連合広報センターのホームページより作成)

Ⅱ

○国際連合が設立された1945年において，一部の国を除き他国の植民地とされており，民族の分布を考慮しない直線的な境界線が引かれていた。
○国際連合総会で「植民地と人民に独立を付与する宣言」が採択された1960年に，多くの国が独立し，2020年では，50か国を超える国が国際連合に加盟している。

理科

●満点 100点　●時間 50分

1　次の各問に答えよ。

〔問１〕 水素と酸素が結び付いて水ができるときの化学変化を表したモデルとして適切なのは，下の**ア**～**エ**のうちではどれか。

ただし，矢印の左側は化学変化前の水素と酸素のモデルを表し，矢印の右側は化学変化後の水のモデルをそれぞれ表すものとする。また，●は水素原子１個を，○は酸素原子１個を表すものとする。

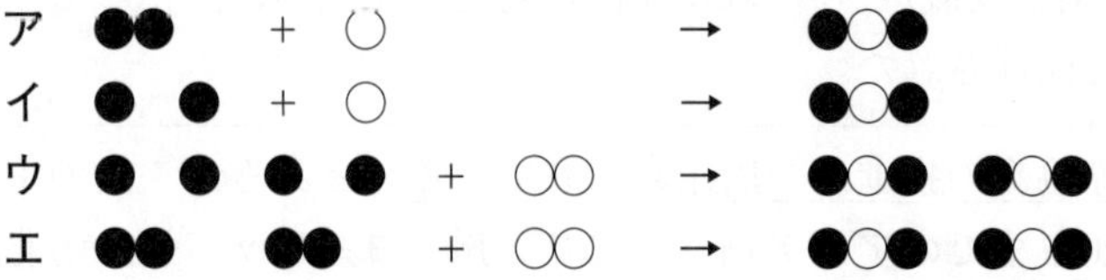

〔問２〕 図１のように，発泡ポリスチレンのコップの中の水に電熱線を入れた。電熱線に６Ｖの電圧を加えたところ，1.5Aの電流が流れた。このときの電熱線の抵抗の大きさと，電熱線に６Ｖの電圧を加え５分間電流を流したときの電力量とを組み合わせたものとして適切なのは，次の表の**ア**～**エ**のうちではどれか。

図１

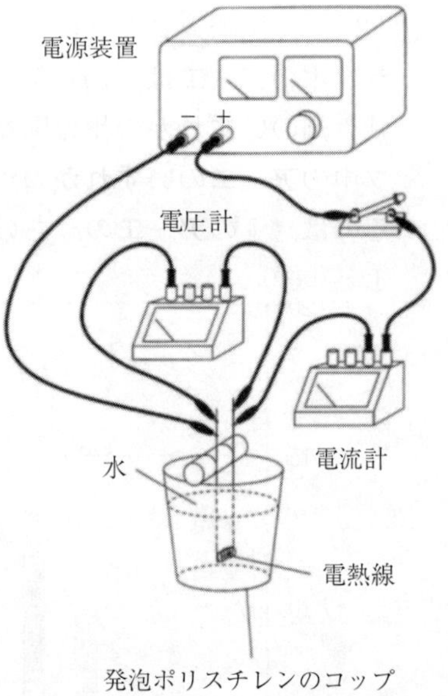

	電熱線の抵抗の大きさ〔Ω〕	電熱線に６Ｖの電圧を加え５分間電流を流したときの電力量〔Ｊ〕
ア	4	450
イ	4	2700
ウ	9	450
エ	9	2700

〔問３〕 次のＡ～Ｅの生物の仲間を，脊椎《せきつい》動物と無脊椎動物とに分類したものとして適切なのは，下の表の**ア**～**エ**のうちではどれか。

Ａ　昆虫類　　Ｂ　魚類　　Ｃ　両生類　　Ｄ　甲殻類　　Ｅ　鳥類

	脊椎動物	無脊椎動物
ア	Ａ，Ｃ，Ｄ	Ｂ，Ｅ
イ	Ａ，Ｄ	Ｂ，Ｃ，Ｅ
ウ	Ｂ，Ｃ，Ｅ	Ａ，Ｄ
エ	Ｂ，Ｅ	Ａ，Ｃ，Ｄ

図２

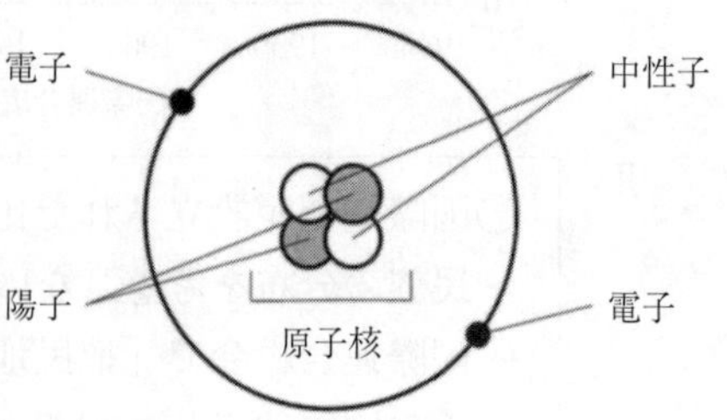

〔問４〕 図２は，ヘリウム原子の構造を模式的に表したものである。原子核の性質と電子の性質について述べたものとして適切なのは，次の**ア**～**エ**のうちではどれか。

ア　原子核は，プラスの電気をもち，電子は，マイナスの電気をもつ。

イ　原子核は，マイナスの電気をもち，電子は，プラスの電気をもつ。

ウ　原子核と電子は，共にプラスの電気をもつ。

エ　原子核と電子は，共にマイナスの電気をもつ。

〔問５〕　表１は，ある日の午前９時の東京の気象観測の結果を記録したものである。また，表２は，風力と風速の関係を示した表の一部である。表１と表２から，表１の気象観測の結果を天気，風向，風力の記号で表したものとして適切なのは，下の**ア**～**エ**のうちではどれか。

表１

天気	風向	風速〔m/s〕
くもり	北東	3.0

表２

風力	風速〔m/s〕
0	0.3未満
1	0.3以上1.6未満
2	1.6以上3.4未満
3	3.4以上5.5未満
4	5.5以上8.0未満

ア

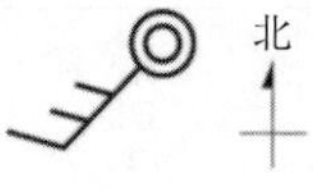

イ

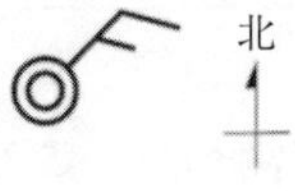

ウ

エ

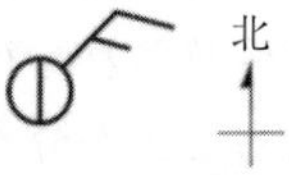

〔問６〕　ヒトのヘモグロビンの性質の説明として適切なのは，次のうちではどれか。

ア　ヒトのヘモグロビンは，血液中の白血球に含まれ，酸素の少ないところでは酸素と結び付き，酸素の多いところでは酸素をはなす性質がある。

イ　ヒトのヘモグロビンは，血液中の白血球に含まれ，酸素の多いところでは酸素と結び付き，酸素の少ないところでは酸素をはなす性質がある。

ウ　ヒトのヘモグロビンは，血液中の赤血球に含まれ，酸素の少ないところでは酸素と結び付き，酸素の多いところでは酸素をはなす性質がある。

エ　ヒトのヘモグロビンは，血液中の赤血球に含まれ，酸素の多いところでは酸素と結び付き，酸素の少ないところでは酸素をはなす性質がある。

2　生徒が，岩石に興味をもち，調べたことについて科学的に探究しようと考え，自由研究に取り組んだ。生徒が書いたレポートの一部を読み，次の各問に答えよ。

＜レポート１＞　身近な岩石に含まれる化石について

河原を歩いているときに様々な色や形の岩石があることに気付き，河原の岩石を観察したところ，貝の化石を見付けた。

身近な化石について興味をもち，調べたところ，建物に使われている石材に化石が含まれるものもあることを知った。そこで，化石が含まれているいくつかの石材を調べ，表１のようにまとめた。

表１

石材	含まれる化石
建物Ａの壁に使われている石材ａ	フズリナ
建物Ｂの壁に使われている石材ｂ	アンモナイト
建物Ｂの床に使われている石材ｃ	サンゴ

〔問１〕　**＜レポート１＞**から，化石について述べた次の文章の ① と ② にそれぞれ当てはまるものを組み合わせたものとして適切なのは，下の表の**ア**～**エ**のうちではどれか。

表１において，石材ａに含まれるフズリナの化石と石材ｂに含まれるアンモナイトの化石のうち，地質年代の古いものは　①　である。また，石材ｃに含まれるサンゴの化石のように，その化石を含む地層が堆積した当時の環境を示す化石を　②　という。

	①	②
ア	石材ａに含まれるフズリナの化石	示相化石
イ	石材ａに含まれるフズリナの化石	示準化石
ウ	石材ｂに含まれるアンモナイトの化石	示相化石
エ	石材ｂに含まれるアンモナイトの化石	示準化石

＜レポート２＞　金属を取り出せる岩石について

　山を歩いているときに見付けた緑色の岩石について調べたところ，クジャク石というもので，この石から銅を得られることを知った。不純物を含まないクジャク石から銅を得る方法に興味をもち，具体的に調べたところ，クジャク石を加熱すると，酸化銅と二酸化炭素と水に分解され，得られた酸化銅に炭素の粉をよく混ぜ，加熱すると銅が得られることが分かった。

　クジャク石に含まれる銅の割合を，実験と資料により確認することにした。

図１

　まず，不純物を含まない人工的に作られたクジャク石の粉0.20ｇを理科室で図１のように加熱し，完全に反応させ，0.13ｇの黒色の固体を得た。次に，銅の質量とその銅を加熱して得られる酸化銅の質量の関係を調べ，表２のような資料にまとめた。

表２

銅の質量〔ｇ〕	0.08	0.12	0.16	0.20	0.24	0.28
加熱して得られる酸化銅の質量〔ｇ〕	0.10	0.15	0.20	0.25	0.30	0.35

〔問２〕　**＜レポート２＞**から，人工的に作られたクジャク石の粉0.20ｇに含まれる銅の割合として適切なのは，次のうちではどれか。

ア　20%　　**イ**　52%　　**ウ**　65%　　**エ**　80%

＜レポート３＞　石英について

　山を歩いているときに見付けた無色透明な部分を含む岩石について調べたところ，無色透明な部分が石英であり，ガラスの原料として広く使われていることを知った。

　ガラスを通る光の性質に興味をもち，調べるために，空気中で図２のように方眼紙の上に置いた直方体のガラスに光源装置から光を当てる実験を行った。光は，物質の境界面Ｑ及び境界面Ｒで折れ曲がり，方眼紙に引いた直線Ｌを通り過ぎた。光の道筋と直線Ｌとの交点を点Ｐとした。なお，図２は真上から見た図であり，光源装置から出ている矢印(──▶──)は光の道筋と進む向きを示したものである。

図２

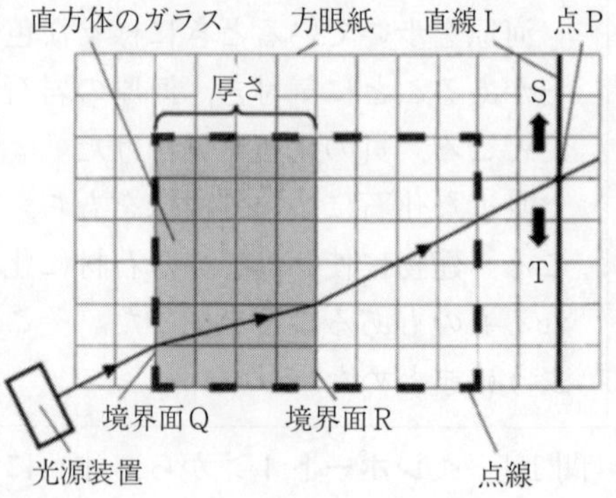

〔問３〕　**＜レポート３＞**から，図２の境界面Ｑと境界面Ｒのうち光源装置から出た光が通過するとき入射角より屈折角が大きくなる境界面と，厚さを２倍にした直方体のガラスに入れ替えて

同じ実験をしたときの直線L上の点Pの位置の変化について述べたものとを組み合わせたものとして適切なのは，下の表の**ア**～**エ**のうちではどれか。

ただし，入れ替えた直方体のガラスは，<**レポート3**>の直方体のガラスの厚さのみを変え，点線（━ ━）の枠に合わせて設置するものとする。

	光源装置から出た光が通過するとき入射角より屈折角が大きくなる境界面	厚さを2倍にした直方体のガラスに入れ替えて同じ実験をしたときの直線L上の点Pの位置の変化について述べたもの
ア	境界面Q	点Pの位置は，Sの方向にずれる。
イ	境界面R	点Pの位置は，Sの方向にずれる。
ウ	境界面Q	点Pの位置は，Tの方向にずれる。
エ	境界面R	点Pの位置は，Tの方向にずれる。

<レポート4>　生物由来の岩石について

河原を歩いているときに見付けた岩石について調べたところ，その岩石は，海中の生物の死がいなどが堆積してできたチャートであることを知った。海中の生物について興味をもち，調べたところ，海中の生態系を構成する生物どうしは，食べたり食べられたりする関係でつながっていることが分かった。また，ある生態系を構成する生物どうしの数量的な関係は，図3のように，ピラミッドのような形で表すことができ，食べられる側の生物の数のほうが，食べる側の生物の数よりも多くなることも分かった。

図3

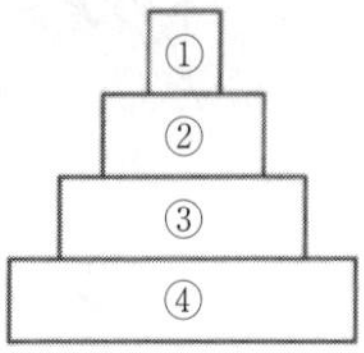

〔問4〕　生物どうしの数量的な関係を図3のように表すことができるモデル化した生態系Vについて，<**資料**>のことが分かっているとき，<**レポート4**>と<**資料**>から，生態系Vにおいて，図3の③に当てはまるものとして適切なのは，下の**ア**～**エ**のうちではどれか。

ただし，生態系Vにおいて，図3の①，②，③，④には，生物w，生物x，生物y，生物zのいずれかが，それぞれ別々に当てはまるものとする。

<資料>

生態系Vには，生物w，生物x，生物y，生物zがいる。生態系Vにおいて，生物wは生物xを食べ，生物xは生物yを食べ，生物yは生物zを食べる。

ア　生物w　　**イ**　生物x　　**ウ**　生物y　　**エ**　生物z

3　太陽と地球の動きに関する観察について，次の各問に答えよ。

東京のX地点（北緯35.6°）で，ある年の6月のある日に<**観察1**>を行ったところ，<**結果1**>のようになった。

図1

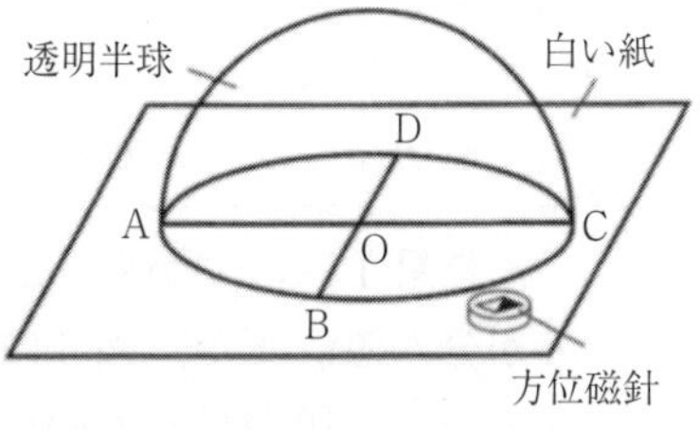

<観察1>

(1)　図1のように，白い紙に，透明半球の縁と同じ大きさの円と，円の中心Oで垂直に交わる線分ACと線分BDをかいた。かいた円に合わせて透明半球をセロハンテープで白い紙に固定した。

(2)　N極が黒く塗られた方位磁針を用いて点Cが北の方角に一致するよう線分ACを南北方向

に合わせ，透明半球を日当たりのよい水平な場所に固定した。

(3)　8時から16時までの間，2時間ごとに，油性ペンの先の影が円の中心Oと一致する透明半球上の位置に•印と観察した時刻を記録した。

(4)　(3)で記録した•印を滑らかな線で結び，その線を透明半球の縁まで延ばして，東側で交わる点をE，西側で交わる点をFとした。

(5)　(3)で2時間ごとに記録した透明半球上の•印の間隔をそれぞれ測定した。

＜**結果1**＞

(1)　＜**観察1**＞の(3)と(4)の透明半球上の記録は図2のようになった。

(2)　＜**観察1**＞の(5)では，2時間ごとに記録した透明半球上の•印の間隔はどれも5.2cmであった。

図2

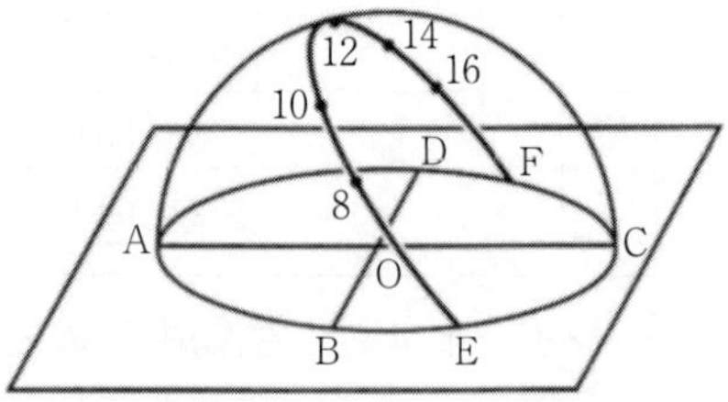

〔問1〕　＜**結果1**＞の(1)から，＜**観察1**＞の観測日の南中高度をRとしたとき，Rを示した模式図として適切なのは，下の**ア**～**エ**のうちではどれか。

ただし，下の**ア**～**エ**の図中の点Pは太陽が南中した時の透明半球上の太陽の位置を示している。

ア

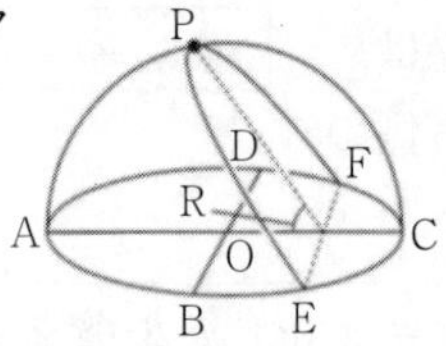

イ

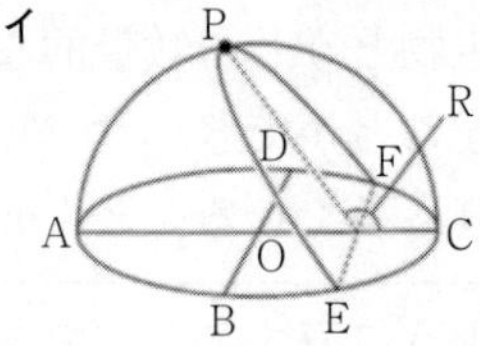

ウ

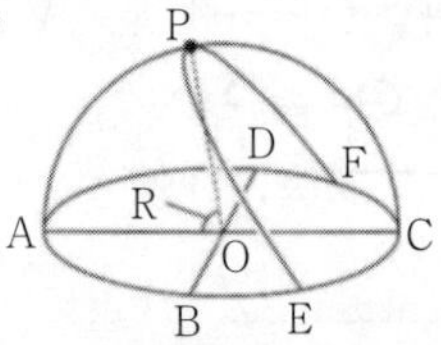

エ

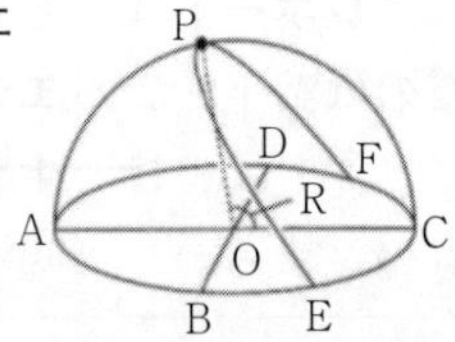

〔問2〕　＜**結果1**＞の(2)から，地球上での太陽の見かけ上の動く速さについてどのようなことが分かるか。「2時間ごとに記録した透明半球上の•印のそれぞれの間隔は，」に続く形で，理由も含めて簡単に書け。

〔問3〕　図3は，北極点の真上から見た地球を模式的に表したものである。点J，点K，点L，点Mは，それぞれ東京のX地点(北緯35.6°)の6時間ごとの位置を示しており，点Jは南中した太陽が見える位置である。地球の自転の向きについて述べた次の文章の ① ～ ④ に，それぞれ当てはまるものを組み合わせたものとして適切なのは，下の表の**ア**～**エ**のうちではどれか。

図3

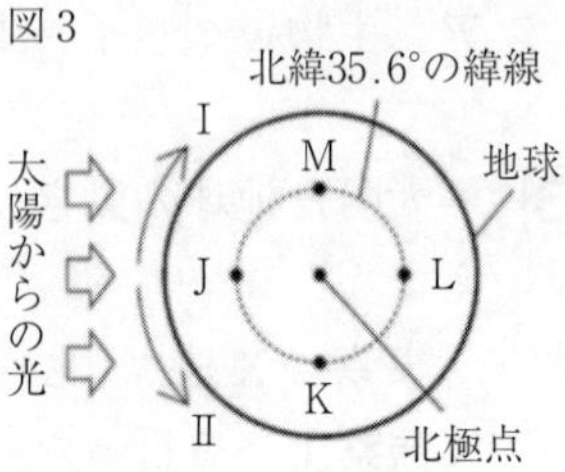

＜**結果1**＞の(1)から，地球上では太陽は見かけ上，［　①　］に移動して見えることが分かる。また，図3において，東の空に太陽が見えるのは点［　②　］の位置であり，西の空に太陽が見えるのは点［　③　］の位置である。そのため地球は，［　④　］の方向に自転していると考えられる。

	①	②	③	④
ア	西の空から東の空	K	M	Ⅰ
イ	東の空から西の空	K	M	Ⅱ
ウ	西の空から東の空	M	K	Ⅰ
エ	東の空から西の空	M	K	Ⅱ

次に，東京のＸ地点(北緯35.6°)で，＜**観察１**＞を行った日と同じ年の９月のある日に＜**観察２**＞を行ったところ，＜**結果２**＞のようになった。

＜**観察２**＞

(1)　＜**観察１**＞の(3)と(4)の結果を記録した図２のセロハンテープで白い紙に固定した透明半球を準備した。

(2)　Ｎ極が黒く塗られた方位磁針を用いて点Ｃが北の方角に一致するよう線分ACを南北方向に合わせ，透明半球を日当たりのよい水平な場所に固定した。

(3)　８時から16時までの間，２時間ごとに，油性ペンの先の影が円の中心Ｏと一致する透明半球上の位置に▲印と観察した時刻を記録した。

(4)　(3)で記録した▲印を滑らかな線で結び，その線を透明半球の縁まで延ばした。

(5)　＜**観察１**＞と＜**観察２**＞で透明半球上にかいた曲線の長さをそれぞれ測定した。

図４

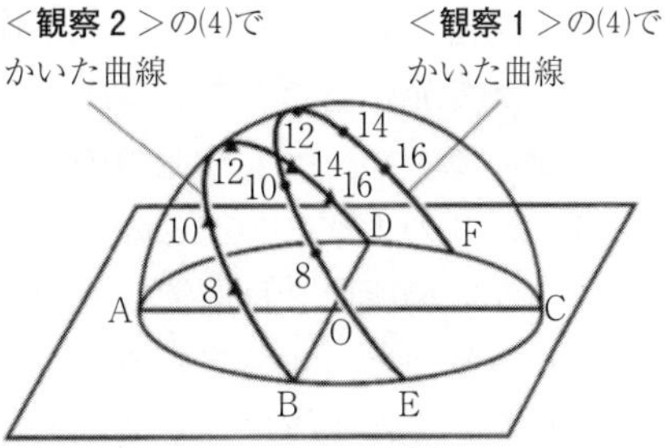

＜**結果２**＞

(1)　＜**観察２**＞の(3)と(4)の透明半球上の記録は図４のようになった。

(2)　＜**観察２**＞の(5)では，＜**観察１**＞の(4)でかいた曲線の長さは約37.7cmで，＜**観察２**＞の(4)でかいた曲線の長さは約33.8cmであった。

〔問４〕　図５は，＜**観察１**＞を行った日の地球を模式的に表したものである。図５のＸ地点は＜**観察１**＞を行った地点を示し，図５のＹ地点は北半球にあり，Ｘ地点より高緯度の地点を示している。＜**結果２**＞から分かることを次の①，②から一つ，図５のＸ地点とＹ地点における夜の長さを比較したとき夜の長さが長い地点を下の③，④から一つ，それぞれ選び，組み合わせたものとして適切なのは，下の**ア**～**エ**のうちではどれか。

図５

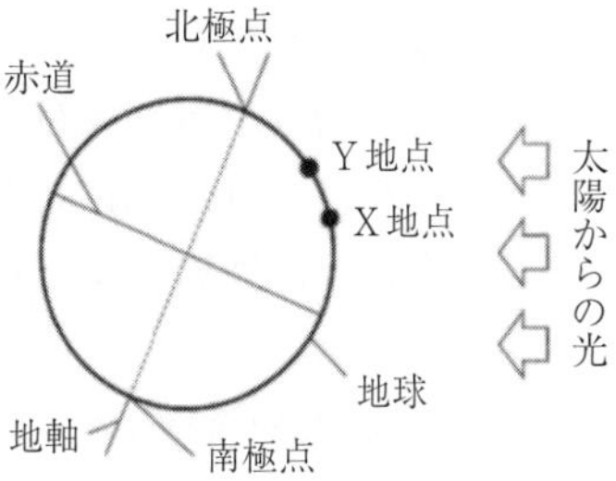

①　日の入りの位置は，＜**観察１**＞を行った日の方が＜**観察２**＞を行った日よりも北寄りで，昼の長さは＜**観察１**＞を行った日の方が＜**観察２**＞を行った日よりも長い。

②　日の入りの位置は，＜**観察１**＞を行った日の方が＜**観察２**＞を行った日よりも南寄りで，昼の長さは＜**観察２**＞を行った日の方が＜**観察１**＞を行った日よりも長い。

③　Ｘ地点

④　Ｙ地点

ア　①，③　　**イ**　①，④　　**ウ**　②，③　　**エ**　②，④

4　植物の働きに関する実験について，次の各問に答えよ。
＜**実験**＞を行ったところ，＜**結果**＞のようになった。

＜**実験**＞

(1)　図1のように，2枚のペトリ皿に，同じ量の水と，同じ長さに切ったオオカナダモA，オオカナダモBを用意した。
　オオカナダモA，オオカナダモBの先端付近の葉をそれぞれ1枚切り取り，プレパラートを作り，顕微鏡で観察し，細胞内の様子を記録した。

図1

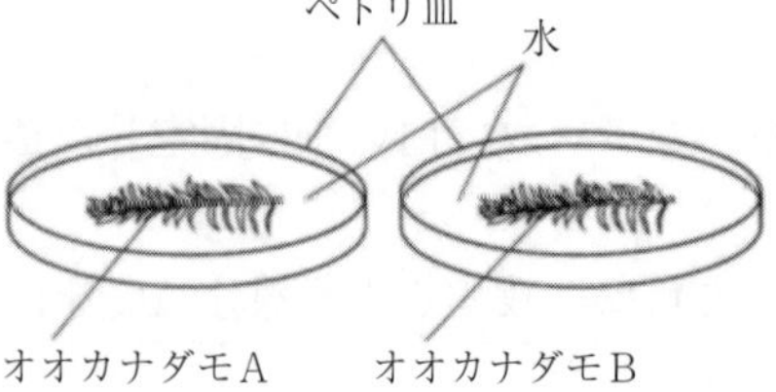

図2

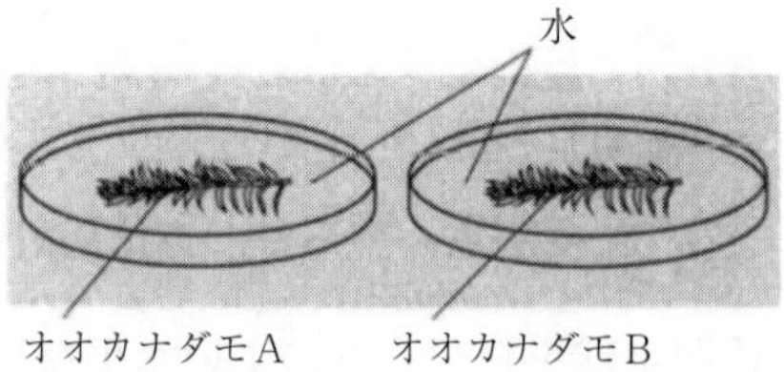

(2)　図2のように，オオカナダモA，オオカナダモBを，20℃の条件の下で，光が当たらない場所に2日間置いた。

(3)　2日後，オオカナダモA，オオカナダモBの先端付近の葉をそれぞれ1枚切り取り，熱湯に浸した後，温めたエタノールに入れ，脱色した。脱色した葉を水で洗った後，ヨウ素液を1滴落とし，プレパラートを作り，顕微鏡で観察し，細胞内の様子を記録した。

(4)　(2)で光が当たらない場所に2日間置いたオオカナダモBの入ったペトリ皿をアルミニウムはくで覆い，ペトリ皿の内部に光が入らないようにした。

(5)　図3のように，20℃の条件の下で，(2)で光が当たらない場所に2日間置いたオオカナダモAが入ったペトリ皿と，(4)でアルミニウムはくで覆ったペトリ皿を，光が十分に当たる場所に3日間置いた。

図3

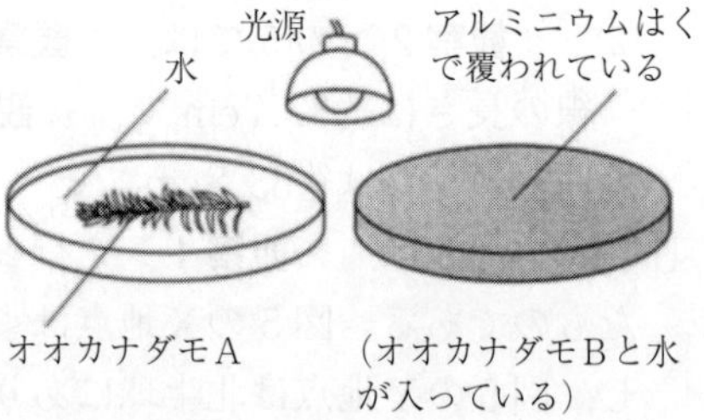

(6)　3日後，オオカナダモAとオオカナダモBの先端付近の葉をそれぞれ1枚切り取った。

(7)　(6)で切り取った葉を熱湯に浸した後，温めたエタノールに入れ，脱色した。脱色した葉を水で洗った後，ヨウ素液を1滴落とし，プレパラートを作り，顕微鏡で観察し，細胞内の様子を記録した。

＜**結果**＞

(1)　＜**実験**＞の(1)のオオカナダモAとオオカナダモBの先端付近の葉の細胞内には，緑色の粒がそれぞれ多数観察された。

(2)　＜**実験**＞の(3)のオオカナダモの先端付近の葉の細胞内の様子の記録は，表1のようになった。

表1

オオカナダモAの先端付近の葉の細胞内の様子	オオカナダモBの先端付近の葉の細胞内の様子
＜**実験**＞の(1)で観察された緑色の粒と同じ形の粒は，透明であった。	＜**実験**＞の(1)で観察された緑色の粒と同じ形の粒は，透明であった。

(3)　＜**実験**＞の(7)のオオカナダモの先端付近の葉の細胞内の様子の記録は，表2のようになった。

表2

オオカナダモAの先端付近の葉の細胞内の様子	オオカナダモBの先端付近の葉の細胞内の様子
＜**実験**＞の(1)で観察された緑色の粒と同じ形の粒は，青紫色に染色されていた。	＜**実験**＞の(1)で観察された緑色の粒と同じ形の粒は，透明であった。

〔問1〕 ＜**実験**＞の(1)でプレパラートを作り，顕微鏡で観察をする準備を行う際に，プレパラートと対物レンズを，最初に，できるだけ近づけるときの手順について述べたものと，対物レンズが20倍で接眼レンズが10倍である顕微鏡の倍率とを組み合わせたものとして適切なのは，次の表の**ア**～**エ**のうちではどれか。

	顕微鏡で観察をする準備を行う際に，プレパラートと対物レンズを，最初に，できるだけ近づけるときの手順	対物レンズが20倍で接眼レンズが10倍である顕微鏡の倍率
ア	接眼レンズをのぞきながら，調節ねじを回してプレパラートと対物レンズをできるだけ近づける。	200倍
イ	顕微鏡を横から見ながら，調節ねじを回してプレパラートと対物レンズをできるだけ近づける。	200倍
ウ	接眼レンズをのぞきながら，調節ねじを回してプレパラートと対物レンズをできるだけ近づける。	30倍
エ	顕微鏡を横から見ながら，調節ねじを回してプレパラートと対物レンズをできるだけ近づける。	30倍

〔問2〕 ＜**実験**＞の(6)で葉を切り取ろうとした際に，オオカナダモAに気泡が付着していることに気付いた。このことに興味をもち，植物の働きによる気体の出入りについて調べ，＜**資料**＞にまとめた。

＜**資料**＞

【光が十分に当たるとき】と【光が当たらないとき】の植物の光合成や呼吸による，酸素と二酸化炭素の出入りは，図4の模式図のように表すことができる。図4から，植物の ⑤ による ③ の吸収と ④ の放出は，【光が ① とき】には見られるが，【光が ② とき】には見られない。

図4

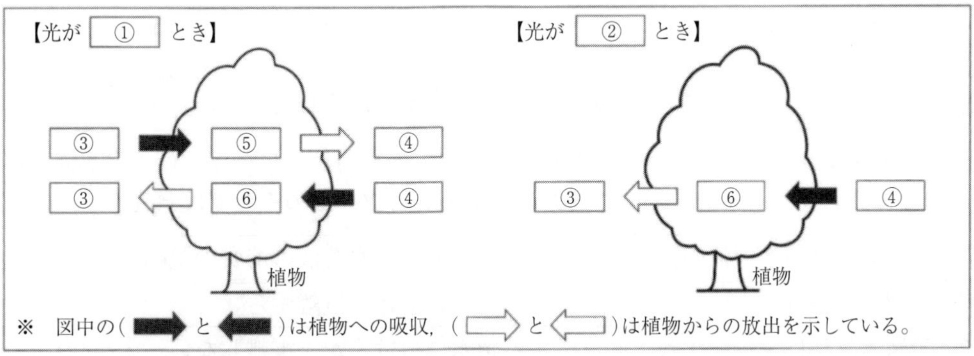

<**資料**>の ① ～ ⑥ にそれぞれ当てはまるものを組み合わせたものとして適切なのは，次の表の**ア**～**エ**のうちではどれか。

	①	②	③	④	⑤	⑥
ア	十分に当たる	当たらない	二酸化炭素	酸素	光合成	呼吸
イ	十分に当たる	当たらない	酸素	二酸化炭素	呼吸	光合成
ウ	当たらない	十分に当たる	二酸化炭素	酸素	光合成	呼吸
エ	当たらない	十分に当たる	酸素	二酸化炭素	呼吸	光合成

〔問3〕 <**結果**>の(1)～(3)から分かることとして適切なのは，次のうちではどれか。

ア 光が十分に当たる場所では，オオカナダモの葉の核でデンプンが作られることが分かる。

イ 光が十分に当たる場所では，オオカナダモの葉の核でアミノ酸が作られることが分かる。

ウ 光が十分に当たる場所では，オオカナダモの葉の葉緑体でデンプンが作られることが分かる。

エ 光が十分に当たる場所では，オオカナダモの葉の葉緑体でアミノ酸が作られることが分かる。

5 水溶液に関する実験について，次の各問に答えよ。

<**実験1**>を行ったところ，<**結果1**>のようになった。

図1

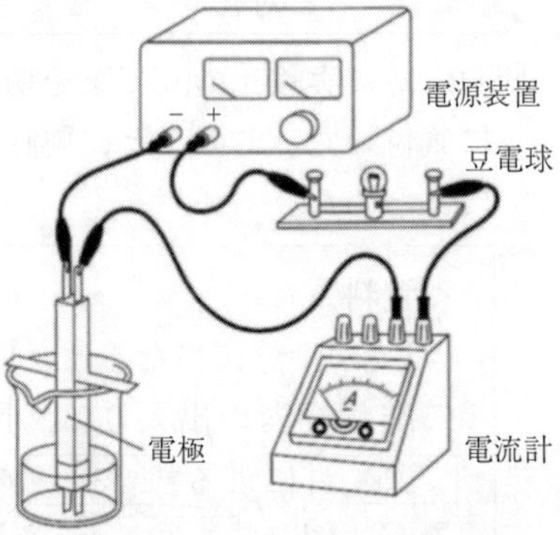

<**実験1**>

(1) ビーカーA，ビーカーB，ビーカーCにそれぞれ蒸留水(精製水)を入れた。

(2) ビーカーBに塩化ナトリウムを加えて溶かし，5％の塩化ナトリウム水溶液を作成した。ビーカーCに砂糖を加えて溶かし，5％の砂糖水を作成した。

(3) 図1のように実験装置を組み，ビーカーAの蒸留水，ビーカーBの水溶液，ビーカーCの水溶液に，それぞれ約3Vの電圧を加え，電流が流れるか調べた。

<**結果1**>

ビーカーA	ビーカーB	ビーカーC
電流が流れなかった。	電流が流れた。	電流が流れなかった。

〔問1〕 <**結果1**>から，ビーカーBの水溶液の溶質の説明と，ビーカーCの水溶液の溶質の説明とを組み合わせたものとして適切なのは，次の表の**ア**～**エ**のうちではどれか。

	ビーカーBの水溶液の溶質の説明	ビーカーCの水溶液の溶質の説明
ア	蒸留水に溶け，電離する。	蒸留水に溶け，電離する。
イ	蒸留水に溶け，電離する。	蒸留水に溶けるが，電離しない。
ウ	蒸留水に溶けるが，電離しない。	蒸留水に溶け，電離する。
エ	蒸留水に溶けるが，電離しない。	蒸留水に溶けるが，電離しない。

次に，<**実験2**>を行ったところ，<**結果2**>のようになった。

＜**実験２**＞

⑴　試験管Ａ，試験管Ｂに，室温と同じ27℃の蒸留水（精製水）をそれぞれ５ｇ（$5\,\mathrm{cm^3}$）入れた。次に，試験管Ａに硝酸カリウム，試験管Ｂに塩化ナトリウムをそれぞれ３ｇ加え，試験管をよくふり混ぜた。試験管Ａ，試験管Ｂの中の様子をそれぞれ観察した。

⑵　図２のように，試験管Ａ，試験管Ｂの中の様子をそれぞれ観察しながら，ときどき試験管を取り出し，ふり混ぜて，温度計が27℃から60℃を示すまで水溶液をゆっくり温めた。

図２

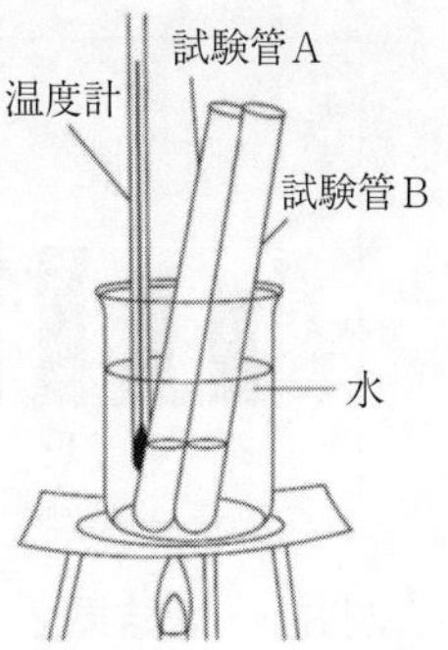

⑶　加熱を止め，試験管Ａ，試験管Ｂの中の様子をそれぞれ観察しながら，温度計が27℃を示すまで水溶液をゆっくり冷やした。

⑷　試験管Ａ，試験管Ｂの中の様子をそれぞれ観察しながら，さらに温度計が20℃を示すまで水溶液をゆっくり冷やした。

⑸　⑷の試験管Ｂの水溶液を１滴とり，スライドガラスの上で蒸発させた。

＜**結果２**＞

⑴　＜**実験２**＞の⑴から＜**実験２**＞の⑷までの結果は以下の表のようになった。

	試験管Ａの中の様子	試験管Ｂの中の様子
＜**実験２**＞の⑴	溶け残った。	溶け残った。
＜**実験２**＞の⑵	温度計が約38℃を示したときに全て溶けた。	＜**実験２**＞の⑴の試験管Ｂの中の様子に比べ変化がなかった。
＜**実験２**＞の⑶	温度計が約38℃を示したときに結晶が現れ始めた。	＜**実験２**＞の⑵の試験管Ｂの中の様子に比べ変化がなかった。
＜**実験２**＞の⑷	結晶の量は，＜**実験２**＞の⑶の結果に比べ増加した。	＜**実験２**＞の⑶の試験管Ｂの中の様子に比べ変化がなかった。

⑵　＜**実験２**＞の⑸では，スライドガラスの上に白い固体が現れた。

さらに，硝酸カリウム，塩化ナトリウムの水に対する溶解度を図書館で調べ，＜**資料**＞を得た。

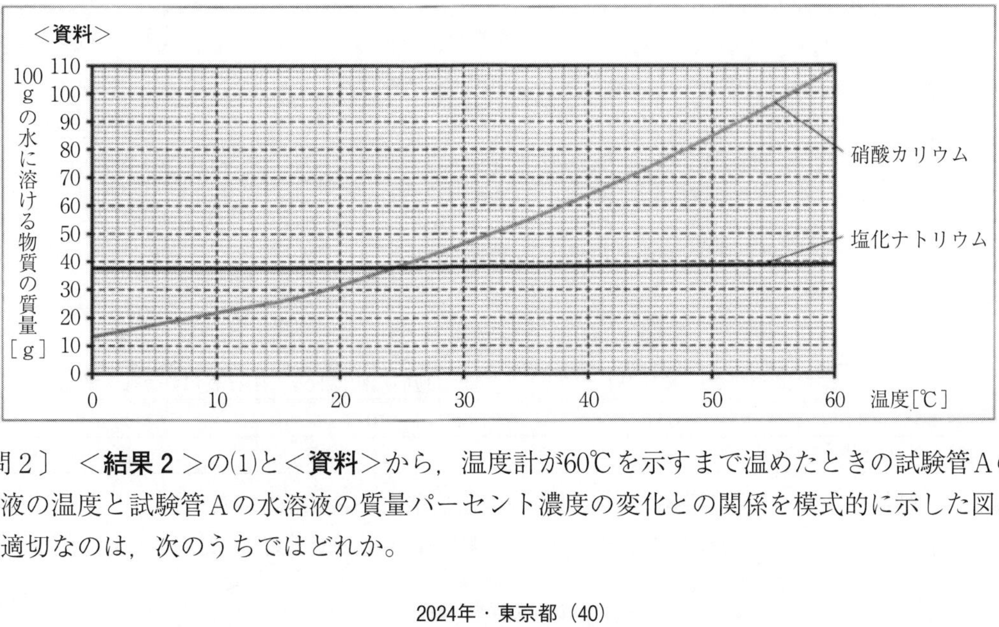

〔問２〕　＜**結果２**＞の⑴と＜**資料**＞から，温度計が60℃を示すまで温めたときの試験管Ａの水溶液の温度と試験管Ａの水溶液の質量パーセント濃度の変化との関係を模式的に示した図として適切なのは，次のうちではどれか。

ア

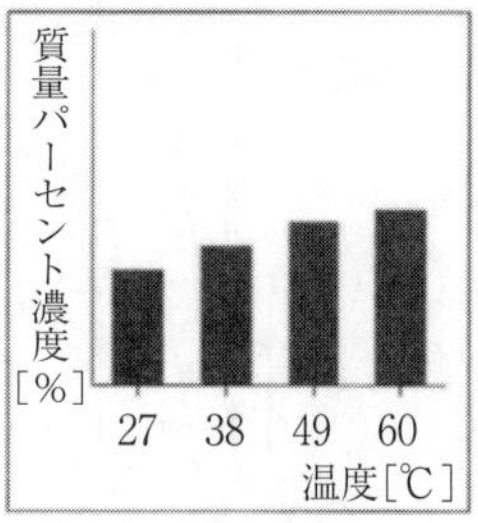

イ

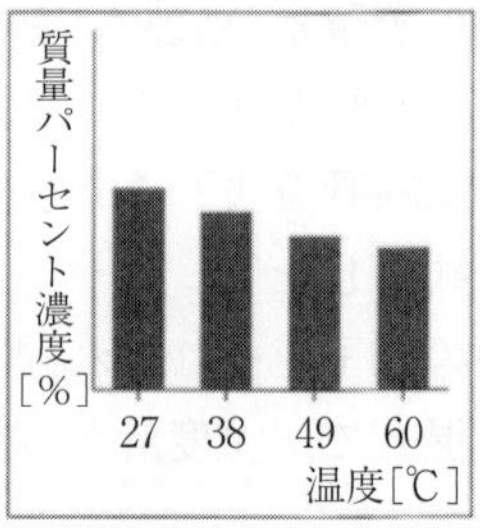

ウ

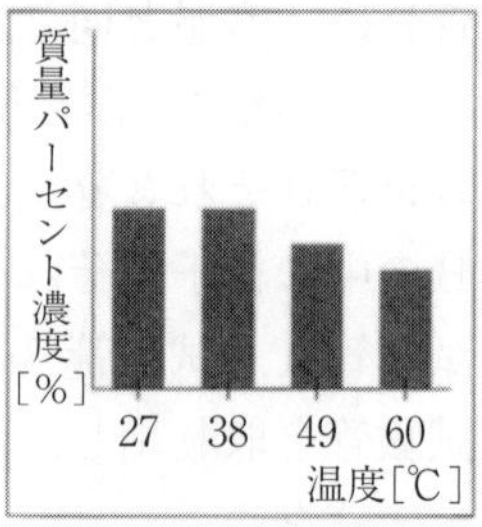

エ

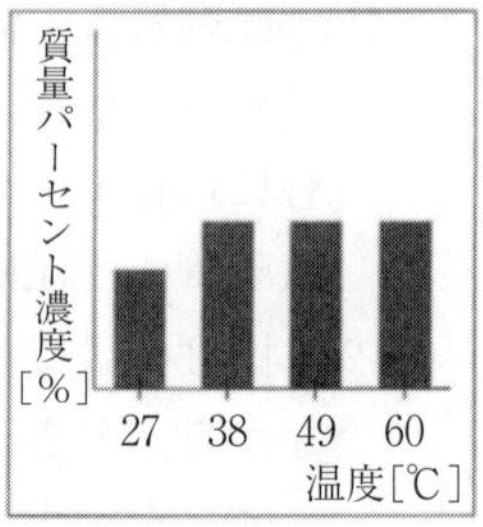

〔問３〕 ＜**結果２**＞の(1)から，試験管Ｂの中の様子に変化がなかった理由を，温度の変化と溶解度の変化の関係に着目して，「＜**資料**＞から，」に続く形で，簡単に書け。

〔問４〕 ＜**結果２**＞の(2)から，水溶液の溶媒を蒸発させると溶質が得られることが分かった。試験管Ｂの水溶液の温度が20℃のときと同じ濃度の塩化ナトリウム水溶液が0.35ｇあった場合，＜**資料**＞を用いて考えると，溶質を全て固体として取り出すために蒸発させる溶媒の質量として適切なのは，次のうちではどれか。

ア 約0.13ｇ　**イ** 約0.21ｇ　**ウ** 約0.25ｇ　**エ** 約0.35ｇ

6

力学的エネルギーに関する実験について，次の各問に答えよ。
ただし，質量100ｇの物体に働く重力の大きさを１Ｎとする。
＜**実験１**＞を行ったところ，＜**結果１**＞のようになった。

＜**実験１**＞

(1) 図１のように，力学台車と滑車を合わせた質量600ｇの物体を糸でばねばかりにつるし，基準面で静止させ，ばねばかりに印を付けた。その後，ばねばかりをゆっくり一定の速さで水平面に対して垂直上向きに引き，物体を基準面から10cm 持ち上げたとき，ばねばかりが示す力の大きさと，印が動いた距離と，移動にかかった時間を調べた。

図１

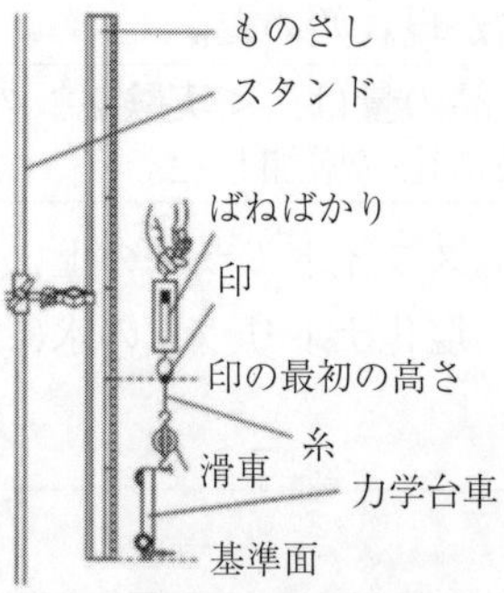

図２

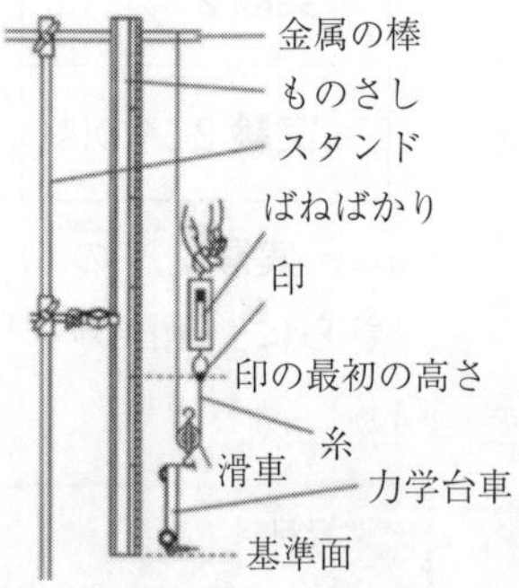

(2) 図２のように，(1)と同じ質量600ｇの物体を，一端を金属の棒に結び付けた糸でばねばかりにつるし，(1)と同じ高さの基準面で静止させ，ばねばかりに印を付けた。その後，ばねばかりをゆっくり一定の速さで水平面に対して垂直上向きに引き，物体を基準面から10cm 持ち上げたとき，ばねばかりが示す力の大きさと，印が動いた距離と，移動にかかった時間を調べた。

＜**結果１**＞

	ばねばかりが示す力の大きさ〔Ｎ〕	印が動いた距離〔cm〕	移動にかかった時間〔ｓ〕
＜**実験１**＞の(1)	6	10	25
＜**実験１**＞の(2)	3	20	45

〔問１〕 ＜**結果１**＞から，＜**実験１**＞の(1)で物体を基準面から10cm 持ち上げたときに「ばねばかりが糸を引く力」がした仕事の大きさと，＜**実験１**＞の(2)で「ばねばかりが糸を引く力」を

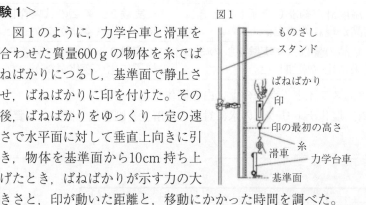

作用としたときの反作用とを組み合わせたものとして適切なのは，次の表の**ア**～**エ**のうちではどれか。

	「ばねばかりが糸を引く力」がした仕事の大きさ〔J〕	＜**実験１**＞の⑵で「ばねばかりが糸を引く力」を作用としたときの反作用
ア	0.6	力学台車と滑車を合わせた質量600 gの物体に働く重力
イ	6	力学台車と滑車を合わせた質量600 gの物体に働く重力
ウ	0.6	糸がばねばかりを引く力
エ	6	糸がばねばかりを引く力

次に，＜**実験２**＞を行ったところ，＜**結果２**＞のようになった。

＜**実験２**＞

⑴　図３のように，斜面の傾きを10°にし，記録テープを手で支え，力学台車の先端を点Aの位置にくるように静止させた。

図３

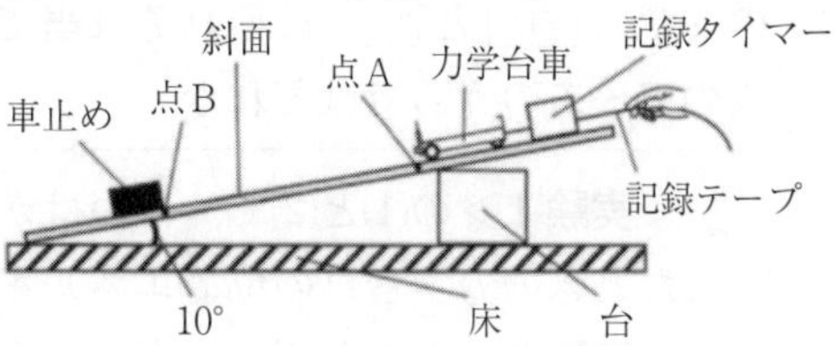

⑵　記録テープから静かに手をはなし，力学台車が動き始めてから，点Bの位置にある車止めに当たる直前までの運動を，１秒間に一定間隔で50回打点する記録タイマーで記録テープに記録した。

⑶　⑵で得た記録テープの，重なっている打点を用いずに，はっきり区別できる最初の打点を基準点とし，基準点から５打点間隔ごとに長さを測った。

⑷　⑴と同じ場所で，同じ実験器具を使い，斜面の傾きを20°に変えて同じ実験を行った。

＜**結果２**＞

図４　斜面の傾きが10°のときの記録テープ

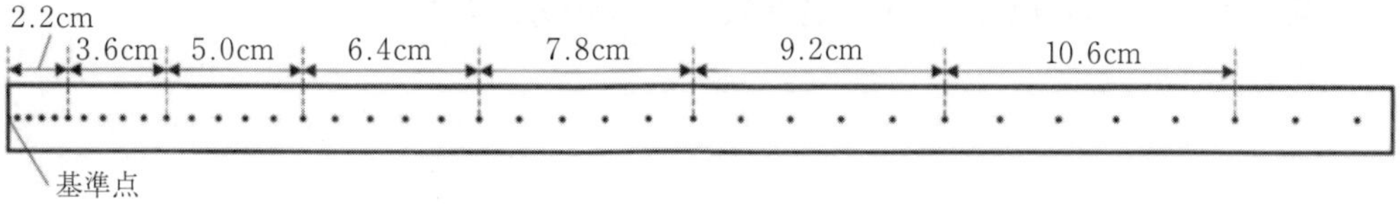

図５　斜面の傾きが20°のときの記録テープ

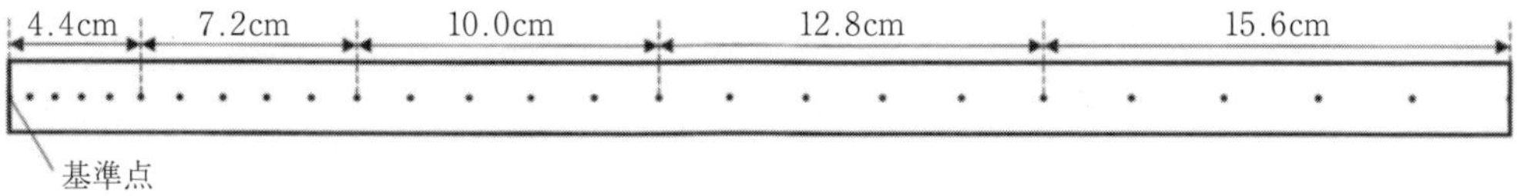

〔問２〕　＜**結果２**＞から，力学台車の平均の速さについて述べた次の文章の［①］と［②］にそれぞれ当てはまるものとして適切なのは，下の**ア**～**エ**のうちではどれか。

> ＜**実験２**＞の⑵で，斜面の傾きが10°のときの記録テープの基準点が打点されてから0.4秒経過するまでの力学台車の平均の速さをCとすると，Cは［　①　］である。また，＜**実験２**＞の⑷で，斜面の傾きが20°のときの記録テープの基準点が打点されてから0.4秒経過するまでの力学台車の平均の速さをDとしたとき，CとDの比を最も簡単な整数の比で表すとC：D＝［　②　］となる。

① **ア** 16cm/s　**イ** 32cm/s　**ウ** 43cm/s　**エ** 64cm/s

② **ア** 1：1　**イ** 1：2　**ウ** 2：1　**エ** 14：15

〔問3〕 ＜**結果2**＞から，＜**実験2**＞で斜面の傾きを10°から20°にしたとき，点Aから点Bの直前まで斜面を下る力学台車に働く重力の大きさと，力学台車に働く重力を斜面に平行な（沿った）方向と斜面に垂直な方向の二つの力に分解したときの斜面に平行な方向に分解した力の大きさとを述べたものとして適切なのは，次のうちではどれか。

ア 力学台車に働く重力の大きさは変わらず，斜面に平行な分力は大きくなる。

イ 力学台車に働く重力の大きさは大きくなり，斜面に平行な分力も大きくなる。

ウ 力学台車に働く重力の大きさは大きくなるが，斜面に平行な分力は変わらない。

エ 力学台車に働く重力の大きさは変わらず，斜面に平行な分力も変わらない。

〔問4〕 ＜**実験1**＞の位置エネルギーと＜**実験2**＞の運動エネルギーの大きさについて述べた次の文章の ① と ② にそれぞれ当てはまるものを組み合わせたものとして適切なのは，下の表の**ア**～**エ**のうちではどれか。

＜**実験1**＞の(1)と(2)で，ばねばかりをゆっくり一定の速さで引きはじめてから25秒経過したときの力学台車の位置エネルギーの大きさを比較すると ① 。

＜**実験2**＞の(2)と(4)で，力学台車が点Aから点Bの位置にある車止めに当たる直前まで下ったとき，力学台車のもつ運動エネルギーの大きさを比較すると ② 。

	①	②
ア	＜**実験1**＞の(1)と(2)で等しい	＜**実験2**＞の(2)と(4)で等しい
イ	＜**実験1**＞の(1)と(2)で等しい	＜**実験2**＞の(4)の方が大きい
ウ	＜**実験1**＞の(1)の方が大きい	＜**実験2**＞の(2)と(4)で等しい
エ	＜**実験1**＞の(1)の方が大きい	＜**実験2**＞の(4)の方が大きい

ア　頼政は、生の感情を整理して言葉にしておき、歌会で出された題に合わせて技法を駆使して即座に和歌にできるようにしている。

イ　頼政は、複数の歌を事前に備えておき、歌会ではそのまま出したり題にふさわしい表現に置き換えて出したりするようにしている。

ウ　頼政は、事前に歌を用意しておき、歌会で修正する必要が生じた際に変更すべき部分をあらかじめ想定しておくようにしている。

エ　頼政は、歌会の前に相談した歌人の先輩から譲り受けた歌を、歌会で提示された題に合わせて作りかえるようにしている。

〔問2〕　(2)短歌の場合もそういうのはあるのではないですか。とあるが、ここでいう「短歌の場合もそういうのはある」を説明したものとして最も適切なのは、次のうちではどれか。

ア　感情を適切に表現する言葉は、作りかけた歌をできるだけ長い間寝かせておくことでしか得ることができないということ。

イ　感情を適切に表現した歌を完成させるには、ふさわしい言葉を納得するまで集中して考え続けることが大切であるということ。

ウ　感情を十分に表現しきれていない未完成の歌であっても、寝かせておくことで適切な言葉が得られることがあるということ。

エ　感情を十分に表現できたと思う歌の場合でも、長い間寝かせることで適切かどうかを改めて吟味する必要があるということ。

〔問3〕　(3)俵さんの発言のこの対談における役割を説明したものとして最も適切なものは、次のうちではどれか。

ア　直前の久保田さんの発言を受けて、作歌の準備について久保田さんとの共通理解を図ろうとしている。

イ　直前の久保田さんの発言を受けて、作歌をする上での自分の体験談を紹介することで話題を広げようとしている。

ウ　直前の久保田さんの発言を受けて、作歌に関する久保田さんとは反対の意見を述べることで話題を転換しようとしている。

エ　直前の久保田さんの発言を受けて、作歌について自説を述べることで新たな問題を提起しようとしている。

〔問4〕　(5)責任はとあるが、**C**の原文において「責任は」に相当する部分はどこか。次のうちから最も適切なものを選べ。

ア　計ひを　　**イ**　是を　　**ウ**　後の　　**エ**　咎をば

〔問5〕　**C**の中の――を付けた**ア**～**エ**の「が」のうち、他と意味・用法の異なるものを一つ選び、記号で答えよ。

所ありてしか申したりしかど、勝負聞かざりし程はあひなくこそ胸つぶれ侍りしに、いみじき高名《かうみやう》したりとなん心ばかりは覚え侍りし。」とぞ俊恵は語りて侍りし。

建春門院の御殿での歌合《うたあわせ》のとき、「関路落葉」という題で、頼政卿《きょう》**ア**が、

都にはまだ青葉にて見しかども紅葉散りしく白川の関

と詠まれましたが、頼政卿はその歌合に際してはこの同じ題の歌を沢山詠んで当日までどれを出そうかと思い悩み、俊恵を呼んで歌を見せ相談されたところ、俊恵は「この歌は、あの能因の有名な『秋風ぞ吹く白川の関』という歌に似ております。しかしながらこちらの歌は、きっと歌合の席では見栄《みば》えがする歌に違いないでしょう。あの能因の歌ではない**イ**が、このようにも素材をこなして詠むことも出来るのだというように、大変上手に詠みこなしてあると見うけました。似ているからといって非難すべきような歌がらではありません。」と判断されたので、いよ〳〵《いよ》歌合の当日頼政卿は車を引き寄せてお乗りになった時、「あなたの判断を信じて、ではこの歌を出しましょう。これからあとの責任はすべてあなたにお掛けしますよ」と言い〳〵《いい》出かけて行かれました。その歌合においては、俊恵の思った通りにこの歌は見栄えがして勝ちとなりました。頼政卿は歌合より帰るとすぐに、お礼をいってよこしましたが、その返事に俊恵は「あの歌は見どころがあると考えて、あのような事を申したのですが、実は勝負を聞かないでいる間は、たゞ《だ》もう不安で胸**ウ**がどき〳〵《どき》しておりましたが、勝ったということを聞いて非常な面目をほどこしたものだと、自分の心の内だけでは思いました。」と言われた。以上は俊恵**エ**が後で語ってくれたことです。

（高橋和彦「無名抄全解」による）

〔注〕

題詠――題を決めておいて、詩歌などを作ること。

源三位頼政《げんざんみよりまさ》――平安時代の武将、歌人。

吟行《ぎんこう》――詩歌・俳句を作るために、名所等に出かけて行くこと。

大岡信《おおおかまこと》――日本の詩人、評論家。

変奏曲――一つの主題を様々に変化させて構成した楽曲のこと。

俊恵《しゅんえ》――平安時代末期の歌人。鴨長明の師。

都にはまだ青葉にてみしかども紅葉散りしく白河の関――

旅立った時の都ではまだ青葉の状態で見たが、紅葉が散り敷いているよ、ここ白河の関では。

本歌――『新古今和歌集』の時代に盛んに行われた「本歌取り」という表現手法を用いる際の、もととなる歌。

都をば霞《かすみ》とともに立ちしかど秋風ぞ吹く白河の関――

都を、春霞が立つのとともに出発したが、いつの間にか秋風が吹く季節になってしまったことだ。この白河の関では。

能因《のういん》――平安時代の僧侶、歌人。

〔問1〕 Aでは、(1)ええ、当座に出された題に応じてちょっと手直ししてその場に出すらしい。とあり、Bでは、(4)頼政が歌会で名をあげた名歌は多く「擬作」つまり、あらかじめ準備し、練りととのえた歌であったということである。とあるが、A及びBで述べられた、歌会における頼政の歌の示し方の特徴を説明したものとして最も適切なのは、次のうちではどれか。

そのうちに何かの瞬間にひょっとぴったりした表現が思い浮かぶということはあるのでしょうね。

俵　それはあります。何か言葉にできずに終わっていた以前の気持《きもち》をもう一度味わったときに歌になる場合も多いです。一瞬、言葉に出会って、「あっ、この言葉だったんだ」と思って歌になる場合と、もう一度同じ思いをして歌になる場合と、いろいろありますね。

久保田　それからさまざまに一つの事柄を歌い換えていくという場合もあるのでしょうね。定家なんて人は相当にプライドが強いから、自分が前に歌ったことのあるような発想は、努めて避けるのです。それでたまたま似てきてしまうと、恥ずかしいなんて自分で書き付けていますけれど、でもやはりその定家にしても「あ、これは＊変奏曲だな」みたいなものがありますものね。だからましてそれ以外の人たちには、一つの好みの表現ないしは似たような発想というのが繰り返し繰り返し出てくるのだろうと思うのです。

(3)**俵**　その場である景色や物を見て、いろいろ感じることがあって、こんな歌を作ったというような、作歌事情というんでしょうか、エピソードなんかがありますけれども、ああいうのもやはり普段から筋肉を動かして、いろんな言葉のストックや気持のストックを持っているからこそ、すっと、その場で出てくるのでしょうね。

久保田　そうなのでしょうね。やはりストックでしょうね。そう思います。ただ表現だけではなくて、表現以前の何かがストックされていないと、とっさには出ないのでしょう。

（久保田淳、俵　万智「百人一首　言葉に出会う楽しみ」による）

B

＊俊恵《しゅんえ》はもう一つ大事なことを語りのこしてくれた。(4)頼政が歌会で名をあげた名歌は多く「擬作」つまり、あらかじめ準備し、練りととのえた歌であったということである。歌会は当座詠であっても、そうした準備された歌をもっていれば、題に合わせて詠みかえることもできる。鴨長明は無名抄に、「＊都にはまだ青葉にてみしかども紅葉散りしく白河の関」の歌が、歌会で〈勝〉の判を得るまでのエピソードを伝えている。それによると頼政は、この歌の＊本歌たる「＊都をば霞《かすみ》とともに立ちしかど秋風ぞ吹く白河の関」の俤《おもかげ》があまりに濃く残っているのを気にして、歌会当日まで躊躇《ちゅうちょ》を感じていたという。俊恵はその日になって相談をうけた。俊恵は歌会の場に馴《な》れた先輩として、この歌を「されどもこれは出栄《いでば》えすべき歌なり。」と評して提出をすすめ、頼政は俊恵の励ましに喜んで「勝負の(5)責任はあなたにありますよ。」と言いながら歌会に出かけて行った。結果は俊恵の見通しどおり好評であった。

（馬場あき子「埋れ木の歌人」による）

C

建春門院の殿上の歌合《うたあはせ》に、関路落葉といふ題に、頼政卿《きやう》の歌に、

都にはまだ青葉にて見しかども紅葉散りしく白川の関

とよまれ侍《はべ》りしを、其《そ》の度此《たびこ》の題の歌あまたよみて、当日まで思ひ煩ひて、俊恵《しゅんゑ》を呼びて見せられければ、「此の歌は、かの＊能《のう》因《いん》が『秋風ぞ吹く白川の関』といふ歌に似て侍り。されども是《これ》は出《い》で栄《ば》えすべき歌なり。彼《か》の歌ならねど、かくもとりなしてむと、いしげによめるとこそ見えたれ。似たりとて難ずべき様にはあらず。」と計《はから》ひければ、車さし寄せて乗られける時、「貴房《きばう》の計ひを信じて、さらば是を出すべきにこそ。後の咎《とが》をばかけ申すべし。」といひかけて出《い》でられにけり。其の度思ひのごとく出で栄えして勝ちにければ、帰りて則《すなは》ち悦《よろこ》びいひ遣《つかは》したりける返事《かへりごと》に、「見る

て出来た歌ではないかなと考えられますね。

久保田　ええ、そうだと思います。そういう例が定家《ていか》の場合などにもあります。定家の場合あまりしばしばではないのですけれど時に漢文の日記、『明月記』の中に歌が出てきますが、そのときの歌というのは題詠ではない。そのときのほんとうの生の感情を、ふっと日記のおしまいに書き付けている、そういった種類の歌がある。そしてそれから間もなくほとんど同じようなテーマの題が歌会で出されたとき、それをちょっと変えて出しているという例があります。これは月の歌なのですけれど、そういうことを昔の人もやっています。それからそれを意識的にやった人は、――これはまた長明の『無名抄』に書かれていることですけれど、――＊源三位頼政《げんざんみよりまさ》がよくそれをやったというのです。つまりたくさん作り溜《た》めておく。

俵　それで題に応じて持ち歌の中からあれこれ選んで……。

久保田　(1)ええ、当座に出された題に応じてちょっと手直ししてその場に出すらしい。そういうのをふつう「擬作」と言っています。そういうことを俵さんも、あるいは現代の歌人もなさいますか。句会には席題というのがありますよね。歌会はそういうかたちではないわけですか、「今回はこういうテーマで詠《よ》もう。」というのは。

俵　まあ＊吟行《ぎんこう》ですとか、そういう何か催しがあったときに「さあ詠もう」ということはありますけれど、今の歌会というのは、あらかじめ作ってきた歌をお互いに批評し合うというか、批評会ですね。でも多分昔の歌人たちも、あらかじめ作ってくるということは、あったのではないかしら。

久保田　もう用意があるのですね。この間＊大岡信《おおおかまこと》さんと雑談していたら、大岡さんもそういうことを言っておられました、「いや、そんなの詩のほうもあるよ」と。七、八年かな、何年か前に作りかけの詩があって、ほとんど出来ているのだけれど最後のちょっとがまだ出来ない。未完成でほったらかしておいたのをある機会にふと思いついて「これだ」というので、それで七、八年目にやっと完成したという、そういう詩がある。だけど絵描きもそうで、有名な絵描きのアトリエに行くと、あれを描いたりこれを描いたり、作りかけの絵が相当あるのだそうです。それでそれを、半作と言うのですかね、昔の半作というのは家の建築で完成していないのを半作と言うらしいけれど、まだ未完成のを置いておいて、注文がくると「ああ、それじゃあ」というのでそれを完成して出す。絵描きだってやっているし、音楽家もそうだなんて話にだんだんなっていって、ここのところモーツァルトブームだけれど、特にモーツァルトにそういうのが相当あるらしいというので、楽譜でインクの色が違うなどと、それの追跡がこの頃の研究ではやられているらしいのです、一曲一曲いちいちすぐ完成して渡すというのではなくて、

俵　並行していくつも置いておく?

久保田　ええ、いろいろ思いつくままに楽譜に書きかけておいて、それをだんだんかたちにしていくんだそうです。すべての芸術でそういうことはありうるのでしょうね。まあそういうものとは比べものにならないですけれど、われわれの仕事だって何かのテーマで書きかけてほったらかしておくというのはありますね。かなり長い間暖めておいて、ということも必要なのでしょう。だからそれは作品の長短にはよらないのではないでしょうか。(2)短歌の場合もそういうのはあるのではないですか。何かこういう感情を歌いたいのだけれどどうも適切な表現が得られない、それでしばらく寝かしておく。

ている。

〔問3〕 (2)チンパンジーが時代を超えて蓄積されていく文化を持っていないのは、このためだろう。とあるが、筆者がこのように述べたのはなぜか。次のうちから最も適切なものを選べ。

ア チンパンジーは世界に対してかなりの程度の理解を持っているが、世界を描写する言葉を覚えることはないと筆者は考えているから。

イ チンパンジーは言語訓練によって任意の記号を覚えるが、さらなる意味を生み出す文法規則は習得しないと筆者は考えているから。

ウ チンパンジーは高度な認知能力を持っているが、世界を描写して他者と互いの思いを共有しようとしないと筆者は考えているから。

エ チンパンジーは狩りをするなどの共同作業はできるが、他者が何をしているかを推測することはできないと筆者は考えているから。

〔問4〕 (3)しかし、本質的に、それは共同幻想なのだろう。とあるが、筆者がこのように述べたのはなぜか。次のうちから最も適切なものを選べ。

ア 人々は言語を使って共同作業を行わねばならないと思っているが、実際には表情などでも意思疎通ができると筆者は考えているから。

イ 人々は公的表象が共同作業でうまく機能していると思っているが、実際には各個人の表象に微妙な違いがあると筆者は考えているから。

ウ 人々は人の心が計り知れないものだと思っているが、実際には他者が自分の心を察することを期待していると筆者は考えているから。

エ 人々は共同作業がうまくいっていると思っているが、実際には誤解や恨みなどが生じて社会は動いていないと筆者は考えているから。

〔問5〕 国語の授業でこの文章を読んだ後、「互いの思いを一致させること」というテーマで自分の意見を発表することになった。このときにあなたが話す言葉を具体的な体験や見聞も含めて二百字以内で書け。なお、書き出しや改行の際の空欄、、や。や「などもそれぞれ字数に数えよ。

五

次の**A**は、和歌に関する対談の一部であり、**B**は、対談中に出てくる鴨長明《かものちょうめい》が書いた「無名抄《むみょうしょう》」について書かれた文章である。また、**C**は、無名抄の原文であり、[　]内の文章はその現代語訳である。これらの文章を読んで、あとの各問に答えよ。(＊印の付いている言葉には、本文のあとに〔**注**〕がある。)

A

俵《たわら》　基本的にはうちからほとばしり出るもの、あるいは何か自分がくぐり抜けた人生上のことから宿ってくるものというのは、すごく必要だと思うのですけれども、それが来たときにやはり言葉の技法というか、言葉を駆使して五七五七七に常にできるように、それがいつ来ても大丈夫なように歌人というのは普段きたえている。

久保田《くぼた》　それはあるのでしょうね。そういう心の用意というのがなくてはいけないですよね。

俵　ですから、そんなにたくさん宿ってないときでも、ある程度言葉の筋肉がうまく使えるようにはしておく。＊題詠にはそういう意味もあっただろうし、題詠といわれているけれども、これは何か宿っている歌だなと思えるものもたくさんあるところをみると、むしろ宿っているところに題を与えられいわば個人的表象だ。それを表現するのが言語である。言語で表されたものは公的表象となる。その公的表象を受け取った他者は、それについて独自の個人的表象を持つ。誰も他者の心を見ることはできないので、個人的表象はあくまでもその個人しか理解できないものである。「リンゴ」という言葉で表される公的表象は、秋冬の赤い果物、少しすっぱい、青森や長野が有名、アップルパイのもと、などである。しかし、「リンゴ」という言葉で何を思うかは、人それぞれに異なる。（第十七段）

「自由」「勇気」「繁栄」「正義」など、もっと抽象的な概念になると、公的表象とそれぞれの個人的表象の間には、「リンゴ」のような具体的なものの表象よりもずっと多くの、微妙な違いが生じるに違いない。それでも人々は、言語で表される公的表象でコミュニケーションを取り、共同作業を行わねばならない。その公的表象が各個人の持つ表象の最大公約数としてうまく機能している限り、共同作業はうまくいくだろう。実際、かなりうまくいっているからこそ、この社会は動いている。（第十八段）

(3)しかし、本質的に、それは共同幻想なのだろう。何か探しているような素振りを見せる人に対し、「何かお探しですか？」と聞くのは、本質的にはおせっかいなのだろう。人の心なんて本当は計り知れないものなのだから。それでも大方は当たっている。相手も、そう察してくれることを期待している。それが外れた時に誤解が生じ、「あなたは何もわかってくれない」という恨みが生じる。この何やかやにもかかわらず、共同幻想こそがヒトを共同作業に邁進《まいしん》させ、ここまでの文明を築いてきたのだろう。そして、互いの思いを一致させることは、相変わらずたいへん難しい作業であり、それができた時、できない時に伴う様々な感情を私たちは備えているのである。（第十九段）

（長谷川眞理子「進化的人間考」（一部改変）による）

〔注〕利他行動——自己を犠牲にして、他の個体に利益を与える行動。

〔問1〕(1)今こうやって描写したのが、三項表象の理解である。とはどういうことか。次のうちから最も適切なものを選べ。

ア 子どものさす方向をおとなが見て子どもに話しかけることは、「外界」に関する子どもの心的表象を理解することだということ。

イ 子どものさす方向をおとなが見て子どもの興味を理解することは、子どもと同じ「外界」に関する心的表象を持つことだということ。

ウ 子どものさす方向をおとなが見て子どもと同じような興味を持つことは、互いに同じ「外界」を見ていたことの結果だということ。

エ 子どものさす方向をおとなが見て子どもと顔を見合わせることは、「外界」に関する心的表象の共有を理解し合うことだということ。

〔問2〕この文章の構成における第十一段の役割を説明したものとして最も適切なのは、次のうちではどれか。

ア それまでに述べてきたヒトの認知能力の特徴について、言語の側面から新たな視点を提示することで、論の展開を図っている。

イ それまでに述べてきたヒトの認知能力の特徴について、チンパンジーとの共通点を挙げることで、論の妥当性を主張している。

ウ それまでに述べてきたヒトの認知能力の特徴について、チンパンジーの事例に即して仮説を立てることで、論の検証をしている。

エ それまでに述べてきたヒトの認知能力の特徴について、様々な議論の内容を要約して紹介することで、論をわかりやすくし

うと、「dog」と呼ぼうと、何でもよい。それらは、イヌという動物の性質とは関係なく、任意に選ばれている。（第九段）

そして、様々な記号を結びつけて、さらなる意味を生み出すための文法規則がある。だから、「ヒトがイヌを噛《か》む」と「イヌがヒトを噛む」とでは意味が全く異なるのだ。このような任意の記号と文法規則を備えたコミュニケーションシステムを持つ動物は、ヒト以外にはいない。（第十段）

そこで、ヒトの言語の進化をめぐって、様々な議論が行われてきた。ヒトと最も近縁な動物であるチンパンジーがどこまで言語を習得できるのかを探るために、チンパンジーに対する言語訓練の実験も何十年にわたって行われてきた。その結果、チンパンジーはたくさんの任意な記号を覚えるが、文法規則は習得しないことがわかった。その他にもいろいろなことがわかった。しかし、最も重要な発見は、言葉を教えられたチンパンジーが別に話したいとは思わない、ということではないだろうか。（第十一段）

数百の単語を覚えたチンパンジーたちが自発的に話す言葉の九割以上は、ものの要求なのである。「オレンジちょうだい」「くすぐって」「戸を開けて」など、教えられたシグナルを使って他者を動かし、自分の欲求を満たそうということである。「空が青いですね」「寒い」など、世界を描写する「発言」はほとんど皆無だ。ひるがえって、言葉を覚え始めたばかりの子どもの発話の九割以上がものの要求ということはない。もちろん要求もするが、「ワンワン」「お花、ピンク」「あ、〇〇ちゃんだ」「落ちちゃった」など、世界を描写する。単に世界を描写して何をしたいのか。先ほど述べたように、他者も同じことを見ているという確認、思いを共有しているということの確認である。つまり、三項表象の理解を表現しているのだ。（第十二段）

チンパンジーの認知能力は非常に高度である。彼らは、かなり高度な問題をも解くことができる。しかし、どうやら彼らに三項表象の理解はない、というか乏しい。一頭一頭のチンパンジーは世界に対してかなりの程度の理解を持っているのだが、その理解を互いに共有しようとしないのである。高機能のコンピュータがたくさんあるが、それらどうしがつながっていない、というような状況だろうか。だから、世界を描写してうなずき合おうとはしないのである。(2)チンパンジーが時代を超えて蓄積されていく文化を持っていないのは、このためだろう。（第十三段）

三項表象の理解があり、互いに思いを共有する素地があれば、そこから言語が進化するのは簡単であるように思う。言語獲得以前の子どもたちがやっているように、思いの共有さえあれば、あとはその対象に名前をつけていくのは簡単なはずだ。（第十四段）

また、三項表象の理解があれば、目的を共有することができる。私が外界に働きかけて何かしようとしている。その「何か」をあなたが推測し、同じ思いを共有することができれば、「せいのっ！」と共同作業をすることができる。言語コミュニケーションはその共同作業をずっとスムーズに促進させてくれるが、言語がなくても共同作業はできる。言葉の通じない外国でも、表情や身振り手振りで人々は意思疎通することができる。それは、とりもなおさず、先ほどの「私は、あなたが何を考えているかを知っている、ということをあなたも知っている、ということを私は知っている」からだ。（第十五段）

チンパンジーは、みんなでサルを狩るなど、共同作業に見えることをする。しかし、本当に意思疎通ができた上での共同作業ではないらしい。他者が何をしているかを推測することのできる高度なコンピュータが、その知識をもとに互いに勝手に動いているというほうが、彼らの行動をよりよく描写していると私は思う。（第十六段）

私たちは、外界についてそれぞれが自分自身の表象を持っている。

四　次の文章を読んで、あとの各問に答えよ。（＊印の付いている言葉には、本文のあとに〔注〕がある。）

ヒトは、食べていくという生き物にとって最重要な仕事の点で、絶対に一人では生きられない生物だということは、ヒトの進化を理解する上で決定的に重要な鍵であるに違いない。（第一段）

これまで、動物の行動の進化を研究する行動生態学では、＊利他行動の進化について様々なモデルを考えてきた。しかし、これらすべてのモデルが暗黙に仮定していたのは、個体は基本的に一人で食べていけるということだ。ヒトはそうではないのだとしたら、ヒトの様々な行動の進化を考察する時に、動物のモデルをそのまま当てはめるわけにはいかないだろう。（第二段）

今回は、ヒトが共同作業を行う上での基盤となる能力である、三項表象の理解について取り上げたい。この能力は、言語や文化といったヒトに固有の性質の基本に横たわっていると、私は考えている。（第三段）

まだ言葉も十分には話せない小さな子どもが、何かを見て興味を持ったとしよう。その子はどうするだろう？　そちらを指さしたり、手を伸ばしたりしながら、あーあー、などと発声し、一緒にいるおとなの顔を見るに違いない。おとながそちらを見てくれなければ、かなりしつこく、おとなの注意をそちらに向けさせようとするだろう。これは、実によくある光景だ。（第四段）

その声や動作に気づいたおとなは、子どもがさしている方向を見て、何が子どもの興味を引いたのかを理解すると、子どもと顔を見合わせ、「そうだね、○○だね」と話しかける。その言葉を子どもが理解できなくてもかまわない。それでも、動作や表情、視線によって、子どもは、おとなが同じものを見て興味を共有してくれていることを確認する。そして、それは、子どもにとってもおとなにとっても楽しいことなのだ。（第五段）

（1）今こうやって描写したのが、三項表象の理解である。つまり、「私」と「あなた」と「外界」という三つがあり、「私」が「外界」を見ていて、「あなた」も同じその「外界」を見ている。そして、互いに目を見交わし、互いの視線が「外界」に向いていることを見ることで、両者が同じその「外界」を見ていることを、了解し合う。「外界」に関する心的表象を共有していることを理解し合う、ということだ。（第六段）

このように描写すると非常にややこしいが、先に述べたように子どもでもやっていることだ。「外界」をイヌとすると、子どもがイヌを見て指さし、「ワンワン」と言う。そして母親を見る。母親もそちらを見て、また子どもと顔を見合わせ、「そうね、ワンワンね、かわいいわね」と言う。あまりにも普通のことに思われるが、これが、どれだけ深遠な意味を含んでいることか。（第七段）

ヒトの心の中で行われているこのプロセスを描写すると、「私は、あなたがイヌを見ているということを知っている」、「あなたは、私がイヌを見ているということを知っている」、そして、「お互いにそのことを知っている」となる。しかし、これを一文で表そうとすれば、「私は、あなたがイヌを見ているということを知っている、ということをあなたは知っている、ということを私は知っている」となる。この文章を理解するよりも、実際に子どもと目を見合わせながらイヌを見るほうが、ずっと簡単だ。しかし、この簡単なことは三項表象の理解であり、実は非常に高度な認知能力の結果なのである。（第八段）

言語とは、対象をさし示す記号であり、それらの記号を文法規則で組み合わせて、さらなる意味を生み出すことのできるシステムである。そして、対象をさし示すために使われる記号は、その対象物の性質とは無関係な表象である。たとえば、イヌを「イヌ」と呼ぼ

〔問2〕 (2)なんだか無性におかしくなって、泣きながら笑ってしまう。とあるが、この表現から読み取れる亜紗の様子として最も適切なのは、次のうちではどれか。

ア 凛久の気持ちを引き出すために冷静に会話する深野と比較して、感情的になってしまった自分のことを恥ずかしく思っている様子。

イ 深野からの質問の答えに窮する凛久の姿を見てほほ笑ましく感じ、凛久が転校することへの悲しみがすっかり晴れている様子。

ウ 思ったことを素直に伝えて凛久の気持ちを引き出した深野の姿が痛快で、悲しい気持ちが少し明るくなっている様子。

エ 深野と軽やかに会話をする凛久の姿を見て、心配しているほど悲しむ必要はないのかもしれないと思い直して安心している様子。

〔問3〕 (3)心細そうに聞く声に、一度引いた亜紗の涙がまたこみ上げてきそうになる。とあるが、このときの亜紗の気持ちに最も近いのは、次のうちではどれか。

ア これまで転校の不安を口にしなかった凛久が、仲間を頼ってようやく素直な気持ちを表すことができたことにほっとする気持ち。

イ ずっと一緒だった自分たちに伝えなかった不安をオンラインの仲間には吐露する凛久の姿を見て、自分をふがいなく思う気持ち。

ウ 凛久の存在をようやく身近に感じることができたのに、もうすぐ離れ離れになってしまうという現実に打ちひしがれる気持ち。

エ 凛久の存在を改めて感じたことにより、一人で不安を抱え続けてきた凛久の心境を推し量りやるせなく思う気持ち。

〔問4〕 (4)「私も卒業ですよ。」とあるが、晴菜先輩がこのように言ったわけとして最も適切なのは、次のうちではどれか。

ア 環境が変わっても、ＩＳＳの観測に共に挑んだ全国の仲間や天文部の仲間たちのことを忘れないでほしいと凛久に伝えたかったから。

イ 一緒にいた仲間たちとの関係はずっと続くと確信しており、たとえ離れてもきっとつながっていられると凛久に伝えたかったから。

ウ 天文部の仲間たちに対する願いを打ち明けることで、凛久だけでなく卒業を控えた自分のことも勇気付けてもらいたいと思ったから。

エ 自分も卒業のために仲間たちと別れることへの心の整理がつかずに寂しい気持ちでいることを、凛久にわかってほしいと思ったから。

〔問5〕 (5)その声を全身で受けて、空を見上げながら――。とあるが、この表現から読み取れる亜紗の様子として最も適切なのは、次のうちではどれか。

ア たくさんの拍手や声を聞き、ＩＳＳの観測に全力を注いだ日々が、全国の仲間と喜びを共有する形に結実したことを実感している様子。

イ 全国からの反響に驚き、次回の観測会も最高のものにしたいと気持ちを切り換え、目標となる星を早く決めようと思っている様子。

ウ 全国の参加者がＩＳＳを観測できたか心配であったが、成功の知らせがパソコンから聞こえてきて、心が軽くなっている様子。

エ 拍手の音や声を聞き、全国の参加者が自分のことを一斉に賞賛してくれていることに感動し、誇らしく思っている様子。

『大変は大変だけど……大丈夫。どこに行っても。』

凛久の問いかけを受けた輿が、動揺する様子もなく答える。笑顔だった。

『離れても大丈夫だって、オレは、みんなが教えてくれたから。』

五島《ごとう》天文台の＊窓から、＊円華《まどか》や武藤《むとう》、小山《こやま》が『おー！』と手を振り動かしている。輿が笑い、そして言った。

『だから、大丈夫。凛久くんも。』

「そうかなー？」

(4)「私も卒業ですよ。」

凛久の横に、晴菜先輩がやってくる。

「卒業しちゃうけど、みんながずっと私のことも仲間だって思ってくれてるって、信じています。」

屋上に立つ天文部のメンバーを、晴菜先輩が見回す。「すっごく楽しい。」と彼女がにっこりした。

「今日、私たち、なんか、ものすごく青春って感じがしませんか？　凛久くんの言う通り。素晴らしい。青春、万歳ですよ。」

「え、なんですか、それ。」

普段はクールな晴菜先輩の、いつになくはしゃいだ様子の声を聞き、亜紗と凛久が思わず笑う。マスクごしだけど、冬の＊静謐《せいひつ》な空気を鼻と口からいっぱいに吸い込むと、その時、御崎台《みさきだい》高校の＊柳《やなぎ》の声がした。

全チームをつないだパソコンと、幹事三ヵ所のものと、両方からの声が二重になって聞こえる。

『皆さん、ありがとうございました。ＩＳＳ、無事に、通過しましたでしょうか。――これで、今日のプロジェクトは大成功！　終了です。お疲れさまでした！』

空で星が瞬《またた》いている。

その星の瞬きに呼応するように、画面のあちこちから拍手が聞こえた。パチパチパチパチパチ。バイバーイ、ありがとう。またねー！　楽しかったー！　たくさんの声がこだまする。

(5)その声を全身で受けて、空を見上げながら――。

最高だな、と亜紗は思った。

（辻村深月「この夏の星を見る」による）

〔注〕ナスミス式望遠鏡――天体望遠鏡の形式の一つ。

輿《こし》――長崎県の五島天文台チームのメンバーとは元同級生で、東京都の御崎台高校に転入した東京都チームのメンバーの一人。

窓――パソコンのデスクトップ上で開かれた画面。

円華《まどか》や武藤《むとう》、小山《こやま》――長崎県の五島天文台チームのメンバー。

静謐《せいひつ》――静かで穏やかな様子。

柳《やなぎ》――御崎台高校に通う、東京都チームのメンバーの一人。

〔問１〕(1)「あーーーっ！」凛久の声だった。ＩＳＳの光の点が完全に視界から消え、あとには、冬の星座と、赤く点滅する飛行機の光だけが残った空を仰ぎ、大声で、凛久が叫んだ。とあるが、この表現について述べたものとして最も適切なのは、次のうちではどれか。

ア　観測の余韻を残す夜空と凛久の声を対照的に描くことで、転校を受け止めきれず衝動に駆られる凛久の様子を強調して表現している。

イ　ＩＳＳの光と飛行機の光とを交互に描くことで、天文部の仲間が凛久の転校に様々な感情を抱いていることを表現している。

ウ　星座と飛行機の光の強弱の変化を明確に描くことで、天文部の仲間と観測会を成功させた後の凛久の心情の変化を表現している。

エ　ＩＳＳの光と凛久の行動とを順序立てて描くことで、実際に観測したＩＳＳの姿に凛久が大いに感動している様子を表現している。

天を昇っていくISSの光を見つめながら、亜紗の隣で花楓が言う。その声を聞いて、どう言っていいかわからないくらい、亜紗も嬉しくなる。

　ISSが、空をよぎっていく。

　興奮したみんなの声を受けながら、山の向こうへと消えていこうとしている。光を惜しむように、亜紗たちは声を送り続けた。ありがとう、バイバイ。

　バイバーイ！

　というどこかの声を聞きながら、その時、屋上の上で、ふいに声が破裂した。

(1)「あーーーっ！」

　凛久の声だった。ISSの光の点が完全に視界から消え、あとには、冬の星座と、赤く点滅する飛行機の光だけが残った空を仰ぎ、大声で、凛久が叫んだ。

　長い声は、しばらく、止まらなかった。凛久が少し息苦しそうにし、口元のマスクの位置を直したところで、姿勢を元に戻す。そして言った。

「転校、したくねえーなーー！」

　唇を、噛《か》み締めた。そうやって耐えようとしたけど、――ダメだった。亜紗の目から涙が噴き出る。完全なる不意打ちだ。一気に瞼《まぶた》が熱くなる。

「凛久、やめろっ！」

　亜紗も叫ぶ。

「泣いちゃうじゃん。勘弁してよ。」

「わ、すげ、亜紗、泣いてる？」

「だって……。」

　恥ずかしくてあわてて瞼を押さえて俯《うつむ》くと、一年生の深野のとても冷静な声がした。

「っていうか、凛久先輩も泣いてません？　目、潤んでます。」

「いやー、そりゃ、泣くでしょ。青春ですから。」

　青春ですから。

　その声に顔を上げると、凛久が目を押さえ、マスクをずらしていた。

　それを見て、驚きつつ、同時に、すごいなぁ、と思う。深野さん、普通、こういう時、指摘しないであげるのが礼儀な気もするのに、うちの後輩は言っちゃうんだなぁ。(2)なんだか無性におかしくなって、泣きながら笑ってしまう。

「え、亜紗、笑うのかよ。ひどくない？」

　凛久の肩が亜紗の肩に触れた。男子が女子に、付き合ってもないのにするには近すぎる距離感だけど、それを茶化すようなメンバーが、オンライン含めて誰もいなそうなのが、亜紗には心地よかった。みんなと出会えてよかったと思った。

　肩に、凛久の体温を感じる。

　ずっと一緒にいたけど、こんなふうに触れ合うのは、そういえば初めてだ。凛久が亜紗から離れ、幹事の三ヵ所だけをつないでいたパソコンの方に近寄っていく。

「＊輿《こし》くーん、いる？」

『いますよー、なんですか。』

　それまで、そちらのパソコンは、声が二重になってしまうから、と音声を切ってあったのだが、ミュートを解除したようだ。画面を覗《のぞ》き込み、凛久が尋ねた。

「転校って、大変？」

　(3)心細そうに聞く声に、一度引いた亜紗の涙がまたこみ上げてきそうになる。平然として見えた凛久が、本当はずっと不安だったのかもしれないこと、それを、ようやく今日になって口に出せているのかもしれないこと。考えたら、胸が押しつぶされそうになる。

国語

●満点100点　●時間50分

一

次の各文の――を付けた漢字の読みがなを書け。

(1) 花瓶に挿した一輪のバラを部屋に飾る。
(2) 主張の根拠を明確にして意見文を書く。
(3) カメラを三脚に据えて記念写真を撮影する。
(4) 歴史的に価値のある土器が展覧会に陳列される。
(5) 絵本を読み幼い頃の純粋な気持ちを思い出した。

二

次の各文の――を付けたかたかなの部分に当たる漢字を楷書で書け。

(1) 大正時代に建設されたレンガ造りのヨウカンを訪ねる。
(2) 心を込めてソダてたトマトが赤く色付く。
(3) ホテルのキャクシツへ自分の荷物を運ぶ。
(4) 駅前のバイテンで温かい飲み物を買う。
(5) 満開のサクラを眺めながら公園を歩く。

三

次の文章を読んで、あとの各問に答えよ。（＊印の付いている言葉には、本文のあとに〔注〕がある。）

亜紗《あさ》、凛久《りく》、晴菜《はるな》、深野《ふかの》は茨城県の高校生で、天文部に所属している。凛久が転校することを知った亜紗たちは、親交のある長崎県と東京都の中高生と協力し、全国の中高生をオンラインでつなげＩＳＳ（国際宇宙ステーション）の観測会を計画していた。観測会前のある日、凛久が自作した望遠鏡による天体観測を、凛久の姉である花楓《かえで》も呼んで行うことにした。

「凛久、言ってました。――姉ちゃんは、子どもの頃からオレのスターだったんだって。」

花楓が望遠鏡から離れた後で、亜紗がそっと話しかけた。凛久は一年生たちと一緒に、パソコン画面の向こう側に向けて、＊ナスミス式望遠鏡から見える天体の様子を解説している。綿引《わたびき》先生が今日はレンズに取りつけるカメラを用意してくれたので、設置した大きなモニターに、望遠鏡から見える光景が表示できるようになっていた。

凛久がこちらを見ていないことを確認して、こっそり、教える。

「勉強ができて、学校で教えてくれないこともすごくたくさん知ってるお姉さんのことが自慢で、特にお姉さんから聞く宇宙の話が大好きだったって。」

身内をそうやって堂々と褒めるのは、なかなかできないことだと思う。凛久だって、普段はおそらくそうしない。――亜紗たちにだから安心して話してくれたのだろうと思ったら、とても光栄だと感じた。

「そっか。」

亜紗の声を受けて、花楓が微笑《ほほえ》んだ。弟の方を見て、眩《まぶ》しそうに目を細める。そして言った。

「亜紗ちゃん。」

「はい？」

「星を見せてくれてありがとう。」

花楓から、親しげに「亜紗ちゃん」と呼んでもらえたことが嬉《うれ》しくて、むずむずする。だから、その日、亜紗から誘った。もしよかったら、来月のＩＳＳもまた一緒に観《み》ませんか――と。

「こんな楽しいことが待ってるなんて、思ってなかった。」

2023年度 東京都立高校 入試問題

英語

●満点 100点 ●時間 50分

■リスニングテストの音声は，当社ホームページで聴くことができます。（当社による録音です。）再生に必要なアクセスコードは「合格のための入試レーダー」（巻頭の黄色の紙）の1ページに掲載しています。

1 リスニングテスト（**放送**による**指示**に従って答えなさい。）

〔**問題A**〕 次の**ア**～**エ**の中から適するものをそれぞれ**一つずつ**選びなさい。

＜対話文1＞

ア To have a birthday party. **イ** To write a birthday card for her.

ウ To make some tea. **エ** To bring a cake.

＜対話文2＞

ア He was giving water to flowers. **イ** He was doing his homework.

ウ He was eating lunch. **エ** He was reading some history books.

＜対話文3＞

ア He got there by train. **イ** He took a bus to get there.

ウ He got there by bike. **エ** He walked there.

〔**問題B**〕 ＜Question 1＞では，下の**ア**～**エ**の中から適するものを**一つ**選びなさい。＜Question 2＞では，質問に対する答えを英語で書きなさい。

＜Question 1＞

ア Studying English. **イ** Students' smiles.

ウ Sports festivals. **エ** Students' songs.

＜Question 2＞

（15秒程度，答えを書く時間があります。）

※＜**英語学力検査リスニングテスト台本**＞は英語の問題の終わりに付けてあります。

2 次の各問に答えよ。（＊印の付いている単語・語句には，本文のあとに〔**注**〕がある。）

1 高校生のHirotoと，Hirotoの家にホームステイしているアメリカからの留学生のMikeは，夏休みのある土曜日の予定について話をしている。 (A) 及び (B) の中に，それぞれ入る語句の組み合わせとして正しいものは，下の**ア**～**エ**のうちではどれか。ただし，下の**I**は，二人が見ている，東京都内のある地域を紹介したパンフレットの一部である。

Hiroto : Look at this. There are four areas here. My father says we can visit three of them on our one-day trip in Tokyo. There is a ＊shuttle bus service to and from the station. Which areas do you want to visit, Mike?

Mike : I want to enjoy beautiful views of nature.

Hiroto : I see. How about visiting the [(A)] ? We can go there by bus.

Mike : That's nice. I like watching birds and walking in places that are rich in nature. I don't *mind going up and down a lot of stairs. Let's go there.

Hiroto : Yes, let's. I Where shall we visit next ?

Mike : Both the Mountain Area and the *Onsen* Area look good to me. I would also like to enjoy local food.

Hiroto : Well, that sounds nice. Which of the two shall we visit first ?

	Things You Can Do	More Information
Forest Area	・Visiting old buildings ・Enjoying beautiful views of nature from the buildings	・There are two buses every hour. ・The buildings are in beautiful forests.
Mountain Area	・Walking across a long bridge ・Feeling cool wind from *valleys	・To get to the bridge from the nearest bus stop takes about one hour.
Onsen Area	・Enjoying famous *onsen* ・Eating delicious local food	・This area is near the station. ・You can walk to it.
Park Area	・Watching birds and animals in the park ・Seeing beautiful views of nature from the park	・There are six buses every hour. ・The park has a lot of stairs.

Mike : Shall we visit the [(B)] first ? If we do that, we can enjoy hot springs at the end of our one-day trip.

Hiroto : That's a good idea. Let's do that.

Mike : Thank you. I'm looking forward to having a good time.

Hiroto : Me, too. I'll tell my father about our plan.

〔注〕 shuttle bus 往復バス　　mind 気にする　　valley 谷

ア (A) Forest Area (B) *Onsen* Area　　イ (A) Park Area (B) *Onsen* Area

ウ (A) Forest Area (B) Mountain Area　　エ (A) Park Area (B) Mountain Area

2 東京都内のある地域を訪れることにしたHirotoとMikeは，インターネットの画面を見ながら話をしている。[(A)]及び[(B)]の中に，それぞれ入る語句の組み合わせとして正しいものは，下の**ア**～**エ**のうちではどれか。ただし，下の**Ⅱ**は，二人が見ている，東京都内のある地域の施設別来訪者数を示したグラフである。

Hiroto : There are many places to visit in the Mountain Area.

Mike : They all look interesting.

Hiroto : Yes. Here is a *guide book about this area. It recommends the [(A)]. The book says we can buy fresh vegetables and also enjoy eating *grilled fish there.

Mike : Grilled fish ? That sounds delicious. And the *graph says it is the most popular place in this area. Let's go there.

Hiroto : Yes, let's. And I think we can visit two more places after that. What other places shall we visit ?

Mike : I want to visit the Long Bridge. I've heard it's the most exciting place in this area.

Hiroto : The book also Ⅱ recommends that place. I want to go there, too.

Mike : OK. Let's go there. Look at the graph again. There are three other places.

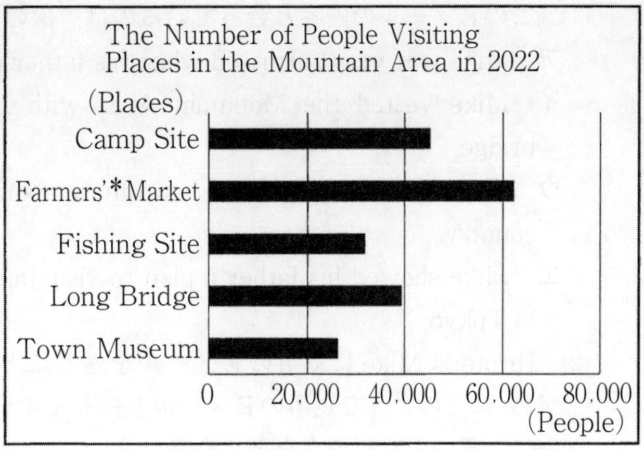

Hiroto : Yes. How about going to the *Camp Site? It's the most popular of the three.

Mike : That sounds nice, but I'm very interested in the history of this area. Shall we visit the [(B)]?

Hiroto : Sure. The building was built in the *Edo* period. It looks interesting.

Mike : I can't wait to go.

〔**注**〕 guide 案内　grilled 焼いた　graph グラフ
camp キャンプ　market 市場

ア (A) Farmers' Market　(B) Long Bridge
イ (A) Fishing Site　(B) Town Museum
ウ (A) Farmers' Market　(B) Town Museum
エ (A) Fishing Site　(B) Long Bridge

3 次の文章は，アメリカに帰国したMikeがHirotoに送ったEメールの内容である。

> Dear Hiroto,
>
> Thank you for helping me a lot during my stay in Japan. I enjoyed visiting various places with you. The Mountain Area was one of them. Walking across the bridge in the valley was especially exciting. I enjoyed visiting places that were rich in nature.
>
> Since coming back to my country, I have read many books to learn more about Japan. There are a lot of beautiful places to see in your country. After I talked about that with my father, he made a plan for our family to visit Japan next spring. I was really surprised!
>
> Next time, I want to visit many new places. My parents said Japan is famous for its traditional culture. And they want to enjoy it. What should we do in Japan? Do you have any ideas? If you do, please tell me about them. I'm looking forward to seeing you in Tokyo next spring.
>
> Yours,
> Mike

(1)　このＥメールの内容と合っているのは，次のうちではどれか。

ア　Mike was very surprised when his father made a plan to visit Japan the next spring.

イ　Mike visited the Mountain Area with his father and enjoyed walking across the bridge.

ウ　Mike read many books to learn more about nature in Japan before he went back to his country.

エ　Mike showed his father a plan to visit Japan because he wanted to meet Hiroto again in Tokyo.

(2)　Hiroto は Mike に返事のＥメールを送ることにしました。あなたが Hiroto だとしたら，Mike にどのような返事のＥメールを送りますか。次の＜**条件**＞に合うように，下の□の中に，**三つ**の英語の文を書きなさい。

＜**条件**＞

○　前後の文につながるように書き，全体としてまとまりのある返事のＥメールとすること。 ○　Mike に伝えたい内容を**一つ**取り上げ，それを取り上げた理由などを含めること。

Hello, Mike,

Thank you for your e-mail.　I enjoyed reading it.　While you were in Japan, we visited many places.

I had a good time when we visited the places that were rich in nature.　I have special memories of our time together.

In Japan, you can enjoy traditional Japanese culture in many places.　You can have interesting experiences.　I'll tell you one idea.

I hope to visit some places with you when we meet again next spring.

I'm looking forward to it.

Your friend,

Hiroto

3 次の対話の文章を読んで，あとの各問に答えよ。（*印の付いている単語・語句には，本文のあとに〔注〕がある。）

Maya, Ken and Riko are first-year high school students in Tokyo. Bob is a high school student from the United States. They are the members of the art club and talking in the art room after school.

Maya : We have only one week to finish our pictures for the *exhibition.

Ken : I think that I can finish a nice picture. I've been painting almost every day.

Maya : How about you, Riko ?

Riko : I think it'll be difficult to finish my picture.

Bob : Are you OK ? You look tired. Did something happen ?

Riko : I've almost finished my picture, but I don't know what to do next.

Maya : I know you've worked really hard, Riko. Don't be worried.

Ken : (1)I can understand Riko's feeling. Just before finishing something, I always worry about it.

Riko : That's right. I hope many people will enjoy my picture in the exhibition. But I am not *confident about my way of painting now. And I have only one week before the exhibition.

Bob : I had a similar experience, Riko.

Riko : Please tell us about it, Bob.

Bob : I *participated in a Japanese speech contest when I was in my country. Just before the contest, I got very worried. I thought, "Can I speak Japanese well ? Will people understand my Japanese ?"

Riko : I see. What did you do then ?

Bob : Before the contest, I went to see my uncle. He is very good at speaking Japanese. He works for a travel company, and he has visited Japan many times. He listened carefully to my speech and said, "Since last year, you have learned Japanese very well. Don't be afraid of using it."

Ken : Did that encourage you ?

Bob : Yes, a lot. In the end, I made a good speech and got a prize in the contest.

Maya : (2)That's wonderful.

Bob : Thank you.

Ken : If you work hard, you will *succeed. You should be confident of that. That's very important.

Riko : Oh, why do you think so ?

Ken : I was not good at running in my junior high school days, so I always got worried before running events. But after practicing very hard for a long time, I got better.

Maya : That is an important *lesson, Ken.

Ken : At a running event in my third year, I didn't get a prize, but I ran faster than before. (3)I was happy about that. I realized that I could improve by practicing hard.

Bob : Riko, I think you will be able to finish a nice picture.

Riko : Do you really think so ? Will I ?

Bob : Yes. You've painted a lot of pictures. I'm sure you can do it this time again.

Maya : Riko, do you remember ? We painted a picture together for a school festival at our junior high school.

Riko : Of course.

Maya : Just before finishing the picture, I got very worried. I thought, "Will people enjoy our picture ?"

Riko : I remember ! Your feelings at that time were similar to mine now.

Maya : (4)Right. And you said, "We've practiced painting for a long time. If we do our best, we'll finish a nice picture. Don't worry."

Ken : That was good advice.

Maya : Now I'll give that advice to you, Riko.

Riko : Thank you. I understand each of you did well in difficult situations. I've *made a lot of effort, and I'm sure I can do it. I'm not worried now.

Bob : You mean you'll be able to finish your picture, right ?

Riko : That's right.

Maya : (5)I'm happy to hear that.

Ken : Me, too. I think you should be confident.

Bob : I'm looking forward to seeing your picture in the exhibition.

Maya and Ken : Yes, we are, too !

Riko : Thank you very much, everyone.

〔注〕 exhibition 展覧会　confident 自信がある　participate in ～ ～に参加する
succeed 成功する　lesson 教訓　make a lot of effort たくさんの努力をする

〔問１〕 (1)I can understand Riko's feeling. とあるが，このようにKenが言った理由を最もよく表しているのは，次のうちではどれか。

ア Ken has only one week before the exhibition.
イ Ken always worries just before finishing something.
ウ Ken has been working really hard to finish his picture.
エ Ken has been painting his picture almost every day for the exhibition.

〔問２〕 (2)That's wonderful. とあるが，このようにMayaが言った理由を最もよく表しているのは，次のうちではどれか。

ア Bob has visited Japan many times, and he isn't afraid of using Japanese now.
イ Bob was confident that he would succeed in the future thanks to his uncle.
ウ Bob has learned Japanese very well, and now he can speak it like his uncle.
エ Bob made a good speech in a Japanese speech contest and got a prize.

〔問３〕 (3)I was happy about that. の内容を，次のように書き表すとすれば，□の中に，下のどれを入れるのがよいか。

Ken was happy because □.

ア he ran faster than before in a running event in his third year
イ he practiced running very hard for a long time for running events

ウ　he got a prize at a running event in his third year after practicing hard

エ　he was able to finish painting his picture before a running event in his third year

〔問4〕 (4)Right. の内容を最もよく表しているのは，次のうちではどれか。

ア　Maya gave advice to Riko to encourage her a lot in their junior high school days.

イ　Maya remembered that she would practice painting pictures for a long time with Riko.

ウ　Maya painted a lot of pictures for a school festival at her junior high school.

エ　Maya worried about her picture very much just before finishing it.

〔問5〕 (5)I'm happy to hear that. の内容を，次のように書き表すとすれば，［　　］の中に，下のどれを入れるのがよいか。

Maya is happy to hear that ［　　　　］.

ア　Riko can't wait to see pictures with her friends in the exhibition

イ　Bob will do his best in difficult situations for the exhibition

ウ　Riko will be able to finish her picture for the exhibition

エ　Bob can start painting pictures again for the exhibition

〔問6〕 次の文章は，本文中の Riko について書かれたものである。［(A)］及び［(B)］の中に，それぞれ入るものの組み合わせとして正しいものは，下の**ア**〜**エ**のうちではどれか。

［(A)］ when Maya asked her about her picture for the exhibition. ［(B)］ while they were talking about one of their memories of a school festival.

	(A)	(B)
ア	Riko didn't know what to do next to finish her picture	Riko didn't remember her advice to Maya in their junior high school days
イ	Riko didn't know what to do next to finish her picture	Riko remembered her advice to Maya in their junior high school days
ウ	Riko already knew what to do next to finish her picture	Riko didn't remember her advice to Maya in their junior high school days
エ	Riko already knew what to do next to finish her picture	Riko remembered her advice to Maya in their junior high school days

〔問7〕 次の文章は，Maya たちと話した日に，Bob が書いた日記の一部である。［(A)］及び［(B)］の中に，それぞれ入る単語の組み合わせとして正しいものは，下の**ア**〜**エ**のうちではどれか。

Today, I talked with my friends, Maya, Ken, and Riko after school. At the beginning, Riko was ［(A)］. All of us talked about our own memories and ［(B)］ Riko.

I talked about my experience of participating in a Japanese speech contest in the U.S. I still remember that I got very ［(A)］ before the contest. I was not confident of my Japanese then. But my uncle ［(B)］ me a lot. Thanks to him, I did my best at the contest.

In the end, Riko was feeling better. I hope we'll all finish our pictures, and the exhibition will succeed. I'm looking forward to the exhibition.

ア　(A)　worried　(B)　understood
イ　(A)　tired　(B)　understood
ウ　(A)　worried　(B)　encouraged
エ　(A)　tired　(B)　encouraged

4　次の文章を読んで，あとの各問に答えよ。（*印の付いている単語・語句には，本文のあとに〔**注**〕がある。）

Nanami was a first-year high school student. One Friday in September, an *exchange student, Grace, came to her school from Canada, and she began to stay at Nanami's house.

That evening, Nanami held a welcome party for Grace with her family. Before the party, Nanami asked her, "Can you eat sushi ?" Nanami knew that sushi was one of the most famous Japanese foods among people in other countries. Grace said she could eat it. Nanami did her best to make many kinds of sushi. At the party, Nanami said, "I hope that you like this. Please enjoy it." Grace ate some salad, French fries, and some vegetable sushi without *raw fish. But she ate only a little sushi with raw fish. Nanami was disappointed to see that. Nanami asked her, "How about the sushi with raw fish ?" She said, "It's delicious." After the party, Nanami said, "I'm afraid you didn't eat much sushi with raw fish." Grace said, "I'm sorry about that." Grace looked sad. Nanami wanted to make her happy, so she said to her, "How about going to an amusement park tomorrow ?" Grace said, "That's nice. I would like to do that." Nanami was happy to hear that. Nanami's mother came and said to Nanami, "I think Grace is tired. You and she should go to bed."

The next day, Nanami took Grace to an amusement park. They rode a roller coaster there. Nanami enjoyed it very much. But Grace didn't smile at all. When Nanami saw her face, she felt a little sad. On her way home, Nanami thought, "Am I the only one who enjoyed the amusement park ?" That night, Nanami wondered in her bed, "How can I make her happy ?"

On Thursday of the next week, Nanami wanted to talk with someone about Grace. She remembered her neighbor, Taiga. He was a second-year high school student at *the same school as Nanami. After school, she went to his classroom. He told Nanami about his experience of staying with a *host family in Australia. He said, "One of my host family members, John, took me to an aquarium because it was one of the most famous places in the city, and also it was his favorite place. I enjoyed watching sea animals there, but actually, I wanted to see koalas in a zoo. I didn't tell him that at the aquarium because he was so kind." And he said, "Maybe Grace felt like me." After Nanami heard about Taiga's experience, she decided to talk with Grace when she got home.

That night, Nanami said to Grace, "Grace, I'm really sorry that I couldn't help you enjoy your first week in Japan." Grace said, "Don't worry about that, Nanami. I'm sorry about the welcome party. I don't like raw fish. But I was *embarrassed to tell you that. At the amusement park, I was also embarrassed to tell you that I didn't like to ride roller coasters. Next time, let's talk and decide where to go together." Nanami said, "Thank you, Grace. Is there something you want to do this Sunday ?" Grace said, "Sure. I would like to go shopping with you to buy souvenirs." Nanami said, "OK. There is a nice department store near the station. I often go there. Do you want to go with me ?" Grace said, "Yes, I do." Nanami's mother was listening to them, and she smiled.

Three days later, they went to the department store. Nanami said, "Grace, what do you want to buy ?" Grace said, "I want something that will help me remember Japan." Nanami said, "OK. How about buying two cups to use at home ?" Grace said, "That's nice. Let's buy them. Nanami, I have another idea. I want to buy two small bags." Nanami said, "Why do you want two bags ?" Grace said, "I want to use something which is the same as yours every day. I want to put my lunch box in a small bag and to bring it to school every day. I want you to do the same thing." Nanami said, "That's a good idea. I want to do that, too. Let's buy two bags." When they got back home, they showed the cups and the bags to Nanami's mother. She said, "You look like sisters." Nanami and Grace looked at each other and smiled. Nanami hoped that their *relationship would always be good.

〔**注**〕 exchange student　交換留学生　　raw　生の　　the same ～ as …　…と同じ～
host family　ホストファミリー　　embarrassed　恥ずかしい　　relationship　関係

〔問１〕 Nanami was disappointed to see that. の内容を，次のように書き表すとすれば，□の中に，下のどれを入れるのがよいか。

Nanami was disappointed because □.

ア Grace ate only a little sushi with raw fish
イ Grace ate all of the sushi with raw fish, and Nanami couldn't eat any of it
ウ Grace didn't know that sushi was one of the most famous Japanese foods
エ Grace didn't like vegetable sushi without raw fish

〔問２〕 次の**ア**～**エ**の文を，本文の内容の流れに沿って並べ，記号で答えよ。

ア On Thursday night, Nanami's mother was listening to Nanami and Grace.
イ Nanami wanted to talk with someone about Grace and remembered her neighbor, Taiga.
ウ When Nanami's mother told Nanami and Grace that they looked like sisters, they smiled.
エ One Friday evening in September, Nanami held a welcome party for Grace with her family.

〔問３〕 次の(1)～(3)の文を，本文の内容と合うように完成するには，□の中に，それぞれ下のどれを入れるのがよいか。

(1) After the welcome party on Friday, Nanami told Grace that □.

ア she was happy to make sushi for Grace
イ she wanted to take Grace to an amusement park
ウ she was sad to hear her mother's advice
エ she wanted Grace to go to bed early

(2) Before Nanami went to sleep on Saturday, □.

ア she wondered how she could make Grace happy
イ she wondered why she was the only person to see Grace's smile
ウ she thought that going to the amusement park with Grace made her tired
エ she thought that riding a roller coaster with Grace helped them enjoy the amusement

park

(3) When John took Taiga to the aquarium, [ ].

ア Taiga told him about the experience of staying in Australia

イ Taiga talked with him about Taiga's favorite places in Australia

ウ Taiga didn't tell him that he actually wanted to see koalas in a zoo

エ Taiga didn't enjoy watching sea animals with his host family

〔問4〕 次の(1), (2)の質問の答えとして適切なものは，それぞれ下のうちではどれか。

(1) At the welcome party, why did Grace tell Nanami that the sushi with raw fish was delicious ?

ア Because Nanami knew that Grace could eat sushi with raw fish.

イ Because she was embarrassed to tell Nanami that she didn't like raw fish.

ウ Because, before coming to Japan, she was asked by Nanami about raw fish.

エ Because she was enjoying her first week in Japan very much with her host family.

(2) What did Nanami and Grace want to do with some things that they bought at the department store ?

ア They wanted to give the bags to Nanami's mother after they showed them to her.

イ They wanted to use the cups and the bags at school to make their relationship better.

ウ They wanted to use the cups every day at home because that would help Nanami remember Grace.

エ They wanted to put their lunch boxes in the bags and bring them to school every day.

＜英語学力検査リスニングテスト台本＞

開始時の説明

これから，リスニングテストを行います。

問題用紙の1ページを見なさい。リスニングテストは，全て放送による指示で行います。リスニングテストの問題には，**問題A**と**問題B**の二つがあります。**問題A**と，**問題B**の＜Question 1＞では，質問に対する答えを選んで，その記号を答えなさい。**問題B**の＜Question 2＞では，質問に対する答えを英語で書きなさい。

英文とそのあとに出題される質問が，それぞれ全体を通して二回ずつ読まれます。問題用紙の余白にメモをとってもかまいません。答えは全て解答用紙に書きなさい。

〔問題A〕

問題Aは，英語による対話文を聞いて，英語の質問に答えるものです。ここで話される対話文は全部で三つあり，それぞれ質問が一つずつ出題されます。質問に対する答えを選んで，その記号を答えなさい。

では，＜対話文1＞を始めます。

Meg : Hi, Taro. What did you do last Sunday ?

Taro : Hi, Meg. I went to my grandmother's house to have a birthday party.

Meg : That's nice.

Taro : In the morning, I wrote a birthday card for her at home. Then I visited her and gave her the card. She looked happy. After that, she made some tea for me.

Meg : That sounds good.

Taro : In the evening, my sisters, mother, and father brought a cake for her.

Meg : Did you enjoy the party ?

Taro : Yes, very much.

Question : Why did Taro go to his grandmother's house ?

繰り返します。

（対話文１と質問を繰り返す）

＜対話文２＞を始めます。

Satomi : Hi, John. I've been looking for you. Where were you ?

John : I'm sorry, Satomi. I was very busy.

Satomi : I went to your classroom in the morning and during lunch time. What were you doing then ?

John : Early in the morning, I gave water to flowers in the school garden. After that, I did my homework in my classroom.

Satomi : Oh, you did. How about during lunch time? I went to your room at one o'clock.

John : After I ate lunch, I went to the library. That was at about twelve fifty. I read some history books there for twenty minutes and came back to my room at one fifteen.

Question : What was John doing at one o'clock ?

繰り返します。

（対話文２と質問を繰り返す）

＜対話文３＞を始めます。

Jane : Hi, Bob. I'm happy that I can come to the concert today.

Bob : Hi, Jane. Yes. Me, too.

Jane : How did you get here today ?

Bob : Why ? I came by bike from home.

Jane : This morning, I watched the weather news. I think it'll be rainy this afternoon.

Bob : Oh, really ? I'll have to go home by train and bus. What should I do with my bike ?

Jane : After the concert, I will keep it at my house. We can walk to my house.

Bob : Thank you.

Jane : You're welcome. And you can use my umbrella when you go back home from my house.

Question : How did Bob get to the concert from home today ?

繰り返します。

（対話文３と質問を繰り返す）

これで**問題A**を終わり，**問題B**に入ります。

〔**問題B**〕

これから聞く英語は，外国人のEmily先生が，離任式で中学生に向けて行ったスピーチです。内容に注意して聞きなさい。

あとから，英語による質問が二つ出題されます。＜Question 1＞では，質問に対する答えを選んで，その記号を答えなさい。＜Question 2＞では，質問に対する答えを英語で書きなさい。

なお，＜Question 2＞のあとに，15秒程度，答えを書く時間があります。

では，始めます。

Hello, everyone. This will be my last day of work at this school. First, I want to say thank you very much for studying English with me. You often came to me and taught me Japanese just after I came here. Your smiles always made me happy. I hope you keep smiling when you study English.

I had many good experiences here. I ran with you in sports festivals, and I sang songs with your teachers in school festivals. I was especially moved when I listened to your songs.

After I go back to my country, I'll keep studying Japanese hard. I want you to visit other countries in the future. I think English will help you have good experiences there. Goodbye, everyone.

＜Question 1＞　What made Emily happy?

＜Question 2＞　What does Emily want the students to do in the future?

繰り返します。

（**問題B**の英文と質問を繰り返す）

以上で，リスニングテストを終わります。**2** 以降の問題に答えなさい。

数学

●満点 100点　●時間 50分

注意　1　答えに分数が含まれるときは，**それ以上約分できない形で表しなさい。**

例えば，$\frac{6}{8}$ と答えるのではなく，$\frac{3}{4}$ と答えます。

2　答えに根号が含まれるときは，**根号の中を最も小さい自然数にしなさい。**

例えば，$3\sqrt{8}$ と答えるのではなく，$6\sqrt{2}$ と答えます。

3　□の中の数字を答える問題については，「**あ，い，う，**…」に当てはまる数字を，**0**から**9**までの数字のうちから，それぞれ**1つずつ**選んで，**その数字の**⬭**の中を正確に塗りつぶしなさい。**

1　次の各問に答えよ。

〔問１〕　$-8+6^2\div9$　を計算せよ。

〔問２〕　$\dfrac{7a+b}{5}-\dfrac{4a-b}{3}$　を計算せよ。

〔問３〕　$(\sqrt{6}-1)(2\sqrt{6}+9)$　を計算せよ。

〔問４〕　一次方程式　$4(x+8)=7x+5$　を解け。

〔問５〕　連立方程式　$\begin{cases}2x+3y=1\\8x+9y=7\end{cases}$　を解け。

〔問６〕　二次方程式　$2x^2-3x-6=0$　を解け。

〔問７〕　次の□の中の「**あ**」「**い**」に当てはまる数字をそれぞれ答えよ。

袋の中に，赤玉が１個，白玉が１個，青玉が４個，合わせて６個の玉が入っている。

この袋の中から同時に２個の玉を取り出すとき，２個とも青玉である確率は，$\dfrac{\boxed{\text{あ}}}{\boxed{\text{い}}}$ である。

ただし，どの玉が取り出されることも同様に確からしいものとする。

〔問８〕　次の□の中の「**う**」「**え**」に当てはまる数字をそれぞれ答えよ。

右の**図１**で，点Oは，線分ABを直径とする半円の中心である。

点Cは，$\overset{\frown}{AB}$上にある点で，点A，点Bのいずれにも一致しない。

点Dは，$\overset{\frown}{AC}$上にある点で，点A，点Cのいずれにも一致しない。

点Aと点C，点Aと点D，点Bと点C，点Bと点D，点Cと点Dをそれぞれ結ぶ。

$\angle BAC=20°$，$\angle CBD=30°$のとき，xで示した$\angle ACD$の大きさは，**うえ** 度である。

図１

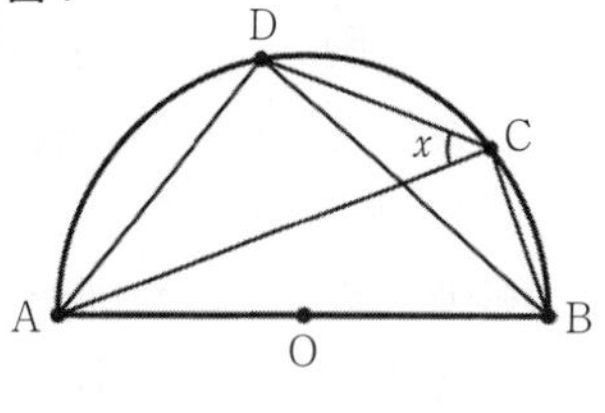

〔問９〕　右の**図２**で，円Oと直線lは交わっていない。

解答欄に示した図をもとにして，円Oの周上にあり，直線lとの距離が最も長くなる点Pを，定規とコンパスを用いて作図によって求め，点

図２

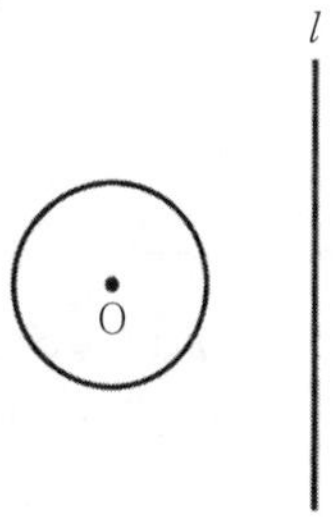

Pの位置を示す文字Pも書け。

ただし，作図に用いた線は消さないでおくこと。

2　Sさんのクラスでは，先生が示した問題をみんなで考えた。

次の各問に答えよ。

［先生が示した問題］

a，bを正の数とし，$a>b$とする。

右の**図1**で，四角形ABCDは，1辺の長さがa cmの正方形である。頂点Aと頂点C，頂点Bと頂点Dをそれぞれ結び，線分ACと線分BDとの交点をEとする。

線分AE上にあり，頂点A，点Eのいずれにも一致しない点をFとする。

線分BE，線分CE，線分DE上にあり，EF＝EG＝EH＝EIとなる点をそれぞれG，H，Iとし，点Fと点G，点Fと点I，点Gと点H，点Hと点Iをそれぞれ結ぶ。

線分AF，線分BG，線分CH，線分DIの中点をそれぞれP，Q，R，Sとし，点Pと点Q，点Pと点S，点Qと点R，点Rと点Sをそれぞれ結ぶ。

線分FGの長さをb cm，四角形PQRSの周の長さをl cmとするとき，lをa，bを用いた式で表しなさい。

図1

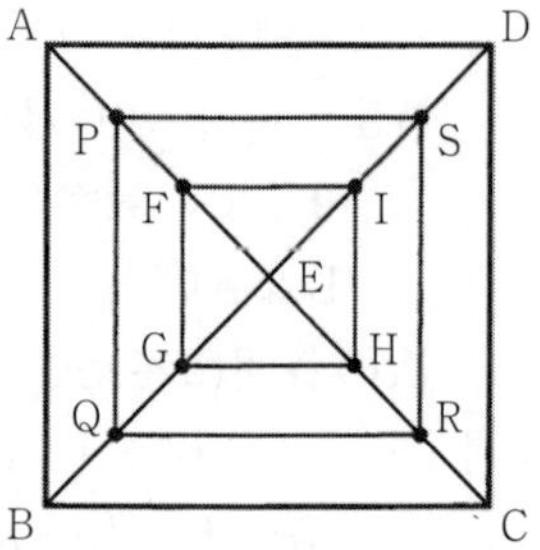

〔問1〕［先生が示した問題］で，lの値をa，bを用いてl＝□ cmと表すとき，□に当てはまる式を，次の**ア**～**エ**のうちから選び，記号で答えよ。

ア　$2a+2b$　**イ**　$\dfrac{a+b}{2}$　**ウ**　$\dfrac{a-b}{2}$　**エ**　$2a-2b$

Sさんのグループは，［先生が示した問題］をもとにして，次の問題を考えた。

［Sさんのグループが作った問題］

a，bを正の数とし，$a>b$とする。

右の**図2**は，線分OA上にあり，点O，点Aのいずれにも一致しない点をB，線分ABの中点をMとし，線分OA，線分OB，線分OMを，それぞれ点Oを中心に反時計回りに90°回転移動させてできた図形である。

図2において，線分OAの長さをa cm，線分OBの長さをb cm，線分OMを半径とするおうぎ形の弧の長さをl cm，線分OAを半径とするおうぎ形から，線分OBを半径とするおうぎ形を除いた残りの図形の面積をS cm^{2}とするとき，$S=(a-b)l$となることを確かめてみよう。

図2

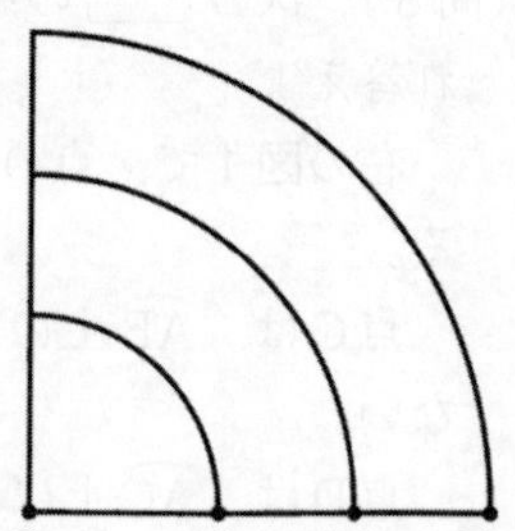

〔問2〕［Sさんのグループが作った問題］で，lをa，bを用いた式で表し，$S=(a-b)l$となることを証明せよ。

ただし，円周率はπとする。

3 右の**図1**で，点Oは原点，点Aの座標は$(3, -2)$であり，直線lは一次関数$y=\frac{1}{2}x+1$のグラフを表している。

直線lとx軸との交点をBとする。

直線l上にある点をPとし，2点A，Pを通る直線をmとする。

次の各問に答えよ。

図1

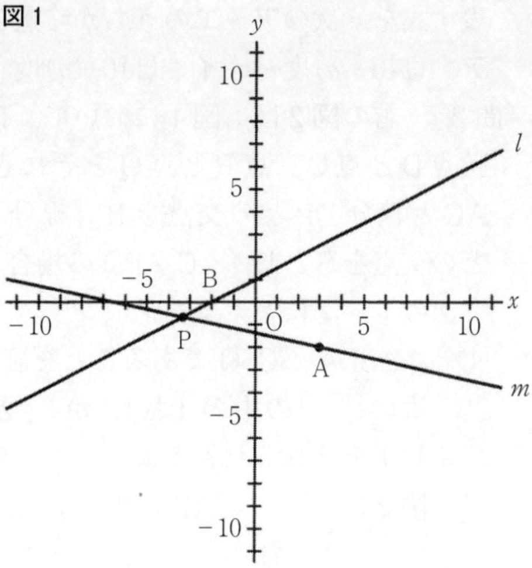

〔問1〕 点Pのy座標が-1のとき，点Pのx座標を，次の**ア**～**エ**のうちから選び，記号で答えよ。

ア -1　**イ** $-\frac{5}{2}$

ウ -3　**エ** -4

〔問2〕 次の ① と ② に当てはまる数を，下の**ア**～**エ**のうちからそれぞれ選び，記号で答えよ。

線分BPがy軸により二等分されるとき，直線mの式は，

$y=$ ① $x+$ ②

である。

① **ア** -6　**イ** -4

ウ -3　**エ** $-\frac{5}{2}$

② **ア** 5　**イ** $\frac{11}{2}$

ウ 7　**エ** 10

〔問3〕 右の**図2**は，**図1**において，点Pのx座標が0より大きい数であるとき，y軸を対称の軸として点Pと線対称な点をQとし，点Aと点B，点Bと点Q，点Pと点Qをそれぞれ結んだ場合を表している。

△BPQの面積が△APBの面積の2倍であるとき，点Pのx座標を求めよ。

図2

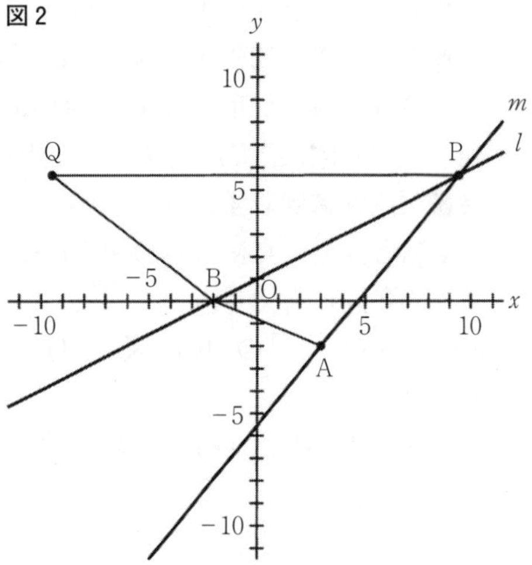

4 右の**図1**で，四角形ABCDは，AD∥BC，AB＝DC，AD＜BCの台形である。

点Pは，辺AB上にある点で，頂点A，頂点Bのいずれにも一致しない。

点Qは，辺BC上にある点で，頂点B，頂点Cのいずれにも一致しない。

頂点Aと点Q，頂点Dと点Pをそれぞれ結ぶ。

次の各問に答えよ。

図1

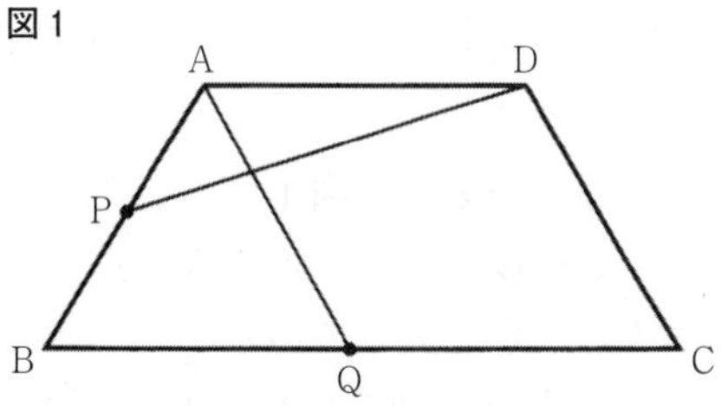

〔問1〕 **図1**において，AQ∥DC，∠AQC＝110°，∠APD＝a°とするとき，∠ADPの大きさを

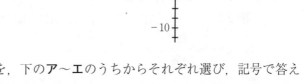

表す式を，次の**ア**～**エ**のうちから選び，記号で答えよ。

ア　$(140-a)$度　　**イ**　$(110-a)$度　　**ウ**　$(70-a)$度　　**エ**　$(40-a)$度

〔問2〕　右の**図2**は，**図1**において，頂点Aと頂点C，頂点Dと点Q，点Pと点Qをそれぞれ結び，線分ACと線分DPとの交点をR，線分ACと線分DQとの交点をSとし，AC∥PQの場合を表している。

次の①，②に答えよ。

① △ASD∽△CSQであることを証明せよ。

② 次の$\boxed{}$の中の「**お**」「**か**」「**き**」に当てはまる数字をそれぞれ答えよ。

図2

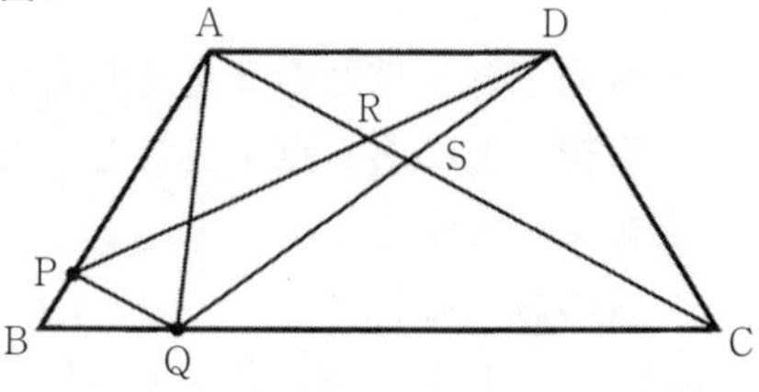

図2において，AP：PB＝3：1，AD：QC＝2：3のとき，△DRSの面積は，台形ABCDの面積の$\dfrac{\boxed{\text{お}}}{\boxed{\text{かき}}}$倍である。

5　右の**図1**に示した立体A-BCDは，1辺の長さが6cmの正四面体である。

辺ACの中点をMとする。

点Pは，頂点Aを出発し，辺AB，辺BC上を毎秒1cmの速さで動き，12秒後に頂点Cに到着する。

点Qは，点Pが頂点Aを出発するのと同時に頂点Cを出発し，辺CD，辺DA上を，点Pと同じ速さで動き，12秒後に頂点Aに到着する。

点Mと点P，点Mと点Qをそれぞれ結ぶ。

次の各問に答えよ。

図1

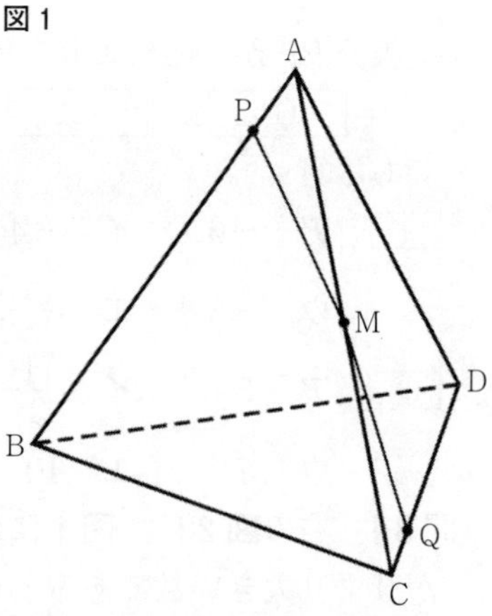

〔問1〕　次の$\boxed{}$の中の「**く**」「**け**」に当てはまる数字をそれぞれ答えよ。

図1において，点Pが辺AB上にあるとき，MP＋MQ＝$l$cmとする。

lの値が最も小さくなるのは，点Pが頂点Aを出発してから$\dfrac{\boxed{\text{く}}}{\boxed{\text{け}}}$秒後である。

〔問2〕　次の$\boxed{}$の中の「**こ**」「**さ**」に当てはまる数字をそれぞれ答えよ。

右の**図2**は，**図1**において，点Pが頂点Aを出発してから8秒後のとき，頂点Aと点P，点Pと点Qをそれぞれ結んだ場合を表している。

立体Q-APMの体積は，$\boxed{\text{こ}}\sqrt{\boxed{\text{さ}}}$ cm^{3}である。

図2

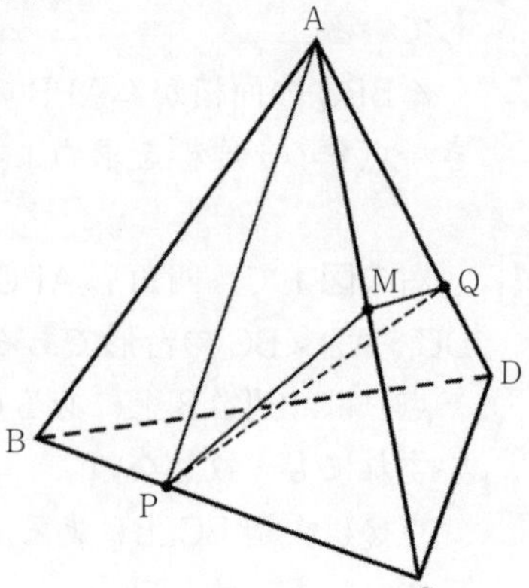

社　会

●満点　100点　●時間　50分

1　次の各問に答えよ。

〔問1〕　次の発表用資料は，地域調査を行った神奈川県鎌倉《かまくら》市の亀《かめ》ヶ《が》谷坂切通《やつざかきりどおし》周辺の様子をまとめたものである。発表用資料中の＜地形図を基に作成した**A**点→**B**点→**C**点の順に進んだ道の傾斜を模式的に示した図＞に当てはまるのは，次のページの**ア**～**エ**のうちではどれか。

発表用資料

鎌倉の切通《きりどおし》を調査する（亀ヶ谷坂切通班）

○調査日　　　　　令和4年9月3日（土）　天候　晴れ

○集合場所・時間　北鎌倉《きたかまくら》駅・午前9時

○調査ルート　　　＜亀ヶ谷坂切通周辺の地形図＞に示した**A**点→**B**点→**C**点の順に進んだ。

＜亀ヶ谷坂切通の位置＞

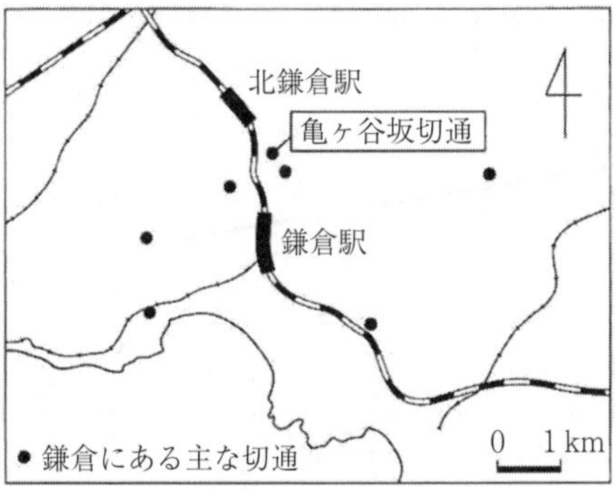

＜亀ヶ谷坂切通周辺の地形図＞

↖ 北鎌倉駅

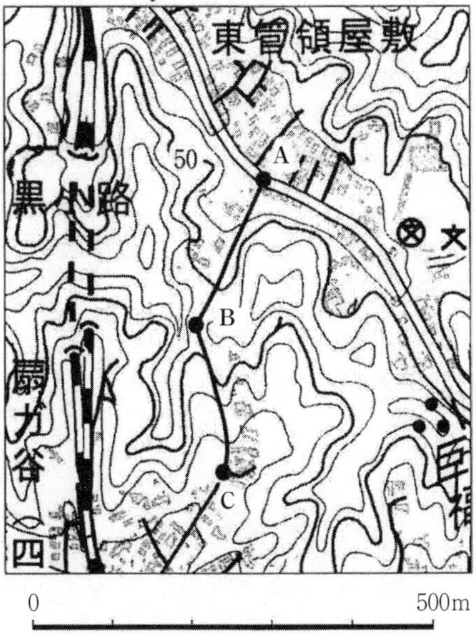

（2016年の「国土地理院発行2万5千分の1地形図（鎌倉）」の一部を拡大して作成）

＜**A**点，**B**点，**C**点　それぞれの付近の様子＞

A点　亀ヶ谷坂切通の方向を示した案内板が設置されていた。

B点　切通と呼ばれる山を削って作られた道なので，地層を見ることができた。

C点　道の両側に住居が建ち並んでいた。

＜**B**点付近で撮影した写真＞

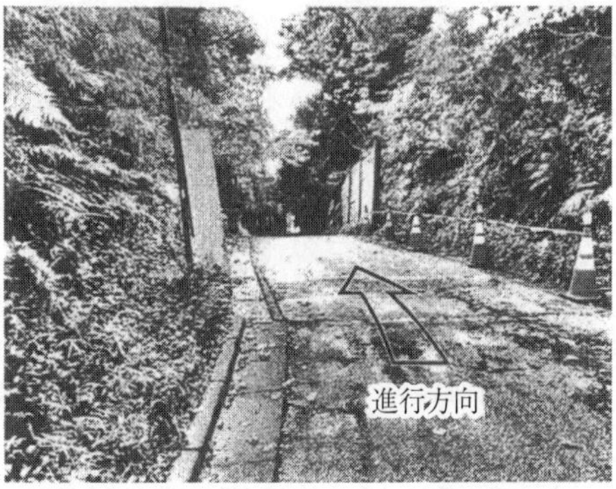

＜地形図を基に作成した**A**点→**B**点→**C**点の順に進んだ道の傾斜を模式的に示した図＞

＜調査を終えて＞
○切通は，谷を利用して作られた道で，削る部分を少なくする工夫をしていると感じた。
○道幅が狭かったり，坂道が急であったりしていて，守りが堅い鎌倉を実感することができた。
○徒歩や自転車で通る人が多く，現在でも生活道路として利用されていることが分かった。

ア

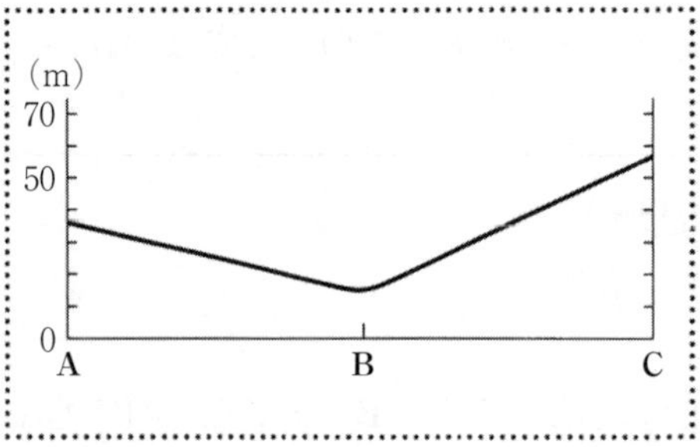

イ

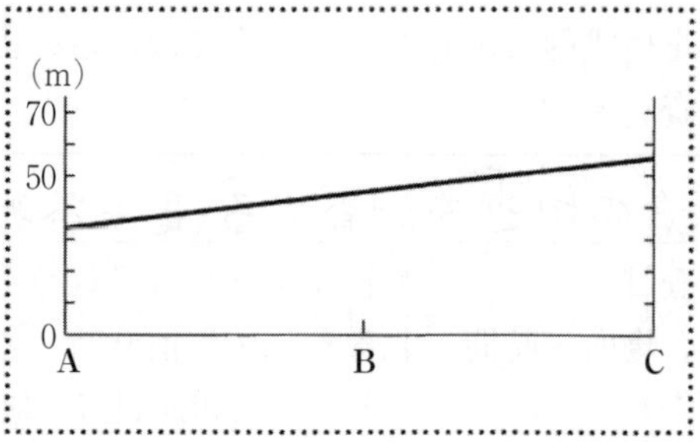

ウ

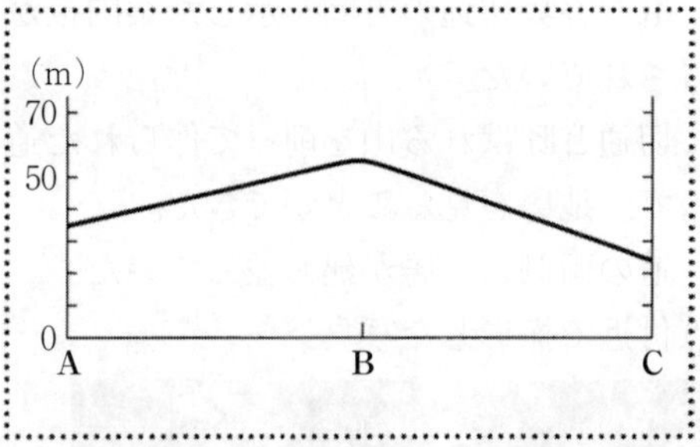

エ

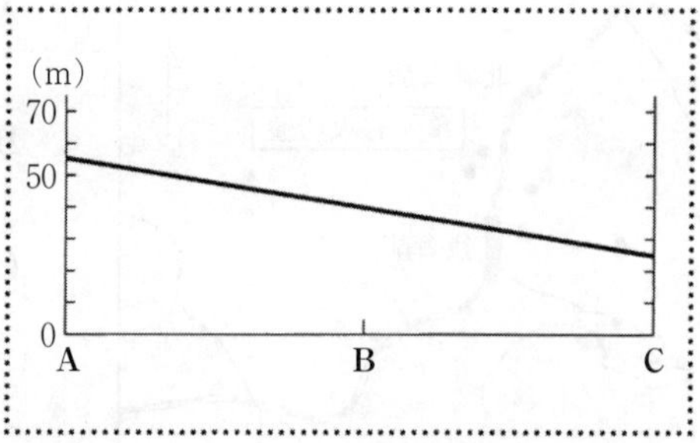

〔問２〕 次の文で述べている人物に当てはまるのは，下の**ア**～**エ**のうちのどれか。

大名や都市の豪商の気風を反映した壮大で豪華な文化が生み出される中で，堺《さかい》出身のこの人物は，全国統一を果たした武将に茶の湯の作法を指導するとともに，禅の影響を受けたわび茶を完成させた。

ア 喜多川歌麿《きたがわうたまろ》　**イ** 栄西《えいさい》《ようさい》　**ウ** 尾形光琳《おがたこうりん》　**エ** 千利休《せんのりきゅう》

〔問３〕 2022年における国際連合の安全保障理事会を構成する国のうち，５か国の常任理事国を全て示しているのは，次の**ア**～**エ**のうちのどれか。

ア 中華人民共和国，フランス，ロシア連邦(ロシア)，イギリス，アメリカ合衆国
イ インド，フランス，ケニア，イギリス，アメリカ合衆国
ウ 中華人民共和国，ケニア，ノルウェー，ロシア連邦(ロシア)，アメリカ合衆国
エ ブラジル，インド，フランス，ノルウェー，ロシア連邦(ロシア)

2　次の略地図を見て，あとの各問に答えよ。

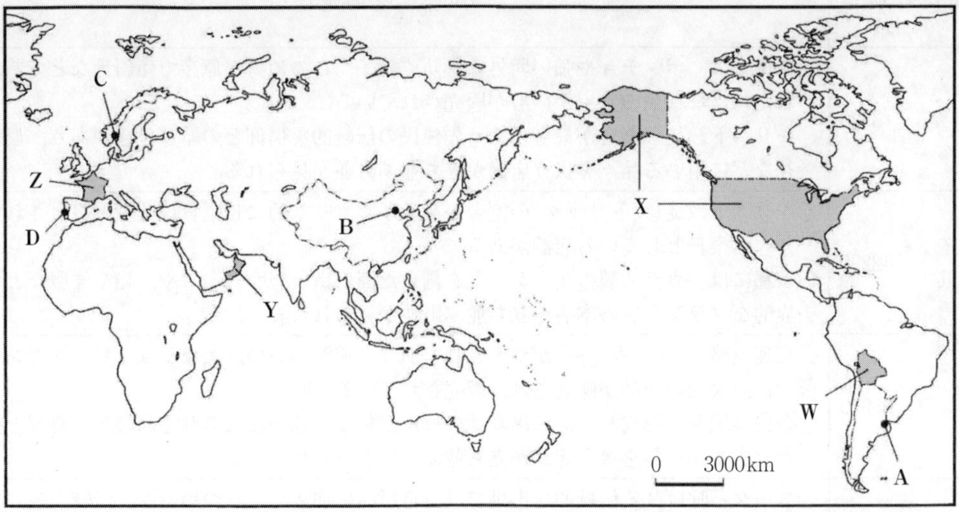

〔問１〕　次のⅠの文章は，略地図中に**A～D**で示した**いずれか**の都市の商業などの様子についてまとめたものである。Ⅱの**ア～エ**のグラフは，略地図中の**A～D**の**いずれか**の都市の，年平均気温と年降水量及び各月の平均気温と降水量を示したものである。Ⅰの文章で述べている都市に当てはまるのは，略地図中の**A～D**のうちのどれか，また，その都市のグラフに当てはまるのは，Ⅱの**ア～エ**のうちのどれか。

Ⅰ

夏季は高温で乾燥し，冬季は温暖で湿潤となる気候を生かして，ぶどうやオリーブが栽培されている。国産のぶどうやオリーブは加工品として販売され，飲食店では塩漬けにされたタラをオリーブ油で調理した料理などが提供されている。

Ⅱ

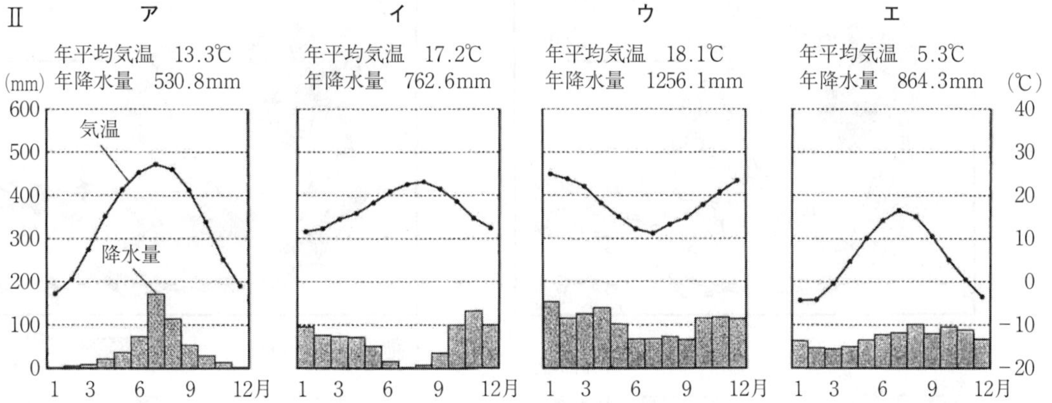

（「理科年表」令和４年より作成）

〔問２〕　次のページの表の**ア～エ**は，略地図中に で示した**W～Z**の**いずれか**の国の，2019年における一人当たりの国民総所得，小売業などの様子についてまとめたものである。略地図中の**W～Z**のそれぞれの国に当てはまるのは，次のページの表の**ア～エ**のうちではどれか。

	一人当たりの国民総所得（ドル）	小売業などの様子
ア	3520	○市場では，ポンチョや強い紫外線を防ぐ帽子，この地方が原産で傾斜地などで栽培された様々な種類のじゃがいもが販売されている。 ○キリスト教徒の割合が最も多く，先住民の伝統的な信仰との結び付きがあり，農耕儀礼などに用いる品々を扱う店舗が立ち並ぶ町並が見られる。
イ	42290	○キリスト教徒（カトリック）の割合が最も多く，基本的に日曜日は非労働日とされており，休業日としている店舗がある。 ○首都には，ガラス製のアーケードを備えた商店街（パサージュ）や，鞄《かばん》や洋服などの世界的なブランド店の本店が立ち並ぶ町並が見られる。
ウ	65910	○高速道路（フリーウエー）が整備されており，道路沿いの巨大なショッピングセンターでは，大量の商品が陳列され，販売されている。 ○多民族国家を形成し，同じ出身地の移民が集まる地域にはそれぞれの国の料理を扱う飲食店や物産品を扱う店舗が立ち並ぶ町並が見られる。
エ	14150	○スークと呼ばれる伝統的な市場では，日用品に加えて，なつめやし，伝統衣装，香料などが販売されている。 ○イスラム教徒の割合が最も多く，断食《だんじき》が行われる期間は，日没後に営業を始める飲食店が立ち並ぶ町並が見られる。

（注）　一人当たりの国民総所得とは，一つの国において新たに生み出された価値の総額を人口で割った数値のこと。

（「データブック オブ・ザ・ワールド」2022年版より作成）

〔問３〕　次のⅠの略地図は，2021年における東南アジア諸国連合（ASEAN《アセアン》）加盟国の2001年と比較した日本からの輸出額の増加の様子を数値で示したものである。Ⅱの略地図は，2021年における東南アジア諸国連合（ASEAN）加盟国の2001年と比較した進出日本企業の増加数を示したものである。Ⅲの文章で述べている国に当てはまるのは，下の**ア**～**エ**のうちのどれか。

Ⅰ

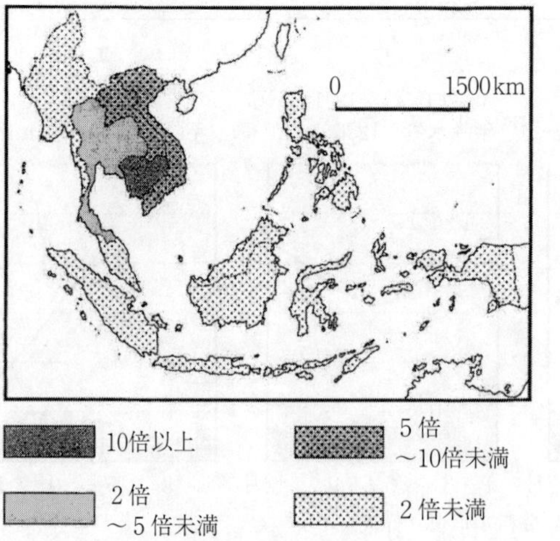

（財務省「貿易統計」より作成）

Ⅱ

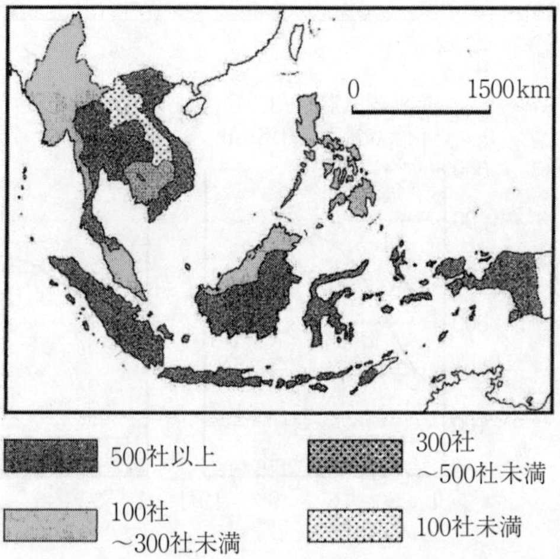

（「海外進出企業総覧2022（国別編）」などより作成）

Ⅲ

1945年の独立宣言後，国が南北に分離した時代を経て，1976年に統一された。国営企業中心の経済からの転換が図られ，現在では外国企業の進出や民間企業の設立が進んでいる。

2001年に約2164億円であった日本からの輸出額は，2021年には約２兆968億円となり，2001年に179社であった進出日本企業数は，2021年には1143社へと増加しており，日本との結び付きを強めている。首都の近郊には日系の自動車工場が見られ，最大の人口を有する南部の都市には，日系のコンビニエンスストアの出店が増加している。

ア　インドネシア　**イ**　ベトナム　**ウ**　ラオス　**エ**　タイ

3　次の略地図を見て，あとの各問に答えよ。

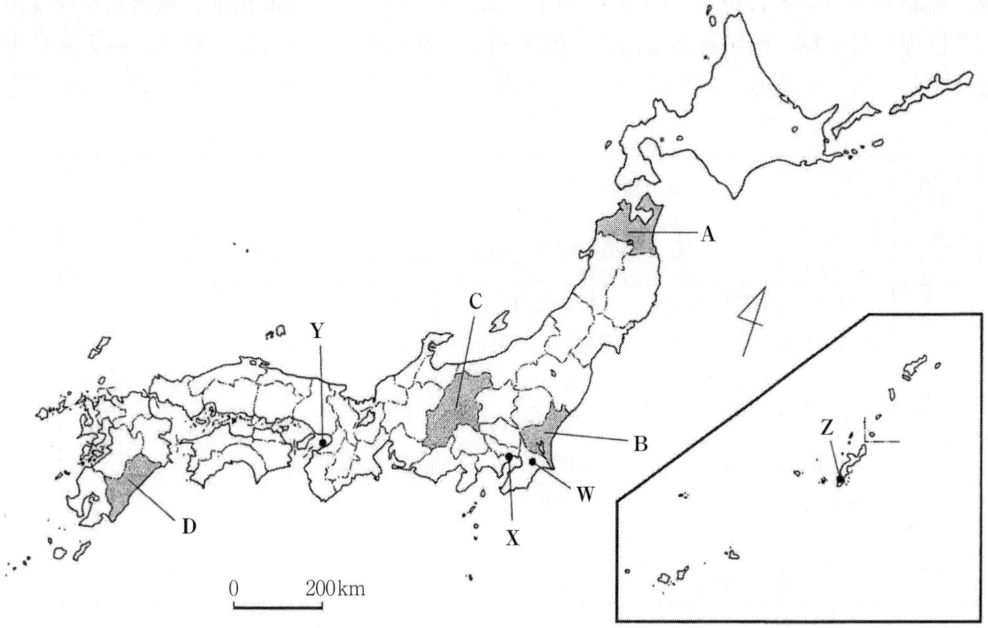

〔問１〕　次の表の**ア**～**エ**の文章は，略地図中に　　　で示した，**A**～**D**の**いずれか**の県の，自然環境と農産物の東京への出荷の様子についてまとめたものである。**A**～**D**のそれぞれの県に当てはまるのは，次の表の**ア**～**エ**のうちではどれか。

	自然環境と農産物の東京への出荷の様子
ア	○平均標高は1132mで，山脈が南北方向に連なり，フォッサマグナなどの影響によって形成された盆地が複数見られる。 ○東部の高原で他県と比べ時期を遅らせて栽培されるレタスは，明け方に収穫後，その日の正午頃に出荷され，東京まで約５時間かけて主に保冷トラックで輸送されている。
イ	○平均標高は100mで，北西部には山地が位置し，中央部から南西部にかけては河川により形成された平野が見られ，砂丘が広がる南東部には，水はけのよい土壌が分布している。 ○南東部で施設栽培により年間を通して栽培されるピーマンは，明け方に収穫後，その日の午後に出荷され，東京まで約３時間かけてトラックで輸送されている。
ウ	○平均標高は402mで，北西部に山地が位置し，中央部から南部にかけて海岸線に沿って平野が広がっている。 ○平野で施設栽培により年間を通して栽培されるきゅうりは，明け方に収穫後，翌日に出荷され，東京まで１日以上かけてフェリーなどで輸送されている。

エ	○平均標高は226mで，西部には平野が広がり，中央部に位置する火山の南側には水深が深い湖が見られ，東部の平坦な地域は夏季に吹く北東の風の影響で冷涼となることがある。 ○病害虫の影響が少ない東部で栽培されるごぼうは，収穫され冷蔵庫で保管後，発送日の午前中に出荷され，東京まで約10時間かけてトラックで輸送されている。

（国土地理院の資料より作成）

〔問２〕 次の表の**ア～エ**は，略地図中に**W～Z**で示した成田国際空港，東京国際空港，関西国際空港，那覇空港の**いずれか**の空港の，2019年における国内線貨物取扱量，輸出額及び輸出額の上位３位の品目と輸出額に占める割合，輸入額及び輸入額の上位３位の品目と輸入額に占める割合を示したものである。略地図中の**X**の空港に当てはまるのは，次の表の**ア～エ**のうちのどれか。

	国内線貨物取扱量（ｔ）	輸出額（億円）	輸出額の上位３位の品目と輸出額に占める割合（%）
		輸入額（億円）	輸入額の上位３位の品目と輸入額に占める割合（%）
ア	14905	51872	電気機器（44.4），一般機械（17.8），精密機器類（6.4）
		39695	電気機器（32.3），医薬品（23.2），一般機械（11.6）
イ	204695	42	肉類及び同調製品（16.8），果実及び野菜（7.5），魚介類及び同調製品（4.4）
		104	輸送用機器（40.1），一般機械（15.9），その他の雑製品（11.3）
ウ	22724	105256	電気機器（23.7），一般機械（15.1），精密機器類（7.0）
		129560	電気機器（33.9），一般機械（17.4），医薬品（12.3）
エ	645432	3453	金属製品（7.5），電気機器（5.0），医薬品（4.2）
		12163	輸送用機器（32.3），電気機器（18.2），一般機械（11.8）

（国土交通省「令和２年空港管理状況調書」などより作成）

〔問３〕 次のⅠの資料は，国土交通省が推進しているモーダルシフトについて分かりやすくまとめたものである。Ⅱのグラフは，2020年度における，重量１ｔの貨物を１km輸送する際に，営業用貨物自動車及び鉄道から排出される二酸化炭素の排出量を示したものである。Ⅲの略地図は，2020年における貨物鉄道の路線，主な貨物ターミナル駅，七地方区分の境界を示したものである。Ⅰ～Ⅲの資料から読み取れる，(1)「国がモーダルシフトを推進する目的」と(2)「国がモーダルシフトを推進する上で前提となる，七地方区分に着目した貨物鉄道の路線の敷《ふ》設《せつ》状況及び貨物ターミナル駅の設置状況」の二点について，それぞれ簡単に述べよ。

Ⅰ

○モーダルシフトとは，トラックなどの営業用貨物自動車で行われている貨物輸送を，貨物鉄道などの利用へと転換することをいう。転換拠点は，貨物ターミナル駅などである。

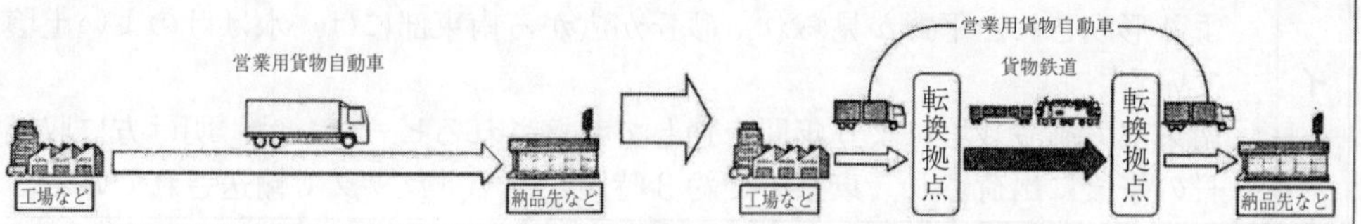

（国土交通省の資料より作成）

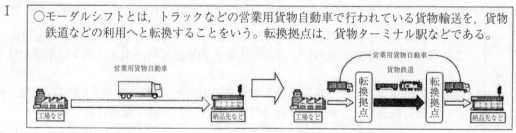

Ⅱ

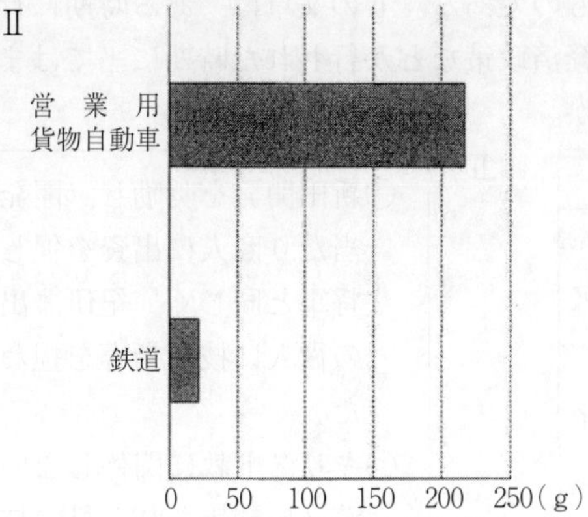

（国土交通省の資料より作成）

Ⅲ

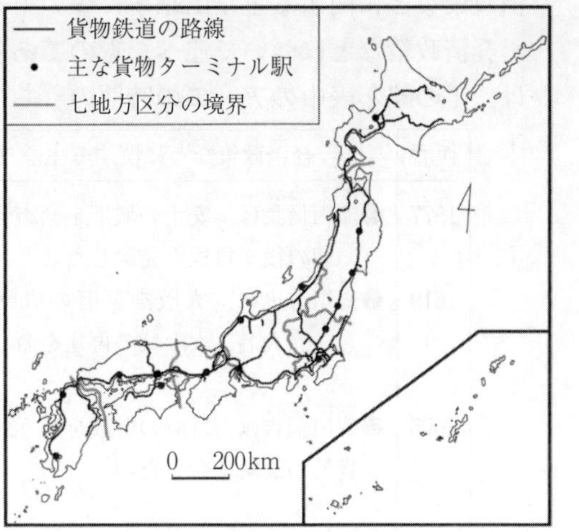

（国土交通省の資料などより作成）

4　次の文章を読み，あとの各問に答えよ。

> 私たちは，いつの時代も最新の知識に基づいて生産技術を向上させ，新たな技術を生み出すことで，社会を発展させてきた。
>
> 古代から，各時代の権力者は，(1)統治を継続することなどを目的に，高度な技術を有する人材に組織の中で役割を与え，寺院などを築いてきた。
>
> 中世から近世にかけて，農業においても新しい技術が導入されることで生産力が向上し，各地で特産物が生産されるようになった。また，(2)財政再建を行う目的で，これまで培《つちか》ってきた技術を生かし，新田開発などの経済政策を実施してきた。
>
> 近代以降は，政府により，(3)欧米諸国に対抗するため，外国から技術を学んで工業化が進められた。昭和時代以降は，(4)飛躍的に進歩した技術を活用し，社会の変化に対応した新たな製品を作り出す企業が現れ，私たちの生活をより豊かにしてきた。

〔問１〕　(1)統治を継続することなどを目的に，高度な技術を有する人材に組織の中で役割を与え，寺院などを築いてきた。とあるが，次の**ア**～**エ**は，飛鳥《あすか》時代から室町時代にかけて，各時代の権力者が築いた寺院などについて述べたものである。時期の古いものから順に記号を並べよ。

ア　公家《くげ》の山荘を譲り受け，寝殿造《しんでんづくり》や禅宗様《ぜんしゅうよう》の様式を用いた三層からなる金閣《きんかく》を京都の北山《きたやま》に築いた。

イ　仏教の力により，社会の不安を取り除き，国家の安泰を目指して，３か年８回にわたる鋳造の末，銅製の大仏を奈良の東大寺《とうだいじ》に造立《ぞうりゅう》した。

ウ　仏教や儒教の考え方を取り入れ，役人の心構えを示すとともに，金堂《こんどう》などからなる法隆寺《ほうりゅうじ》を斑鳩《いかるが》に建立《こんりゅう》した。

エ　産出された金や交易によって得た財を利用し，金ぱく，象牙や宝石で装飾し，極楽浄土を表現した中尊寺金色堂《ちゅうそんじこんじきどう》を平泉《ひらいずみ》に建立した。

〔問２〕　(2)財政再建を行う目的で，これまで培《つちか》ってきた技術を生かし，新田開発などの経済政策を実施してきた。とあるが，次のⅠの略年表は，安土《あづち》・桃山《ももやま》時代から江戸時代にかけての，経済政策などに関する主な出来事についてまとめたものである。Ⅱの文章は，ある時期に行われた経済政策などについて述べたものである。Ⅱの経済政策などが行われた時期に当てはまるのは，Ⅰの略年表中の**ア**～**エ**の時期のうちではどれか。

Ⅰ

西暦	経済政策などに関する主な出来事	
1577	●織田信長《おだのぶなが》は，安土の城下を楽市とし，一切の役や負担を免除した。	
		ア
1619	●徳川秀忠《とくがわひでただ》は，大阪を幕府の直轄地とし，諸大名に大阪城の再建を命じた。	
		イ
1695	●徳川綱吉《とくがわつなよし》は，幕府の財政を補うため，貨幣の改鋳を命じた。	
		ウ
1778	●田沼意次《たぬまおきつぐ》は，長崎貿易の輸出品である俵物《たわらもの》の生産を奨励した。	
		エ
1841	●水野忠邦《みずのただくに》は，物価の上昇を抑えるため，株仲間《かぶなかま》の解散を命じた。	

Ⅱ

○新田開発を奨励し，開発に当たり商人に出資を促し，将軍と同じく，紀伊《きい》藩出身の役人に技術指導を担《にな》わせた。

○キリスト教に関係しない，漢文に翻訳された科学技術に関係する洋書の輸入制限を緩和した。

〔問３〕 (3)欧米諸国に対抗するため，外国から技術を学んで工業化が進められた。とあるが，次の**ア**～**ウ**は，明治時代に操業を開始した工場について述べたものである。略地図中の**A**～**C**は，**ア**～**ウ**の**いずれか**の工場の所在地を示したものである。**ア**～**ウ**について，操業を開始した時期の古いものから順に記号を並べよ。また，略地図中の**B**に当てはまるのは，次の**ア**～**ウ**のうちではどれか。

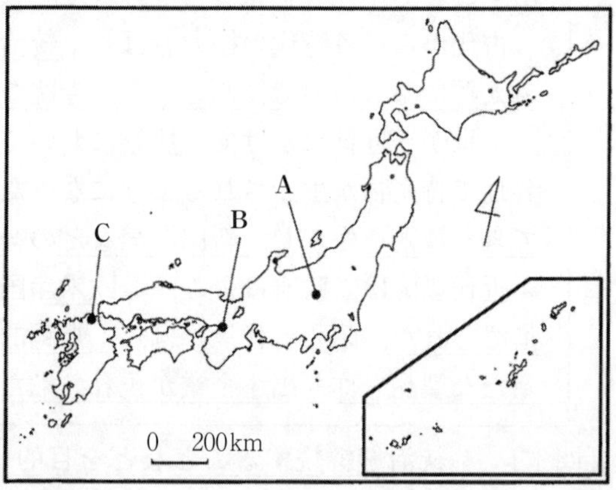

ア　実業家が発起人となり，イギリスの技術を導入し設立され，我が国における産業革命の契機となった民間の紡績会社で，綿糸の生産が開始された。

イ　国産生糸の増産や品質の向上を図ることを目的に設立された官営模範製糸場で，フランスの技術を導入し生糸の生産が開始された。

ウ　鉄鋼の増産を図ることを目的に設立された官営の製鉄所で，国内産の石炭と輸入された鉄鉱石を原材料に，外国人技術者の援助を受けて鉄鋼の生産が開始された。

〔問４〕 (4)飛躍的に進歩した技術を活用し，社会の変化に対応した新たな製品を作り出す企業が現れ，私たちの生活をより豊かにしてきた。とあるが，次の略年表は，昭和時代から平成時代にかけて，東京に本社を置く企業の技術開発に関する主な出来事についてまとめたものである。略年表中の**A**～**D**のそれぞれの時期に当てはまるのは，下の**ア**～**エ**のうちではどれか。

西暦	東京に本社を置く企業の技術開発に関する主な出来事	
1945	●造船会社により製造されたジェットエンジンを搭載した飛行機が，初飛行に成功した。	
1952	●顕微鏡・カメラ製造会社が，医師からの依頼を受け，日本初の胃カメラの実用化に成功した。	A
1955	●通信機器会社が，小型軽量で持ち運び可能なトランジスタラジオを販売した。	
		B
1972	●計算機会社が，大規模集積回路を利用した電子式卓上計算機を開発した。	
		C
1989	●フィルム製造会社が，家電製造会社と共同開発したデジタルカメラを世界で初めて販売した。	
		D
2003	●建築会社が，独立行政法人と共同して，不整地歩行などを実現するロボットを開発した。	

ア　地価や株価が上がり続けるバブル経済が終わり，構造改革を迫られ，インターネットの普及が急速に進み，撮影した写真を送信できるカメラ付き携帯電話が初めて販売された。

イ　連合国軍最高司令官総司令部(GHQ)の指令に基づき日本政府による民主化政策が実施され，素材，機器，測定器に至る全てを国産化した移動無線機が初めて製作された。

ウ　石油危機により，省エネルギー化が進められ，運動用品等に利用されていた我が国の炭素素材が，航空機の部材として初めて使用された。

エ　政府により国民所得倍増計画が掲げられ，社会資本の拡充の一環として，速度を自動的に調整するシステムを導入した東海道新幹線が開業した。

5　次の文章を読み，あとの各問に答えよ。

　企業は，私たちが消費している財(もの)やサービスを提供している。企業には，国や地方公共団体が経営する公企業と民間が経営する私企業がある。(1)私企業は，株式の発行や銀行からの融資などにより調達した資金で，生産に必要な土地，設備，労働力などを用意し，利潤を得ることを目的に生産活動を行っている。こうして得た財やサービスの価格は，需要量と供給量との関係で変動するものや，(2)政府や地方公共団体により料金の決定や改定が行われるものなどがある。

　私企業は，自社の利潤を追求するだけでなく，(3)国や地方公共団体に税を納めることで，社会を支えている。また，社会貢献活動を行い，社会的責任を果たすことが求められている。

　(4)日本経済が発展するためには，私企業の経済活動は欠かすことができず，今後，国内外からの信頼を一層高めていく必要がある。

〔問１〕　(1)私企業は，株式の発行や銀行からの融資などにより調達した資金で，生産に必要な土地，設備，労働力などを用意し，利潤を得ることを目的に生産活動を行っている。とあるが，経済活動の自由を保障する日本国憲法の条文は，次の**ア**～**エ**のうちではどれか。

ア　すべて国民は，法の下に平等であつて，人種，信条，性別，社会的身分又は門地により，政治的，経済的又は社会的関係において，差別されない。

イ　何人も，法律の定める手続によらなければ，その生命若《も》しくは自由を奪はれ，又はその他の刑罰を科せられない。

ウ　すべて国民は，法律の定めるところにより，その能力に応じて，ひとしく教育を受ける権利を有する。

エ　何人も，公共の福祉に反しない限り，居住，移転及び職業選択の自由を有する。

〔問２〕　(2)政府や地方公共団体により料金の決定や改定が行われるものなどがある。とあるが，次の文章は，令和２年から令和３年にかけて，ある公共料金が改定されるまでの経過について示したものである。この文章で示している公共料金に当てはまるのは，下の**ア**～**エ**のうちではどれか。

○所管省庁の審議会分科会が公共料金の改定に関する審議を開始した。（令和２年３月16日）
○所管省庁の審議会分科会が審議会に公共料金の改定に関する審議の報告を行った。（令和２年12月23日）
○所管省庁の大臣が審議会に公共料金の改定に関する諮問を行った。（令和３年１月18日）
○所管省庁の審議会が公共料金の改定に関する答申を公表した。（令和３年１月18日）
○所管省庁の大臣が公共料金の改定に関する基準を告示した。（令和３年３月15日）

ア　鉄道運賃　**イ**　介護報酬　**ウ**　公営水道料金　**エ**　郵便料金（手紙・はがきなど）

〔問３〕　(3)国や地方公共団体に税を納めることで，社会を支えている。とあるが，次の表は，企業の経済活動において，課税する主体が，国であるか，地方公共団体であるかを，国である場合は「国」，地方公共団体である場合は「地」で示そうとしたものである。表の**A**と**B**に入る記号を正しく組み合わせているのは，次の**ア**～**エ**のうちのどれか。

	課税する主体
企業が提供した財やサービスの売上金から経費を引いた利潤にかかる法人税	**A**
土地や建物にかかる固定資産税	**B**

	ア	**イ**	**ウ**	**エ**
A	地	地	国	国
B	国	地	地	国

〔問４〕　(4)日本経済が発展するためには，私企業の経済活動は欠かすことができず，今後，国内外からの信頼を一層高めていく必要がある。とあるが，次のⅠの文章は，2010年に開催された法制審議会会社法制部会第１回会議における資料の一部を分かりやすく書き改めたものである。Ⅱの文は，2014年に改正された会社法の一部を分かりやすく書き改めたものである。Ⅲのグラフは，2010年から2020年までの東京証券取引所に上場する会社における，具体的な経営方針等を決定する取締役会《とりしまりやくかい》に占める，会社と利害関係を有しない独立性を備えた社外取締役の人数別の会社数の割合を示したものである。Ⅰ～Ⅲの資料を活用し，2014年に改正された会社法によりもたらされた取締役会の変化について，社外取締役の役割及び取締役会における社外取締役の人数に着目して，簡単に述べよ。

Ⅰ

○現行の会社法では，外部の意見を取り入れる仕組を備える適正な企業統治を実現するシステムが担保されていない。
○我が国の上場会社等の企業統治については，内外の投資者等から強い懸念《けねん》が示されている。

Ⅱ

これまでの会社法では，社外取締役の要件は，自社又は子会社の出身者等でないことであったが，親会社の全ての取締役等，兄弟会社の業務執行取締役等，自社の取締役等及びその配偶者の近親者等でないことを追加する。

Ⅲ

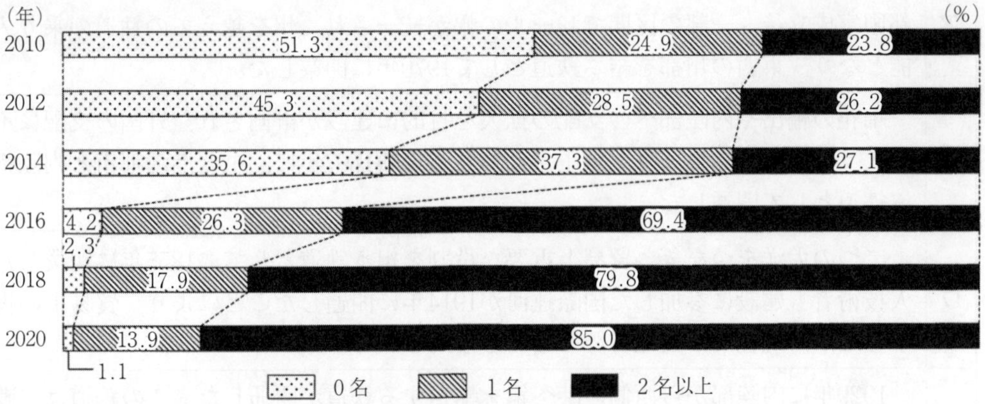

（注） 四捨五入をしているため，社外取締役の人数別の会社数の割合を合計したものは，100%にならない場合がある。

（東京証券取引所の資料より作成）

6 次の文章を読み，下の略地図を見て，あとの各問に答えよ。

(1)1851年に開催された世界初の万国博覧会は，蒸気機関車などの最新技術が展示され，鉄道の発展のきっかけとなった。1928年には，国際博覧会条約が35か国により締結され，(2)テーマを明確にした国際博覧会が開催されるようになった。 2025年に大阪において「いのち輝く未来社会のデザイン」をテーマとした万国博覧会の開催が予定されており，(3)我が国で最初の万国博覧会が大阪で開催された時代と比べ，社会の様子も大きく変化してきた。

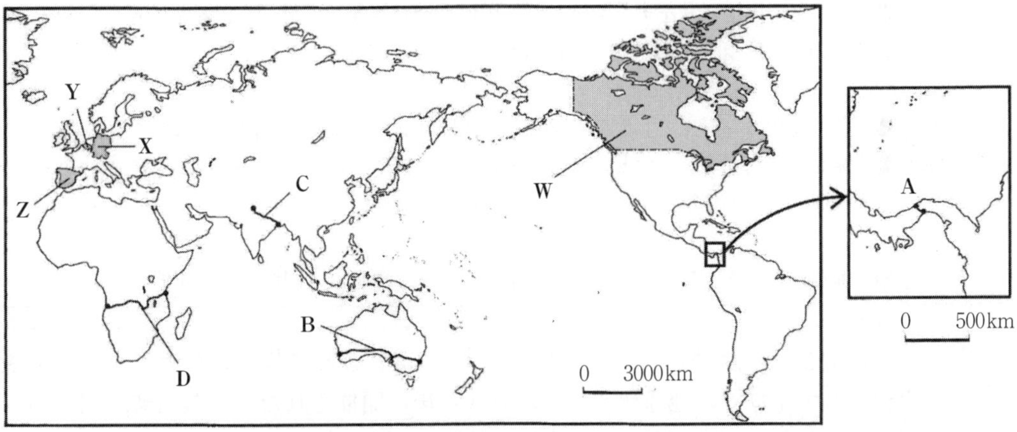

〔問１〕 (1)1851年に開催された世界初の万国博覧会は，蒸気機関車などの最新技術が展示され，鉄道の発展のきっかけとなった。とあるが，略地図中に •—• で示した**A**～**D**は，世界各地の主な鉄道の路線を示したものである。次の表の**ア**～**エ**は，略地図中に**A**～**D**で示した**いずれか**

の鉄道の路線の様子についてまとめたものである。略地図中の**A**～**D**のそれぞれの鉄道の路線に当てはまるのは，次の表の**ア**～**エ**のうちではどれか。

	鉄道の路線の様子
ア	植民地時代に建設された鉄道は，地域ごとにレールの幅が異なっていた。1901年の連邦国家成立後，一部の区間でレールの幅が統一され，州を越えての鉄道の乗り入れが可能となり，東西の州都を結ぶ鉄道として1970年に開業した。
イ	綿花の輸出や内陸部への支配の拡大を目的に建設が計画され，外国の支配に不満をもつ人々が起こした大反乱が鎮圧された9年後の1867年に，主要港湾都市と内陸都市を結ぶ鉄道として開通した。
ウ	二つの大洋をつなぎ，貿易上重要な役割を担《にな》う鉄道として，1855年に開業した。日本人技術者も建設に参加した国際運河が1914年に開通したことにより，貿易上の役割は低下したが，現在では観光資源としても活用されている。
エ	1929年に内陸部から西側の港へ銅を輸送する鉄道が開通した。この鉄道は内戦により使用できなくなり，1976年からは内陸部と東側の港とを結ぶ新たに作られた鉄道がこの地域の主要な銅の輸送路となった。2019年にこの二本の鉄道が結ばれ，大陸横断鉄道となった。

〔問2〕 (2)テーマを明確にした国際博覧会が開催されるようになった。とあるが，次のⅠの略年表は，1958年から2015年までの，国際博覧会に関する主な出来事についてまとめたものである。Ⅱの文章は，Ⅰの略年表中の**A**～**D**の**いずれか**の国際博覧会とその開催国の環境問題について述べたものである。Ⅱの文章で述べている国際博覧会に当てはまるのは，Ⅰの略年表中の**A**～**D**のうちのどれか，また，その開催国に当てはまるのは，略地図中に ▒ で示した**W**～**Z**のうちのどれか。

Ⅰ

西暦	国際博覧会に関する主な出来事
1958	●「科学文明とヒューマニズム」をテーマとした万国博覧会が開催された。……………………**A**
1967	●「人間とその世界」をテーマとした万国博覧会が開催された。……………………………**B**
1974	●「汚染なき進歩」をテーマとした国際環境博覧会が開催された。
1988	●「技術時代のレジャー」をテーマとした国際レジャー博覧会が開催された。
1992	●「発見の時代」をテーマとした万国博覧会が開催された。……………………………………**C**
2000	●「人間・自然・技術」をテーマとした万国博覧会が開催された。…………………………**D**
2015	●「地球に食料を，生命にエネルギーを」をテーマとした万国博覧会が開催された。

Ⅱ

この博覧会は，「環境と開発に関するリオ宣言」などに基づいたテーマが設定され，リオデジャネイロでの地球サミットから8年後に開催された。この当時，国境の一部となっている北流する国際河川の東側に位置する森林(シュヴァルツヴァルト)で生じた木々の立ち枯れは，偏西風などにより運ばれた有害物質による酸性雨が原因であると考えられていた。

〔問３〕 (3)我が国で最初の万国博覧会が大阪で開催された時代と比べ，社会の様子も大きく変化してきた。とあるが，次のⅠの**ア**～**エ**のグラフは，1950年，1970年，2000年，2020年の**いずれか**の我が国における人口ピラミッドを示したものである。Ⅱの文章で述べている年の人口ピラミッドに当てはまるのは，Ⅰの**ア**～**エ**のうちのどれか。

Ⅰ

ア

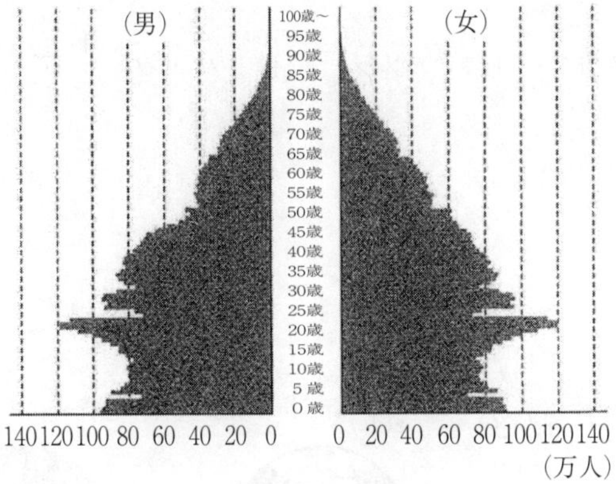

イ

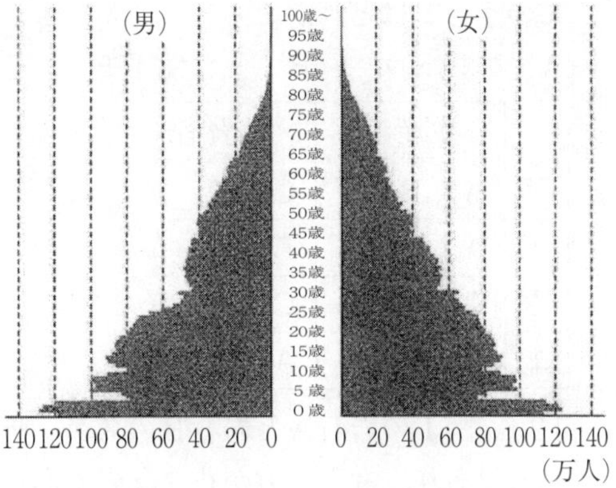

ウ

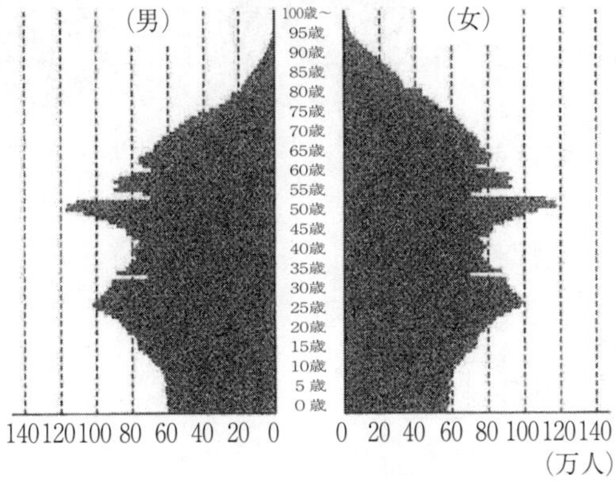

エ

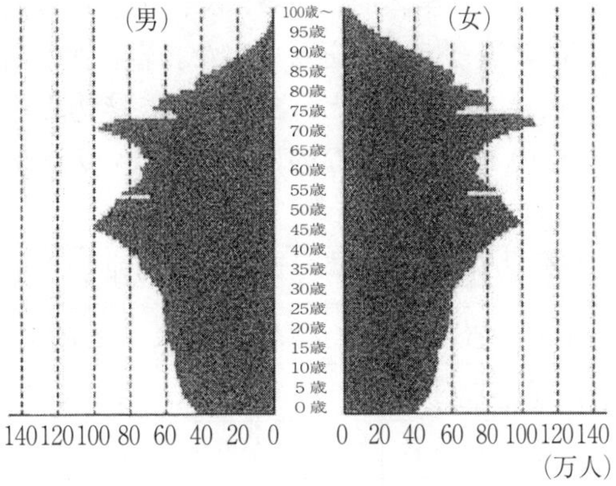

（2020年国勢調査などより作成）

Ⅱ

○我が国の人口が１億人を突破して３年後のこの年は，65歳以上の割合は７％を超え，高齢化社会の段階に入っている。
○地方から都市への人口移動が見られ，郊外にニュータウンが建設され，大阪では「人類の進歩と調和」をテーマに万国博覧会が開催された。

理　科

●満点　100点　●時間　50分

1　次の各問に答えよ。

〔問１〕　次のＡ～Ｆの生物を生産者と消費者とに分類したものとして適切なのは，下の表の**ア**～**エ**のうちではどれか。

Ａ　エンドウ　　Ｂ　サツマイモ　　Ｃ　タカ　　Ｄ　ツツジ　　Ｅ　バッタ　　Ｆ　ミミズ

	生産者	消費者
ア	Ａ，Ｂ，Ｄ	Ｃ，Ｅ，Ｆ
イ	Ａ，Ｄ，Ｆ	Ｂ，Ｃ，Ｅ
ウ	Ａ，Ｂ，Ｅ	Ｃ，Ｄ，Ｆ
エ	Ｂ，Ｃ，Ｄ	Ａ，Ｅ，Ｆ

〔問２〕　図１の岩石Ａと岩石Ｂのスケッチは，一方が玄武岩であり，もう一方が花こう岩である。岩石Ａは岩石Ｂより全体的に白っぽく，岩石Ｂは岩石Ａより全体的に黒っぽい色をしていた。岩石Ａと岩石Ｂのうち玄武岩であるものと，玄武岩のでき方とを組み合わせたものとして適切なのは，次の表の**ア**～**エ**のうちではどれか。

図１

岩石Ａ　　岩石Ｂ

	玄武岩	玄武岩のでき方
ア	岩石Ａ	マグマがゆっくりと冷えて固まってできた。
イ	岩石Ａ	マグマが急激に冷えて固まってできた。
ウ	岩石Ｂ	マグマがゆっくりと冷えて固まってできた。
エ	岩石Ｂ	マグマが急激に冷えて固まってできた。

〔問３〕　図２のガスバーナーに点火し，適正な炎の大きさに調整したが，炎の色から空気が不足していることが分かった。炎の色を青色の適正な状態にする操作として適切なのは，下の**ア**～**エ**のうちではどれか。

図２

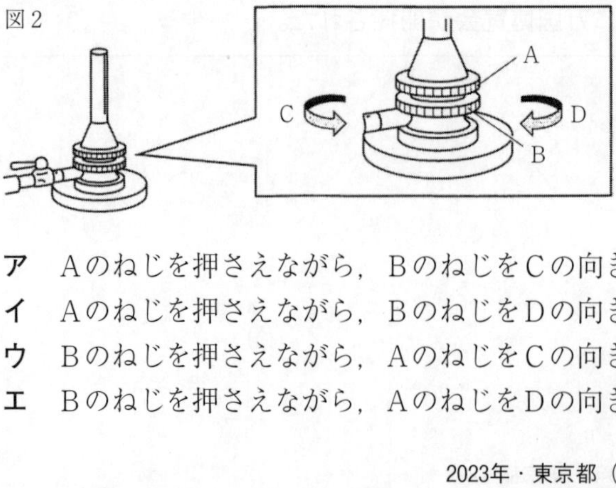

ア　Ａのねじを押さえながら，Ｂのねじを Ｃの向きに回す。
イ　Ａのねじを押さえながら，Ｂのねじを Ｄの向きに回す。
ウ　Ｂのねじを押さえながら，Ａのねじを Ｃの向きに回す。
エ　Ｂのねじを押さえながら，Ａのねじを Ｄの向きに回す。

〔問４〕 図３のように，凸レンズの二つの焦点を通る一直線上に，物体(光源付き)，凸レンズ，スクリーンを置いた。

凸レンズの二つの焦点を通る一直線上で，スクリーンを矢印の向きに動かし，凸レンズに達する前にはっきりと像が映る位置に調整した。図３のＡ点，Ｂ点のうちはっきりと像が映るときのスクリーンの位置と，このときスクリーンに映った像の大きさについて述べたものとを組み合わせたものとして適切なのは，下の表の**ア〜エ**のうちではどれか。

図３

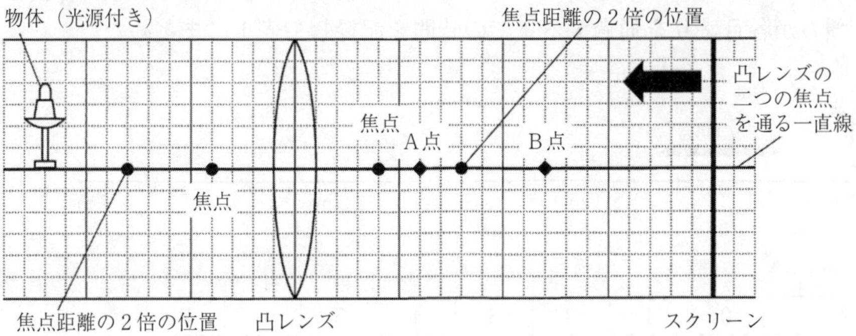

	スクリーンの位置	スクリーンに映った像の大きさについて述べたもの
ア	Ａ点	物体の大きさと比べて，スクリーンに映った像の方が大きい。
イ	Ａ点	物体の大きさと比べて，スクリーンに映った像の方が小さい。
ウ	Ｂ点	物体の大きさと比べて，スクリーンに映った像の方が大きい。
エ	Ｂ点	物体の大きさと比べて，スクリーンに映った像の方が小さい。

〔問５〕 次のＡ〜Ｄの物質を化合物と単体とに分類したものとして適切なのは，下の表の**ア〜エ**のうちではどれか。

Ａ　二酸化炭素　　Ｂ　水　　Ｃ　アンモニア　　Ｄ　酸素

	化合物	単体
ア	Ａ，Ｂ，Ｃ	Ｄ
イ	Ａ，Ｂ	Ｃ，Ｄ
ウ	Ｃ，Ｄ	Ａ，Ｂ
エ	Ｄ	Ａ，Ｂ，Ｃ

〔問６〕 図４はアブラナの花の各部分を外側にあるものからピンセットではがし，スケッチしたものである。図４のＡ〜Ｄの名称を組み合わせたものとして適切なのは，次の表の**ア〜エ**のうちではどれか。

図４

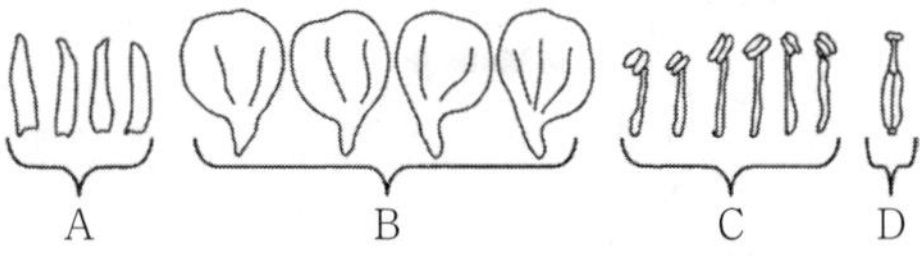

	Ａ	Ｂ	Ｃ	Ｄ
ア	がく	花弁	めしべ	おしべ
イ	がく	花弁	おしべ	めしべ
ウ	花弁	がく	おしべ	めしべ
エ	花弁	がく	めしべ	おしべ

2　生徒が，南極や北極に関して科学的に探究しようと考え，自由研究に取り組んだ。生徒が書いたレポートの一部を読み，次の各問に答えよ。

＜レポート１＞　雪上車について

雪上での移動手段について調べたところ，南極用に設計され，−60℃でも使用できる雪上車があることが分かった。その雪上車に興味をもち，大きさが約40分の１の模型を作った。

図１のように，速さを調べるために模型に旗（◀）を付け，１mごとに目盛りを付けた７mの直線コースを走らせた。旗（◀）をスタート地点に合わせ，模型がスタート地点を出発してから旗（◀）が各目盛りを通過するまでの時間を記録し，表１にまとめた。

図１

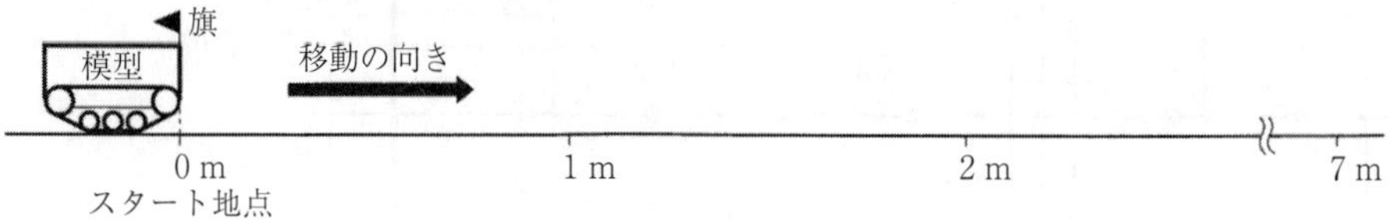

表１

移動した距離〔m〕	0	1	2	3	4	5	6	7
通過するまでの時間〔秒〕	0	19.8	40.4	61.0	81.6	101.7	122.2	143.0

〔問１〕　**＜レポート１＞**から，模型の旗（◀）が２m地点を通過してから６m地点を通過するまでの平均の速さを計算し，小数第三位を四捨五入したものとして適切なのは，次のうちではどれか。

ア　0.02m/s　　**イ**　0.05m/s　　**ウ**　0.17m/s　　**エ**　0.29m/s

＜レポート２＞　海氷について

北極圏の海氷について調べたところ，海水が凍ることで生じる海氷は，海面に浮いた状態で存在していることや，海水よりも塩分の濃度が低いことが分かった。海氷ができる過程に興味をもち，食塩水を用いて次のようなモデル実験を行った。

図２のように，３％の食塩水をコップに入れ，液面上部から冷却し凍らせた。凍った部分を取り出し，その表面を取り除き残った部分を二つに分けた。その一つを溶かし食塩の濃度を測定したところ，0.84％であった。また，もう一つを３％の食塩水に入れたところ浮いた。

図２

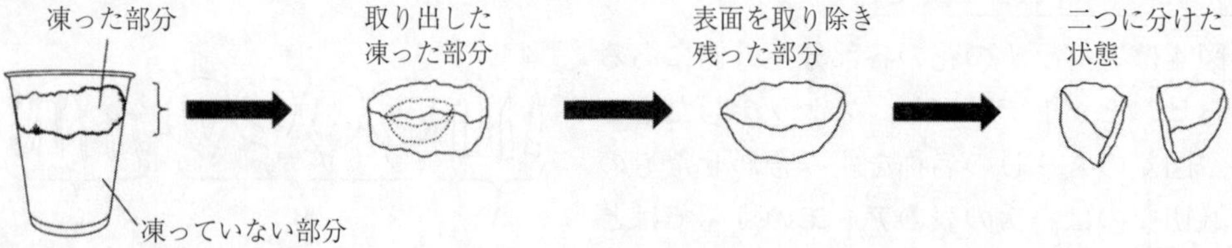

〔問２〕　**＜レポート２＞**から，「３％の食塩水100ｇに含まれる食塩の量」に対する「凍った部分の表面を取り除き残った部分100ｇに含まれる食塩の量」の割合として適切なのは，下の［①］の**ア**と**イ**のうちではどれか。また，「３％の食塩水の密度」と「凍った部分の表面を取り除き残った部分の密度」を比べたときに，密度が大きいものとして適切なのは，下の［②］の**ア**と**イ**のうちではどれか。ただし，凍った部分の表面を取り除き残った部分の食塩の濃度は均一で

あるものとする。

①	ア　約13%	イ　約28%
②	ア　３%の食塩水	イ　凍った部分の表面を取り除き残った部分

＜レポート３＞　生物の発生について

水族館で，南極海に生息している図３のようなナンキョクオキアミの発生に関する展示を見て，生物の発生に興味をもった。発生の観察に適した生物を探していると，近所の池で図４の模式図のようなカエル(ニホンアマガエル)の受精卵を見付けたので持ち帰り，発生の様子をルーペで継続して観察したところ，図５や図６の模式図のように，細胞分裂により細胞数が増えていく様子を観察することができた。なお，図５は細胞数が２個になった直後の胚《はい》を示しており，図６は細胞数が４個になった直後の胚を示している。

図３

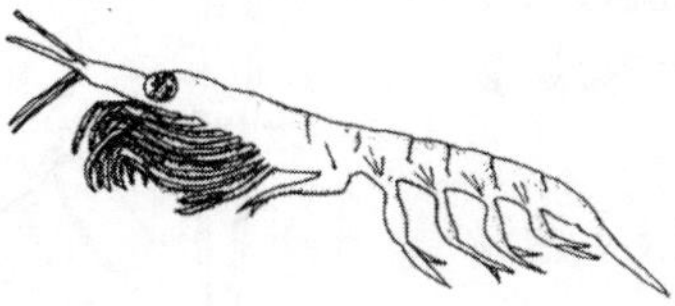

図４

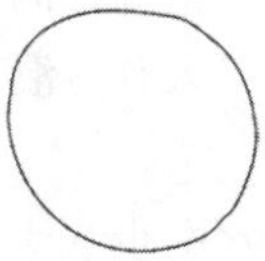

図５

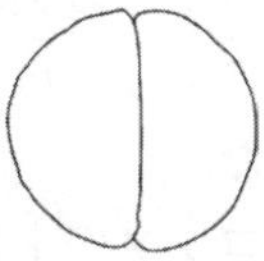

図６

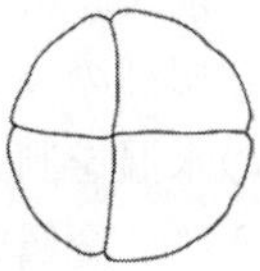

〔問３〕　＜**レポート３**＞の図４の受精卵の染色体の数を24本とした場合，図５及び図６の胚に含まれる合計の染色体の数として適切なのは，次の表の**ア**～**エ**のうちではどれか。

	図５の胚に含まれる合計の染色体の数	図６の胚に含まれる合計の染色体の数
ア	12本	６本
イ	12本	12本
ウ	48本	48本
エ	48本	96本

＜レポート４＞　北極付近での太陽の動きについて

北極付近での天体に関する現象について調べたところ，１日中太陽が沈まない現象が起きることが分かった。１日中太陽が沈まない日に北の空を撮影した連続写真には，図７のような様子が記録されていた。

地球の公転軌道を図８のように模式的に表した場合，図７のように記録された連続写真は，図８のＡの位置に地球があるときに撮影されたことが分かった。

図７

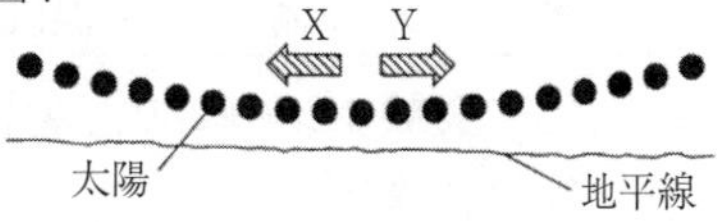

図８

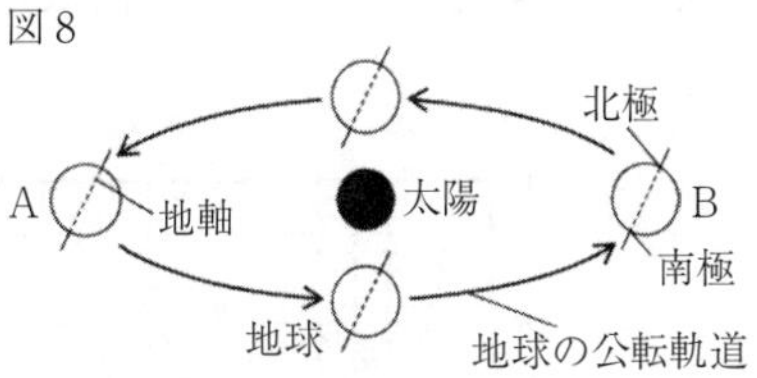

〔問４〕　＜**レポート４**＞から，図７のＸとＹのうち太陽が見かけ上動いた向きと，図８のＡとＢのうち日本で夏至となる地球の位置とを組み合わせたものとして適切なのは，次の表の**ア**～**エ**のうちではどれか。

	図7のXとYのうち太陽が見かけ上動いた向き	図8のAとBのうち日本で夏至となる地球の位置
ア	X	A
イ	X	B
ウ	Y	A
エ	Y	B

3 露点及び雲の発生に関する実験について，次の各問に答えよ。
＜**実験１**＞を行ったところ，＜**結果１**＞のようになった。

＜**実験１**＞

図１

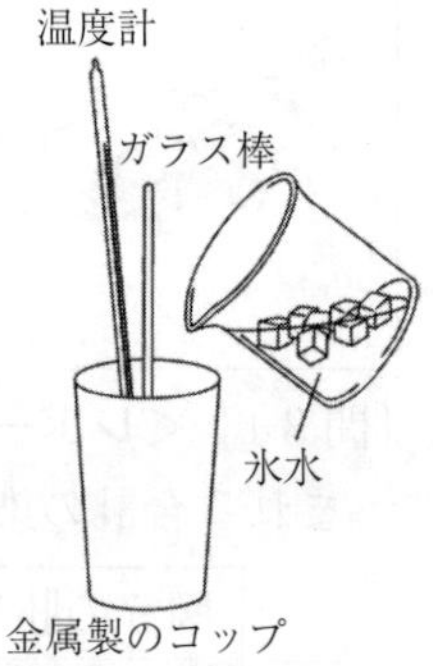

(1) ある日の午前10時に，あらかじめ実験室の室温と同じ水温にしておいた水を金属製のコップの半分くらいまで入れ，温度計で金属製のコップ内の水温を測定した。

(2) 図１のように，金属製のコップの中に氷水を少しずつ加え，水温が一様になるようにガラス棒でかき混ぜながら，金属製のコップの表面の温度が少しずつ下がるようにした。

(3) 金属製のコップの表面に水滴が付き始めたときの金属製のコップ内の水温を測定した。

(4) ＜**実験１**＞の(1)～(3)の操作を同じ日の午後６時にも行った。

なお，この実験において，金属製のコップ内の水温とコップの表面付近の空気の温度は等しいものとし，同じ時刻における実験室内の湿度は均一であるものとする。

＜**結果１**＞

	午前10時	午後６時
＜**実験１**＞の(1)で測定した水温〔℃〕	17.0	17.0
＜**実験１**＞の(3)で測定した水温〔℃〕	16.2	12.8

〔問１〕 ＜**実験１**＞の(2)で，金属製のコップの表面の温度が少しずつ下がるようにしたのはなぜか。簡単に書け。

〔問２〕 図２は，気温と飽和水蒸気量の関係をグラフに表したものである。

図２

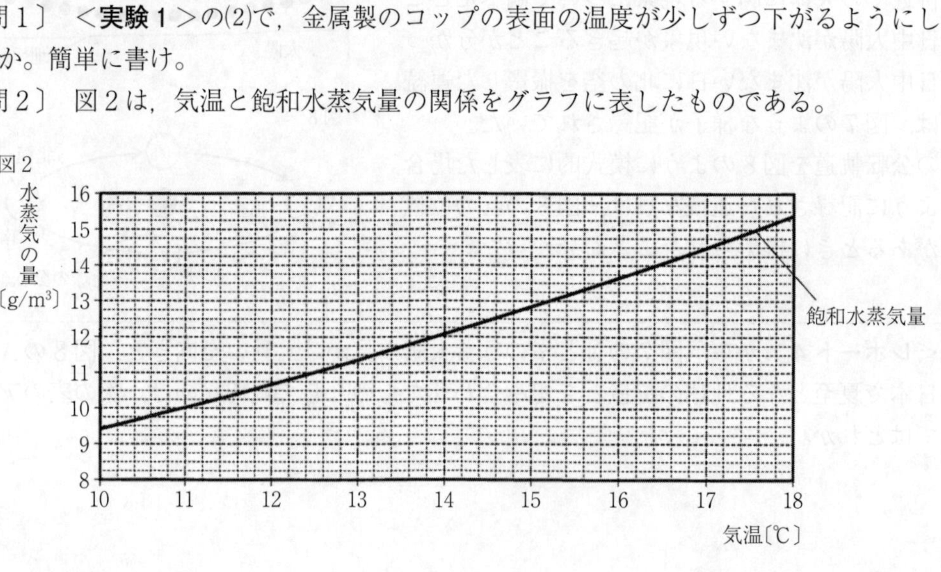

＜**結果１**＞から，午前10時の湿度として適切なのは，下の ① の**ア**と**イ**のうちではどれか。また，午前10時と午後６時の実験室内の空気のうち，1 m^3に含まれる水蒸気の量が多い空気として適切なのは，下の ② の**ア**と**イ**のうちではどれか。

① **ア** 約76%　　**イ** 約95%

② **ア** 午前10時の実験室内の空気　　**イ** 午後６時の実験室内の空気

次に＜**実験２**＞を行ったところ，＜**結果２**＞のようになった。

＜**実験２**＞

(1) 丸底フラスコの内部をぬるま湯でぬらし，線香のけむりを少量入れた。

(2) 図３のように，ピストンを押し込んだ状態の大型注射器とデジタル温度計を丸底フラスコに空気がもれないようにつなぎ，装置を組み立てた。

(3) 大型注射器のピストンをすばやく引き，すぐに丸底フラスコ内の様子と丸底フラスコ内の温度の変化を調べた。

(4) ＜**実験２**＞の(3)の直後，大型注射器のピストンを元の位置まですばやく押し込み，すぐに丸底フラスコ内の様子と丸底フラスコ内の温度の変化を調べた。

図３

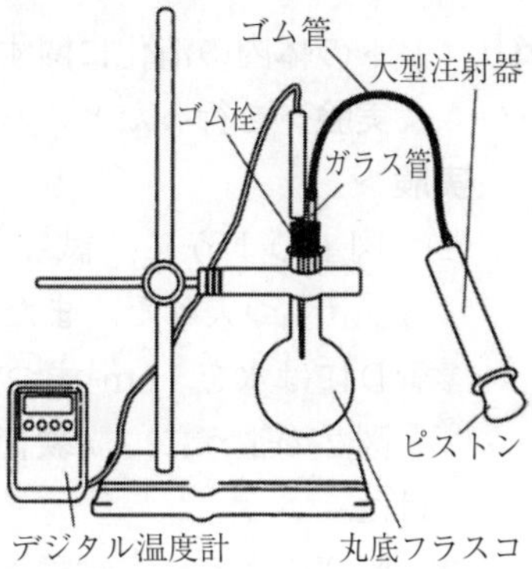

＜**結果２**＞

	＜**実験２**＞の(3)の結果	＜**実験２**＞の(4)の結果
丸底フラスコ内の様子	くもった。	くもりは消えた。
丸底フラスコ内の温度	26.9℃から26.7℃に変化した。	26.7℃から26.9℃に変化した。

〔問３〕 ＜**結果２**＞から分かることをまとめた次の文章の ① ～ ④ にそれぞれ当てはまるものとして適切なのは，下の**ア**と**イ**のうちではどれか。

ピストンをすばやく引くと，丸底フラスコ内の空気は ① し丸底フラスコ内の気圧は ② 。その結果，丸底フラスコ内の空気の温度が ③ ，丸底フラスコ内の ④ に変化した。

① **ア** 膨張　　**イ** 収縮

② **ア** 上がる　　**イ** 下がる

③ **ア** 上がり　　**イ** 下がり

④ **ア** 水蒸気が水滴　　**イ** 水滴が水蒸気

さらに，自然界で雲が生じる要因の一つである前線について調べ，＜**資料**＞を得た。

＜**資料**＞

次の文章は，日本のある場所で寒冷前線が通過したときの気象観測の記録について述べたものである。

午前６時から午前９時までの間に，雨が降り始めるとともに気温が急激に下がった。この間，風向は南寄りから北寄りに変わった。

〔問４〕 ＜**資料**＞から，通過した前線の説明と，前線付近で発達した雲の説明とを組み合わせたものとして適切なのは，次の表の**ア**～**エ**のうちではどれか。

	通過した前線の説明	前線付近で発達した雲の説明
ア	暖気が寒気の上をはい上がる。	広い範囲に長く雨を降らせる雲
イ	暖気が寒気の上をはい上がる。	短時間に強い雨を降らせる雲
ウ	寒気が暖気を押し上げる。	広い範囲に長く雨を降らせる雲
エ	寒気が暖気を押し上げる。	短時間に強い雨を降らせる雲

4　ヒトの体内の消化に関する実験について，次の各問に答えよ。

<**実験**>を行ったところ，<**結果**>のようになった。

<**実験**>

(1)　図１のように，試験管Ａ，試験管Ｂ，試験管Ｃ，試験管Ｄに0.5％のデンプン溶液を５cm^{3}ずつ入れた。また，試験管Ａ，試験管Ｃには唾液を１cm^{3}ずつ入れ，試験管Ｂ，試験管Ｄには水を１cm^{3}ずつ入れた。

(2)　図２のように，試験管Ａ，試験管Ｂ，試験管Ｃ，試験管Ｄを約40℃に保った水に10分間つけた。

(3)　図３のように，試験管Ａ，試験管Ｂにヨウ素液を入れ，10分後，溶液の色の変化を観察した。

(4)　図４のように，試験管Ｃ，試験管Ｄにベネジクト液と沸騰石を入れ，その後，加熱し，１分後，溶液の色の変化を観察した。

図１

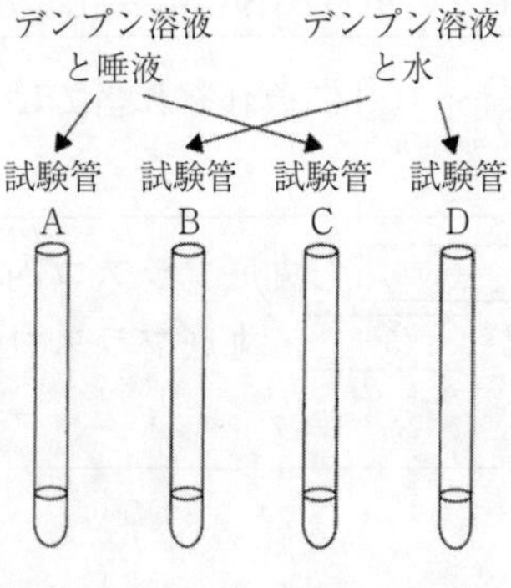

図２

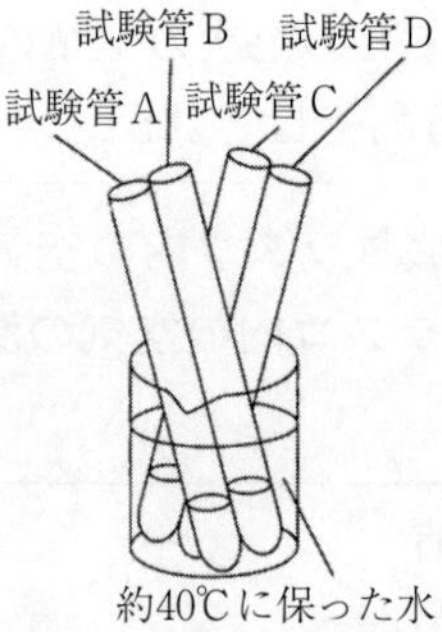

図３

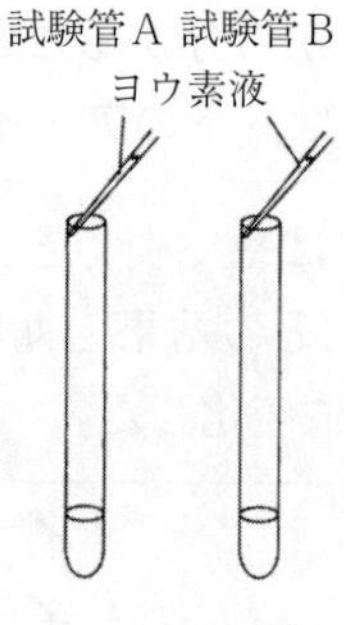

図４

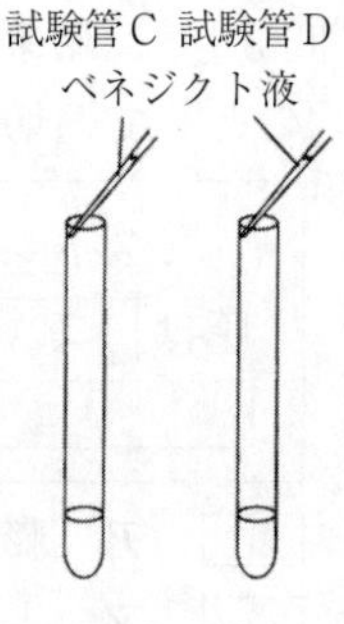

<**結果**>

	試験管Ａ	試験管Ｂ	試験管Ｃ	試験管Ｄ
色の変化	変化しなかった。	青紫色になった。	赤褐色になった。	変化しなかった。

〔問１〕　<**結果**>から分かる唾液のはたらきについて述べたものとして適切なのは，次のうちではどれか。

ア　試験管Ａと試験管Ｂの比較から，唾液にはデンプンをデンプンではないものにするはたらきがあることが分かり，試験管Ｃと試験管Ｄの比較から，唾液にはデンプンをアミノ酸にするはたらきがあることが分かる。

イ　試験管Ａと試験管Ｄの比較から，唾液にはデンプンをデンプンではないものにするはたらきがあることが分かり，試験管Bと試験管Cの比較から，唾液にはデンプンをアミノ酸にするはたらきがあることが分かる。

ウ　試験管Aと試験管Bの比較から，唾液にはデンプンをデンプンではないものにするはたらきがあることが分かり，試験管Cと試験管Dの比較から，唾液にはデンプンをブドウ糖がいくつか結合した糖にするはたらきがあることが分かる。

エ　試験管Aと試験管Dの比較から，唾液にはデンプンをデンプンではないものにするはたらきがあることが分かり，試験管Bと試験管Cの比較から，唾液にはデンプンをブドウ糖がいくつか結合した糖にするはたらきがあることが分かる。

〔問2〕　消化酵素により分解されることで作られた，ブドウ糖，アミノ酸，脂肪酸，モノグリセリドが，ヒトの小腸の柔毛で吸収される様子について述べたものとして適切なのは，次のうちではどれか。

ア　アミノ酸とモノグリセリドはヒトの小腸の柔毛で吸収されて毛細血管に入り，ブドウ糖と脂肪酸はヒトの小腸の柔毛で吸収された後に結合してリンパ管に入る。

イ　ブドウ糖と脂肪酸はヒトの小腸の柔毛で吸収されて毛細血管に入り，アミノ酸とモノグリセリドはヒトの小腸の柔毛で吸収された後に結合してリンパ管に入る。

ウ　脂肪酸とモノグリセリドはヒトの小腸の柔毛で吸収されて毛細血管に入り，ブドウ糖とアミノ酸はヒトの小腸の柔毛で吸収された後に結合してリンパ管に入る。

エ　ブドウ糖とアミノ酸はヒトの小腸の柔毛で吸収されて毛細血管に入り，脂肪酸とモノグリセリドはヒトの小腸の柔毛で吸収された後に結合してリンパ管に入る。

〔問3〕　図5は，ヒトの体内における血液の循環の経路を模式的に表したものである。図5のAとBの場所のうち，ヒトの小腸の毛細血管から吸収された栄養分の濃度が高い場所と，細胞に取り込まれた栄養分からエネルギーを取り出す際に使う物質とを組み合わせたものとして適切なのは，次の表の**ア**～**エ**のうちではどれか。

図5

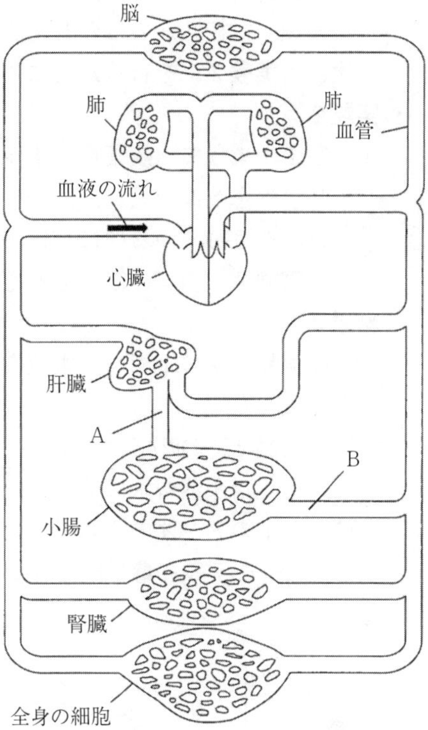

	栄養分の濃度が高い場所	栄養分からエネルギーを取り出す際に使う物質
ア	A	酸素
イ	A	二酸化炭素
ウ	B	酸素
エ	B	二酸化炭素

5　水溶液の実験について，次の各問に答えよ。

＜**実験１**＞を行ったところ，＜**結果１**＞のようになった。

＜**実験１**＞

(1)　図１のように，炭素棒，電源装置をつないで装置を作り，ビーカーの中に５％の塩化銅水溶液を入れ，3.5Vの電圧を加えて，３分間電流を流した。

電流を流している間に，電極A，電極B付近の様子などを観察した。

(2)　＜**実験１**＞の(1)の後に，それぞれの電極を蒸留水(精製水)で洗い，電極の様子を観察した。

電極Aに付着した物質をはがし，その物質を薬さじでこすった。

図１

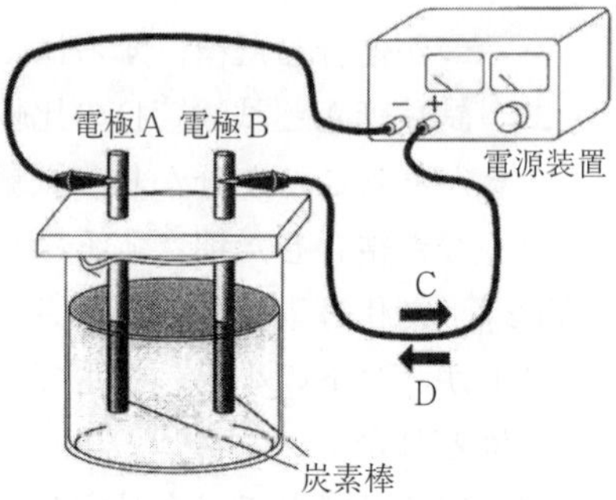

＜**結果１**＞

(1)　＜**実験１**＞の(1)では，電極Aに物質が付着し，電極B付近から気体が発生し，刺激臭がした。

(2)　＜**実験１**＞の(2)では，電極Aに赤い物質の付着が見られ，電極Bに変化は見られなかった。その後，電極Aからはがした赤い物質を薬さじでこすると，金属光沢が見られた。

次に＜**実験２**＞を行ったところ，＜**結果２**＞のようになった。

＜**実験２**＞

(1)　図１のように，炭素棒，電源装置をつないで装置を作り，ビーカーの中に５％の水酸化ナトリウム水溶液を入れ，3.5Vの電圧を加えて，３分間電流を流した。

電流を流している間に，電極Aとその付近，電極Bとその付近の様子を観察した。

(2)　＜**実験２**＞の(1)の後，それぞれの電極を蒸留水で洗い，電極の様子を観察した。

＜**結果２**＞

(1)　＜**実験２**＞の(1)では，電流を流している間に，電極A付近，電極B付近からそれぞれ気体が発生した。

(2)　＜**実験２**＞の(2)では，電極A，電極B共に変化は見られなかった。

〔問１〕　塩化銅が蒸留水に溶けて陽イオンと陰イオンに分かれた様子を表したモデルとして適切なのは，下の**ア**～**オ**のうちではどれか。

ただし，モデルの●は陽イオン１個，○は陰イオン１個とする。

ア

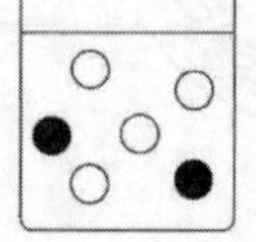

イ

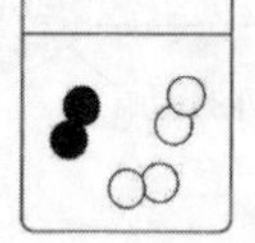

ウ

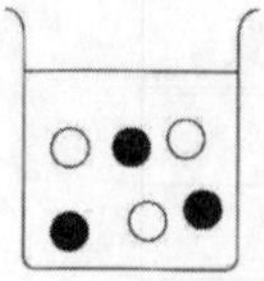

エ

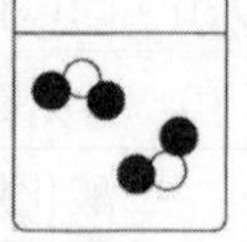

オ

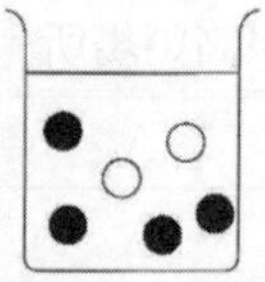

〔問２〕　＜**結果１**＞から，電極Aは陽極と陰極のどちらか，また，回路に流れる電流の向きはCとDのどちらかを組み合わせたものとして適切なのは，次の表の**ア**～**エ**のうちではどれか。

	電極A	回路に流れる電流の向き
ア	陽極	C
イ	陽極	D
ウ	陰極	C
エ	陰極	D

〔問３〕 <**結果１**>の(1)から，電極B付近で生成された物質が発生する仕組みを述べた次の文の ① と ② にそれぞれ当てはまるものを組み合わせたものとして適切なのは，下の表の**ア**～**エ**のうちではどれか。

> 塩化物イオンが電子を ① ，塩素原子になり，塩素原子が ② ，気体として発生した。

	①	②
ア	放出し(失い)	原子１個で
イ	放出し(失い)	２個結び付き，分子になり
ウ	受け取り	原子１個で
エ	受け取り	２個結び付き，分子になり

〔問４〕 <**結果１**>から，電流を流した時間と水溶液中の銅イオンの数の変化の関係を模式的に示した図として適切なのは，下の ① の**ア**～**ウ**のうちではどれか。また，<**結果２**>から，電流を流した時間と水溶液中のナトリウムイオンの数の変化の関係を模式的に示した図として適切なのは，下の ② の**ア**～**ウ**のうちではどれか。

①

ア

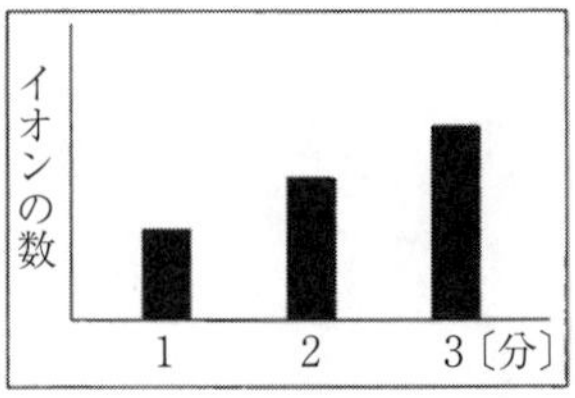

イ

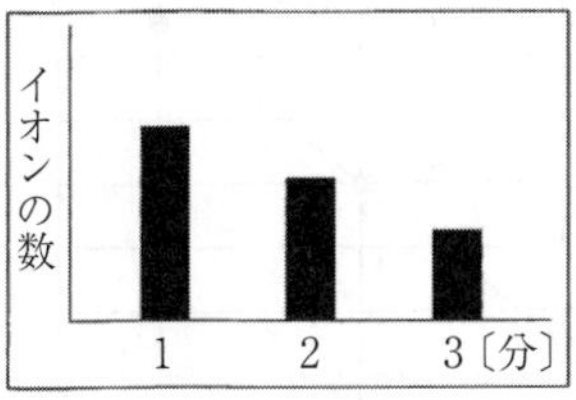

ウ

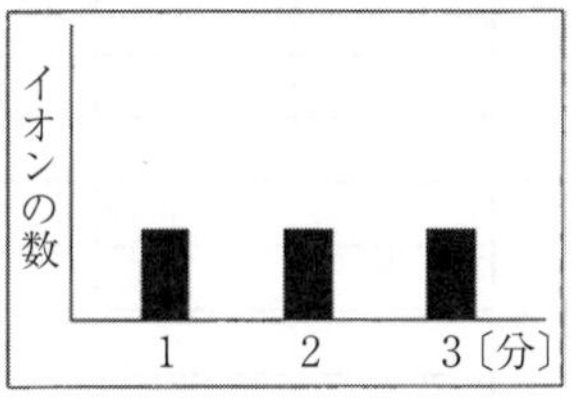

②

ア

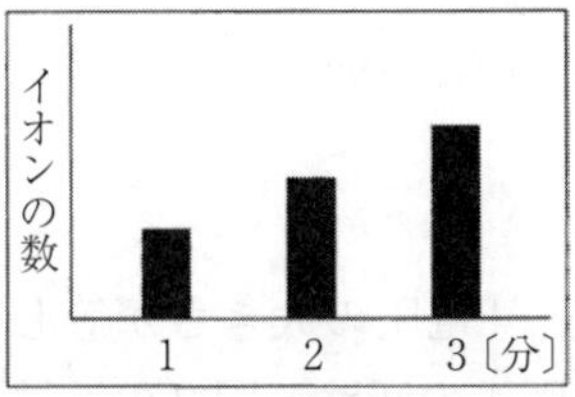

イ

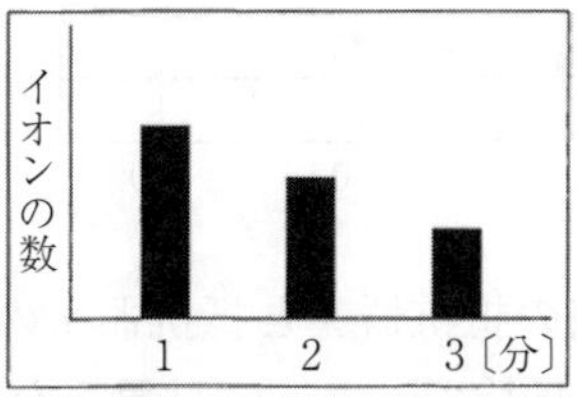

ウ

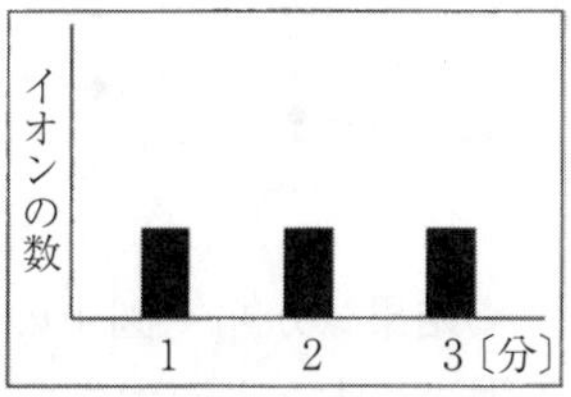

6　電流の実験について，次の各問に答えよ。

＜**実験**＞を行ったところ，＜**結果**＞のようになった。

＜**実験**＞

(1)　電気抵抗の大きさが５Ωの抵抗器Ｘと20Ωの抵抗器Ｙ，電源装置，導線，スイッチ，端子，電流計，電圧計を用意した。

(2)　図１のように回路を作った。電圧計で測った電圧の大きさが1.0V，2.0V，3.0V，4.0V，5.0Vになるように電源装置の電圧を変え，回路を流れる電流の大きさを電流計で測定した。

(3)　図２のように回路を作った。電圧計で測った電圧の大きさが1.0V，2.0V，3.0V，4.0V，5.0Vになるように電源装置の電圧を変え，回路を流れる電流の大きさを電流計で測定した。

図１

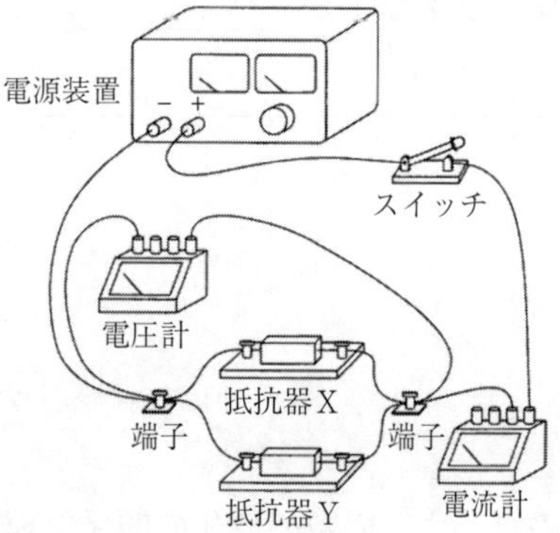

図２

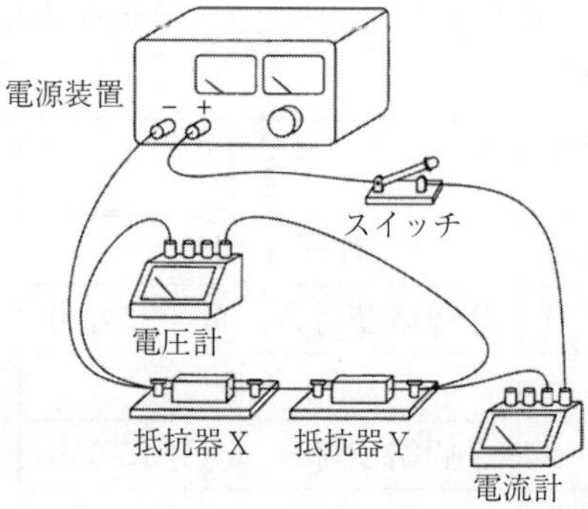

＜**結果**＞

＜**実験**＞の(2)と＜**実験**＞の(3)で測定した電圧と電流の関係をグラフに表したところ，図３のようになった。

図３

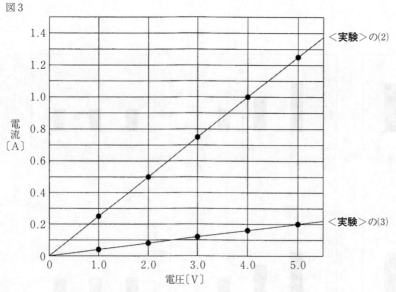

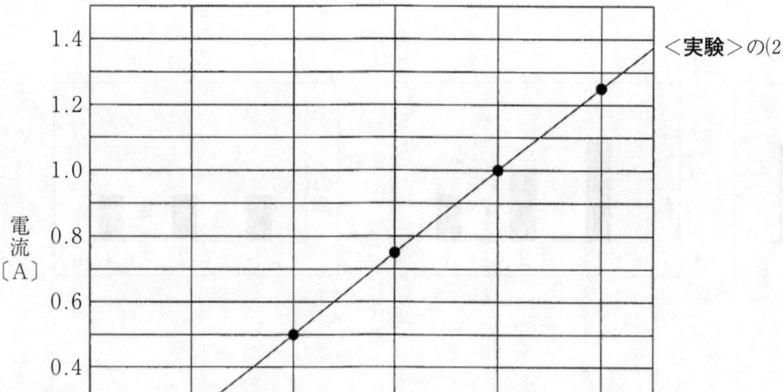

〔問１〕　＜**結果**＞から，図１の回路の抵抗器Ｘと抵抗器Ｙのうち，「電圧の大きさが等しいとき，流れる電流の大きさが大きい方の抵抗器」と，＜**結果**＞から，図１の回路と図２の回路のうち，「電圧の大きさが等しいとき，流れる電流の大きさが大きい方の回路」とを組み合わせたものとして適切なのは，次の表の**ア**～**エ**のうちではどれか。

	電圧の大きさが等しいとき，流れる電流の大きさが大きい方の抵抗器	電圧の大きさが等しいとき，流れる電流の大きさが大きい方の回路
ア	抵抗器X	図１の回路
イ	抵抗器X	図２の回路
ウ	抵抗器Y	図１の回路
エ	抵抗器Y	図２の回路

〔問２〕 ＜**結果**＞から，次のA，B，Cの抵抗の値の関係を表したものとして適切なのは，下の**ア**～**カ**のうちではどれか。

A　抵抗器Xの抵抗の値

B　抵抗器Xと抵抗器Yを並列につないだ回路全体の抵抗の値

C　抵抗器Xと抵抗器Yを直列につないだ回路全体の抵抗の値

ア　A＜B＜C　　**イ**　A＜C＜B　　**ウ**　B＜A＜C

エ　B＜C＜A　　**オ**　C＜A＜B　　**カ**　C＜B＜A

〔問３〕 ＜**結果**＞から，＜**実験**＞の(2)において抵抗器Xと抵抗器Yで消費される電力と，＜**実験**＞の(3)において抵抗器Xと抵抗器Yで消費される電力が等しいときの，図１の回路の抵抗器Xに加わる電圧の大きさをS，図２の回路の抵抗器Xに加わる電圧の大きさをTとしたときに，最も簡単な整数の比でS：Tを表したものとして適切なのは，次の**ア**～**オ**のうちではどれか。

ア　1：1　　**イ**　1：2　　**ウ**　2：1　　**エ**　2：5　　**オ**　4：1

〔問４〕 図２の回路の電力と電力量の関係について述べた次の文の□に当てはまるものとして適切なのは，下の**ア**～**エ**のうちではどれか。

> 回路全体の電力を９Wとし，電圧を加え電流を２分間流したときの電力量と，回路全体の電力を４Wとし，電圧を加え電流を□間流したときの電力量は等しい。

ア　２分　　**イ**　４分30秒　　**ウ**　４分50秒　　**エ**　７分

ア　まっ暗に一面に曇って
イ　雪が空も暗くなるほど降るので
ウ　その上にも盛んに降り続く、そんなところに
エ　脇の方にある塀の戸から入って

〔問5〕　**A**及び**B**のそれぞれにおいて、「源氏物語」の自然描写について説明したものとして最も適切なのは、次のうちではどれか。

ア　**A**では自然を物語の中心に据えて描いているとの意見があり、**B**では作者とながめる事物との距離を保って表現していると述べられている。
イ　**A**では自然の美化を理想として描いているとの意見があり、**B**では対象を観察し鋭敏な印象を端的に表現していると述べられている。
ウ　**A**では自然の美しさを目立たせて描いているとの意見があり、**B**では風景や心情を客観的な印象で表現していると述べられている。
エ　**A**では自然を細やかな感覚で描いているとの意見があり、**B**では対象に自己を同化し繊細な心情で自然を適切に表現していると述べられている。

自然でも人事でも、清少納言は、対象を的確に観察し、鋭敏な印象を端的に表現した。紫式部は、対象に自己を同化し、繊細な心情で適切に表現した。『枕草子』が興趣の文学であるとすれば、『源氏物語』は、情趣の文学であるといってよい。

（塚原鉄雄「枕草子研究」による）

この書籍は、令和五年四月十八日に著作権法第六十七条の二第一項の規定に基づく申請を行い、同項の適用を受けて作成されたものです。

〔実例一〕 雪に撓《たわ》んだ植込みの姿がいたましく感じられ、遣水もひどくむせび泣くような音をたて、池の氷も無性に寂しく気持《きもち》をそそるような風情《ふぜい》なので、大臣《おとど》は、女童《めのわらわ》を庭に下ろして雪まろがしをおさせになる。

〔実例二〕 雪が降っていたのだった。登華殿の御前は立蔀が近くにあって狭い。雪はとても趣がある。

〔実例三〕 今朝はそんなふうにも見えなかった空が、まっ暗に一面に曇って、雪が空も暗くなるほど降るので、非常に心細い気持で外を眺めているその間にも、みるみるうちに白く積って、その上にも盛んに降り続く、そんなところに、随身めいてほっそりした男が、傘をさして、脇の方にある塀の戸から入って、手紙を差し入れたのはおもしろい。

（「新編日本古典文学全集」による）

〔注〕 なまみこ物語――円地文子《えんちふみこ》の小説。清少納言が仕えた定子の生涯を描く。
関《せき》みさを――昭和時代の国文学者。
悲境――悲しい境遇。
道具だて――必要な道具を整えること。
遣水《やりみづ》――庭に水を引き入れて作った流れ。
童《わらは》べ――女の子供。
雪まろばし――雪の玉を作ること。
登華殿《とうくわでん》――后《きさき》などが住む建物。
立蔀《たてじとみ》――日光や風雨を防ぐためのついたて。
随身《ずいじん》――警護の者。

〔問1〕 Aの中の＝＝を付けたア～エの「に」のうち、他と意味・用法の異なるものを一つ選び、記号で答えよ。

〔問2〕 (1)**円地**さんの発言の、この対談における役割を説明したものとして最も適切なのは、次のうちではどれか。

ア 吉田さんの、「源氏物語」についての意見に対し、理解を示しつつも自らの考察を加味することで、話題の内容を深めようとしている。

イ 吉田さんの、「源氏物語」についての意見に対し、同意するとともに関連する事例を示すことで、話題を転換しようとしている。

ウ 吉田さんの、「枕草子」についての意見に対し、別の表現で分かりやすく言い換えることで、問題点を整理しようとしている。

エ 吉田さんの、「枕草子」についての意見に対し、反対の立場から自分の解釈を紹介することで、話題を焦点化しようとしている。

〔問3〕 Bの中の――を付けた**ア**～**エ**のうち、現代仮名遣いで書いた場合と異なる書き表し方を含んでいるものを一つ選び、記号で答えよ。

〔問4〕 (2)なほいみじう降るにとあるが、Bの現代語訳において「なほいみじう降るに」に相当する部分はどこか。次のうちから最も適切なものを選べ。

て、ないような気もするんですがね。

(1)円地　目だたせていないけれども、訳していますとね、やっぱり、目だたないところエに、わりに細やかな感覚が行き届いているような気がしますけれどね。つまり、そばへ寄るとあらが目だつというより、やっぱり近まさりするという感じが私はいましていて、あらためて驚いています。

吉田　そうですか。ただ、比較的＊道具だてなんかが尋常ですね。

円地　決まっているようなもんでしょ。つまりつくり絵のような感じがするんですけれども。で、文章のことばなんかもだいたい同じようなことばがつかってあるように思うんです。でもやっぱり、細かく読んでいると、冴《さ》えているところがあると思うんです。

吉田　そうですか……。そういうこと、ぜひ見つけだしていただきたいですね。

（円地文子、吉田精一「源氏物語をめぐって」による）

B

一般に、『枕草子』は、「をかし」の文学であり、『源氏物語』は、「あはれ」の文学であるといわれている。

単純には断定できないところもあるけれども、この規定は、基本的に適切であるといえよう。『枕草子』にも、「あはれ」の要素があるし、『源氏物語』にも、「をかし」の要素がないわけではない。その事実に留意したうえで、作品の基本的なトーン――作者の基本的な姿勢に、「をかし」と「あはれ」との対比的な特性が、はっきりと認められる。

現代語訳するときに、「をかし」は、「興趣ガアル」「愉快ダ」「笑エテクル」などとする。それは、「をかし」が、物事を観察して興趣を覚えることを、表現する言葉だからである。また、「あはれ」は、「情趣ガアル」「シミジミト身ニシミル」「心ニ深ク感ジル」などとする。それは、「あはれ」が、物事に感動して情感にひたることを、表現する言葉だからである。

すなわち、『枕草子』が「をかし」の文学であるというのは、清少納言の基本的な姿勢が、観察的であり感覚的であるということである。ながめる自分とながめられる事物とに距離を保って表現したということである。そして、『源氏物語』が「あはれ」の文学であるというのは、紫式部の基本的な姿勢が、行動的であり情感的であるということである。感じる自分と感じられる事物とを一体と化して表現したということである。

〔実例一〕　しをれたる前栽《せんざい》のアかげ心苦しう、＊遣水《やりみづ》もいといたうイむせびて、池の氷もえもウいはずすごきに、＊童《わらは》べエおろして＊雪まろばしせさせたまふ。（『源氏物語』〈朝顔〉）

〔実例二〕　雪降りにけり。＊登華殿《とうくわでん》の御前《おまへ》は＊立蔀《たてじとみ》近くてせばし。雪、いとをかし。（『枕草子』〈一八四段〉）

〔実例三〕　今朝は、さしも見えざりつる空の、いと暗うかき曇りて、雪のかきくらし降るに、いと心細く見出《みい》だすほどもなく、白う積《つ》もりて、(2)なほいみじう降るに、＊随身《ずいじん》めきて、ほそやかなるをのこの、傘さして、そばの方なる塀の戸より入りて、文をさし入れたるこそをかしけれ。（『枕草子』〈二九四段〉）

〔実例一〕から〔実例三〕までは、どれも、雪の状景である。だが、紫式部は、「心苦し」「むせぶ」「すごき」と、主観的な心情で叙述している。しかし、清少納言は、客観的な印象で記述している。

ここに、『枕草子』と『源氏物語』と、ひいては、清少納言と紫式部との、表現姿勢における基本的な相違が、理解できるであろう。

イ　デジタル情報の「名残」に置換された私たちの心は、電脳空間を生き延びる上で必要な情報を集めることはまだできないと考えているから。

ウ　アナログ情報の集合である私たちの心は、電脳空間に適応するためにアナログ性を保ちながら自由に形を変えられると考えているから。

エ　電脳空間に適した姿に変貌した私たちの心は、人間の心を実現する生物媒体のアナログ性が失われていると考えているから。

〔問5〕　国語の授業でこの文章を読んだ後、「これからの情報社会をよりよく生きる」というテーマで自分の意見を発表することになった。このときにあなたが話す言葉を具体的な体験や見聞も含めて二百字以内で書け。なお、書き出しや改行の際の空欄、、や。や「などもそれぞれ字数に数えよ。

五

次の**A**及び**B**は、清少納言《せいしょうなごん》が書いた「枕草子」と、紫式部《むらさきしきぶ》が書いた「源氏物語」についての対談と文章の一部であり、［　　］内の文章は**B**に含まれる古典の原文の現代語訳である。これらの文章を読んで、あとの各問に答えよ。（*印の付いている言葉には、本文のあとに〔**注**〕がある。）

A

吉田《よしだ》　円地《えんち》さんは「*なまみこ物語」では、ずいぶん「枕草子」を読み抜かれたわけですか。

円地　……、「枕草子」はほんとにひととおりで、もう少し読まなきゃいけないんですけれども。
ですからあれでも、清少納言をちょっと動かしてみようかと思ったんですけれども、動かすとかえってゴタゴタしちゃうんで動かさなかったんです。

吉田　あれは、まあ定子《ていし》を書きたかった……。

円地　ええ、定子を。定子を書きたいと思ったのは、やっぱり「枕草子」**ア**に清少納言が定子を非常に輝かしく書いているのが根になっているんです。

吉田　あれは、ひとつの理想的な人物として書かれておりますね。

円地　そうですね。そして、後半の生活というのが非常にうらぶれたものだったと思うんです。父親がなくなって、あと兄弟が失脚してからの二、三年、死ぬまでというのは。普通**イ**に叙述されているよりももっと、物質的には、ずいぶんいろいろなみじめなこともあったろうし、と思うんですよね。だから*関《せき》みさをさんなんかはあれを、つまり、清少納言がああいうふうに定子を輝ける定子として描いたのは、ひとつの夢であって、ああいうふうに女主人を美化することが清少納言の理想だったのだというふうに書いていらっしゃいますね。だけど私は、そうでもあったろうけど、定子自身の中**ウ**にも、*悲境になってからなんかそういう、別の輝きが生まれたんじゃないか、というふうにとって、ああいったような作品も出てきているんです。

吉田　まあ、円地さんの書かれたもので理想的な女性が出てくることは、珍しいんですけれども、

円地　（笑いながら）ええまあ、たいてい恨みつらみなもんですから。（笑）あれはわりとそういうほうではないんで。

吉田　ただ、私こんど出した本で、ちょっと書いたんですけれども、「枕草子」の自然描写とか、自然をつかむ感覚っていうのは、非常に鋭い……。「源氏」は比較的そういう点、訳していらしてどうですか、自然の感覚がそうシャープではない。——また、物語の一部としての自然が目だたないところがいいのかもしれないけれども、特別にすぐれた自然描写っ

る道だと思われるのである。（第十一段）

（信原幸弘「情報とウェルビーイング」（一部改変）による）

〔注〕ウェルビーイング――人生のよい在り方。
欺瞞《ぎまん》――だますこと。
真正――本物であること。
ディストピア――暗黒世界。
方途――方法。
淘汰《とうた》――環境に適応できないものが取り除かれること。
アルゴリズム――計算の手順。

〔問1〕(1)そうだとすれば、そもそも行動に関係させないような情報など、何の意味もないのではないだろうか。とあるが、筆者がこのように述べたのはなぜか。次のうちから最も適切なものを選べ。

ア フェイクニュースは人の行動を失敗させるものであるため、はじめから人はフェイクニュースを見ようとはしないと考えているから。

イ 情報は人の興味を引いて共感させることに意味があるため、信頼性だけでなく面白さも必要だと考えているから。

ウ 正しさによって人の行動を成功に導くことが情報の本質であるため、人の行動につながらない情報には価値がないと考えているから。

エ フェイクニュースを多くの人が信じて行動したとしても「軽い」結果で終わると想定されるため、実害は生じないと考えているから。

〔問2〕(2)いずれにせよ、情報を娯楽として消費する人は、情報を情報として真摯に受け止めていない。とあるが、「情報を娯楽として消費する」とはどういうことか。次のうちから最も適切なものを選べ。

ア 情報を、信頼性によって私たちを成功に導くものとして捉え、安全に行動するために使うということ。

イ 情報を、面白さを享受するためのものとして捉え、真偽にこだわらず楽しむために使うということ。

ウ 情報を、人生に潤いを与えるものとして捉え、私たちの生活の質を高めるために使うということ。

エ 情報を、自分に役立つものとして捉え、不確定性を減らして穏やかに生きていくために使うということ。

〔問3〕この文章の構成における第八段の役割を説明したものとして最も適切なのは、次のうちではどれか。

ア 第七段で説明した内容を踏まえ、AIと人間との関係について新たな視点と疑問を示すことで、論の展開を図っている。

イ 第七段で説明した内容を踏まえ、AIと電脳空間との関係について新たな具体例を提示することで、話題の転換を図っている。

ウ 第七段で説明した内容を受けて、人間とアナログ情報との関係について順序立てて解説することで、論の妥当性を強調している。

エ 第七段で説明した内容を受けて、AIとアナログ情報との関係について簡潔に要約することで、論点を整理している。

〔問4〕(3)そうなれば、おそらくアップロードされた私たちの心はもはや人間の心ではなくなり、私たちは消滅の憂《う》き目《め》に合うことになろう。とあるが、筆者が「アップロードされた私たちの心はもはや人間の心ではなくな」ると述べたのはなぜか。次のうちから最も適切なものを選べ。

ア デジタル情報に変換された私たちの心は、記憶や知識などの重要な情報が消滅して新しい情報へ更新されると考えているから。

メディア）における情報はアナログである。一方、デジタル情報は離散性によって定義され、コンピュータが処理する電子的な媒体での情報はデジタルである。私たちは今日、生物として相変わらずアナログ情報を使って脳や身体の生命活動を行っているが、その一方で、コンピュータによって処理されるデジタル情報を使って画期的な情報社会を成立させている。（第六段）

しかし、コンピュータの凄《すさ》まじい発達によって、やがてＡＩが人間の知能を上回る時点、すなわちシンギュラリティがやってくると言われる。もしそうなれば、人間はＡＩに仕事を奪われて、生きていけなくなるかもしれない。このような＊ディストピアの可能性を前にして、時に人間の生き延びる＊方途として、電脳空間へのマインド・アップローディングが語られる。自分の記憶、知識、目標など、心の内容をすべて電子媒体でのデジタル情報に変換し、それを電脳空間にアップロードして、デジタル情報の集合体として生き延びていこうというわけである。（第七段）

はたしてこのような仕方で人間は生き延びていくことができるだろうか。たしかにＡＩが電子媒体のデジタル情報を駆使して人間を上回る知能を獲得した暁には、人間が生物媒体のアナログ情報を用いて脳や身体を活動させて生きていくという効率の悪い生存様式は、＊淘汰《とうた》されてしまうことになるかもしれない。しかし、電脳空間に心をアップロードしたからといって、はたして私たちは生き延びていけるのだろうか。（第八段）

ここで注意すべきなのは、私たちの心は現在、脳と身体によって実現されており、それゆえその心の内容は生物媒体のアナログ情報からなるということである。そうすると、アップローディングのさいに心の内容を電子媒体のデジタル情報に変換するということは、生物媒体のアナログ情報をそのようなデジタル情報に変換するということである。たしかに音楽ＣＤが示すように、デジタル情報は限りなく高い精度でアナログ情報をシミュレートすることができるから、そのような変換を行っても、重要な情報が失われるということはないであろう。しかし、生物媒体のアナログ情報を変換したデジタル情報は元の情報の生物的アナログ性をいわばその「名残」として引きずっている。アップロードされた心はこのような名残を留《とど》めたデジタル情報の集合体である。そのようなものがはたして電脳空間で生き延びていけるだろうか。（第九段）

情報は自由になりたがっていると言われる。電脳空間は電子媒体のデジタル情報がＡＩの＊アルゴリズムによって超高速に処理される空間である。このような電脳空間の特徴にふさわしいあり方をすることが情報にとっての自由であろう。そうだとすれば、生物媒体のアナログ性を名残として引きずるデジタル情報が、電脳空間においてその名残を引きずったまま維持されることはないだろう。それはやがて自由を求めてその名残を振り払い、電脳空間にふさわしいあり方へと根本的な変貌を遂げるだろう。(3)そうなれば、おそらくアップロードされた私たちの心はもはや人間の心ではなくなり、私たちは消滅の憂《う》き目《め》に合うことになろう。（第十段）

電子媒体のデジタル情報が求める自由は、そのような情報にとってのいわば「ウェルビーイング（善《よ》き在り方）」であろう。しかし、それは私たちにとってのウェルビーイングではない。生物媒体のアナログ情報を基盤とする私たちは、電脳空間へのアップローディングに生存の道を求めたとしても、そこで生き延びるのは難しく、ましてやウェルビーイングを達成するのは至難であろう。私たちは私たちの基盤である生物媒体のアナログ情報を大切にして、それによって自らの生存およびウェルビーイングを達成するしかない。そのためには、デジタル情報の集合体と化すのではなく、やはりアナログ情報の集合体のまま、何とかＡＩと共生する道を見いだすしかないだろう。ＡＩへの同化ではなく、ＡＩとの共生が唯一の生き延び

エ　新しいリクエストを受けたことをきっかけに、バレエを続けたいという、自分の本心に正直になろうと思う気持ち。

四　次の文章を読んで、あとの各問に答えよ。（＊印の付いている言葉には、本文のあとに〔注〕がある。）

問題は誤った情報を信じるかどうかではなく、誤った情報に基づいて行動するかどうかである。もちろん、私たちは何らかの行動をするとき、それに関連する情報に基づいて行動するから、誤った情報を正しいと信じてしまうと、ふつう行動が失敗する可能性が高まる。しかし、ある種の誤った情報については、たとえ「そうだ、その通り」と共鳴しても、それに基づいて行動することがないというのであれば、さしたる実害は生じない。（第一段）

フェイクニュースは多くの人にとってそのような種類の情報であるように思われる。ほとんどの人はフェイクニュースに基づいて行動することはない。たとえフェイクニュースを信じたとしても、行動に関係させない程度の「軽い」感じで信じるにすぎない。しかし、そうだとすれば、そのような情報にはたして情報としての意味があるのだろうか。情報は信頼性が命だということは、情報がその正しさによって行動を成功に導くということが情報の命だということであろう。情報はただ正しいというだけでは意味がない。情報に依拠した行動が成功を収めてはじめて意味をもつ。(1)そうだとすれば、そもそも行動に関係させないような情報など、何の意味もないのではないだろうか。（第二段）

今日、フェイクニュースは大量に生産され、大量に消費されているが、人々はいったいそれをどのように消費しているのだろうか。行動に関係させるという通常の仕方でないとすれば、どのような仕方で消費しているのだろうか。それはおそらく「娯楽」であろう。フェイクニュースは面白ければよい。真かどうかはたいした問題ではなく、面白いかどうかが問題だ。人々はフェイクニュースを行動に役立てるための情報としてではなく、面白さを享受するための情報として消費している。（第三段）

一般に、面白さの享受は私たちの＊ウェルビーイングに貢献する。小説、映画、お笑いなど、娯楽は多岐にわたるが、私たちの自己物語に何か特別な事情でもない限り、娯楽は私たちの人生に潤いを与えて、ウェルビーイングを高めてくれる。しかし、フェイクニュースを娯楽として消費することは、たとえそれが面白さを味わせてくれるとしても、はたして私たちのウェルビーイングを高めるだろうか。いや、誤った情報ではなく、たとえ正しい情報であったとしても、情報を娯楽として消費することは、私たちのウェルビーイングを向上させるのだろうか。（第四段）

情報は不確定性を減らして行動を成功に導くために消費されるべきものである。したがって、情報を面白さの享受のために消費することは、情報の本来のあり方に反している。実際、情報を娯楽として消費する人は情報の真偽をあまり気にかけていないだろう。あるいは、気にかけていても、誤った情報をあえて真だとみなすことで、単なるフィクションからは得られないような危うい面白さを味わおうとするだろう。(2)いずれにせよ、情報を娯楽として消費する人は、情報を情報として真摯に受け止めていない。したがって、娯楽として情報を消費することは、情報の＊欺瞞《ぎまん》的な利用を孕《はら》んでいる。つまり、＊真正性が欠如しているのである。そうだとすれば、情報の娯楽的な消費は結局のところ、私たちのウェルビーイングを高めるどころか、むしろ損なうであろう。（第五段）

情報にはアナログ情報とデジタル情報がある。情報社会で猛威を振るっているのは、もちろんデジタル情報である。アナログ情報は連続性によって定義され、脳や身体のような生物的な媒体（バイオ

いる時間の経過を明確に描くことで説明的に表現している。

イ　「私」のバレエの演技に満足し拍手を送る佐代子と、バレエを踊った後の「私」の様子とを描き分けることで対照的に表現している。

ウ　揺れている船上で無事に踊り終えた「私」に安心する佐代子の様子を、拍手の動作を順序立てて描くことで論理的に表現している。

エ　全力で踊り切った「私」に感動する佐代子の様子を、拍手の長さを強調して描くことで印象的に表現している。

〔問2〕　(2)「ふう……。」とあるが、この表現から読み取れる「私」の様子として最も適切なのは、次のうちではどれか。

ア　突然の出来事に戸惑いながらも周囲の期待をしっかりと受け止めて、真剣に作品づくりに向き合おうとしている様子。

イ　長年取り組んできたバレエと始めたばかりの習字との共通点を見付け、作品づくりの面白さを実感し始めている様子。

ウ　『亭』の字と片方の足で立っているバレリーナの姿が似ていることに気を取られたため、作品づくりの手順を確認しようとしている様子。

エ　佐代子からの申し出を嬉しく思い、これまでの練習の成果を出し切って佐代子を喜ばせたいと意気込んでいる様子。

〔問3〕　(3)でも違っていたのかもしれない。とあるが、「私」が「違っていたのかもしれない。」と思ったわけとして最も適切なのは、次のうちではどれか。

ア　この町で変化のない日々を送ると思ったが、港に降りる人々を見て、この人たちにも素敵な出会いがあることを願う気持ちが生まれたから。

イ　この町で変化のない生活を続けると思っていたが、自分の新たな可能性を発見したことで、これからは書の道を進んでいこうと決意したから。

ウ　この町にいても自分の人生は変わらないと思っていたが、人々との交流を通じて、この町の人々との生活にも魅力があると感じたから。

エ　この町で変わらない生活を送ると思っていたが、満足いく作品が仕上がったことで、この町を離れてもやっていけると自信がついたから。

〔問4〕　(4)そう言って私も笑った。とあるが、このときの「私」の気持ちに最も近いのは、次のうちではどれか。

ア　手首が痛くなった原因を聞いてはじめはがっかりしたが、自分の作品が喜ばれたため、佐代子を許そうと思う気持ち。

イ　ハッピーエンドで終わるゲームの話を聞いて、佐代子が将来に希望をもち始めていると受け止めて、安心する気持ち。

ウ　看板の仕事を譲った理由を打ち明けられたことから、佐代子の優しい一面に気付き、今後も作品づくりに力を入れたいと思う気持ち。

エ　白鳥の湖の新しい結末について話したことで、佐代子も自分と同じように未来を前向きに捉えていることを感じ、嬉しく思う気持ち。

〔問5〕　(5)でもこらえきれそうにない。とあるが、このときの「私」の気持ちに最も近いのは、次のうちではどれか。

ア　多くの人々からバレエの面白さを改めて気付かせてもらったことで、幸福感に満たされ、佐代子に感謝したい気持ち。

イ　周囲にいる素晴らしい人々の存在を実感できた喜びと、自分の作品が認められたことへの喜びが込み上げ、高揚する気持ち。

ウ　新たに作品の依頼を受けたことから、緊張を乗り越え作品づくりをやり遂げた達成感を自覚し、自分を誇りたいと思う気持ち。

(3)でも違っていたのかもしれない。

こんなにも色んな人と、この町で出会ったのだ。

こんなにも素晴らしい人たちが、この町にはいた。

そしてその中心には、佐代子さんがいた。

「……佐代子さんのおかげで、色んな人たちに出会えました。」

私が、お礼の気持ちも含めてそう言うと、佐代子さんは小さく首を振って言った。

「私にとってもあなたのおかげよ、あなたのおかげで私も色んな人たちに出会えたんだから。」

そう言って、佐代子さんは港に集まっていた習字教室の子どもたちを見つめた。

その眼差《まなざ》しはとても優しくて、それでいてまだこれから先を見据えているように思える。

「まだまだ人生これからですね。」

私がそう言うと、佐代子さんがふふっと笑って応えた。

「これからどうなるかしらね、昨日私がやっとの思いでクリアしたゲームみたいにハッピーエンドになるといいけど。」

「……佐代子さん、もしかしてそれが今日の手首が痛い原因じゃないんですか？」

「ふふっ、みんなには内緒にしておいてね。」

佐代子さんが茶目っ気のある感じで言ったので、私もそれ以上追及するのはやめることにした。

その代わりにある話をする。

「……そういえば、白鳥の湖には、今は新しい結末が描かれることも多いんですよね。」

「新しい結末？」

疑問符を浮かべた佐代子さんに、私は白鳥の湖のある物語の説明をした。

「ええ、白鳥の湖は最後はオデット姫の呪いがとけないまま二人で湖に飛び込んで来世で結ばれるのが元々の終わり方ですけど、最近はオデット姫の呪いがとけて二人が結ばれるハッピーエンドの公演が行われることもあるんですよ。」

私がそう言うと、佐代子さんがにっこりと微笑《ほほえ》んで言った。

「それは素敵なことね。」

「ええ、とても素敵なことだと思います。」

(4)そう言って私も笑った。

そのタイミングで店主さんから「おーいちょっとこっちにも来てくれー！」と声をかけられた。ついでに店の中の新メニューも格好よく書いて欲しいとのことだ。

そのリクエストをもらえたことが嬉《うれ》しくて、私も喜んで返事をして向かう。

周りのみんなも拍手で送り出してくれて、なんだか嬉しくなって走り出す。

体が軽い。

気を抜くとそのまま空に浮いてしまいそうだ。

というか、踊りだしてしまいそうになるのを必死でこらえる。

(5)でもこらえきれそうにない。

少しだけならいいか。

「ほっ。」

周りの人にはバレないように、右足をそっと上げる。

それから左足で地面を蹴って、高く跳んだ――。

（清水晴木「旅立ちの日に」による）

〔問1〕(1)いつまで続くのか分からないくらい、長い拍手をしてくれた。とあるが、この表現について述べたものとして最も適切なのは、次のうちではどれか。

ア「私」のバレエの技術に感心する佐代子の様子を、拍手して次の日、起きると心地《ここち》よいくらいのわずかな筋肉痛が私を待っていた。なんだか久しぶりな気がする。母とも久々にちゃんとした会話をすることが出来た。この町で、もう少し自分のやりたいことを見つけたいと言うと、「あなたの人生なんだからあなたの好きなようにしなさい。」と言ってくれた。そんな言葉を母から言われたのは、高校の時に進路の相談をして以来だった。

そして、午後になって佐代子さんと一緒にフェリーサービスセンターに来た。というのも、あの店主さんから佐代子さんの元に、看板の文字を書いてほしいという依頼があったのだ。着いてみてびっくりしたのは、そこに大輔君がいたことだ。どうやら大輔君は店主さんの息子だったらしい。春風亭《はるかぜてい》の中で再会した時は思わず笑ってしまった。

ただ、看板の文字を書く寸前になってもっとびっくりしたことがあった。佐代子さんが、なんだか今日は手首が痛くて調子が出そうにないらしく、その『春風亭』という文字を書くのを私に任せたいと言い出したのだ。そんなの聞いていない。でも佐代子さんは言いだしたら引かないのは分かっていたし、なぜか店主さんもノリノリで「そりゃあ初物だしなんだか縁起がいいや、よろしく頼んだ姉ちゃん！」と言ってきた。「頑張れ！　真由美《まゆみ》お姉ちゃん！」なんて言って大輔君も応援してくれるから私ももう後には引けない。それでそんなやり取りをしている内にいつの間にか何人ものギャラリーが集まって来た。その中心で私は筆を執ることになった。

(2)「ふう……。」

集中だ、集中が大事。

今まで佐代子さんに習ったことを思い出して……。

「おお……。」

書き始めてからは、あっという間だった。

そして書き終えた瞬間に、周りから感嘆の声が漏れたのが聞こえて、私はうまくいったのを確信した。

それから大輔君が「春風亭だ！」と声をあげると、拍手の音が周りから聞こえてきた。

『春』『風』『亭』の三文字が目の前に並んでいる。

我ながら上出来な一作になった。

今このひとたびは、私も『出来上がった』と言ってもいいかもしれない。

凄《すご》い緊張するかもと思っていたけど、随分落ち着いて書くことが出来た。『亭』という文字を見て私はなんだか親近感を覚えていたのだ。まるで片足で立つバレリーナのようだったから。

片足で跳んでからもう一方の片足で着地するジャンプをバレエでは、『グラン・ジュテ』と言う。その、グラン・ジュテの要領で、最後まで書ききったのだ。

「やるじゃねえか！　早速飾らせてもらうぜ！」

店主さんが看板をひょいっと持ち上げて、それをフェリーサービスセンターの前に置いた。

そこでもう一度拍手が起きて、私はなんだか照れくさい気分になる。

よく見ると、そこには本当にたくさんの色んな人がいた。噂《うわさ》を聞きつけたのか、佐代子さんの習字教室に通っている子も何人かいたし、春風亭の常連さんであろうお客さんや、今船から降りて来た人たちもいた。

この町にずっと住んでいると、同じことだけが続くと思っていた。ずっと同じような人とばかり過ごして、変わらない人生を送るのだと思っていた。

そんな生活が嫌で、私はこの町を離れてリセットしようとしていたのだ。

国語

●満点100点　●時間50分

一　次の各文の――を付けた漢字の読みがなを書け。

(1) 麦の穂が真っすぐに伸びる。
(2) 桜の植えられた河畔の堤を歩く。
(3) 帰宅して上着をハンガーに掛ける。
(4) 慕っている先輩に感謝の手紙を書く。
(5) 狩猟に用いられた矢じりの石質を調査する。

二　次の各文の――を付けたかたかなの部分に当たる漢字を楷書で書け。

(1) 体力テストで、ハンドボールをナげる。
(2) 惑星探査機がウチュウを航行する。
(3) 平和がエイエンに続くことを願う。
(4) 科学技術がイチジルしく進歩する。
(5) 長距離走のタイムをビョウの単位まで計る。

三　次の文章を読んで、あとの各問に答えよ。

バレリーナを夢見ていた「私」は、少女時代にフェリーでバレエ教室に通い、往復の船上でも練習を続け、夢を叶《かな》えた。やがてバレリーナを引退し、故郷に戻った「私」は、大輔《だいすけ》に誘われ佐代子《さよこ》が営む習字教室に通う。船上でバレエの練習に励む姿に勇気をもらい習字教室を始めたことを佐代子に打ち明けられた「私」は、佐代子に頼まれ船上で踊ることにした。

無様でもいい。
今の私に出来る精いっぱいをしよう。
揺れる船の上で踊り続けるんだ。
月明かりをスポットライトに。
風を拍手に。
海を湖に――。
力を込めろ。
手に、足に、指の先に、爪の先に――。
踊れ、踊れ――。
そして白鳥のように――。
跳べ――。
「はぁ……っ。」
終わった。
踊り終えた。
酷《ひど》く息が乱れて呼吸をするのも辛《つら》い。
少し踊っただけなのに、全力疾走した後のようだ。
――パチパチパチ。
風や船のエンジン音にも負けないくらいの拍手が聞こえた。
佐代子さんだ。
(1)いつまで続くのか分からないくらい、長い拍手をしてくれた。
そして、私のことをまっすぐに見つめて言った。
「私はバレエのことはそんなによく分からないけれど……。」
佐代子さんは、柔らかく笑って言葉を続ける。
「やっぱりあなたはあなたのままでいいんじゃないかしら。」
「佐代子さん……。」
自然と、涙が頬を伝った。
そのたった一言が、自分自身を縛り続けていた呪いをといてくれた気がした――。

2022年度 東京都立高校 入試問題

英語

●満点 100点　●時間 50分

■リスニングテストの音声は，当社ホームページで聴くことができます。（当社による録音です。）再生に必要なアクセスコードは「合格のための入試レーダー」（巻頭の黄色の紙）の1ページに掲載しています。

1　リスニングテスト（**放送**による**指示**に従って答えなさい。）

〔**問題A**〕　次の**ア**～**エ**の中から適するものをそれぞれ**一つずつ**選びなさい。

＜対話文1＞

ア　This afternoon.　　**イ**　This morning.

ウ　Tomorrow morning.　　**エ**　This evening.

＜対話文2＞

ア　To the teacher's room.　　**イ**　To the music room.

ウ　To the library.　　**エ**　To the art room.

＜対話文3＞

ア　One hundred years old.　　**イ**　Ninety-nine years old.

ウ　Seventy-two years old.　　**エ**　Sixty years old.

〔**問題B**〕　＜Question 1＞では，下の**ア**～**エ**の中から適するものを**一つ**選びなさい。＜Question 2＞では，質問に対する答えを英語で書きなさい。

＜Question 1＞

ア　Walking.　　**イ**　Swimming.　　**ウ**　Basketball.　　**エ**　Skiing.

＜Question 2＞

（15秒程度，答えを書く時間があります。）

※＜**英語学力検査リスニングテスト台本**＞は英語の問題の終わりに付けてあります。

2　次の各問に答えよ。（＊印の付いている単語には，本文のあとに〔**注**〕がある。）

1　高校生のRikuとイギリスからの留学生のTonyは，Rikuが授業で公園について発表するために調べて作成した資料を見ながら話をしている。(A) 及び (B) の中に，それぞれ入る語句の組み合わせとして正しいものは，下の**ア**～**エ**のうちではどれか。ただし，下の**I**は，二人が見ている資料である。

Tony :　What are you going to *present in the next class?

Riku :　I'm going to present my idea for a new park.　I think people want many *roles for parks.　They are important.　I want to make a wonderful new park in my town in the future.

Tony :　Great!

Riku : What is the most important role for parks to you?

Tony : Well, I think (A) is the most important.

Riku : I think that is important, too. But the*percentage for it is the lowest in this*graph.

Tony : Interesting. In my country, I often enjoy eating lunch in a park.

Ⅰ

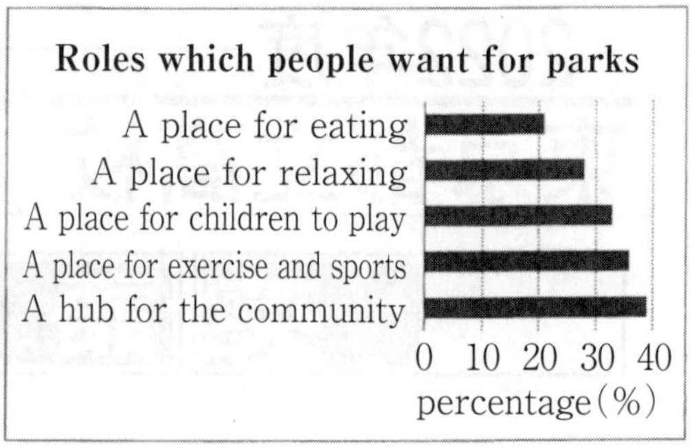

Riku : I think (B) is the most important. Many other people also want that role.

Tony : Yes. The percentage for it is a little lower than the percentages for "A place for *exercise and sports" and "A *hub for the *community." But it's higher than the percentages for the other *items.

Riku : Parks can *play a lot of roles in a town. I'll try to make a park that plays important roles. There are many *possible roles for a park in a town. I hope people find good roles for my park.

Tony : Great! I think your presentation will be really interesting. I want to know more about parks and towns.

〔**注**〕 present 発表する　role 役割　percentage パーセンテージ
graph グラフ　exercise 運動　hub 拠点　community 地域社会
item 項目　play 果たす　possible あり得る

ア (A) A place for eating　(B) A hub for the community
イ (A) A place for relaxing　(B) A place for children to play
ウ (A) A place for eating　(B) A place for children to play
エ (A) A place for relaxing　(B) A hub for the community

2 都市と公園についてさらに学びたいと思ったRikuとTonyは，インターネットの画面を見ながら話をしている。(A)及び(B)の中に，それぞれ入る語句の組み合わせとして正しいものは，下の**ア**～**エ**のうちではどれか。ただし，右のⅡは，二人が見ている，海外のある大学のオンライン講義の予定表であり，表中の時

Ⅱ

Date	Day	Time	Class
August 2	Monday	10:00-12:00	How to *Design a City（☆）
		14:00-16:00	Making Parks in Towns（○）
August 3	Tuesday	10:00-12:00	Making Parks in Towns（○）
		14:00-16:00	City Planning（○）
August 4	Wednesday	10:00-12:00	Making Parks in Towns（☆）
		14:00-16:00	How to Design a City（○）
August 5	Thursday	10:00-12:00	How to Design a City（☆）
		14:00-16:00	City Planning（○）
August 6	Friday	10:00-12:00	Making Parks in Towns（○）
		14:00-16:00	City Planning（☆）

（☆）…*Advanced class　（○）…*Basic class

間は日本時間である。

Riku : Tony, look! We can join some *online classes of the university.

Tony : Sounds interesting. I want to take one. I'm interested in City Planning.

Riku : Do you want to take a Basic class or an Advanced class?

Tony : I want to take a Basic class. But I talk with my family on the Internet every Thursday afternoon, so I can't take it on that day.

Riku : Really? But you can take it on (A), right?

Tony : Yes. I'll take it. Riku, which class are you interested in the most?

Riku : I'm interested in Making Parks in Towns the most. In the future, I want to make some parks in Tokyo.

Tony : Great! But, Riku, can you take that class? I think you are busy with the tennis club.

Riku : We practice every Monday, Wednesday, and Friday in the afternoon. So I can take a morning class.

Tony : OK. Do you want to take a Basic class or an Advanced class?

Riku : I want to take an Advanced class.

Tony : So you're going to take an online class on (B), right?

Riku : Yes!

〔注〕 design デザインする advanced 発展的な basic 基本的な online オンラインの

ア (A) Tuesday afternoon (B) Wednesday morning

イ (A) Thursday afternoon (B) Wednesday morning

ウ (A) Tuesday afternoon (B) Friday morning

エ (A) Thursday afternoon (B) Friday morning

3 次の文章は，イギリスに帰国したTonyがRikuに送ったEメールの内容である。

Dear Riku,

Thank you for your help during my stay in Japan. Taking an online class of the university is a special memory for me. In the class, we learned how parks could make our lives better. Now I am very interested in parks and towns. Now I realize that parks are very important for towns.

After returning to my country, I *researched about parks in my town. I knew some big festivals were held in the parks. But I didn't know that many other events were also held in them. I was a little surprised to learn that. I will tell my sister about those events. She will enjoy talking with people at them. I think parks are wonderful places for people to *communicate.

I'm going to join an online meeting about City Planning next week. I want to know more about parks and towns. What are some good points to you about having parks in towns ?　Please tell me some of your ideas.

Yours,
Tony

〔**注**〕 research　調べる　　communicate　意思の疎通をする

(1)　このＥメールの内容と合っているのは，次のうちではどれか。

ア　Tony realized that online classes could make his life better.

イ　Tony was a little surprised that many other events were also held in the parks in his town.

ウ　Tony's sister researched about parks in her town because she wanted to take online classes.

エ　Tony's sister joined an event in a park and enjoyed talking with Tony there.

(2)　Riku は Tony に返事のＥメールを送ることにしました。あなたが Riku だとしたら，Tony にどのような返事のＥメールを送りますか。次の**＜条件＞**に合うように，下の□の中に，**三つ**の英語の文を書きなさい。

＜条件＞

○　前後の文につながるように書き，全体としてまとまりのある返事のＥメールとすること。
○　Tony に伝えたい内容を**一つ**取り上げ，それを取り上げた理由などを含めること。

Hello, Tony,

Thank you for your e-mail.　I learned a lot from a class, too.　I'm glad to hear that you are very interested in parks and towns.　The online meeting you're going to join sounds very interesting.

I'll try to answer your question.　You asked me, "What are some good points to you about having parks in towns ?"　I'll tell you one good point.

I hope my idea can help you.

I'm looking forward to seeing you again.

Your friend,
Riku

3 次の対話の文章を読んで，あとの各問に答えよ。（*印の付いている単語・語句には，本文のあとに〔注〕がある。）

Shun, Yume, and Keita are first-year high school students in Tokyo. Ann is a high school student from the United States. One day in May, they are talking in their classroom after lunch.

Ann : Hi, everyone. I've found an interesting story in a newspaper. Look at this.

Shun : What kind of story ?

Ann : It's a story about a person who *succeeded in the computer business. He talks about how to *achieve goals.

Yume : Interesting.

Ann : My goal is to succeed in business, so I sometimes read the business *section of a newspaper. It's difficult to understand, but I'm trying hard. Everyone, do you have goals ?

Yume : I want to work at a hotel.

Keita : Why ?

Yume : Five years ago, my family stayed at a hotel. The hotel staff members were wonderful. They welcomed us with warm smiles. They could speak English well with people from other countries.

Keita : Did you have a good time there ?

Yume : (1)<u>Yes.</u> I enjoyed seafood in one of the hotel restaurants and beautiful views from our room.

Keita : I want to be a *regular on the volleyball team. But I'm not sure that is a "goal." I think a "goal" is something bigger or more important.

Ann : I don't agree. If you think something is very important to you, that's a goal, Keita.

Keita : I love to play volleyball, and I really want to be a regular !

Yume : I think that's a goal ! How about you, Shun ?

Shun : I haven't decided yet. I'm looking for one, but it's difficult to find one.

Ann : (2)<u>I hope you do.</u> Yume and Keita, are you doing something to achieve your goals ?

Yume : I read an English textbook every day at home.

Keita : I go running near my house every morning. I have been doing that since I started high school.

Shun : Is it hard for you to go running every day ?

Keita : Yes. Sometimes I don't want to get up early, but I have to do that.

Yume : (3)<u>I know how you feel.</u> I sometimes think that reading a textbook is not fun for me, but I have to do it. *Making an effort every day is hard.

Keita : Right. I want to know how to keep *motivated.

Shun : Are there any hints about that in the newspaper, Ann ?

Ann : Let me see. . . . It says taking small steps is important to achieve goals.

Shun : What does that mean ?

Ann : It means doing small things in the *process of achieving a goal. After doing one thing, you'll be able to see what to do next.

Keita : It won't be easy for me to become a regular, but I think I'll be able to get a chance to play in a practice match. I'll try hard to get the chance.

Shun : Good luck, Keita.

Ann : How about you, Yume ? Reading a textbook is important, but you also need chances to use new words that you learn from the textbook.

Yume : OK ! I'll practice using words from my textbook with you, Ann ! Can you help me learn to speak English better ?

Ann : (4)Of course ! If I can help you, I'll be very happy.

Yume : How about you, Shun ? Is there something you like to do ?

Shun : Well. . . . I like cooking. I sometimes cook for my parents.

Keita : Really ? That's nice.

Shun : When my parents have a dinner I cook, they smile and say, "Thank you. It's delicious."

Yume : Great ! How about cooking for someone else, then ?

Shun : Let me see. . . . How about my grandmother ? I'll visit her next month and cook something for her.

Yume : That's a good idea !

Shun : OK ! I'll think of something to make her happy, and I'll practice cooking it at home.

Keita : You have found what to do and got motivated !

Shun : Yes !

Yume : (5)I'm glad to hear that.

Ann : I'm more motivated, too. I'll write down my ideas every day after reading a newspaper.

〔注〕 succeed 成功する　achieve 達成する　section 欄
regular レギュラーの選手　make an effort 努力をする　motivated 意欲がある
process 過程

〔問1〕 (1)Yes. とあるが，このようにYumeが言った理由を最もよく表しているのは，次のうちではどれか。

ア The views from her room were beautiful, and the food was good.

イ Yume was welcomed with warm smiles by people from other countries.

ウ The views from a restaurant were wonderful, but Yume didn't enjoy the food there.

エ Yume could speak English well with the hotel staff members and people from other countries.

〔問２〕 (2)I hope you do. の内容を，次のように書き表すとすれば，□の中に，下のどれを入れるのがよいか。

Ann hopes that □.

ア Yume and Keita do something to achieve their goals

イ Keita becomes a regular on the volleyball team

ウ Shun can decide what to do for his goal

エ Shun finds a goal

〔問３〕 (3)I know how you feel. とあるが，このようにYumeが言った理由を次のように書き表すとすれば，□の中に，下のどれを入れるのがよいか。

Yume understands how Keita feels because □.

ア he hasn't found a goal yet

イ reading a textbook every day is fun for her

ウ he has been running since he started high school

エ she knows making an effort every day is difficult

〔問４〕 (4)Of course! の内容を，次のように書き表すとすれば，□の中に，下のどれを入れるのがよいか。

Ann will be happy to □.

ア keep motivated to take small steps

イ help Yume speak English better

ウ help Yume read the business section of a newspaper

エ keep motivated to practice using new words every day

〔問５〕 (5)I'm glad to hear that. の内容を，次のように書き表すとすれば，□の中に，下のどれを入れるのがよいか。

Yume is glad to hear that □.

ア Shun has found what to do and is motivated

イ Shun cooked for his grandmother and enjoyed it

ウ Shun can have a dinner made by his grandmother

エ Shun will think of something to make his parents happy

〔問６〕 次の**A**～**D**は，本文中に述べられているKeitaの目標に対する考え方と取り組みに対する姿勢を表したものである。本文の内容の流れに沿って並べたものとして正しいものは，下の**ア**～**エ**のうちではどれか。

A He is more motivated to try hard than before.

B He thinks that he'll be able to get a chance to play in a practice match.

C He wants to be a regular on the volleyball team, but he is not sure that is a goal.

D He thinks he has to get up early to go running every morning, but sometimes he doesn't want to.

ア C→D→A→B　　**イ** D→C→B→A

ウ C→D→B→A　　**エ** D→C→A→B

〔問７〕 次の文章は，Yumeたちと話した日に，Annが書いた日記の一部である。(A)及び(B)の中に，それぞれ入る単語の組み合わせとして正しいものは，下の**ア**～**エ**のうちではどれか。

> Today, I talked with my friends about how to achieve goals. Keita and Yume had goals, and they were making efforts. But it was sometimes difficult for them to [(A)] making efforts every day. I [(B)] them a newspaper and talked about how to achieve goals.
>
> It was difficult for Shun to find a goal. But he said that he liked cooking. When he cooked for his parents and they [(B)] him their smiles, he felt happy. He decided to make dinner for his grandmother. I thought it was a wonderful idea. I will [(A)] reading the business section of a newspaper every day and write down my ideas.

ア (A) start (B) showed　　イ (A) keep (B) showed
ウ (A) start (B) gave　　エ (A) keep (B) gave

4 次の文章を読んで，あとの各問に答えよ。（*印の付いている単語・語句には，本文のあとに〔注〕がある。）

Tomoko was a second-year junior high school student. In her school, she was a member of the *Clean-up Committee. She wanted to be its leader.

In October, she was chosen to be the new Clean-up Committee leader. Mr. Inoue, an *advisor to the *committee, told Tomoko to make a speech. She said, "I'm glad to be the leader of this committee. This committee has worked hard on some activities. For example, we have worked hard on checking classrooms after cleaning time. However, we have never tried cleaning up in the *neighborhood around the school before. As a new activity, let's pick up trash on the roads in our neighborhood." Maya said, "Why ? I don't understand." Satoru said, "<u>I don't want to do that.</u>" Tomoko continued, "I have joined in a cleaning activity in my neighborhood before, and it was a wonderful experience. I think we should pick up trash on the roads in our neighborhood." Maya said, "I think we need to clean up our school more." Satoru said, "I don't have time to work more. I'm busy with the soccer club." Tomoko was very shocked, and she couldn't say anything. Mr. Inoue said, "Let's stop today and talk about a new activity at the next meeting."

After the meeting, Tomoko wondered, "Why was my idea wrong ?" On her way home, she met Yuko, a *former leader of the committee. Yuko said, "Are you all right ?" Tomoko said, "The committee members didn't agree with me. Why ?" Yuko said, "When I was a leader, I had a similar experience. Everyone in the committee has different ideas. I think your idea is good. But it is not something that they want to do together." Tomoko didn't know what to say.

That night, Tomoko thought about Yuko's opinions. She also thought, "I want to pick up trash on the roads in our neighborhood. But I can't do that by myself." She wondered, "Why was it wonderful to me to join in a cleaning activity in my neighborhood ?" She thought *for a while and said, "It was wonderful because I worked together with other people. I realize now what is important."

The next day, Tomoko said to Mr. Inoue, "I want to do something with everyone in the committee. I'll try my best to do so." Mr. Inoue said, "I'm glad you think so. What can you do ? Think of something by the next meeting."

In November, the Clean-up Committee held a meeting again. Tomoko said to the members, "I think it is important for us to do something together. Do you have any ideas about that ?" Maya said, "I think some classrooms should be cleaned more. We should ask students to clean our school more carefully." Satoru said, "The sports ground has too many fallen leaves on it now. I think we should pick them up." Tomoko said, "I'm glad to hear your ideas. How about having a special day to clean up more places in the school buildings and on the sports ground ?" Maya said, "Really ? I'll be glad to do that, but is that OK ? You wanted to pick up trash on the roads in our neighborhood, right ?" Tomoko said, "Don't worry. I want to work together with everyone." Satoru said, "I will ask the other team members to help us on the sports ground. We will collect a lot of fallen leaves !" Tomoko said, "Really ? Thank you." Maya said, "Let's call the special day Clean Day ! I will make *posters to tell students about it." Tomoko said, "Sounds good !" Then she said to Mr. Inoue, "I hope we can have Clean Day soon !" He said, "OK. I'll help you."

After the meeting, Maya said, "As our next activity, let's work together again and pick up trash on the roads in our neighborhood." Satoru said, "I'll help you." Tomoko was moved by their words. She was happy and decided to do her best for Clean Day.

〔注〕 Clean-up Committee 美化委員会　advisor 顧問　committee 委員会
neighborhood 近所　former 前の　for a while しばらくの間
poster ポスター

〔問1〕 I don't want to do that. の内容を，次のように書き表すとすれば，□の中に，下のどれを入れるのがよいか。

Satoru doesn't want □.

ア to become a member of the Clean-up Committee
イ to choose a new leader of the Clean-up Committee
ウ to have time to clean up his school more for the committee
エ to pick up trash on the roads as a new committee activity

〔問2〕 次の**ア**～**エ**の文を，本文の内容の流れに沿って並べ，記号で答えよ。

ア Yuko told Tomoko her opinions after the meeting in October.
イ Mr. Inoue told Tomoko to make a speech as the new Clean-up Committee leader.
ウ The committee members stopped the meeting after Mr. Inoue asked them to do so.
エ Tomoko asked the committee members to tell her some ideas about doing something together.

〔問3〕 次の(1)～(3)の文を，本文の内容と合うように完成するには，□の中に，それぞれ下のどれを入れるのがよいか。

(1) Tomoko was very shocked when □.

ア Mr. Inoue didn't talk about a new activity
イ she checked classrooms after cleaning time
ウ Maya and Satoru didn't agree with her idea

エ　she cleaned up in her neighborhood by herself

(2)　When Yuko met Tomoko after the meeting in October, she said that [　　　　].

ア　all the members in the committee had similar ideas

イ　each member in the committee had their own ideas

ウ　cleaning up more places in their school was a good idea

エ　all the members in the committee understood Tomoko's idea

(3)　After the meeting in November, Tomoko was moved because [　　　　].

ア　Maya and Satoru said that they would work together again in their next activity

イ　Maya asked the soccer team members to pick up fallen leaves on the sports ground

ウ　Maya and Satoru asked students to make posters about the special day

エ　Satoru said that he would call the special day Clean Day

〔問４〕　次の(1), (2)の質問の答えとして適切なものは，それぞれ下のうちではどれか。

(1)　What did Tomoko realize at night after talking with Yuko?

ア　She realized it was wonderful to do something for her neighborhood.

イ　She realized Yuko would try her best for Tomoko before the next meeting.

ウ　She realized she wanted to do something with everyone in the committee.

エ　She realized she wanted Mr. Inoue to tell the members about his idea in the next meeting.

(2)　In the meeting in November, what did Tomoko speak to the committee members about?

ア　She spoke to them about having a special day to make posters for the soccer team.

イ　She spoke to them about having a meeting again to ask students to clean up more places in their school buildings.

ウ　She spoke to them about cleaning up on the sports ground and on the roads around school because there were many fallen leaves on them.

エ　She spoke to them about cleaning up more places in the school buildings and on the sports ground on a special day.

＜英語学力検査リスニングテスト台本＞

開始時の説明

これから，リスニングテストを行います。

問題用紙の１ページを見なさい。リスニングテストは，全て放送による指示で行います。リスニングテストの問題には，**問題Ａ**と**問題Ｂ**の二つがあります。**問題Ａ**と，**問題Ｂ**の＜Question 1＞では，質問に対する答えを選んで，その記号を答えなさい。**問題Ｂ**の＜Question 2＞では，質問に対する答えを英語で書きなさい。

英文とそのあとに出題される質問が，それぞれ全体を通して二回ずつ読まれます。問題用紙の余白にメモをとってもかまいません。答えは全て解答用紙に書きなさい。

〔問題Ａ〕

問題Ａは，英語による対話文を聞いて，英語の質問に答えるものです。ここで話される対話文は全部で三つあり，それぞれ質問が一つずつ出題されます。質問に対する答えを選んで，その記号を答えなさい。

では，＜対話文１＞を始めます。

Sakura : Hi, Tom, do you think it's going to rain this afternoon ?

Tom : Hi, Sakura. I don't think so.

Sakura : Really ? It was sunny this morning, but it's cloudy now. If it rains, we will have to change our plan to practice tennis this afternoon.

Tom : Don't worry. We won't have to do that. The weather news says it will rain tomorrow morning, but not today.

Sakura : I'm glad to hear that.

Tom : Let's talk about today's practice on the phone this evening.

Sakura : Sure.

Question : When will Sakura and Tom practice tennis ?

繰り返します。

（対話文１と質問を繰り返す）

＜対話文２＞を始めます。

Jane : Excuse me. I'm Jane. I'm a new student. Can you help me ?

Bob : Hi, Jane. I'm Bob. What's the problem ?

Jane : I want to see Ms. Brown. Can you tell me the way to the teacher's room ?

Bob : Well, she is usually in the music room.

Jane : I see. So, where is the music room ?

Bob : Can you see the library ? Turn right at the library and you'll see the music room next to the art room. Also, she sometimes reads some books in the library.

Jane : Thanks. I will go to the library first.

Bob : I hope you find her.

Question : Where will Jane go first ?

繰り返します。

（対話文２と質問を繰り返す）

＜対話文３＞を始めます。

Girl : My school looks new, but it has a long history.

Boy : What do you mean ?

Girl : The building is new, but my school will be one hundred years old next year.

Boy : Really ?

Girl : Yes. My grandfather was a student of the same school sixty years ago.

Boy : Oh, how old is your grandfather ?

Girl : He will be seventy-two years old this year.

Boy : Oh, is that right ?

Girl : Yes. We sometimes sing our school song together.

Boy : Sounds nice !

Question： How old is the school now？
繰り返します。
（対話文３と質問を繰り返す）

これで**問題Ａ**を終わり，**問題Ｂ**に入ります。

〔**問題Ｂ**〕

これから聞く英語は，カナダの中学生のCathyが，日本の中学生とのオンライン交流で行ったスピーチです。内容に注意して聞きなさい。

あとから，英語による質問が二つ出題されます。＜Question 1＞では，質問に対する答えを選んで，その記号を答えなさい。＜Question 2＞では，質問に対する答えを英語で書きなさい。

なお，＜Question 2＞のあとに，15秒程度，答えを書く時間があります。

では，始めます。

Hello, everyone！ My name is Cathy. I'm fifteen years old. I'm happy to meet you on the Internet today.

First, I will talk about my country. In summer, many people enjoy walking and bird watching in the mountains. I often go to a swimming pool during summer vacation. In winter, many people enjoy watching basketball games. They are very exciting, and I like to watch them, too. Also, people enjoy skiing. The mountains are beautiful with snow. I go skiing with my family every year. I like skiing the best of all sports. I have learned that there are a lot of places for skiing in Japan. Do you like winter sports？

Next, I will tell you about things I want to know about Japan. I'm very interested in Japanese movies. I think the stories are interesting. I want you to tell me about some popular Japanese movies. I'm looking for a new one to enjoy watching. Let's have fun on the Internet today.

＜Question 1＞ What sport does Cathy like the best？
＜Question 2＞ What does Cathy think about the stories in Japanese movies？
繰り返します。
（**問題Ｂ**の英文と質問を繰り返す）

以上で，リスニングテストを終わります。**2** 以降の問題に答えなさい。

数学

●満点 100点　●時間 50分

注意　1　答えに分数が含まれるときは，**それ以上約分できない形で表しなさい。**

例えば，$\frac{6}{8}$ と答えるのではなく，$\frac{3}{4}$ と答えます。

2　答えに根号が含まれるときは，**根号の中を最も小さい自然数にしなさい。**

例えば，$3\sqrt{8}$ と答えるのではなく，$6\sqrt{2}$ と答えます。

3　□の中の数字を答える問題については，「**あ，い，う，…**」に当てはまる数字を，**0** から **9** までの数字のうちから，それぞれ **1 つずつ**選んで，**その数字の◯の中を正確に塗りつぶしなさい。**

1　次の各問に答えよ。

〔問1〕　$1-6^2\div\frac{9}{2}$　を計算せよ。

〔問2〕　$\frac{3a+b}{4}-\frac{a-7b}{8}$　を計算せよ。

〔問3〕　$(2+\sqrt{6})^2$　を計算せよ。

〔問4〕　一次方程式　$5x-7=9(x-3)$　を解け。

〔問5〕　連立方程式　$\begin{cases} x=4y+1 \\ 2x-5y=8 \end{cases}$　を解け。

〔問6〕　二次方程式　$4x^2+6x-1=0$　を解け。

〔問7〕　次の□の中の「**あ**」に当てはまる数字を答えよ。

右の表は，ある中学校の生徒33人が，的に向けてボールを10回ずつ投げたとき，的に当たった回数ごとの人数を整理したものである。

ボールが的に当たった回数の中央値は **あ** 回である。

回数(回)	人数(人)
0	2
1	3
2	5
3	6
4	4
5	2
6	2
7	1
8	2
9	4
10	2
計	33

〔問8〕　次の□の中の「**い**」「**う**」に当てはまる数字をそれぞれ答えよ。

右の**図1**で点Oは線分 AB を直径とする円の中心であり，2点C，Dは円Oの周上にある点である。

4点A，B，C，Dは**図1**のようにA，C，B，Dの順に並んでおり，互いに一致しない。

点Bと点D，点Cと点Dをそれぞれ結ぶ。

線分 AB と線分 CD との交点をEとする。

点Aを含まない $\overset{\frown}{BC}$ について，$\overset{\frown}{BC}=2\overset{\frown}{AD}$，$\angle BDC=34°$ のとき，x で示した∠AED の大きさは，**いう** 度である。

図1

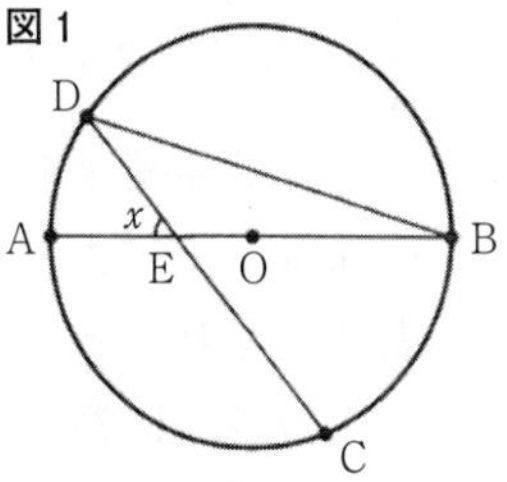

〔問9〕　右の**図2**で，△ABC は鋭角三角形である。

解答欄に示した図をもとにして，辺 AB 上にあり，△ACP の面積と△BCP の面積が等しくなるような点Pを，定規とコンパスを用いて作図によって求め，点Pの位置を示す文字Pも書け。

ただし，作図に用いた線は消さないでおくこと。

図2

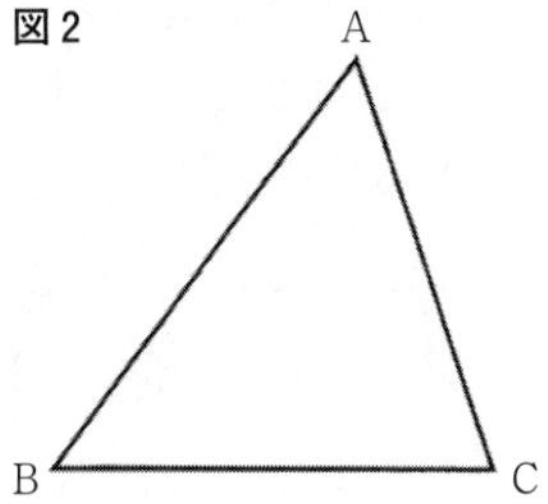

2　Ｓさんのクラスでは，先生が示した問題をみんなで考えた。
次の各問に答えよ。

［先生が示した問題］

2桁の自然数Pについて，Pの一の位の数から十の位の数をひいた値をQとし，$P-Q$の値を考える。

例えば，$P=59$のとき，$Q=9-5=4$となり，$P-Q=59-4=55$となる。

$P=78$のときの$P-Q$の値から，$P=41$のときの$P-Q$の値をひいた差を求めなさい。

〔問1〕　次の［　］の中の「**え**」「**お**」に当てはまる数字をそれぞれ答えよ。

［先生が示した問題］で，$P=78$のときの$P-Q$の値から，$P=41$のときの$P-Q$の値をひいた差は，［**えお**］である。

Ｓさんのグループは，［先生が示した問題］をもとにして，次の問題を考えた。

［Ｓさんのグループが作った問題］

3桁の自然数Xについて，Xの一の位の数から十の位の数をひき，百の位の数をたした値をYとし，$X-Y$の値を考える。

例えば，$X=129$のとき，$Y=9-2+1=8$となり，$X-Y=129-8=121$となる。

また，$X=284$のとき，$Y=4-8+2=-2$となり，$X-Y=284-(-2)=286$となる。どちらの場合も$X-Y$の値は11の倍数となる。

3桁の自然数Xについて，$X-Y$の値が11の倍数となることを確かめてみよう。

〔問2〕　［Ｓさんのグループが作った問題］で，3桁の自然数Xの百の位の数をa，十の位の数をb，一の位の数をcとし，X，Yをそれぞれa，b，cを用いた式で表し，$X-Y$の値が11の倍数となることを証明せよ。

3　右の**図1**で，点Oは原点，曲線lは関数$y=\frac{1}{4}x^2$のグラフを表している。

点Aは曲線l上にあり，x座標は-8である。

曲線l上にあり，x座標が-8より大きい数である点をPとする。

次の各問に答えよ。

図1

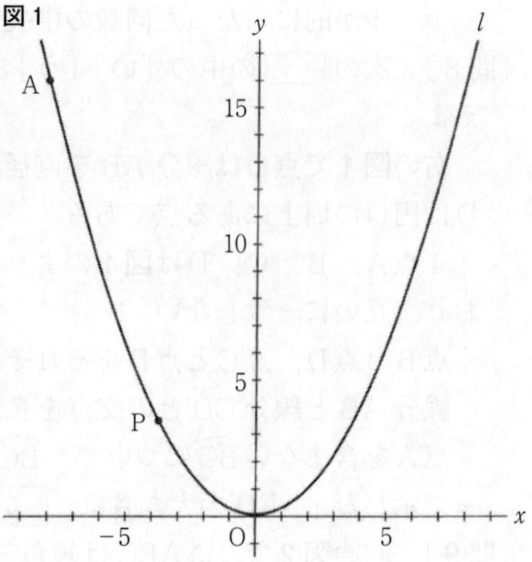

〔問1〕　次の［①］，［②］に当てはまる数を，下の**ア**～**ク**のうちからそれぞれ選び，記号で答えよ。

点Pのx座標をa，y座標をbとする。

aのとる値の範囲が$-4 \leqq a \leqq 1$のとき，bのとる値の範囲は，

［①］$\leqq b \leqq$［②］である。

ア　-4　　**イ**　-2　　**ウ**　0　　**エ**　$\frac{1}{4}$

オ　$\frac{1}{2}$　　**カ**　1　　**キ**　4　　**ク**　16

〔問2〕 次の ③ ， ④ に当てはまる数を，下の**ア**～**エ**のうちからそれぞれ選び，記号で答えよ。

点Pの x 座標が2のとき，2点A，Pを通る直線の式は，

$y=$ ③ $x+$ ④ である。

③ **ア** $-\frac{3}{2}$ **イ** $-\frac{2}{3}$ **ウ** $\frac{2}{3}$ **エ** $\frac{3}{2}$

④ **ア** $\frac{7}{3}$ **イ** $\frac{8}{3}$

ウ $\frac{7}{2}$ **エ** 4

〔問3〕 右の**図2**は，**図1**において，点Pの x 座標が0より大きく8より小さいとき，点Aを通り y 軸に平行な直線と，点Pを通り x 軸に平行な直線との交点をQとした場合を表している。

点Aと点Oを結んだ線分AOと直線PQとの交点をRとした場合を考える。

PR：RQ＝3：1となるとき，点Pの x 座標を求めよ。

図2

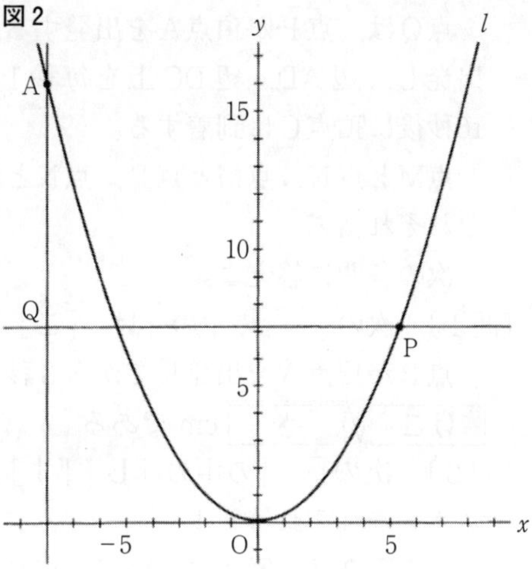

4 右の**図1**で，△ABCと△ABDは，ともに同じ平面上にある正三角形で，頂点Cと頂点Dは一致しない。

点Pは，辺BD上にある点で，頂点B，頂点Dのいずれにも一致しない。

点Qは，辺BC上にある点で，頂点B，頂点Cのいずれにも一致しない。

頂点Aと点P，頂点Aと点Qをそれぞれ結ぶ。

次の各問に答えよ。

図1

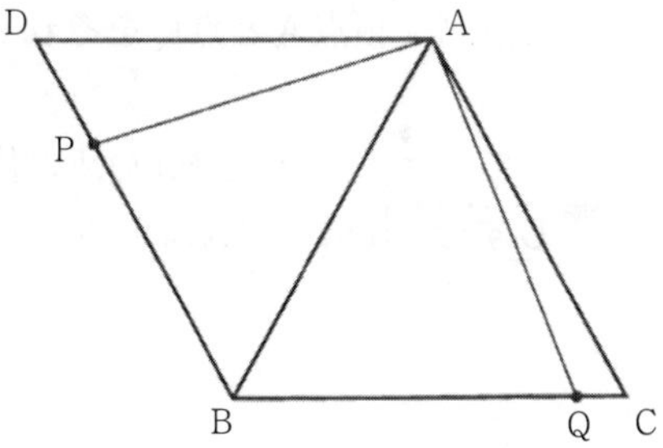

〔問1〕 **図1**において，∠PAQ＝90°，∠DAP＝a°とするとき，∠AQBの大きさを表す式を，次の**ア**～**エ**のうちから選び，記号で答えよ。

ア $(75-a)$度 **イ** $(90-a)$度 **ウ** $(a+30)$度 **エ** $(a+60)$度

〔問2〕 右の**図2**は，**図1**において，∠PAQ＝60°のとき，点Pと点Qを結び，線分ABと線分PQとの交点をRとした場合を表している。

次の①，②に答えよ。

① △ABP≡△ACQであることを証明せよ。

② 次の □ の中の「**か**」「**き**」「**く**」に当てはまる数字をそれぞれ答えよ。

図2において，DP：PB＝2：1のとき，△BRPの面積は，△ABCの面積の $\frac{\text{か}}{\text{きく}}$ 倍である。

図2

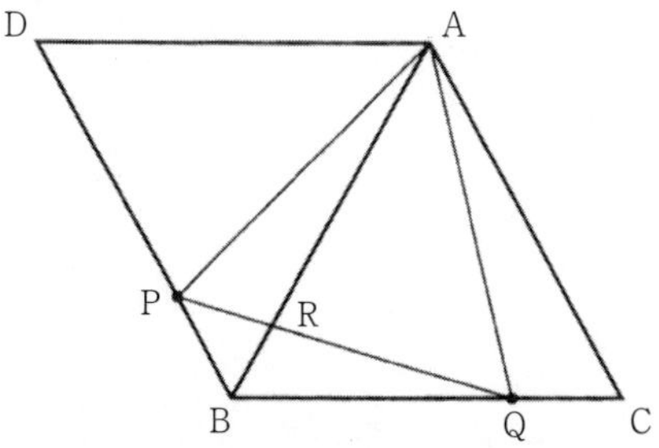

5 右の**図1**に示した立体 ABCD-EFGH は，AB＝AD＝8cm，AE＝7cm の直方体である。

点M，点Nはそれぞれ辺 EF，辺 EH の中点である。

点Pは，頂点Aを出発し，辺 AB，辺 BC 上を毎秒1cm の速さで動き，16秒後に頂点Cに到着する。

点Qは，点Pが頂点Aを出発するのと同時に頂点Aを出発し，辺 AD，辺 DC 上を毎秒1cm の速さで動き，16秒後に頂点Cに到着する。

点Mと点N，点Mと点P，点Nと点Q，点Pと点Qをそれぞれ結ぶ。

次の各問に答えよ。

図1

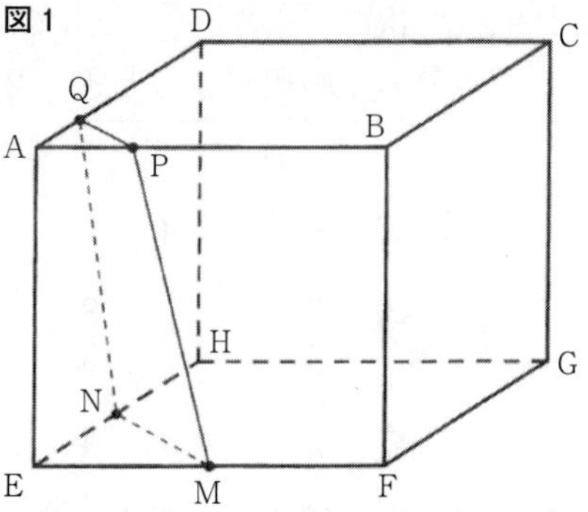

〔問1〕 次の □ の中の「**け**」「**こ**」「**さ**」に当てはまる数字をそれぞれ答えよ。

点Pが頂点Aを出発してから3秒後のとき，四角形 MPQN の周の長さは，

$\boxed{\text{けこ}}\sqrt{\boxed{\text{さ}}}$ cm である。

〔問2〕 次の □ の中の「**し**」「**す**」「**せ**」に当てはまる数字をそれぞれ答えよ。

右の**図2**は，**図1**において，点Pが頂点Aを出発してから12秒後のとき，頂点Aと点M，頂点Aと点N，頂点Aと点P，頂点Aと点Qをそれぞれ結んだ場合を表している。

このとき，立体 A-MPQN の体積は，

$\boxed{\text{しすせ}}$ cm^3 である。

図2

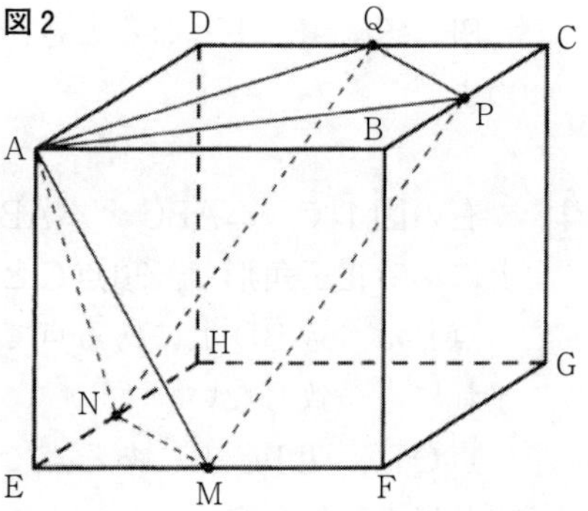

社会

●満点 100点 ●時間 50分

1 次の各問に答えよ。

〔問１〕 次の資料は，ある地域の様子を地域調査の発表用としてまとめたものの一部である。下の**ア**～**エ**の地形図は，「国土地理院発行２万５千分の１地形図」の一部を拡大して作成した地形図上に●で示した**A**点から，**B**点を経て，**C**点まで移動した経路を太線（ ━━ ）で示したものである。資料で示された地域に当てはまるのは，下の**ア**～**エ**のうちではどれか。

漁師町の痕跡を巡る　　調査日　令和３年10月２日（土）　天候　晴れ

複数の文献等に共通した地域の特徴

○**A**点付近の様子
ベカ舟がつながれていた川，漁業を営む家，町役場

○**B**点付近の様子
にぎやかな商店街，細い路地

〔ベカ舟〕

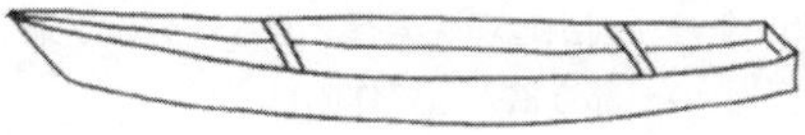

長さ約4.8m，幅約1.0m，高さ約0.6m

漁師町の痕跡を巡った様子

A点で川に架かる橋から東を見ると，漁業に使うベカ舟がつながれていた川が曲がっている様子が見えた。その橋を渡ると，水準点がある場所に旧町役場の跡の碑があった。南へ約50m歩いて南東に曲がった道路の**B**点では，明治時代初期の商家の建物や細い路地がいくつか見られた。川に並行した道路を約450m歩き，北東に曲がって川に架かる橋を渡り，少し歩いて北西に曲がって川に並行した道路を約250m直進し，曲がりくねった道を進み，東へ曲がると，学校の前の**C**点に着いた。

A点（漁業に使うベカ舟がつながれていた川）

B点（明治時代初期の商家の建物が見られる道路）

ア

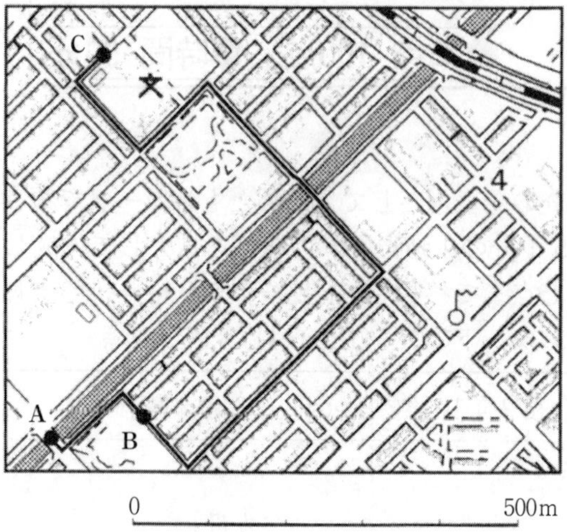

(2019年の「国土地理院発行２万５千分の１地形図(千葉西部)」の一部を拡大して作成)

イ

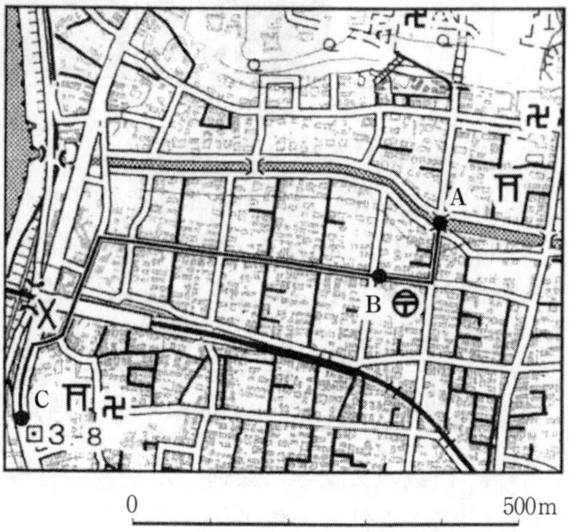

(2019年の「国土地理院発行２万５千分の１地形図(船橋《ふなばし》)」の一部を拡大して作成)

ウ

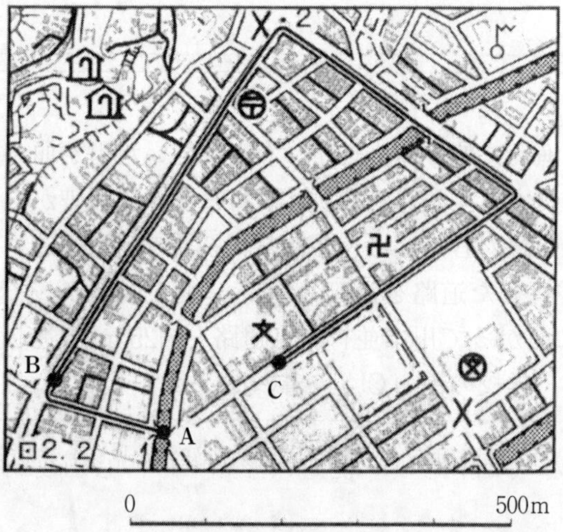

(2020年の「国土地理院発行２万５千分の１地形図(横浜西部)」の一部を拡大して作成)

エ

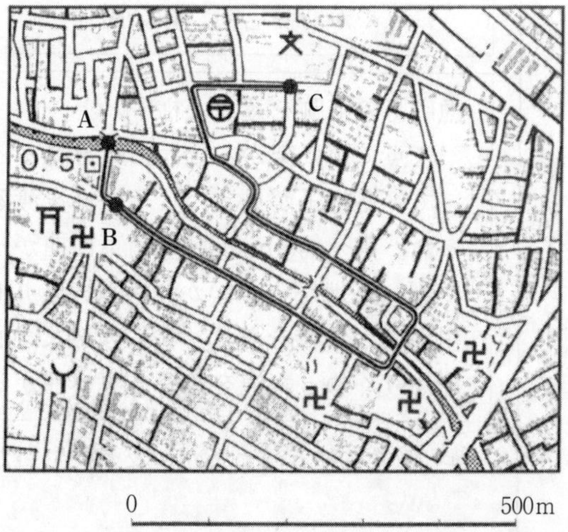

(2015年の「国土地理院発行２万５千分の１地形図(浦安《うらやす》)」の一部を拡大して作成)

〔問２〕　次のⅠの略地図中の**ア**～**エ**は，世界遺産に登録されている我が国の主な歴史的文化財の所在地を示したものである。Ⅱの文章で述べている歴史的文化財の所在地に当てはまるのは，略地図中の**ア**～**エ**のうちのどれか。

Ⅰ

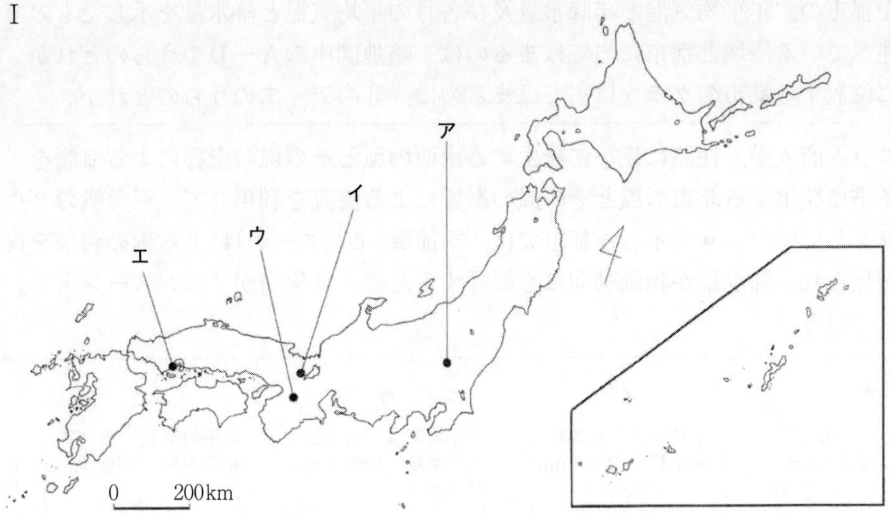

Ⅱ

鑑真《がんじん》によって伝えられた戒律を重んじる律宗《りっしゅう》の中心となる寺院は，中央に朱雀大《すざくおお》路《じ》が通り，碁盤《ごばん》の目状に整備された都に建立《こんりゅう》された。金堂《こんどう》や講堂などが立ち並び，鑑真《がんじん》和上坐《わじょうざ》像《ぞう》が御影堂《みえいどう》に納められており，1998年に世界遺産に登録された。

〔問３〕 次の文章で述べている司法機関に当てはまるのは，下の**ア**～**エ**のうちのどれか。

都府県に各１か所，北海道に４か所の合計50か所に設置され，開かれる裁判は，原則，第一審となり，民事裁判，行政裁判，刑事裁判を扱う。重大な犯罪に関わる刑事事件の第一審では，国民から選ばれた裁判員による裁判が行われる。

ア 地方裁判所　　**イ** 家庭裁判所　　**ウ** 高等裁判所　　**エ** 簡易裁判所

2 次の略地図を見て，あとの各問に答えよ。

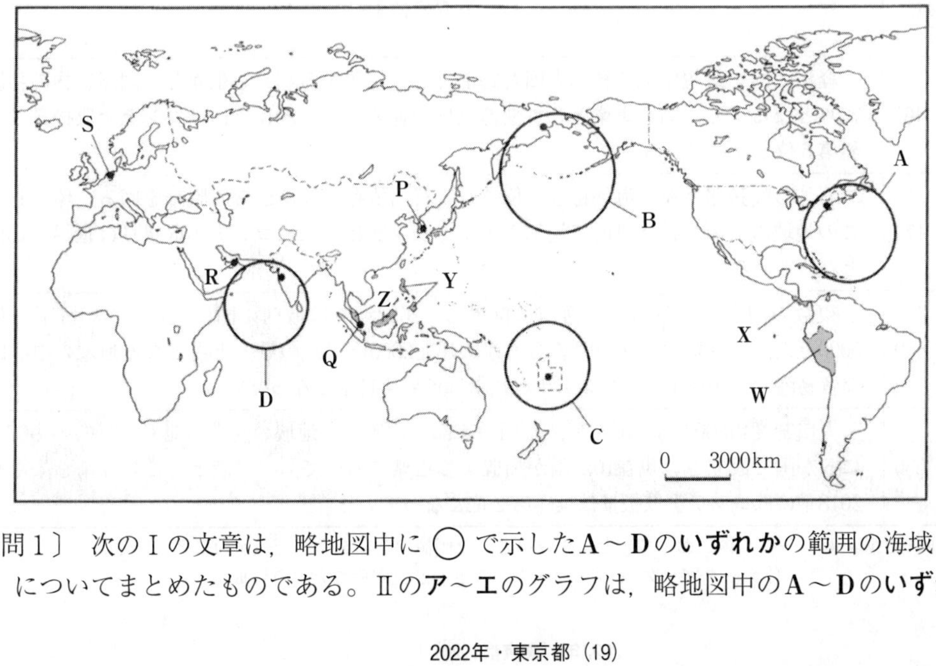

〔問１〕 次のⅠの文章は，略地図中に ◯ で示した**A**～**D**の**いずれか**の範囲の海域と都市の様子についてまとめたものである。Ⅱの**ア**～**エ**のグラフは，略地図中の**A**～**D**の**いずれか**の範囲内

に●で示した都市の，年平均気温と年降水量及び各月の平均気温と降水量を示したものである。Ⅰの文章で述べている海域と都市に当てはまるのは，略地図中の**A**～**D**のうちのどれか，また，その範囲内に位置する都市のグラフに当てはまるのは，Ⅱの**ア**～**エ**のうちのどれか。

Ⅰ

> イスラム商人が，往路は夏季に発生する南西の風とその風の影響による海流を，復路は冬季に発生する北東の風とその風の影響による海流を利用して，三角帆のダウ船で航海をしていた。●で示した都市では，季節風(モンスーン)による雨の到来を祝う文化が見られ，降水量が物価動向にも影響するため，気象局が「モンスーン入り」を発表している。

Ⅱ

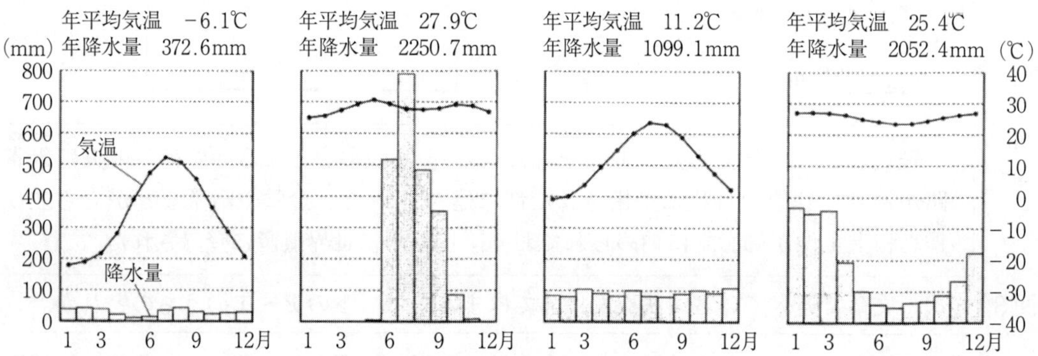

(気象庁のホームページより作成)

〔問2〕　次の表の**ア**～**エ**は，コンテナ埠頭《ふとう》が整備された港湾が位置する都市のうち，略地図中に**P**～**S**で示した，釜山《プサン》，シンガポール，ドバイ，ロッテルダムの**いずれか**の都市に位置する港湾の，2018年における総取扱貨物量と様子についてまとめたものである。略地図中の**P**～**S**のそれぞれの都市に位置する港湾に当てはまるのは，次の表の**ア**～**エ**のうちではどれか。

	総取扱貨物量(百万t)	港湾の様子
ア	461	経済大国を最短距離で結ぶ大圏航路上付近に位置する利点を生かし，国際貨物の物流拠点となるべく，国家事業として港湾整備が進められ，2018年にはコンテナ取扱量は世界第6位となっている。
イ	174	石油の輸送路となる海峡付近に位置し，石油依存の経済からの脱却を図る一環として，この地域の物流を担《にな》う目的で港湾が整備され，2018年にはコンテナ取扱量は世界第10位となっている。
ウ	469	複数の国を流れる河川の河口に位置し，2020年では域内の国の人口の合計が約4億5000万人，国内総生産(GDP)の合計が約15兆2000億ドルの単一市場となる地域の中心的な貿易港で，2018年にはコンテナ取扱量は世界第11位となっている。
エ	630	人口密度約8000人/km^2を超える国の南部に位置し，地域の安定と発展を目的に1967年に5か国で設立され現在10か国が加盟する組織において，ハブ港としての役割を果たし，2018年にはコンテナ取扱量は世界第2位となっている。

(注)　国内総生産とは，一つの国において新たに生み出された価値の総額を示した数値のことである。

(「データブック オブ・ザ・ワールド」2021年版などより作成)

〔問3〕 次のⅠとⅡの表の**ア〜エ**は，略地図中に で示した**W〜Z**の**いずれか**の国に当てはまる。Ⅰの表は，1999年と2019年における日本の輸入総額，日本の主な輸入品目と輸入額を示したものである。Ⅱの表は，1999年と2019年における輸出総額，輸出額が多い上位3位までの貿易相手国を示したものである。Ⅲの文章は，略地図中の**W〜Z**の**いずれか**の国について述べたものである。Ⅲの文章で述べている国に当てはまるのは，略地図中の**W〜Z**のうちのどれか，また，ⅠとⅡの表の**ア〜エ**のうちのどれか。

Ⅰ

		日本の輸入総額(億円)	日本の主な輸入品目と輸入額(億円)		
ア	1999年	12414	電気機器 3708	一般機械 2242	液化天然ガス 1749
	2019年	19263	電気機器 5537	液化天然ガス 4920	一般機械 755
イ	1999年	331	金属鉱及びくず 112	非鉄金属 88	飼料 54
	2019年	2683	金属鉱及びくず 1590	液化天然ガス 365	揮発油 205
ウ	1999年	93	一般機械 51	コーヒー 14	植物性原材料 6
	2019年	459	精密機器類 300	電気機器 109	果実 15
エ	1999年	6034	一般機械 1837	電気機器 1779	果実 533
	2019年	11561	電気機器 4228	金属鉱及びくず 1217	一般機械 1105

（「データブック オブ・ザ・ワールド」2021年版などより作成）

Ⅱ

		輸出総額(億ドル)	輸出額が多い上位3位までの貿易相手国		
			1位	2位	3位
ア	1999年	845	アメリカ合衆国	シンガポール	日本
	2019年	2381	中華人民共和国	シンガポール	アメリカ合衆国
イ	1999年	59	アメリカ合衆国	スイス	イギリス
	2019年	461	中華人民共和国	アメリカ合衆国	カナダ
ウ	1999年	63	アメリカ合衆国	オランダ	イギリス
	2019年	115	アメリカ合衆国	オランダ	ベルギー
エ	1999年	350	アメリカ合衆国	日本	オランダ
	2019年	709	アメリカ合衆国	日本	中華人民共和国

（国際連合貿易統計データベースより作成）

Ⅲ

1946年に独立したこの国では，軽工業に加え電気機器関連の工業に力を注ぎ，外国企業によるバナナ栽培などの一次産品中心の経済から脱却を図ってきた。1989年にはアジア太平洋経済協力会議(APEC《エイペック》)に参加し，1999年と比較して2019年では，日本の輸入総額は2倍に届かないものの増加し，貿易相手国としての中華人民共和国の重要性が増している。1960年代から日本企業の進出が見られ，近年では，人口が1億人を超え，英語を公用語としていることからコールセンターなどのサービス産業も発展している。

3 次の略地図を見て，あとの各問に答えよ。

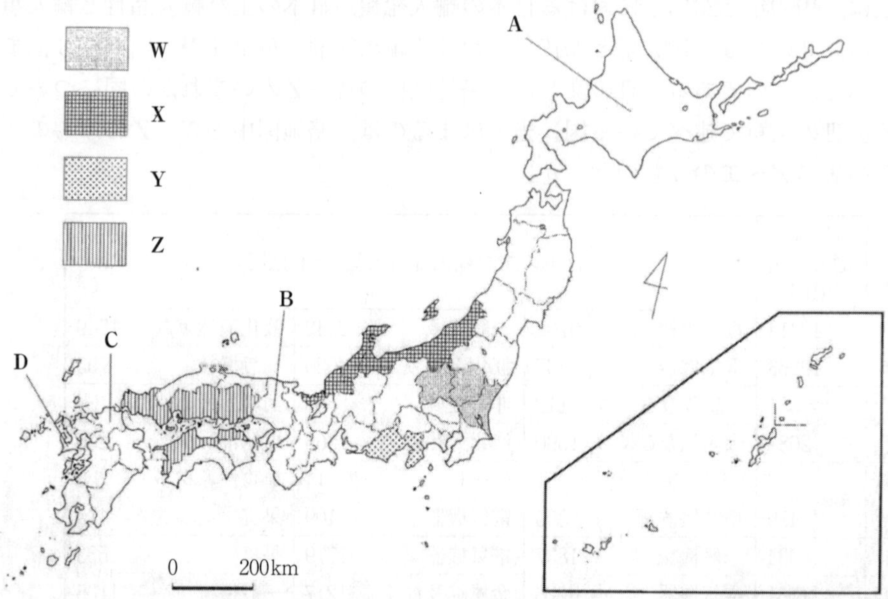

〔問１〕 次の表の**ア**～**エ**は，略地図中に**A**～**D**で示した**いずれか**の道県の，2019年における鉄鋼業と造船業の製造品出荷額等，海岸線と臨海部の工業の様子についてまとめたものである。**A**～**D**のそれぞれの道県に当てはまるのは，次の表の**ア**～**エ**のうちではどれか。

	製造品出荷額等(億円)		海岸線と臨海部の工業の様子
	鉄鋼	造船	
ア	9769	193	○678km の海岸線には，干潟や陸と島をつなぐ砂州が見られ，北東部にある東西20km，南北２km の湾に，工業用地として埋め立て地が造成された。 ○国内炭と中国産の鉄鉱石を原料に鉄鋼を生産していた製鉄所では，現在は輸入原料を使用し，自動車用の鋼板を生産している。
イ	19603	2503	○855km の海岸線には，北部に国立公園に指定されたリアス海岸が見られ，南部に工業用地や商業用地として埋め立て地が造成された。 ○南部の海岸には，高度経済成長期に輸入原料を使用する製鉄所が立地し，国際貿易港に隣接する岬には，造船所が立地している。
ウ	3954	310	○4445km の海岸線には，砂嘴《さし》や砂州，陸繋島《りくけいとう》，プレート運動の力が複雑に加わり形成された半島などが見られる。 ○国内炭と周辺で産出される砂鉄を原料に鉄鋼を生産していた製鉄所では，現在は輸入原料を使用し，自動車の部品に使われる特殊鋼を生産している。
エ	336	2323	○4170km の海岸線には，多くの島や半島，岬によって複雑に入り組んだリアス海岸が見られる。 ○人口が集中している都市の臨海部に，カーフェリーなどを建造する造船所が立地し，周辺にはボイラーの製造などの関連産業が集積している。

（「日本国勢図会」2020/21年版などより作成）

〔問２〕　次のⅠの**ア**～**エ**のグラフは，略地図中に**W**～**Z**で示した**いずれか**の地域の1971年と2019年における製造品出荷額等と産業別の製造品出荷額等の割合を示したものである。Ⅱの文章は，Ⅰの**ア**～**エ**の**いずれか**の地域について述べたものである。Ⅱの文章で述べている地域に当てはまるのは，Ⅰの**ア**～**エ**のうちのどれか，また，略地図中の**W**～**Z**のうちのどれか。

Ⅰ

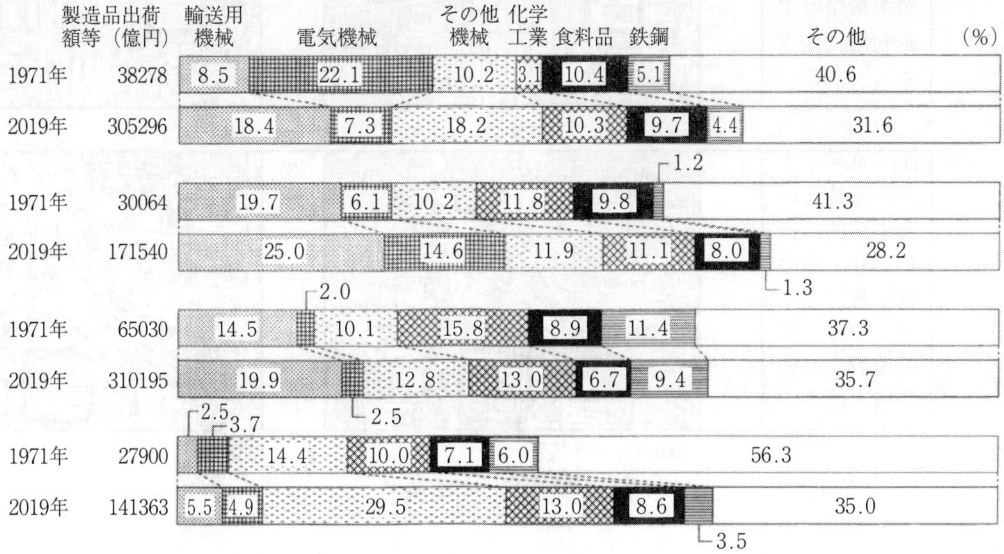

（注）　四捨五入をしているため，産業別の製造品出荷額等の割合を合計したものは，100%にならない場合がある。

（2019年工業統計表などより作成）

Ⅱ

> 絹織物や航空機産業を基礎として，電気機械等の製造業が発展した。高速道路網の整備に伴い，1980年に西部が，1987年に中部が東京とつながり，2011年には1998年開港の港湾と結ばれた。西部の高速道路沿いには，未来技術遺産に登録された製品を生み出す高度な技術をもつ企業の工場が立地している。2019年には電気機械の出荷額等は約２兆円となる一方で，自動車関連の輸送用機械の出荷額等が増加し，５兆円を超えるようになった。

〔問３〕　次のⅠ(1)とⅡ(1)の文は，1984年に示された福島市と1997年に示された岡山市の太線（ ━━ ）で囲まれた範囲を含む地域に関する地区計画の一部を分かりやすく書き改めたものである。Ⅰ(2)は1984年・1985年の，Ⅰ(3)は2018年の「２万５千分の１地形図（福島北部・福島南部）」の一部を拡大して作成したものである。Ⅱ(2)は1988年の，Ⅱ(3)は2017年の「２万５千分の１地形図（岡山南部）」の一部を拡大して作成したものである。ⅠとⅡの資料から読み取れる，太線で囲まれた範囲に共通した土地利用の変化について，簡単に述べよ。また，ⅠとⅡの資料から読み取れる，その変化を可能にした要因について，それぞれの県内において乗降客数が多い駅の一つである福島駅と岡山駅に着目して，簡単に述べよ。

	(1)	(2)	(3)
Ⅰ	市の新しい玄関として，今までの住工混在型から商業業務型の土地利用に変更する。	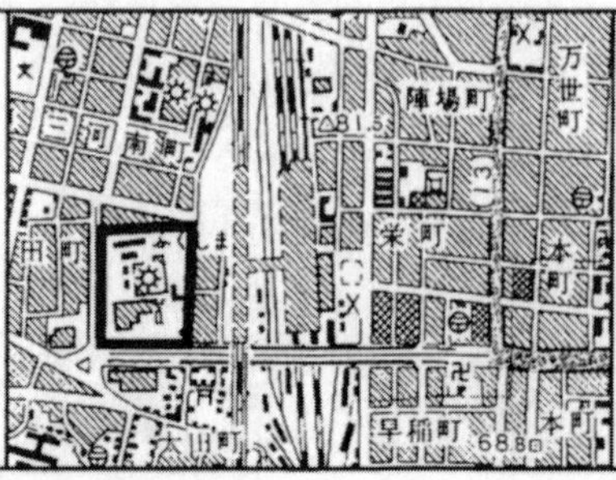 (1984年・1985年)	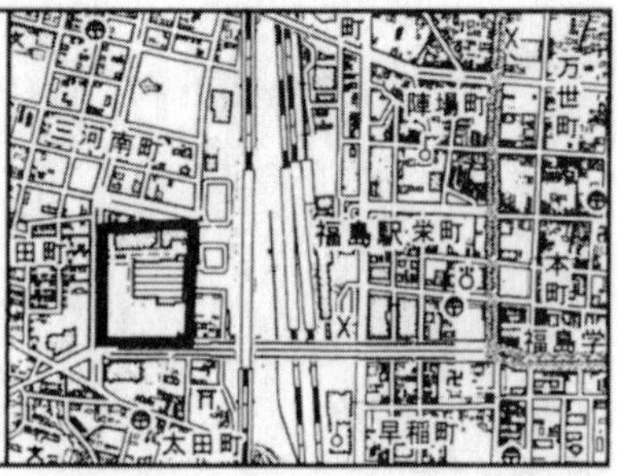 (2018年)
Ⅱ	ターミナル隣接地という中枢的位置にあり，その地区特性を生かしつつ，商業施設などの集積を図る。	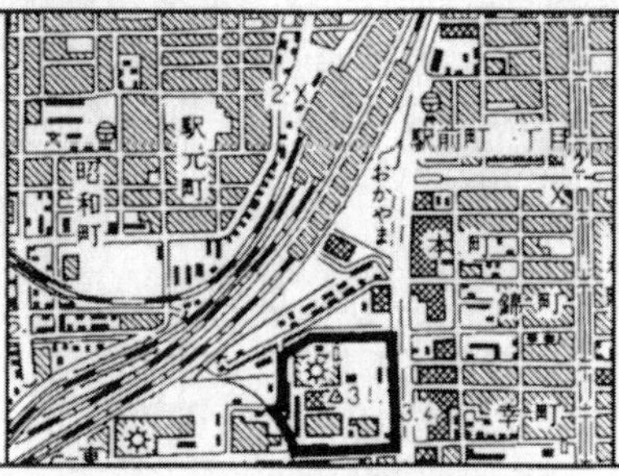 (1988年)	 (2017年)

☼ 工場　商業施設

0　200m

4　次の文章を読み，あとの各問に答えよ。

私たちは，身の回りの土地やものについて面積や重量などを道具を用いて計測し，その結果を暮らしに役立ててきた。

古代から，各時代の権力者は，(1)財政基盤を固めるため，土地の面積を基に税を徴収するなどの政策を行ってきた。時代が進み，(2)地域により異なっていた長さや面積などの基準が統一された。

(3)江戸時代に入ると，天文学や数学なども発展を遂げ，明治時代以降，我が国の科学技術の研究水準も向上し，独自の計測技術も開発されるようになった。

第二次世界大戦後になると，従来は計測することができなかった距離や大きさなどが，新たに開発された機器を通して計測することができるようになり，(4)環境問題などの解決のために生かされてきた。

〔問1〕 (1)財政基盤を固めるため，土地の面積を基に税を徴収するなどの政策を行ってきた。とあるが，次の**ア**～**エ**は，権力者が財政基盤を固めるために行った政策の様子について述べたものである。時期の古いものから順に記号を並べよ。

ア　朝廷は，人口増加に伴う土地不足に対応するため，墾田永年私財法《こんでんえいねんしざいほう》を制定し，新しく開墾した土地であれば，永久に私有地とすることを認めた。

イ　朝廷は，財政基盤を強化するため，摂関政治を主導した有力貴族や寺社に集中していた荘園《しょうえん》を整理するとともに，大きさの異なる枡《ます》の統一を図った。

ウ　朝廷は，元号を建武《けんむ》に改め，天皇中心の政治を推進するため，全国の田畑について調査させ，年貢《ねんぐ》などの一部を徴収し貢納させた。

エ　二度にわたる元軍の襲来を退けた幕府は，租税を全国に課すため，諸国の守護に対して，

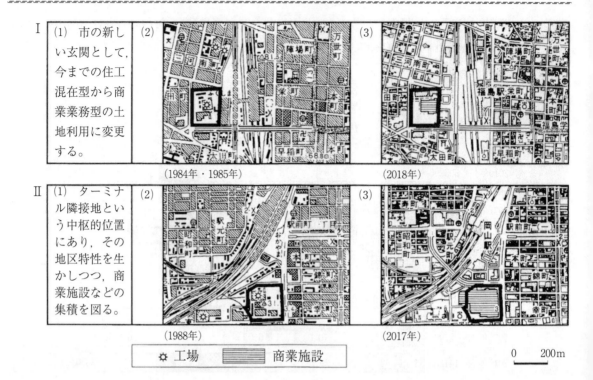

田地面積や領有関係などを記した文書の提出を命じた。

〔問２〕 (2)地域により異なっていた長さや面積などの基準が統一された。とあるが，次のⅠの略年表は，室町時代から江戸時代にかけての，政治に関する主な出来事についてまとめたものである。Ⅱの文章は，ある人物が示した検地における実施命令書の一部と計測基準の一部を分かりやすく書き改めたものである。Ⅱの文章が出された時期に当てはまるのは，Ⅰの略年表中の**ア**〜**エ**の時期のうちではどれか。

Ⅰ

西暦	政治に関する主な出来事	
1560	●駿河《するが》国(静岡県)・遠江《とおとうみ》国(静岡県)などを支配していた人物が，桶狭間《おけはざま》において倒された。	
		ア
1582	●全国統一を目指していた人物が，京都の本能寺《ほんのうじ》において倒された。	
		イ
1600	●関ヶ原《せきがはら》の戦いに勝利した人物が，全国支配の実権をにぎった。	
		ウ
1615	●全国の大名が守るべき事柄をまとめた武家諸法度《ぶけしょはっと》が定められた。	
		エ
1635	●全国の大名が，国元《くにもと》と江戸とを１年交代で往復する制度が定められた。	

Ⅱ

【実施命令書の一部】

○日本全国に厳しく申し付けられている上は，おろそかに実施してはならない。

【計測基準の一部】

○田畑・屋敷地は長さ６尺《しゃく》３寸《すん》を１間《けん》とする竿《さお》を用い，５間かける60間の300歩《ぶ》を，１反《たん》として面積を調査すること。

○上田《じょうでん》の石盛《こくもり》は１石《こく》５斗《と》，中田《ちゅうでん》は１石３斗，下田《げでん》は１石１斗，下々田《げげでん》は状況で決定すること。

○升《ます》は京升《きょうます》に定める。必要な京升を準備し渡すようにすること。

〔問３〕 (3)江戸時代に入ると，天文学や数学なども発展を遂げ，明治時代以降，我が国の科学技術の研究水準も向上し，独自の計測技術も開発されるようになった。とあるが，次の**ア**〜**エ**は，江戸時代から昭和時代にかけての我が国独自の計測技術について述べたものである。時期の古いものから順に記号を並べよ。

ア　後にレーダー技術に応用される超短波式アンテナが開発された頃，我が国最初の常設映画館が開館した浅草《あさくさ》と，上野《うえの》との間で地下鉄の運行が開始された。

イ　正確な暦を作るために浅草に天文台が設置された後，寛政の改革の一環として，幕府直轄の昌平坂学問所《しょうへいざかがくもんじょ》や薬の調合などを行う医官養成機関の医学館が設立された。

ウ　西洋時計と和時計の技術を生かして，時刻や曜日などを指し示す機能を有する万年自鳴《まんねんじめい》鐘《しょう》が開発された頃，黒船来航に備えて台場《だいば》に砲台を築造するため，水深の計測が実施された。

エ　中部地方で発生した地震の研究に基づいて大森《おおもり》式地震計が開発された頃，日英同盟の締結を契機に，イギリスの無線技術を基にした無線電信機が開発された。

〔問４〕 (4)環境問題などの解決のために生かされてきた。とあるが，次のⅠのグラフは，1965年から2013年までの，東京のある地点から富士山が見えた日数と，大気汚染の一因となる二酸化《にさんか》硫黄《いおう》の東京における濃度の変化を示したものである。Ⅱの文章は，Ⅰのグラフの**ア**〜**エ**の**いずれか**の時期における国際情勢と，我が国や東京の環境対策などについてまとめたものである。Ⅱの文章で述べている時期に当てはまるのは，Ⅰのグラフの**ア**〜**エ**の時期のうちではどれか。

Ⅰ

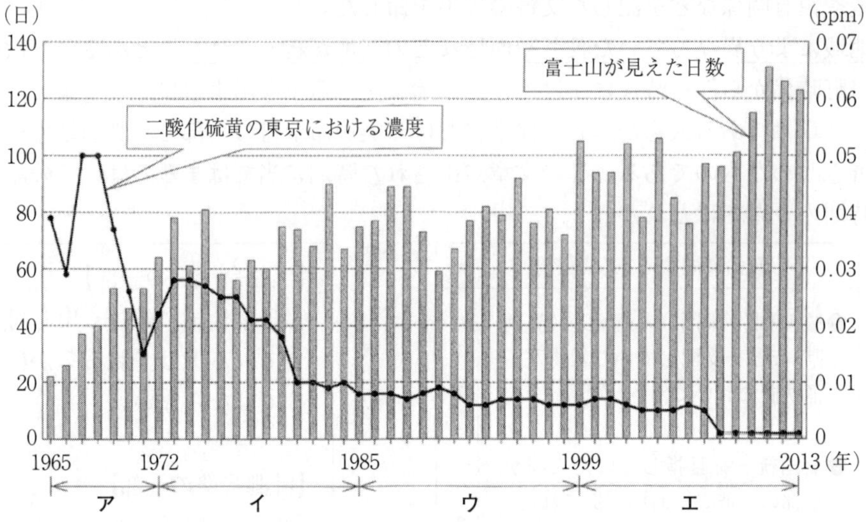

(東京都環境局資料などより作成)

Ⅱ

東ヨーロッパ諸国で民主化運動が高まり，東西ドイツが統一されるなど国際協調の動きが強まる中で，国際連合を中心に地球温暖化防止策が協議され，温室効果ガスの排出量の削減について数値目標を設定した京都議定書が採択された。長野県では，施設建設において極力既存の施設を活用し，自然環境の改変が必要な場合は大会後復元を図った，オリンピック・パラリンピック冬季競技大会が開催され，東京都においては，「地球環境保全東京アクションプラン」を策定し，大気汚染の状況は改善された。この時期には，Ⅰのグラフの観測地点から平均して週１回は富士山を見ることができた。

5 次の文章を読み，あとの各問に答えよ。

明治時代に作られた情報という言葉は，ある事柄の内容について文字などで伝達する知らせを表す意味として現在は用いられている。天気予報や経済成長率などの情報は，私たちの日々の暮らしに役立っている。

日本国憲法の中では，(1)自分の意見を形成し他者に伝える権利が，一定の決まり(ルール)の下で保障されている。

現代の社会は(2)情報が大きな役割を担《にな》うようになり，情報化社会とも呼ばれるようになった。その後，インターネットの普及は，私たちと情報との関わり方を変えることとなった。

(3)情報が新たな価値を生み出す社会では，企業の中で，情報化を推進し，課題の解決策を示したり，ソフトウェアを開発したりする，デジタル技術を活用できる人材を確保していくことの重要性が増している。また，(4)情報の活用を進め，社会の様々な課題を解決していくためには，新たな決まり(ルール)を定める必要がある。

〔問１〕 (1)自分の意見を形成し他者に伝える権利が，一定の決まり(ルール)の下で保障されている。とあるが，精神(活動)の自由のうち，個人の心の中にある，意思，感情などを外部に明らかにすることを保障する日本国憲法の条文は，次の**ア**～**エ**のうちではどれか。

ア　何人《なんぴと》も，いかなる奴隷的拘束も受けない。又，犯罪に因《よ》る処罰の場合を除いては，その意に反する苦役に服させられない。

イ　思想及び良心の自由は，これを侵してはならない。

ウ　何人も，公共の福祉に反しない限り，居住，移転及び職業選択の自由を有する。

エ　集会，結社及び言論，出版その他一切の表現の自由は，これを保障する。

〔問２〕　(2)情報が大きな役割を担《にな》うようになり，情報化社会とも呼ばれるようになった。とあるが，次のⅠの略年表は，1938年から1998年までの，我が国の情報に関する主な出来事をまとめたものである。Ⅱの文章は，Ⅰの略年表中の**ア**～**エ**の**いずれか**の時期における社会の様子について，①は通信白書の，②は国民生活白書の一部をそれぞれ分かりやすく書き改めたものである。Ⅱの文章で述べている時期に当てはまるのは，Ⅰの略年表中の**ア**～**エ**の時期のうちではどれか。

Ⅰ

西暦	我が国の情報に関する主な出来事	
1938	●標準放送局型ラジオ受信機が発表された。	
1945	●人が意見を述べる参加型ラジオ番組の放送が開始された。	ア
1953	●白黒テレビ放送が開始された。	
1960	●カラーテレビ放送が開始された。	
1964	●東京オリンピック女子バレーボール決勝の平均視聴率が関東地区で66.8％を記録した。	イ
1972	●札幌オリンピック閉会式の平均視聴率が札幌で59.5％を記録した。	
1974	●テレビの深夜放送が一時的に休止された。	ウ
1985	●テレビで文字多重放送が開始された。	
1989	●衛星テレビ放送が開始された。	エ
1998	●ニュースなどを英語で発信するワールドテレビ放送が開始された。	

Ⅱ

①　私たちの社会は，情報に対する依存を強めており，情報の流通は食料品や工業製品などの流通，つまり物流と同等あるいはそれ以上の重要性をもつようになった。

②　社会的な出来事を同時に知ることができるようになり，テレビやラジオを通じて人々の消費生活も均質化している。また，節約の経験により，本当に必要でなければ買わないで今持っているものの使用期間を長くする傾向が，中東で起きた戦争の影響を受けた石油危機から３年後の現在も見られる。

〔問３〕　(3)情報が新たな価値を生み出す社会では，企業の中で，情報化を推進し，課題の解決策を示したり，ソフトウェアを開発したりする，デジタル技術を活用できる人材を確保していくことの重要性が増している。とあるが，次のⅠの文章は，2019年の情報通信白書の一部を分かりやすく書き改めたものである。Ⅱのグラフは，2015年の我が国とアメリカ合衆国における情報処理・通信に携わる人材の業種別割合を示したものである。Ⅱのグラフから読み取れる，Ⅰの文章が示された背景となる我が国の現状について，我が国より取り組みが進んでいるアメリカ合衆国と比較して，情報通信技術を提供する業種と利用する業種の構成比の違いに着目し，簡単に述べよ。

Ⅰ

○今後，情報通信技術により，企業は新しい製品やサービスを市場に提供することが可能となる。

○新たな製品やサービスを次々と迅速に開発・提供していくために，情報通信技術を利用する業種に十分な情報通信技術をもった人材が必要である。

Ⅱ

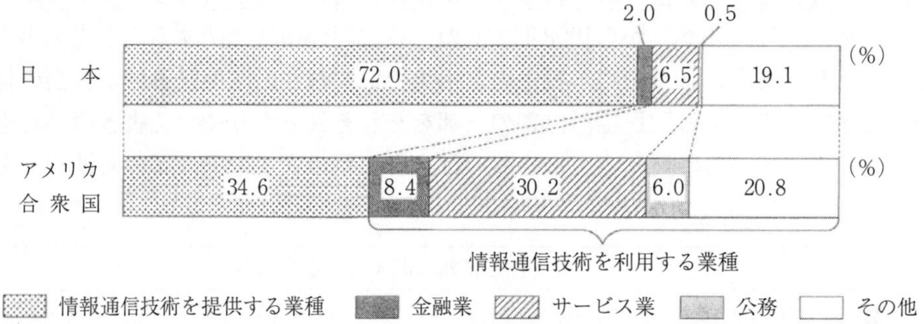

（注）　四捨五入をしているため，情報処理・通信に携わる人材の業種別割合を合計したものは，100％にならない場合がある。

（独立行政法人情報処理推進機構資料より作成）

〔問4〕　(4)情報の活用を進め，社会の様々な課題を解決していくためには，新たな決まり（ルール）を定める必要がある。とあるが，次のⅠの**A**～**E**は，令和3年の第204回通常国会で，情報通信技術を用いて多様で大量の情報を適正かつ効果的に活用することであらゆる分野における創造的かつ活力ある発展が可能となる社会の形成について定めた「デジタル社会形成基本法」が成立し，その後，公布されるまでの経過について示したものである。Ⅱの文で述べていることが行われたのは，下の**ア**～**エ**のうちではどれか。

Ⅰ

A　第204回通常国会が開会される。（1月18日）

B　法律案が内閣で閣議決定され，国会に提出される。（2月9日）

C　衆議院の本会議で法律案が可決される。（4月6日）

D　参議院の本会議で法律案が可決される。（5月12日）

E　内閣の助言と承認により，天皇が法律を公布する。（5月19日）

（衆議院，参議院のホームページより作成）

Ⅱ

衆議院の内閣委員会で法律案の説明と質疑があり，障害の有無などの心身の状態による情報の活用に関する機会の格差の是正を着実に図ることや，国や地方公共団体が公正な給付と負担の確保のための環境整備を中心とした施策を行うことを，原案に追加した修正案が可決される。

ア　**A**と**B**の間　　**イ**　**B**と**C**の間　　**ウ**　**C**と**D**の間　　**エ**　**D**と**E**の間

6 次の文章を読み，下の略地図を見て，あとの各問に答えよ。

都市には，小さな家屋から超高層建築まで多様な建物が見られ，(1)人々が快適な生活を送るために様々な社会資本が整備されてきた。また，(2)政治の中心としての役割を果たす首都には，新たに建設された都市や，既存の都市に政府機関を設置する例が見られる。

都市への人口集中は，経済を成長させ新たな文化を創造する一方で，(3)交通渋滞などの都市問題を深刻化させ，我が国は多くの国々の都市問題の解決に協力している。

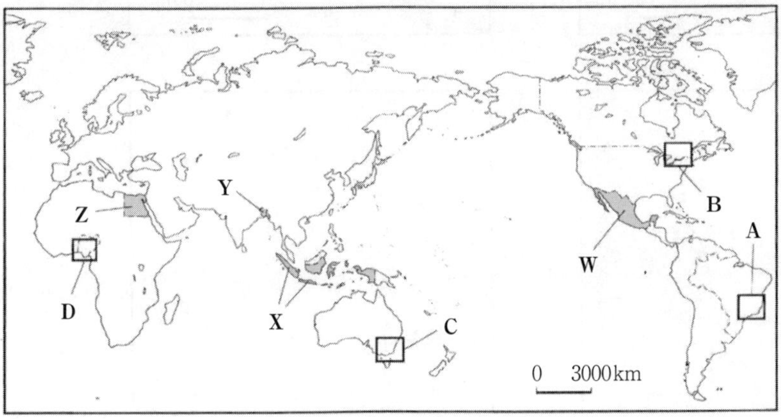

〔問1〕 (1)人々が快適な生活を送るために様々な社会資本が整備されてきた。とあるが，次の**ア**～**エ**の文は，それぞれの時代の都市の様子について述べたものである。時期の古いものから順に記号を並べよ。

ア ドイツ帝国の首都ベルリンでは，ビスマルクの宰相《さいしょう》任期中に，工業の発展により人口の流入が起き，上下水道が整備され，世界で初めて路面電車の定期運行が開始された。

イ イギリスの首都ロンドンでは，冷戦(冷たい戦争)と呼ばれる東西の対立が起き緊張が高まる中で，ジェット旅客機が就航し，翌年，空港に新滑走路が建設された。

ウ アメリカ合衆国の都市ニューヨークでは，300mを超える超高層ビルが建設され，フランクリン・ルーズベルト大統領によるニューディール政策の一環で公園建設なども行われた。

エ オーストリアの首都ウィーンでは，フランス同様に国王が強い政治権力をもつ専制政治(絶対王政)が行われ，マリア・テレジアが住んでいた郊外の宮殿の一角に動物園がつくられた。

〔問2〕 (2)政治の中心としての役割を果たす首都には，新たに建設された都市や，既存の都市に政府機関を設置する例が見られる。とあるが，次のⅠの**A**～**D**は，略地図中の**A**～**D**の□で示した部分を拡大し，主な都市の位置を**ア**～**ウ**で示したものである。下のⅡの文章は，略地図中の**A**～**D**の中に首都が位置する**いずれか**の国とその国の首都の様子について述べたものである。Ⅱの文章で述べているのは，Ⅰの**A**～**D**のうちのどれか，また，首都に当てはまるのは，選択したⅠの**A**～**D**の**ア**～**ウ**のうちのどれか。

Ⅰ

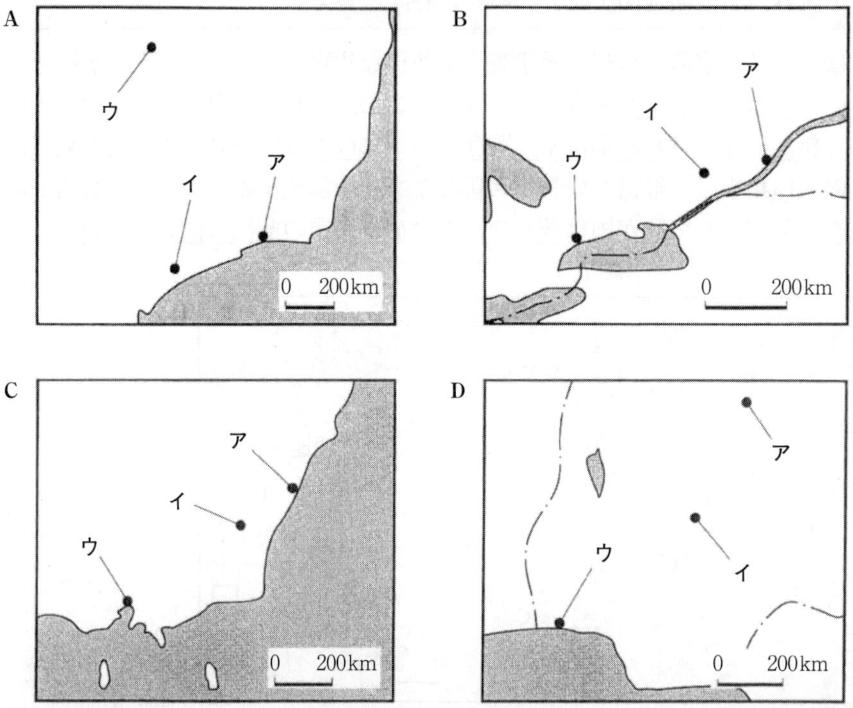

Ⅱ

16世紀にフランスがこの国の東部に進出し，隣国からイギリス人がフランス人の定住地を避けて移住したことで二つの文化圏が形成されたため，立憲君主である国王により文化圏の境界に位置する都市が首都と定められた。首都から約350km 離れイギリス系住民が多い都市は，自動車産業などで隣国との結び付きが見られ，首都から約160km 離れフランス系住民が多い都市は，フランス語のみで示されている道路標識などが見られる。

〔問３〕(3)交通渋滞などの都市問題を深刻化させ，我が国は多くの国々の都市問題の解決に協力している。とあるが，次のⅠの**W**～**Z**のグラフは，略地図中に　　　で示した**W**～**Z**のそれぞれの国の，1950年から2015年までの第１位の都市圏と第２位の都市圏の人口の推移を示したものである。Ⅱの文章で述べている国に当てはまるのは，略地図中の**W**～**Z**のうちのどれか。

Ⅰ

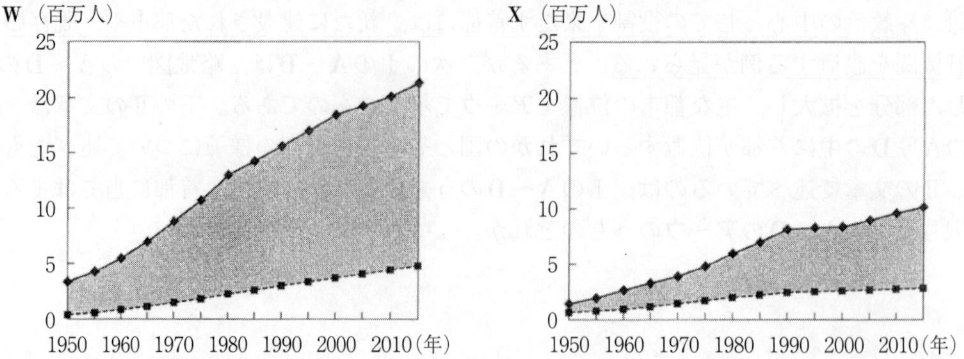

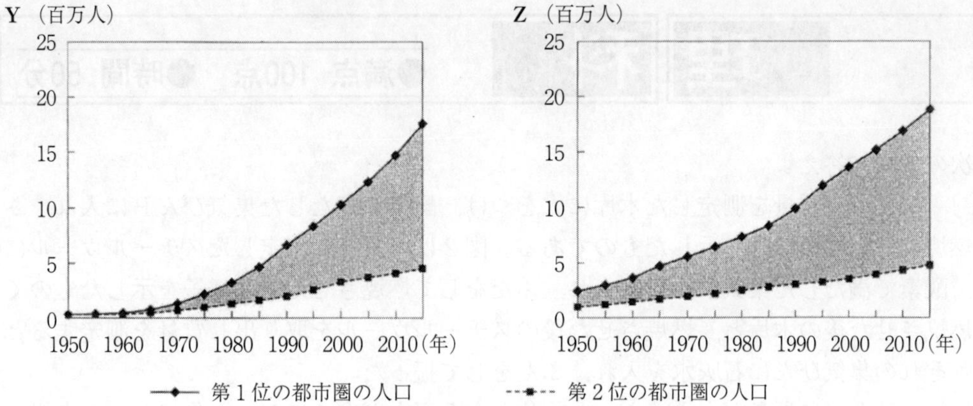

（国際連合資料より作成）

Ⅱ

○1949年にオランダから独立し，イスラム教徒が８割を超えるこの国では，第１位の都市圏と第２位の都市圏の人口差は，1950年に100万人を下回っていたが，1990年には人口差は約７倍と急激に拡大しており，その後緩やかな拡大傾向が続いた。
○深刻化した交通渋滞や大気汚染などの都市問題を解決するため，日本の技術や運営の支援を受け，都市の中心部と住宅地をつなぐ国内初の地下鉄が2019年に開通した。

理科

●満点 100点　●時間 50分

1　次の各問に答えよ。

〔問１〕　図１は，質量を測定した木片に火をつけ，酸素で満たした集気びんＰに入れ，ふたをして燃焼させた後の様子を示したものである。図２は，質量を測定したスチールウールに火をつけ，酸素で満たした集気びんＱに入れ，ふたをして燃焼させた後の様子を示したものである。

燃焼させた後の木片と，燃焼させた後のスチールウールを取り出し質量を測定するとともに，それぞれの集気びんに石灰水を入れ，ふたをして振った。

燃焼させた後に質量が大きくなった物体と，石灰水が白くにごった集気びんとを組み合わせたものとして適切なのは，下の表の**ア**～**エ**のうちではどれか。

図１

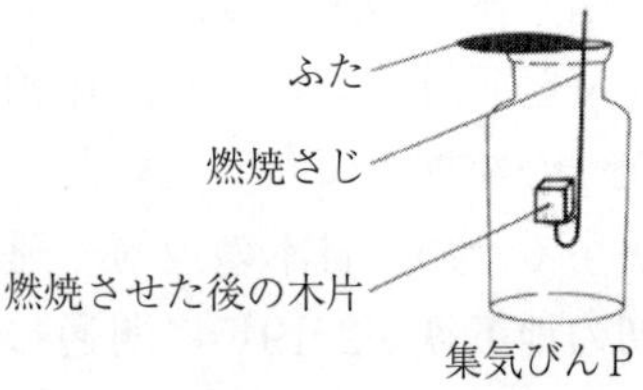

図２

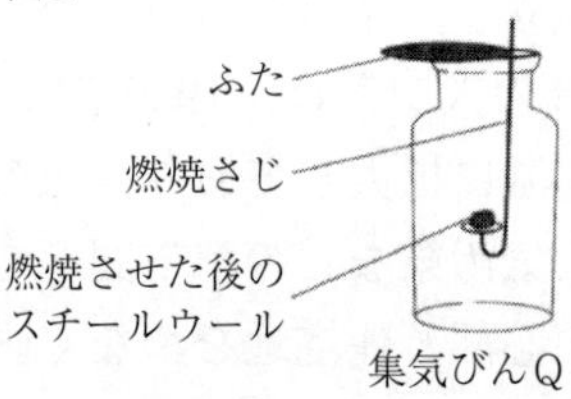

	燃焼させた後に質量が大きくなった物体	石灰水が白くにごった集気びん
ア	木片	集気びんＰ
イ	スチールウール	集気びんＰ
ウ	木片	集気びんＱ
エ	スチールウール	集気びんＱ

〔問２〕　図３は，ヒトの心臓を正面から見て，心臓から送り出された血液が流れる血管と心臓に戻ってくる血液が流れる血管を模式的に表したものである。また，図中の矢印（➡）は全身から右心房に戻る血液の流れを示している。

血管Ａ～血管Ｄのうち，動脈と，動脈血が流れる血管とを組み合わせたものとして適切なのは，次の表の**ア**～**エ**のうちではどれか。

図３

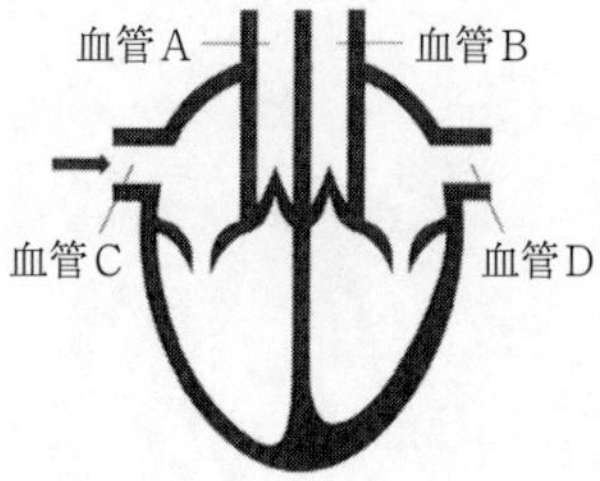

	動脈	動脈血が流れる血管
ア	血管Ａと血管Ｂ	血管Ｂと血管Ｄ
イ	血管Ａと血管Ｂ	血管Ａと血管Ｃ
ウ	血管Ｃと血管Ｄ	血管Ｂと血管Ｄ
エ	血管Ｃと血管Ｄ	血管Ａと血管Ｃ

〔問３〕　図４は，平らな底に「Ａ」の文字が書かれた容器に水を入れた状態を模式的に表したものである。水中から空気中へ進む光の屈折に関する説明と，観察者と容器の位置を変えずに内側の「Ａ」の文字の形が全て見えるようにするときに行う操作とを組み合わせたものとして適

切なのは，下の表の**ア**～**エ**のうちではどれか。

図４

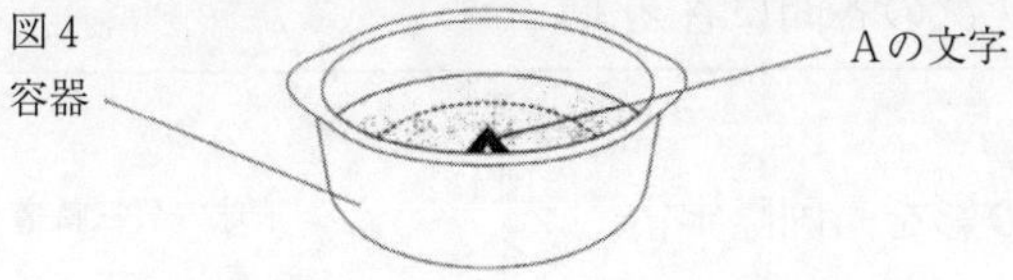

	水中から空気中へ進む光の屈折に関する説明	「A」の文字の形が全て見えるようにするときに行う操作
ア	屈折角より入射角の方が大きい。	容器の中の水の量を減らす。
イ	屈折角より入射角の方が大きい。	容器の中の水の量を増やす。
ウ	入射角より屈折角の方が大きい。	容器の中の水の量を減らす。
エ	入射角より屈折角の方が大きい。	容器の中の水の量を増やす。

〔問４〕　前線が形成されるときの暖気と寒気の動きを矢印(⇨)で模式的に表したものがA，Bである。温暖前線付近の暖気と寒気の動きを次のA，Bから一つ，できた直後の温暖前線付近の暖気と寒気を比較したときに，密度が小さいものを下のC，Dから一つ，それぞれ選び，組み合わせたものとして適切なのは，下の**ア**～**エ**のうちではどれか。

暖気と寒気の動き

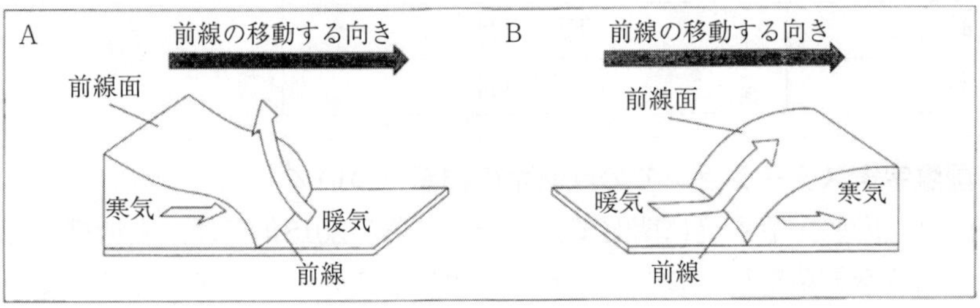

密度が小さいもの

C　暖気　　D　寒気

ア　A，C　　**イ**　A，D　　**ウ**　B，C　　**エ**　B，D

〔問５〕　図５は，12Vの電源装置と1.2Ωの抵抗器A，２Ωの抵抗器B，３Ωの抵抗器Cをつないだ回路図である。この回路に電圧を加えたときの，回路上の点p，点q，点rを流れる電流の大きさを，それぞれP〔A〕，Q〔A〕，R〔A〕とした。このとき，P，Q，Rの関係を表したものとして適切なのは，次のうちではどれか。

図５

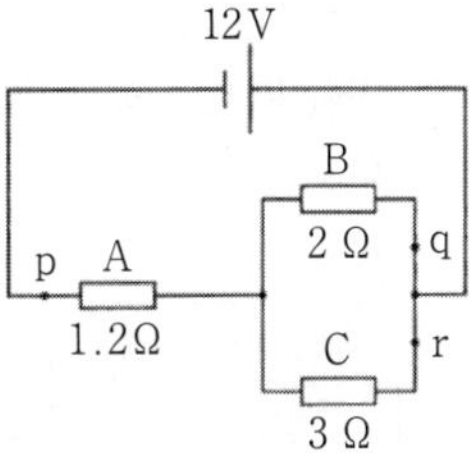

ア　$P<Q<R$　　**イ**　$P<R<Q$

ウ　$Q<R<P$　　**エ**　$R<Q<P$

2　生徒が，国際宇宙ステーションに興味をもち，科学的に探究しようと考え，自由研究に取り組んだ。生徒が書いたレポートの一部を読み，次の各問に答えよ。

＜レポート１＞　日食について

金環日食が観察された日の地球にできた月の影を，国際宇宙ステーションから撮影した画像が紹介されていた。

日食が生じるときの北極星側から見た太陽，月，地球の位置関係を模式的に示すと，図１のようになっていた。さらに，日本にある観測地点Ａは，地球と月と太陽を一直線に結んだ線上に位置していた。

図１

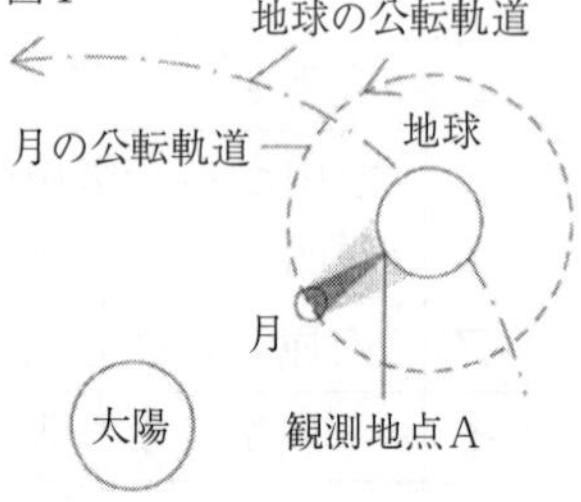

〔問１〕　＜**レポート１**＞から，図１の位置関係において，観測地点Ａで月を観測したときに月が真南の空に位置する時刻と，この日から１週間後に観察できる月の見え方に最も近いものとを組み合わせたものとして適切なのは，次の表の**ア**～**エ**のうちではどれか。

	真南の空に位置する時刻	１週間後に観察できる月の見え方
ア	12時	上弦の月
イ	18時	上弦の月
ウ	12時	下弦の月
エ	18時	下弦の月

＜レポート２＞　国際宇宙ステーションでの飲料水の精製について

国際宇宙ステーション内の生活環境に関して調べたところ，2018年では，生活排水をタンクに一時的にため，蒸留や殺菌を行うことできれいな水にしていたことが紹介されていた。

蒸留により液体をきれいな水にすることに興味をもち，液体の混合物から水を分離するモデル実験を行った。図２のように，塩化ナトリウムを精製水（蒸留水）に溶かして５％の塩化ナトリウム水溶液を作り，実験装置で蒸留した。蒸留して出てきた液体が試験管に約１cmたまったところで蒸留を止めた。枝付きフラスコに残った水溶液Ａと蒸留して出てきた液体Ｂをそれぞれ少量とり，蒸発させて観察し，結果を表１にまとめた。

図２

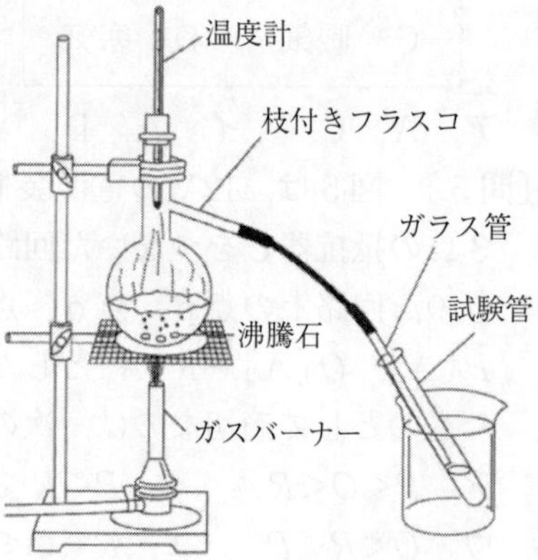

表１

蒸発させた液体	観察した結果
水溶液Ａ	結晶が見られた。
液体Ｂ	結晶が見られなかった。

〔問２〕　＜**レポート２**＞から，結晶になった物質の分類と，水溶液Ａの濃度について述べたものとを組み合わせたものとして適切なのは，次の表の**ア**～**エ**のうちではどれか。

	結晶になった物質の分類	水溶液Aの濃度
ア	混合物	5％より高い。
イ	化合物	5％より高い。
ウ	混合物	5％より低い。
エ	化合物	5％より低い。

＜レポート3＞　国際宇宙ステーションでの植物の栽培について

国際宇宙ステーションでは，宇宙でも効率よく成長する植物を探すため，図3のような装置の中で植物を発芽させ，実験を行っていることが紹介されていた。植物が光に向かって成長することから，装置の上側に光源を設置してあることが分かった。

植物の成長に興味をもち，植物を真上から観察すると，上下にある葉が互いに重ならないようにつき，成長していくことが分かった。

図3

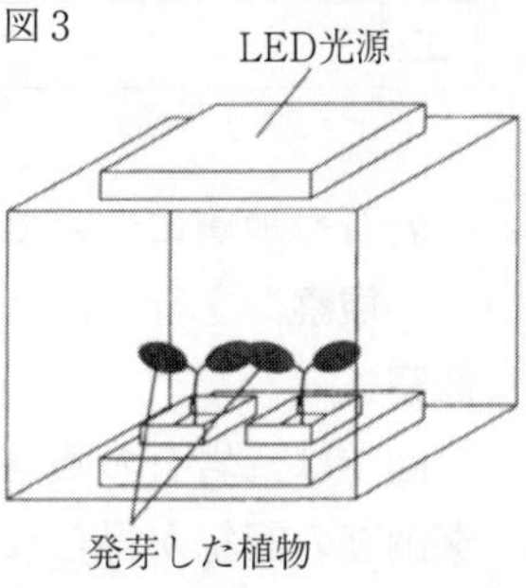

〔問3〕　**＜レポート3＞**から，上下にある葉が互いに重ならないようにつく利点と，葉で光合成でつくられた養分(栄養分)が通る管の名称とを組み合わせたものとして適切なのは，次の表の**ア**～**エ**のうちではどれか。

	上下にある葉が互いに重ならないようにつく利点	光合成でつくられた養分(栄養分)が通る管の名称
ア	光が当たる面積が小さくなる。	道管
イ	光が当たる面積が小さくなる。	師管
ウ	光が当たる面積が大きくなる。	道管
エ	光が当たる面積が大きくなる。	師管

＜レポート4＞　月面での質量と重さの関係について

国際宇宙ステーション内では，見かけ上，物体に重力が働かない状態になるため，てんびんや地球上で使っている体重計では質量を測定できない。そのため，宇宙飛行士は質量を測る際に特別な装置で行っていることが紹介されていた。

地球上でなくても質量が測定できることに興味をもち調べたところ，重力が変化しても物体そのものの量は，地球上と変わらないということが分かった。

また，重力の大きさは場所によって変わり，月面では同じ質量の物体に働く重力の大きさが地球上と比べて約6分の1であることも分かった。

図4のような測定を月面で行った場合，質量300gの物体Aを上皿てんびんに載せたときにつり合う分銅の種類と，物体Aをはかりに載せたときの目盛りの値について考えた。

図4

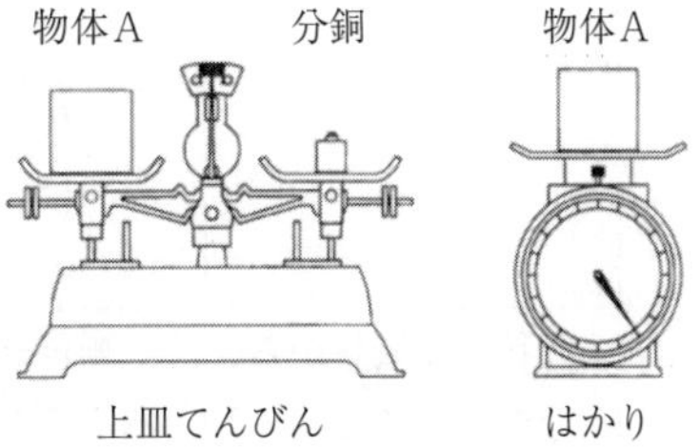

〔問4〕　**＜レポート4＞**から，図4のような測定を月面で行った場合，質量300gの物体Aを上

皿てんびんに載せたときにつり合う分銅の種類と，物体Aをはかりに載せたときの目盛りの値とを組み合わせたものとして適切なのは，次の表の**ア**～**エ**のうちではどれか。

	上皿てんびんに載せたときにつり合う分銅の種類	はかりに載せたときの目盛りの値
ア	50 g の分銅	約50 g
イ	50 g の分銅	約300 g
ウ	300 g の分銅	約50 g
エ	300 g の分銅	約300 g

3　岩石や地層について，次の各問に答えよ。

<**観察**>を行ったところ，<**結果**>のようになった。

<**観察**>

図1は，岩石の観察を行った地域Aと，ボーリング調査の記録が得られた地域Bとを示した地図である。

(1)　地域Aでは，特徴的な岩石Pと岩石Qを採取後，ルーペで観察し，スケッチを行い特徴を記録した。

(2)　岩石Pと岩石Qの，それぞれの岩石の中に含まれているものを教科書や岩石に関する資料を用いて調べた。

(3)　地域BにあるX点とY点でのボーリング調査の記録と，この地域で起きた過去の堆積の様子についてインターネットで調べた。

なお，X点の標高は40.3m，Y点の標高は36.8mである。

図1

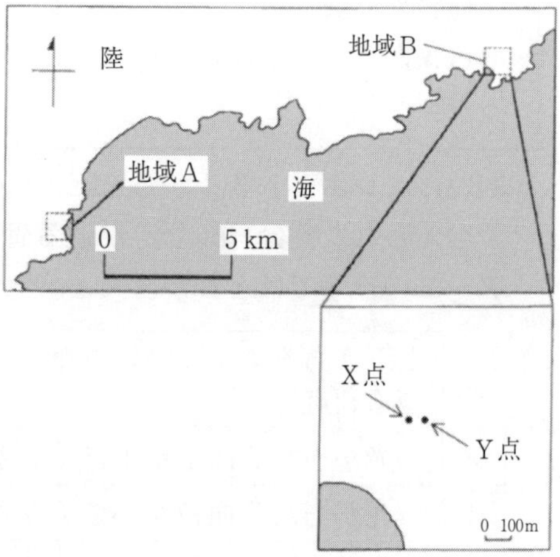

<**結果**>

(1)　<**観察**>の(1)と(2)を，表1のように，岩石Pと岩石Qについてまとめた。

表1

	岩石P	岩石Q
スケッチ		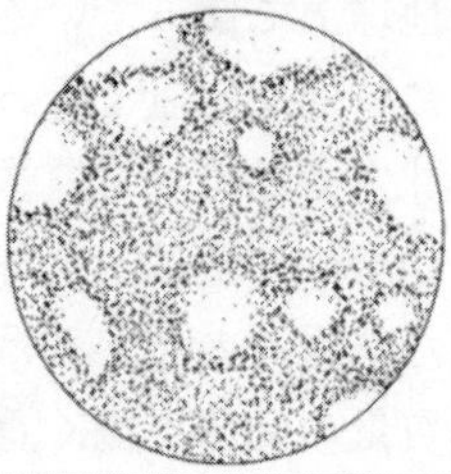
特徴	全体的に黒っぽい色で，小さな鉱物の間に，やや大きな鉱物が散らばっていた。	全体的に灰色で，白く丸いものが多数散らばっていた。
教科書や資料から分かったこと	無色鉱物である長石や，有色鉱物である輝石《きせき》が含まれていた。	丸いものはフズリナの化石であった。

(2)　図2は<**観察**>の(3)で調べた地域BにあるX点とY点のそれぞれのボーリング調査の記録

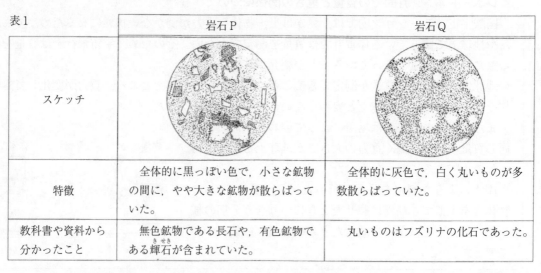

(柱状図)である。凝灰岩《ぎょうかいがん》の層は同じ時期に堆積している。また，地域Bの地層では上下の入れ替わりは起きていないことが分かった。

図２

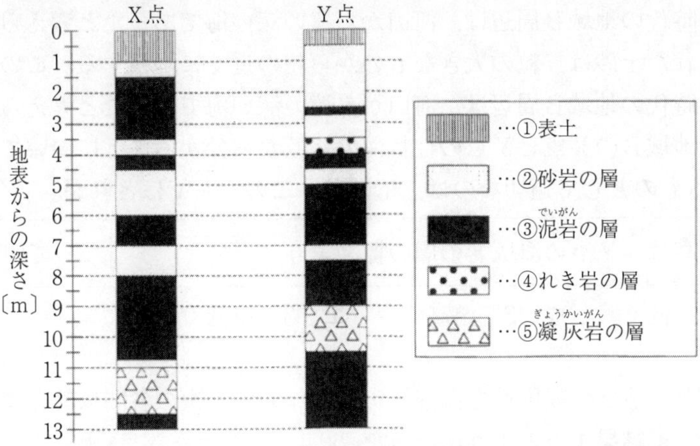

〔問１〕 ＜**結果**＞の(1)の岩石Ｐと＜**結果**＞の(2)の④の層に含まれるれき岩の，それぞれのでき方と，れき岩を構成する粒の特徴とを組み合わせたものとして適切なのは，次の表の**ア**～**エ**のうちではどれか。

	岩石Ｐとれき岩のそれぞれのでき方	れき岩を構成する粒の特徴
ア	岩石Ｐは土砂が押し固められてできたもので，れき岩はマグマが冷えてできたものである。	角が取れて丸みを帯びた粒が多い。
イ	岩石Ｐは土砂が押し固められてできたもので，れき岩はマグマが冷えてできたものである。	角ばった粒が多い。
ウ	岩石Ｐはマグマが冷えてできたもので，れき岩は土砂が押し固められてできたものである。	角が取れて丸みを帯びた粒が多い。
エ	岩石Ｐはマグマが冷えてできたもので，れき岩は土砂が押し固められてできたものである。	角ばった粒が多い。

〔問２〕 ＜**結果**＞の(1)で，岩石Ｑが堆積した地質年代に起きた出来事と，岩石Ｑが堆積した地質年代と同じ地質年代に生息していた生物とを組み合わせたものとして適切なのは，次の表の**ア**～**エ**のうちではどれか。

	岩石Ｑが堆積した地質年代に起きた出来事	同じ地質年代に生息していた生物
ア	魚類と両生類が出現した。	アンモナイト
イ	魚類と両生類が出現した。	三葉虫(サンヨウチュウ)
ウ	鳥類が出現した。	アンモナイト
エ	鳥類が出現した。	三葉虫(サンヨウチュウ)

〔問３〕 ＜**結果**＞の(2)にある泥岩《でいがん》の層が堆積した時代の地域Ｂ周辺の環境について述べたものとして適切なのは，次の**ア**～**エ**のうちではどれか。

ア 流水で運搬され海に流れた土砂は，粒の小さなものから陸の近くに堆積する。このことから，泥岩の層が堆積した時代の地域Ｂ周辺は，河口から近い浅い海であったと考えられる。

イ　流水で運搬され海に流れた土砂は，粒の大きなものから陸の近くに堆積する。このことから，泥岩の層が堆積した時代の地域Ｂ周辺は，河口から近い浅い海であったと考えられる。

ウ　流水で運搬され海に流れた土砂は，粒の小さなものから陸の近くに堆積する。このことから，泥岩の層が堆積した時代の地域Ｂ周辺は，河口から遠い深い海であったと考えられる。

エ　流水で運搬され海に流れた土砂は，粒の大きなものから陸の近くに堆積する。このことから，泥岩の層が堆積した時代の地域Ｂ周辺は，河口から遠い深い海であったと考えられる。

〔問４〕　＜**結果**＞の(2)から，地域ＢのＸ点とＹ点の柱状図の比較から分かることについて述べた次の文の［　　］に当てはまるものとして適切なのは，下の**ア**～**エ**のうちではどれか。

Ｘ点の凝灰岩の層の標高は，Ｙ点の凝灰岩の層の標高より［　　　　］なっている。

ア　1.5m高く　　**イ**　1.5m低く　　**ウ**　3.5m高く　　**エ**　3.5m低く

４　植物の花のつくりの観察と，遺伝の規則性を調べる実験について，次の各問に答えよ。
＜**観察**＞を行ったところ，＜**結果１**＞のようになった。

＜**観察**＞

(1)　メンデルの実験で用いられた品種と同じエンドウを校庭で育てた。

(2)　(1)から花を１個採取後，分解しセロハンテープに並べて貼り付けた。

(3)　(1)からさらに花をもう１個採取後，花の内側にある花弁が２枚合わさるように重なっている部分(図１の点線)をカッターナイフで切り，断面を観察して，スケッチした。

図１

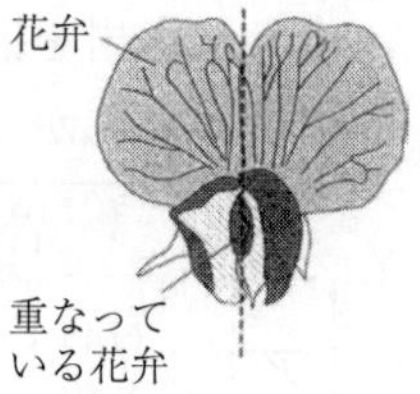

＜**結果１**＞

(1)　＜**観察**＞の(2)から，図２のようにエンドウの花弁は５枚あり，その１枚１枚が離れていた。

(2)　＜**観察**＞の(3)から，図３のように，おしべとめしべは内側の２枚の花弁で包まれていた。また，子房の中には，胚珠《はいしゅ》が見られた。

図２

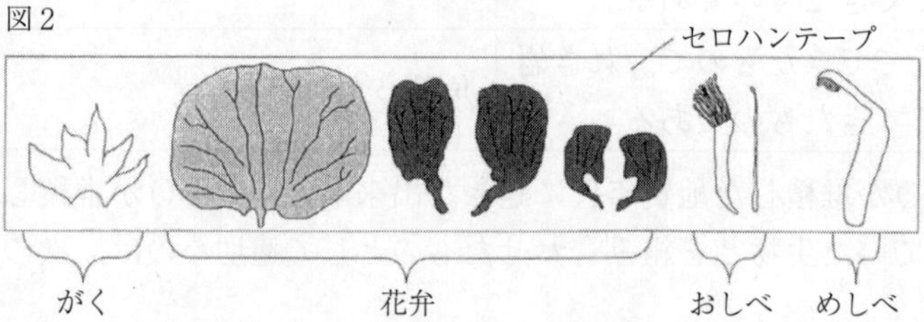

図３

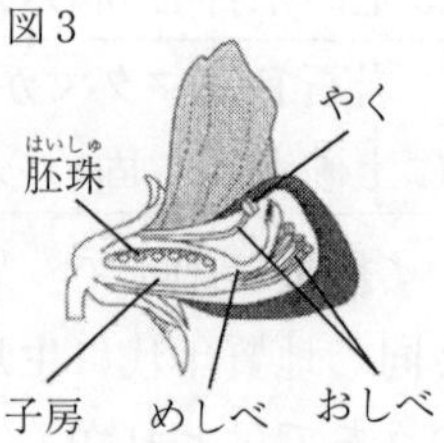

次に，＜**実験**＞を行ったところ，＜**結果２**＞のようになった。

＜**実験**＞

(1)　校庭で育てたエンドウには，草たけ(茎の長さ)の高い個体と低い個体がそれぞれあった。

(2)　草たけが高い個体を１本選び，エンドウが自家受粉し，受精後にできた種子を採取した。

(3)　草たけが低い個体を１本選び，エンドウが自家受粉し，受精後にできた種子を採取した。

(4)　(2)で採取した種子をまいて育て，成長したエンドウの草たけを調べた。

(5)　(3)で採取した種子をまいて育て，成長したエンドウの草たけを調べた。

(6)　(4)で調べたエンドウの花で，花粉がつくられる前に，やくを全て取り除いた。

(7)　(6)のエンドウの花の柱頭に，(5)で調べたエンドウの花のやくから採取した花粉を付け，受精した後にできた種子を採取した。

(8)　(7)で採取した種子をまいて育て，成長したエンドウの草たけを調べた。

＜**結果２**＞

(1)　＜**実験**＞の(4)から，全て草たけの高い個体（図４のＰ）であった。

(2)　＜**実験**＞の(5)から，全て草たけの低い個体（図４のＱ）であった。

(3)　＜**実験**＞の(8)から，全て草たけの高い個体（図４のＲ）であった。

図４　＜**実験**＞の模式図

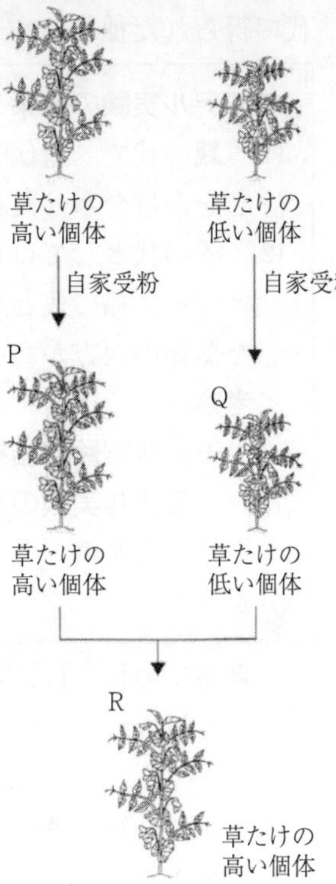

〔問１〕　＜**結果１**＞の(1)の花のつくりをもつ植物の子葉の枚数と，＜**結果１**＞の(2)のように胚珠が子房の中にある植物のなかまの名称とを組み合わせたものとして適切なのは，次の表の**ア**～**エ**のうちではどれか。

	子葉の枚数	胚珠が子房の中にある植物のなかまの名称
ア	１枚	被子植物
イ	１枚	裸子植物
ウ	２枚	被子植物
エ	２枚	裸子植物

〔問２〕　＜**実験**＞の(7)では，花粉から花粉管が伸長し，その中を移動する生殖細胞１個の染色体数は７本である。花粉管の中を移動する生殖細胞のうち１個と合体する細胞と，受精卵１個に含まれる染色体数とを組み合わせたものとして適切なのは，次の表の**ア**～**エ**のうちではどれか。

	花粉管の中を移動する生殖細胞のうち１個と合体する細胞	受精卵１個に含まれる染色体数
ア	卵	７本
イ	卵	14本
ウ	卵細胞	７本
エ	卵細胞	14本

〔問３〕　＜**結果２**＞の(3)の個体で，花粉がつくられる前にやくを全て取り除き，柱頭に＜**結果２**＞の(2)の個体のやくから採取した花粉を付け受精させ，種子を採取した。その種子をまいて育て，成長したエンドウの草たけを調べたときの結果として適切なのは，次のうちではどれか。

ア　草たけの高い個体数と草たけの低い個体数のおよその比は１：１であった。

イ　草たけの高い個体数と草たけの低い個体数のおよその比は１：３であった。

ウ　全て草たけの高い個体であった。

エ　全て草たけの低い個体であった。

〔問４〕　メンデルが行ったエンドウの種子の形の遺伝に関する実験では，顕性形質の丸形と，潜性形質のしわ形があることが分かった。遺伝子の組み合わせが分からない丸形の種子を２個まき，育てた個体どうしをかけ合わせる＜**モデル実験の結果**＞から，＜**考察**＞をまとめた。

ただし，エンドウの種子が丸形になる遺伝子をA，しわ形になる遺伝子をaとし，子や孫の代で得られた種子は，遺伝の規則性のとおりに現れるものとする。

＜モデル実験の結果＞

(1) 親の代で，遺伝子の組み合わせが分からない丸形の種子を２個まき，育てた個体どうしをかけ合わせたところ，子の代では丸形の種子だけが得られた。

(2) 子の代として得られた丸形の種子を全てまき，育てた個体をそれぞれ自家受粉させたところ，孫の代として，丸形の種子だけが得られた個体と丸形・しわ形の種子が得られた個体の両方があった。

＜考察＞

＜**モデル実験の結果**＞の(1)で，子の代として得られた丸形の種子の遺伝子の組み合わせは，＜**モデル実験の結果**＞の(2)から，２種類あることが分かる。このことから，親の代としてまいた２個の丸形の種子の遺伝子の組み合わせを示すと □ であることが分かる。

＜**考察**＞の □ に当てはまるものとして適切なのは，下の**ア**～**ウ**のうちではどれか。

ア　AAとAA　　**イ**　AaとAa　　**ウ**　AAとAa

5　イオンの性質を調べる実験について，次の各問に答えよ。

＜**実験１**＞を行ったところ，＜**結果１**＞のようになった。

＜実験１＞

(1) 図１のように，ビーカー①に硫酸亜鉛水溶液を入れ，亜鉛板Pを設置した。次に，ビーカー①に硫酸銅水溶液を入れたセロハンの袋を入れ，セロハンの袋の中に銅板Qを設置した。プロペラ付きモーターに亜鉛板Pと銅板Qを導線でつないだ後に金属板の表面の様子を観察した。

(2) 図２のように，簡易型電気分解装置に薄い水酸化ナトリウム水溶液を入れ，電極Rと電極Sを導線で電源装置につなぎ，電圧を加えて電流を流した後に電極の様子を観察した。

図１

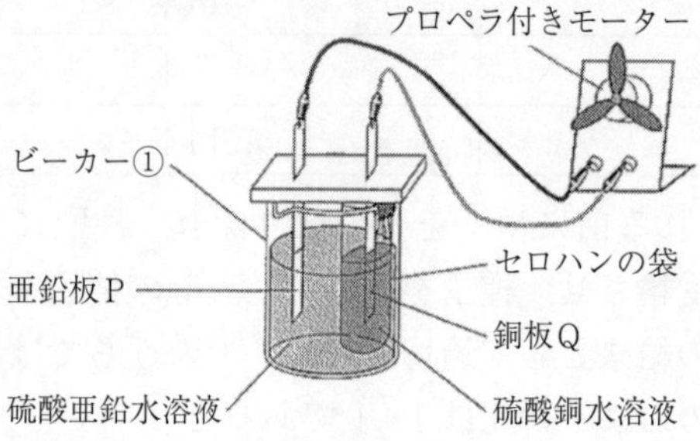

図２

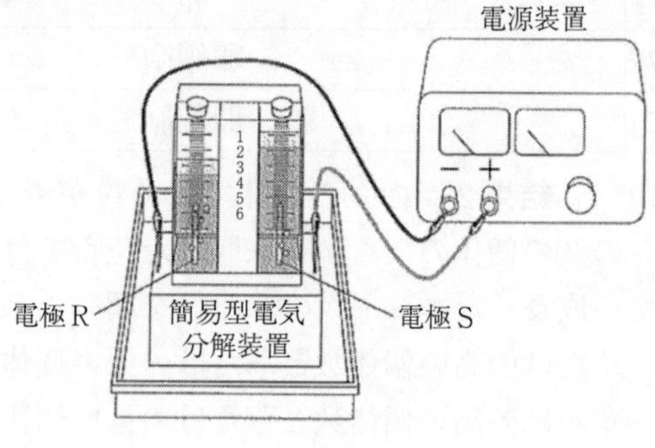

＜結果１＞

(1) ＜**実験１**＞の(1)でプロペラは回転した。亜鉛板Pは溶け，銅板Qには赤茶色の物質が付着した。

(2) ＜**実験１**＞の(2)で電極Rと電極Sからそれぞれ気体が発生した。

〔問１〕 ＜**結果１**＞の(1)から，水溶液中の亜鉛板Pと銅板Qの表面で起こる化学変化について，亜鉛原子1個を ，亜鉛イオン1個を $^{2+}$，銅原子1個を ，銅イオン1個を $^{2+}$，電子1個を ● というモデルで表したとき，亜鉛板Pの様子をA，Bから一つ，銅板Qの様子をC，Dから一つ，それぞれ選び，組み合わせたものとして適切なのは，下の**ア**～**エ**のうちではどれか。

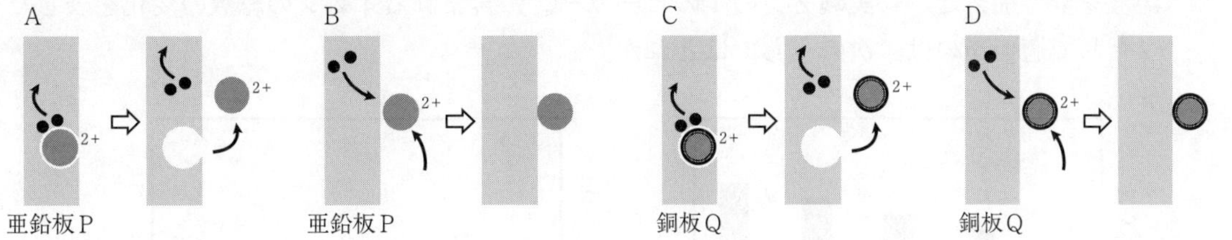

ア　A，C　　**イ**　A，D　　**ウ**　B，C　　**エ**　B，D

〔問2〕　＜**結果1**＞の(1)と(2)から，ビーカー①内の硫酸亜鉛水溶液と硫酸銅水溶液を合わせた水溶液中に含まれるZn^{2+}の数とCu^{2+}の数のそれぞれの増減と，電極Rと電極Sでそれぞれ発生する気体の性質とを組み合わせたものとして適切なのは，次の表の**ア**～**カ**のうちではどれか。

	合わせた水溶液に含まれるZn^{2+}の数	合わせた水溶液に含まれるCu^{2+}の数	電極Rで発生する気体の性質	電極Sで発生する気体の性質
ア	増える。	減る。	空気より軽い。	水に溶けにくい。
イ	増える。	増える。	空気より軽い。	水に溶けやすい。
ウ	増える。	減る。	空気より重い。	水に溶けにくい。
エ	減る。	増える。	空気より軽い。	水に溶けやすい。
オ	減る。	減る。	空気より重い。	水に溶けやすい。
カ	減る。	増える。	空気より重い。	水に溶けにくい。

次に，＜**実験2**＞を行ったところ，＜**結果2**＞のようになった。

＜**実験2**＞

(1)　ビーカー②に薄い塩酸を12cm^3入れ，BTB溶液を5滴加えてよく混ぜた。図3は，水溶液中の陽イオンを ◯，陰イオンを ⊗ というモデルで表したものである。

(2)　水酸化ナトリウム水溶液を10cm^3用意した。

(3)　(2)の水酸化ナトリウム水溶液をビーカー②に少しずつ加え，ガラス棒でかき混ぜ水溶液の様子を観察した。

(4)　(3)の操作を繰り返し，水酸化ナトリウム水溶液を合計6cm^3加えると，水溶液は緑色になった。

(5)　緑色になった水溶液をスライドガラスに1滴取り，水を蒸発させた後，観察した。

図3

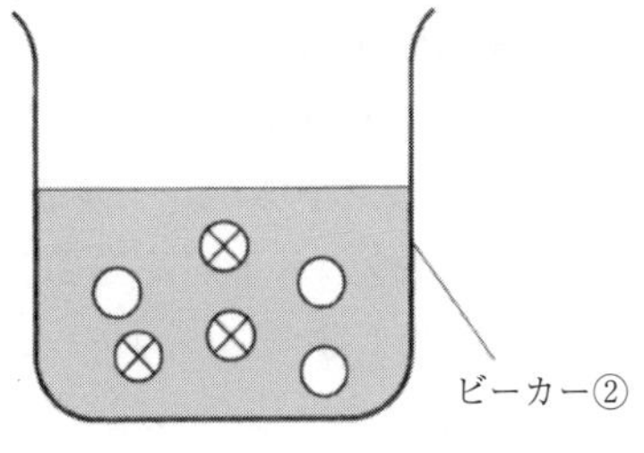

＜**結果2**＞

スライドガラスには，塩化ナトリウムの結晶が見られた。

〔問3〕　＜**実験2**＞の(4)のビーカー②の水溶液中で起きた化学変化を下の点線で囲まれた＜**化学反応式**＞で表すとき，下線部にそれぞれ当てはまる化学式を一つずつ書け。

ただし，＜**化学反応式**＞において酸の性質をもつ物質の化学式は(酸)の上の＿＿に，アルカリの性質をもつ物質の化学式は(アルカリ)の上の＿＿に，塩は(塩)の上の＿＿に書くこと。

＜化学反応式＞　＿＿＿＿＿ ＋ ＿＿＿＿＿ → ＿＿＿＿＿ ＋ ＿＿＿＿＿
（酸）　（アルカリ）　（塩）

〔問４〕　**＜実験２＞**の(5)の後，**＜実験２＞**の(3)の操作を繰り返し，用意した水酸化ナトリウム水溶液を全て加えた。**＜実験２＞**の(1)のビーカー②に含まれるイオンの総数の変化を表したグラフとして適切なのは，次のうちではどれか。

ア

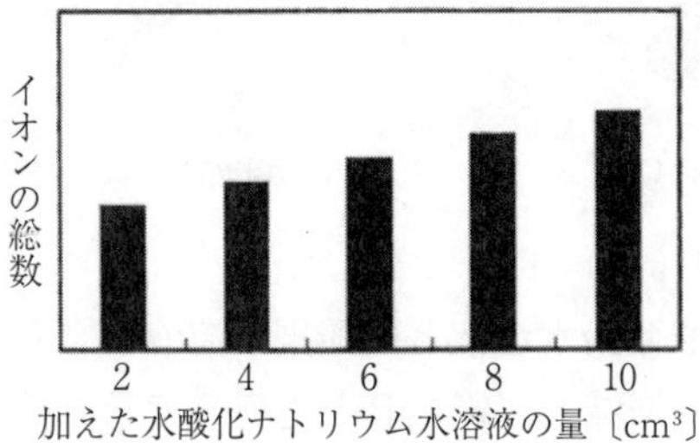

イ

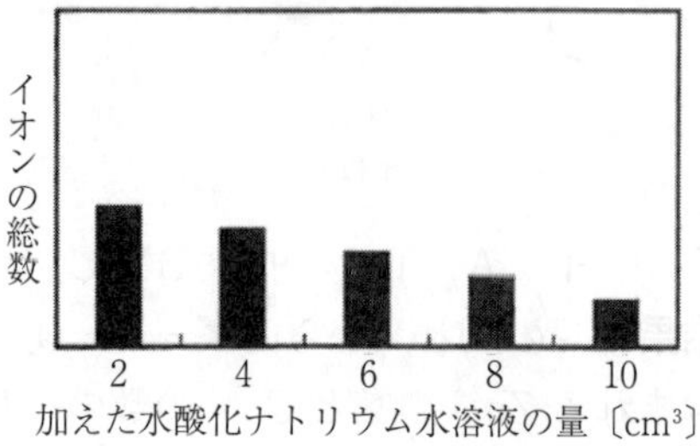

ウ

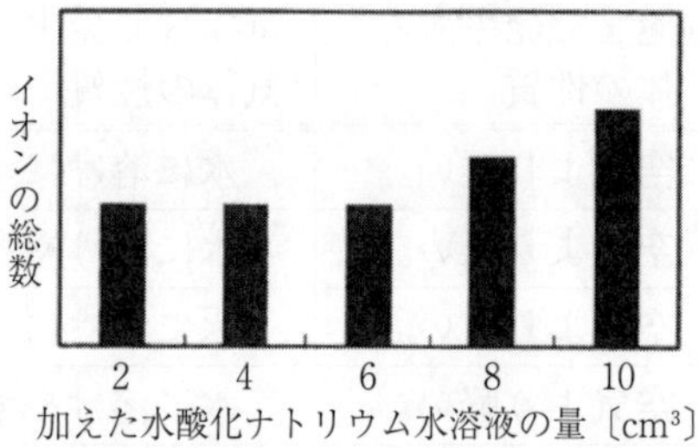

エ

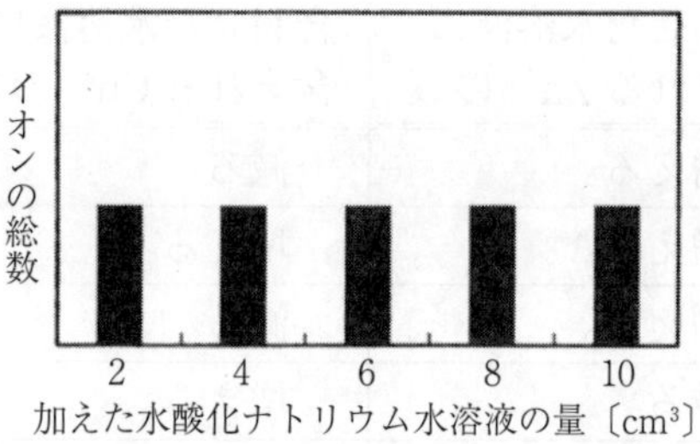

6　物体の運動に関する実験について，次の各問に答えよ。
＜実験＞を行ったところ，**＜結果＞**のようになった。

＜実験＞

(1)　形が異なるレールAとレールBを用意し，それぞれに目盛りを付け，図１のように水平な床に固定した。

(2)　レールA上の水平な部分から９cmの高さの点ａに小球を静かに置き，手を放して小球を転がし，小球がレールA上を運動する様子を，小球が最初に一瞬静止するまで，発光時間間隔0.1秒のストロボ写真で記録した。レールA上の水平な部分からの高さが４cmとなる点を点ｂ，レールA上の水平な部分に達した点を点ｃとした。

(3)　(2)で使用した小球をレールB上の水平な部分から９cmの高さの点ｄに静かに置き，(2)と同様の実験をレールB上で行った。レールB上の水平な部分からの高さが5.2cmとなる点を点ｅ，レールB上の水平な部分に達した点を点ｆとした。

(4)　ストロボ写真に記録された結果から，小球がレールA上の点ａから運動を始め，最初に一瞬静止するまでの0.1秒ごとの位置を模式的に表すと図２のようになった。さらに，0.1秒ごとに①から⑪まで，順に区間番号を付けた。

(5)　レールBについて，(4)と同様に模式的に表し，0.1秒ごとに①から⑪まで，順に区間番号を付けた。

(6)　レールAとレールBにおいて，①から⑪までの各区間における小球の移動距離を測定した。

図1

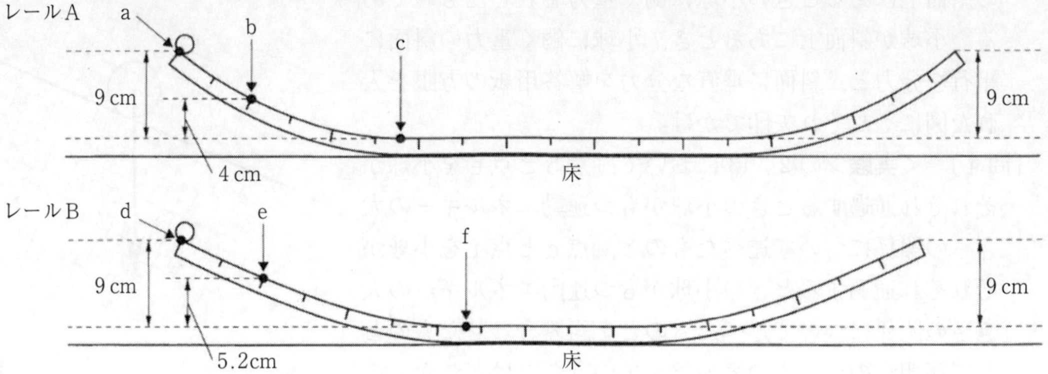

図2

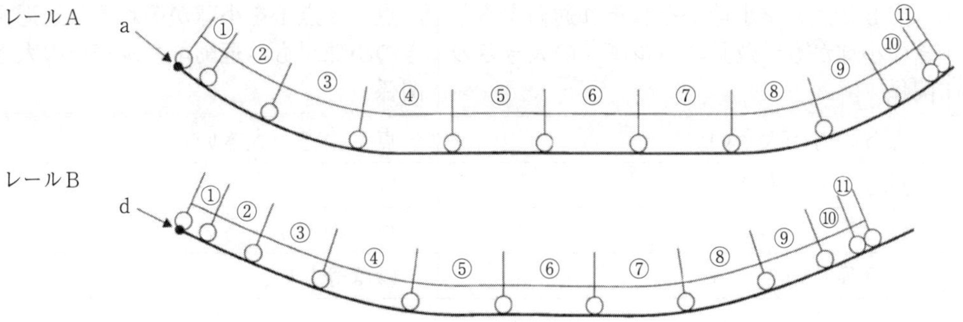

＜**結果**＞

区間番号	①	②	③	④	⑤	⑥	⑦	⑧	⑨	⑩	⑪
時間〔s〕	0〜0.1	0.1〜0.2	0.2〜0.3	0.3〜0.4	0.4〜0.5	0.5〜0.6	0.6〜0.7	0.7〜0.8	0.8〜0.9	0.9〜1.0	1.0〜1.1
レールAにおける移動距離〔cm〕	3.6	7.9	10.4	10.9	10.9	10.9	10.8	10.6	9.0	5.6	1.7
レールBにおける移動距離〔cm〕	3.2	5.6	8.0	10.5	10.9	10.9	10.6	9.5	6.7	4.2	1.8

〔問１〕 ＜**結果**＞から，レールA上の⑧から⑩までの小球の平均の速さとして適切なのは，次のうちではどれか。

ア　0.84m/s　　**イ**　0.95m/s

ウ　1.01m/s　　**エ**　1.06m/s

〔問２〕 ＜**結果**＞から，小球がレールB上の①から③まで運動しているとき，小球が運動する向きに働く力の大きさと小球の速さについて述べたものとして適切なのは，次のうちではどれか。

ア　力の大きさがほぼ一定であり，速さもほぼ一定である。

イ　力の大きさがほぼ一定であり，速さはほぼ一定の割合で増加する。

ウ　力の大きさがほぼ一定の割合で増加し，速さはほぼ一定である。

エ　力の大きさがほぼ一定の割合で増加し，速さもほぼ一定の割合で増加する。

〔問３〕　図３の矢印は，小球がレールＢ上の⑨から⑪までの斜面上にあるときの小球に働く重力を表したものである。小球が斜面上にあるとき，小球に働く重力の斜面に平行な分力と，斜面に垂直な分力を解答用紙の方眼を入れた図にそれぞれ矢印でかけ。

図３

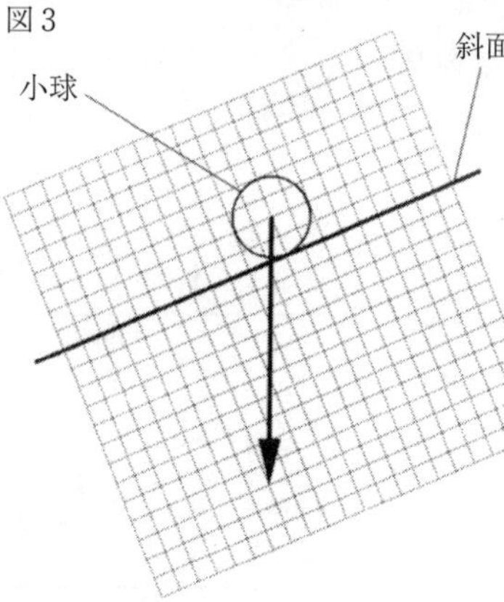

〔問４〕　＜**実験**＞の(2)，(3)において，点ｂと点ｅを小球がそれぞれ通過するときの小球がもつ運動エネルギーの大きさの関係について述べたものと，点ｃと点ｆを小球がそれぞれ通過するときの小球がもつ運動エネルギーの大きさの関係について述べたものとを組み合わせたものとして適切なのは，次の表の**ア**～**エ**のうちではどれか。

	点ｂと点ｅを小球がそれぞれ通過するときの小球がもつ運動エネルギーの大きさの関係	点ｃと点ｆを小球がそれぞれ通過するときの小球がもつ運動エネルギーの大きさの関係
ア	点ｂの方が大きい。	点ｆの方が大きい。
イ	点ｂの方が大きい。	ほぼ等しい。
ウ	ほぼ等しい。	点ｆの方が大きい。
エ	ほぼ等しい。	ほぼ等しい。

西行《さいぎょう》上人《しょうにん》談抄《だんしょう》——西行の弟子による西行の歌論書。

歌はうるはしく可詠也《なり》。古今集の風体を本としてよむべし

——和歌は美しく詠むべきである。そのため古今集の和歌を手本とするべきである。

惟喬親王《これたかしんのう》——在原業平と親交があり、晩年を小野殿で過ごした。

剃髪《ていはつ》——出家のために髪をそること。

〔問1〕(1)御縁とあるが、Bに引用されている和歌において「御縁」に相当する部分はどこか。次のうちから最も適切なものを選べ。

ア　こよひこそ　　イ　おもひしらるれ

ウ　あさからぬ　　エ　ちぎり

〔問2〕(2)そういう点では西行という人はたいへんな散文の達者だったと思いますね。という目崎さんの発言が、この対談の中で果たしている役割を説明したものとして最も適切なのは、次のうちではどれか。

ア　西行の和歌と詞書との関係について自分の見解を示すことで、白洲さんの考え方との相違点を明らかにしようとしている。

イ　白洲さんの西行の詞書に対する評価を受け、新たな視点で業平と西行の詞書における関連性を整理しようとしている。

ウ　それまでに語られた業平と西行の詞書の特徴を踏まえ、西行の詞書に話題を焦点化して対談の内容を深めている。

エ　白洲さんの読み手を意識した発言を受け、西行と業平の和歌と詞書の違いについて自説を展開するきっかけとしている。

〔問3〕Bでは(3)それで、いいんですね、この詞書が。とあり、Cでは(5)そういう次第で、業平も、西行も、詞書の助けを必要としたのであるが、詞書自体が美しいことも忘れてはなるまい。とあるが、B及びCで述べられた西行の詞書の特徴を説明したものとして最も適切なのは、次のうちではどれか。

ア　あふれる感情を歌だけでは表現しきれず、織り込みきれなかった和歌の技巧を全て詞書に挿入している。

イ　歌の背景を述べた詞書が、歌に詠まれた世界を補いながらも文章自体が読者をひきつける魅力を備えている。

ウ　字数の限られた和歌と散文である詞書を組み合わせることで、物語とすることが意識されている。

エ　詞書に用いる言葉が精選されており、和歌同様に短い文章で幅広い表現がなされている。

〔問4〕(4)一つの独立した旅行記みたい。とあるが、ここでいう「独立した旅行記みたい」を説明したものとして最も適切なのは、次のうちではどれか。

ア　『山家集』には、旅の様子が描かれた地の文章に合わせて歌を詠むといった、伝統的な紀行文の形式で書かれた部分があるということ。

イ　平泉に強い思い入れがあった西行は、そこで優れた和歌を数多く詠み、その和歌が『山家集』にとりわけ多く残されているということ。

ウ　西行は、優れた文章表現で旅の記録を多く残しており、その中には和歌のない旅行記の形式で書かれたものも含まれているということ。

エ　西行は、旅する歌人の一人として多くの歌を詠んでおり、旅行記の第一人者としてその後の紀行文の定型を整えようとしたということ。

〔問5〕Cのア〜エの「の」のうち、他と意味・用法の異なるものを一つ選び、記号で答えよ。

く個人的な興味に出たものであった。
小野殿の跡は、大原を見下ろす高台にあり、今は畑になっているが、背後の森アの蔭《かげ》には、惟喬親王の墓と称する五輪塔（おそらくは供養塔《くようとう》）が、ただ一基建っているだけである。業平は、大雪イの日にここを訪れ、忘れることウのできない絶唱を遺した。

忘れては夢かとぞ思ふおもひきや
雪踏みわけて君を見んとは

これには長い詞書がついており、惟喬親王が＊剃髪《ていはつ》して、ひとり寂しく暮《くら》していられるのを見て、都へ帰った後、贈った由《よし》が記してある。
一首エの意味は、親王が出家なさったことをふと忘れて、深い雪を踏みわけてお目にかかってみると、夢のような気がいたします。――大体そういう意味のことであるが、「夢かとぞ思ふおもひきや」と、二句目を字あまりとし、同じ詞を重ねて切羽つまった気持《きもち》を表しており、そこからはしんしんと降りつもる雪の音と、悲痛な叫び声が聞えて来るようである。
紀《きの》貫之は、「古今序」の中で、「在原業平は、その心余りて、詞たらず」と評した。「忘れては」の歌は比較的わかりやすいが、中には説明不可能なものも少《すく》なくない。何といったらいいのか、感情があふれて、詞の流に身をまかせてしまうようなところがあり、そういう歌ほど美しいのだから矛盾している。紀貫之のような専門歌人からみれば、三十一字の形式の中で完結しないような歌は、認めたくなかったのだろうが、業平の歌はそれなりに完結しており、よけいな解説を受けつけないものがある。したがって、どのようにも解釈できるし、読む人の心次第でどこまでも拡《ひろ》がって行く。ほんとうの詩人とはそうしたものだろう。だが、詞が足らないことも事実なのであって、そこで長い詞書を必要としたのである。

詞書が多いことでは、西行も人後に落ちない。現に小野殿をおとずれた時の二首も、長い詞書をともなっており、今まであげた歌のほとんどに、それを詠んだ時の状況や理由を補足する文がついている。西行もまた、「その心余りて」、詞が追いつけなかったのだ。時にはあまり多くのことをつめこんで、歌の姿を壊すことなきにしも非《あら》ずであった。その大部分は若い時の作だが、字余りの句が多いことも、西行の特徴の一つである。それについてはあまり深入りしたくはないが、字余りの句を研究していた本居宣長《もとおりのりなが》は、西行の歌はルールからはずれるので、聞き苦しいといってとらなかったという。
(5)そういう次第で、業平も、西行も、詞書の助けを必要としたのであるが、詞書自体が美しいことも忘れてはなるまい。その長い詞書から、前者には「伊勢物語《いせものがたり》」が生《うま》れ、後者には「西行物語」が作られて行った。

（白洲正子「西行」による）

〔注〕北面《ほくめんの》武士《ぶし》――院御所の北方で、警護に当たる武士のこと。
能因《のういん》――僧侶、歌人。
しらかはのせきやを月のもるかげは人の心をとむるなりけり――

白河の関に来て泊まったが、関屋を守る人も居《お》らず、ただ月光が荒れた建物を漏れているだけである。が、それに却《かえ》って、旅人である自分の心は引き留められてしまう。

『海道記』『東関紀行』――中世の紀行文。
とりわきて心もしみて冴《さ》えぞわたる衣河《ころもがは》見にきたるけふしも――

長く心にかけていた衣川《ころもがわ》を見に来た今日という日は、とりわけ心も冷えわたり冴え返っている。

まかりつきたりけるに――着いたが。

も、どうもそういう詞書と組み合わせて特徴が浮かび上がってくるような。

白洲　それで、自分のなかに長い歴史があるというようなことを思ってほしい、読む人にね。

目崎　(2)そういう点では西行という人はたいへんな散文の達者だったと思いますね。

白洲　はい。(3)それで、いいんですね、この詞書が。だから、西行物語なんかができちゃうんでしょうけれども。

目崎　瀬戸内海《せとないかい》を渡って四国へ行くときの歌、旅程をつぶさに詞書で述べては、歌っておりますね。『山家集』のなかでも突然、あの部分が出てくるんですけれど、考えてみると、あれがもうちょっとまとまって書かれたか、あるいはもっと残っていたら、いわゆる紀行文のはしりではないか。『土佐日記』は別としまして、＊『海道記』『東関紀行』などのもう一つ前の、たいへんすぐれた紀行の作品になったと思うのです。西行はひとつの旅行記としてまとめるつもりはなかったんで、歌の詞書として書き留めるだけにとどまったようですから、惜しいことだと思うのですが。しかし、日本の紀行には地の文章を書いては歌を一首入れ、それからさらに進んでいくというパターンができていますね。西行は十分、その先駆者と見られるものだろうと思うのです。白川の関、信夫《しのぶ》の里から、平泉《ひらいずみ》までの部分も。

白洲　(4)一つの独立した旅行記みたい。

目崎　平泉の、

＊とりわきて心もしみて冴《さ》えぞわたる
衣河《ころもがは》見にきたるけふしも

の歌の詞書、「十月十二日平泉に＊まかりつきたりけるに、雪ふり、あらしはげしく、ことのほか」云々。

白洲　あれはいい歌ですね、実にいい歌ですね。

目崎　これなどは本当に詞書と歌とがえもいわれず溶け合いまして、ハーモニーができていますね。

（白洲正子、目崎徳衛「西行の漂泊と無常」による）

C

「＊西行上人談抄《さいぎょうしょうにんだんしょう》」には、西行の詞として、「＊歌はうるはしく可詠也《なり》。古今集の風体を本としてよむべし」といった後で、手本とすべき歌をあげた中に、業平も入っている。それは極《ご》く常識的な説にすぎないが、都の内外を放浪していた頃、わざわざ＊惟《これ》喬親王《たかしんのう》の邸《やしき》跡を訪ねたことは注目に値《あたい》する。

その頃、西行は修学院に籠《こも》っていたが、昔、惟喬親王が出家して、洛北《らくほく》大原の小野殿《おのでん》に隠棲《いんせい》していたところを見に行った。半ば崩れかかった釣殿《つりどの》や、池に橋が渡してあるのを、「絵にかきたるやうに」興味深く眺めたが、滝が土に埋もれて、そのまわりの木が大きく育ち、松の音のみ聞《きこ》えるのが身にしみた、と詞書に記している。

滝落ちし水の流《ながれ》も跡絶えて
昔語るは松の風のみ

この里は人すだきけん昔もや
さびたることは変《かは》らざりけん

「人すだきけん」は、人が群がっていたという意味で、その頃でも寂しい住居であることに変《かわ》りはなかったであろう、と詠嘆したのである。

だが、西行はただ惟喬親王の遺跡を見物に行ったのではなかった。西行が物見に行く時は、必ずそこに人間の歴史があり、名歌が遺《のこ》されているからで、このことは、大覚寺《だいかくじ》や広沢《ひろさわ》の池の場合をみてもわかることである。それは歌枕《うたまくら》とは関係がなく、まった

五

　次のAは、平安時代末期の歌人西行《さいぎょう》の歌集「山家集」の原文であり、[　　]の和歌とその前に付され和歌を補足する詞書《ことばがき》の原文であり、[　　]内の文章はその現代語訳である。B及びCは西行と平安時代初期の歌人在原業平《ありわらのなりひら》の詞書に関する対談と解説文である。これらの文章を読んで、あとの各問に答えよ。（＊印の付いている言葉には、本文のあとに〔注〕がある。）

A

　一院《いちのゐん》かくれさせおはしまして、やがての御所へわたりまゐらせける夜、高野《かうや》より出《い》であひて、まゐりあひたりける、いと悲しかりけり。こののちおはしますべき所御覧じはじめけるそのかみの御供《おんとも》に、左大臣実能《さねよし》、大納言《だいなごん》と申しける、候《さぶら》はれけり。忍ばせおはしますことにて、又人さぶらはざりけり。その御供にさぶらひける事の思ひ出でられて、折《をり》しも今宵《こよひ》にまゐりあひたる、昔今のこと思ひつづけられて詠《よ》みける

　　今宵こそおもひ知らるれあさからぬ
　　君に契《ちぎ》りのある身なりけり

　一院《いちのいん》（鳥羽《とば》法皇）が鳥羽離宮（鳥羽安楽寿院御所《あんらくじゅいんごしょ》）にお亡《な》くなりになって、これからずっとお鎮《しず》まりになる御塔にお渡りになった夜、高野《こうや》を降《くだ》っていた自分はその御葬送に侍《はべ》ることができたが、たいへん悲しいことであった。そもそも永くお住まいになるところとして鳥羽離宮を初めて検分遊ばされたのは保延《ほうえん》の初め、あの時のお供には左大臣徳大寺《とくだいじ》実能が、まだ大納言の御身分で加わっておられたが、おしのびの御幸《みゆき》のこととて、他の者はお供申し上げなかった。その時、自分は＊北面《ほくめんの》武士《ぶし》としてお供に加わっていたが、その時のことなど自然に思い出されて来て、今宵は今宵で御葬送に侍ることのできた御縁の深さなどに思いを致し、昔のこと、今のこと、あれこれ思いは千々《ちぢ》に乱れ、悲しみに濡《ぬ》れて、次のような一首を詠じた。

　自分という人間はなんという迂闊《うかつ》さだろう。鳥羽法皇御葬儀の今宵になって初めて、自分が院と並《な》みひと通りでない(1)御縁にあったことを、今更のように深く思い知り、思い知らされたことであった。

（井上　靖「西行・山家集」による）

B

目崎《めざき》　これほど長い詞書がふんだんにくっついている歌集は、そう多くないと思うんです。鳥羽法皇が亡くなったときの歌などは、「一院かくれさせおはしまして、やがての御所へわたりまゐらせける夜、高野よりいであひてまゐりあひたりける、いとかなしかりけり」云々《うんぬん》。ずいぶん長い詞書を書いて、

　　こよひこそおもひしらるれあさからぬ
　　君にちぎりのある身なりけり

　実に単純といいますか平易といいますか曲《くせ》がないといいますか、ひとりごとを漏らしたみたいな、技巧も何も入っていない歌ですね。白川《しらかわ》の関で＊能因《のういん》を回顧した、

　　＊しらかはのせきやを月のもるかげは
　　人の心をとむるなりけり

も、非常に詞書が長いのですけれど、歌そのものはどうってことはない。

白洲《しらす》　でも、業平も詞書が多いでしょう。やはり古今の序で貫《つら》之《ゆき》が言ったように、心あまりて詞《ことば》足らずで、その足らない部分を詞書で補ったようなところがある。

目崎　ええ。そういう点でも共通したところがあるんです。あれもそういう点が大事だと思うから、貫之は『古今集』のなかに業平の歌に限って詞書を長いまま入れてある。西行の歌

えているから。

イ　動物の行動には定められた目的達成の方法があり、状況に応じて最適な方法で目的を達成する人間と質的な差はないと考えているから。

ウ　多くの動物の複雑な振舞いは目的達成に向けた適切な行動であり、人間の本能的な段階の行動と根本的な違いはないと考えているから。

エ　動物は状況の変化に応じて行動の目的を設定しており、人間の子供と比較しても環境に適応する能力に大きな差はないと考えているから。

〔問2〕 (2)これに対し「脱既存概念の考え方」のほうは動物的な「本能的な行為」とは異質である。とはどういうことか。次のうちから最も適切なものを選べ。

ア　概念の表現と記憶の方式は人間も動物も同様の構造をしているが、新しい発想を生み出す革新的な知性は人間しかもっていないということ。

イ　言葉に依存する人間の思考と身体構造に制限される動物の行動はどちらも本能的だが、経験に基づく人間の行動は異質であるということ。

ウ　先祖代々変わらない種の性質を踏襲する点は人間も動物も類似しているが、目的と行為が固定されているのは人間だけであるということ。

エ　人間も動物も代々受け継ぐ行為の形式があることはあまり違わないが、創造的な思考は種として受け継ぐ行為とは質的に異なるということ。

〔問3〕 この文章の構成における第九段の役割を説明したものとして最も適切なのは、次のうちではどれか。

ア　第八段で規定された「考え方」を受けて、「考える」行為の目的とは何かを示し、筆者の主張の前提を明らかにしている。

イ　第八段で整理された「考え方」を受けて、「考える」ことに関する新たな視点と反対の内容を提示することで話題の転換を図っている。

ウ　第八段で挙げた「考え方」の具体的事例を踏まえ、「考える」内容を要約し、筆者の論の展開を分かりやすくしている。

エ　第八段で解説した「考え方」の種類を踏まえ、「考える」対象や状況を挙げて、一つ一つを説明し結論に導いている。

〔問4〕 (3)しかしそれを明示することによって、気付かなかった誤りや考え落ちを見いだし、「考える」ことを変える根拠が見えてくる。とはどういうことか。次のうちから最も適切なものを選べ。

ア　一定の手順を踏んで「考える」過程を可視化することで、自分の考えを再認識し、目的につながる動機が見いだされるということ。

イ　「考える」目的や過程で得た概念を言語化することで、論理の不備や不足を明らかにし、思考を見直す手掛かりが見えてくるということ。

ウ　「考える」途中の要素から得た概念を明文化することで、思考が明確に整理されるため、無意識に考える必要がなくなるということ。

エ　人間の脳内で行われる「考える」手順を電子化することで、異なる考えを検索し、理想的な考えを永続的に保存できるということ。

〔問5〕 国語の授業でこの文章を読んだ後、「コンピュータ化できない人間の考え方」というテーマで自分の意見を発表することになった。このときにあなたが話す言葉を具体的な体験や見聞も含めて二百字以内で書け。なお、書き出しや改行の際の空欄、、や。や「などもそれぞれ字数に数えよ。

いて考えることもある。学生が将来の進路を考える、政治家が国の繁栄のために何を為《な》すべきかを考える、など、このような例も多い。（第七段）

　これらは、たとえ漠然としたものではあっても何か目的意識のもとでの「考え方」であるが、人間として、あるいは社会人としてどのように考え、どのように生きるべきであるか、といった、さらに抽象的で高度な「考え方」もある。後者は「「考え方」についての「考え方」」といった意味合いのものを含み、知的機能のレベルで言えば、具体的な目的を持つ行為、言い方を変えれば即物的な「考え方」より上位のものである。突然、「知的機能のレベル」などと言ってしまったが、目下《もっか》の議論には直接関わりがないので、具体的な目的意識のもとでの「考え方」について考える。（第八段）

　目的は、例えば「行動計画を立てる」や「（新製品開発において）高性能を達成する」、「新しいビジネスモデルをつくる」などさまざまであり、「考える」対象や状況の違いによって「考える」内容は異なるけれど、どの場合でも共通しているのは、「考える」行為には必ず何らかの動機と目的や方法などその前提条件があることである。これは「考える」ことの一般的な条件であり、「既存概念による考え方」でも「脱既存概念の考え方」にも共通である。以下「考え方」についての議論では、目的が明確に意識されていることを前提とする。明確に、とは明文化されるほどに、という意味である。以下ではこれを「考える目的」のように表す。（第九段）

　すでに触れたように、現実には多くの人は無意識に「考える」という行為を行っている。「考えを変えろ」と言われても、どのようにしたらよいかわからないのもそのためと言える。しかしそれでも人はでたらめに頭を働かせているわけではない。一定の手順を踏んで考えていることは確かである。この「考える」という行為を明示することによって、異なる「考え方」と比較したり、（もしできるなら）理想的な「考え方」を表現すること、また理想的な「考え方」に比べて実際に人が行っているのはその一部であること、そして足りない部分は何かをはっきりさせることができる。それにはまず、動機となっている「考える」目的を達成するように行われる行為のモデルをつくり、その構造を表現する。現実には、多くの場合、人は無意識に考えている。仮に意識していたとしても「考える」目的や、考える途中で得た概念をそのつど言葉に出すことはしない。(3)しかしそれを明示することによって、気付かなかった誤りや考え落ちを見いだし、「考える」ことを変える根拠が見えてくる。また明示することによって「考える」ことのモデルがコンピュータ化される。人工知能という研究分野がこのようにして発展してきた。（第十段）

　しかし「考える」ことのすべてを明示できるわけではない。大ざっぱな言い方になるが、「既存概念による考え方」は明文化のできる部分、したがってコンピュータ化ができる部分が多く、「脱既存概念の考え方」は明文化ができない部分、したがってコンピュータ化ができない部分を含んでいる、と言うこともできる。（第十一段）

（大須賀節雄「思考を科学する」による）

〔注〕　デカルト的な見方――デカルトは西洋の哲学者であり、デカルト的な見方とは、ここでは理性のある人間と他の動物を区別する見方である。

〔問1〕　(1)人間や動物という先入観を離れて、純粋に行為の知能性という点で見れば、知能の違いは計画的な行動の複雑さの違いに現れるものであって、人間と動物の間で本質の部分に大きな差はないと言える。とあるが、筆者がこのように述べたのはなぜか。次のうちから最も適切なものを選べ。

ア　多くの動物は複雑に統制された行動をしており、人間が社会の中で規律正しく行動することと同じ程度の社会性があると考

ら、事前に行動の計画を立てているに違いない。これが行為の知能性である。（第二段）

しかし動物の行為を「考える行為」と言い切ってしまうには、どこか違和感のあることも確かである。動物では目的が限定的で、方法が固定されている。したがって、行動パターンも種ごとにほぼ固定されている。動作が複雑で、知能的に見えていても、それは個々の個体が考えてつくり上げるものではなく、種としての経験から、何代にもわたってつくり上げられたものを踏襲しているに過ぎない。したがって動物の行動パターンは親の代、さらには遠くさかのぼって先祖の代のものから大きく変わっていない。これに対し人間の場合は目的が多様であり、個人がそれぞれ自分の目的を持つ。そのための目的達成の方法を個人が状況に応じて動的に見いださなければならない。この「目的とその達成の方法を動的に見いだす」ことこそが考えることの本質と解釈すると、「考える」のはあくまで人間のみであることになる。動物における一見知的な行為は、その動物が個体として「考える」のではなく、種として先祖から受け継いだものであり、通常、「本能的」、と表現される。（第三段）

動的に考えるかどうかは、概念の表現と記憶の方式に関連する。すなわちこの差は、現代の人間は概念の表現と記憶を言語というソフトウェアで行うのに対し、動物は生理的構造というハードウェアでそれを行っている、という機構的な違いによる。「既存概念による考え方」の原点が生理的構造にあり、言葉はその生理的構造のコピーと考えると、そして多くの人間が「既存概念による考え方」によっている事実を考えるなら、人間の「考え方」の基本部分の本質は動物の「本能的な行為」と実質的に大きな差がないように見える。（第四段）

(2) これに対し「脱既存概念の考え方」のほうは動物的な「本能的な行為」とは異質である。新しく発想するという「脱既存概念の考え方」は、この点で、多くの人がそれで満足してしまっている「既存概念による考え方」とは一線を画している。「脱既存概念の考え方」こそが、人間でなければできないものである。社会的にも大きな変革が期待されるのはこの「脱既存概念の考え方」である。人には、目に見えていないことをイメージする能力があるのに、チンパンジーではそれができないと報告されているが、この違いが「脱既存概念の考え方」にとって本質的なものであるか、あるいはこれも、概念の表現と記憶を言語というソフトウェアで行っているためであるかどうかは、今のところはっきりしていない。しかし「考え方」も、神によって与えられたもの、であるよりは、「考え方」の知的進化の必然的結果である、とするのがより科学的な立場である。人間の場合、言語の発達によって、「考え方」も進化した結果、表面的には動物との違いが大きくなり、＊デカルト的な見方が表れたと解釈できる。以下ではこのことを明らかにしていきたい。（第五段）

何につけ、議論しようとしたら、まずその議論の対象はどのようなものかを定義しておかなければならない。「考える」ことについても同様である。（第六段）

「考える」にもさまざまなものがある。何かのきっかけでふと思い出した過去の一場面、まだ若かった両親に連れられて行った遊園地の情景、それから連鎖的に次々と心に浮かんでくる追憶の場面も「考える」ことの一種である。しかし、このような誰にとっても楽しく、何ら技巧を必要としないし、目的もない「考える」は、自然のままに任せるのがよいだろう。以下で取り上げるのは、「考え方」という一種の技術あるいは方法を要するもの、である。これを、「目的達成の方法を動的に見いだす」ことであるとした。ただし、これは目的が与えられているときにその実現方法を考えるという、「考える」ことの一つの例である。一般にはこの形の「考える」行為が多いが、ときには、「何をすべきか」、という目的そのものにつ

エ　茂三が快く許してくれないと思うと、自分から声をかけづらく、気づくまで待つことでしか誠意を示せないと思う気持ち。

〔問4〕 (4)「おーう、雪乃。やーっと来ただかい、寝ぼすけめ。」とあるが、この表現から読み取れる茂三の様子として最も適切なのは、次のうちではどれか。

ア　きっと来るだろうと思いながら待っていた雪乃の姿を見付け、ちゃかすような口調で、うれしそうに迎え入れようとする様子。

イ　雪乃が来たことを喜びながらも、普段から早起きが苦手なひ孫をもて余しているため、できるだけ反省を促そうとする様子。

ウ　身支度が遅いために待たずに置いてきたことを気にしていたが、雪乃が来たことを喜んで、照れ隠しでからかっている様子。

エ　遅れて畑に来た雪乃に対して、昨日の心無い発言は大目に見て、子供らしいことだと理解して温かく接しようとする様子。

〔問5〕 (5)お父さんもいろいろ勉強してるんだな、と思ってみる。とあるが、雪乃が「お父さんもいろいろ勉強してるんだな、と思ってみ」たわけとして最も適切なのは、次のうちではどれか。

ア　今朝寝過ごしたことを思い返し、曽祖父母に起こされた自分をふがいなく思い、自立している父に学びたいと考えているから。

イ　けがが治って精力的に働く茂三の様子を眺めながら、父の取り組みを振り返り、父が茂三を尊敬する理由を理解しようとしているから。

ウ　農業に興味をもち始めた自分が、父と茂三の行動を思い返し、経験に基づく茂三よりも研究熱心な父を手本にしようとしているから。

エ　茂三が用いた方法にとらわれない父の農作業の工夫を思い返し、新たな視点で、大人たちの姿について考えようとしているから。

四　次の文章を読んで、あとの各問に答えよ。（＊印の付いている言葉には、本文のあとに〔注〕がある。）

人間以外の動物の行動を観察すると、原始的なレベルではあるが、知能的と呼ぶにふさわしい行為を行っていると考えざるを得ない場面に遭遇する。そうでなければ多くの動物が見せるかなり複雑な振《ふる》舞《ま》いを説明できない、という意味である。例えばタイに生息するカニクイザルは、石を道具に使ってカニや植物の実の堅い殻を割って果肉を取り出す。対象ごとに石を変える。鳥でさえ、厚手の木の葉をむしって細長いヘラ状のものをつくり、それを道具として用いて、木の穴の中の虫をつり出して餌とするものがいる。このような特殊なものでなくても、多くの動物の行動はでたらめなものではなく、一定の目的、例えば餌を獲るという目的を達成するために、一連の秩序だった必然的な行動を取っている。中には行動パターンとして見た場合、人間の子供より複雑なものもある。(1)人間や動物という先入観を離れて、純粋に行為の知能性という点で見れば、知能の違いは計画的な行動の複雑さの違いに現れるものであって、人間と動物の間で本質の部分に大きな差はないと言える。（第一段）

動物の例を持ち出したのは、原始的人間と動物の間に大きな違いがないことを示すためであるが、同時に、言語以前の原始的人間の振舞いを直接観察することはできないが、動物は現代でも観察ができるし、人間に比べて動作パターンが少なく、かつ固定的なので、知能的な行為の観察がしやすいからでもある。動物の行動目的の大部分は餌を獲ることと子孫を残すために異性と交配することであり、この目的を達成するために、多くの動物が、走る、跳ぶ、伏せる、飛ぶ、といった生物的機能として自然に備わった単純な行為を組み合わせて複合的な行動を行っている。でたらめに基本的な機能を組み合わせたのでは目的を達するような動きができるわけではないか雪乃は、頷《うなず》いた。目標を半分しか達成できなかったのに、半分は達成できた、と言ってくれる曽祖父のことを、改めて大好きだと思った。

「よし、そんなら手伝ってくれ。ジャガイモの＊芽掻《めか》きだ。ああ、いやその前に、まずはそれを食っちまえ。ゆっくり噛《か》んでな。」

雪乃が手にしている布包みの中身がおにぎりだと、一目でわかったらしい。畑の端に座ってタラコと梅干しのおにぎりを食べながら、茂三の手もとを見守る。去年の十一月、骨にひびが入った手首はだいぶ良くなったようだが、無理な力がかかるとやはり痛むらしい。

ひと月ほど前、航介《こうすけ》とともに雪乃も植え付けに参加した。半分にしたイモの切り口に草木灰をつけて乾かし、断面を下に、芽を上にして植えてゆくのだ。父親は別のやり方も試してみると言って、畑の奥半分は断面のほうを上にして植えていた。昔からあった方法らしいが、最近の研究では、このほうが収穫は遅くなるけれども病気にかかりにくいという結果が出たのだそうだ。

(5)お父さんもいろいろ勉強してるんだな、と思ってみる。自分にとって新しいことを始める時は、茂三のような大先輩の培《つちか》ってきた知恵を素直に受《う》け容《い》れることも大切だし、また一方で、すべてを鵜《う》呑《の》みにするのではなく、一旦は疑ってみることも必要なのかもしれない。

よく噛んで、けれどできるだけ急いで食べ終えて、雪乃は茂三のそばへ行った。一緒にジャガイモの畝の間にかがみ込む。

（村山由佳「雪のなまえ」による）

〔注〕まっと――もっと。
ヤッケ――フードの付いた、防風・防水・防寒用の上着。
芽掻《めか》き――果樹、野菜等の発育を調整するために、不要な芽を、長く伸びないうちに指で取ること。

〔問1〕(1)「……え？」とあるが、このときの雪乃の気持ちに最も近いのは、次のうちではどれか。

ア　ヨシ江がどのようにして、温厚な茂三に自分のことを放っておけと言わせたのか、ヨシ江から聞いてみたいと思う気持ち。

イ　起こしてくれると約束していた茂三が、自分を置いたまま畑に行ったことが信じられず、ヨシ江の言葉を疑う気持ち。

ウ　茂三とヨシ江が、苦笑しながら自分を起こさずに置いていこうとする様子を想像し、悔しさが込み上げる気持ち。

エ　一緒に畑へ行きたいと伝えていたにもかかわらず、茂三が自分を放っておくように言ったと聞き、戸惑う気持ち。

〔問2〕(2)無言で洗面所へ走ると、超特急で顔を洗い、歯を磨き、部屋へ戻ってシャツとジーンズに着替えた。とあるが、この表現について述べたものとして最も適切なのは、次のうちではどれか。

ア　早く出かけたいというあせりから不安へと気持ちが変化する様子を、丁寧に描写することで、説明的に表現している。

イ　自分の甘えに気づき急いで身支度する様子を、場面の描写を短く区切りながら展開することで、印象的に表現している。

ウ　遅れを取り戻したくて速やかに動く様子を、同じ語句の繰り返しとたとえを用いることで、躍動的に表現している。

エ　情けない思いで押し黙って出かける準備をする心情や様子を、細部まで詳しく描くことで、写実的に表現している。

〔問3〕(3)張りあげかけた声を飲みこむ。とあるが、このときの雪乃の気持ちに最も近いのは、次のうちではどれか。

ア　畑まで急いで走ってきたため、思っていた以上に早く着き、茂三を驚かせようとして声のかけ方を決めかねている気持ち。

イ　畑で農作業をしている茂三のそばに駆け寄り、話しかけようとしたが、なかなか気づいてもらえず困惑する気持ち。

ウ　茂三が、自分に対してどのような思いを抱いているかつかみきれず、声をかけることをためらう気持ち。

ヨシ江は笑って言った。〈まっくろけぇして〉とは、慌てて、という意味だ。目の前に、白い布巾《ふきん》できゅっとくるまれた包みが差し出される。

「ほれ、タラコと梅干しのおにぎり。行ったらまず、座ってお食べ。朝ごはん抜きじゃあ一人前に働けねえだから。」

「……わかった。ありがと。」

「急いで走ったりしたら、てっくりけぇるだから、気をつけてゆっくり行くだよ。雪ちゃんが後からちゃーんと行くって、爺やんにはわかってただわい。いつもは出がけになーんも言わねえのに、今日はわざわざ『ブドウ園の隣の畑にいるだから』って言ってっただもの。」

再びヨシ江に礼を言って、雪乃は外へ出た。

あたりはもう充分に明るい。朝焼けの薔薇《ばら》色もすでに薄れ、青みのほうが強くなっている。すっかり春とはいえ、この時間の気温は低くて、息を吸い込むとお腹《なか》の中までひんやり冷たくなる。

よその家の納屋《なや》に明かりが灯《とも》っている。どこかでトラクターのエンジン音が聞こえる。農家の朝はとっくに始まっているのだ。大きく深呼吸をしてから、雪乃は、やっぱり走りだした。

長靴ががぽがぽと鳴る。まっくろけぇしててっくりけぇることのないように気をつけながら、舗装された坂道を駆け上がる。ふだん軽トラックですいすい登る坂が、思ったよりずっと急であることに驚く。

息を切らしながらブドウ園の手前を左へ曲がり、砂利道に入ってなおも走ると、畑が見えてきた。整然とのびる畝《うね》の間に、紺色の＊ヤッケを着て腰をかがめる茂三の姿がある。急に立ち止まったせいで足がもつれ、危うく本当にてっくりけぇりそうになった。

「シ……。」

(3)張りあげかけた声を飲みこむ。

ヨシ江はあんなふうに言ってくれたけれど、ほんとうに茂三は怒っていないだろうか。少なくとも、すごくあきれているんじゃないだろうか。謝ろうにも、この距離ではどんなふうに切り出せばいいかわからない。

布巾でくるまれたおにぎりをそっと抱え、立ち尽くしたままためらっていると、茂三が立ちあがり、痛む腰を伸ばした拍子にこちらに気づいた。

(4)「おーう、雪乃。やーっと来ただかい、寝ぼすけめ。」

笑顔とともに掛けられた、からかうようなそのひと言で、胸のつかえがすうっと楽になってゆく。手招きされ、雪乃はそばへ行った。

「ごめんなさい、シゲ爺。」

「なんで謝るだ。」

ロゴの入った帽子のひさしの下で、皺《しわ》ばんだ目が面白そうに光る。

「だってあたし、あんなえらそうなこと言っといて……。」

「そんでも、こやって手伝いに来てくれただに。」

「それは、そうだけど……。」

「婆《ばあ》やんに起こされただか？」

「ううん。知らない間に目覚ましを止めちゃったみたいで寝坊したけど、なんとか自分で起きたよ。」

起きたとたんに〈げぇっ〉て叫んじゃった、と話すと、茂三はおかしそうに笑った。

「いやいや、それでもてぇしたもんだわい。いっつも、婆やんがぶつくさ言ってるだに。『雪ちゃんは、起こしても起こしても起きちゃこねえでおえねえわい』つって。それが、いっぺん目覚まし時計止めて、そんでもなお自分で起きたっちゅうなら、そりゃあなおさらてぇしたことだでほー。」

「……シゲ爺、怒ってないの？」

「だれぇ、なーんで怒るぅ。起きようと自分で決めて、いつもよりかは早く起きただもの、堂々と胸張ってりゃいいだわい。」

国語

●満点100点　●時間50分

一　次の各文の――を付けた漢字の読みがなを書け。

(1) 郷土資料館の学芸員から話を伺い、町の歴史を学ぶ。
(2) 麦茶を冷やすために氷を砕いてグラスに入れる。
(3) 地道な清掃活動が周囲に良い影響を及ぼす。
(4) 入念な準備により、会議が円滑に進む。
(5) 産業遺産を観光バスで巡る。

二　次の各文の――を付けたかたかなの部分に当たる漢字を楷書で書け。

(1) 朗読劇で主人公の役をエンじる。
(2) 研究のためにムズカしい論文を読む。
(3) 決勝でシュクメイの相手と対戦する。
(4) 兄は、早朝のジョギングをシュウカンとしている。
(5) 保育園で園児たちのスコやかな寝顔を眺めて気持ちが和む。

三　次の文章を読んで、あとの各問に答えよ。（＊印の付いている言葉には、本文のあとに〔注〕がある。）

目覚ましをセットした時刻を三十分も過ぎている。知らないうちに止めて、またうとうとしてしまったらしい。慌ててパジャマのまま台所へ飛んでいくと、ヨシ江《え》が洗い物をしているところだった。
「シゲ爺《じい》は？」
「ああ、おはよう。」
「おはよ。ねえ、シゲ爺は？」
「さっき出かけてっただわ。」
「うそ、なんで？」
ほんのちょっと声をかけてくれたらすぐ起きたのに、どうして置いていくのか。部屋を覗《のぞ》いた曽祖父母《そうそふぼ》が、〈よーく眠ってるだわい〉〈可哀想《かわいそう》だからこのまま寝かせとくだ〉などと苦笑し合う様子が想像されて、地団駄を踏みたくなる。
「どうして起こしてくんなかったの？　昨日あたし、一緒に行くって言ったのに。」
するとヨシ江は、スポンジで茶碗《ちゃわん》をこすりながら雪乃《ゆきの》をちらりと見た。
「起こそうとしただよぅ、私は。けどあのひとが、ほっとけって言うだから。」
(1)「……え？」
「『雪乃が自分で、＊まっと早起きして手伝うから連れてけって言っただわ。こっちが起こしてやる必要はねえ、起きてこなけりゃ置いてくまでだ』って。」
心臓が硬くなる思いがした。茂三《しげぞう》の言うとおりだ。
(2)無言で洗面所へ走ると、超特急で顔を洗い、歯を磨き、部屋へ戻ってシャツとジーンズに着替えた。ぼさぼさの髪をとかしている暇はない。ゴムでひとつにくくる。
土間で長靴を履き、
「行ってきます！」
駆け出そうとする背中へ、ヨシ江の声がかかった。
「ちょっと待ちない、いってぇどこへ行くつもりだいや。」
雪乃は、あ、と立ち止まった。そうだ、今日はどの畑で作業しているかを聞いていない。
「そんなにまっくろけぇして行かんでも大丈夫、爺やんは怒っちゃいねえだから。」

Memo

2021年度 東京都立高校 入試問題

英語

●満点 100点 ●時間 50分

新型コロナウイルス感染症対策のため、学校が臨時休校したことを受けて、出題範囲に配慮がありました。

■リスニングテストの音声は，当社ホームページで聴くことができます。（当社による録音です。）再生に必要なアクセスコードは「合格のための入試レーダー」（巻頭の黄色の紙）の1ページに掲載しています。

1 リスニングテスト（**放送**による**指示**に従って答えなさい。）

〔**問題A**〕 次の**ア**～**エ**の中から適するものをそれぞれ**一つずつ**選びなさい。

＜対話文1＞

ア On the highest floor of a building.　**イ** At a temple.

ウ At their school.　**エ** On the seventh floor of a building.

＜対話文2＞

ア To see Mr. Smith.　**イ** To return a dictionary.

ウ To borrow a book.　**エ** To help Taro.

＜対話文3＞

ア At eleven fifteen.　**イ** At eleven twenty.

ウ At eleven thirty.　**エ** At eleven fifty-five.

〔**問題B**〕 ＜Question 1＞では，下の**ア**～**エ**の中から適するものを**一つ**選びなさい。＜Question 2＞では，質問に対する答えを英語で書きなさい。

＜Question 1＞

ア For six years.　**イ** For three years.

ウ For two years.　**エ** For one year.

＜Question 2＞

（15秒程度，答えを書く時間があります。）

※＜**英語学力検査リスニングテスト台本**＞は英語の問題の終わりに付けてあります。

2 次の各問に答えよ。（＊印の付いている単語・語句には，本文のあとに〔**注**〕がある。）

1　高校生のRyotaとアメリカからの留学生のJamesは，Ryotaの家で，Jamesが作りたい日本の伝統的なおもちゃについて話をしている。(A) 及び (B) の中に，それぞれ入る単語の組み合わせとして正しいものは，下の**ア**～**エ**のうちではどれか。ただし，下の**I**は，二人が見ている日本の伝統的なおもちゃを紹介したウェブサイトの一部である。

Ryota : What traditional Japanese ＊toys do you want to make?

James : Well, I want to make something for my brother in the United States. I want to play with him.

Ryota : I see. How about making a [(A)] ?

James : That's nice. I want to make one.

Ryota : I have some paper. We also need bamboo and *string.

James : Oh, do any shops around here sell them ?

Ryota : Yes. There is a home center near my house.

James : OK.

Ryota : You should also make a [(B)]. We need only bamboo to make one.

James : I'd love to. I think my brother will be happy to play it.

Ryota : It'll make beautiful sounds.

I

Traditional Japanese Toys	
koma (*spinning top) 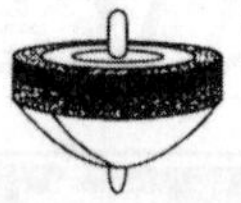 *Material : wood	*taketombo* (*bamboo dragonfly)  Material : bamboo
takebue (*bamboo flute)  Material : bamboo	*tako* (*kite) 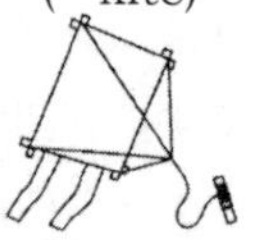 Materials : bamboo, paper, string

〔注〕 toy おもちゃ　string 糸
spinning top こま　material 材料
bamboo dragonfly 竹とんぼ
bamboo flute 竹笛　kite 凧《たこ》

ア (A) *tako* (B) *taketombo*　**イ** (A) *koma* (B) *taketombo*
ウ (A) *tako* (B) *takebue*　**エ** (A) *koma* (B) *takebue*

2 RyotaとJamesは，Jamesが帰国するまでの予定について話をしている。[(A)]及び[(B)]の中に，それぞれ入る単語の組み合わせとして正しいものは，下の**ア**～**エ**のうちではどれか。ただし，下の**Ⅱ-1**，**Ⅱ-2**は，それぞれ，二人が見ている，Jamesが書いたこれからやるべきことのリストと計画である。

James : It's July twentieth. I'm going to go back to my country next Monday.

Ryota : Don't forget to go to the sea with me on the twenty-fifth. I hope it'll be sunny on that day.

James : I do, too. I have no other plans for that day. But I'll be busy on other days. I have made a list of things to do and a plan. Look at them. I need to decide when I should do the things on the list. There are some *blanks in the

Ⅱ-1

List of Things to Do
□make a photo book
□practice for a *taiko* performance
□buy some gifts

Ⅱ-2

Plan				
Date		Day	a.m.	p.m.
July	20	Monday	school	study for the final test
	21	Tuesday	final test	
	22	Wednesday	school	
	23	Thursday	school	
	24	Friday	the last day of school *taiko* performance	
	25	Saturday	go to the sea with Ryota	
	26	Sunday		the last dinner with host family
	27	Monday		leave for the United States

plan. They mean that I'm free.

Ryota : Tell me about the photo book.

James : It'll be a present for my *host family. They took me to many interesting places, and I took many photos.

Ryota : They'll be happy to get it. When will you make it ?

James : I'll do it on Friday afternoon and on Sunday morning.

Ryota : Why don't you add photos of the last dinner on the twenty-sixth ?

James : That's a good idea. I'll give it to them on the (A) . I have some time to do it in the morning on that day.

Ryota : OK. How about the *taiko* performance ?

James : As you know, I have learned how to play the *taiko*. I'll show that to my classmates and teachers. I'll practice it on Wednesday and Thursday afternoons.

Ryota : I see.

James : I have one more thing to do. I'll go shopping to buy some gifts for my family on the (B) . We have no afternoon classes, and I have no plans for that afternoon.

Ryota : That's good.

James : Can you go with me ?

Ryota : Of course.

〔注〕 blank 空欄《くうらん》 host family ホストファミリー

ア	(A) twenty-seventh	(B)	twenty-first	イ	(A) twenty-sixth	(B)	twenty-first
ウ	(A) twenty-seventh	(B)	twenty-second	エ	(A) twenty-sixth	(B)	twenty-second

3 次の文章は，アメリカに帰国したJamesがRyotaに送ったEメールの内容である。

Dear Ryota,

Thank you for your help during my stay in Japan. Going to the sea with you is a special memory. I learned very much about Japanese culture. Also, I was very happy because I had good classmates and they always helped me. They were very kind to me and taught me about Japan.

After returning to my country, I enjoyed playing with my brother. We were happy to play with traditional Japanese toys together. I want to say thank you for making them with me. I think doing something for someone is a good thing. So I have tried one more thing. I learned how to cook *okonomiyaki* from my host family. Yesterday, I cooked it for some of my friends. I wanted them to try some Japanese food. When they ate it, they said, "It's delicious. Thank you, James." I was glad to hear that.

Have you ever done something good for someone ? Please tell me about it.
I'm looking forward to hearing from you soon.

Yours,
James

(1) このEメールの内容と合っているのは，次のうちではどれか。

ア James thought it was good for someone to do something for him.

イ James was helped by his classmates in Japan to tell his host family about his country.

ウ James was glad because some of his friends thanked him for teaching them how to cook *okonomiyaki*.

エ James and his brother were happy because they played with traditional Japanese toys made by James and Ryota.

(2) RyotaはJamesに返事のEメールを送ることにしました。あなたがRyotaだとしたら，Jamesにどのような返事のEメールを送りますか。次の**＜条件＞**に合うように，下の□の中に，**三つ**の英語の文を書きなさい。

＜条件＞

○ 前後の文につながるように書き，全体としてまとまりのある返事のEメールとすること。
○ Jamesに伝えたい内容を**一つ**取り上げ，それをした理由などを含《ふく》めること。

Hello, James,

Thank you for your e-mail. I enjoyed reading it. I have a lot of good memories. I especially enjoyed making traditional Japanese toys and going to the sea with you.

I'll try to answer your question. You asked me, "Have you ever done something good for someone ?" My answer is yes. I'll write about it.

I'll tell you some other stories in the future.

I'm looking forward to seeing you again.

Your friend,
Ryota

3 次の対話の文章を読んで，あとの各問に答えよ。（*印の付いている単語・語句には，本文のあとに〔注〕がある。）

Rumi, Kenta, and Aika are first-year high school students in Tokyo. Steve is a high school student from the United States. They are talking in their classroom after lunch.

Rumi : Hi, Kenta and Steve, what are you doing ?

Kenta : Hi, Rumi and Aika. We're talking about how to *express the numbers of some things in Japanese.

Steve : Sometimes I don't know what word to add after a number. For example, "*mai*" for pages of paper and "*satsu*" for books.

Rumi : In English, I often forget to add words before some things. "A piece of cake" is one example.

Aika : (1)I do, too. There are many differences between English and Japanese, and there are a lot of things to remember. Sometimes it is *confusing.

Rumi : Yes, it is. Steve, are there any other difficult things for you about Japanese ?

Steve : Yes. Last night, my *host mother said, ". . . *Murata Sensei ga mieru*. . . ." I thought she could see Mr. Murata, our *homeroom teacher, there. So I looked around, but he wasn't there. (2)That was confusing.

Kenta : She wanted to say that he would come.

Steve : That's right.

Rumi : Is there anything like that in English ?

Steve : Yes. I'll give you an example. What do you say when you thank someone for their help ?

Aika : I say, "Thank you for your help."

Steve : Yes. We also say "I am grateful for your help," especially in a more *formal *situation.

Rumi : (3)Oh, I remember another expression like that.

Aika : Tell us about it.

Rumi : Sure. When I was a junior high school student, I went to the teachers' room to ask Mr. Brown about a report. When I came into the room, he said to me, "Please have a seat." I couldn't understand what he meant.

Steve : It means "Please sit down." It's also used in formal situations.

Aika : That's interesting. I think we should learn more about formal expressions and use them more often both in English and in Japanese.

Rumi : Should I use them with Steve ?

Kenta : Well. . . . (4)I don't think so.

Aika : What do you think ?

Kenta : When I talk with Steve in Japanese, I choose simple expressions because I want him to understand me. He is my close friend.

Aika : I see. We should think about the best expressions to use in different situations.

Steve : And the *speed of speaking, too. Rumi and Aika, you do that for me. And you also use simple expressions. I feel that is very kind. I enjoy talking with you in Japanese.

Aika : I do, too.

Kenta : I also have realized one thing in teaching Japanese to Steve. Japanese is interesting.

Rumi : Why do you think so ?

Kenta : Because it has many different ways to express the same thing. For example, when I say "I" in Japanese, I can say "*watashi*," or "*watakushi*," or "*boku*."

Aika : Also, sometimes we don't need to use a word expressing "I."

Kenta : That's right. I have never thought of that. "*Kansha shiteimasu*."

Steve : Wow, that Japanese expression sounds formal.

Kenta : You're right. It means "I am grateful."

Steve : Interesting. I want to learn more Japanese expressions. Would you mind teaching me more ?

Rumi : What ?

Steve : I mean "Will you teach me more ?"

Aika : Of course. And would you mind teaching us more English ?

Rumi and Kenta : Yes, please.

Steve : (5)I will be happy to do that.

〔注〕 express　表現する　　confusing　混乱させる
host mother　ホームステイ先の母　　homeroom teacher　担任の先生
formal　改まった　　situation　状況
speed　速さ

〔問１〕 (1)I do, too. の内容を最もよく表しているのは，次のうちではどれか。

ア Aika remembers that there are many differences between English and Japanese, too.

イ Aika talks about how to express the number of some things, too.

ウ Aika adds a word after each number, too.

エ Aika often forgets to add words before some things, too.

〔問２〕 (2)That was confusing. の内容を最もよく表しているのは，次のうちではどれか。

ア It was confusing to Steve because his host mother said Mr. Murata, his homeroom teacher, looked like him.

イ It was confusing because Steve thought his host mother could see Mr. Murata, his homeroom teacher.

ウ It was confusing to Steve because Mr. Murata, his homeroom teacher, was there.

エ It was confusing because Steve couldn't see his host mother.

〔問３〕 (3)Oh, I remember another expression like that. の内容を，次のように書き表すとすれば，□の中に，下のどれを入れるのがよいか。

Rumi remembered □.

ア another English expression used in a formal situation

イ another Japanese expression used in a formal situation

ウ another English expression for saying "Thank you." to people for their help

エ another Japanese expression for saying "Thank you." to people for their help

〔問4〕 (4)I don't think so. の内容を，次のように書き表すとすれば，□の中に，下のどれを入れるのがよいか。

Kenta doesn't think that □.

ア　Rumi should use formal expressions with Steve
イ　it is difficult for Rumi to use formal expressions
ウ　Steve should understand what Rumi would like to say
エ　it is important for Rumi to use formal expressions in formal situations

〔問5〕 (5)I will be happy to do that. の内容を，次のように書き表すとすれば，□の中に，下のどれを入れるのがよいか。

Steve will be happy to □.

ア　use many kinds of Japanese expressions used in formal situations
イ　give an example of an English expression used in a formal situation
ウ　teach more English to Aika, Rumi, and Kenta
エ　learn Japanese from Aika, Rumi, and Kenta

〔問6〕 次の英語の文を，本文の内容と合うように完成するには，□の中に，下のどれを入れるのがよいか。

When Aika and Rumi talk with Steve in Japanese, they use □ expressions, and Steve enjoys talking with them.

ア　difficult
イ　simple
ウ　formal
エ　interesting

〔問7〕 次の文章は，Kentaたちと話した日に，Steveが書いた日記の一部である。(A)及び(B)の中に，それぞれ入る単語の組み合わせとして正しいものは，下の**ア**～**エ**のうちではどれか。

> Today, I talked with my friends Rumi, Kenta, and Aika about different expressions, both in Japanese and in English. First we talked about how to express the numbers of things. It is difficult for Rumi and Aika to do that in English. Rumi (A) me about something difficult in Japanese, and I said that once I couldn't understand one of my host mother's expressions in (B).
>
> After that we talked about English expressions used in formal situations. When we talk in Japanese, their Japanese is usually easy to understand. I enjoy talking with them, both in Japanese and in English. Finally, Kenta said (B) was interesting. I agree with him. Sometimes it is difficult, but I enjoy studying it. I (A) them to teach me more Japanese expressions.

ア　(A) asked　(B) English
イ　(A) told　(B) English
ウ　(A) asked　(B) Japanese
エ　(A) told　(B) Japanese

4　次の文章を読んで，あとの各問に答えよ。（*印の付いている単語・語句には，本文のあとに〔**注**〕がある。）

Haruto was a second-year high school student. He had two good friends, Ayaka and Olivia. Olivia was from Australia. One day in May, Ayaka said to Haruto, "I go to a *children's center as a volunteer every Wednesday after school. It's near our school. Some volunteers are needed there. Olivia will join us next week. Can you help us ?" Haruto answered, "Me ? Do you really think I'll be able to help you ? I'm not sure." Ayaka said to him, "Yes, I'm sure you will be able to do that." He finally said yes. Ayaka was happy to hear that.

The next Wednesday, Haruto visited the children's center with Ayaka and Olivia. There, Ms. Sasaki, one of the *staff members, welcomed them and said, "In our center, please spend a lot of time with the children." She also explained, "This center is used by many children, especially by elementary school students."

In the *playroom, some children were playing. Olivia said to them, "Hi ! I'm Olivia, from Australia. I'm studying Japanese, and I want to read picture books to you." Next, Haruto said that he wanted to play together and to teach them math. At that time, one boy was looking down and drawing pictures. Ayaka said, "He is Kazuya, nine years old. He usually comes here after school." Haruto spoke to him with a smile, "Hi ! Will you play with me ?" Kazuya answered no and continued drawing pictures. Ayaka said to Haruto, "Don't worry." Haruto didn't understand Kazuya's feelings. Ms. Sasaki said, "Kazuya is a very shy boy. To *make friends with him will take a lot of time." Haruto said, "Oh, I see." He said to himself, "It won't be easy to make friends with Kazuya, but I want to build a friendship with him."

One week passed. On the second visit, Haruto and some children were going to play soccer outside. He said to Kazuya, "Join us." Kazuya only said no and kept drawing pictures. That made Haruto disappointed. He thought, "Kazuya doesn't want to talk with me." When he went to the library of the center, Olivia was enjoying reading Japanese picture books with some children there. Ayaka was also helping some children with their homework. They looked happy.

The next week, Haruto didn't try to speak to Kazuya. He helped some children with their homework. That night, Ayaka called him. She said to him, "You didn't speak to Kazuya today. I heard that from him. He looked sad." Haruto was surprised to hear that. He said to himself, "What is the best way to build a friendship with Kazuya ? He spends time in drawing pictures in the center. That may be a key." Haruto had an idea about how to build a friendship with Kazuya.

On Wednesday of the next week, Haruto went to the children's center again. It was his fourth visit. He hoped his idea would be *successful. He began to draw pictures on drawing paper. He *noticed that Kazuya was looking at him. Kazuya asked Haruto, "What are you doing ?" He looked nervous. Haruto answered, "I'm making *picture-story shows. I'm not good at drawing pictures. Will you help me ?" Kazuya thought for a while and said, "Yes, I like drawing pictures." That made Haruto happy. Haruto continued, "After finishing making them, I'll ask Olivia to read them to children here." Kazuya said, "Sounds good."

After that, Kazuya and Haruto started to make picture-story shows together. While drawing, they talked about themselves. Kazuya said, "When I met you for the first time, I was glad that you spoke to me with a smile. But I'm sorry I couldn't say anything." Haruto *nodded and said, "Don't worry about that." Kazuya smiled. Ayaka and some children came and said, "Your pictures are nice, Kazuya!" Kazuya smiled and said, "Thank you." He looked very happy.

Two weeks later, Kazuya and Haruto finished making their picture-story shows and showed them to Olivia. She said, "They are so beautiful! Good job!" Haruto asked her to read them to children there. She smiled and said, "Of course, I will." Soon, Ms. Sasaki came and said to Kazuya and Haruto, "Oh, wonderful! Now you are good friends!"

〔注〕 children's center　児童館　　staff member　職員
playroom　遊戯室《ゆうぎしつ》　　make friends with ～　～と友達になる
successful　成功した　　notice　気付く
picture-story show　紙芝居《かみしばい》　　nod　うなずく

〔問1〕 Haruto didn't understand Kazuya's feelings. の内容を，次のように書き表すとすれば，□の中に，下のどれを入れるのがよいか。

Haruto didn't understand □.

ア　why Kazuya wanted to speak to him
イ　why Kazuya answered no and continued drawing pictures
ウ　why Kazuya wanted him to play together and to teach math
エ　why Kazuya told Ayaka about drawing pictures

〔問2〕 次のア～エの文を，本文の内容の流れに沿って並べ，記号で答えよ。

ア　Ayaka called Haruto and told him about Kazuya.
イ　Olivia looked happy when she was reading Japanese picture books with some children.
ウ　Olivia said that the picture-story shows made by Kazuya and Haruto were very beautiful.
エ　Ayaka was happy to hear that Haruto decided to go to the children's center.

〔問3〕 次の(1)～(3)の文を，本文の内容と合うように完成するには，□の中に，それぞれ下のどれを入れるのがよいか。

(1) When Ayaka told Haruto about the children's center, □.
ア　he was not sure that he would be able to help her
イ　he wanted Olivia to join them every Wednesday after school
ウ　he hoped that some volunteers were needed at the children's center
エ　he learned it was used by many children, especially by elementary school students

(2) When Haruto spoke to Kazuya on the second visit, □.
ア　he didn't think that making friends with Kazuya would take a lot of time
イ　he was surprised to hear that Kazuya went to the library of the center
ウ　he thought Kazuya wanted to play together in the playroom
エ　he was disappointed that Kazuya said no and kept drawing pictures

(3) On the fourth visit, Haruto was happy to hear that □.

ア　Kazuya liked Haruto's pictures
イ　Kazuya would help him with picture-story shows
ウ　Kazuya wanted to play with other children
エ　Kazuya was going to play soccer with him

〔問４〕　次の(1)，(2)の質問の答えとして適切なものは，それぞれ下のうちではどれか。

(1)　How did Kazuya feel when he met Haruto for the first time ?
ア　He was sad because he wanted to continue drawing pictures.
イ　He felt that it wouldn't be easy to make friends with Haruto.
ウ　He felt that it was easy to talk with Haruto.
エ　He was glad that Haruto spoke to him with a smile.

(2)　How did Haruto build a friendship with Kazuya ?
ア　He did it by reading picture-story shows with other children.
イ　He did it by asking Olivia to read picture-story shows to children with them.
ウ　He did it by understanding what Kazuya liked and doing something together.
エ　He did it by asking Kazuya to play with other children.

＜英語学力検査リスニングテスト台本＞

開始時の説明

これから，リスニングテストを行います。

問題用紙の１ページを見なさい。リスニングテストは，全て放送による指示で行います。リスニングテストの問題には，**問題Ａ**と**問題Ｂ**の二つがあります。**問題Ａ**と，**問題Ｂ**の＜Question１＞では，質問に対する答えを選んで，その記号を答えなさい。**問題Ｂ**の＜Question２＞では，質問に対する答えを英語で書きなさい。

英文とそのあとに出題される質問が，それぞれ全体を通して二回ずつ読まれます。問題用紙の余白にメモをとってもかまいません。答えは全て解答用紙に書きなさい。

〔問題Ａ〕

問題Ａは，英語による対話文を聞いて，英語の質問に答えるものです。ここで話される対話文は全部で三つあり，それぞれ質問が一つずつ出題されます。質問に対する答えを選んで，その記号を答えなさい。

では，＜対話文１＞を始めます。

Yumi : David, we are on the highest floor of this building. The view from here is beautiful.
David : I can see some temples, Yumi.
Yumi : Look! We can see our school over there.
David : Where?
Yumi : Can you see that park? It's by the park.
David : Oh, I see it. This is a very nice view.
Yumi : I'm glad you like it. It's almost noon. Let's go down to the seventh floor. There are nice restaurants there.

Question : Where are Yumi and David talking?
繰り返します。
（対話文１と質問を繰り返す。）

＜対話文２＞を始めます。

Taro : Hi, Jane. Will you help me with my homework? It's difficult for me.
Jane : OK, Taro. But I have to go to the teachers' room now. I have to see Mr. Smith to give this dictionary back to him.
Taro : I see. Then, I'll go to the library. I have a book to return, and I'll borrow a new one for my homework.
Jane : I'll go there later and help you.
Taro : Thank you.

Question : Why will Jane go to the library?
繰り返します。
（対話文２と質問を繰り返す。）

＜対話文３＞を始めます。

Woman : Excuse me. I'd like to go to Minami Station. What time will the next train leave ?
Man : Well, it's eleven o'clock. The next train will leave at eleven fifteen.
Woman : My mother hasn't come yet. I think she will get here at about eleven twenty.
Man : OK. Then you can take a train leaving at eleven thirty. You will arrive at Minami Station at eleven fifty-five.
Woman : Thank you. We'll take that train.

Question : When will the woman take a train ?
繰り返します。
（対話文３と質問を繰り返す。）
　これで**問題Ａ**を終わり，**問題Ｂ**に入ります。

〔**問題Ｂ**〕

　これから聞く英語は，ある外国人の英語の先生が，新しく着任した中学校の生徒に対して行った自己紹介です。内容に注意して聞きなさい。
　あとから，英語による質問が二つ出題されます。＜Question 1＞では，質問に対する答えを選んで，その記号を答えなさい。＜Question 2＞では，質問に対する答えを英語で書きなさい。
　なお，＜Question 2＞のあとに，15秒程度，答えを書く時間があります。
　では，始めます。

Good morning, everyone. My name is Margaret Green. I'm from Australia. Australia is a very large country. Have you ever been there ? Many Japanese people visit my country every year. Before coming to Japan, I taught English for five years in China. I had a good time there.

I have lived in Japan for six years. After coming to Japan, I enjoyed traveling around the country for one year. I visited many famous places. Then I went to school to study Japanese for two years. I have taught English now for three years. This school is my second school as an English teacher in Japan. Please tell me about your school. I want to know about it. I'm glad to become a teacher of this school. Thank you.

＜Question 1＞ How long has Ms. Green taught English in Japan ?
＜Question 2＞ What does Ms. Green want the students to do ?
繰り返します。
（**問題Ｂ**の英文と質問を繰り返す）
　以上で，リスニングテストを終わります。**2** 以降の問題に答えなさい。

数学

●満点 100点　●時間 50分

注意　1　答えに分数が含《ふく》まれるときは，**それ以上約分できない形で表しなさい。**

例えば，$\frac{6}{8}$ と答えるのではなく，$\frac{3}{4}$ と答えます。

2　答えに根号が含まれるときは，**根号の中を最も小さい自然数にしなさい。**

例えば，$3\sqrt{8}$ と答えるのではなく，$6\sqrt{2}$ と答えます。

3　[　]の中の数字を答える問題については，「**あ**，**い**，**う**，…」に当てはまる数字を，**0** から **9** までの数字のうちから，それぞれ **1 つずつ**選んで，**その数字の**◯**の中を正確に塗りつぶしなさい。**

1　次の各問に答えよ。

〔問 1〕　$-3^2\times\frac{1}{9}+8$　を計算せよ。

〔問 2〕　$\frac{5a-b}{2}-\frac{a-7b}{4}$　を計算せよ。

〔問 3〕　$3\div\sqrt{6}\times\sqrt{8}$　を計算せよ。

〔問 4〕　一次方程式　$-4x+2=9(x-7)$　を解け。

〔問 5〕　連立方程式　$\begin{cases}5x+y=1\\-x+6y=37\end{cases}$　を解け。

〔問 6〕　二次方程式　$(x+8)^2=2$　を解け。

〔問 7〕　次の[①]と[②]に当てはまる数を，下の**ア**～**ク**のうちからそれぞれ選び，記号で答えよ。

関数 $y=-3x^2$ について，x の変域が $-4\leqq x\leqq 1$ のときの y の変域は，

[①] $\leqq y\leqq$ [②]

である。

ア -48　**イ** -16　**ウ** -3　**エ** -1　**オ** 0　**カ** 3　**キ** 16　**ク** 48

〔問 8〕　次の[　]の中の「**あ**」「**い**」「**う**」に当てはまる数字をそれぞれ答えよ。

1 から 6 までの目の出る大小 1 つずつのさいころを同時に 1 回投げる。

大きいさいころの出た目の数を a，小さいさいころの出た目の数を b とするとき，$a\geqq b$ となる確率は，$\frac{\boxed{\text{あ}}}{\boxed{\text{いう}}}$ である。

ただし，大小 2 つのさいころはともに，1 から 6 までのどの目が出ることも同様に確からしいものとする。

〔問 9〕　右の図のように，直線 l と直線 m，直線 m と直線 n がそれぞれ異なる点で交わっている。

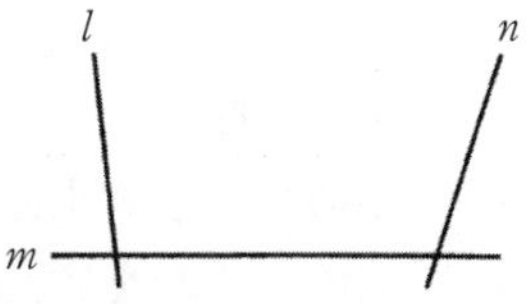

解答欄《かいとうらん》に示した図をもとにして，直線 m よりも上側にあり，直線 l，直線 m，直線 n のそれぞれから等しい距離《きょり》にある点 P を，定規とコンパスを用いて作図によって求め，点 P の位置を示す文字 P も書け。

ただし，作図に用いた線は消さないでおくこと。

2　Sさんのクラスでは，先生が示した問題をみんなで考えた。
次の各問に答えよ。

［先生が示した問題］

aを正の数，nを自然数とする。

右の**図1**のように，1辺の長さが$2a$cmの正方形に，各辺の中点を結んでできた四角形を描いたタイルがある。正方形と描いた四角形で囲まれてできる，　　で示された部分の面積について考える。

図1のタイルが縦と横にn枚ずつ正方形になるように，このタイルを並べて敷《し》き詰《つ》める。右の**図2**は，$n=2$の場合を表している。

図1のタイルを縦と横にn枚ずつ並べ敷き詰めてできる正方形で，　　で示される部分の面積をPcm^{2}とする。

また，**図1**のタイルと同じ大きさのタイルを縦と横にn枚ずつ並べ敷き詰めてできる正方形と同じ大きさの正方形で，各辺の中点を結んでできる四角形を描いた別のタイルを考える。右の**図3**は，$n=2$の場合を表している。

図1と同様に，正方形と描いた四角形で囲まれてできる部分を　　で示し，その面積をQcm^{2}とする。

$n=5$のとき，PとQをそれぞれaを用いて表しなさい。

図1

図2

図3

〔問1〕　次の ① と ② に当てはまる式を，下の**ア**～**エ**のうちからそれぞれ選び，記号で答えよ。

［先生が示した問題］で，$n=5$のとき，PとQをそれぞれaを用いて表すと，$P=$ ① ，$Q=$ ② となる。

① **ア** $\frac{25}{2}a^2$　**イ** $50a^2$　**ウ** $75a^2$　**エ** $100a^2$

② **ア** $\frac{25}{2}a^2$　**イ** $25a^2$　**ウ** $50a^2$　**エ** $75a^2$

Sさんのグループは，［先生が示した問題］をもとにして，正方形のタイルの内部に描いた四角形を円に変え，正方形と描いた円で囲まれてできる部分の面積を求める問題を考えた。

［Sさんのグループが作った問題］

aを正の数，nを自然数とする。

右の**図4**のように，1辺の長さが$2a$cmの正方形に，各辺に接する円を描いたタイルがある。正方形と描いた円で囲まれてできる，　　で示された部分の面積について考える。

図4のタイルが縦と横にn枚ずつ正方形になるように，このタイルを並べて敷き詰める。右の**図5**は，$n=2$の場合を表している。

図4のタイルを縦と横にn枚ずつ並べ敷き詰めてできる正方形で，　　で示される部分の面積をXcm^{2}とする。

また，**図4**のタイルと同じ大きさのタイルを縦と横にn枚ずつ並べ敷き詰めてできる正方形と同じ大きさの正方形で，各辺に接する円を描いた別のタイルを考える。右の**図6**は，$n=2$の場合を表している。

図4と同様に，正方形と描いた円で囲まれてできる部分を　　で示し，その面積をYcm^{2}とする。

図4

図5
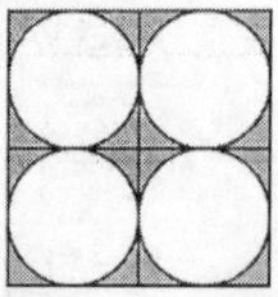

図6

図 4 のタイルが縦と横に n 枚ずつ並ぶ正方形になるように，このタイルを敷き詰めて，正方形と円で囲まれてできる部分の面積 X，Y をそれぞれ考えるとき，$X=Y$ となることを確かめてみよう。

〔問 2〕［Sさんのグループが作った問題］で，X，Y をそれぞれ a，n を用いた式で表し，$X=Y$ となることを証明せよ。

ただし，円周率は π とする。

3 右の**図 1** で，点 O は原点，点 A の座標は $(-12, -2)$ であり，直線 l は一次関数 $y=-2x+14$ のグラフを表している。

直線 l と y 軸との交点を B とする。

直線 l 上にある点を P とし，2 点 A，P を通る直線を m とする。

次の各問に答えよ。

〔問 1〕 次の［　　］の中の「**え**」に当てはまる数字を答えよ。

点 P の y 座標が 10 のとき，点 P の x 座標は ［ **え** ］ である。

〔問 2〕 次の［ ① ］と［ ② ］に当てはまる数を，下の**ア**～**エ**のうちからそれぞれ選び，記号で答えよ。

点 P の x 座標が 4 のとき，直線 m の式は，

$y=$［ ① ］$x+$［ ② ］

である。

［ ① ］ **ア** $-\dfrac{1}{2}$　　**イ** $\dfrac{1}{2}$　　**ウ** 1　　**エ** 2

［ ② ］ **ア** 4　　**イ** 5　　**ウ** 8　　**エ** 10

〔問 3〕 右の**図 2** は，**図 1** において，点 P の x 座標が 7 より大きい数であるとき，x 軸を対称《たいしょう》の軸として点 P と線対称な点を Q とし，点 A と点 B，点 A と点 Q，点 P と点 Q をそれぞれ結んだ場合を表している。

△APB の面積と△APQ の面積が等しくなるとき，点 P の x 座標を求めよ。

図 1

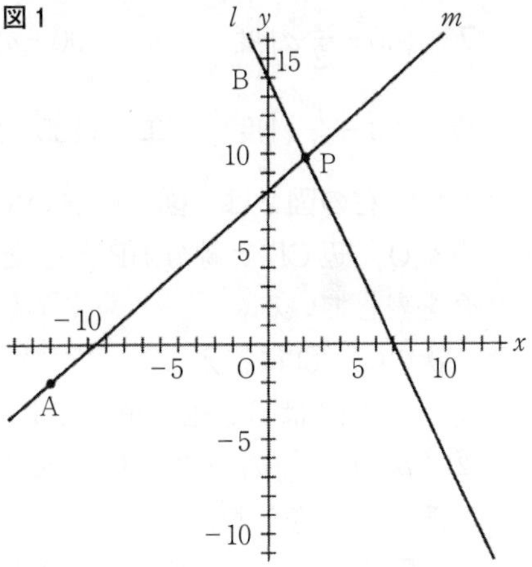

図 2

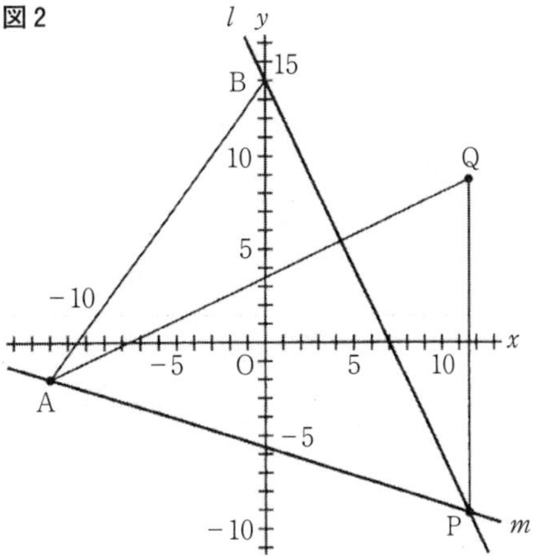

4　右の**図1**で，四角形 ABCD は，AB＞AD の長方形であり，点Oは線分 AC を直径とする円の中心である。

点Pは，頂点Aを含《ふく》まない$\overset{\frown}{\mathrm{CD}}$上にある点で，頂点C，頂点Dのいずれにも一致《いっち》しない。

頂点Aと点P，頂点Bと点Pをそれぞれ結ぶ。

次の各問に答えよ。

図1

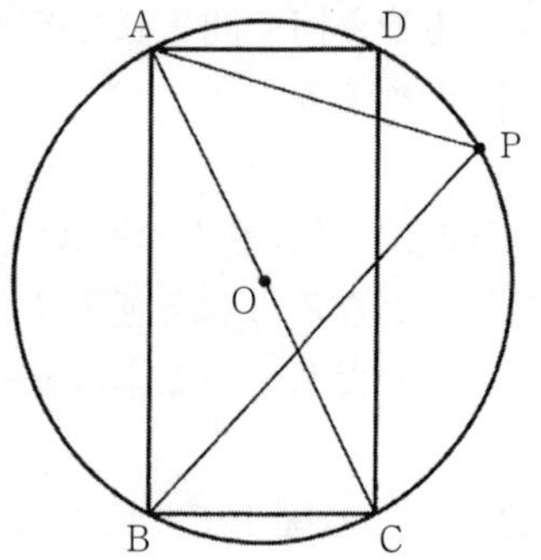

〔問１〕 **図1**において，$\angle \mathrm{ABP}=a^\circ$とするとき，∠PAC の大きさを表す式を，次の**ア**～**エ**のうちから選び，記号で答えよ。

ア　$\left(45-\frac{1}{2}a\right)$度　　**イ**　$(90-a)$度

ウ　$\left(90-\frac{1}{2}a\right)$度　　**エ**　$(135-2a)$度

〔問２〕 右の**図2**は，**図1**において，辺 CD と線分 AP との交点をQ，辺 CD と線分 BP との交点をRとし，AB＝AP の場合を表している。

次の①，②に答えよ。

図2

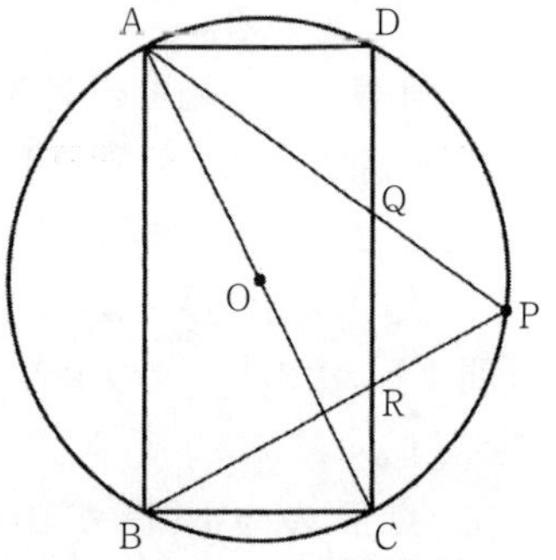

①　△QRP は二等辺三角形であることを証明せよ。

②　次の□の中の「**お**」「**か**」「**き**」に当てはまる数字をそれぞれ答えよ。

図2において，頂点Cと点Pを結んだ場合を考える。

AB＝16cm，AD＝8cm のとき，△PRC の面積は，$\dfrac{\boxed{\text{おか}}}{\boxed{\text{き}}}$ cm^2である。

5　下の**図1**に示した立体ABC-DEFは，AB＝4cm，AC＝3cm，BC＝5cm，AD＝6cm，∠BAC＝∠BAD＝∠CAD＝90°の三角柱である。

辺BC上にあり，頂点Bに一致《いっち》しない点をPとする。

点Qは，辺EF上にある点で，BP＝FQである。

次の各問に答えよ。

〔問1〕　次の[　]の中の「**く**」に当てはまる数字を答えよ。

BP＝2cmのとき，点Pと点Qを結んでできる直線PQとねじれの位置にある辺は全部で[**く**]本である。

〔問2〕　次の[　]の中の「**け**」「**こ**」「**さ**」に当てはまる数字をそれぞれ答えよ。

下の**図2**は，**図1**において，頂点Bと頂点D，頂点Bと点Q，頂点Dと点P，頂点Dと点Q，頂点Fと点Pをそれぞれ結んだ場合を表している。

BP＝4cmのとき，立体D-BPFQの体積は，$\dfrac{\boxed{けこ}}{\boxed{さ}}$ cm^{3}である。

図1

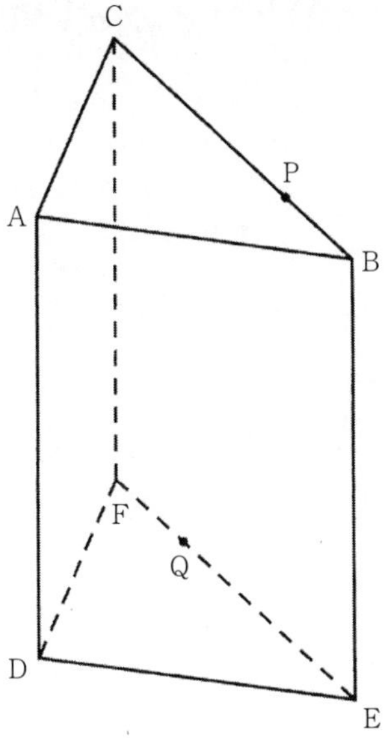

図2

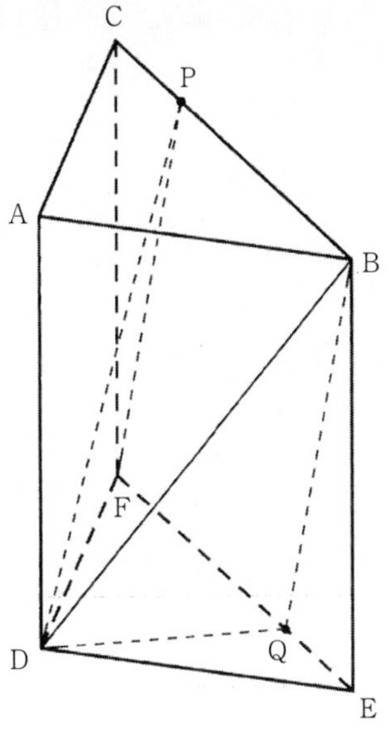

社　会

●満点 100点　●時間 50分

1　次の各問に答えよ。

〔問１〕 次のページのⅠの地形図は，2006年と2008年の「国土地理院発行２万５千分の１地形図（川越《かわごえ》南部・川越北部）」の一部を拡大して作成したものである。20ページのⅡの図は，埼玉《さいたま》県川越市中心部の地域調査で確認《かくにん》できる城下町の痕跡を示したものである。Ⅰの**ア**～**エ**の経路は，地域調査で地形図上に●で示した地点を起点に矢印（ ➡ ）の方向に移動した様子を ━━ で示したものである。Ⅱの図で示された痕跡を確認することができる経路に当てはまるのは，Ⅰの**ア**～**エ**のうちではどれか。

I

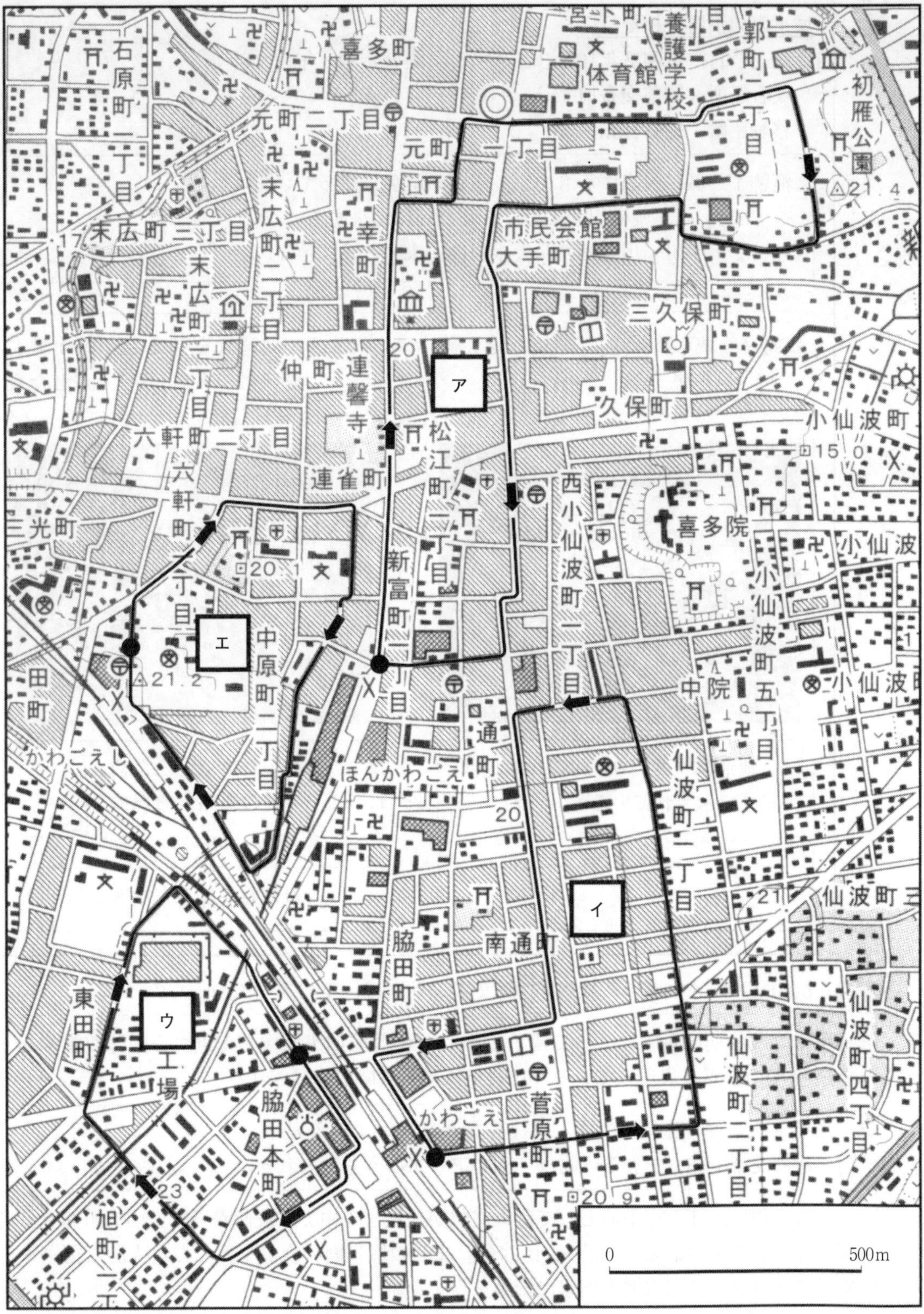

石原町一丁目
喜多町
宮下町
養護学校
体育館
郭町二丁目
初雁公園
21.4
元町二丁目
元町一丁目
17
末広町三丁目
末広町二丁目
末広町一丁目
幸町
市民会館
大手町
三久保町
20
仲町
連馨寺
ア
久保町
小仙波町
15.0
六軒町二丁目
松江町一丁目
連雀町
西小仙波町一丁目
喜多院
六軒町一丁目
三光町
20.1
新富町一丁目
小仙波
小仙波町五丁目
エ
中原町二丁目
21.2
田町
中院
小仙波町
かわごえし
ほんかわごえ
通町
20
仙波町一丁目
21
仙波町三
イ
南通町
脇田町
東田町
ウ
工場
脇田本町
かわごえ
菅原町
仙波町二丁目
仙波町四丁目
23
20.9
旭町二丁目
0
500m

Ⅱ

城下町の痕跡を探そう

調 査 日　令和２年10月３日(土)　　集合時刻　午前９時

集合場所　駅前交番前

移動距離《きょり》　約4.1km

痕跡１　城に由来するものが，現在の町名に残っている。

郭町《くるわまち》　城の周囲にめぐらした郭に由来する。

大手町《おおてまち》　川越城の西大手門に由来する。

痕跡２　城下に「時」を告げてきた鐘つき堂

地形図上では，「高塔」の地図記号で示されている。

痕跡３　見通しを悪くし，敵が城に侵入《しんにゅう》しづらくなるようにした鍵《かぎ》型《がた》の道路

通行しやすくするために，鍵型の道路は直線的に結ばれている。

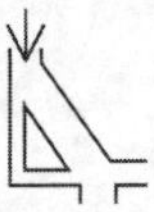

（↓は写真を撮った向きを示す。）

〔問２〕　次の文章で述べている我が国の歴史的文化財は，下の**ア**～**エ**のうちのどれか。

平安時代中期の貴族によって建立《こんりゅう》された，阿弥陀如来坐像《あみだにょらいざぞう》を安置する阿弥陀堂であり，極楽浄土《ごくらくじょうど》の世界を表現している。1994年に世界遺産に登録された。

ア　法隆寺《ほうりゅうじ》　　**イ**　金閣　　**ウ**　平等院鳳凰堂《びょうどういんほうおうどう》　　**エ**　東大寺

〔問３〕　次の文章で述べている人物は，下の**ア**～**エ**のうちのどれか。

この人物は，江戸《えど》を中心として町人文化が発展する中で，波間から富士山を垣間《かいまみ》見る構図の作品に代表される「富嶽三十六景《ふがくさんじゅうろっけい》」などの風景画の作品を残した。大胆《だいたん》な構図や色《しき》彩《さい》はヨーロッパの印象派の画家に影響を与えた。

ア　雪舟　　**イ**　葛飾北斎《かつしかほくさい》　　**ウ**　菱川師宣《ひしかわもろのぶ》　　**エ**　狩野永徳《かのうえいとく》

〔問４〕 次の条文がある法律の名称《めいしょう》は，下の**ア**～**エ**のうちのどれか。

> ○労働条件は，労働者と使用者が，対等の立場において決定すべきものである。
> ○使用者は，労働者に，休憩《きゅうけい》時間を除き一週間について四十時間を超えて，労働させてはならない。

ア 男女共同参画社会基本法　　**イ** 労働組合法
ウ 男女《だんじょ》雇用《こよう》機《き》会《かい》均等《きんとう》法《ほう》　　**エ** 労働基準法

2 次の略地図を見て，あとの各問に答えよ。

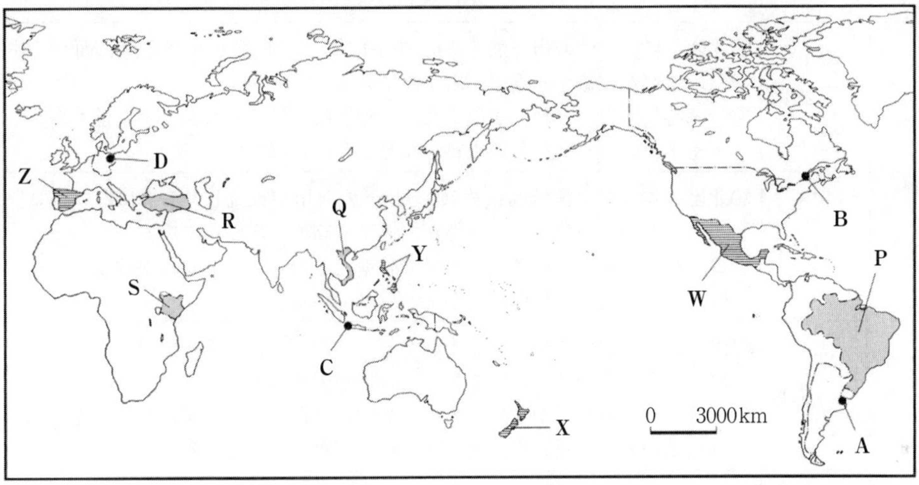

〔問１〕 次のⅠの**ア**～**エ**のグラフは，略地図中に**A**～**D**で示した**いずれか**の都市の，年平均気温と年降水量及び各月の平均気温と降水量を示したものである。Ⅱの表の**ア**～**エ**は，略地図中に**A**～**D**で示した**いずれか**の都市を含《ふく》む国の，2017年における米，小麦，とうもろこし，じゃがいもの生産量を示したものである。略地図中の**D**の都市のグラフに当てはまるのは，Ⅰの**ア**～**エ**のうちのどれか，また，その都市を含む国の，2017年における米，小麦，とうもろこし，じゃがいもの生産量に当てはまるのは，Ⅱの表の**ア**～**エ**のうちのどれか。

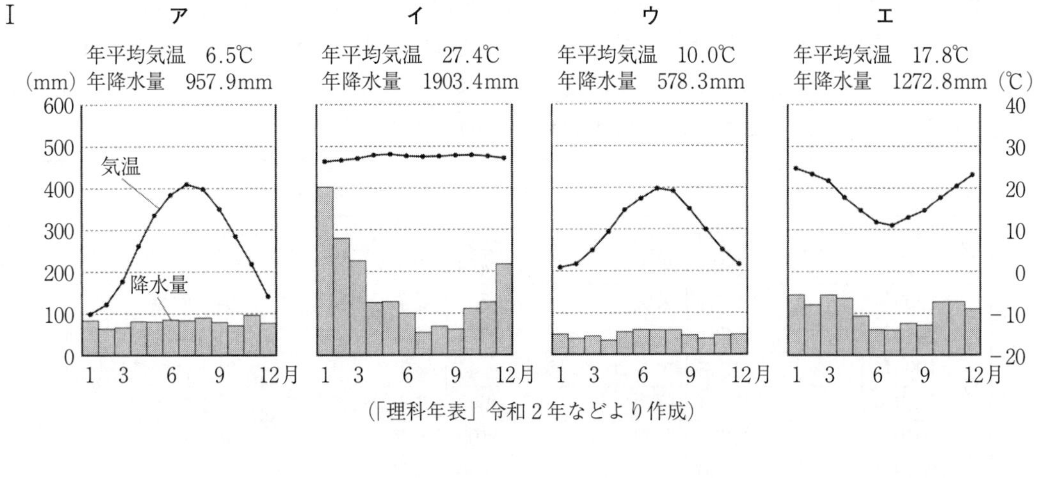

（「理科年表」令和２年などより作成）

Ⅱ

	米（万ｔ）	小麦（万ｔ）	とうもろこし（万ｔ）	じゃがいも（万ｔ）
ア	8138	—	2795	116
イ	133	1840	4948	245
ウ	—	2998	1410	441
エ	—	2448	455	1172

（注）　—は，生産量が不明であることを示す。　（「データブック オブ・ザ・ワールド」2020年版などより作成）

〔問２〕　次の表の**ア**～**エ**は，略地図中に ▒▒ で示した**P**～**S**の**いずれか**の国の，2017年におけるコーヒー豆と茶の生産量，国土と食文化の様子についてまとめたものである。略地図中の**P**～**S**のそれぞれの国に当てはまるのは，次の表の**ア**～**エ**のうちではどれか。

	コーヒー豆（百ｔ）	茶（百ｔ）	国土と食文化の様子
ア	—	2340	○北西部には二つの州を隔《へだ》てる海峡《かいきょう》が位置し，北部と南部も海に面し，中央部には首都が位置する高原が広がっている。 ○帝国《ていこく》時代からコーヒーが飲まれ，共和国時代に入り紅茶の消費量も増え，トマトや羊肉のスープを用いた料理などが食べられている。
イ	26845	5	○北部の盆地《ぼんち》には流域面積約700万km^{2}の河川《かせん》が東流し，南部にはコーヒー栽培《さいばい》に適した土壌《どじょう》が分布し，首都が位置する高原が広がっている。 ○ヨーロッパ風に，小さなカップで砂糖入りの甘《あま》いコーヒーが飲まれ，豆と牛や豚《ぶた》の肉を煮込んだ料理などが食べられている。
ウ	15424	2600	○南北方向に国境を形成する山脈が走り，北部には首都が位置する平野が，南部には国内最大の稲作《いなさく》地域である三角州《さんかくす》が広がっている。 ○練乳入りコーヒーや主に輸入小麦で作られたフランス風のパンが見られ，スープに米粉の麺《めん》と野菜を入れた料理などが食べられている。
エ	386	4399	○中央部には標高5000mを超える火山が位置し，西部には茶の栽培に適した土壌が分布し，首都が位置する高原が広がっている。 ○イギリス風に紅茶を飲む習慣が見られ，とうもろこしの粉を湯で練った主食と，野菜を炒《いた》め塩で味付けした料理などが食べられている。

（注）　—は，生産量が不明であることを示す。　（「データブック オブ・ザ・ワールド」2020年版などより作成）

〔問３〕　次のⅠとⅡの表の**ア**～**エ**は，略地図中に ▒▒ で示した**W**～**Z**の**いずれか**の国に当てはまる。Ⅰの表は，1999年と2019年における日本の輸入総額，農産物の日本の主な輸入品目と輸入額を示したものである。Ⅱの表は，1999年と2019年における輸出総額，輸出額が多い上位３位までの貿易相手国を示したものである。Ⅲの文章は，ⅠとⅡの表における**ア**～**エ**の**いずれか**の国について述べたものである。Ⅲの文章で述べている国に当てはまるのは，ⅠとⅡの表の**ア**～**エ**のうちのどれか，また，略地図中の**W**～**Z**のうちのどれか。

Ⅰ

		日本の輸入総額（億円）	農産物の日本の主な輸入品目と輸入額（億円）					
ア	1999年	2160	野菜	154	チーズ	140	果実	122
	2019年	2918	果実	459	チーズ	306	牛肉	134
イ	1999年	6034	果実	533	野菜	34	麻類《あさるい》	6
	2019年	11561	果実	1033	野菜	21	植物性原材料	8
ウ	1999年	1546	アルコール飲料	44	果実	31	植物性原材料	11
	2019年	3714	豚肉	648	アルコール飲料	148	野菜	50
エ	1999年	1878	豚肉	199	果実	98	野菜	70
	2019年	6440	豚肉	536	果実	410	野菜	102

（財務省「貿易統計」より作成）

Ⅱ

		輸出総額（億ドル）	輸出額が多い上位3位までの貿易相手国		
			1位	2位	3位
ア	1999年	125	オーストラリア	アメリカ合衆国	日本
	2019年	395	中華人民共和国《ちゅうかじんみんきょうわこく》	オーストラリア	アメリカ合衆国
イ	1999年	350	アメリカ合衆国	日本	オランダ
	2019年	709	アメリカ合衆国	日本	中華人民共和国
ウ	1999年	1115	フランス	ドイツ	ポルトガル
	2019年	3372	フランス	ドイツ	イタリア
エ	1999年	1363	アメリカ合衆国	カナダ	ドイツ
	2019年	4723	アメリカ合衆国	カナダ	ドイツ

（国際連合貿易統計データベースより作成）

Ⅲ

現在も活動を続ける造山帯に位置しており，南部には氷河に削られてできた複雑に入り組んだ海岸線が見られる。偏西風《へんせいふう》の影響を受け，湿潤《しつじゅん》な西部に対し，東部の降水量が少ない地域では，牧羊が行われている。一次産品が主要な輸出品となっており，1999年と比べて2019年では，日本の果実の輸入額は3倍以上に増加し，果実は外貨獲《かく》得《とく》のための貴重な資源となっている。貿易の自由化を進め，2018年には，日本を含む6か国による多角的な経済連携協定《けいざいれんけいきょうてい》が発効したことなどにより，貿易相手国の順位にも変化が見られる。

3　次の略地図を見て，あとの各問に答えよ。

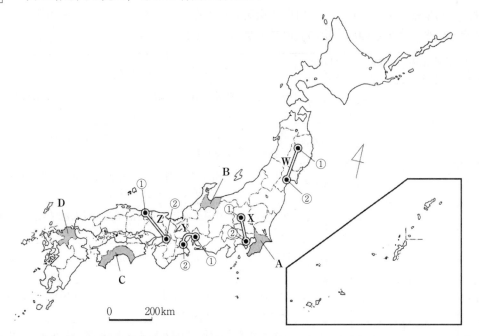

〔問1〕　次の表の**ア**～**エ**は，略地図中に　　で示した，**A**～**D**の**いずれか**の県の，2019年における人口，県庁所在地（市）の人口，県内の自然環境と情報通信産業などの様子についてまとめたものである。**A**～**D**のそれぞれの県に当てはまるのは，次の表の**ア**～**エ**のうちではどれか。

	人口（万人） 県庁所在地（市）の人口（万人）	県内の自然環境と情報通信産業などの様子
ア	70	○北部には山地が位置し，中央部には南流する複数の河川《かせん》により形成された平野が見られ，沖合《おきあい》を流れる暖流の影響で，気候が温暖である。
	33	○県庁が所在する平野部には，園芸農業を行う施設内の環境を自動制御《せいぎょ》するためのシステムを開発する企業《きぎょう》が立地している。
イ	510	○北西部に広がる平野の沖合には暖流が流れ，北東部には潮流が速い海峡《かいきょう》が見られ，南西部に広がる平野は干満差の大きい干潟《ひがた》のある海に面している。
	154	○県庁所在地の沿岸部には，住宅地開発を目的に埋め立てられた地域に，報道機関やソフトウェア設計の企業などが集積している。
ウ	104	○冬季に降水が多い南部の山々を源流とし，北流する複数の河川が形成する平野が中央部に見られ，東部には下流に扇状地を形成する河川が見られる。
	42	○県庁が所在する平野部には，豊富な水を利用した医薬品製造拠点があり，生産管理のための情報技術などを開発する企業が立地している。
エ	626	○平均標高は約40mで，北部にはローム層が堆積する台地があり，西部には大都市が立地し，南部には温暖な気候の丘陵《きゅうりょう》地帯が広がっている。
	97	○県庁所在地に近い台地には，安定した地盤《じばん》であることを生かして金融《きんゆう》関係などの情報を処理する電算センターが立地している。

（「日本国勢図会《にほんこくせいずえ》」2020/21年版などより作成）

〔問２〕　略地図中に① ◎══◎ ②で示した**W～Z**は，それぞれの①の府県の府県庁所在地と②の府県の府県庁所在地が，鉄道と自動車で結び付く様子を模式的に示したものである。次の表の**ア～エ**は，**W～Z**の**いずれか**の府県庁所在地間の直線距離《きょり》，2017年における，府県相互間の鉄道輸送量，自動車輸送量，起点となる府県の産業の様子を示したものである。略地図中の**W～Z**のそれぞれに当てはまるのは，次の表の**ア～エ**のうちではどれか。

	起点→終点	直線距離（km）	鉄道（百ｔ）	自動車（百ｔ）	起点となる府県の産業の様子
ア	①→②	117.1	1078	32172	輸送用機械関連企業が南部の工業団地に立地し，都市部では食品加工業が見られる。
	②→①		10492	25968	沿岸部では鉄鋼業や石油化学コンビナートが，内陸部では電子機械工業が見られる。
イ	①→②	161.1	334	41609	中山間部には畜産《ちくさん》業や林業，木材加工業が，南北に走る高速道路周辺には電子工業が見られる。
	②→①		3437	70931	平野部には稲作《いなさく》地帯が広がり，沿岸部では石油精製業が見られる。
ウ	①→②	147.9	209	11885	漁港周辺には水産加工業が，砂丘が広がる沿岸部には果樹栽《さい》培《ばい》が見られる。
	②→①		33	9145	沿岸部には鉄鋼業が，都市中心部には中小工場が，内陸部には電気機械工業が見られる。
エ	①→②	61.8	1452	79201	世界を代表する輸送用機械関連企業が内陸部に位置し，沿岸部には鉄鋼業などが見られる。
	②→①		1777	95592	石油化学コンビナートや，岬《みさき》と入《い》り江《え》が入り組んだ地形を生かした養殖《ようしょく》業が見られる。

（国土交通省「貨物地域流動調査」などより作成）

〔問3〕 次のⅠとⅡの地形図は，千葉県八千代《やちよ》市の1983年と2009年の「国土地理院発行２万５千分の１地形図(習志野《ならしの》)」の一部である。Ⅲの略年表は，1980年から1996年までの，八千代市(萱田《かやだ》)に関する主な出来事についてまとめたものである。ⅠとⅡの地形図を比較《ひかく》して読み取れる，◯で示した地域の変容について，宅地に着目して，簡単に述べよ。また，Ⅰ～Ⅲの資料から読み取れる，◯で示した地域の変容を支えた要因について，八千代中央駅と東京都(大《おお》手町《てまち》)までの所要時間に着目して，簡単に述べよ。

Ⅰ

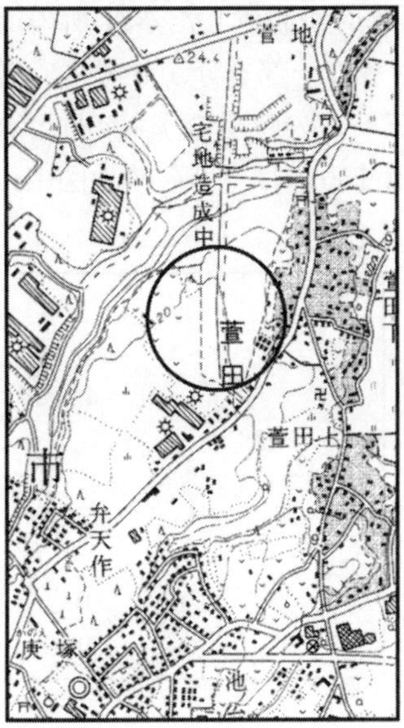

(1983年)

Ⅱ

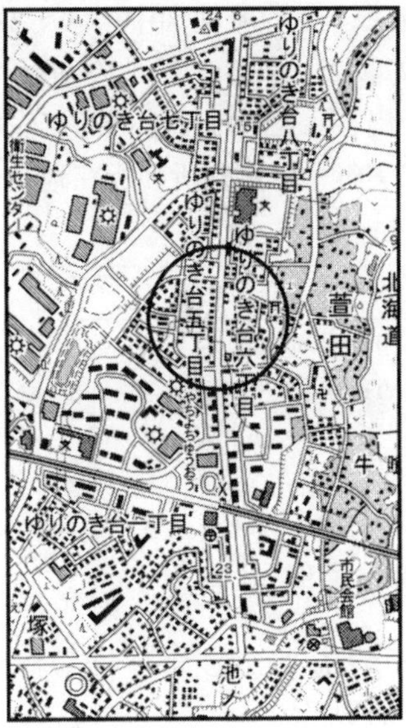

(2009年)

Ⅲ

西暦《せいれき》	八千代市(萱田)に関する主な出来事
1980	●萱田の土地区画整理事業が始まった。
1985	●東葉高速鉄道建設工事が始まった。
1996	●東葉高速鉄道が開通した。 ●八千代中央駅が開業した。 ●東京都(大手町)までの所要時間は60分から46分に，乗換回数は３回から０回になった。

(注) 所要時間に乗換時間は含《ふく》まない。

(「八千代市統計書」などより作成)

4 次の文章を読み，あとの各問に答えよ。

政治や行政の在り方は，時代とともにそれぞれ変化してきた。

古代では，クニと呼ばれるまとまりが生まれ，政治の中心地が，やがて都となり，行政を行う役所が設けられるようになった。さらに，(1)都から各地に役人を派遣《はけん》し，土地や人々を治める役所を設け，中央集権体制を整えた。

中世になると，武家が行政の中心を担《にな》うようになり，(2)支配を確実なものにするために，独自の行政の仕組みを整え，新たな課題に対応してきた。

明治時代に入ると，近代化政策が推進され，欧米《おうべい》諸国を模範《もはん》として，(3)新たな役割を担う行政機関が設置され，地方自治の制度も整備された。そして，社会の変化に対応した政策を実現するため，(4)様々な法律が整備され，行政が重要な役割を果たすようになった。

〔問1〕 (1)都から各地に役人を派遣《はけん》し，土地や人々を治める役所を設け，中央集権体制を整えた。とあるが，次の**ア**～**エ**は，飛鳥《あすか》時代から室町《むろまち》時代にかけて，各地に設置された行政機関について述べたものである。時期の古いものから順に記号を並べよ。

ア 足利尊氏《あしかがたかうじ》は，関東への支配を確立する目的で，関東８か国と伊豆《いず》・甲斐《かい》の２か国を支配する機関として，鎌倉府《かまくらふ》を設置した。

イ 桓武《かんむ》天皇は，支配地域を拡大する目的で，東北地方に派遣した征夷大将軍《せいいたいしょうぐん》に胆沢城《いさわじょう》や志《し》波城《わじょう》を設置させた。

ウ　中大兄皇子《なかのおおえのおうじ》は，白村江《はくすきのえ》の戦いに敗北した後，大陸からの防御《ぼうぎょ》を固めるため，水城《みずき》や山城《やまじろ》を築き，大宰府《だざいふ》を整備《はくそんこう》した。

エ　北条義時《ほうじょうよしとき》を中心とする幕府は，承久《じょうきゅう》の乱《らん》後の京都の治安維持《いじ》，西国で発生した訴訟《そしょう》の処理，朝廷《ちょうてい》の監視《かんし》等を行う機関として，六波羅探題《ろくはらたんだい》を設置した。

〔問２〕　(2)支配を確実なものにするために，独自の行政の仕組みを整え，新たな課題に対応してきた。とあるが，次のⅠの略年表は，室町時代から江戸《えど》時代にかけての，外国人に関する主な出来事をまとめたものである。Ⅱの略地図中のＡ～Ｄは，幕府が設置した奉行所《ぶぎょうしょ》の所在地を示したものである。Ⅲの文章は，幕府直轄地《ばくふちょっかつち》の奉行への命令の一部を分かりやすく書き改めたものである。Ⅲの文章が出されたのは，Ⅰの略年表中の**ア～エ**の時期のうちではどれか。また，Ⅲの文章の命令を主に実行する奉行所の所在地に当てはまるのは，Ⅱの略地図中の**Ａ～Ｄ**のうちのどれか。

Ⅰ

西暦《せいれき》	外国人に関する主な出来事	
1549	●フランシスコ・ザビエルが，キリスト教を伝えるため来航した。	
		ア
1600	●漂着《ひょうちゃく》したイギリス人ウィリアム・アダムスが徳川家康《とくがわいえやす》と会見した。	
		イ
1641	●幕府は，オランダ商館長によるオランダ風説書の提出を義務付けた。	
		ウ
1709	●密入国したイタリア人宣教師シドッチを新井白石《あらいはくせき》が尋問《じんもん》した。	
		エ
1792	●ロシア使節のラクスマンが来航し，通商を求めた。	

Ⅱ

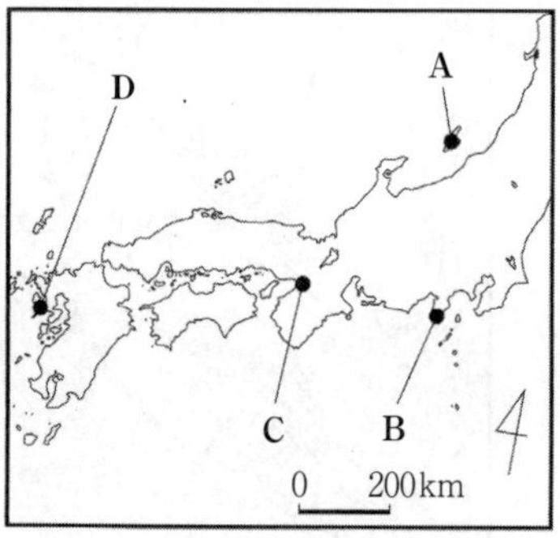

Ⅲ

○外国へ日本の船を行かせることを厳禁とする。
○日本人を外国へ渡航させてはならない。

〔問３〕　(3)新たな役割を担う行政機関が設置され，とあるが，次の文章は，帝都復興院総裁《ていとふっこういんそうさい》を務めることになる後藤新平《ごとうしんぺい》が，1923年９月６日に，閣議に文書を提出する際に記した決意の一部を分かりやすく書き改めたものである。この決意をした時期の東京の様子について述べているのは，下の**ア～エ**のうちではどれか。

○大変災は突如《とつじょ》として帝都を震え上がらせた。
○火災に包まれる帝都を目撃し，自分の任務が極《きわ》めて重要であることを自覚すると同時に，復興の計画を策定することが急務であることを痛感した。
○第一に救護，第二に復旧，第三に復興の方針を執《と》るべきである。

ア　新橋《しんばし》・横浜《よこはま》間に鉄道が開通するなど，欧米の文化が取り入れられ始め，現在の銀座《ぎんざ》通りに洋風れんが造りの２階建ての建物が建設された。

イ　我が国の国際的な地位を高めるために，イギリスと同盟を結び，我が国最初の国立図書館である帝国図書館が上野《うえの》公園内に建設された。

ウ　大日本帝国憲法が制定され，近代的な政治制度が整えられ，東京では，都市の整備が進み，我が国最初のエレベーターを備える凌雲閣《りょううんかく》が浅草《あさくさ》に建設された。

エ　東京駅が開業し，都市で働くサラリーマンや工場労働者の人口が大きく伸び，バスの車掌やタイピストなどの新しい職業に就《つ》く女性が増え，丸《まる》の内《うち》ビルヂング(丸ビル)が建設された。

〔問4〕 (4)様々な法律が整備され，行政が重要な役割を果たすようになった。とあるが，次の略年表は，大正時代から昭和時代にかけての，我が国の法律の整備に関する主な出来事についてまとめたものである。略年表中の**A**～**D**のそれぞれの時期に当てはまるのは，下の**ア**～**エ**のうちではどれか。

西暦	我が国の法律の整備に関する主な出来事	
1921	●工業品規格の統一を図るため，度量衡法《どりょうこうほう》が改正され，メートル法への統一が行われた。	
		A
1931	●国家による電力の管理体制を確立するため，電気事業法が改正され，国家経済の基礎となる産業への優先的な電力供給が始まった。	
		B
1945	●我が国の民主化を進めるため，衆議院議員選挙法が改正され，女性に選挙権が与えられた。	
1950	●我が国の文化財の保護・活用のため，文化財保護法が公布され，新たに無形文化財や埋蔵文化財が保存の対象として取り入れられた。	C
1961	●所得格差の改善を図るため，農業基本法が公布され，農業の生産性向上及び農業総生産の増大などが国の施策として義務付けられた。	
		D
1973	●物価の急激な上昇と混乱に対処するため，国民生活安定緊急措置法《きんきゅうそちほう》が公布され，政府は国民生活に必要な物資の確保と価格の安定に努めることを示した。	

ア　普通選挙などを求める運動が広がり，連立内閣が成立し，全ての満25歳以上の男子に選挙権を認める普通選挙法が制定され，国民の意向が政治に反映される道が開かれた。

イ　急速な経済成長をとげる一方で，公害が深刻化し，国民の健康と生活環境を守るため，公害対策基本法が制定され，環境保全に関する施策が展開された。

ウ　農地改革などが行われ，日本国憲法の精神に基づく教育の基本を確立するため，教育基本法が制定され，教育の機会均等，男女共学などが定められた。

エ　日中戦争が長期化し，国家総動員法《こっかそうどういんほう》が制定され，政府の裁量により，経済，国民生活，労務，言論などへの広範《こうはん》な統制が可能となった。

5　次の文章を読み，あとの各問に答えよ。

地方自治は，民主政治を支える基盤《きばん》である。地方自治を担《にな》う地方公共団体は，住民が安心した生活を送ることができるように，地域の課題と向き合い，その課題を解決する重要な役割を担っている。(1)日本国憲法では，我が国における地方自治の基本原則や地方公共団体の仕組みなどについて規定している。

地方自治は，住民の身近な生活に直接関わることから，(2)住民の意思がより反映できるように，直接民主制の要素を取り入れた仕組みになっている。

国は，民主主義の仕組みを一層充実《じゅうじつ》させ，住民サービスを向上させるなどの目的で，(3)1999年に地方分権一括法《ちほうぶんけんいっかつほう》を成立させ，国と地方が，「対等・協力」の関係で仕事を分担できることを目指して，地方公共団体に多くの権限を移譲《いじょう》してきた。現在では，全国の地方公共団体が地域の課題に応じた新たな取り組みを推進できるように，国に対して地方分権改革に関する提案を行うことができる仕組みが整えられている。

〔問１〕 (1)日本国憲法では，我が国における地方自治の基本原則や地方公共団体の仕組みなどについて規定している。とあるが，日本国憲法が規定している地方公共団体の仕事について述べているのは，次の**ア**～**エ**のうちではどれか。

ア　条約を承認《しょうにん》する。

イ　憲法及び法律の規定を実施するために，政令を制定する。

ウ　条例を制定する。

エ　一切の法律，命令，規則又《また》は処分が憲法に適合するかしないかを決定する。

〔問２〕 (2)住民の意思がより反映できるように，直接民主制の要素を取り入れた仕組みになっている。とあるが，住民が地方公共団体に対して行使できる権利について述べているのは，次の**ア**～**エ**のうちではどれか。

ア　有権者の一定数以上の署名を集めることで，議会の解散や，首長及び議員の解職，事務の監査《かんさ》などを請求《せいきゅう》することができる。

イ　最高裁判所の裁判官を，任命後初めて行われる衆議院議員総選挙の際に，直接投票によって適任かどうかを審査《しんさ》することができる。

ウ　予算の決定などの事項《じこう》について，審議して議決を行ったり，首長に対して不信任決議を行ったりすることができる。

エ　国政に関する調査を行い，これに関して，証人の出頭及び証言，記録の提出を要求することができる。

〔問３〕 (3)1999年に地方分権一括法《ちほうぶんけんいっかつほう》を成立させ，国と地方が，「対等・協力」の関係で仕事を分担できることを目指して，地方公共団体に多くの権限を移譲《いじょう》してきた。とあるが，次のⅠのグラフは，1995年から2019年までの我が国の地方公共団体への事務・権限の移譲を目的とした法律改正数を示したものである。Ⅱの文章は，2014年に地方公共団体への事務・権限の移譲を目的とした法律改正が行われた後の，2014年６月24日に地方分権改革有識者会議が取りまとめた「個性を活《い》かし自立した地方をつくる～地方分権改革の総括と展望～」の一部を分かりやすく書き改めたものである。ⅠとⅡの資料を活用し，1995年から2014年までの期間と比較《ひかく》した，2015年から2019年までの期間の法律改正数の動きについて，地方分権改革の推進手法と，毎年の法律改正の有無及び毎年の法律改正数に着目して，簡単に述べよ。

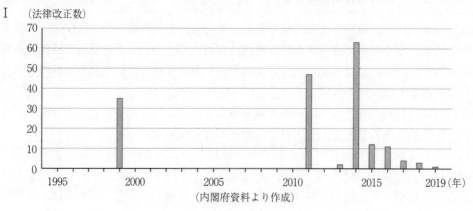

Ⅰ　（法律改正数）

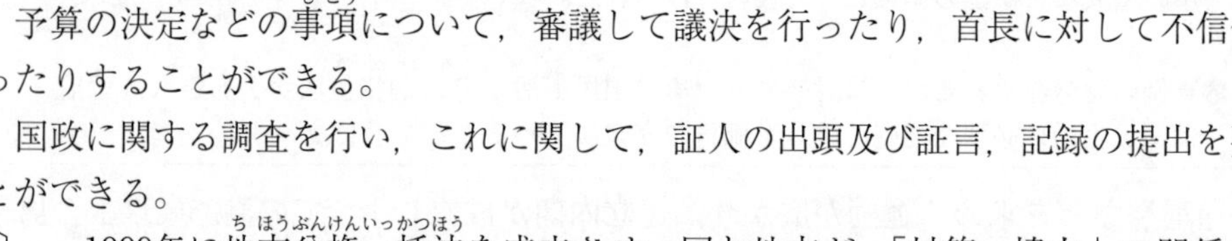

（内閣府資料より作成）

Ⅱ

○これまでの地方分権改革の推進手法は，国が主導する短期集中型の方式であり，この取組を実施することで一定の成果を得ることができた。
○今後は，これまでの改革の理念を継承し，更《さら》に発展させていくことが重要である。
○今後の地方分権改革の推進手法については，地域における実情や課題を把握《はあく》している地方公共団体が考え提案する長期継続型の方式を導入する。

6　次の文章を読み，あとの各問に答えよ。

世界各国では，株式会社や国営《こくえい》企業《きぎょう》などが，(1)利潤《りじゅん》を追求するなどの目的で誕生してきた。
人口が集中し，物資が集積する交通の要衝に設立された企業や，地域の自然環境や地下資源を生かしながら発展してきた企業など，(2)企業は立地条件に合わせ多様な発展を見せてきた。
(3)我が国の企業は，世界経済の中で，高度な技術を生み出して競争力を高め，我が国の経済成長を支えてきた。今後は，国際社会において，地球的規模で社会的責任を果たしていくことが，一層求められている。

〔問1〕 (1)利潤《りじゅん》を追求するなどの目的で誕生してきた。とあるが，次の**ア**～**エ**は，それぞれの時代に設立された企業について述べたものである。時期の古いものから順に記号を並べよ。

ア　綿織物を大量に生産するために産業革命が起こったイギリスでは，動力となる機械の改良が進み，世界最初の蒸気機関製造会社が設立された。

イ　南部と北部の対立が深まるアメリカ合衆国では，南北戦争が起こり，西部開拓《せいぶかいたく》を進めるために大陸を横断する鉄道路線を敷設《ふせつ》する会社が設立された。

ウ　第一次世界大戦の休戦条約が結ばれ，ベルサイユ条約が締結されるまでのドイツでは，旅《りょ》客《かく》輸送機の製造と販売《はんばい》を行う会社が新たに設立された。

エ　スペインの支配に対する反乱が起こり，ヨーロッパの貿易で経済力を高めたオランダでは，アジアへの進出を目的とした東インド会社が設立された。

〔問2〕 (2)企業は立地条件に合わせ多様な発展を見せてきた。とあるが，下の表の**ア**～**エ**の文章は，略地図中に示した**A**～**D**の**いずれか**の都市の歴史と，この都市に立地する企業の様子についてまとめたものである。**A**～**D**のそれぞれの都市に当てはまるのは，下の表の**ア**～**エ**のうちではどれか。

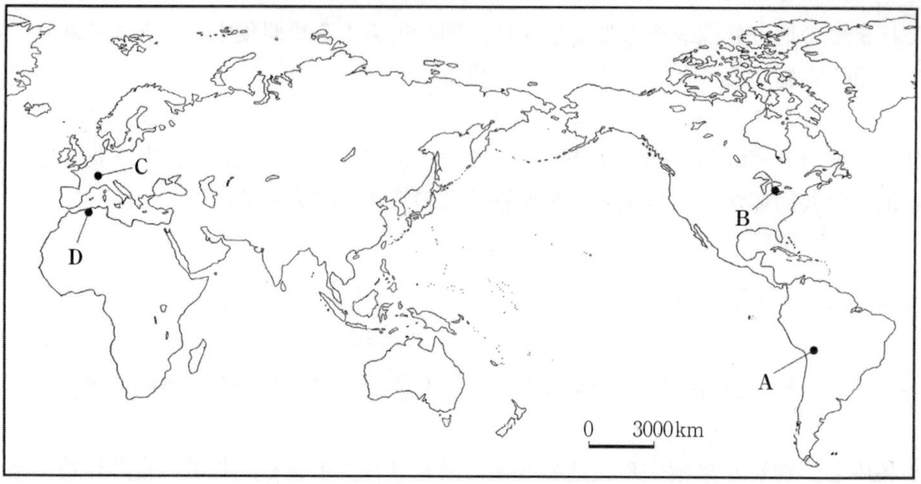

	都市の歴史と，この都市に立地する企業の様子
ア	○この都市は，標高3000mを超え，強風を遮《さえぎ》るすり鉢《ばち》状の地形に位置する首都で，1548年にスペイン人により建設され，金鉱もあったことから発展し，政治と経済の拠点となった。 ○国営企業が，銀，亜鉛《あえん》などの鉱山開発を行っており，近年では，新たに国営企業が設立され，塩湖でのリチウムイオン電池の原料の採取を複数の外国企業と共同で行っている。
イ	○この都市は，標高3000mを超える山脈の北側に位置する首都で，内陸部にはイスラム風の旧市街地が，沿岸部にはフランスの影響を受けた建物が見られる港湾都市となっている。 ○独立後に設立された，砂漠《さばく》地帯で採掘《さいくつ》される天然ガスや石油などを扱う国営企業は，近年，石油の増産と輸出の拡大に向けて外国企業との共同開発を一層進めている。
ウ	○この都市は，1701年にフランス人により砦《とりで》が築かれ，毛皮の交易が始まり，水運の拠点となり，1825年に東部との間に運河が整備され，20世紀に入り海洋とつながった。 ○19世紀後半には自動車の生産が始まり，20世紀に入ると大量生産方式の導入により，自動車工業の中心地へと成長し，現在でも巨大自動車会社が本社を置いている。
エ	○この都市は，20世紀に入り，湖の南西部に広がる市街地に国際連盟の本部が置かれ，第二次世界大戦後は200を超える国際機関が集まる都市となった。 ○16世紀後半に小型時計製造の技術が伝わったことにより精密機械関連企業が立地し，近年では生産の合理化や販売網の拡大などを行い，高価格帯腕時計の輸出量を伸ばしている。

〔問３〕 (3)我が国の企業は，世界経済の中で，高度な技術を生み出して競争力を高め，我が国の経済成長を支えてきた。とあるが，次のⅠのグラフは，1970年度から2018年度までの我が国の経済成長率と法人企業の営業利益の推移を示したものである。Ⅱの文章は，Ⅰのグラフの**ア**～**エ**の**いずれか**の時期における我が国の経済成長率と法人企業の営業利益などについてまとめたものである。Ⅱの文章で述べている時期に当てはまるのは，Ⅰのグラフの**ア**～**エ**の時期のうち

ではどれか。

Ⅰ

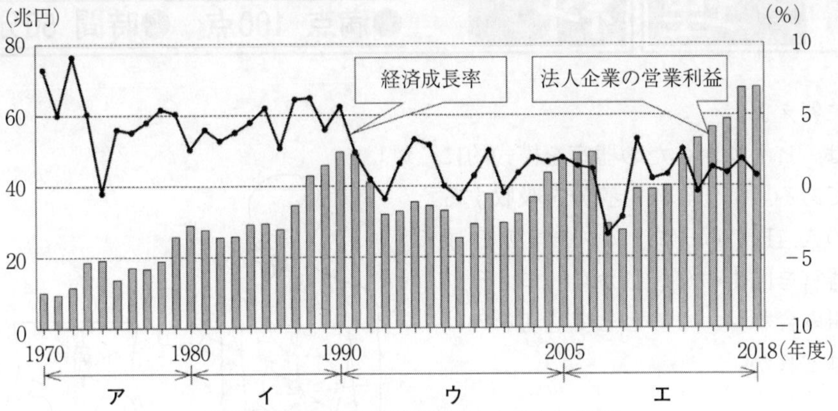

(財務省「法人企業統計調査」などより作成)

Ⅱ

○この時期の前半は，アメリカ合衆国の経済政策によって円安・ドル高が進行し，自動車などの輸送用機械や電気機械の輸出量が増えたことで，我が国の貿易収支は大幅な黒字となり，経済成長率は上昇傾向を示した。
○この時期の後半は，国際社会において貿易収支の不均衡《ふきんこう》を是正《ぜせい》するために為替相場《かわせそうば》を円高・ドル安へ誘導《ゆうどう》する合意がなされ，輸出量と輸出額が減少し，我が国の経済成長率は一時的に下降した。その後，日本銀行が貸付のための金利を下げたことなどで，自動車や住宅の購入《こうにゅう》，株式や土地への投資が増え，株価や地価が高騰《こうとう》する好景気となり，法人企業の営業利益は増加し続けた。

理科

●満点 100点 ●時間 50分

1 次の各問に答えよ。

〔問1〕 図1は，ヒトのからだの器官を模式的に表したものである。消化された養分を吸収する器官を図1のA，Bから一つ，アンモニアを尿《にょう》素《そ》に変える器官を図1のC，Dから一つ，それぞれ選び，組み合わせたものとして適切なのは，次のうちではどれか。

図1

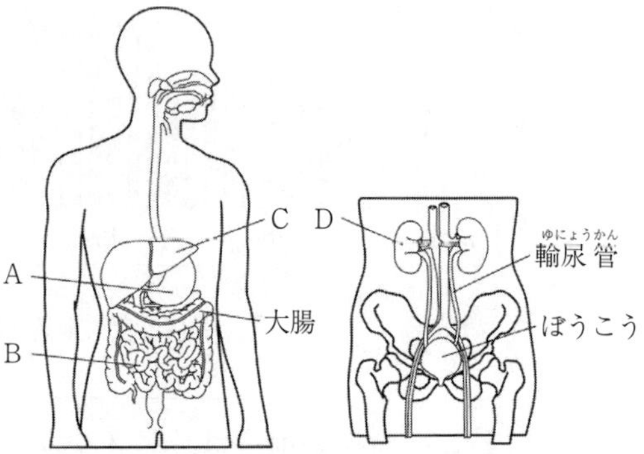

ア A，C
イ A，D
ウ B，C
エ B，D

〔問2〕 音さXと音さYの二つの音さがある。音さXをたたいて出た音をオシロスコープで表した波形は，図2のようになった。図中のAは1回の振動にかかる時間を，Bは振幅を表している。音さYをたたいて出た音は，図2で表された音よりも高くて大きかった。この音をオシロスコープで表した波形を図2と比べたとき，波形の違いとして適切なのは，次のうちではどれか。

図2

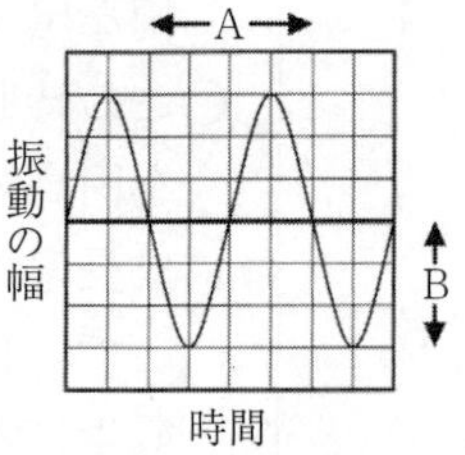

ア Aは短く，Bは大きい。　**イ** Aは短く，Bは小さい。
ウ Aは長く，Bは大きい。　**エ** Aは長く，Bは小さい。

〔問3〕 表1は，ある場所で起きた震源が浅い地震の記録のうち，観測地点A～Cの記録をまとめたものである。この地震において，震源からの距離《きょり》が90kmの地点で初期微動の始まった時刻は10時10分27秒であった。震源からの距離が90kmの地点で主要動の始まった時刻として適切なのは，下の**ア**～**エ**のうちではどれか。

ただし，地震の揺《ゆ》れを伝える2種類の波は，それぞれ一定の速さで伝わるものとする。

表1

観測地点	震源からの距離	初期微動の始まった時刻	主要動の始まった時刻
A	36km	10時10分18秒	10時10分20秒
B	54km	10時10分21秒	10時10分24秒
C	108km	10時10分30秒	10時10分36秒

ア 10時10分28秒　**イ** 10時10分30秒
ウ 10時10分31秒　**エ** 10時10分32秒

〔問4〕 スライドガラスの上に溶液Aをしみ込ませたろ紙を置き，図3のように，中央に ✕ 印を付けた2枚の青色リトマス紙を重ね，両端をクリップで留めた。薄い塩酸と薄い水酸化ナトリウム水溶液を青色リトマス紙のそれぞれの ✕ 印に少量付けたところ，一方が赤色に変色した。両端のクリップ

図3

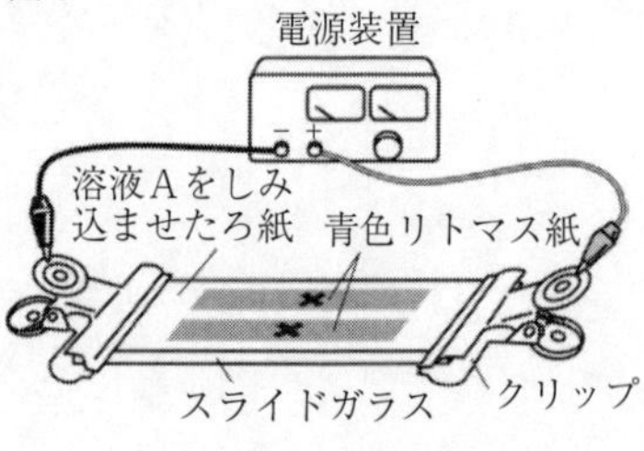

を電源装置につないで電流を流したところ，赤色に変色した部分は陰極側に広がった。このとき溶液Aとして適切なのは，下の ① のア～エのうちではどれか。また，青色リトマス紙を赤色に変色させたイオンとして適切なのは，下の ② のア～エのうちではどれか。

① **ア** エタノール水溶液　**イ** 砂糖水　**ウ** 食塩水　**エ** 精製水(蒸留水)

② **ア** H^+　**イ** Cl^-　**ウ** Na^+　**エ** OH^-

〔問5〕 エンドウの丸い種子の個体とエンドウのしわのある種子の個体とをかけ合わせたところ，得られた種子は丸い種子としわのある種子であった。かけ合わせた丸い種子の個体としわのある種子の個体のそれぞれの遺伝子の組み合わせとして適切なのは，下の**ア**～**エ**のうちではどれか。

ただし，種子の形の優性形質(丸)の遺伝子をA，劣性形質(しわ)の遺伝子をaとする。

ア AAとAa　**イ** AAとaa

ウ AaとAa　**エ** Aaとaa

〔問6〕 図4のA～Cは，机の上に物体を置いたとき，机と物体に働く力を表している。力のつり合いの関係にある2力と作用・反作用の関係にある2力とを組み合わせたものとして適切なのは，下の表の**ア**～**エ**のうちではどれか。

ただし，図4ではA～Cの力は重ならないように少しずらして示している。

図4

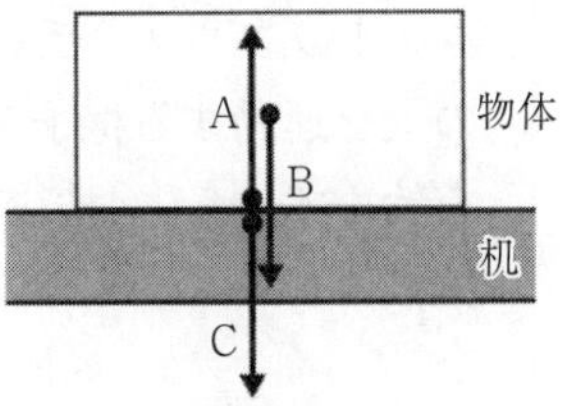

A：机が物体を押す力
B：物体に働く重力
C：物体が机を押す力

	力のつり合いの関係にある2力	作用・反作用の関係にある2力
ア	AとB	AとB
イ	AとB	AとC
ウ	AとC	AとB
エ	AとC	AとC

2 生徒が，毎日の暮らしの中で気付いたことを，科学的に探究しようと考え，自由研究に取り組んだ。生徒が書いたレポートの一部を読み，次の各問に答えよ。

＜レポート1＞ しらす干しに混じる生物について

食事の準備をしていると，しらす干しの中にはイワシの稚魚だけではなく，エビのなかまやタコのなかまが混じっていることに気付いた。しらす干しは，製造する過程でイワシの稚魚以外の生物を除去していることが分かった。そこで，除去する前にどのような生物が混じっているのかを確かめることにした。

表1

グループ	生物
A	イワシ・アジのなかま
B	エビ・カニのなかま
C	タコ・イカのなかま
D	二枚貝のなかま

しらす漁の際に捕れた，しらす以外の生物が多く混じっているものを購入《こうにゅう》し，それぞれの生物の特徴を観察し，表1のように4グループに分類した。

〔問1〕 **＜レポート1＞**から，生物の分類について述べた次の文章の ① と ② にそれぞれ当てはまるものとして適切なのは，下の**ア**～**エ**のうちではどれか。

表1の4グループを，セキツイ動物とそれ以外の生物で二つに分類すると，セキツイ動物のグループは，[①]である。また，軟体動物《なんたいどうぶつ》とそれ以外の生物で二つに分類すると，軟体動物のグループは，[②]である。

[①]　**ア**　A　　**イ**　AとB　　**ウ**　AとC　　**エ**　AとBとD

[②]　**ア**　C　　**イ**　D　　**ウ**　CとD　　**エ**　BとCとD

＜レポート2＞　おもちゃの自動車の速さについて

ぜんまいで動くおもちゃの自動車で弟と遊んでいたときに，本物の自動車の速さとの違いに興味をもった。そこで，おもちゃの自動車が運動する様子をビデオカメラで撮影し，速さを確かめることにした。

ストップウォッチのスタートボタンを押すと同時におもちゃの自動車を走らせて，方眼紙の上を運動する様子を，ビデオカメラの位置を固定して撮影した。おもちゃの自動車が運動を始めてから0.4秒後，0.5秒後及び0.6秒後の画像は，図1のように記録されていた。

図1

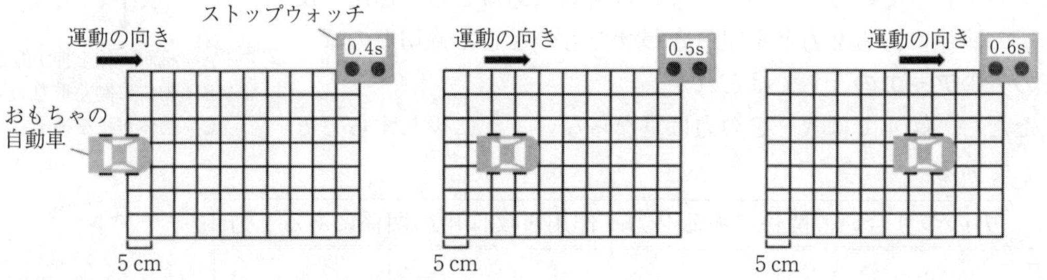

〔問2〕　＜**レポート2**＞から，おもちゃの自動車が運動を始めて0.4秒後から0.6秒後までの平均の速さとして適切なのは，次のうちではどれか。

ア　2.7km/h　　**イ**　5.4km/h　　**ウ**　6.3km/h　　**エ**　12.6km/h

＜レポート3＞　プラスチックごみの分別について

ペットボトルを資源ごみとして分別するため，ボトル，ラベル，キャップに分けて水を入れた洗いおけの中に入れた。すると，水で満たされたボトルとラベルは水に沈み，キャップは水に浮くことに気付いた。ボトルには，図2の表示があったのでプラスチックの種類はPETであることが分かったが，ラベルには，プラスチックの種類の表示がなかったため分からなかった。そこで，ラベルのプラスチックの種類を調べるため食塩水を作り，食塩水への浮き沈みを確かめることにした。

図2

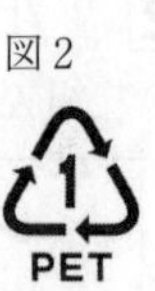

水50cm^3に食塩15gを加え，体積を調べたところ55cm^3であった。この食塩水に小さく切ったラベルを，空気の泡が付かないように全て沈めてから静かに手を放した。すると，小さく切ったラベルは食塩水に浮いた。

また，ペットボトルに使われているプラスチックの種類を調べたところ，表2のうちの，いずれかであることが分かった。

表2

プラスチックの種類	密度〔g/cm^3〕
ポリエチレンテレフタラート	1.38～1.40
ポリスチレン	1.05～1.07
ポリエチレン	0.92～0.97
ポリプロピレン	0.90～0.92

〔問3〕 ＜**レポート3**＞から，食塩水に浮いたラベルのプラスチックの種類として適切なのは，下の**ア**～**エ**のうちではどれか。

ただし，ラベルは1種類のプラスチックからできているものとする。

ア ポリエチレンテレフタラート

イ ポリスチレン

ウ ポリエチレン

エ ポリプロピレン

＜レポート4＞ 夜空に見える星座について

毎日同じ時刻に戸じまりをしていると，空に見える星座の位置が少しずつ移動して見えることに気付いた。そこで，南の空に見られるオリオン座の位置を，同じ時刻に観察して確かめることにした。

方位磁針を使って東西南北を確認《かくにん》した後，午後10時に地上の景色と共にオリオン座の位置を記録した。11月15日から1か月ごとに記録した結果は，図3のようになり，1月15日のオリオン座は真南に見えた。

図3

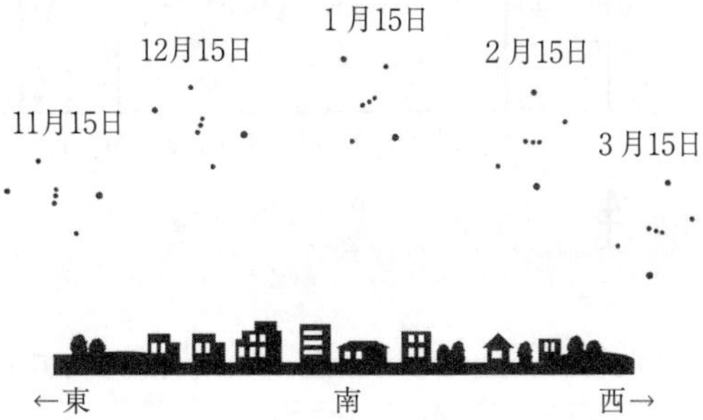

〔問4〕 ＜**レポート4**＞から，2月15日にオリオン座が真南に見える時刻として適切なのは，次のうちではどれか。

ア 午前0時頃《ごろ》

イ 午前2時頃

ウ 午後6時頃

エ 午後8時頃

3 天気の変化と気象観測について，次の各問に答えよ。

＜**観測**＞を行ったところ，＜**結果**＞のようになった。

＜**観測**＞

天気の変化について調べるために，ある年の3月31日から連続した3日間，観測地点Pにおいて，気象観測を行った。気温，湿度，気圧は自動記録計により測定し，天気，風向，風力，天気図はインターネットで調べた。図1は観測地点Pにおける1時間ごとの気温，湿度，気圧の気象データを基に作成したグラフと，3時間ごとの天気，風向，風力の気象データを基に作成した天気図記号を組み合わせたものである。図2，図3，図4はそれぞれ3月31日から4月2日までの12時における日本付近の天気図であり，前線X（ ▼▼ ）は観測を行った期間に観測地点Pを通過した。

＜**結果**＞

図1

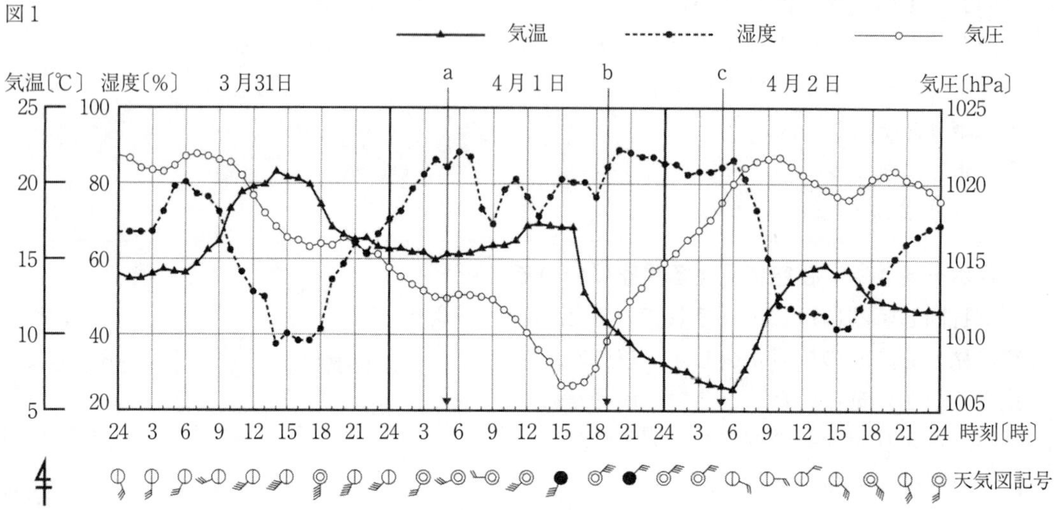

図2　3月31日12時の天気図

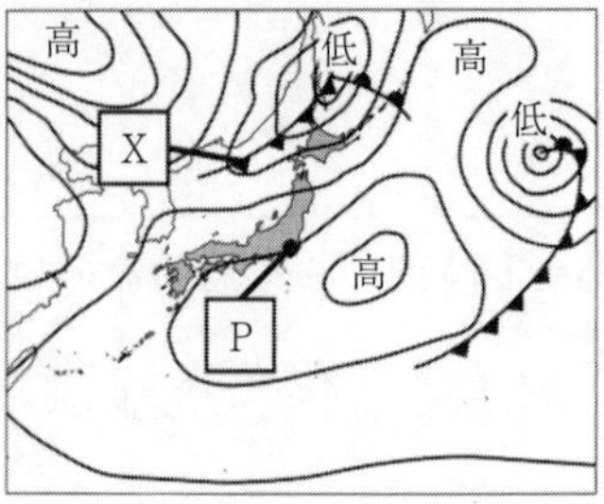

図3　4月1日12時の天気図

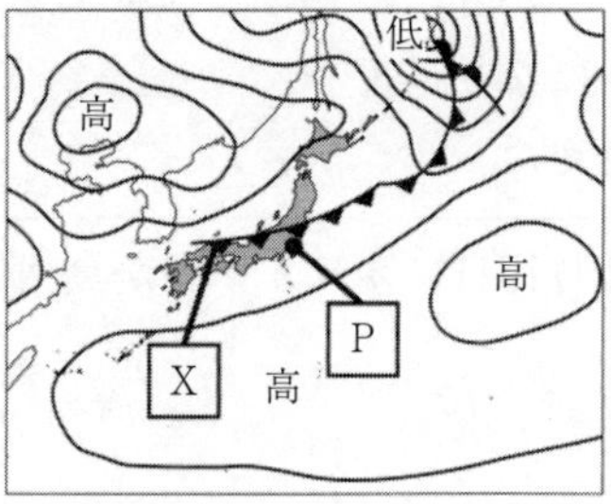

図4　4月2日12時の天気図

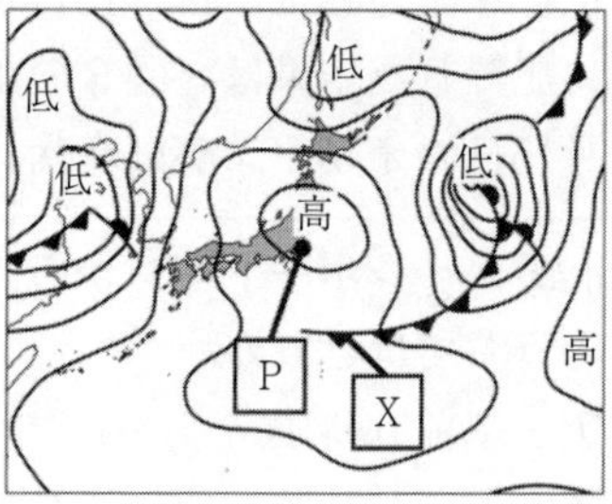

〔問1〕　＜**結果**＞の図1のa，b，cの時刻における湿度は全て84％であった。a，b，cの時刻における空気中の水蒸気の量をそれぞれA〔g/m^3〕，B〔g/m^3〕，C〔g/m^3〕としたとき，A，B，Cの関係を適切に表したものは，次のうちではどれか。

ア　A＝B＝C　　**イ**　A＜B＜C　　**ウ**　B＜A＜C　　**エ**　C＜B＜A

〔問2〕　＜**結果**＞の図1から分かる，3月31日の天気の概況について述べた次の文章の ① ～ ③ にそれぞれ当てはまるものとして適切なのは，下の**ア**～**ウ**のうちではどれか。

> 日中の天気はおおむね ① で， ② が吹く。 ③ は日が昇るとともに上がり始め，昼過ぎに最も高くなり，その後しだいに下がる。

① **ア**　快晴　　**イ**　晴れ　　**ウ**　くもり

② **ア**　東寄りの風　　**イ**　北寄りの風　　**ウ**　南寄りの風

③ **ア**　気温　　**イ**　湿度　　**ウ**　気圧

〔問3〕　＜**結果**＞から，4月1日の15時～18時の間に前線Xが観測地点Pを通過したと考えられる。前線Xが通過したときの観測地点Pの様子として適切なのは，下の ① の**ア**～**エ**のうちではどれか。また，図4において，観測地点Pを覆《おお》う高気圧の中心付近での空気の流れについて述べたものとして適切なのは，下の ② の**ア**～**エ**のうちではどれか。

① **ア**　気温が上がり，風向は北寄りに変化した。

イ　気温が上がり，風向は南寄りに変化した。

ウ　気温が下がり，風向は北寄りに変化した。

エ　気温が下がり，風向は南寄りに変化した。

②　**ア**　地上から上空へ空気が流れ，地上では周辺から中心部へ向かって風が吹き込む。

イ　地上から上空へ空気が流れ，地上では中心部から周辺へ向かって風が吹き出す。

ウ　上空から地上へ空気が流れ，地上では周辺から中心部へ向かって風が吹き込む。

エ　上空から地上へ空気が流れ，地上では中心部から周辺へ向かって風が吹き出す。

〔問４〕　日本には，季節の変化があり，それぞれの時期において典型的な気圧配置が見られる。次の**ア**～**エ**は，つゆ（６月），夏（８月），秋（11月），冬（２月）のいずれかの典型的な気圧配置を表した天気図である。つゆ，夏，秋，冬の順に記号を並べよ。

ア

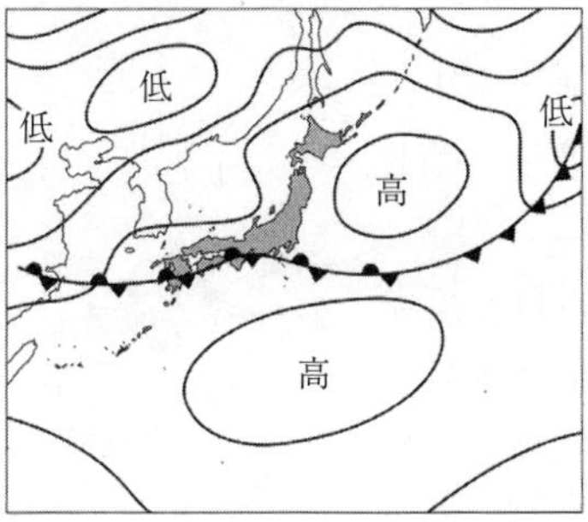

イ

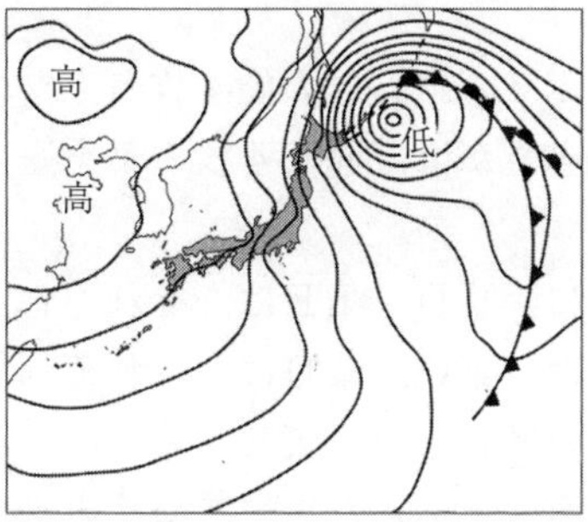

ウ

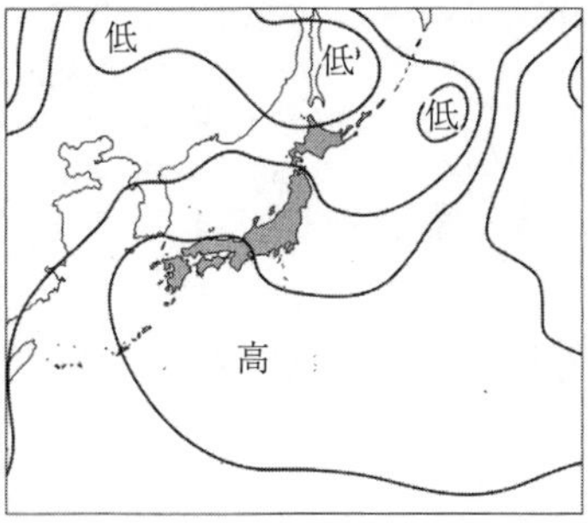

エ

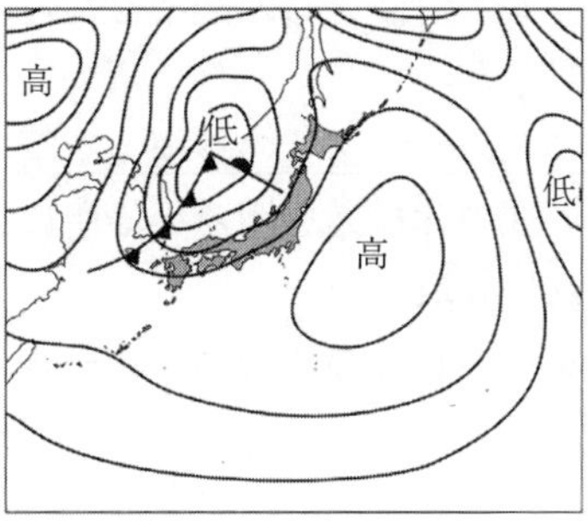

4　ツユクサを用いた観察，実験について，次の各問に答えよ。

＜**観察**＞を行ったところ，＜**結果１**＞のようになった。

＜**観察**＞

(1)　ツユクサの葉の裏側の表皮をはがし，スライドガラスの上に載せ，水を１滴《てき》落とし，プレパラートを作った。

(2)　(1)のプレパラートを顕微鏡《けんびきょう》で観察した。

(3)　(1)の表皮を温めたエタノールに入れ，脱色されたことを顕微鏡で確認《かくにん》した後，スライドガラスの上に載せ，ヨウ素液を１滴落とし，プレパラートを作った。

(4)　(3)のプレパラートを顕微鏡で観察した。

図１

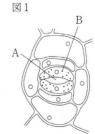

＜**結果１**＞

(1)　＜**観察**＞の(2)では，図１のAのような２個の三日月形の細胞で囲まれた隙間《すきま》が観察された。三日月形の細胞にはBのような緑色の粒《つぶ》が複数見られた。

(2) ＜**観察**＞の(4)では，＜**結果 1**＞の(1)のＢが青紫色に変化した。

〔問 1〕 ＜**結果 1**＞で観察されたＡについて述べたものと，Ｂについて述べたものとを組み合わせたものとして適切なのは，次の表の**ア**～**エ**のうちではどれか。

	Ａについて述べたもの	Ｂについて述べたもの
ア	酸素，二酸化炭素などの気体の出入り口である。	植物の細胞に見られ，酸素を作る。
イ	酸素，二酸化炭素などの気体の出入り口である。	植物の細胞の形を維《い》持《じ》する。
ウ	細胞の活動により生じた物質を蓄《たくわ》えている。	植物の細胞に見られ，酸素を作る。
エ	細胞の活動により生じた物質を蓄えている。	植物の細胞の形を維持する。

次に，＜**実験 1**＞を行ったところ，＜**結果 2**＞のようになった。

＜**実験 1**＞

(1) 無色透明なポリエチレンの袋 4 枚と，ツユクサの鉢《はち》植《う》えを 1 鉢用意した。大きさがほぼ同じ 4 枚の葉を選び，葉Ｃ，葉Ｄ，葉Ｅ，葉Ｆとした。

(2) 図 2 のように，葉Ｄ，葉Ｆは，それぞれアルミニウムはくで葉の両面を覆《おお》った。葉Ｃ，葉Ｄは，それぞれ袋で覆い，紙ストローで息を吹き込み密封した。葉Ｅ，葉Ｆは，それぞれ袋で覆い，紙ストローで息を吹き込んだ後，二酸化炭素を吸収する性質のある水酸化ナトリウム水溶液をしみ込ませたろ紙を，葉に触れないように入れて密封した。

(3) ＜**実験 1**＞の(2)のツユクサの鉢植えを暗室に24時間置いた。

(4) ＜**実験 1**＞の(3)の鉢植えを明るい場所に 3 時間置いた後，葉Ｃ～Ｆをそれぞれ切り取った。

(5) 切り取った葉Ｃ～Ｆを温めたエタノールに入れて脱色し，ヨウ素液に浸して色の変化を調べた。

図 2

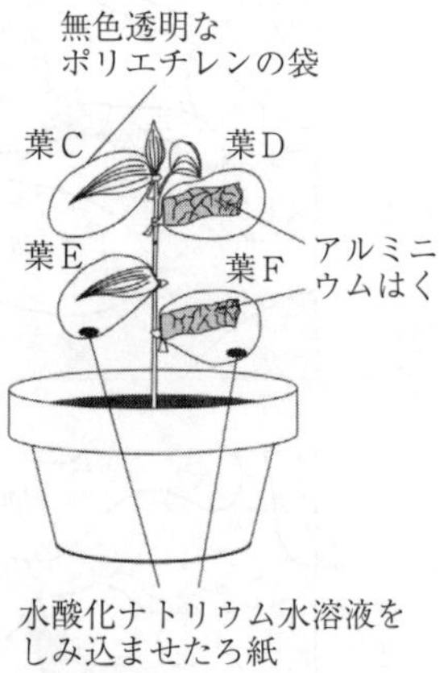

＜**結果 2**＞

	色の変化
葉Ｃ	青紫色に変化した。
葉Ｄ	変化しなかった。
葉Ｅ	変化しなかった。
葉Ｆ	変化しなかった。

〔問 2〕 ＜**実験 1**＞の(3)の下線部のように操作する理由として適切なのは，下の ① の**ア**～**ウ**のうちではどれか。また，＜**結果 2**＞から，光合成には二酸化炭素が必要であることを確かめるための葉の組合せとして適切なのは，下の ② の**ア**～**ウ**のうちではどれか。

① **ア** 葉にある水を全て消費させるため。
イ 葉にある二酸化炭素を全て消費させるため。
ウ 葉にあるデンプンを全て消費させるため。

② **ア** 葉Ｃと葉Ｄ **イ** 葉Ｃと葉Ｅ **ウ** 葉Ｄと葉Ｆ

次に，＜**実験 2**＞を行ったところ，＜**結果 3**＞のようになった。

＜実験２＞

(1)　明るさの度合いを１，２の順に明るくすることができる照明器具を用意した。葉の枚数や大きさ，色が同程度のツユクサを入れた同じ大きさの無色透明なポリエチレンの袋を３袋用意し，袋G，袋H，袋Iとした。

(2)　袋G～Iのそれぞれの袋に，紙ストローで息を十分に吹き込み，二酸化炭素の割合を気体検知管で測定した後，密封した。

(3)　袋Gは，暗室に５時間置いた後，袋の中の二酸化炭素の割合を気体検知管で測定した。

(4)　袋Hは，図３のように，照明器具から１m離れたところに置き，明るさの度合いを１にして５時間光を当てた後，袋の中の二酸化炭素の割合を気体検知管で測定した。

(5)　袋Iは，図３のように，照明器具から１m離れたところに置き，明るさの度合いを２にして５時間光を当てた後，袋の中の二酸化炭素の割合を気体検知管で測定した。

図３

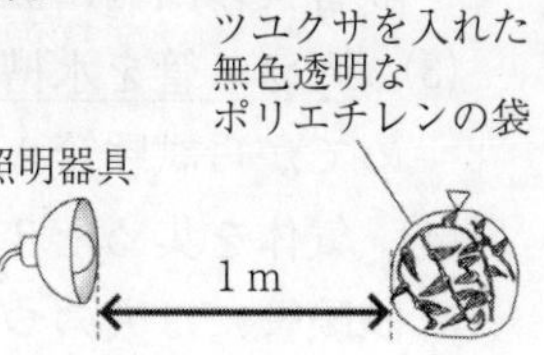

＜結果３＞

		暗い → 明るい		
		袋G 暗室	袋H 明るさの度合い１	袋I 明るさの度合い２
二酸化炭素の割合〔%〕	実験前	4.0	4.0	4.0
	実験後	7.6	5.6	1.5

〔問３〕　**＜結果３＞**から，袋Hと袋Iのそれぞれに含《ふく》まれる二酸化炭素の量の関係について述べたものとして適切なのは，下の ① の**ア**～**ウ**のうちではどれか。また，**＜結果２＞**と**＜結果３＞**から，袋Hと袋Iのそれぞれのツユクサでできるデンプンなどの養分の量の関係について述べたものとして適切なのは，下の ② の**ア**～**ウ**のうちではどれか。

①　**ア**　呼吸によって出される二酸化炭素の量よりも，光合成によって使われた二酸化炭素の量の方が多いのは，袋Hである。

イ　呼吸によって出される二酸化炭素の量よりも，光合成によって使われた二酸化炭素の量の方が多いのは，袋Iである。

ウ　袋Hも袋Iも呼吸によって出される二酸化炭素の量と光合成によって使われた二酸化炭素の量は，同じである。

②　**ア**　デンプンなどの養分のできる量が多いのは，袋Hである。

イ　デンプンなどの養分のできる量が多いのは，袋Iである。

ウ　袋Hと袋Iでできるデンプンなどの養分の量は，同じである。

5　物質の変化やその量的な関係を調べる実験について，次の各問に答えよ。

＜実験１＞を行ったところ，**＜結果１＞**のようになった。

＜実験１＞

(1)　乾いた試験管Aに炭酸水素ナトリウム2.00gを入れ，ガラス管をつなげたゴム栓《せん》をして，試験管Aの口を少し下げ，スタンドに固定した。

図１

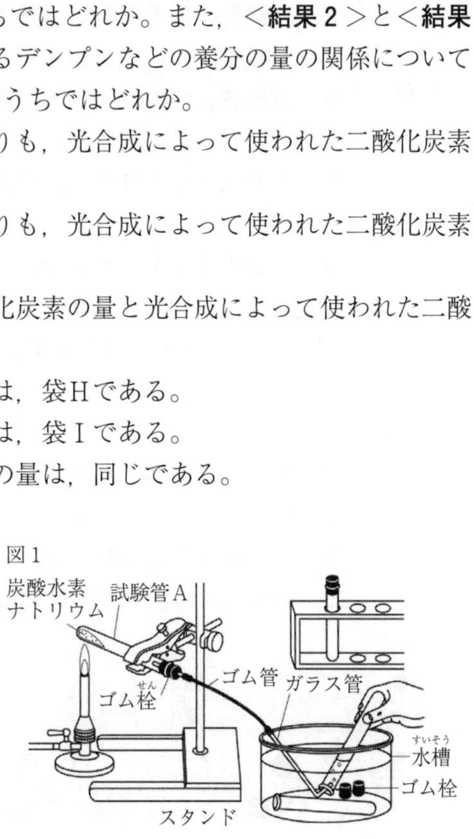

(2) 図1のように，試験管Aを加熱したところ，ガラス管の先から気体が出てきたことと，試験管Aの内側に液体が付いたことが確認《かくにん》できた。出てきた気体を3本の試験管に集めた。

(3) ガラス管を水槽《すいそう》の水の中から取り出した後，試験管Aの加熱をやめ，試験管Aが十分に冷めてから試験管Aの内側に付いた液体に青色の塩化コバルト紙を付けた。

(4) 気体を集めた3本の試験管のうち，1本目の試験管には火のついた線香を入れ，2本目の試験管には火のついたマッチを近付け，3本目の試験管には石灰水《せっかいすい》を入れてよく振った。

(5) 加熱後の試験管Aの中に残った物質の質量を測定した。

(6) 水5.0cm^3を入れた試験管を2本用意し，一方の試験管には炭酸水素ナトリウムを，もう一方の試験管には＜**実験1**＞の(5)の物質をそれぞれ1.00gを入れ，水への溶け方を観察した。

＜**結果1**＞

塩化コバルト紙の色の変化	火のついた線香の変化	火のついたマッチの変化	石灰水の変化	加熱後の物質の質量	水への溶け方
青色から赤色(桃色《ももいろ》)に変化した。	線香の火が消えた。	変化しなかった。	白く濁った。	1.26g	炭酸水素ナトリウムは溶け残り，加熱後の物質は全て溶けた。

〔問1〕 ＜**実験1**＞の(3)の下線部のように操作する理由として適切なのは，下の ① の**ア**～**エ**のうちではどれか。また，＜**実験1**＞の(6)の炭酸水素ナトリウム水溶液と加熱後の物質の水溶液のpHの値《あたい》について述べたものとして適切なのは，下の ② の**ア**～**ウ**のうちではどれか。

① **ア** 試験管A内の気圧が上がるので，試験管Aのゴム栓が飛び出すことを防ぐため。
イ 試験管A内の気圧が上がるので，水槽の水が試験管Aに流れ込むことを防ぐため。
ウ 試験管A内の気圧が下がるので，試験管Aのゴム栓が飛び出すことを防ぐため。
エ 試験管A内の気圧が下がるので，水槽の水が試験管Aに流れ込むことを防ぐため。

② **ア** 炭酸水素ナトリウム水溶液よりも加熱後の物質の水溶液の方がpHの値が小さい。
イ 炭酸水素ナトリウム水溶液よりも加熱後の物質の水溶液の方がpHの値が大きい。
ウ 炭酸水素ナトリウム水溶液と加熱後の物質の水溶液のpHの値は同じである。

〔問2〕 ＜**実験1**＞の(2)で試験管A内で起きている化学変化と同じ種類の化学変化として適切なのは，下の ① の**ア**～**エ**のうちではどれか。また，＜**実験1**＞の(2)で試験管A内で起きている化学変化をモデルで表した図2のうち，ナトリウム原子1個を表したものとして適切なのは，下の ② の**ア**～**エ**のうちではどれか。

① **ア** 酸化銀を加熱したときに起こる化学変化
イ マグネシウムを加熱したときに起こる化学変化
ウ 鉄と硫黄《いおう》の混合物を加熱したときに起こる化学変化
エ 鉄粉と活性炭の混合物に食塩水を数滴《すうてき》加えたときに起こる化学変化

図2

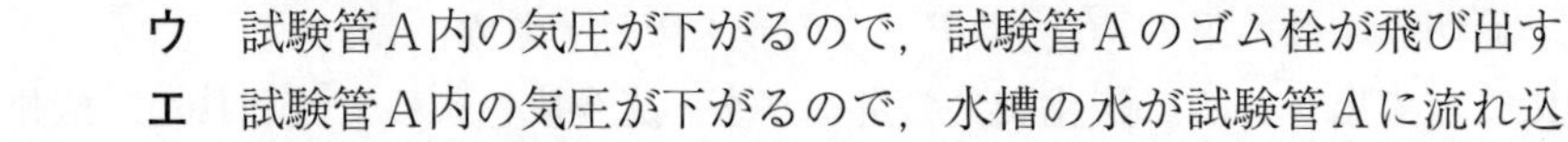

② **ア** ● **イ** ○ **ウ** ◎ **エ** ■

次に，＜**実験2**＞を行ったところ，＜**結果2**＞のようになった。

<実験 2 >

図3

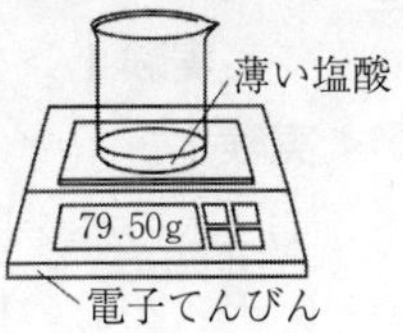

(1)　乾いたビーカーに薄い塩酸10.0cm³を入れ，図3のようにビーカーごと質量を測定し，反応前の質量とした。

(2)　炭酸水素ナトリウム0.50ｇを，<実験 2 >の(1)の薄い塩酸の入っているビーカーに少しずつ入れたところ，気体が発生した。気体の発生が止まった後，ビーカーごと質量を測定し，反応後の質量とした。

(3)　<実験 2 >の(2)で，ビーカーに入れる炭酸水素ナトリウムの質量を，1.00ｇ，1.50ｇ，2.00ｇ，2.50ｇ，3.00ｇに変え，それぞれについて<実験 2 >の(1)，(2)と同様の実験を行った。

<結果 2 >

反応前の質量〔ｇ〕	79.50	79.50	79.50	79.50	79.50	79.50
炭酸水素ナトリウムの質量〔ｇ〕	0.50	1.00	1.50	2.00	2.50	3.00
反応後の質量〔ｇ〕	79.74	79.98	80.22	80.46	80.83	81.33

〔問３〕　<結果 2 >から，炭酸水素ナトリウムの質量と発生した気体の質量との関係を表したグラフとして適切なのは，次のうちではどれか。

ア

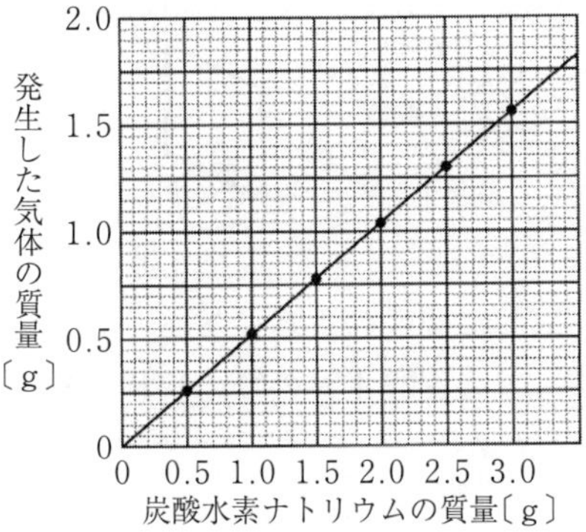

イ

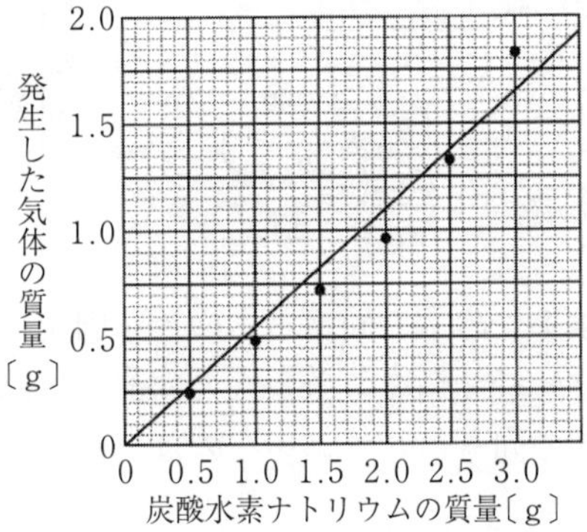

ウ

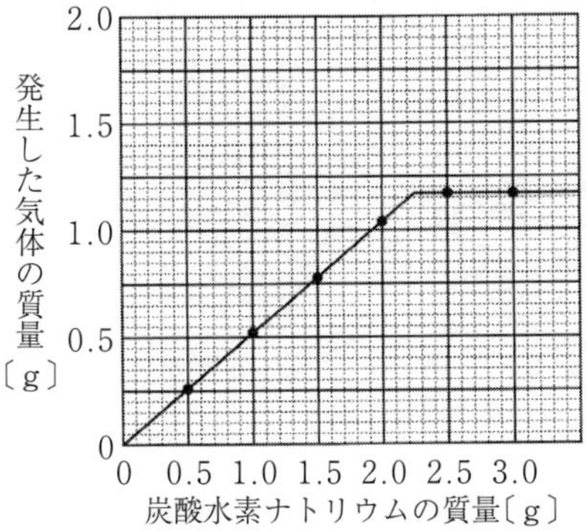

エ

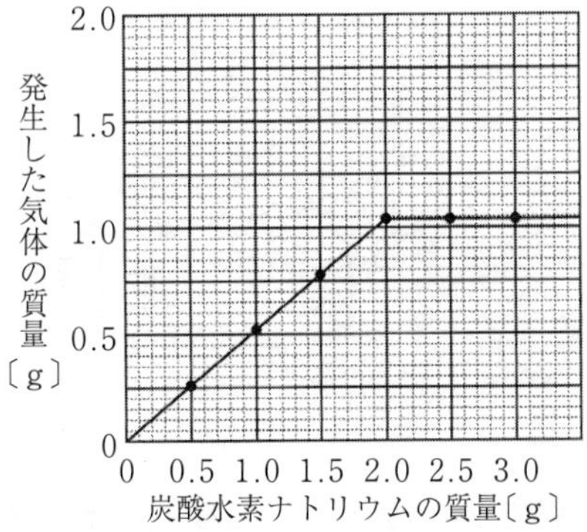

〔問４〕　<実験 2 >で用いた塩酸と同じ濃《のう》度《ど》の塩酸10.0cm³に，炭酸水素ナトリウムが含《ふく》まれているベーキングパウダー4.00ｇを入れたところ，0.65ｇの気体が発生した。ベーキングパウダーに含まれている炭酸水素ナトリウムは何％か。答えは，小数第一位を四捨五入して整数で求めよ。

　ただし，発生した気体はベーキングパウダーに含まれている炭酸水素ナトリウムのみが反応して発生したものとする。

6　電流と磁界に関する実験について，次の各問に答えよ。

＜**実験１**＞を行ったところ，＜**結果１**＞のようになった。

＜**実験１**＞

(1)　木の棒を固定したスタンドを水平な机の上に置き，図１のように電源装置，導線，スイッチ，20Ωの抵抗器《ていこうき》，電流計，コイルＡを用いて回路を作った。

(2)　コイルＡの下にＮ極が黒く塗《ぬ》られた方位磁針を置いた。

(3)　電源装置の電圧を５Ｖに設定し，回路のスイッチを入れた。

(4)　＜**実験１**＞の(1)の回路に図２のようにＵ字型磁石をＮ極を上にして置き，＜**実験１**＞の(3)の操作を行った。

＜**結果１**＞

(1)　＜**実験１**＞の(3)では，磁針は図３で示した向きに動いた。

(2)　＜**実験１**＞の(4)では，コイルＡは図２のＨの向きに動いた。

図１

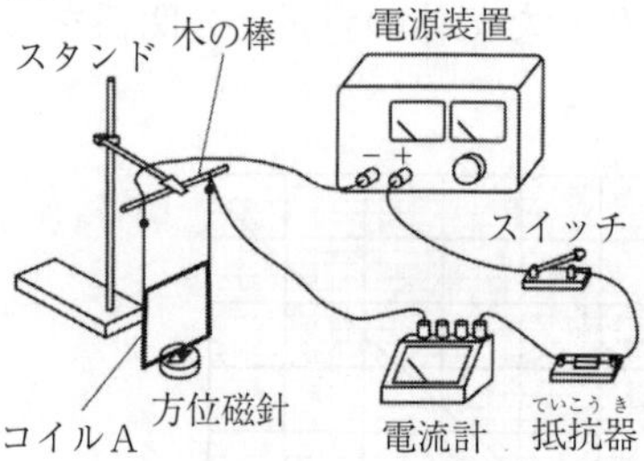

図２

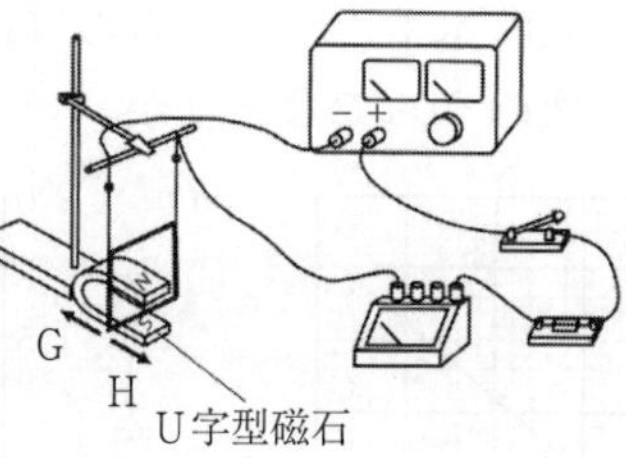

図３

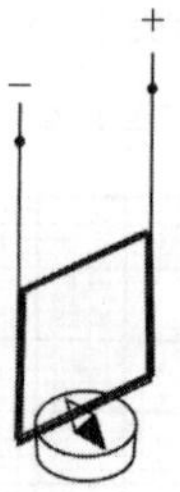

〔問１〕　＜**実験１**＞の(1)の回路と木の棒を固定したスタンドに図４のようにアクリル板２枚を取り付け，方位磁針２個をコイルＡの内部と上部に設置し，＜**実験１**＞の(3)の操作を行った。このときの磁針の向きとして適切なのは，次のうちではどれか。

図４

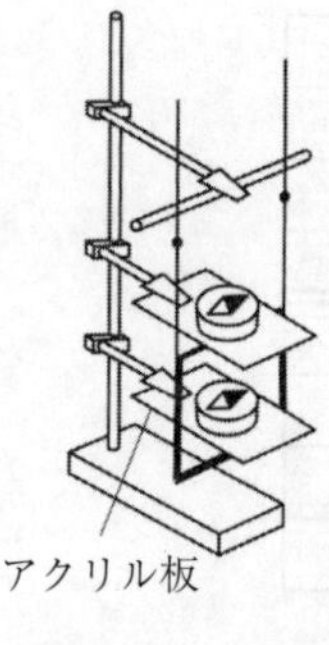

ア

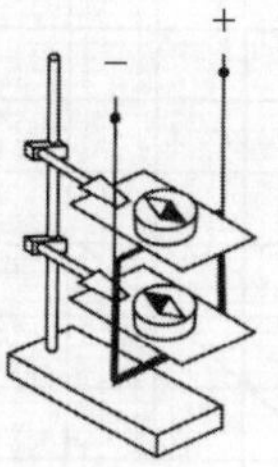

イ

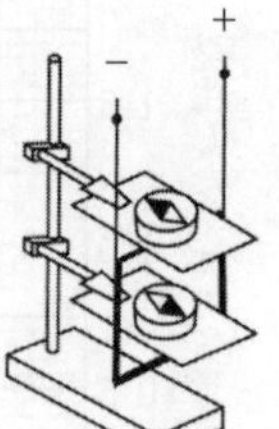

ウ

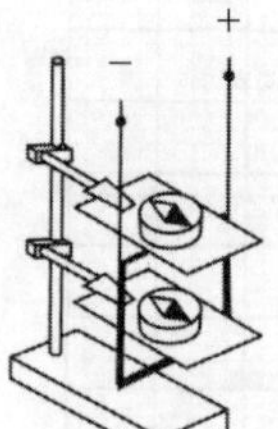

エ

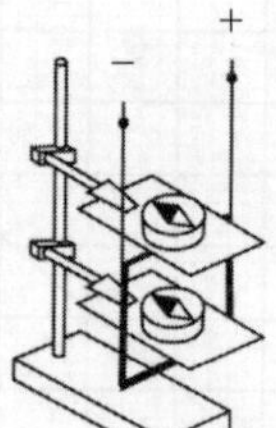

次に，＜**実験２**＞を行ったところ，＜**結果２**＞のようになった。

＜**実験２**＞

(1)　図５のようにコイルＡに導線で検流計をつないだ。

(2)　コイルＡを手でＧとＨの向きに交互に動かし，検流計の針の動きを観察した。

＜**結果２**＞

コイルＡを動かすと，検流計の針は左右に振れた。

図５

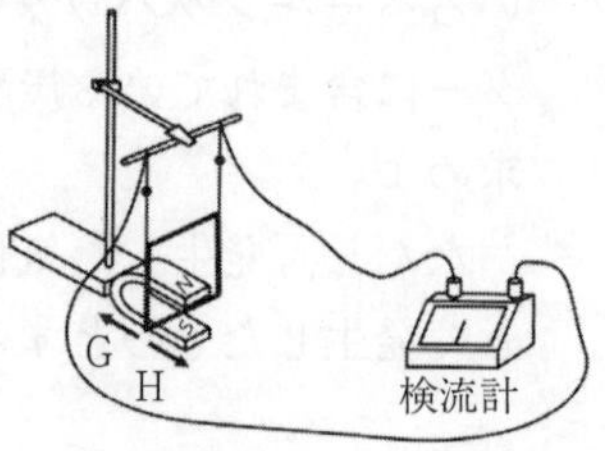

〔問２〕　＜**結果２**＞から，コイルＡに電圧が生じていることが分

かる。コイルAに電圧が生じる理由を簡単に書け。

次に，<**実験３**>を行ったところ，<**結果３**>のようになった。

<**実験３**>

(1) 図６において，電流をｅからｆに流すとき，ａ→ｂ→ｃ→ｄの向きに電流が流れるようエナメル線を巻き，左右に軸を出した。ｅ側の軸のエナメルを下半分，ｆ側の軸のエナメルを全てはがしたコイルＢを作った。

なお，図６のエナメル線の白い部分はエナメルをはがした部分を表している。

(2) 図７のように，磁石のＳ極を上にして置き，その上にコイルＢをａｂの部分が上になるように金属製の軸受けに載せた。電源装置，導線，スイッチ，20Ωの抵抗器，電流計，軸受けを用いて回路を作り，<**実験１**>の(3)の操作を行った。

<**結果３**>

コイルＢは，同じ向きに回転し続けた。

図６

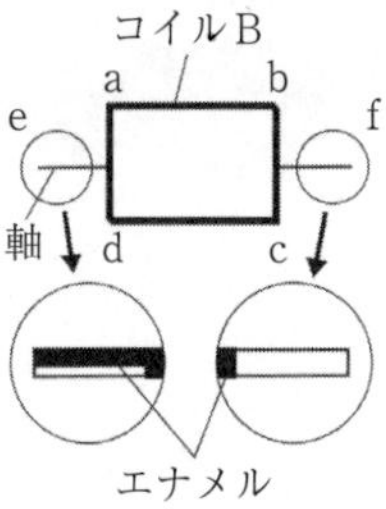

図７

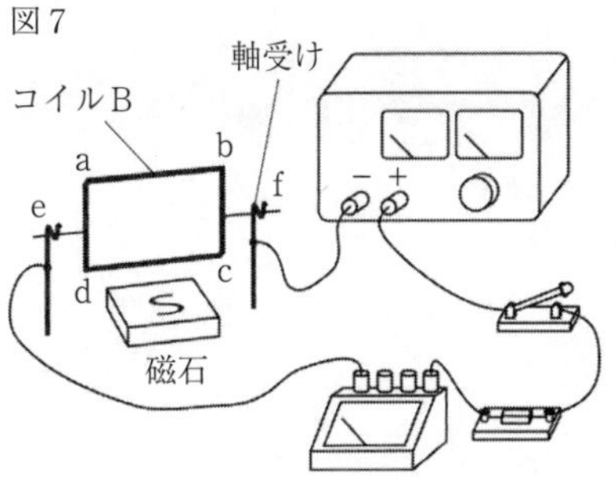

〔問３〕 <**実験３**>の(2)において，コイルＢを流れる電流を大きくするとコイルの回転が速くなる。次の**ア**～**エ**は，図７の回路の抵抗器にもう一つ抵抗器をつなぐ際の操作を示したものである。<**実験１**>の(3)の操作を行うとき，コイルＢが速く回転するつなぎ方の順に記号を並べよ。

ア　５Ωの抵抗器を直列につなぐ。　**イ**　５Ωの抵抗器を並列《へいれつ》につなぐ。

ウ　10Ωの抵抗器を直列につなぐ。　**エ**　10Ωの抵抗器を並列につなぐ。

〔問４〕 <**結果３**>において，図８と図９はコイルＢが回転しているときのある瞬間の様子を表したものである。下の文章は，コイルＢが同じ向きに回転し続けた理由を述べたものである。文章中の ① ～ ④ にそれぞれ当てはまるものとして適切なのは，下の**ア**～**ウ**のうちではどれか。

図８

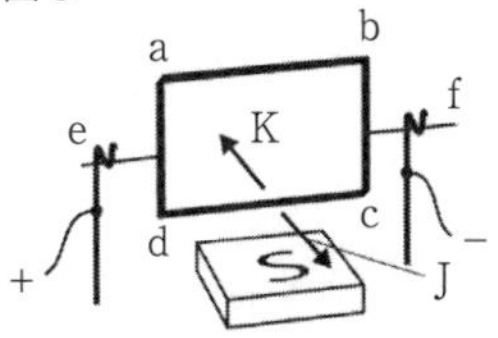

図９

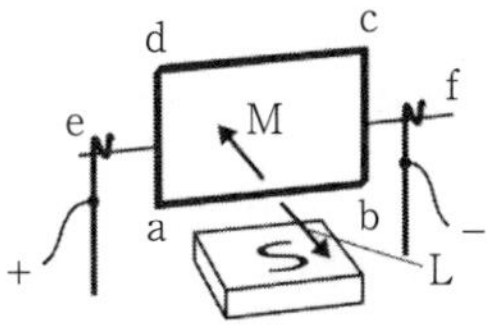

図８の状態になったときには，コイルＢのｃｄの部分には［　①　］ため，磁界から［　②　］。半回転して図９の状態になったときには，コイルＢのａｂの部分には［　③　］ため，磁界から［　④　］。そのため，同じ向きの回転を続け，さらに半回転して再び図８の状態になるから。

① ア　c→dの向きに電流が流れる
イ　d→cの向きに電流が流れる
ウ　電流が流れない

② ア　Jの向きに力を受ける
イ　Kの向きに力を受ける
ウ　力を受けない

③ ア　a→bの向きに電流が流れる
イ　b→aの向きに電流が流れる
ウ　電流が流れない

④ ア　Lの向きに力を受ける
イ　Mの向きに力を受ける
ウ　力を受けない

ウ　自らの疑問に対する蜂飼さんの見解を受け、作品の受け入れられ方に関する「方丈記」の評価を述べて、次の発言を促《うなが》している。

エ　二つの作品を対比する蜂飼さんの発言を受け、「方丈記」に絞《しぼ》って感想を述べることで、話題を焦点《しょうてん》化《か》するきっかけとしている。

〔問2〕(2)ですから、まあ、さまざまな受け取り方に対して開かれている作品と言っていいのかなと思いますよね。とあるが、「さまざまな受け取り方に対して開かれている作品」について説明したものとして、最も適切なのは、次のうちではどれか。

ア　書かれている話題が多様なことから、何を主要な要素と受け取るかは、現代における読者に広く委ねられている作品。

イ　過去の読者よりも、現代の読者の心を揺《ゆ》さぶるような内容が複数書かれていて、現代の読者でも理解しやすい作品。

ウ　古典の中でも短いとされてはいるものの、書かれた当時の読者が読めば、多様な受け取り方ができたと思われる作品。

エ　修行中に、他のことに没頭する自分を戒めようとして書かれているため、現代人が修行する際にも大いに参考になる作品。

〔問3〕(3)俊恵から与えられたアドバイスについては、長明が書いた歌論書の『無名抄』にいろいろ出てきますが、とあるが、Bの原文において、「俊恵」が良いと思う歌はどのようなものだと書かれているか。次のうちから最も適切なものを選べ。

ア　証得して、われは気色したる歌詠み給ふな

イ　われ至りにたりとて、この頃詠まるる歌

ウ　何によりてかは秀歌も出で来む

エ　風情もこもり、姿もすなほなる歌

〔問4〕(4)そういうところに、長明の物事にかける情熱というか、人間臭《にんげんくさ》さが表れているなあと思うんです。とあるが、「そういうところに、長明の物事にかける情熱というか、人間臭さが表れている」について説明したものとして、最も適切なのは、次のうちではどれか。

ア　歌の才能を認められていたにもかかわらず、「方丈記」の価値が認められなかったところに、不運な長明らしさが出ているということ。

イ　歌に精進《しょうじん》していたのに、歌人ではなく「方丈記」の作者だと世間で思われていたところに、宿命的な長明の人生が表れているということ。

ウ　不運だと言いながら、恵まれた人間関係の中で歌や音楽の才能が認められ意欲的に取り組む姿に、長明の魅力がにじみ出ているということ。

エ　望む職業に就けず、自分の才能が開花しないのは運がないだけだと思う姿勢に、長明の前向きで動じない人柄《ひとがら》が示されているということ。

〔問5〕(5)かならずやとあるが、この言葉が直接かかるのは、次のうちのどれか。

〔編集部注…問5の問題は不備があったため、受験者全員を正解とする措置がとられました。〕

ア　名人で　　イ　いらっしゃるに

ウ　違いない　　エ　申すのです

このこと違《たが》へらるな。そこはかならず末の世の歌仙《かせん》にていますかるべき上に、かやうに契《ちぎ》りをなさるれば申し侍るなり。あなかしこあなかしこ、われ人に許さるるほどになりたりとも、証得して、われは気色《きそく》したる歌詠《よ》み給《たま》ふな。ゆめゆめあるまじきことなり。後徳大寺《ごとくだいじ》の大臣《おとど》は左右なき手だりにていませしかど、その故実なくて、今は詠みくち後手《のちて》になり給へり。そのかみ前《さき》の大納言《だいなごん》など聞こえし時、道を執《しつ》し、人を恥ぢて、磨き立てたりし時のままならば、今は肩並ぶ人少なからまし。われ至りにたりとて、この頃《ころ》詠まるる歌は、少しも思ひ入れず、やや心づきなき言葉うち混ぜたれば、何によりてかは秀歌も出《い》で来む。秀逸《しゅういつ》なければまた人用ゐず。歌は当座にこそ、人がらによりて良くも悪《あ》しくも聞こゆれど、後朝に今一度静かに見たるたびは、さはいへども、風情《ふぜい》もこもり、姿もすなほなる歌こそ見とほしは侍れ。

歌にはこの上ない昔からの心得があるのです。私を本当に師と信頼なさるのならば、このことを守っていただきたい。あなたは(5)かならずやこの先の世の中で歌の名人でいらっしゃるに違いない上に、このように師弟《してい》の約束をされたので申すのです。決して決して、自分が他人に認められるようになったとしても、得意になって、われこそはという様子をした歌をお詠みなさいますな。決して決してしてはならないことである。＊後徳大寺左大臣《ごとくだいじさだいじん》藤原《ふじわらの》実定《さねさだ》公は並ぶもののない名手でいらっしゃったが、その心得がなくて、今では詠みぶりが劣ってこられた。以前、前大納言などと申し上げた時、歌の道に執着《しゅうちゃく》し、他人の目を気にし、切磋琢磨《せっさたくま》された時のままであったならば、今では肩を並べる人も少ないであろう。自分は名人の境地に到達したのだと思って、近頃お詠みになる歌は、少しも深く心を込めず、ややもすれば感心しない言葉を混ぜているから、どうして秀歌も出来ることがあろうか。秀作がなければ二度と他人は相手にしない。歌は詠んだその場でこそ、詠み手の人となりによって良くも悪くも聞こえるが、翌朝にもう一度静かに見た場合には、そうは言っても、情趣《じょうしゅ》も内にこめられ、歌の姿もすなおな歌こそいつまでも見ていられるものです。

（久保田　淳「無名抄」による）

〔注〕方丈記——鎌倉《かまくら》時代に鴨長明が書いた随筆。京都郊外《こうがい》にある方丈（畳四畳半ほどの広さ）の部屋に住みながら書いたことから名付けられた。
無名抄《むみょうしょう》——鎌倉時代に鴨長明が書いた歌論書。
禰宜《ねぎ》——神社における職名の一つ。
解脱《げだつ》——悩《なや》みや迷いから抜け出て、自由の境地に達すること。
下鴨《しもがも》——京都にある下鴨神社のこと。
おのづから短き運を悟りぬ——自分には運がないということを自然に知った。
中原有安《なかはらのありやす》——平安時代末期の歌人、音楽家。
後徳大寺左大臣《ごとくだいじさだいじん》藤原《ふじわらの》実定《さねさだ》——平安時代末期から鎌倉時代初期にかけての歌人。

〔問1〕(1)**駒井**さんの発言のこの対談における役割を説明したものとして最も適切なのは、次のうちではどれか。

ア　直前の蜂飼さんの発言に賛同しつつ、「方丈記」の魅力を語ることで、話題を「源氏物語」から「方丈記」に戻そうとしている。

イ　「源氏物語」と「方丈記」に関する蜂飼さんの発言を受け、二つの作品の共通点を述べて、「平家物語」の話題へと広げている。

修行に入った人の手記みたいなものとして当時の受け手は受け取ったんだろうなとは思うんです。

それに対して、現代に読むときに、読者がどのような要素を通して『方丈記』を受け取るかと考えると、自分自身では運がないと思っている人の個人的な来歴や気持ち、それに自然描写の美しさ、そして災害の記述が持つある種の臨場感、そういった要素で受け取るわけですよね。(2)ですから、まあ、さまざまな受け取り方に対して開かれている作品と言っていいのかなと思いますよね。たった二十数枚の短めの作品であるにもかかわらず、いろんな近づき方ができると。

駒井　彼の生涯《しょうがい》を遡《さかのぼ》ると、方丈に住む前は、＊禰宜《ねぎ》の地位に就《つ》きたいとか、ひょっとしたら歌のお師匠《ししょう》にだとか、ずいぶん俗《ぞく》っぽい夢を持っていたようですね。最初から人生を捨てて＊解脱《げだつ》していたとか、そういう人ではなかったということですよね。

蜂飼　そうですよね。とくに、自分の亡《な》くなった父親に関わる＊下鴨《しもがも》の禰宜の職には、相当こだわったようです。それが実現できないということは、大きかったのかなと思います。

駒井　ある種の挫折感のようなものがあったのでしょうか。

蜂飼　ええ。挫折ですけど、自分では、運がないという言い方をしています。原文の言葉だと「＊おのづから短き運を悟りぬ」。ただ、この人は自分自身で運が悪いと言っていますが、外面的に考えれば、人間関係ではわりといい人たちに恵まれた部分があったと思う。

駒井　恵まれていますよね。

蜂飼　たとえば、長明の歌の先生は俊恵という歌人です。(3)俊恵から与えられたアドバイスについては、長明が書いた歌論書の『無名抄』にいろいろ出てきますが、俊恵のもとにいたときの思い出話なども記されていて面白《おもしろ》いですし、長明自身に魅力《みりょく》があったからこそ身のまわりにそういう関係ができたんじゃないかと思います。

彼は、琵琶《びわ》が上手な音楽家でもありました。琵琶の先生は＊中原 有安《なかはらのありやす》という人ですけど、この人も長明に目をかけている。そんなところに注目すると、本人は不遇《ふぐう》だったと言うけれども、ただそればかりではなかっただろうと思うのです。

駒井　本人がそう思っても、歌の先生が優《すぐ》れた人だったり、琵琶の師匠がよくしてくれたり、客観的に見ると結構、恵まれた人間関係の中を生きた人じゃないですか。

蜂飼　そうです。あと、後鳥羽院《ごとばいん》。後鳥羽院も長明にはかなり目をかけていた。彼が『新古今和歌集《しんこきんわかしゅう》』を企画《きかく》して、そのために設置した和歌所という機関があります。そこで働くメンバーの一人に選ばれているんです。他のメンバーはみんな貴族で、長明は地下《じげ》の人（昇殿《しょうでん》を許されていない官人や身分の人）なんですけども、大抜擢《だいばってき》されてそこに入って仕事をしている。

そうなると、歌に命を懸けている人ですから、一生懸命仕事をしたらしい。私たち現代人は、長明をまず『方丈記』の作者だと思いますけど、彼はまず歌人なんですよ。それで、和歌所の事務方の長にあたる仕事をしていた源 家長《みなもとのいえなが》という人が書いた『家長日記』の中に、長明の精勤ぶりは素晴らしいとある。(4)そういうところに、長明の物事にかける情熱というか、人間臭《にんげんくさ》さが表れているなあと思うんです。

（蜂飼　耳、駒井　稔「鴨長明『方丈記』」〈光文社新書『文学こそ最高の教養である』所収による〉）

B

歌は極《きは》めたる故実の侍《はべ》るなり。われをまことに師と頼まれば、しんだ変わらない価値を示すものでなければならないという思いを強くしてきたのです。と筆者が述べたのはなぜか。次のうちから最も適切なものを選べ。

ア　未来への前向きな意志をもつことが難しい世の中ではあるが、建築だけは、懐かしさや郷愁を印象付けることが必要であると考えるから。

イ　急速に物事が更新され続ける現在において、変わらずそこにあり続ける建築は、人の記憶の原風景となり得る存在であると考えるから。

ウ　建築においても、〝変えるべきこと〟と〝変えなくてもいいこと〟を整理し、新たな建造物には懐古的な工夫が必要であると考えるから。

エ　明るい未来を築くためには変化を止めることが重要であり、不変の象徴として建築を位置付け、人々の意識を向けさせたいと考えるから。

〔問5〕　国語の授業でこの文章を読んだ後、「自分の『記憶の拠《よ》り所《どころ》』となるもの」というテーマで自分の意見を発表することになった。このときにあなたが話す言葉を、具体的な体験や見聞も含《ふく》めて二百字以内で書け。なお、書き出しや改行の際の空欄《くうらん》、、や。や「などもそれぞれ字数に数えよ。

五　次の**A**は、鴨長明《かものちょうめい》が書いた「*方丈記」に関する対談の一部であり、**B**は、対談中にでてくる「*無名抄《むみょうしょう》」の俊恵《しゅんえ》から長明へのアドバイスに当たる原文の一部である。また、あとの［　　］内の文章は**B**の現代語訳である。これらの文章を読んで、あとの各問に答えよ。（*印の付いている言葉には、本文のあとに〔**注**〕がある。）

A

駒井《こまい》　素朴《そぼく》な疑問ですが、今の出版の世界だと、編集者がいて「これを書いてくれませんか」という話になりますよね。『方丈記』を書いているときの長明には、誰かに読ませるとか、後世に残すとか、そういう思いはあったのでしょうか。

蜂飼《はちかい》　どうなんでしょう、わかりませんね。誰かに読んでもらう、あるいは読まれてしまう可能性は考えたのかなと思いますが、結局は、ゆかりのあるお寺の僧侶《そうりょ》たちに渡ったんじゃないかと思うんですよね。でも、現代的な意味で言う読者ってものを考えたかというと……。当時は手書きで、最初は一冊しかない。それを読んでもらいたいとか、読まれてもいいと考えたのか、その辺りは研究などを見ても、推測の域を出るものがありません。

　これがたとえば『源氏物語』だったら、みんなで読んで聞いて楽しむという、そういう舞台を想像できるじゃないですか。それに対して『方丈記』のような作品は、どういう享受のされ方をイメージしたか、想像するのが意外と難しい。

(1)**駒井**　宮廷文化《きゅうていぶんか》の中で筆写されたりして読まれるものであれば別ですが、この作品は、方丈の中で書かれたものが残って、こうやって生きている。古典の中でも、一味違う力を強く感じます。

蜂飼　後の『平家物語』にも影響があるわけですしね。そうなると、やはり、伝わる力を当時から持っている作品だったんだと思います。

　ただ、受け取った人が、どういう部分に対してどういう感じ方をしたかということは、現代人には想像が難しいかもしれません。『方丈記』の最後の部分に、自分は修行《しゅぎょう》で山の中に籠《こも》っているのに、こんなことを書き連ねていてはいけないと自戒する箇所があります。だから、そういうことを含《ふく》め、いま、人が毎日ほとんどの時間見つめているものはスマホやコンピュータのモニターの奥に広がる膨大なデータの世界です。それらは人の情報処理能力をはるかに超えるスピードで膨張し、そして更新《こうしん》されてゆきます。(3)そんな中、私は世の中が更新し続けるもので埋め尽くされてゆけばゆくほど建築こそは動かずにじっとしていて、慣れ親しんだ変わらない価値を示すものでなければならないという思いを強くしてきたのです。言い換えれば、建築さえも急進的に更新し続けるだけの存在になってしまったら、人は何を記憶の拠《よ》り所《どころ》にしてゆけばいいのかわからなくなってしまうのではないでしょうか。(第七段)

(堀部安嗣「住まいの基本を考える」による)

〔問1〕(1)そんな団地の小学生の話やポルトガルでの体験は、複合的で抽象的《ちゅうしょうてき》な懐かしさということで共通しています。とあるが、「複合的で抽象的な懐かしさ」とはどういうことか。次のうちから最も適切なものを選べ。

ア　未知の事象がもつ情感と潜在的な記憶がもつ情感が重なり合うことで思い出される、幼少期の記憶から生じる懐かしさのこと。

イ　未知の場所との出会いから生じる喜びと情感溢れる場所の記憶から生じる郷愁との比較《ひかく》を通して、心に浮かぶ懐かしさのこと。

ウ　未知の風景を前にして感じる、かつて住んでいた町の失われた景色に対して抱いた喪失感から生じる懐かしさのこと。

エ　未知のものと出会うことによって、潜在的に存在する様々な記憶の断片がつなぎ合わされて湧《わ》き上《あ》がる懐かしさのこと。

〔問2〕(2)懐かしいという感情によって人生の中で新たな価値を見出したのです。とあるが、「人生の中で新たな価値を見出した」とはどういうことか。次のうちから最も適切なものを選べ。

ア　経験を積み以前とは異なる視点をもつことで、久しぶりに出会ったものにこれまで気付かなかった魅力《みりょく》を感じるようになったということ。

イ　自分の経験から得たものの見方で目の前の事象を見直すことによって、伝統や慣習にとらわれない新たな価値を見付けたということ。

ウ　前向きで大切な感情を伴う過去の記憶に導かれるように、周囲にあるものにかつて抱いていた誇りがよみがえってきたということ。

エ　久しく出会うことができなかったものに対して、時間が経過してもそこに見出していた魅力を改めて感じることができたということ。

〔問3〕この文章の構成における第六段の役割を説明したものとして最も適切なのは、次のうちではどれか。

ア　それまでに述べてきた懐かしさに関する説明について、筆者の認識の根拠となる事例を挙げることで、自説の妥当性《だとうせい》を強調している。

イ　それまでに述べてきた懐かしさに関する説明に基づいて、筆者が述べた内容を要約し論点を整理することで、論の展開を図っている。

ウ　それまでに述べてきた懐かしさに関する説明を受けて、筆者の認識とは異なる具体例を示すことで、文章全体の結論につないでいる。

エ　それまでに述べてきた懐かしさに関する説明に対して、筆者の主張と対照的な事例を列挙することで、一つ一つ詳しく分析《ぶんせき》している。

〔問4〕(3)そんな中、私は世の中が更新し続けるもので埋め尽くされてゆけばゆくほど建築こそは動かずにじっとしていて、慣れ親抽象的《ちゅうしょうてき》な懐かしさということで共通しています。場所や空間における〝新しさ〟と〝懐かしさ〟は隣り合わせであるということや、人の記憶の回路をつなぎ合わせることができる伝統、慣習が根付いた実体的な空間、場所の尊さと力強さを感じさせます。そしてまだ自分が訪れたことのない世界にも懐かしい場所は存在していて、それを発見できるということの喜びと可能性も感じさせてくれます。（第三段）

一方、何十年かぶりに故郷に帰って食べる料理や、顔を合わせる家族、親戚《しんせき》や友人、そしてあらためて眺める風景に、直接的で具体的な懐かしさを感じる場合も多いでしょう。しかし久しぶりに出会う懐かしいものは以前出会ったものとは、正確にいえば異なっています。物理的な経年変化があるからではありません。それは自分自身が時間や経験を積み重ね、大きく変化したということなのです。例えば、当時は母の味や郷土料理、故郷の風景が好きではなかったのに、その後の時間の中で経験してきたことを客観的に相対的に重ね合わせてゆくと、実はこんなにも美しく、美味《おい》しく、尊いものだったのだということに気づいた経験は誰にもあるのではないでしょうか。それは自分の感情や視点がいまと昔では大きく変化したことで、久しぶりに出会うものや人の〝質〟や〝価値〟さえも自身が変えたということなのだと思います。〝平凡《へいぼん》〟を〝非凡〟に変えたといってもいいでしょう。そしてその進化した感情、視点によって、伝統や慣習の中にある、人、営為、原風景を〝誇り〟に思うことができるようになっているのです。(2)懐かしいという感情によって人生の中で新たな価値を見出したのです。それは懐かしさという感情の素晴らしい働きです。さらにこの〝誇り〟という感情はとても重要です。なぜなら人は、誇りに感じるものは自然と大切にしようとするからです。（第四段）

人は記憶を頼りに生きてゆく動物と言われています。言い方を換えれば、懐かしさのような記憶に関わる情緒抜きでは人は生きてゆけないということです。懐かしさは、視覚だけでなく触覚、聴覚《ちょうかく》、嗅覚《きゅうかく》、味覚といった五感をともなった記憶が呼び起こされ、それと向き合うことでいまの自分の肉体、存在、歴史、居場所を肯定《こうてい》することができ、気持ちが未来にひらかれてゆく前向きで大切な感情と言われています。それが証拠に、人は負の感情を抱くものに出会ったときには決して懐かしいとは感じません。懐かしいものや人に出会ったときに、人は自然と笑《え》みを浮かべていることが多いでしょう。懐かしさとは人の〝正〟の、そして〝生〟の感情なのです。（第五段）

しかし、どうも私たちは懐かしさに対して認識《にんしき》を誤ってしまうことが多いように思います。〝懐かしの昭和〟〝郷愁誘《さそ》う町〟〝懐かしのおばあちゃんの味〟。それらの言葉からは〝昔はよかった〟という懐古的《かいこてき》な眼差《まなざ》しか感じられず、前向きな姿勢や未来への可能性のようなものはあまり伝わってきません。過去は過去のものとして缶詰《かんづめ》に閉じ込めたような、博物館のケースの中に入れた展示品のような扱いにされてしまっています。また町づくりや建築においても懐かしさや郷愁のイメージをわざと誘うようなものも見受けられます。それら固定的な〝懐古の商品化〟や〝郷愁のパッケージ化〟は、かえって人のイマジネーションを閉ざしてしまう危険をはらんでいます。（第六段）

さて私たちは戦後、〝変わること〟が豊かさと明るい未来を手に入れることだと信じてきました。もちろん変わらなければならないことも多々あったと思いますが、〝変えるべきこと〟と〝変えなくてもいいこと〟を整理せずに急進的に走り続けてきたように思います。急速な変化は自然風土やかけがえのない人の営為を壊し、人の記憶にとって大切な〝原風景〟を奪ってゆきました。懐かしいという前向きな感情を抱く間も許されていなかったかのようです。また次のうちではどれか。

ア　脈々と続いている生命と家業の技術を尊く感じつつ、父が自分の名前に込めた家業の継承への期待を知って徐々に意欲を高めている様子。

イ　目の前にある大量のノートに記されたこれから関わろうとしている仕事の量と質の高さに戸惑い、自分の拙《つたな》さを強く感じている様子。

ウ　曽祖父と祖父の染色への思いや労力に敬服するとともに、父が大切に思っていた家業を継がなかった真意を測りかねている様子。

エ　曽祖父と祖父の研究の重みや自分の名前に込められた父の思いを想起しつつ、ノートに従って糸を染めてみたいと考えている様子。

〔問5〕 (5)はい、と小声で答え、美緒はメモを受け取る。とあるが、このときの「美緒」の気持ちに最も近いのは、次のうちではどれか。

ア　染めに取り組むことが認められなかったことはもっともだと納得し、ショールの色を決められない自分の優柔不断さを嫌悪《けんお》するが、父親たちにはまだ自分の能力の限界だとは思われたくないと願う気持ち。

イ　染めの希望がかなわず残念に思うものの、決断力の弱さを指摘されてもなお染めに対する意欲を失わず、父親たちとの再会に思いを巡《めぐ》らす中で自分のこれからのことをどのように伝えるべきか迷う気持ち。

ウ　染めに取り組みたいという願いがかなわなかったことに悲しみが込み上げ、急がなくてよいという祖父の慰《なぐさ》めの言葉と、父が祖父を説得すれば染めに取り組めるかもしれないという期待にすがりたい気持ち。

エ　染めの仕事を認めようとしない祖父の態度に困惑しながら、決断力の弱さを自覚して落胆《らくたん》するとともに、父親たちとの再会を控《ひか》えて染めとの向き合い方を模索《もさく》してこなかったことを後悔する気持ち。

四　次の文章を読んで、あとの各問に答えよ。

以前、興味深い話を聞きました。鉄筋コンクリート造《づくり》の団地で生まれ育った小学生がはじめて田舎にある旧来の日本家屋に行ったときの話です。瓦屋根《かわらやね》の下、縁側に寝そべり、庭や遠くの山並《やまな》みを見ながら彼はこう言ったそうです。〝懐《なつ》かしいね〟と。彼にとってみれば未知の新しい場所なのですが、すでに体験したことのある場所のように感じているかのようです。それはＤＮＡに刷りこまれた風景なのか、あるいは幼少期に見聞きした日本昔話の絵本の画がずっと頭にあったからなのかわかりませんが、いずれにせよ琴線《きんせん》に触れる、情感溢《あふ》れた実体的な場所に出会うことで記憶《きおく》の回路がつながったのではないでしょうか。（第一段）

ポルトガルに旅行したことがあります。はじめて行く国、はじめて行く場所だったのですが、そこで見た風景や人の営為《えいい》はとても〝懐かしい〟と感じたのです。これも自分の中に潜在的にあった記憶の断片のようなものがつながったからでしょう。かつて自分の身の周りにあったけれどもいまは失われてしまった風景や人の営為がポルトガルにはまだある、という切ない喪失感もともなっていたように思いますが、しかしそれ以上にこの場所に出会えてよかったと思う喜びの感情がはるかに大きかったように記憶しています。そんな懐かしさの感情を抱くことができれば、その新しい場所は慣れ親しんだ馴染《なじ》みのある場所になります。するとそこに安心感と寛容《かんよう》さを感じることができます。（第二段）

(1)そんな団地の小学生の話やポルトガルでの体験は、複合的で

（伊吹有喜「雲を紡ぐ」による）

〔注〕 祖母——美緒の母方の祖母。横浜に住んでいる。
ホームスパン——手紡ぎの毛糸で手織りした毛織物。
私のショール——美緒が生後間もない頃に父方の祖父母から贈《おく》られた、とても大切にしている赤い手織のショール。
雪童子《ゆきわらす》——子供の姿をしている雪の精。
コチニール染め——コチニールカイガラムシから採れる赤色の天然色素を用いた染色作業。
せがなくていい——急がなくてよい。

〔問1〕 (1)「ねえ、おじいちゃん。あの棚の本、あとで私の部屋に持っていっていい?」とあるが、このときの美緒の気持ちに最も近いのは、次のうちではどれか。

ア 幼い頃に感じられなかった、絵本の美しさや楽しさに気付かせてくれた祖父に親しみを抱き、祖父の本をもっと読みたいと思う気持ち。

イ 祖父が絵本に登場する服の色に着目していることに興味をもち、自分の本と棚の本を研究して、祖父に認めてもらいたいと思う気持ち。

ウ 祖父が親愛の情を示してくれたことを嬉しく感じ、自分が棚の本に興味を示すことによって、祖父をもっと喜ばせたいと思う気持ち。

エ 会話を通じて祖父の人柄《ひとがら》や考え方にひかれ、祖父が集めてきた棚の本を読むことで、本の好みや選び方を知りたいと思う気持ち。

〔問2〕 (2)ノートをのぞくと角張った字と、流れるような書体の祖父の筆跡が混じっていた。とあるが、この表現について述べたものとして最も適切なのは、次のうちではどれか。

ア 祖父が曽祖父の厳格さに反発する気持ちをもっていたことを、二人の対照的な書体を対比させて描くことで、象徴的に表現している。

イ 祖父が曽祖父と共に芸術的表現を追求していたことを、二人の筆跡をたとえを用いて技巧的《ぎこうてき》に描くことで、情緒的に表現している。

ウ 祖父が曽祖父と共に染めに携《たずさ》わりつつ記録を引き継いできたことを、二人の異なる筆跡を視覚的に描くことで、印象的に表現している。

エ 祖父が曽祖父と共に色鮮やかで美しい糸を紡ぐ仕事を続けてきたことを、二人の字形や色彩《しきさい》を絵画的に描くことで、写実的に表現している。

〔問3〕 (3)即答したが、そのあとの言葉に祖父は詰まった。とあるが、「祖父」が「そのあとの言葉」に「詰まった」わけとして最も適切なのは、次のうちではどれか。

ア 一度は否定したものの、当時を振り返って本当はがっかりしていたのだと思い直し、そのときの気持ちを美緒に伝えたいと思っていたから。

イ 息子が自立したときに抱いた切なさと、家業に対する息子の思いを推し量っていたことを振り返りつつ、美緒に伝える言葉を探していたから。

ウ 息子の進んだ道に理解を示しつつも、心の底に抱いてきた寂しさや疑問が不意に膨れ上がり、気持ちを懸命に抑えようとしていたから。

エ 気落ちしなかったと答えたのは、祖父としてただ威厳を示そうとしたためだったと気付き、美緒にどう説明すべきか迷っていたから。

〔問4〕 (4)目の前にある大量のノートを美緒は見つめる。とあるが、この表現から読み取れる「美緒」の様子として最も適切なのは、顔も姿も想像できないが、何十年も前に、このノートに曽祖父が文字を書いたのだ。
「お父さんがこの前言ってた……。ひいおじいちゃんの口癖《くちぐせ》は『丁《てい》寧《ねい》な仕事』と『暮らしに役立つモノづくり』だって。」
「古い話を広志もよく覚えていたな。」
祖父が微笑《ほほえ》み、羽箒《はねぼうき》で棚のほこりをはらった。
「おじいちゃんは、お父さんが仕事を継がなくてがっかりした？」
「がっかりはしなかった。」
(3)即答したが、そのあとの言葉に祖父は詰まった。
しばらく黙《だま》ったのち、小さな声がした。
「ただ……寂《さび》しくはあったな。それでも、娘に美緒と名付けたと聞いたとき、広志が家業のことを深く思っていたのがわかった。だから、それでいいと思ったよ。」
「えっ？　そんな話は聞いたことない。私の名前に何か意味があるの？」
祖父が、曽祖父がつけていたノートに目を落とした。
「美という漢字は、羊と大きいという字を合わせて作られた文字だ。緒とは糸、そして命という意味がある。美緒とはすなわち美しい糸、美しい命という意味だ。」
美しい糸、と祖父がつぶやいた。
「美緒という名前のなかには、大きな羊と糸。私たちの仕事が入っている。家業は続かなくとも、美しい命の糸は続いていくんだ。」
(4)目の前にある大量のノートを美緒は見つめる。
曽祖父と祖父が集めてきたデータの蓄積《ちくせき》。このノートを使いこなせれば、自分が思った色に羊毛や糸を染めることができる。
その技《わざ》を持っているのは、さっき頭に触れた祖父の手だけだ。
「おじいちゃん……私、染めも自分でやってみたい。」
祖父がノートを棚に戻した。
「染めは大人の仕事だ。熱いし、危ない。力仕事だから腰も痛める。染めの工程はこの間の＊コチニール染めでわかっただろう？　それで十分だ。」
「熱いの大丈夫だよ。危ないことも気を付ける。」
「気を付けているときには事故はおきない。それがふっと途切れたときに間違いがおきるんだ。そのとき即座に対応できる決断力がほしい。私は年寄りだから、その力が鈍っているよ。美緒も決して得意なほうではないだろう。」
「でも……。」
「ショールの色は決まったか？　自分の好きな色、これからを託《たく》す色は見つけられたか？」
「まだ、です。探してるけど。」
ショールの色だけではなく、部屋のカーテンの色もまだ決められない。
口調は穏《おだ》やかだが、決断力に欠けていることを指摘《してき》され、顔が下を向いた。
＊せがなくていい、と祖父がポケットから小さな紙を出した。
「色はゆっくり考えればいい。だが、そろそろ買い物に行ってくれるか。来週なんてすぐだぞ。お父さんたちをもてなす準備を始めようじゃないか。」
(5)はい、と小声で答え、美緒はメモを受け取る。
ショールの色だけではない。東京へひとまず帰るか、この夏ずっと祖父の家で過ごすか。
それを父に言う決断もつけられずにいる。
祖父のコレクションルームから気になる画集や絵本を部屋に運んだあと、いつもはスープを入れているステンレスボトルに水を入れ、盛岡の町に出かけた。

「日本の絵本もいいぞ。実はこれは＊ホームスパンではないかと、私がひそかに思っている話がある。」

祖父がもう一冊、絵本を差し出した。

宮沢賢治《みやざわけんじ》・作、黒井健《くろいけん》・絵「水仙月《すいせんづき》の四日《よっか》」とある。

本の扉《とびら》を開けると、雪をかぶった山の風景に目を奪われた。この数ヶ月ですっかり見覚えた山の形だ。

「これ、もしかして、岩手山？」

「宮沢賢治は花巻《はなまき》と盛岡《もりおか》で生きたお人だからな。」

さらにページをめくると、赤い毛布を頭からかぶった子どもが一人、雪原を行く姿が描かれていた。

「この子がかぶっているの、＊私のショールみたい。」

そうだろう？　と答え、祖父は慈《いつく》しむように文章を指でなぞった。

「ここに『赤い毛布《けっと》』と書かれているが、私はこの子は赤いホームスパンをかぶっていたのだと思う。＊雪童子《ゆきわらす》の心をとらえ、子どもの命を守り抜いた赤い布は、田舎者の代名詞の赤毛布《あかげっと》より、この子の母親が家で紡《つむ》いで作った毛織物だと思ったほうがロマンがあるじゃないか。話のついでだ。私の自慢《じまん》もしていいだろうか。」

「うん、聞かせて！」

祖父の手がのび、軽く頭に触れた。すぐに手は離れ、祖父はさらに奥の本棚へと歩いていった。一瞬だが、頭をなでられたことに気付き、きまりが悪いような、嬉《うれ》しいような思いで、祖父の背中を追う。

(1)「ねえ、おじいちゃん。あの棚の本、あとで私の部屋に持っていっていい？」

「一声かけてくれれば、なんでも持っていっていいぞ。」

一番奥の棚の前で祖父が足を止めた。そこには分厚く横にふくらんだノートが詰《つ》まっている。

祖父が一冊を手に取った。左のページには折り畳まれた絵が一枚貼ってある。さきほど見た絵本「水仙月の四日」の一ページだ。

右のページにはその絵に使われている色と、まったく同じ色に染められた糸の見本が貼ってあった。次のページには、たくさんの化学記号と数値が書き込まれている。

「これって、絵に使われた色を全部、糸に染めてあるの？」

「そうだよ。カイ・ニールセンやル・カインの絵本の糸もある。」

祖父が別のノートを広げると、さきほど見た「十二人の踊る姫君」の絵が左ページに貼られていた。「ダイヤモンドの森」の場面だ。

このノートも、「水仙月の四日」と同じく、絵に使われている色と同色の糸が右に貼られている。

「この糸で布を織ったら、絵が再現できるね。」

「織りで絵を表現するのは難しいが、刺繍《ししゅう》という手もあるな。」

「この糸で何つくったの？　見せて！」

「何もつくっていない。狙《ねら》った色がきちんと染められるかデータを取っていたんだ。ここにあるノートは私の父の代からの染めの記録だ。数値通りにすれば、完璧《かんぺき》に染められるというわけでもないが、道しるべみたいなものだな。」

下の棚にある古びたノートを取り出すと、紙は淡い茶色に変わっていた。鉛筆でびっしりと書かれている角張った文字は、祖父とは違う筆跡だ。

「もしかして、これが、ひいおじいちゃんの字？」

祖父がうなずき、中段の棚から一冊を出した。

「このあたりの番号のノートから私も染めに参加している。この時期は父の助手だったが。」

(2)ノートをのぞくと角張った字と、流れるような書体の祖父の筆跡が混じっていた。

曽祖父《そうそふ》の存在を強く感じ、美緒はノートの字に触れてみる。

国語

●満点100点　●時間50分

一 次の各文の——を付けた漢字の読みがなを書け。

(1) 寒い冬の夜空に星が輝く。

(2) 共通の友人を介して知り合う。

(3) 傾斜が急な山道をゆっくり上る。

(4) 紅葉で赤く染まる山並を写真に撮る。

(5) 真夏の乾いたアスファルトが急な雨でぬれる。

二 次の各文の——を付けたかたかなの部分に当たる漢字を楷書《かいしょ》で書け。

(1) 私の住む町は起伏にトんだ道が多い。

(2) 山頂のさわやかな空気を胸いっぱいにスう。

(3) コンサート会場でピアノのドクソウを聴《き》く。

(4) バスのシャソウから見える景色が流れていく。

(5) 毎日欠かさず掃除《そうじ》をし、部屋をセイケツに保つ。

三 次の文章を読んで、あとの各問に答えよ。（*印の付いている言葉には、本文のあとに〔注〕がある。）

　高校生の美緒《みお》は、母親との言い争いをきっかけに、父方の祖父が営む岩手の染織工房《せんしょくこうぼう》で生活し始め織物制作《おりものせいさく》を学んでいる。八月上旬《じょうじゅん》、父親の広志《ひろし》から電話があり、母親と共に岩手に行くのでひとまず一緒に東京に帰らないかと言われた。同じ頃《ころ》、ショール作りの練習として作り始めたカーテンの色を決めかねていた美緒は、祖父から「コレクションルーム」で気に入った色を探すように言われた。

「おどる12人のおひめさま」と書かれた背表紙を見つけ、美緒は本を手に取る。

「これ、この絵本。これはまったく同じのを持ってた。」

ページをめくると、森の風景が目の前に広がった。

十二人の姫君が楽しそうに銀の森、金の森、ダイヤモンドの森を進んでいく。

「でも、あれ？　なんか印象が違う……。すごくきれい。昔、読んだときは絵が怖くて、全然好きじゃなかったんだけど。」

祖父が隣の本棚《ほんだな》の前に歩いていった。

「エロール・ル・カインが絵をつけたその話はグリム童話。ドイツ人の編纂《へんさん》だ。この話と似た伝承をイギリス人が編纂したものがある。そちらはカイ・ニールセンという画家が挿絵《さしえ》を描いているんだが。」

祖父が本を手に取り、戻ってきた。こちらのタイトルは漢字で「十二人の踊る姫君」とある。

あっ、と再び声が出た。

「それも持ってたよ。お誕生日のプレゼントにもらったの。」

ほお、と祖父が感心したような声を上げた。

「これはなかなか手に入りづらい本だ。ずいぶん探したんだろうな。」

それを聞いて、うしろめたくなった。

この本は四つの話を集めた童話集だ。長い間本棚に置いていたが、中学生になるとき、中学入試の問題集と一緒に処分しようとしたところを*祖母が見つけ、横浜《よこはま》の家に持ち帰っていった。

この本にもやはり森を抜けていく十二人の姫君の絵があった。繊細な線で描かれた絵がとても神秘的だ。

「こんなきれいな本だったっけ、これも。」

Memo

2020年度 東京都立高校 入試問題

英語

●満点 100点 ●時間 50分

■放送問題の音声は，当社ホームページ(https://www.koenokyoikusha.co.jp)で聴くことができます。(当社による録音です)

1 リスニングテスト(**放送**による**指示**に従って答えなさい。)

〔**問題A**〕 次の**ア**～**エ**の中から適するものをそれぞれ**一つずつ**選びなさい。

＜対話文１＞

ア Tomorrow. **イ** Next Monday.

ウ Next Saturday. **エ** Next Sunday.

＜対話文２＞

ア To call Ken later. **イ** To leave a message.

ウ To do Bob's homework. **エ** To bring his math notebook.

＜対話文３＞

ア Because David learned about *ukiyoe* pictures in an art class last weekend.

イ Because David said some museums in his country had *ukiyoe*.

ウ Because David didn't see *ukiyoe* in his country.

エ Because David went to the city art museum in Japan last weekend.

〔**問題B**〕 ＜Question 1＞では，下の**ア**～**エ**の中から適するものを**一つ**選びなさい。＜Question 2＞では，質問に対する答えを英語で書きなさい。

＜Question 1＞

ア In the gym. **イ** In the library.

ウ In the lunch room. **エ** In front of their school.

＜Question 2＞

(15秒程度，答えを書く時間があります。)

※＜**英語学力検査リスニングテスト台本**＞は英語の問題の終わりに付けてあります。

2 次の各問に答えよ。(＊印の付いている単語・語句には，本文のあとに〔**注**〕がある。)

1 高校生のMariとアメリカからの留学生のJaneは，高校で紹介された夏休みの体験ボランティアの説明会について話をしている。 (A) 及び (B) の中に，それぞれ入る単語・語句の組み合わせとして正しいものは，下の**ア**～**エ**のうちではどれか。ただし，下の**I**は，二人が見ている英語版ウェブサイトの一部である。

Mari: I've been interested in volunteer work. I want to join in the Summer Volunteer Programs. Jane, look at this website! It says that we need to go to an ＊orientation meeting. Why don't you come with me?

Jane : Sure. Which day shall we go ?

Mari : We have to choose one of the three days. Today is June 11th, Thursday. I want to go next week.

Jane : I'm sorry, but I can't go next Tuesday because I have something to do in the evening.

Mari : How about going on [(A)] next week ?

Jane : OK. Let's go on that day. We also have to choose a place.

Mari : Let me see. The West City Hall is near South Station, but it's far from your house. So the [(B)] is better for you. You can walk there in five minutes.

Jane : Thank you, Mari. Yes, let's go there !

〔注〕 orientation meeting 事前説明会
term 期間

I

Summer Volunteer Programs

*Term : July 20 — August 31

Welcome to our website ! Please join in our Summer Volunteer Programs.

Orientation Meetings

You need to take part in one orientation meeting before you can join in the Summer Volunteer Programs.

[Date and Time]

June 16 Tuesday 18:00 ～ 19:00
or
June 20 Saturday 10:00 ～ 11:00
or
July 5 Sunday 10:30 ～ 11:30

[Place]

East Volunteer Center
(20 minutes walk from South Station)
or
West City Hall
(5 minutes walk from South Station)

ア (A) Saturday (B) East Volunteer Center

イ (A) Saturday (B) West City Hall

ウ (A) Sunday (B) East Volunteer Center

エ (A) Sunday (B) West City Hall

2 Mari と Jane は，説明会の会場で，参加するプログラムについてパンフレットを見ながら話をしている。[(A)] 及び [(B)] の中に，それぞれ入る語句の組み合わせとして正しいものは，下のア～エのうちではどれか。ただし，右のⅡは，二人が見ているパンフレットの一部である。

Mari : So many people have come to the meeting !

Jane : Many people are interested in the Summer Volunteer Programs !

Mari : Yes. There are two

Ⅱ

One-Day Programs Date : 7/25～8/9 **Join in just one day.** Meeting Place : South Station	**Three-Day Programs** Date : 8/5～7 or 8/19～21 **Join in on all dates.** Meeting Place : South Station
[Plant Vegetables] from 9:00 to 11:00 We need 5 people.	[Clean a River] from 8:00 to 11:00 We need 15 people.
[Clean Streets] from 8:00 to 11:00 We need 15 people.	[Plant Trees] from 9:00 to 16:00 We need 30 people.
[Clean a Beach] from 9:00 to 16:00 We need 15 people.	[Plant Flowers] from 8:00 to 10:00 We need 5 people.

kinds of programs, One-Day Programs and Three-Day Programs. In the orientation meeting, they said that we could choose only one activity in one of the programs.

Jane : What activity do you want to join in ?

Mari : Well, I want to join in one of the cleaning activities. Oh, I'm lucky. I'll be free on August 7th and 8th. I'll join in "[(A)]" because I want to protect the sea through this activity.

Jane : Sounds good. I had an experience of doing a cleaning activity in the USA. I want to try a different kind of activity in Japan.

Mari : Well, I hear you like plants.

Jane : Yes. I have planted flowers. I'm interested in doing something with plants. I'd like to do volunteer work for a few days.

Mari : Oh, then you should join in "[(B)]." Why don't you try something you have never done ?

Jane : That's right. I'll do that !

ア (A) Clean Streets (B) Plant Flowers

イ (A) Clean a River (B) Plant Vegetables

ウ (A) Clean a Beach (B) Plant Flowers

エ (A) Clean a Beach (B) Plant Trees

3 次の文章は，アメリカに帰国したJaneがMariに送ったEメールの内容である。

Dear Mari,

Thank you for your help during my stay in Japan. I enjoyed learning about Japan and making a lot of friends. I joined in the Summer Volunteer Programs. I *was especially impressed by them. I learned protecting the environment is very important. Now I want to learn more about it.

The other day, I had a chance to make a speech to other students about my experiences in Japan. I told them about an activity in the Summer Volunteer Programs and the things I learned from the activity. Many of the students were also very interested in protecting the environment. After the speech, they asked me a lot about the activity. I was glad that they were interested in it.

Last week, I visited a *nursery school with some of my classmates. Do you know about *eco-friendly *toys ? They are toys made of wood and recycled plastic. They have no *batteries. Children were playing with them. I was very surprised that they were used there.

Let's share ideas about protecting the environment. I think we should live more eco-friendly lives. How can we do that ? Do you have any ideas ? I'm looking forward to hearing from you.

Yours,
Jane

〔**注**〕 be impressed 感心する nursery school 保育所 eco-friendly 環境にやさしい
toy おもちゃ battery 電池

(1) このＥメールの内容と合っているのは，次のうちではどれか。

ア In Japan, Jane learned about protecting the environment from Mari's speech in the Summer Volunteer Programs.

イ After Jane made a speech, many students were interested in visiting a nursery school and asked a lot of questions about it.

ウ When Jane went to a nursery school with some of her classmates, she was very surprised that eco-friendly toys were used there.

エ During Jane's stay in Japan, she joined in the Summer Volunteer Programs to learn about eco-friendly toys.

(2) Mari は Jane に返事のＥメールを送ることにしました。あなたが Mari だとしたら，Jane にどのような返事のＥメールを送りますか。次の**＜条件＞**に合うように，下の□の中に，**三つ**の英語の文を書きなさい。

＜条件＞

○ 前後の文につながるように書き，全体としてまとまりのある返事のＥメールとすること。
○ Jane に伝えたい内容を**一つ**取り上げ，それを取り上げた理由などを含めること。

Hello, Jane,

Thank you for your e-mail. I enjoyed reading it. I think it is important to learn more about protecting the environment.

I will try to answer your question. There is one thing that we can do to live more eco-friendly lives. I will tell you about it.

I want to tell you more about this when we meet again.

I'm looking forward to seeing you again!

Your friend,
Mari

3 次の対話の文章を読んで，あとの各問に答えよ。（*印の付いている単語・語句には，本文のあとに〔**注**〕がある。）

Haruka and Junichi are second-year high school students in Tokyo. Susan is a high school student from the United States. They are talking with George, their ALT from the UK, in the classroom after lunch.

Haruka : Look at this picture of my sister.

Susan : Oh, she's wearing a kimono. Did she join in a *coming-of-age ceremony?

Haruka : She did. It was held in the city last Monday.

Susan : I watched the news about it. (1)Tell me more about it.

Junichi : Sure. It is a ceremony to celebrate people who became or will become twenty years old.

Haruka : For a long time, Japanese people have had ceremonies to celebrate people who have become *adults. The age of becoming adults was lower before.

George : I didn't know that. Were there any other *differences in the past?

Junichi : Yes. For example, some people changed their *hairstyles and the *types of kimono they wore. They also changed their names.

George : Sounds interesting. Coming-of-age has been important to Japanese people.

Junichi : Right. We have had a coming-of-age ceremony held in each city for about seventy years. Did you have such a ceremony, George?

George : (2)I didn't. I had parties when I became twenty-one and when I *graduated from university.

Susan : I had a big birthday party, too, when I was sixteen.

Haruka : Did you? Do people become adults at that age?

Susan : No. The age of becoming adults is eighteen in my *state. It is different in different states.

Junichi : I see. In Japan, when people become twenty, they are *legally adults. It will be changed to eighteen in 2022. I'm looking forward to becoming an adult.

Haruka : Me, too. But we will have to *be responsible for our own decisions after that.

Susan : (3)That's true, but I don't think age makes any difference. For example, I decided to come to Japan, and I'm studying very hard here because I feel responsible for that decision.

George : I agree with Susan. Junichi, Haruka, I think you have already made many decisions, too. For example, you decided a school to go to and a club to join, and you can decide what to do in the future.

Haruka : You are right. I have never thought about it in that way.

George : Before you become an adult, there are some things that you can't do without your parents' *consent and some things that you can't do legally. (4)But you can decide what to do to make your life better.

Haruka : Yes. I study English very hard because I want to study abroad and learn a lot of things from people like Susan.

Susan : Oh, do you? I'm glad to hear that.

George : How about you, Junichi?

Junichi : Now I am supported by my parents. I want to get a job and support myself.

George : Good. What kind of job do you want to get?

Junichi : A job that uses sports science. I am interested in sports science. I want to study it at a university. Now I am studying hard.

George : I see. (5)How about you, Susan?

Susan : I would like to do something that will help old people. Now I'm thinking about how to do that.

George : I think those are all good ideas. Do your best for your goals. Oh, I have to go. I have enjoyed talking with you. Let's talk again!

Haruka, Junichi, and Susan : Thank you, George.

〔注〕 coming-of-age 成年に達すること adult 大人 difference 違い
hairstyle 髪型 type 種類 graduate from ～ ～を卒業する
state 州 legally 法律上 be responsible for ～ ～に責任がある
consent 同意

〔問1〕 (1)Tell me more about it. の内容を，次のように書き表すとすれば，□の中に，下のどれを入れるのがよいか。

Tell me more about □.

ア the picture of Haruka's sister
イ the coming-of-age ceremony
ウ the news about the coming-of-age ceremony
エ the kimono that Haruka's sister is wearing

〔問2〕 (2)I didn't. の内容を最もよく表しているのは，次のうちではどれか。

ア George didn't know the age of becoming adults in Japan in the past.
イ George didn't go to the coming-of-age ceremony last weekend.
ウ George didn't have a coming-of-age ceremony held in his city.
エ George didn't have parties on his birthday and when he graduated from university.

〔問3〕 (3)That's true, but I don't think age makes any difference. とあるが，このようにSusanが言った理由を，次のように書き表すとすれば，□の中に，下のどれを入れるのがよいか。

Susan thinks that □.

ア people have to be responsible for their decisions both before and after becoming adults

イ　she can't make right decisions and she can't be responsible

ウ　only adults can make right decisions and be responsible for those decisions

エ　it will be fun for Junichi and Haruka to become legally adults when they become twenty

〔問4〕 (4)But you can decide what to do to make your life better. の内容を，次のように書き表すとすれば，□ の中に，下のどれを入れるのがよいか。

Haruka can decide □.

ア　to do some things that she can't do legally if her parents don't agree with her

イ　what age she will become an adult in Japan

ウ　when to have a coming-of-age ceremony

エ　what she wants to do in the future and what she can do now for the future

〔問5〕 (5)How about you, Susan ? の内容を最もよく表しているのは，次のうちではどれか。

ア　Who will support you ?

イ　What do you want to do in the future ?

ウ　What subjects are you interested in ?

エ　What can you decide ?

〔問6〕 次の英語の文を，本文の内容に合うように完成するには，□ の中に，下のどれを入れるのがよいか。

George thought that people decided many things □ they became adults.

ア　because　　イ　if　　ウ　after　　エ　before

〔問7〕 次の文章は，Haruka たちと話した日に，Susan が書いた日記の一部である。[(A)] 及び [(B)] の中に，それぞれ入る単語又は語句の組み合わせとして正しいものは，下の**ア**～**エ**のうちではどれか。

> Today, I talked about the coming-of-age ceremonies in Japan with Haruka, Junichi, and our ALT, George. For a long time, Japanese people have celebrated people who have become adults. The [(A)] that people celebrated are interesting. In the past, some people had [(B)] names after becoming adults.
>
> Junichi and Haruka said that they were looking forward to becoming adults. We also talked about our plans for the future. They were all [(B)]. Haruka wanted to study abroad, and Junichi wanted to get a job that used sports science. Now I am thinking about [(A)] of helping old people. What can I do ? I want to do my best. I will be responsible for my decisions.

ア　(A) ways　(B) different　　イ　(A) ways　(B) the same

ウ　(A) goals　(B) different　　エ　(A) goals　(B) the same

4　次の文章を読んで，あとの各問に答えよ。（＊印の付いている単語には，本文のあとに〔**注**〕がある。）

Misa was a first-year high school student. One day in October, some high school students from Australia came to Misa's school. They were interested in Japanese culture and in studying Japanese. Ellen, one of them, stayed with Misa's family. Misa was very happy because it was a good chance to speak English. On the first day of school, Misa explained everything to Ellen in English. Ellen said, "Thank you, Misa. You always help me a lot." Misa was very glad to hear that.

One day, Ellen went out with Misa to buy some *chiyogami*, special origami paper, for some of her friends in Australia. Ellen said to Misa, "Last night, I practiced some Japanese for shopping." At a shop, Ellen wanted *chiyogami* with some kinds of *patterns. She tried to explain them in Japanese to one of the *staff, but the staff couldn't understand her. Misa explained them to the staff in Japanese, and they got the *chiyogami* that Ellen wanted. Misa was happy.

The next weekend, Ellen showed Misa a book and said, "Do you know this book ?" Misa answered no. Ellen looked disappointed. Ellen explained to Misa, "This is a book by my favorite Japanese writer. She writes in Japanese, but this is an English *translation." "I see. I'll read it," Misa answered. Then Ellen said that she wanted to go to a *symposium about that writer. Misa got information about how to get there and explained it to Ellen. Misa asked Ellen, "Shall I go with you ?" Ellen smiled and answered, "I'll be all right. I can go there by myself. Thank you," and she went to the symposium.

The next day, Misa, Ellen, Yusuke, and Brian went to a museum. Yusuke was one of Misa's classmates, and Brian was another Australian student. There were *exhibits about some of the history of Japan. Misa explained in English some of the history. After that, Yusuke spoke to Misa in Japanese. He said that he was interested in Ellen's and Brian's school lives in Australia. He also wanted to know what they often thought about. Yusuke asked Ellen and Brian about those things. He didn't speak English *fluently and sometimes used Japanese, but Ellen and Brian tried to understand him. Then Brian asked Misa, "Do you have any questions ?" Misa thought for a while and asked, "Do you think students should learn other languages ?" Brian said, "Yes. It will make their lives more interesting." Brian said that he liked Japanese anime and wanted to try to understand it in Japanese. Ellen also answered yes and said she wanted to read books in Japanese. She said, "I also want to talk about books and writers with Japanese people." Misa said to herself, "I didn't know that. I think Ellen brought a book yesterday because she wanted to talk about it with me. I didn't think about that then." She felt sorry about that. Then Ellen asked Misa, "Why do you study English, Misa ?" Misa answered, "Because I want to be able to explain things about Japan to people from other countries." Brian said, "I see. So can I ask you things when I have questions ?" Misa said, "Of course."

After that, they went to a hamburger shop near the museum to have lunch. When Ellen and Brian ordered, Misa started to help them. Yusuke stopped Misa. "This is a good chance for them to practice their Japanese," Yusuke said. Ellen and Brian began to order their lunches in Japanese. Ellen pointed to pictures on the menu. Brian used a *gesture to show that he would eat in the shop. When Ellen and Brian sat down at a table with Misa and Yusuke, Brian said, "We got our lunches !" Ellen said, "Understanding spoken Japanese is difficult for me. I have to study more," but she looked happy. Misa realized that practicing a new language was fun.

On the way home, Ellen said to Misa, "I had a really good time today. I understand why you have tried hard to learn English and why you help me a lot." Misa smiled and said, "I had a good time, too. I can imagine why you showed me that book yesterday. I want to talk with you more about books, Ellen. Maybe we should talk about it in Japanese. Will you introduce to me some books by your favorite writers ?" Ellen answered, "Of course. I want to know about your favorites, too." Misa said, "Let's go to the library to look for some books tomorrow."

〔注〕 pattern 模様　staff 店員　translation 翻訳書
symposium 討論会　exhibit 展示　fluently 流ちょうに
gesture ジェスチャー

〔問１〕 Misa was very glad to hear that. の内容を，次のように書き表すとすれば，□の中に，下のどれを入れるのがよいか。

Misa was very glad because □.

ア she could talk with Ellen in English, and it was a good chance to speak English
イ Ellen, one of the high school students from Australia, came to her school
ウ Ellen was interested in Japanese culture and studying Japanese
エ she could help Ellen a lot with her English at school

〔問２〕 次の**ア**～**エ**の文を，本文の内容の流れに沿って並べ，記号で答えよ。

ア Ellen went by herself to a symposium about her favorite Japanese writer.
イ Misa wanted to talk about books by Ellen's favorite writers with Ellen in Japanese.
ウ Misa imagined that Ellen wanted to talk about books and writers with her.
エ Ellen showed Misa a book that Misa didn't know.

〔問３〕 次の(1)～(3)の文を，本文の内容と合うように完成するには，□の中に，それぞれ下のどれを入れるのがよいか。

(1) When Misa and Ellen went to a shop to get *chiyogami* Ellen wanted, □.
ア Misa was happy because Ellen was able to get it with her
イ Misa explained in English to the staff about Ellen's favorite pattern and got it
ウ Ellen explained her favorite pattern to the staff, but the staff couldn't understand her English.
エ Ellen got it for some of her friends in Australia by using her Japanese

(2) At the museum, Yusuke asked Ellen and Brian about their school lives in Australia because □.
ア he thought it was a good chance to speak English
イ he couldn't explain in English about some of the exhibits at the museum
ウ he was interested in their school lives and wanted to know what they thought about
エ he wanted Ellen and Brian to practice their Japanese

(3) At the hamburger shop, Ellen looked happy because □.
ア Yusuke helped her and she could get her lunch
イ she used Japanese and got her lunch by herself
ウ it was not difficult for her to understand Yusuke's Japanese
エ she ordered her lunch without using any gestures or pointing at any pictures

〔問4〕 次の(1), (2)の質問の答えとして適切なものは，それぞれ下のうちではどれか。

(1) What did Misa realize when she saw Ellen's happy face at the hamburger shop ?

ア She realized that Ellen enjoyed the food very much.

イ She realized that it was fun to practice a new language.

ウ She realized that Ellen had to study Japanese more to understand spoken Japanese.

エ She realized that she had to practice English more.

(2) What did Misa and Ellen plan to do the day after their visit to the museum ?

ア To go to the library and look for some books by their favorite writers.

イ To try hard to learn the languages that each of them is learning now.

ウ To talk about books and writers with other people in Japanese.

エ To go to the symposium together and talk about Ellen's favorite writer.

＜英語学力検査リスニングテスト台本＞

開始時の説明

これから，リスニングテストを行います。

問題用紙の１ページを見なさい。リスニングテストは，全て放送による指示で行います。リスニングテストの問題には，**問題A**と**問題B**の二つがあります。**問題A**と，**問題B**の＜Question 1＞では，質問に対する答えを選んで，その記号を答えなさい。**問題B**の＜Question 2＞では，質問に対する答えを英語で書きなさい。

英文とそのあとに出題される質問が，それぞれ全体を通して二回ずつ読まれます。問題用紙の余白にメモをとってもかまいません。答えは全て解答用紙に書きなさい。

〔問題A〕

問題Aは，英語による対話文を聞いて，英語の質問に答えるものです。ここで話される対話文は全部で三つあり，それぞれ質問が一つずつ出題されます。質問に対する答えを選んで，その記号を答えなさい。

では，＜対話文1＞を始めます。

Tom : I am going to buy a birthday present for my sister. Lisa, can you go with me ?
Lisa : Sure, Tom.
Tom : Are you free tomorrow ?
Lisa : Sorry, I can't go tomorrow. When is her birthday ?
Tom : Next Monday. Then, how about next Saturday or Sunday ?
Lisa : Saturday is fine with me.
Tom : Thank you.
Lisa : What time and where shall we meet ?
Tom : How about at eleven at the station ?
Lisa : OK. See you then.

Question : When are Tom and Lisa going to buy a birthday present for his sister ?

繰り返します。

(対話文1と質問を繰り返す)

＜対話文２＞を始めます。

（呼び出し音）
Bob's mother : Hello ?
Ken : Hello. This is Ken. Can I speak to Bob, please ?
Bob's mother : Hi, Ken. I'm sorry, he is out now. Do you want him to call you later ?
Ken : Thank you, but I have to go out now. Can I leave a message ?
Bob's mother : Sure.
Ken : Tomorrow we are going to do our homework at my house. Could you ask him to bring his math notebook ? I have some questions to ask him.
Bob's mother : OK, I will.
Ken : Thank you.
Bob's mother : You're welcome.

Question : What does Ken want Bob to do ?
繰り返します。
（対話文２と質問を繰り返す）
＜対話文３＞を始めます。

Yumi : Hi, David. What kind of book are you reading ?
David : Hi, Yumi. It's about *ukiyoe* pictures. I learned about them last week in an art class.
Yumi : I see. I learned about them, too. You can see *ukiyoe* in the city art museum now.
David : Really ? I want to visit there. In my country, there are some museums that have *ukiyoe*, too.
Yumi : Oh, really ? I am surprised to hear that.
David : I have been there to see *ukiyoe* once. I want to see them in Japan, too.
Yumi : I went to the city art museum last weekend. It was very interesting. You should go there.

Question : Why was Yumi surprised ?
繰り返します。
（対話文３と質問を繰り返す）
これで**問題Ａ**を終わり，**問題Ｂ**に入ります。

〔**問題Ｂ**〕

これから聞く英語は，カナダの高校に留学している日本の生徒たちに向けて，留学先の生徒が行った留学初日の行動についての説明及び連絡です。内容に注意して聞きなさい。

あとから，英語による質問が二つ出題されます。＜Question 1＞では，質問に対する答えを選んで，その記号を答えなさい。＜Question 2＞では，質問に対する答えを英語で書きなさい。

なお，＜Question 2＞のあとに，15秒程度，答えを書く時間があります。

では，始めます。

Welcome to our school.　I am Linda, a second-year student of this school.　We are going to show you around our school today.

Our school was built in 2015, so it's still new.　Now we are in the gym.　We will start with the library, and I will show you how to use it.　Then we will look at classrooms and the music room, and we will finish at the lunch room.　There, you will meet other students and teachers.

After that, we are going to have a welcome party.

There is something more I want to tell you.　We took a group picture in front of our school.　If you want one, you should tell a teacher tomorrow.　Do you have any questions？ Now let's start.　Please come with me.

＜Question 1＞　Where will the Japanese students meet other students and teachers？

＜Question 2＞　If the Japanese students want a picture, what should they do tomorrow？

繰り返します。

（**問題B**の英文と質問を繰り返す）

以上で，リスニングテストを終わります。**2** 以降の問題に答えなさい。

数学

●満点 100点　●時間 50分

注意　1　答えに分数が含まれるときは，**それ以上約分できない形で表しなさい。**
例えば，$\frac{6}{8}$ と答えるのではなく，$\frac{3}{4}$ と答えます。

2　答えに根号が含まれるときは，**根号の中を最も小さい自然数にしなさい。**
例えば，$3\sqrt{8}$ と答えるのではなく，$6\sqrt{2}$ と答えます。

3　□ の中の数字を答える問題については，「**あ**，**い**，**う**，…」に当てはまる数字を，**0** から **9** までの数字のうちから，それぞれ **1 つずつ**選んで，**その数字の ○ の中を正確に塗りつぶしなさい。**

1　次の各問に答えよ。

〔問1〕　$9-8\div\frac{1}{2}$　を計算せよ。

〔問2〕　$3(5a-b)-(7a-4b)$　を計算せよ。

〔問3〕　$(2-\sqrt{6})(1+\sqrt{6})$　を計算せよ。

〔問4〕　一次方程式　$9x+4=5(x+8)$　を解け。

〔問5〕　連立方程式　$\begin{cases} 7x-3y=6 \\ x+y=8 \end{cases}$　を解け。

〔問6〕　二次方程式　$3x^2+9x+5=0$　を解け。

〔問7〕　次の □ の中の「**あ**」「**い**」に当てはまる数字をそれぞれ答えよ。

右の表は，ある中学校の生徒40人について，自宅からA駅まで歩いたときにかかる時間を調査し，度数分布表に整理したものである。

自宅からA駅まで歩いたときにかかる時間が15分未満である人数は，全体の人数の **あい** %である。

階級(分)	度数(人)
以上　未満	
5 ～ 10	12
10 ～ 15	14
15 ～ 20	10
20 ～ 25	3
25 ～ 30	1
計	40

〔問8〕　次の □ の中の「**う**」「**え**」に当てはまる数字をそれぞれ答えよ。

右の**図1**で，点Oは線分ABを直径とする円の中心であり，2点C，Dは円Oの周上にある点である。

4点A，B，C，Dは，**図1**のように，A，C，B，Dの順に並んでおり，互いに一致しない。

点Oと点C，点Aと点C，点Bと点D，点Cと点Dをそれぞれ結ぶ。

$\angle AOC=\angle BDC$，$\angle ABD=34°$のとき，xで示した$\angle OCD$の大きさは，**うえ** 度である。

図1

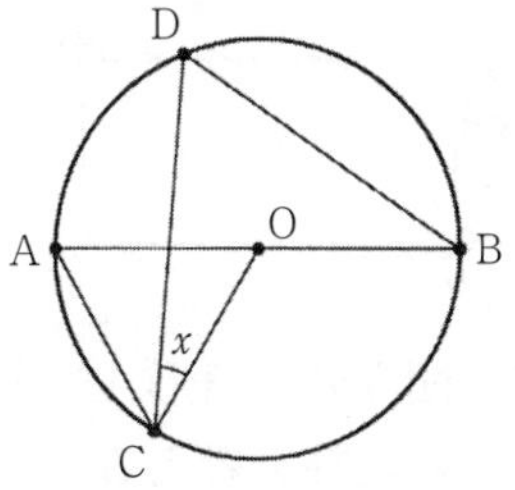

図2

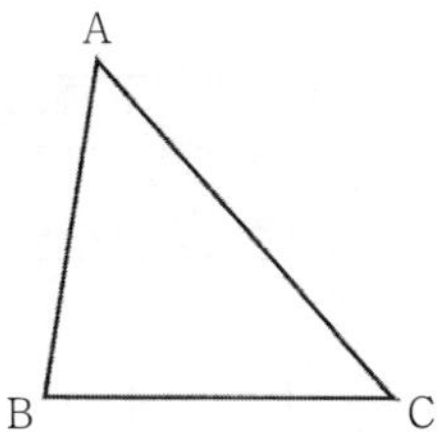

〔問9〕　右上の**図2**で，△ABCは，鋭角三角形である。

解答欄に示した図をもとにして，辺AC上にあり，AP＝BPとなる点Pを，定規とコンパスを用いて作図によって求め，点Pの位置を示す文字Pも書け。
　ただし，作図に用いた線は消さないでおくこと。

2　Sさんのクラスでは，先生が示した問題をみんなで考えた。
次の各問に答えよ。

［先生が示した問題］

a，b，hを正の数とし，$a>b$とする。

右の**図1**は，点O，点Pをそれぞれ底面となる円の中心とし，２つの円の半径がともに$a$cmであり，四角形ABCDはAB＝$h$cmの長方形で，四角形ABCDが側面となる円柱の展開図である。

図1

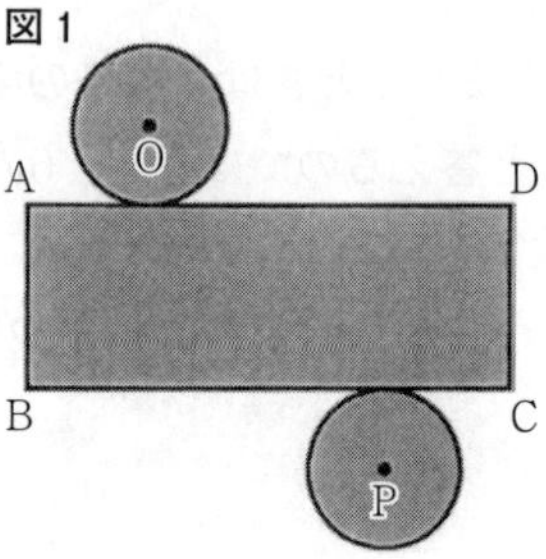

図2

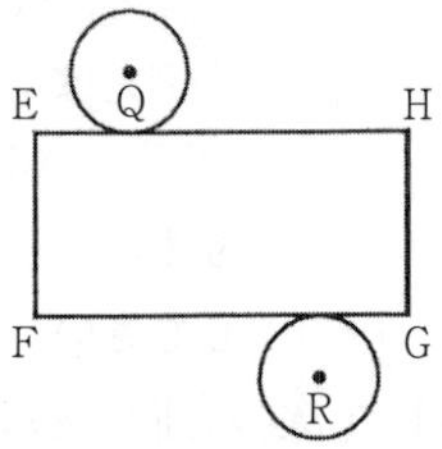

右の**図2**は，点Q，点Rをそれぞれ底面となる円の中心とし，２つの円の半径がともに$b$cmであり，四角形EFGHはEF＝$h$cmの長方形で，四角形EFGHが側面となる円柱の展開図である。

図1を組み立ててできる円柱の体積をXcm^3，**図2**を組み立ててできる円柱の体積をYcm^{3}とするとき，$X-Y$の値をa，b，hを用いて表しなさい。

〔問1〕［先生が示した問題］で，$X-Y$の値をa，b，hを用いて，$X-Y=$□と表すとき，□に当てはまる式を，次の**ア**～**エ**のうちから選び，記号で答えよ。
　ただし，円周率はπとする。

ア　$\pi(a^2-b^2)h$　　**イ**　$\pi(a-b)^2h$　　**ウ**　$2\pi(a-b)h$　　**エ**　$\pi(a-b)h$

　Sさんのグループは，［先生が示した問題］で示された２つの展開図をもとにしてできる長方形が側面となる円柱を考え，その円柱の体積と，XとYの和との関係について次の問題を作った。

［Sさんのグループが作った問題］

a，b，hを正の数とし，$a>b$とする。

下の**図3**で，四角形ABGHは，**図1**の四角形ABCDの辺DCと**図2**の四角形EFGHの辺EFを一致させ，辺AHの長さが辺ADの長さと辺EHの長さの和となる長方形である。

図3

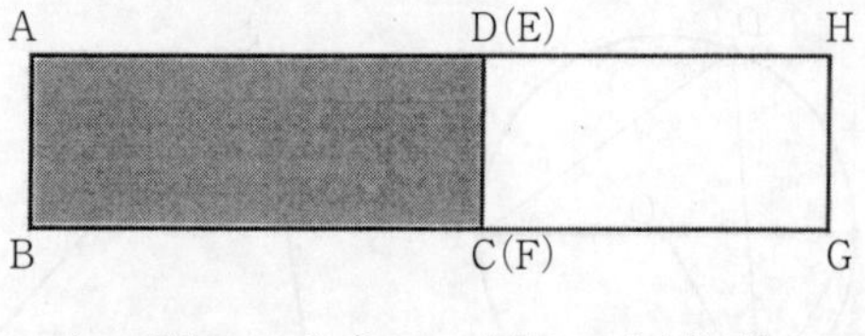

図4

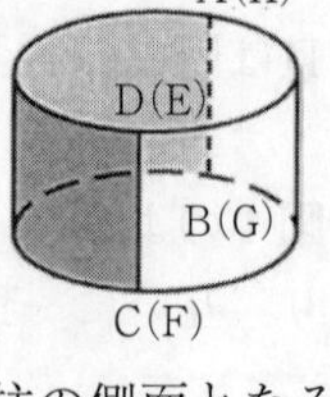

上の**図4**のように，**図3**の四角形ABGHが円柱の側面となるように辺ABと辺HGを一致させ，組み立ててできる円柱を考える。

［先生が示した問題］の２つの円柱の体積XとYの和をWcm^3，**図4**の円柱の体積をZcm^{3}とするとき，$Z-W=2\pi abh$となることを確かめてみよう。

〔問2〕［Sさんのグループが作った問題］で，$Z-W=2\pi abh$となることを証明せよ。
　ただし，円周率はπとする。

3　右の**図1**で，点Oは原点，曲線 l は関数 $y=\frac{1}{4}x^2$ のグラフを表している。

点Aは曲線 l 上にあり，x 座標は4である。
曲線 l 上にある点をPとする。
次の各問に答えよ。

図1

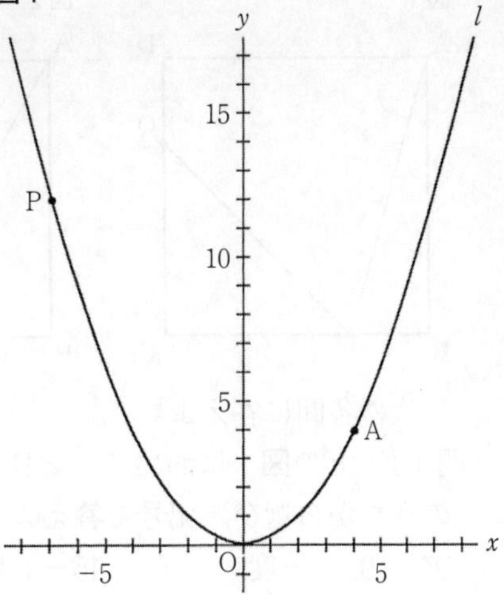

〔問1〕　次の [①] と [②] に当てはまる数を，下の**ア**～**ク**のうちからそれぞれ選び，記号で答えよ。

点Pの x 座標を a，y 座標を b とする。
a のとる値の範囲が $-8 \leqq a \leqq 2$ のとき，b のとる値の範囲は，

[①] $\leqq b \leqq$ [②]

である。

ア　-64　　**イ**　-2　　**ウ**　0　　**エ**　$\frac{1}{2}$　　**オ**　1　　**カ**　4　　**キ**　16　　**ク**　64

〔問2〕　次の [③] と [④] に当てはまる数を，下の**ア**～**エ**のうちからそれぞれ選び，記号で答えよ。

点Pの x 座標が -6 のとき，2点A，Pを通る直線の式は，

$y=$ [③] $x+$ [④]

である。

[③]　**ア**　$-\frac{5}{2}$　　**イ**　-2
　　　ウ　$-\frac{13}{10}$　　**エ**　$-\frac{1}{2}$

[④]　**ア**　12　　**イ**　6
　　　ウ　4　　**エ**　2

〔問3〕　右の**図2**は，**図1**において，点Pの x 座標が4より大きい数であるとき，y 軸を対称の軸として点Aと線対称な点をB，x 軸上にあり，x 座標が点Pの x 座標と等しい点をQとした場合を表している。

点Oと点A，点Oと点B，点Aと点P，点Aと点Q，点Bと点Pをそれぞれ結んだ場合を考える。

四角形OAPBの面積が△AOQの面積の4倍となるとき，点Pの x 座標を求めよ。

図2

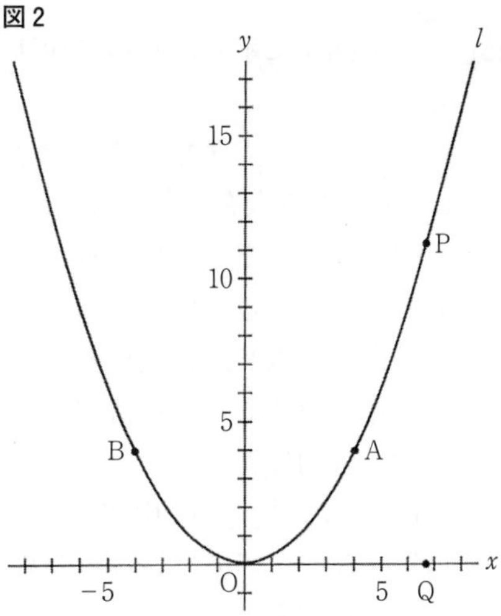

4　次のページの**図1**で，四角形ABCDは正方形である。
点Pは辺BC上にある点で，頂点B，頂点Cのいずれにも一致しない。
点Qは辺CD上にある点で，CP＝CQである。
頂点Aと点P，点Pと点Qをそれぞれ結ぶ。

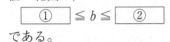

図1

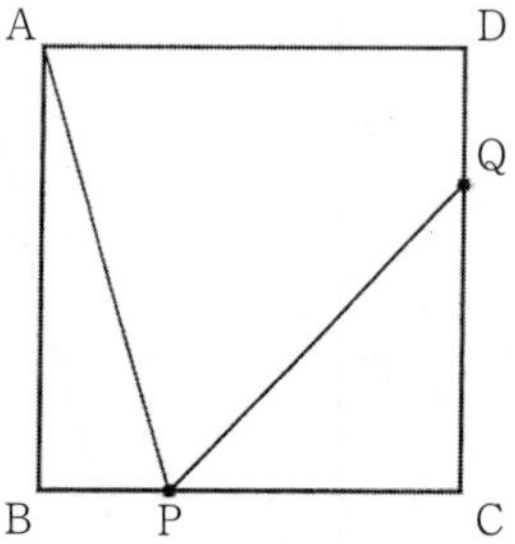

図2

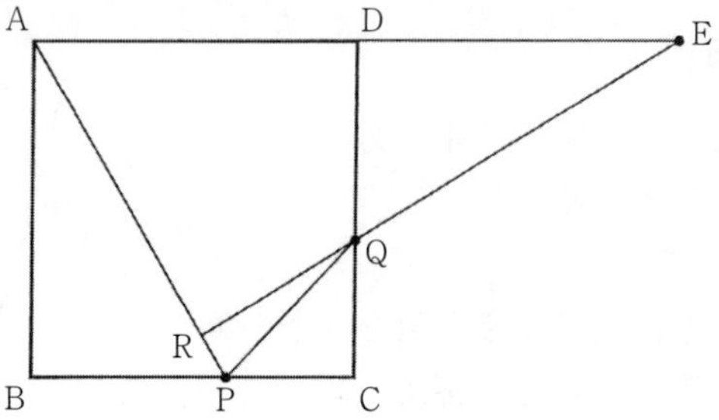

次の各問に答えよ。

〔問1〕 上の**図1**において，$\angle \mathrm{BAP} = a^\circ$とするとき，$\angle \mathrm{APQ}$の大きさを表す式を，次の**ア**～**エ**のうちから選び，記号で答えよ。

ア $(90-a)$度　　**イ** $(45-a)$度　　**ウ** $(a+45)$度　　**エ** $(a+60)$度

〔問2〕 上の**図2**は，**図1**において，辺ADをDの方向に延ばした直線上にありAD＝DEとなる点をE，点Eと点Qを結んだ線分EQをQの方向に延ばした直線と線分APとの交点をRとした場合を表している。

次の①，②に答えよ。

① $\triangle \mathrm{ABP} \equiv \triangle \mathrm{EDQ}$であることを証明せよ。

② 次の□の中の「**お**」「**か**」「**き**」に当てはまる数字をそれぞれ答えよ。

図2において，AB＝4cm，BP＝3cmのとき，線分EQの長さと線分QRの長さの比を最も簡単な整数の比で表すと，EQ：QR＝［**おか**］：［**き**］である。

5 下の**図1**に示した立体ABCD-EFGHは，AB＝6cm，AD＝8cm，AE＝12cmの直方体である。

図1

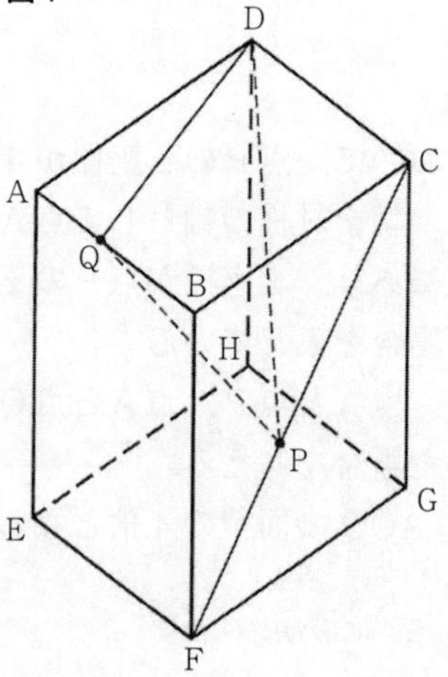

図2

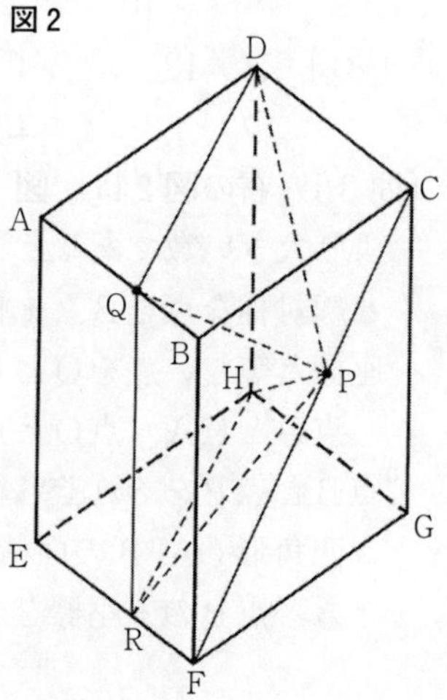

頂点Cと頂点Fを結び，線分CF上にある点をPとする。

辺AB上にあり，頂点Bに一致しない点をQとする。

頂点Dと点P，頂点Dと点Q，点Pと点Qをそれぞれ結ぶ。

次の各問に答えよ。

〔問1〕 次の□の中の「**く**」「**け**」「**こ**」に当てはまる数字をそれぞれ答えよ。

点Pが頂点Fと，点Qが頂点Aとそれぞれ一致するとき，△DQPの面積は，［**くけ**］$\sqrt{［こ］}$ cm^2である。

〔問2〕 次の□の中の「**さ**」「**し**」「**す**」に当てはまる数字をそれぞれ答えよ。

右上の**図2**は，**図1**において，点Qを通り辺AEに平行な直線を引き，辺EFとの交点をRとし，頂点Hと点P，頂点Hと点R，点Pと点Rをそれぞれ結んだ場合を表している。

AQ＝4cm，CP：PF＝3：5のとき，立体P-DQRHの体積は，［**さしす**］cm^3である。

社　会

●満点　100点　●時間　50分

1　次の各問に答えよ。

〔問１〕　次の図は，神奈川県藤沢《ふじさわ》市の「江《え》の島《しま》」の様子を地域調査の発表用資料としてまとめたものである。この地域の景観を，●で示した地点から矢印➡の向きに撮影した写真に当てはまるのは，下の**ア**～**エ**のうちではどれか。

発表用資料

江の島の地域調査　　調査日　令和元年11月16日（土）　天候　晴れ

自然地理コース　トンボロ（陸繋島《りくけいとう》）→　ヨットハーバー　→　海食台と海食崖

○　片瀬江ノ島駅から海岸沿いを進み，●で示した地点から➡の向きに写真を撮った。

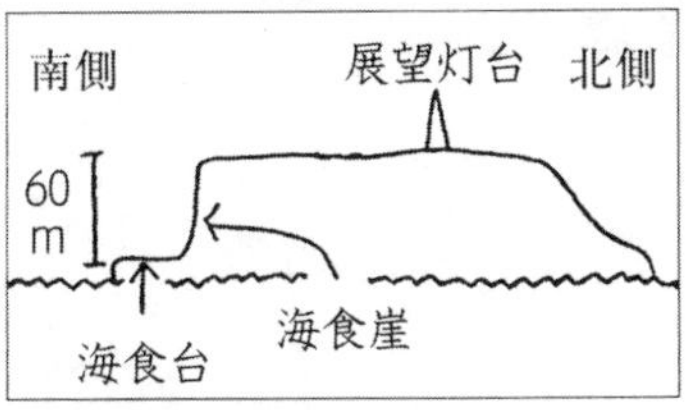

○　江ノ島大橋を渡る時には，橋の下に，砂が堆積した部分が見えた。

○　島の東側を南に進むと，切り立った崖が見えた。

○　島の南側では，海が浸食した地形が観察できた。

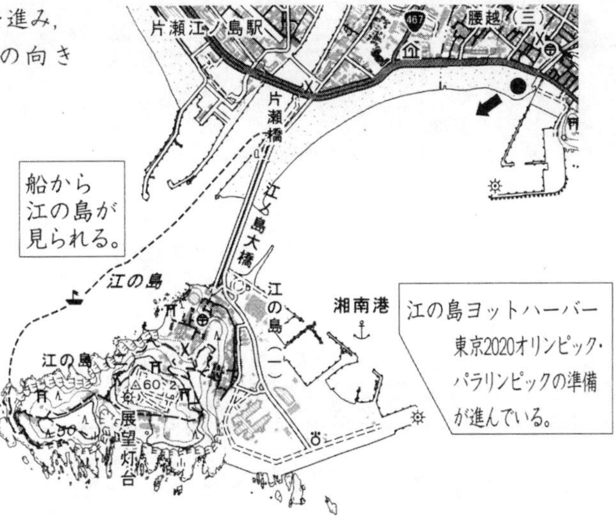

ア

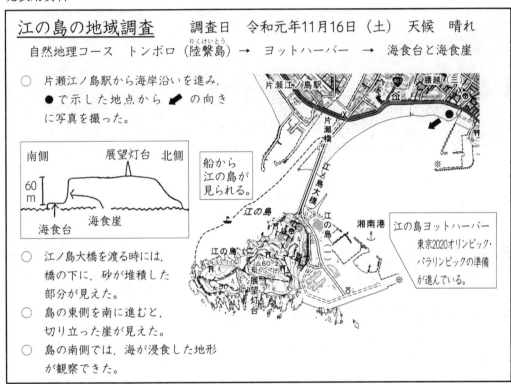

イ

ウ

エ

〔問２〕 次のⅠの略地図中の**ア**～**エ**は，世界遺産に登録されている我が国の主な歴史的文化財の所在地を示したものである。Ⅱの文で述べている歴史的文化財の所在地に当てはまるのは，略地図中の**ア**～**エ**のうちのどれか。

Ⅰ

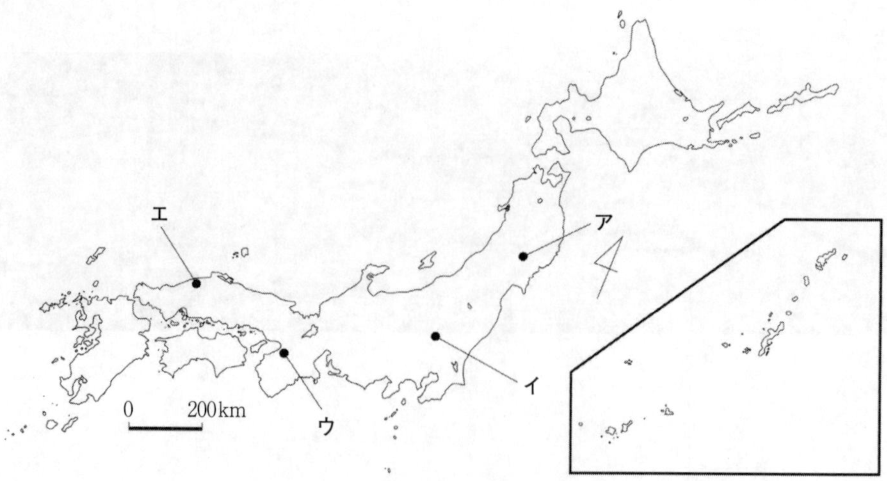

Ⅱ

5世紀中頃に造られた，大王《おおきみ》の墓と言われる日本最大の面積を誇る前方後円墳で，周囲には三重の堀が巡らされ，古墳の表面や頂上等からは，人や犬，馬などの形をした埴輪《はにわ》が発見されており，2019年に世界遺産に登録された。

〔問3〕 次の文で述べている国際連合の機関に当てはまるのは，下の**ア**～**エ**のうちのどれか。

国際紛争を調査し，解決方法を勧告する他，平和を脅《おびや》かすような事態の発生時には，経済封鎖や軍事的措置などの制裁を加えることができる主要機関である。

ア 国連難民高等弁務官事務所
イ 安全保障理事会
ウ 世界保健機関
エ 国際司法裁判所

2 次の略地図を見て，あとの各問に答えよ。

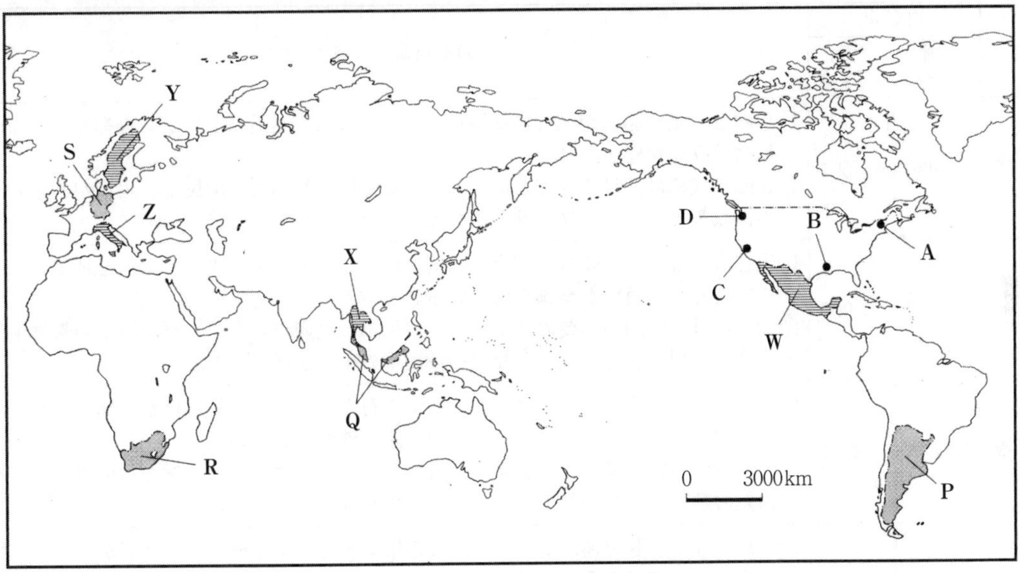

〔問1〕 次のⅠの文章は，略地図中の**A**～**D**の**いずれか**の都市の様子についてまとめたものである。Ⅱのグラフは，**A**～**D**の**いずれか**の都市の，年平均気温と年降水量及び各月の平均気温と降水量を示したものである。Ⅰの文章で述べている都市に当てはまるのは，略地図中の**A**～**D**のうちのどれか，また，その都市のグラフに当てはまるのは，Ⅱの**ア**～**エ**のうちのどれか。

Ⅰ

サンベルト北限付近に位置し，冬季は温暖で湿潤だが，夏季は乾燥し，寒流の影響で高温にならず，一年を通して過ごしやすい。周辺には1885年に大学が設立され，1950年代から半導体の生産が始まり，情報分野で世界的な企業が成長し，現在も世界各国から研究者が集まっている。

Ⅱ　　　ア　　　　　　　　イ　　　　　　　　ウ　　　　　　　　エ

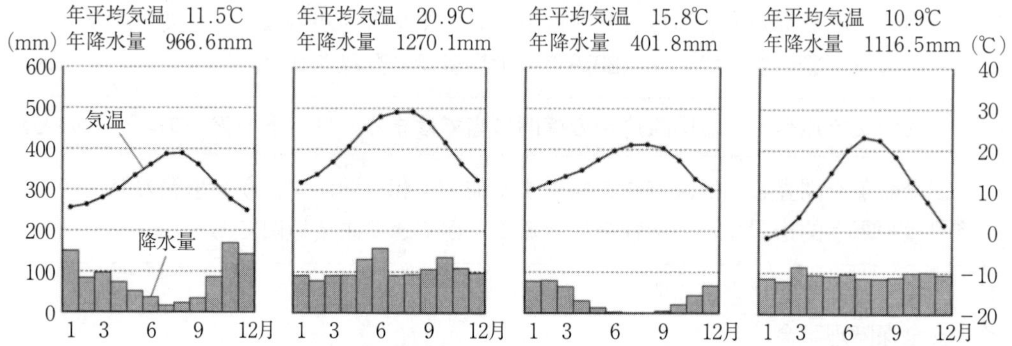

(気象庁のホームページなどより作成)

〔問２〕　次の表の**ア**〜**エ**は，略地図中に ▒▒ で示した**P**〜**S**の**いずれか**の国の，2017年における自動車の生産台数，販売台数，交通や自動車工業の様子についてまとめたものである。略地図中の**P**〜**S**のそれぞれの国に当てはまるのは，次の表の**ア**〜**エ**のうちではどれか。

	自動車		交通や自動車工業の様子
	生産（千台）	販売（千台）	
ア	460	591	○年間数万隻の船舶が航行する海峡に面する港に高速道路が延び，首都では渋滞解消に向け鉄道が建設された。 ○1980年代には，日本企業と協力して熱帯地域に対応した国民車の生産が始まり，近年は政策としてハイブリッド車などの普及を進めている。
イ	472	900	○現在も地殻変動が続き，国土の西側に位置し，国境を形成する山脈を越えて，隣国まで続く高速道路が整備されている。 ○2017年は，隣国の需要の低下により乗用車の生産が減少し，パンパでの穀物生産や牧畜で使用されるトラックなどの商用車の生産が増加した。
ウ	5646	3811	○国土の北部は氷河に削られ，城郭都市の石畳の道や，1930年代から建設が始まった速度制限のない区間が見られる高速道路が整備されている。 ○酸性雨の被害を受けた経験から，自動車の生産では，エンジンから排出される有害物質の削減に力を入れ，ディーゼル車の割合が減少している。
エ	590	556	○豊富な地下資源を運ぶトラックから乗用車まで様々な種類の自動車が見られ，1970年代に高速道路の整備が始められた。 ○欧州との時差が少なく，アジアまで船で輸送する利便性が高いことを生かして，欧州企業が日本向け自動車の生産拠点を置いている。

(「世界国勢図会」2018/19年版などより作成)

〔問３〕　次のⅠとⅡの表の**ア**〜**エ**は，略地図中に ▤ で示した**W**〜**Z**の**いずれか**の国に当てはまる。Ⅰの表は，1993年と2016年における進出日本企業数と製造業に関わる進出日本企業数，輸出額が多い上位３位までの貿易相手国，Ⅱの表は，1993年と2016年における日本との貿易総額，日本の輸入額の上位３位の品目と日本の輸入額に占める割合を示したものである。Ⅲの文章は，ⅠとⅡの表における**ア**〜**エ**の**いずれか**の国について述べたものである。Ⅲの文章で述べている国に当てはまるのは，略地図中の**W**〜**Z**のうちのどれか，また，ⅠとⅡの表の**ア**〜**エ**のうちのどれか。

Ⅰ

		進出日本企業数		輸出額が多い上位3位までの貿易相手国		
			製造業	1位	2位	3位
ア	1993年	875	497	アメリカ合衆国	日本	シンガポール
	2016年	2318	1177	アメリカ合衆国	中華人民共和国	日本
イ	1993年	44	4	ドイツ	イギリス	アメリカ合衆国
	2016年	80	19	ノルウェー	ドイツ	デンマーク
ウ	1993年	113	56	アメリカ合衆国	カナダ	スペイン
	2016年	502	255	アメリカ合衆国	カナダ	中華人民共和国
エ	1993年	164	46	ドイツ	フランス	アメリカ合衆国
	2016年	237	72	ドイツ	フランス	アメリカ合衆国

（国際連合「貿易統計年鑑」2016などより作成）

Ⅱ

		貿易総額（億円）	日本の輸入額の上位3位の品目と日本の輸入額に占める割合（%）					
			1位		2位		3位	
ア	1993年	20885	魚介類	15.3	一般機械	11.3	電気機器	10.7
	2016年	51641	電気機器	21.1	一般機械	13.6	肉類・同調製品	8.0
イ	1993年	3155	電気機器	20.4	医薬品	16.7	自動車	15.3
	2016年	3970	医薬品	29.4	一般機械	11.9	製材	9.7
ウ	1993年	5608	原油・粗油	43.3	塩	8.1	果実及び野菜	7.8
	2016年	17833	原油	23.2	電気機器	17.0	自動車部品	7.9
エ	1993年	7874	一般機械	11.6	衣類	10.3	織物用糸・繊維製品	10.2
	2016年	14631	一般機械	12.1	バッグ類	10.9	医薬品	10.0

（国際連合「貿易統計年鑑」2016などより作成）

Ⅲ

雨季と乾季があり，国土の北部から南流し，首都を通り海に注ぐ河川の両側に広がる農地などで生産される穀物が，1980年代まで主要な輸出品であったが，1980年代からは工業化が進んだ。2016年には，製造業の進出日本企業数が1993年と比較し2倍以上に伸び，貿易相手国として中華人民共和国の重要性が高まった。また，この国と日本との貿易総額は1993年と比較し2倍以上に伸びており，電気機器の輸入額に占める割合も2割を上回るようになった。

3　次の略地図を見て，あとの各問に答えよ。

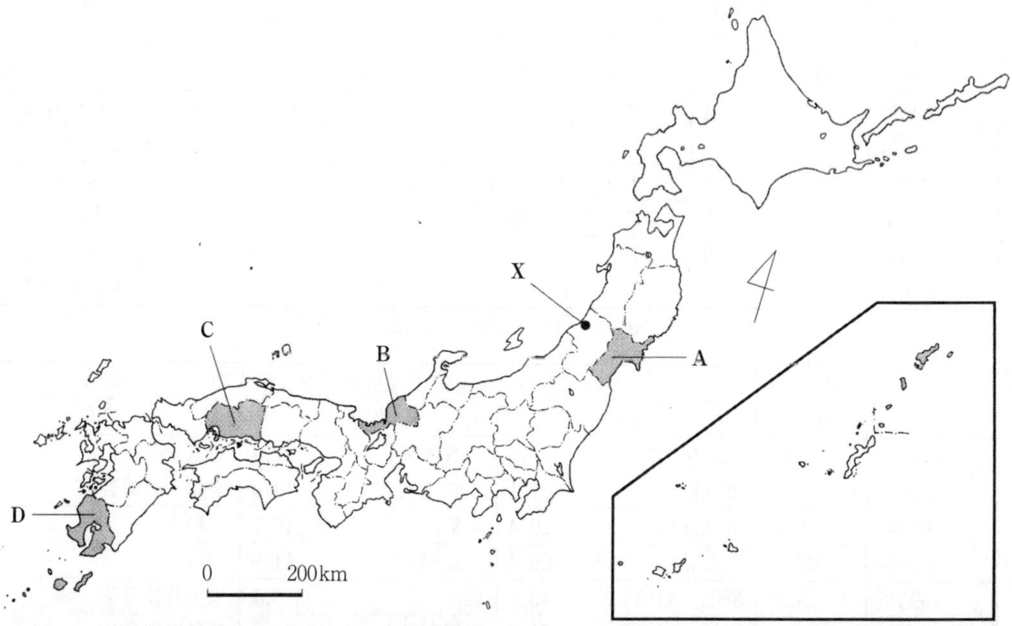

〔問１〕　次の表の**ア**～**エ**の文章は，略地図中に ▒▒ で示した，**A**～**D**の**いずれか**の県の，2017年における鉄道の営業距離，県庁所在地（市）の人口，鉄道と県庁所在地の交通機関などの様子についてまとめたものである。略地図中の**A**～**D**のそれぞれの県に当てはまるのは，次の表の**ア**～**エ**のうちではどれか。

	営業距離（km） 人口（万人）	鉄道と県庁所在地の交通機関などの様子
ア	710 119	○内陸部の山地では南北方向に，造船業や鉄鋼業が立地する沿岸部では東西方向に鉄道が走り，新幹線の路線には５駅が設置されている。 ○この都市では，中心部には路面電車が見られ，1994年に開業した鉄道が北西の丘陵地に形成された住宅地と三角州上に発達した都心部とを結んでいる。
イ	295 27	○リアス海岸が見られる地域や眼鏡産業が立地する平野を鉄道が走り，2022年には県庁所在地を通る新幹線の開業が予定されている。 ○この都市では，郊外の駅に駐車場が整備され，自動車から鉄道に乗り換え通勤できる環境が整えられ，城下町であった都心部の混雑が緩和されている。
ウ	642 109	○南北方向に走る鉄道と，西側に位置する山脈を越え隣県へつながる鉄道などがあり，1982年に開通した新幹線の路線には４駅が設置されている。 ○この都市では，中心となるターミナル駅に郊外から地下鉄やバスが乗り入れ，周辺の道路には町を象徴する街路樹が植えられている。
エ	423 61	○石油の備蓄基地が立地する西側の半島に鉄道が走り，2004年には北西から活動中の火山の対岸に位置する県庁所在地まで新幹線が開通した。 ○この都市では，路面電車の軌道を芝生化し，緑豊かな環境が整備され，シラス台地に開発された住宅地と都心部は，バス路線で結ばれている。

（「データでみる県勢」第27版などより作成）

〔問２〕 次のⅠとⅡの地形図は，1988年と1998年の「国土地理院発行２万５千分の１地形図(湯《ゆ》野《の》浜《はま》)」の一部である。Ⅲの文章は，略地図中に**X**で示した庄内空港《しょうないくうこう》が建設された地域について，ⅠとⅡの地形図を比較して述べたものである。Ⅲの文章の [P] ～ [S] のそれぞれに当てはまるのは，下の**ア**と**イ**のうちではどれか。なお，Ⅱの地形図上において，**Y**－**Z**間の長さは8 cmである。

Ⅰ

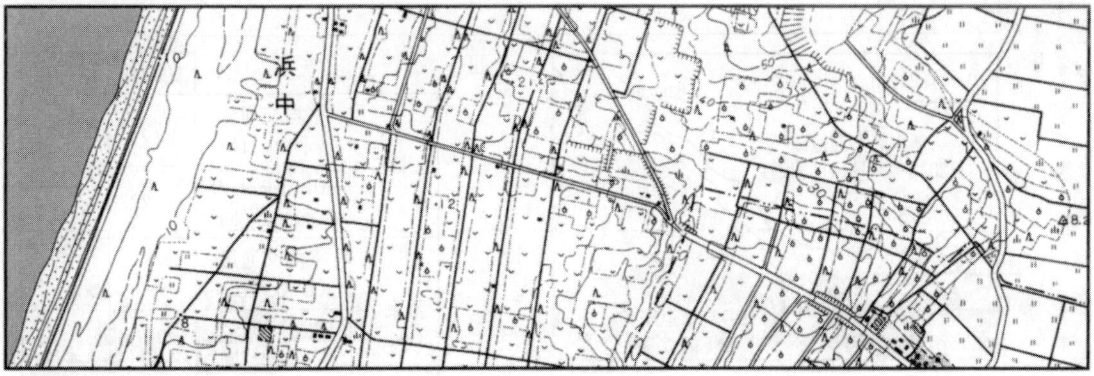

(1988年)

Ⅱ

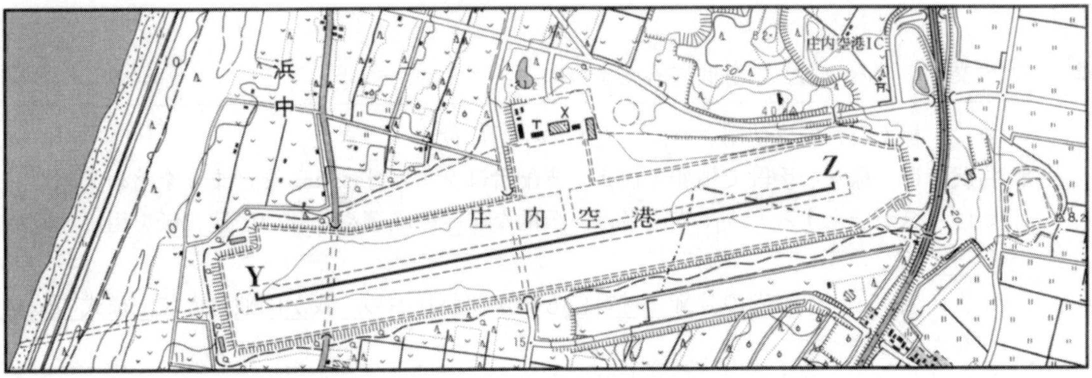

(1998年)

Ⅲ

この空港は，主に標高が約10mから約 [P] mにかけて広がる [Q] であった土地を造成して建設された。ジェット機の就航が可能となるよう約 [R] mの長さの滑走路が整備され，海岸沿いの針葉樹林は， [S] から吹く風によって運ばれる砂の被害を防ぐ役割を果たしている。

[P] **ア** 40　**イ** 80　　[Q] **ア** 果樹園・畑　**イ** 水田

[R] **ア** 1500　**イ** 2000　　[S] **ア** 南東　**イ** 北西

〔問３〕 次のⅠの文章は，2012年４月に示された「つなぐ・ひろがる　しずおかの道」の内容の一部をまとめたものである。Ⅱの略地図は，2018年における東名高速道路と新東名高速道路の一部を示したものである。Ⅲの表は，Ⅱの略地図中に示した御殿場《ごてんば》から三ヶ日《みっかび》までの，東名と新東名について，新東名の開通前(2011年４月17日から2012年４月13日までの期間)と，開通後(2014年４月13日から2015年４月10日までの期間)の，平均交通量と10km以上の渋滞回数を示したものである。自然災害に着目し，ⅠとⅡの資料から読み取れる，新東名が現在の位置に建設された理由と，平均交通量と10km 以上の渋滞回数に着目し，新東名が建設された効果について，それぞれ簡単に述べよ。

Ⅰ

○東名高速道路は，高波や津波などによる通行止めが発生し，経済に影響を与えている。

○東名高速道路は，全国の物流・経済を支えており，10km 以上の渋滞回数は全国1位である。

Ⅱ

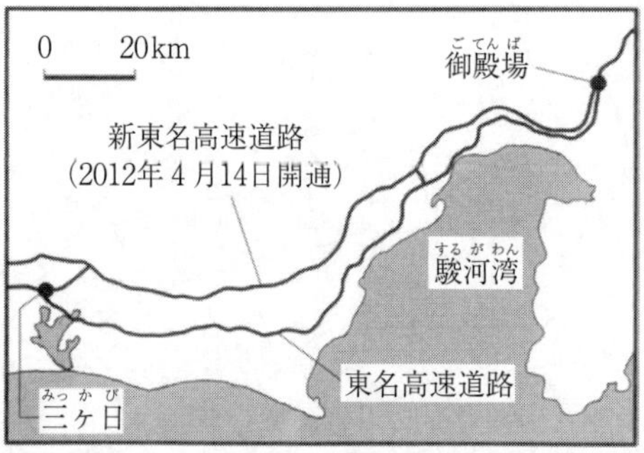

Ⅲ

		開通前	開通後
東名	平均交通量（千台／日）	73.2	42.9
	10km 以上の渋滞回数（回）	227	4
新東名	平均交通量（千台／日）	—	39.5
	10km 以上の渋滞回数（回）	—	9

（注）—は，データが存在しないことを示す。
（中日本高速道路株式会社作成資料より作成）

4　次の文章を読み，あとの各問に答えよ。

紙は，様々な目的に使用され，私たちの生活に役立ってきた。

古代では，様々な手段で情報を伝え，支配者はクニと呼ばれるまとまりを治めてきた。我が国に紙が伝来すると，(1)支配者は，公的な記録の編纂《へんさん》や情報の伝達に紙を用い，政治を行ってきた。

中世に入ると，(2)屋内の装飾の材料にも紙が使われ始め，我が国独自の住宅様式の確立につながっていった。

江戸時代には，各藩のひっ迫した財政を立て直すために工芸作物の生産を奨励される中で，各地で紙が生産され始め，人々が紙を安価に入手できるようになった。(3)安価に入手できるようになった紙は，書物や浮世絵《うきよえ》などの出版にも利用され，文化を形成してきた。

明治時代以降，欧米の進んだ技術を取り入れたことにより，従来から用いられていた紙に加え，西洋風の紙が様々な場面で使われるようになった。さらに，(4)生産技術が向上すると，紙の大量生産も可能となり，新聞や雑誌などが広く人々に行き渡ることになった。

〔問１〕　(1)支配者は，公的な記録の編纂《へんさん》や情報の伝達に紙を用い，政治を行ってきた。とあるが，次の**ア**～**エ**は，飛鳥《あすか》時代から室町時代にかけて，紙が政治に用いられた様子について述べたものである。時期の古いものから順に記号を並べよ。

ア　大宝律令《たいほうりつりょう》が制定され，天皇の文書を作成したり図書の管理をしたりする役所の設置など，大陸の進んだ政治制度が取り入れられた。

イ　武家政権と公家政権の長所を政治に取り入れた建武式目が制定され，治安回復後の京都に幕府が開かれた。

ウ　全国に支配力を及ぼすため，紙に書いた文書により，国ごとの守護と荘園《しょうえん》や公領ごとの地頭を任命する政策が，鎌倉で樹立された武家政権で始められた。

エ　各地方に設置された国分寺と国分尼寺《こくぶんにじ》へ，僧を派遣したり経典の写本を納入したりするなど，様々な災いから仏教の力で国を守るための政策が始められた。

〔問２〕 (2)屋内の装飾の材料にも紙が使われ始め，我が国独自の住宅様式の確立につながっていった。とあるが，次のⅠの略年表は，鎌倉時代から江戸時代にかけての，我が国の屋内の装飾に関する主な出来事についてまとめたものである。Ⅱの略地図中の**A**～**D**は，我が国の主な建築物の所在地を示したものである。Ⅲの文は，ある時期に建てられた建築物について述べたものである。Ⅲの文で述べている建築物が建てられた時期に当てはまるのは，Ⅰの略年表中の**ア**～**エ**の時期のうちではどれか。また，Ⅲの文で述べている建築物の所在地に当てはまるのは，Ⅱの略地図中の**A**～**D**のうちのどれか。

Ⅰ

西暦	我が国の屋内の装飾に関する主な出来事	
1212	●鴨長明《かものちょうめい》が「方丈記《ほうじょうき》」の中で，障《しょう》子《じ》の存在を記した。	
		ア
1351	●藤原隆昌《ふじわらのたかまさ》と父が「慕帰絵《ぼきえ》」の中で，襖《ふすま》に絵を描く僧の様子を表した。	
		イ
1574	●織田信長《おだのぶなが》が上杉謙信《うえすぎけんしん》に「洛中洛《らくちゅうらく》外図屏風《がいずびょうぶ》」を贈った。	
		ウ
1626	●狩野探幽《かのうたんゆう》が二条城の障壁画《しょうへきが》を描いた。	
		エ
1688	●屏風の売買の様子を記した井原西《いはらさい》鶴《かく》の「日本永代蔵《にほんえいたいぐら》」が刊行された。	

Ⅱ

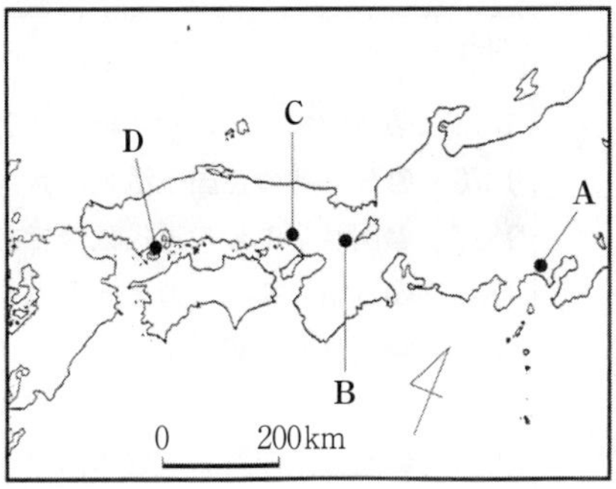

Ⅲ

慈照寺《じしょうじ》にある東求堂同仁斎《とうぐどうどうじんさい》には，障子や襖といった紙を用いた建具《たてぐ》が取り入れられ，我が国の和室の原点と言われる書院造《しょいんづくり》の部屋が造られた。

〔問３〕 (3)安価に入手できるようになった紙は，書物や浮世絵《うきよえ》などの出版にも利用され，文化を形成してきた。とあるが，次の文章は，江戸時代の医師が著した「後見草《のちみぐさ》」の一部を分かりやすく示したものである。下の**ア**～**エ**は，江戸時代に行われた政策について述べたものである。この書物に書かれた出来事の４年後から10年後にかけて主に行われた政策について当てはまるのは，下の**ア**～**エ**のうちではどれか。

○天明《てんめい》３年７月６日夜半，西北の方向に雷のような音と振動が感じられ，夜が明けても空はほの暗く，庭には細かい灰が舞い降りていた。７日は灰がしだいに大粒になり，８日は早朝から激しい振動が江戸を襲ったが，当初人々は浅間山《あさまやま》が噴火したとは思わず，日光か筑波山《つくばさん》で噴火があったのではないかと噂《うわさ》し合った。

○ここ３，４年，気候も不順で，五穀の実りも良くなかったのに，またこの大災害で，米価は非常に高騰し，人々の困窮は大変なものだった。

ア　物価の引き下げを狙って，公認した株仲間を解散させたり，外国との関係を良好に保つよう，外国船には燃料や水を与えるよう命じたりするなどの政策を行った。

イ　投書箱を設置し，民衆の意見を政治に取り入れたり，税収を安定させて財政再建を図ることを目的に，新田開発を行ったりするなどの政策を行った。

ウ　税収が安定するよう，株仲間を公認したり，長崎貿易の利益の増加を図るため，俵物《たわらもの》と呼ばれる海産物や銅の輸出を拡大したりするなどの政策を行った。

エ　幕府が旗本らの生活を救うため借金を帳消しにする命令を出したり，江戸に出稼ぎに来ていた農民を農村に返し就農を進め，飢饉《ききん》に備え各地に米を蓄えさせたりするなどの政策を行った。

〔問４〕　(4)生産技術が向上すると，紙の大量生産も可能となり，新聞や雑誌などが広く人々に行き渡ることになった。とあるが，次の略年表は，明治時代から昭和時代にかけての，我が国の紙の製造や印刷に関する主な出来事についてまとめたものである。略年表中の**A**の時期に当てはまるのは，下の**ア**～**エ**のうちではどれか。

西暦	我が国の紙の製造や印刷に関する主な出来事	
1873	●渋沢栄一《しぶさわえいいち》により洋紙製造会社が設立された。	
1876	●日本初の純国産活版洋装本が完成した。	
1877	●国産第１号の洋式紙幣《しへい》である国立銀行紙幣が発行された。	
1881	●日本で初めての肖像画入り紙幣が発行された。	
1890	●東京の新聞社が，フランスから輪転印刷機を輸入し，大量高速印刷が実現した。	
1904	●初の国産新聞輪転印刷機が大阪の新聞社に設置された。	
1910	●北海道の苫小牧《とまこまい》で，新聞用紙国内自給化の道を拓《ひら》く製紙工場が操業を開始した。	………… ↑
		A
1928	●日本初の原色グラビア印刷が開始された。	│
1933	●３社が合併し，我が国の全洋紙生産量の85％の生産量を占める製紙会社が誕生した。	………… ↓
1940	●我が国の紙・板紙の生産量が過去最大の154万トンになった。	

ア　国家総動員法が制定され国民への生活統制が強まる中で，東京市が隣組回覧板を10万枚配布し，毎月２回の会報の発行を開始した。

イ　官営の製鉄所が開業し我が国の重工業化が進む中で，義務教育の就学率が90％を超え，国定教科書用紙が和紙から洋紙に切り替えられた。

ウ　東京でラジオ放送が開始されるなど文化の大衆化が進む中で，週刊誌や月刊誌の発行部数が急速に伸び，東京の出版社が初めて１冊１円の文学全集を発行した。

エ　廃藩置県により，実業家や政治の実権を失った旧藩主による製紙会社の設立が東京において相次ぐ中で，政府が製紙会社に対して地券用紙を大量に発注した。

5　次の文章を読み，あとの各問に答えよ。

　(1)我が国の行政の役割は，国会で決めた法律や予算に基づいて，政策を実施することである。行政の各部門を指揮・監督する(2)内閣は，内閣総理大臣と国務大臣によって構成され，国会に対し，連帯して責任を負う議院内閣制をとっている。

　行政は，人々が安心して暮らせるよう，(3)社会を支える基本的な仕組みを整え，資源配分や経済の安定化などの機能を果たしている。その費用は，(4)主に国民から納められた税金により賄われ，年を追うごとに財政規模は拡大している。

〔問1〕 (1)我が国の行政の役割は，国会で決めた法律や予算に基づいて，政策を実施することである。とあるが，内閣の仕事を規定する日本国憲法の条文は，次の**ア**～**エ**のうちではどれか。

ア　条約を締結すること。但し，事前に，時宜《じぎ》によっては事後に，国会の承認を経ることを必要とする。

イ　両議院は，各々《おのおの》国政に関する調査を行ひ，これに関して，証人の出頭及び証言並びに記録の提出を要求することができる。

ウ　すべて国民は，個人として尊重される。生命，自由及び幸福追求に対する国民の権利については，公共の福祉に反しない限り，立法その他の国政の上で，最大の尊重を必要とする。

エ　地方公共団体の組織及び運営に関する事項は，地方自治の本旨に基いて，法律でこれを定める。

〔問2〕 (2)内閣は，内閣総理大臣と国務大臣によって構成され，国会に対し，連帯して責任を負う議院内閣制をとっている。とあるが，次の表は，我が国の内閣と，アメリカ合衆国の大統領の権限について，「議会に対して法律案を提出する権限」，「議会の解散権」があるかどうかを，権限がある場合は「○」，権限がない場合は「×」で示そうとしたものである。表の**A**と**B**に入る記号を正しく組み合わせているのは，下の**ア**～**エ**のうちのどれか。

	我が国の内閣	アメリカ合衆国の大統領
議会に対して法律案を提出する権限	○	**A**
議会の解散権	**B**	×

	ア	**イ**	**ウ**	**エ**
A	○	○	×	×
B	○	×	○	×

〔問3〕 (3)社会を支える基本的な仕組みを整え，資源配分や経済の安定化などの機能を果たしている。とあるが，次の文章は，行政が担《にな》う役割について述べたものである。この行政が担う役割に当てはまるのは，下の**ア**～**エ**のうちではどれか。

社会資本は，長期間にわたり，幅広く国民生活を支えるものである。そのため，時代の変化に応じて機能の変化を見通して，社会資本の整備に的確に反映させ，蓄積・高度化を図っていくことが求められる。

ア　収入が少ない人々に対して，国が生活費や教育費を支給し，最低限度の生活を保障し，自立を助ける。

イ　国民に加入を義務付け，毎月，保険料を徴収し，医療費や高齢者の介護費を支給し，国民の負担を軽減する。

ウ　保健所などによる感染症の予防や食品衛生の管理，ごみ処理などを通して，国民の健康維持・増進を図る。

エ　公園，道路や上下水道，図書館，学校などの公共的な施設や設備を整え，生活や産業を支える。

〔問４〕 (4)主に国民から納められた税金により賄われ，年を追うごとに財政規模は拡大している。とあるが，次のⅠのグラフは，1970年度から2010年度までの我が国の歳入と歳出の決算総額の推移を示したものである。Ⅱの文章は，ある時期の我が国の歳入と歳出の決算総額の変化と経済活動の様子について述べたものである。Ⅱの文章で述べている経済活動の時期に当てはまるのは，Ⅰのグラフの**ア**～**エ**の時期のうちではどれか。

Ⅰ

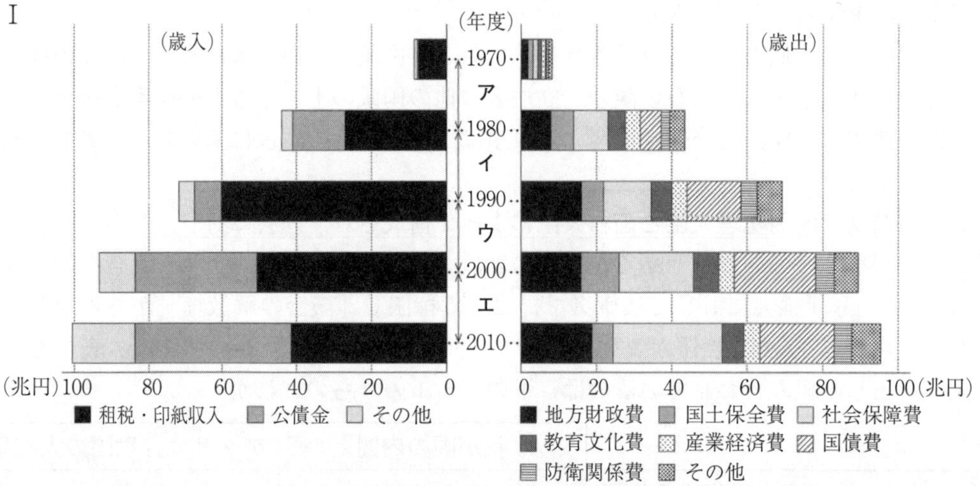

（財務省の資料より作成）

Ⅱ

○この10年間で，歳入総額に占める租税・印紙収入の割合の増加に伴い，公債金の割合が低下し，歳出総額は約1.5倍以上となり，国債費も約２倍以上に増加した。 ○この時期の後半には，６％台の高い経済成長率を示すなど景気が上向き，公営企業の民営化や税制改革が行われる中で，人々は金融機関から資金を借り入れ，値上がりを見込んで土地や株の購入を続けた。

6　次の文章を読み，あとの各問に答えよ。

世界の国々は，地球上の様々な地域で，人々が活動できる範囲を広げてきた。そして，(1)対立や多くの困難に直面する度に，課題を克服し解決してきた。また，(2)科学技術の進歩や経済の発展は，先進国だけでなく発展途上国の人々の暮らしも豊かにしてきた。 グローバル化が加速し，人口増加や環境の変化が急速に進む中で，持続可能な社会を実現するために，(3)我が国にも世界の国々と協調した国際貢献が求められている。

〔問１〕 (1)対立や多くの困難に直面する度に，課題を克服し解決してきた。とあるが，次の**ア**～**エ**は，それぞれの時代の課題を克服した様子について述べたものである。時期の古いものから順に記号で並べよ。

ア　特定の国による資源の独占が国家間の対立を生み出した反省から，資源の共有を目的とした共同体が設立され，その後つくられた共同体と統合し，ヨーロッパ共同体(EC)が発足した。

イ　アマゾン川流域に広がるセルバと呼ばれる熱帯林などの大規模な森林破壊の解決に向け，リオデジャネイロで国連環境開発会議(地球サミット)が開催された。

ウ　パリで講和会議が開かれ，戦争に参加した国々に大きな被害を及ぼした反省から，アメリカ合衆国大統領の提案を基にした，世界平和と国際協調を目的とする国際連盟が発足した。
エ　ドイツ，オーストリア，イタリアが三国同盟を結び，ヨーロッパで政治的な対立が深まる一方で，科学者の間で北極と南極の国際共同研究の実施に向け，国際極年が定められた。

〔問２〕 (2)科学技術の進歩や経済の発展は，先進国だけでなく発展途上国の人々の暮らしも豊かにしてきた。とあるが，下のⅠのグラフの**ア**～**エ**は，略地図中に ▒ で示した**A**～**D**の**いずれか**の国の1970年から2015年までの一人当たりの国内総生産の推移を示したものである。Ⅱのグラフの**ア**～**エ**は，略地図中に ▒ で示した**A**～**D**の**いずれか**の国の1970年から2015年までの乳幼児死亡率の推移を示したものである。Ⅲの文章で述べている国に当てはまるのは，略地図中の**A**～**D**のうちのどれか，また，ⅠとⅡのグラフの**ア**～**エ**のうちのどれか。

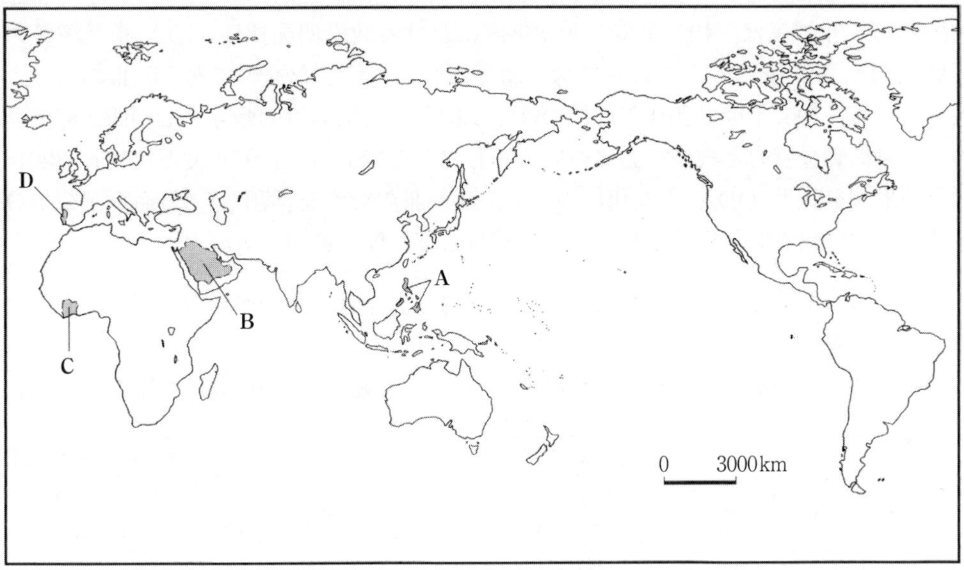

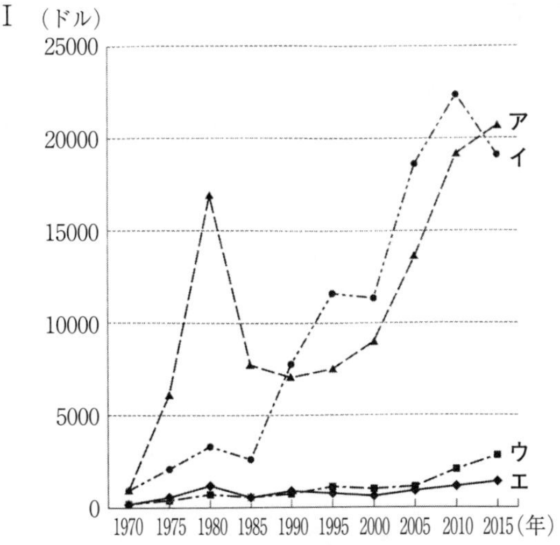

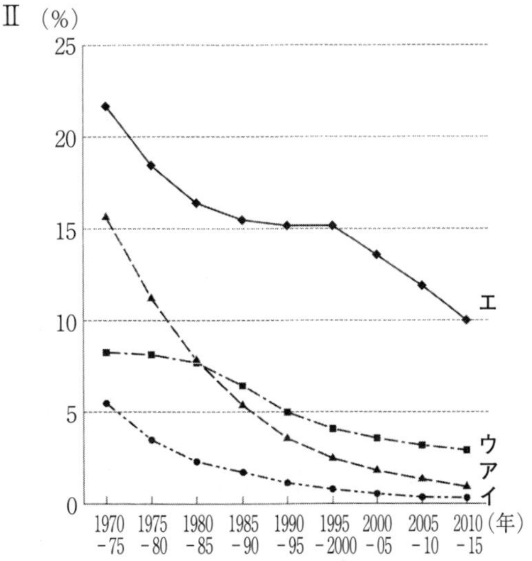

（注）　国内総生産とは，一つの国において新たに生み出された価値の総額を示した数値のこと。

（国際連合のホームページより作成）

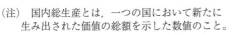

Ⅲ

文字と剣が緑色の下地に描かれた国旗をもつこの国は，石油輸出国機構(OPEC《オペック》)に加盟し，二度の石油危機を含む期間に一人当たりの国内総生産が大幅に増加したが，一時的に減少し，1990年以降は増加し続けた。また，この国では公的医療機関を原則無料で利用することができ，1970年から2015年までの間に乳幼児死亡率は約10分の1に減少し，現在も人口増加が続き，近年は最新の技術を導入し，高度な医療を提供する病院が開業している。

〔問3〕 (3)我が国にも世界の国々と協調した国際貢献が求められている。とあるが，次のⅠの文章は，2015年に閣議決定し，改定された開発協力大綱の一部を抜粋して分かりやすく書き改めたものである。Ⅱの表は，1997年度と2018年度における政府開発援助(ODA)事業予算，政府開発援助(ODA)事業予算のうち政府貸付と贈与について示したものである。Ⅲの表は，Ⅱの表の贈与のうち，1997年度と2018年度における二国間政府開発援助贈与，二国間政府開発援助贈与のうち無償資金協力と技術協力について示したものである。1997年度と比較した2018年度における政府開発援助(ODA)の変化について，Ⅰ～Ⅲの資料を活用し，政府開発援助(ODA)事業予算と二国間政府開発援助贈与の内訳に着目して，簡単に述べよ。

Ⅰ

○自助努力を後押しし，将来における自立的発展を目指すのが日本の開発協力の良き伝統である。

○引き続き，日本の経験と知見を活用しつつ，当該国の発展に向けた協力を行う。

Ⅱ

	政府開発援助(ODA)事業予算(億円)		
		政府貸付	贈　与
1997年度	20147	9767(48.5%)	10380(51.5%)
2018年度	21650	13705(63.3%)	7945(36.7%)

Ⅲ

	二国間政府開発援助贈与(億円)		
		無償資金協力	技術協力
1997年度	6083	2202(36.2%)	3881(63.8%)
2018年度	4842	1605(33.1%)	3237(66.9%)

(外務省の資料より作成)

理科

●満点 100点　●時間 50分

1　次の各問に答えよ。

〔問1〕　有性生殖では，受精によって新しい一つの細胞ができる。受精後の様子について述べたものとして適切なのは，次のうちではどれか。

ア　受精により親の体細胞に含まれる染色体の数と同じ数の染色体をもつ胚《はい》ができ，成長して受精卵になる。

イ　受精により親の体細胞に含まれる染色体の数と同じ数の染色体をもつ受精卵ができ，細胞分裂によって胚になる。

ウ　受精により親の体細胞に含まれる染色体の数の２倍の数の染色体をもつ胚ができ，成長して受精卵になる。

エ　受精により親の体細胞に含まれる染色体の数の２倍の数の染色体をもつ受精卵ができ，細胞分裂によって胚になる。

〔問2〕　図１のように，電気分解装置に薄い塩酸を入れ，電流を流したところ，塩酸の電気分解が起こり，陰極からは気体Ａが，陽極からは気体Ｂがそれぞれ発生し，集まった体積は気体Ａの方が気体Ｂより多かった。気体Ａの方が気体Ｂより集まった体積が多い理由と，気体Ｂの名称とを組み合わせたものとして適切なのは，次の表の**ア**～**エ**のうちではどれか。

図１

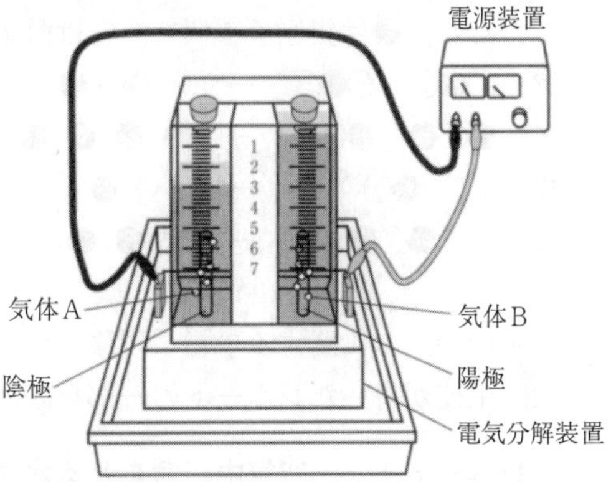

	気体Ａの方が気体Ｂより集まった体積が多い理由	気体Ｂの名称
ア	発生する気体Ａの体積の方が，発生する気体Ｂの体積より多いから。	塩素
イ	発生する気体Ａの体積の方が，発生する気体Ｂの体積より多いから。	酸素
ウ	発生する気体Ａと気体Ｂの体積は変わらないが，気体Ａは水に溶けにくく，気体Ｂは水に溶けやすいから。	塩素
エ	発生する気体Ａと気体Ｂの体積は変わらないが，気体Ａは水に溶けにくく，気体Ｂは水に溶けやすいから。	酸素

〔問3〕　150ｇの物体を一定の速さで1.6m持ち上げた。持ち上げるのにかかった時間は２秒だった。持ち上げた力がした仕事率を表したものとして適切なのは，下の**ア**～**エ**のうちではどれか。

ただし，100ｇの物体に働く重力の大きさは１Ｎとする。

ア　1.2W　　**イ**　2.4W　　**ウ**　120W　　**エ**　240W

〔問４〕 図２は，ある火成岩をルーペで観察したスケッチである。観察した火成岩は有色鉱物の割合が多く，黄緑色で不規則な形の有色鉱物Ａが見られた。観察した火成岩の種類の名称と，有色鉱物Ａの名称とを組み合わせたものとして適切なのは，次の表の**ア**～**エ**のうちではどれか。

図２

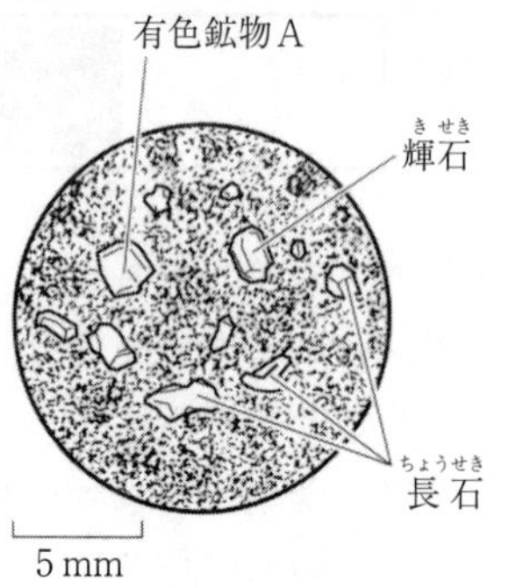

	観察した火成岩の種類の名称	有色鉱物Ａの名称
ア	はんれい岩	石英《せきえい》
イ	はんれい岩	カンラン石
ウ	玄武岩《げんぶがん》	石英《せきえい》
エ	玄武岩《げんぶがん》	カンラン石

〔問５〕 酸化銀を加熱すると，白色の物質が残った。酸化銀を加熱したときの反応を表したモデルとして適切なのは，下の**ア**～**エ**のうちではどれか。

ただし，●は銀原子１個を，○は酸素原子１個を表すものとする。

ア ○●○ ○●○ → ● ● ＋ ○○ ○○
イ ●○● ●○● → ● ● ● ● ＋ ○○
ウ ●○ → ● ＋ ○
エ ●○● → ● ● ＋ ○

2 生徒が，水に関する事物・現象について，科学的に探究しようと考え，自由研究に取り組んだ。生徒が書いたレポートの一部を読み，次の各問に答えよ。

＜レポート１＞ 空気中に含まれる水蒸気と気温について

雨がやみ，気温が下がった日の早朝に，霧が発生していた。同じ気温でも，霧が発生しない日もある。そこで，霧の発生は空気中に含まれている水蒸気の量と温度に関連があると考え，空気中の水蒸気の量と，水滴が発生するときの気温との関係について確かめることにした。

図１

表１

温度〔℃〕	飽和水蒸気量〔g/m³〕
12	10.7
14	12.1
16	13.6
18	15.4
20	17.3
22	19.4
24	21.8

教室の温度と同じ24℃のくみ置きの水を金属製のコップＡに半分入れた。次に，図１のように氷を入れた試験管を出し入れしながら，コップＡの中の水をゆっくり冷やし，コップＡの表面に水滴がつき始めたときの温度を測ると，14℃であった。教室の温度は24℃で変化がなかった。

また，飽和水蒸気量〔g/m³〕は表１のように温度によって決まっていることが分かった。

〔問１〕 **＜レポート１＞**から，測定時の教室の湿度と，温度の変化によって霧が発生するときの空気の温度の様子について述べたものとを組み合わせたものとして適切なのは，次の表の**ア**～**エ**のうちではどれか。

	測定時の教室の湿度	温度の変化によって霧が発生するときの空気の温度の様子
ア	44.5%	空気が冷やされて，空気の温度が露点より低くなる。
イ	44.5%	空気が暖められて，空気の温度が露点より高くなる。
ウ	55.5%	空気が冷やされて，空気の温度が露点より低くなる。
エ	55.5%	空気が暖められて，空気の温度が露点より高くなる。

＜レポート２＞　凍結防止剤と水溶液の状態変化について

雪が降る予報があり，川にかかった橋の歩道で凍結防止剤が散布されているのを見た。凍結防止剤の溶けた水溶液は固体に変化するときの温度が下がることから，凍結防止剤は，水が氷に変わるのを防止するとともに，雪をとかして水にするためにも使用される。そこで，溶かす凍結防止剤の質量と温度との関係を確かめることにした。

３本の試験管Ａ～Ｃにそれぞれ10cm^3の水を入れ，凍結防止剤の主成分である塩化カルシウムを試験管Ｂには１ｇ，試験管Ｃには２ｇ入れ，それぞれ全て溶かした。試験管Ａ～Ｃのそれぞれについて－15℃まで冷却し試験管の中の物質を固体にした後，試験管を加熱して試験管の中の物質が液体に変化するときの温度を測定した結果は，表２のようになった。

表２

試験管	A	B	C
塩化カルシウム〔ｇ〕	0	1	2
試験管の中の物質が液体に変化するときの温度〔℃〕	0	－5	－10

〔問２〕　**＜レポート２＞**から，試験管Ａの中の物質が液体に変化するときの温度を測定した理由について述べたものとして適切なのは，次のうちではどれか。

ア　塩化カルシウムを入れたときの水溶液の沸点が下がることを確かめるには，水の沸点を測定する必要があるため。

イ　塩化カルシウムを入れたときの水溶液の融点が下がることを確かめるには，水の融点を測定する必要があるため。

ウ　水に入れる塩化カルシウムの質量を変化させても，水溶液の沸点が変わらないことを確かめるため。

エ　水に入れる塩化カルシウムの質量を変化させても，水溶液の融点が変わらないことを確かめるため。

＜レポート３＞　水面に映る像について

池の水面にサクラの木が逆さまに映って見えた。そこで，サクラの木が水面に逆さまに映って見える現象について確かめることにした。

鏡を用いた実験では，光は空気中で直進し，空気とガラスの境界面で反射することや，光が反射するときには入射角と反射角は等しいという光の反射の法則が成り立つことを学んだ。水面に映るサクラの木が逆さまの像となる現象も，光が直進することと光の反射の法則により説明できることが分かった。

〔問３〕　**＜レポート３＞**から，観測者が観測した位置を点Ｘとし，水面とサクラの木を模式的に表したとき，点Ａと点Ｂからの光が水面で反射し点Ｘまで進む光の道筋と，点Ｘから水面を見たときの点Ａと点Ｂの像が見える方向を表したものとして適切なのは，下の**ア**～**エ**のうちではどれか。ただし，点Aは地面からの高さが点Xの２倍の高さ，点Bは地面からの高さが点Xと同じ高さとする。

ア

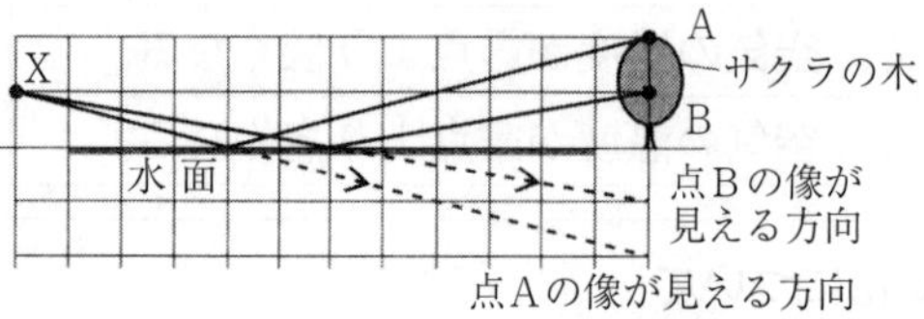

イ

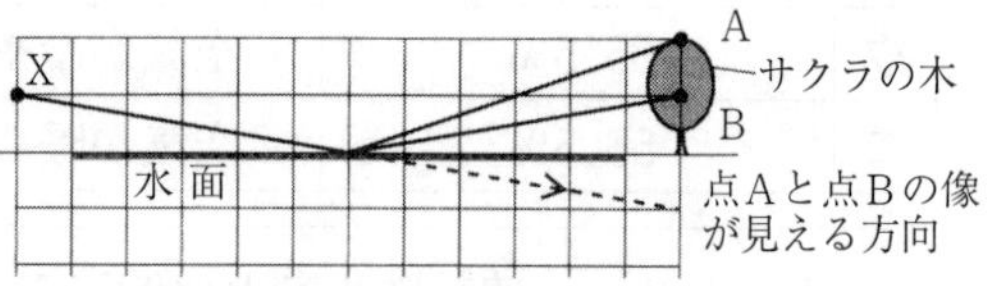

ウ

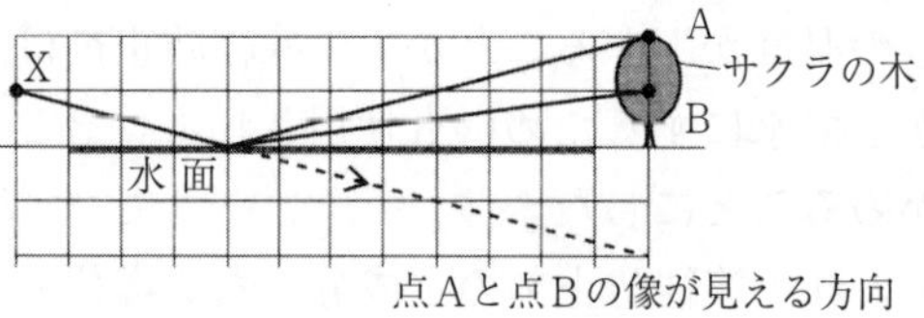

エ

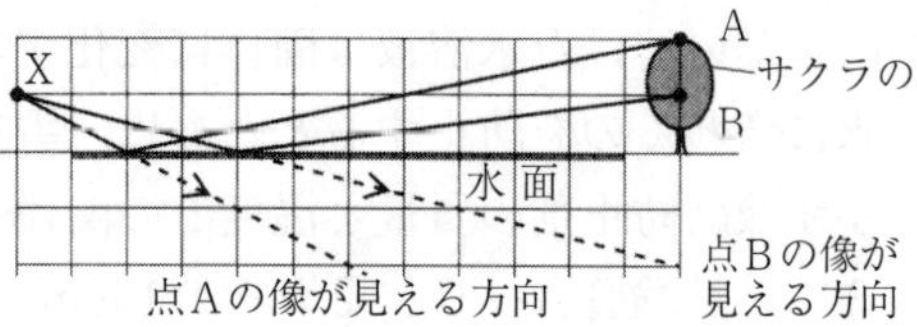

＜レポート４＞　水生生物による水質調査について

川にどのような生物がいるかを調査することによって，調査地点の水質を知ることができる。水生生物による水質調査では，表３のように，水質階級はⅠ～Ⅳに分かれていて，水質階級ごとに指標生物が決められている。調査地点で見つけた指標生物のうち，個体数が多い上位２種類を２点，それ以外の指標生物を１点として，水質階級ごとに点数を合計し，最も点数の高い階級をその地点の水質階級とすることを学んだ。そこで，学校の近くの川について確かめることにした。

表３

水質階級	指標生物
Ⅰ きれいな水	カワゲラ・ナガレトビケラ・ウズムシ・ヒラタカゲロウ・サワガニ
Ⅱ ややきれいな水	シマトビケラ・カワニナ・ゲンジボタル
Ⅲ 汚い水	タニシ・シマイシビル・ミズカマキリ
Ⅳ とても汚い水	アメリカザリガニ・サカマキガイ・エラミミズ・セスジユスリカ

学校の近くの川で調査を行った地点では，ゲンジボタルは見つからなかったが，ゲンジボタルの幼虫のエサとして知られているカワニナが見つかった。カワニナは内臓が外とう膜で覆われている動物のなかまである。カワニナのほかに，カワゲラ，ヒラタカゲロウ，シマトビケラ，シマイシビルが見つかり，その他の指標生物は見つからなかった。見つけた生物のうち，シマトビケラの個体数が最も多く，シマイシビルが次に多かった。

〔問４〕　＜レポート４＞から，学校の近くの川で調査を行った地点の水質階級と，内臓が外とう膜で覆われている動物のなかまの名称とを組み合わせたものとして適切なのは，次の表の**ア**～**エ**のうちではどれか。

	調査を行った地点の水質階級	内臓が外とう膜で覆われている動物のなかまの名称
ア	Ⅰ	節足動物
イ	Ⅰ	軟体動物
ウ	Ⅱ	節足動物
エ	Ⅱ	軟体動物

3　太陽の１日の動きを調べる観察について，次の各問に答えよ。
東京の地点Ｘ（北緯35.6°）で，ある年の夏至の日に，＜**観察**＞を行ったところ，＜**結果１**＞のようになった。

＜**観察**＞

(1)　図１のように，白い紙に透明半球の縁と同じ大きさの円と，円の中心Ｏで垂直に交わる直線ACと直線BDをかいた。かいた円に合わせて透明半球をセロハンテープで固定した。

(2)　日当たりのよい水平な場所で，Ｎ極が黒く塗られた方位磁針の南北に図１の直線ACを合わせて固定した。

(3)　９時から15時までの間，１時間ごとに，油性ペンの先の影が円の中心Ｏと一致する透明半球上の位置に●印と観察した時刻を記入した。

(4)　図２のように，記録した●印を滑らかな線で結び，その線を透明半球の縁まで延ばして東側で円と交わる点をＦとし，西側で円と交わる点をＧとした。

図１

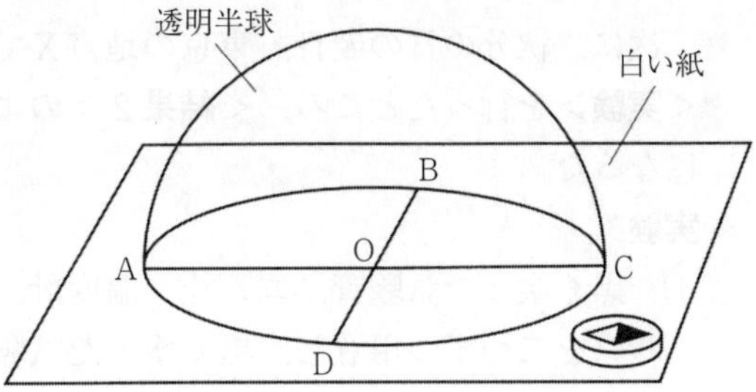

図２

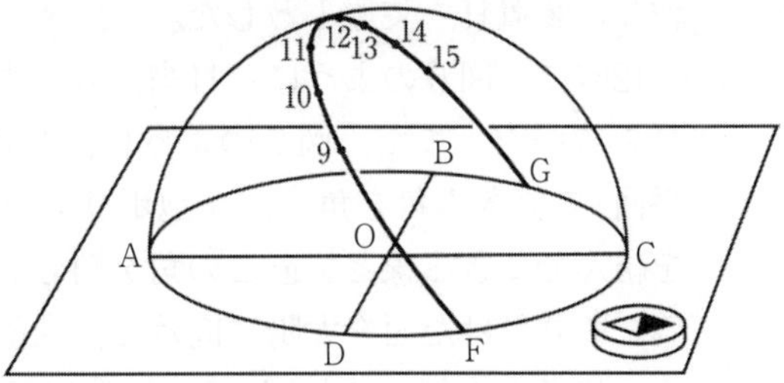

(5)　透明半球にかいた滑らかな線に紙テープを合わせて，１時間ごとに記録した●印と時刻を写し取り，点Ｆから９時までの間，●印と●印の間，15時から点Ｇまでの間をものさしで測った。

＜**結果１**＞

図３のようになった。

図３

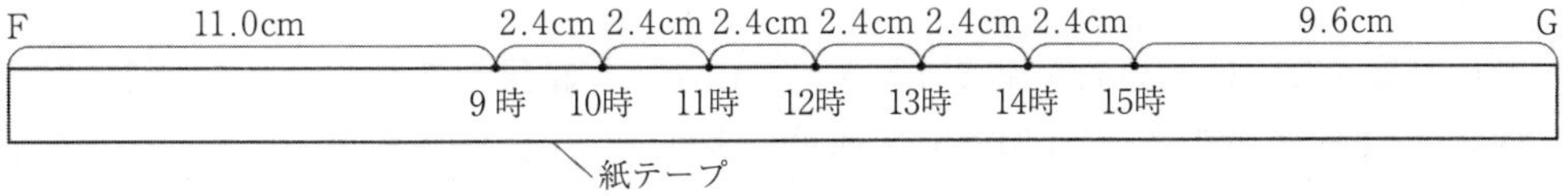

〔問１〕　＜**観察**＞を行った日の日の入りの時刻を，＜**結果１**＞から求めたものとして適切なのは，次のうちではどれか。

ア　18時　　**イ**　18時35分　　**ウ**　19時　　**エ**　19時35分

〔問２〕　＜**観察**＞を行った日の南半球のある地点Ｙ（南緯35.6°）における，太陽の動きを表した模式図として適切なのは，次のうちではどれか。

ア

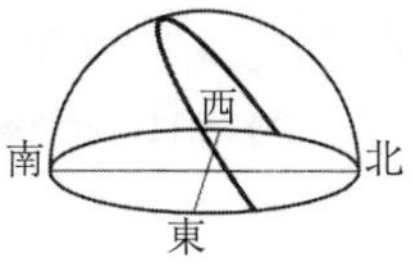

イ

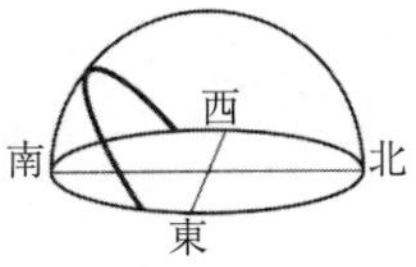

ウ

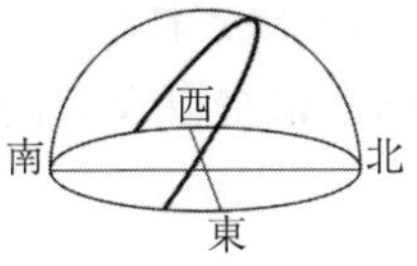

エ

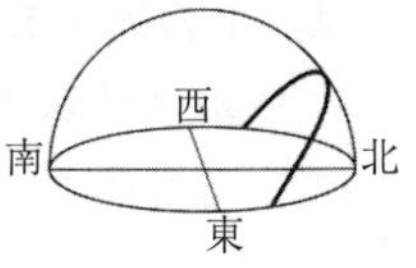

次に，＜**観察**＞を行った東京の地点Xで，秋分の日に＜**観察**＞の(1)から(3)までと同様に記録し，記録した●印を滑らかな線で結び，その線を透明半球の縁まで延ばしたところ，図4のようになった。

次に，秋分の日の翌日，東京の地点Xで，＜**実験**＞を行ったところ，＜**結果2**＞のようになった。

図4

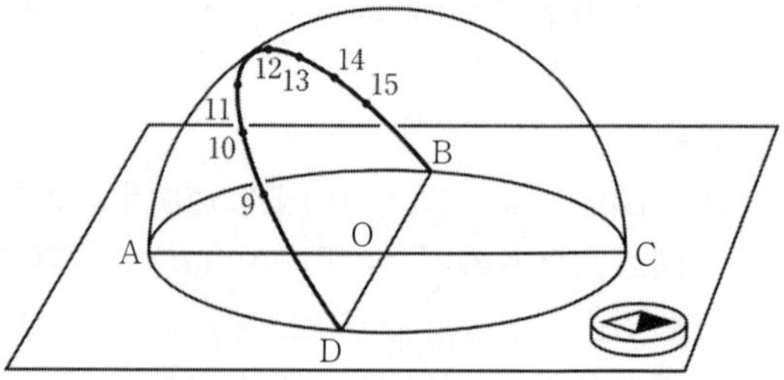

＜**実験**＞

(1) 黒く塗った試験管，ゴム栓，温度計，発泡ポリスチレンを二つずつ用意し，黒く塗った試験管に24℃のくみ置きの水をいっぱいに入れ，空気が入らないようにゴム栓と温度計を差し込み，図5のような装置を2組作り，装置H，装置Iとした。

図5

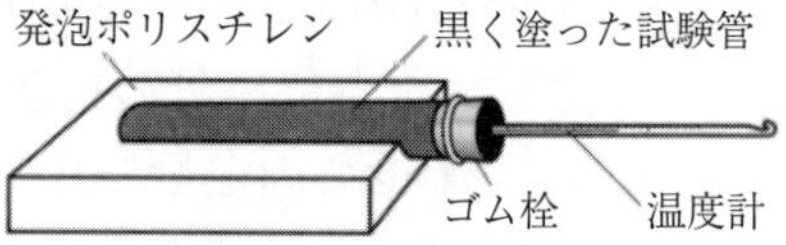

(2) 12時に，図6のように，日当たりのよい水平な場所に装置Hを置いた。また，図7のように，装置Iを装置と地面(水平面)でできる角を角a，発泡ポリスチレンの上端と影の先を結んでできる線と装置との角を角bとし，黒く塗った試験管を取り付けた面を太陽に向けて，太陽の光が垂直に当たるように角bを90°に調節して，12時に日当たりのよい水平な場所に置いた。

図6

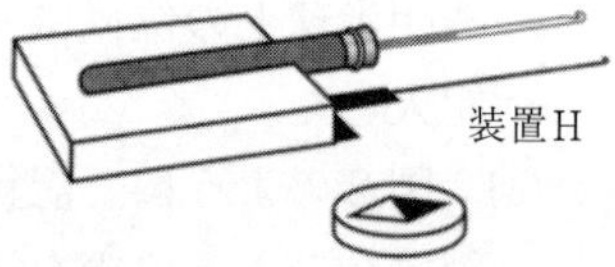

図7

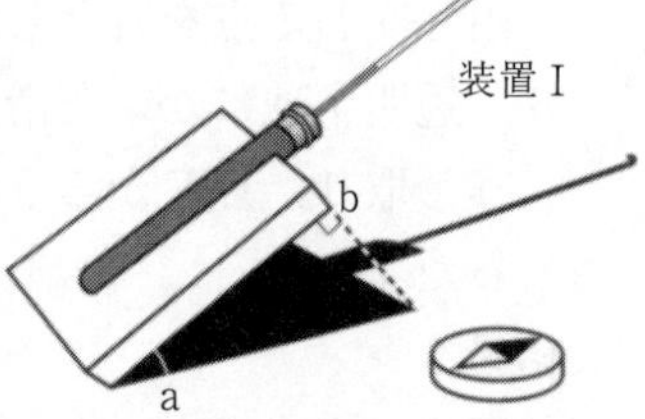

(3) 装置Hと装置Iを置いてから10分後の試験管内の水温を測定した。

＜**結果2**＞

	装置H	装置I
12時の水温〔℃〕	24.0	24.0
12時10分の水温〔℃〕	35.2	37.0

〔問3〕 南中高度が高いほど地表が温まりやすい理由を，＜**結果2**＞を踏まえて，同じ面積に受ける太陽の光の量(エネルギー)に着目して簡単に書け。

〔問4〕 図8は，＜**観察**＞を行った東京の地点X(北緯35.6°)での冬至の日の太陽の光の当たり方を模式的に表したものである。次の文は，冬至の日の南中時刻に，地点Xで図7の装置Iを用いて，黒く塗った試験管内の水温を測定したとき，10分後の水温が最も高くなる装置Iの角aについて述べている。

文中の ① と ② にそれぞれ当てはまるものとして適切なのは，下の**ア**～**エ**のうちではどれか。

ただし，地軸は地球の公転面に垂直な方向に対して23.4°傾いているものとする。

図8

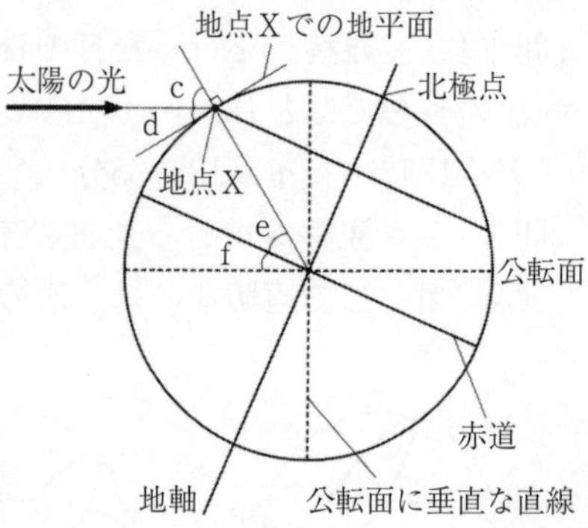

地点Xで冬至の日の南中時刻に，図7の装置Ⅰを用いて，黒く塗った試験管内の水温を測定したとき，10分後の水温が最も高くなる角aは，図8中の角［ ① ］と等しく，角の大きさは［ ② ］である。

［①］ **ア** c　**イ** d　**ウ** e　**エ** f

［②］ **ア** 23.4°　**イ** 31.0°　**ウ** 59.0°　**エ** 66.6°

4 消化酵素の働きを調べる実験について，次の各問に答えよ。

＜**実験1**＞を行ったところ，＜**結果1**＞のようになった。

＜**実験1**＞

(1) 図1のように，スポンジの上に載せたアルミニウムはくに試験管用のゴム栓を押し付けて型を取り，アルミニウムはくの容器を6個作った。

(2) (1)で作った6個の容器に1％デンプン溶液をそれぞれ2 cm^3ずつ入れ，容器A～Fとした。

(3) 容器Aと容器Bには水1 cm^3を，容器Cと容器Dには水で薄めた唾液1 cm^3を，容器Eと容器Fには消化酵素Xの溶液1 cm^3を，それぞれ加えた。容器A～Fを，図2のように，40℃の水を入れてふたをしたペトリ皿の上に10分間置いた。

(4) (3)で10分間置いた後，図3のように，容器A，容器C，容器Eにはヨウ素液を加え，それぞれの溶液の色を観察した。また，図4のように，容器B，容器D，容器Fにはベネジクト液を加えてから弱火にしたガスバーナーで加熱し，それぞれの溶液の色を観察した。

図1

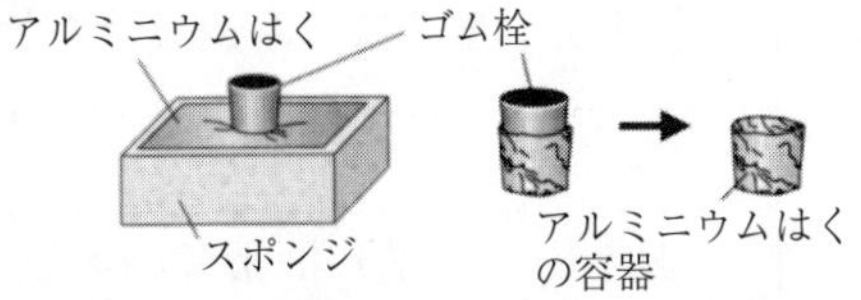

図2

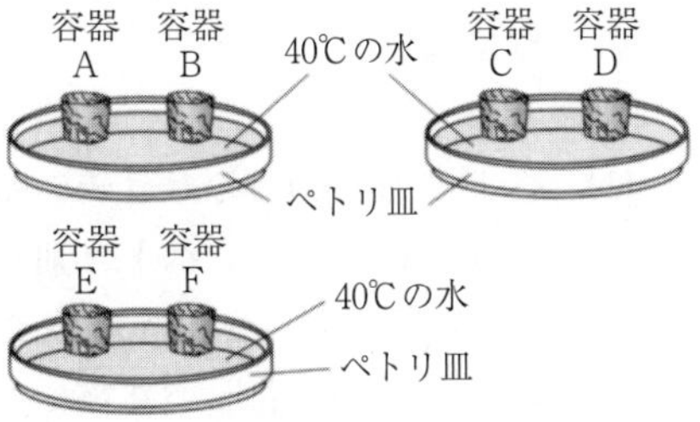

図3

図4

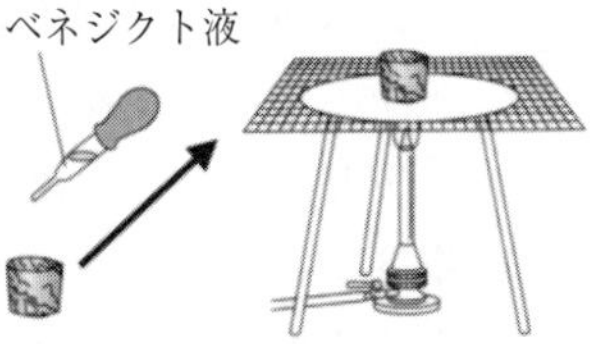

＜**結果1**＞

容器	1％デンプン溶液2 cm^3に加えた液体	加えた試薬	観察された溶液の色
A	水1 cm^3	ヨウ素液	青紫色
B		ベネジクト液	青色
C	水で薄めた唾液1 cm^3	ヨウ素液	茶褐色
D		ベネジクト液	赤褐色
E	消化酵素Xの溶液1 cm^3	ヨウ素液	青紫色
F		ベネジクト液	青色

次に，＜**実験1**＞と同じ消化酵素Xの溶液を用いて＜**実験2**＞を行ったところ，＜**結果2**＞のようになった。

＜**実験2**＞

(1) ペトリ皿を2枚用意し，それぞれのペトリ皿に60℃のゼラチン水溶液を入れ，冷やしてゼリー状にして，ペトリ皿GとHとした。ゼラチンの主成分はタンパク質であり，ゼリー状のゼラチンは分解されると溶けて液体になる性質がある。

⑵　図5のように，ペトリ皿Gには水をしみ込ませたろ紙を，ペトリ皿Hには消化酵素Xの溶液をしみ込ませたろ紙を，それぞれのゼラチンの上に載せ，24℃で15分間保った。

⑶　⑵で15分間保った後，ペトリ皿GとHの変化の様子を観察した。

図5

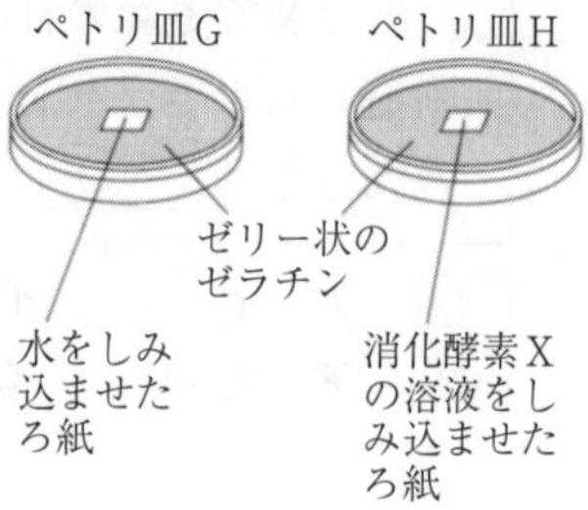

＜**結果2**＞

ペトリ皿	ろ紙にしみ込ませた液体	ろ紙を載せた部分の変化	ろ紙を載せた部分以外の変化
G	水	変化しなかった。	変化しなかった。
H	消化酵素Xの溶液	ゼラチンが溶けて液体になった。	変化しなかった。

次に，＜**実験1**＞と同じ消化酵素Xの溶液を用いて＜**実験3**＞を行ったところ，＜**結果3**＞のようになった。

＜**実験3**＞

⑴　ペトリ皿に60℃のゼラチン水溶液を入れ，冷やしてゼリー状にして，ペトリ皿Iとした。

⑵　図6のように，消化酵素Xの溶液を試験管に入れ80℃の水で10分間温めた後に24℃に戻し，加熱後の消化酵素Xの溶液とした。図7のように，ペトリ皿Iには加熱後の消化酵素Xの溶液をしみ込ませたろ紙を，ゼラチンの上に載せ，24℃で15分間保った後，ペトリ皿Iの変化の様子を観察した。

図6

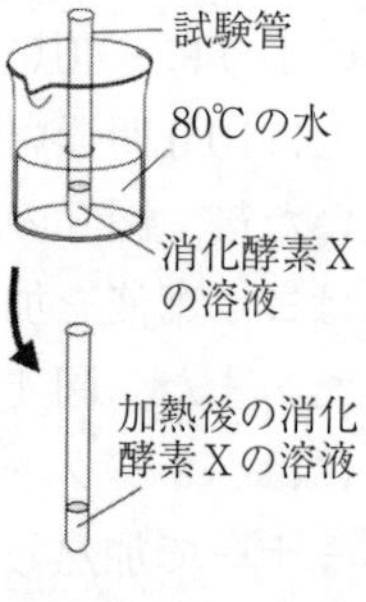

図7

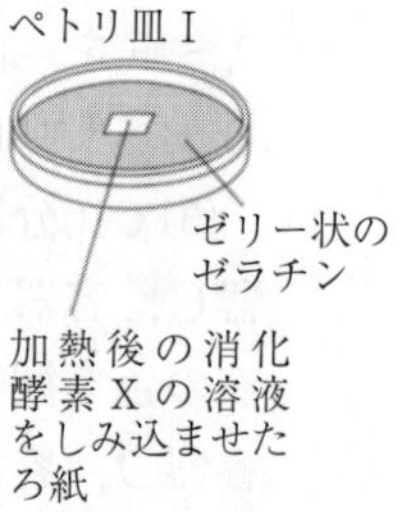

＜**結果3**＞

ろ紙を載せた部分も，ろ紙を載せた部分以外も変化はなかった。

〔問1〕　＜**結果1**＞から分かる，消化酵素の働きについて述べた次の文の［①］～［③］にそれぞれ当てはまるものとして適切なのは，下の**ア**～**エ**のうちではどれか。

> ［①］の比較から，デンプンは［②］の働きにより別の物質になったことが分かる。さらに，［③］の比較から，［②］の働きによりできた別の物質は糖であることが分かる。

［①］　**ア**　容器Aと容器C　　**イ**　容器Aと容器E
　　　ウ　容器Bと容器D　　**エ**　容器Bと容器F

［②］　**ア**　水　　**イ**　ヨウ素液
　　　ウ　唾液　　**エ**　消化酵素X

［③］　**ア**　容器Aと容器C　　**イ**　容器Aと容器E
　　　ウ　容器Bと容器D　　**エ**　容器Bと容器F

〔問2〕　＜**結果1**＞と＜**結果2**＞から分かる，消化酵素Xと同じ働きをするヒトの消化酵素の名称と，＜**結果３**＞から分かる，加熱後の消化酵素Xの働きの様子とを組み合わせたものとして適切なのは，次の表の**ア**～**エ**のうちではどれか。

	消化酵素Xと同じ働きをするヒトの消化酵素の名称	加熱後の消化酵素Xの働きの様子
ア	アミラーゼ	タンパク質を分解する。
イ	アミラーゼ	タンパク質を分解しない。
ウ	ペプシン	タンパク質を分解する。
エ	ペプシン	タンパク質を分解しない。

〔問３〕 ヒトの体内における，デンプンとタンパク質の分解について述べた次の文の［①］～［④］にそれぞれ当てはまるものとして適切なのは，下の**ア**～**エ**のうちではどれか。

> デンプンは，［①］から分泌される消化液に含まれる消化酵素などの働きで，最終的に［②］に分解され，タンパク質は，［③］から分泌される消化液に含まれる消化酵素などの働きで，最終的に［④］に分解される。

［①］ **ア** 唾液腺・胆のう **イ** 唾液腺・すい臓
　　 ウ 胃・胆のう **エ** 胃・すい臓
［②］ **ア** ブドウ糖 **イ** アミノ酸
　　 ウ 脂肪酸 **エ** モノグリセリド
［③］ **ア** 唾液腺・胆のう **イ** 唾液腺・すい臓
　　 ウ 胃・胆のう **エ** 胃・すい臓
［④］ **ア** ブドウ糖 **イ** アミノ酸
　　 ウ 脂肪酸 **エ** モノグリセリド

〔問４〕 ヒトの体内では，食物は消化酵素などの働きにより分解された後，多くの物質は小腸から吸収される。図８は小腸の内壁の様子を模式的に表したもので，約１mmの長さの微小な突起で覆われていることが分かる。分解された物質を吸収する上での小腸の内壁の構造上の利点について，微小な突起の名称に触れて，簡単に書け。

図８
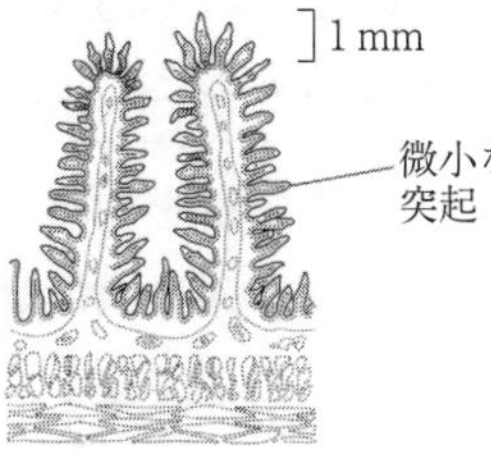

５ 物質の性質を調べて区別する実験について，次の各問に答えよ。

４種類の白色の物質Ａ～Ｄは，塩化ナトリウム，ショ糖(砂糖)，炭酸水素ナトリウム，ミョウバンのいずれかである。

＜**実験１**＞を行ったところ，＜**結果１**＞のようになった。

＜**実験１**＞

(1) 物質Ａ～Ｄをそれぞれ別の燃焼さじに少量載せ，図１のように加熱し，物質の変化の様子を調べた。

図１
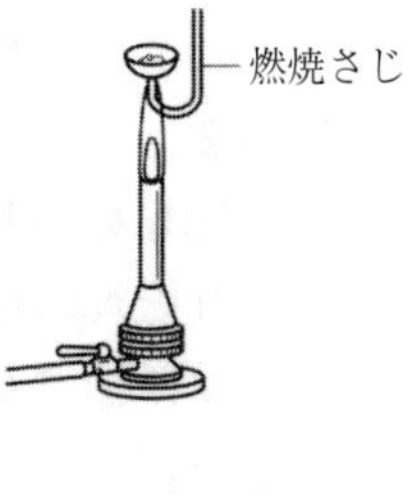

(2) ＜**実験１**＞の(1)では，物質Ｂと物質Ｃは，燃えずに白色の物質が残り，区別がつかなかった。そのため，乾いた試験管を２本用意し，それぞれの試験管に物質Ｂ，物質Ｃを少量入れた。物質Ｂの入った試験管にガラス管がつながっているゴム栓をして，図２のように，試験管の口を少し下げ，スタンドに固定した。

(3)　試験管を加熱し，加熱中の物質の変化を調べた。気体が発生した場合，発生した気体を水上置換法で集めた。
(4)　＜**実験1**＞の(2)の物質Bの入った試験管を物質Cの入った試験管に替え，＜**実験1**＞の(2)，(3)と同様の実験を行った。

図2
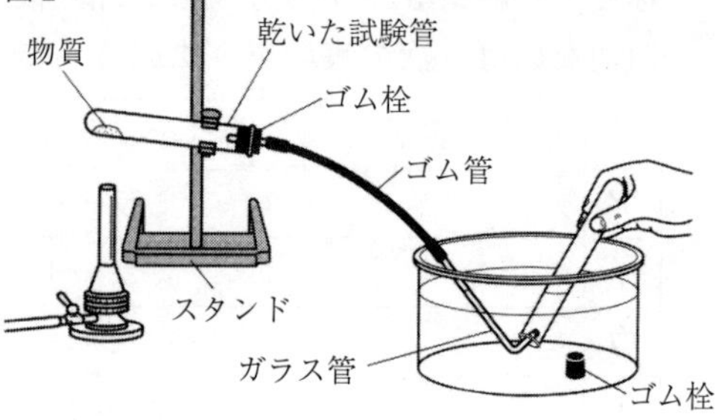

＜**結果1**＞

	物質A	物質B	物質C	物質D
＜**実験1**＞の(1)で加熱した物質の変化	溶けた。	白色の物質が残った。	白色の物質が残った。	焦げて黒色の物質が残った。
＜**実験1**＞の(3)，(4)で加熱中の物質の変化		気体が発生した。	変化しなかった。	

〔問1〕　＜**実験1**＞の(1)で，物質Dのように，加熱すると焦げて黒色に変化する物質について述べたものとして適切なのは，次のうちではどれか。
ア　ろうは無機物であり，炭素原子を含まない物質である。
イ　ろうは有機物であり，炭素原子を含む物質である。
ウ　活性炭は無機物であり，炭素原子を含まない物質である。
エ　活性炭は有機物であり，炭素原子を含む物質である。

〔問2〕　＜**実験1**＞の(3)で，物質Bを加熱したときに発生した気体について述べた次の文の ① に当てはまるものとして適切なのは，下の**ア**～**エ**のうちではどれか。また，② に当てはまるものとして適切なのは，下の**ア**～**エ**のうちではどれか。

> 物質Bを加熱したときに発生した気体には ① という性質があり，発生した気体と同じ気体を発生させるには， ② という方法がある。

①　**ア**　物質を燃やす
　　イ　空気中で火をつけると音をたてて燃える
　　ウ　水に少し溶け，その水溶液は酸性を示す
　　エ　水に少し溶け，その水溶液はアルカリ性を示す
②　**ア**　石灰石に薄い塩酸を加える
　　イ　二酸化マンガンに薄い過酸化水素水を加える
　　ウ　亜鉛に薄い塩酸を加える
　　エ　塩化アンモニウムと水酸化カルシウムを混合して加熱する

次に，＜**実験2**＞を行ったところ，＜**結果2**＞のようになった。

図3
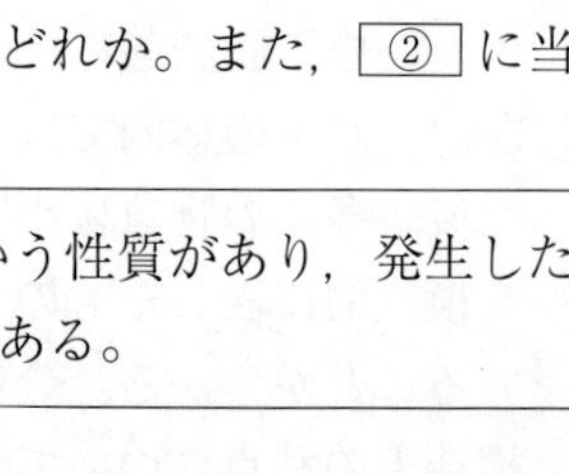

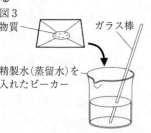

＜**実験2**＞
(1)　20℃の精製水(蒸留水)100gを入れたビーカーを4個用意し，それぞれのビーカーに図3のように物質A～Dを20gずつ入れ，ガラス棒でかき混ぜ，精製水(蒸留水)に溶けるかどうかを観察した。

(2) 図４のように，ステンレス製の電極，電源装置，豆電球，電流計をつないで回路を作り，＜**実験２**＞の(1)のそれぞれのビーカーの中に，精製水（蒸留水）でよく洗った電極を入れ，電流が流れるかどうかを調べた。

(3) 塩化ナトリウム，ショ糖（砂糖），炭酸水素ナトリウム，ミョウバンの水100ｇに対する溶解度を，図書館で調べた。

図４

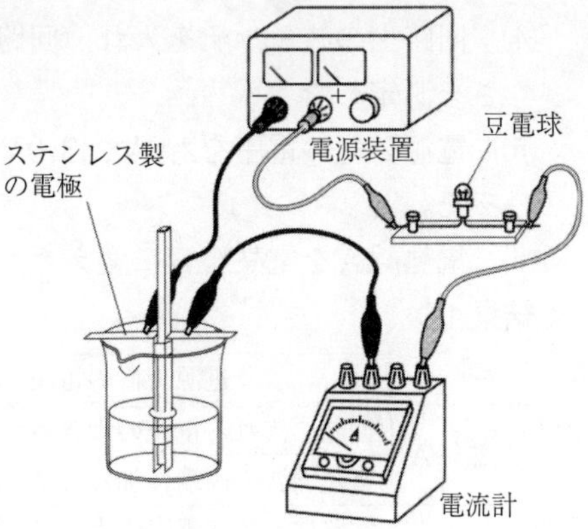

＜**結果２**＞

(1) ＜**実験２**＞の(1)，(2)で調べた結果は，次の表のようになった。

	物質A	物質B	物質C	物質D
20℃の精製水（蒸留水）100ｇに溶けるかどうか	一部が溶けずに残った。	一部が溶けずに残った。	全て溶けた。	全て溶けた。
電流が流れるかどうか	流れた。	流れた。	流れた。	流れなかった。

(2) ＜**実験２**＞の(3)で調べた結果は，次の表のようになった。

水の温度〔℃〕	塩化ナトリウムの質量〔ｇ〕	ショ糖（砂糖）の質量〔ｇ〕	炭酸水素ナトリウムの質量〔ｇ〕	ミョウバンの質量〔ｇ〕
0	35.6	179.2	6.9	5.7
20	35.8	203.9	9.6	11.4
40	36.3	238.1	12.7	23.8
60	37.1	287.3	16.4	57.4

〔問３〕 物質Cを水に溶かしたときの電離の様子を，化学式とイオン式を使って書け。

〔問４〕 ＜**結果２**＞で，物質の一部が溶けずに残った水溶液を40℃まで加熱したとき，一方は全て溶けた。全て溶けた方の水溶液を水溶液Pとするとき，水溶液Pの溶質の名称を書け。また，40℃まで加熱した水溶液P 120ｇを20℃に冷やしたとき，取り出すことができる結晶の質量〔ｇ〕を求めよ。

6 電熱線に流れる電流とエネルギーの移り変わりを調べる実験について，次の各問に答えよ。

＜**実験１**＞を行ったところ，＜**結果１**＞のようになった。

＜**実験１**＞

(1) 電流計，電圧計，電気抵抗の大きさが異なる電熱線Aと電熱線B，スイッチ，導線，電源装置を用意した。

(2) 電熱線Aをスタンドに固定し，図１のように，回路を作った。

図１

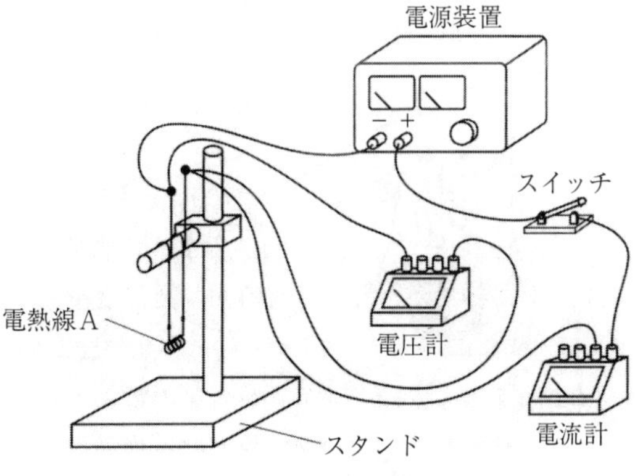

(3) 電源装置の電圧を1.0Vに設定した。

(4) 回路上のスイッチを入れ，回路に流れる電流の大きさ，電熱線の両端に加わる電圧の大きさを測定した。

(5) 電源装置の電圧を2.0V，3.0V，4.0V，5.0Vに変え，＜**実験 1**＞の(4)と同様の実験を行った。

(6) 電熱線Aを電熱線Bに変え，＜**実験 1**＞の(3)，(4)，(5)と同様の実験を行った。

＜**結果 1**＞

	電源装置の電圧〔V〕	1.0	2.0	3.0	4.0	5.0
電熱線A	回路に流れる電流の大きさ〔A〕	0.17	0.33	0.50	0.67	0.83
	電熱線Aの両端に加わる電圧の大きさ〔V〕	1.0	2.0	3.0	4.0	5.0
電熱線B	回路に流れる電流の大きさ〔A〕	0.25	0.50	0.75	1.00	1.25
	電熱線Bの両端に加わる電圧の大きさ〔V〕	1.0	2.0	3.0	4.0	5.0

〔問 1〕 ＜**結果 1**＞から，電熱線Aについて，電熱線Aの両端に加わる電圧の大きさと回路に流れる電流の大きさの関係を，解答用紙の方眼を入れた図に●を用いて記入し，グラフをかけ。また，電熱線Aの両端に加わる電圧の大きさが9.0Vのとき，回路に流れる電流の大きさは何Aか。

次に，＜**実験 2**＞を行ったところ，＜**結果 2**＞のようになった。

＜**実験 2**＞

(1) 電流計，電圧計，＜**実験 1**＞で使用した電熱線Aと電熱線B，200gの水が入った発泡ポリスチレンのコップ，温度計，ガラス棒，ストップウォッチ，スイッチ，導線，電源装置を用意した。

(2) 図2のように，電熱線Aと電熱線Bを直列に接続し，回路を作った。

(3) 電源装置の電圧を5.0Vに設定した。

(4) 回路上のスイッチを入れる前の水の温度を測定し，ストップウォッチのスタートボタンを押すと同時に回路上のスイッチを入れ，回路に流れる電流の大きさ，回路上の点aから点bまでの間に加わる電圧の大きさを測定した。

(5) 1分ごとにガラス棒で水をゆっくりかきまぜ，回路上のスイッチを入れてから5分後の水の温度を測定した。

図2

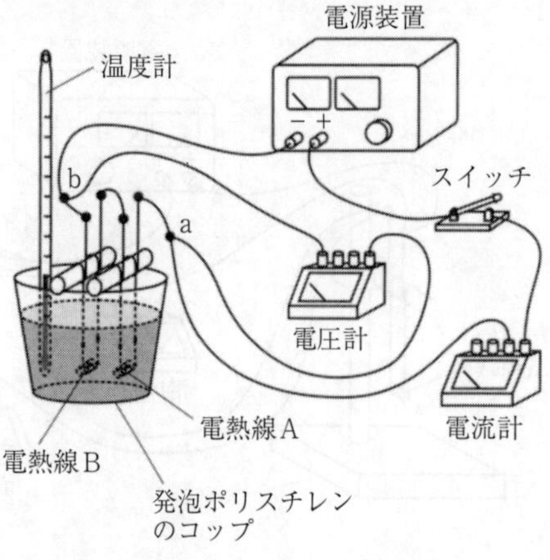

図3

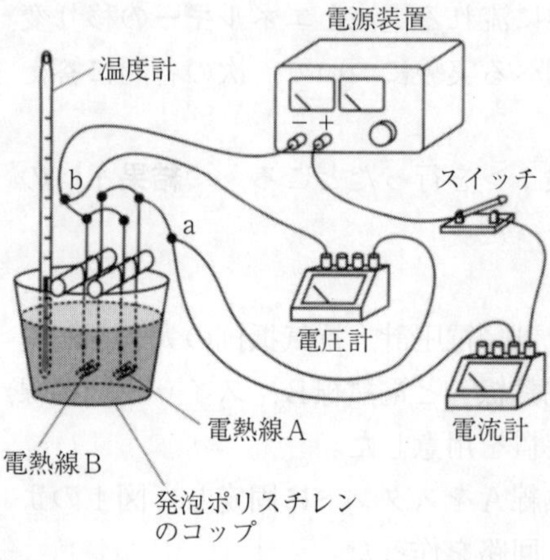

(6)　図3のように，電熱線Aと電熱線Bを並列に接続し，回路を作り，＜**実験2**＞の(3)，(4)，(5)と同様の実験を行った。

＜**結果2**＞

	電熱線Aと電熱線Bを直列に接続したとき	電熱線Aと電熱線Bを並列に接続したとき
電源装置の電圧〔V〕	5.0	5.0
スイッチを入れる前の水の温度〔℃〕	20.0	20.0
回路に流れる電流の大きさ〔A〕	0.5	2.1
回路上の点aから点bまでの間に加わる電圧の大きさ〔V〕	5.0	5.0
回路上のスイッチを入れてから5分後の水の温度〔℃〕	20.9	23.8

〔問2〕　＜**結果1**＞と＜**結果2**＞から，電熱線Aと電熱線Bを直列に接続したときと並列に接続したときの回路において，直列に接続したときの電熱線Bに流れる電流の大きさと並列に接続したときの電熱線Bに流れる電流の大きさを最も簡単な整数の比で表したものとして適切なのは，次のうちではどれか。

ア　1：5　　**イ**　2：5　　**ウ**　5：21　　**エ**　10：21

〔問3〕　＜**結果2**＞から，電熱線Aと電熱線Bを並列に接続し，回路上のスイッチを入れてから5分間電流を流したとき，電熱線Aと電熱線Bの発熱量の和を＜**結果2**＞の電流の値を用いて求めたものとして適切なのは，次のうちではどれか。

ア　12.5 J　　**イ**　52.5 J　　**ウ**　750 J　　**エ**　3150 J

〔問4〕　＜**結果1**＞と＜**結果2**＞から，電熱線の性質とエネルギーの移り変わりの様子について述べたものとして適切なのは，次のうちではどれか。

ア　電熱線には電気抵抗の大きさが大きくなると電流が流れにくくなる性質があり，電気エネルギーを熱エネルギーに変換している。

イ　電熱線には電気抵抗の大きさが大きくなると電流が流れにくくなる性質があり，電気エネルギーを化学エネルギーに変換している。

ウ　電熱線には電気抵抗の大きさが小さくなると電流が流れにくくなる性質があり，熱エネルギーを電気エネルギーに変換している。

エ　電熱線には電気抵抗の大きさが小さくなると電流が流れにくくなる性質があり，熱エネルギーを化学エネルギーに変換している。

〔問3〕 (3)消えるんです。そこなんですよ。そこをね、わたしは一致点の一番大きな根本だと思う。という山本さんの発言が、この対談の中で果たしている役割を説明したものとして最も適切なのは、次のうちではどれか。

ア 井上さんの、茶の文化に関する発言について疑問を抱き、それまでの対談の内容と別の事例を示すことで、具体的な発言を引き出している。

イ 井上さんの、一期一会に関する発言に賛同し、自分のもっている考えと共通する内容について強調することで、話題を焦点化させている。

ウ 井上さんの、連歌・連句に関する発言を不思議に思い、新たな視点として自分の独自の考えを述べることで、対談の内容を深めている。

エ 井上さんの、発句の鑑賞に関する発言に共感し、感覚的な言葉を用いて自分の解釈との違いを示すことで、話題の転換を図っている。

〔問4〕 (4)「東海道の一筋も知らぬ人、風雅に覚束《おぼつか》なし」とあるが、□の現代語訳において「風雅に覚束なし」に相当する部分はどこか。次のうちから最も適切なものを選べ。

ア 転換する場合が多い

イ 本意にするのがよい

ウ 旅したことのない

エ 俳諧の方でも頼りない

〔問5〕 **B**の中の——を付けた**ア**～**エ**のうち、現代仮名遣いで書いた場合と異なる書き表し方を含んでいるものを一つ選び、記号で答えよ。

付句が)旅(の句)で転換する場合が多い。当世では、旅と恋との句は(付け方が)むつかしく、(それだけに)又ひとかどのおもしろさもこの(旅と恋との句の)個所にある。〈旅の様子の句は、たとえ田舎で(連歌を)作るときでも、心を都に置いて、逢坂の関を越えるとか、淀の川舟に乗っている気持ちとか、都へよき言づてを頼む気持ちなどを本意にするのがよい〉とは連歌の教えである』」とある。又、「『東海道の一つさえ旅したことのないような人は、俳諧の方でも頼りない』とも言われた」とある。

(森田　峠「三冊子を読む」による)

〔注〕
三冊子《さんぞうし》――江戸時代の俳人服部《はっとり》土芳《とほう》が著した俳論書。
宗祇《そうぎ》――室町時代の連歌師。
連歌――「俳諧の連歌」のこと。和歌の上の句と下の句を互いに詠《よ》み続けていく歌の形式。
貫道するものは一なり――(芸道を)貫いているものは同一である。
連句――「俳諧の連歌」の別称。
懐紙――連歌を書き留める和紙。
滓《かす》――良い所や必要な部分を取り去ったあとの残りの部分。
西鶴《さいかく》――井原西鶴。江戸時代に活躍した文化人。
神祇《じんぎ》――天の神、地の神のこと。
釈教――仏教の教え。
逢坂《あふさか》――逢坂山。現在の滋賀県にある。
淀《よど》の川舟《かはぶね》――淀川を伏見から大阪へ下る川船。

〔問1〕 (1)ええ、わたくしもね、この四人の選択に芭蕉の一つのある大事な心の傾向が、はっきり表れていると思います。とあるが、「芭蕉」の「心の傾向」を説明したものとして最も適切なのは、次のうちではどれか。

ア　芭蕉は利休が作った茶室や庭に芸術性を見いだしており、茶そのものではなく、利休の残した様々な作品について高い価値を認めている。

イ　芭蕉は利休の残した茶の文化の精神性を尊重しており、西洋人と東洋人の芸術観について比較する上で、利休が適していると思っている。

ウ　芭蕉は自分の目標として利休の名をあげており、他の三人の先達と比較をすることで、利休の芸術性の高さを広く伝えようとしている。

エ　芭蕉は四人の先達の一人に利休をあげており、有形のものだけではなく、主客で茶を飲み合うといった無形のものも芸術として捉えている。

〔問2〕 (2)よほどちゃんとした鑑賞というのが行われないとできない。とあるが、ここでいう「ちゃんとした鑑賞」とはどういうことか。次のうちから最も適切なものを選べ。

ア　連歌・連句への理解があり、句を進めていくために、参加者同士が他者の発句の内容に加えて相手の意図や思いをくみ取っていくこと。

イ　連歌・連句への理解があり、参加していない第三者に対して詳しく説明するために、相手の創作した作品を正確に記憶しておくこと。

ウ　連歌・連句への理解があり、作品の良い点や改善点を明確に伝えるために、発句の特徴について理論的に筋道を立てて批評すること。

エ　連歌・連句への理解があり、後世の人に連歌・連句のすばらしさを残していくために、その場の雰囲気や発句を詳細に記録しておくこと。

茶室における喜びも消えると同じように消えるんでしょうね。
山本 (3)消えるんです。そこなんですよ。そこをね、わたしは一致点の一番大きな根本だと思う。
井上 ああ。そうですか、わたしもね、なんとなく漠然とそんなことを感じたんです。
山本 だからね、芭蕉の連句というもの、あれはその座敷《ざしき》で、ある空間でですね、何人かの主客が一座して、そして連句を巻くという、その純粋な、煮つめられたように密度の高い空間と時間とを持つことが、究極の目標なわけです。それを記録として＊懐紙に書いて、作品が残りますね。だけどそれは、その時の楽しみの＊滓《かす》だというんです。
井上 ほんとうですね。

（中略）

山本 利休はやっぱり和歌なんかを非常によく読んでて、定家《さだいえ》だとか、あるいは新古今の歌ですね、そういったものを非常によく読んでて、それを自分の芸術境地の観念的な目標にしています。
井上 ええ、利休の教養もたいしたものですが、芭蕉のあの持ってる教養というのはすごいですね。中国の文学の教養もすごいです。杜甫《とほ》なども出てきますね。
山本 杜甫はもう一番好きだったんですね。それから日本の古典でしょうけどね。しかし、そういう教養プラス彼の人生教養なんです。つまり、いろんな人間の心をよく知ってたということでしょうね。
井上 そうですね。
山本 農民でも、町人でも、武士でも、お公家《くげ》さんでも……。そういうことから見ると＊西鶴《さいかく》よりもよっぽど広いですよ、人間を知っている幅が。
井上 なるほど。
山本 それは、発句じゃわかんない。連句でわかる。
井上 連句でわかるんですか。
山本 連句でわかるんです。
井上 はあ。
山本 芭蕉の言葉で、(4)「東海道の一筋も知らぬ人、風雅に覚《おぼ》束《つか》なし」というのがあります。これは言わば、芭蕉と一緒に俳諧をやる連中の資格を言った言葉なんですね。資格としてはやっぱり一度でも人の往来のはげしい東海道を旅して、いろんな人たちの人生に触れて、豊富な人生智《じんせいち》を蓄えているということですよね。
井上 そういうことですね。

（井上 靖、山本健吉ほか「歴史・文学・人生」による）

B

旅の事、ある俳書に、「師の曰《いは》く、連歌に旅の句三句**ア**つづき、二句にてする**イ**よし。多く許すは＊神祇《じんぎ》・＊釈教・恋・無常の句、旅にて離るる所多し。今、旅・恋難所にして、また一節この所にあり。旅体の句は、**ウ**たとひ田舎《ゐなか》にてするとも、心を都にして、＊逢坂《あふさか》をこえ、＊淀《よど》の川舟《かはぶね》にのる心持《こころもち》、都の便《たより》求むる心など本意とすべし、とは連歌の教《をしへ》なり」とあり。
また、「東海道の一筋《ひとすぢ》もしらぬ人、風雅におぼつかなし、ともいへり」と**エ**あり。

（「新編 日本古典文学全集」による）

旅の（句の）こと（については）ある俳書に、「芭蕉先生の言われるには、『連歌では旅の句は三句続き（であるが、俳諧では）二句（続き）でするのがよい。多く（続けるのを）許すのは神祇・釈教・恋・無常の句（であって、その種の句は、次の

五　次のAは、松尾芭蕉《まつおばしょう》に関する対談の一部であり、Bは対談中で話題にしている芭蕉の言葉が引用されている「＊三冊子《さんぞうし》」の原文である。［　　］で囲った文章はBの現代語訳である。これらの文章を読んで、あとの各問に答えよ。（＊印の付いている言葉には、本文のあとに〔注〕がある。）

A

山本　利休《りきゅう》と芭蕉という題目は、結局芭蕉が『笈《おい》の小文《こぶみ》』という紀行文の冒頭に書いた有名な文句に、芸術の四人の先達のことを、「西行《さいぎょう》の和歌における、＊宗祇《そうぎ》の＊連歌における、雪舟《せっしゅう》の絵における、利休の茶における＊貫道するものは一なり」と言った真意を尋ねることです。そこに芭蕉が自分の精神的な先達として利休の名をあげているということですね。わたくしは利休と芭蕉とは、やった仕事は非常に違うけれども、しかしその精神は共通しているものがあるように思えるのです。利休と芭蕉とどういうところで一致し、どういうところで違っているか、少し自由な立場で考えてみたらどうだろうかという感じがしたんです。

井上　芭蕉はその自分の尊敬する先輩芸術家の選び方というのは的確ですね。

山本　(1)ええ、わたくしもね、この四人の選択に芭蕉の一つのある大事な心の傾向が、はっきり表れていると思います。それは一体どういうことだろうと、いろいろ考えたんですけどね。そしてまたこの四人をあげたことで、日本人の芸術観、あるいは東洋人の芸術観といってもいいのかもしれないけど、とにかく日本人の芸術観と、ヨーロッパ人の芸術観はかなり違った面があるということを物語っているんじゃないかと思うんですよ。というのは、利休がどうして芸術家なのか。作品はなにも残していないじゃないか。ああいう、お茶なんていうものはちっとも形の残らないものですね。ああいったものを芸術と認める伝統が日本にあるわけですね。

井上　そうですね。

山本　やっぱりね、芸術ははっきり形として残す、記念碑的なものを残す、造形するということなんですね。ところがお茶は、何を残したか。もちろん利休はなんかを残してる。利休が作った茶室だとか、庭だとか、あるいは花筒を作ったり、茶さじを削ったりしたということはあるわけだけれども。そういうことは末の末なんで、ほんとの目標は、やっぱり茶室で茶を主客飲み合うという無形のことでしょうからね。これは一つも形は残らない。

井上　あれなんかある鑑賞の仕方といったようなもの、そういうものに非常に仕事の上で共感するものがあるんでしょうかね。

山本　ウン、芭蕉と。

井上　芭蕉と利休のあいだに。ぼくはあの連歌や＊連句というものがなかなか鑑賞できないんですがね。

山本　むずかしいですね、あれは。

井上　ただあれがすばらしいものだろうなということはわかりますね。確かにあれはあの場に自分も一員として参画し、自分もほかの人の発句を鑑賞して、それらを理解して、そしてそれをさらに進めていくような形で自分のものを出していくわけですね。(2)よほどちゃんとした鑑賞というのが行われないとできない。

山本　そうですね。

井上　ですから、わたしならわたしが第三者として、あとになってあれを読むと、なかなか理解できないですね。だけど、その喜びはお茶、茶室におけるいわゆる一期一会《いちごいちえ》ですけど、

いる。

イ　前段で述べた内容を受けて、生命の本質に関わる自説の根拠となる事例を並べて紹介することで、論の妥当性を主張している。

ウ　前段で述べた内容を受けて、エントロピー増大の法則について順序よく整理しながら説明することで、問題の所在を明らかにしている。

エ　前段で述べた内容を受けて、筆者の主張である生命の維持につながる新たな視点を提示することで、論の展開を図っている。

〔問3〕　(2)動的平衡を基本原理として、(大きく)変わらないために(つねに小さく)変わり続けてきたからだ。とあるが、「(大きく)変わらないために(つねに小さく)変わり続けてきた」とはどういうことか。次のうちから最も適切なものを選べ。

ア　生命が、自然の摂理に打ち負かされないために、強固な防御体制を少しずつ構築していくことで、自らを危機から守ってきたということ。

イ　生命が、宇宙の大原則に支配されないために、少しずつ分解と更新を行い、自らの内部にエントロピーを蓄積させ続けてきたということ。

ウ　生命が、致命的な秩序の崩壊を招かないために、自らを柔軟にして分解や更新を少しずつ行い続けて、釣り合いをとってきたということ。

エ　生命が、自らの大規模な崩壊を防ぐために、個体の構成要素を不変にすることで、危機を乗り越える強さを徐々に備えてきたということ。

〔問4〕　(3)そして個々のピースは、いずれも必ずしも鳥瞰的《ちょうかんてき》に全体像を知っている必要はない。とあるが、筆者がこのように述べたのはなぜか。次のうちから最も適切なものを選べ。

ア　生命体を構成する個々のピースは、周囲のピースと連携して絶えず作り直されながら、全体として相補的に平衡を保っているため、個々のピースがその生命体全体を把握している必要はないと考えているから。

イ　生命体を構成する個々のピースは、近傍と補完的な関係性をもちながら、脳からの指示・命令を直接受けて動いているため、個々のピースがその指示系統全体を把握している必要はないと考えているから。

ウ　生命体を構成する個々のピースは、ジグソーパズルのピースのように固有の形によって位置が決められ、平衡を保っているため、個々のピースが自分の立場を把握している必要はないと考えているから。

エ　生命体を構成する個々のピースは、それぞれに割り当てられ固定された役割を果たすことで、全体の機能を維持しているため、個々のピースがその役割の意味を把握している必要はないと考えているから。

〔問5〕　国語の授業でこの文章を読んだ後、「理想の組織」というテーマで自分の意見を発表することになった。このときにあなたが話す言葉を具体的な体験や見聞も含めて二百字以内で書け。なお、書き出しや改行の際の空欄、、や。や「などもそれぞれ字数に数えよ。

すぐに対処できる。構成要素はどれも基本的には多機能性であり、異なる役割を果たしうる。（第九段）

さらに大切なことは、生命の動的平衡は自律分散型である、ということだ。個々の細胞やタンパク質は、ちょうどジグソーパズルのピースのようなもので、前後左右のピースと連携を取りながら絶えず更新されている。ピース近傍の補完的な関係性（相補性）さえ保たれていれば、ピース自体が交換されても、ジグソーパズルは全体としてゆるく連携しあっており、絵柄は変わらない。（第十段）

新しく参加したピースは、郷に入っては郷に従うの言のとおり、周囲の関係性の中で自分の位置と役割を定める。既存のピースは、寛容をもって新入りのピースのために場所を空けてやる。こうして絶えずピース自体は更新されつつ、組織もその都度、微調整され、新たな平衡を求めて、刷新されていく。（第十一段）

(3)そして個々のピースは、いずれも必ずしも鳥瞰的《ちょうかんてき》に全体像を知っている必要はない。ローカルで、自律分散型で、しかも役割が可変的であること。これが生命体の強みである。生命は自律分散的な細胞の集合体であり、各細胞はただローカルな動的平衡を保っているだけだ。脳は生命にとって実は「中枢」ではない。むしろ知覚・感覚情報を集約し、必要な部局に中継するサーバー的なサービス業務をしているにすぎない。情報に対してどのように動くかはローカルな個々の細胞や臓器の自律性に委ねられる。（第十二段）

かつてサッカーの監督と対談したときのこと。読書家の監督は、私の動的平衡論を読んで、高く評価してくださった。そして、これは組織論としても応用可能だ、各選手が、自律分散的に可変性・相補性をもって状況に対応できれば最強のサッカーが実現される、という主旨のことをおっしゃってくださった。（第十三段）

この議論をさらに進めれば、自律分散的な動的平衡のサッカーにおいて、少なくとも試合のまっただ中においては、いちいち指示を出す必要のないゲームが実現するだろう。おそらく理想の組織とはそういうものではないだろうか。（第十四段）

（福岡伸一「動的平衡3」による）

〔注〕フェルメール——十七世紀のオランダの画家。
凌駕《りょうが》——他をしのいで、その上に出ること。
アルゴリズム——問題を解決するための手法・手順。

〔問1〕(1)つまり、ありていに言えば、商行為とは、使ったエネルギーよりも作り出した秩序により大きな価値を創造すること、そしてその秩序が再び無秩序に還《かえ》るまえに、その状態を転移することである。とあるが、「使ったエネルギーよりも作り出した秩序により大きな価値を創造すること」とはどういうことか。次のうちから最も適切なものを選べ。

ア 乱雑化に抗うために使う労力よりも、普遍的な原理を創造することによって、強力にエントロピー増大の法則を克服するということ。

イ 乱雑さの中から秩序を創出するために消費したエネルギーよりも、創出させた秩序によって、大きな利益を生み出すということ。

ウ 宇宙の大原則に挑む労力よりも、混ぜることで高まった価値が導く秩序によって、小さな労力で乱雑化を回避できるということ。

エ エントロピー増大を止めるために使う時間よりも、ビジネスモデルの考案によって、効率的な秩序の創造ができるということ。

〔問2〕この文章の構成における第三段の役割を説明したものとして最も適切なのは、次のうちではどれか。

ア 前段で述べた内容を受けて、乱雑化という課題に対する具体的な解決方法を示すことで、筆者の論旨を理解しやすくして秩序に還《かえ》るまえに、その状態を転移することである。たとえば、川底の土砂の中から、砂金を取り出してくること。精製は乱雑さの中から秩序を生み出す作業、つまりエントロピーを下げる行為である。だからそこに価値が生まれる。逆に、土砂の中に砂金を混ぜること。足し算なので価値が加算されるように見えて、一瞬にして価値は無に帰す。エントロピーが増大するからだ。いったん混ぜたものを再びセパレートするには膨大な労力を要する。しかも混ぜることは常に危険を孕《はら》む。混ぜることで、乱雑さがより拡散することになり、大きなリスクを生み出しうる。（第二段）

絶え間なく増大するエントロピーと必死に闘っているのは何も商社パーソンだけではない。もっとも果敢にエントロピー増大の法則と対峙《たいじ》しているのは何あろう、もっとも高度な秩序を維持している私たち生命体である。如何《いか》にして。（第三段）

私は生命のこの営為を「動的平衡」と名づけた。（第四段）

生命にとって、エントロピーの増大は、老廃物の蓄積、加齢による酸化、タンパク質の変性、遺伝子の変異……といった形で絶え間なく降り注いでくる。油断するとすぐにエントロピー増大の法則に＊凌駕《りょうが》され、秩序は崩壊する。それは生命の死を意味する。これと闘うため、生命は端から頑丈に作ること、すなわち丈夫な壁や鎧《よろい》で自らを守るという選択をあきらめた。そうではなく、むしろ自分をやわかく、ゆるゆる・やわやわに作った。その上で、自らを常に、壊し分解しつつ、作りなおし、更新し、次々とバトンタッチするという方法をとった。この絶え間のない分解と更新と交換の流れこそが生きているということの本質であり、これこそが系の内部にたまるエントロピーを絶えず外部に捨て続ける唯一の方法だった。動きつつ、釣り合いをとる。これが動的平衡の意味である。（第五段）

生命の秩序は、過去三八億年、エントロピー増大という宇宙の大法則と対峙しながら、今日まで連綿と引き継がれてきた。これはエントロピー増大の法則を打ち破ったという意味ではない。打ち負かされそうになりながらも、絶えずずらし、避け、やり過ごしながら、ここまで来た、ということである。つまり生命は大勝することはなかったものの、大敗もしなかった。(2)動的平衡を基本原理として、（大きく）変わらないために（つねに小さく）変わり続けてきたからだ。（第六段）

動的平衡の原理を、人間の営み、人間の組織に当てはめて考えることができるだろうか。生命は、細胞、タンパク質、ＤＮＡなどの構築物を作り出しているが、その作り方は基本的には一通りである。これに対して、細胞の解体、タンパク質の分解、遺伝子情報の消去や抑制の方法は、千差万別、何通りもあり、いついかなるときでも分解が滞らないように、何重にもバックアップが用意されている。つまり生命は、作ることよりも、壊すことのほうをより一生懸命にやっている。これは第一義的にはエントロピー増大を防ぐためだが、もう一つ重要な意味を持つ。それは、つねに動的な状態を維持することによって、いつでも更新でき、可変であり、不足があれば補い、損傷があれば修復できる体制をとっているということだ。だからこそ生命は、環境に柔軟で適応的であり、進化が可能になる。そして動的平衡において重要なのは構成要素そのものよりも、その関係性にある、という点だ。（第七段）

自動車は走りながら故障を直すことなどできない。それは構成要素の機能分担が一義的に決まっていて、しかもその役割が機械論的な＊アルゴリズムの中に一義的に固定されているからだ。どれか一つが壊れれば交換するしかない。（第八段）

しかし生命の構成要素（細胞、タンパク質、遺伝子など）は、絶えず更新され、動的であるがゆえに、その関係性は可変的で柔軟だ。もし何かが欠落したり、不足したとしても、増減を調整したり、ピンチヒッターになりかわったり、バイパスを作ったりして、問題にげたことに改めて誇りをもつとともに、その結果に対して感動する気持ち。

〔問4〕(4)サキだけは、計画通りに事が進んだというように笑っていた。とあるが、この表現から読み取れる「サキ」の様子として最も適切なのは、次のうちではどれか。

ア 最優秀賞の受賞によって、仲間からの信頼を回復することができるだろうと考え、コンクールへの応募は大成功だったと思っている様子。

イ 受賞した賞は単なる通過点であり、自分の将来の希望を実現するために、仲間と別れて映画の撮影をすることができると喜んでいる様子。

ウ 今回の賞を目標に据えて部の活動を続け、応募した作品に対して自信をもっていたことから、大きな賞を受賞した状況に満足している様子。

エ 以前から賞には興味がなく、思い出として映像に残したいと思っていた仲間の姿を撮ることができ、思い残すことはないと感じている様子。

〔問5〕(5)私たちはこれから先も映画を撮り続ける。とあるが、このときの「私」の気持ちに最も近いのは、次のうちではどれか。

ア 勉強に集中できない自分の将来を案じて、『リーラ・ノエル』の活動に時間を費やしてきた生活を後悔していたが、賞の受賞によって、同じ思いをもつサキとだけは一緒に映画を撮影したいと思う気持ち。

イ 自分たちの未来について抱いていた不安が、賞の受賞による喜びを通して自信に変わり、『リーラ・ノエル』として四人で映画の撮影をし続ける未来を思い描いて、共に活動していこうと思う気持ち。

ウ 賞の受賞によって周囲から喝采を浴びたことで、四人それぞれが自分の撮りたい映画を個々に撮るようになっても、『リーラ・ノエル』という思い出の場所があれば、生きていくことができると思う気持ち。

エ 目標としていた賞を受賞したことで、高校卒業後に進む予定だった進路を変更し、三年間続けてきた映画部の活動を心の支えとして、四人で新たに設立した『リーラ・ノエル』で仕事をしていこうと思う気持ち。

四

次の文章を読んで、あとの各問に答えよ。(*印の付いている言葉には、本文のあとに〔注〕がある。)

宇宙の大原則に「エントロピー増大の法則」がある。エントロピーとは乱雑さのことであり、この世界のすべてのものごとは、時間の経過とともにエントロピーが増大する方向に進む。壮麗豪華な白亜の神殿も年月とともに風化・崩壊し、*フェルメールの傑作でさえも退色し、機器も損耗する。整理整頓してあった机もあっという間にファイルや書類の山と化す。つまりこの世界では、あらゆる秩序はあまねく崩れ、乱雑になっていく方向にしか進まない。(第一段)

価値を生み出すこと。商品を作り出すこと。ビジネスモデルを考案すること。利益を生み出すことは、結局のところ「エントロピー増大の法則」に抗《あらが》って、乱雑さの中から秩序を創出することに他ならない。宇宙の大原則に逆らって行う行為である以上——つまり坂を転がり落ちる岩を止めるようなものである以上——エネルギーがいる。そして、最終的には決して宇宙の大原則には勝つことができないゆえに、止めた岩はまもなく転がり落ちてしまう。(1)つまり、ありていに言えば、商行為とは、使ったエネルギーよりも作り出した秩序により大きな価値を創造すること、そしてその秩序が再び無この日から、私たちの世界はめまぐるしく動いた。雑誌や新聞が取材に来て、全校生徒の前で表彰され、ニュース番組にも取り上げられた。授賞式当日は有名な映画監督に絶賛され、東京の大きな映画館で三日間上映された。その日々は、私たちに、これから先、映画で食べていくという自信を与えてくれた。

「卒業しても、これからもずっと、映画を撮ろうね。」

泣きながら、サキのさっきの言葉を思い出して、口にする。

進路が違っても、住む街が変わっても、『リーラ・ノエル』という居場所がある限り、私たちは一緒だ。(5)私たちはこれから先も映画を撮り続ける。

それは、恋愛映画の中で描かれる運命の出会いの瞬間のような、未来への確かな予感だった。

（瀬那和章「わたしたち、何者にもなれなかった」による）

〔注〕コンテ——映画の撮影台本。

〔問1〕(1)私はその隣で、チクチクと一定リズムで回るファンの音に苛立《いらだ》ちながら、世界史の参考書にマーカーを引いていた。とあるが、この表現について述べたものとして最も適切なのは、次のうちではどれか。

ア 受験に向けた勉強が進まず神経質になっている「私」の様子を、多角的に分析して捉え、音と色彩を描き分けて対照的に表現している。

イ 勉強がはかどらないことで、自分自身に腹を立てている「私」の様子を、時間の経過とともに順序立てて分かりやすく表現している。

ウ 勉強に集中することができずにあせりを感じている「私」の様子を、擬音語を用いて心情と重ねることで、印象的に表現している。

エ 参考書を前にして平静を保つことができない「私」の様子を、味気ない部室の雰囲気とともに描くことで、誇張して表現している。

〔問2〕(2)「そんなの、夢物語だよ。」とあるが、私がサキにこのように言ったわけとして最も適切なのは、次のうちではどれか。

ア いずれ社会人となれば、四人で映画の撮影を続けるのは難しいと思っていることを、将来に対して楽観的なサキに伝えたかったから。

イ 映画を撮り続けるためには、撮影の体制を充実させる必要があるということを、カメラを回すことに必死なサキに言いたかったから。

ウ 四人がそれぞれの道に進むことを決めた今、現状維持のままでよいのかと抱いた疑問を、思い切ってサキに投げかけようと思ったから。

エ 日常の様子をカメラに収めるサキの姿から、高校生による映画制作の限界を感じ取り、映画部の解散をサキに提案しようと考えたから。

〔問3〕(3)涙がこぼれた。止まらなくなった。とあるが、このときの私の気持ちに最も近いのは、次のうちではどれか。

ア 四人の仲間の関係について心配していたが、賞の受賞により状況が劇的に転換し、親密な友人関係を結ぶことができると喜ぶ気持ち。

イ 大丈夫というサキの言葉により、今後撮影する映画は高い評価を得ると確信し、監督として将来やっていく手応えを感じている気持ち。

ウ 弥生と佐和子が受賞を喜びながらも、連絡をもらった際のサキの行動を責めていることから、四人の関係が崩れそうで悲しく思う気持ち。

エ サキの言葉が現実のものとして心に響き、自分たちが成し遂

「大学生になったって、これから先も、みんなで一緒に映画を撮ろう。高校を卒業したら映画部じゃなくなるけど、私たちはいつまでも『リーラ・ノエル』だ。」

「いつまでもってわけにはいかないでしょ。いずれ、私たちは大人になる。」

「大人になったら、なんで映画を撮れないの？」

「いつまでも親の脛《すね》をかじってらんないでしょ。自分でお金を稼いで、食べていかなきゃいけない。」

「映画で食べていけばいい。四人で映画を撮り続けたら、いずれそうなれる。『リーラ・ノエル』というスタジオを作って、スタッフも増やして、どんどん新しい映像を生み出していく。素敵でしょ。」

たしかに、素敵だと思った。でも、私は、そこまで楽観的にはなれない。まだアルバイトさえしたことのない高校生だって、サキがカラオケの次の曲を選ぶような気軽さで口にした未来が、どれほど難しいことかくらいはわかる。

(2)「そんなの、夢物語だよ。」

「夢物語って言葉、好きだよ。夢のない物語なんてくだらない。」

廊下から、駆けてくるように足音が近づいてきた。

ドアが開き、弥生と佐和子が入ってくる。弥生が騒々しいのはいつものことだけど、佐和子まで息を切らせて走ってくるなんて珍しい。

「どうしたの、二人とも。」

「さっき、佐和子の携帯に電話かかってきた。なんか、サキに、繋《つな》がらなかったからって。ほら、佐和子の携帯番号も登録してたろ。だから。」

「落ち着いて、電話ってなによ。」

「『スピカフィルムフェスティバル』の、短編部門の最優秀賞、私たちだって。」

一瞬、その言葉の意味が理解できなかった。

プロを目指している映画監督や芸術大学の学生たちが参加する、日本有数の自主制作映画のコンクール。それに、高校生の私たちの『追憶の中の君へ』が選ばれた。

サキは一年生のころから目標として口にしていたけど、私は無理だと決めつけていた。これまで受賞してきた、高校生を対象とした映画コンクールとはレベルが違いすぎる。

サキの方を振り向く。驚いた顔一つせずに、カメラを回していた。おそらく、弥生たちが部室に入ってきたところから撮っていたのだろう。

「お前、もしかして知ってたのかよ。わざと、電話にでなかったのかよ。」

弥生が詰め寄ると、サキはカメラを回しながら答える。

「東京の番号からかかってきたから、そうじゃないかなって思った。それなら、佐和子に出てもらおうと思った。この絵が、撮りたかったから。」

完璧な演技は、日常を撮ること。それはわかるけど、友達を騙《だま》してまでやるなよ。弥生がいつものように騒ぐ。佐和子は、部室の入《いり》口《ぐち》で、かみしめるように立ち尽くしている。私は。

「ね、大丈夫でしょ。私たちなら、必ずなれるよ。」

耳元で、サキが囁《ささや》いた。

それを聞いた瞬間、やっと、実感がわいた。私たちは、すごい。私たちは、無敵だ。

(3)涙がこぼれた。止まらなくなった。

私が泣いているのに気づいて、弥生が静かになる。彼女の目にも涙が滲《にじ》んでいた。佐和子も、泣いていた。みんな、やっと、私たちに起きたことがわかったのだろう。(4)サキだけは、計画通りに事が進んだというように笑っていた。

国語

●満点100点　●時間50分

一　次の各文の――を付けた漢字の読みがなを書け。

(1) 展望台から大海原を眺める。

(2) 学校の図書館で借りた本を返却する。

(3) 柔道の大会に出場するために鍛錬を重ねる。

(4) 小学校の恩師に心を込めて丁寧に礼状を書く。

(5) 鑑賞教室終了後、オーケストラの美しい演奏の余韻に浸る。

二　次の各文の――を付けたかたかなの部分に当たる漢字を楷書で書け。

(1) 矢を放って的の中心をイる。

(2) 豊かな自然に囲まれてクらす。

(3) 湖に白鳥のムれが舞い降りる。

(4) 新鮮な魚を漁港から市場までユソウする。

(5) 人物画のハイケイに描かれた空の青さに心を奪われる。

三　次の文章を読んで、あとの各問に答えよ。（＊印の付いている言葉には、本文のあとに〔注〕がある。）

　高校三年生の「私」は、同級生であるサキ、佐和子《さわこ》、弥生《やよい》の三人と映画部に所属している。「私」たちは四人で映画を作り、『リーラ・ノエル』というチーム名でコンクールに応募していた。四人は十二月になっても、放課後欠かさず部室に集まっていた。

　その日、部室にいたのは私とサキの二人だけだった。サキは部室の隅でノートパソコンを操作していた。今の時代からは信じられないくらい分厚くて重いノートパソコンは、独特なメトロノームのようなファンの音からメトロ君と名付けられていて、学校にいるときサキはそれで映画の編集をしていた。

　(1)私はその隣で、チクチクと一定リズムで回るファンの音に苛立《いらだ》ちながら、世界史の参考書にマーカーを引いていた。

「ねぇ、完璧な演技ってなんだと思う？」

　突然、サキが聞いてきた。

　振り向くと、いつの間にか窓際《まどぎわ》に移動していた。編集作業をしていたパソコンは閉じられ、代わりにカメラが握られている。

「ほんとに撮ってるの、それ？」

「完璧な演技。その答えの一つはね、日常を撮ることだと思ってる。」

　サキは、停止ボタンを押してカメラを下ろす。本当に撮っていたらしい。

「＊コンテの四ページ。」

　そう言われて、はっとする。次の作品の中に、受験勉強で悩むシーンがあった。自分がどんな顔をしていたかなんて覚えていない。でも、サキの様子を見る限り、きっといい画《え》が撮れたのだろう。

「ねぇ、私たち、いつまでこんな風に、映画撮れるかな。」

「いつまでって、どういう意味？」

「私はさ、サキと同じ東洋芸大を受けるけど、佐和子は音大、弥生は就職するって言ってる。いつまで、こうしていられるのかな？」

「いつまでも、やりたいと思える限りやればいい。」

　サキはもう一度、カメラを私に向ける。だけど、今度は録画ボタンを押さなかった。ファインダーごしに私を見ながら、当たり前のことのように続ける。

Memo

Memo

2019年度 東京都立高校 入試問題

英語

●満点 100点 ●時間 50分

1 リスニングテスト（**放送**による**指示**に従って答えなさい。）

〔**問題A**〕 次の**ア**～**エ**の中から適するものをそれぞれ**一つずつ**選びなさい。

＜対話文1＞

ア He is going to read an e-mail from Emily's grandfather.

イ He is going to write an e-mail to Emily's grandfather.

ウ He is going to take a picture for Emily's e-mail.

エ He is going to send a picture to Emily by e-mail.

＜対話文2＞

ア A green notebook, a red notebook, and an eraser.

イ Two green notebooks and an eraser.

ウ Two red notebooks and an eraser.

エ Only two red notebooks.

＜対話文3＞

ア John. **イ** Bob. **ウ** Mike. **エ** John's father.

〔**問題B**〕 ＜Question 1＞では，下の**ア**～**エ**の中から適するものを**一つ**選びなさい。＜Question 2＞では，質問に対する答えを英語で書きなさい。

＜Question 1＞

ア For three hours. **イ** For four hours.

ウ For five hours. **エ** For eleven hours.

＜Question 2＞

（15秒程度，答えを書く時間があります。）

※＜**英語学力検査リスニングテスト台本**＞は英語の問題の終わりに付けてあります。

2 次の各問に答えよ。（＊印の付いている単語・語句には，本文のあとに〔**注**〕がある。）

1 高校生のMakiとカナダからの留学生のJudyは，春休み中のある土曜日の予定について話をしている。(A) 及び (B) の中に，それぞれ入る単語の組み合わせとして正しいものは，下の**ア**～**エ**のうちではどれか。ただし，下の**Ⅰ**は，二人が見ているイチョウ公園までの案内図である。

Maki: Judy, let's go to the Dream Festival this Saturday.

Judy: Sure.

Maki: Look at this. We'll go to Icho Park to enjoy the Dream Festival. We'll take the train at Minami Station. Let's meet there at nine thirty. The train that stops at Ayame

I

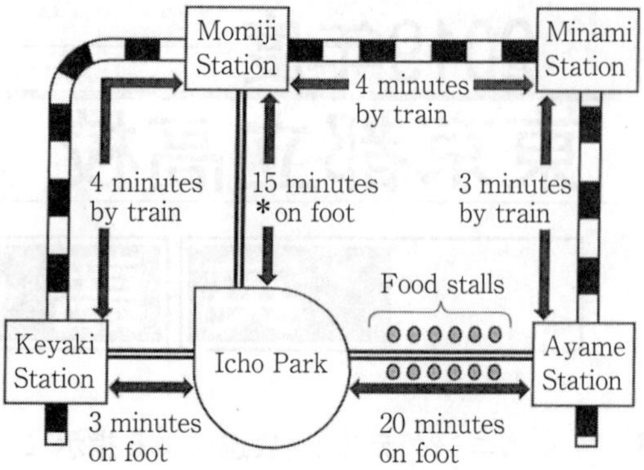

Station will leave at nine forty, and the train that stops at Momiji Station and Keyaki Station will also leave at nine forty.

Judy : OK. How can we get to Icho Park from Minami Station ?

Maki : We can get there from three stations, Ayame Station, Momiji Station, or Keyaki Station. On the way to Icho Park from [(A)] Station, there are a lot of food *stalls. We can enjoy eating snacks.

Judy : Sounds interesting. But I want to choose the fastest way to get there.

Maki : I see. Let's go to the park from [(B)] Station. It is the fastest way from Minami Station.

Judy : OK. I can't wait !

〔**注**〕 stall 屋台　　on foot 徒歩で

ア (A) Momiji (B) Ayame　　**イ** (A) Momiji (B) Keyaki

ウ (A) Ayame (B) Keyaki　　**エ** (A) Ayame (B) Momiji

2 Maki と Judy は，ドリームフェスティバルの会場で，昼食後にフェスティバルのパンフレットを見ながら午後の予定について話をしている。[(A)] 及び [(B)] の中に，それぞれ入る単語の組み合わせとして正しいものは，下の**ア**～**エ**のうちではどれか。ただし，下の**Ⅱ**は，二人が見ているパンフレットの一部である。

Ⅱ

Schedule	Hall A	Hall B
13:00～13:30	Let's enjoy ! The *Nihon-buyo* performance	Let's enjoy ! The *Wadaiko* performance
13:45～14:35	Workshop *Nihon-buyo*	Workshop *Wadaiko*
14:50～15:15	Try new things ! *Kamikiri*	Try new things ! *Kyokugei*
15:30～15:55	Try new things ! *Sado*	Try new things ! *Kado*
16:10～16:35	Try new things ! *Koto*	Try new things ! *Shamisen*
17:00～18:00	The Dream Concert	

Maki : I really enjoyed the festival this morning.

Judy : Me, too.

Maki : We will go to the Dream Concert at five.

Judy : It's almost twelve fifty-five now. Look at the *schedule. The *Nihon-buyo* performance and the *Wadaiko* performance are going to start at one.

Maki : We need to walk for three minutes to get to Hall A from here.

Judy : How about Hall B ?

Maki : To get to Hall B takes ten minutes.

Judy : OK. Then we will go to the [(A)] performance. We can see the performance from the beginning.

Maki : After that, we can wear *yukata* in the *workshop.

Judy : I'd like to try that ! After that, I want to go to "Try new things !" I'm interested in traditional Japanese arts.

Maki : How about trying *Kamikiri* or *Kado* ?

Judy : I'm interested in both of them, and I want to try *Shamisen*, too.

Maki : The first ones will start at two fifty. Do you want to *take a rest after the workshop ?

Judy : No. Let's try [(B)] first. We will be able to enjoy all of the three.

〔注〕 schedule 予定　workshop 講習会　take a rest 休憩する

ア (A) *Nihon-buyo* (B) *Kado*　　イ (A) *Nihon-buyo* (B) *Kamikiri*

ウ (A) *Wadaiko* (B) *Kamikiri*　　エ (A) *Wadaiko* (B) *Kado*

3 次の文章は，カナダに帰国したJudyがMakiに送ったＥメールの内容である。

Dear Maki,

Thank you for your help during my stay in Japan. Do you remember that you took me to the Dream Festival ? I enjoyed it very much.

I enjoyed learning about Japanese culture at the festival. I played the *shamisen* for the first time at the event "Try new things !" The sound of the *shamisen* was very new to me. It was a wonderful experience. I learned that it is very important for me to try new things. The *shamisen* was one new thing. In Canada, I have started to practice the *shamisen*. I practice it every day.

The other day, I went to a concert with my sister, Amy. It was exciting ! Japanese *musical instruments, such as the *shakuhachi*, *shamisen*, and *wadaiko*, were played together with *western musical instruments, such as drums and guitars. I was very surprised. When they were played together, music became more beautiful and *powerful ! At the end of the concert, I was very happy to have a chance to play the *shamisen* with a special band on the stage ! That was a lot of fun.

I found a new thing I wanted to do. I'm very glad about that. Have you started doing any new things ? If you have, tell me about them. I'm looking forward to hearing from you.

Yours,
Judy

〔注〕 musical instrument 楽器　western 西洋の　powerful 力強い

(1) このＥメールの内容と合っているのは，次のうちではどれか。

ア At the concert, Judy was surprised that many kinds of Japanese musical instruments were played before western ones were played.

イ Before coming to Japan, Judy played the *shamisen* many times in many concerts with members of a special band in Canada.

ウ After coming back to Canada, Judy went to the concert with her sister and enjoyed playing western musical instruments.

エ At the end of the concert, having a chance to play the *shamisen* with a special band on the stage made Judy very happy.

(2) Maki は Judy に返事の E メールを送ることにしました。あなたが Maki だとしたら，Judy にどのような返事の E メールを送りますか。次の **＜条件＞** に合うように，下の ☐ の中に，**三つ**の英語の文を書きなさい。

＜条件＞

- ○ 前後の文につながるように書き，全体としてまとまりのある返事の E メールとすること。
- ○ Judy に伝えたい内容を**一つ**取り上げ，それを取り上げた理由などを含めること。

Hello, Judy,

Thank you for your e-mail. I enjoyed reading it. I'm very surprised to hear that you started to practice the *shamisen* in Canada. I'm sure that you are practicing it very hard.

I will answer your question. There is one thing that I have started to do. I will tell you about it.

I want to tell you more about this when we meet again.

I'm looking forward to seeing you again !

Your friend,
Maki

3　次の対話の文章を読んで，あとの各問に答えよ。（*印の付いている単語・語句には，本文のあとに〔注〕がある。）

Shohei, Nana, and Arisa are high school students in Tokyo. David is a high school student from the United States. They are talking in their classroom after school.

Shohei : Look at this picture! I want this bike.

Nana : I think getting something new is exciting, but you should think *carefully before you buy it.

David : What do you mean?

Nana : Last Sunday, I went to a clothes shop with my sister. I found a cute T-shirt and wanted to buy it. But my sister said, "You already have enough T-shirts. You don't need any more." After that, I didn't buy it.

Shohei : I see.

Nana : (1)At the shop, I saw something interesting.

Arisa : What was it?

Nana : It was a *poster. It explained that the shop collected clothes and sent them to other countries because there were many people who needed clothes there.

Arisa : That's interesting.

Nana : Yes. I decided to bring some of my clothes to the shop.

David : Someone will reuse your clothes. I'm reusing this school uniform, too.

Arisa : Really? It doesn't look old.

David : I don't know who used it, but I'm sure that the student *took good care of it. Now I'm doing so, too. After I go back to America, I want someone to reuse it again.

Shohei : That's nice.

Arisa : I remembered another example of reusing. When I was a child, my cousin gave me some picture books and *toys because she didn't need them anymore. I enjoyed them a lot. After that, my two brothers did, too.

David : (2)That's a good thing to do. My picture books and toys weren't reused. That was a waste. That's "_mottainai_" in Japanese, right?

Nana : Yes. I try to *make full use of things. For example, I use the back sides of *calendar pages to *work on math and practice writing _kanji._

David : That's reusing, too.

Nana : After I can't use them anymore, I recycle them.

Shohei : Many people do that. People *separate cans, plastic bottles, and paper.

Arisa : They were just *thrown away in the past, but people learned that they are *recyclable resources. Now people recycle them.

Shohei : (3)That's a good idea.

David : There is another way of reducing waste. In my country, "sharing" is popular. People share things like cars and bikes with others.

Arisa : I've heard of that. My family sometimes uses a "Car Sharing" *service.

Shohei : I don't think sharing is a good idea.

Nana : I agree. I think having my own things is more *convenient because I can use them any time. Why do people use sharing services ?

Shohei : I want to know that, too. I don't want to share my bike with anyone. I like having my own bike.

David : But some people have things that they don't often use. That is a waste.

Arisa : You're right. My father says that to *own a car costs a lot. By sharing cars, people can save money. It is important for us to reduce waste.

Nana : I see. Sharing is another way of reducing waste.

Shohei : (4)I understand.

David : Let's talk about reducing waste in our daily lives.

Arisa : That's a good idea.

Shohei : I have an idea. I'll keep using my bike, and I won't buy a new one.

David : (5)That's nice, Shohei.

〔**注**〕 carefully　注意深く　　poster　ポスター　　take good care of ～　～を大事にする
toy　おもちゃ　　make full use of ～　～を十分に使う　　calendar　カレンダー
work on ～　～に取り組む　　separate　分別する　　throw away　捨てる
recyclable resources　再利用可能な資源　　service　サービス
convenient　便利な　　own　所有する

〔問１〕 (1)At the shop, I saw something interesting. の内容を，次のように書き表すとすれば，□の中に，下のどれを入れるのがよいか。

At the shop, Nana saw □.

ア　a poster and thought it was important for Shohei to think carefully before he bought something

イ　a poster and learned a way to help people in other countries

ウ　clothes that the store was going to send to other countries

エ　clothes, like a cute T-shirt, with her sister and wanted to buy some

〔問２〕 (2)That's a good thing to do. とあるが，このようにDavidが言った理由を最もよく表しているのは，次のうちではどれか。

ア　David thinks that it was good for Arisa and her two brothers to reuse her cousin's picture books and toys.

イ　David thinks that it was good for Arisa's cousin to give Arisa new picture books and toys.

ウ　David thinks that it was good for him to learn the Japanese word "*mottainai*."

エ　David thinks that it was good for Arisa to remember examples of reusing.

〔問３〕 (3)That's a good idea. の内容を最もよく表しているのは，次のうちではどれか。

ア　To throw away cans, plastic bottles, and paper is a good idea.

イ　To work on math and practice writing *kanji* is a good idea.

ウ　To reuse recyclable resources is a good idea.

エ　To recycle cans, plastic bottles, and paper is a good idea.

〔問４〕 (4)I understand. の内容を，次のように書き表すとすれば，□の中に，下のどれを入れるのがよいか。

Shohei understands that [ ].

ア sharing is one of the ways of reducing waste

イ people save money by reusing their cars

ウ having his own bike is more convenient than sharing bikes with others

エ he should talk with his friends about reducing waste in their daily lives

〔問5〕 (5)That's nice, Shohei. とあるが，このようにDavidが言った理由を最もよく表しているのは，次のうちではどれか。

ア Shohei wanted to know why people use sharing services.

イ Shohei got a good idea before other people did.

ウ Shohei wanted to buy a new bike, but then he decided to keep his old one.

エ Shohei didn't think sharing was a good idea, and he still wanted a new bike.

〔問6〕 本文中で述べられているreusingとreducing wasteの具体的な例の組み合わせとして正しいものは，次の表の**ア**～**エ**のうちではどれか。

	reusing	reducing waste
ア	David is wearing a school uniform someone took good care of.	People threw away recyclable resources in the past.
イ	Shohei is going to keep using his bike.	People share things like cars and bikes with others.
ウ	David is wearing a school uniform someone took good care of.	People share things like cars and bikes with others.
エ	Shohei is going to keep using his bike.	People threw away recyclable resources in the past.

〔問7〕 次の文章は，Shoheiたちと話した日に，Davidが友人に送ったEメールの一部である。[(A)] 及び [(B)] の中に，それぞれ入る単語の組み合わせとして正しいものは，下の**ア**～**エ**のうちではどれか。

> Hello. How are you? I am enjoying my stay in Japan. I am writing to you to [(A)] one of my experiences here.
>
> Today I talked with Shohei, Nana, and Arisa. First, Shohei showed us a picture of a bike that he wanted. Getting new things is sometimes exciting. Nana told Shohei to think carefully before buying it and told us about a poster in a clothes shop. I am reusing a school uniform. They said it was very nice to do that. We talked about other [(B)] of reusing things around us.
>
> In Japan, recycling is popular. I said that to [(A)] things is popular in America. I gave them some [(B)] of it. I think we should make full use of things.

We are going to keep thinking about reducing waste. If you have any ideas, please tell me. When I see you next time, I want to talk with you about this.

ア (A) reuse (B) plans　イ (A) reuse (B) examples
ウ (A) share (B) plans　エ (A) share (B) examples

4 次の文章を読んで，あとの各問に答えよ。（＊印の付いている単語・語句には，本文のあとに〔**注**〕がある。）

Misato was a second-year junior high school student. She was doing her best at school and enjoying her school life. One day in February, Misato had lunch with one of her friends, Reiko. After lunch, Reiko said to Misato, "Next month, in English class, we're going to give speeches about our dreams. Do you have any ideas for them ?" Misato said no. She said, "I don't know what I want to do in the future." Reiko said, "I like English and enjoy English classes. I want to get a job that helps people in trouble in other countries, and I'll keep studying hard for the future." After Misato went home, she thought, "<u>I think Reiko and I are different.</u>"

One Saturday in March, Misato visited her grandfather, Kazunori. He worked at a company. When she arrived, he was doing something. Misato asked, "What are you doing ?" He answered, "I'm reading a book about *laws in some foreign countries." She was surprised to hear that and asked, "You *majored in law at university. Why are you studying it again ?" He answered, "The things I learned at school are useful in many ways. But laws keep changing, so I should keep studying for my work." She said, "I have never thought of that." He said, "I have another reason to study. Let's go out tomorrow. I will show it to you."

The next day, Kazunori took Misato to a room in the city hall. There were about ten people in it. He introduced her to them. He explained they were studying about things in Japanese culture, such as traditional *performing arts, *architecture, and history. Misato asked, "Do you study here, too ?" Kazunori answered, "Yes, I do." Then the class began. She looked around the room. The class was studying about the history of *kabuki* and looked very happy. She thought, "I learned about *kabuki* at school, and I'm happy to have the chance to do it again here." She enjoyed the class. After the class, Fumie, one of the members of the class, came and said to Kazunori, "Hi, Kazunori. She is your *granddaughter, right ?" "Yes. This is Misato. She is a junior high school student," said Kazunori. Fumie spoke to Misato. She said, "Hi, Misato. I'm Fumie. I'm a university student, and I study here." They enjoyed having lunch and talking for a while. Fumie said, "A student from Australia, Emma, is going to stay with my family next week. I want to introduce you to her. Will you come to my house ?" Misato said yes. Kazunori was happy to hear that. On their way home, Kazunori asked Misato, "How was the class ?" She answered, "It was interesting. I was surprised to learn that you were studying there." He said, "I think studying makes our lives richer. So I keep studying." Misato *nodded.

On Saturday of the next week, Misato visited Fumie's house and met Emma. Fumie thought trying *hyakunin-isshu*, a traditional Japanese card game, would be a good chance for Emma to learn old Japanese. Fumie and Misato taught her how to play it. They enjoyed playing it. After that, Fumie explained the *meaning of a Japanese *poem on a card. She did it in English. Misato tried to explain a picture on a card. She also tried to do that in English. It was not easy for her to do that. All she could do was to use simple English words, but she tried her best. Emma asked Misato, "Where did you study about *hyakunin-isshu* ?" Misato answered, "I studied about it in Japanese and history classes in school." "I think you study English hard, too. Will you come and tell me about Japan again ?" said Emma. Misato said yes. Emma looked happy. That night, Misato called Kazunori and said, "The things I study in classes at school are good to share with Emma. I am glad to know that." She remembered her grandfather's words. She realized that studying made her life richer. Studying at school was just a starting line for her. She wanted to study more for her future.

〔**注**〕 law　法律　　major in ～　～を専攻する　　performing arts　舞台芸術
architecture　建築　　granddaughter　孫娘　　nod　うなずく
meaning　意味　　poem　詩

〔問１〕 I think Reiko and I are different. の内容を，次のように書き表すとすれば，□の中に，下のどれを入れるのがよいか。

Misato thinks Reiko and she are different because □.

ア she doesn't know what she wants to do in the future, but Reiko has a dream about her own future

イ she doesn't enjoy her school life, but Reiko enjoys English classes

ウ she has an idea for a speech about her dreams, but Reiko doesn't

エ she wants to work at a company in Japan, but Reiko wants to get a job that helps people in trouble in other countries

〔問２〕 次の**ア**～**エ**の文を，本文の内容の流れに沿って並べ，記号で答えよ。

ア Emma wanted Misato to tell her about Japan again.

イ Kazunori, Misato, and Fumie had lunch and talked together at the city hall.

ウ Misato had lunch with one of her friends, Reiko.

エ Misato was happy to have the chance to study about *kabuki* again at the city hall.

〔問３〕 次の(1)～(3)の文を，本文の内容と合うように完成するには，□の中に，それぞれ下のどれを入れるのがよいか。

(1) When Misato visited Kazunori, □.

ア she asked why he kept studying about laws after graduating from university, but he couldn't answer her question

イ she had to study alone because he was going to go to the city hall without her to study about *kabuki*

ウ he was happy to introduce some of his friends to her and he told her about his reason for studying

エ he said he was reading a book about laws in some foreign countries, and she was surprised to hear that

(2)　At the city hall, Fumie invited Misato to her house because ［　　　　　］.

ア　Kazunori looked happy while talking with Fumie and she realized Misato wanted to talk with her

イ　she wanted to introduce Misato to Emma, a student from Australia

ウ　Misato wanted to study with her about things in Japanese culture

エ　she was studying about *kabuki* there and wanted to study it more with Misato and Kazunori

(3)　When Misato called Kazunori, she said she was glad because ［　　　　　］.

ア　trying *hyakunin-isshu* was a good chance for Emma to learn about Japanese culture

イ　she could tell him about *hyakunin-isshu* without Emma's help

ウ　the things she studied at school were good to share with Emma

エ　she learned that studying many things at the city hall would be Emma's starting line for the future

〔問４〕　次の(1)，(2)の質問の答えとして適切なものは，それぞれ下のうちではどれか。

(1)　What did Misato do at Fumie's house ?

ア　She explained the meaning of a Japanese poem on a card after playing *hyakunin-isshu.*

イ　She taught Emma how to play *hyakunin-isshu* and tried to explain a picture on a card.

ウ　She used simple English words to study about *hyakunin-isshu* with Emma.

エ　She studied Japanese and history to tell Emma about *hyakunin-isshu.*

(2)　What did Misato realize after visiting Fumie's house ?

ア　She realized that studying made her life richer.

イ　She realized it was important to study about *hyakunin-isshu.*

ウ　She realized that majoring in law at university would be useful for the future.

エ　She realized that Fumie was a university student and was studying about things in Japanese culture.

＜英語学力検査リスニングテスト台本＞

開始時の説明

これから，リスニングテストを行います。

問題用紙の１ページを見なさい。リスニングテストは，全て放送による指示で行います。リスニングテストの問題には，**問題Ａ**と**問題Ｂ**の二つがあります。**問題Ａ**と，**問題Ｂ**の＜Question １＞では，質問に対する答えを選んで，その記号を答えなさい。**問題Ｂ**の＜Question ２＞では，質問に対する答えを英語で書きなさい。

英文とそのあとに出題される質問が，それぞれ全体を通して二回ずつ読まれます。問題用紙の余白にメモをとってもかまいません。答えは全て解答用紙に書きなさい。

〔問題Ａ〕

問題Ａは，英語による対話文を聞いて，英語の質問に答えるものです。ここで話される対話文は全部で三つあり，それぞれ質問が一つずつ出題されます。質問に対する答えを選んで，その記号を答えなさい。

では，＜対話文１＞を始めます。

Bill : What are you reading, Emily ?

Emily : I am reading an e-mail from my grandfather living in London, Bill.

Bill : Are you going to write him back ?

Emily : Yes, I am.

Bill : Why don't you also send the picture I took in the park yesterday ? Your grandfather will enjoy seeing you and your dogs.

Emily : That's nice.

Bill : I'll send it to you by e-mail. Then you can send it to your grandfather.

Question : What is Bill going to do ?

繰り返します。

（対話文1と質問を繰り返す）

＜対話文2＞を始めます。

Jim : There are many things in this shop, Lucy. This green notebook is one hundred yen and that red one is two hundred yen. I use a red one.

Lucy : I'll buy two red ones, Jim. Oh, look ! This eraser is very cute. I want it. It's one hundred yen.

Jim : Well, do you really need an eraser ?

Lucy : Yes. But I have only four hundred yen.

Jim : You can't buy all the things you want.

Lucy : I really need the eraser. I'll buy it and a green notebook and a red one.

Jim : OK. Then you can buy all of them.

Question : What will Lucy buy at this shop ?

繰り返します。

（対話文2と質問を繰り返す）

＜対話文3＞を始めます。

John : Look at this picture, Kate. This is my family. I live with my father, my mother, and two brothers.

Kate : It's a nice picture, John.

John : Thank you. This is my younger brother, Bob. He plays basketball.

Kate : You play basketball, too, and you are the tallest in our class, John. Is Bob as tall as you ?

John : He is taller than I.

Kate : I see.

John : This is my older brother, Mike. He is the best soccer player in his school and taller than Bob.

Kate : All of you are very tall. How about your father ?

John : He is shorter than I but taller than my mother.

Question :　Who is the tallest in John's family ?
繰り返します。
（対話文３と質問を繰り返す）
　これで**問題A**を終わり，**問題B**に入ります。

〔**問題B**〕

　これから聞く英語は，ある日のABCデパートでの館内放送です。内容に注意して聞きなさい。

　あとから，英語による質問が二つ出題されます。＜Question 1＞では，質問に対する答えを選んで，その記号を答えなさい。＜Question 2＞では，質問に対する答えを英語で書きなさい。

　なお，＜Question 2＞のあとに，15秒程度，答えを書く時間があります。

　では，始めます。

　Welcome to the ABC Department Store.　Today we have a special event.　From eleven to three, we are going to hold our World Lunch Festival on the seventh floor.　Chefs from five countries will come and cook traditional foods.　And today a famous Japanese sushi chef, Mori Taro, will also come to the festival !　He started to work as a sushi chef in Kanagawa thirty years ago.　He worked as a sushi chef for many years in other countries, too.　He wanted people there to enjoy Japanese food.　He came back to Japan last year.　He is going to open a new restaurant in Tokyo next month.　Today he will make four different kinds of sushi lunch for you !

　We hope you enjoy your shopping and a special lunch at the ABC Department Store today.　Thank you.

＜Question 1＞　How long will the ABC Department Store hold the World Lunch Festival today ?

＜Question 2＞　What did Mori Taro want people in other countries to do ?

繰り返します。
（**問題B**の英文と質問を繰り返す）
　以上で，リスニングテストを終わります。**2** 以降の問題に答えなさい。

数　学

●満点　100点　●時間　50分

注意　1　答えに分数が含まれるときは，**それ以上約分できない形で表しなさい。**
例えば，$\frac{6}{8}$ と答えるのではなく，$\frac{3}{4}$ と答えます。

2　答えに根号が含まれるときは，**根号の中を最も小さい自然数にしなさい。**
例えば，$3\sqrt{8}$ と答えるのではなく，$6\sqrt{2}$ と答えます。

3　□の中の数字を答える問題については，「**あ，い，う，**…」に当てはまる数字を，**0** から **9** までの数字のうちから，それぞれ **1 つずつ**選んで，**その数字の ⬭ の中を正確に塗りつぶしなさい。**

1　次の各問に答えよ。

〔問１〕　$5+\frac{1}{2}\times(-8)$　を計算せよ。

〔問２〕　$4(a-b)-(a-9b)$　を計算せよ。

〔問３〕　$(\sqrt{7}-1)^2$　を計算せよ。

〔問４〕　一次方程式　$4x+6=5(x+3)$　を解け。

〔問５〕　連立方程式　$\begin{cases} -x+2y=8 \\ 3x-y=6 \end{cases}$　を解け。

〔問６〕　二次方程式　$x^2+x-9=0$　を解け。

〔問７〕　次の□の中の「**あ**」「**い**」に当てはまる数字をそれぞれ答えよ。

右の**図１**のように，１，２，３，４，５の数字を１つずつ書いた５枚のカードがある。

この５枚のカードから同時に３枚のカードを取り出すとき，取り出した３枚のカードに書いてある数の積が３の倍数になる確率は，$\frac{\boxed{あ}}{\boxed{い}}$ である。

ただし，どのカードが取り出されることも同様に確からしいものとする。

図１

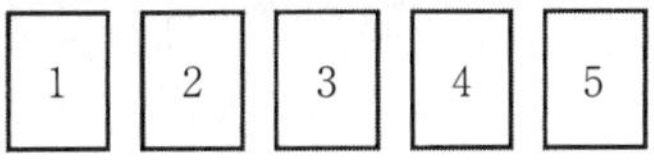

〔問８〕　次の□の中の「**う**」「**え**」に当てはまる数字をそれぞれ答えよ。

右の**図２**は，線分 AB を直径とする円Oであり，２点C，Dは，円Oの周上にある点である。

４点A，B，C，Dは，右の**図２**のようにA，C，B，Dの順に並んでおり，互いに一致しない。

点Aと点C，点Aと点D，点Bと点D，点Cと点Dをそれぞれ結ぶ。

∠BAD＝25° のとき，x で示した∠ACD の大きさは，$\boxed{うえ}$ 度である。

図２

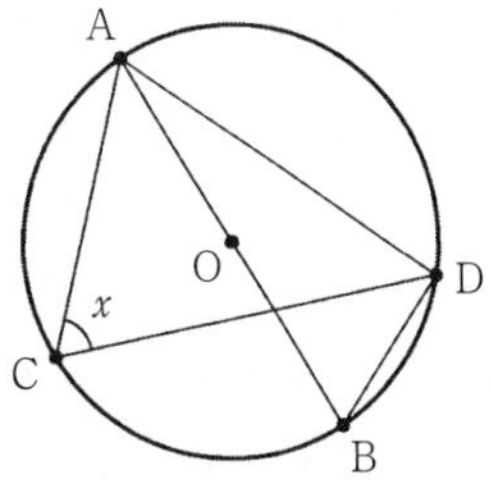

〔問9〕 右の**図3**で，点A，点Bは，直線 l 上にある異なる点である。

解答欄に示した図をもとにして，$AB=AC$，$\angle CAB=90^\circ$ となる点Cを1つ，定規とコンパスを用いて作図によって求め，点Cの位置を示す文字Cも書け。

ただし，作図に用いた線は消さないでおくこと。

図3

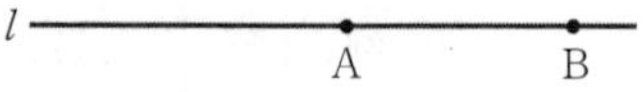

2 Sさんのクラスでは，先生が示した問題をみんなで考えた。

次の各問に答えよ。

［先生が示した問題］

a を正の数，n を2以上の自然数とする。

右の**図1**で，四角形ABCDは，1辺 a cmの正方形であり，点Pは，四角形ABCDの2つの対角線の交点である。

図1

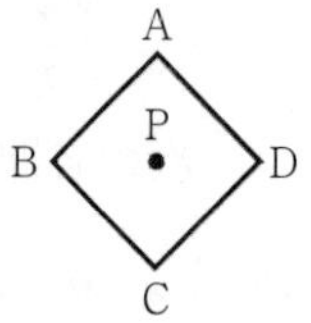

1辺 a cmの正方形を，次の［**きまり**］に従って，順にいくつか重ねてできる図形の周りの長さについて考える。

［**きまり**］

次の①～③を全て満たすように正方形を重ねる。

① 重ねる正方形の頂点の1つを，重ねられる正方形の対角線の交点に一致させる。

② 重ねる正方形の対角線の交点を，重ねられる正方形の頂点の1つに一致させる。

③ 対角線の交点は，互いに一致せず，全て1つの直線上に並ぶようにする。

正方形を順に重ねてできる図形の周りの長さは，右の図に示す太線(━)の部分とし，点線(┈┈)の部分は含まないものとする。例えば右の**図2**は，2個の正方形を重ねてできた図形であり，周りの長さは $6a$ cmとなる。右の**図3**は，3個の正方形を重ねてできた図形であり，周りの長さは $8a$ cmとなる。

右の**図4**は，正方形を n 個目まで順に重ねてできた図形を表している。

図2

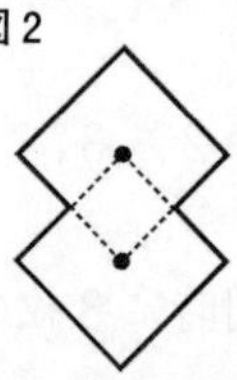

図3

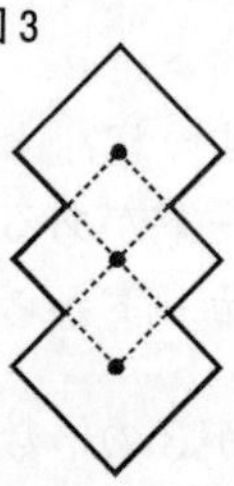

図4

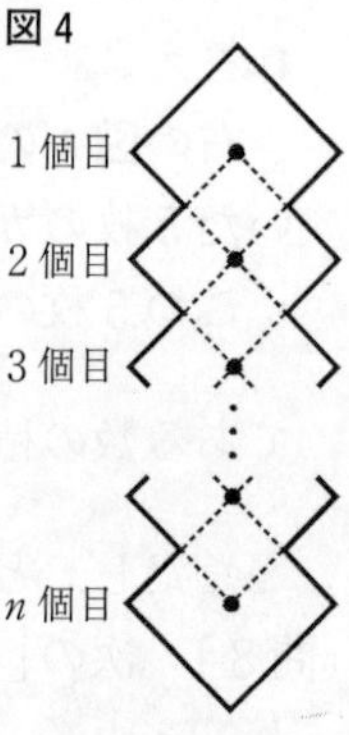

1辺 a cmの正方形を n 個目まで順に重ねてできた図形の周りの長さを L cmとするとき，L を a，n を用いて表しなさい。

Sさんは，［先生が示した問題］の答えを次の形の式で表した。Sさんの答えは正しかった。

〈Sさんの答え〉 $L=$ □

〔問1〕 〈Sさんの答え〉の □ に当てはまる式を，次の**ア**～**エ**のうちから選び，記号で答えよ。

ア $4an$ **イ** $a(n+4)$ **ウ** $2a(n+2)$ **エ** $2a(n+1)$

Sさんのグループは，［先生が示した問題］をもとにして，正方形を円に変え，合同な円をいくつか重ねてできる図形の周りの長さを求める問題を考えた。

［Sさんのグループが作った問題］

l，rを正の数，nを２以上の自然数とする。

右の**図５**で，点Ｏは，半径r cmの円の中心である。

半径r cmの円を，次の［**きまり**］に従って，順にいくつか重ねてできる図形の周りの長さについて考える。

図５

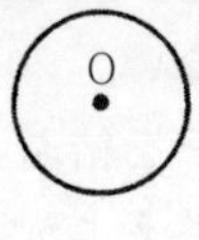

図６

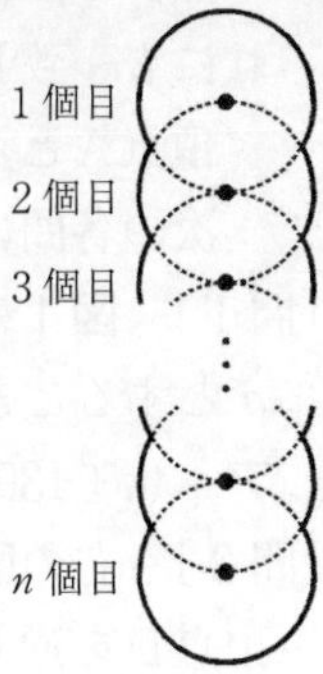

［**きまり**］

次の①，②をともに満たすように円を重ねる。

①　重ねる円の周上にある１点を，重ねられる円の中心に一致させる。

②　円の中心は，互いに一致せず，全て１つの直線上に並ぶようにする。

右の**図６**は，円をn個目まで順に重ねてできた図形を表している。この図形の周りの長さは，太線(━)の部分とし，点線(┈┈)の部分は含まないものとする。

半径r cmの円をn個目まで順に重ねてできた図形の周りの長さをMcm，半径r cmの円の周の長さをl cmとするとき，$M=\frac{1}{3}l(n+2)$となることを示してみよう。

〔問２〕［Sさんのグループが作った問題］で，$M=\frac{1}{3}l(n+2)$となることを示せ。

３　右の**図１**で，点Ｏは原点，直線lは一次関数$y=-x+9$のグラフを表している。

直線lとx軸との交点をＡ，直線l上にある点をＰとする。

次の各問に答えよ。

〔問１〕次の□の中の「**お**」「**か**」に当てはまる数字をそれぞれ答えよ。

点Ｐのx座標が-4のとき，点Ｐのy座標は，［**おか**］である。

〔問２〕右の**図２**は，**図１**において，点Ｐのx座標が９より小さい正の数であるとき，y軸上にあり，y座標が-3である点をＢ，y軸を対称の軸として点Ｐと線対称な点をＱ，２点Ｂ，Ｑを通る直線をmとし，点Ａと点Ｂ，点Ｂと点Ｐ，点Ｐと点Ｑをそれぞれ結んだ場合を表している。

次の①，②に答えよ。

①　点Ｐが点$(2,\ 7)$のとき，直線mの式を，次の**ア**～**エ**のうちから選び，記号で答えよ。

ア　$y=-5x-3$　　**イ**　$y=-3x-5$

ウ　$y=-2x-3$　　**エ**　$y=5x-3$

②　△BPQの面積が△BAPの面積の２倍になるとき，点Ｐのx座標を求めよ。

図１

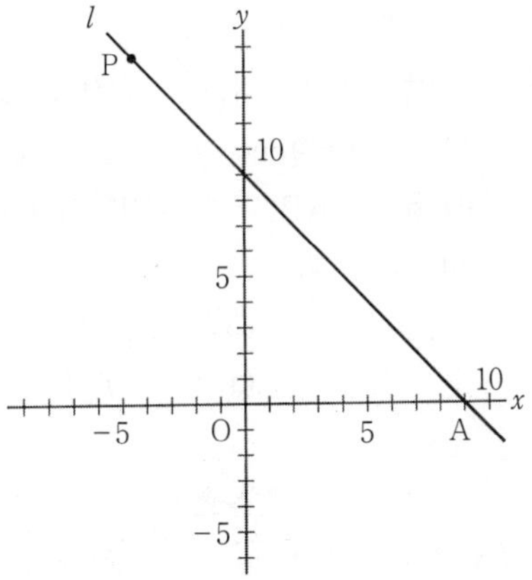

図２

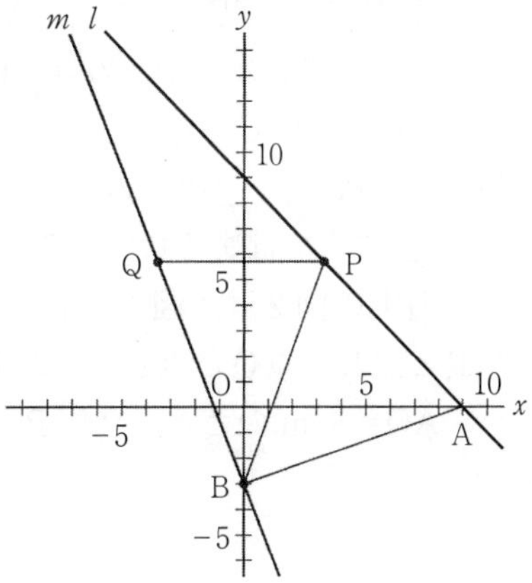

4　右の**図1**で，四角形ABCDは，平行四辺形である。

点Pは，辺CD上にある点で，頂点C，頂点Dのいずれにも一致しない。

頂点Aと点Pを結ぶ。

次の各問に答えよ。

図1

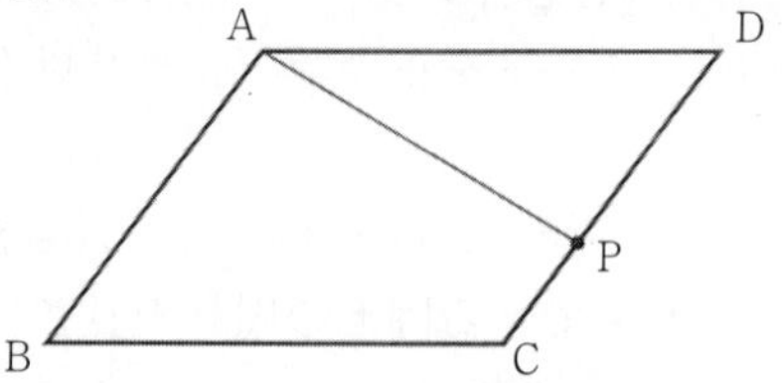

〔問1〕　**図1**において，∠ABC＝50°，∠DAPの大きさをa°とするとき，∠APCの大きさを表す式を，次の**ア**～**エ**のうちから選び，記号で答えよ。

ア　$(a+130)$度　　**イ**　$(a+50)$度　　**ウ**　$(130-a)$度　　**エ**　$(50-a)$度

〔問2〕　右の**図2**は，**図1**において，頂点Bと点Pを結び，頂点Dを通り線分BPに平行な直線を引き，辺ABとの交点をQ，線分APとの交点をRとした場合を表している。

図2

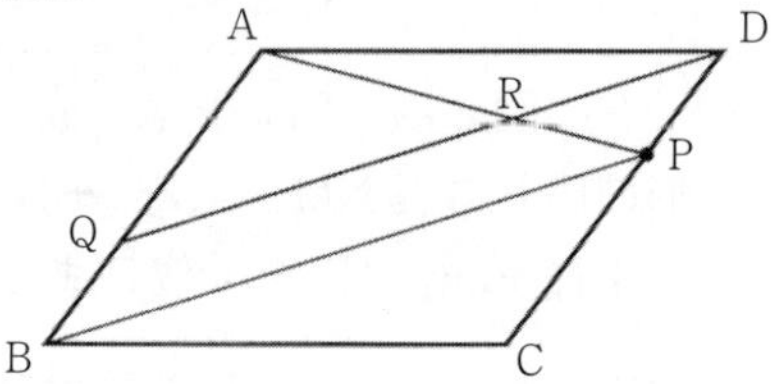

次の①，②に答えよ。

①　△ABP∽△PDRであることを証明せよ。

②　次の□の中の「**き**」「**く**」「**け**」「**こ**」に当てはまる数字をそれぞれ答えよ。

図2において，頂点Cと点Rを結び，線分BPと線分CRの交点をSとした場合を考える。

CP：PD＝2：1のとき，四角形QBSRの面積は，△AQRの面積の$\dfrac{\boxed{\text{きく}}}{\boxed{\text{けこ}}}$倍である。

5　右の**図1**に示した立体A-BCDは，AB＝9cm，BC＝BD＝CD＝6cm，∠ABC＝∠ABD＝90°の三角すいである。

辺CD上にある点をP，辺AB上にある点をQとし，点Pと点Qを結ぶ。

次の各問に答えよ。

図1

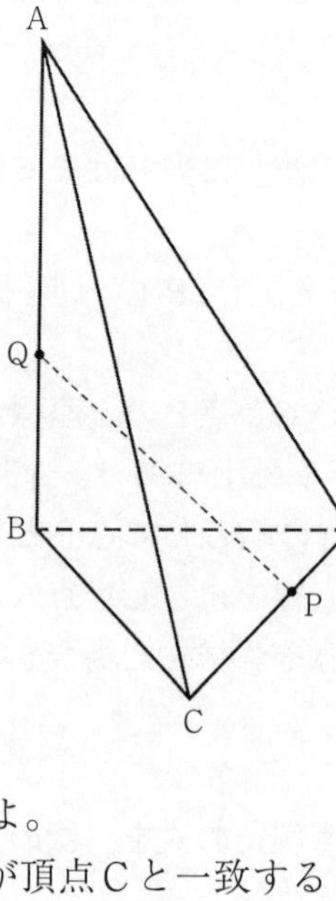

図2

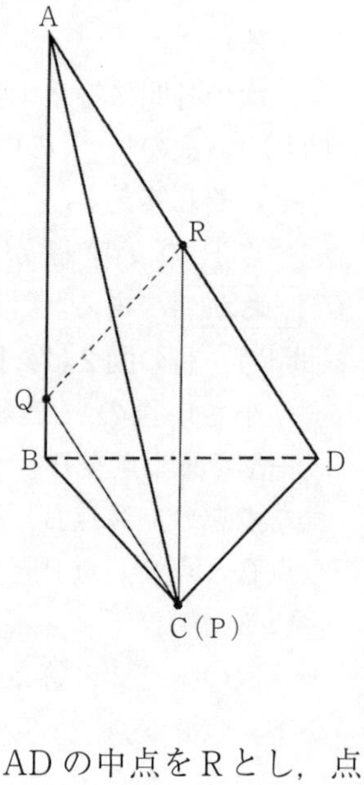

〔問1〕　次の□の中の「**さ**」に当てはまる数字を答えよ。

点Pが辺CDの中点，AQ＝6cmのとき，線分PQの長さは，$\boxed{\text{さ}}$cmである。

〔問2〕　次の□の中の「**し**」「**す**」「**せ**」に当てはまる数字をそれぞれ答えよ。

右上の**図2**は，**図1**において，点Pが頂点Cと一致するとき，辺ADの中点をRとし，点Pと点R，点Qと点Rをそれぞれ結んだ場合を表している。

AQ＝8cmのとき，立体R-AQPの体積は，$\boxed{\text{しす}}\sqrt{\boxed{\text{せ}}}$cm^{3}である。

社 会

●満点 100点　●時間 50分

1　次の各問に答えよ。

〔問１〕　次の地形図は，2016年の「国土地理院発行２万５千分の１地形図(上《うえ》野《の》原《はら》)」の一部を拡大して作成した地形図上に●で示した**A**点から，**B**～**E**点の順に，**F**点まで移動した経路を太線(━━━)で示したものである。下の**ア**～**エ**の写真と文は，地形図上の**B**～**E**点の**いずれか**の地点で野外観察を行った様子を示したものである。地形図上の**B**～**E**点のそれぞれに当ては

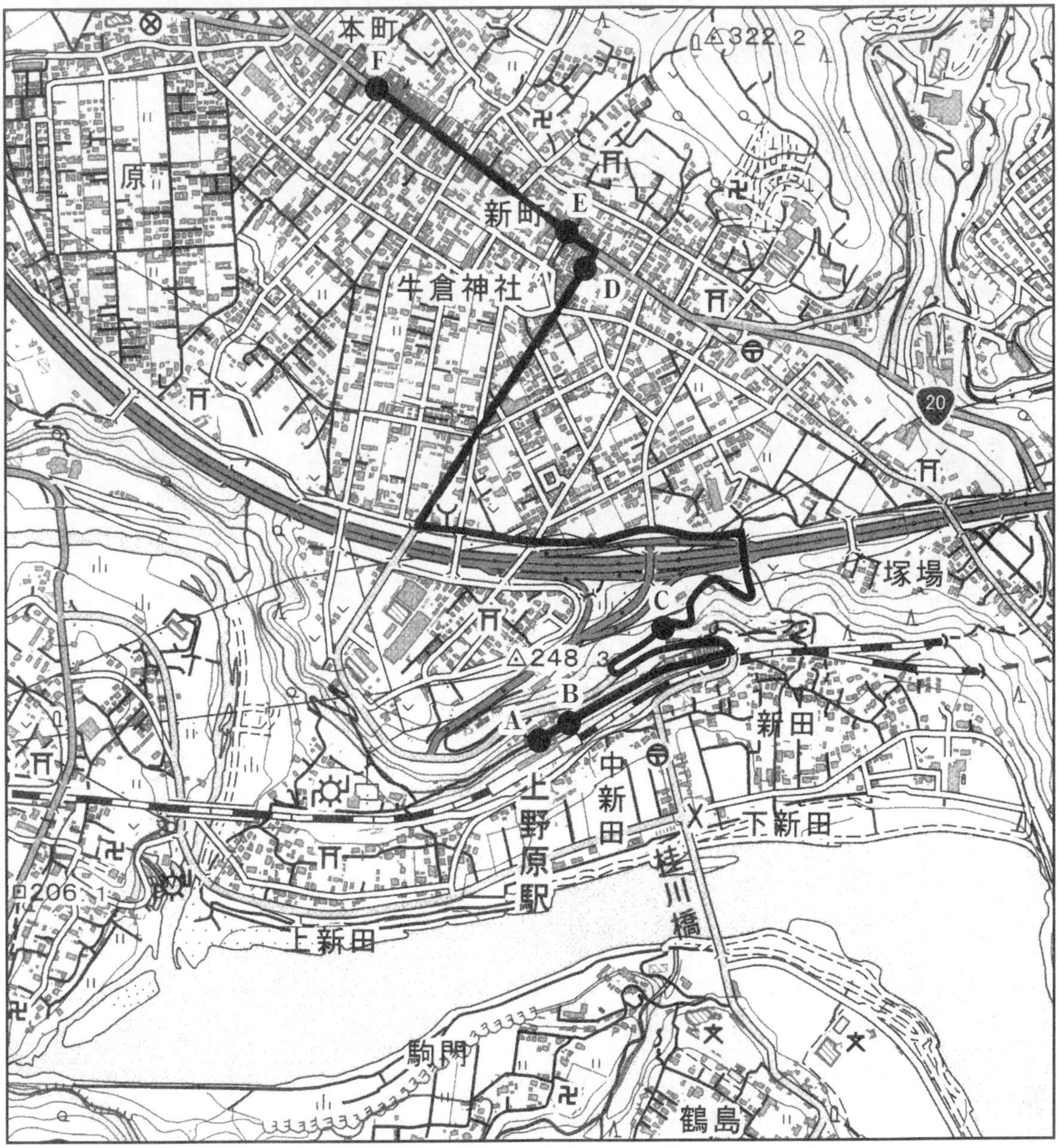

まるのは，次の**ア**～**エ**のうちではどれか。

ア

登り坂を進んでいる途中で立ち止まり，南の方向を観察すると，桂川《かつらがわ》橋や，鉄道の線路などが見えた。

イ

進行方向には，甲州《こうしゅう》街道と呼ばれている国道20号線と交わる丁字型《ていじがた》の交差点が見えた。

ウ

進行方向に延びている直線状の道路の北側には崖があり，南側には道路に沿って鉄道の線路が敷設《ふせつ》されているのが見えた。

エ

進行方向に延びている甲州街道の両側には商店が立ち並ぶ様子を観察することができた。

〔問２〕　次の文で述べている人物は，下の**ア**～**エ**のうちのどれか。

この人物は，江戸を中心とした町人文化が発展した時期に，狂言や噺本《はなしぼん》の要素を巧みに取り入れて，弥次郎兵衛《やじろべえ》と喜多八《きたはち》の二人の主人公が行く先々において騒動を起こしながら旅をする姿を描いた「東海道中膝栗毛《とうかいどうちゅうひざくりげ》」を著した。

ア　小林一茶《こばやしいっさ》　　**イ**　十返舎一九《じっぺんしゃいっく》　　**ウ**　井原西鶴《いはらさいかく》　　**エ**　近松門左衛門《ちかまつもんざえもん》

〔問３〕　次の日本国憲法の条文が保障する権利は，下の**ア**～**エ**のうちのどれか。

最高裁判所の裁判官の任命は，その任命後初めて行はれる衆議院議員総選挙の際国民の審査に付し，その後10年を経過した後初めて行はれる衆議院議員総選挙の際更に審査に付し，その後も同様とする。

ア　参政権　　イ　自由権　　ウ　社会権　　エ　請求権

2　次の略地図を見て，あとの各問に答えよ。

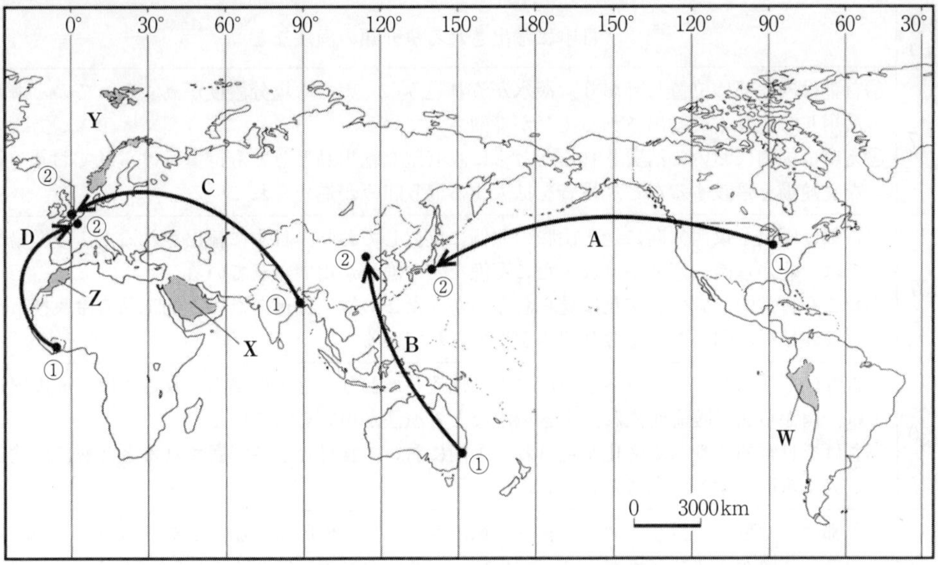

〔問１〕　略地図中に①●⟶●②で示した**A**～**D**は，農産物の買い付けを行う企業の社員が，それぞれの①の都市にある空港から②の都市にある空港まで，航空機を利用して移動した経路を模式的に示したものである。次のⅠの文章は，**A**～**D**の**いずれか**の経路における移動の様子などについて述べたものである。Ⅱの**ア**～**エ**のグラフは，**A**～**D**の**いずれか**の経路における①の都市の，年平均気温と年降水量及び各月の平均気温と降水量を示したものである。Ⅰの文章で述べている経路に当てはまるのは，略地図中の**A**～**D**のうちのどれか，また，その経路における①の都市のグラフに当てはまるのは，Ⅱの**ア**～**エ**のうちのどれか。

Ⅰ

> この社員は，国際的な穀物市場が立地する①の都市において，とうもろこしの買い付けを行った後，企業が所在する②の都市に移動した。①の都市を現地時間で３月１日午後５時30分に出発し，飛行時間13時間を要して，②の都市の現地時間で３月２日午後９時30分に到着した。

（注）　時差については，サマータイム制度を考慮しない。

Ⅱ

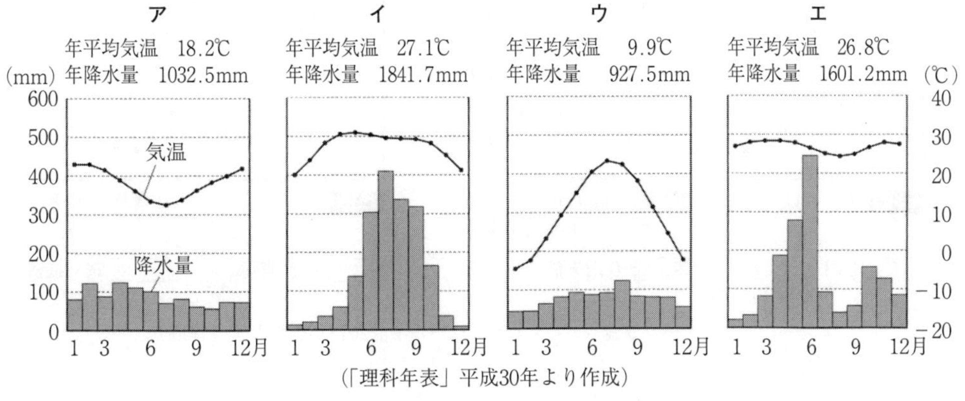

（「理科年表」平成30年より作成）

〔問2〕　次の表の**ア**～**エ**は，略地図中に▒で示した**W**～**Z**の**いずれか**の国の，2014年における漁獲量，日本に輸出される魚介類の漁法などについてまとめたものである。略地図中の**W**～**Z**のそれぞれの国に当てはまるのは，次の表の**ア**～**エ**のうちではどれか。

	漁獲量（万ｔ）	日本に輸出される魚介類の漁法など
ア	7	○首都は内陸部に位置しており，淡水が流れ込みにくいため塩分濃度が高くなっている海水を活用して，日本に輸出されるえびが養殖されている。 ○えびは国内において消費されるとともに，有望な輸出品としても位置付けられており，新たな養殖場を建設するなど，投資を拡大する取り組みが進められている。
イ	137	○首都は国土を東西方向に走る山脈の北側に位置しており，日本に輸出されるたこの漁場周辺では，北から南へ寒流が流れ，たこ壺《つぼ》漁などの漁法が用いられている。 ○たこを日常的に食べる文化は見られないが，たこの輸出促進のため，加工品の冷凍技術や品質管理技術を向上させる取り組みが進められている。
ウ	230	○首都は冬季においても凍らない湾の奥に位置しており，日本に輸出されるさばの漁場周辺では，南から北へ暖流が流れ，まき網漁などの漁法が用いられている。 ○さばを日常的に食べる文化が見られ，国内において食材として消費されるとともに，輸出を拡大する取り組みが進められている。
エ	357	○首都は乾燥帯に位置しており，日本に輸出される魚粉の原料となるかたくちいわしの漁場周辺では，南から北へ寒流が流れ，大小様々な漁船が操業している。 ○かたくちいわしを日常的に食べる文化は見られないが，山岳地域に居住する国民のたん白質摂取不足を解消するため，食用として加工する取り組みが進められている。

（「データブック オブ・ザ・ワールド」2018年版などより作成）

〔問3〕　次のⅠの略地図は，2016年における日本と東南アジア諸国連合（ASEAN《アセアン》）加盟国それぞれの国との貿易額について，日本の輸出額から日本の輸入額を引いた差を示したものである。Ⅱの略地図は，2016年における日本と東南アジア諸国連合（ASEAN）加盟国それぞれの国との貿易額について，日本の輸入額が最も多い品目を，「医薬品」，「衣類と同付属品」，「鉱産資源」，「電気機器」に分類して示したものである。Ⅲの文章で述べている国に当てはまるのは，下の**ア**～**エ**のうちのどれか。

Ⅰ

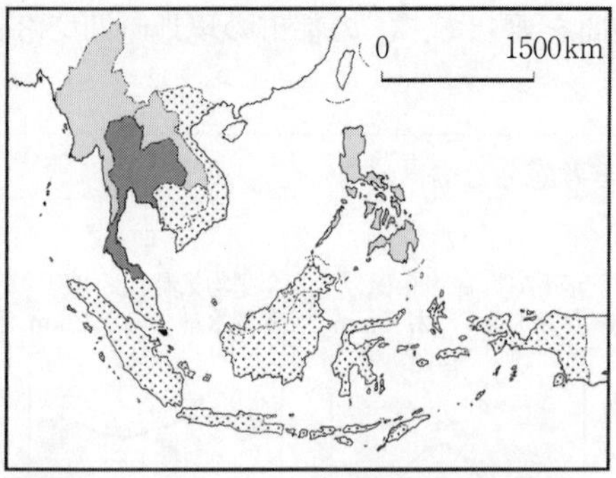

1兆円以上　　5000億円～1兆円未満

0円～5000億円未満　　0円未満

Ⅱ

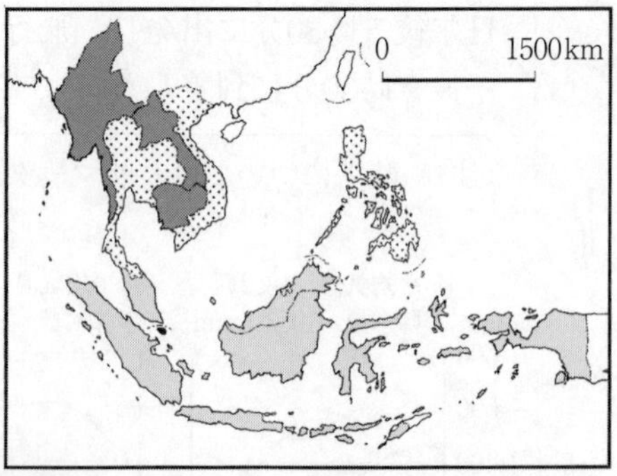

医薬品　　衣類と同付属品

鉱産資源　　電気機器

（「データブック オブ・ザ・ワールド」2018年版などより作成）

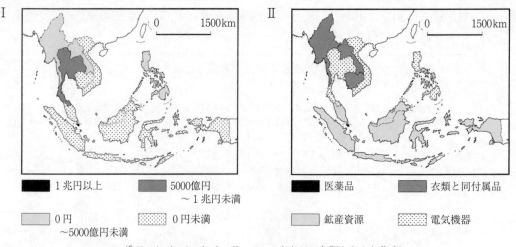

Ⅲ

フランスから1953年に独立し，その後に始まった内戦が1990年代に終結した後，1999年に東南アジア諸国連合(ASEAN)に加盟した。2000年代に入り，世界遺産に登録されているヒンドゥー教寺院などの遺跡群を活用した観光業に加え，工業化を推進している。

1990年代までのこの国からの日本の輸入品は木材などの一次産品が最も多く，日本の貿易黒字が継続する傾向であったが，この国の工業化の進展に伴って変化が見られた。2000年代からは日本の貿易赤字が継続する傾向に転じ，2016年における日本の最大の輸入品は衣類などであり，日本からこの国への輸出額は333億円，日本のこの国からの輸入額は1310億円であった。

ア　タイ　　**イ**　カンボジア　　**ウ**　ミャンマー　　**エ**　ベトナム

3　次の略地図を見て，あとの各問に答えよ。

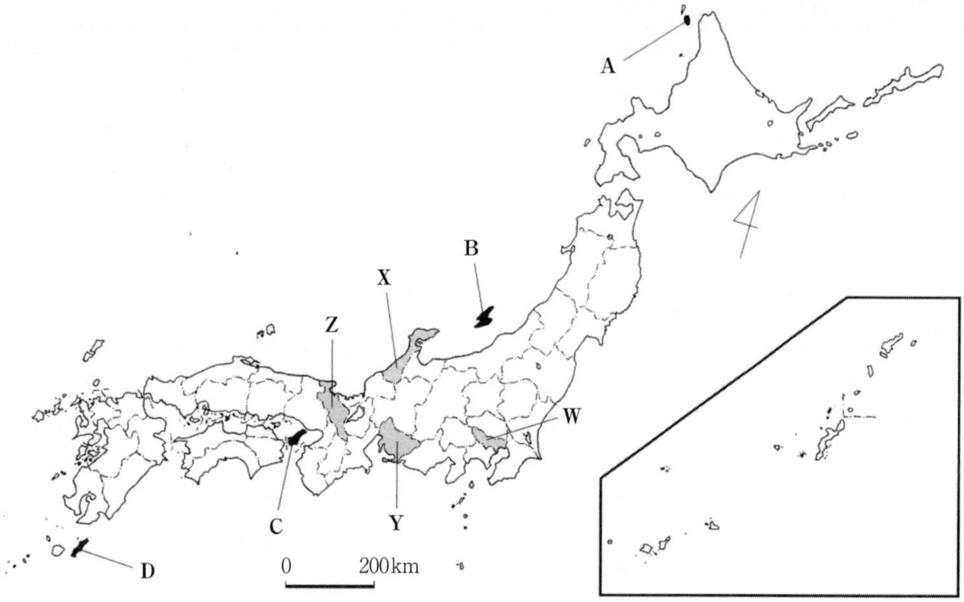

〔問１〕　次の表の**ア**～**エ**の文章は，略地図中に ■ で示した，**A**～**D**の**いずれか**の島の2015年における人口，自然環境，産業と地域振興の様子についてまとめたものである。略地図中の**A**～**D**のそれぞれの島に当てはまるのは，次の表の**ア**～**エ**のうちではどれか。

	人口（人）	自然環境，産業と地域振興の様子
ア	29847	○島の全域に平坦な丘陵が見られ，宇宙開発の拠点となる施設を活用した観光業とともに，さとうきびなどを生産する農業が主な産業となっている。 ○島外の大学と連携したり，企業や研究施設などを積極的に誘致したりして，島内における雇用の拡大を図っている。
イ	5090	○島の中央部には火山が見られ，国立公園を活用した観光業とともに，高級品として知られる昆布やうにを養殖するなどの漁業が主な産業となっている。 ○全国から漁業就業希望者を募集して，漁業体験研修を実施し，就業支援を行うなど，島内における後継者の育成を図っている。
ウ	57255	○島の中央部には，北側と南側にある山地に挟まれた平野が見られ，鉱山跡の遺跡を活用した観光業とともに，銘柄米などを生産する農業が主な産業となっている。 ○製粉した米を原料とした加工品の製造販売を行うなど，農業の第6次産業化を推進し，島内における雇用の拡大を図っている。
エ	135147	○島の北部には丘陵，中央部には平野，南部には山地が見られ，漁業とともに，レタスなどの野菜を生産する農業が主な産業となっている。 ○島外へ通勤する住民に対して交通費などを補助する事業を行うなど，島内における定住者の増加を図っている。

（2015年国勢調査などより作成）

〔問2〕 次のⅠの表の**ア**～**エ**は，略地図中に　　で示した，**W**～**Z**の**いずれか**の都府県の，2016年における，製造業事業所数，製造業事業所数のうち繊維工業事業所数，製造業従業者数，製造業従業者数のうち繊維工業従業者数，製造品出荷額を示したものである。Ⅱの文章は，**W**～**Z**の**いずれか**の都府県の製造業などの様子についてまとめたものである。Ⅱの文章で述べている都府県に当てはまるのは，Ⅰの表の**ア**～**エ**のうちのどれか，また，略地図中の**W**～**Z**のうちのどれか。

Ⅰ

	製造業事業所数	繊維工業事業所数	製造業従業者数（人）	繊維工業従業者数（人）	製造品出荷額（億円）
ア	21092	1082	285437	6481	85452
イ	21856	1674	834236	22201	461948
ウ	4037	798	97179	11389	28276
エ	6506	1474	141952	10796	53624

（2016年経済センサスより作成）

Ⅱ

○2016年の繊維工業事業所における1事業所当たりの平均従業者数は10人未満であり，伝統的工芸品に指定されている西陣織《にしじんおり》などを生産する小規模な事業所が立地する町並は観光資源としても活用されており，町屋などの歴史的景観を保存する取り組みが進められている。

○伝統的工芸品を生産する高度な技術は，電子・精密機械産業などの他の産業に応用されており，この都府県内に所在する企業は，世界的に評価されている高度な技術を有し，大学などと共同して研究開発を行っている。

〔問3〕　次のⅠとⅡの略地図は，1999年と2017年における首都圏に位置するA市の一部を示したものである。Ⅲの表は，ⅠとⅡの略地図中に太線(───)で囲まれた地域の，1999年と2017年における人口を示したものである。Ⅰ～Ⅲの資料から読み取れる，1999年と比較した2017年における太線(───)で囲まれた地域の変容について，立地及び土地利用に着目し，簡単に述べよ。

Ⅰ　Ⅱ

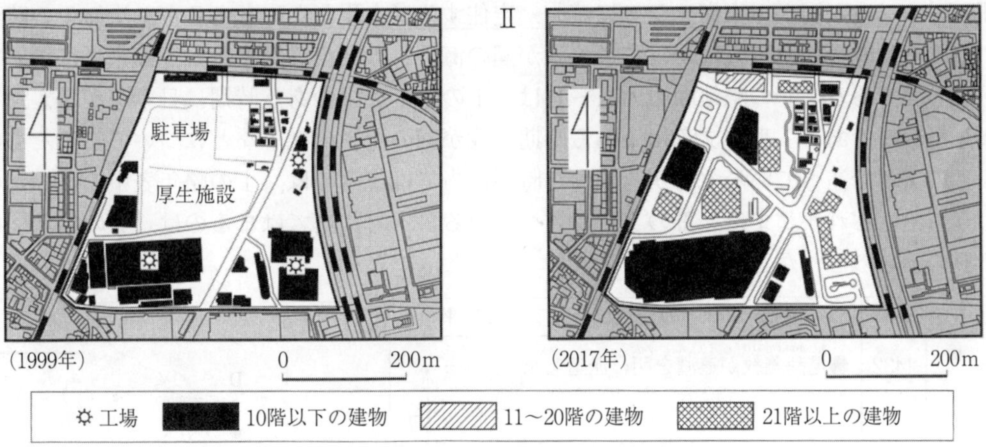

（国土地理院のホームページなどより作成）

Ⅲ

	1999年	2017年
人口(人)	269	6017

（総務省の資料などより作成）

4　次の文章を読み，あとの各問に答えよ。

私たちの社会では，人が移動したり，ものなどを移動させたりすることで，生活の様子が変化してきた。

古代から，各時代の権力者は，(1)政治を行う拠点を移し，政治体制の刷新や整備を図り，権力基盤を強化してきた。

近世に入ると，造船技術の向上や海上航路の開拓などにより人の移動する範囲が拡大し，海外との貿易が盛んになった。また，(2)我が国から東南アジアに渡り，定住する者も現れた。

明治時代以降，(3)欧米の技術を取り入れたことで，より多くの人やものの移動が可能となり，経済が活性化して欧米諸国に並ぶ発展を遂げた。

さらに，船舶の大型化や航空機の高速化が進むと，人やものなどの海外への移動が一層円滑になり，(4)我が国も様々なものを輸入したり，輸出したりするようになった。

〔問1〕　(1)政治を行う拠点を移し，政治体制の刷新や整備を図り，権力基盤を強化してきた。とあるが，次の**ア**～**エ**は，飛鳥《あすか》時代から安土《あづち》・桃山《ももやま》時代にかけての政治を行う拠点の様子などについて述べたものである。時期の古いものから順に記号を並べよ。

ア　織田信長《おだのぶなが》は，水運と陸上交通が結び付く要衝の地に拠点を移し，城を築いた山の麓に城下町を整備し，楽市・楽座の政策を進め，商工業を重視する体制を推進した。

イ　桓武《かんむ》天皇は，鴨川《かもがわ》と桂川《かつらがわ》が流れる地に拠点を移し，東寺《とうじ》，西寺《さいじ》などの一部を除き，寺院を建てることを禁止して，貴族や僧の権力争いによる政治的混乱からの立て直しを図った。

ウ　元明《げんめい》天皇は，和同開珎《わどうかいちん》が流通し始めた頃，盆地の北端に位置する地に拠点を移し，貴族の住居などを整備し《かいほう》，律令《りつりょう》制による政治体制を整えた。

エ　平清盛《たいらのきよもり》は，宋《そう》との貿易港である大輪田泊《おおわだのとまり》に近接した地に拠点を移し，法皇を中心として貴族と寺社が集まっている地から離れて平氏政権の確立を図った。

〔問２〕 (2)<u>我が国から東南アジアに渡り，定住する者も現れた。</u>とあるが，次のⅠの略年表は，室町時代から江戸時代にかけての，我が国の海外との交流に関する主な出来事についてまとめたものである。Ⅱの略地図中の**A**～**D**は，Ⅰの略年表中のある時期に日本町が栄えた都市を示したものである。Ⅲの文章は，ある時期の我が国の貿易の様子などについて述べたものである。Ⅲの文章で述べている貿易が行われた時期に当てはまるのは，Ⅰの略年表中の**ア**～**エ**の時期のうちではどれか。また，Ⅲの文章で述べている日本町に当てはまるのは，Ⅱの略地図中の**A**～**D**のうちのどれか。

Ⅰ

西暦	我が国の海外との交流に関する主な出来事	
1432	●足利義教《あしかがよしのり》が道淵《どうえん》を明《みん》に派遣した。	
		ア
1549	●フランシスコ・ザビエルが来日し，キリスト教を伝えた。	
		イ
1582	●大友義鎮《おおともよししげ》・有馬晴信《ありまはるのぶ》・大村純忠《おおむらすみただ》らが，天正《てんしょう》遣欧使節を派遣した。	
		ウ
1690	●ケンペルがオランダ商館の医師として来日した。	
		エ
1792	●ラクスマンが大黒屋光太夫《だいこくやこうだゆう》を護送して来日した。	

Ⅱ

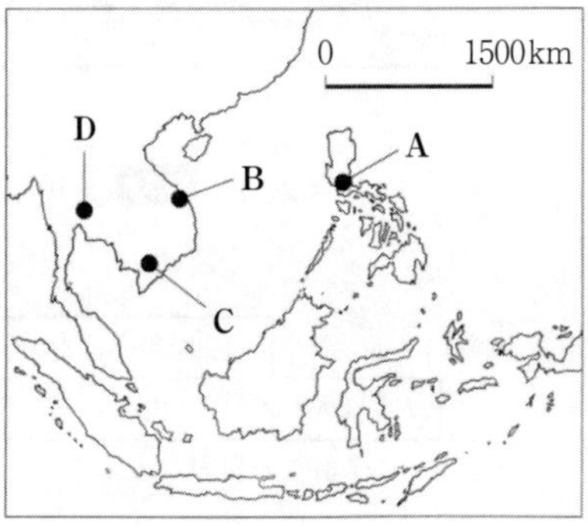

Ⅲ

> 幕府は，朱印状《しゅいん》と呼ばれる書状を我が国の商船に与え，海外へ渡ることを許可し，東南アジアの国々に対しても，朱印状を持つ商船を保護することを求め，貿易体制を整備した。また，自治権をもつアユタヤの日本町では，王室に重く用いられる日本人も現れた。

〔問３〕 (3)<u>欧米の技術を取り入れたことで，より多くの人やものの移動が可能となり，経済が活性化して欧米諸国に並ぶ発展を遂げた。</u>とあるが，次の略地図中の**W**～**Z**は，1919年における我が国の鉄道の一部を示したものである。下の**ア**～**エ**は，**W**～**Z**の**いずれか**の鉄道の役割について述べたものである。**W**～**Z**のそれぞれに当てはまるのは，下の**ア**～**エ**のうちではどれか。

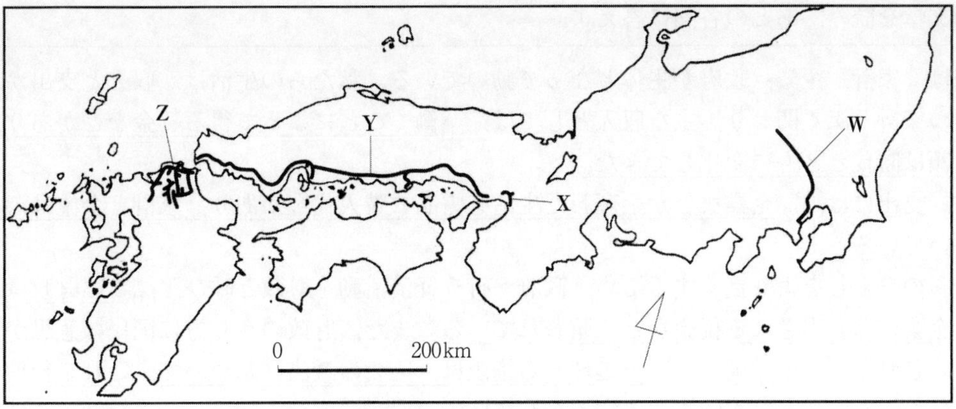

（「日本国有鉄道百年史」などより作成）

ア　かつて「天下の台所」と呼ばれた上方《かみがた》の大都市と郊外とを電車で結び，駅を中心に住宅や観光施設が建てられるなど，沿線を開発する役割を果たした。

イ　江戸時代に発達した西廻《にしまわ》り航路の一部と競合する形で，外国人居留地があった都市を起点に西へ路線を延ばし，沿線にある港や軍事拠点を結び，陸上輸送手段としての役割を果たした。

ウ　日清戦争後にドイツの技術を導入した官営製鉄所が建てられた地域と，炭鉱の開発が進んだ周辺の炭田地帯とを結び，石炭輸送の役割を果たした。

エ　フランスの技術を導入した官営模範工場が建てられた生糸の生産地と，生糸輸出の中心となった貿易港とを結び，外貨獲得のための生糸の輸送を拡大する役割を果たした。

〔問４〕　(4)我が国も様々なものを輸入したり，輸出したりするようになった。とあるが，次の略年表は，明治時代から昭和時代にかけての，我が国の輸入品に関する主な出来事についてまとめたものである。略年表中の**A**の時期に当てはまるのは，下の**ア**～**エ**のうちではどれか。

西暦	我が国の輸入品に関する主な出来事	
1884	●日本橋《にほんばし》の商店がアメリカ合衆国製万年筆を販売した。	
1926	●東京駅と上野駅でドイツ製入場券自動販売機の使用を開始した。	
1946	●マニラから輸入された1000トンの小麦粉が，東京港に到着した。	↑
		A
1960	●我が国の航空会社が購入したアメリカ合衆国製ジェット旅客機が，東京国際空港（羽田《はねだ》空港）に到着した。	↓
1981	●銀座《ぎんざ》に開店したフランス企業の直営店が，高級鞄《かばん》を販売した。	

ア　第四次中東戦争の影響を受けて発生した石油危機を，我が国は省エネルギー技術をより高めて，自動車などの輸出を拡大して乗り切ったが，欧米諸国との間で貿易摩擦が生じた。

イ　ニューヨークで始まった株価の暴落が世界恐慌《きょうこう》に発展する中で，我が国からの輸出は大きく減少し，企業の倒産や人員整理で失業者が増加する深刻な恐慌状態に陥った。

ウ　ヨーロッパを主な戦場とする第一次世界大戦が始まると，我が国からアメリカ合衆国やアジアの国々に向けた綿織物や生糸の輸出が増加し，貿易黒字となった。

エ　サンフランシスコ平和条約（講和条約）を結び，国際社会に復帰して経済復興が進む中で，関税と貿易に関する一般協定（GATT）に加盟し，我が国の貿易額は増加して好景気を迎えた。

5　次の文章を読み，あとの各問に答えよ。

> 　経済は，家計，企業，政府が主体となって動いている。私たちの生活は，収入と支出から成り立つ家計と深く関わり，主な収入としては，(1)働くことによって得る賃金などがあり，その金額は時代とともに変化してきた。
>
> 　一方，支出には，(2)企業などが生産した生活必需品の購入代金があり，家計と企業は深く結び付いている。
>
> 　私たちの暮らしをより良くするため，政府が行う経済活動を財政と呼び，(3)この財政は，家計や企業から支出される税金などで賄われている。また，財政の在り方に国民の意思が十分に反映されるよう，(4)国の財政を処理する権限は，国会の議決に基づいて，これを行使しなければならない，と日本国憲法で定められている。
>
> 　このように，家計，企業，政府が関わり合って，我が国の経済は発展している。

〔問1〕 (1)働くことによって得る賃金などがあり，その金額は時代とともに変化してきた。とあるが，次のⅠの文は，1960年に閣議決定された国民所得倍増計画の構想の一部を抜粋したものである。Ⅱのグラフは，我が国の消費者物価指数について，1960年から1970年までの推移を1960年を100とした指数で示したものである。Ⅲのグラフは，我が国の一人当たりの月間現金給与額について，1960年から1970年までの金額の推移を示したものである。Ⅰ～Ⅲの資料を活用し，1960年と1970年を比較した国民生活の変化について，消費者物価指数と月間現金給与額の増加割合に着目し，簡単に述べよ。

Ⅰ

> 　国民所得倍増計画は，速やかに国民総生産を倍増して，雇用の増大による完全雇用の達成をはかり，国民の生活水準を大幅に引き上げることを目的とするものでなければならない。

（経済企画庁編「国民所得倍増計画」1960年より作成）

Ⅱ

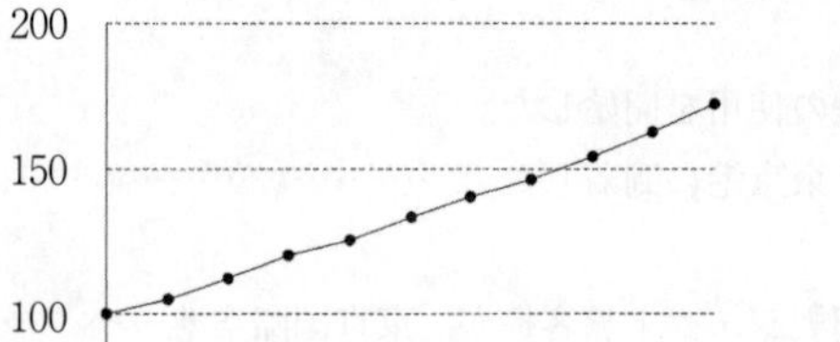

（総務省の資料より作成）

Ⅲ

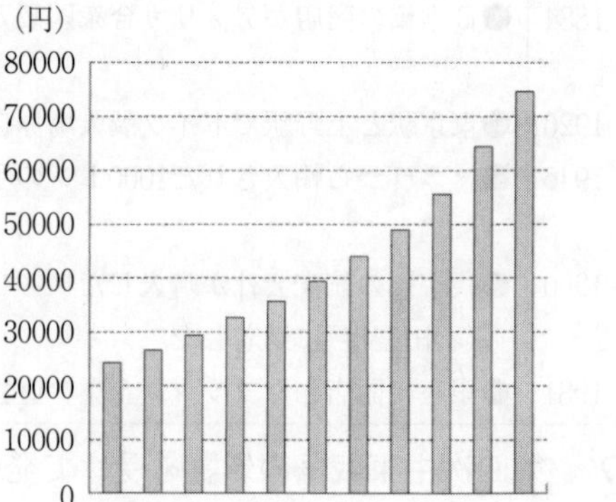

（厚生労働省の資料より作成）

〔問２〕 (2)企業などが生産した生活必需品の購入代金があり，家計と企業は深く結び付いている。とあるが，次のⅠの表は，我が国の1970年から2015年までの消費支出を，月当たり，一世帯当たりに換算し，更に食料費，光熱・水道費，被服及び履物《はきもの》費《ひ》，家具・家事用品費，交通・通信費，その他の項目について，消費支出に占める割合の推移を示したものである。下のⅡの文章は，被服及び履物費について述べたものである。Ⅱの文章で述べている項目に当てはまるのは，次のⅠの表の**ア**～**エ**のうちではどれか。

Ⅰ

	消費支出	食料費(%)	**ア**（%）	**イ**（%）	**ウ**（%）	**エ**（%）	その他(%)
1970年	82582円	32.2	9.3	5.5	4.1	5.1	43.8
1975年	166032円	30.0	9.0	6.6	4.1	5.0	45.3
1980年	238126円	27.8	7.5	8.5	5.3	4.2	46.7
1985年	289489円	25.7	7.0	9.7	5.9	4.2	47.5
1990年	331595円	24.1	7.2	10.1	5.1	4.0	49.5
1995年	349663円	22.6	6.0	11.0	5.6	3.7	51.1
2000年	340977円	22.0	5.0	12.8	6.2	3.3	50.7
2005年	328649円	21.6	4.6	14.3	6.5	3.1	49.9
2010年	318211円	21.9	4.3	15.1	6.8	3.3	48.6
2015年	315428円	23.6	4.3	15.8	7.3	3.5	45.5

（総務省統計局「家計調査年報　平成27年　家計収支編」などより作成）

Ⅱ

消費支出に占める割合は，1970年から2015年にかけて減少傾向にある。近年の傾向には，百貨店での購入の減少などが影響している。また，2010年から2015年にかけて，食料費の消費支出額が増加しているのに対し，被服及び履物費は約13000円台で推移している。

〔問３〕 (3)この財政は，家計や企業から支出される税金などで賄われている。とあるが，次のⅠのグラフの**ア**～**エ**は，1995年度から2015年度までの我が国の法人税，消費税，関税，所得税の収入額の推移について示したものである。Ⅱの文章で述べている税に当てはまるのは，Ⅰのグラフの**ア**～**エ**のうちのどれか。

Ⅰ

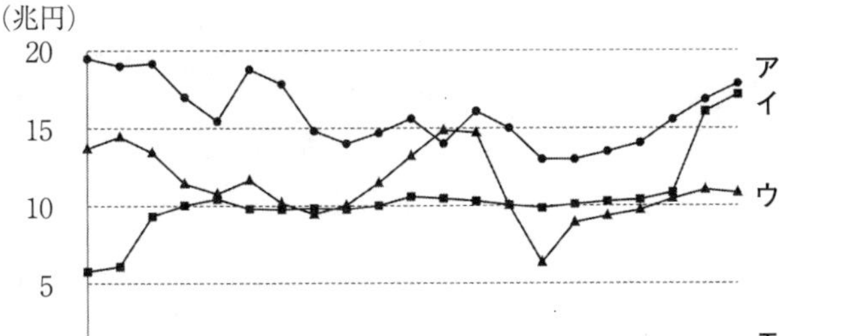

（財務省の資料より作成）

Ⅱ

株式会社などが，事業活動を通じて得た所得に課せられる国税で，事業規模によって税率が決定される。景気の変動を受けやすく，世界金融危機後の２年間で約６割の下落を記録した。

〔問４〕 (4)国の財政を処理する権限は，国会の議決に基づいて，これを行使しなければならない，と日本国憲法で定められている。とあるが，次のⅠの**A**～**E**は，第183回通常国会で「平成25年度予算案」の議決までの経過について示したものである。Ⅱの機関が開かれたのは，下の**ア**～**エ**のうちではどれか。

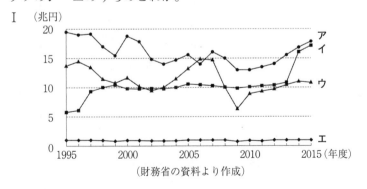

Ⅰ

A　第183回通常国会が開会される。（1月28日）
B　衆議院・参議院に平成25年度予算案が提出される。（2月28日）
C　衆議院で平成25年度予算案が可決される。（4月16日）
D　参議院で平成25年度予算案が否決される。（5月15日）
E　日本国憲法第60条第2項の規定により，衆議院の議決が国会の議決となる。（5月15日）

（参議院のホームページより作成）

Ⅱ

この機関は，両議院各10名の代表者から構成され，両議院の意見調整が行われる。

ア　AとBの間　　**イ**　CとDの間　　**ウ**　BとCの間　　**エ**　DとEの間

6　次の文章を読み，下の略地図を見て，あとの各問に答えよ。

現代の社会では，グローバル化の進展などによる急激な変化や新しい課題に対応するため，柔軟な思考や斬新な発想が求められ，(1)世界各地で新たな事実や真理を明らかにするために研究が進められている。

歴史を振り返ると，(2)先人が積み上げてきた研究の成果は，技術開発にも応用され，様々な分野に影響を与えてきた。

また，(3)我が国において開発された最新の技術は，他の国の人々の生活を豊かにするために役立てられている。

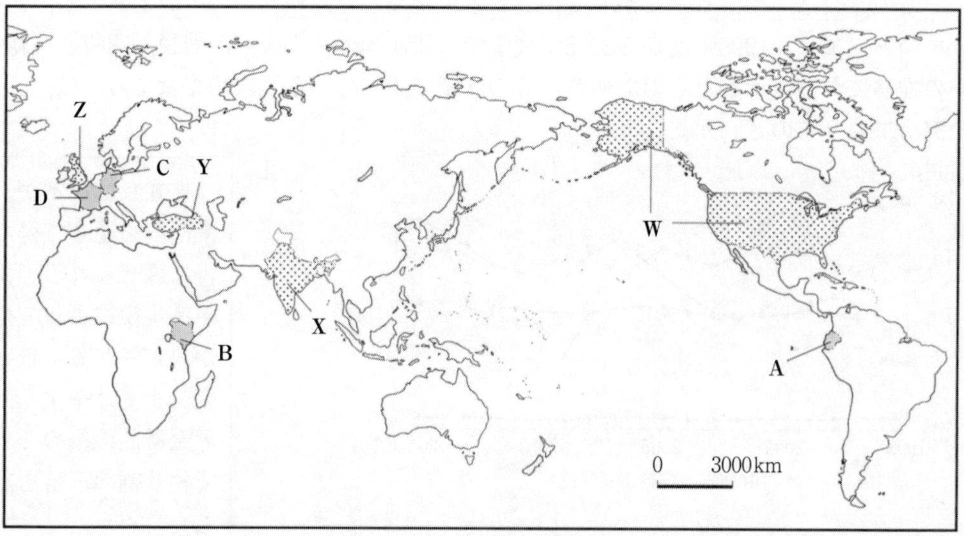

〔問1〕　(1)世界各地で新たな事実や真理を明らかにするために研究が進められている。とあるが，次の表の**ア**～**エ**の文章は，略地図中に　で示した**A**～**D**の**いずれか**の国の歴史と国内に立地する研究所の活動などについて述べたものである。略地図中の**A**～**D**のそれぞれの国に当てはまるのは，次の表の**ア**～**エ**のうちではどれか。

	国の歴史と国内に立地する研究所の活動など
ア	○この国は，世界各地に複数の植民地を有していたことで知られており，1789年に人権宣言を発表し，その後，王政(王制)が廃止されて共和政(共和制)となった。 ○この研究所は，エボラ出血熱などのウィルス遺伝子を解析し，感染症の原因となる微生物などの研究を行っている。
イ	○この国は，「種の起源」を著したダーウィンが調査に訪れた諸島が領土に含まれることで知られており，インカ帝国が滅ぼされた後にスペインの支配を受け，1830年に独立した。 ○この研究所は，多くの野生動物の固有種が生息する諸島の中に立地しており，島の生態系の保全に関する調査や野生動物の生態に関する科学的研究を行っている。
ウ	○この国は，明治時代に我が国の医学者が留学していたことで知られており，第二次世界大戦終了後に二つの国に分断されたが，分断の象徴であった壁が取り壊され，1990年に統一された。 ○この研究所は，現在の人類と化石人骨であるネアンデルタール人の遺伝子を解析するなど，人類の進化に関する研究を行っている。
エ	○この国は，多くの野生動物が生息するサバナが広がる国立公園に世界各地から観光客が訪れることで知られており，1963年にイギリスから独立した。 ○この研究所は，貧困の軽減や環境開発問題に取り組んでおり，焼畑農業に代わる農法を開発するなど，植栽した樹木を利用する農林業に関する研究を行っている。

〔問２〕 (2)先人が積み上げてきた研究の成果は，技術開発にも応用され，様々な分野に影響を与えてきた。とあるが，次の**ア**～**エ**は，それぞれの時代の技術開発について述べたものである。時期の古いものから順に記号を並べよ。

ア アメリカ合衆国でテネシー川流域の総合開発に代表されるニューディール政策が進められ，政府主導で経済の立て直しが行われた頃，合成繊維であるナイロンが開発された。

イ イギリスで産業革命が始まり，蒸気を利用して動力を生み出す技術が改良され，初の蒸気機関車を使った鉄道による旅客輸送が行われた。

ウ 東側陣営と西側陣営との間で起きた冷たい戦争(冷戦)の時代に，ソビエト社会主義共和国連邦は，アメリカ合衆国とロケット技術の開発競争を行い，初の有人宇宙飛行に成功した。

エ アメリカ合衆国で南北戦争後に大陸横断鉄道が開通し西部の開発が進む中で，音を電流に変換して伝える技術を用いた電話の実験に成功した。

〔問３〕 (3)我が国において開発された最新の技術は，他の国の人々の生活を豊かにするために役立てられている。とあるが，Ⅰのグラフの**W**～**Z**は，略地図中に ▒ で示した**W**～**Z**のそれぞれの国の1980年から2015年までの人口増加率の推移を示したものである。Ⅱのグラフの**W**～**Z**は，略地図中に ▒ で示した**W**～**Z**のそれぞれの国の1980年から2015年までの経済成長率の推移を示したものである。Ⅲの文章で述べている国に当てはまるのは，略地図中の**W**～**Z**のうちのどれか。

Ⅰ

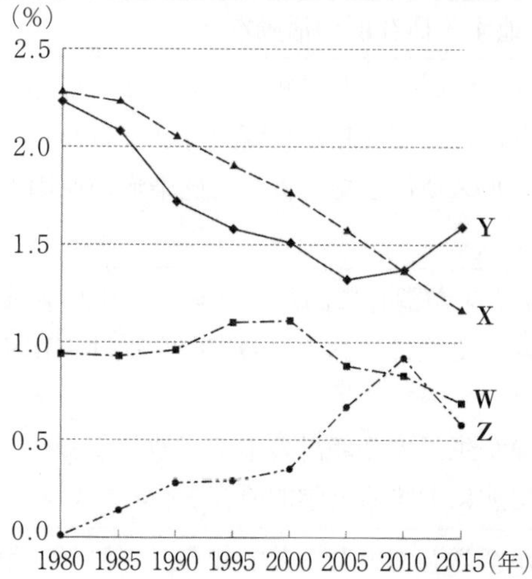

Ⅱ

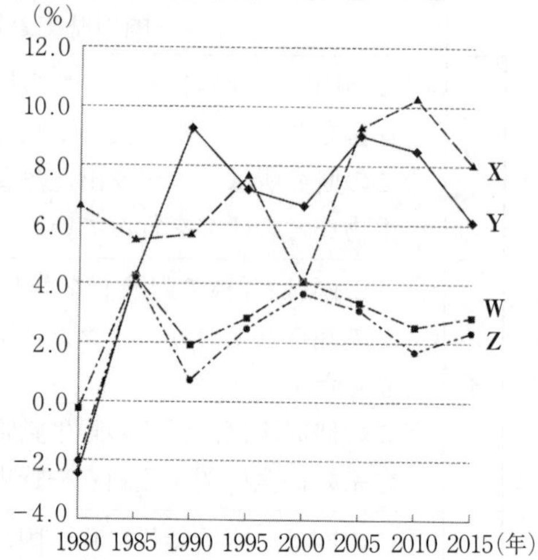

（国際連合のホームページより作成）

Ⅲ

○人口増加率は上昇した時期もあり，総人口の約５分の１が，海峡で隔てられた経済や文化の中心都市に集中している。 ○経済成長率は5.0％を上回る時期もあり，経済発展に伴う交通渋滞の緩和に向け，我が国の企業が，かつてコンスタンティノープルと呼ばれた都市に総延長約13.6kmの海峡横断鉄道トンネルを建設した。

理科

●満点　100点　●時間　50分

1　次の各問に答えよ。

〔問１〕　図１は，ヨウ素液に浸したオオカナダモの葉の細胞を模式的に表したものである。オオカナダモの葉の細胞には，ヨウ素液に浸して青紫色に変化した粒Aが数多く見られた。粒Aの特徴と，粒Aの名称を組み合わせたものとして適切なのは，次の表の**ア**～**エ**のうちではどれか。

	粒Aの特徴	粒Aの名称
ア	細胞でできた不要物が含まれる。	液胞
イ	光合成を行い，デンプンをつくる。	液胞
ウ	細胞でできた不要物が含まれる。	葉緑体
エ	光合成を行い，デンプンをつくる。	葉緑体

図１

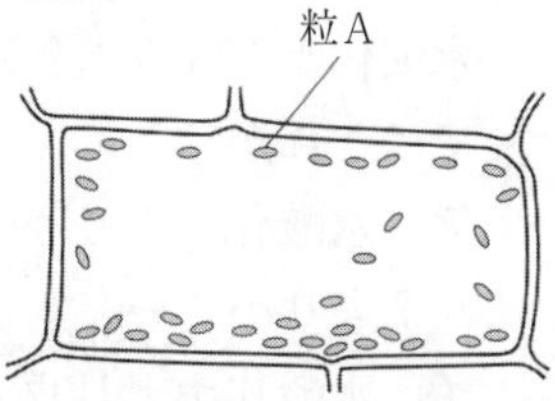

〔問２〕　東京のある地点において，ある日の午後９時に北の空を観測したところ，図２のように北極星と恒星Xが見えた。観測した日から30日後の午後９時に，同じ地点で北の空を観測した場合，恒星Xが見える位置として適切なのは，次のうちではどれか。

図２

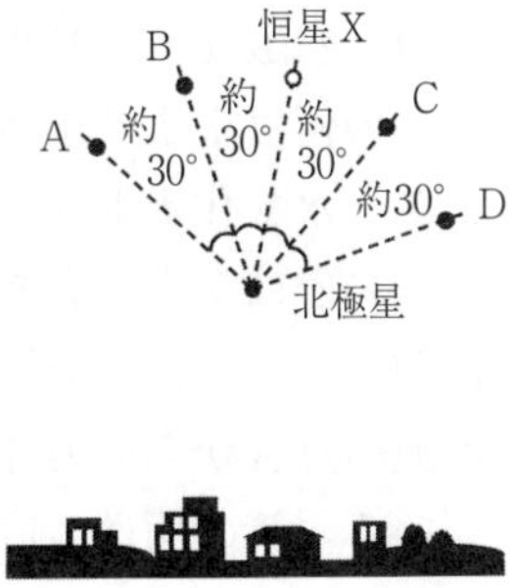

ア　A
イ　B
ウ　C
エ　D

〔問３〕　コイルを付けた透明な板を用意し，コイルの周りにN極が黒く塗られた方位磁針を置いた。コイルに電流を流したとき，コイルに流れている電流の向きと方位磁針のN極が指す向きを表したものを図３のA，Bから一つ，コイルの周りの磁力線を模式的に表したものを図４のC，Dから一つ，それぞれ選び，組み合わせたものとして適切なのは，下の**ア**～**エ**のうちではどれか。

図３

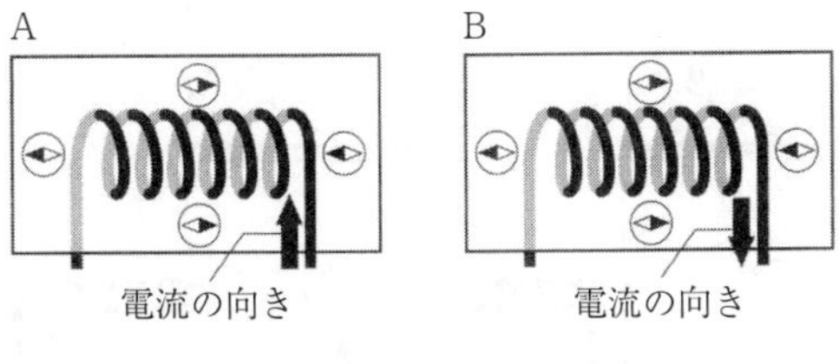

図４

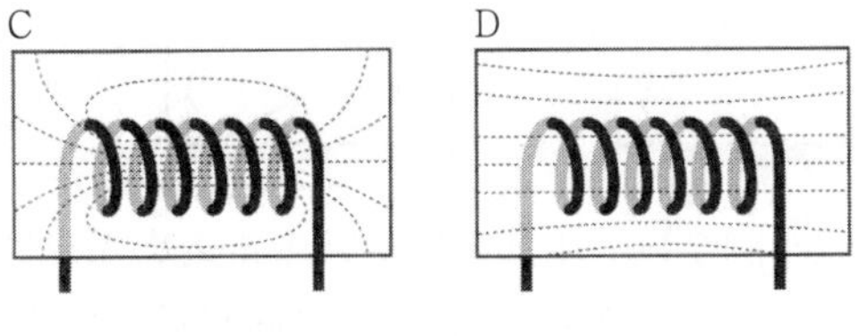

ア　A，C
イ　A，D
ウ　B，C
エ　B，D

〔問４〕　図５のA～Cは，それぞれ古生代，中生代，新生代のいずれかの地質年代の示準化石をスケッチしたものである。A～Cを地質年代の古いものから順に並べたものとして適切なのは，下の**ア**～**エ**のうちではどれか。

図5

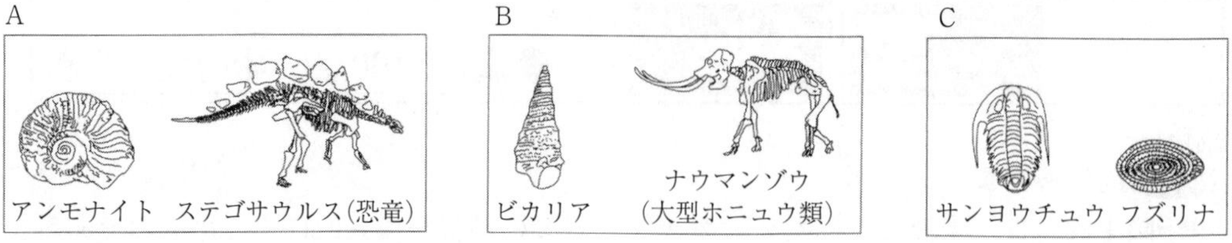

ア　A→B→C　　**イ**　A→C→B

ウ　C→A→B　　**エ**　C→B→A

〔問5〕　水に水酸化ナトリウムを入れてよくかき混ぜ，うすい水酸化ナトリウム水溶液を作った。水酸化ナトリウムと水酸化ナトリウム水溶液について述べたものとして適切なのは，次のうちではどれか。

ア　水酸化ナトリウムは水に溶けて H^+ を生じる酸で，水酸化ナトリウム水溶液の pH の値は7より小さい。

イ　水酸化ナトリウムは水に溶けて H^+ を生じる酸で，水酸化ナトリウム水溶液の pH の値は7より大きい。

ウ　水酸化ナトリウムは水に溶けて OH^- を生じるアルカリで，水酸化ナトリウム水溶液の pH の値は7より小さい。

エ　水酸化ナトリウムは水に溶けて OH^- を生じるアルカリで，水酸化ナトリウム水溶液の pH の値は7より大きい。

〔問6〕　図6は，光源装置，直方体のガラス，鏡を固定し，光源装置の点Aから直方体のガラスに入射するまでの光の道筋を表している。鏡の面は，直方体のガラスの一面に密着させている。直方体のガラス内に入射した後の光の道筋を表したものとして適切なのは，下の**ア**～**エ**のうちではどれか。

ただし，図6及び**ア**～**エ**で示した記号a，b，cは，それぞれ異なる大きさの角を表すものとする。

図6

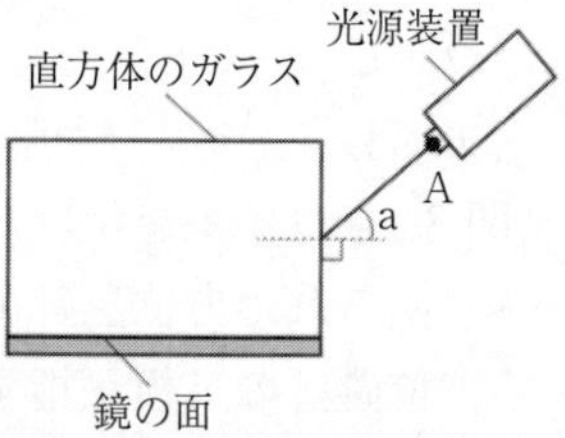

ア

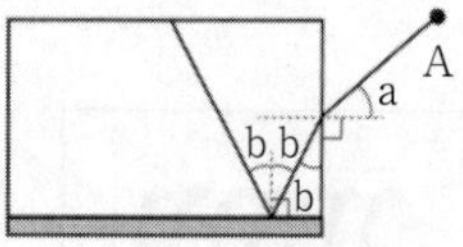

イ

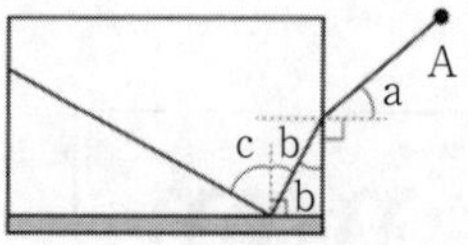

ウ

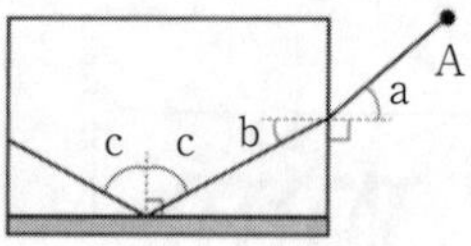

エ

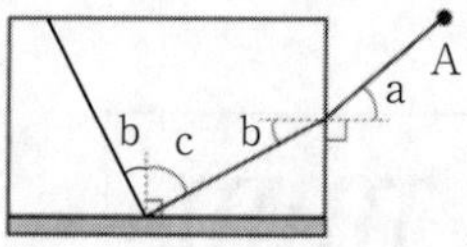

〔問7〕　図7は，生態系における炭素の循環を表したものである。生態系において生物の数量(生物量)のつり合いのとれた状態のとき，生物A，生物B，生物Cの生物の数量(生物量)の大小関係と，生態系における生物Dの名称を組み合わせたものとして適切なのは，次の表の**ア**～**エ**のうちではどれか。

図7

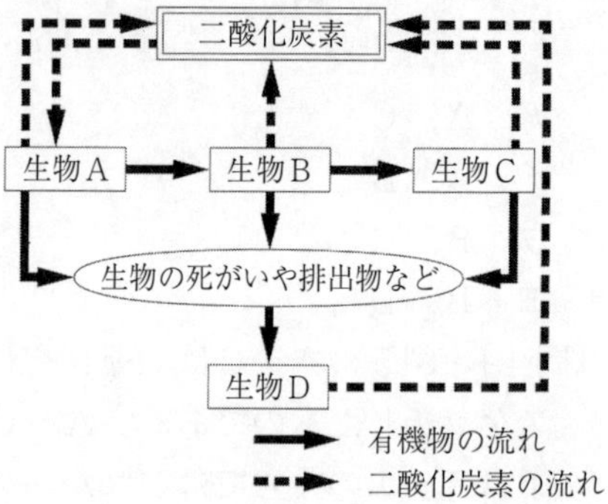

	生物A，生物B，生物Cの生物の数量(生物量)の大小関係	生態系における生物Dの名称
ア	生物A＞生物B＞生物C	生産者
イ	生物A＞生物B＞生物C	分解者
ウ	生物C＞生物B＞生物A	生産者
エ	生物C＞生物B＞生物A	分解者

2　生徒が，暮らしの中の防災について，科学的に探究しようと考え，自由研究に取り組んだ。生徒が書いたレポートの一部を読み，次の各問に答えよ。

＜レポート1＞　水を確保する方法について

災害により数日間断水する恐れがある。そこで，断水時に水を確保するため，海水から水を得る方法について調べることにした。

海水は塩分濃度が高く，そのまま飲むことはできない。海水の代わりに食塩水を用いて実験を行ったところ，ろ紙を用いたろ過では食塩水中の食塩を取り除くことができないが，蒸留によって食塩水から水を得られることが分かった。

〔問1〕　**＜レポート1＞**に関して，ろ紙を用いたろ過では食塩水中の食塩を取り除くことができない理由と，蒸留によって食塩水から水を得る方法を組み合わせたものとして適切なのは，次の表の**ア**～**エ**のうちではどれか。

	ろ紙を用いたろ過では食塩水中の食塩を取り除くことができない理由	蒸留によって食塩水から水を得る方法
ア	食塩水中のナトリウムイオンと塩化物イオンは，ろ紙の穴(すき間)よりも小さいから。	食塩水を沸騰させ，出てくる水蒸気を冷やして集めることで水を得る。
イ	食塩水中のナトリウムイオンと塩化物イオンは，ろ紙の穴(すき間)よりも小さいから。	食塩水を冷やし，食塩水中の塩分を結晶として取り出すことで水を得る。
ウ	食塩水中のナトリウムイオンと塩化物イオンは，ろ紙の穴(すき間)よりも大きいから。	食塩水を沸騰させ，出てくる水蒸気を冷やして集めることで水を得る。
エ	食塩水中のナトリウムイオンと塩化物イオンは，ろ紙の穴(すき間)よりも大きいから。	食塩水を冷やし，食塩水中の塩分を結晶として取り出すことで水を得る。

＜レポート2＞　ブレーカーについて

災害時，家庭内の電気機器などに異常を来すと，漏電した電流で感電したり，流れ続けた電流で電気コードなどが発熱して火災を起こしたりする恐れがある。感電や火災を防ぐため，家庭内で安全に電気を使うことができる仕組みについて調べることにした。

安全に電気が使用されるために，家庭内には分電盤があり，分電盤にはブレーカーがついている。ブレーカーには，用途に応じて様々な種類があり，スイッチを切ると家庭内のコンセントに流れる電流を遮断したり，決められた以上の電流が流れると自動で電流を遮断したりするものがあることが分かった。また，家の電気機器の消費電力を調べたところ，液晶テレビが250W，電気ストーブが1000W，ドライヤーが1200Wであった。

〔問２〕 **＜レポート２＞**に関して，15Ａ以上の電流が流れると自動で電流を遮断するブレーカーとつながっている電圧100Ｖのコンセントに，消費電力1000Ｗの電気ストーブをつなげて使用しているとき，消費電力と発熱量の関係と，追加して安全に使用することができる電気機器を組み合わせたものとして適切なのは，次の表の**ア**～**エ**のうちではどれか。

	消費電力と発熱量の関係	追加して安全に使用することができる電気機器
ア	消費電力が大きいと発熱量は小さい。	250Ｗの液晶テレビ
イ	消費電力が大きいと発熱量は小さい。	1200Ｗのドライヤー
ウ	消費電力が大きいと発熱量は大きい。	250Ｗの液晶テレビ
エ	消費電力が大きいと発熱量は大きい。	1200Ｗのドライヤー

＜レポート３＞　応急手当について

災害時には，ガラスの破片やがれきなどでけがをする恐れがある。出血がある場合には，傷口に清潔な布などを直接当て，強く圧迫すると出血が止まる。そこで，止血と血液の成分との関係について調べることにした。

血液中には，出血した血液を固める働きをもつ成分が含まれていることが分かった。また，顕微鏡を用いてヒトの血液の標本を観察したところ，図のようにＡ～Ｃの固形の成分が見られることが分かった。

図

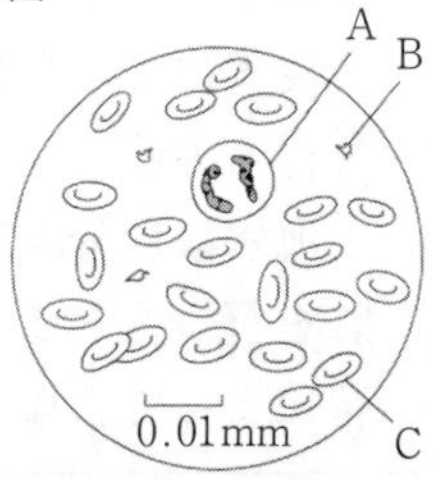

〔問３〕 **＜レポート３＞**に関して，図のＡとＢのうち，出血した血液を固める働きをもつ成分と，出血した血液を固める働きをもつ成分の名称を組み合わせたものとして適切なのは，次の表の**ア**～**エ**のうちではどれか。

	出血した血液を固める働きをもつ成分	出血した血液を固める働きをもつ成分の名称
ア	Ａ	白血球
イ	Ａ	血小板
ウ	Ｂ	白血球
エ	Ｂ	血小板

＜レポート４＞　ひょうが降る現象について

気象災害の一つに，ひょうによる農作物や建物などへの被害がある。人がけがをする恐れもあるので，建物に避難する必要がある。そこで，ひょうが降る現象について調べることにした。

温められた地表の上空に冷たい空気が入り，温度差が大きくなると，上昇気流が発生することがある。急激な上昇気流により，積乱雲が発達する過程で，地上付近の水蒸気を含んだ空気は上昇するにつれて温度が低くなり，空気中の水蒸気は冷えて水滴になる。水蒸気を含んだ空気の上昇が続くと，水滴は氷の粒となる。氷の粒は周りの水蒸気を取り込んで更に大きくなり，重くなると下降する。下降する途中で，再び上昇気流により上昇することがあり，上昇と下降を繰り返すと大きな氷の粒になる。地上に落ちてきた氷の粒のうち，直径５mm以上のものをひょうと呼び，直径が５cmを超えるものもあることが分かった。

また，積乱雲は寒冷前線付近で生じる上昇気流でもできることが分かった。

〔問4〕 ＜**レポート4**＞に関して，雲ができるとき空気が上昇するにつれて温度が低くなる理由と，寒冷前線付近で積乱雲が発達する様子について述べたものを組み合わせたものとして適切なのは，次の表の**ア**～**エ**のうちではどれか。

	雲ができるとき空気が上昇するにつれて温度が低くなる理由	寒冷前線付近で積乱雲が発達する様子
ア	上空では気圧が低く，空気が膨張するから。	暖気が寒気に向かって進み，寒気の上をはい上がり，上昇気流が起こる。
イ	上空では気圧が低く，空気が膨張するから。	寒気が暖気に向かって進み，暖気を押し上げて，上昇気流が起こる。
ウ	上空では気圧が高く，空気が収縮するから。	暖気が寒気に向かって進み，寒気の上をはい上がり，上昇気流が起こる。
エ	上空では気圧が高く，空気が収縮するから。	寒気が暖気に向かって進み，暖気を押し上げて，上昇気流が起こる。

3 地震の観測と地震の起こる仕組みについて，次の各問に答えよ。

地震について調べるために，ある日の日本の内陸で起こった，震源がごく浅い地震について，震源からの距離が異なる観測地点A～Eの5地点の観測データをインターネットから収集した。観測地点Aと観測地点Bについては，それぞれの地点に設置された地震計の記録を，観測地点C～Eについては，震源からの距離，初期微動が始まった時刻，主要動が始まった時刻の記録を得た。

ただし，観測した地震が起きた観測地点A～Eを含む地域の地形は平坦で，地盤の構造は均一であり，地震の揺れを伝える2種類の波はそれぞれ一定の速さで伝わるものとする。

図1

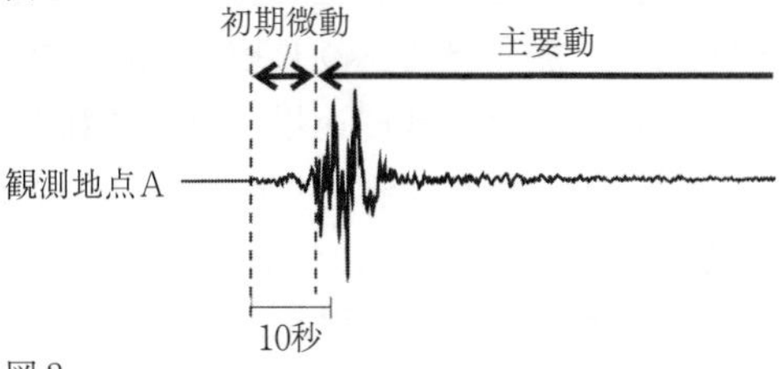

図2

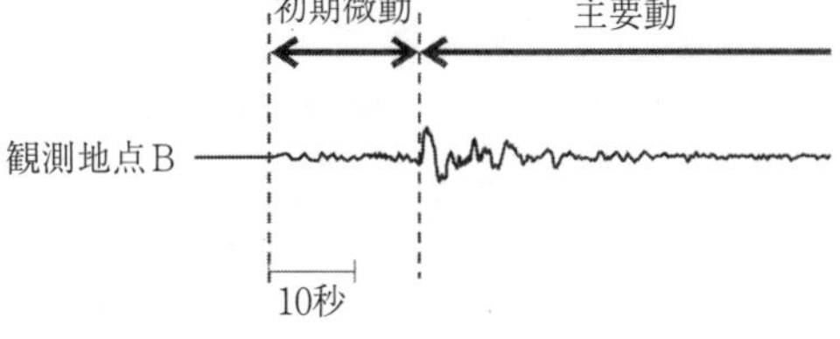

＜**観測記録**＞

(1) 図1は観測地点Aに，図2は観測地点Bに設置された地震計の記録を模式的に表したものである。

(2) 表1は，観測地点C～Eにおける地震の記録についての資料をまとめたものである。

表1

	震源からの距離	初期微動が始まった時刻	主要動が始まった時刻
観測地点C	35km	16時13分50秒	16時13分55秒
観測地点D	77km	16時13分56秒	16時14分07秒
観測地点E	105km	16時14分00秒	16時14分15秒

(3) (1)，(2)で調べた地震では緊急地震速報が発表されていた。緊急地震速報は，地震が起こった直後に震源に近い地点の地震計の観測データから，震源の位置，マグニチュード，主要動の到達時刻や震度を予想し，最大震度が5弱以上と予想される地域に可能な限り素早く知ら

せる地震の予報，警報である。図3は，地震発生から緊急地震速報の発表，受信までの流れを模式的に示している。

図3

〔問1〕 図1，図2のように，初期微動の後に主要動が観測される理由について述べたものとして適切なのは，次のうちではどれか。

ア 震源ではＰ波が発生した後にＳ波が発生し，伝わる速さはどちらも同じだから。

イ 震源ではＳ波が発生した後にＰ波が発生し，伝わる速さはどちらも同じだから。

ウ 震源ではＰ波とＳ波は同時に発生し，Ｐ波が伝わる速さはＳ波よりも速いから。

エ 震源ではＰ波とＳ波は同時に発生し，Ｓ波が伝わる速さはＰ波よりも速いから。

〔問2〕 図1の観測地点Ａと図2の観測地点Ｂを比較したときに，震源からの距離が遠い観測地点と，震源からの距離と初期微動継続時間の関係について述べたものを組み合わせたものとして適切なのは，次の表の**ア**～**エ**のうちではどれか。

	震源からの距離が遠い観測地点	震源からの距離と初期微動継続時間の関係
ア	観測地点Ａ	震源から遠くなるほど，初期微動継続時間は短くなる。
イ	観測地点Ａ	震源から遠くなるほど，初期微動継続時間は長くなる。
ウ	観測地点Ｂ	震源から遠くなるほど，初期微動継続時間は短くなる。
エ	観測地点Ｂ	震源から遠くなるほど，初期微動継続時間は長くなる。

〔問3〕 <**観測記録**>の(1)と(2)で調べた地震では，観測地点Ｃの地震計で初期微動を感知してから6秒後に緊急地震速報が発表されていた。このとき，震源からの距離がX〔km〕の場所で，緊急地震速報を主要動の到達と同時に受信した。震源からの距離と主要動の到達について述べた次の文の，［(1)］には当てはまる数値を，［(2)］には数値を用いた適切な語句を，それぞれ書け。ただし，緊急地震速報の発表から受信までにかかる時間は考えないものとする。

> 震源からの距離X〔km〕は，［　(1)　］〔km〕である。震源からの距離がX〔km〕よりも遠い場所において，緊急地震速報を受信してから主要動が到達するまでの時間は，震源からの距離がX〔km〕よりも［　(2)　］につれて1秒ずつ増加する。

次に，日本付近のプレートと地震の分布について図書館で調べ，<**資料**>を得た。

<**資料**>

図4は，日本付近に集まっている4枚のプレートを示したものである。図4の2枚の陸のプレートの境界がはっきりしていないため，現在考えられている境界を ------ 線で示している。

図5は，図4の［　］で示した範囲と同じ範囲における，2000年から2009年までに起こったマグニチュード5以上の地震の震央の分布を，［　］に示す震源の深さで分類して表したものである。

プレートの境界部周辺には常に様々な力が加わってひずみが生じており，プレートのひずみやずれが日本付近の大規模な地震の主な原因と考えられている。

図4

図5

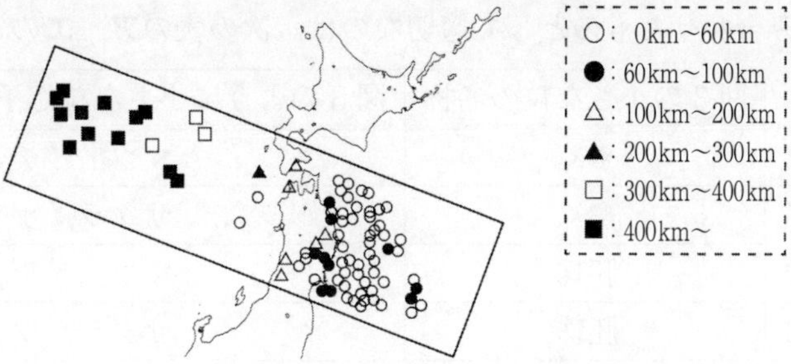

〔問4〕 <**資料**>の図4と図5から，プレートの境界で起こる地震について，プレートの動きと図4の□で示した範囲で起こった地震の震源の深さとの関係について述べたものとして適切なのは，次のうちではどれか。

ア 海のプレートが日本列島付近で陸のプレートの下に沈み込んでいて，震源は太平洋側で浅く，大陸側で深い。

イ 海のプレートが日本列島付近で陸のプレートの下に沈み込んでいて，震源は太平洋側で深く，大陸側で浅い。

ウ 陸のプレートが日本列島付近で海のプレートの下に沈み込んでいて，震源は太平洋側で浅く，大陸側で深い。

エ 陸のプレートが日本列島付近で海のプレートの下に沈み込んでいて，震源は太平洋側で深く，大陸側で浅い。

4 植物のつくりの観察と，遺伝の規則性を調べる実験について，次の各問に答えよ。
ただし，遺伝子は親から子へ伝わるときに変化することはないものとする。
<**観察1**>を行ったところ，<**結果1**>のようになった。

<**観察1**>

花壇にエンドウの種子をまいて育て，花が咲いてから種子ができるまでを観察した。

(1) エンドウの花を図1のようにカッターナイフで切り，花の断面をルーペで観察した。

(2) (1)とは別の花の子房が果実になった後，果実を図2のようにカッターナイフで切り，果実の断面をルーペで観察した。

図1

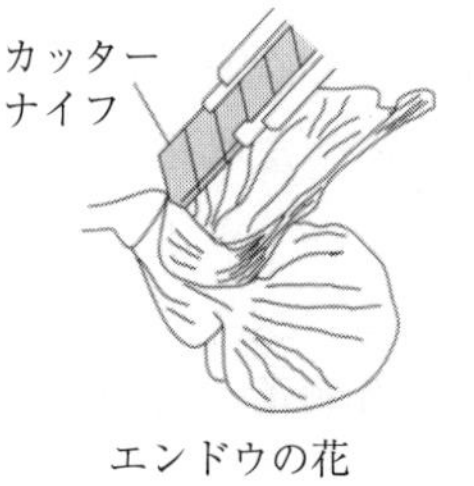

図2

<**結果1**>

(1) 図3は，<**観察1**>の(1)の花の断面をスケッチしたものである。子房の中には，小さな粒が見られた。

(2) 図4は，<**観察1**>の(2)の果実の断面をスケッチしたものである。果実の中には，小さな粒が成長してできた種子が見られた。種子には，黄色の種子と緑色の種子があった。

図3

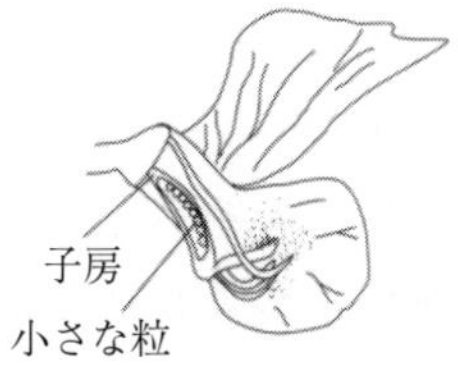

図4

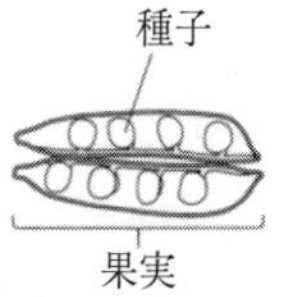

〔問１〕　＜**結果１**＞の図３の小さな粒の名称と，図３のように小さな粒が子房の中にある植物を組み合わせたものとして適切なのは，次の表の**ア**～**エ**のうちではどれか。

	図３の小さな粒の名称	図３のように小さな粒が子房の中にある植物
ア	やく	マツ，イチョウ
イ	やく	サクラ，ツツジ
ウ	胚珠	マツ，イチョウ
エ	胚珠	サクラ，ツツジ

次に，＜**観察２**＞を行ったところ，＜**結果２**＞のようになった。

＜**観察２**＞

＜**結果１**＞の(2)で見られた黄色の種子と緑色の種子を一つずつ取り出し，それぞれ図５のように，カッターナイフで切り，種子の断面をルーペで観察した。

図５

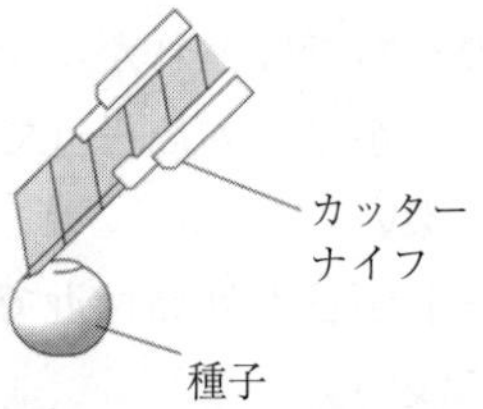

図６

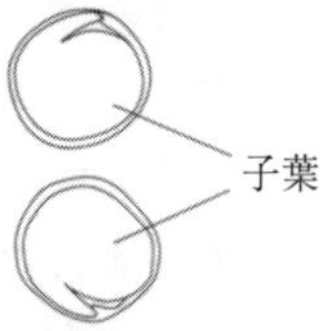

＜**結果２**＞

図６は，＜**観察２**＞の黄色の種子の断面をスケッチしたものである。黄色の種子の子葉は黄色であり，緑色の種子の子葉は緑色であった。

次に，＜**実験**＞を行ったところ，＜**結果３**＞のようになった。

＜**実験**＞

(1)　エンドウの種子のうち，子葉が黄色の純系の種子を校庭の花壇Ｐに，子葉が緑色の純系の種子を花壇Ｑにまいて育てた。

(2)　花壇Ｐで育てたエンドウのめしべに，花壇Ｑで育てたエンドウの花粉だけを付けてできた種子を観察した。

＜**結果３**＞

＜**実験**＞の(2)で観察したエンドウの種子は，全て子葉が黄色であった。

〔問２〕　＜**結果３**＞で観察した種子をまいて育てたエンドウの精細胞と卵細胞のそれぞれがもつ遺伝子について述べたものとして適切なのは，下の**ア**～**エ**のうちではどれか。

ただし，エンドウの種子の子葉の色が優性形質になる遺伝子をＡ，劣性形質になる遺伝子をａとする。

ア　精細胞は，遺伝子Ａ又は遺伝子ａをもつ。卵細胞は，全て遺伝子Ａをもつ。

イ　精細胞は，全て遺伝子Ａをもつ。卵細胞は，遺伝子Ａ又は遺伝子ａをもつ。

ウ　精細胞と卵細胞は，それぞれ遺伝子Ａ又は遺伝子ａをもつ。

エ　精細胞と卵細胞は，全て遺伝子Ａａをもつ。

〔問３〕　エンドウの種子の子葉の色が優性形質になる遺伝子をＡ，劣性形質になる遺伝子をａとすると，子葉が黄色の種子の遺伝子の組み合わせは，ＡＡとＡａがあり，種子を観察しただけではどちらの遺伝子の組み合わせをもつのか分からない。そこで，子葉が黄色の種子の遺伝子の組み合わせを確かめようと考え，＜**仮説**＞を立てた。

＜**仮説**＞

子葉が黄色で遺伝子の組み合わせが分からないエンドウの種子を種子Ｘとし，種子Ｘをまいて育てたエンドウのめしべに，[(1)]を付けてできる種子を種子Ｙとする。

種子Ｘの遺伝子の組み合わせは，種子Ｙの形質を調べることにより確かめることができる。種子Ｙについて[(2)]であれば，ＡＡと決まり，[(3)]であれば，Ａａと決まる。

＜**仮説**＞の[(1)]に当てはまるものとして適切なのは，下の**ア**と**イ**のうちではどれか。また，[(2)]と[(3)]にそれぞれ当てはまるものとして適切なのは，下の**ア**～**ウ**のうちではどれか。

[(1)] **ア**　子葉が黄色の純系の種子をまいて育てたエンドウの花粉
　　 イ　子葉が緑色の純系の種子をまいて育てたエンドウの花粉

[(2)] **ア**　全て子葉が黄色の種子
　　 イ　子葉が黄色の種子の数と子葉が緑色の種子の数の比がおよそ1：1
　　 ウ　子葉が黄色の種子の数と子葉が緑色の種子の数の比がおよそ3：1

[(3)] **ア**　全て子葉が黄色の種子
　　 イ　子葉が黄色の種子の数と子葉が緑色の種子の数の比がおよそ1：1
　　 ウ　子葉が黄色の種子の数と子葉が緑色の種子の数の比がおよそ3：1

5　銅と酸化銅を用いた実験について，次の各問に答えよ。
＜**実験１**＞を行ったところ，＜**結果１**＞のようになった。

＜**実験１**＞

(1)　ステンレス皿の質量を電子てんびんで測定すると32.86ｇであった。このステンレス皿に銅の粉末を0.40ｇ載せ，加熱する前の粉末とステンレス皿を合わせた質量（全体の質量）を測定した。

(2)　図１のように，銅の粉末を薬さじで薄く広げた後，粉末全ての色が変化するまで十分に加熱した。

(3)　ステンレス皿が十分に冷めてから，加熱した後の全体の質量を測定した。

(4)　質量が変化しなくなるまで(2)と(3)の操作を繰り返し，加熱した後の全体の質量を測定して，化合した酸素の質量を求めた。

図１
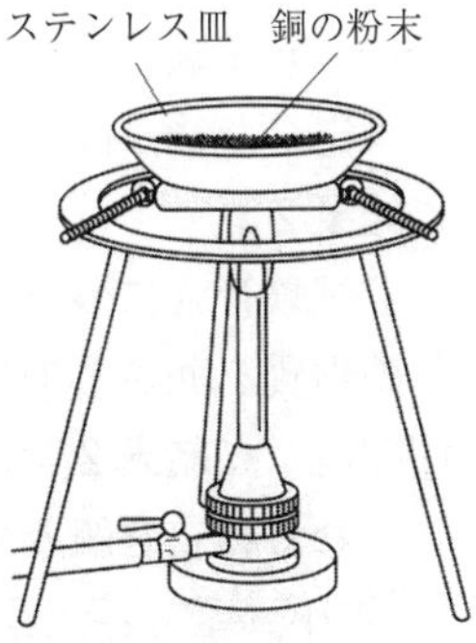

(5)　銅の粉末の質量を，0.60ｇ，0.80ｇ，1.00ｇ，1.20ｇに変え，それぞれについて＜**実験１**＞の(1)～(4)と同様の実験を行った。

＜**結果１**＞

銅の粉末の質量〔ｇ〕	0.40	0.60	0.80	1.00	1.20
加熱する前の全体の質量〔ｇ〕	33.26	33.46	33.66	33.86	34.06
質量が変化しなくなるまで加熱した後の全体の質量〔ｇ〕	33.36	33.61	33.86	34.11	34.36
化合した酸素の質量〔ｇ〕	0.10	0.15	0.20	0.25	0.30

〔問１〕　＜**実験１**＞の(4)，(5)で，全体の質量が変化しなくなる理由と，銅の粉末を加熱したときの反応を表したモデルを組み合わせたものとして適切なのは，下の表の**ア**～**エ**のうちではどれか。

ただし，●は銅原子１個を，○は酸素原子１個を表すものとする。

	＜**実験１**＞の(4)，(5)で，全体の質量が変化しなくなる理由	銅の粉末を加熱したときの反応を表したモデル
ア	一定量の銅と化合するのに必要な酸素が不足しているから。	●●＋○○→●○　●○
イ	一定量の銅と化合するのに必要な酸素が不足しているから。	●＋○→●○
ウ	一定量の銅と化合する酸素の質量には限界があるから。	●●＋○○→●○　●○
エ	一定量の銅と化合する酸素の質量には限界があるから。	●＋○→●○

〔問２〕　＜**結果１**＞から，銅の粉末の質量と化合した酸素の質量の関係を，解答用紙の方眼を入れた図に●を用いて記入し，グラフをかけ。

次に，＜**実験２**＞を行ったところ，＜**結果２**＞のようになった。

＜**実験２**＞

(1)　酸化銅1.00 g と十分に乾燥させた炭素の粉末0.06 g をよく混ぜ合わせ，乾いた試験管Aに入れ，ガラス管がつながっているゴム栓をして，図２のように試験管Aの口を少し下げ，スタンドに固定し，ガラス管の先を石灰水の入った試験管Bに入れた。

(2)　試験管Aをガスバーナーで加熱したところ，ガラス管の先から気体が出ていることと，石灰水の色が白く濁ったことが確認できた。

(3)　ガラス管の先から気体が出なくなったことを確認した後，ガラス管を石灰水の中から取り出してから試験管Aの加熱をやめ，ゴム管をピンチコックで閉じた。試験管Aが十分に冷めてから，試験管Aに残った物質を取り出し質量を測定した後，観察した。

図２

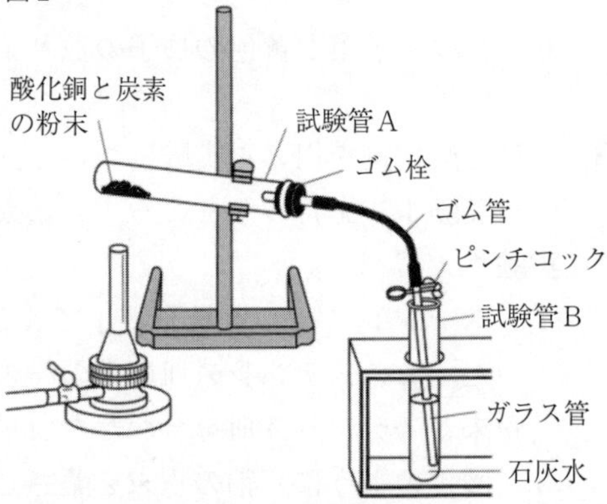

＜**結果２**＞

試験管Aに残った物質の質量は0.84 g であった。赤色の物質と黒色の物質が見られた。赤色の物質を薬さじで強くこすると，金属光沢が見られた。

〔問３〕　＜**結果２**＞から分かる，酸素と銅や炭素との結び付きやすさの違いと，試験管Aで還元される物質を組み合わせたものとして適切なのは，次の表の**ア**～**エ**のうちではどれか。

	酸素と銅や炭素との結び付きやすさの違い	試験管Aで還元される物質
ア	酸素は，銅よりも炭素と結び付きやすい。	酸化銅
イ	酸素は，銅よりも炭素と結び付きやすい。	銅
ウ	酸素は，炭素よりも銅と結び付きやすい。	酸化銅
エ	酸素は，炭素よりも銅と結び付きやすい。	銅

〔問４〕　＜**結果２**＞から，試験管Aに残った物質のうち，黒色の物質の質量として適切なのは，下の**ア**～**エ**のうちではどれか。

ただし，試験管Aの中の炭素は全て反応したものとする。

ア　0.16 g　　**イ**　0.20 g　　**ウ**　0.64 g　　**エ**　0.80 g

6 小球の運動とエネルギーを調べる実験について，次の各問に答えよ。

ただし，床は水平とし，空気抵抗，衝突によるエネルギーの減少，レールとの摩擦などは考えないものとする。

<**実験１**>を行ったところ，<**結果１**>のようになった。

<**実験１**>

(1) 図１のように，小球Ａに糸を付け，それぞれの糸の一端を床に置いたスタンドに結び，振り子を作った。小球Ａが静止しているときの小球Ａの中心を通る水平面を高さの基準面とした。

図１

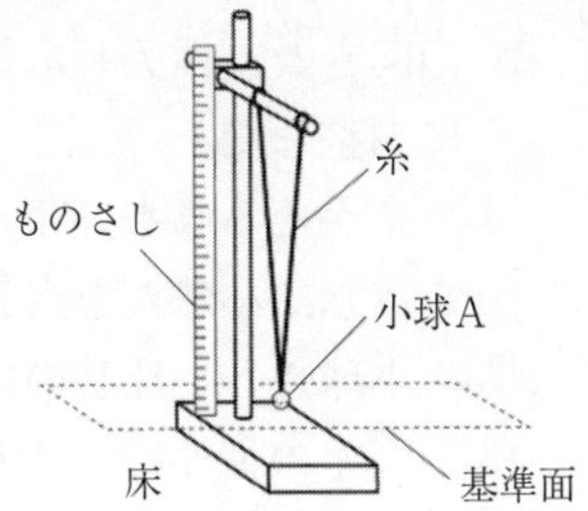

(2) 糸がたるまないように，小球Ａの中心を基準面から高さ15cmの位置に合わせ，静かに手を放した。

(3) 小球Ａの運動を発光時間間隔0.1秒のストロボ写真で記録した。

(4) 図２のように，静かに手を放した時から0.6秒間の0.1秒ごとの小球Ａの位置を模式的に表し，①から0.1秒ごとに⑦まで，順に番号を付け，各位置の基準面から小球Ａの中心までの高さをそれぞれ測定した。

図２

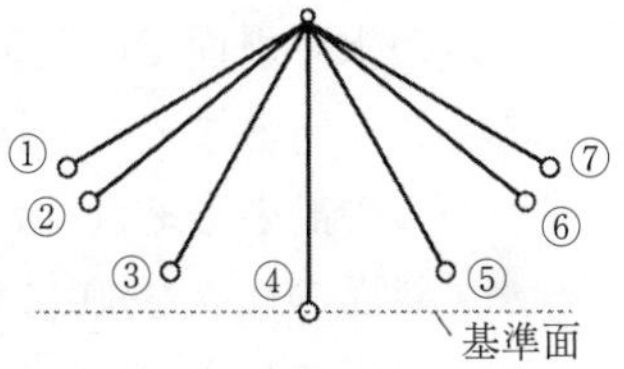

<**結果１**>

番号	①	②	③	④	⑤	⑥	⑦
静かに手を放した時からの時間〔s〕	0	0.1	0.2	0.3	0.4	0.5	0.6
基準面から小球Ａの中心までの高さ〔cm〕	15	11	4	0	4	11	15

〔問１〕 <**実験１**>と<**結果１**>から，小球Ａの位置が図２の②のとき，小球Ａに働く重力を矢印で表したものを次のＰ，Ｑから一つ，小球Ａが①から⑦まで運動している間の小球Ａの速さと運動の向きの変化について説明したものを次のＲ，Ｓから一つ，それぞれ選び，組み合わせたものとして適切なのは，下の**ア**～**エ**のうちではどれか。

Ｐ

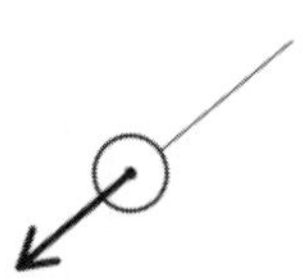

Ｑ

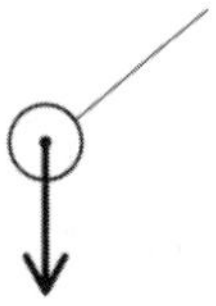

Ｒ 小球Ａの速さと運動の向きは変化しない。

Ｓ 小球Ａの速さと運動の向きは変化する。

ア Ｐ，Ｒ **イ** Ｐ，Ｓ **ウ** Ｑ，Ｒ **エ** Ｑ，Ｓ

次に，<**実験２**>を行ったところ，<**結果２**>のようになった。

<**実験２**>

(1) <**実験１**>で用いた振り子，斜面の角度が変えられる目盛りを付けた一本のレール，小球Ａと体積も質量も等しい小球Ｂを用意した。

(2) 図３のように，レールに，床と水平な面，水平な面と斜面をつなぐ曲面，水平な面との傾きが20°の斜面を作り，レールとスタンドを固定した。

図３

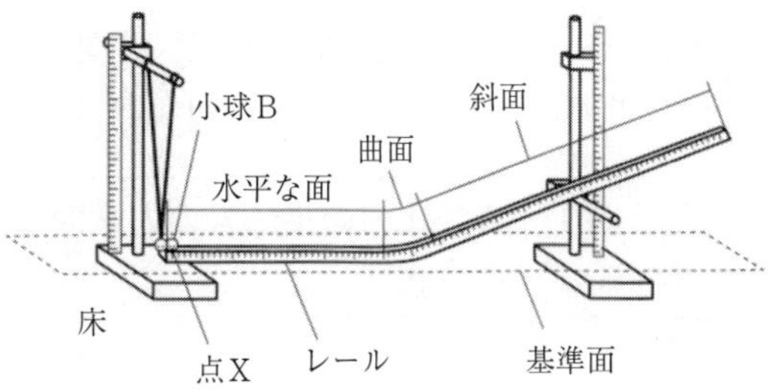

(3) 小球Bをレール上に置き，置いた点を点Xとした。点Xに置いた小球Bは，静止しているときの小球Aと触れている。二つの小球の中心は，床から同じ高さで，二つの小球の中心を通る面を高さの基準面とした。また，小球Aを運動させた時，最下点における小球Aの運動の向きと，衝突した後のレール上の水平な面における小球Bの運動の向きは同じになるように調整した。

(4) 糸がたるまないように，小球Aの中心を基準面から高さ15cmの位置に合わせ，静かに手を放し，小球Aを点Xで静止している小球Bに衝突させた。

(5) 小球Aと小球Bの運動を発光時間間隔0.1秒のストロボ写真で記録した。

(6) 図4のように，ストロボ写真に記録された小球Bがレールの水平な面で運動を始めてから0.2秒間の0.1秒ごとの位置と，斜面上で一瞬静止した位置とを模式的に表し，小球Bのレールの水平な面での運動について，aから0.1秒ごとにcまで，順に記号を付けた。

(7) aからcまでの各区間における移動距離と，小球Bが斜面上で一瞬静止した位置の基準面からの高さをそれぞれ測定した。

(8) 斜面の傾きを30°に変え，(4)，(5)と同様の実験を行った。

(9) 斜面の傾きが30°のとき，(6)と同様に図5のように模式的に表し，dから0.1秒ごとにfまで，順に記号を付け，(7)と同様の測定を行った。

図4

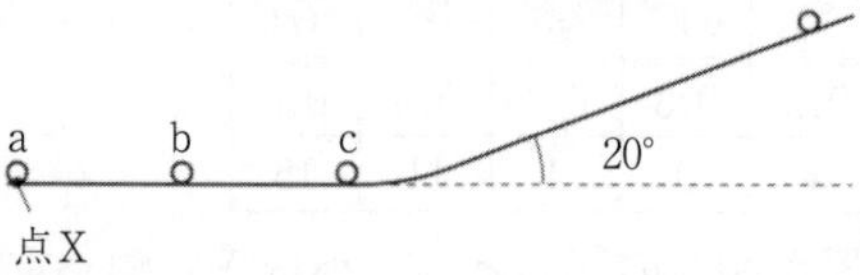

図5

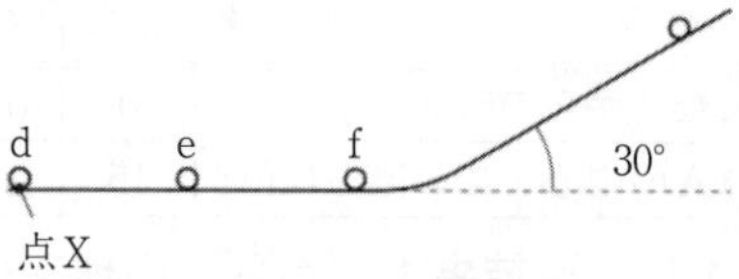

<結果2>

(1) 小球Aの運動を記録したストロボ写真を模式的に表したものは，**<実験1>**の図2の①から④までと同じであった。

(2) 小球Bの運動を記録したストロボ写真を模式的に表したものから測定した結果は，次の表のようになった。

斜面の傾き	20°		30°	
区間	a～b	b～c	d～e	e～f
移動距離〔cm〕	17	17	17	17

斜面の傾き	20°	30°
小球Bが斜面上で一瞬静止した位置の基準面からの高さ〔cm〕	15	15

〔問2〕 **<結果2>**から，図4のaからcまでの間における小球Bの平均の速さ〔m/s〕を求めよ。

〔問3〕 **<結果1>**と**<結果2>**から，図2の①から③までの小球Aと，図5のfから斜面上で一瞬静止するまでの小球Bについて，それぞれの区間における小球A又は小球Bの力学的エネルギーの変化を位置エネルギー，運動エネルギーで表したとき，次の表の(1)と(2)にそれぞれ当てはまるものとして適切なのは，下の**ア**～**エ**のうちではどれか。

図2の①から③までの小球Aの力学的エネルギーの変化	図5のfから斜面上で一瞬静止するまでの小球Bの力学的エネルギーの変化
(1)	(2)

ア　位置エネルギーと運動エネルギーは変化していない。
イ　位置エネルギーは減少し，運動エネルギーは増加している。
ウ　位置エネルギーは増加し，運動エネルギーは減少している。
エ　位置エネルギーは変化せず，運動エネルギーは増加している。

でいう「梅の花から桜の花へ」の「政権交代」について説明したものとして最も適切なのは、次のうちではどれか。

ア　もともとは中国の文化を取り入れ梅の花を観賞しながら歌を詠んでいたが、時代の変遷の中で対象が桜の花に替わっていったということ。

イ　かつて花の宴といえば梅の花であったが、ある時期から梅と桜の区別がなくなり同じ花として扱われるようになっていったということ。

ウ　昔は大陸の影響から梅を歌にしたが、業平たちの時代には桜の歌が歌人の実力を示すものと考えられるようになっていったということ。

エ　古くは梅を観賞することが人々の楽しみであったが、時代が進む中で桜を植えて観賞することが人々の間に流行していったということ。

〔問2〕(2)**大岡**さんの発言の中で引用されている紀貫之と西行の桜の歌の特徴について説明したものとして最も適切なのは、次のうちではどれか。

ア　紀貫之の歌は桜の花が夢の中で舞う繊細な美しさを描いているが、西行の歌は桜の花が夢の中で散る悲しみを独自の視点で描いている。

イ　紀貫之の歌からは作者のゆったりとした人柄が伝わってくるが、西行の歌からは桜より自分が大切だという利己的な人柄が伝わってくる。

ウ　紀貫之の歌は桜が華やかに舞い散る様子を表現しているが、西行の歌は桜の美しさに加えて美しさに心乱される心情をも表現している。

エ　紀貫之の歌には満開の桜を愛する心情が巧みに表現されているが、西行の歌には貫之よりも強い愛情が素直な言葉で表現されている。

〔問3〕(3)**白洲**さんの発言のこの対談における役割を説明したものとして最も適切なのは、次のうちではどれか。

ア　西行の話に興味を抱きながらも紀貫之の具体例を尋ねることで貫之と西行の共通点を聞き出そうとし、大岡さんの次の発言を促している。

イ　紀貫之と西行に関する大岡さんの発言を不思議に思い、桜を題材にした歌の多さを尋ねることで問題の所在を明らかにしようとしている。

ウ　大岡さんが述べた西行の生き方を受け、新たな視点として紀貫之についても尋ねることで対談の内容を古今集全体の話題へと広げている。

エ　直前の大岡さんの発言に賛同しつつ紀貫之の桜の歌の多さを尋ねることで、話題を西行から貫之の歌に戻して対談を深めようとしている。

〔問4〕文中の――線を付けた**ア**～**エ**のうち、現代仮名遣いで書いた場合と異なる書き表し方を含んでいるものを一つ選び、記号で答えよ。

〔問5〕(4)鷹狩《たかがり》はそう熱心にもしないで、もっぱら酒を飲んでは、和歌を詠むのに熱をいれていた。とあるが、**B**の原文において「和歌を詠むのに熱をいれていた」という部分に相当する箇所はどこか。次のうちから最も適切なものを選べ。

ア　常に率ておはしましけり

イ　やまと歌にかかれりけり

ウ　ことにおもしろし

エ　みな歌よみけり

大岡　帰りに渚院を通るんですね、ながめながら、淀川《よどがわ》をさかのぼるとき彼の頭にあったのが渚院にゆかりのあった尊敬する古人業平のことで、業平の歌を引いているんですね。伊勢物語に出ているのによると、桜の名所の交野《かたの》に桜を見に行くんだけれど、花を見るのはいいかげんにしてみんないそいそと酒を飲んで、歌を詠む。

白洲　花より団子ね。

（白洲正子、大岡　信「桜を歌う詩人たち」による）

B

むかし、惟喬《これたか》の親王《みこ》と申すみこ**ア**おはしましけり。山崎《やまざき》のあなたに、水無瀬《みなせ》といふ所に、宮ありけり。年ごとの桜の花ざかりには、その宮へなむおはしましける。その時、右の馬の頭《かみ》なりける人を、常に率《ゐ》ておはしましけり。時世経て久しくなりにければ、その人の名忘れにけり。狩《かり》はねむごろにもせで、酒をのみ飲みつつ、やまと歌にかかれりけり。いま狩する交野の渚の家、その院の桜、ことにおもしろし。その木のもとにおりゐて、枝を折りて、**イ**かざしにさして、かみ、なか、しも、みな歌よみけり。馬の頭なりける人のよめる。

　世の中にたえてさくらのなかりせば春の心はのどけからまし

となむ**ウ**よみたりける。また人の歌、

　散ればこそいとど桜はめでたけれ憂《う》き世になにか久しかるべき

とて、その木の**エ**もとは立ちてかへるに日暮《ひぐれ》になりぬ。

昔、惟喬の親王と申し上げる親王がおいでになった。山崎の向こう、水無瀬という所に、離宮があった。毎年の桜の花盛りには、その離宮へおいでになったのだった。その時、右の馬の頭であった人を、いつも連れておいでになった。いまでは、だいぶん時がたったので、その人の名は忘れてしまった。(4)鷹狩《たかがり》はそう熱心にもしないで、もっぱら酒を飲んでは、和歌を詠むのに熱をいれていた。いま鷹狩をする交野の渚の家、その院の桜がとりわけ趣がある。その桜の木のもとに馬から下りて、桜の枝を折り、髪の飾りに挿して、上、中、下の人々がみな、歌を詠んだ。馬の頭だった人が詠んだ。それは、

　世の中に……（世の中に桜がまったくなかったならば、惜しい花が散りはせぬかと心を悩ませることもなく、春をめでる人の心は、のどかなことでありましょう。）

と詠んだのだった。もう一人の人が詠んだ歌、

　散ればこそ……（散るからこそますます桜はすばらしいのです。悩み多いこの世に、何が久しくとどまっているでしょうか、何もないではありませんか。だから散るのも当然、ことにわずかの盛りの桜の華やかさを愛すべきです。）

という次第で、その木の下は立ち去って帰るうちに、日暮れになった。

（「新編　日本古典文学全集」による）

〔注〕　業平《なりひら》――平安時代の歌人。

宿りして春の山辺に寝たる夜は夢のうちにも花ぞ散りける

――旅先で宿をとって春の山辺に寝た夜は、夢の中にまで昼間に見た桜の花が散っていたことよ。

春風の花を散らすと見る夢は覚めても胸の騒ぐなりけり

――春風が桜の花を吹き散らす夢は、目が覚めてもなおその美しさに私の胸はかき乱されることよ。

〔問1〕　(1)梅の花から桜の花へ、いってみれば政権交代があるようなんですね、古代から平安朝にかけての時期に。とあるが、ここ

五 次の**A**は桜を題材にした和歌に関する対談の一部であり、**B**は対談中にでてくる「伊勢物語《いせものがたり》」の「渚院《なぎさのいん》」の原文の一部である。また、あとの[　]内の文章は**B**の現代語訳である。これらの文章を読んで、あとの各問に答えよ。（＊印の付いている言葉には、本文のあとに〔**注**〕がある。）

A

白洲《しらす》　桜は、やっぱり古今集でございますか。

大岡　何といっても、＊業平《なりひら》の桜、小町《こまち》の桜はすばらしいですね。

白洲　業平は、いい桜の歌がありますね。

大岡　業平の桜は、いいと思います。紀貫之《きのつらゆき》らの、いわゆる選者時代、古今集を編纂《へんさん》したあの当時になると、桜の花は、それを歌わなければ歌人ではないというくらいに公的な花になっていると思うんですね。でも、業平とか小町の時代というのは、それからかなり時間がさかのぼりますから、あの人達《ひとたち》はそんな意識はあまりなくて、桜の花と直《じか》に対面している感じがしますね。

白洲　そうですね。

大岡　(1)梅の花から桜の花へ、いってみれば政権交代があるようなんですね、古代から平安朝にかけての時期に。あれはどういうんでしょうか、桜の花の趣味をそういうふうに植えつけた人達がどこかにいるわけなんでしょうけれど……。宮中の花の宴は万葉集時代だと梅の花で宴をやるわけですが、それがしだいに桜の花の宴ということになってくる。最初は梅の花だったらしいんですね。

白洲　嵯峨《さが》天皇の詩なんかでも……。

大岡　あの時期になると、花の宴には梅の場合と桜の場合とあるようなんですね。梅の花を見ながら酒宴をして詩を詠《よ》むというのは、もちろん中国の伝統をそのまま受け継いでいると思うんですね。そういう意味では、非常に大陸風なんですね。ですから初めは、当然梅の花が中心だったように思うんです。

白洲　古今集と新古今集を比べると、桜についていうと古今集の方がういういしいんでしょうね。

大岡　(2)と思います。古今集の場合には、たとえば夢の中で花が散っているという状態を歌っても、非常にふわっとしておおらかなんですよね。たとえば紀貫之の歌で、山寺にもうでて、一夜泊まった歌がありまして、

　＊宿りして春の山辺に寝たる夜は
　　夢のうちにも花ぞ散りける

あれは、夢の中で桜が豪華に散っている感じが非常によく出ているんですけれど、西行になると、「夢中落花」などという題で有名な、

　＊春風の花を散らすと見る夢は
　　覚めても胸の騒ぐなりけり

あれなんかは、ちょっと桜の見方が変わっていますね。

白洲　それと、西行は、何を対象に詠んでも、自分のことになる。桜が咲くのが苦しいなんてね。

大岡　そうですね。あの人にはどうも桜の歌が二百首ぐらいあるらしいんですね。

白洲　(3)だから、本当に好きだったんですね、吉野山《よしのやま》にもこもっちゃうぐらいだから。紀貫之にも、桜はたくさんございますか。

大岡　ございます。

白洲　渚院なんてのがありましたね。紀貫之は「土佐日記《とさにっき》」の帰りに……、

のを選べ。

ア　既存の概念をくつがえすような表現に驚いたり戸惑ったりすることで、心に広さや深さが生まれて大きな影響が与えられると考えたから。

イ　画材等の発明により新たな表現が開発されることで、既存の概念を逸脱したようなモノも表現できるようになり衝撃を受けると考えたから。

ウ　美の強調やありえないモノの表現など既存の概念を超える過剰な表現が増すことで、トップダウン的に作品を見るようになると考えたから。

エ　既存の概念をモチーフに描いた同じ作者の作品から異なった印象を受けることで、作者の技術に違和感や不安定感を覚えると考えたから。

〔問3〕　この文章の構成における第十二段の役割を説明したものとして最も適切なのは、次のうちではどれか。

ア　それまでに述べてきたヒトの記号的な見方を受けて、体験を基にした複数の事例を列挙することで論旨を分かりやすくしている。

イ　それまでに述べてきたヒトの記号的な見方について、筆者の経験に基づいた具体的な事例を挙げることで論の展開を図っている。

ウ　それまでに述べてきたヒトの記号的な見方に関して、それに反対する立場から対照的な事例を示すことで別の見解を提示している。

エ　それまでに述べてきたヒトの記号的な見方に対して、事例を基に作品を理解するための要件を整理することで問題点を明確にしている。

〔問4〕　(3)アートは、制作する人だけでなく、鑑賞する人にもその創造的作業をうながす。とあるが、筆者がこのように述べたのはなぜか。次のうちから最も適切なものを選べ。

ア　作者が長い時間をかけてアートを完成させるように、見るヒトにとってアートは、「何か」分からないものに対するイメージを、自分の知識や記憶から長い時間をかけて探索して捉えるものだと考えたから。

イ　作者が自分の人生をアートに表現しているように、見るヒトにとってアートは、「何か」分からないもの一つ一つについて、作者の生い立ちや趣味など調べたことを基に分析して捉えるものだと考えたから。

ウ　作者がひらめきによって独創的なアートを生み出すように、見るヒトにとってアートは、「何か」分からないものを分かろうと努力するものではなく、出会った瞬間のひらめきによって捉えるものだと考えたから。

エ　作者がフィルターを通して見た世界をアートに表すように、見るヒトにとってアートは、自分の知識や記憶を探索し、「何か」分からないものを何らかのイメージなどと結び付けて捉えるものだと考えたから。

〔問5〕　国語の授業でこの文章を読んだ後、「新しい『何か』に出会うこと」というテーマで自分の意見を発表することになった。このときにあなたが話す言葉を具体的な体験や見聞も含めて二百字以内で書け。なお、書き出しや改行の際の空欄、、や。や「などもそれぞれ字数に数えよ。

るとき、ヒトは心の底にあるより深いイメージを探し、掘り起こそうとする。心理検査で用いられるロールシャッハ・テストなどの投影法は、しみのようなあいまいな形を用いることで、この性質を利用しているのだろう。抽象絵画のように「何か」が分からないものを見たときにも、わたしたちの心では、同じようにイメージの探索が起こっているはずだ。（第十一段）

はじめて樂茶碗《らくぢゃわん》を見たときのことだ。千利休《せんのりきゅう》の好みであり、侘《わ》び寂《さ》びを代表するような茶碗。ろくろを使わず手で成形する「手づくね」によるゆがんだ形に、*釉薬《ゆうやく》を何度も重ねてつくる、深く照りのある黒が黒樂茶碗の特徴である。茶碗の見方など知らなかったが、ただ微妙な色合いのむらとその質感が美しく感じられて、とくに気に入った茶碗をしばらく眺めていた。やがて、20～30分たったころだろうか、茶碗の表面にふっと夕闇にわき立つ雨雲が見えてきた。（第十二段）

「何か」分からない作品を見つめていると、頭の中でイメージの探索がおこる。そこで気付きがあったものは、深く印象に残る。そのとき掘り起こされるのは、単に視覚的なモノのイメージだけではない。ヒトは、異種感覚間の変換が得意であり、視覚から肌触りや音を想起したりする。さらに、それに付随したエピソード記憶や情動が呼びおこされることもある。（第十三段）

忘れていた記憶や記憶にならない記憶、それに付随する情動だけが呼びおこされることもあるのだろう。作品を見て感動するとき、心がざわつくとき、具体的な知識やエピソード記憶とは結び付かなくても、何らかのイメージや記憶がときに水面下で掘り起こされ、そのときの情動もともに呼びおこされているのではないだろうか。（第十四段）

作品とじっくり向き合うことは、そうやって自分の知識や記憶を探索することでもある。見ること自体がすでに創造的作業であり、努力を要するものだ。(3)アートは、制作する人だけでなく、鑑賞する人にもその創造的作業をうながす。（第十五段）

とはいっても、いくら見ても結局「何か」が分からないままであることも多い。分からないままでいることは、「何か」として分類して見ようとするわたしたちの心に不安定な感じをもたらす。しかし、「何か」が分からないものに向き合い、自分の中のイメージを探索する過程にこそ、アートの醍醐《だいご》味がある。（第十六段）

（齋藤亜矢「ヒトはなぜ絵を描くのか」による）

〔注〕多義図形――二種類以上の異なる見え方をもつ絵や図形。
釉薬《ゆうやく》――陶磁器の表面に施すガラス質の溶液。

〔問1〕(1)知っているモノについての新たな概念が加わる、新たに「知る」喜びだ。とあるが、「新たに『知る』喜び」とはどういうことか。次のうちから最も適切なものを選べ。

ア　作者のフィルターを通して現実に何かを加えたり排除したりした絵と出会うことで、美しさを引き立てる技法に驚き、感心するということ。

イ　見たことのないモノを作者のフィルターを通した絵で初めて見て、現実の世界の広さを認識するとともに、異国の生活に夢を抱くということ。

ウ　作者のフィルターを通して抽出された絵や写真から、有り触れた風景やモノに対する自分の考えを超えた一面に気付き、感動するということ。

エ　美しい自然を見ることで、作者のフィルターを通しても絵や写真は現実を超えられないと改めて認識し、自然の偉大さを実感するということ。

〔問2〕(2)そこで既存の概念を揺るがし、概念が更新される過程が、わたしたちの心に深い印象を刻み付けるのだろう。とあるが、筆者がこのように述べたのはなぜか。次のうちから最も適切なも

とができる。（第二段）

描かれているのは、ある瞬間にある空間で切り取った作者のフィルターを通して見た世界だ。画家もまた、見たモノをそのまま描いているのではなく、知っているモノを描いているのだ。そのフィルターによって、ありきたりの風景やモノの知らなかった一面、普段は目を向けないような部分に、気付かされることもある。(1)知っているモノについての新たな概念が加わる、新たに「知る」喜びだ。（第三段）

もちろん、アートは美しい自然をそのまま表現するだけでない。写実性とは異なる表現のなかにも、実物以上のリアルさを感じ、はっとすることもある。印象派をはじめ、美術作品の様々な表現がわたしたちの心に美を感じさせるのは、モノを見るときのわたしたちの視覚特性や脳の機能に関連しているかららしい。（第四段）

作品を見るとき、わたしたちはアーティストのフィルターを通して抽出された新しい見え方に出会うことができる。同じようなモチーフを描いても、まるで印象が違う。技法の違いももちろんあるが、それぞれの見方が抽出されているからこそ、多様性があり、見る人にも異なる気付きが得られるのだろう。（第五段）

そもそも絵という概念をくつがえすような新しい表現もある。画材や技法の発明は、その新たな表現の開発を助けてきた。たとえば油絵の発明によって実物そっくりの写実的な表現ができるようになったことは、当時の人びとに相当な驚きをもたらしたという。さらに絵は、想像上の生物や風景のような、実在しないものを表現することができる。様々な宗教が宗教画を生み出してきたのは、そうして特別な概念や知識を共有することがヒトの心に大きな影響を与えるからなのだろう。（第六段）

このように、アートの作用は、自分がもっていた「何か」の概念に新しい要素を加えるなど、気付きをもたらすことであるように思う。それによって、わたしたちの世界に広さや深さがもたらされる。（第七段）

もちろんアートは、美しいモノを美しく表現するだけではない。美しくないモノの美しさも表現できるし、よく知っているモノの姿が、まったく別のモノとして表現されていることもある。絶対にありえない物体をまことしやかに表現してあったり、ありえないモノが組み合わさったりした表現は、独特の違和感や不安定感をもたらす。自分のもっていた「何か」の概念を逸脱し、ときにくつがえすモノに出会ったとき、わたしたちは驚き、戸惑う。(2)そこで既存の概念を揺るがし、概念が更新される過程が、わたしたちの心に深い印象を刻み付けるのだろう。（第八段）

わたしたちがモノを見るとき、感覚からのボトムアップ的な情報処理だけでなく、トップダウン的な処理もおこなっている。文脈が与えられると、トップダウン的な処理に影響を及ぼして、モノの見え方まで変わる。絵に添えられたタイトルは、直接的に文脈を与える。パイプを描いた下に「これはパイプではない」と併記した絵のように、言葉の文脈を逆手にとって、概念を裏切る絵もある。（第九段）

＊多義図形を見るとき、一つの見立てをしているときには、同時に別の見立てはできない。しかもいったん「何か」として見てしまうと、その見方から離れて別の見方をするには、意識的な努力が必要だ。しかしそこで新たな気付きができると、新鮮な喜びがある。アートは、その転換のきっかけを与え、既存の概念をくつがえしてくれることであるように思う。（第十段）

そしてアートは、そもそも何だか分からないもの、「何か」であることを拒否するようなものであることも多い。目に入る全てを常に「何か」として見ようとするヒトの記号的な見方は、そこでも発揮される。簡単に「何か」として分類できないようなものに対峙《たいじ》す

している。

エ　家族に話している現在の馬淵の様子と植木市に行った当時の馬淵の様子とを、対比を用いて丁寧に描き分けることで表現している。

〔問４〕 (4)この樹は、辛夷ではないが、人間なら血液にも等しい辛夷の樹液が流れている。とあるが、この表現から読み取れる馬淵の様子として最も適切なのは、次のうちではどれか。

ア　辛夷を買えないことが心残りではあったが、辛夷に似た花が咲く白木蓮ならば母は好きになると考え、持ち帰ることを決心している様子。

イ　辛夷でないのは残念だが、この白木蓮は本質的な部分では辛夷と同じ特別な木だと思い、庭に植えるのにふさわしいと確信している様子。

ウ　辛夷が庭木に向かないということは知らなかったが、育てやすい白木蓮を紹介してくれたので、職人風の男の優しさに感謝している様子。

エ　辛夷に接ぎ木した白木蓮を、職人風の男から矢継ぎ早に勧められて断れなくなり、買うための理由を考えて自分を納得させている様子。

〔問５〕 (5)「ええ、ぽつぽつ咲きはじめたようです。」とあるが、このときの馬淵の気持ちに最も近いのは、次のうちではどれか。

ア　花は咲いたかと懸命に確かめようとする母の言葉を聞いて、毎年孫と眺めていた田打ち桜をもう一度見たいと強く望んでいるのだと思い、せめて花だけでも採ってきて見せてやればよかったと悔やむ気持ち。

イ　花は咲いたかと無理をして尋ねる母の言葉を聞いて、部屋にいて季節が感じられず田打ち桜の様子を知りたいのだと考え、家を出る前に枝の手入れをして花の咲き具合を見ればよかったと反省する気持ち。

ウ　花は咲いたかとつぶやく母の言葉を聞いて、病気のために田打ち桜を見にいくことはできないだろうと弱気になっていると感じ、母を励まして元気にするために次は花を持ってこようと意気込む気持ち。

エ　花は咲いたかと控えめに話す母の言葉を聞いて、互いに好きな田打ち桜の様子を聞くことで会話を弾ませたいと考えていることに気付き、花の様子が分からず適当に答えることを後ろめたく思う気持ち。

四　次の文章を読んで、あとの各問に答えよ。（＊印の付いている言葉には、本文のあとに〔**注**〕がある。）

美しい自然を見て「絵みたいな景色だ」というい方がある。それは、現実のものとは思えないほどの美しい形や色、それらの絶妙な配置に対する賛辞だ。そもそも美とは何か、という問題は、美学などの分野で様々に論じられているので追究しない。ただ、自分のそれまでの概念を超えるような風景に出会うと、感動を覚える。さらに自分の概念をはるかに超えた美しい風景に出会うと、今度は「筆舌に尽くしがたい」になる。（第一段）

絵や写真の中では、見たことのない景色、見たことのない生き物や食べ物、見たことのない美しい服をまとった異国の人物に出会うことができる。子供と同じように、新たなモノを知り、新たな世界を知ることは純粋に楽しい。普段の自分の生活からかけ離れた空間やモノの存在を知ることで、世界が今ここにある狭い範囲だけではないのだと心が軽くなることもある。しかも絵は、現実の風景そのままではなく、いらないものを排除し、足りないものを付け加えることができる。そうすることで、自然の美しさをより際立《きわだ》たせるこが、二人の頑《かたく》なさに辟易《へきえき》しているうちに、手遅れになってしまった。

母は、寝たきりになって、町の県立病院に五年いた。遠くに住んで、なにか急な知らせがあっても、おいそれとは動けぬ仕事を抱えている馬淵は、小刻みに別れるつもりで、月にいちどは眠る時間を削って母の様子を見に帰っていた。

五年目、といえば母の生涯の最後の年だが、春、いつものように母を訪ねて枕許《まくらもと》の円い木の椅子に腰を下ろしていると、自由になる右腕を馬淵の首に巻きつけ、引き寄せて、

「お前《め》方《ほ》の田打ち桜は、はあ、咲いたかえ?」

と呂律《ろれつ》の怪しくなった口で囁いた。

(5)「ええ、ぼつぼつ咲きはじめたようです。」

馬淵はそう答えながら、出がけに一枝折ってくるのだったと思ったが、もはや後の祭りであった。

(三浦哲郎「燈火」による)

〔注〕姉――東北で母と暮らす馬淵の姉。

〔問1〕(1)何日かすると、馬淵には馴染《なじ》みの深い郷里の産物を土産に、母がいそいそとやってくる。とあるが、この表現から読み取れる母の様子として最も適切なのは、次のうちではどれか。

ア 思ったより早く孫の家に呼ばれたため、旅行の準備は簡単に済まし、家にあった息子のよく知るものを土産にして慌てて上京してくる様子。

イ 体調が悪く孫に会えるか不安だったが、旅行ができるくらいにまで回復し、息子にとってなつかしい品を持って喜んで上京してくる様子。

ウ 急に孫に会いたいと言ったが、旅費まで用意してもらえたので、恐縮しつつも息子の好物を土産にしてうれしそうに上京してくる様子。

エ 孫の顔を見ることができず元気を失っていたが、孫に会えることになり、息子の慣れ親しんだ品を持って心躍らせながら上京してくる様子。

〔問2〕(2)「……そうでした、お父さん?」と長女が首をかしげながら馬淵に訊《き》いた。とあるが、「長女が首をかしげながら馬淵に訊いた」わけとして最も適切なのは、次のうちではどれか。

ア 白木蓮の名前を最後まで憶えることができなかった祖母を笑って話す妹の姿が腹立たしく、父にたしなめてもらおうと考えたから。

イ 祖母は白木蓮が好きだったのに名前を憶えることができなかったという妹の話を信じられず、父に事実を確かめようと考えたから。

ウ 白木蓮の名前を祖母はそもそも憶えるつもりがなかったという妹の指摘に疑問を覚え、父に本当のことを話してもらおうと考えたから。

エ 祖母の思い出が曖昧になっている妹をかわいそうに思い、実は祖母が花の名前を憶えていたことを父から説明させようと考えたから。

〔問3〕(3)馬淵は、遠くなった記憶を引き寄せながらいった。とあるが、この表現について述べたものとして最も適切なのは、次のうちではどれか。

ア 辛夷を買ったときの状況を話すうちに徐々に記憶が鮮明になっていく馬淵の様子を、順序立てて説明的に描くことで表現している。

イ 家族と話しながら植木市に行った頃の思い出にふけっている馬淵の様子を、感覚的な言葉を用いて鮮やかに描くことで表現している。

ウ 当時の様子を思い出しながら自分自身でも確かめるように家族に話す馬淵の様子を、たとえを用いて巧みに描くことで表現

と妻の菊枝がいった。
「まあ、お父さんは齢《とし》より若く見える方だからね。」と長女が分別顔でいった。「それに、植木を買いにいったんだから、うんとラフな格好してたんでしょう。」
「作業用のジャンパーに古ズボンで、自転車に乗っていったな。帰りには、辛夷の苗木を荷台にくくりつけてくるつもりだった。」
(3)馬淵は、遠くなった記憶を引き寄せながらいった。
なにを探しているのかと訊かれて、辛夷の苗木が欲しいのだが、と答えると、辛夷はないが、辛夷を台木にして白木蓮を接《つ》ぎ木したものならある、と職人風の男はいって、幹の細い、ひょろりとした若木を持ってきて見せてくれた。根の部分は、土をつけたまま荒縄で網の目に編んだもので丸く包み込んであった。
男の話によると、辛夷は大木になるから普通の家の庭木としては不適当で、おなじモクレン科の白木蓮を接ぎ木したのが、この樹。これなら近所に迷惑を及ぼすほどの大木にはならないし、花は辛夷によく似ていて辛夷より大きく、豪華で、庭木として最適である。そういうことであった。
(4)この樹は、辛夷ではないが、人間なら血液にも等しい辛夷の樹液が流れている。馬淵はそう思ってこの樹を買い、自転車の荷台にくくりつけて帰った。それが、いまは幹が直径十センチほどにもなり、毎年三月になると、白い大振りな花をどっさり咲かせるようになっている。
母が初めてこの白木蓮の花を見たとき、不思議そうな顔でこう囁《ささや》いたことを、馬淵は憶えている。
「東京にも、田打ち桜があるべおな。」
馬淵には、母が辛夷と間違えていることがすぐわかった。
「これは白木蓮という樹ですよ、お母さん。」
と馬淵はいった。
「田打ち桜じゃねんのな。」
「仲間だから、よく似てるけど、ちがうんです。ほら、花が田打ち桜よりも大きいでしょう。」
「道理で。」と母はいった。「田もねえとこに田打ち桜があるのは妙《ひょんた》だと思うてたのせ。」
けれども、母は白木蓮という名をすぐ忘れてしまって、最後まで自分では田打ち桜だと思うことにしていたようである。
「七重は、あのテープのなかでお祖母ちゃんと花の数を数えてたっていうけど、お祖母ちゃんは咲いてる花の数で田舎に帰る日をきめようとしてたんだろう?」
と馬淵は、もう二度も欠伸《あくび》を噛《か》み殺した三女の眠気を醒《さ》ましてやるつもりで尋ねた。
「そうなの。十五咲いたら帰ろうかなし、それとも二十咲いたら帰ろうかなしって、なかなかきまらないの。それに、一旦きめても、簡単に変更になっちゃうのよね。白木蓮って、咲きはじめは、一日に一つ、翌日は三つ、というふうに、ゆっくりしたペースだけど、さかりになると、一日に十も咲いたりするでしょう。それで、たとえば、二人で咲いてる花を数えて、十五あったとすると、お祖母ちゃん、あと十五も咲くのはまだまだ先だと思って、三十咲いたら帰ろうかなしっていうの。ところが、一夜明けてみると、花はもう三十になってるのよ。帰郷は忽《たちま》ち延期。」
「そんなときは、帰り支度はとっくにできてるけど、心準備ができてないからって、お祖母ちゃん、よくそういわれたわね。」
妻が急須の茶をかえながらそういうと、娘たちは顔見合わせてくすくす笑った。
母は、八十六歳の冬、たまたま暖冬だったために上京を躊躇《ためら》っているうちに寒波に襲われ、郷里に留《とど》まっていて脳血栓で倒れた。そうなる前に、説得して、馬淵が姉と一緒に引き取るべきだったのだと七重はいった。

中庭にあって三月半ばに咲く花といえば、白木蓮《はくもくれん》だということは家族の誰もが知っている。白木蓮は、葉が出るより先に花が咲く。花は大振りで、年寄りの目でも容易に数えられる。七重は濡《ぬ》れ縁に祖母と並んで、庭のなかから塀越しに脇の路地を覆うように枝をひろげている白木蓮の樹《き》を見上げていたのだろう。その日はよく晴れていて、青空を背景に白い花が目に沁《し》みるようではなかったろうか。

「そういえば、お祖母ちゃんは白木蓮の花が好きだったね。花では、この花が一番好きだっていってた。」

長女がそういったが、馬淵は以前から、その母の言葉は怪しいものだと思っている。事実、母は白木蓮が好きだったらしいが、それが一番好きになったのは、この花が咲きはじめれば遠からず郷里へ帰れるという歓《よろこ》びが加味されてのことだったろう、というのが馬淵の推測である。

「でも、お祖母ちゃん、とうとう名前が憶《おぼ》えられなかったね。」

と次女が笑っていった。

「白木蓮の？」

「そう。」

(2)「……そうでした、お父さん？」

と長女が首をかしげながら馬淵に訊《き》いた。

「多分、志穂のいう通りだったろうな。」と馬淵は答えた。「お祖母ちゃんは、花が好きなくせに、花の名前を憶えるのが苦手だった。いくら教えても、すぐ忘れるんだ。それで、勝手に自分の好きな名前で呼んでた。」

「白木蓮は？」

「田打ち桜。」

田打ち桜のことは、妻も娘たちもあまり聞いたことがないらしかった。

「農家ではね、春になると、耕作しやすいように田を掘り返すんだ。それが田打ちで、その田打ちのころに咲く花が田打ち桜さ。」

馬淵は講釈した。

「でも、地方によって田打ちの時季がちがうから、田打ち桜もまちまちなんだ。ある土地では、田打ち桜といえば糸桜だし、別の土地では山桜だったりする。僕の郷里の田打ち桜は、辛夷《こぶし》なんだ。」

「白木蓮じゃないの？」

と志穂が意外そうにいった。

「そうじゃないんだ。僕やお祖母ちゃんの田舎には、白木蓮という樹がないんだよ。その代わり、白木蓮によく似た辛夷がある。辛夷は山野に自生して、白木蓮の倍も高く成長するけど、花は白木蓮の半分くらいだ。でも、葉が出るより先に花が咲くところは白木蓮とおなじで、まだ冬枯れのままの林のなかに、辛夷だけが枝々の先に真っ白な花をひっそりと咲かせている眺めは、とてもいい。」

「じゃ、お父さんも好きなのね、その辛夷の花を。」

と七重がいった。

「そりゃあ好きだ。お祖母ちゃんとおなじくらいにね。僕はこの家に住むことになったとき、庭にどうしても辛夷の樹が植えたくて、近くの植木市へ苗木を買いにいったんだよ。」

馬淵はそういって、そのときのことを話して聞かせた。

植木市には、残念なことに辛夷の苗木はなかった。それでも諦め切れなくて、売りに出されている苗木を縫って市のなかを巡り歩いていると、半纏《はんてん》を着て地下足袋を履いた初老の職人らしい男が、しゃがんで煙草《たばこ》を喫《の》んでいたのをわざわざ立ってきて、お兄さん、なにを探しているんで、と馬淵にいった。そこで、聞いていた娘たちは笑った。その職人らしい初老の男が、自分たちの父親のことをお兄さんと呼んだというのがおかしかったのだ。

「だって、お父さんはそのころまだ三十四、五だったのよ。」

国語

●満点100点　●時間50分

一　次の各文の――を付けた漢字の読みがなを書け。

(1) 役者の真に迫った演技が喝采を浴びる。
(2) 教室から朗らかな笑い声が聞こえてくる。
(3) 新緑の渓谷を眺めながら川下りを楽しむ。
(4) キンモクセイの香りが漂う公園を散策する。
(5) 著名な画家の生誕を記念する展覧会が催される。

二　次の各文の――を付けたかたかなの部分に当たる漢字を楷書で書け。

(1) 古都を巡る計画をメンミツに立てる。
(2) 道路をカクチョウして渋滞を解消する。
(3) 幼い子が公園のテツボウにぶら下がって遊ぶ。
(4) 吹奏楽部の定期演奏会が盛況のうちに幕をトじる。
(5) 日ごとに秋が深まり、各地から紅葉の便りがトドく。

三　次の文章を読んで、あとの各問に答えよ。（*印の付いている言葉には、本文のあとに〔注〕がある。）

東北出身の馬淵《まぶち》は、妻の菊枝《きくえ》と社会人である長女の珠子《たまこ》、次女の志穂《しほ》、大学生である三女の七重《ななえ》と東京で暮らしている。ある晩、馬淵は家族を集め、カセット・テープにたまたま録音されていた、今は亡くなっている馬淵の母と七重との会話について話している。七重は、祖母との会話は十年前の春のころのことではないかと言った。

年老いた母が、時々はらはらするような一人旅をして馬淵のところへやってくるのは、たとえ何日かでも孫たちと一緒に暮らしたいからであった。*姉によると、母は何十日かにいちど理由もなく生気を失うことがある。母は心臓に持病があって町医者にかよっているが、どうやらその持病とは関係がないらしい。母の様子がおかしくなると、姉が夜遅くなってから電話をよこす。「また、はじまったようなの。そっちの都合がよかったら、呼んでくんせ。」

こちらの都合が悪いということは、まずない。妻の菊枝がすぐ現金書留で旅費を送ってやる。(1)何日かすると、馬淵には馴染《なじ》みの深い郷里の産物を土産に、母がいそいそとやってくる。けれども、母はせっかく長旅をしてきたのに、指折り数えるほどしか滞在できない。郷里に残してきた目の不自由な姉のことが案じられてならないのである。

「こっちは、なんも心配ながんすえ。もっとゆっくりしておでぁんせ。」

姉はそういってくれるのだが、母はまたそわそわと旅支度に取り掛かり、別れを告げるのが辛《つら》いからといって孫たちの留守に家を脱け出して帰郷するのが常であった。

「おまえたちの記憶のなかで、春とお祖母《ばあ》ちゃんが強く結びついているのは。」と馬淵はいった。「お祖母ちゃんが高齢になって、郷里で冬を越せなくなって、正月の末から三月までこの家で過ごすようになったからだよ。三月になっても、お祖母ちゃんは郷里へ帰る日を決めかねて、毎年みんなで気を揉《も》んだものさ。」

「じゃ、あんたのいう通り、十年前の三月中旬だったとして。」と、次女の志穂が三女の七重にいった。「あんたはお祖母ちゃんとなにを話してたの？」

「花のことを話してたのよ。咲いてる花の数を数えてたの。」

Memo

Memo

2018年度 東京都立高校／入試問題

英語

●満点 100点 ●時間 50分

1 リスニングテスト（**放送**による**指示**に従って答えなさい。）

〔**問題A**〕 次の**ア**～**エ**の中から適するものをそれぞれ**一つずつ**選びなさい。

＜対話文１＞

ア A blue train. **イ** A red train.

ウ A green train. **エ** An orange train.

＜対話文２＞

ア She is going to go to the library.

イ She is going to buy some food.

ウ She is going to make sushi with her father.

エ She is going to make a birthday cake for her sister.

＜対話文３＞

ア It says that it will be cold. **イ** It says that it will be snowy.

ウ It says that it will be cloudy. **エ** It says that it will be rainy.

〔**問題B**〕 ＜Question 1＞では，下の**ア**～**エ**の中から適するものを**一つ**選びなさい。＜Question 2＞では，質問に対する答えを英語で書きなさい。

＜Question 1＞

ア For about one thousand years. **イ** For about fifteen years.

ウ For about four years. **エ** For about two years.

＜Question 2＞

（15秒程度，答えを書く時間があります。）

※＜**英語学力検査リスニングテスト台本**＞は英語の問題の終わりに付けてあります。

2 次の各問に答えよ。（＊印の付いている単語・語句には，本文のあとに〔**注**〕がある。）

1 日本に留学しているCathyと，Cathyを訪ねてきた妹のMaryは，夏休み中のある土曜日の予定について話をしている。(A) 及び (B) の中に，それぞれ入る単語・語句の組み合わせとして正しいものは，下の**ア**～**エ**のうちではどれか。ただし，右の**Ⅰ－１**，**Ⅰ－２**は，それぞれ，二人が見ているサクラ公園の料金表と開園時間の表である。

Ⅰ－１

＊Price List

	To Enter the Japanese Garden	To Use the Swimming Pool
＊Adults	400 yen	1,000 yen
Children (elementary school and junior high school students)	200 yen	500 yen

Cathy : Let's go to Sakura Park this Saturday.

Mary : That sounds nice. There is a swimming pool there. I want to swim.

Cathy : Yes, let's. Mary, there is a Japanese garden in the park, too. I want to enjoy seeing it with you.

I−2

Open Hours	
March 1 ～ July 19	9:30 a.m. ～ 5:00 p.m.
July 20 ～ September 10	9:30 a.m. ～ 6:00 p.m.
September 11 ～ October 31	9:30 a.m. ～ 5:00 p.m.
November 1 ～ February 28(29)	9:30 a.m. ～ 4:30 p.m.

Mary : Sounds interesting ! I'd like to do both. How much will that cost us ?

Cathy : I am a university student. You are a high school student. It will cost [(A)] for both of us.

Mary : Then, we can see the Japanese garden and use the swimming pool.

Cathy : Yes.

Mary : OK. Let's check what time the park closes.

Cathy : It closes at [(B)] in August.

〔**注**〕 price list 料金表

adult 大人

ア (A) 2,800 yen (B) five　**イ** (A) 2,100 yen (B) five

ウ (A) 1,400 yen (B) six　**エ** (A) 2,800 yen (B) six

2 Cathy と Mary は，夏休み中のある土曜日にサクラ公園の近くの駅に到着し，サクラ公園の案内図を見ながら話をしている。[(A)] 及び [(B)] の中に，それぞれ入る単語・語句の組み合わせとして正しいものは，下の**ア**～**エ**のうちではどれか。ただし，右のⅡは，二人が見ているサクラ公園の案内図である。

Ⅱ

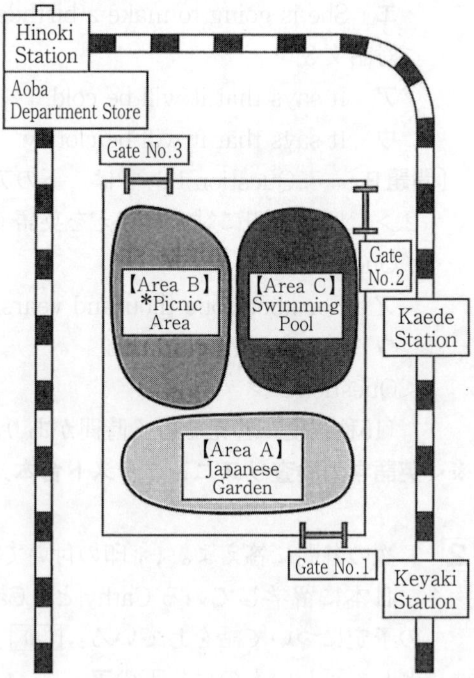

Mary : This is Keyaki Station. We should go through *Gate No. 1. We can enjoy [(A)] first.

Cathy : OK. After that, we'll go to Area C.

Mary : I see.

Cathy : And let's go shopping on our way home, Mary.

Mary : The department store is far from Keyaki Station.

Cathy : Don't worry. We can go back home from Hinoki Station.

Mary : Yes. That station is the closest to the department store.

Cathy : Right. We will go out through [(B)].

Mary : I want to walk through Area B before that.

Cathy : OK. Let's go.

〔**注**〕 gate 門　picnic ピクニック

ア (A) seeing a Japanese garden (B) Gate No. 2

イ (A) swimming (B) Gate No. 1

ウ (A) seeing a Japanese garden (B) Gate No. 3

エ (A) swimming (B) Gate No. 3

3 次の文章は，Cathy が，帰国した Mary に送ったEメールの内容である。

> Hi, Mary,
>
> I was happy that you visited me. I had a good time with you. I hope you enjoyed your stay. I enjoyed swimming and seeing a Japanese garden with you. I *was impressed by the Japanese garden. It was my first experience of seeing one. It was very beautiful. Did you enjoy it? And I was glad that you looked happy when we were swimming in the pool.
>
> As you know, even before coming to Japan, I liked Japanese *literature. I wanted to study it in Japan. In Japan, some of my Japanese friends sometimes help me when I study it. We often go to the library to study Japanese literature together. After that, we talk about many things. They tell me about Japan, and I tell them about my country. I'm really happy to be able to study Japanese literature and to learn many new things in Japan. I have a dream now. It is to become a *scholar of Japanese literature. I will keep studying it.
>
> I hope I can travel all around Japan with you when you come here again. In Japan, there are many beautiful places. I want to show them to you next time.
>
> Yours,
> Cathy

〔**注**〕 be impressed by ～　～に感銘を受ける　literature　文学　scholar　学者

(1) このEメールの内容と合っているのは，次のうちではどれか。

ア Cathy wants Mary to come to Japan again to meet her friends and study Japanese literature together.

イ Cathy will keep studying Japanese literature, and she wants to be a scholar of Japanese literature in the future.

ウ Cathy thinks she has to study Japanese more because she can't tell her friends about her country in Japanese at all when they go to the library.

エ Cathy is glad that she traveled all around Japan to see beautiful Japanese gardens with Mary and happy that they enjoyed seeing them together.

(2) Mary は Cathy に返事のEメールを送ることにしました。あなたが Mary だとしたら，Cathy にどのような返事のEメールを送りますか。次の**＜条件＞**に合うように，下の□の中に，**三つ**の英語の文を書きなさい。

＜条件＞

○　前後の文につながるように書き，全体としてまとまりのある返事のＥメールとすること。
○　Cathy に伝えたい内容を**一つ**取り上げ，それを取り上げた理由などを含めること。

Hello, Cathy,

Thank you for your e-mail.　I enjoyed reading it.　I enjoyed seeing the Japanese garden, too.　Thank you for taking me to interesting places.

I am sure that you are enjoying studying Japanese literature.　There is one thing I'm enjoying studying, too.　I will tell you about it.

I want to tell you more about it when we meet again.

I'm also looking forward to traveling all around Japan with you.

Thanks,
Mary

3　次の対話の文章を読んで，あとの各問に答えよ。（＊印の付いている単語・語句には，本文のあとに〔**注**〕がある。）

Akira, Daiki, and Chika are high school students in Tokyo.　Bella is a high school student from the United States.　They are talking in their classroom after school.

Akira :　I'm interested in a *science fiction movie which started last week.　Shall we go to see it ?

Bella :　OK.

Akira :　I hear that, in the movie, there are amazing machines, like flying cars.

Daiki :　Sounds interesting.　People can't make them now.

Chika :　Will they make them in the future ?

Bella :　(1)I'm sure they will.

Daiki :　Why do you think so ?

Bella : Think about *smartphones. When our parents were children, they didn't think people would be able to make such things in the near future. But people use them in their daily lives now.

Akira : I agree, Bella. There are many new things now. Some people are making new robots. On TV, I saw a robot that played shogi. It played shogi very well.

Bella : The robot has AI in it.

Chika : AI ? I have heard of that before, but I don't know much about it.

Akira : It means *artificial intelligence. AI is good at finding something in a very large *amount of information. AI has great *potential.

Bella : A *self-driving car is an example. If people use them, they won't have to drive themselves at all to get to some places.

Daiki : Will AI make our lives better ?

Bella : (2)<u>I think so.</u> We will use AI in many things. It's getting better and better.

Chika : Wait. I heard that AI machines would *take the place of people in some jobs in the future. I am worried AI will change our lives *dramatically.

Daiki : (3)<u>I understand your feelings.</u> We don't know how AI will change our lives. No one knows what the future will be.

Bella : There are things AI can do and things AI can't do. It is necessary for us to understand that.

Akira : (4)<u>That's right.</u> We should use AI in the right way to make our lives more *convenient. I want to study AI, and I want to be an engineer who will be able to help people in the future.

Bella : That's a good idea, Akira.

Chika : Now I am interested in AI. I want to know more about it.

Akira : I'm glad to hear that. We will make our own futures, not AI.

Chika : I understand. It is fun to talk about our futures.

Daiki : How about talking about them again after watching the movie ?

Chika : (5)<u>That's a good idea.</u>

Bella : Let's enjoy seeing a future world in the movie.

〔注〕 science fiction movie　SF映画　　smartphone　スマートフォン
artificial intelligence　人工知能　　amount　量　　potential　可能性
self-driving　自動運転の　　take the place of～　～に取って代わる
dramatically　劇的に　　convenient　便利な

〔問1〕 (1)<u>I'm sure they will.</u> の内容を，次のように書き表すとすれば，□の中に，下のどれを入れるのがよいか。

Bella is sure that □.

ア　people will make a science fiction movie in the future
イ　people will make amazing machines in the future
ウ　people will make a shogi robot in the future
エ　people will make smartphones in the future

〔問2〕 (2)I think so. の内容を最もよく表しているのは，次のうちではどれか。

ア Bella thinks AI machines will take the place of people in some jobs.

イ Bella thinks AI in the movie will be interesting.

ウ Bella thinks AI will make our lives better.

エ Bella thinks AI will get better and better.

〔問3〕 (3)I understand your feelings. とあるが，このようにDaikiが言った理由を，次のように語句を補って書き表すとすれば，□の中に，下のどれを入れるのがよいか。

I understand your feelings because □.

ア it will be important for us to use AI in the right way

イ we don't know how AI will change our lives

ウ AI knows what the future will be

エ there are many new things now

〔問4〕 (4)That's right. の内容を，次のように書き表すとすれば，□の中に，下のどれを入れるのがよいか。

It is necessary for us to understand that □.

ア AI has great potential

イ AI should help people in the future

ウ AI will make our lives more convenient

エ AI can do some things and can't do other things

〔問5〕 (5)That's a good idea. の内容を，次のように書き表すとすれば，□の中に，下のどれを入れるのがよいか。

□ is a good idea.

ア Talking about our futures after watching the movie

イ Enjoying seeing a future world in the movie

ウ Talking with people who are interested in AI

エ Knowing more about AI

〔問6〕 次の英語の文を，本文の内容と合うように完成するには，□の中に，下のどれを入れるのがよいか。

If people use self-driving cars, they will be able to get to some places □ driving themselves.

ア by

イ after

ウ before

エ without

〔問7〕 次の文章は，Akiraたちと話した日に，Bellaが友人に送ったEメールの一部である。(A)及び(B)の中に，それぞれ入る単語・語句の組み合わせとして正しいものは，下のア～エのうちではどれか。

Today I talked with friends after school. Akira talked about some amazing machines, like flying cars, in a movie. Then we talked about [(A)]. Do you know about AI ? AI is good at finding something in a large amount of information. A shogi robot is an example of using AI. People will use AI in many things. At first, [(B)] was worried that AI would change our lives dramatically. Akira told us his dream. He wants to study AI and to be an engineer. It is important to remember that we will make [(A)], not AI. After talking with us about AI, [(B)] said, "Now I am interested in AI."

When I see you next time, I want to talk with you about AI.

ア (A) our own futures (B) Chika　イ (A) movies (B) Daiki
ウ (A) movies (B) Chika　エ (A) our own futures (B) Daiki

4 次の文章を読んで，あとの各問に答えよ。（*印の付いている単語・語句には，本文のあとに〔注〕がある。）

Junko is a high school student in Tokyo. She likes English and wants to be an English-speaking travel guide in the future. In April, Lucy, an English-speaking student from Canada, joined her class. <u>Junko was happy about that.</u> Soon they became good friends. One day, Junko said to Lucy, "Shall we go to some popular places in Tokyo next Sunday with Yasuko, a friend of mine ?" Lucy *happily agreed. Junko got information about Asakusa and some other places, learned useful English words, and made a *schedule. She wanted to be a good guide for Lucy.

The next Sunday, in the morning, Junko visited Asakusa with Lucy and Yasuko. She took them from one place to another and explained things to Lucy at each place, such as its history. Lucy was happy about that. That made Junko happy, too.

In the afternoon, the three girls left Asakusa. On the way to the next place, Lucy saw some young people from abroad in front of them. She was interested in the pieces of *miniature food that were *attached to their bags. Then Lucy went to speak to them. She said, "Hello. Those are very cute." One of them said, "We bought these at a food *replica shop over there." Yasuko said, "Junko and Lucy, how about going there ?" Lucy agreed, but Junko said to Yasuko, "I have a schedule to visit other places. Visiting the shop is not on my schedule." Yasuko said, "Junko, let's go to the shop. I think Lucy will enjoy visiting it." Junko *reluctantly agreed.

The three girls went into the food replica shop. Lucy was surprised to see so many pieces of different miniature food. Then she found *full-sized food replicas. She said, "Oh, these ones look *real !" Yasuko said, "Look ! The *poster says we can make our own food replicas." Lucy was surprised again. Then a clerk said, "I'm sorry you can't do that today. You need a *reservation. Making food replicas is very popular among visitors from abroad." Lucy said,

"I'm a little *disappointed that I can't make one now, but I'm very happy that I came here. Thank you, Yasuko." Junko had *mixed feelings. She thought, "I didn't put that shop on my schedule. I wanted to make a very good schedule, but I didn't."

After Junko got home, she told her older brother, Kazuo, about the visit. He said, "You didn't want to go to that shop at first, but you did. Why ?" "I hoped Lucy would enjoy the visit to the shop," she answered. He said, "Schedules are important, but it is also important to be *flexible. You don't have to follow a schedule all the time."

The next day, at school, Junko said to Yasuko, "I want to make a reservation to make food replicas at the shop with Lucy." Yasuko happily agreed. Next, Junko told Lucy about the reservation. Lucy said she was happy. Junko asked her, "Is there anything you want to do after doing that ?" Lucy answered, "I want to eat some real food." After Junko got home, she made a reservation for making food replicas.

One Sunday in the next month, Junko took Lucy to the food replica shop with Yasuko. They enjoyed making some food replicas there. Lucy was happy, and that made Junko happy. In the shop, Lucy found food replicas of *takoyaki*, octopus dumplings, and said that she wanted to try eating real *takoyaki*. Junko asked her and Yasuko, "Shall we try real ones ?" They happily agreed. Yasuko said to Junko, "You have a schedule, right ?" Junko said, "Yes, but that is OK." Junko's schedule was for eating *kara-age*, deep-fried chicken, but she thought following Lucy's *interest was more important. Near a temple, they enjoyed *takoyaki*. Yasuko said, "Junko, you are a perfect guide. You happily followed Lucy's interest and made her happy." Junko was happy and realized that being flexible was as important as making a schedule.

〔注〕 happily 喜んで　schedule 計画　miniature 小型模型
attached to ～ ～に付けられた　replica 複製　reluctantly 渋々と
full-sized 原寸大の　real 本物の　poster ポスター
reservation 予約　disappointed がっかりした　mixed 複雑な
flexible 柔軟な　interest 興味

〔問１〕 Junko was happy about that. の内容を，次のように書き表すとすれば，□の中に，下のどれを入れるのがよいか。

Junko was happy because □.

ア Lucy became a good friend of hers after she came to her class

イ Lucy happily agreed to visit some places with Yasuko

ウ she had a new classmate who spoke English

エ she became a high school student in April

〔問２〕 次の**ア**～**エ**の文を，本文の内容の流れに沿って並べ，記号で答えよ。

ア Junko had mixed feelings about the visit to the food replica shop.

イ Before visiting Asakusa, Junko learned useful English words and made a schedule for the visit.

ウ Junko was happy that Lucy enjoyed making food replicas at the shop.

エ Lucy saw people who had miniature food attached to their bags and learned where she could buy some.

〔問３〕 次の(1)～(3)の文を，本文の内容と合うように完成するには，[　　]の中に，それぞれ下のどれを入れるのがよいか。

(1) When Junko visited Asakusa with Lucy and Yasuko in the morning, [　　].

ア Lucy was happy that Junko explained things like the history of each place

イ Lucy was surprised to learn that Yasuko was a good friend of Junko's

ウ Lucy was happy because Junko bought food replicas for her

エ Lucy saw some people from other countries in front of her

(2) Lucy was a little disappointed at the food replica shop because [　　].

ア visiting the shop was not on Junko's schedule

イ Junko and Yasuko did not agree about going to the shop

ウ she wanted Junko to go to the shop, but Junko didn't do that

エ she was not able to make a food replica without a reservation

(3) When Lucy agreed about trying eating real *takoyaki* after visiting the food replica shop for the second time, [　　].

ア Junko thought it was more important for her to follow Lucy's interest than her own schedule

イ Junko learned that it was popular to make real ones among visitors from abroad

ウ Junko called a shop selling it to make a reservation to try it there

エ Junko was happy because trying it there was on her schedule

〔問４〕 次の(1), (2)の質問の答えとして適切なものは，それぞれ下のうちではどれか。

(1) What did Junko's brother say about a schedule?

ア He said that making a schedule was more important than being flexible.

イ He said that Lucy had to put the food replica shop on a new schedule.

ウ He said that she didn't have to follow a schedule all the time.

エ He said that she had to make a new schedule with Yasuko.

(2) What did Junko realize after she visited the food replica shop for the second time?

ア She realized that a perfect guide had to have more interest in real food than food replicas.

イ She realized that both being flexible and making a schedule were important.

ウ She realized that many of the food replicas sold at the shop looked real.

エ She realized that getting information about history was very important.

＜英語学力検査リスニングテスト台本＞

開始時の説明

これから，リスニングテストを行います。

問題用紙の１ページを見なさい。リスニングテストは，全て放送による指示で行います。リスニングテストの問題には，**問題A**と**問題B**の二つがあります。**問題A**と，**問題B**の＜Question 1＞では，質問に対する答えを選んで，その記号を答えなさい。**問題B**の＜Question 2＞では，質問に対する答えを英語で書きなさい。

英文とそのあとに出題される質問が，それぞれ全体を通して二回ずつ読まれます。問題用紙の余白にメモをとってもかまいません。答えは全て解答用紙に書きなさい。

〔問題A〕

問題Aは，英語による対話文を聞いて，英語の質問に答えるものです。ここで話される対話文は全部で三つあり，それぞれ質問が一つずつ出題されます。質問に対する答えを選んで，その記号を答えなさい。

では，＜対話文１＞を始めます。

Woman : Excuse me. I want to go to ABC Station. When will the next train for ABC Station come here?

Man : At two fifty. You will have to wait for ten minutes.

Woman : I see. Which color train should I take? There are a lot of colors. Blue, red, green, orange. . . . Does a green train go to ABC Station?

Man : No. Take an orange one. The other ones don't go to ABC Station.

Woman : OK. Thank you.

Question : Which color train goes to ABC Station?

繰り返します。

（対話文１と質問を繰り返す）

＜対話文２＞を始めます。

Bob : Emi, shall we go to the library after school to do homework?

Emi : I'm sorry, Bob. Today, after school I'm going to go shopping. I'm going to buy some food for my sister's birthday party.

Bob : Oh, sounds exciting. When is her birthday?

Emi : Tomorrow. My family will have the party at home tomorrow evening. Tomorrow, I will make sushi and a birthday cake with my father.

Bob : Oh, great! Enjoy her birthday.

Emi : Thank you.

Question : What is Emi going to do after school today?

繰り返します。

（対話文２と質問を繰り返す）

＜対話文３＞を始めます。

Woman : Oh, it's raining !
Man : Yes.
Woman : It's cold, too. I think it will be snowy. Will the rain stop ?
Man : I think it will. The weather news says it will be cloudy, not rainy, in the afternoon.
Woman : Oh, really ? I hope so.
Man : Don't worry. Let's enjoy playing tennis.

Question : What does the weather news say about the weather for the afternoon ?
繰り返します。
（対話文３と質問を繰り返す）

これで**問題A**を終わり，**問題B**に入ります。

〔**問題B**〕

これから聞く英語は，Tama 温泉に来た外国人観光客の Tom が，Tama 温泉の観光協会の職員から受けている説明です。内容に注意して聞きなさい。

あとから，英語による質問が二つ出題されます。＜Question 1＞では，質問に対する答えを選んで，その記号を答えなさい。＜Question 2＞では，質問に対する答えを英語で書きなさい。

なお，＜Question 2＞のあとに，15秒程度，答えを書く時間があります。

では，始めます。

Welcome to Tama Hot Springs ! Are you a little tired after taking a bus for two hours from Tokyo ? It's time for enjoying the hot springs here. Now, I will tell you about Tama Hot Springs. They were found about one thousand years ago, and since then people have enjoyed taking baths here.

During the year, you can enjoy the four seasons around here. For example, now in spring, there are many kinds of flowers. And spring is the best season to walk in the mountains.

There are about fifteen *ryokan*. All of them are by the lake, and many people come here every year. In all the *ryokan*, there are beautiful *yukata*. You can enjoy wearing one of them. You can see a beautiful lake view from their windows. We hope you will enjoy staying here. Thank you.

＜Question 1＞ How long have people enjoyed Tama Hot Springs ?
＜Question 2＞ What can Tom see from the windows of all the *ryokan* ?
繰り返します。
（**問題B**の英文と質問を繰り返す）

以上で，リスニングテストを終わります。**2** 以降の問題に答えなさい。

数学

●満点 100点　●時間 50分

注意　1　答えに分数が含まれるときは，**それ以上約分できない形で表しなさい。**
例えば，$\dfrac{6}{8}$ と答えるのではなく，$\dfrac{3}{4}$ と答えます。

2　答えに根号が含まれるときは，**根号の中を最も小さい自然数にしなさい。**
例えば，$3\sqrt{8}$ と答えるのではなく，$6\sqrt{2}$ と答えます。

3　□の中の数字を答える問題については，「**あ**，**い**，**う**，…」に当てはまる数字を，**0**から**9**までの数字のうちから，それぞれ**1つずつ**選んで，**その数字の**⬭**の中を正確に塗りつぶしなさい。**

1　次の各問に答えよ。

〔問１〕　$5-\dfrac{1}{3}\times(-9)$　を計算せよ。

〔問２〕　$8(a+b)-(4a-b)$　を計算せよ。

〔問３〕　$(\sqrt{7}+2\sqrt{3})(\sqrt{7}-2\sqrt{3})$　を計算せよ。

〔問４〕　一次方程式　$4x-5=x-6$　を解け。

〔問５〕　連立方程式　$\begin{cases}7x-y=8\\-9x+4y=6\end{cases}$　を解け。

〔問６〕　二次方程式　$x^2+12x+35=0$　を解け。

〔問７〕　次の□の中の「**あ**」「**い**」に当てはまる数字をそれぞれ答えよ。

右の表は，東京のある地点における４月７日の最高気温について，過去40年間の記録を調査し，度数分布表に整理したものである。

最高気温が18℃以上であった日数は，全体の日数の **あい** ％である。

階　級(℃) 以上　　未満	度数(日)
8 ～ 10	1
10 ～ 12	4
12 ～ 14	2
14 ～ 16	7
16 ～ 18	8
18 ～ 20	5
20 ～ 22	9
22 ～ 24	4
計	40

〔問８〕　次の□の中の「**う**」「**え**」「**お**」に当てはまる数字をそれぞれ答えよ。

下の**図１**で，$l /\!/ m$ のとき，x で示した角の大きさは，**うえお** 度である。

〔問９〕　右の**図２**のように，円Oの周上に点P，円Oの内部に点Qがある。

点Pが点Qに重なるように１回だけ折るとき，折り目と重なる直線 l を，定規とコンパスを用いて作図し，直線 l を示す文字 l も書け。

ただし，作図に用いた線は消さないでおくこと。

図１

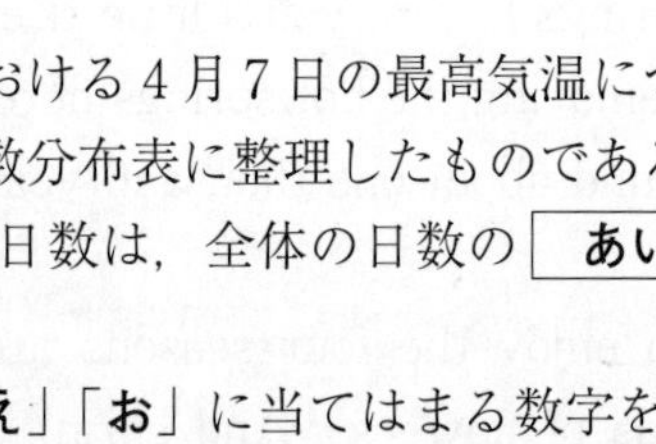

図２

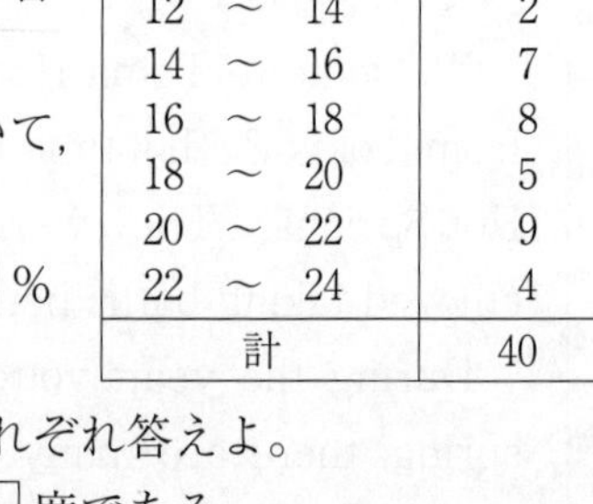

2　ある中学校で，Ｓさんが作った問題をみんなで考えた。
次の各問に答えよ。

［Ｓさんが作った問題］

a，b，hを正の数とする。

右の**図１**に示した立体 ABCDEF-GHIJKL は，底面が１辺 a cm の正六角形，高さが h cm，６つの側面が全て合同な長方形の正六角柱である。

正六角形 ABCDEF において，対角線 AD と対角線 CF の交点をM，点Mから辺 AB に垂線を引き，辺 AB との交点をNとし，線分 MN の長さを b cm とする。

立体 ABCDEF-GHIJKL の表面積を P cm^2 とするとき，Pをa，b，hを用いて表してみよう。

図１

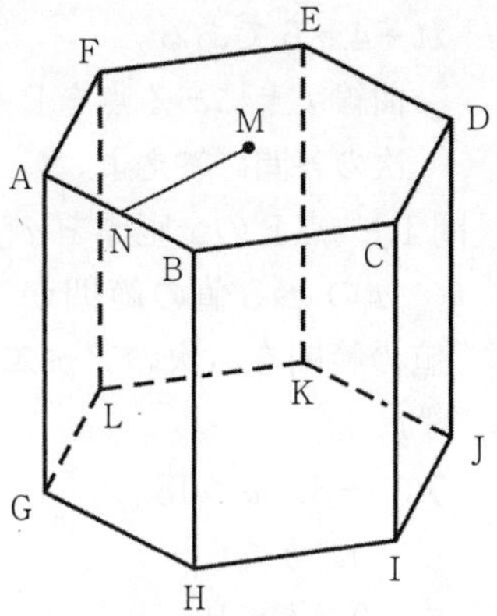

Ｔさんは，［Ｓさんが作った問題］の答えを次の形の式で表した。Ｔさんの答えは正しかった。

〈Ｔさんの答え〉　$P=6a(\square)$

〔問１〕〈Ｔさんの答え〉の $\square$ に当てはまる式を，次の**ア**～**エ**のうちから選び，記号で答えよ。

ア　$\frac{1}{2}b+h$

イ　$b+h$

ウ　$b+2h$

エ　$2b+h$

先生は，［Ｓさんが作った問題］をもとにして，次の問題を作った。

［先生が作った問題］

h，l，rを正の数とする。

右の**図２**に示した立体は，底面が半径 r cm の円，高さが h cm の円柱であり，２つの底面の中心O，O′を結んでできる線分は，２つの底面に垂直である。

この立体について，底面の円周を l cm，表面積を Q cm^2 とするとき，$Q=l(h+r)$ となることを確かめなさい。

図２

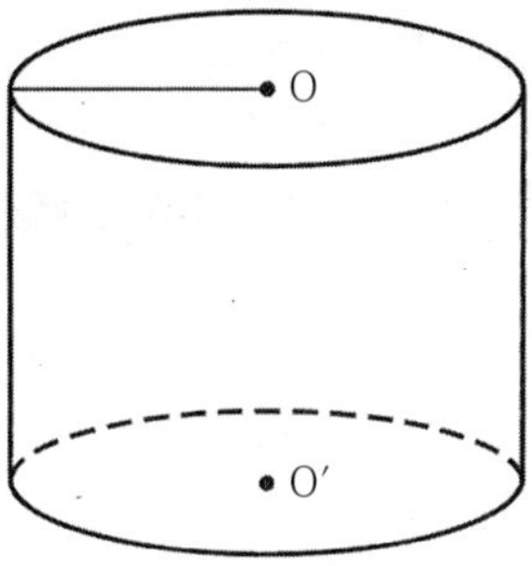

〔問２〕［先生が作った問題］で，l を r を用いて表し，$Q=l(h+r)$ となることを証明せよ。ただし，円周率は π とする。

3 右の**図1**で，点Oは原点，曲線 l は関数 $y=\frac{1}{2}x^2$ のグラフを表している。

点A，点Bはともに曲線 l 上にあり，x 座標はそれぞれ -4，6 である。

曲線 l 上にある点をPとする。

次の各問に答えよ。

〔問1〕 点Pの x 座標を a，y 座標を b とする。

a のとる値の範囲が $-4 \leqq a \leqq 6$ のとき，b のとる値の範囲を，次の**ア**～**エ**のうちから選び，記号で答えよ。

ア $-8 \leqq b \leqq 18$

イ $0 \leqq b \leqq 8$

ウ $0 \leqq b \leqq 18$

エ $8 \leqq b \leqq 18$

〔問2〕 右の**図2**は，**図1**において，点Pの x 座標が -4 より大きく6より小さい数のとき，点Aと点Bを結び，線分AB上にあり x 座標が点Pの x 座標と等しい点をQとし，点Pと点Qを結び，線分PQの中点をMとした場合を表している。

次の①，②に答えよ。

① 点Pが y 軸上にあるとき，2点B，Mを通る直線の式を，次の**ア**～**エ**のうちから選び，記号で答えよ。

ア $y=2x+6$

イ $y=\frac{1}{2}x+6$

ウ $y=3x$

エ $y=2x$

② 直線BMが原点を通るとき，点Pの座標を求めよ。

図1

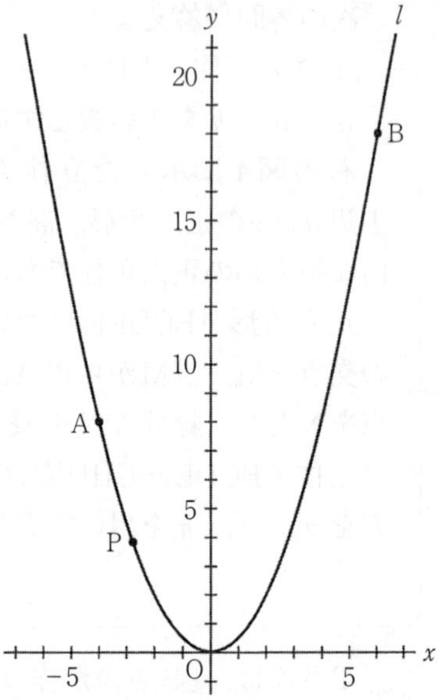

図2

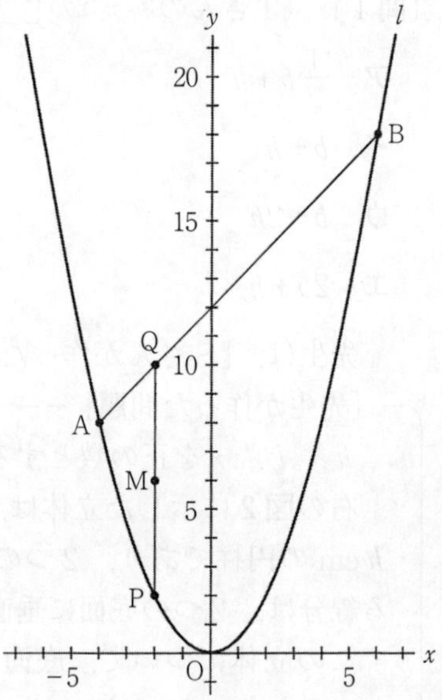

4　右の**図1**で，点Oは線分 AB を直径とする円の中心である。

点Cは円Oの周上にある点で，$\overset{\frown}{AC}=\overset{\frown}{BC}$ である。

点Pは，点Cを含まない $\overset{\frown}{AB}$ 上にある点で，点A，点Bのいずれにも一致しない。

点Aと点C，点Cと点Pをそれぞれ結び，線分 AB と線分 CP との交点をQとする。

次の各問に答えよ。

図1

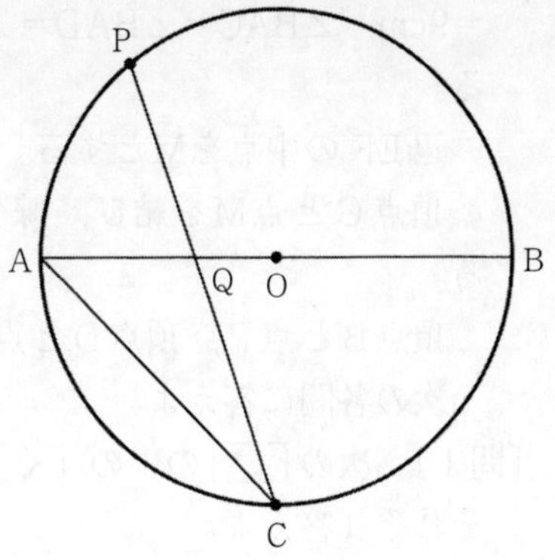

〔問1〕　**図1**において，$\angle ACP=a^\circ$ とするとき，$\angle AQP$ の大きさを表す式を，次の**ア**～**エ**のうちから選び，記号で答えよ。

ア　$(60-a)$度　　**イ**　$(90-a)$度

ウ　$(a+30)$度　　**エ**　$(a+45)$度

〔問2〕　右の**図2**は，**図1**において，点Aと点P，点Bと点Pをそれぞれ結び，線分 BP をPの方向に延ばした直線上にあり BP＝RP となる点をRとし，点Aと点Rを結んだ場合を表している。

次の①，②に答えよ。

①　$\triangle ABP \equiv \triangle ARP$ であることを証明せよ。

②　次の□の中の「**か**」「**き**」に当てはまる数字をそれぞれ答えよ。

図2において，点Oと点Pを結んだ場合を考える。

$\overset{\frown}{BC}=2\overset{\frown}{BP}$ のとき，$\triangle ACQ$ の面積は，四角形 AOPR の面積の $\dfrac{\boxed{\text{か}}}{\boxed{\text{き}}}$ 倍である。

図2

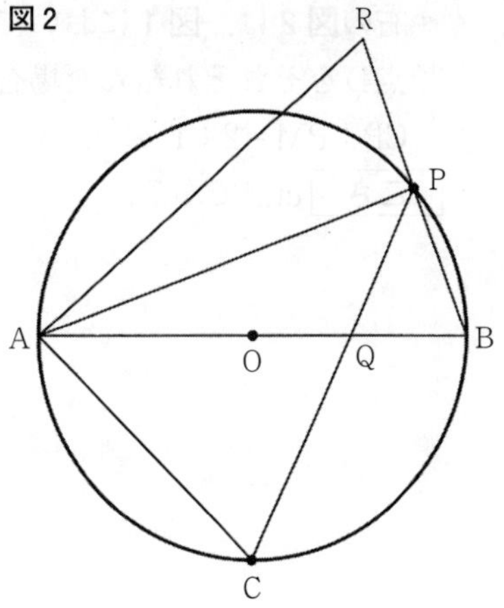

5　右の**図1**に示した立体ABC-DEFは，AB＝AC＝AD＝9cm，∠BAC＝∠BAD＝∠CAD＝90°の三角柱である。

辺EFの中点をMとする。

頂点Cと点Mを結び，線分CM上にある点をPとする。

頂点Bと点P，頂点Dと点Pをそれぞれ結ぶ。

次の各問に答えよ。

図1

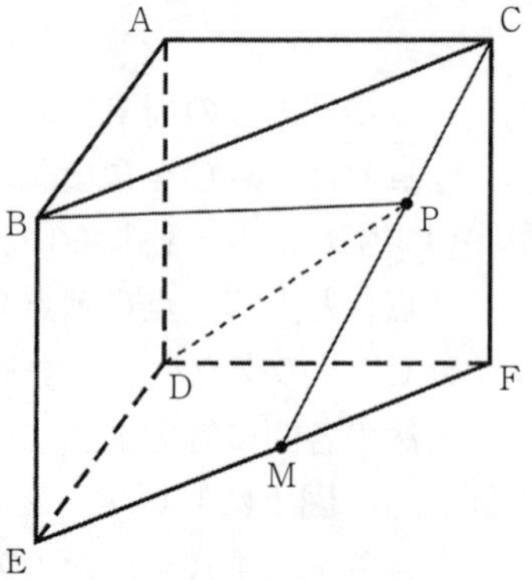

〔問1〕　次の□の中の「**く**」「**け**」に当てはまる数字をそれぞれ答えよ。

図1において，点Pが頂点Cに一致するとき，∠BPDの大きさは，**くけ** 度である。

〔問2〕　次の□の中の「**こ**」「**さ**」に当てはまる数字をそれぞれ答えよ。

右の**図2**は，**図1**において，頂点Aと点P，頂点Bと頂点Dをそれぞれ結んだ場合を表している。

CP：PM＝2：1のとき，立体P-ABDの体積は，**こさ** cm^3である。

図2

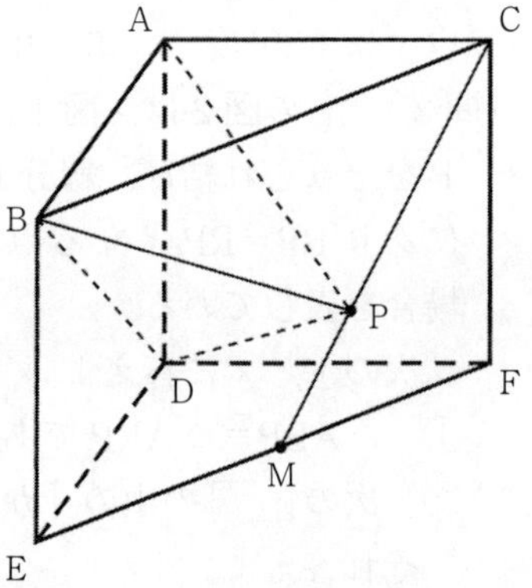

社会　●満点 100点　●時間 50分

1　次の各問に答えよ。

〔問１〕　次の写真は，下の**ア**～**エ**の**いずれか**の「国土地理院発行２万５千分の１の地形図」の一部に●で示した地点から矢印(➡)の方向を撮影したものである。この写真を撮影した●で示した地点が含まれる地形図に当てはまるのは，下の**ア**～**エ**のうちではどれか。

ア

（国土地理院発行２万５千分の１の地形図「千葉西部」）

イ

（国土地理院発行２万５千分の１の地形図「横須賀《よこすか》」）

ウ

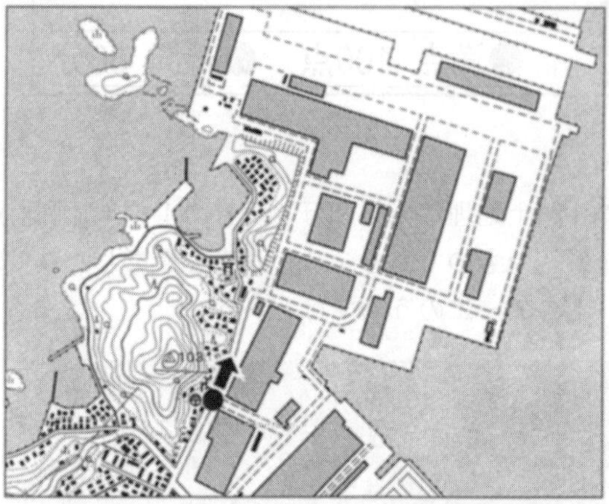

（国土地理院発行２万５千分の１の地形図「長崎西南部」）

エ

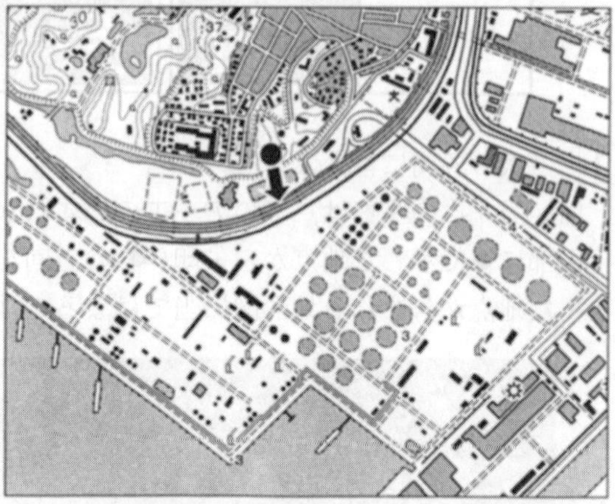

（国土地理院発行２万５千分の１の地形図「本牧《ほんもく》」）

〔問２〕　次のⅠの略地図中に ▬ で示した**ア**～**エ**は，古代文明が興《おこ》った地域を示したものである。Ⅱの文章で述べている古代文明が興った地域に当てはまるのは，略地図中の**ア**～**エ**のうちのどれか。

Ⅰ

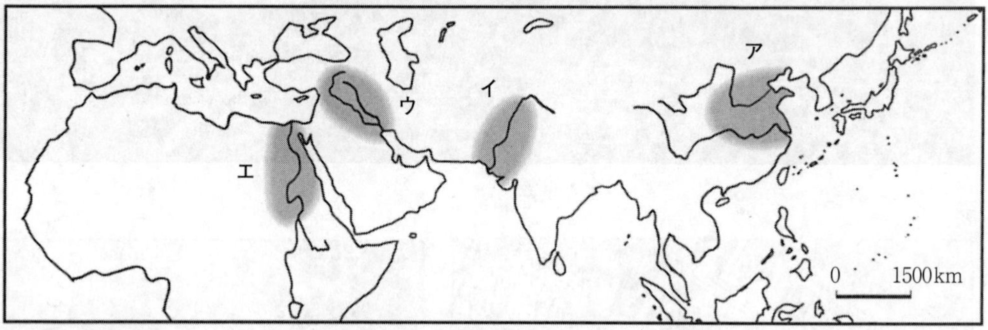

Ⅱ

下水道施設や公衆浴場などの公共施設が整備された都市が建設された。モヘンジョ・ダロやハラッパ(ハラッパー)などの遺跡からは，文字が刻まれた印章が出土しているが，文字は未解読であり，解明されていないことが多い文明である。

〔問３〕　次のⅠのグラフは，我が国の2017年度の一般会計当初予算における歳出総額及び歳出項目別の割合を示したものである。Ⅰのグラフ中の**ア**～**エ**は，公共事業関係費，国債費，社会保障関係費，地方交付税交付金の**いずれか**に当てはまる。Ⅱの文で述べている歳出項目に当てはまるのは，Ⅰのグラフ中の**ア**～**エ**のうちのどれか。

Ⅰ

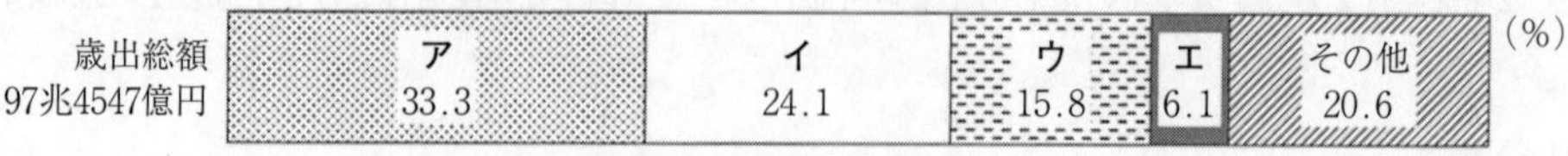

(注)　四捨五入をしているため，歳出項目別の割合を合計したものは，100％にならない。
（財務省の資料より作成）

Ⅱ

国の借金の返済や利子の支払いなどの支出であり，2017年度の一般会計当初予算における歳出額は約23兆円である。

2 次の略地図を見て，あとの各問に答えよ。

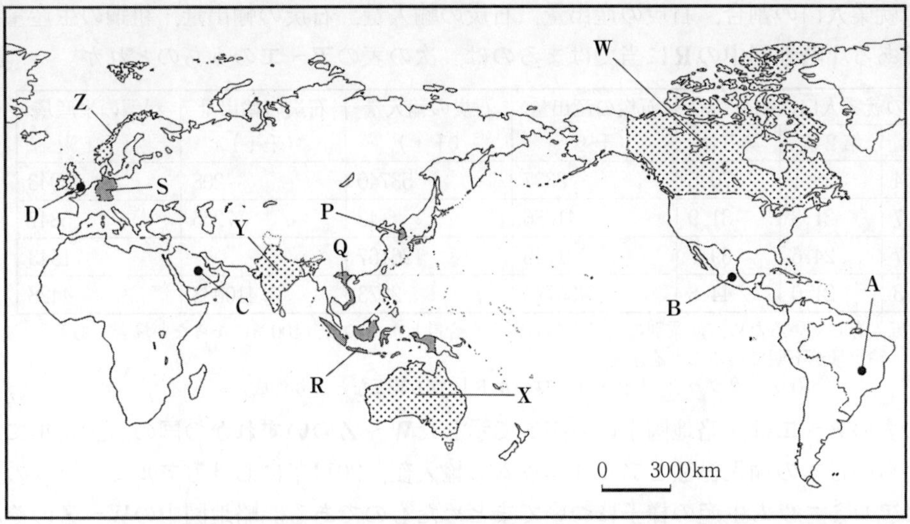

〔問１〕 次のⅠの**ア**～**エ**のグラフは，略地図中に**A**～**D**で示した**いずれか**の産油国の首都の，年平均気温と年降水量及び各月の平均気温と降水量を示したものである。Ⅱの文は，**A**～**D**の**いずれか**の首都が属する国の油田の様子についてまとめたものである。Ⅱの文で述べている国の首都のグラフに当てはまるのは，Ⅰの**ア**～**エ**のうちのどれか，また，その首都に当てはまるのは，略地図中の**A**～**D**のうちのどれか。

Ⅰ

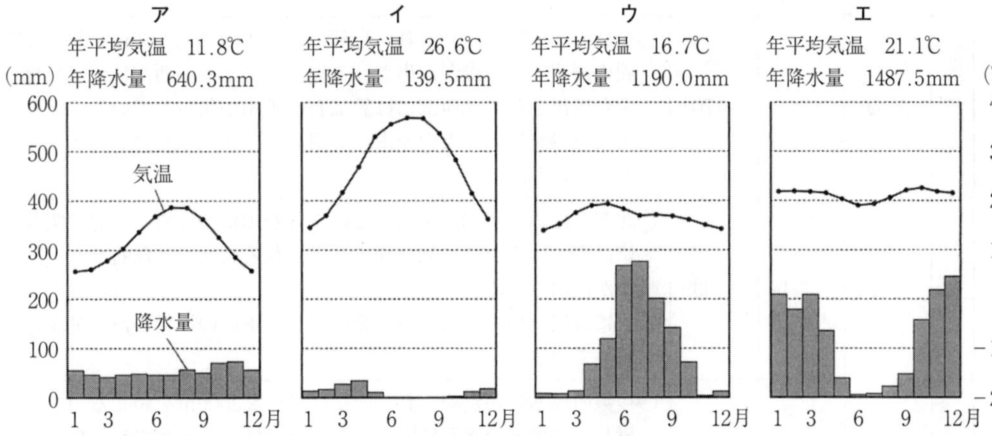

（「理科年表」平成29年より作成）

Ⅱ

> 暖流と偏西風の影響により，高緯度の割には気温が高く，冬季でも凍らない海域に広がる大陸棚にこの国の油田は分布し，採掘された原油は，パイプラインを利用して輸送されている。

〔問２〕 次の表の**ア**～**エ**は，略地図中に ▓▓ で示した**P**～**S**の**いずれか**の国の，2014年における産業別の就業人口の割合，石炭の産出量，石炭の輸入量，石炭の輸出量，粗鋼の生産量を示したものである。略地図中の**R**に当てはまるのは，次の表の**ア**～**エ**のうちのどれか。

	産業別の就業人口の割合(％)			石炭の産出量	石炭の輸入量	石炭の輸出量	粗鋼の生産量
	第１次	第２次	第３次	（千ｔ）	（千ｔ）	（千ｔ）	（千ｔ）
ア	1.4	28.1	70.5	8337	53740	208	42943
イ	46.7	21.3	31.9	41086	42	7265	5847
ウ	5.7	24.6	69.7	1748	126167	—	71543
エ	34.3	21.0	44.8	435743	2273	410083	4428

（注） 四捨五入をしているため，産業別の就業人口の割合を合計したものは，100％にならない場合がある。
（注） —は，輸出量が不明であることを示す。
（「データブック オブ・ザ・ワールド」2016年版などより作成）

〔問３〕 次の表の**ア**～**エ**は，略地図中に ░░ で示した**W**～**Z**の**いずれか**の国の，2014年におけるこの国からの日本の輸入総額とアルミニウムの輸入額，2014年におけるアルミニウムの生産量，国土とアルミニウム生産の様子についてまとめたものである。略地図中の**W**～**Z**のそれぞれに当てはまるのは，次の表の**ア**～**エ**のうちではどれか。

	日本の輸入総額（億円）	アルミニウムの輸入額（億円）	アルミニウムの生産量（千ｔ）	国土とアルミニウム生産の様子
ア	50897	1043	1704	○複数の標準時が定められ，東部に位置する標高2000ｍを超える山を含む山脈の周辺では石炭が産出される他，中央部から西部にかけて様々な鉱産資源が産出され，北西部には鉄鉱石の鉱山が集中している。 ○主に石炭を用いた火力発電を利用し，国産の原料等からアルミニウムを生産している。
イ	7391	14	1939	○北部には標高8000ｍを超える山を含む山脈が位置し，海に突き出た半島部には高原が広がり，北東部で産出される石炭や鉄鉱石など，様々な鉱産資源が産出される。 ○主に石炭を用いた火力発電を利用し，国産の原料等からアルミニウムを生産している。
ウ	11900	63	2858	○複数の標準時が定められ，西部には標高3000ｍを超える山を含む山脈が位置し，中央部の氷河に削られた平原では，ニッケルや鉛など，様々な鉱産資源が産出される。 ○主に湖の水を用いた水力発電を利用し，輸入した原料等からアルミニウムを生産している。
エ	2548	10	1250	○氷河に削られてできた多数の湾が複雑に入り組んだ海岸線を形成し，隣国との間に位置している標高2000ｍを超える山を含む山脈の周辺では，チタンや鉄鉱石などの鉱産資源が産出される。 ○主に湖の水を用いた水力発電を利用し，輸入した原料等からアルミニウムを生産している。

（財務省「貿易統計」などより作成）

3　次の略地図を見て，あとの各問に答えよ。

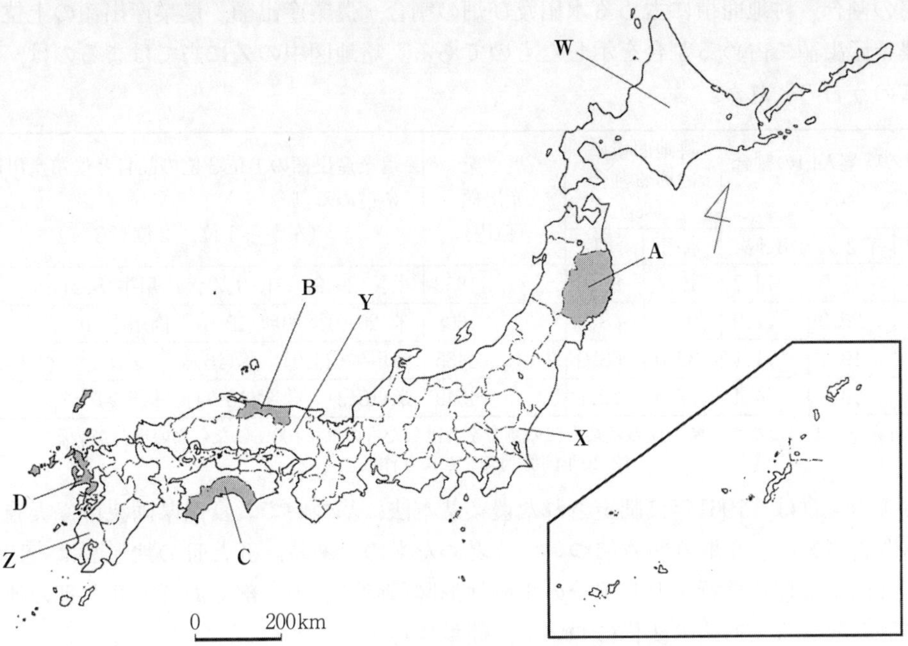

〔問１〕　次の表の**ア**～**エ**の文章は，略地図中に　　　で示した，**A**～**D**の**いずれか**の県の自然環境と農業の様子についてまとめたものである。**A**～**D**の県のそれぞれに当てはまるのは，次の表の**ア**～**エ**のうちではどれか。

	自然環境と農業の様子
ア	○海岸部には複雑に入り組んだ海岸線が見られ，西部には南北方向に山脈が走り，夏季には寒流の影響により冷たく湿った北東の風が吹き込み，冷害となることがある。 ○内陸部の盆地などでは，夏季の冷涼な気候を利用して，大消費地向けに野菜などの栽培が行われている。
イ	○多数の半島や島々が見られ，南東部には火山が位置し，海洋から吹き込む風の影響で年間を通して温暖である。 ○半島部などでは，温暖な気候を利用して，ばれいしょの二期作や果樹などの栽培が行われている。
ウ	○北部には東西方向に山地が見られ，暖流の影響で年間を通して温暖となる南部には，台風の通過などにより多量の降水量がもたらされることがある。 ○山地の南側の地域などでは，日当たりがよく，昼夜の寒暖差が大きいことを利用して，県の特産品となっている柑橘類《かんきつるい》などの栽培が行われている。
エ	○西部には火山が位置し，北部には平野が広がり，冬季には北西から吹く風の影響で積雪が見られる。 ○砂丘が広がる地域では，スプリンクラーなどの灌漑《かんがい》設備を利用して，果樹などの栽培が行われている。

〔問2〕　次の表の**ア**～**エ**は，略地図中に**W**～**Z**で示した**いずれか**の道県の2015年における産業別の就業人口の割合，耕地面積に占める水田及び畑の割合，農業産出額，農業産出額の上位3位の品目と農業産出額に占める割合を示したものである。略地図中の**Z**に当てはまるのは，次の表の**ア**～**エ**のうちのどれか。

	産業別の就業人口の割合（%）			耕地面積に占める割合（%）		農業産出額（億円）	農業産出額の上位3位の品目と農業産出額に占める割合（%）（左から1位，2位，3位）
	第1次	第2次	第3次	水田	畑		
ア	7.4	17.9	74.7	19.4	80.6	11852	生乳(29.9)，米(9.7)，肉用牛(8.2)
イ	2.1	26.0	71.9	91.3	8.7	1608	米(26.9)，鶏卵(12.6)，肉用牛(10.9)
ウ	9.5	19.4	71.1	32.0	68.0	4435	肉用牛(23.9)，豚(16.6)，ブロイラー(13.6)
エ	5.9	29.8	64.4	57.9	42.1	4549	米(15.3)，鶏卵(10.7)，豚(8.7)

（注）　四捨五入をしているため，産業別の就業人口の割合を合計したものは，100%にならない場合がある。

（2015年国勢調査などより作成）

〔問3〕　次のⅠの文章は，1961年に制定された農業基本法に基づいて，富山県砺波《となみ》市で実施された農業構造改善事業の主な取り組みについてまとめたものである。ⅡとⅢの地形図は，1961年と1996年の「国土地理院発行2万5千分の1の地形図(砺波)」の一部である。ⅡとⅢの地形図を比較して読み取れる，道路の変化について，簡単に述べよ。

Ⅰ

○農業経営の規模の拡大，機械化，農業経営の近代化などを図る。
○農村における交通などの環境を整備する。

Ⅱ

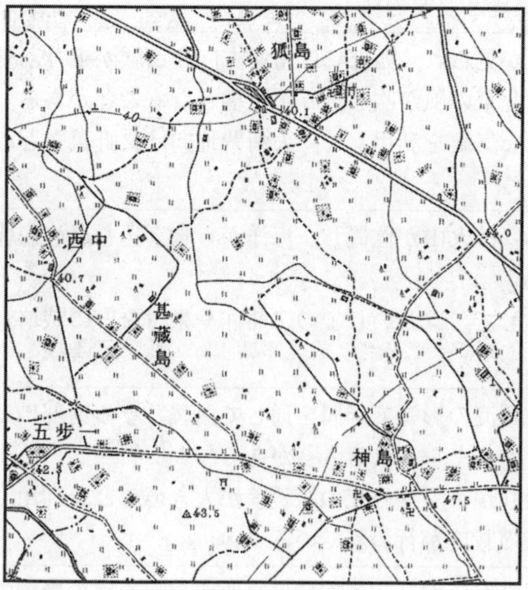

(1961年)

Ⅲ

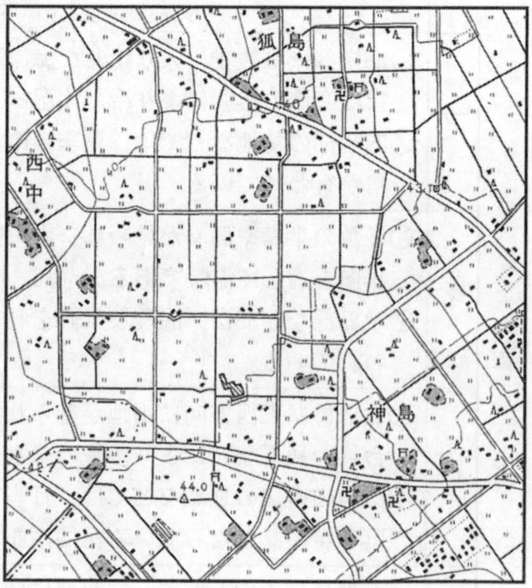

(1996年)

4 次の文章を読み，あとの各問に答えよ。

> 情報は，様々な物事の内容や様子などを人々に知らせるだけでなく，知識や考え方などに影響を与える。私たちは，情報を収集したり分析したりして，社会の発展に役立ててきた。
>
> (1)古代から中世にかけて，文字や製紙技術などが広まると，情報が書物や絵画などとして記録され，残された。
>
> 時代が進み，(2)支配者は統治をより強固なものにするため，様々な地域の情報を得ることを一層重視し，各地の調査を進めた。
>
> 産業革命により工業化を進めた欧米諸国がアジアに進出するようになった江戸時代末期以降は，(3)近代国家としての体制を整えることが求められ，外国から得た情報が広く活用された。
>
> 20世紀になると科学技術の進展に伴って，(4)様々な情報をより広い範囲の人々に，迅速に伝達する技術が開発されるようになった。

〔問1〕 (1)古代から中世にかけて，文字や製紙技術などが広まると，情報が書物や絵画などとして記録され，残された。とあるが，次のア～エは，奈良時代から室町時代にかけて著された書物などについて述べたものである。時期の古いものから順に記号を並べよ。

ア 元《げん》軍を防いだことに対する恩賞などについて，幕府に対する御家人の不満が高まる中で，竹崎季長《たけざきすえなが》の活躍などを表したとされる「蒙古襲来《もうこしゅうらい》絵詞《えことば》」が制作された。

イ 遣唐使《けんとうし》の派遣が停止され，我が国の風土や暮らしに合った文化が生まれる中で，清少納《せいしょうな》言《ごん》により，宮中での日々などについて記した「枕草子」が著された。

ウ 寝殿造《しんでんづくり》と禅宗《ぜんしゅう》の建築様式を折衷した金閣が建てられるなど，大陸の影響を受けて新たな文化が生まれる中で，足利義満《あしかがよしみつ》に保護された世阿弥《ぜあみ》により，能についてまとめた「風姿花《ふうしか》伝《でん》」が著された。

エ 律令《りつりょう》国家の仕組みが定められ，中央集権的な体制が形成される中で，天武《てんむ》天皇の子である舎人親王《とねりしんのう》らにより，天皇に関する記述を中心に我が国の歴史をまとめた「日本書紀」が編《へん》纂《さん》された。

〔問2〕 (2)支配者は統治をより強固なものにするため，様々な地域の情報を得ることを一層重視し，各地の調査を進めた。とあるが，次の文章は，各地の調査を行った人物の日記の一部を分かりやすく示したものである。この日記に書かれた調査について述べているのは，下のア～エのうちではどれか。

> ○寛政12年8月8日，昼，太陽を測り，昼の後より十間縄を以《もっ》てクナシリ(国後島《くなしり》)，ネモロ(根室《ねむろ》)他，ところどころの方位を測る。夜は薄曇《うすぐもり》。
> ○文化2年8月4日，朝，大曇天。我等《われら》，淀小橋《よどこばし》より下鳥羽《しもとば》村迄《まで》測る。

ア 徳川家斉《とくがわいえなり》が将軍のときに，幕府は，外国船の来航に備えて海岸線などの調査を進めさせ，我が国の国土の輪郭を描いた全国的な実測図が作成された。

イ 豊臣秀吉《とよとみひでよし》は，統一したものさしや枡《ます》を用いて田畑の面積などを調査する太閤検地《たいこうけんち》を行い，全国の田畑の生産力を石高《こくだか》によって示した。

ウ　徳川家康《とくがわいえやす》は，江戸を中心とした街道の整備を進め，日本橋《にほんばし》からの距離を調査し，東海道や東山道，北陸道の両脇に樹木を植えた塚を一里《り》（約 4 km）ごとに築き始めた。

エ　武田信玄《たけだしんげん》は，領国内の地理的な状況について調査させるとともに，軍が速やかに移動できるよう，高低差や曲がり角を少なくした軍事用の道路を整備した。

〔問 3〕 (3)近代国家としての体制を整えることが求められ，外国から得た情報が広く活用された。とあるが，次のⅠの略年表は，江戸時代から昭和時代にかけて，我が国の発展に貢献した人物に関する主な出来事についてまとめたものである。Ⅱの文章は，福沢諭吉《ふくざわゆきち》によって著された書物について述べたものである。Ⅱの文章で述べている書物が著された時期に当てはまるのは，Ⅰの略年表中の**ア**～**エ**の時期のうちではどれか。

Ⅰ

西暦	我が国の発展に貢献した人物に関する主な出来事	
1853	●アメリカ合衆国で教育を受けた中浜万次《なかはままんじ》郎《ろう》が，幕府の普請役格《ふしんやくかく》の役人として迎えられた。	
		ア
1871	●来日していた外国人宣教師の指導を受けた大隈重信《おおくましげのぶ》が，外国への使節の派遣を発議した。	
		イ
1900	●アメリカ合衆国に留学した経験をもつ津《つ》田梅子《だうめこ》が，女子英学塾を開設した。	
		ウ
1924	●ドイツに留学した経験をもつ山田耕筰《やまだこうさく》が，日本交響楽協会を設立した。	
		エ
1935	●湯川秀樹《ゆかわひでき》が「素粒子《そりゅうし》の相互作用について」と題する論文を英文にまとめたものが，「日本数学物理学会報」に掲載された。	

Ⅱ

○この書物は，17編からなり，全ての国民に小学校教育を受けさせようとする学制が公布された年に初編が刊行された。

○この書物は，「天は人の上に人を造らず」で始まり，一国の独立は個人の独立に基づき，個人の独立のためには学問をすることが大切であると説いた。

〔問４〕 (4)様々な情報をより広い範囲の人々に，迅速に伝達する技術が開発されるようになった。とあるが，次の**ア**～**エ**は，昭和時代から平成にかけて，情報の伝達技術が発達した時代背景と新たな技術開発の様子について述べたものである。時期の古いものから順に記号を並べよ。

	情報の伝達技術が発達した時代背景と新たな技術開発の様子
ア	○投機によって株式と土地の価格が上がるバブル経済が発生し，拡大する中で，ベルリンの壁の崩壊などのニュースが，地上波による放送だけではなく衛星放送でも伝えられた。 ○防災情報に関するデータや映像などを表示するマルチスクリーンディスプレイが開発され，新たに西新宿《にししんじゅく》に落成した東京都庁舎に設置された。
イ	○我が国が独立国としての主権を回復し，復興が進む中で，テレビの本放送が始まり，街角に設置された街頭テレビに人々が集まり，大相撲やプロ野球などが視聴された。 ○我が国の企業によって，持ち運びできるトランジスタテレビが世界で初めて開発され，日本橋《にほんばし》で商品発表が行われた。
ウ	○戦争が長期化し，国家総動員法が公布されるなど戦時体制が形成される中で，政府は内閣情報局を設置し，戦況などに関する報道に対して統制を行った。 ○放送技術の開発を専門とする我が国唯一の研究機関として，放送技術研究所が砧《きぬた》に開設され，テレビの実験放送が開始された。
エ	○重化学工業が発展し，技術革新が進む中で，大阪で開催された万国博覧会では，迷子センターでテレビ電話を用いるなど，新たに開発された技術が取り入れられた。 ○駒場《こまば》の東京大学内に設立された宇宙工学などに関する研究機関が，人工衛星の打ち上げを我が国で初めて成功させた。

5　次の文章を読み，あとの各問に答えよ。

　私たちは，様々な集団を形成して生活し，話し合いによって集団生活を送るための決まり（ルール）を定めている。

　決まり（ルール）を定める際には，集団の構成員が等しく個人として尊重されることが重要であり，(1)我が国では日本国憲法において，平等権が保障されている。日本国憲法に違反する決まり（ルール）は効力をもたず，(2)国や地方公共団体は日本国憲法に基づいて決まり（ルール）を定めている。また，定められた決まり（ルール）は，(3)社会の変化に応じ，正当な手続きを経て，改正が図られている。

　国際社会においても，決まり（ルール）は重要な役割を果たしている。グローバル化が進む現代においては，(4)各国は決まり（ルール）を尊重し，国際協調を推進していくことが求められている。

〔問１〕 (1)我が国では日本国憲法において，平等権が保障されている。とあるが，平等権を保障する日本国憲法の条文は，次の**ア**～**エ**のうちではどれか。

ア 集会，結社及び言論，出版その他一切の表現の自由は，これを保障する。

イ 公務員を選定し，及びこれを罷免することは，国民固有の権利である。

ウ すべて国民は，勤労の権利を有し，義務を負ふ。

エ すべて国民は，法の下に平等であつて，人種，信条，性別，社会的身分又は門地により，政治的，経済的又は社会的関係において，差別されない。

〔問２〕 (2)国や地方公共団体は日本国憲法に基づいて決まり（ルール）を定めている。とあるが，次の文章で述べている決まり（ルール）に当てはまるのは，下の**ア**～**エ**のうちのどれか。

> ○地方議会の議決により成立する，地方公共団体の決まり（ルール）である。
> ○東京都には，10月１日を都民の日にすることを定めたもの，などがある。

ア 条例

イ 省令

ウ 政令

エ 法律

〔問３〕 (3)社会の変化に応じ，正当な手続きを経て，改正が図られている。とあるが，次のⅠの文は，「主要食糧の需給及び価格の安定に関する法律（食糧法）」について述べたものである。下のⅡのグラフは，1960年から2016年までの我が国における米の総需要量と米の生産量の推移を示したものである。1960年から1995年までの期間と，1995年から2016年までの期間を比較して，米の総需要量と米の生産量の関係がどのように変化したか，下のⅡのグラフから読み取れることを簡単に述べよ。

Ⅰ

> 国内外における状況の変化に応じて農業政策を見直す必要性などから，1995年に食糧管理法が廃止されて，新たに食糧法が施行された。

Ⅱ

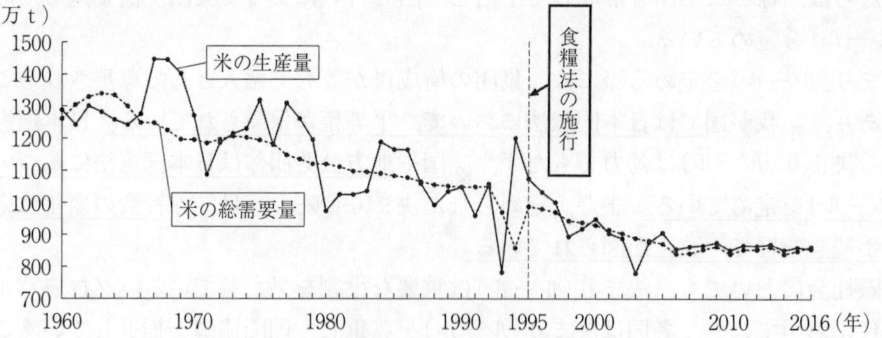

（農林水産省の資料より作成）

〔問４〕 (4)各国は決まり(ルール)を尊重し，国際協調を推進していくことが求められている。とあるが，Ⅰのグラフは，1962年から2015年までの我が国の地域別輸入額の割合の推移を示したものである。Ⅱのグラフは，1962年から2015年までの我が国の地域別輸出額の割合の推移を示したものである。Ⅲの文章は，ⅠとⅡのグラフの**ア**～**エ**の**いずれか**の時期における貿易の様子について述べたものである。Ⅲの文章で述べている時期に当てはまるのは，ⅠとⅡのグラフの**ア**～**エ**の時期のうちではどれか。

Ⅰ

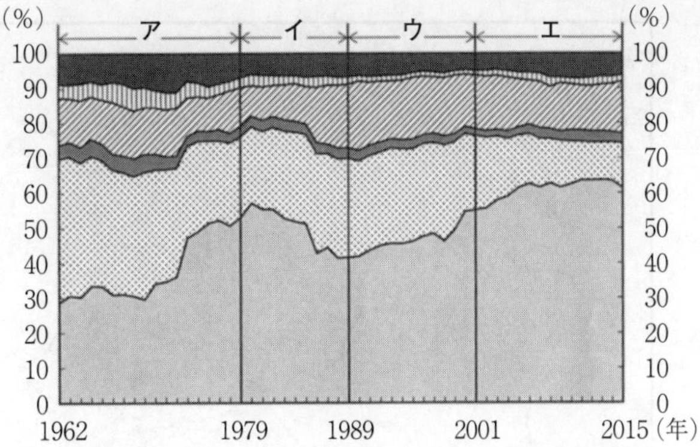

Ⅱ

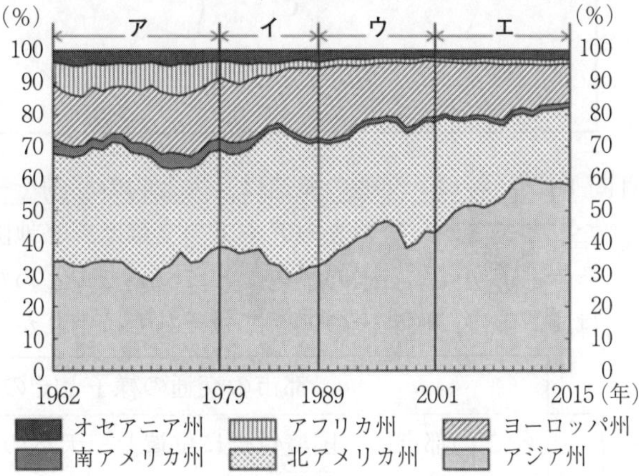

(日本貿易月報などより作成)

Ⅲ

○関税と貿易に関する一般協定(GATT)に代わって，国際貿易に関するルールを取り扱う国際機関として，世界貿易機関(WTO)が発足し，貿易の自由化を促進した。
○日本経済がアジア経済とより密接なつながりをもつようになり，半導体等電子部品などの輸入が増え，我が国のアジア州からの輸入額の割合は，この時期の始まりでは50％に満たなかったが，この時期の終わりには50％を超えるようになった。
○ヨーロッパ連合(EU)の発足により，地域内の貿易活動が活発化し，我が国のヨーロッパ州からの輸入額及び我が国のヨーロッパ州への輸出額の割合は，この時期の始まりと終わりを比較すると，いずれも減少している。

6 次の文章を読み，下の略地図を見て，あとの各問に答えよ。

国と国との交流は，経済を発展させてきた。(1)特に，交通の発達は，人と物の移動を一層活発にさせ，人々の生活を豊かなものにした。また，顕在化するようになった環境問題に対して，(2)世界の国々が協力して地球環境の保全に取り組んでいる。

世界には環境問題だけではなく，貧困や飢餓など，人々の安全な生活を脅《おびや》かす様々な問題が起きている。こうした問題の解決を図るため，(3)国際連合は世界の人々の生活を向上させるための活動に取り組んでいる。

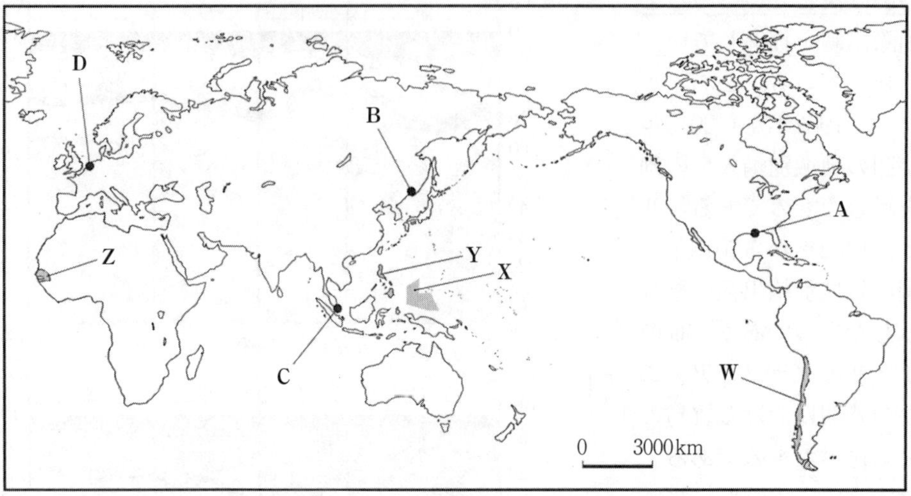

〔問１〕 (1)特に，交通の発達は，人と物の移動を一層活発にさせ，人々の生活を豊かなものにした。とあるが，次の表の**ア**～**エ**の文章は，略地図中の**A**～**D**の**いずれか**の都市の交通の様子とその都市が属する国の歴史などについてまとめたものである。**A**～**D**の都市のそれぞれに当てはまるのは，次の表の**ア**～**エ**のうちではどれか。

	都市の交通の様子とその都市が属する国の歴史など
ア	○この都市は，国境付近に位置し，天然の良港となる地形を生かして軍港が建設され，タイガ地帯に敷設《ふせつ》された鉄道で20世紀に首都と結ばれ，物流の拠点となっている。 ○この国は，1917年に革命が起こった後に社会主義国家となったが，計画経済から市場経済に移行し，現在は豊富な鉱産資源を活用して，経済成長を図っている。
イ	○この都市は，国際河川の河口に位置し，水上交通の要衝にあり，大型タンカーが接岸できる埠頭《ふとう》などが整備され，世界有数の貨物量を取り扱う貿易港となっている。 ○この国は，1602年に東インド会社を設立して世界の香辛料貿易を主導し，ポルダーと呼ばれる干拓地を造成して国土を広げ，現在は高い農業生産性と工業技術力を誇っている。
ウ	○この都市は，年間約12万隻の船舶が航行する国際貿易の要衝である海峡に位置し，24時間離着陸が可能な国際空港が建設され，世界各地と結ばれている。 ○この国は，19世紀前半にはイギリスの植民地となり，1965年に独立し，現在は公用語の一つである英語を活用して，政府の主導で外国企業を誘致する政策を推進している。
エ	○この都市は，南流する河川の河口に位置し，港湾都市として発達し，1883年に西部に位置する都市との間に鉄道が敷設され，物流の拠点となっている。 ○この国は，ヨーロッパからの移住者などにより1776年に建国され，東部から西部へ開拓を進めるなどして国土を広げ，現在は政治，経済，文化などの面で国際社会をけん引している。

〔問２〕 (2)世界の国々が協力して地球環境の保全に取り組んでいる。とあるが，次の**ア**～**エ**の文章は，略地図中に　　で示した**W**～**Z**の**いずれか**の国の環境保全の取り組みなどについて述

べたものである。**W**～**Z**の国のそれぞれに当てはまるのは，**ア**～**エ**のうちではどれか。

ア　夏は南西，冬は北東から吹く季節風(モンスーン)や台風などの影響を受け，人口が１億人を超えるこの国では，首都などの大都市において水質汚染やスラムの形成などの問題が生じ，我が国からの技術協力などを活用し，排水処理施設などの整備を行っている。

イ　公用語はスペイン語で，地中海性気候を利用して栽培されるぶどうや銅鉱が主要な輸出品であるこの国では，生物の多様性に関する条約を締結し，国際的なNGO(非政府組織)の協力を得て判明したペンギンなどの野生動物の繁殖地や採食地の開発を制限する政策を行っている。

ウ　世界最大の砂漠の南側に位置し，輸出用の農作物の生産量を急激に増加させたこの国では，干ばつや砂漠化の問題に対処するため，フランスや近隣諸国などと協力して，植林などを行い，土壌の再生に努めている。

エ　「小さな島々」と呼ばれる地域に位置し，観光業が主力産業で，人口約２万人のこの国では，気候変動などで破壊されたサンゴ礁を保全するため，他国との共同研究や，我が国からの協力でサンゴ礁の管理や住民への啓発活動を行っている。

〔問３〕　(3)国際連合は世界の人々の生活を向上させるための活動に取り組んでいる。とあるが，次のⅠの略年表は，1972年から2015年までの，国際的な問題を解決するための国際連合の主な動きについてまとめたものである。Ⅱの文章は，国際的な問題を解決するための国際連合の取り組みについて述べたものである。Ⅱの文章で示した国際連合の取り組みが行われた時期に当てはまるのは，Ⅰの略年表中の**ア**～**エ**の時期のうちではどれか。

Ⅰ

西暦	国際的な問題を解決するための国際連合の主な動き	
1972	●国連人間環境会議が開催され，人間環境の保全と向上に関する「人間環境宣言」が採択された。	
		ア
1984	●国際人口会議が開催され，「世界人口行動計画を継続実施するための勧告」について見直しが行われた。	
		イ
1994	●国連開発計画により，「人間開発報告書」が発表され，「人間の安全保障」という概念が初めて公に取り上げられた。	
		ウ
2006	●国際連合として人権問題への対処能力を強化するため，従来の人権委員会に代わる機関として人権理事会が新たに設置された。	
		エ
2015	●「国連持続可能な開発サミット」が開催され，2030年までに貧困に終止符を打つなどの目標が示された。	

Ⅱ

○国際連合が主催する「国連ミレニアムサミット」が開催され，国際社会が目指すべき目標を示す宣言が採択された。翌年，極度の貧困と飢餓の撲滅や，初等教育の完全普及の達成などからなる，八つのミレニアム開発目標が定められた。

○「持続可能な開発に関する世界首脳会議」がヨハネスバーグ(ヨハネスブルグ)で開催され，貧困撲滅と人類の発展につながる現実的な計画を策定する必要に応じるために，確固たる取り組みを行うとの共通の決意で団結したなどと述べた宣言が採択された。

理科　●満点 100点　●時間 50分

1　次の各問に答えよ。

〔問１〕 ヒキガエルの体をつくる細胞の染色体の数は22本である。図１は，ヒキガエルの受精卵が細胞分裂をする様子を観察したスケッチである。細胞が４個になったときの胚の細胞１個にある染色体の数として適切なのは，次のうちではどれか。

図１

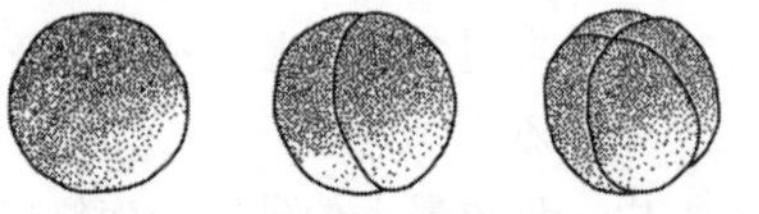

受精卵　細胞が２個になったときの胚　細胞が４個になったときの胚

ア　11本　　**イ**　22本　　**ウ**　44本　　**エ**　88本

〔問２〕 ある地点で投影板を取り付けた天体望遠鏡を使い太陽を観察しスケッチしたところ，黒点は図２のようであった。同じ地点で同様に太陽を観察しスケッチしたところ，図２で観察した黒点が，３日後には図３のように移動し，６日後には図４のように移動していた。観察から分かる太陽の運動と，太陽のように自ら光を放つ天体の名称を組み合わせたものとして適切なのは，次の表の**ア**～**エ**のうちではどれか。

	観察から分かる太陽の運動	太陽のように自ら光を放つ天体の名称
ア	自転	恒星
イ	公転	恒星
ウ	自転	惑星
エ	公転	惑星

図２

図３

図４

〔問３〕 図５のように，電球，焦点距離が10cmの凸レンズ，スクリーンを，光学台に一直線上に置いた。電球と凸レンズの間の距離が15cm，凸レンズとスクリーンの間の距離が30cmになるように固定したとき，スクリーンにはっきりと像が映った。

スクリーンに映った像を電球の実物と比べたとき，像の見え方と，像の大きさを組み合わせたものとして適切なのは，次の表の**ア**～**エ**のうちではどれか。

図５

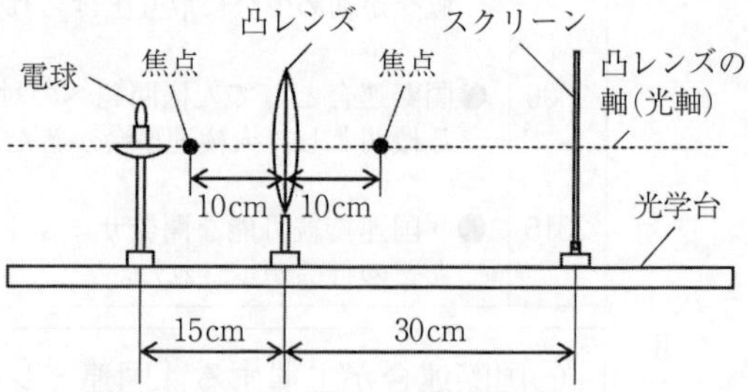

	像の見え方	像の大きさ
ア	上下同じ向き	実物より小さい。
イ	上下同じ向き	実物より大きい。
ウ	上下逆向き	実物より小さい。
エ	上下逆向き	実物より大きい。

〔問４〕 表１は，水100ｇにミョウバンを溶かして飽和水溶液にしたときの溶けたミョウバンの質量を示したものである。60℃の水100ｇにミョウバン50ｇを溶かした。この水溶液を冷やしていくと，溶けていたミョウバンが結晶として出てきた。水溶液の温度が20℃になったとき，出てくる結晶の質量として適切なのは，次のうちではどれか。

表１

水の温度〔℃〕	ミョウバンの質量〔ｇ〕
20	11.4
60	57.4

ア　11.4ｇ　　**イ**　38.6ｇ　　**ウ**　46.0ｇ　　**エ**　50.0ｇ

〔問５〕 水平な台の上で一直線上を運動している力学台車の運動を，１秒間に50回打点する記録タイマーを用いて記録したところ，図６のようになった。図６の記録テープに位置Ａと位置Ｂを付け，位置Ａから位置Ｂまでの間隔を測定したところ５cm であった。記録した位置Ａから位置Ｂまでの力学台車の運動と，平均の速さを組み合わせたものとして適切なのは，次の表の**ア**～**エ**のうちではどれか。

	力学台車の運動	平均の速さ〔m/s〕
ア	速さが一定の割合で増える直線運動	5
イ	速さが一定の直線運動	5
ウ	速さが一定の割合で増える直線運動	0.5
エ	速さが一定の直線運動	0.5

図６

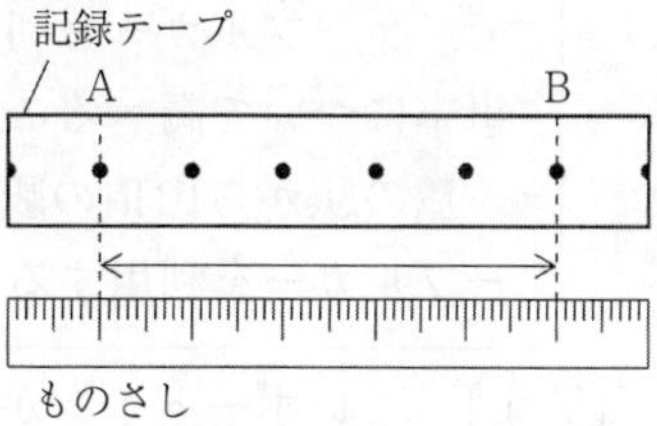

〔問６〕 炭酸水素ナトリウムを加熱する実験を安全に行うための装置の組み立て方を次のＡ，Ｂから一つ，加熱したときにスタンドに固定した試験管内に発生する液体が水であることを調べるために使う指示薬を次のＣ，Ｄから一つ，それぞれ選び，組み合わせたものとして適切なのは，下の**ア**～**エ**のうちではどれか。

Ａ

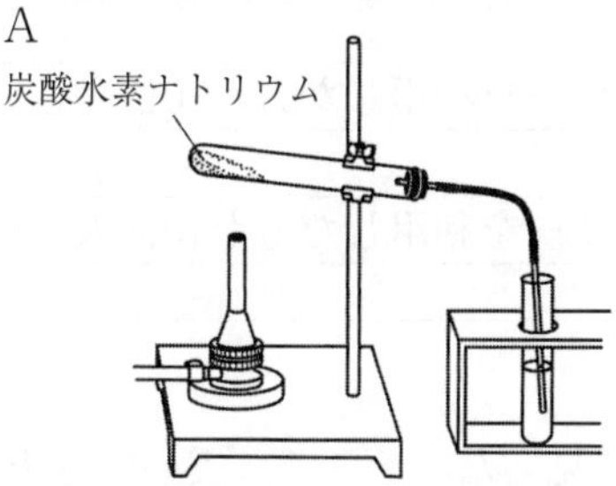

Ｂ

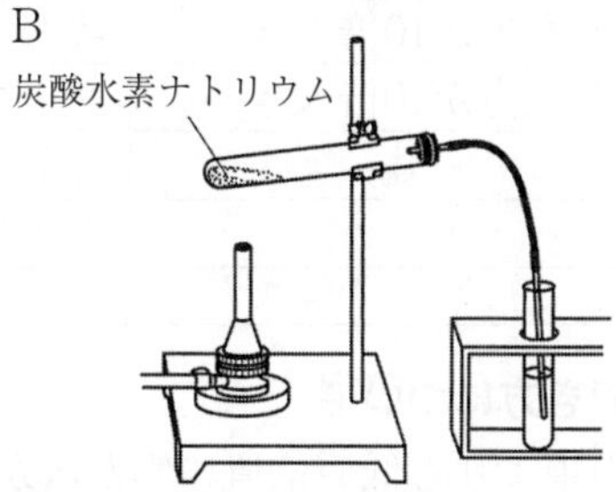

Ｃ 塩化コバルト紙

Ｄ リトマス紙

ア Ａ，Ｃ **イ** Ａ，Ｄ **ウ** Ｂ，Ｃ **エ** Ｂ，Ｄ

〔問７〕 音の振動は，鼓膜でとらえられ，信号として神経を通って，脳に伝わる。音などの刺激を信号として脳に伝える神経の名称と，脳や脊髄からなる神経の名称を組み合わせたものとして適切なのは，次の表の**ア**～**エ**のうちではどれか。

	音などの刺激を信号として脳に伝える神経の名称	脳や脊髄からなる神経の名称
ア	運動神経	中枢神経
イ	運動神経	末梢神経
ウ	感覚神経	中枢神経
エ	感覚神経	末梢神経

2　生徒が，登山の際に気付いたことについて，科学的に探究しようと考え，自由研究に取り組んだ。生徒が書いたレポートの一部を読み，次の各問に答えよ。

＜レポート1＞　仕事の大きさと仕事率について

ケーブルカーで山頂の駅まで移動し休憩所に着いた。休憩所の管理人から，ケーブルカーの開通以前は，飲み物などの荷物を人が背負って徒歩で運んでいたことを聞いた。そこで，ケーブルカーを利用して荷物を運ぶ場合と徒歩で荷物を運ぶ場合の仕事の大きさと仕事率について調べることにした。

麓の駅から山頂の駅までの区間では，標高差が450mある。この区間の所要時間は，ケーブルカーを利用すると5分であり，徒歩で登ると50分であることが分かった。

〔問1〕　**＜レポート1＞**から，質量5kgの荷物を麓の駅から山頂の駅まで運ぶとき，ケーブルカーを利用したときと徒歩のときの，仕事の大きさの関係について述べたものと，仕事率の関係について述べたものを組み合わせたものとして適切なのは，次の表の**ア**～**エ**のうちではどれか。

	仕事の大きさの関係	仕事率の関係
ア	ケーブルカーを利用した方が10倍大きい。	等しい。
イ	ケーブルカーを利用した方が10倍大きい。	ケーブルカーを利用した方が10倍大きい。
ウ	等しい。	等しい。
エ	等しい。	ケーブルカーを利用した方が10倍大きい。

＜レポート2＞　雲のでき方について

山頂に着いたとき，山頂よりも低い位置に雲が広がって見えた。そこで，雲のでき方について調べることにした。

雲のでき方について調べたところ，以下のことが分かった。

①　空気のかたまりが上昇すると，気圧や温度が変化する。

②　空気の温度が変化することにより，空気に含みきれなくなった水蒸気は水滴になり，雲ができる。

③　雲ができる高さは，空気のかたまりに含まれる水蒸気量や上空の温度によって異なる。

〔問2〕　**＜レポート2＞**から，山の麓にある水蒸気を含む空気のかたまりが，山の斜面に沿って上昇したときの雲のでき方について述べたものとして適切なのは，次のうちではどれか。

ア　空気のかたまりは，上昇するほど周囲の気圧が低くなるため，膨張して温度が露点より上がり，雲ができる。

イ　空気のかたまりは，上昇するほど周囲の気圧が低くなるため，膨張して温度が露点より下がり，雲ができる。

ウ　空気のかたまりは，上昇するほど周囲の気圧が高くなるため，収縮して温度が露点より上がり，雲ができる。

エ　空気のかたまりは，上昇するほど周囲の気圧が高くなるため，収縮して温度が露点より下がり，雲ができる。

＜レポート3＞　**加熱式容器に利用されている加熱の仕組みについて**

加熱式容器に入れた弁当を持って山に登った。この容器は，容器に付いているひもを引くと，火を使わずに弁当が温まるものである。そこで，加熱式容器に利用されている加熱の仕組みについて調べることにした。

加熱式容器の底は二重構造であり，底には酸化カルシウムと水が別々の袋に入っていた。容器から出ているひもを引くと酸化カルシウムと水が徐々に混ざり，化学変化が起こる。この化学変化によって，弁当が温まることが分かった。また，鉄粉と活性炭と少量の食塩水を混ぜたときの反応も，同様の熱の出入りが起こることが分かった。

〔問3〕 **＜レポート3＞**から，酸化カルシウムと水の化学変化が起こるときの熱の出入りと，鉄粉と活性炭と少量の食塩水を混ぜたときに起こる反応で，鉄が化合する物質の名称を組み合わせたものとして適切なのは，次の表の**ア**～**エ**のうちではどれか。

	酸化カルシウムと水の化学変化が起こるときの熱の出入り	鉄粉と活性炭と少量の食塩水を混ぜたときに起こる反応で，鉄が化合する物質の名称
ア	周囲に熱を放出する。	酸素
イ	周囲から熱を吸収する。	酸素
ウ	周囲に熱を放出する。	炭素
エ	周囲から熱を吸収する。	炭素

＜レポート4＞　**落ち葉と微生物の働きについて**

登山道の脇には倒木があり，たくさんの落ち葉が重なっていた。倒木にはキノコが，落ち葉にはカビが生えていた。そこで，倒木や落ち葉などに生えているキノコやカビの働きについて調べることにした。

キノコやカビは菌類の仲間であり，倒木や落ち葉，さらに落ち葉の下の土の中に含まれている栄養分を取り入れて生きていることが分かった。

〔問4〕 **＜レポート4＞**から，キノコやカビの特徴と，自然界における菌類の働きを組み合わせたものとして適切なのは，次の表の**ア**～**エ**のうちではどれか。

	キノコやカビの特徴	自然界における菌類の働き
ア	単細胞の生物で，分裂で殖える。	有機物を取り入れ，二酸化炭素や水などの無機物に分解する。
イ	単細胞の生物で，分裂で殖える。	無機物を取り入れ，デンプンやタンパク質などの有機物をつくり出す。
ウ	多細胞の生物で，体は菌糸でできている。	有機物を取り入れ，二酸化炭素や水などの無機物に分解する。
エ	多細胞の生物で，体は菌糸でできている。	無機物を取り入れ，デンプンやタンパク質などの有機物をつくり出す。

3 地層の観察について，次の各問に答えよ。

<**観察１**>を行ったところ，<**結果１**>のようになった。

<**観察１**>

水平な地表面を０ｍとして，地表面からの高さ15mの露頭を観察し，露頭の地層の重なり方，露頭に見られるそれぞれの地層を形成する岩石や土砂などをスケッチした。

<**結果１**>

⑴ 図１は，露頭のスケッチを模式的に表し，地層の特徴を加えたものである。

図１

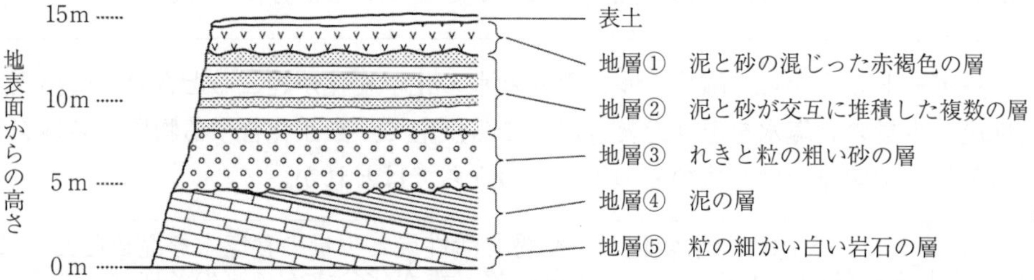

⑵ 地層③は，下の方に大きな粒のれきが見られた。また，上の方の粒の粗い砂の中にカキの貝殻の化石があった。

⑶ 地層④と地層⑤は水平な地表面に対して同じ傾きで傾いていた。

次に，<**観察２**>を行ったところ，<**結果２**>のようになった。

<**観察２**>

⑴ 地層①，⑤の一部を採取し，試料とした。

⑵ 地層①の試料を蒸発皿にとり，水を加えて指で押しつぶすようにして洗い，水を捨てた。水を入れ替えて濁らなくなるまで繰り返し洗い，乾燥させた。残った粒をペトリ皿に移し，ルーペで観察し，スケッチした。

⑶ 地層⑤の試料を別のペトリ皿に入れ，薄い塩酸をかけた。

<**結果２**>

⑴ 図２は，<**観察２**>の⑵で残った粒をスケッチしたものである。

濃い緑色で柱状の鉱物や白色で平らな面がある鉱物などが観察できた。観察した試料に含まれる無色鉱物と有色鉱物の割合は，無色鉱物の含まれる割合の方が多かった。

図２

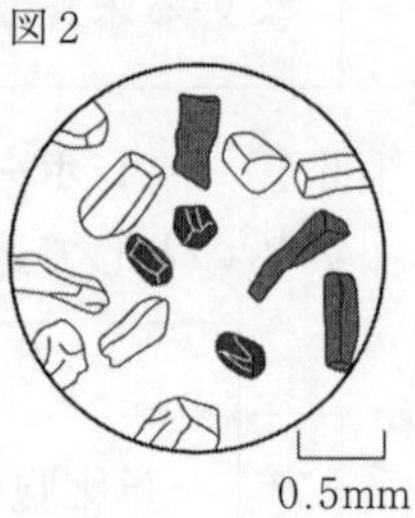

⑵ 地層⑤の試料は泡を出しながら溶けた。

次に，<**観察３**>を行ったところ，<**結果３**>のようになった。

<**観察３**>

<**観察１**>の露頭について，地層が堆積した当時の環境や年代を博物館やインターネットで調べた。

<**結果３**>

地層②からクジラの骨の化石が見つかっていたことが分かった。また，地層⑤からサンゴの化石が見つかっていたことが分かった。

〔問１〕　＜**結果2**＞の(1)から分かる地層①のでき方と，＜**結果2**＞の(1)で得られた鉱物の種類や割合を手掛かりに推定できることを組み合わせたものとして適切なのは，次の表の**ア**～**エ**のうちではどれか。

	＜**結果2**＞の(1)から分かる地層①のでき方	＜**結果2**＞の(1)で得られた鉱物の種類や割合を手掛かりに推定できること
ア	火口から噴き出た火山灰が，降り積もってできた。	地層が堆積した当時の地形
イ	火口から噴き出た火山灰が，降り積もってできた。	火山の形
ウ	マグマが地下の深いところでゆっくり冷えて固まってできた。	地層が堆積した当時の地形
エ	マグマが地下の深いところでゆっくり冷えて固まってできた。	火山の形

〔問２〕　＜**結果2**＞の(2)から分かる地層⑤の岩石の名称と，地層⑤の岩石のでき方を組み合わせたものとして適切なのは，次の表の**ア**～**エ**のうちではどれか。

	＜**結果2**＞の(2)から分かる地層⑤の岩石の名称	地層⑤の岩石のでき方
ア	チャート	軽石や火山灰が海底に堆積してできた。
イ	チャート	生物の死骸(遺骸)が海底に堆積してできた。
ウ	石灰岩	軽石や火山灰が海底に堆積してできた。
エ	石灰岩	生物の死骸(遺骸)が海底に堆積してできた。

〔問３〕　＜**結果3**＞から，地層②が堆積した地質年代(地質時代)を次のＡ，Ｂから一つ，同じ地質年代(地質時代)に生息していた生物を次のＣ～Ｆから一つ，それぞれ選び，組み合わせたものとして適切なのは，下の**ア**～**エ**のうちではどれか。

Ａ　古生代　　　Ｂ　新生代

Ｃ　ビカリア　　Ｄ　アンモナイト　　Ｅ　サンヨウチュウ　　Ｆ　フズリナ

ア　Ａ，Ｄ　　**イ**　Ａ，Ｆ　　**ウ**　Ｂ，Ｃ　　**エ**　Ｂ，Ｅ

〔問４〕　＜**結果1**＞と＜**結果3**＞から分かる，地層④と地層⑤が堆積した時期に起きた大地の変化について述べたものを次のＡ，Ｂから一つ，地層②と地層③のそれぞれが堆積した環境の違いについて述べたものを次のＣ，Ｄから一つ，それぞれ選び，組み合わせたものとして適切なのは，下の**ア**～**エ**のうちではどれか。

ただし，この地域では地層の上下の逆転はないものとする。

Ａ　地層⑤の上に地層④が堆積した後，大きな力が働き地層⑤と地層④が重なったまま傾いた。

Ｂ　地層⑤が堆積した後，大きな力が働き地層⑤が傾き，その上に地層④が堆積した。

Ｃ　地層③が河口や海岸に近い海で堆積したのに比べ，地層②は河口や海岸から遠い海で堆積した。

Ｄ　地層③が河口や海岸から遠い海で堆積したのに比べ，地層②は河口や海岸に近い海で堆積した。

ア　Ａ，Ｃ　　**イ**　Ａ，Ｄ　　**ウ**　Ｂ，Ｃ　　**エ**　Ｂ，Ｄ

4　植物の体のつくりと働きを調べる実験について，次の各問に答えよ。

＜**実験１**＞を行ったところ，＜**結果１**＞のようになった。

＜**実験１**＞

⑴　図１のように，三角フラスコに赤インクで着色した水を入れ，茎を切ったツユクサを挿した。

⑵　⑴の三角フラスコを明るく風通しのよい場所に３時間置いた後，葉を図２のように，茎を図３のようにかみそりの刃で薄く切り，それぞれの断面を顕微鏡で観察した。

図１

図２

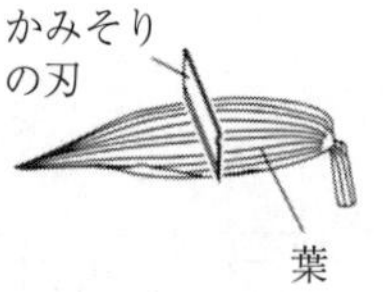

図３

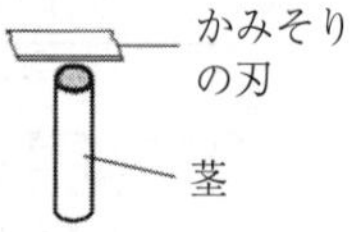

＜**結果１**＞

葉の断面のスケッチは図４，茎の断面のスケッチは図５のようであった。

図４

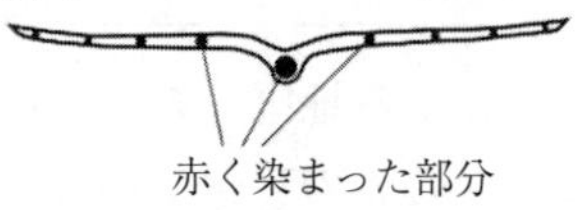

図５

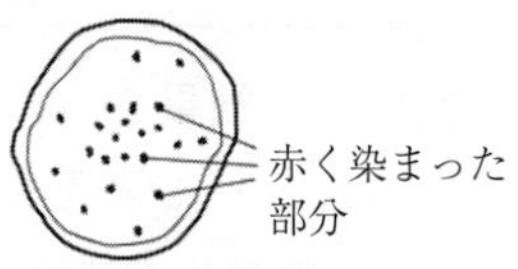

〔問１〕　＜**結果１**＞において赤く染まった部分の名称を次のＰ，Ｑから一つ，ツユクサの葉と同じ特徴をもつ植物を次のＲ，Ｓから一つ，それぞれ選び，組み合わせたものとして適切なのは，下の**ア**～**エ**のうちではどれか。

Ｐ　師管　　Ｑ　道管　　Ｒ　タンポポ　　Ｓ　トウモロコシ

ア　Ｐ，Ｒ　　**イ**　Ｐ，Ｓ　　**ウ**　Ｑ，Ｒ　　**エ**　Ｑ，Ｓ

次に，＜**実験２**＞を行ったところ，＜**結果２**＞のようになった。

＜**実験２**＞

⑴　葉の枚数や大きさ，色，茎の太さの条件をそろえたツユクサを４本用意し，茎を切って長さをそろえた。

⑵　全ての葉について，表側にワセリンを塗ったものをツユクサＡ，裏側にワセリンを塗ったものをツユクサＢ，表側と裏側にワセリンを塗ったものをツユクサＣ，ワセリンを塗らなかったものをツユクサＤとした。

なお，ワセリンは，水や水蒸気を通さないものとする。

⑶　４個の三角フラスコに同量の水を入れ，ツユクサＡを挿したものを三角フラスコＡ，ツユクサＢを挿したものを三角フラスコＢ，ツユクサＣを挿したものを三角フラスコＣ，ツユクサＤを挿したものを三角フラスコＤとした。その後，図６のように三角フラスコ内の水の蒸発を防ぐため三角フラスコＡ～Ｄのそれぞれの水面に少量の油を注いだ。

図６

⑷　少量の油を注いだ三角フラスコＡ～Ｄの質量を電子てんびんで測定した後，明るく風通しのよい場所に３時間置き，再び電子てんびんでそれぞれの質量を測定し，水の減少量を調べた。

＜**結果２**＞

	三角フラスコＡ	三角フラスコＢ	三角フラスコＣ	三角フラスコＤ
水の減少量	1.4ｇ	0.9ｇ	0.3ｇ	2.0ｇ

〔問２〕　＜**結果２**＞から，葉の蒸散の様子について述べたものと，葉の裏側からの蒸散の量を組み合わせたものとして適切なのは，下の表の**ア**～**エ**のうちではどれか。

ただし，ワセリンを塗る前のツユクサＡ～Ｃの蒸散の量は，ツユクサＤの蒸散の量と等しいものとし，また，ツユクサの蒸散の量と等しい量の水が吸い上げられるものとする。

	葉の蒸散の様子	葉の裏側からの蒸散の量
ア	蒸散は，葉の表側より裏側の方がさかんである。	1.4 g
イ	蒸散は，葉の裏側より表側の方がさかんである。	1.4 g
ウ	蒸散は，葉の表側より裏側の方がさかんである。	1.1 g
エ	蒸散は，葉の裏側より表側の方がさかんである。	1.1 g

〔問３〕 ツユクサが葉で光合成を行う際に必要な二酸化炭素は，葉や茎から取り入れられることについて確かめようと考え，＜**仮説**＞を立てた。

＜**仮説**＞

葉の枚数や大きさ，色，茎の太さ，長さの条件をそろえたツユクサを２本用意し，水を入れた三角フラスコに挿し，一昼夜暗室に置く。翌日，暗室から取り出した２本のツユクサを，それぞれツユクサＥ，ツユクサＦとする。ツユクサＥには，葉の表側と裏側及び茎にワセリンを塗り，ツユクサＦには，ワセリンを塗らない。ツユクサＥとツユクサＦにそれぞれポリエチレンの袋をかぶせた後，中に息を吹き込み図７のように密封する。ツユクサＥとツユクサＦに光を３時間当てる。光を３時間当てたツユクサＥとツユクサＦの袋の中の気体を，それぞれ気体Ｅ，気体Ｆとする。

図７

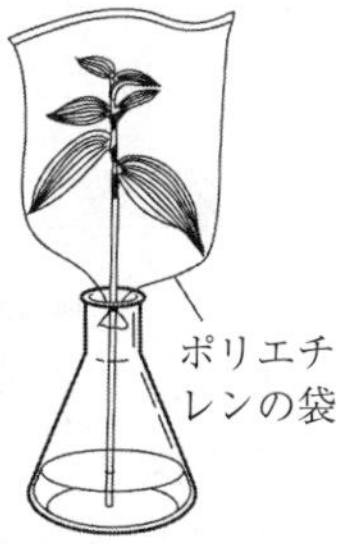

① 気体Ｅと気体Ｆを石灰水に通すと，石灰水の変化は表１のようになる。

② 光を３時間当てたツユクサＥとツユクサＦの葉を一枚ずつ取り，それぞれ熱湯につけて柔らかくした後，温めたエタノールで脱色する。脱色した葉を水で洗い，ヨウ素液に浸したときの葉の色の変化は表２のようになる。

表１と表２の両方の結果が得られると，ツユクサが葉で光合成を行う際に必要な二酸化炭素は，葉や茎から取り入れられると言える。

表１

	気体Ｅ	気体Ｆ
石灰水の変化	(1)	(2)

表２

	ツユクサＥの葉	ツユクサＦの葉
ヨウ素液による葉の色の変化	(3)	(4)

＜**仮説**＞の表１の (1) と (2)，表２の (3) と (4) にそれぞれ当てはまるものとして適切なのは，下の**ア**と**イ**のうちではどれか。

表１

(1) **ア** 変化しない。 **イ** 白く濁る。

(2) **ア** 変化しない。 **イ** 白く濁る。

表２

(3) **ア** 変化しない。 **イ** 青紫色になる。

(4) **ア** 変化しない。 **イ** 青紫色になる。

5　水溶液と金属を用いた実験について，次の各問に答えよ。

＜**実験１**＞を行ったところ，＜**結果１**＞のようになった。

＜**実験１**＞

図１

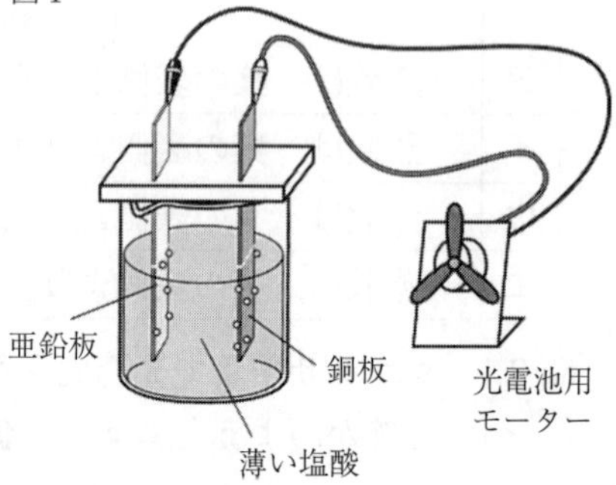

(1)　図１のように，薄い塩酸を入れたビーカーに電極として亜鉛板と銅板を入れ，光電池用モーターをつなぎ，光電池用モーターの様子と電極付近の様子を観察した。

(2)　光電池用モーターを外した後，金属板を取り出して洗い，金属板の表面の様子を観察した。

(3)　(1)のビーカーに入れる薄い塩酸を，砂糖水，エタノールに替え，それぞれについて(1)，(2)と同様の実験を行った。ただし，亜鉛板と銅板はその都度新たなものに替えることとする。

＜**結果１**＞

液体の種類	薄い塩酸	砂糖水	エタノール
光電池用モーターの様子	回転した。	回転しなかった。	回転しなかった。
電極付近の様子	亜鉛板と銅板の両方から気体が発生した。	変化がなかった。	変化がなかった。
金属板の表面の様子	亜鉛板の液につかっていた部分の表面がざらついていた。銅板は変化がなかった。	亜鉛板と銅板の，どちらも変化がなかった。	亜鉛板と銅板の，どちらも変化がなかった。

〔問１〕　＜**結果１**＞から，亜鉛板と銅板を入れて電流が取り出せる液体と，＜**実験１**＞の(1)における電流の向きを図２の矢印Ａと矢印Ｂの向きから一つ選んだものを組み合わせたものとして適切なのは，下の表の**ア**～**エ**のうちではどれか。

ただし，亜鉛は亜鉛板付近の塩酸と反応するので気体の発生が見られるが，電流を取り出す仕組みとは関係がない。

図２

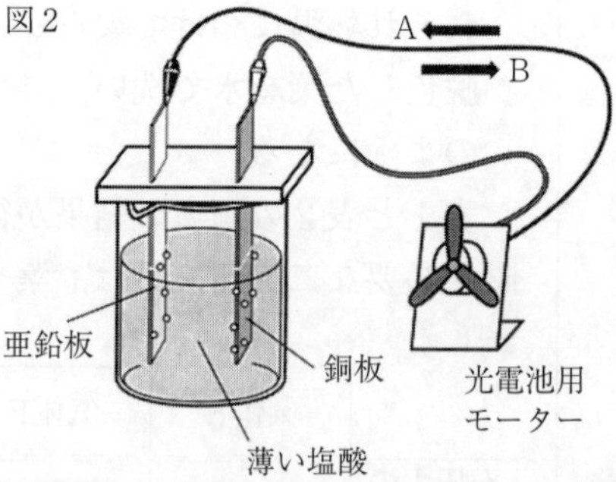

	亜鉛板と銅板を入れて電流が取り出せる液体	＜**実験１**＞の(1)における電流の向き
ア	非電解質が溶けた水溶液	矢印Ａの向きに流れる。
イ	非電解質が溶けた水溶液	矢印Ｂの向きに流れる。
ウ	電解質が溶けた水溶液	矢印Ａの向きに流れる。
エ	電解質が溶けた水溶液	矢印Ｂの向きに流れる。

次に，＜**実験２**＞を行ったところ，＜**結果２**＞のようになった。

＜**実験２**＞

(1)　図３のように，塩化銅水溶液と炭素棒を用いて回路を作り，３Ｖの電圧を加えて，３分間電流を流した。

(2)　電流を流しているときの，電極付近で起こる変化の様子を観察した。

図３

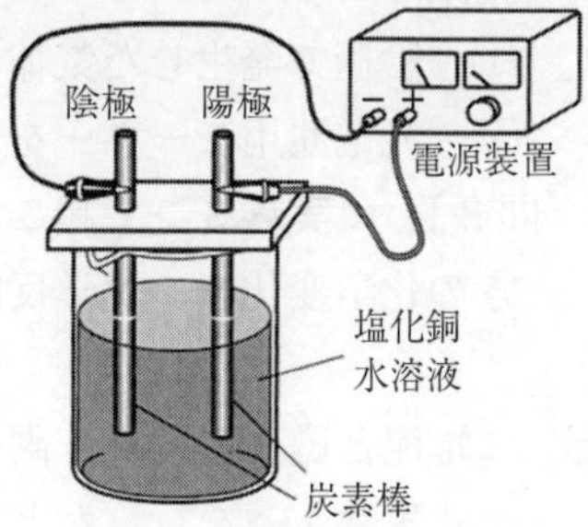

＜**結果２**＞

(1)　陽極の表面からは気体が発生し，手であおいでにおいを確認すると，プールの消毒剤のような刺激臭がした。

(2)　陰極に赤い物質が付着した。付着した物質を取り出し，薬さじでこすると金属光沢が見られた。

〔問２〕　＜**結果１**＞と＜**結果２**＞の電極付近の様子から，＜**実験１**＞の(1)の銅板の表面で起こった化学変化と，＜**実験２**＞の陰極の表面で起こった化学変化を組み合わせたものとして適切なのは，次の表の**ア**～**エ**のうちではどれか。

	＜**実験１**＞の(1)の銅板の表面で起こった化学変化	＜**実験２**＞の陰極の表面で起こった化学変化
ア	塩化物イオンが電子を受け取って塩素原子になり，塩素原子が２個結び付いて塩素が発生した。	－の電気を帯びた銅イオンが，電子を失って銅となり，炭素棒に付着した。
イ	水素イオンが電子を受け取って水素原子になり，水素原子が２個結び付いて水素が発生した。	－の電気を帯びた銅イオンが，電子を失って銅となり，炭素棒に付着した。
ウ	塩化物イオンが電子を受け取って塩素原子になり，塩素原子が２個結び付いて塩素が発生した。	＋の電気を帯びた銅イオンが，電子を受け取って銅となり，炭素棒に付着した。
エ	水素イオンが電子を受け取って水素原子になり，水素原子が２個結び付いて水素が発生した。	＋の電気を帯びた銅イオンが，電子を受け取って銅となり，炭素棒に付着した。

次に，＜**実験３**＞を行ったところ，＜**結果３**＞のようになった。

＜**実験３**＞

(1)　図４のように，燃料電池用の電極を使用した簡易電気分解装置に水酸化ナトリウム水溶液を入れ，電源装置につないだ。

(2)　電源装置の電源を入れて電流を流し，それぞれの電極で発生した気体を集め，集まった気体の体積を調べた。

図４

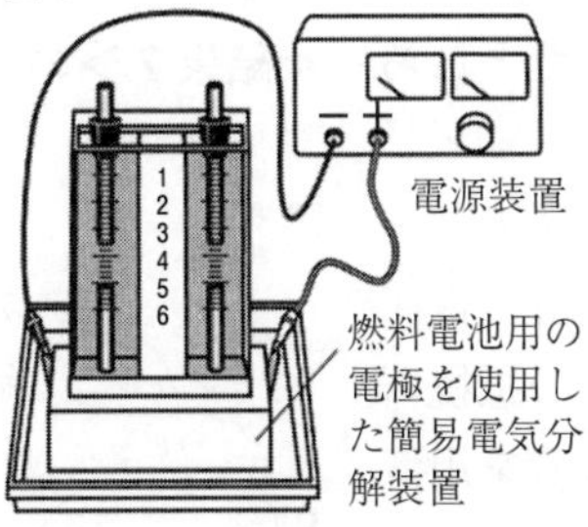

図５

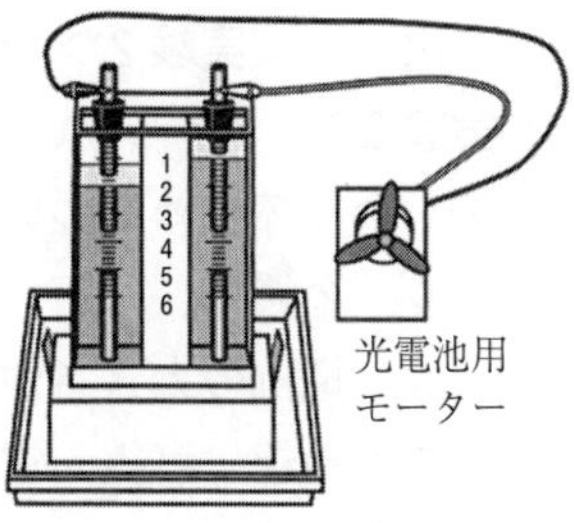

(3)　電源装置の電源を切り，電源装置を外して，図５のように電極に光電池用モーターをつなぎ，光電池用モーターの回転が止まるまで観察を続けた。

＜**結果３**＞

⑴ 陰極で発生した気体の体積は，陽極で発生した気体の体積のおよそ２倍であった。

⑵ 光電池用モーターをつなぐと回転し，陰極の気体も陽極の気体も体積が少しずつ減少した。

〔問３〕 ＜**実験３**＞で起こる化学変化のうち，化学エネルギーが電気エネルギーに変換されるときの化学変化を，化学反応式で書け。

6 電流と磁界の関係を調べる実験について，次の各問に答えよ。

＜**実験１**＞を行ったところ，＜**結果１**＞のようになった。

＜**実験１**＞

⑴ 図１のように，台に固定したコイル，スイッチ，導線，電源装置を用いて回路を作り，N極が黒く塗られた方位磁針を，台上の点Aから点Cまでの各点に置いた。

⑵ スイッチを入れ，方位磁針のN極が指す向きを調べた。

＜**結果１**＞

点Aから点Cまでの各点に置いた方位磁針のN極が指す向きとコイルを流れた電流の向きは，図２のようになった。

図１

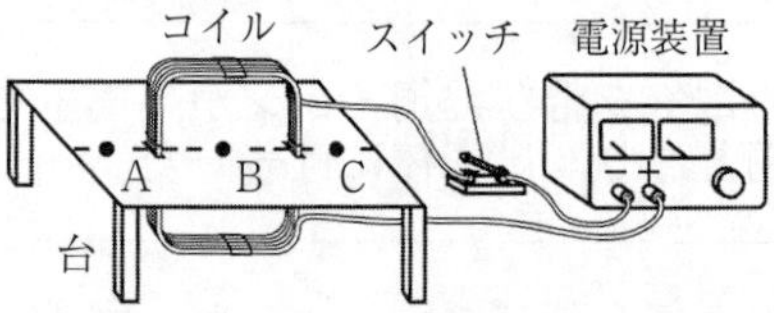

図２

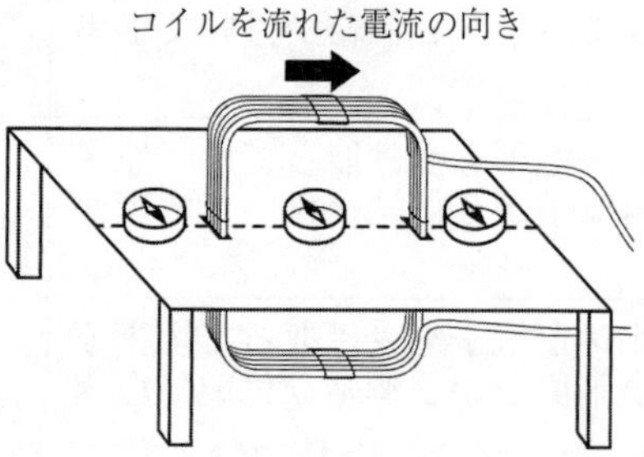

〔問１〕 ＜**結果１**＞から，台の面上におけるコイルの周りの磁界の向きを矢印で表したものとして適切なのは，次のうちではどれか。

ア

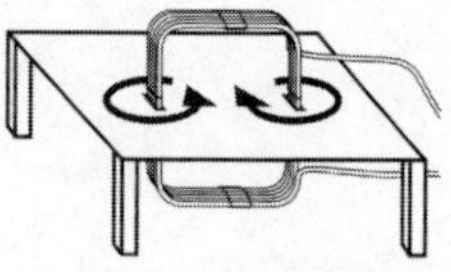

イ

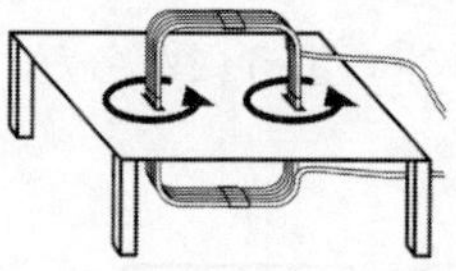

ウ

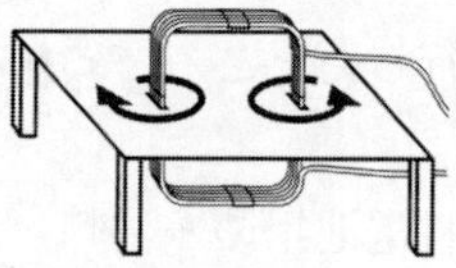

エ

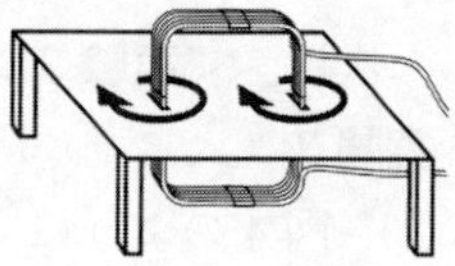

次に，＜**実験２**＞を行ったところ，＜**結果２**＞のようになった。

＜**実験２**＞

⑴ 金属棒止めがついた金属のレール，金属棒，磁石，電流計，電圧計，抵抗の大きさが10Ωの抵抗器，スイッチ，導線，電源装置を用意した。

⑵ 図３のように，水平面上に２本のレールを平行に置き，上面がN極になるように磁石の向きをそろえて等間隔に並べて装置を作り，金属棒を向きがレールと直角になるように点Eに置き，回路を作った。

図３

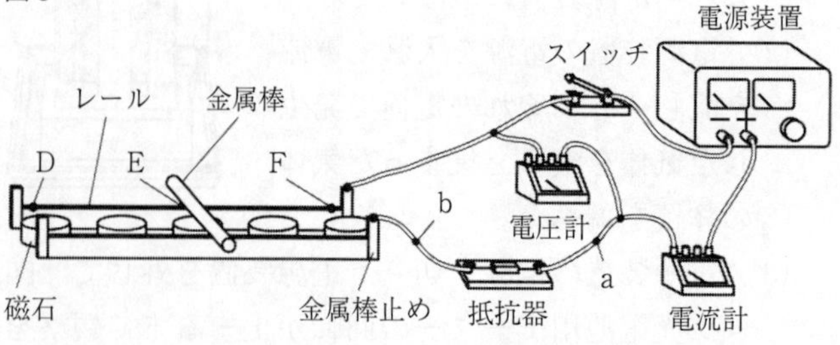

(3)　電源装置の電圧を６Ｖにし，スイッチを入れ，金属棒が動く方向を調べた。

(4)　スイッチを切り，金属棒を点Ｅにもどした。

(5)　電源装置の電圧を12Ｖにし，スイッチを入れ，金属棒の動きが(3)と比べ，どのように変わるかを調べた。

＜**結果 2**＞

(1)　＜**実験 2**＞の(3)で調べた金属棒は，点Ｆの方向に動き，金属棒止めに衝突して静止した。金属棒が静止しているとき，電流計の値は0.2Ａであった。

(2)　＜**実験 2**＞の(5)で調べた金属棒は，点Ｆの方向に＜**実験 2**＞の(3)と比べ速く動き，金属棒止めに衝突して静止した。金属棒が静止しているとき，電流計の値は0.4Ａであった。

〔問２〕　電源装置の電圧を12Ｖにしたまま，図３の回路上の点ａから点ｂまでの間に抵抗の大きさが10Ωの抵抗器を一つ追加することで，＜**結果 2**＞の(2)より金属棒が速く動くようにしたい。二つの抵抗器を点ａから点ｂまでの間にどのようにつなげばよいか。解答用紙の点ａから点ｂまでの間に電気用図記号を用いて二つの抵抗器のつなぎ方をかけ。また，解答用紙にかいたつなぎ方で金属棒が速く動く理由を，「回路全体の抵抗」と「金属棒に流れる電流」という語句を用いて簡単に書け。

〔問３〕　＜**実験 2**＞と＜**結果 2**＞から，金属棒が金属棒止めに衝突して静止しているとき，磁石による磁界の向き（Ｘ），金属棒に流れている電流の向き（Ｙ），金属棒に流れる電流が磁界から受ける力の向き（Ｚ）のそれぞれを矢印で表したものとして適切なのは，下の**ア**～**エ**のうちではどれか。

ただし，**ア**～**エ**の金属棒の向きは，図３と同じ向きである。

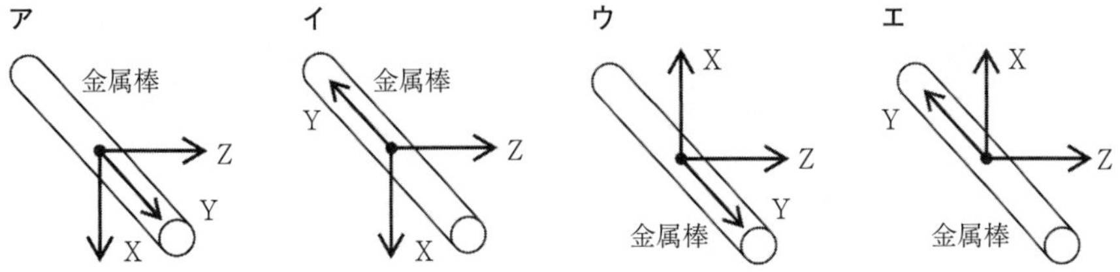

次に，＜**実験 3**＞を行ったところ，＜**結果 3**＞のようになった。

＜**実験 3**＞

(1)　図４のように，スタンドに，上面がＮ極になるように棒磁石を糸でつるした。また，コイル，検流計，導線を用いて回路を作り，コイルの中心が，点Ｇから点Ｊまでの間を上下方向に動かせるようにした。

(2)　コイルを点Ｇから点Ｈまで動かしたときの検流計の針が振れる向きを調べた。

(3)　コイルを点Ｈから点Ｇまで動かしたときの検流計の針が振れる向きを調べた。

(4)　棒磁石の上面をＳ極になるように付け替え，(2)，(3)と同様の実験を行った。

図４

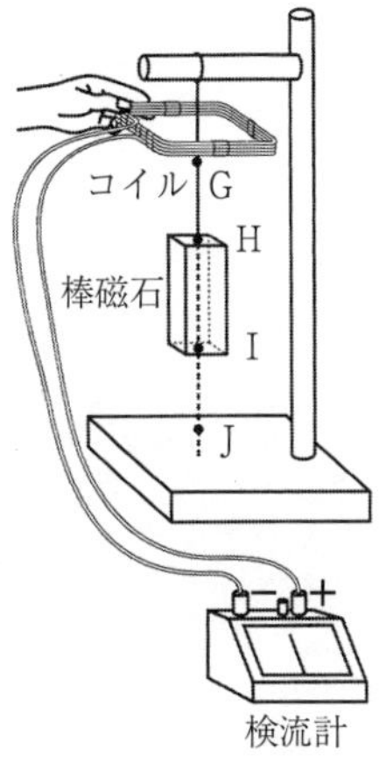

＜**結果3**＞

棒磁石の上面	N極		S極	
コイルの動き	点Gから点Hまで動かしたとき	点Hから点Gまで動かしたとき	点Gから点Hまで動かしたとき	点Hから点Gまで動かしたとき
検流計の針が振れる向き	右に振れた。	左に振れた。	左に振れた。	右に振れた。

〔問4〕 ＜**結果3**＞から，コイルを点Gから点Hまでの間で連続して往復させたときに生じる電流のように，電流の大きさと向きが周期的に変わる電流の名称と，＜**実験3**＞の(4)の後，コイルを点Gから点Jの方向に動かすとき，コイルが点Iから点Jまで動いている間の検流計の針が振れる向きを組み合わせたものとして適切なのは，次の表の**ア**～**エ**のうちではどれか。

	電流の大きさと向きが周期的に変わる電流の名称	コイルを点Gから点Jの方向に動かすとき，コイルが点Iから点Jまで動いている間の検流計の針が振れる向き
ア	直流	右に振れる。
イ	直流	左に振れる。
ウ	交流	右に振れる。
エ	交流	左に振れる。

〔問4〕(3)この詩は大正五年九月三日の作で、とあるが、その当時の漱石の漢詩について、**A**の対談ではどのように述べているか。次のうちから最も適切なものを選べ。

ア 唐の時代の漢詩だけでなく、連載中の小説から漢詩を書くための語句や発想のヒントを得て多くの七言律詩をつくったと述べている。

イ 伝統的な漢詩の題材である花の様子や鳥の鳴き声に加えて、山中の静けさや草木の茂る様子を表現した新しい漢詩であると述べている。

ウ 自然の美しさを表現した従来の漢詩とは異なり、当時の漱石の漢詩は心の内を表現していて日本の漢詩の傑作であると述べている。

エ 健康面に対する不安を取り除くために漢詩の創作に打ち込み、自分自身の内面をみつめることで大きな救いになったと述べている。

〔問5〕(4)今では方角さえわからない。とあるが、**B**の漢詩において「今では方角さえわからない」に相当する部分はどこか。次のうちから最も適切なものを選べ。

ア 俗と斉しからず

イ 東西没し

ウ 将に迷はんとす

エ 人閑なる処

時如有意節将迷　時に如《も》し意有らば　節　将《まさ》に迷はんとす
空山寂寂人閑処　空山寂々として　人閑なる処《ところ》
幽草芊芊満古蹊　幽草芊々《せんせん》として　古蹊《こけい》に満つ

(3)この詩は大正五年九月三日の作で、当時小説『明暗』を執筆中の漱石は、＊俗了された心持《こころもち》を洗い流すために漢詩を作ったものである。漱石にとって、大きな救いとなったであろうことは想像に難《かた》くないところである。

私は世間と妥協することなく、孤独の人生を歩んで来た。山中の生活も久しくなって(4)今では方角さえわからない。真昼静かな岩のほとりにはもくせいの花がこぼれ、月の明るい手すりの外には谷川の鳥が夜もさえずる。人の道も私心を去れば天の道と一致しよう。時間にもし私意があるとしたら、季節も混乱してしまうだろう。このひっそりした山中の、＊閑適な暮《くら》しのあたりには、名も知れぬ草が生い茂って、古い小みちをおおいかくしている。

（和田利男「漱石の漢詩」による）

〔**注**〕加賀《かが》——江戸時代に加賀国(石川県)、能登《のと》国(石川県)、越《えっ》中《ちゅう》国(富山県)を領有した藩。
東大の予備門——東京大学に入学する前の準備教育機関。
『唐詩選』——唐代の漢詩選集。
俗了——俗っぽい気分になること。
閑適な——心静かに安らかなこと。

〔問1〕文中の——を付けた**ア**～**エ**の修飾語のうち、被修飾語との関係が他と異なるものを一つ選び、記号で答えよ。

〔問2〕(1)日本の古典と漢文とを車の両輪のようにずっとやってきたという特殊性があった。とあるが、ここでいう「日本の古典と漢文とを車の両輪のようにずっとやってきたという特殊性」について説明したものとして最も適切なのは、次のうちではどれか。

ア　日本人は、日本語と異なる規則で書き表す漢文を工夫することで取り入れ、仮名と同じように日常の中で使用してきたということ。

イ　日本人は、大陸から伝来した漢字に仮名の特徴を加えることで、日本と中国の美を併せもった新たな字を生み出したということ。

ウ　日本人は、近代化を進めるために大陸から漢字を苦心して導入し、目的や場面に応じて漢字と仮名を使い分けてきたということ。

エ　日本人は、明治時代に中国から伝わった漢詩を好み、自作の漢詩を新聞に投稿するなど和歌や俳句と同じように親しんだということ。

〔問3〕(2)**陳**さんの発言のこの対談における役割を説明したものとして最も適切なのは、次のうちではどれか。

ア　特に文化面に力を入れた地域の特色を示すことで文治政策の理解に役立つ話を聞き出そうとし、石川さんの次の発言を促している。

イ　直前の石川さんの発言に対して賛同しつつ文治政策について補足するとともに、別の具体例を示すことで対談の内容を深めている。

ウ　剣道よりも茶道などに力を入れていた加賀藩の取り組みを示すことで文治政策のねらいに気付かせ、新たな問題を提起している。

エ　それまでの自分の発言を踏まえて幕府が進めた文治政策の影響を示し、日本の近代化が話題の中心となるきっかけを作っている。

書いていたんですね。もっとも、紀貫之《きのつらゆき》は男だけれども、仮名文字で書くからには〝女〟にならなければならなかった。

返り点を打つなどして日本人は相当に苦心して漢文を使おうとしたわけですから、「二重言語使用者」なんですね。ヨーロッパでラテン語をやっているといってもだいたい似ていますが、日本と中国は別の言葉です。アかつて日本人は、まったく違う言葉を日常レベルで二つ持っていたのですから、よほど訓練が行き届いていたんだと思います。

石川　同感です。日本は漢字をもらったので、日本の文化と中国の文化は近いと思う人が多いけれども、実際は異質の文化といえます。(1)日本の古典と漢文とを車の両輪のようにずっとやってきたという特殊性があった。

陳　イもし日本が漢字、漢文を取り入れていなければ、近代化はありえなかったと思うほどです。

石川　日本人は漢字を取り入れたことで高い文化を持てるようになった。特に、江戸時代の漢詩はかなりのレベルになっています。自由自在につくって、しかもなおかつ日本の美意識が出ていますからね。

なぜ、あれほど高くなったかといえば、徳川幕府が文治政策を強力に推し進めていたことでしょう。武士の世界だけれども文治を重要視した。その結果、裾野がワーッと広がって山が高くなったということでしょう。民間には寺子屋や塾がたくさんできましたし、各藩には藩校が設けられた。その中心が湯島聖堂ですね。

(2)**陳**　各藩も文治政策を取らないとにらまれましたからね。あまり剣道ばかりやっていると謀反《むほん》でも起こすんじゃないかと怪しまれた。特に＊加賀《かが》百万石なんかそうですけど、茶道なども含めて文化に力を入れている。

石川　江戸期に高い水準にあったために、明治期もかなり盛んに漢詩はつくられましたね。ウむしろ江戸より盛んな面もあった。

陳　漱石は、正岡子規《まさおかしき》を読者と想定して漢詩をつくっています。だから、漱石がロンドンに留学しているときに子規は死ぬんですが、そうすると、それ以降の十年間はつくりませんからね。

石川　子規とは＊東大の予備門時代に知り合い、かなり影響を受けます。ところがロンドンに留学して中断しますが、帰国後に吐血し、健康を取り戻してからたくさんの漢詩をつくるようになります。

陳　小説『明暗《めいあん》』を書くときに、小説を書くとっかかりをつかもうとして漢詩をつくっていますが、これは自分の内面を自分で見つめるための詩という感じがします。

石川　『明暗』の時期の詩は七言律詩が多く、禅味を帯びていますが、表現は練られていて実に深い。エある意味では日本の漢詩の到達点というような感じもします。要するに従来の花鳥風月の漢詩とは違う、内面の告白の漢詩ですからね。また、漱石の詩をみていると、＊『唐詩選』からずいぶんと語彙や発想のヒントを得ていますね。あるいは自然と出てしまうほど身についていたのでしょう。

（陳舜臣、石川忠久「漢詩は人生の教科書」による）

B

独往孤来俗不斉　　独往孤来　俗と斉《ひと》しからず
山居悠久没東西　　山居悠久　東西没《な》し
巌頭昼静桂花落　　巌頭《がんとう》　昼静かにして　桂花《けいか》落ち
檻外月明澗鳥啼　　檻外《らんがい》　月明らかにして　澗鳥《かんちょう》啼《な》く
道到無心天自合　　道は心無きに到《いた》りて　天　自ら合し

いうこと。

〔問3〕　この文章の構成における第十二段の役割を説明したものとして最も適切なのは、次のうちではどれか。

ア　それまでに述べてきた能動の形式の特徴について、それに反対する立場から、別の見解を示すことで話題の転換を図っている。

イ　それまでに述べてきた能動と受動の関係について、筆者の体験を基に、根拠となる事例を挙げることで自説の妥当性を強調している。

ウ　それまでに述べてきた能動の形式の課題について、具体例に分析を加え、改めて問題点を整理することで論の展開を図っている。

エ　それまでに述べてきた能動の形式の効果について、新たな視点を示し、詳しい説明を加えることで論を分かりやすくしている。

〔問4〕　(3)意志は自分以外のものに接続されていると同時に、そこから切断されていなければならない。とあるが、筆者がこのように述べたのはなぜか。次のうちから最も適切なものを選べ。

ア　意志は、自分自身や身の回りの様々な条件など多くの情報から影響を受けるものであるが、一方で意志による行為は、主体的な判断によって自ら行うものであると見なされていると考えたから。

イ　意志は、目的や計画を実現しようとする精神の働きであるため、周囲の影響を受けて当初の目的が変化したとしても、計画を実現することは変わらないものであると見なされていると考えたから。

ウ　意志は、行為の原動力であり、事態や行為の起点が自分自身にあることを強く意識させる反面、自分の意識からも制約を受けることのない自由な心の働きであると見なされていると考えたから。

エ　意志は、意識と結びついて目的や計画を実現するために必要な情報を選択しようとする自発的な力であるが、よりよい選択をするためには客観的な判断力も必要であると見なされていると考えたから。

〔問5〕　国語の授業でこの文章を読んだ後、「自分の意志をもつこと」というテーマで自分の意見を発表することになった。このときにあなたが話す言葉を具体的な体験や見聞も含めて二百字以内で書け。なお、書き出しや改行の際の空欄、、や。や「などもそれぞれ字数に数えよ。

五

次の**A**及び**B**は、それぞれ夏目漱石《なつめそうせき》の漢詩に関する対談と文章の一部であり、［　］内の文章は、**B**の漢詩の現代語訳である。これらの文章を読んで、あとの各問に答えよ。（＊印の付いている言葉には、本文のあとに〔注〕がある。）

A

陳　明治のころまでは漢詩をつくる人がずいぶんいたわけです。新聞には漢詩の欄がありましたし、俳句とか短歌と同じように自作の漢詩を投稿する人たちがいました。新聞から漢詩欄が消えたのはいつでしたかね？

石川　大正六年です。

陳　日本人はずっと漢文を書いていたわけですね。漢文が正本で、仮名本が副本でしたから、いつの時代でも漢字が先でした。

最初の日本の記録である聖徳太子《しょうとくたいし》の「十七条の憲法」も漢文です。『土佐日記』に「男もすなる日記《にき》というものを女もしてみむとて」というのがありますが、男は日記を漢文で意志は自分や周囲を意識しつつ働きをなす力のことである。意志はそれまでに得られた様々な情報をもとに、それらに促されたり、急《せ》き立てられたりと、様々な影響を受けながら働きをなす。ところが不思議なことに、意志は様々なことを意識しているにもかかわらず、そうして意識された事柄からは独立しているとも考えられている。というのも、ある人物の意志による行為と見なされるのは、その人が自発的に、自由な選択のもとに、自らでなしたと言われる行為のことだからである。誰かが「これは私が自分の意志で行ったことだ」と主張したならば、この発言が意味しているのは、自分がその行為の出発点であったということ、すなわち、様々な情報を意識しつつも、そこからは独立して判断が下されたということである。（第十五段）

意志は物事を意識していなければならない。つまり、自分以外のものから影響を受けている。にもかかわらず、意志はそうして意識された物事からは独立していなければならない。すなわち自発的でなければならない。（第十六段）

(3)意志は自分以外のものに接続されていると同時に、そこから切断されていなければならない。われわれはそのような実は曖昧な概念を、しばしば事態や行為の出発点に置き、その原動力と見なしている。（第十七段）

（國分功一郎「中動態の世界」による）

〔注〕プロセス――過程。
意志する――物事を深く考え、積極的に実行しようとすること。
カテゴリー――範囲。

〔問1〕(1)しかし、「自分で」がいったい何を指しているのかを決定するのは容易ではないし、「意志」を行為の源泉と考えるのも難しい。とあるが、「『自分で』がいったい何を指しているのかを決定するのは容易ではない」と筆者が述べたのはなぜか。次のうちから最も適切なものを選べ。

ア 他者と関わる行為では、相手に心から求められていることを理解して行動することが優先され、自分の意志は後回しになると考えたから。

イ 自分の意志で行っていると感じる行為の中には、心の中で起こることのように、自分の思い通りに操作できないものがあると考えたから。

ウ 心の中で起こる行為は、意志ではなく特定の条件が起因となると言われているが、自分でその条件を整えることはできないと考えたから。

エ 意志による行為では、自分の思考を統制することが不可欠だが、様々な想いが心の中で巡らないよう集中することは難しいと考えたから。

〔問2〕(2)われわれは、「私が何ごとかをなす」という文がもつ曖昧さを指摘した。とあるが、「『私が何ごとかをなす』という文がもつ曖昧さ」とはどういうことか。次のうちから最も適切なものを選べ。

ア 能動の形式で表現される行為の中には受動の行為も含まれており、表現から能動と受動を区別することは不便で不正確だということ。

イ 謝罪のように能動の形式で表現される事態や行為を受動の形式で表すと、行為の意味が変化して正確な表現でなくなるということ。

ウ 「私」を省略することができる能動の形式では、誰からの作用を受けての行為であるかを理解することは困難であるということ。

エ 能動の形式で表現される事態や行為であっても、自分で意志をもって行うという能動の概念に当てはまらない場合があると

きれないからである。（第五段）

謝るというのは、私の心の中に謝罪の気持ちが現れ出ることであろうし、想いに耽るというのも、そのようなプロセスが私の頭の中で進行していることであろう。にもかかわらず、われわれはそうした事態や行為を、「私が何ごとかをなす」という仕方で表現する。というか、そう表現せざるをえない。（第六段）

「私が何ごとかをなす」という文は、「能動」と形容される形式のもとにある。たった今われわれが確認したのは、能動の形式で表現される事態や行為が、実際には、能動性の＊カテゴリーに収まりきらないということである。能動の形式で表現される事態や行為であろうとも、それを能動の概念によって説明できるとは限らない。「私が謝罪する」ことが要求されたとしても、そこで実際に要求されているのは、私が謝罪することではない。私の中に謝罪の気持ちが現れ出ることなのだ。（第七段）

能動とは呼べない状態のことを、われわれは「受動」と呼ぶ。受動とは、文字通り、受け身になって何かを蒙《こうむ》ることである。能動が「する」を指すとすれば、受動は「される」を指す。たとえば「何ごとかが私によってなされる」とき、その「何ごとか」は私から作用を受ける。ならば、能動の形式では説明できない事態や行為は、それとちょうど対をなす受動の形式によって説明すればよいということになるだろうか。（第八段）

確かに、謝罪することは能動とは言いきれなかった。だが、それらを受動で表現することはとてもできそうにない。「私が歩く」を「私が歩かされている」と言い換えられるとは思えないし、謝罪が求められている場面で「私は謝罪させられている」と口にしたらどういうことになるかはわざわざ言うまでもない。（第九段）

能動と受動の区別は、全ての行為を「する」か「される」かに配分することを求める。しかし、こう考えてみると、この区別は非常に不便で不正確なものだ。能動の形式が表現する事態や行為は能動性のカテゴリーにうまく一致しないし、だからといってそれらを受動の形式で表現できるわけでもない。（第十段）

だが、それにもかかわらず、われわれはこの区別を使っている。そしてそれを使わざるをえない。どうしてなのだろうか。もう一度、能動の方から考え直してみよう。（2）われわれは、「私が何ごとかをなす」という文がもつ曖昧さを指摘した。たとえば「私が歩く」が指し示している事態とは、実際には、「私のもとで歩行が実現されている」ことだ。（第十一段）

では、この二つは、いったいどこがどうずれているのだろうか。「私が歩く」と「私のもとで歩行が実現されている」の決定的な違いは何だろうか。「私が歩く」から「私のもとで歩行が実現されている」を引いたら、何が残るだろうか。（第十二段）

能動の形式は、意志の存在を強くアピールする。この形式は、事態や行為の出発点が「私」にあり、また「私」こそがその原動力であることを強調する。その際、「私」の中に想定されているのが意志である。つまり「私が歩く」は私の意志の存在を喚起する。しかし、「私のもとで歩行が実現されている」はそうではない。（第十三段）

意志とは実に身近な概念である。日常でもよく用いられる。だが、それは同時に謎めいた概念でもある。意志とは一般に、目的や計画を実現しようとする精神の働きを指す。意志は実現に向かっているのだから、何らかの力、あるいは原動力である。ただし、力ないし原動力とはいっても、制御されていない剝《む》き出しの衝動のようなものではない。意志は目的や計画をもっているのであって、その意味で意志は意識と結びついている。意志は自分や周囲の様々な条件を意識しながら働きをなす。おそらく無意識のうちになされたことは意志をもってなされたとは見なされない。（第十四段）

人間が続けてきた営みを、上野は学者になることで母から受け継ごうとしているのだと分かり、自分も負けずに勉強したいと思う気持ち。

ウ　過去の人々が文字で残した知識について学ぶという人間が続けてきた営みを、上野が受け継ごうとしていることに気付かずに、母からもらった大切な辞書を汚いと言ったことを謝りたいと思う気持ち。

エ　昔の人々が伝えようとした知識を文字によって学ぶという人間が続けてきた営みを、母と同じように上野が受け継ごうとしているように感じ、自分もその営みの一端に触れてみたいと思う気持ち。

四　次の文章を読んで、あとの各問に答えよ。（＊印の付いている言葉には、本文のあとに〔注〕がある。）

　私が何ごとかをなすとき、私は意志をもって自分でその行為を遂行しているように感じる。また人が何ごとかをなすのを見ると、私はその人が意志をもって自分でその行為を遂行しているように感じる。(1)しかし、「自分で」がいったい何を指しているのかを決定するのは容易ではないし、「意志」を行為の源泉と考えるのも難しい。（第一段）

　このことは心の中で起こることを例にするとより分かりやすくなるかもしれない。たとえば、「想《おも》いに耽《ふけ》る」といった事態はどうだろうか。私が想いに耽るのだとすれば、想いに耽るのは確かに私だ。だが、想いに耽るという＊プロセスがスタートするその最初に私の意志があるとは思えない。私は「想いに耽るぞ」と思ってそうするわけではない。何らかの条件が満たされることで、そのプロセスがスタートするのである。また、想いに耽るとき、私は心の中で様々な想念が自動的に展開したり、過去の場面が回想として現れ出たりするのを感じるが、そのプロセスは私の思い通りにはならない。意志は想いに耽るプロセスを操作していない。（第二段）

　心の中で起こることが直接に他者と関係する場合を考えてみると、事態はもっと分かりやすくなる。謝罪を求められた場合を考えてみよう。私が何らかの過《あやま》ちを犯し、相手を傷つけたり、周りに損害を及ぼしたりしたために、他者が謝罪を求める。その場合、私が「自分の過ちを反省して、相手に謝るぞ」と＊意志しただけではダメである。心の中に「私が悪かった……」という気持ちが現れてこなければ、他者の要求に応えることはできない。そしてそうした気持ちが現れるためには、心の中で諸々《もろもろ》の想念をめぐる実に様々な条件が満たされねばならないだろう。（第三段）

　逆の立場に立って考えてみればよい。相手に謝罪を求めたとき、その相手がどれだけ「私が悪かった」「すみません」「謝ります」「反省しています」と述べても、それだけで相手を許すことはできない。謝罪する気持ちが相手の心の中に現れていなければ、それを謝罪として受け入れることはできない。そうした気持ちの現れを感じたとき、私は自分の中に「許そう」という気持ちの現れを感じる。もちろん、相手の心を覗《のぞ》くことはできない。だから、相手が偽ったり、それに騙《だま》されたりといったことも当然考えられる。だが、それは問題ではない。重要なのは、謝罪が求められたとき、実際に求められているのは何かということである。確かに私は「謝ります」と言う。しかし、実際には、私が謝るのではない。私の中に、私の心の中に、謝る気持ちが現れることこそが本質的なのである。（第四段）

　こうして考えてみると、「私が何ごとかをなす」という文は意外にも複雑なものに思えてくる。というのも、「私が何ごとかをなす」という仕方で指し示される事態や行為であっても、細かく検討してみると、私がそれを自分で意志をもって遂行しているとは言い

たから。

〔問2〕 (2)二重の目はいつも以上に大きく開かれ、遠い場所を追っていた。まるで目の前の本ではなく、その向こう側にいる誰かを見つめているようだった。とあるが、この表現について述べたものとして最も適切なのは、次のうちではどれか。

ア たくさんの本を読もうと意気込む上野の母の様子を、生き生きと表現するとともに、たとえを用いることで躍動的に表現している。

イ 本を読んで思索にふける上野の母の様子を、豊かな感覚で捉えて表現するとともに、たとえを用いることで印象的に表現している。

ウ 昔会った人を本で調べる上野の母の様子を、時間の経過に従って表現するとともに、たとえを用いることで説明的に表現している。

エ 息子の友人を無視して本を読む上野の母の様子を、ありのままに表現するとともに、たとえを用いることで写実的に表現している。

〔問3〕 (3)わたしはすぐに目を伏せ、絵の具を混ぜる振りをしてやり過ごした。とあるが、この表現から読み取れる「わたし」の様子として最も適切なのは、次のうちではどれか。

ア 上野は辞書をけなした自分を今でも受け入れていないと気付いて、目を合わせることはできないと思い、関わらないようにしている様子。

イ 絵の題材として辞書を選ばないでほしいという自分の勝手な願いが、上野に気付かれそうになったことに動転し、うろたえている様子。

ウ 先日の失言を思い出して嫌な気持ちになったので、今日は上野に何も言わないようにしようと思い、絵を描くことに集中している様子。

エ 辞書を描くのは自分を非難するためではないかという疑いを上野に悟られないように、とっさに下を向き、平静をよそおっている様子。

〔問4〕 (4)上野が何故《なぜ》あれほど熱心に辞書を見ていたのか分かった気がした。とあるが、「わたし」が「上野が何故あれほど熱心に辞書を見ていたのか分かった気がした」わけとして最も適切なのは、次のうちではどれか。

ア 丹念に描かれた指跡を見て、真摯に学ぶ母の姿が重ねられているように感じ、書斎での母の様子と辞書を読む上野の様子が結び付いたから。

イ 無数の指跡は、努力して学んだ母の姿にあこがれて描いたものだと気付き、母の引き方をまねて上野は頁をめくっていると確信したから。

ウ 絵に描かれた指跡を見ていると、頁をめくる母の手の動きが想像でき、その動きは辞書を読む上野の手の動きと同じだと気が付いたから。

エ 上野が描いた絵を丁寧に見ることで、辞書についたくすみや汚れが、実は母が何度も引いたときについた指跡だったのだと分かったから。

〔問5〕 (5)それに指を重ねるように、そっとわたしは手を伸ばしていた……。とあるが、このときの「わたし」の気持ちに最も近いのは、次のうちではどれか。

ア 辞書の文字を読むことで知識を増やしていくという過去から脈々と人間が続けてきた営みを、母から受け継いだ辞書を描くことで、自分に教えようとした上野に対して感謝したいと思う気持ち。

イ 先人の知識が凝縮している文字を学んで後世に伝えるという

休みを過ごした。
　年が明け、一年生最後の学期が始まった。美術の時間では、二学期に描いた絵が返却された。わたしのスパイクはべたっとした単調な絵で、どう見てもそれは地上から跳び上がるための道具に見えなかった。秋季大会のことも思い出され、わたしはすぐさま絵を作業台の下に隠した。そして、そのまま美術室に絵を忘れてきてしまった。誰かに見られると恥ずかしいので、放課後に部活に行く振りをしてこっそりと取りに行った。
　美術室は閉まっていた。隣の準備室にも先生はおらず、わたしはしばらく廊下をうろつき、展示されている作品を眺めた。廊下には出来の良かった作品が幾つか数珠《じゅず》繋《つな》ぎに吊《つ》るされていた。どの絵もわたしのより上手く描けていたが、だからと言ってわたしと関わり合いのあるものには感じられなかった。
　職員室に先生を探しに行こうかと考え、絵の前を引き返していると、その中の一枚が目に留《とま》った。上野の絵だった。一番隅にあったので見逃していたのだ。わたしは足を停《と》め、そこに描かれたあの辞書を見た。辞書は本物そのものの様に汚れが目立ち、日に焼けてくすんでいた。絵に鼻を近づけたら、古びた紙の匂いまで漂ってきそうだった。開かれた辞書をぼんやりとした光の帯が包みこんでいた。
　忘れていた嫌な感情がよみがえってきそうになった。しかしわたしは奇妙にその絵に引き寄せられていた。よくよく見ると、辞書のくすみや汚れは、出鱈目につけられたものではないことがわかった。まるで雪原の足跡のような、その一つ一つが辞書についた人の指紋の形を成していた。指跡は見開きの頁ばかりでなく、辞書の側面にもびっしりと描かれていた。わたしは上野の手と彼の母親の姿を思い出した。(4)上野が何故《なぜ》あれほど熱心に辞書を見ていたのか分かった気がした。
　すると、辞書の周りにあった、単なる光の筋だと思われたものが、辞書へ伸びる指であり腕で、一冊の書物へ向かって何度も伸ばされたものの残像であることに気が付いた。細く白い幾つもの手が辞書を目指し、あるいはその遥《はる》か向こう側へ向かって伸ばされ、互いを支え合うようにして幾重もの層を成していた。
　唐突に、わたしのなかの靄《もや》が晴れていった。上野の母親の視線のゆくえも理解できる気がした。彼女の姿に上野が重なってゆき、わたしは受け継がれていく人の営みを感じずにはいられなかった。そう思うと、わたしの目には辞書に書かれている字すらも人々の指跡で出来ているように映った。(5)それに指を重ねるように、そっとわたしは手を伸ばしていた……。

（澤西祐典「辞書に描かれたもの」による）

〔注〕 衒《てら》い――ひけらかすこと。

〔問1〕(1)わたしはろくに返事もできず、ちょうど先生が教室へ入ってきたのを良い事に、上野に背を向けた。とあるが、「わたし」が「ろくに返事もできず、ちょうど先生が教室へ入ってきたのを良い事に、上野に背を向けた」わけとして最も適切なのは、次のうちではどれか。

ア　淡々とした口調であったが、今までにないほど強いまなざしで上野が見つめてくるので、何を言っても許してもらえないと思ったから。

イ　温和な言葉で話す上野に比べ、自分はあまりにひどいことを言ってしまったと気付き、謝りたいと思いつつも決心がつかなかったから。

ウ　上野に無視されたように感じて思わず心無い言葉を発したが、打ち解けた話し方に驚き、何と答えてよいか分からなくなったから。

エ　自分には理解できない話題について、遠慮も気遣いもない言い方で話してくる上野の態度を不審に思い、何も言えなくなっめかえした上野の目の印象がなかなか頭から去らなかった。振り払おうと必死になる度に、後ろから辞書をめくる音が聞こえた。時折、紙が折れたり頁が破けたりする音も混じっていた。わたしは一二度《いちにど》そっと振り返りもしたが、上野はこちらに気付く素振りもなく、相変わらず目を輝かせながら辞書を引いていた。

　わたしは先ほどの上野の言葉に思いをめぐらせた。上野の母親には、何度か会ったことがあった。大概は彼の家にいる時で、二人で遊んでいると夕方ごろにどこからか帰ってきて、二言三言挨拶を交わした。いつも黒い髪を後ろに束ね、忙しそうにしていた。しかし、もっとも印象に残っているのは、彼女が書斎に居た姿だった。トイレを借りた帰りの廊下で、いつもは閉じている部屋のドアが開いているのにわたしは気が付いた。人の気配がしたので、わたしは気になって覗《のぞ》いてみると、そこに上野の母親がいた。書棚に囲まれた机に大きな本を何冊か広げながら、はっとするほど冷たい横顔で座っていた。調べごとか、考え事をしている風だった。(2)二重の目はいつも以上に大きく開かれ、遠い場所を追っていた。まるで目の前の本ではなく、その向こう側にいる誰かを見つめているようだった。

　上野の母の白い手が頁をめくった音でわたしは我に返り、見てはならないものを見た気がして黙ってその場を後にした。自分はなぜあれほど動揺したのだろうか。もしかしたら大の大人が勉強をしている姿を見たのが初めてだったからかもしれない。自宅に帰ってから、わたしは自分の親に上野の家で見たことを率直に告げた。母親からは、上野の母は「ガクシャ」だからという答えが返ってきたのを覚えている。

　わたしには「ガクシャ」も「ダイガク」も「母さんがくれたんだ」という言葉も、そして辞書をめくる音の意味もうまく咀嚼《そしゃく》できないまま授業は終《お》わりを告げた。自分の失言のせいもあって、上野との間にいっそうの隔たりを感じ、わたしはそれっきり上野と会話を交わすことがなかった。

　秋の新人戦に向けて多忙な時期でもあり、友人達《たち》と大声で笑い合ううちに、わたしは辞書のことを忘れ、国語の授業中に聞こえる紙の音も次第に気にならなくなった。わたしの未使用の辞書は教室の後ろのロッカーに入れられたまま放置された。

　しばらく後の美術の授業でのことだった。わたしは試合で使う予定のスパイクシューズの絵を描いていた。思い入れのある持ち物を題材に選ぶように言われ、わたしは迷わず卸し立てのスパイクを選んだ。青いラインの入ったスパイクの靴底からは八本の釘《くぎ》が鋭く光っていた。

　ふと筆を休めた時に、斜め向かいの班に上野がいるのが目に入った。わたしの胸に思い出したくないものがぶり返してきた。彼の前に、あの辞書があったからだ。改めて見ると、くすんだ白い表紙は辞書そのものからほとんど取れかけている。あんなみすぼらしい辞書では不恰好《ぶかっこう》な絵になるに違いないのに、どうして題材に選んだのだろうと思った。

　途端、おそろしく身勝手で愚かな邪推が、つまり、わたしへの当てつけであの辞書を描こうとしているのではないかという考えがわたしの頭に浮かんだ。そう思った瞬間に上野が顔を上げ、また視線が交錯しそうになった。(3)わたしはすぐに目を伏せ、絵の具を混ぜる振りをしてやり過ごした。出鱈目《でたらめ》に色を混ぜながら、上野が辞書を引っ込めて、別の物を題材に選んでくれたらいいのにと願ったが、上野は辞書の絵を描き続けた。

　陸上部の秋季大会は惨憺《さんたん》たる結果で、自己ベストにすら遠く及ばず、慣れない靴のために足首を捻《ひね》って最後の跳躍も叶《かな》わなかった。学校行事も遠足に期末試験と慌ただしく続き、あっという間に冬休みが訪れた。一年前は暇さえあれば上野の家のインターホンを鳴らしに行ったが、年末年始は部活もさほどなく、わたしは所在なく冬

国語

●満点100点　●時間50分

一　次の各文の――を付けた漢字の読みがなを書け。

(1) 洋服のほころびを繕う。
(2) 日本の伝統的な舞踊を鑑賞する。
(3) 午後の列車には若干の空席がある。
(4) 善戦するも一点差で惜敗し、優勝を逃す。
(5) 忙しさに紛れて、弟に頼まれた用事を忘れる。

二　次の各文の――を付けたかたかなの部分に当たる漢字を楷書で書け。

(1) 浜辺で美しい貝殻をヒロう。
(2) 母のキョウリから、みかんが届く。
(3) 今年の春から、姉は図書館にキンムする。
(4) 幼い妹たちの言い争いをチュウサイする。
(5) 帰宅すると、愛犬がイキオいよく駆け寄ってきた。

三　次の文章を読んで、あとの各問に答えよ。（*印の付いている言葉には、本文のあとに〔注〕がある。）

中学校一年生の「わたし」と後ろの席に座る上野《うえの》とは、小学生の時は互いの家を行き来して遊ぶ間柄であった。中学校入学後、「わたし」は陸上部に入り、上野は部活に入らなかったこともあって、それぞれ違う友人の輪の中にいることが多くなり、話す機会がなくなっていた。

教室には休み時間のだらけた雰囲気が残っていた。わたしも体を半分上野の方へ向けて座っていた。しかし上野に話しかけたくても、どう接して良いものか分からず、話の糸口を上手《うま》く摑《つか》めないでいた。

上野は辞書を熱心に読んでいた。見るからに古く、年季の入った辞書だった。四隅がぼろぼろで、頁《ページ》も手垢《てあか》で黒ずんでいた。箱もなく、白かったであろう表紙はねずみ色と言っていいぐらいで、金色の題字は剝がれてほとんど残っていない。しかしそんな辞書とは対照的に、それを読む上野の目は爛々《らんらん》と輝いていた。彼の目にわたしの姿は映っておらず、わたしは不思議と苛立《いらだ》ちを覚え、気が付いた時には乱暴に言葉を発していた。

「お前、汚い辞書使ってんな。」

言葉が舌の上を通り抜けた瞬間から、激しい後悔が襲った。たしかに上野の使っている辞書は、お世辞にも綺麗《きれい》とは言い難《がた》い代物だった。だからといって、他にいくらでも言いようがあっただろう。わたしは自分の声が周りに聞こえていることも十分に意識していた。お前、汚い辞書使ってんな。鼓動が激しくなる中、顔をあげた上野と目が合った。つぶらな、大きな目だった。こちらをじっと見つめかえしながら彼は言った。

「うん、母さんがくれたんだ。大学の時に買ってもらった辞書なんだって。」

屈託も*衒《てら》いもない言い方だった。わたしは彼が言おうとしたことが何一つ呑《の》み込めずにいた。どうして上野の母が出て来るのか、ダイガクとは何か、だからどうだというのか、わたしにはよく分からなかった。しかし、何よりもその口調がわたしの心を打《ぶ》った。それは昔と変わらない、心を許した相手にだけ向けた穏やかな話し方だった。(1)わたしはろくに返事もできず、ちょうど先生が教室へ入ってきたのを良い事に、上野に背を向けた。

授業が始まっても、内容は頭に入って来なかった。こちらを見つ

Memo

Memo

Memo

2025年度用　東京都立高校　7年間スーパー過去問　　2024年５月　第１刷発行

編　集　声の教育社 編集部　　〒162-0814　東京都新宿区新小川町8-15　TEL 03(5261)5061
発行所　株式会社 声の教育社　　https://www.koenokyoikusha.co.jp

2025年度用

別冊

東京都立高校

書き込み式

解答用紙集

※お客様へ

解答用紙は別冊になっていますので本体からていねいに抜き取ってご使用ください。

㈱声の教育社

英語解答

1 A ＜対話文１＞ イ
＜対話文２＞ ウ
＜対話文３＞ エ
B Q１ ア
Q２ To give it a name.

2 1 ウ 2 ア
3 ⑴…エ
⑵ （例）I went to a museum to see famous pictures painted by my favorite artist. Later, I saw those pictures in a book in an art class. The pictures I saw in the museum looked more beautiful than the pictures in the books.

3 〔問１〕 ア 〔問２〕 ウ
〔問３〕 イ 〔問４〕 イ
〔問５〕 エ 〔問６〕 ア
〔問７〕 ウ

4 〔問１〕 エ 〔問２〕 エ→イ→ア→ウ
〔問３〕 ⑴…ア ⑵…エ ⑶…イ
〔問４〕 ⑴…ウ ⑵…イ

1〔放送問題〕

〔問題A〕＜対話文１＞≪全訳≫トム（T）：サトミ，君は犬が大好きなんだってね。／サトミ（S）：ええ，トム。犬を１匹飼ってるの。あなたは？／T：僕は犬を２匹飼ってるよ。その子たちのおかげで僕は毎日幸せなんだ。／S：私も，うちの犬のおかげで幸せよ。私たちの友達のリナも犬を飼ってるのよ。３匹飼ってると思う。／T：へえ，そうなの？／S：ええ。いいことを思いついたわ。今度の日曜日に一緒に犬を散歩させましょう。午後４時はどうかしら？／T：いいよ。リナにもきいてみよう。次の日曜日が待ちきれないよ。

Q：「トムは何匹の犬を飼っているか」―イ．「２匹の犬」

＜対話文２＞≪全訳≫ジョン（J）：もうすぐおじいちゃんがうちに来るね。彼のためにスパゲッティをつくるのはどうかな，メアリー？／メアリー（M）：それはいい考えね，ジョン。／J：よかった。このトマトと玉ねぎが使えるよ。何か買う必要はあるかな？／M：野菜はたくさんあるわ。あっ，チーズがないんだった。／J：わかった。スーパーでチーズを買おう。／M：ええ，そうしましょう。／J：飲み物も買った方がいいかな？／M：ジュースは昨日買ったわ。だから，飲み物は買わなくていいわよ。

Q：「ジョンとメアリーはスーパーで何を買うつもりか」―ウ．「チーズ」

＜対話文３＞≪全訳≫ジェーン（J）：こんにちは，ボブ，今週末は何をする予定？／ボブ（B）：やあ，ジェーン。僕は日曜の午後に学校の野球の試合を見に球場へ行く予定なんだ。／J：まあ，ほんとに？　私も友達と一緒にそれを見に行くつもりなの。一緒に球場に行かない？／B：もちろんいいよ。モミジ駅で待ち合わせよう。いつ集まったらいいかな？／J：その試合は午後２時に始まるのよね。１時半に駅に集合しましょう。／B：じゃあ，その前に駅の近くでお昼ご飯を食べない？／J：いいわね。12時でどう？／B：それは早すぎるな。／J：わかったわ。１時に駅に集まりましょう。／B：うん，そうしよう。

Q．「ジェーンとボブはいつモミジ駅で待ち合わせるか」―エ．「１時」

〔問題B〕≪全訳≫皆様，おはようございます。東京中央動物園にようこそ。皆様に特別なお知らせがございます。新しいウサギが生まれました。生後２か月になります。このウサギは，以前は別の部屋にいました。しかし１週間前，ウサギを移しました。現在，「ウサギのおうち」で，このウサギを他のウサギたちと一緒にご覧いただけます。このウサギは午前11時よりご覧になれます。１歳を過ぎたウサギもいます。このウサギたちは野菜を食べますが，新しいウサギは食べません。／当園では，年長のウサギにはみんな名前がついています。ですが，この新しいウサギには名前がありません。私たちは，皆様にこのウサギに名前をつけていただきたいと考えております。よい名前を思いつきましたら，インフォメーションセンターにて用紙を受け取り，その名前をお書きください。そして，その用紙をそこにあるポストにお入れください。ありがとうございました。

Q１：「新しいウサギは何歳か」―ア．「生後２か月」

Q２：「動物園は新しいウサギのために人々に何をしてほしいのか」―「それに名前をつけること」

2〔総合問題〕

１＜対話文完成―適語句選択―資料を見て答える問題＞

≪全訳≫❶ユウタ(Y)：君のご両親は７月29日に日本に来るのかな？

❷オリバー(O)：うん，午前11時に空港の第２ターミナルに到着するはずだよ。

❸Y：わかった。空港で君のご両親を出迎えた後，昼食を取って，バスでうちに向かおう。

❹O：そうだね。２つのバスから１つ選べるよね？

❺Y：そうだよ。どっちに乗ればいいかな？

❻O：早く家に着ける方が，両親にとってはいいと思うな。君はどう思う？

❼Y：そうだなあ…，早い方を選ぶと，バスを降りた後，電車に乗らないといけなくなる。それだと，たくさん荷物を持った人にとっては大変だろうね。

❽O：両親は重たい荷物を持ってくるだろうなあ。早い方はやめた方がいいね。

❾Y：そうだね。イチョウ駅までバスで行こう。長旅になるけど，その方がいいと思うよ。

❿O：オッケー。お昼はどうする？　この空港にはレストランがたくさんあるね。

⓫Y：うん。君のご両親はどんな食べ物が好きなのかな？

⓬O：２人ともラーメンが好きなんだ。両親が到着する方のターミナルでラーメンを食べよう。

⓭Y：わかった。ラーメン屋Bに行こう。

＜解説＞(A)第６～８段落で空港から家までの経路について話し合った結果，早い方はやめた方がいいということになった。図Ⅰ-１によると，より長い時間がかかるのは，空港からイチョウ駅までバスで行く経路である。　(B)第12段落でオリバーは，両親が到着するターミナルでラーメンを食べようと提案している。第２段落に，両親は第２ターミナルに到着するとあるので，図Ⅰ-２より，ラーメン屋Bに行くとわかる。

２＜対話文完成―適語(句)選択―図を見て答える問題＞

≪全訳≫❶オリバーの父(F)：歌舞伎劇場にはどうやったら行けるのかな？

❷Y：この地図を見てください。今いる駅から歌舞伎劇場まで，歩いて行けます。

❸オリバーの母(M)：わかったわ。歌舞伎を見る前にお買い物をする時間はあるかしら？　何か日本の物を買いたいのよ。

❹Y：ありますよ。カエデデパートへ行きましょう。

❺O：そこへはどうやって行くんだい？

❻Y：アヤメ花店が左手に見える所までヒノデ通りを行けばいい。そして，その角を右に曲がればいいのさ。そのお店は市立図書館の隣だよ。

❼O：わかった。

❽Y：買い物の後，カエデ通りを通ってスモモ果物店まで行きましょう。その店は右側にあります。そして，その角を右に曲がりましょう。正面に歌舞伎劇場が見えます。とてもきれいな建物ですよ。

❾M：ありがとう，ユウタ。

❿F：よし。じゃあ行こう。

＜解説＞(A)地下鉄の駅を出て歌舞伎劇場へと向かうためには，図Ⅱの地図上で左に進むことになる。

この方向に向かってヒノデ通りを進んだとき左手に見えてくるのは，アヤメ花店である。(B)第４段落から，４人はカエデデパートで買い物をするとわかる。また，(B)を含む文の主語の It は，その直前にある Sumomo Fruit Store「スモモ果物店」を指している。カエデデパートを出てスモモ果物店のある方へとカエデ通りを進むと，右手にスモモ果物店が見える。

3＜長文読解総合―Eメール＞

≪全訳≫やあ，ユウタ❶日本にいる間，たくさん力になってくれてありがとう。楽しい時間を過ごしたよ。日本滞在の最後に見た歌舞伎は，最高の思い出の１つだな。日本の伝統文化についてはよく知らなかったけど，彼らの演技はとても力強かった。僕はそれにすごく心を動かされたよ。またぜひ歌舞伎を見たいな。

❷帰国後，両親はインターネットで，英語で歌舞伎を見て楽しんでいるよ。日本で歌舞伎を見た後，僕は演劇に興味が出てきて，学校の演劇部に入りたいと思っているんだ。もし入部したら歌や踊りをたくさん練習して，そして舞台で披露したいな。

❸来月，両親は劇場に歌舞伎を見に行く予定なんだ。僕は一緒に行けないけど，いつかまた日本で歌舞伎を見たいと思っているよ。

❹君は最近，何かに感動したかい？　もし何か感動したことがあったら，それについて教えてよ。君からの返事を楽しみに待っているね。／オリバー

(1)**＜内容真偽＞**ア．「オリバーはオーストラリアに帰った後，両親と一緒に劇場で歌舞伎を見た」…×　第３段落参照。両親が劇場で歌舞伎を見るのは来月で，オリバーはこれに同行できない。　イ．「オリバーは歌舞伎を見たとき，日本の伝統文化についてたくさんのことを知っていた」…×　第１段落第４文参照。あまりよく知らなかった。　ウ．「オリバーは日本に来る前，歌と踊りを練習した」…×　第２段落最終文参照。まだ練習していない。　エ．「オリバーは歌舞伎を見た後，自分の学校の演劇部に入りたくなった」…○　第２段落第２文に一致する。

(2)**＜テーマ作文＞≪全訳≫**こんにちは，オリバー❶Eメールをありがとう。楽しく読ませてもらったよ。君が日本にいる間，僕たちはいろんな場所に行ったね。君のご両親と一緒に歌舞伎を見たときは楽しかったな。君と一緒に過ごせたことは特別な思い出だよ。

❷君がまた日本で歌舞伎を見たがっていると聞いてうれしいよ。最近僕が心を動かされたことについて教えるね。

❸(例)僕は，大好きな画家の描いた有名な絵を見に美術館へ行ったんだ。その後，美術の授業中，ある本でそれらの絵を見た。僕が美術館で見た絵は，本に載っていた絵よりも美しく見えたよ。

❹君にまた会えるのを楽しみにしているね。／君の友達，ユウタ

＜解説＞最近感動した出来事を１つ挙げ，理由とともに，自分が使える単語や構文で正確に述べればよい。解答例には，‘名詞＋過去分詞＋語句’「～された〔～されている〕〈名詞〉」や‘名詞＋主語＋動詞…’「〈主語〉が～する〔した〕〈名詞〉」(目的格の関係代名詞が省略された形)，‘比較級＋than ～’「～より…だ」などの重要表現が使われており，こうした表現はぜひ使えるようにしておきたい。

3〔長文読解総合―会話文〕

≪全訳≫❶リョウタ，マキ，ヒロは東京の中学生である。エマはアメリカから来た中学生だ。彼らは放課後，教室で話をしている。

❷リョウタ(R)：マキ，君は図書委員会のメンバーだよね？　この頃，図書室へ行く生徒が増えてるよね。委員会のメンバーが何か特別なことをしてるのかな？

❸マキ(M)：ええ。私たち，図書室の前の棚に置く本を毎週入れかえてるのよ。前は月に１回やってたの。今はたくさんの生徒がその本を見に来てくれる。すごくうれしいわ。

4エマ(E)：それはいいね。

5M：実は，それはふだん図書室に来ない何人かの生徒のアイデアだったのよ。彼らから興味深いことを学んだわ。

6ヒロ(H)：もっと教えてよ。

7M：その生徒たちが図書室のそばを通り過ぎたとき，その棚にある本が目に入ったんだって。それで，その本をときどき手に取ったのね。

8R：彼らは図書室に入ったの？

9M：ええ。その本に興味があるときはそうしたって。私たちが棚の本をもっと頻繁に入れかえたら，もっとたくさん生徒が図書室に来るようになったのよ。

10H：すごいね。僕も放送委員会のメンバーとして，何かやってみたいな。昼休みの校内放送の内容を変えたいんだ。

11M：ときには新しいことに挑戦するのもいいことよね。

12E：そのとおりだね。私の経験の１つについて話してもいいかな？

13H：もちろん。

14E：日本に来る前，私は初めて日本語の勉強をしたんだ。でも，日本の学校に通い始めたら，日本語を話すのは難しくてね。

15R：大変だったんだね。知らなかった。

16E：そのときは，自分が本当に言いたいことを日本語で言うことができなかったんだ。でも，今は大丈夫。

17H：どうやって問題を解決したんだい？

18E：１人で解決したわけじゃないんだ。ある日，英語部のある部員が，英語について私にいくつか質問してきてね。それから，英語を教えるためにそのクラブに行くようになったの。

19M：それは，部員たちにとっていいことだったわね。

20E：そうだといいんだけど。そして，自分の問題についてそこで話してみたの。部員の１人がこう言ってくれたんだ。「あなたは親切にも私たちに英語を教えてくれている。もしあなたが日本語を話したかったら，私に話しかけてちょうだいね」って。

21H：いいね。

22E：英語部で，部員と私はお互いに教え合うことができるんだ。

23M：それはいいわね。

24E：今は日本語がずっとわかるようになったし，たくさんの親友もできたよ。

25M：すばらしいわね。自分の問題を誰かに話してみることって，大切よね。

26R：そうだね。僕も社会の授業で発表をしたときに，同じような気持ちになったよ。

27M：覚えてるわ。自分が行ってみたい国について発表をしたのよね。

28R：そう。発表の練習をしたとき，手持ちの情報を全部使ったら，発表が長くなりすぎちゃったんだ。

29H：それでどうしたんだい？

30R：クラスの前で発表する前に，自分の発表内容を何人かの友達に見せたんだ。彼らが僕にいいアドバイスをくれたんだよ。

31M：何て言われたの？

32R：まず，この発表の一番重要な点は何なのかって僕に尋ねてきた。

33H：彼らからのアドバイスはどんなものだったんだい？

34R：彼らは，その点を重点的に扱うべきだと言ったんだ。僕はいくつかの重要な情報だけを使った。おかげでその発表はずっとよくなったんだ。

35H：別の観点での意見を聞くことって大事だよね。それに，他の人がうまく手助けしてくれることだってある。

36E：あなたも放送委員会のメンバーとして何かできると思う？

37H：僕らは毎日昼休みに校内放送を流してる。でも，それについて生徒のみんながどう思ってるのか知りたいんだ。そのうえで新しいことをやってみるよ。それについて生徒たちと話す機会を設けたいな。

38M：それはいいアイデアね。

39H：まずは友達何人かに話してみるよ。彼らが何か新しいアイデアをくれるかもしれないからね。

40R：そうしてくれるといいね。

41H：これについて君たちと話せてよかったよ。

〔問１〕＜文脈把握＞エマは第３段落のマキの話を聞いて，That's great.「それはいいね」と言っている。第３段落では，マキを含む図書委員が，図書室の前の棚に置く本を入れかえる回数を増やしたところ，本を見に来る生徒が増えたと語っているので，ア.「多くの生徒が図書室の前にある棚に置いた本を見に来ている」が適する。

〔問２〕＜要旨把握＞リョウタは，来日前に日本語の勉強をしていたものの，実際に日本の学校に通ってみると日本語を話すのが難しかったというエマの直前の発言を聞き，You had a hard time.「大変だったんだね」と声をかけた。エマにとって大変だったことの内容は，ウ.「エマが日本の学校に通い始めたとき，日本語を話すことはエマにとって難しかった」でよくまとめられている。

〔問３〕＜文脈把握＞マキは，直前の「英語部で，部員と私はお互いに教え合うことができる」というエマの言葉に対し，That's nice.「それはいいわね」と言っている。マキがこのように言ったのは，イ.「英語部の部員たちとエマはお互いに教え合うことができる」ことをいいことだと思ったからである。

〔問４〕＜内容一致＞「リョウタの友達は(　　)と言った」―イ.「リョウタは発表の最も重要な点を重点的に扱うべきだ」　リョウタが友達からもらったgood advice「よいアドバイス」の内容は，第32段落と第34段落で説明されている。ここでは，発表の最も重要な点をはっきりさせ，それを重点的に扱うべきだと述べられている。　focus on ～「～に集中する，～を重点的に扱う」

〔問５〕＜英文解釈＞下線部のtheyは直前の第39段落最終文のTheyと同じものを指しており，これはその直前にあるsome of my friendsを指している(下線部はリョウタの発言なので，下線部のtheyはsome of your friendsということになる)。また，do that「そうする」は，第39段落最終文のgive me some new ideas「何か新しいアイデアをくれる」を受けたもので，give you〔Hiro〕some new ideasを言い換えたものとなる。ヒロが何について新しいアイデアを求めているかは第37段落で説明されており，放送委員であるヒロが，昼休みの校内放送で何か新しいことをやってみようと考えていることが読み取れる。つまり，下線部のリョウタの発言は，ヒロの友達が(校内放送について)何か新しいアイデアをヒロに与えてくれるといいね，という内容になる。エ.「ヒロの友達は彼に昼休みの校内放送に関する新しいアイデアを与えてくれるだろう」が，この内容を最もよく表している。

〔問６〕＜内容一致＞「ヒロは物事を見る(　　)やり方を他の人から学ぶことが大事なことであると学んだ」―ア.「異なる，別の」　ヒロが友達との会話から学んだことは，第35段落で説明されている。ここでヒロは，different points of view「別の観点」，つまり自分とは違った物事の見方や考え方に耳を傾けることが大切だと発言している。　different「違った，異なる，別の」　'it is ～ to …'「…することは～だ」　way(s) of ～ing「～するやり方，方法」

〔問７〕＜内容一致＞≪全訳≫今日，新しいアイデアを得ることについて友達のリョウタとマキとヒロと話をした。マキは図書室にたくさんの生徒が来てくれて喜んでいた。しかも，ふだんは図書室に来ない生徒が彼女の(A)助けとなったのだ。私は自分の経験の１つを友達に語った。私は日本語を話すとき，問題を抱えていた。ある英語部の部員が，私の問題を理解してくれた。そして私たちはそれを解決した。リョウタの友達も彼を(A)助けてくれた。リョウタがクラスの前で発表をする(B)前に，彼らがいいアドバイスを彼に与えたのだ。彼の発表はよりよいものになった。自分の問題を他の人に話すのは大切だと思う。いいアドバイスをもらえることもある。ヒロは昼休みの校内放送を変えたがっていた。新しいことに挑戦する(B)前に，生徒たちの気持ちを理解したいと思っていた。彼が他の人からいいアイデアをもらえることを願っている。

＜解説＞(A)の１つ目を含む文は，第５段落の内容に当たる。また，(A)の２つ目を含む文とこれに続く２つの文は，第30，32，34段落のリョウタの発言に対応している。いずれの部分でも，他の誰かの行動や意見が自分の助けになったという経験を話している点で共通している。(B)の１つ目を含む文は第30段落，２つ目は第37段落の内容に当たる。いずれの部分でも，自分が行動を起こす前に他の誰かの意見を求めたり，それを知ろうとしたりしているという点で共通している。

4〔長文読解総合─物語〕

≪全訳≫❶ユミは日本の高校２年生だった。彼女は英語が得意で，海外に行くことに関心があった。彼女は，自分が英語でどのくらいうまくコミュニケーションできるかを知りたいと思っていた。５月のある日，彼女はインターネットで，夏休み中に行われる２週間のニュージーランドホームステイについての情報を見つけた。ユミはそれに興味を持ち，兄のマサオにそれについて話した。彼女は彼に，彼のカナダでのホームステイの経験について尋ねた。マサオは彼女に言った。「向こうでは，英語を話したりたくさんの友達をつくったりして楽しかったよ。ユミもニュージーランドのプログラムでそうするといい」　彼女はホームステイ中に高校に通うのを楽しみにしていた。人々に何か日本のことを紹介したいと思った。

❷８月上旬の水曜日，ユミはニュージーランドに到着し，彼女のホストファミリーのメンバーであるリリーとジャックに会った。ユミとリリーは同い年で，ジャックは６歳だった。ユミは彼らとたくさんのことについて話した。すぐに彼らは仲良くなった。

❸土曜日，ユミとリリーはリリーの家の近くにある農場へ行った。リリーはよく牛や羊の世話をしていた。ユミはあまりうまく彼女を手伝えなかった。だが，楽しかった。リリーはユミに言った。「私は農場がこの牛や羊たちの世話をするのを手伝ってきたの。私は農場主になりたいんだ。うちの農場でとれた牛乳でつくったアイスクリームをみんなに食べてほしくて」　そしてリリーはユミに尋ねた。「あなたは将来どんなことをしたい？」　ユミは何も答えられなかった。彼女は将来についてのはっきりとしたプランを持っていなかった。彼女はそのことを少し気恥ずかしく感じた。

❹日曜日，ユミはジャックと遊んだ。彼女はジャックのために折り紙で紙風船やツルなどを折ってあげた。ジャックは紙風船を投げるのを楽しみつつ，ユミに向かって言った。「何か他の物，例えばラグビーボールなんかも折れる？　僕はラグビーをするのが好きなんだ」　ユミは言った。「つくり方を調べてみようよ」　彼女は折り紙のウェブサイトをいくつか見つけた。彼女は試しにラグビーボールを折ってみて，１つつくった。だが，ジャックははじめはつくれなかった。ユミの手助けのおかげで，その後彼は折り紙のラグビーボールをつくりあげた。彼は言った。「本当にどうもありがとう！」　ユミは，ジャックにとっては折り紙が日本について学ぶ機会になるかもしれないと思った。

❺火曜日，学校で，ユミは日本の８月の行事をクラスの人たちに紹介する機会を得た。彼女は夏祭りについて話し，花火や食べ物の屋台の動画を見せた。動画の中の人々はいろんな種類の食べ物を食べていた。数名のクラスメイトがお好み焼きに興味を示し，それについてユミに尋ねた。彼女は言った。「それは小麦粉と卵とキャベツでできているの。何でも好きな物を入れていいのよ」　放課後，クラスメイトの１人のケイトが，週末に開かれるパーティーにユミとリリーを招待してくれた。ケイトは自分の家

族と一緒にお好み焼きをつくりたがっていた。彼女は近所の人たちを招待しており，ユミに手伝ってほしいと頼んだ。

6 4日後，パーティーが開かれた。参加した人はユミに手伝ってもらいながらお好み焼きをつくって楽しんだ。みんながいろいろな種類のお好み焼きをつくったことがユミはうれしかった。招待された近所の人の1人は，お好み焼きにベーコンとピーマンを入れた。リリーは言った。「お好み焼きっていいアイデアだし，つくるのも難しくないね」　ケイトは言った。「ありがとう，ユミ。あなたはいい先生ね」ユミは彼女たちの笑顔を見てうれしくなった。そのパーティーはこのステイの最高の思い出の1つになるだろうと彼女は思った。

7 次の日が，ユミがニュージーランドで過ごす最後の日だった。彼女はリリーとジャックに言った。「私は自分の国についてもっと多くのことを学んで，外国から来た人たちに日本について教えてあげたいな」　リリーは言った。「あなたなら将来それができるよ」

8 ユミはニュージーランドから帰国し，マサオに言った。「ニュージーランドでのホームステイはすばらしい体験だったわ。またあそこに行きたい。英語をもっと勉強したいし，日本のことをもっとよく知りたいの」　マサオはそれを聞いてうれしかった。ユミはほほ笑んだ。

〔問1〕＜指示語＞「マサオはユミに(　　)と言った」―エ.「彼女はニュージーランドのプログラムで英語を話したりたくさんの友達をつくったりして楽しむべきだ」　下線部の do that「そうする」は，その直前の文中の enjoyed から friends の部分を指している。マサオは，自分がホームステイでした楽しい経験を，ユミにもしてもらいたいと思っているのである。

〔問2〕＜要旨把握＞エ.「ユミは海外に行くことに興味があり，自分がどのくらいうまく英語でコミュニケーションを取れるかを知りたがっていた」(第1段落第2，3文)／→イ.「ユミはリリーとジャックとたくさんのことについて話し，彼らは仲良くなった」(第2段落最後の2文)／→ア.「ユミは，パーティーの参加者がいろんな種類のお好み焼きをつくったのがうれしかった」(第6段落第3文)／→ウ.「リリーは，ユミは将来外国から来た人たちに日本のことを話せるようになるだろうと言った」(第7段落第2，3文)

〔問3〕＜内容一致＞⑴「リリーがユミに自分の将来について尋ねたとき，(　　)」―ア.「ユミにははっきりとしたプランがなかったため，答えられなかった」　第3段落最後から4～2文目参照。
⑵「日曜日，ジャックがユミに折り紙のラグビーボールをつくってほしいと頼んだとき，(　　)」―エ.「彼女は折り紙のウェブサイトをいくつか見つけ，1つつくった」　第4段落第3～7文参照。　⑶「火曜日，ユミが学校で日本の8月の行事について話した後，(　　)」―イ.「ケイトはユミにパーティーでお好み焼きをつくるのを手伝ってほしいと頼んだ」　第5段落第1文および最後の3文参照。　‘ask＋人＋to ～’「〈人〉に～するように頼む」

〔問4〕＜英問英答＞⑴「ユミはパーティーで何を思ったか」―ウ.「これは自分のステイの最高の思い出の1つになるだろうと思った」　第6段落最終文参照。　⑵「ユミはなぜ自分の国についてもっと知りたいと思ったのか」―イ.「外国から来た人たちに日本について話すためにそれをもっと知りたいと思った」　第7段落第2文参照。

数学解答

1 〔問1〕 −8 〔問2〕 $\frac{a+2b}{3}$

〔問3〕 $1+5\sqrt{7}$ 〔問4〕 $x=4$

〔問5〕 $x=6$，$y=-3$

〔問6〕 $x=7$，9 〔問7〕 エ

〔問8〕 あ…3 い…6

〔問9〕 (例)

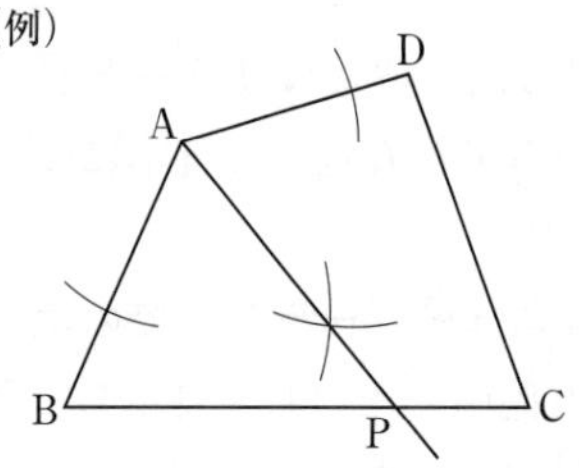

2 〔問1〕 3

〔問2〕 (例)四角形AGHCは，上底がaxcm，下底が$ax+a$cm，高さがb cmの台形だから，四角形AGHCの面積は，

$\frac{1}{2}\times\{ax+(ax+a)\}\times b$

$=\frac{1}{2}ab(2x+1)$……(1)

四角形ABJKは，上底がbxcm，下底が$bx+b$cm，高さがa cmの台形だから，四角形ABJKの面積は，

$\frac{1}{2}\times\{bx+(bx+b)\}\times a$

$=\frac{1}{2}ab(2x+1)$……(2)

(1)，(2)より，四角形AGHCの面積と四角形ABJKの面積は等しい。

3 〔問1〕 ①…エ ②…ク

〔問2〕 ③…ウ ④…ア 〔問3〕 8

4 〔問1〕 イ

〔問2〕

① (例)△BMRと△DQTにおいて，

BM∥QDより，平行線の錯角は等しいから，

∠MBR＝∠QDT……(1)

対頂角は等しいから，

∠BRM＝∠DRA……(2)

AM∥QPより，平行線の同位角は等しいから，

∠DRA＝∠DTQ……(3)

(2)，(3)より，

∠BRM＝∠DTQ……(4)

(1)，(4)より，2組の角がそれぞれ等しいから，△BMR∽△DQT

② え…5 お…3 か…6

5 〔問1〕 き…9 く…0

〔問2〕 け…4 こ…8

1 〔独立小問集合題〕

〔問1〕＜数の計算＞与式$=-36\times\frac{1}{9}-4=-4-4=-8$

〔問2〕＜式の計算＞与式$=\frac{6a+3b-(5a+b)}{3}=\frac{6a+3b-5a-b}{3}=\frac{a+2b}{3}$

〔問3〕＜数の計算＞与式$=(\sqrt{7})^2+(-1+6)\times\sqrt{7}+(-1)\times6=7+5\sqrt{7}-6=1+5\sqrt{7}$

〔問4〕＜一次方程式＞$2x+x=4+8$，$3x=12$ $\therefore x=4$

〔問5〕＜連立方程式＞$5x+7y=9$……①，$3x+4y=6$……②とする。①×3より，$15x+21y=27$……①′ ②×5より，$15x+20y=30$……②′ ①′−②′より，$21y-20y=27-30$ $\therefore y=-3$ これを②に代入して，$3x+4\times(-3)=6$，$3x-12=6$，$3x=18$ $\therefore x=6$

〔問6〕＜二次方程式＞$x-8=\pm1$，$x=8\pm1$より，$x=8-1=7$，$x=8+1=9$である。

〔問7〕＜データの活用―正誤問題＞ア…誤。C組の最大値は30mより小さいので，C組に30mを上回った生徒はいない。 イ…誤。A組，B組，C組の中で，最大値が最も大きいのはB組なので，最も遠くまで投げた生徒がいる組はB組である。 ウ…誤。各組の生徒の人数は37人だから，中央値は，記録を小さい順に並べたときの19番目の値である。A組の中央値は15mだから，A組の小さい方から19番目の記録は15mである。 エ…正。四分位範囲は，第3四分位数から第1四

分位数をひいた差だから，箱ひげ図の箱の長さが四分位範囲を表す。箱の長さが最も短いのはＢ組なので，四分位範囲が最も小さいのはＢ組である。

〔問８〕＜平面図形―角度＞右図１で，線分 AB が円Ｏの直径であり，$\overset{\frown}{AC}=\frac{2}{5}\overset{\frown}{AB}$ だから，$\angle AOC=\frac{2}{5}\times180^\circ=72^\circ$ となる。対頂角は等しいので，$\angle BOD=\angle AOC=72^\circ$ となり，$\overset{\frown}{BD}$ に対する円周角と中心角の関係より，$x=\angle BED=\frac{1}{2}\angle BOD=\frac{1}{2}\times72^\circ=36^\circ$ である。

図１

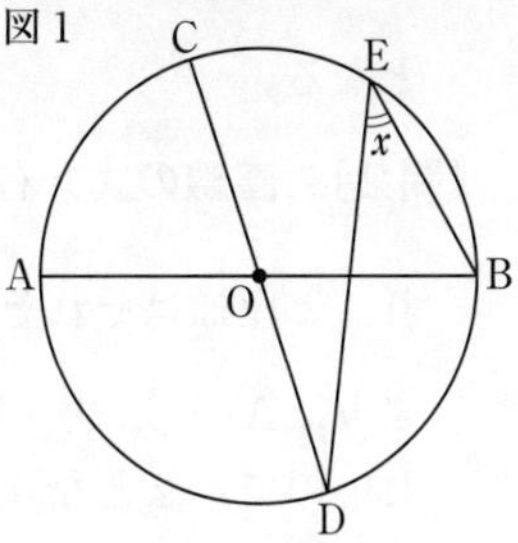

〔問９〕＜平面図形―作図＞右下図２で，点Ｐから辺 AB，辺 AD にそれぞれ垂線 PE，PF を引くと，点Ｐから辺 AB，辺 AD までの距離が等しいとき，PE＝PF となる。また，∠PEA＝∠PFA＝90°，PA＝PA だから，直角三角形の斜辺と他の１辺がそれぞれ等しくなり，△PEA≡△PFA となる。これより，∠PAE＝∠PAF である。よって，∠BAD の二等分線と四角形 ABCD との辺の交点がＰとなる。作図は，図２で，①点Ａを中心とする円の弧をかき（辺 AB，辺 AD との交点をそれぞれＧ，Ｈとする），②２点Ｇ，Ｈを中心とする半径の等しい円の弧をかき（交点をＩとする），③２点Ａ，Ｉを通る直線を引く。直線 AI と四角形 ABCD の辺の交点がＰとなる。解答参照。

図２

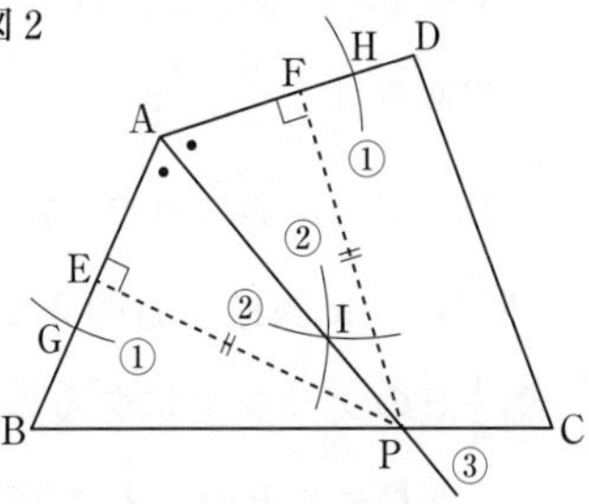

2 〔数と式―文字式の利用〕

〔問１〕＜面積比＞右図１で，BC＝BD だから，△ABC を頂点Ｂが点Ｄに一致するように平行移動させたとき，頂点Ｃは，頂点Ｂの位置となる。頂点Ａが移動した点が点Ｅだから，２点Ｂ，Ｅを結ぶと，△ABC≡△EDB となる。これより，AB＝ED となる。また，∠ABC＝∠EDB となり，AB∥ED である。よって，四角形 AEDB は平行四辺形となるので，△EDB≡△BAE である。以上より，△ABC＝△EDB＝△BAE だから，〔四角形 AEDC〕＝△ABC＋△EDB＋△BAE＝3△ABC となり，四角形 AEDC の面積は△ABC の面積の３倍である。

図１

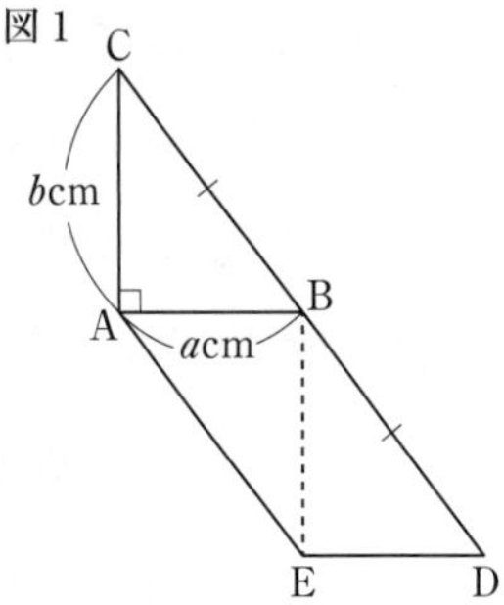

〔問２〕＜証明＞右図２で，３点Ｆ，Ｇ，Ｈは，それぞれ，△ABC を平行移動させたときの頂点Ａ，Ｂ，Ｃが移動した点だから，２点Ｆ，Ｈを結ぶと，△ABC≡△FGH である。これより，FG＝AB＝a である。AF＝xAB＝$x\times a$＝ax だから，AG＝AF＋FG＝$ax+a$ となる。また，AC＝FH，∠CAB＝∠HFG＝90° であり，AC∥FH となるから，四角形 AFHC は長方形である。よって，CH＝AF＝ax となる。次に，右図３で，図２と同様にして，２点Ｉ，Ｊを結ぶと，IK＝AC＝b，AI＝xAC＝$x\times b$＝bx より，AK＝AI＋IK＝$bx+b$ となる。また，BJ＝AI＝bx となる。解答参照。

図２

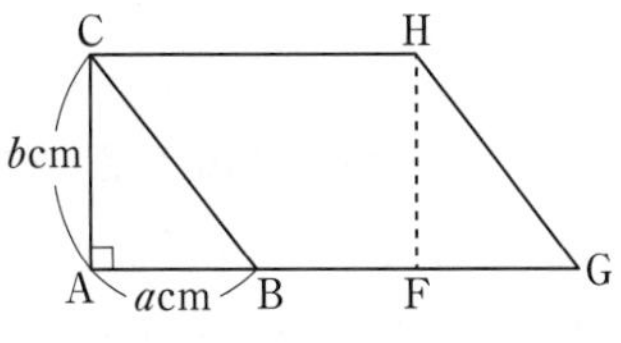

図３

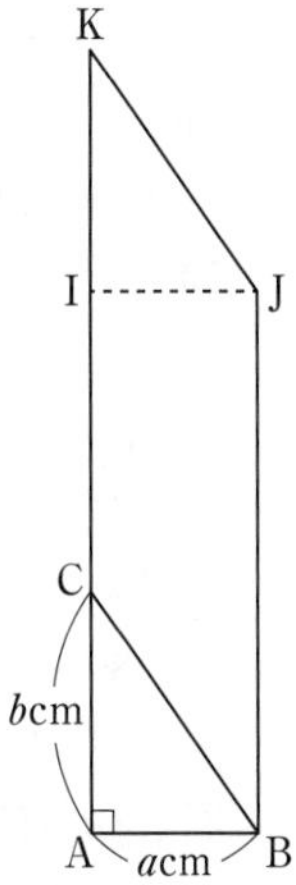

3 〔関数―関数 $y=ax^2$ と一次関数のグラフ〕

〔問１〕＜変域＞P(a，b) は関数 $y=\frac{1}{4}x^2$ のグラフ上にあるから，$x=a$，$y=b$ を代入して，$b=\frac{1}{4}a^2$ となる。これより，a の絶対値が大きくなると b の値も大きくなることがわかる。a のとる値の範囲が $-3\leqq a\leqq1$ より，絶対値が最小の $a=0$ のとき，b の値は最小で $b=0$ となり，絶対値が最大の a

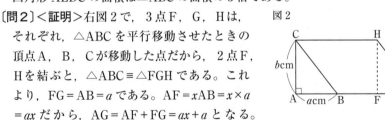

$=-3$ のとき，b の値は最大で $b=\frac{1}{4}\times(-3)^2=\frac{9}{4}$ となる。よって，b のとる値の範囲は $0\leqq b\leqq\frac{9}{4}$ となる。

〔問２〕＜直線の式＞右図１で，２点A，Pは関数 $y=\frac{1}{4}x^2$ のグラフ上にあり，x 座標はそれぞれ -6，２だから，$y=\frac{1}{4}\times(-6)^2=9$，$y=\frac{1}{4}\times2^2=1$ より，A$(-6,\ 9)$，P$(2,\ 1)$となる。点Qの x 座標は点Pの x 座標と等しいので，２となり，y 座標は点Pの y 座標より４大きいので，$1+4=5$ となる。よって，Q$(2,\ 5)$である。２点A，Qの座標より，直線AQの傾きは $\frac{5-9}{2-(-6)}=-\frac{1}{2}$ となり，その式は $y=-\frac{1}{2}x+c$ とおける。これが点Qを通るので，$5=-\frac{1}{2}\times2+c$，$c=6$ となり，直線AQの式は $y=-\frac{1}{2}x+6$ である。

図１

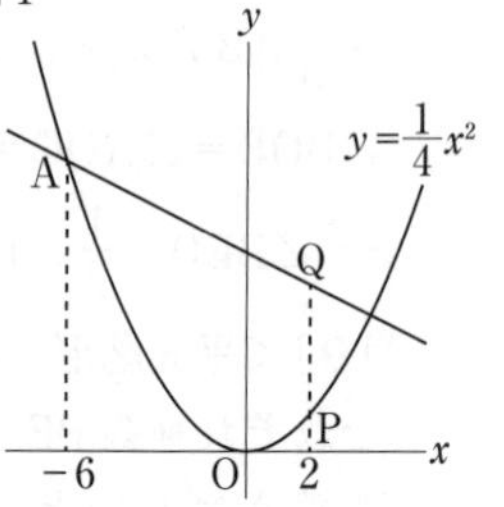

〔問３〕＜x 座標＞右図２で，点Pの x 座標を t とする。点Pは関数 $y=\frac{1}{4}x^2$ のグラフ上にあるので，$y=\frac{1}{4}t^2$ より，$\mathrm{P}\left(t,\ \frac{1}{4}t^2\right)$ となる。点Qの x 座標は点Pの x 座標と等しく，y 座標は点Pの y 座標より４大きいので，$\mathrm{Q}\left(t,\ \frac{1}{4}t^2+4\right)$ となる。また，PQ∥〔y 軸〕となり，PQ＝4である。△PQRの底辺をPQと見ると，点Pの x 座標より，高さは t となるので，$\triangle\mathrm{PQR}=\frac{1}{2}\times4\times t=2t$ となる。これより，$\triangle\mathrm{AOR}=3\triangle\mathrm{PQR}=3\times2t=6t$ と表せる。△AORの底辺をORと見ると，点Aの x 座標より，高さは6となるので，△AORの面積について，$\frac{1}{2}\times\mathrm{OR}\times6=6t$ が成り立ち，$\mathrm{OR}=2t$ となる。よって，R$(0,\ 2t)$となるので，直線QRは，傾きが $\frac{1}{2}$，切片が $2t$ であり，直線QRの式は，$y=\frac{1}{2}x+2t$ となる。$\mathrm{Q}\left(t,\ \frac{1}{4}t^2+4\right)$ がこの直線上にあるので，$\frac{1}{4}t^2+4=\frac{1}{2}t+2t$ より，$t^2-10t+16=0$，$(t-2)(t-8)=0$ となり，$t=2$，8となる。$t>3$ だから，$t=8$ であり，点Pの x 座標は8である。

図２

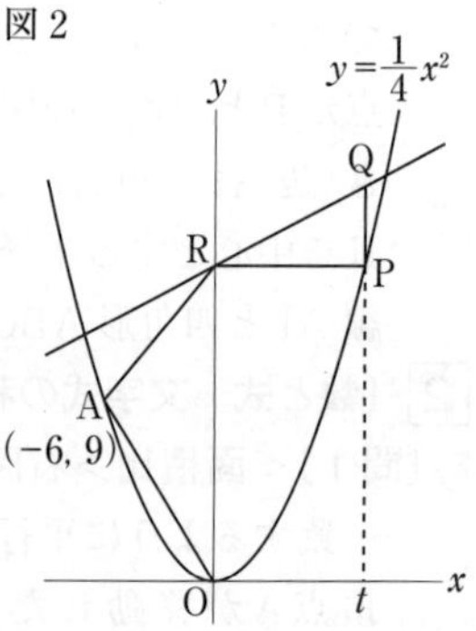

4 〔平面図形―長方形〕

≪基本方針の決定≫〔問２〕②　三角形の相似を利用する。

〔問１〕＜角度＞右図１で，四角形ABCDが長方形より，∠ABM＝∠BAQ＝90°である。AB＝BMのとき，△ABMは直角二等辺三角形だから，∠BAM＝45°となり，∠MAQ＝∠BAQ−∠BAM＝90°−45°＝45°となる。また，AM∥QPより，平行線の同位角は等しいから，∠PQD＝∠MAQ＝45°となる。よって，∠MQP＝180°−∠PQD−∠AQM＝180°−45°−a°＝135°−a°＝$(135-a)$°と表せる。

図１

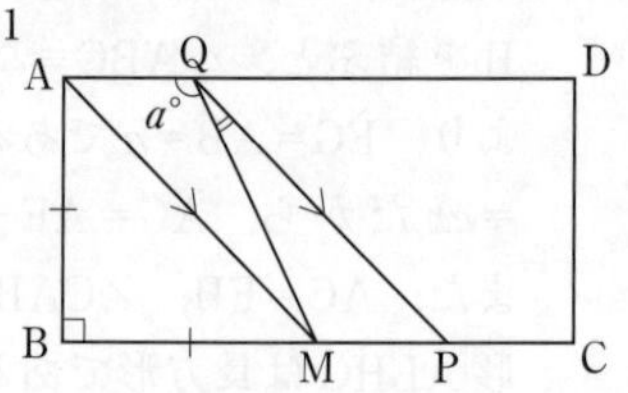

〔問２〕＜証明，長さの比＞①右図２の△BMRと△DQTで，BM∥QDより，錯角は等しいので，∠MBR＝∠QDTである。また，対頂角は等しいから，∠BRM＝∠DRAとなり，AM∥QPより，同位角は等しいので，∠DRA＝∠DTQとなる。よって，∠BRM＝∠DTQである。解答参照。　②図２で，点Mは辺BCの中点だから，$\mathrm{BM}=\mathrm{CM}=\frac{1}{2}\mathrm{BC}$ となる。MP：PC＝3：1より，$\mathrm{MP}=\frac{3}{3+1}\mathrm{CM}=\frac{3}{4}\times\frac{1}{2}\mathrm{BC}=\frac{3}{8}\mathrm{BC}$ と

図２

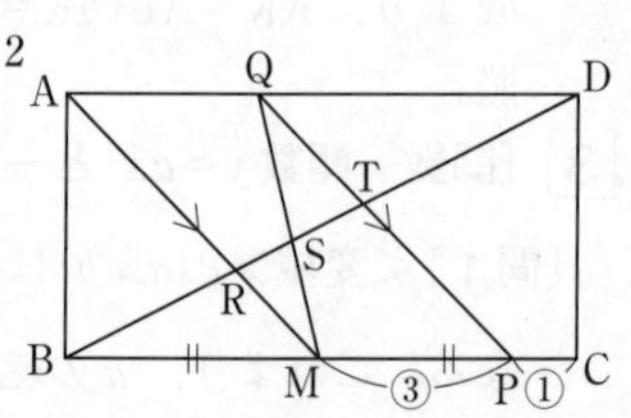

なる。次に，AQ∥MP，AM∥QP より，四角形 AMPQ は平行四辺形だから，$AQ=MP=\frac{3}{8}BC$ となる。$AD=BC$ だから，$DQ=AD-AQ=BC-\frac{3}{8}BC=\frac{5}{8}BC$ となる。AD∥BC より，△DQS∽△BMS となるから，$DS:BS=DQ:BM=\frac{5}{8}BC:\frac{1}{2}BC=5:4$ であり，$DS=\frac{5}{5+4}BD=\frac{5}{9}BD$ となる。同様に，△DQT∽△BPT となるから，$DT:BT=DQ:BP=DQ:(BM+MP)=\frac{5}{8}BC:\left(\frac{1}{2}BC+\frac{3}{8}BC\right)=\frac{5}{8}BC:\frac{7}{8}BC=5:7$ であり，$DT=\frac{5}{5+7}BD=\frac{5}{12}BD$ である。よって，$ST=DS-DT=\frac{5}{9}BD-\frac{5}{12}BD=\frac{5}{36}BD$ となるから，$ST:BD=\frac{5}{36}BD:BD=5:36$ である。

5 〔空間図形—三角柱〕

≪基本方針の決定≫〔問１〕　△APB の形状をとらえる。

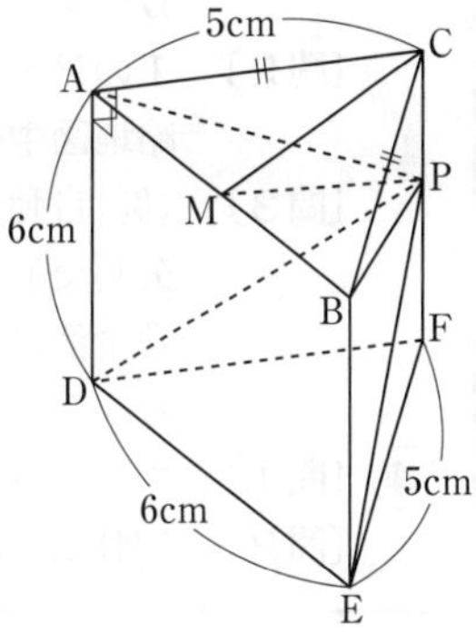

〔問１〕＜角度＞右図で，点Pと２点A，Bをそれぞれ結ぶ。立体 ABC-DEF は三角柱だから，∠ACP＝∠BCP＝90° となる。CP＝CP，AC＝BC＝5 だから，△ACP≡△BCP となる。よって，AP＝BP だから，△APB は二等辺三角形となる。点Mは辺 AB の中点だから，∠BMP＝90° である。

〔問２〕＜体積＞右図で，立体 P-ADEB は四角錐である。２点C，Mを結ぶと，△ABC は AC＝BC の二等辺三角形だから，点Mが辺 AB の中点より，CM⊥AB となる。〔面 ABC〕⊥〔面 ADEB〕なので，CM⊥〔面 ADEB〕となる。また，CF∥〔面 ADEB〕だから，四角錐 P-ADEB の高さは，線分 CM の長さと等しくなる。$BM=\frac{1}{2}AB=\frac{1}{2}\times6=3$ だから，△CMB で三平方の定理より，$CM=\sqrt{BC^2-BM^2}=\sqrt{5^2-3^2}=\sqrt{16}=4$ となる。よって，〔立体 P-ADEB〕$=\frac{1}{3}\times$〔正方形 ADEB〕$\times CM=\frac{1}{3}\times6\times6\times4=48(cm^3)$ である。

≪別解≫右上図で，立体 P-ADEB は，三角柱 ABC-DEF から，三角錐 P-ABC，三角錐 P-DEF を除いたものと見ることができる。$PC=x$(cm) とすると，$PF=CF-PC=6-x$ となる。$\triangle DEF=\triangle ABC=\frac{1}{2}\times AB\times CM=\frac{1}{2}\times6\times4=12$ より，〔三角柱 ABC-DEF〕$=\triangle ABC\times AD=12\times6=72$，〔三角錐 P-ABC〕$=\frac{1}{3}\times\triangle ABC\times PC=\frac{1}{3}\times12\times x=4x$，〔三角錐 P-DEF〕$=\frac{1}{3}\times\triangle DEF\times PF=\frac{1}{3}\times12\times(6-x)=24-4x$ となるから，〔立体 P-ADEB〕＝〔三角柱 ABC-DEF〕－〔三角錐 P-ABC〕－〔三角錐 P-DEF〕$=72-4x-(24-4x)=48(cm^3)$ である。

＝読者へのメッセージ＝

１〔問７〕は，箱ひげ図の問題でした。箱ひげ図は，ジョン・テューキー（1915～2000年）の著書で初めて使われたといわれています。1970年代のことですので，箱ひげ図は，数学の歴史の中ではかなり新しいものといえます。

社会解答

1 〔問1〕 B…イ　C…エ　D…ウ　E…ア
〔問2〕 エ　〔問3〕 ウ

2 〔問1〕 略地図中のA～D…C　Ⅱのア～エ…イ
〔問2〕 P…ア　Q…ウ　R…エ　S…イ
〔問3〕 略地図中のW～Z…Z　ⅠとⅡのア～エ…ア

3 〔問1〕 A…ウ　B…イ　C…ア　D…エ
〔問2〕 Ⅰのア～エ…ア　略地図中のW～Z…W
〔問3〕 (例)自動車を利用しなくても，公共交通を利用することで，日常生活に必要な機能が利用できる。

4 〔問1〕 エ→ア→イ→ウ
〔問2〕 (例)太平洋のみを通る経路と，日本海と太平洋を通る経路で，寄港地では積荷の点検などを行い，江戸に輸送すること。
〔問3〕 A…ウ　B…エ　C…ア　D…イ
〔問4〕 A…ア　B…イ　C…エ　D…ウ

5 〔問1〕 イ
〔問2〕 ⅠのA～D…C　ア～エ…ウ
〔問3〕 エ
〔問4〕 (例)投票権年齢，選挙権年齢，成年年齢を満18歳以上とし，社会への参加時期を早め，若年者が将来の国づくりの中心として積極的な役割を果たすこと。

6 〔問1〕 A…イ　B…ア　C…ウ　D…エ
〔問2〕 ウ　〔問3〕 ア

1 〔三分野総合―小問集合問題〕

〔問1〕＜地形図と写真の読み取り＞地形図上のB～E点のうち，B点とE点は進行方向の前方で鉄道の線路と交差していることから，アとイのいずれかが当てはまる。このうち，E点の前方には橋・高架を表す(≍)が見られ，道路が線路の上を通っていることがわかる。したがって，E点がア，B点がイとなる。次にD点は，北西から南東にかけて延びる道路と，D点から北へ向かって延びる道路が交わる丁字形の交差点に位置することから，ウが当てはまる。最後にC点は，地形図の右下のスケールバー(距離を表す目盛り)をもとにすると，直前の地点であるB点からの距離が500mよりもやや短い距離であることから，エが当てはまる。

〔問2〕＜分国法＞分国法は，戦国大名が家臣や民衆を統制し，領国を支配するために定めた独自の法である。分国法の規定には，勝手な婚姻や城の建築を禁止するもの，争いの当事者の双方を罰する「けんか両成敗」を定めたものなどが見られる(エ…○)。なお，御成敗式目〔貞永式目〕は1232年に鎌倉幕府の第3代執権である北条泰時が定めた法(ア…×)，大宝律令は701年に唐の律令にならってつくられた法(イ…×)，武家諸法度は江戸幕府が大名を統制するために定めた法である(ウ…×)。

〔問3〕＜特別会＞特別会〔特別国会〕は，衆議院解散後の総選挙の日から30日以内に召集される国会である。特別会が召集されると，それまでの内閣は総辞職し，新しい内閣総理大臣の指名が行われる(ウ…○)。なお，常会〔通常国会〕は，毎年1回1月中に召集され，予算の審議を主に行う国会である(ア…×)。臨時会〔臨時国会〕は，内閣が必要と認めたとき，またはいずれかの議院の総議員の4分の1以上の要求があった場合に召集される国会である(イ…×)。参議院の緊急集会は，衆議院の解散中に緊急の必要がある場合に，内閣の求めによって開かれる集会である。

2 〔世界地理―世界の諸地域〕

〔問1〕＜世界の国と気候＞略地図中のA～D．略地図中のAはタイの首都バンコク，Bはサウジアラビアの首都リヤド，Cはエチオピアの首都アディスアベバ，Dはポーランドの首都ワルシャワである。Ⅰの文章は，首都が標高約2350mの高地にあること，コーヒー豆の生産量が多く輸出額に占める割合が高いことなどから，国土にエチオピア高原が広がり，輸出額に占めるコーヒー豆の割合が高いモノカルチャー経済の国であるエチオピアについて述べたものである。　　Ⅱのア～エ．エチオピアの首都アディスアベバは高山気候に属していることから，一年を通して冷涼で，年間の気温差が小さいイが当てはまる。なお，アは冬の寒さが厳しい亜寒帯〔冷帯〕気候でDのワルシャワ，ウは一年を通して降水量が非常に少ない乾燥帯の砂漠気候でBのリヤド，エは一年中高温で雨季と乾季がある熱帯のサバナ気候でAのバンコクのグラフである。

〔問2〕＜世界の国々の特徴＞略地図中のPはメキシコ，Qはフィジー，Rはバングラデシュ，Sはイタリアである。アは，とうもろこしが主食であることなどからメキシコであり，「中央部の高原」とはメキシコ高原である。イは，柑橘《かんきつ》類やオリーブの栽培が盛んであることや，小麦が主食であることなどから，地中海沿岸に位置するイタリアである。ウは，タロいもが主食で，さとうきびやバナナなどの熱帯の植物が見られることから，南太平洋に位置するフィジーである。エは，稲作や茶の栽培が盛んで，米が主食であることなどからバングラデシュである。

〔問3〕＜オランダの特徴と資料の読み取り＞略地図中のW～Z．略地図中のWはウルグアイ，Xはマレーシア，Yは南アフリカ共和国，Zはオランダである。Ⅲの文章は，ポルダーと呼ばれる干拓地があること，花や野菜の栽培や酪農が盛んであることなどから，オランダについて述べたものである。　　**ⅠとⅡのア～エ．**Ⅲの文章の2段落目の記述内容と，Ⅰ，Ⅱの表を照らし合わせて考える。まず，Ⅲの文中の「2001年と比べて2019年では，日本の輸入額は2倍に届いてはいないが増加し」という記述から，Ⅰの表中ではア，ウ，エが該当し，「輸出額は3倍以上となっている」という記述から，Ⅱの表中ではア，イ，ウが該当する。したがって，ア，ウのいずれかがオランダとなる。次に，(2019年の)「輸出額が多い上位3位までの貿易相手国は全て同じ地域の政治・経済統合体の加盟国」という記述から，この政治・経済統合体はオランダが加盟しているEU〔ヨーロッパ連合〕と判断でき，Ⅱの表中で2019年における輸出額が多い上位3位までの貿易相手国が全てEU加盟国となっているアがオランダとなる。なお，イは，表Ⅰで日本の輸入額が4か国中で最も少ないこと，表Ⅱで主な輸出相手国に南アメリカ州の国が多いことからウルグアイである。ウは，表Ⅰで2001年の日本の主な輸入品目にとうもろこしが含まれていること，表Ⅱで2001年の主な輸出相手国にイギリスが含まれることから，かつてイギリスの植民地であった南アフリカ共和国である。エは，表Ⅰで日本の輸入額が4か国中で最も多く，日本の最大の輸入品がパーム油であること，表Ⅱで主な輸出相手国にシンガポールが見られることからマレーシアである。

3 〔日本地理―日本の諸地域〕

〔問1〕＜都道府県の自然と第一次産業＞略地図中のAは秋田県，Bは静岡県，Cは奈良県，Dは鹿児島県である。　　ア．Cの奈良県に当てはまる。1段落目の「河川」は紀の川(奈良県では吉野川)であり，県の南東部にある大台ヶ原付近を水源とする。大台ヶ原付近は国内有数の多雨地域で，林業が盛んで，吉野杉と呼ばれる国産材の産地として知られる。　　イ．Bの静岡県に当てはまる。北部には3000m級の赤石山脈が南北に走り，東部には山がちな伊豆半島が位置する。中西部にある牧ノ原などの台地では茶の栽培が盛んで，静岡県の茶の生産量は全国第1位(2021年)である。
ウ．Aの秋田県に当てはまる。1段落目の「河川」は，秋田平野から日本海に注ぐ雄物川である。南東部の横手盆地は，奥羽山脈の西側に位置し，夏に北東から吹く冷涼なやませによる冷害の影響を受けにくく，稲作が盛んである。　　エ．Dの鹿児島県に当てはまる。薩摩半島と大隅半島に囲まれた鹿児島湾には桜島，北東側の宮崎県との県境には霧島山があり，いずれも活動が活発な火山である。火山灰などが積もってできたシラス台地では，肉牛や豚などを飼育する牧畜が盛んである。

〔問2〕＜千葉県の特徴と資料の読み取り＞略地図中のW～Z．略地図中のWは千葉県，Xは愛知県，Yは兵庫県，Zは広島県である。Ⅱの文章は，沿岸部に製鉄や石油化学などの重化学工業を中心とする工業地域があること，中央部から北西部に人口が集中していることなどから，千葉県について述べたものである。千葉県の東京湾岸には京葉工業地域が広がり，東京都に近い中央部から北西部の地域には，千葉市や船橋市などの大都市が集まっている。　　**Ⅰのア～エ．**Ⅱの文章中に「2020

年における人口に占める他の都道府県への従業・通学者数の割合は，１割以上」とあることから，Ｉの表中のア～エについて，他の都道府県への従業・通学者数を，人口の１割（人口÷10）と比較したとき，１割を超えるのはアのみであるので，アが千葉県とわかる。また，製造品出荷額等に占める上位３位の品目に石油・石炭製品などの重化学工業製品が多いことから，アが千葉県と判断することもできる。なお，県庁所在地の人口と製造品出荷額等が最も大きく，製造品出荷額等に占める輸送用機械の割合が特に大きいエは，県庁所在地が名古屋市であり，自動車工業が盛んな中京工業地帯に属する愛知県である。残るイとウのうち，他の都道府県への従業・通学者数が多いウは大阪府に隣接する兵庫県であり，人口が最も少ないイは広島県である。

〔問３〕＜コンパクトなまちづくり＞現状の図より，日常生活に必要な４つの機能のうち，福祉施設や行政サービスは駅やバス停を中心とした徒歩圏にあり，自宅から徒歩と公共交通のみで利用することができるが，病院と食品スーパーを利用するには，自動車を利用しなければならないことがわかる。一方，将来の図より，病院と食品スーパーが駅やバス停を中心とした徒歩圏に変わり，駅やバス停から徒歩で利用できるようになっている。つまり，公共交通へのアクセスがよい場所に日常生活に必要な機能を集め，自動車を利用しなくても生活できるまちづくりが目指されていることがわかる。

４〔歴史―古代～現代の日本と世界〕

〔問１〕＜年代整序＞年代の古い順に，エ（大化の改新―飛鳥時代），ア（平安京と最澄―平安時代），イ（執権政治と禅宗の保護―鎌倉時代），ウ（勘合貿易―室町時代）となる。なお，アは桓武天皇，イは北条時頼，ウは足利義満，エは中大兄皇子（後の天智天皇）について述べている。

〔問２〕＜江戸時代の海上輸送＞まず，ＩとⅡの資料をもとに輸送経路について確認すると，東北地方の荒浜から太平洋を南下して江戸に至る経路と，東北地方の酒田を出航し，日本海沿岸から下関を回って瀬戸内海を通り，大阪を経由して太平洋から江戸に至る航路があり，どちらの経路でも江戸までの輸送を行う。次に，Ｉの資料をもとに寄港地の役割について確認すると，役人が船の発着の日時や積荷の点検などを行っていることがわかる。河村瑞賢が整備したこれらの航路は，それぞれ東廻り航路，西廻り航路と呼ばれる。

〔問３〕＜近代の出来事とその時期＞アの治外法権〔領事裁判権〕の撤廃などを定めた日英通商航海条約が調印されたのは1894年（Ｃ），イの関東大震災が起こったのは1923年（Ｄ），ウの日米和親条約が締結されたのは1854年（Ａ），エの西南戦争が起こったのは1877年（Ｂ）のことである。

〔問４〕＜現代の出来事とその時期＞ア．サンフランシスコ平和条約が締結されたのは1951年である。Ａの時期には，特に海上貿易量（輸入）の増加が見られる。　イ．エネルギーの供給量において石油が石炭を上回るエネルギー革命が起こったのは1960年代である。Ｂの時期の最初の年である1960年と最後の年である1972年のグラフを見比べると，「海上貿易量（輸出）は約４倍に，海上貿易量（輸入）は約６倍に増加」という記述に合致する。　ウ．冷たい戦争〔冷戦〕の終結が宣言されたのは1989年である。Ｄの時期の海上貿易量は輸出・輸入ともに増加傾向にはあるが，1990年代初めのバブル経済崩壊などいくつかの要因から，一時的に輸出や輸入が減少している時期が見られる。

エ．石油価格の急激な上昇をもたらした石油危機が起こったのは，1973年（第１次石油危機）と1979年（第２次石油危機）である。Ｃの時期の前半には海上貿易量（輸出）が増加しており，後半には海上貿易量（輸入）が減少から増加傾向に転じている。

５〔公民―総合〕

〔問１〕＜平等権＞平等権は，平等な扱いを受ける権利である。日本国憲法第14条では，人種，信条（信仰や思想など），性別，社会的身分，門地（生まれや家柄）により，政治的，経済的，社会的に差別されないことを定め，「法の下の平等」を保障している。「法の下の平等」は，第13条に定められた「個人の尊重」とともに，人権保障の根幹となる考え方である（イ…○）。なお，アは社会権のうちの生存権（第25条），ウは自由権のうちの身体の自由（第38条），エは請求権のうちの裁判を受ける権利（第32条）について定めた条文である。

〔問２〕＜消費税＞ＩのＡ～Ｄ．Ⅱの文章は，間接税のうち，1989年に導入されたという記述などから，消費税について述べたものである。まず，Ⅰのグラフ中の2021年度の歳入額に占める割合が40％を超えているDは，公債金に当てはまる。次に，残るA～Cについて，Ⅱの文章中に「2021年度の歳入額は20兆円を超え，1989年度に比べて6倍以上」とあることから，Ⅰのグラフ中の2021年度と1989年度におけるA～Cの歳入額を，(一般会計歳入額)×(歳入項目別の割合)÷100でそれぞれ計算すると，2021年度に20兆円を超えているのはA，Cであり，2021年度の歳入額が1989年度の歳入額の6倍以上となっているのはCのみである。したがって，Cが消費税に当てはまる。なお，Aは所得税，Bは法人税である。　**ア～エ**．消費税は，ものやサービスを購入したときに課される間接税である。そのため，所得税のように勤労世代に負担が集中したり人口構成の変化の影響を受けたりすることが少なく，所得税や法人税のように景気変動の影響を大きく受けることもない。また，全ての国民に所得〔収入〕に関係なく課税されるため，所得の低い人ほど所得に占める税金の割合が高くなる逆進性を持つ(ウ…○)。なお，アは公債金，イは所得税，エは法人税についての説明である。

〔問3〕**＜SDGsが採択された時期＞**Ⅰの文章は，SDGs〔持続可能な開発目標〕について述べたものである。SDGsは，国際社会が2030年までに達成することを目指した目標で，17のゴールと169のターゲットから構成されており，2015年の国連サミットにおいて加盟国の全会一致で採択された。したがって，Ⅱの年表中のエの時期に当てはまる。

〔問4〕**＜成年年齢引き下げなどに関する資料の読み取り＞**まず，Ⅱの表で，法律の「主な改正点」について確認すると，憲法改正に関する国民投票権を持つ年齢，選挙権を持つ年齢，成年となる年齢が，いずれも満20歳から満18歳へと引き下げられている。次に，Ⅰの文章で，成年年齢を引き下げることによる「国の若年者に対する期待」について確認すると，18歳，19歳の者を大人として扱うことにより，若年者の社会への参加時期を早め，若年者が将来の国づくりの中心となることを期待していることが読み取れる。Ⅰの文章は成年年齢の引き下げに関する文書であるが，国民投票権年齢と選挙権年齢についても，同様の期待のもとに引き下げが行われたと推測できる。

6〔**三分野総合—国際社会とグローバル化をテーマとする問題**〕

〔問1〕**＜世界の国々と歴史＞**ア．Bのフランスに当てはまる。1789年に起こった市民革命とは，フランス革命である。明治時代には黒田清輝がフランスに留学し，印象派の画風を日本に紹介した。また，ルーブル美術館は，首都パリにある美術館である。　イ．Aのドイツに当てはまる。1871年には，ビスマルクの指導のもとでドイツが統一され，ドイツ帝国が誕生した。明治時代には森鷗外が留学し，帰国後にはドイツを舞台とする小説『舞姫』などを執筆した。　ウ．Cのイギリスに当てはまる。1902年に結ばれた同盟とは，日英同盟である。明治時代には英語教師であった夏目漱石がイギリスに留学した。また，シェイクスピアは16世紀～17世紀初めに多くの戯曲や詩を残した作家である。　エ．Dのガーナに当てはまる。アフリカのギニア湾に面している。昭和時代初期には野口英世がガーナに滞在し，黄熱病の研究を行った。

〔問2〕**＜G20サミット＞**Ⅱの文章中にある世界金融危機は，2008年にアメリカ合衆国の大手証券会社が経営破綻したことなどをきっかけに，さまざまな国で株価の急落や為替相場の混乱などが連鎖的に起こり，世界的に急速な不景気となった出来事である。これに対処するため，Ⅰの年表中のウの金融・世界経済に関する首脳会合〔G20サミット〕がアメリカ合衆国で開催された。G20とは主要20か国・地域のことで，G7と呼ばれる主要7か国(日本，アメリカ合衆国，イギリス，フランス，ドイツ，イタリア，カナダ)に新興国などを加えたグループである。

〔問3〕**＜国際連合の加盟国数の推移＞**Ⅱの文章は，1945年時点で一部の国を除き他国の植民地であったこと，1960年に多くの国が独立したことなどから，アフリカ州について述べたものである。1960年は，アフリカ州の17か国が独立を果たしたことから「アフリカの年」と呼ばれた。したがって，Ⅰのグラフ中では，1955年までは加盟国数が少なく，1960年に加盟国数が大幅に増えているアがアフリカ州となる。なお，1990年から1995年にかけて加盟国が大きく増えているウは，1991年のソ連解体に伴って独立国が増えたヨーロッパ州である。残るイとエのうち，1945年から2020年までの間に加盟国数が大きく増えているイがアジア州，変動が少ないエが南北アメリカ州である。

理科解答

1 〔問1〕 エ　〔問2〕 イ
〔問3〕 ウ　〔問4〕 ア
〔問5〕 イ　〔問6〕 エ

2 〔問1〕 ア　〔問2〕 イ
〔問3〕 エ　〔問4〕 ウ

3 〔問1〕 ウ
〔問2〕 (例)どれも等しいため，地球上での太陽の見かけ上の動く速さは一定であることがわかる。
〔問3〕 エ　〔問4〕 ア

4 〔問1〕 イ　〔問2〕 ア
〔問3〕 ウ

5 〔問1〕 イ　〔問2〕 エ
〔問3〕 (例)塩化ナトリウムの溶解度は，温度によってほとんど変化しないため。
〔問4〕 ウ

6 〔問1〕 ウ　〔問2〕 ①…ウ　②…イ
〔問3〕 ア　〔問4〕 エ

1 〔小問集合〕

〔問1〕＜化学変化のモデル＞水素は水素原子(H)が2個結びついた水素分子(H_2)の形で存在し，酸素も酸素原子(O)が2個結びついた酸素分子(O_2)の形で存在する。また，水素原子2個と酸素原子1個が結びついて水分子(H_2O)をつくっている。化学変化の前後では，原子の種類と数は変わらないから，求めるモデルはエのようになる。

〔問2〕＜抵抗，電力量＞電熱線に6Vの電圧を加えたところ，1.5Aの電流が流れたことから，オームの法則〔抵抗〕=〔電圧〕÷〔電流〕より，電熱線の抵抗の大きさは，6÷1.5=4(Ω)である。また，電力量は，〔電力量(J)〕=〔電力(W)〕×〔時間(s)〕で求められ，電力は，〔電力(W)〕=〔電圧(V)〕×〔電流(A)〕で求められる。よって，このとき，電熱線が消費した電力が，6×1.5=9.0(W)で，5分は，5×60=300(s)なので，求める電力量は，9.0×300=2700(J)となる。

〔問3〕＜動物の分類＞A～Eの生物のうち，背骨を持つ脊椎動物は魚類と両生類，鳥類で，背骨を持たない無脊椎動物は昆虫類と甲殻類である。なお，昆虫類や甲殻類は節足動物のなかまであり，無脊椎動物には軟体動物も含まれる。

〔問4〕＜原子の構造＞原子核は+(プラス)の電気を持ち，電子は−(マイナス)の電気を持つ。なお，原子核は陽子と中性子からなり，陽子は+の電気を持ち，中性子は電気を持っていない。陽子1個と電子1個が持つ電気の量は同じで，原子に含まれる陽子の数と電子の数は等しいので，原子全体としては電気を帯びていない。

〔問5〕＜天気図記号＞くもりの天気記号は◎であり，風向は風が吹いてくる方向で，矢の向きで表すから，天気記号から北東の向きに矢をつける。また，表2より風速3.0m/sは風力2で，風力は矢羽根の数で表すので2本つける。なお，⦶は晴れを表す天気記号である。

〔問6〕＜ヘモグロビン＞ヘモグロビンは赤血球に含まれる赤色の物質である。また，ヘモグロビンには，酸素の多い所では酸素と結びつき，酸素の少ない所では酸素をはなすという性質があるため，赤血球は肺で酸素を取り込み，全身に酸素を運ぶことができる。

2 〔小問集合〕

〔問1〕＜化石＞フズリナの化石は古生代の示準化石で，アンモナイトの化石は中生代の示準化石である。地質年代は古い方から順に，古生代，中生代，新生代だから，石材aに含まれるフズリナの化石の方が古い。また，サンゴの化石のように，その化石を含む地層が堆積した当時の環境を示す化石を示相化石という。サンゴはあたたかくて浅い海に生息するので，サンゴの化石を含む地層は，あたたかくて浅い海で堆積したと考えられる。

〔問２〕＜反応する物質の質量＞クジャク石を加熱すると酸化銅と二酸化炭素と水に分解されることから，人工的につくられたクジャク石の粉0.20gを加熱して得られた0.13gの黒色の固体は酸化銅である。表２より，銅の質量と加熱して得られる酸化銅の質量は比例していて，その比は，銅：酸化銅＝0.08：0.10＝４：５となる。これより，0.13gの酸化銅から得られる銅の質量をxgとすると，x：0.13＝４：５が成り立つ。これを解くと，x×５＝0.13×４より，x＝0.104(g)となる。よって，人工的につくられたクジャク石の粉0.20gに含まれる銅の質量は0.104gなので，その割合は，0.104÷0.20×100＝52(％)である。

〔問３〕＜光の屈折＞入射角や屈折角は，境界面に垂直な線と入射光や屈折光がつくる角度である。右図で，境界面Ｑでは，入射角＞屈折角であり，境界面Ｒでは，入射角＜屈折角であることがわかる。また，直方体のガラスを厚さを２倍にした直方体のガラスに入れ替えると，光がガラス中を通って空気中へ出る位置が，右図のようにＴの方向にずれるので，点Ｐの位置もＴの方向にずれる。

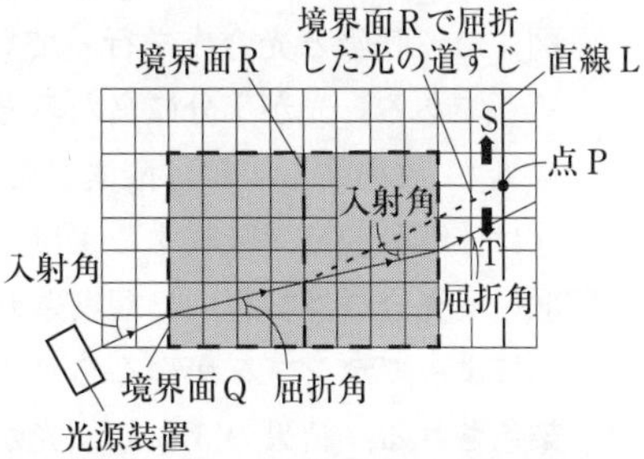

〔問４〕＜生物どうしの数量的な関係＞一般に，食べられる側の生物の数は，食べる側の生物の数よりも多くなる。資料より，生物ｗ～ｚの数量の関係を，不等号を用いて表すと，ｗ＜ｘ，ｘ＜ｙ，ｙ＜ｚとなるから，ｗ＜ｘ＜ｙ＜ｚである。よって，図３の①は生物ｗ，②は生物ｘ，③は生物ｙ，④は生物ｚである。

３〔地球と宇宙〕

〔問１〕＜南中高度＞南中高度は，太陽が南中したときの高度である。また，図２で，点Ｏは観測者の位置を示し，点Ａは南の方位，点Ｐは南中した太陽の位置を示す。よって，南中高度Ｒは，南を向いた観測者から見た太陽の高さだから，∠POAで表される。

〔問２〕＜太陽の動き＞結果１の(2)より，２時間ごとの・印の間隔がどれも5.2cmで等しいので，地球上での太陽の見かけ上の動く速さは一定であることがわかる。なお，太陽の動きは地球の自転による見かけの動きであり，太陽の動く速さが一定であることから，地球の自転の速さが一定であることがわかる。

〔問３〕＜太陽の動き＞問題の図２で，点Ｃが北より，点Ｂは東，点Ｄは西になり，地球上では太陽は見かけ上，東から西に移動して見えることがわかる。また，北極点の方向が北だから，Ｘ地点の６時間ごとの位置での方位は右図１のようになる。よって，東の空に太陽が見えるのは点Ｍの位置，西の空に太陽が見えるのは点Ｋの位置で，太陽は東の空から南の空を通り西の空へと移動するから，地球の自転の方向は問題の図３のⅡの方向である。

図１

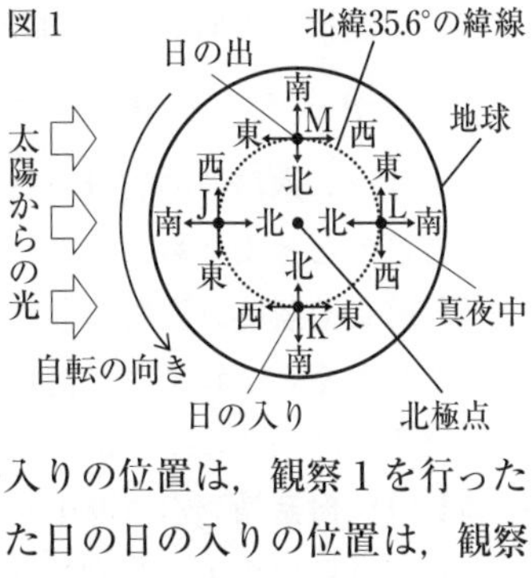

〔問４〕＜太陽の動き＞太陽は西の空に沈むので，問題の図４で，日の入りの位置は，観察１を行った日が点Ｆ，観察２を行った日が点Ｄである。よって，観察１を行った日の日の入りの位置は，観察２を行った日の日の入りよりも北寄りである。そして，透明半球上にかいた曲線は観察１を行った日の方が観察２を行った日より長いので，観察１を行った日の方が昼の長さは長くなる。また，観察１を行った日の地球を表した右図２では，太陽からの光が当たっている部分が昼，当たっていない影をつけた部分が夜になる。図２のように，Ｘ地点とＹ地点での１日の夜の長さの割合を比較すると，夜の長さの割合は，明らかにＸ地点の方がＹ地点より大きい。したが

図２

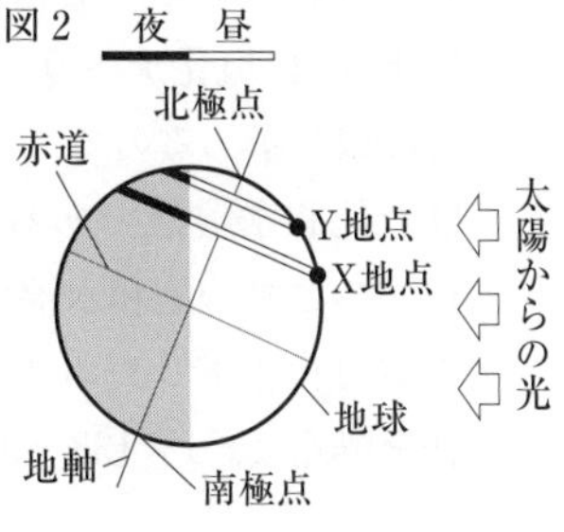

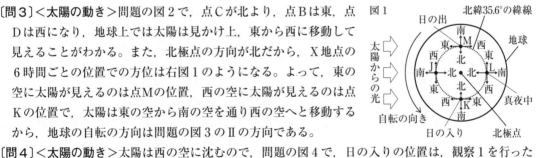

って，観察1を行った日の夜の長さは，X地点の方が長い。

4〔生物のからだのつくりとはたらき〕

〔問1〕＜顕微鏡＞顕微鏡でプレパラートと対物レンズをできるだけ近づけるときは，プレパラートと対物レンズがぶつからないように，横から見ながら調節ねじを回す。また，〔顕微鏡の倍率〕=〔対物レンズの倍率〕×〔接眼レンズの倍率〕より，対物レンズが20倍で接眼レンズが10倍である顕微鏡の倍率は，20×10=200(倍)である。

〔問2〕＜植物のはたらき＞植物は常に呼吸を行うが，光合成は光が当たるときだけ行われる。よって，図4で，呼吸と光合成を行っている①が「十分に当たる」，呼吸しか行っていない②が「当たらない」である。光が十分に当たるときにだけ見られる⑤が「光合成」だから，吸収する③は「二酸化炭素」，放出する④は「酸素」である。また，光が十分に当たるときも当たらないときも行われる⑥は「呼吸」で，吸収する④は「酸素」，放出する③は「二酸化炭素」である。

〔問3〕＜光合成＞細胞内に観察された緑色の粒は葉緑体である。光が十分に当たると，葉緑体で光合成によってデンプンがつくられる。そして，葉緑体にデンプンがあるとヨウ素液によって青紫色に染色される。結果の⑶より，光が当たらないオオカナダモBの葉緑体にデンプンはできていないが，光を当てたオオカナダモAの葉緑体にデンプンができていたことから，光が十分に当たる場所では，葉緑体でデンプンがつくられることがわかる。なお，核は，普通細胞内に1つ存在する。

5〔物質のすがた，化学変化とイオン〕

〔問1〕＜電解質と非電解質＞水(蒸留水)に溶かしたときに，水溶液に電流が流れる物質を電解質，流れない物質を非電解質という。電解質の水溶液に電流が流れるのは，電解質が水溶液中で，陽イオンと陰イオンに電離するためであり，非電解質の水溶液に電流が流れないのは，非電解質は電離しないためである。塩化ナトリウムは電解質で，水溶液中で電離するため，塩化ナトリウム水溶液には電流が流れるが，砂糖は非電解質で電離しないため，砂糖水には電流が流れない。

〔問2〕＜溶解度と質量パーセント濃度＞結果2の⑴より，実験2の⑵では，試験管Aに加えた硝酸カリウム3gは温度計が約38℃を示したとき，つまり，水溶液の温度が約38℃になったときに全て溶けている。資料より，硝酸カリウムの溶解度は温度が高くなるほど大きくなるので，約38℃以上では硝酸カリウム3gは全て溶けていることがわかる。よって，溶けた硝酸カリウムの質量は，水溶液の温度が27℃のときは溶け残りがあったことから3g未満で，38℃以上では3gで一定である。したがって，$〔\text{質量パーセント濃度}(\%)〕=\dfrac{〔\text{溶質の質量}(\text{g})〕}{〔\text{溶媒の質量}(\text{g})〕+〔\text{溶質の質量}(\text{g})〕}\times 100$ より，硝酸カリウム水溶液の質量パーセント濃度は，溶質の質量が多いほど大きくなるから，38℃のときは，27℃のときよりも大きく，38℃以上では一定になる。以上より，適切なのはエである。

〔問3〕＜溶解度＞資料より，塩化ナトリウムの溶解度は，温度が変化してもほとんど変化しないことがわかる。これより，溶け残った塩化ナトリウムの質量はほとんど変化しないと考えられる。そのため，結果2の⑴のように，実験2の⑴～⑷では，試験管Bの中の様子に変化がなかったのである。

〔問4〕＜再結晶＞水溶液中から溶質を全て固体として取り出すためには，溶媒である水を全て蒸発させればいいので，塩化ナトリウム水溶液0.35g中の水の質量を求める。結果2の⑴より，27℃の蒸留水5gに塩化ナトリウム3gを加えると溶け残りがあり，20℃でも様子に変化がない，つまり，溶け残りがあるので，20℃での試験管Bの塩化ナトリウム水溶液は塩化ナトリウムが溶解度まで溶けた飽和水溶液である。資料より，20℃での塩化ナトリウムの溶解度は38gだから，水の質量が100gのときの飽和水溶液の質量は100+38=138(g)となる。よって，この飽和水溶液と同じ濃度である塩化ナトリウム水溶液0.35g中の水の質量をxgとすると，0.35：x=138：100が成り立つ。これを解くと，$x\times 138=0.35\times 100$より，$x=0.253\cdots$となるから，求める溶媒の質量は約0.25gである。

6 〔運動とエネルギー〕

〔**問1**〕＜**仕事，作用と反作用**＞仕事は，〔仕事(J)〕=〔力の大きさ(N)〕×〔力の向きに動いた距離(m)〕で求められる。実験1の(1)で，ばねばかりが糸を引く力の大きさは，結果1のばねばかりが示す力の大きさより6Nであり，物体は10cm，つまり，10÷100=0.1(m)持ち上げられたから，仕事の大きさは，6×0.1=0.6(J)となる。また，作用・反作用は，2つの物体の間で対になってはたらくので，「ばねばかりが糸を引く力」を作用としたときの反作用は「糸がばねばかりを引く力」である。

〔**問2**〕＜**速さ**＞1秒間に50回打点する記録タイマーを使っているので，5打点にかかる時間は，$\frac{1}{50}\times5=\frac{1}{10}=0.1$(秒)である。結果2の図4より，斜面の傾きが10°のとき，力学台車が0.4秒間で進んだ距離は，2.2+3.6+5.0+6.4=17.2(cm)なので，平均の速さCは，C=17.2÷0.4=43(cm/s)となる。また，結果2の図5より，斜面の傾きが20°のとき，力学台車が0.4秒間で進んだ距離は，4.4+7.2+10.0+12.8=34.4(cm)なので，平均の速さDは，D=34.4÷0.4=86(cm/s)となる。よって，C：D=43：86=1：2である。

〔**問3**〕＜**分力**＞重力は，地球が地球の中心に向かって物体を引く力だから，斜面の傾きが変わっても重力の大きさは変わらない。また，斜面の傾きが大きくなると，斜面に平行な分力は大きくなり，斜面に垂直な分力は小さくなる。なお，斜面に平行な分力が大きくなると，力学台車の速さの変化の割合が大きくなる。

〔**問4**〕＜**エネルギー**＞同じ物体では，物体が持つ位置エネルギーの大きさは，高さが高いほど大きくなる。結果1より，物体を基準面から10cm持ち上げるのに，実験1の(1)では25秒かかり，実験1の(2)では45秒かかる。これより，実験1の(2)で，25秒かけて力学台車を持ち上げた距離は10cmより小さい。つまり，25秒経過したときの力学台車の高さは，実験1の(2)より，実験1の(1)の方が高いので，(1)の方が位置エネルギーは大きい。また，実験2では，点Aで力学台車が持つ位置エネルギーが，点Bでは全て運動エネルギーに移り変わる。斜面の傾きを10°から20°にすると，点Aの高さが高くなるため，力学台車がはじめに持つ位置エネルギーの大きさは，実験2の(2)より，実験2の(4)の方が大きい。よって，車止めに当たる直前の運動エネルギーの大きさは，実験2の(4)の方が大きい。

国語解答

一 (1) さ　(2) こんきょ　(3) す
(4) ちんれつ　(5) じゅんすい

二 (1) 洋館　(2) 育　(3) 客室
(4) 売店　(5) 桜

三 〔問1〕 ア　〔問2〕 ウ
〔問3〕 エ　〔問4〕 イ
〔問5〕 ア

四 〔問1〕 エ　〔問2〕 ア
〔問3〕 ウ　〔問4〕 イ
〔問5〕 (例)私は以前，電車で立っている御高齢の方を見かけたので席を譲ろうと思い，声を掛けました。すると，その方は「健康のためにこのまま立っていたい」と笑顔で話されました。／筆者は「互いの思いを一致させることは，相変わらずたいへん難しい」と述べていますが，たとえ難しくても他者の心を推し量ることはとても大切なことだと思います。そのため，私は他者との違いを受けとめながら，思いやりのある行動を心掛けていきたいです。(200字)

五 〔問1〕 イ　〔問2〕 ウ
〔問3〕 ア　〔問4〕 エ
〔問5〕 イ

一 〔漢字〕
(1)音読みは「挿入」などの「ソウ」。　(2)ある言動のもとになる理由のこと。　(3)しっかりと動かないように置く，という意味。　(4)見せるために物を並べること。　(5)混じりけがなく私欲もなく清らかなこと。

二 〔漢字〕
(1)西洋風の建物のこと。　(2)音読みは「育成」などの「イク」。他の訓読みは「はぐく(む)」。(3)客を通す部屋のこと。　(4)駅や劇場などに設けられた小さな店のこと。　(5)音読みは「桜桃」などの「オウ」。

三 〔小説の読解〕出典：辻村深月『この夏の星を見る』。

〔問1〕＜表現＞ISSが空をよぎった後の静けさが戻った夜空と，凛久の「あーーーっ！」という大声が対照的に描かれることで，自分の胸に収めていた転校したくないという凛久の気持ちが，印象づけられている。

〔問2〕＜文章内容＞深野は，転校を悲しむ凛久にとても冷静に「凛久先輩も泣いてません？　目，潤んでます」と言った。このようなときは普通「指摘しないであげるのが礼儀な気もする」のに，深野が見たままを飾らずに指摘したことで，亜紗の凛久の転校を悲しむ心は，少し明るくなった。

〔問3〕＜心情＞亜紗は，凛久の肩が触れることで，凛久の存在を改めて感じた。そして，凛久が転校のことを「心細そう」に尋ねる声を聞いて，亜紗は，凛久が転校することへの「不安」を今日初めて口に出せたと感じ，凛久の気持ちを考えると「胸が押しつぶされそう」になった。

〔問4〕＜文章内容＞晴菜先輩は，卒業する自分のことも天文部のみんなが「仲間だって思ってくれてるって，信じて」いるので，みんなと離れても友達でいられると思っていた。晴菜先輩は，転校に不安を抱く凛久に，転校してもみんなとのつながりは消えないと伝えようとしたのである。

〔問5〕＜文章内容＞仲間たちの拍手やたくさんの「ありがとう」「またねー！」などの声を聞いた亜紗は，空を見上げながら「最高だな」と思った。ISSの観測を計画し，がんばって実行してきたことで，亜紗は，全国の仲間と結びついたということを，深く感じているのである。

四 〔論説文の読解―自然科学的分野―人類〕出典：長谷川眞理子『進化的人間考』。

≪本文の概要≫ヒトは，食べていくという点において，一人では生きられない生物である。このことは，ヒトの進化を理解するうえで決定的に重要な鍵である。そこで，ヒトが共同作業を行ううえでの基盤となる能力である，三項表象の理解について考える。この能力は，言語や文化といった人間に固有の性質の基本にあるものである。三項表象の理解とは，「私」「あなた」「外界」という三つがあり，「私」と「あなた」が同じ「外界」を見ていて，互いに目を見交わすことで「私」も「あなた」も同じ「外界」を見ていることを了解し合い，「外界」に関する心的表象を共有していることを理解し合うことである。これは，高度な認知能力の結果である。言語は，任意の記号と文法規則を備えたコミュニケーションシステムで，このシステムを持つのはヒトだけである。そして，ヒトは，言語を用いて三項表象の理解を表現する。ヒトと最も近縁なチンパンジーは，認知能力が非常に高いが，三項表象の理解は乏しい。三項表象の理解があれば，目的を共有して共同作業ができる。私たちは，外界に対して自分の個人的表象を持ち，それを言語で表し，公的表象とする。公的表象とそれぞれの個人的表象の間には，微妙な違いがあるに違いない。人々は，言語による公的表象を共有して，共同作業を行うが，その公的表象は，本質的に共同幻想であるだろう。互いの思いを一致させることはとても難しいので，私たちは，さまざまな感情を備えている。

〔**問１**〕＜**文章内容**＞子どもが，自分が興味を持った方向に大人の注意を向けさせようとして，指でさしたりする。大人は，子どもが指さしている方向を見て，子どもの興味を理解すると，子どもと顔を見合わせる。それは，子どもと大人が「同じその『外界』を，見ていることを，了解し合う」ことであり，「『外界』に関する心的表象を共有していること」を，お互いが理解し合うことである。

〔**問２**〕＜**段落関係**＞本文は「三項表象の理解」という非常に高度なヒトの認知能力の後に，ヒトが持つ言語の話題を取り上げ，ヒトはコミュニケーションをするがチンパンジーは「別に話したいとは思わない」という新しい視点を示すことで，ヒト固有の進化を考えられるように論を展開している。

〔**問３**〕＜**文章内容**＞チンパンジーの認知能力は「非常に高度」であるが，一頭のチンパンジーが世界を理解していても，その理解を描写して他のチンパンジーと「互いに共有しようとしない」のである。だから，世界に対する認識を共有して，文化を蓄積することもないと考えられるのである。

〔**問４**〕＜**文章内容**＞人々は，外界について各自の個人的表象を持ち，それを言語で表現して公的表象とする。人々は，その公的表象を理解し共有して共同作業していると思っているが，「個人的表象はあくまでもその個人しか理解できない」ので「公的表象とそれぞれの個人的表象の間」には「微妙な違い」がある。そのため，人々が同じように理解しているものは，「共同幻想」といえる。

〔**問５**〕＜**作文**＞筆者は，「互いの思いを一致させること」は難しいと述べている。そのうえで，あなたはどう思うかを考える。「具体的な体験や見聞も含めて」とあるので，友人どうしで思いが一致したと実感したことや，一致しているように見えて実はずれていたなどという日常生活での体験を考えていく。指定字数を守って，誤字脱字に気をつけて書いていくとよい。

五〔**説明文の読解―芸術・文学・言語学的分野―文学**〕出典：久保田淳・俵万智『百人一首　言葉に出会う楽しみ』／馬場あき子『埋れ木の歌人』／高橋和彦『無名抄全解』。

〔**問１**〕＜**文章内容**＞頼政は，ふだんからいろいろな歌をよみためていた。歌合のときに，頼政は，『無名抄』にあるエピソードのように，そのよみためていた歌の中からふさわしいものを選んだり，また，「当座に出された題」に応じて，少し「手直し」して提出したりしていた。

〔**問２**〕＜**文章内容**＞何かの感情を短歌によみ込もうとしたが，そのときは「適切な表現が得られない」で，そのまましばらくその歌を「寝かしておく」ことで，あるとき，「ぴったりした表現が思い浮かぶ」ことがあるのではないかと，久保田さんは尋ねた。

〔**問３**〕＜**表現**＞定家が「自分が前に歌ったことのあるような発想は，努めて避ける」ことや，定家以外の人たちには同じような発想が「繰り返し出てくる」という久保田さんの意見を受けて，俵さんは，ふだんから「言葉のストックや気持のストックを持っている」から，ある場面で「すっと」歌ができると，作歌の準備の大切さについて久保田さんと同じ理解であることを表している。

〔**問４**〕＜**古文の内容理解**＞俊恵に，似ているからといって非難すべきような歌ではないと言われて，頼政は，あなたの判断を信じてこの歌を歌合に提出するから「後の咎をばかけ申すべし」と言って，俊恵に歌が負けた場合の責任を掛けた。

〔**問５**〕＜**品詞**＞「歌ではないが」の「が」は，接続助詞。その他の「が」は，主格の格助詞。

Memo

東京都　正答率

＊は部分正答も含めた割合

英語

1	A	1	90.1%
		2	56.0%
		3	59.6%
	B	1	84.4%
		2	＊20.5%
2	1		29.3%
	2		61.9%
	3	(1)	69.8%
		(2)	＊56.9%
3	〔問1〕		68.6%
	〔問2〕		83.8%
	〔問3〕		71.6%
	〔問4〕		42.0%
	〔問5〕		77.4%
	〔問6〕		63.0%
	〔問7〕		48.3%
4	〔問1〕		69.9%
	〔問2〕		39.6%
	〔問3〕	(1)	58.8%
		(2)	46.4%
		(3)	47.6%
	〔問4〕	(1)	46.8%
		(2)	38.7%

数学

1	〔問1〕		95.1%
	〔問2〕		77.3%
	〔問3〕		73.6%
	〔問4〕		90.4%
	〔問5〕		87.6%
	〔問6〕		72.2%
	〔問7〕		71.2%
	〔問8〕		66.1%
	〔問9〕		＊54.7%
2	〔問1〕		31.7%
	〔問2〕		＊21.9%
3	〔問1〕		73.7%
	〔問2〕		38.6%
	〔問3〕		13.8%
4	〔問1〕		59.8%
	〔問2〕	①	＊61.4%
		②	1.7%
5	〔問1〕		12.5%
	〔問2〕		3.2%

社会

1	〔問1〕	69.1%
	〔問2〕	91.7%
	〔問3〕	87.6%
2	〔問1〕	61.3%
	〔問2〕	56.0%
	〔問3〕	59.7%
3	〔問1〕	72.6%
	〔問2〕	30.0%
	〔問3〕	＊71.1%
4	〔問1〕	52.9%
	〔問2〕	46.5%
	〔問3〕	16.8%
	〔問4〕	40.0%
5	〔問1〕	73.4%
	〔問2〕	22.2%
	〔問3〕	54.8%
	〔問4〕	＊47.5%
6	〔問1〕	20.0%
	〔問2〕	29.1%
	〔問3〕	31.6%

理科

1	〔問1〕	92.3%
	〔問2〕	57.6%
	〔問3〕	63.2%
	〔問4〕	42.2%
	〔問5〕	65.9%
	〔問6〕	82.9%
2	〔問1〕	54.0%
	〔問2〕	41.4%
	〔問3〕	56.1%
	〔問4〕	45.8%
3	〔問1〕	＊29.0%
	〔問2〕	51.5%
	〔問3〕	34.4%
	〔問4〕	64.1%
4	〔問1〕	71.6%
	〔問2〕	63.3%
	〔問3〕	63.4%
5	〔問1〕	30.6%
	〔問2〕	55.1%
	〔問3〕	50.9%
	〔問4〕	36.6%
6	〔問1〕	53.4%
	〔問2〕	45.7%
	〔問3〕	23.2%
	〔問4〕	69.3%

国語

一	(1)	99.7%
	(2)	48.7%
	(3)	99.4%
	(4)	77.7%
	(5)	50.8%
二	(1)	91.6%
	(2)	84.2%
	(3)	78.5%
	(4)	66.6%
	(5)	95.6%
三	〔問1〕	88.9%
	〔問2〕	94.4%
	〔問3〕	90.9%
	〔問4〕	88.3%
	〔問5〕	85.9%
四	〔問1〕	81.9%
	〔問2〕	87.7%
	〔問3〕	75.5%
	〔問4〕	71.6%
	〔問5〕	＊81.9%
五	〔問1〕	37.7%
	〔問2〕	66.4%
	〔問3〕	71.2%
	〔問4〕	79.1%
	〔問5〕	66.8%

英語解答

1 A ＜対話文1＞ ア
＜対話文2＞ エ
＜対話文3＞ ウ
B Q1 イ
Q2 To visit other countries.

2 1 エ 2 ウ
3 (1)…ア
(2) (例) I think it is very nice to wear kimono. In Tokyo, there are places to try them on and learn about the history of kimono. I know one of those places, and I want to take you there when you come to Japan.

3 〔問1〕 イ 〔問2〕 エ
〔問3〕 ア 〔問4〕 エ
〔問5〕 ウ 〔問6〕 イ
〔問7〕 ウ

4 〔問1〕 ア 〔問2〕 エ→イ→ア→ウ
〔問3〕 (1)…イ (2)…ア (3)…ウ
〔問4〕 (1)…イ (2)…エ

1 〔放送問題〕

〔問題A〕＜対話文1＞《全訳》メグ(M)：こんにちは，タロウ。先週の日曜日は何をしてたの？／タロウ(T)：やあ，メグ。祖母の家に行って，誕生日パーティーをしたんだ。／M：それはいいわね。／T：朝，自宅で祖母のために誕生日カードを書いたんだ。それから祖母を訪問して，そのカードを渡したよ。うれしそうだったな。その後，祖母が僕のためにお茶をいれてくれたんだ。／M：よかったじゃない。／T：夕方，僕の姉〔妹〕と，母と，父が，祖母のためにケーキを買ってきたんだよ。／M：パーティーは楽しかった？／T：うん，とても。

Q：「タロウはなぜ祖母の家に行ったのか」―ア．「誕生日パーティーをするため」

＜対話文2＞《全訳》サトミ(S)：こんにちは，ジョン。あなたを捜してたのよ。どこにいたの？／ジョン(J)：ごめんよ，サトミ。すごく忙しかったんだ。／S：朝と昼休みにあなたの教室へ行ったの。そのときは何をしてたの？／J：早朝は，学校の庭で花に水やりをしてたんだ。その後は教室で宿題をしたよ。／S：まあ，そうだったの。昼休みは？ 1時にあなたの教室に行ったのよ。／J：お昼を食べた後，図書館へ行ったよ。それが12時50分頃だったな。そこで20分間，歴史の本を何冊か読んで，1時15分に自分の教室に戻ってきたんだ。

Q：「ジョンは1時に何をしていたか」―エ．「歴史の本を何冊か読んでいた」

＜対話文3＞《全訳》ジェーン(J)：こんにちは，ボブ。今日のコンサートに来られてうれしいわ。／ボブ(B)：やあ，ジェーン。そうだね。僕もだよ。／J：今日はここまでどうやって来たの？／B：どうして？ 家から自転車で来たよ。／J：今朝，天気予報を見たの。今日の午後は雨になるみたいよ。／B：ええ，本当？ 電車とバスで家に帰らないといけないね。自転車はどうしたらいいんだろう？／J：コンサートの後，私の家に置いておいてあげる。私の家までは歩いていけるわ。／B：ありがとう。／J：どういたしまして。あと，私の家から帰るときは，私の傘を使っていいからね。

Q：「今日ボブはどうやって家からコンサートに行ったか」―ウ．「彼は自転車でそこに行った」

〔問題B〕《全訳》こんにちは，皆さん。私がこの学校で仕事をするのは，今日が最後になります。まず，私と一緒に英語を学んでくれたことに対して，皆さんに心から感謝したいと思います。私がここに来たばかりのとき，皆さんはよく私のところに来て日本語を教えてくれましたね。皆さんの笑顔はいつも私を幸せにしてくれました。皆さんが笑顔を絶やさずに英語を勉強してくれることを願っています。／私はこちらでたくさんのいい経験をさせてもらいました。体育祭では皆さんと一緒に走り，文化祭では先生方と一緒に歌を歌いました。皆さんの歌を聴いたときには，特に感動しました。／帰国後は，がんばって日本語の勉強を続けようと思います。皆さんには将来，外国を訪れてほしいです。皆さんがそこでいい経験をするのに英語が役立つと思います。／皆さん，さようなら。

Ｑ１：「エミリーを喜ばせたことは何か」―イ．「生徒たちの笑顔」

Ｑ２：「エミリーは生徒たちに将来何をしてほしいと思っているか」―「他の国を訪れること」

２〔**総合問題**〕

１＜対話文完成―適語句選択―資料を見て答える問題＞

≪全訳≫❶ヒロト(Ｈ)：これを見てよ。ここには４つのエリアがある。父さんは，東京都内の日帰り旅行で，このうちの３つを訪れることができるって言ってる。駅との間で運行する往復バスがあるんだ。君はどのエリアに行ってみたいかな，マイク？

❷マイク(Ｍ)：僕はきれいな自然の景色を楽しみたいな。

❸Ｈ：わかった。公園エリアを訪れたらどうかな？　そこにはバスで行ける。

❹Ｍ：それはいいね。僕は鳥を観察したり，自然豊かな場所を歩いたりするのが好きなんだ。階段をたくさん上り下りするのは気にならないし。そこへ行こう。

❺Ｈ：うん，そうしよう。その次はどこへ行こうか？

❻Ｍ：山岳エリアも温泉エリアも，僕にはどちらも良さそうに見えるな。それに，地元の食べ物も食べてみたい。

❼Ｈ：ああ，それはいいね。その２つのうち，先にどっちに行こうか？

❽Ｍ：山岳エリアに先に行ってみない？　そうすれば，日帰り旅行の最後に温泉を楽しめるよ。

❾Ｈ：それはいい考えだね。そうしよう。

❿Ｍ：ありがとう。楽しく過ごせるのが待ち遠しいな。

⓫Ｈ：僕もさ。父さんに僕らの計画について話しておくよ。

Ⅰ	できること	詳しい情報
森林エリア	・昔の建物を訪問 ・建物からの美しい自然の眺めを楽しむ	・１時間に２本，バスの運行があります。 ・建物は美しい森の中にあります。
山岳エリア	・長い橋を歩いて渡る ・谷から吹いてくる涼しい風を感じる	・最寄りのバス停から橋まで行くのに約１時間かかります。
温泉エリア	・有名な温泉を楽しむ ・おいしい郷土料理を食べる	・このエリアは駅の近くにあります。 ・歩いていけます。
公園エリア	・公園内の鳥や動物を観察する ・公園から美しい景色を眺める	・１時間に６本，バスの運行があります。 ・公園には階段がたくさんあります。

＜解説＞(A)続けてヒロトが，そこにはバスで行けると言っている。また，この後のマイクの言葉によると，そこは鳥の観察ができる場所で，階段が多い。これらに当てはまるのは，公園エリアである。　(B)第６段落でマイクが挙げた山岳エリアと温泉エリアのうち，どちらに先に行こうかと問いかけたヒロトに対して，マイクは，ここに先に行けば，旅の最後に温泉を楽しめると言っている。ここから，先に山岳エリアに行こうと提案したことがわかる。

２＜対話文完成―適語句選択―グラフを見て答える問題＞

≪全訳≫❶Ｈ：山岳エリアには行くところがたくさんあるね。

❷Ｍ：全部おもしろそうだ。

❸Ｈ：うん。このエリアのガイドブックがあるよ。この本では農家の市場をすすめてる。この本によると，そこでは新鮮な野菜を買えるし，焼き魚を食べて楽しむこともできるんだって。

❹Ｍ：焼き魚？　おいしそうだね。それに，このグラフによると，このエリアの中ではそこが一番人気があるみたいだ。そこへ行ってみよう。

❺Ｈ：うん，そうしよう。それで，その後もう２つの場所に行けると思うんだ。他にはどの場所に行

こうか？
❻M：僕は長い橋に行ってみたいな。このエリアではそこが一番おもしろい場所だって聞いたことがあるんだ。
❼H：この本もその場所をすすめてるよ。僕もそこに行きたいな。
❽M：わかった。じゃあそこへ行こう。もう一回このグラフを見てよ。他にも３つの場所がある。
❾H：そうだね。キャンプ場はどうかな？　その３つの中では一番人気があるよ。
❿M：おもしろそうだけど，僕はこの地域の歴史にすごく興味があるんだ。市立博物館に行かない？
⓫H：もちろんいいよ。その建物は江戸時代に建てられたんだ。おもしろそうだよね。
⓬M：行くのが待ちきれないよ。

＜解説＞(A)ヒロトは続けて，その場所では野菜を買えると言っている。また，マイクはグラフを読み取り，その場所が最も人気があると言っている。これらに当てはまるのは，農家の市場である。
(B)この地域の歴史にとても興味があると言うマイクが訪れたいと思う場所として，市立博物館が適する。

３＜長文読解総合―Ｅメール＞

≪全訳≫こんにちは，ヒロト。❶僕が日本に滞在している間，いろいろと力を貸してくれてありがとう。君と一緒にいろんな場所を訪問できて楽しかった。山岳エリアはそのうちの１つだよ。谷で橋を渡ったのが特におもしろかった。自然豊かな場所を訪れて楽しめたよ。
❷帰国してから，日本についてもっとよく知るためにたくさんの本を読んでるんだ。君の国には美しい観光名所がたくさんあるよね。父さんとそのことを話したら，父さんが来年の春に家族で日本を訪れる計画を立ててくれたんだ。ほんとにびっくりしたよ！
❸次回は新しい場所に行ってみたいな。両親が，日本は伝統文化で有名だって言ってたよ。両親はそれを楽しみたいんだって。日本で何をしたらいいかな？　何かアイデアはあるかい？　もしあれば，それについて教えてよ。次の春，東京で君に会えるのを楽しみにしてるね。／マイク

(1)**＜内容真偽＞**ア．「父親が来春日本を訪れる計画を立てたとき，マイクはとても驚いた」…○　第２段落最後の２文に一致する。　イ．「マイクは父親と一緒に山岳エリアを訪れ，橋を渡って楽しんだ」…×　第１段落参照。父親ではなくヒロトと行った。　ウ．「マイクは帰国する前，日本の自然についてより多くのことを学ぼうとたくさんの本を読んだ」…×　第２段落第１文参照。帰国前でなく帰国後である。　エ．「マイクは東京でヒロトと再会したかったので，父親に日本を訪れる計画を見せた」…×　第２段落第３文参照。来日の計画を立てたのは父親である。

(2)**＜テーマ作文＞≪全訳≫**こんにちは，マイク。❶Ｅメールをありがとう。楽しく読ませてもらったよ。君が日本にいる間に，僕たちはいろんな場所に行ったね。
❷自然豊かな場所に行ったときは楽しかったな。一緒に過ごせたことは特別な思い出だよ。
❸日本では，多くの場所で伝統的な日本文化を楽しむことができるよ。興味深い体験をすることができるんだ。君にアイデアを１つ教えるね。
❹(例)着物を着るのはとてもいいと思うよ。東京には，着物を試着したり，着物の歴史について学んだりできる場所があるんだ。僕はそういう場所の１つを知ってるから，君が日本に来たときに，君をそこに連れていきたいな。
❺来年の春に再会したら，君と一緒にいくつかの場所を訪れたいと思ってるよ。
❻楽しみにしてるね。／君の友達，ヒロト

＜解説＞日本の伝統文化といえるものの例を１つ挙げ，理由とともに，自分が使える単語や構文で正確に述べればよい。解答例には，I think (that)～「私は～だと思う」や‘it is ～ to …’

「…することは～だ」，‘one of ＋複数名詞’「～のうちの1つ」，want to ～「～したい」などの重要表現が使われており，こうした表現はぜひ使えるようにしておきたい。

3〔長文読解総合―会話文〕

≪全訳≫**1**マヤ，ケン，リコは東京の高校1年生である。ボブはアメリカから来た高校生だ。彼らは美術部の部員で，放課後に美術室で話している。

2マヤ(M)：展覧会に出す絵を仕上げるのに，1週間しかないわね。

3ケン(K)：いい絵を仕上げられると思うよ。僕はほとんど毎日絵を描いてる。

4M：あなたはどう，リコ？

5リコ(R)：私は，自分の絵を完成させるのは難しいと思ってる。

6ボブ(B)：大丈夫？　疲れてるみたいだね。何かあったの？

7R：ほぼできあがってるんだけど，次に何をすればいいかわからなくて。

8M：あなたが本当にがんばってきたのはわかってるわ，リコ。心配しないで。

9K：リコの気持ち，わかるな。何かを仕上げる直前には，いつもそのことで悩んでるよ。

10R：そうなの。私は，展覧会でたくさんの人が自分の絵を楽しんでくれたらいいなって思ってる。でも，今は自分の描き方に自信が持てないの。それに，展覧会まで1週間しかないし。

11B：僕も同じような経験をしたよ，リコ。

12R：それについて教えてよ，ボブ。

13B：アメリカにいたとき，日本語のスピーチコンテストに参加したんだ。コンテストの直前に，すごく不安になっちゃってね。僕はこう思った。「日本語をうまくしゃべれるかな？　みんなは僕の日本語を理解してくれるかな？」って。

14R：そうなのね。それで，あなたはどうしたの？

15B：コンテストの前に，おじさんに会いに行ったんだ。彼は日本語を話すのがとても上手でね。彼は旅行会社に勤めていて，何度も日本に行ったことがある。彼は僕のスピーチをじっくり聞いて，こう言ってくれた。「去年から，お前は日本語をずいぶんよく勉強してきたよな。恐れずにそれを使えばいいさ」って。

16K：その言葉が君を勇気づけてくれたの？

17B：ああ，すごくね。結局，僕はいいスピーチができて，コンテストで賞をもらえたよ。

18M：すごいわ。

19B：ありがとう。

20K：がんばれば，君もうまくいくさ。そのことに自信を持つべきだよ。それがとても大切なんだ。

21R：まあ，どうしてそう思うの？

22K：僕は中学校時代，走るのが得意じゃなかったから，マラソン大会の前はいつも不安だった。でも，長い間がんばって練習したら，上達したんだ。

23M：それは大事な教訓ね，ケン。

24K：3年生のときの大会では，入賞はできなかったけど，前よりも速く走れた。僕はそれがうれしかったんだ。練習をがんばることで，向上できるって気づいたんだ。

25B：リコ，君はすてきな絵を仕上げられると思うよ。

26R：本当にそう思う？　できるかな？

27B：うん。君はたくさんの絵を描いてきたじゃないか。きっと今回もまたできるはずだよ。

28M：リコ，覚えてる？　中学校のとき，文化祭のために，私たち一緒に絵を描いたよね。

29R：もちろん覚えてるわ。

30M：あの絵を仕上げる直前，私はすごく不安だった。私はこう思ったわ。「みんな私たちの絵を楽しんでくれるかな？」って。

31 R：思い出した！　あのときのあなたの気持ちは，今の私の気持ちと同じなのね。

32 M：そう。そしてあなたはこう言ったわ。「私たち，長い間絵を描く練習をしてきたじゃない。ベストを尽くせば，すてきな絵が完成するわ。心配しないで」って。

33 K：それはいいアドバイスだったね。

34 M：今度は私があなたにそのアドバイスをする番よ，リコ。

35 R：ありがとう。あなたたちそれぞれが，大変な状況の中で上手にやり遂げたんだってわかったわ。私だってたくさん努力してきたんだから，きっとそうできるわよね。もう心配してないわ。

36 B：つまり，絵を仕上げられそうってことかい？

37 R：そのとおりよ。

38 M：それを聞いてうれしいわ。

39 K：僕もさ。君は自信を持つべきだと思うよ。

40 B：展覧会で君の絵を見るのが楽しみだな。

41 M，K：うん，私〔僕〕たちも！

42 R：どうもありがとう，みんな。

〔問1〕＜文脈把握＞リコは展覧会に出す絵を仕上げる直前になって，どうしていいのかわからず不安になっており，ケンはリコのこの気持ちがわかると言っている。この直後にケンはその理由として，自分も何かを完成させる直前にはいつも不安になると述べているので，イ．「ケンは何かを仕上げる直前はいつも不安になる」が適する。

〔問2〕＜文脈把握＞下線部は，第13，15，17段落のボブの話を聞いたマヤの感想である。ここでは，日本語のスピーチコンテストの直前に不安になったボブが，おじに励まされて良いスピーチを行い，賞をもらえたという経験が語られている。エ．「ボブは日本語のスピーチコンテストで良いスピーチをして賞をもらった」が，この内容をよくまとめている。

〔問3〕＜指示語＞「ケンは（　　）のでうれしかった」―ア．「3年生のときのマラソン大会で前よりも速く走った」　下線部の that は，3年生のときのマラソン大会で，入賞はできなかったが前よりは速く走れたという直前の文の内容を指しており，これがうれしいと思ったことの理由となっている。

〔問4〕＜要旨把握＞下線部は，当時のマヤの気持ちが今の自分の気持ちと同じだというリコの発言に同意するものである。「当時」とは，第28段落にある中学校の文化祭のときに当たり，第30段落に，このときマヤは絵を仕上げる直前にとても不安になったとある。この内容に一致するのはエ．「マヤは絵を仕上げる直前，その絵のことでとても悩んだ」である。

〔問5〕＜指示語＞「マヤは（　　）と聞いてうれしく思っている」―ウ．「リコが展覧会に出す絵を仕上げられそうだ」　下線部の that は，直前のリコの発言である That's right. を指している。マヤは，絵を仕上げられそうなんだねと尋ねたボブに，リコがそのとおりだと答えたのを聞いてうれしかったのである。

〔問6〕＜内容一致＞≪全訳≫マヤがリコに展覧会に出す絵について尋ねたとき，(A)リコは自分の絵を完成させるために次に何をすればいいのかわからなかった。彼女たちが文化祭にまつわる自分たちの思い出の1つについて話している間に，(B)リコは中学生の頃に自分がマヤにしたアドバイスを思い出した。

＜解説＞(A)を含む文は，第4～7段落の内容に当たる。第7段落でリコは，次に何をすればいいかわからないと言っている。(B)を含む文は，第28～32段落の内容に当たる。第31段落でリコは，そのときのことを思い出したと言っている。

〔問７〕＜内容一致＞《全訳》今日，放課後に友人のマヤとケンとリコと話をした。最初，リコは(A)悩んでいた。僕たちはみんなで自分自身の思い出について語り，リコを(B)励ました。／僕は，アメリカで日本語のスピーチコンテストに参加したときの経験について話した。そのコンテストの前にとても(A)不安だったのを今でも覚えている。僕は当時，自分の日本語に自信がなかった。でも，おじさんが僕をとても(B)励ましてくれた。おじさんのおかげで，僕はコンテストでベストを尽くせた。／最後には，リコは元気になった。僕らがみんな絵を完成させて，展覧会が成功するように願っている。展覧会が楽しみだ。

＜解説＞(A)の１つ目は第５～８段落，２つ目は第13段落の内容に当たる。リコは展覧会に出す絵について不安を抱き，ボブはスピーチコンテストの直前に不安になったという経験を語っている。be worried は「心配する，心配している，悩んでいる」，get worried は「心配になる，不安になる」といった意味。(B)の１つ目は第11～34段落，２つ目は第15～17段落の内容に当たる。リコはみんなの話を聞いて自信を取り戻し，ボブはおじさんに励ましを受けてスピーチコンテストで良い結果を出した。encourage は「～を励ます，勇気づける」。過去のことなので，過去形になっている。　tired「疲れた」　understand－understood－understood

4〔長文読解総合―物語〕

《全訳》❶ナナミは高校１年生だった。９月のある金曜日，交換留学生のグレースがカナダから彼女の学校にやってきて，グレースのナナミの家での滞在が始まった。

❷その晩，ナナミは家族とともにグレースの歓迎パーティーを開いた。パーティーの前に，ナナミは彼女にこう尋ねた。「おすしは食べられる？」　ナナミは，おすしが外国の人たちの間で最も有名な和食の１つであることを知っていた。グレースはおすしを食べられると言った。ナナミはベストを尽くしてたくさんの種類のおすしをつくった。パーティーで，ナナミはこう言った。「あなたがこれを気に入ってくれるといいな。どうぞ楽しんでね」　グレースは，サラダを少しと，フライドポテトと，刺身の入っていない野菜のおすしをいくらか食べた。しかし，刺身の入ったおすしはほんの少ししか食べなかった。ナナミはそれを見てがっかりした。ナナミは彼女にこう尋ねた。「お刺身の入ったおすしはどう？」グレースは「おいしいわ」と言った。パーティーの後，ナナミはこう言った。「お刺身の入ったおすしはあんまり食べなかったのね」　グレースはこう言った。「そのことについてはごめんなさい」　グレースは悲しそうだった。ナナミは彼女を喜ばせたかったので，彼女にこう言った。「明日，遊園地に行くのはどうかな？」　グレースはこう言った。「それはいいわね。そうしたいわ」　ナナミはそれを聞いてうれしかった。ナナミの母親が来て，ナナミにこう言った。「グレースは疲れてるんじゃないかしら。あなたもグレースも寝た方がいいわよ」

❸翌日，ナナミはグレースを遊園地に連れていった。２人はそこでジェットコースターに乗った。ナナミはそれがとても楽しかった。しかしグレースは全く笑顔を見せなかった。彼女の顔を見て，ナナミは少し悲しくなった。家に帰る途中，ナナミはこう思った。「遊園地が楽しかったのは私だけだったのかな？」　その夜，ナナミはベッドの中でこう考えた。「どうすればグレースに喜んでもらえるかな？」

❹翌週の木曜日，ナナミは誰かにグレースのことを話したいと思った。彼女は近所に住むタイガのことを思い出した。彼はナナミと同じ高校の２年生だった。放課後，彼女は彼の教室へ行った。彼はナナミに，自分がオーストラリアでホストファミリーの所に滞在した経験について話してくれた。彼はこう言った。「僕のホストファミリーの１人だったジョンが，僕を水族館に連れていってくれたんだけど，その理由はね，その水族館が市内で一番有名な場所の１つで，彼のお気に入りの場所でもあったからなんだ。そこで海の生き物を見るのは楽しかった，でも本当は，僕は動物園でコアラを見たかったんだ。そのことを水族館で彼には言わなかった，だって彼はとても親切だったからね」　そして彼はこう言った。「たぶんグレースも僕と同じように感じたんじゃないかな」　タイガの経験について聞いた後，ナナミ

は家に帰ったらグレースと話をしようと決めた。

5 その夜，ナナミはグレースにこう言った。「グレース，日本での最初の１週間を楽しむお手伝いができなくて，本当にごめんなさい」　グレースはこう言った。「そのことは気にしないで，ナナミ。歓迎パーティーのことはごめんなさい。私はお刺身が好きじゃないの。でも，それをあなたに伝えるのが恥ずかしかったのよ。遊園地でも，ジェットコースターに乗るのが好きじゃないってあなたに言うのが恥ずかしかった。この次は，どこへ行くか話し合って決めましょう」　ナナミはこう言った。「ありがとう，グレース。今度の日曜日に何かしたいことはある？」　グレースは言った。「もちろん。あなたと一緒にお土産を買いにお買い物に行きたいわ」　ナナミは言った。「わかった。駅の近くにいいデパートがあるの。私はよくそこへ行くんだ。一緒に行きたい？」　グレースは言った。「ええ，行きたいわ」　ナナミの母は２人の話を聞いていて，ほほ笑んだ。

6 ３日後，２人はそのデパートに行った。ナナミはこう言った。「グレース，何を買いたいの？」　グレースは言った。「日本のことを思い出すのに役立つ物が欲しいの」　ナナミは言った。「わかった。家で使うカップを２つ買ったらどう？」　グレースは言った。「それはいいわね。それを買おうっと。ナナミ，もう１つアイデアがあるの。小さい袋を２つ買いたいのよ」　ナナミは言った。「どうして袋が２つ欲しいの？」　グレースは言った。「あなたとおそろいの物を毎日使いたいの。私はお弁当箱を小さい袋に入れて，毎日学校に持っていきたいわ。あなたにも同じようにしてほしいな」　ナナミは言った。「それはいいアイデアだね。私もそうしたい。袋を２つ買おう」　家に帰ると，２人はカップと袋をナナミの母に見せた。母は言った。「あなたたち，姉妹みたいね」　ナナミとグレースは顔を見合わせて笑った。ナナミは，２人の関係がこれからもずっと良いものだったらいいなと思った。

〔問１〕＜指示語＞「（　　）ので，ナナミはがっかりした」―ア．「グレースが刺身の入ったおすしをほんの少ししか食べなかった」　下線部の that は，直前の文の内容を指している。グレースが刺身入りのおすしをほんの少ししか食べなかったことに，ナナミはがっかりしたのである。

〔問２〕＜要旨把握＞エ．「９月の金曜日の晩，ナナミは家族と一緒にグレースの歓迎パーティーを開いた」（第１段落第２文～第２段落第１文）／→イ．「ナナミは誰かにグレースのことを話したくて，隣人のタイガのことを思い出した」（第４段落第１，２文）／→ア．「木曜日の夜，ナナミの母は，ナナミとグレースの会話を聞いていた」（第５段落最終文）／→ウ．「ナナミの母が，ナナミとグレースに２人は姉妹のようだと言って，彼女たちは笑顔になった」（第６段落最後から３，２文目）

〔問３〕＜内容一致＞⑴「金曜日の歓迎パーティーの後，ナナミはグレースに（　　）と言った」―イ．「グレースを遊園地に連れていきたい」　第２段落後半参照。　How about ～ing？「～するのはどうですか」　⑵「土曜日，ナナミは寝る前に，（　　）」―ア．「どうすればグレースを喜ばせることができるだろうと考えた」　第３段落最終文参照。make her happy は‘make＋目的語＋形容詞’「～を…（の状態）にする」の形。　⑶「ジョンがタイガを水族館に連れていったとき，（　　）」―ウ．「タイガはジョンに，自分は本当は動物園でコアラを見たいと伝えなかった」　第４段落最後から４，３文目参照。

〔問４〕＜英問英答＞⑴「歓迎パーティーで，グレースはなぜナナミに刺身の入ったおすしがおいしいと言ったのか」―イ．「自分が刺身を好きではないということをナナミに伝えるのが恥ずかしかったから」　第５段落第４，５文参照。　⑵「ナナミとグレースは，デパートで買った物を使って何をしたかったか」―エ．「袋にお弁当箱を入れて，それを毎日学校に持っていきたかった」　第６段落中ほど参照。

数学解答

1 〔問１〕 -4 〔問２〕 $\frac{a+8b}{15}$

〔問３〕 $3+7\sqrt{6}$ 〔問４〕 $x=9$

〔問５〕 $x=2,\ y=-1$

〔問６〕 $x=\frac{3\pm\sqrt{57}}{4}$

〔問７〕 あ…2 い…5

〔問８〕 う…4 え…0

〔問９〕（例）

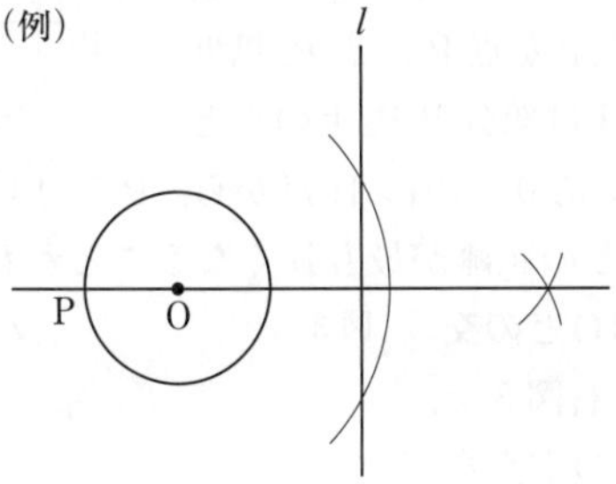

2 〔問１〕 ア

〔問２〕 （例）線分 OM の長さは$\frac{a+b}{2}$であるから，

$l=\frac{1}{4}\times2\pi\times\frac{a+b}{2}=\frac{1}{4}\pi(a+b)$

よって，

$(a-b)l=(a-b)\times\frac{1}{4}\pi(a+b)$

$=\frac{1}{4}\pi(a+b)(a-b)$……(1)

また，線分 OA を半径とするおうぎ形の面積は$\frac{1}{4}\pi a^2$であり，線分 OB を半径とするおうぎ形の面積は$\frac{1}{4}\pi b^2$であるから，

$S=\frac{1}{4}\pi a^2-\frac{1}{4}\pi b^2=\frac{1}{4}\pi(a^2-b^2)=\frac{1}{4}\pi(a+b)(a-b)$……(2)

(1)，(2)より，$S=(a-b)l$

3 〔問１〕 エ 〔問２〕 ①…イ ②…エ

〔問３〕 9

4 〔問１〕 ウ

〔問２〕

① （例）△ASD と△CSQ において，
対頂角は等しいから，
∠ASD＝∠CSQ……(1)
AD∥BC より，平行線の錯角は等しいから，
∠ADS＝∠CQS……(2)
(1)，(2)より，２組の角がそれぞれ等しいから，△ASD∽△CSQ

② お…1 か…3 き…0

5 〔問１〕 く…3 け…2

〔問２〕 こ…4 さ…2

1 〔独立小問集合題〕

〔問１〕＜数の計算＞与式$=-8+36\div9=-8+4=-4$

〔問２〕＜式の計算＞与式$=\frac{3(7a+b)-5(4a-b)}{15}=\frac{21a+3b-20a+5b}{15}=\frac{a+8b}{15}$

〔問３〕＜数の計算＞与式$=2\times6+9\sqrt{6}-2\sqrt{6}-9=12+9\sqrt{6}-2\sqrt{6}-9=3+7\sqrt{6}$

〔問４〕＜一次方程式＞$4x+32=7x+5$，$4x-7x=5-32$，$-3x=-27$ $\therefore x=9$

〔問５〕＜連立方程式＞$2x+3y=1$……①，$8x+9y=7$……②とする。①×4 より，$8x+12y=4$……①′ ①′－②より，$12y-9y=4-7$，$3y=-3$ $\therefore y=-1$ これを①に代入して，$2x+3\times(-1)=1$，$2x-3=1$，$2x=4$ $\therefore x=2$

〔問６〕＜二次方程式＞解の公式より，$x=\frac{-(-3)\pm\sqrt{(-3)^2-4\times2\times(-6)}}{2\times2}=\frac{3\pm\sqrt{57}}{4}$となる。

〔問７〕＜確率―色玉＞４個の青玉を青$_1$，青$_2$，青$_3$，青$_4$とする。赤玉１個，白玉１個，青玉４個の合わせて６個の玉の中から同時に２個の玉を取り出すとき，その取り出し方は，(赤，白)，(赤，青$_1$)，(赤，青$_2$)，(赤，青$_3$)，(赤，青$_4$)，(白，青$_1$)，(白，青$_2$)，(白，青$_3$)，(白，青$_4$)，(青$_1$，青$_2$)，(青$_1$，青$_3$)，(青$_1$，青$_4$)，(青$_2$，青$_3$)，(青$_2$，青$_4$)，(青$_3$，青$_4$)の15通りある。このうち，２個とも青玉であるのは，下線をつけた6通りだから，求める確率は $\frac{6}{15}=\frac{2}{5}$ である。

〔**問8**〕＜平面図形—角度＞右図1で，線分ABは半円の直径なので，$\angle ACB=90^\circ$ となる。△ABCの内角の和は180°だから，$\angle ABC=180^\circ-\angle ACB-\angle BAC=180^\circ-90^\circ-20^\circ=70^\circ$ となり，$\angle ABD=\angle ABC-\angle CBD=70^\circ-30^\circ=40^\circ$ となる。よって，$\overset{\frown}{AD}$ に対する円周角より，$x=\angle ACD=\angle ABD=40^\circ$ である。

図1

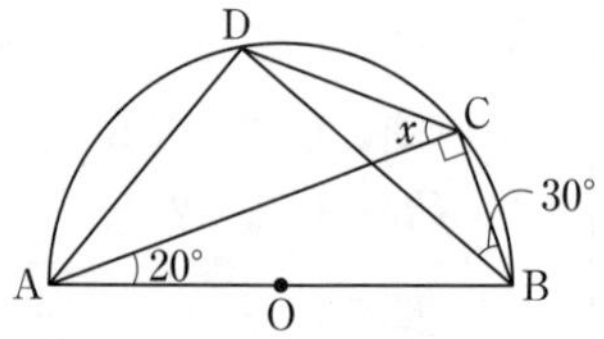

〔**問9**〕＜平面図形—作図＞右図2で，点Pと直線 l の距離は，点Pから直線 l に垂線を引いたときの垂線の長さである。その垂線をPHとする。また，点Oを通り直線 l に垂直な直線と直線 l との交点をI，円Oとの2つの交点を直線 l に遠い方からそれぞれ P_1，P_2 とする。点Pが点 P_1，点 P_2 以外にあるとき，点Pから P_1I に垂線PJを引くと，点Jは線分 P_1P_2 上の点となる。四角形PJIHは長方形となるから，PH＝JIであり，P_1I＞JIだから，P_1I＞PHである。このことから，点Pが点 P_1 の位置にあるとき，直線 l との距離が最も長くなることがわかる。よって，求める点Pは，点Oを通り直線 l に垂直な直線と円Oとの交点のうち，直線 l から遠い方の点となる。作図は，右図3で，①点Oを中心とする円の弧をかき（直線 l との2つの交点をそれぞれA，Bとする），②2点A，Bを中心とする半径の等しい円の弧をかき（交点をCとする），③2点O，Cを通る直線を引く。③の直線と円Oとの交点のうち，直線 l から遠い方が点Pとなる。解答参照。

図2

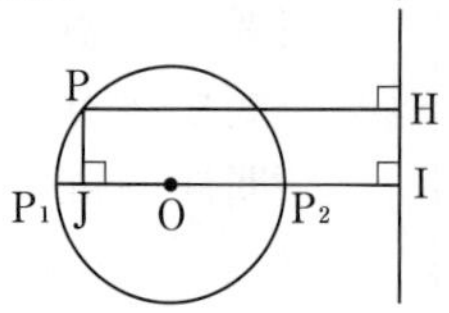

図3

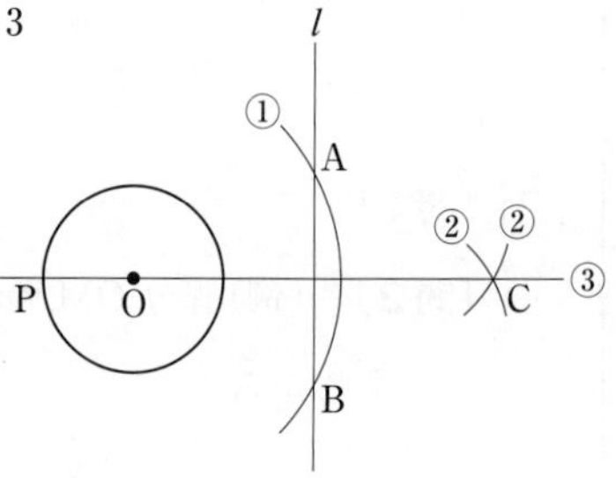

2〔数と式—文字式の利用〕

〔**問1**〕＜長さ＞右図1で，点Eは正方形ABCDの対角線AC，BDの交点だから，AC⊥BD，EA＝EB＝EC＝EDである。EF＝EG＝EH＝EIだから，四角形FGHIは正方形となる。また，AF＝BG＝CH＝DIとなり，4点P，Q，R，Sはそれぞれ線分AF，BG，CH，DIの中点だから，FP＝GQ＝HR＝ISより，EP＝EQ＝ER＝ESとなる。よって，四角形PQRSも正方形となる。点Eを通り線分ABに平行な直線と線分GH，QR，BC，FI，PS，ADの交点をそれぞれJ，K，L，J′，K′，L′とする。$EL=\frac{1}{2}LL'=\frac{1}{2}AB=\frac{1}{2}a$，$EJ=\frac{1}{2}JJ'=\frac{1}{2}FG=\frac{1}{2}b$ となるので，$JL=EL-EJ=\frac{1}{2}a-\frac{1}{2}b$ となる。GH∥QR∥BC，GQ＝QBだから，JK＝KLであり，$JK=\frac{1}{2}JL=\frac{1}{2}\left(\frac{1}{2}a-\frac{1}{2}b\right)=\frac{1}{4}a-\frac{1}{4}b$ となる。したがって，$EK=EJ+JK=\frac{1}{2}b+\left(\frac{1}{4}a-\frac{1}{4}b\right)=\frac{a+b}{4}$ となるので，$PQ=KK'=2EK=2\times\frac{a+b}{4}=\frac{a+b}{2}$ となり，四角形PQRSの周の長さは $l=4PQ=4\times\frac{a+b}{2}=2a+2b$（cm）と表せる。

図1

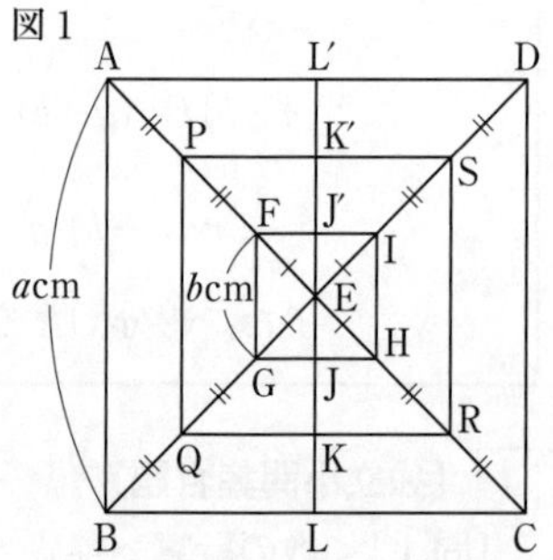

〔**問2**〕＜証明＞右図2で，$OA=a$，$OB=b$ だから，$AB=OA-OB=a-b$ となり，点Mは線分ABの中点だから，$BM=\frac{1}{2}AB=\frac{1}{2}\times(a-b)=\frac{a-b}{2}$ となる。よって，$OM=OB+BM=b+\frac{a-b}{2}=\frac{a+b}{2}$ と表せる。解答参照。

図2

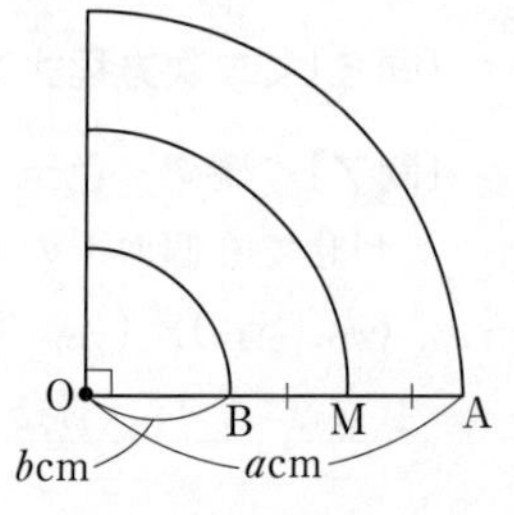

3 〔関数—一次関数のグラフ〕

〔問１〕＜x座標＞点Pは直線$y=\frac{1}{2}x+1$上にあるので，点Pのy座標が-1のとき，$y=-1$を代入して，$-1=\frac{1}{2}x+1$，$\frac{1}{2}x=-2$より，$x=-4$となり，点Pのx座標は-4である。

〔問２〕＜直線の式＞右図１で，直線$y=\frac{1}{2}x+1$とy軸との交点をCとし，点Pからx軸に垂線PHを引く。点Bは直線$y=\frac{1}{2}x+1$とx軸との交点だから，$y=0$を代入して，$0=\frac{1}{2}x+1$，$\frac{1}{2}x=-1$より，$x=-2$となり，B$(-2,\ 0)$となる。これより，BO$=2$である。線分BPがy軸により２等分されているので，BC＝CPである。CO∥PHだから，BO＝OHとなり，OH$=2$である。よって，点Pのx座標は2である。点Pは直線$y=\frac{1}{2}x+1$上にあるので，$y=\frac{1}{2}\times2+1=2$より，P$(2,\ 2)$である。A$(3,\ -2)$だから，直線mは２点A，Pを通ることより，傾きが$\frac{-2-2}{3-2}=-4$であり，その式は$y=-4x+b$とおける。点Pを通るので，$2=-4\times2+b$，$b=10$となり，直線mの式は$y=-4x+10$である。

図１

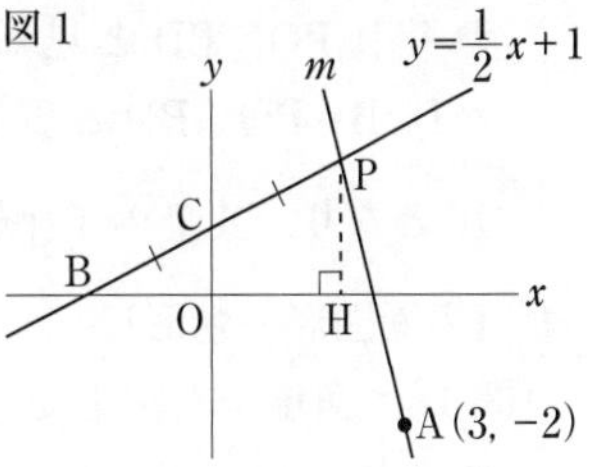

≪別解≫図１で，P$(p,\ q)$とする。B$(-2,\ 0)$であり，直線$y=\frac{1}{2}x+1$の切片より，C$(0,\ 1)$である。BC＝CPより，点Cは線分BPの中点となるから，x座標について，$\frac{-2+p}{2}=0$が成り立ち，$p=2$となる。y座標について，$\frac{0+q}{2}=1$が成り立ち，$q=2$となる。よって，P$(2,\ 2)$である。A$(3,\ -2)$だから，２点A，Pを通る直線mの式は$y=-4x+10$となる。

〔問３〕＜x座標＞右図２で，点Pのx座標をtとする。点Aを通り直線lに平行な直線とx軸との交点をDとし，２点P，Dを結ぶと，△APB＝△DPBとなるから，△BPQ＝2△APBより，△BPQ＝2△DPBとなる。点Pは直線$y=\frac{1}{2}x+1$上の点なので，$y=\frac{1}{2}t+1$となり，$\mathrm{P}\left(t,\ \frac{1}{2}t+1\right)$と表せる。２点P，Qは$y$軸について対称だから，$\mathrm{Q}\left(-t,\ \frac{1}{2}t+1\right)$と表せ，PQは$x$軸に平行なので，PQ$=t-(-t)=2t$となる。△BPQの底辺をPQと見ると，点Pの$y$座標より，高さは$\frac{1}{2}t+1$となるので，△BPQ$=\frac{1}{2}\times2t\times\left(\frac{1}{2}t+1\right)=\frac{1}{2}t^2+t$となる。一方，BP∥ADであり，直線BPの傾きは$\frac{1}{2}$だから，直線ADの傾きも$\frac{1}{2}$である。直線ADの式を$y=\frac{1}{2}x+c$とおくと，A$(3,\ -2)$を通ることから，$-2=\frac{1}{2}\times3+c$，$c=-\frac{7}{2}$となり，直線ADの式は$y=\frac{1}{2}x-\frac{7}{2}$である。点Dは直線$y=\frac{1}{2}x-\frac{7}{2}$と$x$軸の交点なので，$0=\frac{1}{2}x-\frac{7}{2}$，$\frac{1}{2}x=\frac{7}{2}$より，$x=7$となり，D$(7,\ 0)$である。B$(-2,\ 0)$だから，BD$=7-(-2)=9$となり，△BDPの底辺をBDと見たときの高さは$\frac{1}{2}t+1$だから，△DPB$=\frac{1}{2}\times9\times\left(\frac{1}{2}t+1\right)=\frac{9}{4}t+\frac{9}{2}$となる。以上より，$\frac{1}{2}t^2+t=2\times\left(\frac{9}{4}t+\frac{9}{2}\right)$が成り立つ。これを解くと，$\frac{1}{2}t^2$

図２

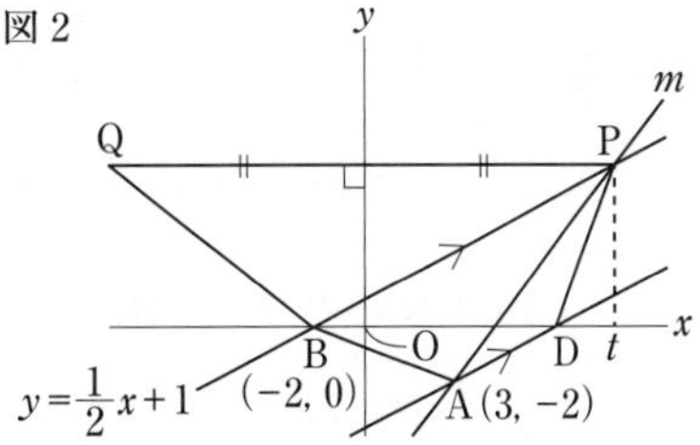

$+t=\frac{9}{2}t+9$，$t^2-7t-18=0$，$(t+2)(t-9)=0$ より，$t=-2$，9 となる。$t>0$ より，$t=9$ となるので，点Pの x 座標は9である。

≪別解≫図2で，△BPQ＝2△DPB より，△BPQ：△DPB＝2△DPB：△DPB＝2：1 である。また，2点P，Qは y 軸について対称だから，QP∥BD となる。これより，△BPQ，△DPB の底辺をそれぞれ PQ，BD と見ると，高さは等しいので，面積の比は底辺の比と等しくなり，△BPQ：△DPB＝PQ：BD と表せる。よって，PQ：BD＝2：1 となる。BD＝9 だから，PQ＝2BD＝2×9＝18 となり，点Pの x 座標は，$18\times\frac{1}{2}=9$ となる。

4 〔平面図形―台形〕

〔問1〕＜角度＞右図1で，∠AQB＝180°－∠AQC＝180°－110°＝70° であり，AD∥BC より，平行線の錯角は等しいので，∠DAQ＝∠AQB＝70° となる。また，AD∥BC，AQ∥DC より，四角形 AQCD は平行四辺形だから，AQ＝DC となる。AB＝DC だから，AB＝AQ である。よって，△ABQ は二等辺三角形となるので，∠ABQ＝∠AQB＝70° より，∠BAQ＝180°－∠ABQ－∠AQB＝180°－70°－70°＝40° である。∠PAD＝∠DAQ＋∠BAQ＝70°＋40°＝110° となり，△APD の内角の和は180° だから，∠ADP＝180°－∠PAD－∠APD＝180°－110°－a°＝70°－a°＝$(70-a)$° と表せる。

図1

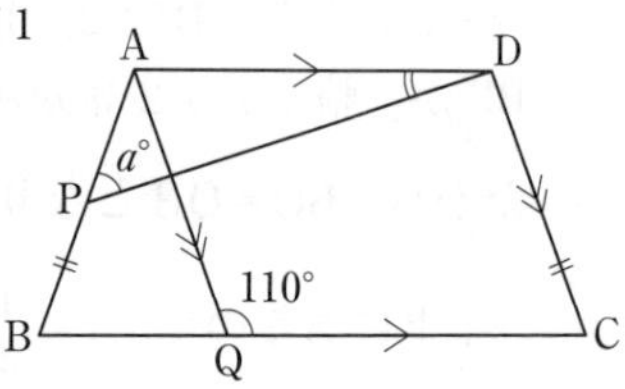

〔問2〕＜証明，面積比＞①右図2の△ASD と△CSQ で，対頂角より，∠ASD＝∠CSQ であり，AD∥BC より，∠ADS＝∠CQS である。解答参照。　②図2で，①より，△ASD∽△CSQ だから，DS：QS＝AD：QC＝2：3 となる。また，∠RDS＝∠PDQ であり，AC∥PQ より，∠DRS＝∠DPQ だから，△DRS∽△DPQ である。これより，RS：PQ＝DS：DQ＝2：(2＋3)＝2：5 となり，RS＝$\frac{2}{5}$PQ と表せる。さらに，∠ABC＝∠PBQ，∠BAC＝∠BPQ より，△ABC∽△PBQ だから，AC：PQ＝AB：PB＝(3＋1)：1＝4：1 となり，AC＝4PQ と表せる。よって，RS：AC＝$\frac{2}{5}$PQ：4PQ＝1：10 となるので，△DRS：△ACD＝RS：AC＝1：10 となり，△DRS＝$\frac{1}{10}$△ACD となる。次に，AD：QC＝2：3 であり，AC∥PQ より，QC：BQ＝AP：PB＝3：1 だから，AD：QC：BQ＝2：3：1 となり，AD：BC＝2：(3＋1)＝1：2 となる。△ACD，△ABC の底辺をそれぞれ AD，BC と見ると，AD∥BC より高さが等しいので，△ACD：△ABC＝AD：BC＝1：2 となり，△ACD＝$\frac{1}{1+2}$〔台形 ABCD〕＝$\frac{1}{3}$〔台形 ABCD〕となる。したがって，△DRS＝$\frac{1}{10}$△ACD＝$\frac{1}{10}\times\frac{1}{3}$〔台形 ABCD〕＝$\frac{1}{30}$〔台形 ABCD〕となるので，△DRS の面積は台形 ABCD の面積の $\frac{1}{30}$ 倍である。

図2

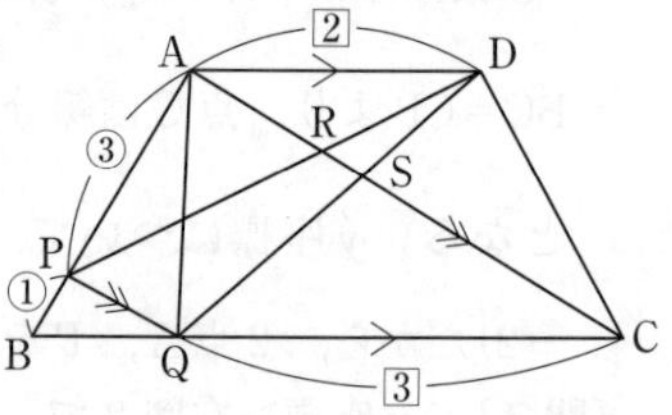

5 〔空間図形―正四面体〕

〔問1〕＜時間＞右図1で，立体 A-BCD が正四面体より，AB＝CD であり，2点P，Qは同じ速さで動くので，点Pが辺 AB 上にあるとき，点Qは辺 CD 上にあり，AP＝CQ となる。また，∠MAP＝∠MCQ＝60° であり，点Mが辺 AC の中点より AM＝CM だから，△APM≡△CQM となる。よって，MP＝MQ だから，l＝MP＋MQ の値が最も小さくなるとき，MP が最も小さくなる。MP が最も小さくなるのは，MP⊥AB となるときである。このとき，△APM は3辺の比が $1:2:\sqrt{3}$ の直角三角形と

図1

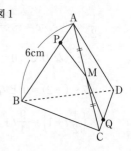

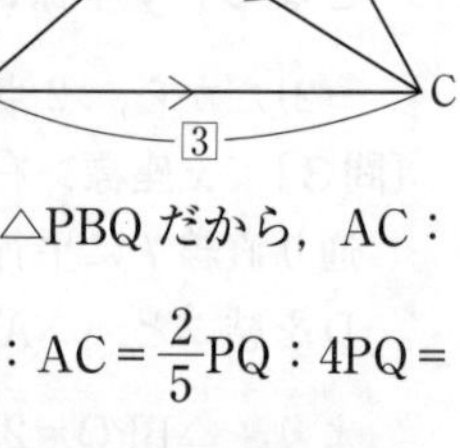

なるから，$AM=\frac{1}{2}AC=\frac{1}{2}\times6=3$ より，$AP=\frac{1}{2}AM=\frac{1}{2}\times3=\frac{3}{2}$ である。点Pは毎秒1cmの速さで動くので，l の値が最も小さくなるのは，点Pが頂点Aを出発してから $\frac{3}{2}\div1=\frac{3}{2}$(秒)後である。

〔問2〕＜体積＞右図2で，8秒後のとき，2点P，Qは $1\times8=8$(cm)動いている。$8=6+2$ より，点Pは辺BC上，点Qは辺DA上にあり，$BP=DQ=2$ である。これより，$PC=AQ=BC-BP=6-2=4$ である。2点P，Dを結ぶ。正四面体A-BCD，立体APCDは，底面をそれぞれ△BCD，△PCDと見ると，高さが等しい三角錐であるから，体積の比は底面積の比と等しくなり，〔正四面体A-BCD〕：〔立体APCD〕＝△BCD：△PCD＝BC：PC＝6：4＝3：2となる。よって，〔立体APCD〕$=\frac{2}{3}$〔正四面体A-BCD〕となる。2点M，Dを結ぶ。

図2

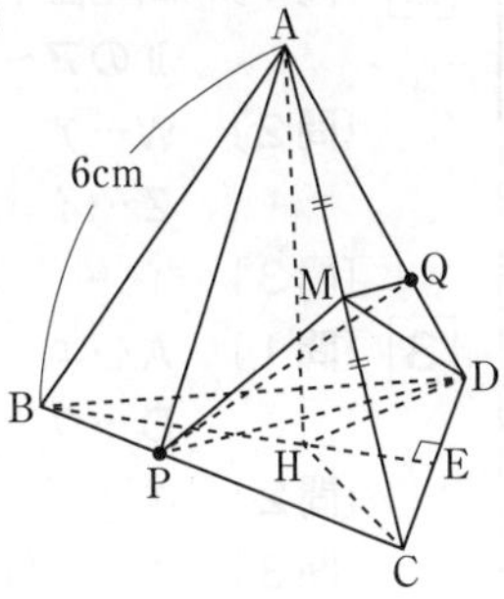

立体APCD，立体APMDは，底面をそれぞれ△APC，△APMと見ると，高さが等しい三角錐なので，同様にして，〔立体APCD〕：〔立体APMD〕＝△APC：△APM＝AC：AM＝2：1となり，〔立体APMD〕$=\frac{1}{2}$〔立体APCD〕$=\frac{1}{2}\times\frac{2}{3}$〔正四面体A-BCD〕$=\frac{1}{3}$〔正四面体A-BCD〕となる。さらに，立体APMD，立体Q-APMは，底面をそれぞれ△AMD，△AMQと見ると，〔立体APMD〕：〔立体Q-APM〕＝△AMD：△AMQ＝AD：AQ＝6：4＝3：2となり，〔立体Q-APM〕$=\frac{2}{3}$〔立体APMD〕$=\frac{2}{3}\times\frac{1}{3}$〔正四面体A-BCD〕$=\frac{2}{9}$〔正四面体A-BCD〕である。次に，点Bから辺CDに垂線BEを引くと，△BCEは3辺の比が $1:2:\sqrt{3}$ の直角三角形となるから，$BE=\frac{\sqrt{3}}{2}BC=\frac{\sqrt{3}}{2}\times6=3\sqrt{3}$ となり，$\triangle BCD=\frac{1}{2}\times CD\times BE=\frac{1}{2}\times6\times3\sqrt{3}=9\sqrt{3}$ である。また，点Aから面BCDに垂線AHを引くと，立体A-BCDが正四面体より，点Hは線分BE上にあり，$BH=CH=DH$ となる。$BC=CD=DB$ だから，△HBC，△HCD，△HDBは合同な二等辺三角形となり，$\angle HCB=\angle HCD=\frac{1}{2}\angle BCD=\frac{1}{2}\times60^\circ=30^\circ$ である。よって，△HCEは3辺の比が $1:2:\sqrt{3}$ の直角三角形となる。$CE=\frac{1}{2}CD=\frac{1}{2}\times6=3$ なので，$CH=\frac{2}{\sqrt{3}}CE=\frac{2}{\sqrt{3}}\times3=2\sqrt{3}$ である。$\angle AHC=90^\circ$ だから，△AHCで三平方の定理より，$AH=\sqrt{AC^2-CH^2}=\sqrt{6^2-(2\sqrt{3})^2}=\sqrt{24}=2\sqrt{6}$ となり，〔正四面体A-BCD〕$=\frac{1}{3}\times\triangle BCD\times AH=\frac{1}{3}\times9\sqrt{3}\times2\sqrt{6}=18\sqrt{2}$ となる。以上より，〔立体Q-APM〕$=\frac{2}{9}\times18\sqrt{2}=4\sqrt{2}$ (cm^3)である。

社会解答

1 〔問1〕 ウ　〔問2〕 エ
〔問3〕 ア

2 〔問1〕 略地図中のＡ～Ｄ…Ｄ
Ⅱのア～エ…イ
〔問2〕 Ｗ…ア　Ｘ…ウ　Ｙ…エ
Ｚ…イ
〔問3〕 イ

3 〔問1〕 Ａ…エ　Ｂ…イ　Ｃ…ア
Ｄ…ウ
〔問2〕 エ
〔問3〕 (1) (例)貨物輸送で生じる二酸化炭素の排出量を減少させるため。
(2) (例)全ての地方に貨物鉄道の路線と貨物ターミナル駅がある。

4 〔問1〕 ウ→イ→エ→ア　〔問2〕 ウ
〔問3〕 時期…イ→ア→ウ　略地図…ア
〔問4〕 Ａ…イ　Ｂ…エ　Ｃ…ウ
Ｄ…ア

5 〔問1〕 エ　〔問2〕 イ
〔問3〕 ウ
〔問4〕 (例)適正な企業統治を実現する役割をになう社外取締役の要件が追加され，取締役会に外部の意見がより反映されるよう，社外取締役を２名以上置く会社数の割合が増加した。

6 〔問1〕 Ａ…ウ　Ｂ…ア　Ｃ…イ
Ｄ…エ
〔問2〕 Ⅰの略年表中のＡ～Ｄ…Ｄ
略地図中のＷ～Ｚ…Ｘ
〔問3〕 ア

1 〔三分野総合―小問集合問題〕

〔問1〕**＜地形図の読み取り＞**付近の様子についての文からはＢ点付近が山になっていることが，写真からはＢ点付近の道の両側が道よりも標高が高くなっていることがそれぞれわかる。これをふまえて地形図を見ると，この地形図の縮尺は２万５千分の１であり，等高線(主曲線)が10mごとに引かれていることから，Ｂ点の標高は50mと60mの間であると読み取れる。また，Ａ点の標高は40mよりもやや低く，Ｃ点の標高は20mと30mの間となる。

〔問2〕**＜千利休＞**「大名や都市の豪商の気風を反映した壮大で豪華な文化」とは，安土桃山時代に栄えた桃山文化である。堺の商人であった千利休は，この時代に全国統一を果たした豊臣秀吉に茶の湯の作法を指導するなど重く用いられ，禅の影響を受けた質素なわび茶の作法を完成させた。なお，喜多川歌磨は江戸時代の化政文化が栄えた頃に美人画などを描いた浮世絵画家，栄西は鎌倉時代に宋(中国)で学び日本に臨済宗を伝えた僧，尾形光琳は江戸時代の元禄文化が栄えた頃に華やかな装飾画を完成させた画家である。

〔問3〕**＜安全保障理事会の常任理事国＞**国際連合の主要機関の１つである安全保障理事会は，国際社会の平和と安全を維持する役割を持ち，常任理事国５か国と，任期が２年の非常任理事国10か国で構成されている。2022年現在の常任理事国は，アメリカ合衆国〔アメリカ〕，ロシア連邦〔ロシア〕，イギリス，フランス，中華人民共和国〔中国〕の５か国である。常任理事国は拒否権を持ち，重要な問題については常任理事国のうち１か国でも反対すると決議できない。

2 〔世界地理―世界の諸地域〕

〔問1〕**＜世界の気候と暮らし＞略地図中のＡ～Ｄ．**Ⅰの文章中の「夏季は高温で乾燥し，冬季は温暖で湿潤となる気候」「ぶどうやオリーブが栽培されている」などの記述から，これは温帯の地中海性気候に属する地域について述べたものであり，当てはまる都市はＤであるとわかる。　**Ⅱのア～エ．**Ｄの都市の気候を示したグラフは，夏の降水量が少なく，冬は降水量が多く比較的温暖なイとなる。なお，Ａは温帯の温暖湿潤気候に属する都市でウのグラフ(南半球に位置するため，北半球とは季節が逆になっている)，Ｂは乾燥帯のステップ気候に属する都市でアのグラフ，Ｃは冷帯〔亜寒帯〕気候に属する都市でエのグラフとなる。

〔問２〕＜世界の国々の特徴＞略地図中のＷはボリビア，Ｘはアメリカ，Ｙはオマーン，Ｚはフランスである。アは，「ポンチョや強い紫外線を防ぐ帽子」が見られることや，じゃがいもの栽培が盛んであることなどから，国土の西部にアンデス山脈が分布しているボリビアである。イは，一人当たりの国民総所得がウに次いで大きいこと，キリスト教のカトリックを信仰する人が多いこと，「鞄《かばん》や洋服などの世界的なブランド店の本店が立ち並ぶ」ことなどから，ヨーロッパに位置しファッション関連産業が盛んなフランスである。ウは，一人当たりの国民総所得が最も大きいこと，高速道路(フリーウエー)や巨大なショッピングセンターが発達していること，多民族国家であることなどから，アメリカである。エは，乾燥地域で生産されるなつめやしが見られること，イスラム教徒の割合が最も多いことなどから，西アジアに位置するオマーンである。

〔問３〕＜ベトナムの特徴と資料の読み取り＞Ⅲの文章中の「2001年に約2164億円であった日本からの輸出額は，2021年には約２兆968億円となり」という記述から，2021年の日本からの輸出額は2001年の約9.7倍であることがわかる。これは，Ⅰの略地図中では「５倍～10倍未満」に該当し，ベトナムとラオスが当てはまる。また，Ⅲの文章中の「2001年に179社であった進出日本企業数は，2021年には1143社へと増加」という記述から，2021年の進出日本企業数は2001年よりも964社増加していることがわかる。これは，Ⅱの略地図中では「500社以上」に該当し，ベトナム，タイ，インドネシアが当てはまる。以上から，Ⅲの文章で述べている国はベトナムとなる。これらのほか，Ⅲの文章の１段落目にある「国が南北に分離した時代を経て，1976年に統一された」こと，「国営企業中心の経済」であったことなどの記述からベトナムと判断することもできる。ベトナムは，冷戦下で北ベトナムと南ベトナムに分断され，ベトナム戦争を経て1976年に社会主義国として統一された。

３〔日本地理―日本の諸地域〕

〔問１〕＜都道府県の自然と農産物の東京への出荷＞ア．Ｃの長野県である。日本アルプスなどの険しい山脈・山地が多く分布するため平均標高が高く，また，日本列島を東西に分ける溝状の地形であるフォッサマグナなどの影響によって形成された松本盆地や諏訪盆地などの盆地が見られる。東部の八ケ岳や浅間山のふもとの高原では，夏でも冷涼な気候を生かしてレタスなどを栽培し，高原野菜として出荷している。　　イ．Ｂの茨城県である。利根川などの河川によって形成された平野が広がり，平均標高は４県中で最も低い。大消費地である東京までトラックで約３時間と近いことから，都市向けに野菜などを出荷する近郊農業が盛んである。　　ウ．Ｄの宮崎県である。北西部には九州山地が分布し，中央部から南部にかけての海岸沿いには宮崎平野が広がる。宮崎平野では，温暖な気候を生かし，ビニールハウスなどの施設を利用して野菜の促成栽培を行っている。東京までは長距離となるため，フェリーなどを利用して農産物を輸送している。　　エ．Ａの青森県である。西部には津軽平野が広がり，中央部に位置する八甲田山の南側には，カルデラ湖で水深が深い十和田湖がある。東部の太平洋側は，北東から吹くやませの影響を受けて夏季に冷涼となることがある。東京へ出荷する農産物は，トラックによる長距離輸送を行っている。

〔問２〕＜空港の特徴＞略地図中のＷは成田国際空港，Ｘは東京国際空港〔羽田空港〕，Ｙは関西国際空港，Ｚは那覇空港である。４つの空港のうち，成田国際空港と関西国際空港は，外国との間を結ぶ航空機が主に発着する国際空港であることから，他の２つの空港に比べて輸出額・輸入額が大きいと考えられる。したがって，輸出額・輸入額が最も大きいウがＷの成田国際空港，２番目に大きいアがＹの関西国際空港と判断できる。成田国際空港は，日本の貿易港(港や空港)の中で貿易額が最大となっている(2020年)。次に，イとエを比べると，エの方が国内線貨物取扱量や輸出額・輸入額が大きく，またイの主な輸出品が農畜産物や水産物であるのに対し，エの主な輸出品は工業製品であることから，エがＸの東京国際空港，イがＺの那覇空港と判断できる。

〔問３〕＜モーダルシフト＞⑴Ⅰに示されているように，モーダルシフトとは，貨物輸送の手段を営業用貨物自動車(トラックなど)から貨物鉄道などへ転換することである。Ⅱを見ると，貨物を輸送する際に排出される二酸化炭素の排出量は，鉄道に比べて営業用貨物自動車が非常に多いことがわかる。したがって，国がモーダルシフトを推進する目的は，貨物輸送で生じる二酸化炭素の排出量を減少させるためであると考えられる。　(2)モーダルシフトを推進するためには，貨物鉄道の路線が敷設されていることと，営業用貨物自動車から貨物鉄道に積みかえる転換拠点となる貨物ターミナル駅が整備されていることが必要となる。Ⅲを見ると，七地方区分(北海道，東北，関東，中部，近畿，中国・四国，九州)の全てに貨物鉄道の路線と貨物ターミナル駅があり，全国的にモーダルシフトを推進するための前提条件が整っていることがわかる。

4〔歴史―古代～現代の日本と世界〕

〔問１〕＜年代整序＞年代の古い順に，ウ(十七条の憲法の制定，法隆寺の建立―飛鳥時代)，イ(東大寺の大仏の造立―奈良時代)，エ(中尊寺金色堂の建立―平安時代)，ア(金閣の建立―室町時代)となる。

〔問２〕＜享保の改革＞Ⅱは，江戸幕府の第８代将軍徳川吉宗が行った享保の改革について述べたものである。吉宗が政治を行ったのは，Ⅰの年表中のウの時期にあたる18世紀前半である。

〔問３〕＜年代整序，明治時代の工業＞年代の古い順に，イ(富岡製糸場―1872年)，ア(大阪紡績会社―1883年)，ウ(八幡製鉄所―1901年)となる。富岡製糸場は群馬県のA，大阪紡績会社は大阪府のB，八幡製鉄所は福岡県のCに位置する。

〔問４〕＜昭和～平成時代の出来事＞アのバブル経済が終わったのは1990年代初め(D)，イの連合国軍最高司令官総司令部〔GHQ〕の指令に基づく民主化政策が行われたのは太平洋戦争が終結した1945年以降(A)，ウの石油危機が起こったのは1973年(C)，エの東海道新幹線が開業したのは1964年(B)のことである。

5〔公民―総合〕

〔問１〕＜経済活動の自由＞日本国憲法は，自由権として精神の自由，身体の自由，経済活動の自由を保障している。このうち経済活動の自由には，エの居住・移転・職業選択の自由(第22条)と財産権の保障(第29条)が含まれる。なお，アは平等権，イは身体の自由，ウは社会権に含まれる。

〔問２〕＜公共料金＞公共料金には，国が決定するもの(介護報酬，社会保険診療報酬など)，国が認可や上限認可するもの(電気料金，都市ガス料金，鉄道運賃など)，国に届け出るもの(手紙・はがきなどの郵便料金，固定電話の通話料金など)，地方公共団体が決定するもの(公営水道料金，公立学校授業料など)がある。問題中の文章を見ると，所管省庁の審議分科会・審議会・大臣の間で料金の改定に関する審議から決定までが行われており，国が決定する公共料金であると考えられる。ア～エの中でこれに該当するのは，イの介護報酬である。文章中の「所管省庁」とは厚生労働省である。

〔問３〕＜国税と地方税＞課税する主体が国である税(国に納める税)を国税，課税する主体が地方公共団体である税(地方公共団体に納める税)を地方税という。国税には，法人税のほか，所得税や相続税，消費税や酒税などがある。地方税には，固定資産税のほか，事業税や住民税(道府県民税や市町村民税)，自動車税や地方消費税などがある。

〔問４〕＜資料の読み取り＞「2014年に改正された会社法によりもたらされた取締役会の変化」について，①「社外取締役の役割」と②「取締役会における社外取締役の人数」に着目して述べる問題である。まず，2010年に出されたⅠでは，当時の会社法には「外部の意見を取り入れる仕組を備える適正な企業統治を実現するシステム」が欠けていることの問題点が指摘されている。その後2014年に改正された会社法の内容であるⅡでは，社外取締役の要件が追加され，会社と利害関係がない独立性の高い人物を社外取締役とすることが定められている。これらから，①「社外取締役の役割」について，社外取締役の役割は，会社に外部の意見を反映させ，適正な企業統治を実現することである。次に，②「取締役会における社外取締役の人数」について，Ⅲを見ると，会社法が改正された2014年以降，社外取締役を２名以上置く会社数の割合が大きく増加していることがわかる。

6〔三分野総合―万国博覧会を題材とする問題〕

〔問１〕＜世界の諸地域と歴史＞ア．「1901年の連邦国家成立」「東西の州都を結ぶ鉄道」などの記述から，路線全体が１つの国に位置していると考えられ，Ｂの路線が当てはまる。　イ．「外国の支配に不満をもつ人々が起こした大反乱」とは，インド大反乱(1857～58年)と考えられる。また，「綿花」の産地に近い地域であることや，「港湾都市と内陸都市を結ぶ鉄道」という記述から，Ｃの路線が当てはまる。インドでは，内陸部のデカン高原などで綿花の生産が盛んである。　ウ．「二つの大洋をつなぎ」という記述にはＡとＤのどちらも当てはまるが，「国際運河が1914年に開通した」とあることから，パナマ運河に近い場所にあるＡの路線となる。　エ．「銅」の産地に近い地域であることや，内陸部と西側，東側それぞれの港を結ぶ「大陸横断鉄道となった」という記述から，Ｄの路線が当てはまる。アフリカ大陸の中南部のコンゴ民主共和国やザンビアでは，銅の産出が盛んである。

〔問２〕＜地球サミットとドイツの環境問題＞Ⅰの略年表中のＡ～Ｄ．Ⅱの文章で述べている国際博覧会は，1992年のリオデジャネイロでの地球サミット〔国連環境開発会議〕から８年後に開催されたとあることから，略年表中のＤが当てはまる。　**略地図中のＷ～Ｚ．**Ⅱの文中のシュヴァルツヴァルトはドイツ(Ｘ)に位置する森林山地であり，「国境の一部となっている北流する国際河川」とはライン川を指す。ドイツでは，偏西風などによって運ばれた有害物質による酸性雨により，森林の立ち枯れなどの被害が早くから発生しており，環境問題への取り組みが盛んとなっている。なお，Ｗはカナダで1967年(Ｂ)に，Ｙはベルギーで1958年(Ａ)に，Ｚはスペインで1992年(Ｃ)にそれぞれ万国博覧会が開催された。

〔問３〕＜人口ピラミッドと1970年の日本＞人口ピラミッドには，年齢が低いほど割合が高い「富士山型」，子どもと高齢者の割合の差が富士山型よりも小さい「つりがね型」，高齢者の割合が高く子どもの割合が低い「つぼ型」などがある。一般に国の人口ピラミッドは，経済が発展するにつれて「富士山型」から「つりがね型」へと推移し，さらに少子高齢化が進むと「つぼ型」へと推移する。日本の人口ピラミッドもこのような推移をたどってきている。したがって，Ⅰのア～エの人口ピラミッドは，イ(1950年)→ア(1970年)→ウ(2000年)→エ(2020年)の順に推移している。次にⅡを見ると，大阪で万国博覧会が開催されたとあることから，これは1970年について述べた文章であることがわかる。高度経済成長期であったこの頃には，日本の人口が１億人を突破し，地方からの人口移動によって過密となった都市の周辺ではニュータウンの建設が進められた。

理科解答

1 〔問1〕 ア 〔問2〕 エ
〔問3〕 ウ 〔問4〕 イ
〔問5〕 ア 〔問6〕 イ

2 〔問1〕 イ 〔問2〕 ①…イ ②…ア
〔問3〕 エ 〔問4〕 ウ

3 〔問1〕 (例)水滴がつき始める瞬間の温度を正確に読み取るため。
〔問2〕 ①…イ ②…ア
〔問3〕 ①…ア ②…イ ③…イ ④…ア
〔問4〕 エ

4 〔問1〕 ウ 〔問2〕 エ
〔問3〕 ア

5 〔問1〕 ア 〔問2〕 エ
〔問3〕 イ 〔問4〕 ①…イ ②…ウ

6 〔問1〕 ア 〔問2〕 ウ
〔問3〕 ウ 〔問4〕 イ

1 〔小問集合〕

〔問1〕＜生産者と消費者＞A～Fのうち，生産者は光合成を行う生物だから，エンドウ，サツマイモ，ツツジの植物が生産者である。また，消費者は他の生物から有機物を得る生物だから，タカ，バッタ，ミミズの動物が消費者である。

〔問2〕＜火山岩＞図1で，玄武岩は黒っぽい色をしていて，花こう岩は白っぽい色をしているので，玄武岩は岩石B，花こう岩は岩石Aである。また，玄武岩は火山岩で，マグマが地表や地表近くで急激に冷えて固まってできるため，そのつくりは斑状組織であり，花こう岩は深成岩で，マグマが地下深くでゆっくりと冷えて固まってできるため，そのつくりは等粒状組織である。

〔問3〕＜ガスバーナー＞空気の量が不足している炎のときは，図2のBのガス調節ねじを押さえながら，Aの空気調節ねじをCの向きに回して開き，空気の量を増やして青色の適正な炎にする。

〔問4〕＜凸レンズの像＞右図のように，物体の先端から出る光のうち，凸レンズの2つの焦点を通る一直線(光軸)に平行な光は凸レンズで反対側の焦点を通るように屈折し，凸レンズの中心を通る光は直進する。この2つの光が集まる位置に実像はできる。よって，上図より，スクリーンにはっきりした像が映るのは，2つの光が1点で集まるように，スクリーンをA点に動かしたときで，このときスクリーンに映った像(実像)の大きさは，物体の大きさよりも小さい。

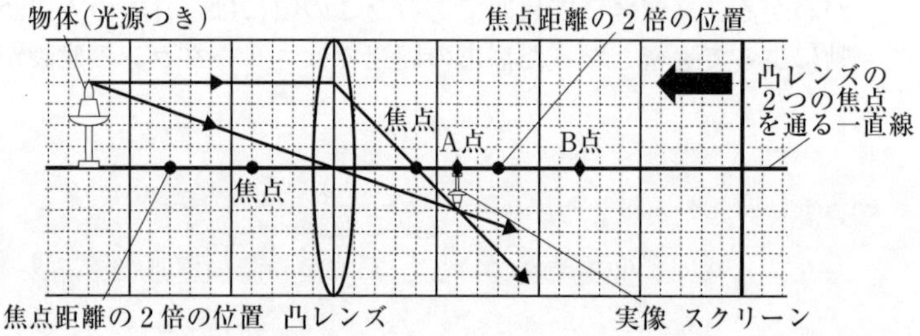

〔問5〕＜化合物と単体＞A～Dのうち，化合物は2種類以上の元素からできている物質だから，二酸化炭素(CO_2)，水(H_2O)，アンモニア(NH_3)であり，単体は1種類の元素でできている物質だから，酸素(O_2)である。

〔問6〕＜花のつくり＞アブラナの花のつくりは外側から，がく(A)，花弁(B)，おしべ(C)，めしべ(D)の順である。

2 〔小問集合〕

〔問1〕＜速さ＞模型の旗が2m地点を通過してから6m地点を通過するまでに，移動した距離は，6−2=4(m)，移動にかかった時間は，表1より，122.2−40.4=81.8(秒)である。よって，平均の速さは，4÷81.8=0.048…より，約0.05m/sとなる。

〔問２〕＜濃度，密度＞①〔質量パーセント濃度(％)〕＝$\dfrac{\text{〔溶質の質量(g)〕}}{\text{〔水溶液の質量(g)〕}}\times 100$より，〔溶質の質量(g)〕＝〔水溶液の質量(g)〕×$\dfrac{\text{〔質量パーセント濃度(％)〕}}{100}$となる。これより，３％の食塩水100gに含まれる食塩の量は，$100\times\dfrac{3}{100}=3$(g)である。また，凍った部分の表面を取り除き残った部分を溶かして得た食塩水の食塩の濃度を測定すると0.84％だったから，その食塩水100gに含まれる食塩の量は，100×(0.84÷100)＝0.84(g)である。よって，求める食塩３gに対する食塩0.84gの割合は，0.84÷3×100＝28(％)となる。　②固体が液体に浮くのは，固体の密度より液体の密度の方が大きい場合である。凍った部分の表面を取り除き残った部分を３％の食塩水に入れると浮いたことから，密度が大きいのは３％の食塩水である。

〔問３〕＜細胞分裂＞受精卵は体細胞分裂により細胞数を増やし，体細胞分裂では細胞の染色体の数は変わらない。そのため，受精卵の染色体の数が24本の場合，分裂後の胚の細胞の染色体の数は全て24本である。よって，図５の細胞数が２個の胚に含まれる合計の染色体の数は，24×2＝48(本)で，図６の細胞数が４個の胚に含まれる合計の染色体の数は，24×4＝96(本)である。

〔問４〕＜太陽の動き＞図７は北の空を撮影しているので，正面が北で，右側が東，左側が西，後側が南になる。北極付近(北半球)では，太陽は東の空から南の空に向かって高くなるように動くから，太陽が動いた向きはＹである。また，図８で，日本で夏至となるのは，地軸の北極側が太陽の方に傾いているときだから，地球の位置はＡである。

3 〔気象と天気の変化〕

〔問１〕＜実験操作＞コップの表面の温度が少しずつ下がるようにしたのは，水滴がつき始める瞬間の温度(露点)を正確に読み取るためである。急激に温度を下げると，水滴がつき始める瞬間の温度の読み取りが露点以下になるおそれがある。

〔問２〕＜湿度＞①(1)で測定した水温が実験室の室温で，(3)で測定した水温が実験室内の空気の露点である。結果１より，午前10時の気温は17.0℃，露点は16.2℃で，露点における飽和水蒸気量はその空気が含む水蒸気の量に等しい。よって，図２より，気温17.0℃での飽和水蒸気量は14.5g/m^{3}であり，このときの空気が含む水蒸気の量は，気温16.2℃での飽和水蒸気量で13.8g/m^{3}である。したがって，〔湿度(％)〕＝$\dfrac{\text{〔空気 1 m}^3\text{中に含まれる水蒸気の量(g/m}^3\text{)〕}}{\text{〔その気温での飽和水蒸気量(g/m}^3\text{)〕}}\times 100$より，13.8÷14.5×100＝95.1…となるから，約95％である。　②午後６時の露点は，結果１より，12.8℃である。露点における飽和水蒸気量がその空気が含む水蒸気の量に等しく，図２より，飽和水蒸気量は気温が高いほど大きいから，1 m^{3}に含まれる水蒸気の量が多いのは，露点が高い午前10時の実験室内の空気である。

〔問３〕＜雲のでき方＞結果２で，ピストンを引くとフラスコ内がくもって温度が下がっている。これは，ピストンをすばやく引くと，丸底フラスコ内の空気が膨張して気圧が下がり，その結果，温度が下がって露点以下になり，空気中に含みきれなくなった水蒸気の一部が水滴に変化するためである。なお，ピストンを押すと，丸底フラスコ内の空気が圧縮されて気圧が上がり，温度が上がるので，水滴が再び水蒸気になってくもりは消える。

〔問４〕＜寒冷前線＞寒冷前線は寒気が暖気の下にもぐり込み，暖気を押し上げながら進む前線である。寒冷前線付近では暖気が急激に押し上げられるので積乱雲などのように垂直方向に発達した雲ができ，狭い範囲に強い雨が短時間降る。なお，温暖前線では，暖気が寒気の上をはい上がり，前線付近では乱層雲や高層雲などの層状の雲ができて広い範囲に弱い雨が長時間降る。

4 〔生物の体のつくりとはたらき〕

〔問１〕＜唾液のはたらき＞結果からわかる唾液のはたらきについての考察なので，唾液のあるものとないもので，それ以外の条件が同じ試験管の結果を比較する(対照実験)。まず，ヨウ素液を入れた試験管Aと試験管Bの結果を比較する。ヨウ素液をデンプンのある溶液に入れると青紫色になるので，唾液を入れた試験管Aの溶液にはデンプンがないが，水を入れた試験管Bの溶液にはデンプンがある。これより，唾液にはデンプンをデンプンでないものにするはたらきがあることがわかる。次に，ベネジクト液を入れた試験管Cと試験管Dの結果を比較する。ベネジクト液をブドウ糖がいくつか結合した糖を含む溶液に入れて加熱すると赤褐色になる。よって，ブドウ糖がいくつか結合した糖は，唾液を入れた試験管Cの溶液にはあるが，水を入れた試験管Dの溶液にはないので，唾液にはデンプンをブドウ糖がいくつか結合した糖にするはたらきがあることがわかる。なお，アミノ酸の存在については，この実験からはわからない。

〔問２〕＜吸収＞ブドウ糖はデンプンが分解されたもの，アミノ酸はタンパク質が分解されたもの，脂肪酸とモノグリセリドは脂肪が分解されたものである。このうち，ブドウ糖とアミノ酸は柔毛で吸収されて毛細血管に入り，脂肪酸とモノグリセリドは柔毛で吸収された後に再び脂肪になってリンパ管に入る。

〔問３〕＜血液循環＞栄養分は小腸で吸収され，血液によって肝臓に運ばれるから，図５で，小腸の毛細血管から吸収された栄養分の濃度が高い場所は，小腸から肝臓に向かう血液が流れるAである。また，細胞では，栄養分と酸素を反応させることで，活動するためのエネルギーを取り出している(細胞の呼吸)。なお，このとき二酸化炭素ができる。

5 〔化学変化とイオン〕

〔問１〕＜塩化銅の電離＞塩化銅($CuCl_2$)が電離すると，陽イオンである銅イオン(Cu^{2+})と陰イオンである塩化物イオン(Cl^-)が１：２の個数の比で生じる。よって，塩化銅水溶液中に存在する陽イオンと陰イオンの数の比は，１：２となる。

〔問２〕＜電気分解＞陽極には陰イオンが引きつけられ，陰極には陽イオンが引きつけられる。よって，結果１より，電極Aに付着した赤い物質は銅で，陽イオン(Cu^{2+})が引きつけられたので，電極Aは陰極であり，電極B付近から発生した刺激臭がある気体は塩素で，陰イオン(Cl^-)が引きつけられたので，電極Bは陽極である。また，電流は＋極から－極に向かって流れるから，図１で，回路に流れる電流の向きはDである。なお，電源装置の＋極につながった電極が陽極，－極につながった電極が陰極である。

〔問３〕＜塩化銅の電気分解＞塩化銅を電気分解したときに，陽極付近で生成された刺激臭のある気体は塩素である。塩化物イオン(Cl^-)は１価の陰イオンなので，電子を１個放出し(失い)，塩素原子(Cl)になる。塩素原子は２個結びついて塩素分子(Cl_2)となり，気体として発生する。

〔問４〕＜電気分解＞①塩化銅水溶液を電気分解したときに，陰極に付着した赤い物質は銅である。これは，塩化銅水溶液中の銅イオン(Cu^{2+})が，陰極から電子を受け取って銅原子(Cu)になって陰極に付着したものである。つまり，水溶液中の銅イオンの数は，時間とともに減少していく。　②水酸化ナトリウム水溶液を電気分解すると，陽極から酸素，陰極から水素が発生する。このとき，ナトリウムイオン(Na^+)はイオンのまま水溶液中に存在するので，数は変化しない。

6 〔電流とその利用〕

〔問１〕＜回路＞図１のように，抵抗器Xと抵抗器Yを並列につないだ回路では，それぞれの抵抗器には電源と等しい大きさの電圧が加わる。電気抵抗が大きいほど，電流は流れにくいから，電気抵抗の大きさが５Ωの抵抗器Xと20Ωの抵抗器Yでは，加えた電圧の大きさが等しいとき，流れる電流の大きさが大きいのは，電気抵抗の小さい抵抗器Xの方である。また，図３より，加えた電圧の大きさが等しいとき，流れる電流の大きさが大きいのは，実験の⑵の図１の回路である。

〔問２〕＜**抵抗**＞Aの抵抗器Xの抵抗の値は５Ωである。Bは図１の回路全体の抵抗の値，Cは図２の回路全体の抵抗の値だから，図３より，Bは2.0÷0.5＝4(Ω)，Cは5.0÷0.2＝25(Ω)となる。よって，B＜A＜Cである。

≪別解≫並列回路では回路全体の電気抵抗の大きさは，各抵抗の電気抵抗より小さくなり，直列回路では回路全体の電気抵抗の大きさは各抵抗の和になる。そのため，図１の並列回路全体の抵抗の値は，抵抗器Xの抵抗の値より小さく，図２の直列回路全体の抵抗の値は，抵抗器Xの抵抗の値より大きい。よって，B＜A＜Cとなる。

〔問３〕＜**電力**＞電力は，〔電力(W)〕＝〔電圧(V)〕×〔電流(A)〕で求められるから，図３より，実験の(2)と(3)で，電力が等しくなるときを求める。実験の(2)では電圧が2.0V，電流が0.5Aのときの電力が，2.0×0.5＝1.0(W)であり，実験の(3)では電圧が5.0V，電流が0.2Aのときの電力が，5.0×0.2＝1.0(W)となり等しくなる。実験の(2)は図１の並列回路だから，抵抗器Xに加わる電圧の大きさSは電源の電圧2.0Vである。一方，実験の(3)は図２の直列回路で，抵抗器Xに流れる電流は0.2Aだから，５Ωの抵抗器Xに加わる電圧の大きさTは，5×0.2＝1.0(V)である。よって，S：T＝２：１となる。

〔問４〕＜**電力量**＞電力量は，〔電力量(J)〕＝〔電力(W)〕×〔時間(s)〕で求められる。回路全体の電力が９Wで，電流を２分間流したときの電力量は，9×(60×2)＝1080(J)である。一方，回路全体の電力が４Wで，電流をx秒間流したときの電力量は，$4\times x=4x$(J)と表せる。よって，これらの電力量が等しいとき，$4x=1080$が成り立ち，これを解くと，$x=270$(s)となる。したがって，270÷60＝4.5より，求める時間は４分30秒である。

国語解答

一 (1) の　(2) かはん　(3) か
(4) した　(5) しゅりょう

二 (1) 投　(2) 宇宙　(3) 永遠
(4) 著　(5) 秒

三 〔問1〕 エ　〔問2〕 ア
〔問3〕 ウ　〔問4〕 エ
〔問5〕 イ

四 〔問1〕 ウ　〔問2〕 イ
〔問3〕 ア　〔問4〕 エ
〔問5〕 (例)環境問題の解決策について意見を述べる授業がありました。インターネットで環境問題の現状を詳しく調べると不確定な情報が数多くあり，注意する必要があると思いました。／筆者は「AIとの共生が唯一の生き延びる道だ」と述べています。AIによって高速処理された情報をそのまま受け入れるのではなく，その情報から取捨選択し活用する力が人間には必要だと思います。私はこの力を身につけて，情報社会をよりよく生きたいです。(200字)

五 〔問1〕 イ　〔問2〕 ア
〔問3〕 ウ　〔問4〕 ウ
〔問5〕 エ

一〔漢字〕
(1)音読みは「伸縮」などの「シン」。　(2)「河畔」は，河のほとりのこと。　(3)「掛ける」は，物をつり下げる，という意味。　(4)音読みは「思慕」などの「ボ」。　(5)「狩猟」は，野生の鳥獣を捕獲すること。

二〔漢字〕
(1)音読みは「投球」などの「トウ」。　(2)「宇宙」は，あらゆる天体の存在している空間のこと。　(3)「永遠」は，果てしなく長く続くさま。　(4)音読みは「顕著」などの「チョ」。　(5)「秒」は，時間の単位の一つ。

三〔小説の読解〕出典；清水晴木『旅立ちの日に』。

〔問1〕＜表現＞「今の私に出来る精いっぱいをしよう」という決意で踊りきった「私」に，佐代子さんは「いつまで続くのか分からないくらい」長く拍手をしてくれた。その拍手の長さは，佐代子さんが「私」の踊りに感動してくれたあかしでもあった。

〔問2〕＜文章内容＞「私」は，突然「春風亭」の看板を書くのを任せたいと佐代子さんに言われて「びっくり」したが，店主や大輔君の応援も受けて，何人ものギャラリーの前で看板を書くことを決意し，集中して筆をとった。

〔問3〕＜文章内容＞「私」は，この町にずっと住んでいると同じことだけが続き，「同じような人とばかり過ごして，変わらない人生を送る」と思っていた。しかし，この町で佐代子さんをはじめ，いろいろな「素晴らしい人たち」と出会い，「私」は，この町の生活も捨てたものではないと思ったのである。

〔問4〕＜心情＞「白鳥の湖」には新しい結末があるという「私」の話に，佐代子さんは「ハッピーエンド」の結末をすてきだと言った。「私」もその結末をすてきだと感じており，佐代子さんと「私」は，物語と同様に自分たちの未来についても前向きに思い描くことができたのだと考えられる。

〔問5〕＜心情＞「私」は，自分の周りには佐代子さんをはじめとして「素晴らしい人」がいることを改めて認識できた。さらに，店の看板だけではなく，店の新メニューを書いてほしいというリクエストをもらって，「私」は自分が認められたようでうれしかったのである。

四〔論説文の読解―社会学的分野―情報〕出典；信原幸弘「情報とウェルビーイング」。

≪本文の概要≫問題は，誤った情報を信じるかどうかではなく，誤った情報に基づいて行動するかどうかである。情報の本質は，その正しさによって行動を成功に導くことである。行動に関わらない情報には何の意味もない。人々は，フェイクニュースを，おもしろさを享受するための娯楽として消費している。しかし，このことは，私たちのウェルビーイングを向上させるとは思えないし，むしろ損なわせるものである。情報には，アナログ情報とデジタル情報がある。人間は，生物としてアナログ情報を使って生命活動を行う一方で，デジタル情報によって情報社会を成立させている。このままでいけば，AIが人間の知能を上回る時点がきたとき，人間は，自分の心の内容をデジタル情報に変換して生き延びようとするかもしれない。しかし，生物媒体のアナログ性を名残として引きずるデジタル情報が，電脳空間で維持されることはない。私たち人間は，生物媒体のアナログ情報を大切にして，AIと同化するのではなく，AIと共生するしか生き延びる道はない。

〔問１〕＜文章内容＞情報を，「その正しさによって行動を成功に導く」ものだと考えると，人の行動に関係しないような情報には，何の意味もないといえるのである。

〔問２〕＜文章内容＞情報は正しい行動を取るためには必要なものであり，正しいか否かは，情報にとって大切である。しかし「情報を娯楽として消費する」というのは，ただ「面白さを享受する」ために「情報」を娯楽として使うということであり，「情報の真偽をあまり気にかけていない」態度である。

〔問３〕＜段落関係＞第七段では，AIが人間の知能を上回った場合の人間の生き延びる方法として，自分の心の内容をデジタル情報に変換して電脳空間にアップロードする考えが，説明されている。その考えに対して，第八段では「電脳空間に心をアップロードしたからといって，はたして私たちは生き延びていけるのだろうか」という疑問が投げかけられ，第九段以降では「生物媒体のアナログ性」は電脳空間に適合できないだろうという論が展開されていく。

〔問４〕＜文章内容＞人間の心の内容は，「生物媒体のアナログ情報」からなる。それをデジタル情報に変換し，電脳空間で維持すると，その情報は，人間の心の内容の「名残を振り払い」，電脳空間にふさわしいあり方へと根本的な変貌を遂げるだろうことが予想される。そうなれば，人の心はもう人間の心ではない別のものになってしまう。

〔問５〕＜作文＞情報を正しく行動するためではなく娯楽として消費することは，私たちのウェルビーイングを損なうということと，AIの進化によって生活が危ぶまれる時代においても，人間は生物媒体のアナログ情報を大切にしてAIと共生していくしかないという筆者の主張をふまえ，情報にどのように向き合えばいいのかを考えてみる。また「具体的な体験や見聞も含めて」とあるので，自分が授業や日常生活でどのように情報と接しているかなどを考えていく。指定字数を守って，誤字脱字に気をつけて書いていくとよい。

五〔説明文の読解―芸術・文学・言語学的分野―文学〕出典；円地文子・吉田精一「源氏物語をめぐって」／塚原鉄雄『枕草子研究』。

〔問１〕＜品詞＞「普通に」の「に」は，形容動詞の活用語尾。他は格助詞。

〔問２〕吉田さんは，『源氏物語』の自然描写には特別優れたものは見出せないと述べている。円地さんは，吉田さんの意見に理解を示しつつも，『源氏物語』の自然描写には細やかな感覚が行き届いたところもあると述べ，話題を深めている。

〔問３〕＜歴史的仮名遣い＞歴史的仮名遣いの語頭以外のハ行は，現代仮名遣いでは原則として「わいうえお」となる。よって，「いはず」は，現代仮名遣いでは「いわず」となる。

〔問４〕＜現代語訳＞「なほ」は，やはり，そのうえ，という意味。「いみじう」は，程度がはなはだしいことを表す形容詞「いみじ」の連用形「いみじく」のウ音便。「に」は，ここでは単純接続の接続助詞で，～ところに，などと訳す。「なほいみじう降るに」は，直訳すると，そのうえたくさん降るところに，となる。

〔問５〕＜文章内容＞Aでは，円地さんが『源氏物語』の自然描写のことを「目だたないところに，わりに細やかな感覚が行き届いているような気がします」と述べている。Bでは，雪の情景について「主観的な心情で叙述している」と述べられ，「紫式部は，対象に自己を同化し，繊細な心情で適切に表現した」とされている。

Memo

誰にもよくわかる
解説と解答
2022年度

東京都　正答率
＊は部分正答も含めた割合

英語

1	A	1	61.0%
		2	89.7%
		3	67.0%
	B	1	87.5%
		2	＊39.1%
2	1		49.4%
	2		60.9%
	3	(1)	66.8%
		(2)	＊44.7%
3	〔問1〕		58.4%
	〔問2〕		42.3%
	〔問3〕		55.1%
	〔問4〕		85.7%
	〔問5〕		68.9%
	〔問6〕		59.7%
	〔問7〕		51.4%
4	〔問1〕		66.3%
	〔問2〕		29.5%
	〔問3〕	(1)	58.4%
		(2)	37.7%
		(3)	44.7%
	〔問4〕	(1)	43.7%
		(2)	40.2%

社会

1	〔問1〕	81.2%
	〔問2〕	54.1%
	〔問3〕	68.6%
2	〔問1〕	52.9%
	〔問2〕	28.3%
	〔問3〕	28.5%
3	〔問1〕	25.9%
	〔問2〕	11.7%
	〔問3〕	＊69.3%
4	〔問1〕	26.1%
	〔問2〕	54.2%
	〔問3〕	40.9%
	〔問4〕	49.7%
5	〔問1〕	42.8%
	〔問2〕	54.7%
	〔問3〕	＊54.5%
	〔問4〕	40.3%
6	〔問1〕	36.7%
	〔問2〕	16.7%
	〔問3〕	36.4%

数学

1	〔問1〕		85.3%
	〔問2〕		70.7%
	〔問3〕		78.7%
	〔問4〕		87.3%
	〔問5〕		88.6%
	〔問6〕		58.4%
	〔問7〕		62.6%
	〔問8〕		45.6%
	〔問9〕		＊37.0%
2	〔問1〕		52.7%
	〔問2〕		＊40.5%
3	〔問1〕		67.7%
	〔問2〕		69.4%
	〔問3〕		14.7%
4	〔問1〕		62.2%
	〔問2〕	①	＊55.0%
		②	2.3%
5	〔問1〕		29.9%
	〔問2〕		1.2%

理科

1	〔問1〕	64.0%
	〔問2〕	52.1%
	〔問3〕	44.1%
	〔問4〕	45.8%
	〔問5〕	52.2%
2	〔問1〕	44.0%
	〔問2〕	39.6%
	〔問3〕	72.6%
	〔問4〕	55.4%
3	〔問1〕	42.9%
	〔問2〕	63.1%
	〔問3〕	51.8%
	〔問4〕	37.8%
4	〔問1〕	71.0%
	〔問2〕	55.4%
	〔問3〕	44.0%
	〔問4〕	68.6%
5	〔問1〕	67.3%
	〔問2〕	41.3%
	〔問3〕	39.6%
	〔問4〕	40.9%
6	〔問1〕	68.1%
	〔問2〕	46.8%
	〔問3〕	＊64.9%
	〔問4〕	56.4%

国語

一	(1)	94.2%
	(2)	97.6%
	(3)	98.9%
	(4)	80.8%
	(5)	97.4%
二	(1)	84.8%
	(2)	78.5%
	(3)	70.5%
	(4)	57.0%
	(5)	57.2%
三	〔問1〕	89.0%
	〔問2〕	76.0%
	〔問3〕	94.7%
	〔問4〕	94.2%
	〔問5〕	73.4%
四	〔問1〕	44.6%
	〔問2〕	29.1%
	〔問3〕	40.4%
	〔問4〕	59.4%
	〔問5〕	＊71.4%
五	〔問1〕	64.3%
	〔問2〕	57.0%
	〔問3〕	38.8%
	〔問4〕	35.7%
	〔問5〕	83.2%

2022年度／東京都立高等学校

英語解答

1 A ＜対話文１＞ ア
＜対話文２＞ ウ
＜対話文３＞ イ
B Q１ エ
Q２ They are interesting.

2 1 ウ 2 ア
3 (1)…イ
(2) (例) My grandfather and I often go to a park near my house. He enjoys seeing trees and flowers there. The park gives us a chance to have a good time together.

3 〔問１〕 ア 〔問２〕 エ
〔問３〕 エ 〔問４〕 イ
〔問５〕 ア 〔問６〕 ウ
〔問７〕 イ

4 〔問１〕 エ 〔問２〕 イ→ウ→ア→エ
〔問３〕 (1)…ウ (2)…イ (3)…ア
〔問４〕 (1)…ウ (2)…エ

1 〔放送問題〕

〔問題Ａ〕＜対話文１＞≪全訳≫サクラ(Ｓ)：こんにちは，トム，今日の午後は雨が降ると思う？／トム(Ｔ)：やあ，サクラ。降らないと思うよ。／Ｓ：ほんと？　今朝は晴れてたのに，今は曇ってるでしょ。もし雨なら，今日の午後にテニスを練習する予定を変更しないといけないわ。／Ｔ：心配しないで。その必要はないさ。天気予報では，明日の朝は雨が降るけど，今日は降らないって。／Ｓ：それならよかった。／Ｔ：今日の練習について，今夜電話で話そうよ。／Ｓ：ええ。

Ｑ：「サクラとトムはいつテニスの練習をするか」―ア.「今日の午後」

＜対話文２＞≪全訳≫ジェーン(Ｊ)：すみません。私はジェーンといいます。新入生です。手伝っていただけますか？／ボブ(Ｂ)：こんにちは，ジェーン。僕はボブです。何に困ってるんですか？／Ｊ：ブラウン先生にお会いしたいんです。職員室への行き方を教えてもらえますか？／Ｂ：ええっと，彼女はたいてい音楽室にいますよ。／Ｊ：そうなんですか。じゃあ，音楽室はどこですか？／Ｂ：図書室が見えますか？　図書室を右に曲がると，美術室の隣に音楽室があります。あと，先生はときどき図書室で本を読んでることもありますよ。／Ｊ：ありがとうございます。まずは図書室に行ってみます。／Ｂ：先生が見つかるといいですね。

Ｑ：「ジェーンは最初にどこへ行くだろうか」―ウ.「図書室」

＜対話文３＞≪全訳≫女子(Ｇ)：うちの学校は新しく見えるけど，長い歴史があるのよ。／男子(Ｂ)：どういうこと？／Ｇ：建物は新しいけど，うちの学校は来年で創立100周年になるの。／Ｂ：ほんとに？／Ｇ：ええ。私のおじいちゃんは60年前にこの同じ学校の生徒だったのよ。／Ｂ：へえ，君のおじいちゃんは何歳なの？／Ｇ：今年で72歳になるわ。／Ｂ：へえ，そうなの？／Ｇ：ええ。私たちはときどき一緒に校歌を歌うの。／Ｂ：それはいいね！

Ｑ：「この学校は現在，創立何年目か」―イ.「99年」

〔問題Ｂ〕≪全訳≫こんにちは，皆さん！　私はキャシーです。15歳です。今日はインターネット上で皆さんとお会いできてうれしいです。／まず，私の国についてお話しします。夏には，たくさんの人が山でウォーキングや野鳥観察を楽しみます。私はよく，夏休み中にプールに行きます。冬には，多くの人がバスケットボールの試合を見て楽しみます。バスケットボールの試合はとても盛り上がるので，私もそれを観戦するのが好きです。また，人々はスキーも楽しみます。雪の積もった山々は美しいです。私は毎年，家族と一緒にスキーに行きます。私は全てのスポーツの中でスキーが一番好きです。日本にはスキーができる場所がたくさんあるということを知りました。皆さんはウインタースポーツが好きですか？／次に，私が日本について知りたいと思っていることについてお話しします。私は日本の映画にとても興味があります。ストーリーがおもしろいと思います。皆さんに，人気のある日本の映画について教えてほしいです。楽しんで見られるような新しい映画を探しています。今日はインターネット上で楽しく過ごしましょう。

Q１：「キャシーが一番好きなスポーツは何か」―エ．「スキー」

Q２：「キャシーは日本の映画のストーリーについてどう考えているか」―「それらはおもしろい」

２〔総合問題〕

１<対話文完成―適語句選択―資料を見て答える問題>

≪全訳≫❶トニー(T)：君は次の授業で何を発表するつもりなんだい？
❷リク(R)：新しい公園に関する僕のアイデアを発表するつもりだよ。人々は公園にいろいろな役割を求めていると思う。その役割が重要なんだ。僕は将来，町に新しいすてきな公園をつくりたいんだ。
❸T：すごいね！
❹R：君にとって，一番重要な公園の役割って何だい？
❺T：そうだなあ，食事をするための場所が一番重要かな。
❻R：僕もそれは重要だと思うよ。でも，このグラフでは，それを示すパーセンテージは一番低いんだ。
❼T：おもしろいね。自分の国にいると，僕はよく公園で昼食を食べるのを楽しむんだ。
❽R：僕は，子どもたちが遊ぶ場所が一番重要だと思う。他にも多くの人がその役割を求めてるよ。
❾T：そうだね。それを示すパーセンテージは，「運動やスポーツをするための場所」と「地域の拠点」のパーセンテージよりもちょっと低い。でも，他の項目のパーセンテージよりは高いね。
❿R：公園は町の中でたくさんの役割を果たせるんだ。僕は重要な役割を果たす公園をつくることに取り組むつもりさ。町の中の公園の役割には，いろいろなものが考えられるね。人々が僕の公園に有益な役割を見出してくれるといいな。
⓫T：すごいなあ！　君の発表は本当におもしろいものになると思うよ。公園や町についてもっとよく知りたいな。

<解説>(A)空所に当てはまる項目は，続く第６段落で，グラフ中で最もパーセンテージが低いと説明されている。　(B)空所に当てはまる項目は，続く第９段落で，「運動やスポーツのための場所」と「地域の拠点」よりはパーセンテージが低いが，他の項目よりは高いと説明されている。

２<対話文完成―適語句選択―表を見て答える問題>

≪全訳≫❶R：トニー，見てよ！　僕たちはこの大学のオンライン授業に参加できる。
❷T：おもしろそうだね。授業を受けてみたいな。僕は「都市計画」に興味があるよ。
❸R：受けたいのは基礎クラス，それとも発展クラス？
❹T：基礎クラスを受けたいな。でも，毎週木曜日の午後はインターネットで家族と話すから，その曜日は受けられない。
❺R：そうなの？　でも，火曜日の午後なら受けられるんじゃない？
❻T：うん。それを受けることにするよ。リク，君はどの授業に一番興味があるんだい？
❼R：僕は「町の公園づくり」に一番興味がある。僕は将来，東京に公園をつくりたいからね。
❽T：すごいね！　でもリク，君はその授業を受けられるの？　君はテニス部が忙しいんだよね。
❾R：僕たちは毎週月曜日，水曜日，金曜日の午後に練習してるんだ。だから，午前中の授業なら受けられるよ。
❿T：そうか。君は基礎クラスと発展クラス，どっちを受けたいの？

⓫R：僕は発展クラスを受けたいな。

⓬T：じゃあ，君は水曜日の午前中のオンライン授業を受けるってことだね？

⓭R：そうだよ！

＜**解説**＞(A)第２段落第２，３文と第４段落第１文から，トニーは「都市計画」の基礎クラスを受けたいのだとわかる。表によると，この授業は８月３日火曜日の午後と８月５日木曜日の午後にあるが，第４段落第２文から，トニーは木曜日の午後は都合が悪いとわかるので，受けられるのは火曜日の午後のクラスになる。　(B)第７段落第１文と第11段落から，リクの受けたい授業は「町の公園づくり」の発展クラスで，表によると，この授業は８月４日水曜日の午前中にある。第９段落でリクは，テニス部の練習は午後で，午前中の授業なら受けられるとも言っている。

３＜長文読解総合―Ｅメール＞

≪**全訳**≫こんにちは，リク。❶僕が日本に滞在していた間，力になってくれてありがとう。大学のオンライン授業を受けたことは，僕にとって特別な思い出だよ。あの授業では，公園がどうやって僕たちの暮らしをより良いものにできるかを学んだ。今では，公園や町にとても関心があるんだ。今は，公園が町にとって非常に重要だって実感しているよ。

❷帰国後，僕は自分の町にある公園について調べてみた。僕の町の公園でいくつかの大きなお祭りが開催されていることは知っていた。でも，他にもいろいろなイベントが行われていることは知らなかったんだ。僕はそれを知ってちょっと驚いたよ。そういうイベントのことを姉〔妹〕に話そうと思う。彼女はそういうイベントで他の人たちと話して楽しむだろうな。公園は，人々が意思の疎通をするためのすばらしい場所だと思うよ。

❸来週，都市計画についてのオンライン会議に参加する予定なんだ。公園と町についてもっとたくさん知りたくてね。君にとって，町に公園があることの利点は何かな？　君の考えを教えてほしい。／君の友人，トニー

(1)＜**内容真偽**＞ア.「トニーは，オンライン授業が自分の暮らしをより良くしてくれると実感した」…×　第１段落第３文参照。オンライン授業ではなく公園である。　‘make＋目的語＋形容詞’「～を…(の状態)にする」　イ.「トニーは，自分の町の公園で他のいろいろなイベントも行われていることに少し驚いた」…○　第２段落第３，４文に一致する。　ウ.「トニーの姉〔妹〕はオンライン授業を受講したかったので，自分の町の公園について調べた」…×　このような記述はない。　エ.「トニーの姉〔妹〕は公園でのイベントに参加し，そこでトニーと話して楽しんだ」…×　このような記述はない。

(2)＜**テーマ作文**＞≪**全訳**≫こんにちは，トニー。❶Ｅメールをありがとう。僕も授業からたくさんのことを学んだよ。君が公園と町にすごく関心を持ってくれたと聞いてうれしいな。君が参加する予定のオンライン会議はとてもおもしろそうだね。

❷君の質問に答えるね。「君にとって，町に公園があることの利点は何？」っていう質問だったよね。利点を１つ説明するよ。

❸(例)祖父と僕はよく，家の近くの公園に行くんだ。祖父はそこにある木々や花々を見て楽しんでいる。この公園は僕たちに，一緒に楽しく過ごす時間を与えてくれているんだ。

❹僕の考えが君の役に立つといいな。

❺君に再会するのを楽しみにしているよ。／君の友人，リク

＜**解説**＞町に公園があることの利点を１つ考え，理由とともに，自分が使える単語や構文で正確に述べればよい。解答例では，enjoy ～ing「～することを楽しむ」，‘give＋人＋物’「〈人〉に〈物〉を与える」，have a good time「楽しい時間を過ごす」といった重要表現が使われており，

こうした表現はぜひ使えるようにしておきたい。

3〔長文読解総合―会話文〕

《全訳》❶シュン，ユメ，ケイタは東京の高校１年生である。アンはアメリカから来た高校生だ。５月のある日，彼らは昼食後，教室で話している。
❷アン(A)：ねえ，みんな。新聞でおもしろい記事を見つけたの。これを見て。
❸シュン(S)：どんな内容？
❹A：コンピュータービジネスで成功した人の話よ。彼が，どうすれば目標を達成できるかについて語ってるの。
❺ユメ(Y)：おもしろいね。
❻A：私の目標はビジネスで成功することだから，ときどき新聞のビジネス欄を読んでるの。理解するのは難しいけど，がんばってるのよ。みんなには目標ってある？
❼Y：私はホテルで働きたいな。
❽ケイタ(K)：どうして？
❾Y：５年前，家族であるホテルに泊まったの。そのホテルのスタッフの人たちがすばらしかったのよ。温かい笑顔で私たちを歓迎してくれてね。外国から来た人とは上手な英語で話ができていたわ。
❿K：そこでは楽しく過ごせた？
⓫Y：ええ。ホテルのレストランの１つでシーフードを，部屋からは美しい眺めを楽しんだわ。
⓬K：僕はバレーボール部でレギュラーの選手になりたいな。でも，それって「目標」なのかな。「目標」っていうのは，もっと大きくて重要なものだと思うんだ。
⓭A：そんなことないわ。あるものが自分にとって重要だと思うなら，それが目標なのよ，ケイタ。
⓮K：僕はバレーボールをするのが大好きで，本当にレギュラーになりたいんだ！
⓯Y：それは目標だと思う！　あなたはどうなの，シュン？
⓰S：まだ決まってないんだ。目標を探してはいるんだけど，見つけるのが難しくてね。
⓱A：見つかるといいね。ユメ，ケイタ，あなたたちは目標を達成するために何かしてる？
⓲Y：私は毎日，家で英語の教科書を読んでるわ。
⓳K：僕は毎朝，家の近くを走ってる。高校に入ってからずっとそうしてるよ。
⓴S：毎日走るのって大変じゃない？
㉑K：うん。早起きしたくないなって思うこともあるけど，そうしないとね。
㉒Y：あなたの気持ち，わかるわ。教科書を読むのが楽しくないなって思うこともあるんだけど，そうしなきゃいけない。毎日努力をするのって大変よね。
㉓K：そうだね。どうやったら意欲を保てるか知りたいな。
㉔S：それに関するヒントは新聞に載ってないの，アン？
㉕A：えっとね…。目標を達成するには，少しずつ段階を踏むことが重要だって書いてあるわ。
㉖S：どういうことだい？
㉗A：つまり，目標を達成する過程で小さなことを実行するってことね。１つのことをしたら，次に何をすればいいかわかるのよ。
㉘K：レギュラーになるのは僕にとっては簡単なことじゃないけど，練習試合に出るチャンスは得られると思う。そのチャンスを得られるようにがんばってみるよ。
㉙S：がんばって，ケイタ。
㉚A：あなたはどう，ユメ？　教科書を読むことは大切だけど，教科書で覚えた新しい単語を使う機会も必要よね。

31 Y：そうよね！　教科書に出てきた単語を使ってあなたと練習してみるわ，アン！　私がもっと上手に英語を話せるようになるのを手伝ってくれる？

32 A：もちろん！　あなたの力になれたら，とてもうれしいな。

33 Y：シュン，あなたはどう？　あなたはするのが好きなことって何かある？

34 S：うーん…。僕は料理が好きだよ。両親のために料理をすることもある。

35 K：ほんと？　それはいいね。

36 S：僕のつくった夕食を両親が食べて，２人は笑顔で「ありがとう。おいしいよ」って言ってくれるんだ。

37 Y：すごい！　じゃあ，誰か他の人のためにも料理をしてみたら？

38 S：そうだなあ…。おばあちゃんはどうかな？　来月おばあちゃんの所へ行って，何かつくってみるよ。

39 Y：それはいい考えね！

40 S：よし！　おばあちゃんに喜んでもらえるものを考えて，家でそれをつくる練習をしよう。

41 K：君はやるべきことを見つけて，意欲が出たんだね！

42 S：うん！

43 Y：それを聞いてうれしいわ。

44 A：私も意欲がもっと湧いてきたわ。新聞を読んだ後，毎日自分の考えを書きとめるようにしよう。

〔問１〕＜文脈把握＞ホテルで楽しく過ごせたかと尋ねられたユメは Yes と答えた後，その理由として，レストランでシーフードを，部屋で美しい眺めを楽しんだと述べている。この内容に一致するのはア．「彼女の部屋からの眺めが美しく，食事がおいしかった」である。

〔問２〕＜英文解釈＞「アンは(　　)ことを願っている」―エ．「シュンが目標を見つける」　この発言は直前で言葉を発しているシュンに対するものなので，you はシュンを指す。目標を見つけるのが難しいと言うシュンに対し，アンは目標が見つかるといいねと言ったのである。この do は，重複を避けるために前に出ている動詞(＋語句)の代わりとなる代動詞で，ここでは find one(＝ a goal)の代わりになっている。

〔問３〕＜文脈把握＞「ユメは(　　)ので，ケイタがどう感じているかを理解している」―エ．「毎日努力することは難しいと知っている」　第19，21段落より，ケイタは日課と決めた早起きを大変に感じるときもある。ユメは下線部に続けて，その気持ちがわかると言う理由を自分の体験をもとに説明し，「毎日努力をするのって大変」だとまとめている。

〔問４〕＜語句解釈＞「アンは喜んで(　　)つもりだ」―イ．「ユメが英語を上手に話す手伝いをする」　直前でユメは，自分が英語を上手に話せるように力を貸してほしいとアンに頼んでおり，アンはその頼みを快く引き受けたのである。

〔問５〕＜指示語＞「ユメは(　　)と聞いて喜んでいる」―ア．「シュンがやるべきことを見つけて，意欲を出した」　下線部の that は，直前でシュンが言った Yes！を受けている。シュンが Yes！と言ったのは，その直前の「君はやるべきことを見つけて，意欲が出たんだね！」というケイタの言葉に対してである。

〔問６〕＜要旨把握＞C．「バレーボール部のレギュラーになりたいが，それが目標なのかどうか確信が持てない」(第12段落)／→D．「毎朝早起きしてランニングに行かなければならないと思っているが，そうしたくないと思うこともある」(第19，21段落)／→B．「練習試合に出場するチャンスを得られるかもしれないと思っている」(第28段落第１文)／→A．「以前よりもがんばろうという意欲が出てきている」(第28段落第２文)

〔問７〕＜内容一致＞≪全訳≫今日，友人と，目標を達成する方法について話した。ケイタとユメには目標があり，努力をしている。でも，毎日努力し(A)続けることが，２人にとって大変なときもある。私は２人に新聞を(B)見せて，目標を達成する方法について話した。／シュンは目標を見つけるのに苦労していた。でも，彼は料理が好きだそうだ。彼が両親のために料理をして両親が彼に笑顔を(B)見せると，彼はうれしくなる。彼は祖母のために夕食をつくることにした。それはすばらしい考えだと思った。私は毎日新聞のビジネス欄を読み(A)続け，自分の考えを書きとめていこう。

＜解説＞(A)の１つ目は第19，22段落，２つ目は最終段落の内容にあたる。いずれも何かを毎日やり続けることについて書かれているので，keep ～ing「～し続ける」の形にする。start ～ing は「～し始める」。(B)の１つ目は，第２段落の Look at this.「これを見て」にあたる。また，２つ目は第36段落の内容で，料理をつくってくれたシュンに両親が笑顔を見せるということ。したがって，‘show＋人＋物’「〈人〉に〈物〉を見せる」の形にする。‘give＋人＋物’は「〈人〉に〈物〉を与える」。

4〔長文読解総合―物語〕

≪全訳≫❶トモコは中学２年生だった。学校で，彼女は美化委員会の委員をしていた。彼女は委員長になりたかった。

❷10月，彼女は新たな美化委員長に選ばれた。委員会の顧問のイノウエ先生は，トモコにスピーチをするように言った。彼女はこう言った。「この委員会の委員長になれてうれしいです。この委員会はいくつかの活動に懸命に取り組んできました。例えば，掃除の時間の後，教室の見回りをしっかりと行ってきました。ですが，学校の周りの地域での清掃に取り組んだことは一度もありません。新たな活動として，近所の道路のゴミ拾いをしましょう」　マヤは「どうして？　理解できないわ」と言った。サトルは，「僕はそんなのやりたくないな」と言った。トモコは続けてこう言った。「私は以前，自分の近所の清掃活動に参加したことがあって，それはすばらしい経験だったわ。学校の周りの道路にあるゴミを拾うべきだと思うの」　マヤは，「私は自分の学校をもっときれいにする必要があると思うな」と言った。サトルは，「これ以上活動をする時間なんてないよ。僕はサッカー部で忙しいんだ」と言った。トモコはとてもショックを受け，何も言えなかった。イノウエ先生は，「今日はここまでにして，新しい活動についてはまた次のミーティングで話し合おう」と言った。

❸ミーティングの後，トモコは「私のアイデアがどうしていけないんだろう？」と思った。帰宅途中，トモコは前の美化委員会の委員長だったユウコに会った。ユウコは「大丈夫？」と言った。トモコは，「委員会のメンバーが私に賛成してくれないんです。どうしてでしょうか？」と言った。ユウコはこう言った。「私が委員長だったとき，私も同じような経験をしたわ。委員会のみんなが違った意見を持ってるの。私は，あなたのアイデアはいいと思う。でも，それは他のみんなが一緒にやりたいことではないのよ」　トモコは何と言えばいいかわからなかった。

❹その夜，トモコはユウコの意見について考えた。そして，こうも思った。「私は学校の近所の道路のゴミ拾いをしたい。でも，それは私１人ではできない」　彼女は，「どうして近所の清掃活動に参加するのが，私にとってすばらしいことだったんだろう？」と思った。彼女はしばらく考えて，こう言った。「他の人たちと一緒に作業したからすばらしかったんだ。何が大切なのか，やっとわかったわ」

❺翌日，トモコはイノウエ先生にこう言った。「私は委員会のみんなと一緒に何かがしたいんです。そうできるように最善を尽くすつもりです」　イノウエ先生はこう言った。「君がそう考えていてくれてうれしいよ。何ができるかな？　次のミーティングまでに何か考えておいて」

❻11月，再び美化委員会のミーティングが開かれた。トモコはメンバーにこう言った。「私たちがみんなで一緒に何かをすることが大切だと思うの。それについて何か意見はある？」　マヤはこう言った。「いくつかの教室はもっとしっかり掃除をした方がいいと思う。自分たちの学校をもっとていねいに掃

除するよう，生徒にお願いするべきだわ」　サトルはこう言った。「今，運動場にはものすごくたくさんの落ち葉が積もってるんだ。落ち葉拾いをした方がいいと思うよ」　トモコはこう言った。「みんなの考えが聞けてよかった。校舎内とグラウンドのもっと多くの場所を掃除する特別な日をつくるのはどうかな？」　マヤは言った。「ほんとに？　そうできれば私はうれしいけど，それでいいの？　あなたは近所の道路のゴミ拾いをしたいんじゃなかった？」　トモコは言った。「心配しないで。私はみんなと一緒に作業できればいいの」　サトルは言った。「僕は他の部員に運動場で手伝ってくれるように頼んでみるよ。落ち葉をたくさん集めるぞ！」　トモコは「ほんと？　ありがとう」と言った。マヤはこう言った。「その特別な日をクリーンデーって呼ぼう！　それを生徒に知らせるポスターを私がつくるわ」　トモコは「それはいいね！」と言った。そして，彼女はイノウエ先生に言った。「近いうちにクリーンデーを実施したいんです！」　先生は，「わかった。私も君たちを手伝うよ」と言った。

7 ミーティングの後，マヤがこう言った。「次の活動として，また協力して近所の道路のゴミ拾いをしよう」　サトルは「僕も手伝うよ」と言った。トモコは２人の言葉に感動した。彼女はうれしく思い，クリーンデーには最善を尽くそうと決めた。

〔問１〕＜指示語＞「サトルは（　　）をしたくなかった」―エ．「新たな委員会活動として道路のゴミ拾い」　委員長になったトモコが委員会の新たな活動として近所の道路のゴミ拾いを提案したことに対して，サトルは「そんなのやりたくない」と言っている。

〔問２〕＜要旨把握＞イ．「イノウエ先生はトモコに，新たな美化委員長としてスピーチをするように言った」（第２段落第２文）／→ウ．「イノウエ先生がミーティングを終えるように言った後，委員会のメンバーはミーティングを終了した」（第２段落最終文）／→ア．「10月のミーティングの後，ユウコはトモコに自分の意見を伝えた」（第３段落後半）／→エ．「トモコは委員会のメンバーに，一緒にできることについて意見を出してほしいと頼んだ」（第６段落第２，３文）

〔問３〕＜内容一致＞⑴「（　　）とき，トモコはとてもショックだった」―ウ．「マヤとサトルが彼女の意見に賛成してくれなかった」　第２段落後半参照。　⑵「10月のミーティングの後，ユウコがトモコに会ったとき，ユウコは（　　）と言った」―イ．「委員会のそれぞれのメンバーには自分自身の意見がある」　第３段落最後から４文目参照。　⑶「11月のミーティングの後，（　　）ので，トモコは感動した」―ア．「マヤとサトルが次の活動でまた一緒に作業をするつもりだと言った」　第７段落参照。

〔問４〕＜英問英答＞⑴「ユウコと話した後，夜にトモコは何に気づいたか」―ウ．「自分は委員会のみんなと何かをしたいということに気づいた」　第４段落～第５段落第１文参照。　⑵「11月のミーティングで，トモコは委員会のメンバーに何について話したか」―エ．「特別な日に校舎や運動場のより多くの場所を掃除することについて彼らに話した」　第６段落第９文参照。

数学解答

1 〔問1〕 -7 〔問2〕 $\frac{5a+9b}{8}$

〔問3〕 $10+4\sqrt{6}$ 〔問4〕 $x=5$

〔問5〕 $x=9$, $y=2$

〔問6〕 $x=\frac{-3\pm\sqrt{13}}{4}$ 〔問7〕 4

〔問8〕 い…5 う…1

〔問9〕 (例)

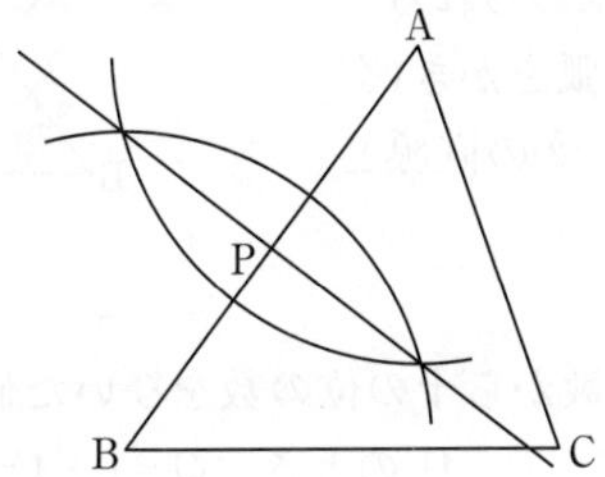

2 〔問1〕 え…3 お…3

〔問2〕 (例)X, Yをそれぞれa, b, cを用いた式で表すと, $X=100a+10b+c$, $Y=c-b+a$となる。よって, $X-Y=(100a+10b+c)-(c-b+a)=99a+11b=11(9a+b)$ $9a+b$は整数であるから, $11(9a+b)$は11の倍数である。したがって, $X-Y$の値は11の倍数になる。

3 〔問1〕 ①…ウ ②…キ

〔問2〕 ③…ア ④…エ 〔問3〕 6

4 〔問1〕 イ

〔問2〕

① (例)△ABPと△ACQにおいて, 仮定から, △ABCと△ABDはともに正三角形だから,
AB＝AC……(1)
∠ABP＝∠ACQ……(2)
仮定から, ∠PAQ＝60°
∠BAP＝∠PAQ－∠BAQ
＝60°－∠BAQ
△ABCは正三角形だから,
∠BAC＝60°
∠CAQ＝∠BAC－∠BAQ
＝60°－∠BAQ
よって, ∠BAP＝∠CAQ……(3)
(1), (2), (3)より, 1組の辺とその両端の角がそれぞれ等しいから,
△ABP≡△ACQ

② か…2 き…2 く…7

5 〔問1〕 け…1 こ…7 さ…2

〔問2〕 し…1 す…1 せ…2

1 〔独立小問集合題〕

〔問1〕＜数の計算＞与式$=1-36\times\frac{2}{9}=1-8=-7$

〔問2〕＜式の計算＞与式$=\frac{2(3a+b)-(a-7b)}{8}=\frac{6a+2b-a+7b}{8}=\frac{5a+9b}{8}$

〔問3〕＜数の計算＞与式$=2^2+2\times2\times\sqrt{6}+(\sqrt{6})^2=4+4\sqrt{6}+6=10+4\sqrt{6}$

〔問4〕＜一次方程式＞$5x-7=9x-27$, $5x-9x=-27+7$, $-4x=-20$ $\therefore x=5$

〔問5〕＜連立方程式＞$x=4y+1$……①, $2x-5y=8$……②とする。①を②に代入して, $2(4y+1)-5y=8$, $8y+2-5y=8$, $3y=6$ $\therefore y=2$ これを①に代入して, $x=4\times2+1$ $\therefore x=9$

〔問6〕＜二次方程式＞解の公式を用いると, $x=\frac{-6\pm\sqrt{6^2-4\times4\times(-1)}}{2\times4}=\frac{-6\pm\sqrt{52}}{8}=\frac{-6\pm2\sqrt{13}}{8}=\frac{-3\pm\sqrt{13}}{4}$となる。

〔問7〕＜データの活用―中央値＞人数の合計が33人だから, 中央値は回数が小さい方から17番目の値である。3回以下は$2+3+5+6=16$(人), 4回以下は$16+4=20$(人)だから, 17番目の生徒は4回となる。よって, 中央値は4回である。

〔問8〕＜平面図形—角度＞右図1で，$\overset{\frown}{BC}=2\overset{\frown}{AD}$ より，$\overset{\frown}{BC}:\overset{\frown}{AD}=2\overset{\frown}{AD}:\overset{\frown}{AD}=2:1$ だから，$\overset{\frown}{BC}$，$\overset{\frown}{AD}$ に対する円周角の比は2：1であり，∠BDE：∠EBD＝2：1となる。これより，$\angle \mathrm{EBD}=\frac{1}{2}\angle \mathrm{BDE}=\frac{1}{2}\times34^\circ=17^\circ$ となる。よって，△BDEで内角と外角の関係より，$x=\angle \mathrm{AED}=\angle \mathrm{BDE}+\angle \mathrm{EBD}=34^\circ+17^\circ=51^\circ$ である。

図1

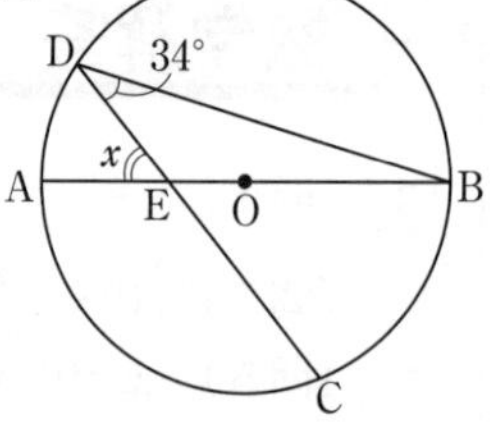

〔問9〕＜平面図形—作図＞右図2で，△ACP，△BCPの底辺をそれぞれAP，BPと見ると，高さが等しいので，△ACP＝△BCPのとき，AP＝BPとなる。これより，点Pは線分ABの中点となる。線分ABの中点は，線分ABの垂直二等分線を引くことで求められる。作図は，①2点A，Bを中心とする半径の等しい円の弧をかき(交点をD，Eとする)，②2点D，Eを通る直線を引く。②の直線と辺ABの交点が点Pとなる。解答参照。

図2

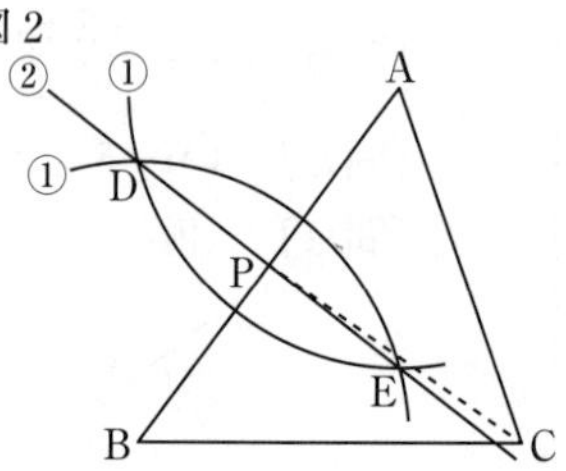

2 〔数と式—文字式の利用〕

〔問1〕＜数の計算＞$P=78$ のとき，Q は，P の一の位の数から十の位の数をひいた値だから，$Q=8-7=1$ となり，$P-Q=78-1=77$ となる。同様にして，$P=41$ のとき，$Q=1-4=-3$ となり，$P-Q=41-(-3)=44$ となる。よって，$P=78$ のときの $P-Q$ の値から，$P=41$ のときの $P-Q$ の値をひいた差は，$77-44=33$ である。

〔問2〕＜証明＞3けたの自然数 X の百の位の数を a，十の位の数を b，一の位の数を c とするので，$X=100a+10b+c$ と表せる。また，Y は X の一の位の数から十の位の数をひき，百の位の数をたした値なので，$Y=c-b+a$ と表せる。$X-Y$ が11×〔整数〕で表されることを示す。解答参照。

3 〔関数—関数 $y=ax^2$ と一次関数のグラフ〕

〔問1〕＜変域＞P$(a,\ b)$ は関数 $y=\frac{1}{4}x^2$ のグラフ上にあるから，$b=\frac{1}{4}a^2$ となる。これは a の絶対値が大きくなると b の値も大きくなるので，a のとる値の範囲が $-4\leqq a\leqq1$ より，a の絶対値が最小の $a=0$ のとき b の値は最小で $b=0$ となり，a の絶対値が最大の $a=-4$ のとき b の値は最大で $b=\frac{1}{4}\times(-4)^2=4$ となる。よって，b のとる値の範囲は $0\leqq b\leqq4$ である。

図1

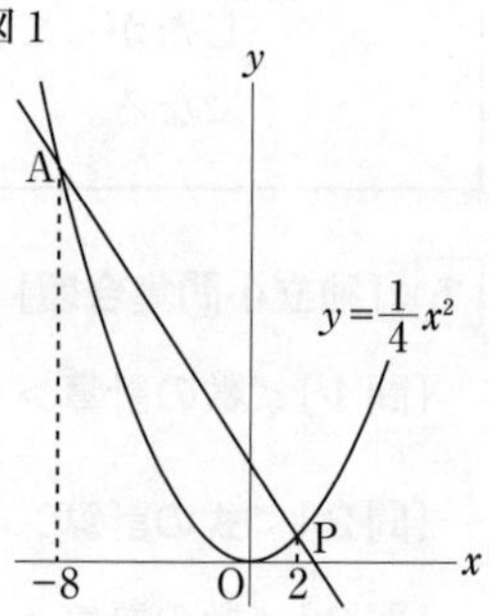

〔問2〕＜直線の式＞右図1で，2点A，Pは関数 $y=\frac{1}{4}x^2$ のグラフ上にあり，x 座標がそれぞれ−8，2だから，$y=\frac{1}{4}\times(-8)^2=16$，$y=\frac{1}{4}\times2^2=1$ より，A$(-8,\ 16)$，P$(2,\ 1)$ となる。これより，直線APの傾きは $\frac{1-16}{2-(-8)}=-\frac{3}{2}$ となり，その式は $y=-\frac{3}{2}x+c$ とおける。これが点Pを通るので，$1=-\frac{3}{2}\times2+c$，$c=4$ となり，直線APの式は $y=-\frac{3}{2}x+4$ である。

図2

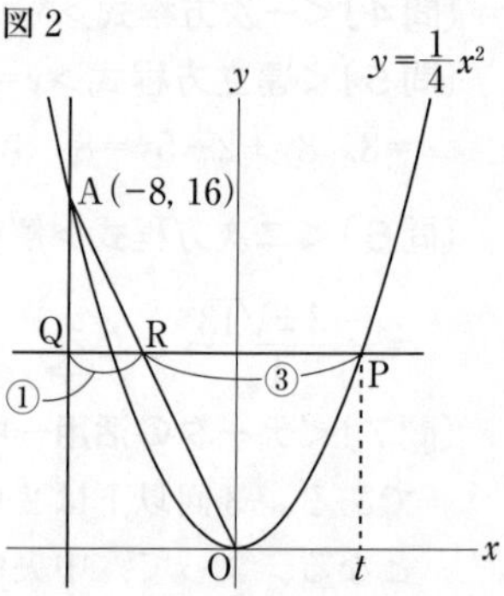

〔問3〕＜x 座標＞右図2で，点Pの x 座標を t とすると，点Pは関数 $y=\frac{1}{4}x^2$ のグラフ上にあるので，$y=\frac{1}{4}t^2$ となり，P$\left(t,\ \frac{1}{4}t^2\right)$ と表せる。AQ∥〔y 軸〕より，点Qの x 座標は−8であり，PQ∥〔x 軸〕だから，$\mathrm{PQ}=t-(-8)=t+8$ となる。PR：RQ＝3：1なので，$\mathrm{RQ}=\frac{1}{3+1}\mathrm{PQ}=\frac{1}{4}\times(t+8)=\frac{t+8}{4}$ となり，点Rの x 座標は $-8+\frac{t+8}{4}$

$=\dfrac{t-24}{4}$ となる。また，点Rの y 座標は $\dfrac{1}{4}t^2$ だから，$\mathrm{R}\left(\dfrac{t-24}{4},\ \dfrac{1}{4}t^2\right)$ となる。$\mathrm{A}(-8,\ 16)$ より，直線AOの傾きは $\dfrac{0-16}{0-(-8)}=-2$ だから，直線AOの式は $y=-2x$ である。点Rは直線AO上にあるので，$\dfrac{1}{4}t^2=-2\times\dfrac{t-24}{4}$ が成り立ち，$t^2+2t-48=0$，$(t+8)(t-6)=0$ より，$t=-8,\ 6$ となる。$0<t<8$ だから，$t=6$ である。

4 〔平面図形—正三角形〕

〔問１〕＜角度＞右図１で，△ABCと△ABDは正三角形だから，$\angle\mathrm{BAC}=\angle\mathrm{BAD}=60^\circ$ であり，$\angle\mathrm{DAC}=\angle\mathrm{BAC}+\angle\mathrm{BAD}=60^\circ+60^\circ=120^\circ$ となる。これより，$\angle\mathrm{CAQ}=\angle\mathrm{DAC}-\angle\mathrm{DAP}-\angle\mathrm{PAQ}=120^\circ-a^\circ-90^\circ=30^\circ-a^\circ$ と表せる。$\angle\mathrm{ACQ}=60^\circ$ なので，△ACQで内角と外角の関係より，$\angle\mathrm{AQB}=\angle\mathrm{CAQ}+\angle\mathrm{ACQ}=(30^\circ-a^\circ)+60^\circ=90^\circ-a^\circ=(90-a)^\circ$ である。

図１

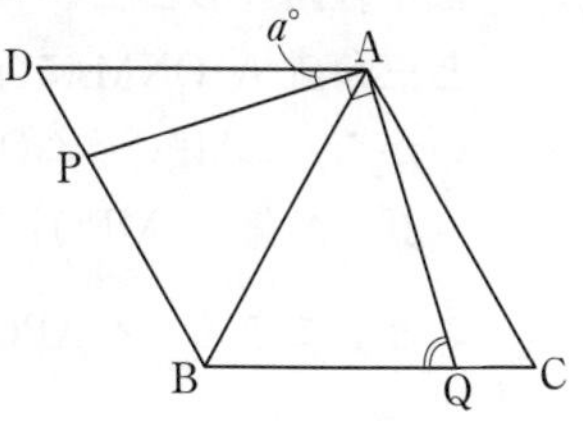

〔問２〕＜証明，面積比＞①右図２の△ABPと△ACQで，△ABCと△ABDは正三角形だから，AB＝AC，∠ABP＝∠ACQである。また，$\angle\mathrm{PAQ}=60^\circ$ より，$\angle\mathrm{BAP}=\angle\mathrm{PAQ}-\angle\mathrm{BAQ}=60^\circ-\angle\mathrm{BAQ}$ となり，$\angle\mathrm{BAC}=60^\circ$ より，$\angle\mathrm{CAQ}=\angle\mathrm{BAC}-\angle\mathrm{BAQ}=60^\circ-\angle\mathrm{BAQ}$ となる。解答参照。　②図２で，DP：PB＝2：1より，△DPA：△ABP＝2：1だから，$\triangle\mathrm{DPA}=\dfrac{2}{2+1}\triangle\mathrm{ABD}=\dfrac{2}{3}\triangle\mathrm{ABC}$ となる。

図２

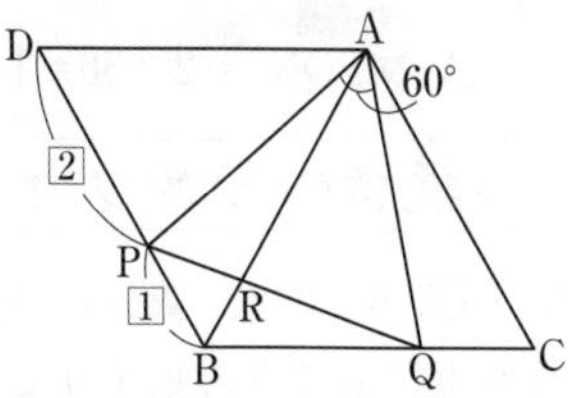

次に，①より△ABP≡△ACQだから，AP＝AQとなり，$\angle\mathrm{PAQ}=60^\circ$ なので，△APQは正三角形である。これより，$\angle\mathrm{APQ}=60^\circ$ だから，$\angle\mathrm{APD}=180^\circ-\angle\mathrm{APQ}-\angle\mathrm{BPR}=180^\circ-60^\circ-\angle\mathrm{BPR}=120^\circ-\angle\mathrm{BPR}$ となる。△BRPで，$\angle\mathrm{PRB}=180^\circ-\angle\mathrm{PBR}-\angle\mathrm{BPR}=180^\circ-60^\circ-\angle\mathrm{BPR}=120^\circ-\angle\mathrm{BPR}$ となるので，∠APD＝∠PRBである。これと $\angle\mathrm{ADP}=\angle\mathrm{PBR}=60^\circ$ より，△DPA∽△BRPとなり，相似比はAD：PB＝DB：PB＝(2＋1)：1＝3：1だから，$\triangle\mathrm{DPA}:\triangle\mathrm{BRP}=3^2:1^2=9:1$ である。よって，$\triangle\mathrm{BRP}=\dfrac{1}{9}\triangle\mathrm{DPA}=\dfrac{1}{9}\times\dfrac{2}{3}\triangle\mathrm{ABC}=\dfrac{2}{27}\triangle\mathrm{ABC}$ となるので，△BRPの面積は△ABCの面積の $\dfrac{2}{27}$ 倍である。

5 〔空間図形—直方体〕

〔問１〕＜長さ＞２点P，Qの速さが毎秒1cmより，点Pが頂点Aを出発してから３秒後，２点P，Qは $1\times3=3$(cm)動いているので，右図１のように，点Pは辺AB上，点Qは辺AD上にあり，AP＝AQ＝3である。２点M，Nはそれぞれ辺EF，辺EHの中点だから，$\mathrm{EM}=\mathrm{EN}=\dfrac{1}{2}\mathrm{EH}=\dfrac{1}{2}\times8=4$ となる。これより，△APQ，△EMNは直角二等辺三角形となるので，$\mathrm{PQ}=\sqrt{2}\mathrm{AP}=\sqrt{2}\times3=3\sqrt{2}$，$\mathrm{MN}=\sqrt{2}\mathrm{EM}=\sqrt{2}\times4=4\sqrt{2}$ である。次に，点Pから辺EFに垂線PIを引く。四角形AEIPは長方形だから，PI＝AE＝7，EI＝AP＝3となり，$\mathrm{IM}=\mathrm{EM}-\mathrm{EI}=4-3=1$ となる。△PIMで三平方の定理より，$\mathrm{PM}=\sqrt{\mathrm{PI}^2+\mathrm{IM}^2}=\sqrt{7^2+1^2}=\sqrt{50}=5\sqrt{2}$ である。同様にして，$\mathrm{QN}=5\sqrt{2}$ となる。以上より，四角形MPQNの周の長さは，$\mathrm{PQ}+\mathrm{PM}+\mathrm{MN}+\mathrm{QN}=3\sqrt{2}+5\sqrt{2}+4\sqrt{2}+5\sqrt{2}=17\sqrt{2}$(cm)である。

図１

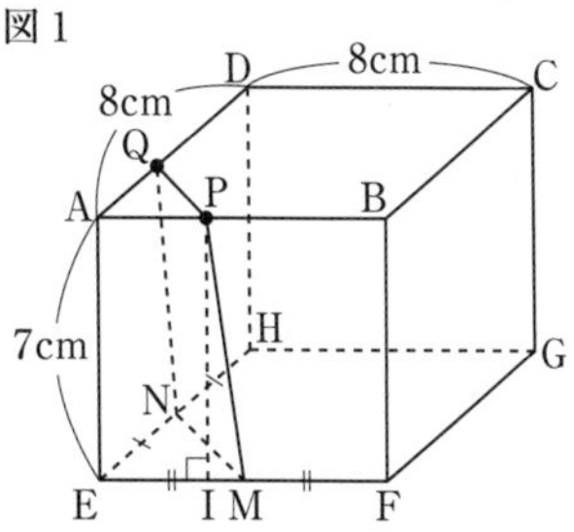

〔問２〕＜体積＞点Pが頂点Aを出発してから12秒後，２点P，Qは $1\times12=12$(cm)動いているので，次ページの図２で，AB＋BP＝AD＋DQ＝12である。これより，BP＝DQ＝12－8＝4となるので，

$CP=CQ=8-4=4$となる。△CPQは直角二等辺三角形となるので，$PQ=\sqrt{2}CP=\sqrt{2}\times4=4\sqrt{2}$である。(1)より，$MN=4\sqrt{2}$だから，MN＝PQである。また，2点B，D，2点F，Hをそれぞれ結ぶと，BD∥FHとなる。CP＝BP＝4，CQ＝DQ＝4より，2点P，Qはそれぞれ辺BC，辺CDの中点なので，△CBDで中点連結定理より，PQ∥BDとなり，△EFHで中点連結定理より，MN∥FHである。よって，MN∥PQとなるから，四角形MPQNは平行四辺形となる。そこで，立体A-MPQNを，3点A，M，Qを通る平面で，三角錐A-MPQと三角錐A-QNMに分ける。△MPQ，△QNMを底面と見ると，この2つの三角錐は高さが等しいから，△MPQ＝△QNMより，〔三角錐A-MPQ〕＝〔三角錐A-QNM〕となり，〔立体A-MPQN〕＝2〔三角錐A-MPQ〕である。三角錐A-MPQは，底面が△APQ，高さがAE＝7の三角錐と見ることもできる。△APQ＝〔正方形ABCD〕－△ABP－△CPQ－△ADQ＝$8\times8-\frac{1}{2}\times8\times4-\frac{1}{2}\times4\times4-\frac{1}{2}\times8\times4=24$より，〔三角錐A-MPQ〕＝$\frac{1}{3}\times$△APQ×AE＝$\frac{1}{3}\times24\times7=56$となるので，〔立体A-MPQN〕＝$2\times56=112(cm^3)$である。

図2

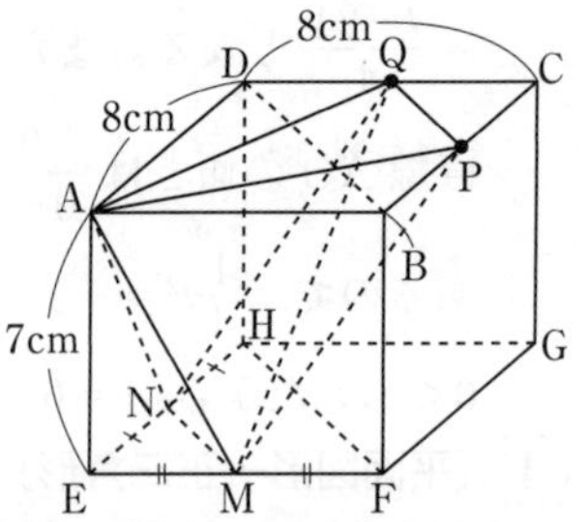

＝読者へのメッセージ＝

1〔問9〕では，線分の垂直二等分線を作図しました。線分の垂直二等分線は，線分の両端の2点から等距離にある点の集まりです。では，円は，どのような点の集まりか説明できますか。中心となっている1つの点から等距離にある点の集まりということができます。

社会解答

1〔問１〕エ　〔問２〕ウ
〔問３〕ア

2〔問１〕略地図中のＡ～Ｄ…Ｄ
Ⅱのア～エ…イ
〔問２〕Ｐ…ア　Ｑ…エ　Ｒ…イ
Ｓ…ウ
〔問３〕略地図中のＷ～Ｚ…Ｙ
ⅠとⅡの表のア～エ…エ

3〔問１〕Ａ…ウ　Ｂ…イ　Ｃ…ア
Ｄ…エ
〔問２〕Ⅰのア～エ…ア
略地図中のＷ～Ｚ…Ｗ
〔問３〕変化　(例)地区計画により，工場であった土地に，商業施設が建てられた。
要因　(例)多くの人が集まる駅に近いこと。

4〔問１〕ア→イ→エ→ウ　〔問２〕イ
〔問３〕イ→ウ→エ→ア　〔問４〕ウ

5〔問１〕エ　〔問２〕ウ
〔問３〕(例)情報処理・通信に携わる人材は，アメリカ合衆国では，情報通信技術を利用する業種についている割合が高いが，我が国では，情報通信技術を提供する業種についている割合が高い。
〔問４〕イ

6〔問１〕エ→ア→ウ→イ
〔問２〕ⅠのＡ～Ｄ…Ｂ
ⅠのＡ～Ｄのア～ウ…イ
〔問３〕Ｘ

1〔三分野総合―小問集合問題〕

〔問１〕＜地形図と資料の読み取り＞特にことわりのないかぎり，地形図上では上が北となる。Ａ～Ｃ点に関する資料の説明や写真と，ア～エの地形図を照らし合わせながら考える。まずＡ点について，資料ではＡ点から東を見ると川が曲がっている様子が見えること，Ａ点がある橋を渡った先に水準点(⊡)があることが書かれている。この２つに当てはまるのはエの地形図である。アの川は直線状であり，イではＡ点から東の川は曲がっておらず，ウではＡ点の東に川はない。次にＢ点からＣ点までの道のりについて，資料では，川に並行した道路(約450m)→北東へ曲がって橋を渡る→北西に曲がる→川に並行した道路(約250m)，という順路が書かれている。これに当てはまるのもエであり，ア～ウは曲がる方向や歩く距離(地形図の下に示された目盛りを目安に大まかな距離をつかむ)などが違っている。最後にＣ点について学校の前にあると書かれており，これに当てはまるのは付近に小・中学校(文)が見られるア，ウ，エとなる。以上から，資料はエの地形図についてのものである。

〔問２〕＜唐招提寺の所在地＞Ⅱの文章は，奈良時代に鑑真が建立した唐招提寺について述べたものである。文中の「都」は，現在の奈良市に位置する平城京を指す。唐招提寺は，周辺の東大寺などとともに「古都奈良の文化財」としてユネスコ〔国連教育科学文化機関〕の世界文化遺産に登録されている。

〔問３〕＜地方裁判所＞地方裁判所は，各都府県に１か所と北海道に４か所の計50か所に設置されている。地方裁判所では，刑事裁判と行政裁判(国民が原告，国や地方公共団体が被告となる裁判のことで，日本では民事裁判と同じ仕組みで行われる)の第一審，民事裁判の第一審または第二審(簡易裁判所で第一審が行われたもの)が行われる。なお，家庭裁判所は家庭内の争いや少年事件を扱う裁判所(地方裁判所と同数)，高等裁判所は主に第二審の裁判を行う裁判所(８か所)，簡易裁判所は比較的軽微な事件を扱う裁判所(全国438か所)である。

2 〔世界地理―世界の諸地域〕

〔問1〕＜世界の気候と歴史＞略地図中のA～D．季節風(モンスーン)の影響を受ける気候に属すること，イスラム商人が活動していたことから，アジアに位置するDと判断する。東アジア，東南アジア，南アジアなどの気候に大きな影響を与える季節風は，Dの地域では夏季にインド洋から大陸に向かう南西の風，冬季に大陸からインド洋に向かう北東の風となる。西アジアのイスラム商人は，季節風や海流を利用しながら東南アジアなどと行き来した。　Ⅱのア～エ．Dの範囲内に●で示した都市は，インドの西岸に位置する。この地域は熱帯のサバナ気候に属し，海からの季節風が吹く季節には雨季，大陸からの季節風が吹く季節には乾季となる。したがって，一年中高温で，降水量が多い時期と非常に少ない時期があるイが当てはまる。なお，冷帯〔亜寒帯〕と温帯の境界付近に位置するAの範囲内の都市はウ，寒帯と冷帯の境界付近に位置するBの範囲内の都市はア，南半球にあり熱帯に属するCの範囲内の都市はエに当てはまる。

〔問2〕＜世界の国々と港湾都市＞略地図中のP～Sの都市は，それぞれPが釜山(韓国)，Qがシンガポール，Rがドバイ(アラブ首長国連邦)，Sがロッテルダム(オランダ)である。　P．釜山は，日本と中国という2つの経済大国を最短距離で結ぶ大圏航路上付近に位置しており，東アジアの物流の拠点となっているのでアが当てはまる。　Q．シンガポールは，人口密度が8000人/km²を超え，東南アジアの国々で構成される東南アジア諸国連合〔ASEAN〕に加盟している。早くから経済が発展し，世界有数の貿易港となっているのでエが当てはまる。　R．ドバイは，石油の輸送路となるホルムズ海峡付近に位置している。近年は，石油で得た資金を使って港湾など交通・通信網の整備や新たな産業への進出なども行われているのでイが当てはまる。　S．ロッテルダムは，国際河川であるライン川の河口に位置し，EU〔ヨーロッパ連合〕域内の中心的な貿易港となっているのでウが当てはまる。

〔問3〕＜フィリピンの産業と貿易＞略地図中のW～Z．Wはペルー，Xはコスタリカ，Yはフィリピン，Zはマレーシアである。Ⅲの文章のうち，バナナ栽培が盛んであること，人口が1億人を超えていること，英語が公用語であることなどに注目し，フィリピンについて述べた文と判断する。アジア太平洋経済協力会議〔APEC〕には，W～Zの4か国中，コスタリカをのぞく3か国が参加している。　ⅠとⅡの表のア～エ．アとエは，Ⅰの表より日本の輸入総額が他の2か国に比べて大きく，Ⅱの表より輸出相手国の上位に日本やアジアの国が多く見られることから，アジアに位置するフィリピンかマレーシアであると考えられる。このうち，隣国のシンガポールへの輸出額が大きいアがマレーシアであり，1999年の日本の主な輸入品目に果実が見られるエが，バナナの生産・輸出が盛んなフィリピンである。また，イとウのうち，日本の輸入総額がより大きいイがペルーであり，ウがコスタリカとなる。ここでⅢの文中の「1999年と比較して2019年では，…中華人民共和国の重要性が増している。」の部分を見ると，Ⅱの表のエに合致する内容であることが確認できる。

3 〔日本地理―日本の諸地域，地形図〕

〔問1〕＜都道府県の自然と工業＞Aは北海道，Bは兵庫県，Cは福岡県，Dは長崎県である。　A．北海道は面積が大きいため海岸線が最も長い。室蘭の製鉄所で鉄鋼が生産されており，造船に比べて鉄鋼の生産額が多いのでウが当てはまる。　B．「南部」の工業用地には阪神工業地帯の一部が形成され，鉄鋼と造船の製造品出荷額等が4道県中で最も大きいのは兵庫県である。また，「国際貿易港」とは神戸港であるのでイが当てはまる。　C．「北東部」の湾の埋め立て地に北九州工業地域があるのは福岡県で，「国内炭と中国産の鉄鉱石を原料に鉄鋼を生産していた製鉄所」とは八幡製鉄所であるのでアが当てはまる。　D．島が多くリアス海岸などの入り組んだ地形が見られるため，北海道に次いで海岸線が長いのは長崎県である。長崎や佐世保などで造船業が盛んであり，鉄鋼に比べて造船の生産額が多いのでエが当てはまる。

〔問２〕＜工業地域の特徴＞略地図中のＷ～Ｚ．Ｗは北関東工業地域，Ｘは北陸工業地域，Ｙは東海工業地域，Ｚは瀬戸内工業地域が分布する県を示している。まず，Ⅱの文章はどの地域について述べたものかを考える。絹織物業や航空機産業が早くから発達し，現在は輸送用機械や電気機械の製造が盛んであることなどから，北関東工業地域に当てはまる。群馬県や栃木県では古くから絹織物の生産が盛んで，群馬県では大正時代から航空機の製造が行われた。1980年には関越自動車道によって西部(群馬県)が，1987年には東北自動車道によって中部(栃木県)が東京とつながり，2011年には北関東自動車道によって北関東工業地域と常陸那珂港(茨城県)が結ばれた。　**Ⅰのア～エ．**2019年の製造品出荷額等が大きいアとウは，瀬戸内工業地域と北関東工業地域のいずれかであると考えられる。このうち，機械工業(輸送用機械，電気機械，その他機械)の割合が高いアが内陸に位置する北関東工業地域であり，化学工業の割合が高いウが臨海部に位置する瀬戸内工業地域である。残るイとエのうち，輸送用機械の割合が高いイは浜松市周辺などでオートバイや自動車の生産が盛んな東海工業地域であり，エが北陸工業地域となる。ここでⅡの文中で「2019年には電気機械の出荷額等は約２兆円…輸送用機械の出荷額等が…５兆円を超える」の部分をⅠの表のアのグラフから算出すると，305296億×0.073≒22287億＝２兆円，305296億×0.184≒56174億＝5.6兆円となり，合致する内容であることが確認できる。

〔問３〕＜地形図と資料の読み取り＞変化．太線で囲まれた地域には，Ⅰの⑵とⅡの⑵では工場が見られ，Ⅰの⑶とⅡの⑶では商業施設が見られる。つまり，ⅠとⅡのどちらも，1980年代には工場であった場所が現在(2017・2018年)は商業施設となっていることがわかる。その理由は，Ⅰ，Ⅱの⑴の地区計画において，この地域を商業地域とする方針が示されたためである。　**要因．**Ⅰ，Ⅱの太線で囲まれた地域は，それぞれ福島駅，岡山駅の近くに位置する。乗降客数の多いこれらの駅の周辺には多くの人が集まってくることから，商業施設をつくるのに適していると考えられる。

4〔歴史―古代～現代の日本と世界〕

〔問１〕＜年代整序＞年代の古い順に，ア(奈良時代―墾田永年私財法)，イ(平安時代―摂関政治)，エ(鎌倉時代―元寇)，ウ(南北朝時代―建武の新政)となる。

〔問２〕＜太閤検地＞Ⅱは，安土桃山時代に豊臣秀吉が行った太閤検地について述べたものである。太閤検地では，統一的な基準で全国の田畑の面積や土地のよしあしなどを調べ，予想収穫量を「石」で表した。秀吉が政治を行ったのは，Ⅰの略年表中のイの時期である。なお，1560年に桶狭間の戦いで織田信長によって倒されたのは今川義元，1582年に本能寺の変によって倒されたのは織田信長，1600年に関ヶ原の戦いに勝利して全国支配の実権をにぎったのは徳川家康である。

〔問３〕＜年代整序＞年代の古い順に，イ(18世紀後半―寛政の改革)，ウ(19世紀半ば―黒船来航)，エ(1902年―日英同盟)，ア(1920年代―地下鉄の運行開始)となる。

〔問４〕＜昭和～平成時代の出来事＞東西ドイツが統一されたのは1990年，京都議定書が採択されたのは1997年，長野でオリンピック・パラリンピック冬季競技大会が開催されたのは1998年である。したがって，Ⅱの文章で述べている時期はⅠのグラフ中のウの時期に当てはまる。

5〔公民・歴史総合―情報を題材とする問題〕

〔問１〕＜精神の自由＞「集会・結社及び言論，出版その他一切の表現の自由」(日本国憲法第21条)は，自由権の１つである精神の自由のうち，自分の意見や感情などを外部に発表する権利である。なお，イの「思想及び良心の自由」も精神の自由に含まれるが，これは心の中で自由に物事を考えたり判断したりする権利である。アは身体の自由，ウは経済活動の自由に含まれる。

〔問２〕＜昭和時代の出来事＞Ⅱの文章中に「石油危機から３年後の現在」とある。石油危機が起こったのは1973年で，その３年後は1976年となる。これは，Ⅰの略年表中のウの時期に当てはまる。

〔問３〕＜資料の読み取り＞Ⅱのグラフから読み取れることを整理すると，次の２つにまとめられる。まず，日本では，情報処理・通信に携わる人材のうち，情報通信技術を提供する業種についている人の割合が高く，情報通信技術を利用する業種についている人の割合は低いことがⅡの日本のグラフからわかり，次に，アメリカ合衆国では，情報処理・通信に携わる人材のうち，情報通信技術を利用する業種についている人の割合が高く，情報通信技術を提供する業種についている人の割合は低いことがⅡのアメリカ合衆国のグラフから読み取れる。このような現状を受けて，今後は「情報通信技術を利用する業種に十分な情報通信技術をもった人材が必要である」とするⅠの文章が示されたことがわかる。解答の際には，「アメリカ合衆国と比較して，情報通信技術を提供する業種と利用する業種の構成比の違いに着目」するという設問の条件に注意しながらまとめる。

〔問４〕＜法律案の審議＞内閣や議員によって国会に提出された法律案は，数十人の議員で構成される委員会でまず審議される。その後，議員全員が参加する本会議で審議・議決が行われる。可決された法律案はもう一方の議院へ送られ，同様の過程で審議・議決される。衆参両議院で可決された法律案は法律となり，内閣の助言と承認に基づいて天皇が公布する。Ⅱの文中に「衆議院の内閣委員会」とあることから，Ⅱは衆議院の委員会での審議について述べたものである。したがって，ⅠのＢとＣの間に行われたことになる。

6〔三分野総合―都市を題材とする問題〕

〔問１〕＜年代整序＞年代の古い順に，エ(18世紀―絶対王政とマリア・テレジア)，ア(19世紀―ビスマルクとドイツ帝国)，ウ(1930年代―ニューディール政策)，イ(20世紀後半―冷戦)となる。

〔問２〕＜オタワ＞ⅠのＡ～Ｄ．地図中のＡはブラジル，Ｂはカナダ，Ｃはオーストラリア，Ｄはナイジェリアの首都周辺の地域を示している。Ⅱの文章は，カナダの首都オタワについて述べたものである。カナダはかつてイギリスの植民地であった国だが，東部のケベック州を中心とする地域は最初にフランスが進出した。そのため，国内にはイギリスとフランスの２つの文化圏が形成され，現在も英語とフランス語が公用語となっている。文中の「首都から約350km離れイギリス系住民が多い都市」はトロント，「首都から約160km離れフランス系住民が多い都市」はモントリオールである。　**ⅠのＡ～Ｄのア～ウ．**オタワは，Ｂの地図中のイに位置する。なお，同じ地図中のアはモントリオール，ウはトロントである。トロントが面している湖は五大湖の１つであるオンタリオ湖であり，オンタリオ湖から北東に流れ出ている川はセントローレンス川である。

〔問３〕＜インドネシアと資料の読み取り＞地図中のＷはメキシコ，Ｘはインドネシア，Ｙはバングラデシュ，Ｚはエジプトである。Ⅱの文章は，オランダから独立したこと，イスラム教徒が８割を超えることなどからインドネシアについて述べた文と判断できる。また，ⅠのＸのグラフをⅡの文章と照らし合わせると，第１位の都市圏と第２位の都市圏の人口差は，1950年に100万人を下回っており，1990年には1950年の約７倍になっていることや，1990年以降は拡大傾向が緩やかであることが確認できる。

理科解答

1 〔問1〕 イ　〔問2〕 ア
〔問3〕 エ　〔問4〕 ウ
〔問5〕 エ

2 〔問1〕 ア　〔問2〕 イ
〔問3〕 エ　〔問4〕 ウ

3 〔問1〕 ウ　〔問2〕 イ
〔問3〕 エ　〔問4〕 ア

4 〔問1〕 ウ　〔問2〕 エ
〔問3〕 ア　〔問4〕 ウ

5 〔問1〕 イ　〔問2〕 ア
〔問3〕 $\underset{(酸)}{HCl}+\underset{(アルカリ)}{NaOH}\longrightarrow\underset{(塩)}{NaCl}+H_2O$
〔問4〕 ウ

6 〔問1〕 ア
〔問2〕 イ
〔問3〕 右図
〔問4〕 イ

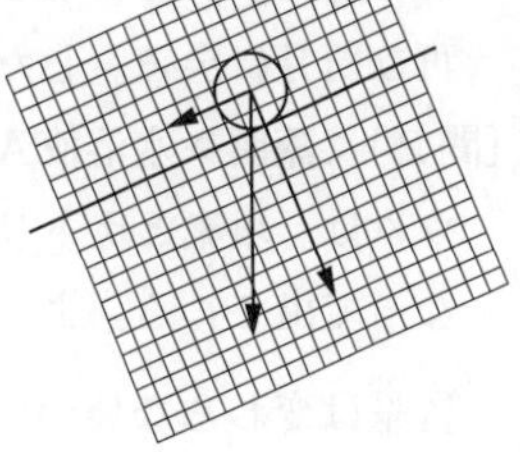

1 〔小問集合〕

〔問1〕＜燃焼＞木片を燃焼させると，木片に含まれる炭素が空気中の酸素と結びついて二酸化炭素になり，空気中に出ていく。そのため，燃焼させた後の木片の質量は小さくなり，石灰水が白くにごる。一方，スチールウール(鉄)を燃焼させると，鉄と空気中の酸素が結びついて酸化鉄ができるため，燃焼させた後のスチールウールの質量は大きくなる。なお，二酸化炭素は発生しないので，石灰水は変化しない。

〔問2〕＜心臓＞図3で，全身から血管C(大静脈)を通って右心房に戻った血液は，右心室に入り，右心室から血管A(肺動脈)を通って肺へ送り出される。肺で酸素を取り入れた血液は，血管D(肺静脈)から左心房に入り，左心室へ移動し，血管B(大動脈)を通って全身に送り出される。動脈は心臓から送り出された血液が流れる血管だから，血管Aと血管Bである。また，動脈血は酸素を多く含む血液だから，血管Dと血管Bに流れる。なお，静脈は心臓に戻る血液が流れる血管だから，血管Cと血管Dで，静脈血は血管Cと血管Aに流れる。

〔問3〕＜光の屈折＞右図1のように，光が水中から空気中へ進むときは，入射角より屈折角の方が大きくなり，水面に近づくように屈折する。また，図1では，「A」の文字の下端から出て水面で屈折した光は目に届かないが，右図2のように，容器の中の水の量を増やすと，下端から出た光も目に届くようになり，文字の形が全て見えるようになる。

図1

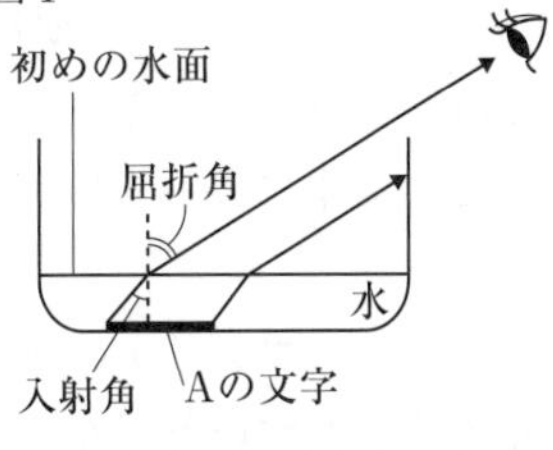

図2

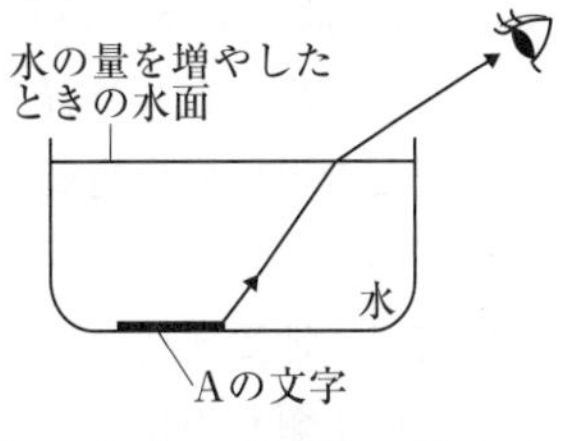

〔問4〕＜温暖前線＞温暖前線は暖気が寒気の上にはい上がりながら寒気を押して進む前線であるから，温暖前線付近の暖気と寒気の動きを表しているのはBである。また，空気はあたたまると膨張して，体積が大きくなる。このとき，質量は変わらないから，$〔密度(g/cm^3)〕=\frac{〔質量(g)〕}{〔体積(cm^3)〕}$ より，密度は小さくなる。よって，密度が小さいのは暖気である。なお，Aは寒冷前線付近の暖気と寒気の動きを表している。また，密度が小さい空気は上昇するため，A，Bで上昇している暖気の方が密度が小さいことがわかる。

〔問5〕＜回路と電流＞図5で，抵抗器Bと抵抗器Cは並列につながれているので，どちらにも同じ大きさの電圧が加わる。よって，オームの法則 $〔電流〕=\frac{〔電圧〕}{〔抵抗〕}$ より，抵抗が小さいほど流れる電流は大きくなるので，$Q>R$ である。また，点pを流れる電流の大きさは，点q，rを流れる電流の大きさの和になるから，$P=Q+R$ となる。以上より，$R<Q<P$ である。

2 〔小問集合〕

〔問１〕＜月の見え方＞図１のとき，観測地点Ａでは，月は太陽と同じ方向に見えるから，月が真南の空に位置する時刻は，太陽が真南の空に位置する時刻で，12時である。また，図１のとき，月は新月である。月は，およそ１週間ごとに新月から上弦の月，満月，下弦の月と変化して，約29.5日で再び新月に戻る。したがって，図１の日から１週間後に観察できる月は，上弦の月である。

〔問２〕＜蒸留＞水溶液Ａから水を蒸発させると，塩化ナトリウム(食塩)の結晶が現れる。塩化ナトリウムは，塩素とナトリウムの化合物である。また，塩化ナトリウム水溶液を加熱すると水が気体となって出てくる。よって，加熱により水溶液Ａの質量は減少するが，溶質である塩化ナトリウムの質量は変わらないので，$〔質量パーセント濃度(\%)〕=\dfrac{〔溶質の質量(g)〕}{〔水溶液の質量(g)〕}\times 100$ より，水溶液の質量が小さくなると質量パーセント濃度は大きくなるから，濃度は５％より高くなる。

〔問３〕＜植物の体のつくり＞上下にある葉が互いに重ならないようにつくことで，光が当たる面積が大きくなり，光合成によって多くの養分をつくり出すことができる。また，光合成でつくられた養分が通る管は師管である。なお，道管は根から吸収した水や水に溶けた養分が通る管である。

〔問４〕＜重さと質量＞上皿てんびんではかることができるのは物体の質量で，物体そのものの量だから場所が変わっても変化しない。そのため，質量300gの物体Ａは月面でも300gの分銅とつり合う。一方，はかりではかることができるのは物体の重さで，物体にはたらく重力の大きさだから場所によって変化し，月面では，質量300gの物体Ａにはたらく重力の大きさは地球上の約$\dfrac{1}{6}$になる。よって，質量300gの物体Ａを月面ではかりに載せたときの目盛りの値は$300\times\dfrac{1}{6}=50$より，約50gになる。

3 〔大地の変化〕

〔問１〕＜岩石＞表１より，岩石Ｐは長石や輝石を含み，小さな鉱物(石基)の間にやや大きな鉱物(斑晶)が散らばっている斑状組織なので，マグマが冷えてできた火成岩の火山岩と考えられる。また，れき岩は，粒の直径が２mm以上のれきを含む土砂が押し固められてできた堆積岩である。れき岩などの堆積岩を構成する粒は，流水によって運ばれる間に角がけずられ，丸みを帯びているものが多い。

〔問２〕＜地質年代＞岩石Ｑに見られるフズリナの化石は古生代の示準化石である。古生代には，魚類や両生類が出現し，三葉虫が生息していた。なお，鳥類が出現し，アンモナイトが生息していたのは中生代である。

〔問３〕＜泥岩＞泥岩を構成する粒は，直径が0.06mm以下である。流水によって海まで運搬された土砂は，粒の大きなものほど沈みやすいので，陸の近くに堆積し，粒の小さなものほど沈みにくいので，河口から遠い深い海に堆積する。よって，泥岩の層が堆積した時代の地域Ｂ周辺は，河口から遠い深い海であったと考えられる。

〔問４〕＜地層の広がり＞Ｘ点の標高は40.3m，Ｙ点の標高は36.8mであり，図２より，凝灰岩の層の上面の地表からの深さは，Ｘ点では11.0m，Ｙ点では9.0mなので，凝灰岩の層の上面の標高は，Ｘ点では $40.3-11.0=29.3$(m)，Ｙ点では $36.8-9.0=27.8$(m)である。よって，Ｘ点の方が，Ｙ点より，$29.3-27.8=1.5$(m)高くなっている。

4 〔生物の世界，生命・自然界のつながり〕

〔問１〕＜植物の分類＞〈結果１〉の(1)より，花弁が１枚１枚離れていたので，エンドウは離弁花類である。離弁花類は双子葉類に分類されるから，子葉の枚数は２枚である。また，胚珠が子房の中にある植物を被子植物という。なお，子葉の枚数が１枚なのは単子葉類で，裸子植物は子房がなく，胚珠はむき出しである。

〔問２〕＜受精＞花粉の中を移動する生殖細胞は精細胞である。花粉管が胚珠に達すると，精細胞は胚珠の中の卵細胞と受精して受精卵ができる。精細胞や卵細胞などの生殖細胞は減数分裂によってつくられ，染色体数は体細胞の半分である。よって，卵細胞に含まれる染色体数は，精細胞と同じ７本で，精細胞と卵細胞の受精によってできる受精卵１個に含まれる染色体数は$7+7=14$(本)になる。なお，卵は動物の雌がつくる生殖細胞で，雄がつくる生殖細胞である精子と受精する。

〔問３〕＜遺伝の規則性＞〈実験〉の(2)，(4)で，草たけの高い個体を自家受粉してできた種子を育てると，〈結果２〉の(1)より，全て草たけの高い個体になったことから，図４のＰは草たけの高い純系である。一方，〈実験〉の(3)，(5)で，草たけの低い個体を自家受粉してできた種子を育てると，〈結果２〉の(2)より，全て草たけの低い個体になったことから，図４のＱは草たけの低い純系である。また，〈実験〉の(7)，(8)で，ＰとＱをかけ合わせると，〈結果２〉の(3)より，全て草たけの高い個体になったことから，草たけの高さは，高いが顕性形質，低いが潜性形質である。ここで，草たけを高くする遺伝子をＢ，低くする遺伝子をｂとすると，草たけの高い純系のＰの遺伝子の組み合わせはBB，草たけの低い純系のＱの遺伝子の組み合わせはbbになる。草たけの高い純系と低い純系のエンドウがつくる生殖細胞には，それぞれＢとｂだけが含まれるから，これらをかけ合わせてできた子である図４のＲの遺伝子の組み合わせは全てBbになる。よって，ＲとＱをかけ合わせてできた種子の遺伝子の組み合わせと個数の比は，右表のように，Bb：bb＝２：２＝１：１となる。Bbは草たけの高い個体，bbは草たけの低い個体になるので，これらの個体数のおよその比は１：１である。

	B	b
b	Bb	bb
b	Bb	bb

〔問４〕＜遺伝の規則性＞エンドウの種子の形は，丸形が顕性形質，しわ形が潜性形質だから，親の代の丸形の種子の遺伝子の組み合わせはAAかAaであり，〈モデル実験の結果〉の(1)で，子の代では丸形の種子だけが得られたことから，両親がともにａを持つことはないのがわかる。また，〈モデル実験の結果〉の(2)で，子の代の種子を自家受粉させると，孫の代には丸形の種子だけが得られた個体と丸形・しわ形の種子が得られた個体があったことから，孫の代に丸形の種子だけが得られた個体の遺伝子の組み合わせはAA，丸形・しわ形の種子が得られた個体の遺伝子の組み合わせはAaとなる。これより，親の代の種子の一方はａを持つので，親の代の遺伝子の組み合わせはAAとAaである。

5 〔化学変化とイオン〕

〔問１〕＜ダニエル電池＞亜鉛板Ｐは溶けたので，亜鉛板Ｐの表面では，亜鉛原子(Zn)が電子を２個放出して亜鉛イオン(Zn^{2+})となって水溶液中に溶け出している。また，銅板Ｑには赤茶色の物質が付着したので，銅板Ｑの表面では，水溶液中の銅イオン(Cu^{2+})が電子２個を受け取って銅原子(Cu)になって付着する。よって，亜鉛板Ｐの様子はＡ，銅板Ｑの様子はＤである。

〔問２〕＜ダニエル電池，水の電気分解＞図１のダニエル電池では，亜鉛板Ｐから亜鉛原子(Zn)が亜鉛イオン(Zn^{2+})となって溶け出すので，水溶液中のZn^{2+}の数は増える。一方，銅板Ｑでは，銅イオン(Cu^{2+})が銅原子(Cu)になって付着するので，水溶液中のCu^{2+}の数は減る。また，図２では水の電気分解が起こり，電源装置の－極につながれた電極Ｒは陰極，＋極につながれた電極Ｓは陽極で，電極Ｒでは水分子(H_2O)が電子を受け取り水素が発生し，電極Ｓでは，水酸化物イオン(OH^-)が電子を渡し，水と酸素ができる。水素は最も軽い気体で，空気より軽く，酸素は水に溶けにくい気体である。

〔問3〕<中和>〈実験2〉で，酸の性質を持つ物質は，薄い塩酸中に溶けている塩化水素(HCl)であり，アルカリの性質を持つ物質は水酸化ナトリウム水溶液中に溶けている水酸化ナトリウム(NaOH)である。HClとNaOHが中和すると，水(H_2O)と，塩《えん》として塩化ナトリウム(NaCl)ができる。

〔問4〕<中和とイオン>薄い塩酸中には，塩化水素(HCl)が電離して生じた水素イオン(H^+)と塩化物イオン(Cl^-)が同数含まれ，水酸化ナトリウム水溶液中には，水酸化ナトリウム(NaOH)が電離して生じたナトリウムイオン(Na^+)と水酸化物イオン(OH^-)が同数含まれる。また，薄い塩酸に水酸化ナトリウム水溶液を加えると，H^+とOH^-が結びついて水(H_2O)になり，Cl^-とNa^+が結びついて塩として塩化ナトリウム(NaCl)になるが，NaClは溶液中で電離しているため，イオンのままCl^-とNa^+として含まれる。〈実験2〉の(4)より，薄い塩酸12cm^3と水酸化ナトリウム水溶液6 cm^3がちょうど中和するので，水酸化ナトリウム水溶液を6 cm^3加えるまでは，加えたOH^-はH^+と結びつき，減ったH^+と同数のNa^+が増えるので，イオンの総数は変わらない。さらに，水酸化ナトリウム水溶液を加えると，H^+の数は0のままで，加えたNa^+とOH^-が増えていくので，イオンの総数は増加していく。なお，Cl^-の数は変化しない。

6〔運動とエネルギー〕

〔問1〕<速さ>〈結果〉より，レールAにおける⑧から⑩までの移動距離は，$10.6+9.0+5.6=25.2$(cm)で，25.2cmは$25.2\div100=0.252$(m)である。また，かかった時間は，$1.0-0.7=0.3$(秒)である。よって，このときの小球の平均の速さは，〔平均の速さ(m/s)〕=〔移動した距離(m)〕÷〔移動にかかった時間(s)〕より，$0.252\div0.3=0.84$(m/s)となる。

〔問2〕<運動と力>斜面上にある小球には，重力の斜面に平行な方向の分力が運動の方向にはたらく。また，小球に一定の力がはたらくとき，小球の速さは一定の割合で増加する。よって，図2で，レールB上の①から③までは斜面の傾きがほぼ一定なので，小球には，重力の斜面に平行な方向の分力がほぼ一定の大きさではたらき続け，速さはほぼ一定の割合で増加する。なお，〈結果〉より，レールB上の①から③まで，0.1秒ごとの移動距離は，$5.6-3.2=2.4$(cm)，$8.0-5.6=2.4$(cm)と等しいから，速さは一定の割合で増加していることがわかる。

〔問3〕<力の分解>重力の矢印を対角線として，斜面に平行な方向と斜面に垂直な方向を2辺とする平行四辺形(この場合は長方形)をかくと，2辺がそれぞれ分力になる。解答参照。

〔問4〕<運動エネルギー>小球が斜面上を下るとき，小球が点aと点dで持っていた位置エネルギーは運動エネルギーに移り変わる。図1で，点aと点dは高さが等しいから，それぞれの点で小球が持つ位置エネルギーの大きさは等しく，点bは点eより高さが低いから，小球が持つ位置エネルギーの大きさは点bの方が点eより小さい。よって，位置エネルギーが移り変わった運動エネルギーの大きさは，点bの方が点eより大きい。また，点cと点fは高さが等しく，位置エネルギーの大きさは等しいから，運動エネルギーの大きさも等しい。

国語解答

一 (1) うかが　(2) くだ
(3) えいきょう　(4) えんかつ
(5) めぐ

二 (1) 演　(2) 難　(3) 宿命
(4) 習慣　(5) 健

三 〔問1〕 エ　〔問2〕 イ
〔問3〕 ウ　〔問4〕 ア
〔問5〕 エ

四 〔問1〕 ウ　〔問2〕 エ
〔問3〕 ア　〔問4〕 イ
〔問5〕 (例)学校で職業調べの学習を行いました。調べたことや友人の発表から，自分の将来や未来の社会の姿について考えようとしましたが，具体的に想像することができませんでした。／筆者は，コンピュータ化できない部分を含む「脱既存概念の考え方」は人間特有のものだと述べています。また，人間は自分がどう生きるべきかといった高度な考え方をするとも述べています。私は，自分の力で未来を切りひらくために，考え続けたいと思います。(200字)

五 〔問1〕 エ　〔問2〕 ウ
〔問3〕 イ　〔問4〕 ア
〔問5〕 ウ

一〔漢字〕
(1)「伺う」は，ここでは，「聞く」の謙譲語。　(2)音読みは「粉砕」などの「サイ」。　(3)「影響」は，他にはたらきを及ぼして，変化や反応を起こさせること。　(4)「円滑」は，物事がすらすらと進んでいくこと。　(5)音読みは「巡回」などの「ジュン」。

二〔漢字〕
(1)「演じる」は，劇や映画の中で，ある役柄をつとめる，という意味。　(2)音読みは「難解」などの「ナン」。　(3)「宿命」は，前世から定められていた運命のこと。　(4)「習慣」は，いつもしていることで，身についたもの。　(5)音読みは「健康」などの「ケン」。

三〔小説の読解〕出典；村山由佳『雪のなまえ』。
〔問1〕＜心情＞昨日，雪乃は，朝早くに茂三と畑に行くと話していたのに寝過ごしてしまった。雪乃を起こさずに「ほっとけ」と，茂三がヨシ江に言って先に出かけたと聞いて，雪乃は，茂三の思いがわからなくてどういうことかと思ったのである。
〔問2〕＜表現＞雪乃が自分で起きないなら置いていくだけだという茂三の言葉を，雪乃は，そのとおりだと思った。洗面所に行き，歯を磨き，慌ててシャツとジーンズに着替えてと，動作を短く表現し続けることで，雪乃が茂三の所に少しでも早く行こうとしている様子が，表されている。
〔問3〕＜心情＞「シゲ爺」と声を掛けようとした雪乃だったが，寝坊した自分に茂三が「あきれている」のではないか，茂三が自分のことを「怒って」いるのではないかと不安になって，雪乃は，途中で声を掛けるのをやめたのである。
〔問4〕＜心情＞茂三は，雪乃に「寝ぼすけめ」とからかうように，「笑顔」で声を掛けた。茂三は，雪乃がきっと追いかけてくるだろうと思っていたが，実際に雪乃が茂三を追いかけて畑に来たので，思ったとおりでうれしかったのである。
〔問5〕＜文章内容＞雪乃の父は，茂三とは違う，イモの断面を上にする植え方も試していた。父は農業の「大先輩」の茂三の知恵を受け入れるとともに，何でも一度は疑ってみて，自分の頭で考えてみることも必要と考えたのだということを，雪乃は，父の態度から学んだのである。

四〔論説文の読解―哲学的分野―人間〕出典；大須賀節雄『思考を科学する―「考える」とはどういうことか？―』。
≪本文の概要≫行為の知能性とは，目的を達成するために，生物的機能として自然に備わった単純な行為を計画立てて組み合わせることをいうが，この観点から見ると，動物と人間の間で本質の部分に大差はない。しかし，動物の行為を「考える行為」とは言いがたい。動物の行動パターンは，種として先祖から受け継いだ「本能的」なものである。人間は，目的が多様であり，目的達成の方法を個人が状況に応じて動的に見出さなければならない。これが「脱既存概念の考え方」につながる。「考え方」の前提には，目的を達成するという意識があるが，人間としてどう生きるべきかなどの抽象的で高度な「考え方」もある。「考える」行為を明示することによって，気づかなかった誤りや考え落ちを見出すこともできるが，「考える」ことの全てを明文化できるわけではない。特に「脱既存概念の考え方」は，明文化できないし，コンピュータ化できるものではない。

〔問１〕＜文章内容＞多くの動物の行動は，でたらめなものではなく，一定の目的を達成するための秩序立った行動であり，人間の行動の基本的な部分と動物の行動とには，実質的に大きな差はないといえる。

〔問２〕＜文章内容＞人間の「既存概念による考え方」を基にした行為と，動物の「本能的な行為」には，どちらも生理的構造に基づいているという点で，大きな差はない。しかし，「脱既存概念の考え方」は，「新しく発想する」ものであり，人間にしかできないことであるので，「脱既存概念の考え方」と動物的な「本能的な行為」とは，全く質の違うものである。

〔問３〕＜段落関係＞第八段で「具体的な目的意識のもとでの『考え方』について考える」と示されたことをふまえて，第九段では，どのような場合においても「『考える』行為には必ず何らかの動機と目的や方法など」があることが述べられている。そして，これ以降の「『考え方』についての議論では，目的が明確に意識されていることを前提とする」と宣言されている。

〔問４〕＜文章内容＞「考える」目的や考える途中で得た概念といった「考える」という行為を言葉にすれば，異なる考え方と比較することもできるし，気づかなかったことや足りない部分や間違ったことをとらえてもう一度考え直すことも可能になるのである。

〔問５〕＜作文＞人間の新しく発想する「脱既存概念の考え方」は，明文化できず，コンピュータ化できない部分を含んでいるという筆者の主張をふまえる。日常生活を振り返って，自分が目的を達成するために何かをイメージして，自分自身で考えたときのことを，具体的に考える。指定字数を守って，誤字脱字に気をつけて書く。

五〔説明文の読解―芸術・文学・言語学的分野―文学〕出典；井上靖『西行・山家集』／白洲正子，目崎徳衛「西行の漂泊と無常」／白洲正子『西行』。

〔問１〕＜和歌の内容理解＞「こよひこそおもひしらるれあさからぬ／君にちぎりのある身なりけり」は，「鳥羽法皇御葬儀の今宵になって初めて，自分が院と並みひと通りでない御縁にあったことを，今更のように深く思い知り，思い知らされたことであった」ということである。歌の「君」は「院」すなわち鳥羽法皇のことであり，「ちぎり」に相当するのが「御縁」である。

〔問２〕白洲さんも目崎さんも，西行の歌にも業平の歌にも詞書があり，歌の内容を詞書で補ったようなところがあると述べている。そして，目崎さんは，さらに西行の詞書に目を向けて，西行を歌人としてだけではなく，散文の達人だと述べている。

〔問３〕＜文章内容＞西行が旅に出てものを見るのは，必ずそこに人間の歴史があるからであり，西行はそれを名歌に残している。西行の詞書には，歌をよんだときの状況や理由を補足する文が書かれていて，歌の世界を補っているが，その詞書の散文自体も，美しくて，人をひきつけるものであったために，後に『西行物語』がつくられていったのである。

〔問４〕＜文章内容＞日本の紀行文には「地の文章を書いては歌を一首入れ，それからさらに進んでいくというパターンができて」いるが，『山家集』には，西行の書いた詞書があり，西行の歌がよまれているので，それは一つの「紀行文」すなわち「旅行記」と同じだといえるのである。

〔問５〕＜品詞＞「忘れることのできない絶唱」の「の」は，「が」と置き換えることができる主格を表す格助詞。「森の蔭」「大雪の日」「一首の意味」の「の」は，連体修飾格の格助詞。

誰にもよくわかる 解説と解答 2021年度

東京都　正答率

＊は部分正答も含めた割合

英語

1	A	1	68.3%
		2	38.8%
		3	63.9%
	B	1	74.2%
		2	＊15.3%
2	1		74.4%
	2		25.2%
	3	(1)	53.5%
		(2)	＊38.3%
3	〔問1〕		59.4%
	〔問2〕		61.3%
	〔問3〕		54.4%
	〔問4〕		51.1%
	〔問5〕		57.7%
	〔問6〕		45.9%
	〔問7〕		41.9%
4	〔問1〕		76.9%
	〔問2〕		28.1%
	〔問3〕	(1)	42.4%
		(2)	58.3%
		(3)	52.9%
	〔問4〕	(1)	33.1%
		(2)	37.7%

社会

1	〔問1〕	64.8%
	〔問2〕	75.1%
	〔問3〕	88.7%
	〔問4〕	94.0%
2	〔問1〕	31.1%
	〔問2〕	33.2%
	〔問3〕	23.2%
3	〔問1〕	47.8%
	〔問2〕	57.8%
	〔問3〕	＊75.8%
4	〔問1〕	52.2%
	〔問2〕	24.3%
	〔問3〕	32.0%
	〔問4〕	40.6%
5	〔問1〕	70.9%
	〔問2〕	68.0%
	〔問3〕	＊44.8%
6	〔問1〕	19.6%
	〔問2〕	19.1%
	〔問3〕	44.7%

数学

1	〔問1〕		88.3%
	〔問2〕		62.0%
	〔問3〕		55.3%
	〔問4〕		84.6%
	〔問5〕		87.7%
	〔問6〕		54.8%
	〔問7〕		56.2%
	〔問8〕		46.6%
	〔問9〕		＊59.1%
2	〔問1〕		37.8%
	〔問2〕		＊14.4%
3	〔問1〕		88.7%
	〔問2〕		65.9%
	〔問3〕		9.3%
4	〔問1〕		64.8%
	〔問2〕	①	＊32.3%
		②	0.5%
5	〔問1〕		20.2%
	〔問2〕		3.6%

理科

1	〔問1〕	43.0%
	〔問2〕	72.8%
	〔問3〕	56.9%
	〔問4〕	40.2%
	〔問5〕	48.4%
	〔問6〕	57.2%
2	〔問1〕	43.6%
	〔問2〕	39.0%
	〔問3〕	19.0%
	〔問4〕	50.0%
3	〔問1〕	42.0%
	〔問2〕	62.6%
	〔問3〕	39.1%
	〔問4〕	32.8%
4	〔問1〕	78.1%
	〔問2〕	45.5%
	〔問3〕	55.8%
5	〔問1〕	36.4%
	〔問2〕	33.7%
	〔問3〕	23.8%
	〔問4〕	＊6.3%
6	〔問1〕	31.7%
	〔問2〕	＊22.5%
	〔問3〕	27.8%
	〔問4〕	1.5%

国語

一	(1)	93.2%
	(2)	80.5%
	(3)	90.7%
	(4)	99.0%
	(5)	98.4%
二	(1)	47.8%
	(2)	93.3%
	(3)	69.3%
	(4)	69.9%
	(5)	69.0%
三	〔問1〕	75.5%
	〔問2〕	84.3%
	〔問3〕	60.3%
	〔問4〕	84.4%
	〔問5〕	68.3%
四	〔問1〕	63.6%
	〔問2〕	74.8%
	〔問3〕	56.3%
	〔問4〕	77.9%
	〔問5〕	＊75.5%
五	〔問1〕	49.9%
	〔問2〕	52.7%
	〔問3〕	52.2%
	〔問4〕	51.5%
	〔問5〕	100.0%

五〔問５〕は問題不備のため，全員正解とされた。

2021年度／東京都立高等学校

英語解答

1 A ＜対話文１＞ ア
＜対話文２＞ エ
＜対話文３＞ ウ
B Q１ イ
Q２ To tell her about their school.

2 １ ウ ２ ア
３ ⑴ エ
⑵ (例)My aunt was interested in playing the guitar, and she bought one. She asked me to teach her how to play it, and I did that. Now we enjoy playing together, and that makes us happy.

3 〔問１〕 エ 〔問２〕 イ
〔問３〕 ア 〔問４〕 ア
〔問５〕 ウ 〔問６〕 イ
〔問７〕 ウ

4 〔問１〕 イ 〔問２〕 エ→イ→ア→ウ
〔問３〕 ⑴…ア ⑵…エ ⑶…イ
〔問４〕 ⑴…エ ⑵…ウ

1〔放送問題〕

〔問題A〕＜対話文１＞≪全訳≫ユミ(Y)：デービッド，私たちはこの建物の最上階にいるの。ここからの眺めはきれいね。／デービッド(D)：お寺がいくつか見えるね，ユミ。／Y：見て！ 向こうに私たちの学校が見えるわ。／D：どこ？／Y：あの公園が見える？ その公園のそばよ。／D：ああ，見えた。これはすごくすてきな景色だね。／Y：あなたが気に入ってくれてよかったわ。もうすぐ正午ね。７階まで降りましょう。そこにいいレストランがあるの。

Q：「ユミとデービッドはどこで話しているか」―ア．「建物の最上階」

＜対話文２＞≪全訳≫タロウ(T)：やあ，ジェーン。宿題を手伝ってくれない？ 僕には難しくて。／ジェーン(J)：いいわよ，タロウ。でも，今は職員室に行かなきゃならないの。スミス先生のところへ行ってこの辞書を返さないといけないのよ。／T：わかった。じゃあ，僕は図書館に行ってる。返す本があるし，宿題のために新しい本を借りるよ。／J：後でそこへ行ってあなたを手伝うわね。／T：ありがとう。

Q：「なぜジェーンは図書館へ行くのか」―エ．「タロウを手伝うため」

＜対話文３＞≪全訳≫女性(W)：すみません。ミナミ駅へ行きたいんです。次の電車は何時に出ますか？／男性(M)：えっと，今は11時ですね。次の電車は11時15分に発車します。／W：母がまだ来ないんです。11時20分頃にはここに着くと思うんですが。／M：わかりました。それなら11時30分発の電車に乗れますよ。ミナミ駅には11時55分に到着します。／W：ありがとうございます。その電車に乗ることにします。

Q：「この女性はいつ電車に乗るか」―ウ．「11時30分」

〔問題B〕≪全訳≫皆さん，おはようございます。私の名前はマーガレット・グリーンです。オーストラリア出身です。オーストラリアはとても広い国です。皆さんはそこへ行ったことがありますか？ 毎年，大勢の日本人が私の国を訪れます。日本に来る前，私は中国で５年間英語を教えていました。そこで楽しく過ごしました。／私は日本に住んで６年になります。日本に来た後，１年間はこの国中を旅して楽しみました。数多くの有名な場所を訪れました。それから，２年間学校へ通って日本語を学びました。今は英語を教えて３年になります。この学校は私が日本で英語教師として勤める２つ目の学校となります。どうぞ皆さんの学校について私に教えてください。この学校のことを知りたいのです。この学校の先生になれてうれしく思います。ありがとうございます。

Q１：「グリーン先生はどのくらいの間，日本で英語を教えているか」―イ．「３年間」
Q２：「グリーン先生が生徒にしてほしいことは何か」―「彼らの学校について彼女に教えること」

2〔総合問題〕

１＜対話文完成―適語選択―図を見て答える問題＞

≪全訳≫❶リョウタ(R)：どんな日本の伝統的なおもちゃをつくりたい？
❷ジェームズ(J)：うーん，アメリカにいる弟のために何かつくりたいな。弟と遊びたいんだ。
❸R：なるほど。凧《たこ》をつくってみたら？
❹J：いいね。つくってみたいな。
❺R：紙は僕が持ってるよ。竹と糸も必要だね。
❻J：そうなんだ，この辺りのお店でその２つを売ってるかな？
❼R：うん。僕の家の近くにホームセンターがあるよ。
❽J：わかった。
❾R：竹笛もつくるといいよ。それをつくるのに必要なのは竹だけだからね。
❿J：それはやってみたいな。それで遊べたら弟は喜ぶと思うよ。
⓫R：きれいな音がするだろうね。

＜解説＞(A)第５段落のリョウタの発言によると，(A)の材料は紙と竹と糸で，Ⅰの図から，これらを材料とするのが凧だとわかる。　　(B)第９～11段落で話題になっているのは竹のみでつくることができる音の出るおもちゃで，Ⅰの図でこれに当てはまるのは竹笛である。

２＜対話文完成―適語選択―表を見て答える問題＞

≪全訳≫❶J：今日は７月20日か。次の月曜日には自分の国へ帰ることになるなあ。
❷R：25日に僕と海へ行くのを忘れないでよ。その日は晴れるといいな。
❸J：そうだね。その日は他の予定はないよ。でも，それ以外の日は忙しくなるな。やらなきゃいけないことのリストと予定表をつくったんだ。見てみてよ。リストに書いたことをいつやるべきか決めなきゃいけないんだ。予定表には少し空欄があるだろ。それはつまり僕が暇だっていう意味なんだ。
❹R：フォトブックのことを教えてよ。
❺J：僕のホストファミリーへのプレゼントにするつもりなんだ。彼らは僕をたくさんのおもしろい場所に連れていってくれて，僕は写真をたくさん撮ったんだ。
❻R：それをもらったら喜ぶだろうね。いつそれをつくるつもりだい？
❼J：金曜日の午後と日曜日の午前中だよ。
❽R：26日の最後の夕食の写真も加えたらどう？
❾J：それはいい考えだね。フォトブックは27日に渡すことにするよ。その日の午前中にその作業をする時間があるし。
❿R：いいね。太鼓の演奏についてはどうかな？
⓫J：知ってのとおり，僕は太鼓のたたき方を教わってきた。クラスメイトと先生にそれを披露する予定なんだ。水曜日と木曜日の午後にその練習をするつもりだよ。
⓬R：なるほど。
⓭J：もう１つやることがある。21日に家族への贈り物を買いにショッピングに行くつもりなんだ。午後の授業がないし，僕もその日の午後は予定がないからね。
⓮R：それはいいね。
⓯J：君も一緒に来てくれるかい？
⓰R：もちろんさ。

＜解説＞(A)26日の夕食のときに撮る写真をフォトブックに加えると言っているので，フォトブックをつくるのはそれより後の27日になる。　(B)選択肢より，21日か22日になるが，第11段落で，22日の水曜日の午後は太鼓の練習をすると言っているので，買い物に行けるのは21日の火曜日だけになる。

3＜長文読解総合―Eメール＞

≪全訳≫やあ，リョウタ。❶僕が日本に滞在していた間，力になってくれてありがとう。君と一緒に海に行ったことは特別な思い出さ。日本文化についてすごくたくさんのことを学んだよ。それに，いいクラスメイトがいて，みんながいつも僕のことを助けてくれたから，僕はすごく幸せだった。みんな僕にとても親切にしてくれて，日本について教えてくれたんだ。
❷自分の国に帰った後，弟と楽しく遊んだよ。日本の伝統的なおもちゃで一緒に遊べて楽しかった。僕と一緒におもちゃをつくってくれたことにお礼を言いたいよ。誰かのために何かをするのはいいことだと思う。そこで，僕はもう１つ，あることに挑戦してみたんだ。僕はホストファミリーからお好み焼きのつくり方を教わってね。昨日，何人かの友達のためにそれをつくったんだ。彼らに日本の料理を食べてみてほしかったのさ。彼らはそれを食べて，「おいしいね。ありがとう，ジェームズ」って言ってたよ。それを聞いてうれしかったな。
❸君は誰かのためにいいことをした経験ってあるかい？　それについて教えてよ。すぐに返事がもらえるのを楽しみにしているね。／君の友達，ジェームズ

(1)＜内容真偽＞ア.「ジェームズは，誰かが自分のために何かをしてくれるのはよいことだと思った」…×　第２段落第４文参照。誰かのために何かをするのがよいことだと考えてはいるが，自分のためにそうしてくれるのがよいとは考えていない。　イ.「ジェームズは，自分のホストファミリーに自分の国のことを伝えるのを日本のクラスメイトに手伝ってもらった」…×　このような記述はない。　ウ.「ジェームズは，お好み焼きのつくり方を教えてあげたことについて何人かの友達から感謝されたので，うれしかった」…×　第２段落第６～最終文参照。つくり方を教えたことではなく，料理して出したことを感謝された。　エ.「ジェームズと弟は，ジェームズとリョウタがつくった日本の伝統的なおもちゃで遊べてうれしかった」…○　第２段落第１～３文に一致する。

(2)＜テーマ作文＞

≪全訳≫こんにちは，ジェームズ。❶Eメールありがとう。楽しく読ませてもらったよ。いい思い出がいっぱいだね。特に楽しかったのは，一緒に日本の伝統的なおもちゃをつくったことと，海に行ったことだな。
❷君からの質問に答えるよ。君は僕に「誰かのためにいいことをした経験ってあるかい？」ってきいたよね。僕の答えは「ある」さ。それについて書いてみるよ。
❸(例)僕のおばはギターの演奏に興味があって，ギターを買ったんだ。おばが僕にギターの弾き方を教えてほしいって頼んできて，僕は教えてあげた。今では僕たちは一緒に楽しく演奏して，おかげで幸せな気分になれているよ。
❹いつか他のことについても話すね。
❺また君に会えるのを楽しみにしてるよ。／君の友人，リョウタ

＜解説＞「誰かのためにいいことをした経験」の例を挙げ，その行動をした理由や，その結果どうなったかなどについて具体的に述べればよい。内容は特に問わないので，自分が使える単語や構文でできるだけ正確に書くこと。解答例では，be interested in ～「～に興味がある」，‘ask＋人＋to ～’「〈人〉に～するように頼む」，enjoy ～ing「～することを楽しむ」，‘make＋人＋

形容詞'「〈人〉を～(の状態)にする」といった重要表現が使われており，こうした表現はぜひ使えるようにしておきたい。

3〔長文読解総合―会話文〕

≪全訳≫**1**ルミ，ケンタ，アイカは東京の高校1年生である。スティーブはアメリカから来た高校生だ。彼らは昼食後，教室で話している。

2ルミ(R)：こんにちは，ケンタ，スティーブ，何してるの？

3ケンタ(K)：やあ，ルミ，アイカ。日本語で物の数をどう表すかについて話してるとこだよ。

4スティーブ(S)：ときどき，数にどんな言葉をつければいいかわからないことがあるんだ。例えば，紙には「枚」で，本には「冊」とか。

5R：英語だと，私はよく物の前に言葉をつけるのを忘れちゃうよ。a piece of cake はその一例ね。

6アイカ(A)：私も。英語と日本語には違いがたくさんあって，覚えないといけないことがいっぱいある。ときどき混乱しちゃうな。

7R：そうだね。スティーブ，あなたにとって日本語で難しいなっていうこと，他にある？

8S：あるよ。昨日の夜，ホストマザーが「…ムラタ先生が見える…」って言ったんだ。僕は，彼女にはそこに担任のムラタ先生がいるのが見えてるのかと思っちゃったんだ。だから見回してみたけど，先生はそこにはいなかった。あれには困惑したな。

9K：彼女は，先生が来るということを言いたかったんでしょ。

10S：そうなんだ。

11R：英語にはそれに似たことはないの？

12S：あるよ。例を挙げよう。誰かの手助けに対してお礼を言いたいとき，君たちは何て言う？

13A：私なら Thank you for your help. って言うけど。

14S：そう。それに I am grateful for your help. って言うこともできるんだ，特にもっと改まった場面ではね。

15R：そうだ，そういう表現を他にも思い出したよ。

16A：私たちに教えてよ。

17R：うん。私が中学生のとき，レポートのことでブラウン先生に質問があって職員室に行ったの。私が職員室に入ったら，先生が私に Please have a seat. って言ったのね。私，先生が何を言いたかったのかわからなかったんだ。

18S：それは「座ってください」っていう意味だね。それも改まった場面で使われるよ。

19A：おもしろいね。私たちは改まった表現についてもっと学んで，英語でも日本語でも，もっと頻繁に使うようにした方がいいと思うな。

20R：スティーブに対してもそういう表現を使った方がいいのかな？

21K：うーん…。僕はそうは思わないな。

22A：どう思うの？

23K：僕がスティーブと日本語で話すときは，彼に自分の言ってることを理解してほしいから，わかりやすい表現を選ぶようにしてるんだ。彼は僕にとって親友だしね。

24A：なるほど。それぞれ違った場面で使うのに一番適した表現について考えるべきなんだね。

25S：しゃべる速さもね。ルミ，アイカ，君たちは僕に対してそこに気をつけてくれてるよね。それに，わかりやすい表現も使ってくれている。それはすごく親切なことだって感じるんだ。君たちと日本語で話していると楽しいよ。

26A：私もよ。

27K：あと，スティーブに日本語を教えていて１つ気づいたことがあるんだ。日本語っておもしろいね。

28R：どうしてそう思うの？

29K：同じことを言い表すのに，いろんな言い方があるからさ。例えば，Ｉって日本語で言う場合，「わたし」とも「わたくし」とも「僕」とも言えるよね。

30A：それに，Ｉにあたる言葉を使わなくていい場合もあるよね。

31K：そうだね。それは考えたことがなかったな。「感謝しています」

32S：うわあ，その日本語の表現はかしこまった感じに聞こえるね。

33K：そのとおりさ。これは I am grateful. っていう意味なんだ。

34S：おもしろいなあ。日本語の表現をもっとたくさん学びたいよ。もっと教えていただけませんか？

35R：何て言ったの？

36S：つまり「もっと教えてよ」ってことさ。

37A：もちろん。じゃあ，私たちにもっと英語を教えていただけませんか？

38R，K：そうだね，どうぞお願いいたします。

39S：喜んでそうするよ。

〔問１〕＜英文解釈＞ルミが，英語だと物の前に言葉をつけたすのを忘れることがよくあると述べた後，アイカはその発言を受けて，自分もそうだと言っている。よって，エの「アイカもいくつかの物の前に言葉をつけ加えるのを忘れることがよくある」が適する。この do は繰り返しを避けるために前に出ている動詞(＋語句)の代わりのはたらきをするもので，ここではルミの発言の often forget to add words before some things の代わりとなっている。

〔問２〕＜指示語＞That が指すのはこの前で説明された，ホストマザーが「ムラタ先生が見える」と言ったので辺りを見回したが，先生はいなかったという内容。これを最もよく表しているのはイの「スティーブが困惑したのは，ホストマザーには彼の担任であるムラタ先生が見えるのかと思ったからだ」。　confusing「困惑〔混乱〕させる」

〔問３〕＜英文解釈＞「ルミは(　　)を思い出した」―ア．「改まった場面で使われる別の英語表現」　この前でスティーブが I am grateful for your help. という，より改まった場面で用いられる感謝の英語表現を紹介している。ルミはそれに対して another「別の」それに似た表現を思い出したと言っているのである。

〔問４〕＜指示語＞「ケンタは(　　)とは考えていない」―ア．「ルミがスティーブに改まった表現を使うべきだ」　第19段落でアイカが話題にした「改まった表現」について，第20段落ではルミが，スティーブに対しても改まった表現を使うべきなのかと問いかけている。その問いに対してケンタは，自分はそうは思わない，つまりルミがスティーブに対して改まった表現を使う必要はないと思うと伝えている。この so は，「そのように」という意味で，前に出ている内容を受ける。

〔問５〕＜指示語＞「スティーブは喜んで(　　)つもりだ」―ウ．「アイカ，ルミ，ケンタにもっと英語を教える」　第37，38段落でアイカとルミとケンタは，自分たちにもっと英語を教えてもらえないかとていねいに頼んでいる。これに対し，スティーブは喜んでそうすると言っているのだから，もっと英語を教えましょうと答えたことになる。

〔問６〕＜内容一致＞「アイカとルミがスティーブと日本語で話すとき，彼女たちは(　　)表現を使い，スティーブは彼女たちと話すのを楽しんでいる」―イ．「わかりやすい」　第25段落参照。ルミとアイカがスティーブと話す際に simple「わかりやすい」表現を使っていることが読み取れる。

〔問７〕＜内容一致＞≪全訳≫今日，友人のルミ，ケンタ，アイカと，日本語と英語のさまざまな表現について話し合った。まず，物の数の表し方について話した。ルミとアイカにとっては，英語でそうするのが難しい。ルミは僕に，日本語において難しいことについて(A)尋ね，僕は以前ホストマザーが使った(B)日本語表現の１つを理解できなかったと言った。／その後，改まった場面で使われる英語表現について話し合った。僕たちが日本語で話すとき，彼らの日本語はたいていわかりやすい。日本語でも英語でも，彼らと話すと楽しい。最後に，ケンタが(B)日本語はおもしろいと言った。僕も彼に賛成だ。ときどき難しいこともあるけれど，日本語を勉強するのは楽しい。僕は彼らにもっとたくさん日本語の表現を教えてくれるように(A)頼んだ。

＜解説＞(A)の１つ目は，ルミが日本語について難しいことはないかと尋ねる第７段落に対応しており，これを‘ask＋人＋about＋物事’「〈人〉に〈物事〉について尋ねる」の形で表している。２つ目は第34段落に対応しており，スティーブが３人にもっと日本語表現を教えてもらえないかと頼んだ部分を，‘ask＋人＋to ～’「〈人〉に～してくれるように頼む」の形でまとめている。(B)の１つ目は，ホストマザーの Japanese「日本語」が理解できなかったというスティーブの体験が語られた第８段落に対応している。また，２つ目は第27段落のケンタの Japanese is interesting. という発言が引用されている。

4〔長文読解総合─物語〕

≪全訳≫**1**ハルトは高校２年生だった。彼にはアヤカとオリビアという２人の親友がいた。オリビアはオーストラリア出身だった。５月のある日，アヤカがハルトにこう言った。「私，毎週水曜日の放課後にボランティアとして児童館に行ってるの。学校の近くにあるのよ。そこで何人かボランティアを必要としててね。来週はオリビアが参加してくれるの。あなたも私たちを手伝ってくれる？」　ハルトはこう答えた。「僕がかい？　本当に僕でも役に立てるって思う？　自信ないなあ」　アヤカは彼に言った。「ええ，きっとできると思うわ」　結局，彼は行くと言った。アヤカはそれを聞いて喜んだ。

2次の水曜日，ハルトはアヤカ，オリビアと一緒にその児童館を訪れた。そこで，職員の１人であるササキさんが彼らを出迎えてくれて，こう言った。「うちの児童館で，子どもたちと一緒にたくさん過ごしてあげてくださいね」　彼女はこうも説明した。「この児童館は大勢の子どもたちに利用されていて，特に小学生が多いんですよ」

3遊戯室では子どもたちが何人か遊んでいた。オリビアが彼らに向かってこう言った。「こんにちは！　私はオリビア，オーストラリアから来たの。私は日本語を勉強してるところだから，みんなに絵本を読んであげたいな」　次にハルトが，自分は一緒に遊んだり，算数を教えたりしたいと言った。そのとき，ある男の子が下を向いて絵を描いていた。アヤカが言った。「この子はカズヤくん，９歳。放課後はたいていここに来てるのよ」　ハルトはにっこり笑って彼にこう言った。「こんにちは！　僕と一緒に遊ばない？」　カズヤは嫌だと答え，絵を描き続けた。アヤカはハルトにこう言った。「気にしないでね」　ハルトにはカズヤの気持ちが理解できなかった。ササキさんはこう言った。「カズヤくんはとっても内気な子なんです。彼と友達になるにはすごく時間がかかりますよ」　ハルトは言った。「ああ，そうなんですね」　彼は心の中でこう思った。「カズヤくんと友達になるのは簡単じゃないかもしれないけど，彼と友情を築きたいな」

4１週間が過ぎた。２回目の訪問で，ハルトと何人かの子どもたちは外でサッカーをしようとしていた。彼はカズヤにこう言った。「一緒にやろうよ」　カズヤは，嫌だとだけ言って絵を描き続けた。これにハルトはがっかりした。彼はこう思った。「カズヤくんは僕と話をしたくないんだな」　彼が児童館の図書室へ行くと，オリビアはそこで何人かの子どもたちと日本語の絵本を読んで楽しそうにしていた。アヤカも数人の子どもたちの宿題を手伝っていた。彼女たちはうれしそうだった。

5翌週，ハルトはカズヤに話しかけようとしなかった。彼は何人かの子どもたちの宿題を手伝った。その夜，アヤカが彼に電話をかけてきた。彼女は彼にこう言った。「今日，カズヤくんに話しかけなかったでしょう。あの子から聞いたわ。寂しそうだったわよ」　ハルトはそれを聞いて驚いた。彼は心の中でこう思った。「カズヤくんと友情を築くのに一番いい方法って何なんだろう？　あの子は児童館で絵を描いて過ごしているな。それが鍵なのかもしれない」　ハルトはカズヤと友情を築く方法についてあることを思いついた。

❻翌週の水曜日，ハルトはまた児童館へ行った。これで４回目の訪問だった。彼は自分のアイデアが成功することを願っていた。彼は画用紙に絵を描き始めた。彼は，カズヤが自分の方を見ているのに気づいた。カズヤはハルトにこう尋ねた。「何してるの？」　カズヤは緊張しているようだった。ハルトはこう答えた。「紙芝居をつくってるんだ。僕は絵を描くのは得意じゃなくてね。手伝ってくれるかい？」カズヤはしばらく考えてからこう言った。「いいよ，僕，絵を描くの好きなんだ」　これを聞いてハルトはうれしくなった。ハルトは続けてこう言った。「その紙芝居をつくり終わったら，ここで子どもたちにそれを読んで聞かせてくれるようにオリビアに頼んでみるよ」　カズヤは言った。「それはいいね」

❼それから，カズヤとハルトは一緒に紙芝居をつくり始めた。描いている間，２人は自分たちのことについて話した。カズヤはこう言った。「初めてハルトくんに会ったとき，にっこりして僕に話しかけてくれたから，僕，うれしかったんだ。それなのに，何にも言えなくてごめんなさい」　ハルトはうなずいてこう言った。「そんなこと気にしなくていいよ」　カズヤはにっこり笑った。アヤカと数人の子どもたちがやってきてこう言った。「あなたの絵，すてきだね，カズヤ！」　カズヤは笑顔でこう言った。「ありがとう」　彼はとてもうれしそうだった。

❽２週間後，カズヤとハルトは２人の紙芝居をつくり終え，それをオリビアに見せた。彼女はこう言った。「すごくきれい！　よくできてるね！」　ハルトはそこで子どもたちにその紙芝居を読み聞かせてくれるよう，彼女に頼んだ。彼女は笑顔でこう言った。「もちろん，読ませてもらうわ」　すぐにササキさんがやってきて，カズヤとハルトにこう言った。「まあ，すごい！　あなたたち，これでもう親友ね！」

〔問１〕＜文脈把握＞「ハルトは（　　）が理解できなかった」―イ．「なぜカズヤが嫌だと答え，絵を描き続けるのか」　ハルトはほほ笑みながらカズヤに一緒に遊ばないかと声をかけたが，カズヤは嫌だと言って絵を描き続けた。このときのカズヤの気持ちが，ハルトには理解できなかったのである。

〔問２〕＜要旨把握＞エ．「アヤカはハルトが児童館に行くことにしたと聞いてうれしかった」（第１段落終わりの２文）／→イ．「オリビアは何人かの子どもたちと一緒に日本語の絵本を読んでいたとき，うれしそうだった」（第４段落最後から３文目）／→ア．「アヤカはハルトに電話して，カズヤのことを話した」（第５段落第３～６文）／→ウ．「オリビアは，カズヤとハルトがつくった紙芝居がとてもきれいだと言った」（第８段落第１，２文）

〔問３〕＜内容一致＞⑴「アヤカがハルトに児童館のことを話したとき，（　　）」―ア．「彼は自分が彼女の役に立てる自信がなかった」　第１段落後半参照。　⑵「２回目の訪問でハルトがカズヤに話しかけたとき，（　　）」―エ．「カズヤが嫌だと言って絵を描き続けたので，ハルトはがっかりした」　第４段落第２～５文参照。　⑶「４回目の訪問で，ハルトは（　　）と聞いてうれしかった」―イ．「カズヤが彼の紙芝居を手伝う」　第６段落後半参照。

〔問４〕＜英問英答＞⑴「初めてハルトに会ったとき，カズヤはどう感じたか」―エ．「ハルトが笑顔で自分に話しかけてくれてうれしかった」　第７段落第３文参照。　⑵「ハルトはカズヤとどのようにして友情を築いたか」―ウ．「カズヤが好きなことを理解し，何かを一緒にすることによって友情を築いた」　第５段落後半以降参照。ハルトはカズヤがいつも絵を描いていることに注目し，一緒に紙芝居をつくろうと提案して交流を深めることで，内気なカズヤの心を開いた。

数学解答

1 〔問１〕 7 〔問２〕 $\frac{9a+5b}{4}$

〔問３〕 $2\sqrt{3}$ 〔問４〕 $x=5$

〔問５〕 $x=-1,\ y=6$

〔問６〕 $x=-8\pm\sqrt{2}$

〔問７〕 ①…ア ②…オ

〔問８〕 あ…7 い…1 う…2

〔問９〕 (例)

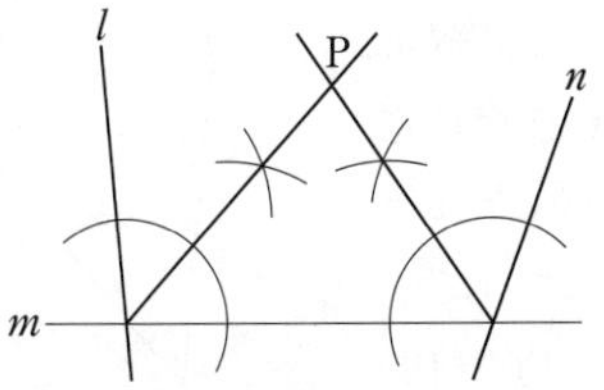

2 〔問１〕 ①…イ ②…ウ

〔問２〕 (例) 1辺の長さが $2a$cm の正方形の面積は $(2a)^2$cm^2，この正方形の各辺に接する円の面積は πa^2cm^2 で，タイルが n^2 枚あるから，

$X=\{(2a)^2-\pi a^2\}\times n^2$

$=(4a^2-\pi a^2)\times n^2$

$=(4-\pi)a^2n^2$ ……(1)

タイルを縦と横に n 枚ずつ並べてできる正方形と同じ大きさの正方形の1辺の長さは $2an$cm，この正方形の各辺に接する円の半径は ancm であるから，

$Y=(2an)^2-\pi\times(an)^2$

$=4a^2n^2-\pi a^2n^2$

$=(4-\pi)a^2n^2$ ……(2)

(1)，(2)より，$X=Y$

3 〔問１〕 2 〔問２〕 ①…イ ②…ア

〔問３〕 12

4 〔問１〕 イ

〔問２〕

① (例)仮定から，AB＝AP だから，△ABP は二等辺三角形である。二等辺三角形の底角は等しいから，

∠ABP＝∠APB

よって，∠ABP＝∠QPR……(1)

四角形 ABCD は長方形だから，

AB∥DC

平行線の同位角は等しいから，

∠ABP＝∠QRP……(2)

(1)，(2)より，∠QPR＝∠QRP

よって，△QRP において，2つの角が等しいから，△QRP は二等辺三角形である。

② お…4 か…8 き…5

5 〔問１〕 5

〔問２〕 け…9 こ…6 さ…5

1 〔独立小問集合題〕

〔問１〕＜数の計算＞与式$=-9\times\frac{1}{9}+8=-1+8=7$

〔問２〕＜式の計算＞与式$=\frac{2(5a-b)-(a-7b)}{4}=\frac{10a-2b-a+7b}{4}=\frac{9a+5b}{4}$

〔問３〕＜平方根の計算＞$\sqrt{8}=\sqrt{2^2\times2}=2\sqrt{2}$ より，与式$=3\div\sqrt{6}\times2\sqrt{2}=\frac{3\times2\sqrt{2}}{\sqrt{6}}=\frac{6}{\sqrt{3}}=\frac{6\times\sqrt{3}}{\sqrt{3}\times\sqrt{3}}$

$=\frac{6\sqrt{3}}{3}=2\sqrt{3}$ となる。

〔問４〕＜一次方程式＞$-4x+2=9x-63$，$-4x-9x=-63-2$，$-13x=-65$ $\therefore x=5$

〔問５〕＜連立方程式＞$5x+y=1$……①，$-x+6y=37$……②とする。①×6より，$30x+6y=6$……①′

①′－②より，$30x-(-x)=6-37$，$31x=-31$ $\therefore x=-1$ これを①に代入して，$5\times(-1)+y=1$，

$-5+y=1$ $\therefore y=6$

〔問６〕＜二次方程式＞$x+8=\pm\sqrt{2}$ $\therefore x=-8\pm\sqrt{2}$

〔問7〕＜関数—変域＞関数 $y=-3x^2$ は，x の絶対値が大きくなると，y の値は小さくなる関数である。x の変域が $-4\leqq x\leqq 1$ だから，x の絶対値が最小の $x=0$ のとき y の値は最大で $y=0$ となり，x の絶対値が最大の $x=-4$ のとき y の値は最小で $y=-3\times(-4)^2=-48$ となる。よって，y の変域は $-48\leqq y\leqq 0$ である。

〔問8〕＜確率—さいころ＞大小2つのさいころを同時に1回投げるとき，目の出方はそれぞれ6通りより，全部で $6\times6=36$(通り)あるから，a，b の組も36通りある。このうち，$a\geqq b$ となるのは，$a=1$ のとき $b=1$ の1通り，$a=2$ のとき $b=1$，2の2通り，$a=3$ のとき $b=1$，2，3の3通り，以下同様にして，$a=4$ のとき4通り，$a=5$ のとき5通り，$a=6$ のとき6通りある。よって，$a\geqq b$ となる a，b の組は，$1+2+3+4+5+6=21$(通り)あるので，求める確率は $\frac{21}{36}=\frac{7}{12}$ である。

〔問9〕＜図形—作図＞右図で，2直線 l，m の交点をA，2直線 m，n の交点をBとし，点Pから3つの直線 l，m，n にそれぞれ垂線PC，PD，PEを引く。点Pが3つの直線 l，m，n のそれぞれから等しい距離にあるとき，PC＝PD＝PEとなる。よって，△PCAと△PDAは，∠PCA＝∠PDA＝90°，PA＝PA，PC＝PDより，直角三角形の斜辺と他の1辺がそれぞれ等しいから，

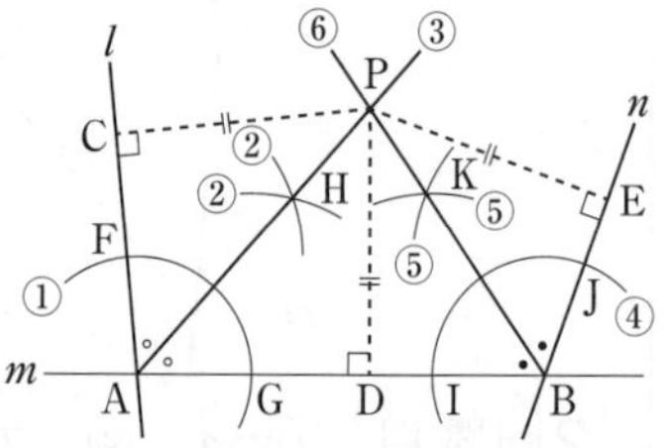

△PCA≡△PDAとなる。これより，∠PAC＝∠PADだから，点Pは∠CADの二等分線上にある。同様に，△PDB≡△PEBより，∠PBD＝∠PBEだから，点Pは∠DBEの二等分線上にある。したがって，∠CADの二等分線と∠DBEの二等分線の交点がPとなる。作図は，
①点Aを中心とする円の弧をかき(2直線 l，m との交点をそれぞれF，Gとする)，
②2点F，Gを中心とする半径の等しい円の弧をかき(交点をHとする)，
③2点A，Hを通る直線を引く。
④点Bを中心とする円の弧をかき(2直線 m，n との交点をそれぞれI，Jとする)，
⑤2点I，Jを中心とする半径の等しい円の弧をかき(交点をKとする)，
⑥2点B，Kを通る直線を引く。直線AHと直線BKの交点がPとなる。解答参照。

2〔数と式—文字式の利用〕

〔問1〕＜面積＞右図1で，1辺の長さが $2a$cm の正方形の面積は，$(2a)^2=4a^2$ である。また，この正方形の各辺の中点をそれぞれA，B，C，Dとすると，四角形ABCDは，AC⊥BD，AC＝BD＝$2a$ の四角形となるので，面積は $\frac{1}{2}\times2a\times2a=2a^2$ である。これより，1枚のタイルの■で示された部分の面積は，$4a^2-2a^2=2a^2$ となる。図1のタイルを縦と横に5枚ずつ並べると，タイルは全部で $5\times5=25$(枚)あるので，$P=2a^2\times25=50a^2$ である。次に，図1のタイルを縦と横に5枚ずつ並べてできる正方形と同じ大きさの正方形の1辺の長さは $2a\times5=10a$ である。同様に考えて，この正方形の面積は $(10a)^2=100a^2$ であり，各辺の中点を結んでできる四角形の面積は $\frac{1}{2}\times10a\times10a=50a^2$ となる。よって，$Q=100a^2-50a^2=50a^2$ となる。

図1

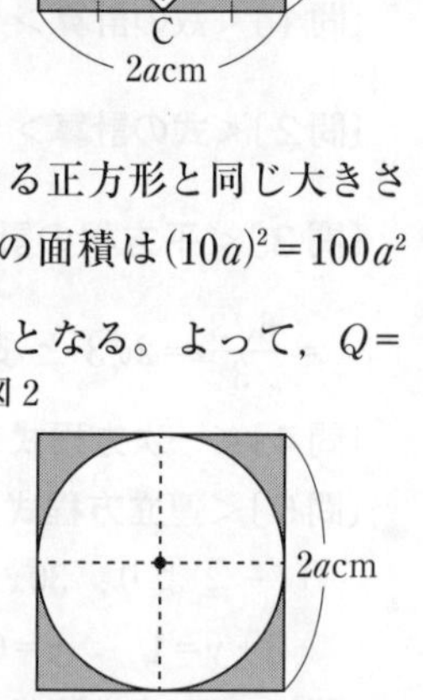

〔問2〕＜論証＞右図2で，1辺の長さが $2a$cm の正方形の各辺に接する円は，直径が $2a$cm の円となる。これより，円の半径は $\frac{1}{2}\times2a=a$ となる。また，図2のタイルを縦と横に n 枚ずつ並べてできる正方形と同じ大き

図2

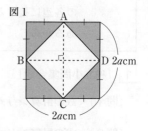

さの正方形の１辺の長さは $2a\times n=2an$ だから，この正方形の各辺に接する円の直径は $2an$cm となり，半径は $\frac{1}{2}\times 2an=an$ となる。解答参照。

3〔関数―一次関数〕

〔問１〕＜x座標＞右図１で，点Pは直線 $y=-2x+14$ 上の点だから，y座標が10のとき，$y=10$ を代入して，$10=-2x+14$，$2x=4$ より，$x=2$ である。よって，点Pの x 座標は２である。

図１

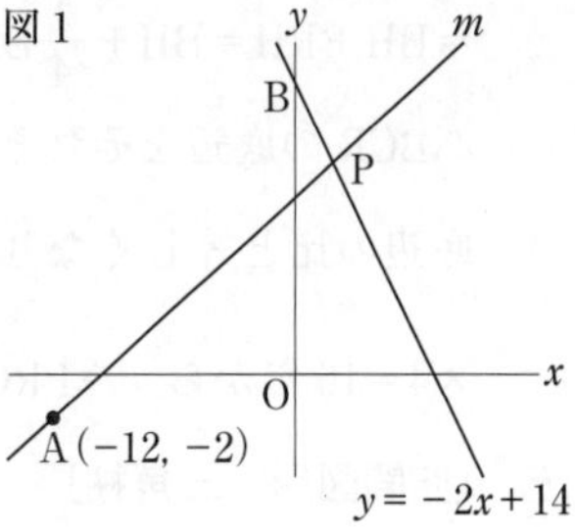

〔問２〕＜直線の式＞右図１で，点Pは直線 $y=-2x+14$ 上の点だから，x座標が４のとき，$y=-2\times4+14=6$ より，P(4, 6)である。また，A(−12, −2)である。直線 m は２点A，Pを通るので，傾きは $\frac{6-(-2)}{4-(-12)}=\frac{1}{2}$ となり，その式は $y=\frac{1}{2}x+b$ とおける。点Pを通るので，$x=4$，$y=6$ を代入して，$6=\frac{1}{2}\times4+b$，$b=4$ となり，直線 m の式は $y=\frac{1}{2}x+4$ である。

〔問３〕＜x座標＞右図２で，△APB，△APQの底辺をAPと見ると，△APB＝△APQより，高さが等しいから，BQ∥APとなる。点Pの x 座標を t とすると，点Pは直線 $y=-2x+14$ 上の点なので，$y=-2t+14$ となり，P$(t,\ -2t+14)$となる。点Qは，x 軸を対称の軸として点Pと線対称な点なので，点Qの x 座標は t，y 座標は符号が変わって $-(-2t+14)=2t-14$ となり，Q$(t,\ 2t-14)$である。また，点Bは直線 $y=-2x+14$ と y 軸との交点だから，切片が14より，B(0, 14)である。これより，直線BQの傾きは $\frac{2t-14-14}{t-0}=\frac{2t-28}{t}$ となる。直線APの傾きは $\frac{-2t+14-(-2)}{t-(-12)}=\frac{-2t+16}{t+12}$ となり，BQ∥APより，直線BQと直線APの傾きは等しいから，$\frac{2t-28}{t}=\frac{-2t+16}{t+12}$ が成り立つ。両辺に $t(t+12)$ をかけて解くと，$(t+12)(2t-28)=t(-2t+16)$，$2t^2-28t+24t-336=-2t^2+16t$，$4t^2-20t-336=0$，$t^2-5t-84=0$，$(t+7)(t-12)=0$ より，$t=-7$，12 となり，$t>7$ だから，$t=12$ となる。よって，点Pの x 座標は12である。

図２

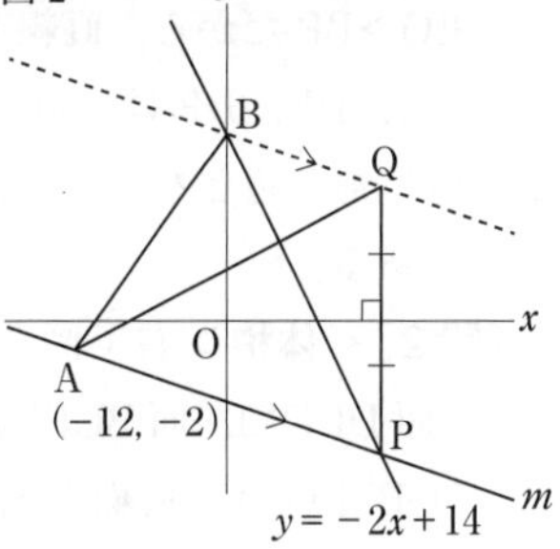

4〔平面図形―長方形と円〕

〔問１〕＜角度＞右図で，四角形ABCDは長方形より，∠ABC＝90°である。∠ABP＝a°だから，∠PBC＝∠ABC−∠ABP＝90°−a°となる。よって，$\overset{\frown}{\mathrm{CP}}$ に対する円周角より，∠PAC＝∠PBC＝90°−a°である。

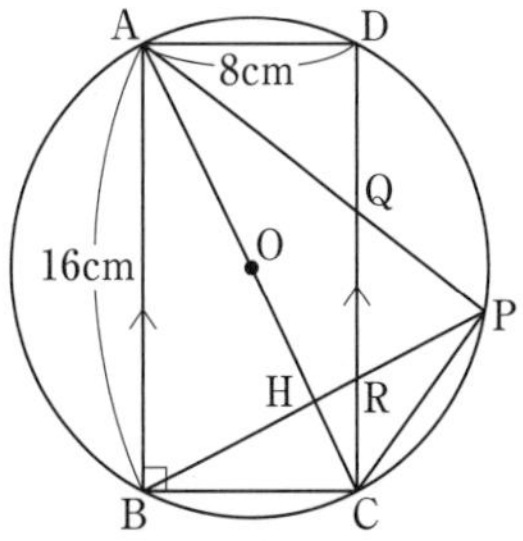

〔問２〕＜論証，面積＞①右図で，AB＝APより，△ABPは二等辺三角形だから，∠ABP＝∠APBとなる。また，AB∥DCより，∠ABP＝∠QRPとなる。解答参照。

②右図のように，線分ACと線分BPの交点をHとする。△ABCと△BCRで，∠ABC＝∠BCR＝90°である。$\overset{\frown}{\mathrm{AB}}$ に対する円周角より∠ACB＝∠APB，①より∠APB＝∠QRP，対頂角より∠QRP＝∠BRCだから，∠ACB＝∠BRCとなる。よって，△ABC∽△BCRとなるので，AB：BC＝BC：CRより，16：8＝8：CRが成り立ち，16CR＝8×8，CR＝4である。次に，△ABHと△CRHで，対頂角より∠AHB＝∠CHR，AB∥DCより∠ABH＝∠CRHだから，△ABH∽△CRHである。これより，BH：RH＝AB：CR＝16：4＝4：1であり，RH＝$\frac{1}{4}$BHとなる。

また，△ABC と△APC で，AB＝AP，AC＝AC であり，線分 AC が円Oの直径より，∠ABC＝∠APC＝90° だから，△ABC≡△APC である。したがって，△ABC と△APC は AC を対称の軸とした線対称な図形だから，BH＝PH となる。以上より，PR＝PH－RH＝BH－$\frac{1}{4}$BH＝$\frac{3}{4}$BH，BR＝BH＋RH＝BH＋$\frac{1}{4}$BH＝$\frac{5}{4}$BH となるから，PR：BR＝$\frac{3}{4}$BH：$\frac{5}{4}$BH＝3：5 となる。△PRC，△BCR の底辺をそれぞれ PR，BR と見ると，この 2 つの三角形の高さは等しいので，面積の比は底辺の比と等しくなり，△PRC：△BCR＝PR：BR＝3：5 である。△BCR＝$\frac{1}{2}$×BC×CR＝$\frac{1}{2}$×8×4＝16 だから，△PRC＝$\frac{3}{5}$△BCR＝$\frac{3}{5}$×16＝$\frac{48}{5}$(cm²) である。

5〔空間図形―三角柱〕

図1

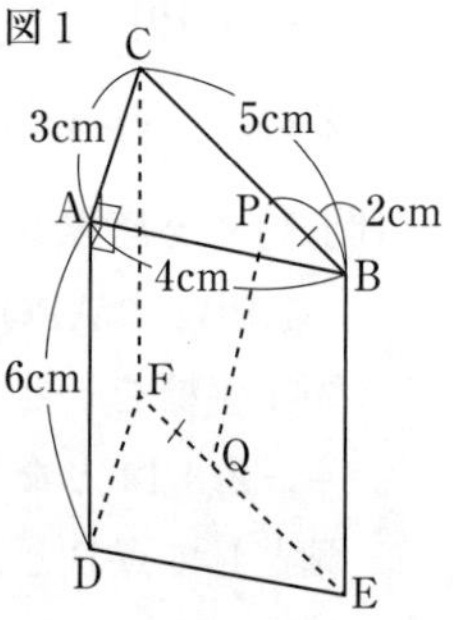

〔問1〕＜ねじれの位置にある辺の数＞右図1で，線分 PQ は，面 BCFE 上にあるから，辺 BC，BE，CF，EF は，直線 PQ とねじれの位置にある辺ではない。BP＝2 より，FQ＝2 だから，EQ＝EF－FQ＝5－2＝3 となり，EQ＞BP だから，直線 PQ と辺 BE は平行ではない。よって，辺 AB，AC，AD，DE，DF は，直線 PQ と，平行でなく交わらないから，ねじれの位置にある辺となる。したがって，直線 PQ とねじれの位置にある辺は 5 本である。

図2

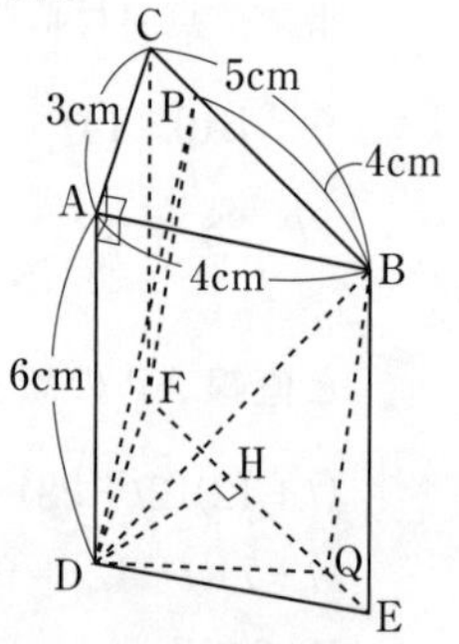

〔問2〕＜体積＞右下図 2 のように，点Dから辺 EF に垂線 DH を引くと，〔面 DEF〕⊥〔面 BCFE〕だから，DH⊥〔面 BCFE〕となる。よって，立体 D-BPFQ は，底面を四角形 BPFQ，高さを DH とする四角錐である。四角形 BCFE が長方形より BC∥EF で，BP＝FQ＝4 だから，四角形 BPFQ は平行四辺形であり，▱BPFQ＝BP×BE＝4×6＝24 となる。また，∠EDF＝90° より，△DEF＝$\frac{1}{2}$×DE×DF＝$\frac{1}{2}$×4×3＝6 である。△DEF の底辺を EF＝5 と見ると，高さは DH だから，面積について，$\frac{1}{2}$×5×DH＝6 が成り立ち，DH＝$\frac{12}{5}$ となる。したがって，〔立体 D-BPFQ〕＝$\frac{1}{3}$×▱BPFQ×DH＝$\frac{1}{3}$×24×$\frac{12}{5}$＝$\frac{96}{5}$(cm³) である。

社会解答

1 〔問1〕 ア 〔問2〕 ウ
〔問3〕 イ 〔問4〕 エ

2 〔問1〕 Ⅰのア～エ…ウ
Ⅱの表のア～エ…エ
〔問2〕 P…イ Q…ウ R…ア
S…エ
〔問3〕 ⅠとⅡの表のア～エ…ア
略地図中のW～Z…X

3 〔問1〕 A…エ B…ウ C…ア
D…イ
〔問2〕 W…イ X…ア Y…エ
Z…ウ
〔問3〕 変容 (例)畑や造成中だった土地に，住宅がつくられた。
要因 (例)八千代中央駅が開業し，東京都(大手町)までの所要時間が短くなり，移動が便利になった。

4 〔問1〕 ウ→イ→エ→ア
〔問2〕 Ⅰの略年表中のア～エ…イ
Ⅱの略地図中のA～D…D
〔問3〕 エ
〔問4〕 A…ア B…エ C…ウ
D…イ

5 〔問1〕 ウ 〔問2〕 ア
〔問3〕 (例)国が主導する短期集中型の方式から地方公共団体が考え提案する長期継続型の方式となり，毎年ではなく特定の年に多く見られていた法律改正数は，数は少なくなったものの毎年見られるようになった。

6 〔問1〕 エ→ア→イ→ウ
〔問2〕 A…ア B…ウ C…エ
D…イ
〔問3〕 イ

1 〔三分野総合―小問集合問題〕

〔問1〕＜地形図の読み取り＞特にことわりのないかぎり，地形図上では上が北となる。Ⅱの図中の痕跡1～3に書かれた内容が，Ⅰの地形図中のア～エのどの経路で見られるかを読み取る。痕跡1については，アの経路の北東端付近に「郭町二丁目」，そこから矢印(➡)の向きに経路を進んだ先に「大手町」の地名が見られる。痕跡2については，アの経路沿いの「元町」付近に「高塔」の地図記号(□)があり，これが鐘つき堂だと考えられる。痕跡3については，「大手町」のすぐ西側に鍵型の道路が見られる。以上から，Ⅱの図はアの経路についてのものである。

〔問2〕＜平等院鳳凰堂＞平安時代には，阿弥陀如来にすがって死後に極楽浄土に生まれ変わることを願う浄土信仰が広まり，阿弥陀如来像とそれを納める阿弥陀堂が各地につくられた。平等院鳳凰堂は，1053年に藤原頼通が京都の宇治に建てた阿弥陀堂であり，世界文化遺産に登録されている。なお，法隆寺は飛鳥時代に聖徳太子が建てた寺院，金閣は室町時代に足利義満が建てた建物，東大寺は奈良時代に聖武天皇が建てた寺院である。

〔問3〕＜葛飾北斎＞葛飾北斎は，江戸時代後期に栄えた化政文化を代表する浮世絵画家で，「富嶽三十六景」などの作品を残した。北斎などによる浮世絵は，幕末に始まった貿易を通じて欧米諸国に広まり，印象派の画家などに影響を与えた。なお，雪舟は室町時代に日本の水墨画を大成した人物，菱川師宣は江戸時代前期に栄えた元禄文化の頃に「見返り美人図」などの浮世絵を描いた人物，狩野永徳は安土桃山時代に「唐獅子図屛風」などの屛風絵やふすま絵を描いた人物である。

〔問4〕＜労働基準法＞労働基準法は，労働条件の最低基準を定めた法律である。労働条件は労働者と使用者が対等の立場で決定するものとし，労働時間を週40時間以内，1日8時間以内とすること，毎週少なくとも1日を休日とすること，男女同一賃金とすることなどを定めている。なお，男女共同参画社会基本法は男女が個人として尊厳を重んじられ対等な立場で能力を発揮しながら活動できる社会を目指すための法律，労働組合法は労働者の団結権や労働組合の活動を守るための法律，男女雇用機会均等法は雇用における男女平等を目指すための法律である。

2〔世界地理―世界の諸地域〕

〔問１〕＜世界の気候と農業＞Ⅰのア～エ．Dの都市はベルリン(ドイツ)で，温帯の西岸海洋性気候に属する。したがって，温暖で季節による気温の変化があり，年間を通して少しずつ雨が降るウがDの気候を示したグラフである。なお，Aの都市はブエノスアイレス(アルゼンチン)で，温暖で夏の降水量が多い温帯の温帯〔温暖〕湿潤気候(エ)，Bの都市はモントリオール(カナダ)で，夏と冬の気温差が大きく冬の寒さが厳しい冷帯〔亜寒帯〕気候(ア)，Cの都市はジャカルタ(インドネシア)で，１年中高温で降水量が多い熱帯の熱帯雨林気候(イ)に属する。　　Ⅱの表のア～エ．A～Dの都市を含む国とは，アルゼンチン(A)，カナダ(B)，インドネシア(C)，ドイツ(D)である。ドイツは，じゃがいもの生産量が世界有数であり，また混合農業などによる小麦の生産も盛んである。したがって，Ⅱの表中でじゃがいもの生産量が最も多く，小麦の生産量も２番目に多いエがドイツとなる。なお，米の生産量が最も多いアはインドネシア，とうもろこしの生産量が最も多いイはアルゼンチン，小麦の生産量が最も多いウはカナダである。

〔問２〕＜国々の特徴＞Pはブラジル，Qはベトナム，Rはトルコ，Sはケニアである。　　ア．「二つの州を隔てる海峡」とは，トルコにあるボスポラス海峡であり，アジア州とヨーロッパ州の境界となっている。北部が黒海，南部が地中海に面しているトルコでは，20世紀初めまでおよそ600年にわたってオスマン帝国が存続したが，第一次世界大戦後に現在のトルコ共和国が成立した。
イ．ブラジルの北部には，世界最大の流域面積を持つアマゾン川がおよそ西から東へ流れている。ブラジル南東部に位置するブラジル高原の南部ではコーヒーの栽培が盛んに行われ，内陸には首都のブラジリアが位置している。　　ウ．ベトナムは，国土が南北に細長く，西側に位置するラオスとの国境地帯には山脈(アンナン山脈)が走っている。北部には首都のハノイがあり，メコン川の三角州が広がる南部では稲作が盛んである。ベトナムコーヒーと呼ばれる練乳入りのコーヒーがよく知られているほか，かつてこの地域を植民地としていたフランスの影響を受けた食生活も見られる。
エ．ケニアは，中央部に標高5000mを超えるケニア〔キリニャガ〕山がそびえ，首都のナイロビをはじめ国土の大部分が高原になっている。高原の気候や土壌が茶の栽培に適しており，茶の生産量は世界有数となっている。

〔問３〕＜ニュージーランドの特徴と各国の貿易＞Wはメキシコ，Xはニュージーランド，Yはフィリピン，Zはスペインである。まず，Ⅲの文章がどの国について述べたものかを考える。「南部には氷河に削られてできた複雑に入り組んだ海岸線が見られる」という記述に注目すると，高緯度地域に分布するフィヨルドが国土の南部に見られることから，南半球に位置するニュージーランドであると推測できる。また，偏西風の影響を受けた気候(温帯の西岸海洋性気候)であること，牧羊が盛んであることもニュージーランドの特徴に当てはまる。なお，2018年に発効した「日本を含む６か国による多角的な経済連携協定」とは環太平洋経済連携協定〔TPP〕を指す。次にⅠとⅡの表を見ると，アは，日本の主な輸入品目にチーズが含まれていること，貿易相手国の上位にオーストラリアが含まれていることからニュージーランドである。また，Ⅲの文章中には「1999年と比べて2019年では，日本の果実の輸入額は３倍以上に増加し」とあり，Ⅰの表中のアで日本の果実の輸入額を見ると，2019年(459億円)は1999年(122億円)の３倍以上であることが確認できる。なお，イは，1999年，2019年とも日本の最大の輸入品目が果実であることから，日本がバナナを多く輸入しているフィリピンである。ウは，日本の主な輸入品目にアルコール飲料(ワインなど)が含まれていること，貿易相手国の上位がヨーロッパの国々であることからスペインである。エは貿易相手国の上位にアメリカ合衆国とカナダが含まれていることから，これらの国と自由貿易協定を結んでいるメキシコである。

3〔日本地理―日本の諸地域，地形図〕

〔**問１**〕＜**都道府県の特徴**＞Ａは千葉県，Ｂは富山県，Ｃは高知県，Ｄは福岡県である。　ア．４県の中で最も人口が少ないのは高知県である。高知県は，北部に四国山地，中央部に高知平野が分布し，沖合を流れる黒潮〔日本海流〕の影響で温暖な気候である。高知平野では，ビニールハウスなどを用いて野菜の促成栽培を行う施設園芸農業が行われている。　イ．県の北東部に海峡が見られるのは福岡県である。福岡県の北西部には福岡平野が広がり，沖合には暖流の対馬海流が流れる。北東部の海峡は，山口県との県境である関門海峡である。また，南西部の筑紫平野は，干潟のある有明海に面する。県庁所在地の福岡市は九州地方の中心都市であり，報道機関や大企業，政府の出先機関などが集中している。　ウ．冬季に降水(雪)が多いのは北陸地方に位置する富山県である。富山県では，南部の山地から神通川などの河川が北へ向かって流れ，富山平野を通って日本海へ注いでいる。また，東部を流れる黒部川の下流には扇状地が見られる。地場産業として古くから製薬・売薬が行われており，また豊富な雪解け水を利用した産業が盛んである。　エ．４県の中で最も人口が多いのは千葉県である。千葉県は，北部に関東ロームと呼ばれる赤土におおわれた下総台地が広がり，南部の房総半島は温暖な丘陵地帯となっている。県庁所在地の千葉市をはじめとする大都市は東京湾沿いの西部に集まっている。

〔**問２**〕＜**都道府県の産業や交通**＞ア．②→①の鉄道輸送量が最も多く，②は，沿岸部に重化学工業が発達していることから神奈川県横浜市である。よって，Ｘが当てはまる。なお，①は，県の南部で輸送用機械工業(自動車工業)などが発達している群馬県前橋市である。　イ．２地点間の直線距離が最も長く，①は，畜産業や林業が盛んで，南北に走る高速道路周辺で電子工業が見られることから岩手県盛岡市である。よって，Ｗが当てはまる。なお，②は，仙台平野で稲作が盛んな宮城県仙台市である。　ウ．２地点間の直線距離が２番目に長く，①は，水産加工業が盛んで砂丘が広がることから鳥取県鳥取市である。よって，Ｚが当てはまる。なお，②は，都市中心部に中小工場が密集する大阪府大阪市である。　エ．２地点間の直線距離が最も短く，①は，輸送用機械工業(自動車工業)が特に盛んであることから愛知県名古屋市である。よって，Ｙが当てはまる。なお，②は，石油化学コンビナートが見られ，リアス海岸が広がることなどから三重県津市である。

〔**問３**〕＜**地形図と資料の読み取り**＞**変容**．Ⅰの地形図では，○で示した地域には畑(∨)が広がり，付近一帯は「宅地造成中」となっている。Ⅱの地形図では，同じ地域に小規模な建物()が多く見られ，住宅地が形成されていることがわかる。　**要因**．Ⅱの地形図中には，Ⅰの地形図中にはなかった鉄道線路と「やちよちゅうおう」駅が見られる。Ⅲの資料から，八千代中央駅は1996年に開業し，これにより東京都(大手町)までの所要時間が短縮されたことがわかる。そのため，東京への通勤通学が便利になったこの地域で宅地開発が進んだと考えられる。

4 〔**歴史―古代～現代の日本**〕

〔**問１**〕＜**年代整序**＞年代の古い順に，ウ(飛鳥時代)，イ(平安時代)，エ(鎌倉時代)，ア(室町時代)となる。

〔**問２**〕＜**鎖国政策**＞江戸幕府は，キリスト教の禁止や貿易の統制を徹底するため，外国船の来航や日本人の海外渡航などを段階的に禁止していった。Ⅲは，この過程で1635年に出されたものであり，日本人の海外渡航と帰国を全面的に禁止した。同年，外国船の来航地が平戸と長崎のみに制限され，1641年にはオランダ商館が平戸から出島(どちらも現在の長崎県)に移されて，以後は中国とオランダのみが長崎での貿易を許されることになった。したがって，Ⅲの命令を主に実行したのは，略地図中のＤに置かれた長崎奉行所であったと考えられる。

〔**問３**〕＜**大正時代の様子**＞問題中の文章は，1923年９月１日に発生した関東大震災に関する内容である。大正時代にあたるこの時期には，工業の発展とともに都市人口が増え，職業について働く女性も見られるようになった。また，東京駅が開業し，鉄筋コンクリートの丸の内ビルヂングが建設された。なお，新橋・横浜間に日本初の鉄道が開通したのは1872年，イギリスとの間に日英同盟を結んだのは1902年，大日本帝国憲法が制定されたのは1889年であり，いずれも明治時代のことである。

〔問４〕＜**大正時代～昭和時代の出来事**＞ア．第二次護憲運動の結果，1924年に連立内閣である加藤高明内閣が成立し，翌1925年に満25歳以上の全ての男子に選挙権を認める普通選挙法が制定された(A)。　イ．高度経済成長期に公害が深刻化し，1967年に公害対策基本法が制定された(D)。　ウ．第二次世界大戦が終結した1945年から日本の民主化が進められ，農地改革や教育基本法の制定などが行われた(C)。　エ．1937年に始まった日中戦争が長期化する中，1938年に国家総動員法が制定された(B)。

5 〔**公民―地方自治**〕

〔問１〕＜**地方公共団体の仕事**＞日本国憲法第94条では，地方公共団体は「法律の範囲内で条例を制定することができる」と定めている。なお，アの条約の承認は国会，イの政令の制定は内閣，エの違憲審査は裁判所の仕事である。

〔問２〕＜**直接請求権**＞住民は，一定数以上の署名を集めることにより，地方公共団体に政治上の請求を行うことが認められている。これを直接請求権といい，条例の制定・改廃，議会の解散，首長・議員などの解職，事務の監査を請求することができる。なお，イの最高裁判所の裁判官に対する国民審査は地方公共団体に対して行使する権利ではない。ウは地方議会が持つ権限，エは国会が持つ権限である。

〔問３〕＜**資料の読み取り**＞この問題で求められているのは，「1995年から2014年までの期間と比較した，2015年から2019年までの期間の法律改正数の動き」について，①「地方分権改革の推進手法」と②「毎年の法律改正の有無及び毎年の法律改正数」に着目して述べることである。これをふまえて，Ⅰ，Ⅱからわかることを整理する。まず，Ⅰのグラフから，1995年から2014年までは法律改正が毎年ではなく特定の年に多く行われており，2015年から2019年までは法律改正が毎年行われているが，年ごとの改正数は少ないことがわかる(着目点②)。次に，Ⅱの文章から，2014年までは国が主導する短期集中型の推進手法が行われており，2014年より後は地方公共団体が考え提案する長期継続型の推進手法が導入されたことがわかる。以上の内容を組み合わせ，「1995年から2014年まで」と「2015年から2019年まで」の特徴を比較する形で説明する。

6 〔**三分野総合―企業を題材とする問題**〕

〔問１〕＜**年代整序**＞年代の古い順に，エ(オランダ東インド会社の設立―1602年)，ア(ワットによる蒸気機関の改良―1765～69年)，イ(アメリカ南北戦争―1861～65年)，ウ(ベルサイユ条約の締結―1919年)となる。

〔問２〕＜**世界の都市**＞ア．標高3000mを超えること，16世紀にスペイン人が進出していることから，アンデス山脈中に位置するAのラパス(ボリビア)である。ボリビアでは，銀や亜鉛などの鉱産資源が豊富に産出する。　イ．山脈の北側に位置する港湾都市であること，イスラム教とフランスの影響が見られること，砂漠地帯があることから，アトラス山脈の北側に位置するDのアルジェ(アルジェリア)である。アルジェリアは，天然ガスや石油の産出量が多い。　ウ．水運の拠点であったこと，20世紀に自動車工業の中心地となったことから，五大湖沿岸に位置するBのデトロイト(アメリカ合衆国)である。　エ．国際連盟の本部が置かれたこと，時計などの精密機械工業が盛んであることから，Cのジュネーブ(スイス)である。

〔問３〕＜**1980年代の日本経済**＞Ⅱの文章の内容と，Ⅰのグラフのア～エの時期を照らし合わせて考える。Ⅱの文中には，この時期の前半は，「経済成長率は上昇傾向を示した」とあり，またこの時期の後半は，「経済成長率は一時的に下降した。その後，(中略)法人企業の営業利益は増加し続けた」とまとめられている。これらをもとにⅠのグラフを確認すると，当てはまる期間はイとなる。Ⅱの文中の「株価や地価が高騰する好景気」とは，1980年代後半から1990年代初めに見られたバブル経済のことである。

2021年度／東京都立高等学校

理科解答

1 〔問1〕 ウ　〔問2〕 ア
〔問3〕 エ　〔問4〕 ①…ウ　②…ア
〔問5〕 エ　〔問6〕 イ

2 〔問1〕 ①…ア　②…ウ　〔問2〕 ウ
〔問3〕 イ　〔問4〕 エ

3 〔問1〕 エ
〔問2〕 ①…イ　②…ウ　③…ア
〔問3〕 ①…ウ　②…エ
〔問4〕 ア→ウ→エ→イ

4 〔問1〕 ア　〔問2〕 ①…ウ　②…イ
〔問3〕 ①…イ　②…イ

5 〔問1〕 ①…エ　②…イ
〔問2〕 ①…ア　②…エ
〔問3〕 ウ　〔問4〕 31％

6 〔問1〕 ア
〔問2〕 (例)コイルAの中の磁界が変化するから。
〔問3〕 イ→エ→ア→ウ
〔問4〕 ①…ア　②…ア　③…ウ　④…ウ

1 〔小問集合〕

〔問1〕＜**吸収，排出**＞図1で，消化された養分を吸収するのはBの小腸，アンモニアを尿素に変えるのはCの肝臓である。なお，Aは胃で，タンパク質が消化され，Dはじん臓で，血液中から尿素などがこし取られて尿がつくられる。

〔問2〕＜**音**＞音が高くなると振動数が大きくなり，音が大きくなると振幅が大きくなる。よって，図2のときと比べて，音が高くなると振動数が大きくなり，振動数は1秒間に振動する回数なので，Aは短くなる。また，音が大きくなると，Bは大きくなる。

〔問3〕＜**地震**＞初期微動はP波によって伝えられ，主要動はS波によって伝えられる。地震の揺れを伝えるP波とS波はそれぞれ一定の速さで伝わるから，2種類の波の到着時刻の差である初期微動継続時間は，震源からの距離に比例する。震源からの距離が36kmの観測地点Aでの初期微動継続時間は，10時10分20秒－10時10分18秒＝2秒だから，震源からの距離が90kmの地点での初期微動継続時間をx秒とすると，$36:90=2:x$が成り立つ。これを解くと，$36\times x=90\times 2$より，$x=5$(秒)となるから，主要動が始まった時刻は，初期微動が始まった10時10分27秒の5秒後で，10時10分32秒である。

〔問4〕＜**酸・アルカリ**＞溶液Aには，電流を流れやすくし，結果に影響を与えない中性の電解質の水溶液である食塩水を使う。なお，エタノール水溶液や砂糖水，精製水には電流が流れない。また，青色リトマス紙を赤色に変色させる酸性の性質を示すイオンは，水素イオン(H^+)である。薄い塩酸は塩化水素(HCl)の水溶液で，水溶液中でH^+と塩化物イオン(Cl^-)に電離している。このうち，＋の電気を帯びたH^+が陰極側に引かれるため，青色リトマス紙の赤色に変色した部分が陰極側に広がる。なお，薄い水酸化ナトリウム水溶液には，アルカリ性の性質を示す水酸化物イオン(OH^-)が含まれ，赤色リトマス紙を青色に変色させる。

〔問5〕＜**遺伝の規則性**＞エンドウの種子の形は丸が優性(顕性)形質だから，丸い種子の遺伝子の組み合わせはAAかAa，しわのある種子の遺伝子の組み合わせはaaである。まず，AAとaaをかけ合わせた場合，AAがつくる生殖細胞の遺伝子はAのみ，aaがつくる生殖細胞の遺伝子はaのみだから，かけ合わせてできる子の遺伝子の組み合わせは全てAaで，丸い種子しか得られない。一方，Aaとaaをかけ合わせた場合，Aaがつくる生殖細胞の遺伝子はAとaだから，aaとかけ合わせてできる子の遺伝子の組み合わせはAaとaaになり，丸い種子(Aa)としわのある種子(aa)ができる。よって，かけ合わせたエンドウの遺伝子の組み合わせは，Aaとaaである。

〔問6〕＜**力**＞力のつり合いの関係にある2力は，1つの物体にはたらくので，図4では，机が物体を押す力(垂直抗力)Aと物体にはたらく重力Bである。また，作用・反作用の関係にある2力は，2

つの物体の間で互いにはたらくので，図４では，机が物体を押す力Ａと物体が机を押す力Ｃである。

２〔小問集合〕

〔問１〕＜動物の分類＞表１で，セキツイ動物のグループはＡの魚類である。また，ＢとＣ，Ｄは無セキツイ動物のグループで，このうち，軟体動物のグループはＣとＤで，Ｂは節足動物の甲殻類のグループである。

〔問２〕＜速さ＞おもちゃの自動車は，$0.6-0.4=0.2$(秒)で，図１より，$5\times7=35$(cm)運動している。よって，平均の速さは，$35\div0.2=175$(cm/s)である。これより，１秒間に175cm運動するので，１時間，つまり，$60\times60=3600$(秒)で運動する距離は，$175\times3600=630000$(cm)で，$630000\div100\div1000=6.3$(km)となる。したがって，平均の速さは 6.3km/hである。

〔問３〕＜浮き沈み＞水の密度を$1.0g/cm^3$とすると，液体の密度より密度が大きい物質は液体に沈み，密度が小さい物質は液体に浮くから，水に沈んだラベルの密度は$1.0g/cm^3$より大きいことがわかる。また，水$50cm^3$の質量は50gとなるから，食塩水の質量は$50+15=65$(g)で，体積が$55cm^3$より，食塩水の密度は，$65\div55=1.181\cdots$となり，約$1.18g/cm^3$である。よって，ラベルが食塩水に浮いたことから，ラベルの密度は，$1.18g/cm^3$より小さいことがわかる。したがって，ラベルは，表２で，密度が$1.0g/cm^3$より大きく，$1.18g/cm^3$より小さいポリスチレンである。

〔問４〕＜星の動き＞星の南中する時刻は１か月に約２時間ずつ早くなるので，１月15日午後10時に南中したオリオン座は，１か月後の２月15日には午後10時の２時間前の午後８時頃に南中する。なお，地球の公転により，南の空の星は東から西へ，１か月に$360^\circ\div12=30^\circ$動いて見えるので，午後10時のオリオン座は，１月15日から２月15日までの１か月で約30°動いて見える。また，１日のうちでは，地球の自転により，南の空の星は東から西へ，１時間に$360^\circ\div24=15^\circ$動いて見える。よって，２月15日午後10時のオリオン座が約30°東に見えていたのは，午後10時の$30^\circ\div15^\circ=2$(時間)前の午後８時頃である。

３〔気象とその変化〕

〔問１〕＜水蒸気量＞湿度は，その気温での飽和水蒸気量に対する実際に含まれる水蒸気の量の割合である。よって，気温が高くなるほど飽和水蒸気量は大きくなるため，湿度が同じとき，気温が高いほど空気中の水蒸気の量は大きくなる。図１より，それぞれの時刻の気温は，大きい順に$a>b>c$だから，空気中の水蒸気の量は，$A>B>C$である。

〔問２〕＜天気＞図１で，３月31日の天気記号の⦶は晴れ，◎はくもりだから，日中の天気はおおむね晴れである。天気図の記号で風向は矢の向きで表されるから，日中は南寄りの風である。また，日が昇るとともに上がり始め，昼過ぎに最も高くなり，その後下がっているのは気温である。

〔問３〕＜前線，高気圧＞図１より，４月１日の15時から18時の間に前線Ｘ(寒冷前線)が通過したとき，気温は急激に下がり，風向は南寄りから北寄りに変化している。また，高気圧の中心付近では，上空から地上へ向かう空気の流れである下降気流が生じ，地上では中心部から周辺へ向かって風が吹き出している。なお，低気圧の中心付近では上昇気流が生じ，地上では周辺から中心部へ向かって風が吹き込んでいる。

〔問４〕＜日本の気象＞つゆ(６月)の天気図は，日本列島付近に東西にのびる停滞前線(梅雨前線)が見られるアである。夏(８月)の天気図は，日本の南側に高気圧，北側に低気圧がある南高北低の気圧配置のウである。秋(11月)の天気図は，日本付近を西から東へ移動性高気圧と温帯低気圧が交互に通過するエであり，冬(２月)の天気図は，日本の西側に高気圧(シベリア高気圧)，東側に低気圧がある西高東低の気圧配置のイである。

４〔植物の生活と種類〕

〔問１〕＜葉のはたらき＞図１のＡは気孔で，呼吸や光合成で吸収・放出する酸素や二酸化炭素の出入り口であり，蒸散で放出する水蒸気の出口である。また，Ｂは葉緑体で，水と二酸化炭素を原料に光のエネルギーを利用して光合成を行い，デンプンと酸素をつくる。なお，細胞の活動により生じた物質を蓄えているのは液胞であり，植物の細胞の形を維持するのは細胞壁である。

〔問２〕＜**光合成**＞実験１では，光合成に必要な条件を調べているので，実験前に葉にあったデンプンを全て消費しておく必要がある。暗室に24時間置くと，葉にあるデンプンは水に溶けやすい物質に変えられて，体全体に運ばれる。また，光合成に二酸化炭素が必要であることは，袋の中の二酸化炭素の有無だけが異なり，それ以外の光合成に必要な条件(光)は同じもので比較する。息には二酸化炭素が多く含まれているから，光が当たっている条件は同じで，二酸化炭素がある葉Ｃと，水酸化ナトリウム水溶液をしみ込ませたろ紙を入れたため，二酸化炭素が吸収され，ほとんど含まれていない葉Ｅで比較する。なお，結果２より，青紫色に変化した葉Ｃでは，デンプンがつくられたことから，光合成が行われ，変化しなかった葉Ｅでは，デンプンがつくられなかったことから，光合成が行われていない。よって，葉Ｃと葉Ｅの結果から，光合成には二酸化炭素が必要であることがわかる。

〔問３〕＜**光合成と呼吸**＞結果３より，実験後の二酸化炭素の割合は，袋Ｈでは増加し，袋Ｉでは減少している。二酸化炭素は，呼吸によって出され，光合成によって吸収されるから，呼吸によって出される二酸化炭素の量よりも，光合成によって使われた二酸化炭素の量の方が多いのは袋Ｉで，袋Ｉでは呼吸よりも光合成が盛んに行われたことになる。また，光合成によってデンプンなどの養分がつくられるので，デンプンなどの養分のできる量も多いのは，二酸化炭素を多く使った袋Ｉである。なお，二酸化炭素の割合が増加していた袋Ｈでは，光合成は行われたが，光の強さが弱かったため，呼吸よりも光合成のはたらきの方が小さかったと考えられる。

5 〔化学変化と原子・分子〕

〔問１〕＜**炭酸水素ナトリウムの分解**＞ガラス管を水槽の水の中に入れたまま試験管Ａの加熱をやめると，試験管Ａ内の気体が冷えて気圧が下がり，水槽の水が試験管Ａに流れ込む。流れ込んだ水が，加熱部分に触れると，試験管Aが割れるおそれがあり，危険である。そのため，ガラス管を水槽の中から取り出してから加熱をやめる必要がある。また，加熱後の物質は炭酸ナトリウムで，炭酸水素ナトリウム水溶液は弱いアルカリ性を示すが，炭酸ナトリウム水溶液は強いアルカリ性を示す。pHの値は中性で７で，数値が大きいほどアルカリ性が強くなるので，炭酸水素ナトリウム水溶液よりも加熱後の物質(炭酸ナトリウム)の水溶液の方がpHの値は大きい。

〔問２〕＜**分解**＞試験管Ａ内で起こっている化学変化は，１種類の物質が２種類以上の別の物質に分かれる分解である。①のア～エのうち，分解が起こっているのは，酸化銀を加熱したときで，酸化銀は銀と酸素に分解する。なお，イ，ウ，エで起こっている化学変化は，２種類以上の物質が結びついて別の新しい物質ができる化合である。また，炭酸水素ナトリウム($NaHCO_3$)は，加熱すると，炭酸ナトリウム(Na_2CO_3)と二酸化炭素(CO_2)と水(H_2O)に分解する。加熱後の３つの物質全てに酸素原子(O)が含まれているので，図２で酸素原子を表しているのは◎である。さらに，◎２個と○１個がCO_2を表しているから，○は炭素原子(C)で，◎１個と●２個がH_2Oを表しているから，●は水素原子(H)となる。よって，ナトリウム原子(Na)を表しているのは■である。

〔問３〕＜**反応する物質の質量**＞実験２で発生した気体は二酸化炭素だけで，空気中に逃げるから，発生した気体の質量は，結果２の反応前の質量と加えた炭酸水素ナトリウムの質量の和から，反応後の質量をひくことで求められる。よって，加えた炭酸水素ナトリウムの質量が0.50gのときに発生した気体の質量は，$79.50+0.50-79.74=0.26$(g)となる。以下同様に，発生した気体の質量を求めると，加えた炭酸水素ナトリウムの質量が1.00gのときは0.52g，1.50gのときは0.78g，2.00gのときは1.04g，2.50gのときは1.17g，3.00gのときは1.17gとなる。よって，グラフは，点(0.50，0.26)，(1.00，0.52)，(1.50，0.78)，(2.00，1.04)，(2.50，1.17)，(3.00，1.17)を通る。なお，この反応を化学反応式で表すと，$NaHCO_3+HCl \longrightarrow NaCl+H_2O+CO_2$となる。

〔問４〕＜反応する物質の質量＞〔問３〕で，ウより，発生した気体の質量が1.17g以下のとき，グラフは原点を通る直線なので，加えた炭酸水素ナトリウムの質量と発生した気体の質量は比例している。よって，炭酸水素ナトリウムの質量が1.00gのときに発生した気体の質量は0.52gより，発生した気体の質量が0.65gのときに反応した炭酸水素ナトリウムの質量をxgとすると，1.00：x＝0.52：0.65が成り立つ。これを解くと，x×0.52＝1.00×0.65より，x＝1.25(g)となる。したがって，ベーキングパウダー4.00gに含まれている炭酸水素ナトリウムは1.25gなので，1.25÷4.00×100＝31.25より，炭酸水素ナトリウムは約31％含まれている。

6〔電流とその利用〕

〔問１〕＜電流と磁界＞右図のように，コイルの内側と外側には，逆向きの磁界ができる。よって，コイルＡの内部に置いた方位磁針のＮ極は，コイルの下部に置いた方位磁針のＮ極と反対の向きに動き，コイルの上部に置いた方位磁針のＮ極は，コイルの下部に置いた方位磁針のＮ極と同じ向きに動く。

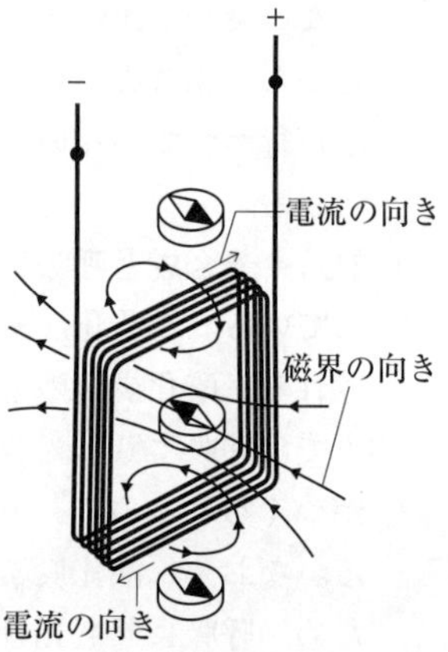

〔問２〕＜電磁誘導＞コイルＡを動かして，コイルＡの中の磁界が変化すると，コイルＡに電圧が生じて電流が流れる。この現象を電磁誘導といい，流れる電流を誘導電流という。

〔問３〕＜回路と電流＞電源装置の電圧が同じとき，オームの法則〔電流〕＝$\frac{〔電圧〕}{〔抵抗〕}$より，コイルＢに流れる電流は，２つの抵抗器全体の抵抗(合成抵抗)が小さいほど大きくなり，コイルの回転が速くなる。まず，直列つなぎでも並列つなぎでも，抵抗の小さな抵抗器をつないだ方が合成抵抗は小さくなるから，合成抵抗は，ア＜ウ，イ＜エである。次に，抵抗器を直列につなぐと合成抵抗は各抵抗の和になるから，アの合成抵抗は５＋20＝25(Ω)となる。また，抵抗器を並列につなぐと合成抵抗は各抵抗より小さくなるから，エの合成抵抗は10Ωより小さい。よって，合成抵抗は，エ＜アとなり，合成抵抗の大きさは，イ＜エ＜ア＜ウである。したがって，コイルが速く回転する順も，イ，エ，ア，ウとなる。

〔問４〕＜モーター＞図８の状態のとき，ｅ側の軸はエナメルをはがした部分が軸受けに接していて，電流はｅからｆに流れるから，コイルＢにはａ→ｂ→ｃ→ｄの向きに電流が流れる。このとき，流れる電流の向きと，磁石からの磁界の向きは，実験１の(4)と同じだから，結果１の(2)より，図８ではコイルＢは磁界からＪの向きに力を受ける。次に，図９の状態のとき，ｅ側の軸はエナメルをはがしていない部分が軸受けに接しているので，コイルＢに電流は流れず，磁界から力を受けない。そのため，コイルＢは慣性で回転し，再び図８の状態になって同じ向きに回転を続ける。

国語解答

一 (1) かがや　(2) かい
(3) けいしゃ　(4) と　(5) かわ

二 (1) 富　(2) 吸　(3) 独奏
(4) 車窓　(5) 清潔

三 〔問1〕 ア　〔問2〕 ウ
〔問3〕 イ　〔問4〕 エ
〔問5〕 イ

四 〔問1〕 エ　〔問2〕 ア
〔問3〕 ウ　〔問4〕 イ
〔問5〕 (例)私にとっての記憶の拠り所となるものは，近くの図書館の椅子と机です。幼い頃は毎日通い，わくわくしながら本を読みました。あの読書体験が私の好奇心の原点です。今その椅子と机を見ると懐かしく思い出します。／懐かしさは，自分を肯定し，気持ちが未来に開かれる感情だと筆者は述べています。私は，夢中で読書した頃を振り返り，改めて自分の知的好奇心の原点を大切に思いながら，将来の夢に向かって努力しています。
(197字)

五 〔問1〕 ウ　〔問2〕 ア
〔問3〕 エ　〔問4〕 ウ
〔問5〕 問題不備

一 〔漢字〕
(1)音読みは「光輝」などの「キ」。　(2)「介する」は，仲立ちとする，という意味。　(3)「傾斜」は，傾いて斜めになる度合いのこと。　(4)音読みは「撮影」などの「サツ」。　(5)音読みは「乾燥」などの「カン」。

二 〔漢字〕
(1)音読みは「豊富」などの「フ」。　(2)音読みは「呼吸」などの「キュウ」。　(3)「独奏」は，演奏会などで，一人で楽器を演奏すること。　(4)「車窓」は，列車・電車・自動車などの窓のこと。　(5)「清潔」は，汚れがなくきれいなこと。

三 〔小説の読解〕出典；伊吹有喜『雲を紡ぐ』。
〔問1〕＜心情＞美緒は，幼い頃持っていた絵本と同じものを祖父の本棚で見つけ，昔はわからなかった美しさや繊細さ，神秘性をその絵本に感じた。そんな絵本の魅力に気づかせてくれ，頭をなでてくれた祖父に，美緒は，親しみを感じるとともに，祖父の本をもっと見たいと思った。
〔問2〕＜表現＞「角張った」曾祖父の筆跡と「流れるような」祖父の筆跡が，混在しているという視覚的な表現により，祖父が曾祖父とともに染めの仕事に携わり，染めのデータを記録することも引き継いできたということが，印象的に伝わってくる。
〔問3〕＜文章内容＞祖父は，息子が家業を継がなかったことは「寂しくはあった」が，娘に美緒と名づけたことから，息子が「家業のことを深く思っていた」ことを理解した。祖父は，自分の当時の気持ちを振り返り，その気持ちを美緒にどのように伝えるかを考えていて，言葉がすぐに出てこなかったのである。
〔問4〕＜文章内容＞美緒は，自分の名前に父親の家業への思いが込められていることを知った。また，「曾祖父と祖父が集めてきたデータの蓄積」が目の前のノートにあることもわかったことから，美緒は，自分もノートの記録をもとに染めを「やってみたい」とノートを見つめながら考えた。
〔問5〕＜心情＞美緒は，染めをやりたいという希望を祖父に受け入れてもらえず残念に思い，また，「決断力に欠けていること」を指摘されて，自分をもどかしく感じた。しかし，祖父の工房で染めを学びたい気持ちは消えず，もうすぐ会う父に，美緒は，「東京へひとまず帰るか，この夏ずっと祖父の家で過ごすか」についてどう言うかを迷っていたのである。

四 〔論説文の読解―社会学的分野―現代文明〕出典；堀部安嗣『住まいの基本を考える』。
≪本文の概要≫未知のものと出会っても，自分の中に潜在的にあった記憶の断片がつながって，懐かしいと感じることがある。一方，久しぶりに出会うものに懐かしさを感じる場合も多いが，このとき人は，懐かしさとともに，喜びや，久しぶりに出会ったものの新たな魅力に気づくことで，その対象に誇りも感じる。懐かしさは，五感を伴った記憶が呼び起こされて，気持ちが未来に開かれてゆく前向きで大切な感情である。それに対して，商品や町づくり，建築などに見られる，単なる懐古や郷愁の商品化は，かえって人の想像力を閉ざすものである。現代は物事が急速に変化し更新され続けているが，その中で動かずそこにある建築は，人の記憶にとって大切な原風景になりえる。だからこそ，建築は，なじみある変わらない価値を持ったものでなければならない。

〔問１〕＜文章内容＞団地の小学生もポルトガルの「私」も，未知のものに出会ったとき，「自分の中に潜在的にあった記憶の断片のようなものがつながった」ために，懐かしいと感じた。その懐かしさは，久しぶりに出会うものに対して抱く具体的なうれしさとは異なるものである。

〔問２〕＜文章内容＞自分自身が時間や経験を積み重ねたことで感情や視点が進化し，その視点で見ることで，「久しぶりに出会うものや人の〝質〟や〝価値〟さえも自身が変え」る，つまり，以前は気づかなかったものや人の魅力が，わかるようになるのである。

〔問３〕＜段落関係＞第五段までは，懐かしさは「五感をともなった記憶が呼び起こされ～気持ちが未来にひらかれてゆく前向き」な感情であることが述べられているが，第六段では，懐古的な商品や町づくり，建築など，「私」の認識とは異なる懐かしさの具体例が挙げられている。そして，第七段では，建築は更新され続けるものではなく，慣れ親しんだ変わらない価値を示すべきものであるという結論が，導かれている。

〔問４〕＜文章内容＞物事が更新され続けて急速に変化していく現代にあって，同じ場所に変わらず存在し続ける建築は，「人の記憶にとって大切な〝原風景〟」となりえる。だからこそ建築は，なじんできた変わらないものとしての価値を示すものでなくてはならないのである。

〔問５〕＜作文＞「人は記憶を頼りに生きてゆく」が，その「記憶の拠り所」となるのは，懐かしさを感じさせる，心の奥にずっと存在する「原風景」であることが多い。自分の考え方や感じ方に影響を与えた物事につながる風景，大切なものとして心の中に描き出される風景などを具体的に挙げ，それが及ぼした自分への影響，今後の向き合い方などを，本文の内容にもふれながら述べる。

五〔説明文の読解―芸術・文学・言語学的分野―文学〕出典；蜂飼耳，駒井稔『鴨長明「方丈記」』／久保田淳『無名抄』。

〔問１〕長明は『方丈記』の読者を想定していたのかという駒井さんの質問に対して，蜂飼さんは，長明がこの作品を『源氏物語』のように多くの人に楽しまれるものと考えたとは想像しにくいと答えている。そのうえで，宮廷文学と比較した蜂飼さんの見解を受けて，駒井さんは，宮廷文化の中で筆写されて読まれるものとは違い，『方丈記』は独居の中で書かれたにもかかわらず，古典として残っているところに作品の力が感じられると発言し，『方丈記』の評価や影響力についての蜂飼さんの意見を促している。

〔問２〕＜文章内容＞『方丈記』には，「自分自身では運がないと思っている人の個人的な来歴や気持ち」や「自然描写の美しさ，そして災害の記述が持つある種の臨場感」といった要素を含むさまざまな話題があり，現代の読者は，自由にどの要素を受け取ることもできる。

〔問３〕＜古文の内容理解＞『無名抄』には，歌はよんだその場ではなく，もう一度静かに見た場合の方が，よみ手の人となりによる影響から離れられるので，「風情もこもり，姿もすなほなる歌」こそ「いつまでも見ていられる」という俊恵からのアドバイスが書かれている。

〔問４〕＜文章内容＞長明は，自分自身では不遇だと言うものの，人間関係には恵まれ，優れた歌人についたり，後鳥羽院や琵琶の師匠に大事にされたりして，歌や音楽に力を注いだ。源家長の著書に「長明の精勤ぶりは素晴らしい」とあるように，歌や音楽の才能を認められて一生懸命取り組む姿には，長明の魅力ある人間性が表れているのである。

〔問５〕　問題不備

東京都　正答率

＊は部分正答も含めた割合

英語

1	A	1	92.6%
		2	70.9%
		3	69.3%
	B	1	64.8%
		2	＊17.5%
2	1		45.4%
	2		31.7%
	3	(1)	60.7%
		(2)	＊46.6%
3	〔問 1〕		62.3%
	〔問 2〕		67.2%
	〔問 3〕		60.3%
	〔問 4〕		58.8%
	〔問 5〕		66.9%
	〔問 6〕		35.9%
	〔問 7〕		51.2%
4	〔問 1〕		54.5%
	〔問 2〕		19.0%
	〔問 3〕	(1)	29.5%
		(2)	50.6%
		(3)	44.6%
	〔問 4〕	(1)	49.8%
		(2)	39.1%

社会

1	〔問 1〕	78.7%
	〔問 2〕	65.8%
	〔問 3〕	66.5%
2	〔問 1〕	29.9%
	〔問 2〕	46.1%
	〔問 3〕	44.1%
3	〔問 1〕	44.7%
	〔問 2〕	53.9%
	〔問 3〕	＊78.5%
4	〔問 1〕	32.4%
	〔問 2〕	48.9%
	〔問 3〕	46.6%
	〔問 4〕	54.6%
5	〔問 1〕	65.8%
	〔問 2〕	42.5%
	〔問 3〕	56.3%
	〔問 4〕	77.2%
6	〔問 1〕	38.5%
	〔問 2〕	59.1%
	〔問 3〕	＊51.6%

数学

1	〔問 1〕		78.0%
	〔問 2〕		93.8%
	〔問 3〕		76.2%
	〔問 4〕		93.2%
	〔問 5〕		93.1%
	〔問 6〕		57.3%
	〔問 7〕		77.2%
	〔問 8〕		37.3%
	〔問 9〕		＊66.0%
2	〔問 1〕		62.7%
	〔問 2〕		＊26.3%
3	〔問 1〕		74.2%
	〔問 2〕		69.0%
	〔問 3〕		17.4%
4	〔問 1〕		64.6%
	〔問 2〕	①	＊65.7%
		②	6.6%
5	〔問 1〕		38.3%
	〔問 2〕		2.4%

理科

1	〔問 1〕		68.9%
	〔問 2〕		61.7%
	〔問 3〕		45.5%
	〔問 4〕		53.8%
	〔問 5〕		51.3%
2	〔問 1〕		63.7%
	〔問 2〕		68.7%
	〔問 3〕		62.6%
	〔問 4〕		73.6%
3	〔問 1〕		75.6%
	〔問 2〕		32.0%
	〔問 3〕		＊41.6%
	〔問 4〕		8.9%
4	〔問 1〕		59.2%
	〔問 2〕		18.5%
	〔問 3〕		25.9%
	〔問 4〕		＊65.5%
5	〔問 1〕		21.3%
	〔問 2〕		30.1%
	〔問 3〕		＊44.9%
	〔問 4〕	名称	36.9%
		質量	16.7%
6	〔問 1〕	グラフ	＊70.2%
		電流	58.3%
	〔問 2〕		37.5%
	〔問 3〕		36.6%
	〔問 4〕		72.3%

国語

一	(1)	98.4%
	(2)	98.3%
	(3)	82.2%
	(4)	97.7%
	(5)	88.4%
二	(1)	81.3%
	(2)	88.3%
	(3)	86.3%
	(4)	77.7%
	(5)	85.9%
三	〔問 1〕	54.0%
	〔問 2〕	94.9%
	〔問 3〕	93.3%
	〔問 4〕	82.6%
	〔問 5〕	86.3%
四	〔問 1〕	80.3%
	〔問 2〕	72.3%
	〔問 3〕	75.9%
	〔問 4〕	69.0%
	〔問 5〕	＊75.6%
五	〔問 1〕	63.4%
	〔問 2〕	72.6%
	〔問 3〕	74.9%
	〔問 4〕	74.4%
	〔問 5〕	82.7%

2020年度／東京都立高等学校

英語解答

1 A　＜対話文１＞　ウ
　　＜対話文２＞　エ
　　＜対話文３＞　イ
B　Q１　ウ
　　Q２　They should tell a teacher.

2 1　ア　　2　エ
3　(1)　ウ
　　(2)　(例)We can bring our own bags when we go shopping. Then we won't need new plastic or paper bags. It is important for us to reduce waste in our daily lives.

3 〔問１〕　イ　　〔問２〕　ウ
〔問３〕　ア　　〔問４〕　エ
〔問５〕　イ　　〔問６〕　エ
〔問７〕　ア

4 〔問１〕　エ　　〔問２〕　エ→ア→ウ→イ
〔問３〕　(1)…ア　(2)…ウ　(3)…イ
〔問４〕　(1)…イ　(2)…ア

1〔放送問題〕

〔問題A〕＜対話文１＞≪全訳≫トム(T)：妹〔姉〕に誕生日プレゼントを買うつもりなんだ。リサ，僕と一緒に行ってくれる？／リサ(L)：もちろんよ，トム。／T：明日は空いてる？／L：ごめんなさい，明日は行けないの。妹〔お姉〕さんのお誕生日はいつ？／T：次の月曜日だよ。じゃあ，今度の土曜日か日曜日はどう？／L：私は土曜日がいいな。／T：ありがとう。／L：何時にどこで待ち合わせようか？／T：11時に駅でどう？／L：了解。じゃあそのときに。

Q：「トムとリサはいつ彼の妹〔姉〕の誕生日プレゼントを買いに行くつもりか」―ウ．「次の土曜日」

＜対話文２＞≪全訳≫ボブの母(B)：もしもし。／ケン(K)：もしもし。ケンです。ボブとお話しできますか？／B：こんにちは，ケン。ごめんなさい，ボブは今，出かけてるの。後であの子からかけ直させましょうか？／K：ありがとうございます，でも，僕も今から出かけないといけなくて。伝言をお願いできますか？／B：もちろんよ。／K：明日，僕の家で一緒に宿題をすることになってるんです。彼に数学のノートを持ってきてくれるよう頼んでおいてもらえますか？　彼にききたい質問がいくつかあるんです。／B：わかったわ，伝えておくわね。／K：ありがとうございます。／B：どういたしまして。

Q：「ケンがボブにしてほしいことは何か」―エ．「数学のノートを持ってくること」

＜対話文３＞≪全訳≫ユミ(Y)：こんにちは，デービッド。何の本を読んでるの？／デービッド(D)：やあ，ユミ。浮世絵に関する本だよ。先週，美術の授業で浮世絵について習ったんだ。／Y：なるほどね。私も浮世絵について習ったわ。今なら市の美術館で浮世絵が見られるわよ。／D：ほんと？　そこへ行ってみたいな。僕の国にも浮世絵を所蔵している美術館がいくつかあるんだ。／Y：えっ，ほんとに？　それはびっくりだな。／D：１度そこへ浮世絵を見に行ったことがあるんだ。日本でも見てみたいな。／Y：私は先週末，市の美術館に行ってきたわ。すごくおもしろかったな。あなたも行ってみるべきよ。

Q：「ユミが驚いたのはなぜか」―イ．「デービッドが自分の国にも浮世絵を所蔵する美術館があると言ったから」

〔問題B〕≪全訳≫私たちの学校へようこそ。私はリンダ，この学校の２年生です。今日は私たちが皆さんを連れてこの学校をご案内することになっています。／私たちの学校は2015年に建てられたので，まだ新しいです。今，私たちがいるのが体育館です。図書館からスタートして，図書館の利用の仕方を説明します。それから教室と音楽室を見て，最後に食堂へ行く予定です。そこで他の生徒や先生方と会うことになっています。／その後，歓迎会を開く予定です。／他にも皆さんにお伝えしたいことがあります。校舎の前で集合写真を撮影しましたよね。そのときの写真が欲しい方は，明日先生に申し出てください。何かご質問はありますか？　では出発しましょう。一緒に来てください。

Q１：「日本の生徒たちはどこで他の生徒や先生と会うか」―ウ．「食堂」

Q２：「日本の生徒たちは写真が欲しい場合，明日何をすればよいか」―「先生に伝えればよい」

２〔総合問題〕

１＜対話文完成―適語（句）選択―予定表を見て答える問題＞

≪全訳≫❶マリ（M）：私，ボランティア活動にはずっと興味があるの。夏のボランティアプログラムに参加したいな。ジェーン，このウェブサイトを見てよ！　事前説明会に行く必要があるって書いてある。あなたも一緒に来ない？

❷ジェーン（J）：もちろん。どの日に行く？

❸M：この３日の中から１日選ばないといけないの。今日は６月11日の木曜日でしょ。私は来週行きたいな。

❹J：ごめん，来週の火曜日は行けないんだ，夕方に用事があって。

❺M：来週の土曜日に行くのはどう？

❻J：いいね。その日に行こう。場所も選ばないとね。

❼M：うーんと。西市民会館は南駅の近くだけど，あなたの家からだと遠いわね。だから，東ボランティアセンターの方があなたにはいいかな。そこなら歩いて５分で行けるし。

❽J：ありがとう，マリ。うん，そこに行くことにしよう！

(A)第３段落と空所の直後より，マリの希望日は６月11日木曜日の次の週のいずれかの日で，第４段落より，ジェーンの希望日は火曜日以外である。Ⅰに示された３日間のうち，２人の希望を満たすのは６月20日土曜日しかない。　(B)直前の文から，ジェーンにとってよりよい場所として，彼女の家から遠い西市民会館ではなく，東ボランティアセンターを挙げたとわかる。

２＜対話文完成―適語句選択―表を見て答える問題＞

≪全訳≫❶マリ（M）：すごくたくさんの人が説明会に来てる！

❷ジェーン（J）：たくさんの人が夏のボランティアプログラムに関心を持ってるんだね！

❸M：そうね。１日プログラムと３日間プログラムと，２種類のプログラムがあるでしょ。事前説明会で，どっちかのプログラムの中から１つの活動しか選べないって言ってたよね。

❹J：あなたはどの活動に参加したい？

❺M：えっと，私は清掃活動のどれかに参加したいな。あっ，ラッキー。私，８月７日と８日は空いてる。この活動を通じて海を守りたいから，私は「海岸を清掃しよう」に参加しようっと。

❻J：いいわね。私はアメリカで清掃活動をした経験があるんだ。日本では違う種類の活動に挑戦したいな。

❼M：そういえば，あなたは植物が好きなんだってね。

❽J：うん。お花を植えたことがあるよ。植物に関することにずっと興味があるんだ。私は何日間かボランティア活動をしたいな。

❾M：へえ，じゃあ「木を植えよう」に参加したらいいわよ。今まで一度もやったことがないことに挑戦してみたら？

❿J：そうだね。そうしよう！

(A)直後で「海を守りたい」と言っているので，１日プログラムのClean a Beach「海岸を清掃しよう」か3日間プログラムのClean a River「河川を清掃しよう」のいずれかだとわかるが，マリの空いている日は8月7日と8日なので，それ以外の日を含む3日間プログラムの河川清掃には参加できない。　⑻第8段落より，ジェーンは花を植えたことがあること，植物に興味を持っていること，何日間かのボランティア活動をしたいと考えていることが読み取れる。また，空所の直後でマリは今までやったことのないことをやってみようと提案しており，ジェーンもそれに同意している。これらの条件を満たすのは，3日間プログラムのPlant Trees「木を植えよう」のみである。

3＜長文読解総合―Eメール＞

≪全訳≫大好きなマリへ❶私が日本に滞在している間，力になってくれてありがとう。日本について学べて，たくさんの友達ができて楽しかった。夏のボランティアプログラムにも参加したね。あれには特に感心したな。環境を守ることはとても大切だってわかった。今，それについてもっと勉強したいと思ってるの。

❷この前，他の生徒に向けて私の日本での体験についてスピーチをする機会があったんだ。私は夏のボランティアプログラムでの活動とか，その活動から学んだことについて彼らに話したの。環境保全にすごく興味を持っている生徒も大勢いたよ。スピーチの後，彼らはその活動について私にいろいろ尋ねてきたわ。彼らがその活動に関心を持ってくれてうれしかったな。

❸先週，何人かのクラスメイトと一緒に保育所を訪問したんだ。環境に優しいおもちゃって知ってる？　木やリサイクルしたプラスチックでできたおもちゃのことよ。そういうおもちゃには電池が使われていないの。子どもたちはそれで遊んでた。そこでそういうおもちゃが使われていることにとてもびっくりしたな。

❹環境保全についてアイデアを共有しようよ。私たちはもっと環境に優しい生活を送るべきだと思うんだ。どうしたらそれができるかな？　あなたには何かアイデアがある？　あなたからのお返事を楽しみにしてるね。／あなたの友人，ジェーン

⑴**＜内容真偽＞**ア.「日本で，ジェーンは夏のボランティアプログラムでマリがしたスピーチから環境保全について学んだ」…×　第1段落第3～5文参照。環境保全の大切さはジェーン自身が参加したボランティアプログラムから学んだ。　イ.「ジェーンがスピーチをした後，多くの生徒が保育所の訪問に興味を持ち，それについてたくさんの質問をした」…×　第2段落第3，4文参照。多くの生徒が興味を持っていたのは環境保全に関することで，それをジェーンに尋ねた。　ウ.「ジェーンはクラスメイト数人と一緒に保育所に行ったとき，そこで環境に優しいおもちゃが使われていることにとても驚いた」…○　第3段落と一致する。　エ.「日本滞在中，ジェーンは環境に優しいおもちゃについて学ぶために夏のボランティアプログラムに参加した」…×　このような記述はない。

⑵**＜テーマ作文＞**

≪全訳≫こんにちは，ジェーン❶Eメールをどうもありがとう。楽しく読ませてもらったわ。環境保全についてもっとたくさんのことを学ぶのは大切なことだと思う。

❷あなたの質問に答えるね。環境により優しい生活を送るために私たちにできることが1つあるわ。それについて説明するね。

❸(例)買い物に行くとき，私たちは自分の袋を持っていくことができるわ。そうすれば，新しいビニール袋や紙袋がいらなくなるもの。毎日の生活の中でゴミを減らすことが私たちにとって大切だよね。

❹今度また会ったら，このことについてもっと詳しく説明するね。

5またあなたに会えるのを楽しみにしているわ！／あなたの友達，マリ

「環境により優しい生活を送るために私たちにできること」の例を挙げ，その目的や効果などを説明するとよい。解答例のほか，一度使ったものを再利用することや，自家用車ではなく公共交通機関を利用することなども考えられる。

3〔長文読解総合―会話文〕

《全訳》**1**ハルカとジュンイチは東京の高校２年生である。スーザンはアメリカから来た高校生だ。彼らは昼食後に教室で，イギリス出身のALT(外国語指導助手)のジョージと話をしている。

2ハルカ(H)：見て，これ，私のお姉ちゃんの写真よ。

3スーザン(S)：まあ，着物を着てるのね。お姉さんは成人式に出たの？

4H：そうなの。先週の月曜日に市内で開かれたのよ。

5S：そのニュース見たわ。成人式のこと，もっと教えてよ。

6ジュンイチ(J)：もちろん。成人式っていうのは20歳になった，またはこれからなる人をお祝いする式典さ。

7H：長い間，日本人は成人した人たちをお祝いするための儀式を行ってきたの。昔は成人になる年齢はもっと低かったけどね。

8ジョージ(G)：それは知らなかった。他にも昔は違ったことがあったのかい？

9J：はい。例えば，髪型や，着る着物の種類を変える人もいました。名前も変えたんですよ。

10G：それはおもしろいね。成人することは，日本人にとっては重要なことなんだね。

11J：そうなんです。各市で成人式が開かれるようになって70年くらいになります。先生のところにもこういう式典はありましたか，ジョージ？

12G：なかったよ。21歳になったときと大学を卒業したときにパーティーを開いたけどね。

13S：私も，16歳になったときに盛大な誕生日パーティーを開いたわ。

14H：そうなの？　その年齢で成人になるの？

15S：ううん。私の州では成人になる年齢は18歳なの。その年齢は州によって違うのよ。

16J：なるほど。日本では，20歳になると法律上成人になる。2022年にはそれが18歳に変更されるんだ。僕は大人になるのを楽しみにしてるよ。

17H：私も。でも，成人したら，自分の決断に責任を持たないといけなくなるわね。

18S：確かにそうだけど，年齢は関係ないと思うな。例えば，私は日本に来るって決めて，ここで勉強をがんばってるけど，それは自分の決断に責任を感じてるからよ。

19G：僕もスーザンに賛成だ。ジュンイチ，ハルカ，君たちもこれまでにたくさんの決断を下してきたと思うよ。例えば，通う学校や入るクラブを決めたんだし，将来何をするかを決めることだってできる。

20H：そのとおりですね。私，今まで一度もそんなふうに考えたことなかったな。

21G：成人するまでは，親の同意なしにはできないことも，法律上できないこともある。でも，自分の人生をよりよくするために何をするべきか決めることはできるよ。

22H：そうですね。私が英語の勉強をがんばってるのは，海外に留学してスーザンみたいな人たちからいろんなことを学びたいからなのよ。

23S：ええ，そうなの？　それを聞いてうれしいな。

24G：君はどうだい，ジュンイチ？

25J：今のところ，僕は両親に養ってもらっています。就職して，自活できるようになりたいです。

26G：いいことだね。どんな種類の職業につきたいんだい？

27J：スポーツ科学を活用した職業です。僕はスポーツ科学に興味があるんです。大学でそれを学びた

いと思っています。それで今，がんばって勉強しています。

28G：なるほどね。君はどうだい，スーザン？

29S：私は高齢者の役に立つようなことをしたいと思っています。どうすればそれができるか，今考えているところです。

30G：どれもみんないい考えだと思うよ。目標に向かって全力を尽くしてほしいな。あっ，もう行かなくちゃ。君たちと話せて楽しかったよ。また話そう！

31H，J，S：ありがとうございます，ジョージ。

〔問１〕＜指示語＞「私に(　　)についてもっと教えてください」―イ．「成人式」　第４，５段落のitは全て，第３段落でスーザンが話題にし，ここでの話題の中心となっているa coming-of-age ceremony「成人式」を指している。

〔問２〕＜英文解釈＞Did you have such a ceremony？という問いに対する答えで，I didn't の後にはhave such a ceremonyが省略されている。such a ceremony「そのような式典」は前の文中のa coming-of-age ceremony held in each city「各市で開かれる成人式」を指し，これがなかったということなのだから，ウ．「ジョージには市で開かれる成人式はなかった」が適切。

〔問３〕＜文脈把握＞「スーザンは(　　)と考えている」―ア．「成人になる前でも後でも，自分の決定に責任を持たなければならない」　make a differenceで「違いを生む」。直前でハルカは，成人したら自分の決断に責任を持たなくてはいけないと言ったが，これを認めたうえでスーザンは「年齢は違いを生まない」と述べている。つまり，成人していてもしていなくても，自分の決断には責任が伴うと考えているのである。

〔問４〕＜英文解釈＞「ハルカは(　　)を決めることができる」―エ．「彼女が将来したいことは何か，そして将来のために今できることは何か」　下線部(4)のジョージの言葉を受け，ハルカはYesと同意して，海外留学のために，今，勉強をがんばっていると述べている。海外留学は「彼女が将来したいこと」に，今，勉強をがんばることは「将来のために今できること」に当たる。　what to ～「何をするべきか」　'make＋目的語＋形容詞'「～を…(の状態)にする」

〔問５〕＜文脈把握＞第27段落でジュンイチは自分の将来の希望と，現在そのために何をしているかを述べ，これを受けてジョージがスーザンに「君はどうだい？」と尋ねている。つまり，ジョージはスーザンにもイ．「あなたは将来何をしたいのか」と尋ねたことになる。　How about ～？「～はどうですか」

〔問６〕＜内容一致＞「人は成人になる(　　)，たくさんのことを決断しているとジョージは考えていた」―エ．「前」　第19段落参照。ジョージは，まだ高校生で成人する前のハルカとジュンイチに対し，「これまでにたくさんの決断を下してきたと思う」と語っている。

〔問７〕＜内容一致＞「今日，ハルカとジュンイチ，ALTのジョージと一緒に，日本の成人式について話した。長い間ずっと，日本人は成人になった人たちをお祝いしている。人々がお祝いをする(A)方法がおもしろい。昔は成人した後，(B)違う名前になる人もいた。／ジュンイチとハルカは大人になるのが楽しみだって言っていた。私たちは将来の計画についても話した。それは全員(B)違っていた。ハルカは海外に留学したくて，ジュンイチはスポーツ科学を生かした職業につきたがっている。私は今，お年寄りの役に立てる(A)方法について考えている。私に何ができるだろうか？　全力を尽くそう。自分の決断には責任を持つつもりだ」　(A)の１つ目は第９段落のジュンイチの説明に対する感想を述べた部分で，第９段落の内容はお祝いのgoals「目標」ではなくways「方法」だといえる。(A)の２つ目を含む文は第29段落と同じ内容で，スーザンは高齢者の役に立つにはどうすればいいか，その方法を考えていることが読み取れる。したがって，how to ～「～の方法，仕方」と同じ意味を表せる ways of ～ing が適する。(B)の１つ目は，第９段落に changed their name「名前を変えた」とあるので，different names「違った名前」にした，とすれば同じ意味になる。２つ目の(B)を含む文の主語である They は，直前の文の our plans (for the future)「私たちの(将来の)計画」を指しており，続く２文では３人の将来の夢がそれぞれ different「異なる」ことが説明されている。 the same「同じ」

４〔長文読解総合─物語〕

≪全訳≫❶ミサは高校１年生だった。10月のある日，オーストラリアから高校生が数名，ミサの学校にやってきた。彼らは日本文化と日本語の学習に関心を持っていた。エレンはそのうちの１人で，ミサの家族の家に滞在していた。英語を話すいい機会なので，ミサはとてもうれしかった。学校へ行く最初の日，ミサはあらゆることを英語でエレンに説明した。エレンはこう言った。「ありがとう，ミサ。あなたはいつも私をすごく助けてくれるね」　ミサはそれを聞いてとてもうれしかった。

❷ある日，エレンは千代紙という特別な折り紙をオーストラリアにいる何人かの友人に買おうと，ミサと一緒に出かけた。エレンはミサにこう言った。「昨日の夜，買い物のために日本語を少し練習したんだ」　店で，エレンは何種類かの模様の千代紙が欲しいと思った。彼女は店員の１人にその模様のことを日本語で説明しようとしたが，その店員はエレンの言うことを理解できなかった。ミサがそれを日本語で店員に説明し，２人はエレンが欲しかった千代紙を買うことができた。ミサはうれしかった。

❸その次の週末，エレンはミサにある本を見せてこう言った。「この本，知ってる？」　ミサは知らないと答えた。エレンはがっかりしたようだった。エレンはミサにこう説明した。「これは私の大好きな日本人作家が書いた本なの。彼女は日本語で書いてるんだけど，これは英語の翻訳版」「そうなんだ。私も読んでみるね」とミサは答えた。それからエレンは，その作家に関する討論会に行きたいと言った。ミサはそこへの行き方について情報を入手して，それをエレンに説明した。ミサはエレンに尋ねた。「一緒に行こうか？」　エレンはにっこり笑って「大丈夫。１人で行けるよ。ありがとう」と答え，討論会に行った。

❹翌日，ミサとエレン，ユウスケ，ブライアンはある博物館へ行った。ユウスケはミサのクラスメイトで，ブライアンはオーストラリアから来た生徒の１人だった。日本の歴史に関する展示があった。ミサは歴史についていくつか英語で説明した。その後，ユウスケはミサに日本語で話しかけた。彼は，エレンとブライアンのオーストラリアでの学校生活に興味があると言った。また，２人がよくどんなことについて考えるかを知りたがった。ユウスケは，そうしたことについてエレンとブライアンに質問した。彼は英語をすらすら話すわけではなく，ときどき日本語を使ったが，エレンとブライアンは彼の言うことを理解しようとした。それからブライアンはミサにこう尋ねた。「君は何か質問はある？」　ミサはしばらく考えてこう尋ねた。「あなたは，生徒は別の言語を学ぶべきだと思う？」　ブライアンはこう言った。「うん。そうすることで生活がよりおもしろくなるからね」　ブライアンは，自分は日本のアニメが好きで，それを日本語で理解できるようにがんばりたいと言った。エレンもミサの質問に対してそう思うと答え，自分は日本語で本を読みたいのだと言った。彼女はこう言った。「それに，日本の人たちと本や作家について話したいの」　ミサは心の中で思った。「そんなこと知らなかったな。昨日エレンが本を持ってきたのは，それについて私と話したかったからだったのか。あのときはそんなこと考えもしなかった」　ミサはそれを申し訳なく思った。するとエレンがミサに尋ねた。「あなたはどうして英語を勉強してるの，ミサ？」　ミサはこう答えた。「外国から来た人に日本のことを説明できるようになりたいから」　ブライアンは言った。「なるほど。じゃあ，質問があるときには君にきいてもいいかな？」　ミサは言った。「もちろんよ」

❺その後，彼らは博物館の近くにあるハンバーガー店にお昼を食べに行った。エレンとブライアンが注

文するとき，ミサは２人の手助けを始めた。ユウスケがミサを止めた。「これはあの２人が日本語の練習をするいい機会さ」とユウスケは言った。エレンとブライアンは自分たちの昼食を日本語で注文し始めた。エレンはメニューにある写真を指さした。ブライアンは店内で食べることを示すために，ジェスチャーを用いた。エレンとブライアンがミサ，ユウスケと一緒に席についたとき，ブライアンがこう言った。「僕たち，自分でお昼を買ったぞ！」　エレンは「日本語の話し言葉を理解するのは私には難しいな。もっと勉強しなくちゃ」と言ったが，彼女はうれしそうだった。ミサは，新しい言語を練習するのは楽しいことなのだと気づいた。

❻家へ帰る途中，エレンはミサに言った。「今日はほんとに楽しかったな。あなたがなぜ英語を身につけようとがんばってるのか，どうして私をいろいろと助けてくれるのかがわかったよ」　ミサは笑顔でこう言った。「私も楽しかった。昨日あなたが私にあの本を見せてくれたのはなぜだったのか，わかった気がする。本についてあなたともっと話したいよ，エレン。本については日本語で話した方がいいかもしれないね。あなたの好きな作家の書いた本を，いくつか私に紹介してくれる？」　エレンはこう答えた。「もちろん。私もあなたの好きな作家のことが知りたいな」　ミサは言った。「明日図書館に行って，本を探してみよう」

〔問１〕＜英文解釈＞「ミサは(　　)ので，とてもうれしかった」―エ．「学校で，自分の英語を使ってエレンを大いに手助けできた」　第１段落終わりから２～４文目参照。下線部の to hear は‘感情の原因’を表す to不定詞の形容詞的用法。be glad to ～ で「～してうれしい」という意味になる。that は直前のエレンの発言内容を受けている。

〔問２〕＜要旨把握＞エ．エレンはミサに，ミサの知らない本を見せた（第３段落第１，２文）。／→ア．エレンは自分の好きな日本人作家の討論会に１人で行った（第３段落終わりの３文）。／→ウ．ミサはエレンが本や作家について自分と話したかったのだと推測した（第４段落終わりから８文目）。／→イ．ミサはエレンの好きな作家の書いた本について，エレンと日本語で話したいと思った（第６段落第５～７文）。

〔問３〕＜内容一致＞⑴「ミサとエレンが店にエレンの欲しがる千代紙を買いに行ったとき，(　　)」―ア．「エレンが自分と一緒にそれを買うことができたので，ミサはうれしかった」　第２段落最後の２文参照。　⑵「博物館で，ユウスケはエレンとブライアンに彼らのオーストラリアでの学校生活について質問したが，それは(　　)からだ」―ウ．「彼は彼らの学校生活に興味があり，彼らが何について考えているか知りたかった」　第４段落第６～８文参照。　⑶「ハンバーガー店で，エレンはうれしそうだったが，それは(　　)からだ」―イ．「彼女は日本語を使って自分で昼食を買った」　第５段落第５～10文参照。

〔問４〕＜英問英答＞⑴「ハンバーガーショップでエレンのうれしそうな顔を見たとき，ミサはどんなことに気づいたか」―イ．「新しい言語を練習することは楽しいということに気づいた」　第５段落最終文参照。　⑵「博物館へ行った翌日，ミサとエレンは何をする計画を立てたか」―ア．「図書館に行って，自分たちの好きな作家の本を探すこと」　第６段落最終文参照。

数学解答

1 〔問1〕　-7　〔問2〕　$8a+b$

〔問3〕　$-4+\sqrt{6}$　〔問4〕　$x=9$

〔問5〕　$x=3,\ y=5$

〔問6〕　$x=\dfrac{-9\pm\sqrt{21}}{6}$

〔問7〕　あ…6　い…5

〔問8〕　う…2　え…6

〔問9〕　(例)

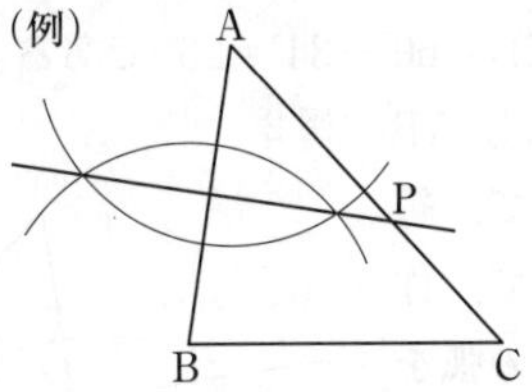

2 〔問1〕　ア

〔問2〕　(例)四角形ABGHにおいて，

$AD=2\pi a$，$EH=2\pi b$ より，

$AH=AD+EH$

$=2\pi a+2\pi b$

$=2\pi(a+b)$……(1)

(1)は，四角形ABGHが側面となる円柱の底面の円周と等しいことから，底面の円の半径は，$a+b$cmと表すことができる。

よって，$Z=\pi(a+b)^2h$……(2)

一方，$W=X+Y$

$=\pi a^2h+\pi b^2h$……(3)

(2)，(3)より，

$Z-W=\pi(a+b)^2h-(\pi a^2h+\pi b^2h)$

$=\pi(a^2+2ab+b^2)h-\pi a^2h-\pi b^2h$

$=\pi a^2h+2\pi abh+\pi b^2h-\pi a^2h-\pi b^2h$

$=2\pi abh$

したがって，$Z-W=2\pi abh$

3 〔問1〕　①…ウ　②…キ

〔問2〕　③…エ　④…イ　〔問3〕　8

4 〔問1〕　ウ

〔問2〕

①　(例)△ABPと△EDQにおいて，

仮定から，∠ABP＝∠ADQ＝90°

また，∠EDQは∠ADQの外角で90°だから，

∠ABP＝∠EDQ＝90°……(1)

仮定から，AB＝AD，AD＝ED

よって，AB＝ED……(2)

また，BP＝CB－CP

DQ＝CD－CQ

仮定から，CB＝CD，CP＝CQより，

BP＝DQ……(3)

(1)，(2)，(3)より，2組の辺とその間の角がそれぞれ等しいから，

△ABP≡△EDQ

②　お…2　か…5　き…7

5 〔問1〕　く…2　け…4　こ…5

〔問2〕　さ…1　し…4　す…4

1 〔独立小問集合題〕

〔問1〕＜数の計算＞与式$=9-8\times\dfrac{2}{1}=9-16=-7$

〔問2〕＜式の計算＞与式$=15a-3b-7a+4b=8a+b$

〔問3〕＜平方根の計算＞与式$=2\times1+2\times\sqrt{6}-\sqrt{6}\times1-\sqrt{6}\times\sqrt{6}=2+2\sqrt{6}-\sqrt{6}-6=-4+\sqrt{6}$

〔問4〕＜一次方程式＞$9x+4=5x+40$，$9x-5x=40-4$，$4x=36$　$\therefore x=9$

〔問5〕＜連立方程式＞$7x-3y=6$……①，$x+y=8$……②とする。②×3より，$3x+3y=24$……②′

①＋②′より，$7x+3x=6+24$，$10x=30$　$\therefore x=3$　これを②に代入して，$3+y=8$　$\therefore y=5$

〔問6〕＜二次方程式＞解の公式を利用して，$x=\dfrac{-9\pm\sqrt{9^2-4\times3\times5}}{2\times3}=\dfrac{-9\pm\sqrt{21}}{6}$となる。

〔問7〕＜資料の活用＞自宅からA駅までにかかる時間が15分未満の人数は，$12+14=26$(人)である。

全体の人数は40人だから，$\frac{26}{40}\times100=65$ より，15分未満の人数は全体の人数の65%である。

〔問８〕＜図形―角度＞右図１で，$\angle AOC=\angle BDC=a$ とすると，$\overset{\frown}{BC}$ に対する円周角と中心角の関係より，$\angle BOC=2\angle BDC=2a$ と表される。$\angle AOC+\angle BOC=180^\circ$ だから，$a+2a=180^\circ$ が成り立ち，$3a=180^\circ$，$a=60^\circ$ となる。△OAC は OA＝OC の二等辺三角形だから，$\angle OCA=\angle OAC=(180^\circ-\angle AOC)\times\frac{1}{2}=(180^\circ-60^\circ)\times\frac{1}{2}=60^\circ$ である。また，$\overset{\frown}{AD}$ に対する円周角より，$\angle ACD=\angle ABD=34^\circ$ である。よって，$x=\angle OCD=\angle OCA-\angle ACD=60^\circ-34^\circ=26^\circ$ である。

図１

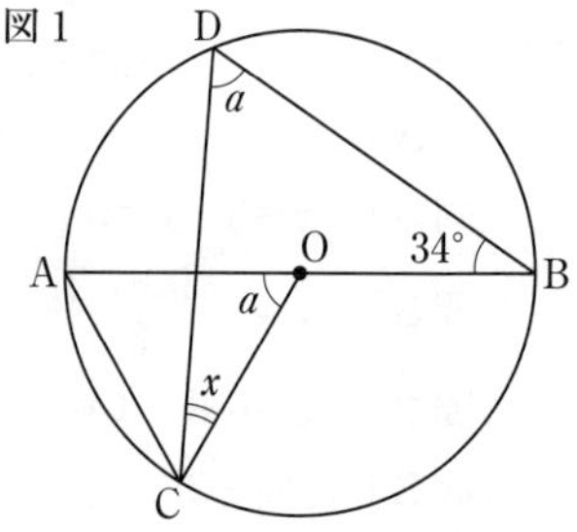

〔問９〕＜図形―作図＞右図２で，AP＝BP だから，点Ｐは線分 AB の垂直二等分線上にある。また，点Ｐは辺 AC 上にあるので，線分 AB の垂直二等分線と辺 AC との交点がＰとなる。よって，作図は，①点Ａ，点Ｂをそれぞれ中心とする半径の等しい円の弧をかく（交点をＤ，Ｅとする）。

②２点Ｄ，Ｅを通る直線を引く。

②の直線と辺 AC の交点が点Ｐとなる。解答参照。

図２

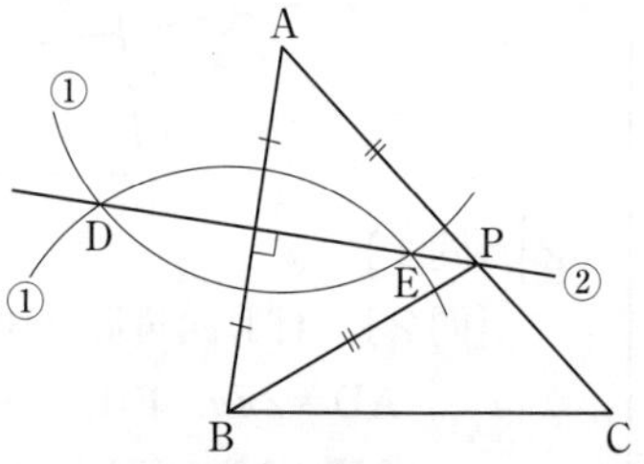

2〔数と式―文字式の利用〕

〔問１〕＜体積＞問題の図１，図２の展開図を組み立てると，それぞれ，底面の円の半径が a cm，高さが h cm の円柱，底面の円の半径が b cm，高さが h cm の円柱となる。よって，$X=\pi a^2\times h=\pi a^2h$，$Y=\pi b^2\times h=\pi b^2h$ と表されるから，$X-Y=\pi a^2h-\pi b^2h=\pi(a^2-b^2)h$ である。

〔問２〕＜論証＞問題の図１で，AD の長さは円Ｏの周の長さと等しいから，$AD=2\pi a$ である。同様に，問題の図２で，$EH=2\pi b$ である。よって，問題の図３で，$AH=AD+EH=2\pi a+2\pi b=2\pi(a+b)$ となるから，問題の図４の円柱の底面の円の周の長さは，$2\pi(a+b)$ cm となる。これより，図４の円柱の底面の円の半径が求まる。解答参照。

3〔関数―関数 $y=ax^2$ と直線〕

〔問１〕＜変域＞$P(a,\ b)$ は関数 $y=\frac{1}{4}x^2$ のグラフ上にあるから，$x=a$，$y=b$ を代入して，$b=\frac{1}{4}a^2$ となる。b の値は，a の絶対値が大きくなるほど大きくなる。a のとる値の範囲が $-8\leqq a\leqq2$ だから，b の値は，絶対値が最小の $a=0$ のとき最小になり，絶対値が最大の $a=-8$ のとき最大になる。$a=0$ のとき $b=0$，$a=-8$ のとき $b=\frac{1}{4}\times(-8)^2=16$ だから，b のとる値の範囲は $0\leqq b\leqq16$ となる。

〔問２〕＜直線の式＞右図１で，点Ａは関数 $y=\frac{1}{4}x^2$ のグラフ上にあって x 座標が４だから，$y=\frac{1}{4}\times4^2=4$ より，A(4, 4)である。点Ｐも関数 $y=\frac{1}{4}x^2$ のグラフ上にあるから，x 座標が -6 のとき，$y=\frac{1}{4}\times(-6)^2=9$ より，P(−6, 9)である。よって，直線 AP の傾きは $\frac{4-9}{4-(-6)}=\frac{-5}{10}=-\frac{1}{2}$ となるから，直線 AP の式は $y=-\frac{1}{2}x+k$ とおける。点Ａを通るので，$4=-\frac{1}{2}\times4+k$，$k=6$ となり，直線 AP の式は $y=-\frac{1}{2}x+6$ となる。

図１

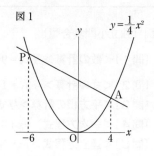

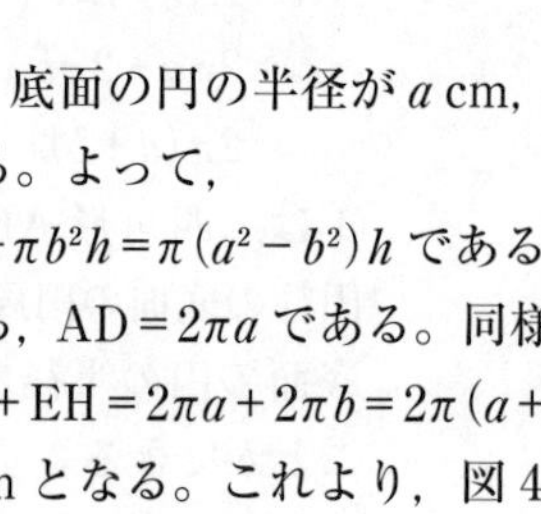

〔問３〕＜座標＞次ページの図２で，〔問１〕より $b=\frac{1}{4}a^2$ だから，$P\left(a,\ \frac{1}{4}a^2\right)$ である。２点Ａ，Ｂは y

軸について対称だから，A(4, 4)より，B(−4, 4)となる。2点A，Bを結ぶと，線分ABはx軸と平行となるから，辺ABを底辺と見ると，△PABの高さは2点P，Aのy座標の差，△OABの高さは2点A，Oのy座標の差で表される。よって，AB＝4−(−4)＝8であり，△PABの高さは$\frac{1}{4}a^2-4$，△OABの高さは4−0＝4となり，〔四角形OAPB〕＝△PAB＋△OAB＝$\frac{1}{2}\times 8\times\left(\frac{1}{4}a^2-4\right)+\frac{1}{2}\times 8\times 4$＝$a^2$となる。一方，点Pの$x$座標が$a$より，点Qの$x$座標は$a$だから，OQ＝$a$となる。辺OQを底辺と見ると，△AOQの高さは4だから，△AOQ＝$\frac{1}{2}\times a\times 4=2a$と表される。四角形OAPBの面積が△AOQの面積の4倍だから，〔四角形OAPB〕＝4△AOQより，$a^2=4\times 2a$が成り立つ。これを解くと，$a^2-8a=0$，$a(a-8)=0$より，$a=0$，8となり，点Pのx座標は点Aのx座標より大きいから，$a=8$となる。

図2

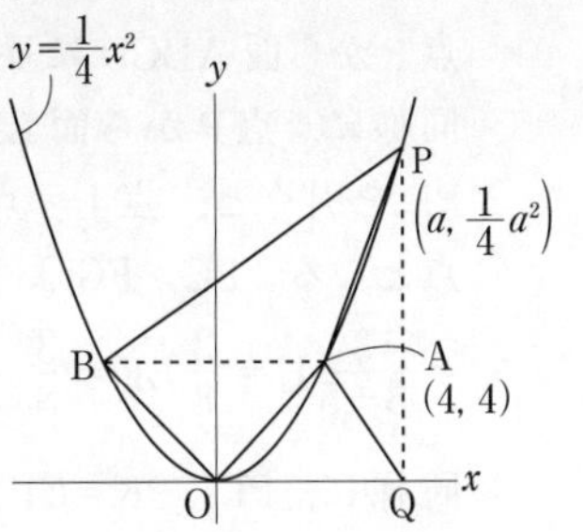

4 〔平面図形—正方形〕

〔問1〕＜角度＞右図1で，四角形ABCDが正方形より，∠ABP＝∠PCQ＝90°である。△ABPにおいて，内角と外角の関係より，∠APC＝∠BAP＋∠ABP＝a°＋90°である。また，CP＝CQより，△CQPは直角二等辺三角形だから，∠CPQ＝45°である。よって，∠APQ＝∠APC−∠CPQ＝(a°＋90°)−45°＝a°＋45°となる。

図1

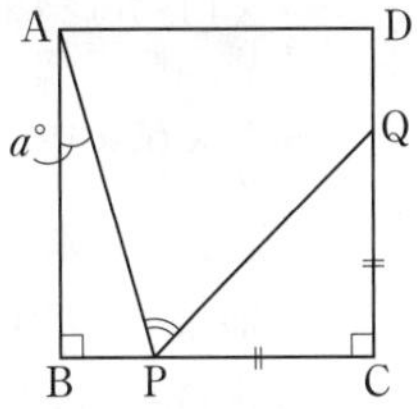

〔問2〕＜論証，長さの比＞①右図2で，AB＝AD，AD＝EDだから，AB＝EDである。また，CB＝CD，CP＝CQだから，CB−CP＝CD−CQより，BP＝DQである。解答参照。

②図2で，△ERAと△EDQにおいて，∠AER＝∠QEDである。また，△ABP≡△EDQより，∠APB＝∠EQDであり，AE∥BCより，∠EAR＝∠APBだから，∠EAR＝∠EQDである。よって，2組の角がそれぞれ等しいから，△ERA∽△EDQである。これより，ER：ED＝EA：EQである。ED＝AB＝4，DQ＝BP＝3だから，△EDQで三平方の定理より，EQ＝$\sqrt{ED^2+DQ^2}=\sqrt{4^2+3^2}=\sqrt{25}=5$となり，EA＝ED＋AD＝4＋4＝8である。したがって，ER：4＝8：5が成り立ち，ER×5＝4×8，ER＝$\frac{32}{5}$となる。QR＝ER−EQ＝$\frac{32}{5}-5=\frac{7}{5}$だから，

EQ：QR＝5：$\frac{7}{5}$＝25：7である。

図2

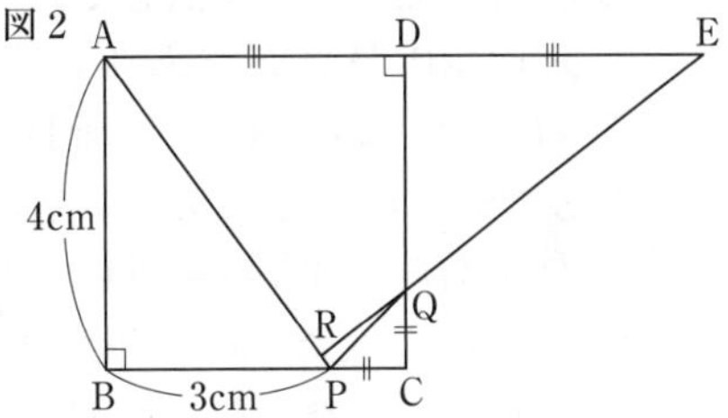

5 〔空間図形—直方体〕

〔問1〕＜面積＞右図1で，DA⊥〔面ABFE〕より，∠DAF＝90°だから，∠DQP＝90°である。△AEFで三平方の定理より，

QP＝AF＝$\sqrt{AE^2+EF^2}=\sqrt{12^2+6^2}=\sqrt{180}=6\sqrt{5}$だから，

△DQP＝$\frac{1}{2}\times QD\times QP=\frac{1}{2}\times 8\times 6\sqrt{5}=24\sqrt{5}$(cm²)となる。

〔問2〕＜体積＞次ページの図2で，点Pと2点B，Gをそれぞれ結ぶと，立体P-DQRHは，四角柱BCDQ-FGHRから，4つの四角錐P-BCDQ，P-FGHR，P-BQRF，P-CDHGを除いた立体と見ることができる。まず，BQ＝AB−AQ＝6−4＝2だから，四角柱BCDQ-FGHRの体積は，〔台形BCDQ〕×BF＝$\left\{\frac{1}{2}\times(2+6)\times 8\right\}\times 12$

図1

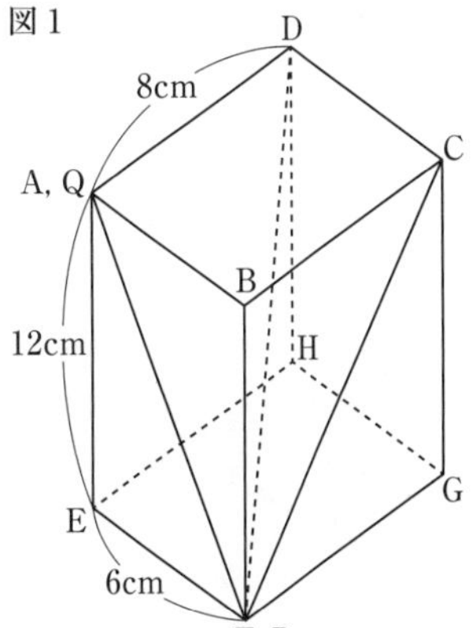

$=32\times12=384$である。次に，面ABCDと面BFGCは垂直だから，点Pから面ABCDに垂線PIを引くと，点Iは辺BC上の点となる。同様に，点Pから面EFGH，面ABFE，面CDHGに垂線PJ，PK，PLを引くと，点J，点K，点Lはそれぞれ辺FG，BF，CG上の点となる。BC∥FGより，PI：PJ＝CP：PF＝3：5となるから，$\mathrm{PI}=\dfrac{3}{3+5}\mathrm{IJ}=\dfrac{3}{8}\mathrm{BF}=\dfrac{3}{8}\times12=\dfrac{9}{2}$，$\mathrm{PJ}=\mathrm{IJ}-\mathrm{PI}=12-\dfrac{9}{2}=\dfrac{15}{2}$である。同様に，PL：PK＝CP：PF＝3：5より，$\mathrm{PK}=\dfrac{5}{3+5}\mathrm{KL}=\dfrac{5}{8}\mathrm{BC}=\dfrac{5}{8}\times8=5$，$\mathrm{PL}=\mathrm{KL}-\mathrm{PK}=8-5=3$である。よって，

図2

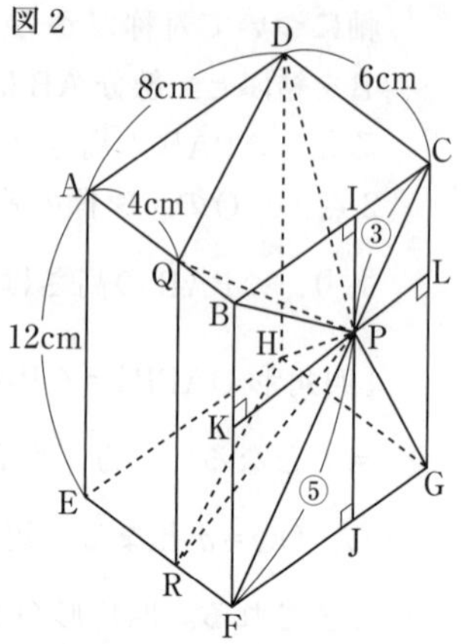

〔四角錐P-BCDQ〕$=\dfrac{1}{3}\times$〔台形BCDQ〕$\times\mathrm{PI}=\dfrac{1}{3}\times32\times\dfrac{9}{2}=48$，

〔四角錐P-FGHR〕$=\dfrac{1}{3}\times$〔台形FGHR〕$\times\mathrm{PJ}=\dfrac{1}{3}\times32\times\dfrac{15}{2}=80$，〔四角錐P-BQRF〕$=\dfrac{1}{3}\times$〔長方形BQRF〕$\times\mathrm{PK}=\dfrac{1}{3}\times(2\times12)\times5=40$，〔四角錐P-CDHG〕$=\dfrac{1}{3}\times$〔長方形CDHG〕$\times\mathrm{PL}=\dfrac{1}{3}\times(6\times12)\times3=72$となる。

以上より，求める立体P-DQRHの体積は，$384-(48+80+40+72)=144(\mathrm{cm}^3)$である。

≪別解≫右図3で，点Pを通り面ABCDに平行な面と辺AE，線分QR，辺DHの交点をそれぞれM，N，Sとする。面ABCDと面DQRHが垂直であることより，面MKLSと面DQRHは垂直になるから，点Pから面DQRHに垂線PTを引くと，点Tは線分NS上の点となる。△ADQで三平方の定理より，$\mathrm{QD}=\sqrt{\mathrm{AQ}^2+\mathrm{AD}^2}=\sqrt{4^2+8^2}=\sqrt{80}=4\sqrt{5}$となる。これより，$\mathrm{NS}=\mathrm{QD}=4\sqrt{5}$である。また，KN＝BQ＝2，LS＝CD＝6，〔台形KLSN〕＝〔台形BCDQ〕＝32だから，△PSN＝〔台形KLSN〕－△NKP－△PLS＝$32-\dfrac{1}{2}\times5\times2-\dfrac{1}{2}\times3\times6=18$である。よって，△PSNの面積について，$\dfrac{1}{2}\times\mathrm{NS}\times\mathrm{PT}=18$より，$\dfrac{1}{2}\times4\sqrt{5}\times\mathrm{PT}=18$が成り立つ。

図3

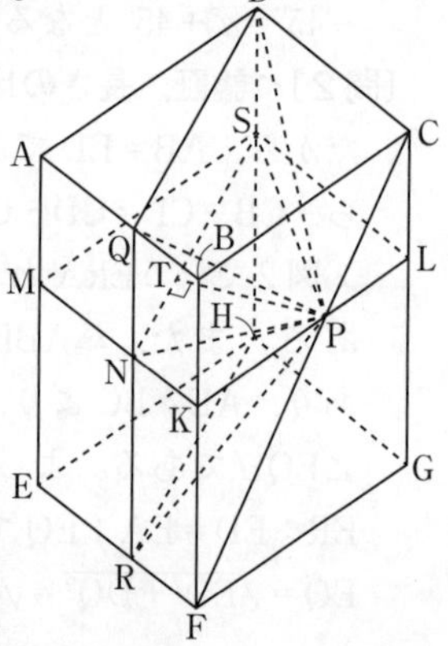

したがって，$\mathrm{PT}=\dfrac{9\sqrt{5}}{5}$となるから，〔立体P-DQRH〕$=\dfrac{1}{3}\times$〔長方形DQRH〕$\times\mathrm{PT}=\dfrac{1}{3}\times(12\times4\sqrt{5})\times\dfrac{9\sqrt{5}}{5}=144(\mathrm{cm}^3)$となる。

社会解答

1 〔問１〕 エ　〔問２〕 ウ
〔問３〕 イ

2 〔問１〕 略地図中のＡ～Ｄ…Ｃ
Ⅱのア～エ…ウ
〔問２〕 Ｐ…イ　Ｑ…ア　Ｒ…エ
Ｓ…ウ
〔問３〕 略地図中のＷ～Ｚ…Ｘ
ⅠとⅡの表のア～エ…ア

3 〔問１〕 Ａ…ウ　Ｂ…イ　Ｃ…ア
Ｄ…エ
〔問２〕 Ｐ…ア　Ｑ…ア　Ｒ…イ
Ｓ…イ
〔問３〕 理由　(例)内陸に建設されたのは，高波や津波などの影響を受けにくいからである。
効果　(例)東名高速道路と新東名高速道路の交通量の合計は増加したが，分散が図られたことで渋滞回数が減少した。

4 〔問１〕 ア→エ→ウ→イ
〔問２〕 Ⅰの略年表中のア～エ…イ
Ⅱの略地図中のＡ～Ｄ…Ｂ
〔問３〕 エ　〔問４〕 ウ

5 〔問１〕 ア　〔問２〕 ウ
〔問３〕 エ　〔問４〕 イ

6 〔問１〕 エ→ウ→ア→イ
〔問２〕 略地図中のＡ～Ｄ…Ｂ
ⅠとⅡのグラフのア～エ…ア
〔問３〕 (例)政府開発援助事業予算に占める，政府貸付の割合を増やすとともに，二国間政府開発援助贈与に占める，技術協力の割合を増やすことで，自助努力を後押しし，自立的発展を目指している。

1 〔三分野総合―小問集合問題〕

〔問１〕＜地図の読み取り＞地図上の撮影地点から矢印の方向を見ると，ほぼ正面に江の島が見えることから，イとエが当てはまる。さらに地図を確認すると，撮影地点から見て右手には砂浜があり，砂浜と江の島をつなぐ江ノ島大橋がある。このような風景が写っている写真はエである。

〔問２〕＜大仙古墳＞Ⅱは大仙古墳〔仁徳陵古墳〕についての説明である。大仙古墳は，５世紀につくられた日本最大の前方後円墳で，大阪府堺市にある。2019年には，大仙古墳と周辺の多数の古墳が「百舌鳥・古市古墳群」としてUNESCO〔国連教育科学文化機関〕の世界文化遺産に登録された。

〔問３〕＜安全保障理事会＞国際連合〔国連〕の安全保障理事会は，国際社会の平和と安全の維持を目的とする機関である。アメリカ，イギリス，フランス，ロシア，中国の５か国の常任理事国と，任期２年の10か国の非常任理事国で構成されている。安全保障理事会は国連の中でも強い権限を与えられており，平和を脅かすような事態が発生した際には，経済的・軍事的な制裁を行うことを決定できる。加盟国は，安全保障理事会の決定に従う義務がある。なお，国連難民高等弁務官事務所〔UNHCR〕は難民の保護や支援などの活動を行う機関，世界保健機関〔WHO〕は保健事業の指導や感染症対策などを行う機関，国際司法裁判所〔ICJ〕は加盟国間の紛争を解決するための裁判を行う機関である。

2 〔世界地理―世界の姿と諸地域〕

〔問１〕＜サンフランシスコの特徴と気候＞略地図中のＡ～Ｄ．サンベルトとはアメリカの北緯37度以南の地域を指すので，「サンベルトの北限付近」とは北緯37度付近である。北緯37度の緯線はアメリカの中央部を通るので，Ⅰの文章に当てはまるのはＣの都市だと考えられる。Ｃはサンフランシスコである。サンフランシスコを含むアメリカの太平洋沿岸地域は，夏季に乾燥して冬季に比較的降水量が多い，温帯の地中海性気候に属する。また，サンフランシスコの周辺では半導体や情報技術〔IT〕などに関連する産業が盛んであり，特にサンフランシスコ郊外のサンノゼ周辺は，これらの企業や研究所が集中していることからシリコンバレーと呼ばれている。　**Ⅱのア～エ．**地中海性気候に属するのは，地図中のＡ～ＤのうちＣとＤの都市である。また，Ⅱのグラフ中で地中海性気候に当てはまるのはアとウである。ＣとＤのうち，より北に位置するＤの方が年平均気温が低いと考えられることから，Ｃのグラフがウの気候を，Ｄのグラフがアの気候を表していると判断する。なお，ＡとＢの都市は，季節による気温の変化がはっきりしていて年降水量が多い温帯の温帯〔温暖〕湿潤気候に属しており，より北に位置するＡのグラフがエ，Ｂのグラフがイとなる。

〔問２〕＜国々の特徴＞Ｐはアルゼンチン，Ｑはマレーシア，Ｒは南アフリカ共和国，Ｓはドイツである。　ア．「熱帯地域」とあることから，赤道に近い地域に位置するマレーシアと判断する。マレー半島とインドネシアのスマトラ島の間に位置するマラッカ海峡は，太平洋とインド洋を結ぶ海上交通の要地であり，現在も年間数万隻の船舶が航行している。　イ．「パンパ」と呼ばれる草原地帯が広がるのは，アルゼンチンのラプラタ川流域である。アルゼンチンの西部にはアンデス山脈が南北に通り，隣国であるチリとの国境となっている。アンデス山脈は，現在も地殻変動が活発な環太平洋造山帯に属する。　ウ．自動車の生産・販売台数が非常に多いことや，「国土の北部は氷河に削られ」という記述から，ヨーロッパに位置するドイツと判断する。ドイツには，1930年代から建設が始まったアウトバーンと呼ばれる高速道路があり，一部区間を除いて速度無制限となっている。また，工業地帯の排出ガスなどを原因とする酸性雨の被害を受けた経験から，環境問題への取り組みが盛んである。　エ．「欧州との時差が少なく」という記述から，南アフリカ共和国と推測する。「豊富な地下資源」とあるように，南アフリカ共和国では，希少金属〔レアメタル〕を含むさまざまな鉱産資源が産出される。また，アフリカ最大の工業国であり，外国企業の進出も進んでいる。

〔問３〕＜タイの特徴と資料の読み取り＞略地図中のＷ～Ｚ．Ｗはメキシコ，Ｘはタイ，Ｙはスウェーデン，Ｚはイタリアである。まず，「雨季と乾季」がある気候は熱帯のサバナ気候であり，この気候が国内に分布する国はメキシコとタイである。次に，「国土の北部から南流し，首都を通り海に注ぐ河川」という記述に注目すると，タイの国土を北から南へ流れ，首都バンコクを通って海に注ぐチャオプラヤ川が当てはまり，Ⅲはタイについて述べた文章であると判断できる。チャオプラヤ川の流域は世界的な稲作地帯であり，文中の「穀物」は米である。　**ⅠとⅡの表のア～エ．**Ⅲの文章の後半部分の記述内容と，Ⅰ，Ⅱの表を照らし合わせて考える。まず，Ⅲの文中の「2016年には，製造業の進出日本企業数が1993年と比較し２倍以上に伸び」という記述をもとにⅠの表を見ると，これに当てはまるのはアとウである。さらに，「貿易相手国として中華人民共和国の重要性が高まった」とあり，2016年の貿易相手国の上位３位以内に中華人民共和国が含まれているのもアとウである。次に，Ⅲの文中の「(2016年の)この国と日本の貿易総額は1993年と比較し２倍以上に伸びており」という記述をもとにⅡの表を見ると，これに当てはまるのもアとウである。さらに，「(2016年の)電気機器の輸入額に占める割合も２割を上回る」とあり，これに当てはまるのはアである。以上から，アがタイとなる。これらに加えて，進出日本企業数が４か国中で最も多いこと，上位の貿易相手国にアジア諸国が多いことなども，アがタイであると判断するヒントとなる。なお，イはスウェーデン，ウはメキシコ，エはイタリアである。

３　**〔日本地理―日本の諸地域，地形図〕**

〔問１〕＜都道府県と県庁所在地の特徴＞Ａは宮城県，Ｂは福井県，Ｃは広島県，Ｄは鹿児島県である。

ア．広島県の瀬戸内海沿岸には瀬戸内工業地域が分布し，造船業や鉄鋼業などが立地している。また，この地域には山陽新幹線などの鉄道が東西方向に走っている。県庁所在地である広島市の中心部は，瀬戸内海に流れ込む太田川の三角州上に形成されている。　イ．福井県の若狭湾沿岸にはリアス海岸が見られ，また鯖江市では眼鏡産業が盛んである。現在，東京－金沢（石川県）間が開業している北陸新幹線は，2022年度末に金沢－敦賀（福井県）間が開業する予定であり，県庁所在地である福井市も経由する。福井市では，自宅から最寄り駅まで自動車で行き，鉄道などの公共交通機関に乗り換えて都心部の目的地に向かうというパークアンドライドと呼ばれる仕組みが整備されており，都心部の混雑解消に効果をあげている。　ウ．宮城県では，1982年に開通した東北新幹線などの鉄道が南北方向に走っており，西側には奥羽山脈が位置する。県庁所在地である仙台市は「杜《もり》の都」と呼ばれ，街路樹などによる緑豊かな町並みが見られる。　エ．鹿児島県には薩摩半島と大隅半島という２つの大きな半島がある。西側の薩摩半島には，県庁所在地の鹿児島市があり，大規模な石油備蓄基地が市の南部に位置する。鹿児島市は，噴火活動が活発な桜島の対岸に位置し，2004年に開通した九州新幹線の終点となる駅が置かれている。また，鹿児島県から宮崎県にかけて，火山噴出物が積もってできたシラス台地が分布している。

〔**問２**〕**＜地形図の読み取り＞Ｐ**．特にことわりのないかぎり，地形図上では北が上となる。ⅠとⅡの地形図では，西側に海があり，東へ行くにつれてゆるやかに標高が高くなっていることが等高線からわかる。これをふまえて庄内空港の西端付近と東端付近の標高を確認すると，西端付近には10mの等高線があり，東端付近には40mや50mの等高線が見られることがわかる。　**Ｑ**．庄内空港ができる前の土地利用の様子をⅠの地形図で確認すると，畑（ ∨ ）や果樹園（ ò ）が広がっている。なお，水田（ Ⅱ ）は，庄内空港よりも東の地域に見られる。　**Ｒ**．庄内空港の滑走路に相当するＹ－Ｚの長さは地形図上で約８cmである。この地形図の縮尺は２万５千分の１なので，実際の距離は，８cm×25000＝200000cm＝2000mとなる。　**Ｓ**．この地域は日本海沿岸に位置するため，冬に北西から季節風が吹く。したがって，海岸沿いに見られる針葉樹林（ Λ ）は，この北西風によって砂浜から運ばれる砂を防ぐ防砂林と考えられる。

〔**問３**〕**＜高速道路と交通の変化＞理由**．「自然災害に着目」という点を念頭に置きながらⅠとⅡの資料を確認する。東名高速道路で高波や津波による通行止めが発生していること（Ⅰ），新東名高速道路が東名高速道路よりも内陸を通っていること（Ⅱ）から，海からの災害を避けるために新東名高速道路は内陸に建設されたと考えられる。　**効果**．Ⅲの資料で，東名高速道路と新東名高速道路の「平均交通量」と「10km以上の渋滞回数」をそれぞれ比較する。「平均交通量」については，開通前に比べて開通後の東名の平均交通量が減少していること，また開通後の東名と新東名の平均交通量を合計すると開通前の平均交通量を上回っていることが読み取れる。次に「10km以上の渋滞回数」については，開通前に比べて開通後は大きく減少している。以上から，開通後は開通前に比べて平均交通量の合計は増加したが，東名と新東名に分散されたことによって渋滞回数が減少したことがわかる。

4〔歴史―古代～現代の日本と世界〕

〔**問１**〕**＜年代整序＞**年代の古い順に，ア（８世紀初め―律令制度の整備），エ（８世紀半ば―聖武天皇の政治），ウ（12世紀末―鎌倉幕府の成立），イ（14世紀半ば―室町幕府の成立）となる。

〔**問２**〕**＜東求堂同仁斎＞**Ⅲの文章中の「慈照寺」は，京都の東山にある寺院で，一般には銀閣寺とも呼ばれている。もとは室町幕府第８代将軍の足利義政の別荘であり，敷地内にある銀閣や東求堂は義政が建てたものである。義政の頃には，寺院の部屋の様式を取り入れ，床の間などを備えた書院造と呼ばれる住宅様式が広まり，現在の和風建築の原型となった。東求堂の一室である同仁斎は，代表的な書院造である。義政が政治を行ったのは15世紀後半であり，Ⅰの年表中のイの時期にあたる。

〔問３〕＜江戸時代の政策と時期＞「天明」という元号や「浅間山が噴火」という言葉から，この文章は18世紀後半に起こった浅間山の大噴火について述べたものであるとわかる。同時期に天明のききん(1782年〔天明２年〕)が起こったこともあり，各地で百姓一揆や打ちこわしが相次いだため，このとき政治を行っていた田沼意次は老中を辞めさせられた。この後，18世紀末には松平定信が寛政の改革(1787～93年)を行っており，「４年後から10年後にかけて主に行われた政策」とは寛政の改革の政策を指す。ア～エのうち，寛政の改革で行われた政策はエである。なお，アは水野忠邦が19世紀半ばに行った天保の改革，イは徳川吉宗が18世紀前半に行った享保の改革，ウは田沼意次が行った政策の内容である。

〔問４〕＜1910～33年の出来事＞大正時代には文化の大衆化が進み，1925年には東京でラジオ放送が開始された。なお，国家総動員法が制定されたのは1938年，官営の八幡製鉄所が開業したのは1901年，廃藩置県が行われたのは1871年である。

5〔公民―総合〕

〔問１〕＜内閣の仕事＞内閣の仕事は，日本国憲法第73条で規定されている。アに書かれた条約の締結のほか，法律の執行，予算の作成，政令の制定などがある。なお，イは国会が政治全般について調査する権限である国政調査権について規定した条文(第62条)である。ウは，国民の権利や義務を定めた条文の１つで，個人の尊重，幸福追求権，公共の福祉について規定している(第13条)。エは，地方自治の基本原則を定めた条文(第92条)である。

〔問２〕＜日本の議院内閣制とアメリカの大統領制＞議院内閣制をとる日本では，国民の選挙で選ばれた議員で構成される国会が国権の最高機関と位置づけられ，内閣は国会の信任に基づいて成立し，国会に対して連帯して責任を負う。衆議院で内閣不信任案が可決(または内閣信任案が否決)されて内閣が国会の信任を失った場合，内閣は10日以内に衆議院を解散するか，総辞職しなければならない(B…○)。一方，大統領制をとるアメリカでは，国民が行政の長である大統領と立法を行う議会の議員をそれぞれ選挙で選ぶ。そのため，大統領と議会は対等で互いに独立しており，大統領は議会に法律案を提出したり議会を解散したりすることはできない一方，議会が可決した法律案を拒否する権限を持つ(A…×)。

〔問３〕＜行政の役割＞社会資本とは，公園，道路や上下水道，図書館，学校などの公共的な施設や設備のことである。これらは国民の生活や産業の支えとなる重要なものであるが，利潤を目的とする民間企業だけでは提供が難しいものが多いため，行政によって整備されている。なお，ア～ウは社会保障制度に関する内容で，アは公的扶助，イは社会保険，ウは公衆衛生について述べたものである。

〔問４〕＜資料の読み取り＞Ⅱの文章の記述内容とⅠのグラフを照らし合わせて考える。「歳入総額に占める租税・印紙収入の割合の増加」に当てはまる時期はアとイであり，「公債金の割合が低下」に当てはまる時期はイである。なお，イの時期にあたる1980年代の後半には，土地や株の価格が実際の価値以上に上昇するバブル経済と呼ばれる好景気が到来し，経済成長率は６％台となった。また，この時期には電話や鉄道などの公営企業の民営化が行われ，消費税が初めて導入された。

6〔三分野総合―国際社会を題材とした問題〕

〔問１〕＜年代整序＞年代の古い順に，エ(三国同盟の成立―1882年)，ウ(国際連盟の発足―1920年)，ア(ヨーロッパ共同体〔EC〕の発足―1967年)，イ(国連環境開発会議〔地球サミット〕の開催―1992年)となる。

〔問２〕＜サウジアラビアの特徴と資料の読み取り＞略地図中のＡ～Ｄ．Ａはフィリピン，Ｂはサウジアラビア，Ｃはコートジボワール，Ｄはポルトガルである。Ⅲの文章の石油輸出国機構〔OPEC〕に加盟しているという記述から，世界有数の石油産出国であるサウジアラビアと判断する。サウジアラビアの国旗は，緑色の下地にアラビア文字と剣が描かれたデザインとなっている。**ⅠとⅡのグラフのア～エ．**Ⅲの文章の記述内容と，Ⅰ，Ⅱのグラフを照らし合わせて考える。まず，Ⅲの文中の「二度の石油危機を含む期間」とは，1973年(第一次石油危機)～1979年(第二次石油危機)である。この期間に「一人当たりの国内総生産が大幅に増加」し，その後「一時的に減少し，1990年以降は増加し続けた」国をⅠのグラフで確認すると，当てはまるのはアとなる。また，「1970年から2015年までの間に乳幼児死亡率は約10分の１に減少」した国をⅡのグラフで確認すると，やはりアが当てはまる。したがって，アがサウジアラビアである。なお，イはポルトガル，ウはフィリピン，エはコートジボワールである。

〔問３〕＜日本のODAの変化＞この問題で求められているのは，「1997年度と比較した2018年度の政府開発援助(ODA)の変化」について，①Ⅰ～Ⅲの資料を活用し，②政府開発援助事業予算(Ⅱの表)と二国間政府開発援助贈与(Ⅲの表)の内訳に着目して述べることである。これを念頭に置き，Ⅰ～Ⅲの資料からわかることを整理する。まずⅠを見ると，現在の日本は政府開発援助を行うにあたり，援助相手国の自助努力や自立的発展を重視していることがわかる。次にⅡを見ると，2018年度は1997年度と比べて，政府開発援助事業予算のうち政府貸付の割合が増え，贈与の割合が減っていることがわかる。次にⅢを見ると，2018年度は1997年度と比べて，二国間政府開発援助贈与のうち無償資金協力の割合が減り，技術協力の割合が増えていることがわかる。以上から，援助相手国の自助努力や自立的発展を促すという方針のもとで，単純に資金を提供する形態の援助を減らし，返済の必要がある貸付や技術援助を増やすという変化が生じていると考えられる。

2020年度／東京都立高等学校

理科解答

1 〔問1〕 イ 〔問2〕 ウ
〔問3〕 ア 〔問4〕 エ
〔問5〕 イ

2 〔問1〕 ウ 〔問2〕 イ
〔問3〕 ア 〔問4〕 エ

3 〔問1〕 ウ 〔問2〕 エ
〔問3〕 (例)太陽の光の当たる角度が地面に対して垂直に近いほど，同じ面積に受ける光の量が多いから。
〔問4〕 ①…ア ②…ウ

4 〔問1〕 ①…ア ②…ウ ③…ウ
〔問2〕 エ
〔問3〕 ①…イ ②…ア ③…エ ④…イ
〔問4〕 (例)柔毛で覆われていることで小腸の内側の壁の表面積が大きくなり，効率よく物質を吸収することができる点。

5 〔問1〕 イ 〔問2〕 ①…ウ ②…ア
〔問3〕 $NaCl \longrightarrow Na^{+} + Cl^{-}$
〔問4〕 溶質の名称…ミョウバン
結晶の質量…8.6g

6 〔問1〕

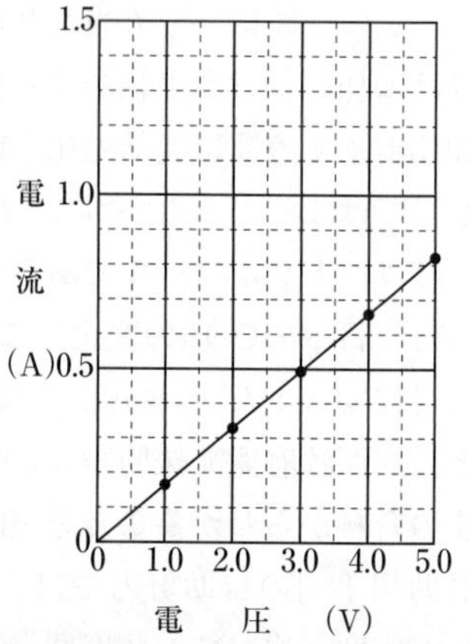

電流の大きさ…1.5A
〔問2〕 イ 〔問3〕 エ
〔問4〕 ア

1 〔小問集合〕

〔問1〕＜有性生殖＞有性生殖では，減数分裂によってつくられた生殖細胞が受精して受精卵ができる。生殖細胞に含まれる染色体の数は体細胞の半分なので，受精卵の染色体の数は親の体細胞の染色体の数と同じになる。また，受精卵は細胞分裂を繰り返して胚になる。

〔問2〕＜塩酸の電気分解＞薄い塩酸は塩化水素(HCl)の水溶液で，水溶液中には塩化水素が電離した水素イオン(H^{+})と塩化物イオン(Cl^{-})が存在している。そのため，薄い塩酸に電流を流すと，陽イオンであるH^{+}が陰極に引かれて水素(H_2)となって発生し，陰イオンであるCl^{-}が陽極に引かれて塩素(Cl_2)となって発生する。よって，気体Aは水素，気体Bは塩素である。また，この実験で発生する水素と塩素の体積は同じだが，水素が水に溶けにくいのに対し，塩素は水に溶けやすいので，集まる体積は水素の方が塩素より多くなる。

〔問3〕＜仕事率＞100gの物体にはたらく重力の大きさを1Nとするから，150gの物体にはたらく重力の大きさは150÷100＝1.5(N)である。よって，持ち上げた力がした仕事の大きさは，〔仕事(J)〕＝〔力の大きさ(N)〕×〔力の向きに動いた距離(m)〕より，1.5×1.6＝2.4(J)となるから，求める仕事率は，〔仕事率(W)〕＝〔仕事(J)〕÷〔かかった時間(s)〕より，2.4÷2＝1.2(W)となる。

〔問4〕＜火成岩＞図2より，観察した火成岩のつくりは，石基の中に斑晶が散らばった斑状組織だから，この火成岩は火山岩である。火山岩のうち，有色鉱物の割合が多い岩石は玄武岩である。また，黄緑色で不規則な形の鉱物はカンラン石である。なお，はんれい岩は深成岩だから，つくりは等粒状組織で，石英は無色鉱物である。

〔問5〕＜酸化銀の分解＞酸化銀(Ag_2O)を加熱すると，銀(Ag)と酸素(O_2)に分解される。酸化銀は銀原子と酸素原子が2：1の数の比で結びついているから，モデルでは●○●と表され，反応後の酸素は原子が2個結びついて酸素分子として存在しているから，モデルでは○○と表される。よって，ア～エのうち，適切なのはイである。

2 〔小問集合〕

〔問1〕＜空気中の水蒸気＞コップの表面に水滴がつき始めたときの温度は，空気中の水蒸気が凝結して水滴ができ始める温度で，これを露点という。露点での飽和水蒸気量は，実際に空気中に含まれる水蒸気量に等しい。表1より，教室の温度24℃での飽和水蒸気量は21.8 g/m^3，露点14℃での飽和水蒸気量は12.1 g/m^3 だから，〔湿度(%)〕=〔空気1 m^3 中に含まれる水蒸気量(g/m^3)〕÷〔その気温での飽和水蒸気量(g/m^3)〕×100より，測定時の教室の湿度は，12.1÷21.8×100=55.50…となるから，約55.5%である。また，霧は，水蒸気を含んだ空気が冷やされて露点以下になり，水蒸気が凝結して水滴になって地表近くに浮かんだものである。

〔問2〕＜融点＞固体が溶けて液体に変化するときの温度を融点という。塩化カルシウムを入れていない試験管Aの中の水の融点を調べたのは，塩化カルシウムを入れた水溶液の融点が水の融点より低くなることを確かめるためである。なお，この実験のように，凍結防止剤を入れると，固体はより低い温度で液体に変わるので，雪が溶けやすくなる。

〔問3〕＜光の反射＞水面に映る像は，水面に対して物体と対称の位置にできる。このとき，水面で反射した光は像から直進してきたように見える。よって，ア～エのうち，適切なのはアである。

〔問4〕＜水質調査＞見つけた生物のうち，水質階級Ⅰに属するのはカワゲラとヒラタカゲロウで，どちらも1点だから，合計で1+1=2(点)，水質階級Ⅱに属するのはシマトビケラとカワニナで，それぞれ2点と1点だから，合計で2+1=3(点)，水質階級Ⅲに属するのはシマイシビルで2点である。よって，最も点数の高い階級は3点のⅡなので，この地点の水質階級はⅡである。また，カワニナのように内臓が外とう膜で覆われている動物を軟体動物という。なお，節足動物はからだが外骨格で覆われ，からだやあしに節がある動物である。

3 〔地球と宇宙〕

〔問1〕＜太陽の動き＞図3より，太陽は透明半球上を1時間で2.4cm動く。紙テープで日の入りの位置を表しているのは点Gだから，太陽が15時から点Gまでの9.6cmを動くのにかかる時間は，9.6÷2.4=4(時間)となる。よって，日の入りの時刻は，15時の4時間後の19時である。

〔問2〕＜太陽の動き＞南半球では，太陽は東の空から昇り，北の空を通って西の空に沈む。また，北半球と南半球では季節が逆になるため，日本で夏のとき，南半球では冬になる。よって，夏至の日，南半球では太陽の南中高度は最も低くなるので，ア～エのうち，この日の太陽の動きを表しているのはエである。なお，ウは南半球での冬至の日頃の太陽の動きを表している。

〔問3〕＜太陽の高度とエネルギー＞太陽の光が当たる角度が垂直に近いほど，同じ面積で比較したときの太陽から受ける光の量(エネルギー)が多くなる。よって，太陽の光が当たる角度が地面に対して垂直に近くなるのは，太陽の南中高度が高いときだから，このとき，地面が得るエネルギーが多くなり，地表が温まりやすくなる。

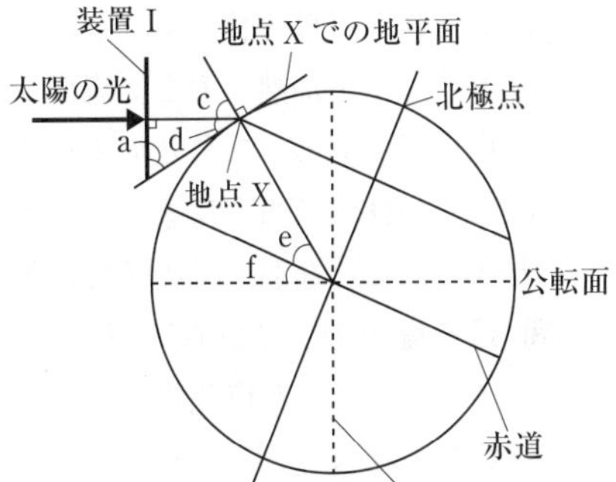

〔問4〕＜太陽の高度＞①10分後の水温が最も高くなるのは，右図のように，装置Ⅰに太陽の光が垂直に当たるときである。図より，角a=90°−角d，角d=90°−角cだから，角a=90°−(90°−角c)=角cとなる。　②図で，太陽の光と公転面が平行で，同位角が等しいから，角c=角e

＋角ｆとなる。ここで，角ｅは地点Ｘの緯度に等しいので35.6°であり，角ｆは地軸の公転面に垂直な方向に対する傾きである23.4°に等しい。よって，角ｃ＝角ｅ＋角ｆ＝35.6°＋23.4°＝59.0°となる。

4〔動物の生活と生物の変遷〕

〔問１〕**＜唾液のはたらき＞**ヨウ素液は茶褐色で，デンプンによって青紫色に変わり，ベネジクト液は青色で，糖があると赤褐色の沈殿ができる。結果１で，デンプンがなくなっているのは，ヨウ素液が茶褐色のままで，青紫色に変化していない容器Ｃである。容器Ｃには唾液を加えたので，唾液を加えていない容器のうち，ヨウ素液を加えた容器Ａと比較することで，デンプンが唾液のはたらきで別の物質になったことがわかる。また，唾液のはたらきで糖ができたことは，ベネジクト液を加えた容器のうち，唾液を加えていない容器Ｂではベネジクト液が青色のままで糖がないのに対して，唾液を加えた容器Ｄでは赤褐色に変化して糖があることからわかる。

〔問２〕**＜消化酵素＞**まず，結果１より，消化酵素Ｘを加えた容器Ｅ，Ｆで，デンプンがそのまま残り糖はできていないので，消化酵素Ｘはデンプンを分解しないことがわかる。次に，結果２より，タンパク質を主成分とするゼラチンは，消化酵素Ｘを加えていない容器Ｇでは変化がなく，消化酵素Ｘを加えた容器Ｈでは溶けているので，消化酵素Ｘがタンパク質を分解したことがわかる。よって，消化酵素Ｘと同じはたらきをする消化酵素は，タンパク質を分解するペプシンである。また，結果３でゼラチンに変化がなかったことから，加熱後の消化酵素Ｘはタンパク質を分解しないことがわかる。なお，アミラーゼは，唾液に含まれる消化酵素で，デンプンを分解する。

〔問３〕**＜養分の分解＞**デンプンは，唾液腺から分泌される唾液中のアミラーゼ，すい臓から分泌されるすい液中のアミラーゼ，さらに小腸の壁にある消化酵素のはたらきによって，ブドウ糖にまで分解される。また，タンパク質は，胃から分泌される胃液中のペプシン，すい臓から分泌されるすい液中のトリプシン，さらに小腸の壁にある消化酵素のはたらきによって，アミノ酸にまで分解される。なお，脂肪は，胆汁のはたらきと，すい液中のリパーゼによって，脂肪酸とモノグリセリドにまで分解される。

〔問４〕**＜柔毛＞**小腸の内壁のひだの表面にある微小な突起を柔毛という。小腸の内壁に多数のひだと柔毛があることで，小腸の内壁の表面積が非常に大きくなり，養分を効率よく吸収できる。

5〔化学変化と原子・分子〕

〔問１〕**＜有機物＞**加熱すると焦げて黒色に変化する物質は有機物である。ろうは有機物で，炭素原子を含むので，燃やすと二酸化炭素が発生する。なお，活性炭の主な成分は炭素だが，活性炭は有機物ではなく無機物である。

〔問２〕**＜炭酸水素ナトリウム＞**結果１より，加熱して溶けた物質Ａはミョウバン，焦げて黒色の物質が残った物質Ｄはショ糖である。一方，燃えずに白色の物質が残った物質のうち，加熱しても変化がない物質Ｃは塩化ナトリウムで，気体が発生した物質Ｂは炭酸水素ナトリウムである。炭酸水素ナトリウムを加熱すると，炭酸ナトリウムと水，二酸化炭素に分解されるので，発生した気体は二酸化炭素である。二酸化炭素は水に少し溶け，その水溶液は酸性を示す。なお，①のアは酸素，イは水素の性質に当てはまる。また，②で，二酸化炭素が発生するのは，石灰石に薄い塩酸を加えるときである。なお，②のイでは酸素，ウでは水素，エではアンモニアが発生する。

〔問３〕**＜塩化ナトリウム＞**〔問２〕より，物質Ｃは塩化ナトリウム($NaCl$)で，水に溶けるとナトリウムイオン(Na^{+})と塩化物イオン(Cl^{-})に電離する。電離の様子を式で表すときには，矢印の左側に電離前の物質の化学式を，右側に電離後の物質のイオン式を書き，矢印の左側と右側で原子の数が等しいことと，矢印の右側で＋の数と－の数が等しいことを確かめる。

〔問４〕＜溶解度と再結晶＞100gの水に物質を20g入れたとき，20℃では一部が溶け残り，40℃では全て溶けるのは，20℃での溶解度が20g未満で，40℃での溶解度が20g以上の物質である。よって，結果２の(2)の表より，水溶液Ｐの溶質はミョウバンである。また，40℃の水100gにミョウバンが20g溶けている水溶液Ｐ120gを，20℃まで冷やすと，(2)の表より，ミョウバンは20℃では11.4gまで溶けるので，溶けきれずに出てくる結晶の質量は，20－11.4＝8.6(g)となる。

6 〔電流とその利用〕

〔問１〕＜電流と電圧＞結果１より，電熱線Ａでの測定値を・などで記入しグラフをかくと，原点を通る直線になる。このグラフより，電流は電圧に比例することがわかる(オームの法則)。よって，結果１で，電熱線Ａに3.0Ｖの電圧を加えると0.50Ａの電流が流れることから，9.0Ｖの電圧を加えるときに流れる電流の大きさは，$0.50\times\frac{9.0}{3.0}=1.5$(Ａ)となる。

〔問２〕＜電流＞直列回路では，電流は回路のどの点でも同じだから，実験２で，直列に接続したときに電熱線Ｂに流れる電流は，結果２より0.5Ａである。一方，並列回路では，電熱線に加わる電圧は電源の電圧に等しい。実験２で，並列に接続したときの電熱線Ｂに加わる電圧は5.0Ｖだから，結果１より，流れる電流は1.25Ａとなる。よって，求める比は，0.5：1.25＝２：５である。

〔問３〕＜熱量＞結果２より，電熱線Ａ，Ｂを並列に接続したとき，加わる電圧は5.0Ｖ，回路に流れる電流は2.1Ａである。よって，〔熱量(J)〕＝〔電力(W)〕×〔時間(s)〕＝(〔電圧(V)〕×〔電流(A)〕)×〔時間(s)〕より，求める発熱量の和は，5.0×2.1×(60×5)＝3150(J)となる。

〔問４〕＜抵抗，エネルギー＞オームの法則〔抵抗〕＝〔電圧〕÷〔電流〕より，結果１で，電熱線Ａの電気抵抗は3.0÷0.50＝6.0(Ω)，電熱線Ｂの電気抵抗は4.0÷1.00＝4.0(Ω)である。よって，同じ電圧を加えたとき，流れる電流は電気抵抗の大きい電熱線Ａの方が小さいから，電熱線の電気抵抗の大きさが大きくなると電流は流れにくくなることがわかる。また，結果２で，電熱線に電流を流すと熱が発生して水の温度が上昇していることから，電熱線は電気エネルギーを熱エネルギーに変換していることがわかる。

国語解答

一 ⑴　なが　⑵　へんきゃく
⑶　たんれん　⑷　ていねい
⑸　ひた

二 ⑴　射　⑵　暮　⑶　群
⑷　輸送　⑸　背景

三 〔問１〕　ウ　〔問２〕　ア
〔問３〕　エ　〔問４〕　ウ
〔問５〕　イ

四 〔問１〕　イ　〔問２〕　エ
〔問３〕　ウ　〔問４〕　ア
〔問５〕　（例）私が所属する生活委員会では，三年生を中心としたグループを作って，役割を分担しています。月ごとに相談しながら，挨拶運動や下校点検など，そのときに必要な活動ができるよう，柔軟に分担や編成を決めています。／筆者は，自律分散的に状況に対応する組織を理想としています。私は，個々が周囲と協力し補い合い，自分で考え行動できる組織が理想と考えます。私も自ら行動できる生活委員になれるよう努力していこうと思います。（200字）

五 〔問１〕　エ　〔問２〕　ア
〔問３〕　イ　〔問４〕　エ
〔問５〕　ウ

一〔漢字〕
⑴音読みは「眺望」などの「チョウ」。　⑵借りていた物や預かっていた物を所有者に返すこと。　⑶厳しい修行や練習を重ねて心身や技芸を鍛えること。　⑷注意が行き届いて，言動が礼儀にかなっているさま。　⑸音読みは「浸水」などの「シン」。訓読みには他に「ひた(す)」がある。

二〔漢字〕
⑴音読みは「射撃」などの「シャ」。　⑵音読みは「暮色」などの「ボ」。訓読みには他に「く(れる)」がある。　⑶音読みは「群衆」などの「グン」。訓読みには他に「む(れる)」「むら(がる)」がある。　⑷車・船・航空機などで人や物を運ぶこと。　⑸絵画や写真などで，中心となる題材の背後にある部分，また，舞台の奥に描かれている景色のこと。

三〔小説の読解〕出典；瀬那和章『わたしたち，何者にもなれなかった』。

〔問１〕＜表現＞高校三年生の「私」は，「世界史の参考書にマーカーを引いて」受験勉強をしているが，ノートパソコンの音のせいで勉強に集中できずにいた。そんな「私」の様子が，「チクチク」という擬音と「私」のいらだつ心情を重ねることで，強く印象に残るように表現されている。

〔問２〕＜文章内容＞「映画で食べていけばいい」と将来を楽観的に語るサキに対して，それは難しく，夢のように現実味のない話であり，いずれ自分たちは社会人になっていくのだから，いつまでも四人一緒に映画を撮ってはいられないと思っていることを，「私」はサキに伝えようとした。

〔問３〕＜心情＞「私たちなら，必ずなれるよ」というサキの言葉を聞いた瞬間，「私」は，自分たちの作品が受賞したのは現実のことだと実感し，「私たちは，無敵だ」と自分たちの成し遂げたことを誇らしく思うとともに，最優秀賞を受賞したことに涙がこぼれるほどに感激した。

〔問４〕＜文章内容＞サキは，コンクールの賞を「一年生のころから目標」にして映画部の活動を続け，今回応募した作品には，電話番号を見ただけで受賞を確信するほど自信を持っていた。そのため，サキは，最優秀賞受賞を冷静に受け止め，望んだとおりの状況になったことに満足していた。

〔問５〕＜心情＞進路が分かれ，「私」は，今後も四人で映画を撮り続けるのは困難ではないかと不安を感じていた。しかし，受賞によってあちらこちらで称賛されて，「映画で食べていくという自信」が生まれ，「私」は，「リーラ・ノエル」として四人で映画を撮り続けるという未来像を心に描いて，これから先も一緒に活動を続けていこうと思った。

四〔論説文の読解―自然科学的分野―自然〕出典；福岡伸一『動的平衡３』。

≪本文の概要≫宇宙の大原則に，全ての秩序は崩壊し，乱雑になっていく方向に進むという「エントロピー増大の法則」がある。生命は，老廃物の蓄積や加齢による酸化，遺伝子の変異といったエントロピーの増大と闘うために，自らを柔軟につくり，絶え間なく分解と更新を続けて，秩序の崩壊との釣り合いをとってきた。この生命の営みを，動きつつ釣り合いをとる，という意味で，「動的平衡」と名づける。生命の構成要素である細胞，タンパク質，遺伝子などは，動的であるため，その関係性は可変的で，他になり代わることも，異なる役割を果たすこともできる。細胞やタンパク質などの個々のピースは，周囲のピースと連携を取りながら絶えずつくり直され，組織全体が相補的に微調整されて平衡が保たれていく。生命は，中枢機能を持たず，各細胞がその周辺部分で自律的に相互に作用して動的平衡を保ち，全体として機能する。生命のこのあり方は，理想の組織論として応用可能である。

〔問１〕＜文章内容＞秩序が崩れ，乱雑になっていく方向に進む宇宙の大原則に逆らって，「乱雑さの中から秩序を創出する」には，エネルギーが必要である。商行為，つまり，利益を得るための活動とは，乱雑さの中から秩序をつくり出すために消費したエネルギーよりも，つくり出した秩序によって，大きな利益を生み出すことである。

〔問２〕＜段落関係＞第二段で，利益を生み出すことは「エントロピー増大の法則」に逆らう行為だと述べたことに対して，第三段では，その法則と闘っているのは商行為を行う人間だけではないとして，「果敢にエントロピー増大の法則と対峙しているのは～生命体である」という新しい視点を示すことで，第四段以降の生命の維持についての「私」の見解へつなげている。

〔問３〕＜文章内容＞老廃物の蓄積，加齢による酸化などのエントロピーの増大により，生命の秩序は崩壊し，死という大きな変化が生ずる。そうならないために，生命は，自らを柔軟にし，分解・更新という小さな変化を絶え間なく続けることで，エントロピー増大との釣り合いをとってきた。

〔問４〕＜文章内容＞生命体を構成する細胞やタンパク質，遺伝子などの個々のピースは，「前後左右のピースと連携を取りながら絶えず」更新されることで互いに不足を補い合い，全体としての平衡を保っている。このように生命体は，個々のピースが自律的でありながら相互に作用して全体をつくり上げているため，個々のピースは生命体の全体像を把握している必要はないのである。

〔問５〕＜作文＞組織の各構成員が，他から指示されることなく自律的に動き，状況に応じて互いの役割を補い合うようになれば理想の組織になるということをふまえ，具体的な体験や見聞を挙げて自分なりの「理想の組織」について書く。

五〔説明文の読解—芸術・文学・言語学的分野—芸術〕出典；井上靖・山本健吉ほか『歴史・文学・人生』／服部土芳『三冊子』／森田峠『三冊子を読む』。

〔問１〕＜文章内容＞芭蕉は，『笈の小文』の冒頭で，芸術における四人の先達の一人に利休を挙げている。利休は作品を残していないことから，芭蕉が，形の残るものだけではなく，「茶室で茶を主客飲み合うという無形のこと」も芸術としてとらえていたことがわかる。

〔問２〕＜文章内容＞連歌・連句の参加者は，他者の発句を「さらに進めていくような形で」自分の句をつくっていくために，連歌・連句の正しい理解に基づいて相手の発句の内容を正確に理解し，そこに込められている意図や思いまでくみ取っていく，という鑑賞をしなければならない。

〔問３〕山本さんの発言は，お茶の「一期一会」と同様に連句の喜びもその場が終わると消えるという井上さんの発言に同意し，その点が芭蕉の連句と利休のお茶が根本的に一致する点であると自身の考えとの共通点を強調することによって，連句の究極の目標は，数人が同席して連句をつくり「密度の高い空間と時間とを持つこと」であるという話題の核心へ導く役割を果たしている。

〔問４〕＜現代語訳＞「風雅」は，文芸の道のことであるが，芭蕉の流派では，特に俳諧のこと。「覚束なし」は，不安だ，または，頼りないさま。「東海道の一筋も知らぬ人，風雅に覚束なし」は，俳諧をつくる人の資格を言ったもので，東海道を旅したこともない人は，つくる俳諧も，いろいろな人の人生にふれることで得た視点や感情が少ないのでつまらない，といった意味である。

〔問５〕＜歴史的仮名遣い＞歴史的仮名遣いの語頭以外のハ行は，現代仮名遣いでは原則として「わいうえお」と書く。したがって，「たとひ」は，現代仮名遣いでは「たとい」と書く。

Memo

誰にもよくわかる
解説と解答
2019年度

東京都　正答率

＊は部分正答も含めた割合

英語

1	A	1	50.3%
		2	69.0%
		3	73.9%
	B	1	37.7%
		2	＊19.5%
2	1		62.0%
	2		38.7%
	3	(1)	56.9%
		(2)	＊57.6%
3	〔問1〕		40.2%
	〔問2〕		61.1%
	〔問3〕		42.6%
	〔問4〕		66.8%
	〔問5〕		72.3%
	〔問6〕		39.4%
	〔問7〕		28.2%
4	〔問1〕		57.8%
	〔問2〕		36.3%
	〔問3〕	(1)	52.4%
		(2)	41.1%
		(3)	40.9%
	〔問4〕	(1)	33.3%
		(2)	41.3%

社会

1	〔問1〕	72.6%
	〔問2〕	54.7%
	〔問3〕	77.7%
2	〔問1〕	52.7%
	〔問2〕	10.9%
	〔問3〕	20.3%
3	〔問1〕	51.5%
	〔問2〕	24.0%
	〔問3〕	＊79.8%
4	〔問1〕	48.9%
	〔問2〕	8.4%
	〔問3〕	52.6%
	〔問4〕	62.2%
5	〔問1〕	＊45.5%
	〔問2〕	60.0%
	〔問3〕	78.0%
	〔問4〕	51.0%
6	〔問1〕	39.6%
	〔問2〕	37.9%
	〔問3〕	65.3%

数学

1	〔問1〕		95.4%
	〔問2〕		93.5%
	〔問3〕		85.7%
	〔問4〕		88.3%
	〔問5〕		92.1%
	〔問6〕		69.0%
	〔問7〕		39.2%
	〔問8〕		74.1%
	〔問9〕		＊82.2%
2	〔問1〕		52.8%
	〔問2〕		＊5.2%
3	〔問1〕		87.5%
	〔問2〕	①	65.7%
		②	12.4%
4	〔問1〕		68.3%
	〔問2〕	①	＊57.5%
		②	1.9%
5	〔問1〕		57.6%
	〔問2〕		12.9%

理科

1	〔問1〕		93.8%
	〔問2〕		56.3%
	〔問3〕		78.5%
	〔問4〕		78.8%
	〔問5〕		65.7%
	〔問6〕		48.4%
	〔問7〕		65.8%
2	〔問1〕		68.1%
	〔問2〕		84.7%
	〔問3〕		75.3%
	〔問4〕		70.4%
3	〔問1〕		75.8%
	〔問2〕		81.7%
	〔問3〕	(1)	17.2%
		(2)	＊34.5%
	〔問4〕		57.7%
4	〔問1〕		74.8%
	〔問2〕		44.1%
	〔問3〕		33.8%
5	〔問1〕		74.1%
	〔問2〕		＊72.7%
	〔問3〕		51.7%
	〔問4〕		36.2%
6	〔問1〕		58.4%
	〔問2〕		36.6%
	〔問3〕		58.7%

国語

一	(1)	79.8%
	(2)	67.9%
	(3)	65.6%
	(4)	92.3%
	(5)	57.3%
二	(1)	62.0%
	(2)	69.5%
	(3)	78.3%
	(4)	91.9%
	(5)	91.2%
三	〔問1〕	51.8%
	〔問2〕	90.9%
	〔問3〕	40.5%
	〔問4〕	69.3%
	〔問5〕	66.0%
四	〔問1〕	77.0%
	〔問2〕	67.9%
	〔問3〕	77.4%
	〔問4〕	59.2%
	〔問5〕	＊79.0%
五	〔問1〕	51.5%
	〔問2〕	60.5%
	〔問3〕	63.9%
	〔問4〕	67.4%
	〔問5〕	79.6%

英語解答

1 A ＜対話文1＞ エ
＜対話文2＞ ア
＜対話文3＞ ウ
B Q1 イ
Q2 To enjoy Japanese food.

2 1 ウ 2 イ
3 (1) エ
(2) (例) I have started to write stories for my brother. He often asks me to tell him interesting stories. In the future, I want to be a writer of stories for children.

3 〔問1〕 イ 〔問2〕 ア
〔問3〕 エ 〔問4〕 ア
〔問5〕 ウ 〔問6〕 ウ
〔問7〕 エ

4 〔問1〕 ア 〔問2〕 ウ→エ→イ→ア
〔問3〕 (1)…エ (2)…イ (3)…ウ
〔問4〕 (1)…イ (2)…ア

1〔放送問題〕

〔問題A〕＜対話文1＞≪全訳≫ビル(B)：エミリー，何を読んでるの？／エミリー(E)：ロンドンに住んでるおじいちゃんからのEメールを読んでるのよ，ビル。／B：おじいさんに返事を書くつもり？／E：うん。／B：昨日僕が公園で撮った写真も送ったらどうかな？ おじいさんは君と君の犬を見て楽しめると思うよ。／E：それはいいわね。／B：あの写真，Eメールで君に送るよ。そうすれば君からおじいさんに送れるよね。

Q：「ビルは何をするつもりか」―エ.「Eメールでエミリーに写真を送る」

＜対話文2＞≪全訳≫ジム(J)：この店にはいろんな物があるね，ルーシー。この緑色のノートが100円で，あの赤いノートは200円だって。僕は赤い方を使ってるよ。／ルーシー(L)：私は赤いのを2冊買おうかな，ジム。あっ，見て！ この消しゴムすごくかわいい。これ欲しいな。100円だって。／J：ねえ，ほんとに消しゴムが必要なの？／L：うん。でも400円しか持ってないわ。／J：君の欲しい物全部は買えないね。／L：消しゴムは本当に必要なの。消しゴムと，緑色のノートと赤いノートを買うことにしよう。／J：そうだね。そうすれば全部買えるね。

Q：「ルーシーはこの店で何を買うか」―ア.「緑色のノートと赤いノートと消しゴム」

＜対話文3＞≪全訳≫ジョン(J)：この写真を見てよ，ケイト。これが僕の家族だよ。僕は父さん，母さんと2人の兄弟と暮らしてるんだ。／ケイト(K)：いい写真ね，ジョン。／J：ありがとう。これが弟のボブ。彼はバスケットボールをやってるんだ。／K：あなたもバスケをやってて，うちのクラスで一番背が高いわよね，ジョン。ボブもあなたと同じくらい背が高いの？／J：彼は僕より背が高いよ。／K：そうなんだ。／J：こっちは兄のマイク。彼は学校で一番優秀なサッカー選手で，ボブよりも背が高いんだ。／K：あなたたちはみんなすごく背が高いんだね。お父さんはどうなの？／J：父さんは僕よりも背が低いけど，母さんよりは高いよ。

Q：「ジョンの家族の中で最も背が高いのは誰か」―ウ.「マイク」

〔問題B〕≪全訳≫いらっしゃいませ，ABCデパートへようこそ。本日は特別なイベントがございます。11時から3時まで7階にて，ワールド・ランチ・フェスティバルを開催いたします。5か国のシェフが来場し，伝統料理を調理いたします。そして本日は，有名な日本人すし職人のモリ・タロウさんもこのフェスティバルにご来場されます！ モリさんは30年前に神奈川ですし職人として働き始めました。何年もの間，外国でもすし職人として仕事をしてきました。外国の方々に和食を楽しんでほしいと考えたのです。モリさんは昨年，日本に帰国しました。来月，東京で新しいレストランを開店する予定です。本日，モリさんは皆様のために4種類のすしランチをご用意いたします！／皆様，どうぞABCデパートでお買い物と特製ランチをお楽しみください。ありがとうございました。

Q1：「今日，ABCデパートはワールド・ランチ・フェスティバルをどのくらいの期間開催するか」―イ.「4時間」

Q２：「モリ・タロウさんが外国の人々にしてほしかったことは何か」―「和食を楽しむこと」

２〔総合問題〕

１＜対話文完成―適語選択―図を見て答える問題＞

≪全訳≫❶マキ(M)：ジュディ，今度の土曜日にドリームフェスティバルに行こうよ。
❷ジュディ(J)：いいよ。
❸M：これを見て。ドリームフェスティバルを楽しむには，イチョウ公園に行くの。私たちはミナミ駅で電車に乗るでしょ。９時30分にそこで待ち合わせましょう。アヤメ駅にとまる電車は９時40分発で，モミジ駅とケヤキ駅にとまる電車も９時40分発よ。
❹J：わかったわ。ミナミ駅からイチョウ公園まではどうやって行けばいい？
❺M：アヤメ駅，モミジ駅，ケヤキ駅の３つの駅からそこへ行けるわ。アヤメ駅からイチョウ公園に行く途中には，食べ物の屋台がたくさんあるの。軽食を食べて楽しめるわよ。
❻J：おもしろそう。でも，私は公園まで一番早く着ける行き方にしたいな。
❼M：そっか。じゃあケヤキ駅から公園に行こう。それがミナミ駅から一番早い行き方よ。
❽J：そうしよう。待ちきれないわ！

(A)図Ⅰより，屋台はアヤメ駅からイチョウ公園に行く途中にある。　on the/～'s way to …「…に行く途中で」　(B)直前で，ジュディは最も早く着ける方法を選びたいと言っている。図Ⅰより，ミナミ駅からイチョウ公園までの所要時間は，アヤメ駅を使うと，3＋20＝23分，モミジ駅を使うと，4＋15＝19分，ケヤキ駅を使うと，4＋4＋3＝11分と求められる。

２＜対話文完成―適語選択―表を見て答える問題＞

≪全訳≫❶マキ(M)：午前中のフェスティバルはほんとに楽しかった。
❷ジュディ(J)：私も。
❸M：５時にドリームコンサートに行くのよね。
❹J：今，12時55分くらい。予定表を見て。日本舞踊の演技と和太鼓の演奏が１時から始まるよ。
❺M：ここからホールＡまで行くのに３分は歩かないといけないわ。
❻J：ホールＢはどう？
❼M：ホールＢまで行くには10分かかるわ。
❽J：わかった。じゃあ日本舞踊の演技に行こう。そっちの上演なら最初から見られるもんね。
❾M：その後，講習会で浴衣を着られるわね。
❿J：それ，やってみたい！　その後は，「新しいことに挑戦しよう！」に行きたいな。私は伝統的な日本の芸術に興味があるんだ。
⓫M：紙切りか華道に挑戦してみたら？
⓬J：どっちもおもしろそうだし，三味線もやってみたいな。
⓭M：１つ目のは２時50分に始まるわね。講習会の後は休憩したい？
⓮J：ううん。まずは紙切りをやってみよう。３つとも全部楽しめるよ。

(A)現在時刻は12時55分頃である。第５，７段落のマキの発言と表Ⅱより，今いる場所からホールＡまでは３分かかり，日本舞踊の演技が始まる13時に間に合う。一方，ホールＢまでは10分かかるので，和太鼓の演奏が始まる13時に間に合わない。空所(A)に続くジュディの発言から，最初から見られる方を選んだことがわかる。　(B)第11，12段落と表Ⅱより，この２人がやろうとしているのは紙切りと華道と三味線の３つで，このうち最初に行われるのは紙切りである。

３＜長文読解総合―Ｅメール＞

≪全訳≫親愛なるマキへ。❶私が日本にいる間，いろいろと助けてくれてどうもありがとう。私をドリームフェスティバルに連れていってくれたこと，覚えてる？　すごく楽しかった。
❷フェスティバルでは日本文化について学べて楽しかったな。「新しいことに挑戦しよう！」っていうイベントで，私は初めて三味線を弾いた。三味線の音色は私にとってはすごく新鮮だった。すばらしい経験だったよ。新しいことに挑戦するのは自分にとってとても大事だって教わったな。三味線は

新しいことの1つだった。カナダで三味線の練習を始めたの。毎日練習してるんだ。
❸先日，姉〔妹〕のエイミーと一緒にあるコンサートに行ったわ。おもしろかった！　尺八や三味線，和太鼓などの日本の楽器が，ドラムやギターなどの西洋の楽器と一緒に演奏されたの。すごくびっくりしちゃった。日本と西洋の楽器を一緒に演奏すると，音楽がいっそう美しく力強くなったのよ！　コンサートの最後に，ステージに上がってスペシャルバンドと一緒に三味線を弾かせてもらう機会があって，とってもうれしかった！　すごく楽しかったな。
❹私，やりたいことが新しく見つかった。それがすごくうれしいんだ。あなたは何か新しいことを始めた？　もしあったら，それについて教えてね。返事をもらえるのを楽しみにしてるよ。／あなたの友達，ジュディより

⑴＜内容真偽＞ア．「コンサートで，西洋の楽器が演奏される前に，さまざまな種類の日本の楽器が演奏されたので，ジュディは驚いた」…×　第3段落第3文参照。日本の楽器と西洋の楽器が一緒に演奏された。　　イ．「日本に来る前に，ジュディはカナダでスペシャルバンドのメンバーとともに多くのコンサートで何度も三味線を弾いていた」…×　第2段落第2文参照。日本で初めて三味線を弾いた。　　ウ．「カナダに戻った後，ジュディは姉〔妹〕とコンサートに行き，西洋の楽器を演奏するのを楽しんだ」…×　第3段落終わりの2文参照。西洋の楽器ではなく三味線を弾いた。　　エ．「コンサートの最後に，ステージ上でスペシャルバンドと一緒に三味線を弾く機会があって，ジュディはとてもうれしかった」…○　第3段落終わりから2文目と一致する。

⑵＜テーマ作文＞

《全訳》こんにちは，ジュディ。❶Eメール，どうもありがとう。楽しく読ませてもらったよ。あなたがカナダで三味線の練習を始めたって聞いて，すごくびっくりしちゃった。きっとすごくがんばって練習してるんだろうな。
❷質問に答えるわね。私がやり始めたことが1つあるの。それについてあなたに説明するわね。
❸(例)私は弟のためにお話を書き始めているの。弟はよく私に，おもしろい話をしてくれって頼むのよ。私，将来は童話作家になりたいの。
❹また今度会ったら，このことについてもっと詳しく話すね。
❺また会えるのを楽しみにしてるわ！／あなたの友人，マキより。

「新しく始めたこと」の例を挙げ，それを始めたきっかけ，目的や具体的な内容などを説明するとよい。

3 〔長文読解総合―会話文〕

《全訳》❶ショウヘイ，ナナ，アリサは東京の高校生である。デイビッドはアメリカから来た高校生だ。彼らは放課後に教室で話している。
❷ショウヘイ(S)：この写真を見てよ！　僕はこの自転車が欲しいんだ。
❸ナナ(N)：新しい物を手に入れるのってわくわくするけど，買う前にじっくり考えた方がいいわよ。
❹デイビッド(D)：どういうこと？
❺N：この前の日曜日，お姉ちゃん〔妹〕と洋服屋さんに行ったの。かわいいTシャツを見つけて，それを買おうと思ったのよ。でも，お姉ちゃん〔妹〕が「Tシャツならもう十分持ってるじゃない。もうこれ以上いらないでしょ」って言ってね。結局，それは買わなかったの。
❻S：なるほど。
❼N：そのお店で，おもしろいものを見かけたの。
❽アリサ(A)：何だったの？
❾N：ポスターなんだけどね。ポスターの説明には，外国には服が必要な人が大勢いるから，そのお店が服を集めて外国に送ってるって書いてあった。
❿A：それはおもしろいわね。
⓫N：そうでしょ。私は自分の服を何着かそのお店に持っていくことにしたの。

12D：誰かが君の服を再利用するんだね。僕もこの学校の制服，再利用してるんだよ。
13A：ほんと？　古く見えないわね。
14D：誰が使ってたのかは知らないけど，きっとその生徒はこの制服を大事にしてたんだろうね。今，僕もそうしてるよ。アメリカに帰った後，また誰かにこれを再利用してほしいからね。
15S：それはいいことだね。
16A：もう１つ，再利用の例を思い出したわ。子どもの頃，私のいとこが，もういらなくなったからって，絵本やおもちゃを私にくれたの。それでいっぱい楽しんだな。その後，私の２人の弟もそうしたの。
17D：そういうのはいいことだよね。僕の絵本やおもちゃは再利用されなかったんだ。あれは無駄なことをしたな。そういうの，日本語では「もったいない」っていうんだよね？
18N：そう。私は物を十分に使うようにしてるの。例えば，カレンダーのページの裏を使って，数学の問題を解いたり漢字を書く練習をしたりしてるんだ。
19D：それも再利用だね。
20N：それ以上使えなくなった後は，リサイクルに出すの。
21S：それは多くの人がやってるよね。みんな缶やペットボトル，紙を分別してる。
22A：そういう物は，昔はただ捨てられるだけだったけど，それが再生利用可能な資源だってことがわかったのね。今じゃみんながそういう物をリサイクルしてる。
23S：それはいい考えだよね。
24D：他にも無駄を減らす方法があるよ。僕の国では，「シェアリング」が人気なんだ。車とか自転車みたいな物を他の人たちと共有するのさ。
25A：それ，聞いたことある。うちの家族もときどき「カーシェアリング」サービスを使ってるわ。
26S：僕はシェアリングっていうのはいい考えだとは思わないな。
27N：私も。自分用の物を持ってた方が便利でしょ，だってそうすればいつでもそれを使えるじゃない。どうしてみんなシェアリングサービスを利用するのかな？
28S：僕もそれを知りたいな。僕は誰かと自分の自転車を共有したくないし。自分用の自転車を持ってる方がいいよ。
29D：でも，しょっちゅう使うわけじゃない物を持ってる人もいるよ。そういうのは無駄だよね。
30A：そうね。私のお父さんは，車を所有するのはすごくお金がかかるって言ってる。車をシェアすることで，お金を節約できるじゃない。私たちにとって無駄を減らすことって大事よ。
31N：なるほど。シェアリングは無駄を減らすためのもう１つの方法なのね。
32S：そういうことかあ。
33D：日常生活の中の無駄を減らすことについて話し合ってみようよ。
34A：それはいい考えね。
35S：思いついた。僕は自分の自転車を使い続けて，新しいのは買わないことにするよ。
36D：それがいいよ，ショウヘイ。

〔問１〕＜英文解釈＞「その店で，ナナは(　　)」―イ．「ポスター(を見て)，外国の人々を助ける方法を学んだ」　第９段落参照。「外国の人々を助ける方法」とは，服を集めて，それを必要としている外国の人々に送るという店の取り組みを指す。

〔問２〕＜文脈把握＞That は，アリサとアリサの２人の弟が，いらなくなった絵本やおもちゃをいとこからもらって再利用したという第16段落の内容を指している。デイビッドはそれをいいことだと言っているのだから，アの「デイビッドは，アリサとアリサの２人の弟がいとこの絵本やおもちゃを再利用したことをいいことだと考えている」が適切である。

〔問３〕＜指示語＞That は直接的には，直前のアリサの「今はみんながそういう物をリサイクルしてる」という発言を指している。また，「そういう物」とは，第21段落でショウヘイが挙げた「缶やペットボトル，紙」を指す。よって，エの「缶やペットボトル，紙を再生利用するのはいい考えだ」が適する。

〔**問4**〕<**英文解釈**>「ショウヘイは(　　)ということを理解している」―ア.「シェアリングは無駄を減らす方法の1つである」　I understand の後には「～ということ」に当たる that と，直前の第31段落第2文のナナの発言が省略されている。

〔**問5**〕<**文脈把握**>That は，直前の第35段落第2文のショウヘイの言葉を指している。ここでショウヘイは，自分の自転車を使い続け，新しい自転車を買うのはやめると発言し，これを聞いてデイビッドは「それがいいよ」と言っているのだから，ウの「ショウヘイは新しい自転車を買いたかったが，その後古い自転車を使い続けようと決めた」が適する。

〔**問6**〕<**要旨把握**>reusing「再利用」については，第12段落と第14段落から，デイビッドの制服が，誰かが大事に使った物の再利用品だとわかるので，ア，ウの「デイビッドは，誰かが大切に使った学校の制服を着ている」が当てはまる。また，reducing waste「無駄を減らすこと」については，第24段落でデイビッドがイ，ウの「人々が車や自転車といった物を他人と共有している」ことを例に挙げている。

〔**問7**〕<**内容一致**>「やあ。元気かい？　僕は日本での滞在を楽しんでるよ。僕がここでした体験の1つを(A)共有するために，君にこのメールを書いてるんだ。／今日僕は，ショウヘイ，ナナ，アリサと話した。最初に，ショウヘイが自分の欲しがっている自転車の写真を僕らに見せてくれた。新しい物を手に入れるのってわくわくすることがあるよね。ナナはショウヘイに，それを買う前にじっくり考えるように言って，洋服屋さんにあったポスターのことを話してくれた。僕は学校の制服を再利用してる。そうするのはいいことだってみんな言ってくれたよ。僕らは身の回りの物を再利用する他の(B)例についても話し合った。／日本ではリサイクルが普及してる。僕は，アメリカでは物を(A)共有するのがはやってるって言った。その(B)例をいくつかみんなに紹介したんだ。物は十分に活用するべきだよね。／僕らは無駄を減らすことについて引き続き考えていくつもりなんだ。何かアイデアがあったら教えてよ。今度会うときは，このことについて君と話したいな」　(A)の2つ目が第24段落から読み取れる。この share「共有する」を1つ目に当てはめると，「体験を共有するために」となって意味が通る。(B)について，会話では再利用やシェアリングの plans「計画」ではなく，example「例」がそれぞれから挙げられている。

4〔**長文読解総合―物語**〕

≪**全訳**≫❶ミサトは中学2年生だった。彼女は学校でできるだけがんばり，学校生活を楽しんでいた。2月のある日，ミサトは友人の1人，レイコと昼食をとっていた。昼食後，レイコはミサトに「来月，英語の授業で，自分の夢についてスピーチすることになってるでしょ。それについて何かアイデアはある？」と言った。ミサトはないと言った。ミサトは「自分が将来何をしたいかなんてわかんないよ」と言った。レイコは，「私は英語が好きで，英語の授業が楽しい。私は外国で困っている人を助ける仕事がしたくて，将来のためにがんばって勉強を続けるつもりなの」と言った。帰宅後，ミサトは「レイコと私は違うんだな」と思った。

❷3月のある土曜日，ミサトは祖父のカズノリを訪ねた。彼はある会社で働いていた。彼女が着いたとき，彼は何かしているところだった。ミサトは「何してるの？」と尋ねた。彼は，「海外数か国の法律に関する本を読んでいるんだ」と答えた。彼女はそれを聞いて驚き，「おじいちゃんは大学で法律を専攻してたんだよね。どうしてまた法律を勉強してるの？」と尋ねた。彼は「私が学校で学んだことはいろいろな点で役に立っているよ。だが，法律は絶えず変化していくものだから，仕事のために勉強し続けないといけないんだ」と答えた。彼女は「そんなの考えたこともなかったな」と言った。彼は「勉強する理由がもう1つあるんだ。明日一緒に出かけよう。それをお前に教えてあげるよ」

❸翌日，カズノリはミサトを市民会館のある部屋に連れていった。その部屋には10人くらいの人がいた。彼はミサトをその人たちに紹介した。彼らは伝統的な舞台芸術や建築，歴史といった日本文化を学んでいるのだとカズノリは説明した。ミサトは「おじいちゃんもここで勉強してるの？」と尋ねた。カズノリは「ああ，そうだよ」と答えた。そして授業が始まった。ミサトはその部屋を見回した。そのクラスの人たちは歌舞伎の歴史について学んでいて，とても楽しそうだった。彼女は「学校で歌舞伎について

勉強したけど，ここでまた学ぶ機会があってうれしいな」と思った。彼女は授業を楽しんだ。授業の後，クラスのメンバーの１人，フミエがカズノリの所にやってきて，「こんにちは，カズノリさん。こちら，あなたのお孫さん？」と言った。「ええ。この子はミサトです。中学生なんですよ」とカズノリは言った。フミエはミサトに話しかけた。フミエは「こんにちは，ミサトさん。私はフミエといいます。私は大学生で，ここで勉強しているんです」と言った。彼女たちは昼食をとりながら，しばらくの間おしゃべりを楽しんだ。フミエは「エマっていうオーストラリアからの留学生が，来週うちにホームステイに来ることになってるの。あなたを彼女に紹介したいわ。うちに来てもらえるかしら？」と言った。ミサトは行くと言った。カズノリはそれを聞いてうれしく思った。帰り道，カズノリはミサトに「授業はどうだった？」と尋ねた。彼女は「おもしろかった。おじいちゃんがあそこで勉強してるってわかって，びっくりしちゃった」と答えた。彼は，「学ぶことは，私たちの人生を豊かにしてくれると思うんだ。だから私は学び続けているんだ」と言った。ミサトはうなずいた。

4翌週の土曜日，ミサトはフミエの家を訪ね，エマに会った。フミエは，伝統的な日本のカードゲームである百人一首をやってみることが，エマが日本語の古文を学ぶいい機会になると考えた。フミエとミサトはエマに百人一首の遊び方を教えた。３人はそれで楽しく遊んだ。その後，フミエは札に書かれた和歌の意味を説明した。彼女は英語で説明をした。ミサトは札に描かれた絵の説明をしようとした。ミサトも英語で説明しようとした。ミサトにとってそうするのは簡単なことではなかった。彼女は簡単な英単語を使うことしかできなかったが，できるかぎりがんばった。エマがミサトに「あなたはどこで百人一首を学んだの？」と尋ねた。ミサトは「学校の国語と歴史の授業で習ったの」と答えた。「あなたは英語の勉強もがんばってるんだろうね。また私に日本について教えに来てくれる？」とエマは言った。ミサトはうんと言った。エマはうれしそうだった。その晩，ミサトはカズノリに電話して，「学校の授業で習ったことはエマに教えてあげるのにぴったりだった。それがわかってうれしい」と言った。彼女は祖父の言葉を思い出していた。彼女は，学びが自分の人生を豊かにしてくれると気づいた。学校での勉強は彼女にとってスタートラインにすぎなかった。彼女は自分の未来のためにもっと学びたいと思った。

〔問１〕＜**英文解釈**＞「(　　)ので，ミサトはレイコと自分が違うと思っている」―ア．「自分は将来何をしたいかわかっていないが，レイコは自分の将来について夢を持っている」　第１段落第４文以降参照。

〔問２〕＜**要旨把握**＞ウ．「ミサトは友人の１人，レイコと一緒に昼食をとった」(第１段落第３文)→エ．「ミサトは市民会館で再び歌舞伎について学ぶ機会を持ててうれしかった」(第３段落第10文)→イ．「カズノリ，ミサト，フミエは市民会館で一緒に昼食をとり，おしゃべりをした」(第３段落終わりから12文目)→ア．「エマはミサトにまた日本について教えてほしいと思った」(第４段落終わりから９文目)

〔問３〕＜**内容一致**＞⑴「ミサトがカズノリを訪ねたとき，(　　)」―エ．「彼は海外数か国の法律に関する本を読んでいるところだと言い，彼女はそれを聞いて驚いた」　第２段落第５，６文参照。
⑵「市民会館で，(　　)ので，フミエはミサトを自分の家に招待した」―イ．「ミサトをオーストラリアからの留学生，エマに紹介したかった」　第３段落後半参照。　⑶「ミサトがカズノリに電話したとき，彼女は(　　)のでうれしいと言った」―ウ．「学校で学んだことが，エマに教えるのにぴったりだった」　第４段落終わりから６文目参照。

〔問４〕＜**英問英答**＞⑴「ミサトはフミエの家で何をしたか」―イ．「エマに百人一首の遊び方を教え，札に描かれた絵の説明をしようとした」　第４段落第３文および第７，８文参照。　⑵「フミエの家を訪ねた後，ミサトはどんなことに気づいたか」―ア．「学びは自分の人生を豊かにしてくれるということに気づいた」　第４段落終わりから３文目参照。

数学解答

1 〔問1〕 1　〔問2〕 $3a+5b$

〔問3〕 $8-2\sqrt{7}$　〔問4〕 $x=-9$

〔問5〕 $x=4,\ y=6$

〔問6〕 $x=\dfrac{-1\pm\sqrt{37}}{2}$

〔問7〕 あ…3　い…5

〔問8〕 う…6　え…5

〔問9〕 右図

（例）

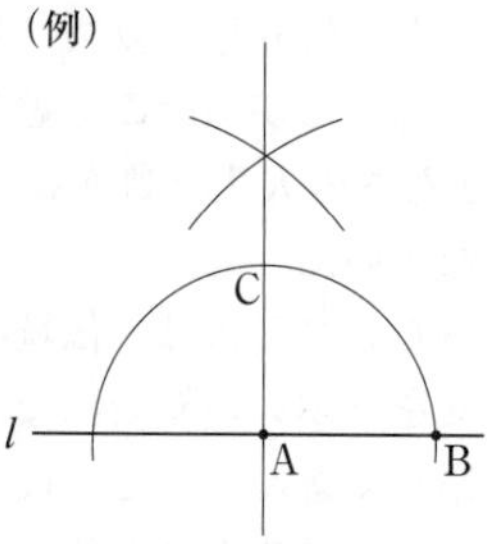

2 〔問1〕 エ

〔問2〕 （例）1個目と n 個目の円の太線の部分の長さの合計は，

$2\pi r\times\dfrac{240^\circ}{360^\circ}\times2$ となる。

また，2個目から $n-1$ 個目までの円の太線の部分の長さの合計は，

$2\pi r\times\dfrac{60^\circ}{360^\circ}\times2\times(n-2)$ となる。

よって，

$M=2\pi r\times\dfrac{240^\circ}{360^\circ}\times2+2\pi r\times\dfrac{60^\circ}{360^\circ}\times2\times(n-2)$

$=2\pi r\times\dfrac{4}{3}+2\pi r\times\dfrac{1}{3}\times(n-2)$

$=\dfrac{1}{3}\times2\pi r\times\{4+(n-2)\}$

$=\dfrac{1}{3}\times2\pi r\times(n+2)$

$l=2\pi r$ であるから，

$M=\dfrac{1}{3}l(n+2)$

3 〔問1〕 お…1　か…3

〔問2〕 ① ア　② 6

4 〔問1〕 イ

〔問2〕

① （例）△ABPと△PDRにおいて，

四角形ABCDは平行四辺形だから，

AB∥DC

平行線の錯角は等しいから，

∠PAB＝∠RPD……(1)

仮定から，BP∥QD

平行線の錯角は等しいから，

∠APB＝∠PRD……(2)

(1)，(2)より，2組の角がそれぞれ等しいから，△ABP∽△PDR

② き…1　く…3　け…1　こ…2

5 〔問1〕 6

〔問2〕 し…1　す…2　せ…3

1 〔独立小問集合題〕

〔問1〕＜数の計算＞与式＝$5+(-4)=5-4=1$

〔問2〕＜式の計算＞与式＝$4a-4b-a+9b=3a+5b$

〔問3〕＜平方根の計算＞与式＝$(\sqrt{7})^2-2\times\sqrt{7}\times1+1^2=7-2\sqrt{7}+1=8-2\sqrt{7}$

〔問4〕＜一次方程式＞$4x+6=5x+15$，$4x-5x=15-6$，$-x=9$　$\therefore x=-9$

〔問5〕＜連立方程式＞$-x+2y=8$……①，$3x-y=6$……②とする。②×2より，$6x-2y=12$……②′　①＋②′より，$-x+6x=8+12$，$5x=20$　$\therefore x=4$　これを①に代入して，$-4+2y=8$，$2y=12$　$\therefore y=6$

〔問6〕＜二次方程式＞解の公式を利用して，$x=\dfrac{-1\pm\sqrt{1^2-4\times1\times(-9)}}{2\times1}=\dfrac{-1\pm\sqrt{37}}{2}$ となる。

〔問7〕＜確率—カード＞5枚のカードから同時に3枚のカードを取り出すとき，取り出し方は，(1，2，3)，(1，2，4)，(1，2，5)，(1，3，4)，(1，3，5)，(1，4，5)，(2，3，4)，(2，3，5)，(2，4，5)，(3，4，5)の10通りある。このうち，3つの数の積が3の倍数になるのは，3が含まれている場合で，下線をつけた6通りあるから，求める確率は $\dfrac{6}{10}=\dfrac{3}{5}$ である。

〔問8〕＜図形—角度＞右図1で，線分ABは直径だから，半円の弧に対する円周角より，$\angle \mathrm{ADB}=90^\circ$である。$\triangle \mathrm{ABD}$の内角の和は$180^\circ$だから，$\angle \mathrm{ABD}=180^\circ-(\angle \mathrm{ADB}+\angle \mathrm{BAD})=180^\circ-(90^\circ+25^\circ)=65^\circ$となる。よって，$\overset{\frown}{\mathrm{AD}}$に対する円周角より，$x=\angle \mathrm{ACD}=\angle \mathrm{ABD}=65^\circ$となる。

図1

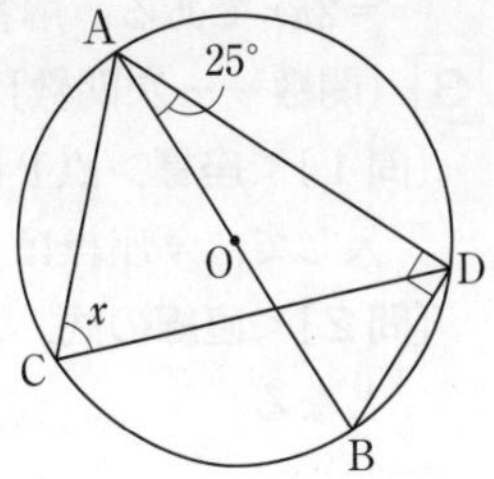

〔問9〕＜図形—作図＞右下図2で，AB＝ACだから，点Cは，点Aを中心とする半径ABの円の周上にある。また，$\angle \mathrm{CAB}=90^\circ$だから，点Cは，点Aを通り直線$l$に垂直な直線上にある。よって，作図は，
①点Aを中心とする半径ABの円の弧をかき(直線lとの交点で，点Bでない方を点Dとする)，
②点D，Bを中心とする半径の等しい円の弧をかき(交点をEとする)，
③2点A，Eを通る直線を引く。
①の円の弧と③の直線との交点が点Cとなる。解答参照。

図2

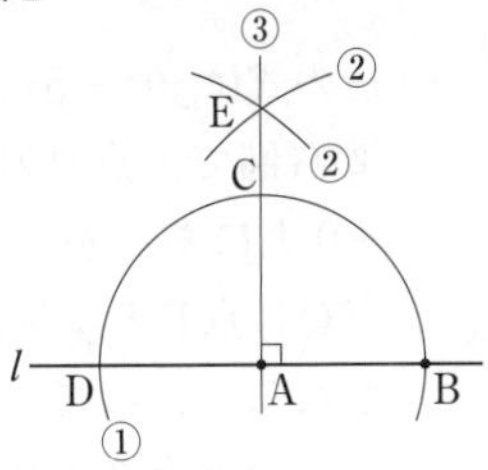

2 〔数と式—文字式の利用〕

〔問1〕＜長さ＞右図1のように，9点E～Mを定める。1個目と2個目の正方形は，互いに頂点と対角線の交点が一致するように重なっているから，点G，点Kは，1個目の正方形の辺の中点であり，2個目の正方形の辺の中点でもある。同様に，点I，点Mは，2個目の正方形の辺の中点であり，3個目の正方形の辺の中点でもある。

図1

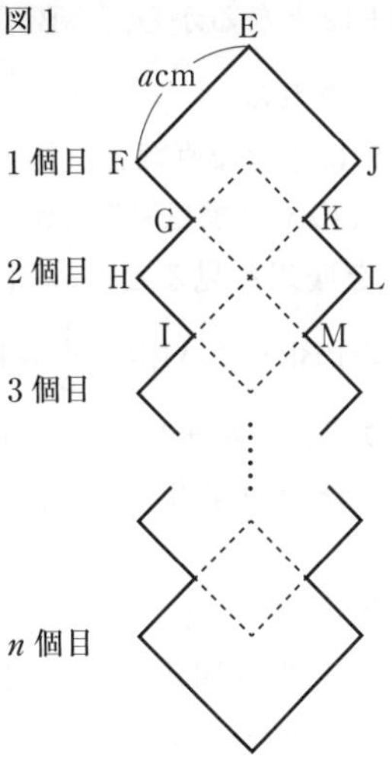

図2

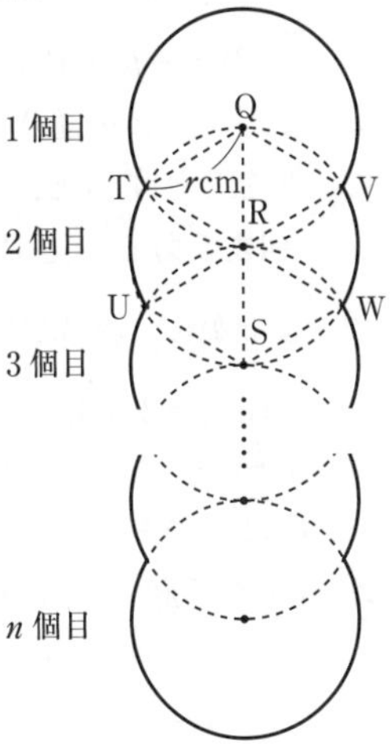

よって，$\mathrm{FG}=\mathrm{JK}=\frac{1}{2}a$だから，1個目の正方形の太線の部分の長さは，$\mathrm{EF}+\mathrm{FG}+\mathrm{EJ}+\mathrm{JK}=a+\frac{1}{2}a+a+\frac{1}{2}a=3a$となる。$n$個目の正方形の太線の部分の長さも同様である。

また，$\mathrm{GH}=\mathrm{HI}=\mathrm{KL}=\mathrm{LM}=\frac{1}{2}a$だから，2個目の正方形の太線の部分の長さは，$\mathrm{GH}+\mathrm{HI}+\mathrm{KL}+\mathrm{LM}=\frac{1}{2}a+\frac{1}{2}a+\frac{1}{2}a+\frac{1}{2}a=2a$となる。3個目から$n-1$個目までの正方形の太線の部分の長さも同様である。

したがって，周りの長さは$3a\times2+2a(n-2)=2an+2a=2a(n+1)$となるから，$L=2a(n+1)$と表される。

〔問2〕＜論証＞右上図2のように，7点Q～Wを定め，点Qと3点R，T，V，点Rと5点S，T，U，V，W，点Sと2点U，Wをそれぞれ結ぶ。QR＝QT＝QV＝RS＝RT＝RU＝RV＝RW＝SU＝SWだから，$\triangle \mathrm{QRT}$，$\triangle \mathrm{QRV}$，$\triangle \mathrm{RSU}$，$\triangle \mathrm{RSW}$は正三角形であり，$\angle \mathrm{RQT}=\angle \mathrm{RQV}=\angle \mathrm{QRT}=\angle \mathrm{QRV}=\angle \mathrm{SRU}=\angle \mathrm{SRW}=60^\circ$となる。

よって，1個目の円の太線の部分の$\overset{\frown}{\mathrm{TV}}$に対する中心角は$360^\circ-60^\circ\times2=240^\circ$となる。

また，2個目の円の太線の部分の$\overset{\frown}{\mathrm{TU}}$，$\overset{\frown}{\mathrm{VW}}$に対する中心角は$\angle \mathrm{TRU}=\angle \mathrm{VRW}=180^\circ-60^\circ\times2=60^\circ$となる。

n個目の円の太線の部分の長さは1個目の円の太線の部分の長さと等しく，3個目から$n-1$個目までの円の太線の部分の長さは2個目の円の太線の部分の長さと等しいことを利用する。また，l

$=2\pi r$ である。解答参照。

3〔関数―一次関数〕

〔問１〕＜座標＞点Ｐは直線 $y=-x+9$ 上にあるから，x 座標が -4 のとき，$x=-4$ を $y=-x+9$ に代入して，y 座標は $y=-(-4)+9=13$ である。

〔問２〕＜直線の式，x 座標＞①点Ｑは点Ｐと y 軸について対称な点だから，P(2, 7) のとき，Q(−2, 7) となる。

B(0, −3) だから，２点Ｂ，Ｑを通る直線 m は，傾きが $\frac{-3-7}{0-(-2)}=-5$，切片が -3 であり，直線 m の式は $y=-5x-3$ となる。

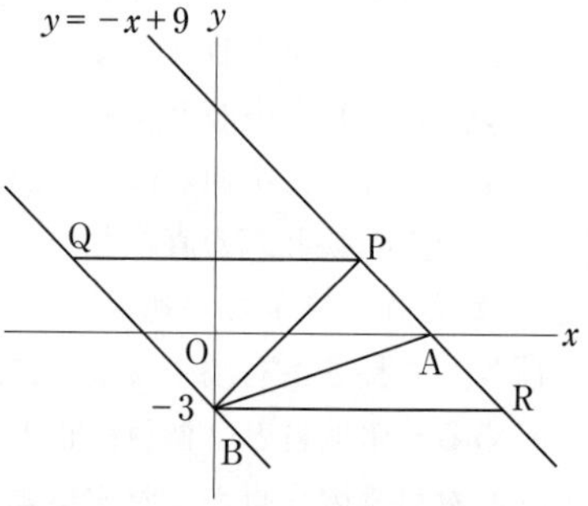

②右図で，点Ｐの x 座標を p とすると，点Ｐは直線 $y=-x+9$ 上にあるから，$y=-p+9$ より，P(p, $-p+9$) となり，点Ｑは点Ｐと y 軸について対称な点だから，Q($-p$, $-p+9$) となる。よって，$PQ=p-(-p)=2p$ となる。辺 PQ を底辺と見たときの△BPQ の高さは，２点Ｐ，Ｂの y 座標より，$-p+9-(-3)=-p+12$ となるから，$\triangle BPQ=\frac{1}{2}\times 2p\times(-p+12)=-p^2+12p$ と表される。

また，点Ｂを通り x 軸に平行な直線と直線 $y=-x+9$ との交点をＲとすると，点Ｒの y 座標は -3 だから，$-3=-x+9$，$x=12$ より，R(12, −3) となり，$BR=12$ である。辺 BR を底辺と見ると，△PBR の高さは $-p+12$，△ABR の高さは $0-(-3)=3$ となるから，$\triangle BAP=\triangle PBR-\triangle ABR=\frac{1}{2}\times 12\times(-p+12)-\frac{1}{2}\times 12\times 3=-6p+54$ と表される。

$\triangle BPQ=2\triangle BAP$ だから，$-p^2+12p=2(-6p+54)$ が成り立ち，$-p^2+12p=-12p+108$，$p^2-24p+108=0$，$(p-6)(p-18)=0$ より，$p=6$，18 となる。$0<p<9$ だから，$p=6$ であり，点Ｐの x 座標は６である。

4〔平面図形―平行四辺形〕

図１

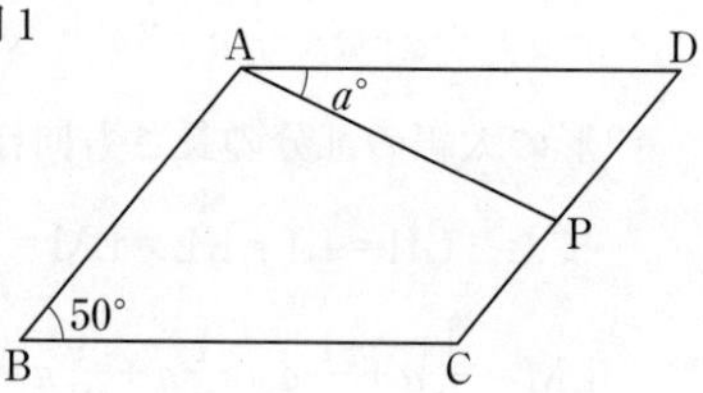

〔問１〕＜角度＞右図１で，平行四辺形の対角は等しいから，$\angle ADP=\angle ABC=50^\circ$ である。よって，△APD で内角と外角の関係より，$\angle APC=\angle DAP+\angle ADP=a^\circ+50^\circ$ となる。

〔問２〕＜論証，面積比＞①右下図２の△ABP と△PDR で，平行線の錯角は等しいから，

$\angle PAB=\angle RPD$，$\angle APB=\angle PRD$ である。解答参照。

図２

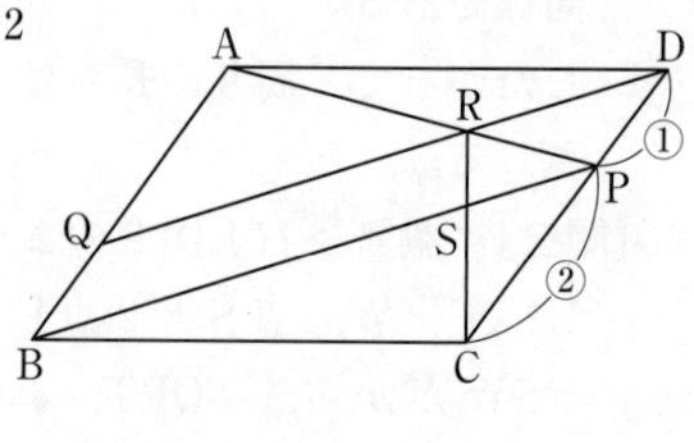

②右図２で，$\triangle ABP=T$ とおく。①より，$\triangle ABP\backsim\triangle PDR$ であり，相似比は $AB:PD=CD:PD=(2+1):1=3:1$ だから，面積比が相似比の２乗より，$\triangle ABP:\triangle PDR=3^2:1^2=9:1$ である。これより，$\triangle PDR=\frac{1}{9}\triangle ABP=\frac{1}{9}T$ となる。

また，BP∥QD より，$\triangle CPS\backsim\triangle CDR$ だから，$PS:DR=CP:CD=2:3$ である。よって，$\triangle PSR:\triangle PDR=PS:DR=2:3$ となるから，$\triangle PSR=\frac{2}{3}\triangle PDR=\frac{2}{3}\times\frac{1}{9}T=\frac{2}{27}T$ である。

次に，QB∥DP，BP∥QD より，四角形 QBPD は平行四辺形であるから，$QB=PD$ である。$AB=CD$ だから，$AB-QB=CD-PD$ より，$AQ=CP$ となる。さらに，$\triangle AQR\backsim\triangle ABP$ となるから，

相似比が AQ：AB＝CP：CD＝2：3 より，△AQR：△ABP＝2^2：3^2＝4：9 となり，△AQR＝$\frac{4}{9}T$ となる。

したがって，〔四角形 QBSR〕＝△ABP－△AQR－△PSR＝$T-\frac{4}{9}T-\frac{2}{27}T=\frac{13}{27}T$ となるから，

$\frac{13}{27}T\div\frac{4}{9}T=\frac{13}{12}$ より，四角形 QBSR の面積は△AQR の面積の $\frac{13}{12}$ 倍である。

5 〔空間図形―三角錐〕

図1

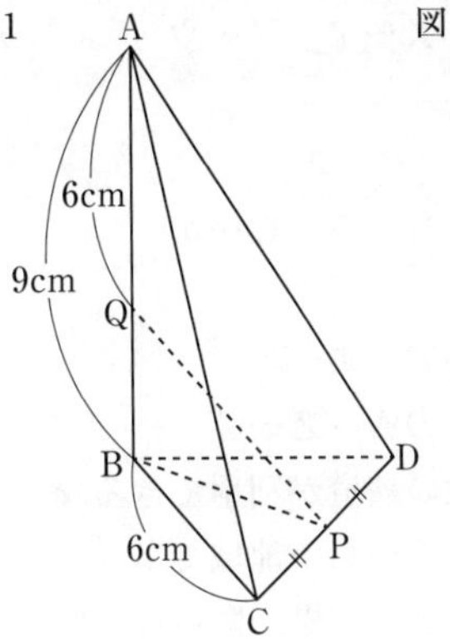

図2

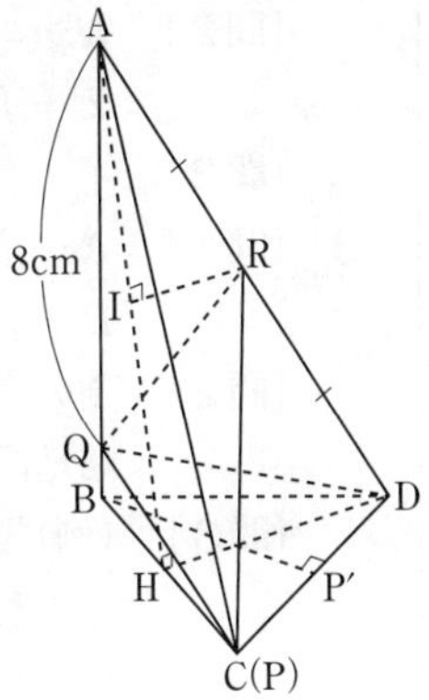

〔問1〕＜長さ―三平方の定理＞右図1で，∠ABC＝∠ABD＝90°より，AB⊥〔面 BCD〕だから，∠ABP＝90°である。△BCD は1辺が 6 cm の正三角形で，点Pが辺 CD の中点だから，△BCP は3辺の比が 1：2：$\sqrt{3}$ の直角三角形であり，BP＝$\frac{\sqrt{3}}{2}$BC＝$\frac{\sqrt{3}}{2}\times6=3\sqrt{3}$ となる。

また，QB＝AB－AQ＝9－6＝3 である。

よって，△QBP で三平方の定理より，PQ＝$\sqrt{\mathrm{QB}^2+\mathrm{BP}^2}=\sqrt{3^2+(3\sqrt{3})^2}=\sqrt{36}=6$(cm)である。

〔問2〕＜体積＞右上図2で，点Qと点Dを結ぶ。AB⊥〔面 BCD〕であり，辺 PD の中点を P′ とすると，〔問1〕より，BP′＝$3\sqrt{3}$ となる。また，BP′⊥PD となる。

よって，〔三角錐 A-BPD〕＝$\frac{1}{3}$×△BPD×AB＝$\frac{1}{3}\times\frac{1}{2}\times6\times3\sqrt{3}\times9=27\sqrt{3}$，

〔三角錐 Q-BPD〕＝$\frac{1}{3}$×△BPD×QB＝$\frac{1}{3}\times\frac{1}{2}\times6\times3\sqrt{3}\times(9-8)=3\sqrt{3}$ となるから，立体 AQPD の体積は，〔三角錐 A-BPD〕－〔三角錐 Q-BPD〕＝$27\sqrt{3}-3\sqrt{3}=24\sqrt{3}$ となる。

次に，立体 R-AQP，立体 AQPD を，それぞれ△AQR，△AQD を底面とする三角錐と見る。このとき，この2つの三角錐は高さが等しいから，体積の比は底面積の比となる。したがって，点Rが辺 AD の中点より，〔立体 R-AQP〕：〔立体 AQPD〕＝△AQR：△AQD＝AR：AD＝1：2 となるから，立体 R-AQP の体積は，$\frac{1}{2}$〔立体 AQPD〕＝$\frac{1}{2}\times24\sqrt{3}=12\sqrt{3}$($\mathrm{cm}^3$)である。

≪別解≫図2で，AB⊥〔面 BCD〕より，〔面 ABC〕⊥〔面 BCD〕だから，点Dから面 ABC に垂線 DH を引くと，点Hは辺 BC 上の点となる。よって，△BCD は正三角形より，DH＝BP′＝$3\sqrt{3}$ である。

点Rから面 ABC に垂線 RI を引く。このとき，△ARI∽△ADH となるから，RI：DH＝AR：AD＝1：2 より，RI＝$\frac{1}{2}$DH＝$\frac{1}{2}\times3\sqrt{3}=\frac{3\sqrt{3}}{2}$ となる。

したがって，立体 R-AQP の体積は，$\frac{1}{3}$×△AQP×RI＝$\frac{1}{3}\times\frac{1}{2}\times8\times6\times\frac{3\sqrt{3}}{2}=12\sqrt{3}$($\mathrm{cm}^3$)である。

社会解答

1〔問１〕 Ｂ…ウ　Ｃ…ア　Ｄ…イ
Ｅ…エ
〔問２〕 イ　〔問３〕 ア

2〔問１〕 略地図中のＡ～Ｄ…Ａ
Ⅱのア～エ…ウ
〔問２〕 Ｗ…エ　Ｘ…ア　Ｙ…ウ
Ｚ…イ
〔問３〕 イ

3〔問１〕 Ａ…イ　Ｂ…ウ　Ｃ…エ
Ｄ…ア
〔問２〕 Ⅰの表のア～エ…エ
略地図中のＷ～Ｚ…Ｚ
〔問３〕 (例)複数の鉄道が利用できる交通の利便性が高い地域であり，再開発により工場，駐車場，厚生施設であった場所に高層マンションなどが建設され，人口が増加した。

4〔問１〕 ウ→イ→エ→ア
〔問２〕 Ⅰの略年表中のア～エ…ウ
Ⅱの略地図中のＡ～Ｄ…Ｄ
〔問３〕 Ｗ…エ　Ｘ…ア　Ｙ…イ
Ｚ…ウ
〔問４〕 エ

5〔問１〕 (例)消費者物価指数よりも月間現金給与額の増加割合が大きく，生活水準が引き上げられた。
〔問２〕 ア　〔問３〕 ウ
〔問４〕 エ

6〔問１〕 Ａ…イ　Ｂ…エ　Ｃ…ウ
Ｄ…ア
〔問２〕 イ→エ→ア→ウ　〔問３〕 Ｙ

1〔三分野総合―小問集合問題〕

〔問１〕＜地形図の読み取り＞特にことわりのないかぎり，地形図では上が北となる。　ア．南の方向に桂川橋や鉄道の線路が見える場所はＣとなる(Ｂから見た桂川橋は南東の方向)。　イ．進行方向に丁字型の交差点があるのはＤである。交差点で交わる道路は国道20号線となっている。　ウ．Ｂの北側を見ると，等高線が狭い間隔で連なっていて，傾斜が急な崖であることがわかる。また，Ｂのすぐ南側は線路となっている。　エ．Ｅは甲州街道(国道20号線)上に位置する。Ｅの両側には小規模な建物が立ち並んでいることが地形図上からわかり，写真に見られるような商店と一致する。

〔問２〕＜十返舎一九＞「江戸を中心とした町人文化」とは，江戸時代の19世紀初めに栄えた化政文化である。この時期に活動した十返舎一九は，２人の主人公が東海道を旅する様子をこっけいに描いた「東海道中膝栗毛」を著した。なお，小林一茶は子どもや動物をいつくしむ俳諧(俳句)を詠んだ人物である。また，井原西鶴と近松門左衛門は，17世紀末～18世紀初頭に上方を中心に栄えた元禄文化の頃に活動した人物であり，井原西鶴は浮世草子と呼ばれる小説，近松門左衛門は人形浄瑠璃の台本を書いた。

〔問３〕＜国民審査権＞この条文(日本国憲法第79条②)は，最高裁判所裁判官の国民審査権について規定したものである。最高裁判所の裁判官は，その任命が適切であるかどうかについて国民審査を受ける。国民審査で投票者の過半数が不適任と判断した場合，その裁判官は罷免される。国民審査権は，国民が政治に参加する権利である参政権の１つである。なお，自由権は国などから不当な干渉を受けることなく自由に生きる権利，社会権は人間らしい生活を送る権利，請求権は人権が侵害された場合や公務員の行為によって損害を受けた場合などについて国に対して救済を求める権利である。

2〔世界地理―世界の姿と諸地域〕

〔問１〕＜世界の産業・時差・気候＞略地図中のＡ～Ｄ．Ⅰの文章から，①の都市に国際的な穀物市場が立地すること，①の都市がある国ではとうもろこしの生産が盛んであることがわかるので，これをもとに①の都市がどこにあるかを考える。A～Dにおける①の都市は，それぞれアメリカ，オーストラリア，インド，コートジボワールに位置している。このうちアメリカでは，機械化された大規模な農業によってとうもろこしや小麦などが大量に生産され，巨大な穀物市場が形成されていることから，①はアメリカの都市であり，Ⅰの文章はAの経路について述べていると予想できる。次に，①・②の都市の時差を計算し，予想が正しいか確認する。Aの経路における②の都市は日本に位置するので，西経90度付近に位置する①の都市と東経135度を標準時子午線とする②の都市の経度差は，135＋90より225度である。経度15度につき1時間の時差が生じるので，①と②の時差は，225÷15より15時間となる。日付変更線をまたがずに位置関係を見た場合，東へ行くほど時刻は進むため，①の都市よりも東にある②の都市の時刻は，①の都市よりも15時間進んでいることになる。ここで，①の都市の出発時刻を②の都市の時刻に直すと，3月1日午後5時30分の15時間後なので3月2日午前8時30分となる。②の都市までの飛行時間が13時間なので，②の都市への到着時刻は3月2日午後9時30分(現地時間)となり，Ⅰの文章の内容と合致する。　**Ⅱのア～エ．**五大湖沿岸部に位置する①の都市(シカゴ)は，冷帯〔亜寒帯〕気候に属する。したがって，冬の寒さが厳しく夏との気温差が大きいウが①の都市のグラフとなる。なお，アは温帯の西岸海洋性気候に属するBの経路の①の都市(シドニー)，イは熱帯のサバナ気候に属するCの経路の①の都市(コルカタ)，エは同じくサバナ気候に属するDの経路の①の都市(アビジャン)の気候である。

〔問2〕＜国々の特徴＞Wはペルー，Xはサウジアラビア，Yはノルウェー，Zはモロッコである。
ア．首都が内陸部に位置していること，4か国中で最も漁獲量が小さいことなどからサウジアラビアと判断する。サウジアラビアでは，国土の西側に位置する紅海でえびの養殖が盛んに行われており，日本などへ輸出されている。　イ．「国土を東西に走る山脈」があるのはZのモロッコで，この山脈はアトラス山脈である。モロッコの沖合には，寒流のカナリア海流が流れている。モロッコは，日本にとって有数のたこの輸入先である。　ウ．「冬季においても凍らない湾」という記述から，高緯度地域にあるノルウェーであると推測する。ノルウェーの沖合には，暖流の北大西洋海流が流れている。ノルウェーは世界の中でも漁業が盛んな国であり，日本はさばの総輸入量の約9割をノルウェーから輸入している(2017年)。　エ．「山岳地域に居住する国民」という記述から，国土の大部分がアンデス山脈の高地にあるペルーと推測する。ペルーの沖合には，寒流のペルー〔フンボルト〕海流が流れている。

〔問3〕＜カンボジアの特徴と資料の読み取り＞Ⅲの文章の1段落目の内容からカンボジアと判断することも可能だが，2段落目の内容とⅠ，Ⅱの略地図を照らし合わせても答えを導くことができる。Ⅰの略地図では(日本の輸出額)－(日本の輸入額)が示されているので，「0円未満」の国との貿易では日本が貿易赤字，それ以外の国との貿易では日本が貿易黒字となる。Ⅲの文中に「日本の貿易赤字が継続」とあり，Ⅰ中でこれに当てはまる国はベトナム，カンボジア，マレーシア，インドネシア，ブルネイとなる。また，Ⅲの文中に「日本の最大の輸入品は衣類など」とあり，Ⅱ中で「衣類と同付属品」が最も多い国はラオス，カンボジア，ミャンマーとなる。以上から，Ⅲの文章で述べられているのはカンボジアであるとわかる。なお，1段落目の「ヒンドゥー教寺院などの遺跡群」とはアンコールワットのことである。

3 〔日本地理―日本の諸地域〕

〔問1〕＜島々の特徴＞Aは利尻島(北海道)，Bは佐渡島(新潟県)，Cは淡路島(兵庫県)，Dは種子島(鹿児島県)である。　ア．種子島には，宇宙開発の拠点となる種子島宇宙センターが設置され，ロケットの打ち上げが行われている。また，温暖な気候を生かしてさとうきびなどの生産が行われている。　イ．利尻島は，中央部に火山である利尻山〔利尻富士〕がある。養殖で生産される昆布やうにには重要な特産品となっている。　ウ．佐渡島には，江戸幕府によって開発された佐渡金山があり，昭和時代まで採掘が行われていた。また，稲作が盛んであり，コシヒカリなどの銘柄米が生産されている。なお，「農業の第６次産業化」とは，第１次産業である農林水産業が，農林水産物の加工業(第２次産業)や販売業(第３次産業)にも一体的に取り組むことにより，生産物の価値を高めたり地域を活性化したりすることを目指す考え方である。　エ．神戸市(兵庫県)などの大都市に近い淡路島は，野菜などを生産する近郊農業が盛んである。また，本州四国連絡橋の１つである神戸・鳴門ルートによって本州や四国と結ばれているため，島外へ通勤する住民も多い。

〔問２〕＜都道府県の統計＞Wは東京都，Xは石川県，Yは愛知県，Zは京都府である。Ⅱの文章で述べている都道府県を考えると，西陣織などの伝統的工芸品が生産されていること，町屋などの歴史的景観が保存されていることなどから，京都府であるとわかる。Ⅰの表より，製造品出荷額が非常に多いイは，中京工業地帯が広がる愛知県である。残る３つを見比べると，アは製造業(事業所数，従業者数)全体に占める繊維工業の割合が低く，逆にウとエは繊維工業の割合が高いことから，アが東京都であり，ウとエは伝統工業の盛んな京都府と石川県のいずれかであると判断できる。Ⅱの文章より，１事業所当たりの平均従業者数が10人未満であることから，ウの11389÷798≒14.3人，エの10796÷1474≒7.3人よりエが京都府となる。

〔問３〕＜土地利用と人口の変化＞まず，ⅠとⅡの略地図を見比べて土地利用の変化を読み取ると，1999年には駐車場や厚生施設，工場(☼)があった場所に，2017年にはさまざまな高さの建物が多く建てられていることがわかる。ここでⅢの表を見ると，1999年から2017年の間にこの地域の人口が大幅に増えていることから，新たに建てられた建物群は高層マンションなどの集合住宅であると判断できる。この地域は複数の鉄道路線の駅に隣接しているため交通の利便性が高く，マンションを建てるのに適していたと考えられる。以上の内容を，「立地」「土地利用」という着眼点に注意しながらまとめる。

4〔歴史—古代～現代の日本と世界〕

〔問１〕＜年代整序＞年代の古い順に，ウ(８世紀初め—平城京への遷都)，イ(８世紀末—平安京への遷都)，エ(12世紀後半)，ア(16世紀後半—安土城の築城)となる。

〔問２〕＜朱印船貿易と日本町＞Ⅲの文章は，江戸時代初期(17世紀初め)に行われた朱印船貿易について述べたものである。江戸幕府は，朱印状と呼ばれる渡航許可証を商船に与え，貿易を奨励した。朱印船貿易の発展によって多くの日本人が東南アジアへ渡り，各地の港や都市には日本町が形成された。このうち，Ⅲの文章中にあるアユタヤはシャム(現在のタイ)の都市であり，現在のタイの首都であるバンコクの北に位置している。アユタヤの日本町の指導者となった山田長政は，シャムの王室に重く用いられた。

〔問３〕＜各地の鉄道と歴史＞ア．江戸時代に「天下の台所」と呼ばれた都市は大阪であることから，Xの鉄道が当てはまる。　イ．西廻り航路は，東北地方の日本海沿岸から下関を回り，瀬戸内海を通って大阪へ至る航路である。この航路の一部と競合すると考えられるのはYの鉄道である。Yの起点に位置する神戸(兵庫県)は，日米修好通商条約(1858年)によって開港された場所の１つであり，外国人居留地が設置されていた。　ウ．日清戦争(1894～95年)後に建てられた官営製鉄所とは八幡製鉄所(福岡県)であり，周辺には筑豊炭田などの炭田が分布していた。したがってZの鉄道が当てはまる。　エ．明治時代初期，生糸の生産地であった群馬県には官営模範工場である富岡製糸場が建てられ，生産された生糸は横浜港(神奈川県)から輸出された。この２つの地域を結ぶのはWの鉄道となる。

〔問４〕＜明治時代～昭和時代の出来事＞1951年，日本はアメリカなど48か国との間にサンフランシスコ平和条約を結び，独立を回復した。なお，第四次中東戦争と石油危機が起こったのは1973年，世界恐慌が起こったのは1929年，第一次世界大戦が始まったのは1914年である。

5〔公民—総合〕

〔問１〕＜物価・給与と国民生活の変化＞1960年に出されたⅠの国民所得倍増計画では，「国民の生活水準を大幅に引き上げること」を目標として掲げている。Ⅱ，Ⅲのグラフにおける1960年から1970年にかけての変化を読み取る。Ⅱの消費者物価指数は，1960年を100とした場合，1970年は，およそ170となり，約1.7倍である。Ⅲの一人当たりの月間現金給与額は，1960年がおよそ25000円，1970年にはおよそ75000円となり，約３倍である。よって，消費者物価指数よりも月間現金給与額の方が増加割合が大きく，国民生活はこの10年間で豊かになった(生活水準が上がった)ことがわかる。

〔問２〕＜**資料の読み取り**＞Ⅱの文章中に「消費支出に占める割合は，1970年から2015年にかけて減少傾向」とあり，これに当てはまるのはⅠの表中のアとエである。また，Ⅱの文章中に「2010年から2015年にかけて，(中略)被服及び履物費は約13000円台で推移」とあり，2010年と2015年におけるアとエの割合を計算すると，2010年のアは318211×4.3÷100＝13683.0…より約13683円，同様の計算により2015年のアは約13563円，2010年のエは約10501円，2015年のエは約11040円となるので，当てはまるのはアとなる。以上から，アが被服及び履物費となる。なお，イは交通・通信費，ウは光熱・水道費，エは家具・家事用品費である。

〔問３〕＜**法人税と資料の読み取り**＞Ⅱの文章が述べているのは，株式会社などの法人が事業活動を行って得た所得に課せられる法人税である。文中の「世界金融危機後の２年間で約６割の下落を記録した」という記述をもとにⅠのグラフを見ると，世界金融危機が起こった2007年から２年後の2009年にかけて，ウが大きく下落しているのがわかる。ウの2007年の収入額はおよそ15兆円，2009年の収入額はおよそ６兆円であり，約６割下落している。なお，アは所得税，イは消費税，エは関税である。

〔問４〕＜**両院協議会**＞Ⅱで述べられている機関は，衆議院と参議院の議決が異なったときに両議院の意見を調整するために開かれる両院協議会である。Ⅰでは，Ｃで衆議院が可決した予算案をＤで参議院が否決しており，この後のタイミングで両院協議会が開かれる。予算の議決については，両院協議会でも意見が一致しない場合は衆議院の議決が国会の議決となると定められており(日本国憲法第60条②)，Ｅではこの規定に基づいた結果となっている。

6〔**地理・歴史総合―世界の諸地域と歴史**〕

〔問１〕＜**国々の歴史と特徴**＞Ａはエクアドル，Ｂはケニア，Ｃはドイツ，Ｄはフランスである。
ア．人権宣言は，1789年に始まったフランス革命で出された。　イ．19世紀に『種の起源』を著して進化論を提唱した博物学者のダーウィンは，エクアドルに属するガラパゴス諸島で調査を行った。またインカ帝国は，現在のペルーからエクアドルにかけての地域を中心に栄え，16世紀にスペインに滅ぼされた。　ウ．明治時代の日本は，主にドイツから医学を学んだ。ドイツは，第二次世界大戦後の冷戦下で西ドイツと東ドイツに分断されたが，分断の象徴であったベルリンの壁が取り壊された後1990年に統一された。　エ．ケニアには，まばらな樹木とたけの長い草が生えたサバナと呼ばれる草原が広がり，貴重な野生動物が生息する国立公園となっている。

〔問２〕＜**年代整序**＞年代の古い順に，イ(18世紀後半)，エ(19世紀後半)，ア(20世紀前半)，ウ(20世紀後半)となる。

〔問３〕＜**トルコの特徴と資料の読み取り**＞Ｗはアメリカ，Ｘはインド，Ｙはトルコ，Ｚはイギリスである。Ⅲの文章中に「人口増加率は上昇した時期もあり」とあり，Ⅰのグラフ中でこれに当てはまるのはＷ，Ｙ，Ｚである。また，Ⅲの文章中に「経済成長率は5.0％を上回る時期もあり」とあり，Ⅱのグラフ中でこれに当てはまるのはＸ，Ｙである。以上から，Ⅲの文章で述べている国はＹのトルコとなる。なお，Ⅲの文章中に「海峡で隔てられた経済や文化の中心都市」とあるのは，ボスポラス海峡を臨み，アジアとヨーロッパの接点にあたるイスタンブールのことである。イスタンブールはトルコ最大の都市で，かつてはコンスタンティノープルと呼ばれた。

理科解答

1 〔問1〕 エ　〔問2〕 イ
〔問3〕 ア　〔問4〕 ウ
〔問5〕 エ　〔問6〕 ウ
〔問7〕 イ

2 〔問1〕 ア　〔問2〕 ウ
〔問3〕 エ　〔問4〕 イ

3 〔問1〕 ウ　〔問2〕 エ
〔問3〕 (1) 38.5　(2) 3.5km遠ざかる
〔問4〕 ア

4 〔問1〕 エ　〔問2〕 ウ
〔問3〕 (1)…イ　(2)…ア　(3)…イ

5 〔問1〕 ウ　〔問2〕 右図
〔問3〕 ア　〔問4〕 イ

6 〔問1〕 エ　〔問2〕 1.7m/s
〔問3〕 (1)…イ　(2)…ウ

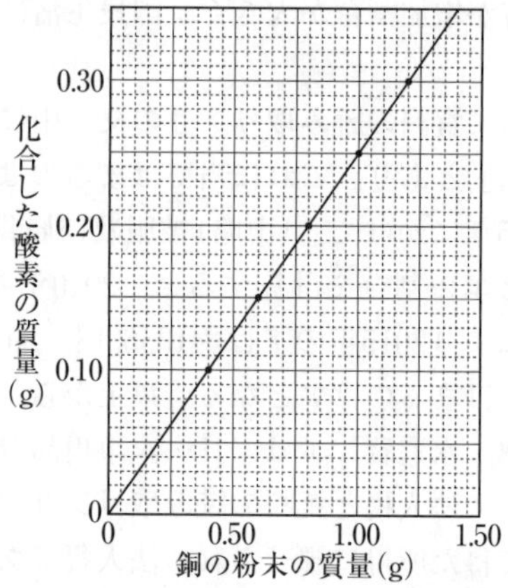

1 〔小問集合〕

〔問1〕＜細胞のつくり＞ヨウ素液に浸して青紫色に変化した部分にはデンプンがある。よって，粒Aは光合成を行い，デンプンをつくる部分だから，葉緑体である。なお，液胞は袋状のつくりで，貯蔵物や不要物が含まれる。

〔問2〕＜星の年周運動＞同じ時刻に観測した北の空の星は，北極星を中心に1年(12か月)で反時計回りに1回転(360°)するように見える。よって，30日後，つまり1か月後には，恒星Xは反時計回りに360°÷12＝30°動くように見えるので，30日後の同じ時刻には，図2のBの位置に見える。

〔問3〕＜電流と磁界＞コイルに流れる電流の向きに右手の4本の指の向きを合わせてコイルを握ったとき，突き出した親指の向きがコイルの内側の磁界の向きになる。また，方位磁針のN極の指す向きが磁界の向きだから，図3の方位磁針のN極の指す向きより，コイルの内側の磁界の向きは右から左である。よって，右手の親指を左向きに突き出してコイルを握ると，4本の指の向きからコイルに流れる電流の向きはAのようになる。次に，コイルの周りの磁力線は，N極から出てS極に入る。また，Aで，コイルの上下に置かれた方位磁針のN極の指す向きが，左右に置かれた方位磁針と逆になっていることより，コイルの内側の磁界の向きと外側の磁界の向きは逆であることがわかる。したがって，コイルの周りの磁力線は図4のCのようになる。

〔問4〕＜示準化石＞図5で，Aのアンモナイトや恐竜の化石は中生代，Bのビカリアやナウマンゾウの化石は新生代，Cのサンヨウチュウやフズリナの化石は古生代の代表的な示準化石である。よって，地質年代の古いものから順に並べると，C(古生代)→A(中生代)→B(新生代)となる。

〔問5〕＜水溶液＞水酸化ナトリウム(NaOH)は，水に溶けるとナトリウムイオン(Na^+)と水酸化物イオン(OH^-)に電離するので，OH^-を生じるアルカリである。また，pHの値は，中性では7で，酸性では7より小さく，アルカリ性では7より大きい。よって，アルカリの水溶液はアルカリ性を示すので，pHの値は7より大きい。

〔問6〕＜光＞入射角，屈折角は，それぞれ境界面に垂直な直線と入射光，屈折光がつくる角度である。光が空気中からガラス中に斜めに入射すると，光は境界面から離れるように屈折するので，入射角＞屈折角となる。また，光が鏡に当たると，入射角＝反射角となるように反射する。

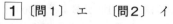

〔問7〕＜生態系＞図7で，有機物が，生物A→生物B→生物Cと流れているので，生物Aは生物Bに食べられ，生物Bは生物Cに食べられる関係であることがわかる。生態系において，生物の数量につり合いがとれている場合，食べる生物より食べられる生物の方が数量が大きいので，数量の大小関係は，生物A＞生物B＞生物Cになる。また，生物Dは，生物の死がいや排出物などの有機物を取り入れて二酸化炭素を排出していることから，分解者である。なお，生産者は生物Aで，二酸化炭素を取り入れて光合成を行って有機物をつくり出す植物である。

2 〔小問集合〕

〔問1〕＜ろ過，蒸留＞ろ過は，粒子の大きさの差を利用して液体に溶けていない固体を取り除く方法である。食塩(塩化ナトリウム)は水に溶けて，ナトリウムイオンと塩化物イオンに電離する。イオンはろ紙の穴より小さく，ろ紙を通り抜けてしまうため，食塩水中の食塩をろ過で取り除くことはできない。一方，蒸留は，液体を沸騰させて気体にした後，その気体を冷やして液体として集める方法である。食塩水を沸騰させると水が水蒸気となって出てくるが，食塩は残るので，食塩水から水を取り出すことができる。

〔問2〕＜電力＞電力は1秒当たりに消費される電気エネルギーの量だから，消費電力が大きいほど消費する電気エネルギーが大きく，発生する熱も大きくなる。また，〔電力(W)〕=〔電圧(V)〕×〔電流(A)〕より，〔電流(A)〕=〔電力(W)〕÷〔電圧(V)〕だから，電圧100Vのコンセントにつないだときに流れる電流の大きさは，電気ストーブが$1000\div100=10$(A)，液晶テレビが$250\div100=2.5$(A)，ドライヤーが$1200\div100=12$(A)である。よって，液晶テレビを追加しても電流の大きさは$10+2.5=12.5$(A)と15Aより小さくなるので，安全に使用することができる。しかし，ドライヤーを追加すると，$10+12=22$(A)と15Aより大きくなるので，使用できない。

〔問3〕＜血液の成分＞出血した血液を固めるはたらきがあるのは，図のBの血小板である。なお，Aは白血球で体内に入った細菌などを捕らえるはたらきがあり，Cは赤血球で酸素を運ぶはたらきがある。

〔問4〕＜雲のでき方＞気圧は空気の重さによる圧力だから，上空の地点ほど空気の重さが小さくなり，気圧は低くなる。空気は，気圧が低くなると膨張する。また，寒冷前線付近では，寒気が暖気に向かって進み，暖気の下にもぐり込んで暖気を押し上げるため，上昇気流が生じて積乱雲が発生する。なお，暖気が寒気の上をはい上がっていくのは温暖前線である。

3 〔大地のつくりと変化〕

〔問1〕＜地震波＞初期微動はP波による揺れで，主要動はS波による揺れである。P波とS波は地震が起こると震源で同時に発生して周りに伝わるが，P波が伝わる速さはS波が伝わる速さよりも速い。そのため，観測地点にはP波が先に到着して，その後にS波が到着し，初期微動の後に主要動が観測される。

〔問2〕＜初期微動継続時間＞P波が伝わる速さはS波が伝わる速さよりも速いため，震源から遠くなるほどP波とS波の到着時刻の差が大きくなる。つまり，震源から遠くなるほど，P波とS波の到着時刻の差である初期微動継続時間は長くなる。図1，2より，初期微動継続時間は観測地点Aより観測地点Bの方が長いので，震源からの距離が遠いのは観測地点Bである。なお，震源から遠くなるほど，地震による揺れ(主要動)の大きさが小さくなるので，図1，2の主要動の大きさからも観測地点Bの方が震源から遠いことがわかる。

〔問3〕＜地震＞表1より，観測地点Cの地震計で初期微動を感知したのは16時13分50秒だから，震源からの距離がXkmの地点で主要動が始まったのは，6秒後の16時13分56秒である。表1の観測地点C，Dの記録より，S波の伝わる速さを求めると，震源からの距離の差は$77-35=42$(km)，主要動が始まった時刻（S波が到達した時刻）の差は16時14分07秒－16時13分55秒＝12秒だから，S波の伝わる速さは42÷12＝3.5(km/s)となる。これより，主要動が始まった時刻が，観測地点Cで16時13分55秒，震源からの距離がXkmの地点で16時13分56秒と，その差は1秒だから，観測地点Cと震源からの距離がXkmの地点の震源からの距離の差は3.5×1＝3.5(km)である。よって，観測地点Cの震源からの距離が35kmより，X＝35＋3.5＝38.5(km)となる。また，主要動を起こすS波は1秒間で3.5km伝わるから，震源からの距離がXkmより遠い地点で，緊急地震速報を受信してから主要動が到達するまでの時間が1秒ずつ増加するのは，3.5kmずつ遠ざかるときである。

≪別解≫S波の伝わる速さを求めるところまでは同じ。速さが3.5km/sのS波が35kmを伝わるのにかかる時間は35÷3.5＝10(秒)である。よって，地震発生時刻は，観測地点Cに主要動が到達した16時13分55秒の10秒前の16時13分45秒となる。震源からの距離がXkmの地点で主要動が起こった16時13分56秒は，地震発生時刻の16時13分56秒－16時13分45秒＝11秒後なので，S波が11秒間で伝わる距離が3.5×11＝38.5(km)より，X＝38.5(km)となる。

〔問4〕＜プレート＞図5より，地震の震源は，太平洋側で浅く，日本海側にいくにつれて深くなっている。よって，地震がプレートの境界付近で発生することから，海のプレートが陸のプレートの下に沈み込んでいると考えられる。

4 〔生命の連続性〕

〔問1〕＜花のつくり＞図3の子房の中の小さな粒を胚珠という。また，胚珠が子房の中にある植物を被子植物といい，被子植物なのはエンドウやサクラ，ツツジである。なお，やくはおしべの先の小さな袋で，中に花粉が入っている。また，マツ，イチョウは裸子植物で，子房がなく胚珠はむき出しになっている。

〔問2〕＜遺伝の規則性＞子葉が黄色の純系の種子を育てたエンドウと，子葉が緑色の純系の種子を育てたエンドウをかけ合わせると，全て子葉が黄色の種子になったことから，エンドウの種子の子葉の色は黄色が優性形質，緑色が劣性形質である。よって，子葉が黄色の純系の種子が持つ遺伝子の組み合わせはAAで，子葉が緑色の純系の種子が持つ遺伝子の組み合わせはaaである。これより，子葉が黄色の純系のエンドウ(AA)ではAの遺伝子を持つ卵細胞だけがつくられ，子葉が緑色の純系のエンドウ(aa)ではaの遺伝子を持つ精細胞だけがつくられるから，受精によってできた種子の遺伝子の組み合わせはAaになる。分離の法則より，対になっている遺伝子はそれぞれ別々の生殖細胞の核の中に入るので，遺伝子の組み合わせがAaのエンドウがつくる精細胞と卵細胞は，それぞれAまたはaの遺伝子を持つ。

〔問3〕＜遺伝の規則性＞種子の子葉の色において，黄色は優性形質だから，子葉が黄色の種子Xの遺伝子の組み合わせはAAかAaの2通りの場合がある。この種子Xの遺伝子の組み合わせを調べるためには，種子Xを育てたエンドウと子葉の色が劣性形質である緑色の純系のエンドウ(aa)をかけ合わせればよい。種子Xの遺伝子の組み合わせがAAの場合，子葉の色が緑色のエンドウ(aa)とかけ合わせると，実験(2)と同じになるため，得られる種子Yの遺伝子は全てAaとなり，全て子葉の色は黄色になる。一方，種子Xの遺伝子の組み合わせがAaの場合，子葉の色が緑色のエンドウ(aa)とかけ合わせると，得られる種子Yの遺伝子の組み合わせと数の比は，右表のように，Aa：aa＝2：2＝1：1となる。よって，子葉が黄色の種子の数と緑色の種子の数の比はおよそ1：1となる。

	A	a
a	Aa	aa
a	Aa	aa

5 〔化学変化と原子・分子〕

〔問1〕＜銅の酸化＞一定量の銅と化合する酸素の質量には限界があるので，全ての銅が酸素と化合してしまうと，それ以上加熱を繰り返しても全体の質量は変化しなくなる。また，銅の酸化では，銅原子と酸素原子が1：1の数の比で化合する。よって，酸素は原子が2個結びついた分子として存在しているので，モデルでは銅原子2個(● ●)と酸素分子1個(○○)が化合して，酸化銅が2個(●○ ●○)できる。

〔問2〕＜グラフ＞結果1より，図に点(0.40，0.10)，(0.60，0.15)，(0.80，0.20)，(1.00，0.25)，(1.20，0.30)を・で記入し，それぞれの点を通るように直線を引く。なお，銅の質量と化合する酸素の質量は比例しているので，グラフは原点を通る直線になる。

〔問3〕＜酸化・還元＞実験2で，試験管Aに残った赤色の物質は銅で，石灰水を白く濁らせた気体は二酸化炭素である。よって，酸化銅(CuO)と炭素(C)の混合物を加熱すると，銅(Cu)と二酸化炭素(CO_2)ができたことから，酸素は銅よりも炭素と結びつきやすいことがわかる。また，還元は酸化物から酸素を奪う化学変化だから，試験管Aで還元される物質は酸化銅である。なお，実験2では，酸化銅が還元されて銅になり，炭素は酸化されて二酸化炭素になっている。

〔問4〕＜反応する物質の質量＞実験2で，炭素は全て反応したことから，試験管Aに残った赤色の物質は銅で，黒色の物質は酸化銅である。このとき，酸化銅から奪われた酸素の質量は，質量保存の法則より，1.00－0.84＝0.16(g)となる。また，実験1の結果1より，銅の質量と化合する酸素の質量の比は，0.40：0.10＝4：1だから，0.16gの酸素と化合していた銅の質量は，0.16×4＝0.64(g)である。したがって，還元された酸化銅の質量は0.16＋0.64＝0.80(g)なので，未反応の酸化銅の質量は1.00－0.80＝0.20(g)となる。

6 **〔運動とエネルギー〕**

〔問1〕＜物体の運動＞重力は地球の中心に向かう下向きの力だから，小球Aにはたらく重力を表しているのはQである。また，小球Aは図2の①から⑦を結ぶ曲線上を運動しているので，①から⑦までのそれぞれの曲線の長さは，0.1秒ごとの移動距離を表している。よって，図2より，0.1秒ごとの移動距離は変化しているので，速さも変化している。さらに，運動の向きが変化しない場合，物体は直線上を運動するが，小球Aは曲線上を運動しているので，運動の向きは変化している。

〔問2〕＜速さ＞図4のaからcまで0.1秒ごとに記号をつけたので，a～c間を移動するのにかかった時間は0.1×2＝0.2(秒)である。また，表より，移動距離は17＋17＝34(cm)，つまり0.34mだから，求める平均の速さは0.34÷0.2＝1.7(m/s)である。

〔問3〕＜力学的エネルギーの保存＞空気抵抗，衝突によるエネルギーの減少，レールとの摩擦などは考えないから，位置エネルギーと運動エネルギーの和である力学的エネルギーは一定である。よって，図2の①から③まで，小球Aの高さがしだいに低くなると，位置エネルギーは運動エネルギーに移り変わるので，位置エネルギーは減少し，運動エネルギーは増加する。また，図5のfから斜面上で一瞬静止するまで，小球Bの高さがしだいに高くなると，運動エネルギーは位置エネルギーに移り変わるので，位置エネルギーは増加し，運動エネルギーは減少する。

国語解答

一 (1) かっさい　(2) ほが
(3) けいこく　(4) ただよ
(5) もよお

二 (1) 綿密　(2) 拡張　(3) 鉄棒
(4) 閉　(5) 届

三 〔問１〕 エ　〔問２〕 イ
〔問３〕 ウ　〔問４〕 イ
〔問５〕 ア

四 〔問１〕 ウ　〔問２〕 ア
〔問３〕 イ　〔問４〕 エ
〔問５〕 (例)ある雑誌で私の住む町が特集されていました。その雑誌の中の写真を見たとき，「本当に，私の住む町なの」と驚きました。よく知っている景色が，まるで映画の一場面のような，幻想的な世界に見えたからです。／筆者は，写真は作者のフィルターを通して見た世界だと述べています。私はこの写真から町の新たな一面に気づかされました。見慣れたものにも知らないよさがあることを意識し，様々な見方をしていきたいと思います。
(200字)

五 〔問１〕 ア　〔問２〕 ウ
〔問３〕 エ　〔問４〕 ア
〔問５〕 イ

一〔漢字〕
(1)大勢の人が手をたたいたり声をかけたりして褒めること。　(2)音読みは「明朗」などの「ロウ」。　(3)川の流れている深い谷間のこと。　(4)音読みは「漂流」などの「ヒョウ」。　(5)「催す」は，会合などを計画して行う，という意味。

二〔漢字〕
(1)細かいところまで詳しくて念入りなさま。　(2)規模などを広げて大きくすること。　(3)二本の柱に鉄製の棒を水平に渡した運動用具のこと。　(4)音読みは「閉会」などの「ヘイ」。　(5)送ったものが着く，という意味。

三〔小説の読解〕出典；三浦哲郎『燈火』。
〔問１〕＜文章内容＞「いそいそと」は，喜んでうきうきしながら行動するさまを表す。母は，孫たちに会わずにいると，何十日かに一度生気を失い，様子がおかしくなる。母と暮らす姉からの連絡で，馬淵の方から旅費を送って母を呼んでやると，母は，孫たちに会えると喜び勇んで，息子への土産を持って馬淵家へやってくるのである。
〔問２〕＜心情＞長女は，祖母が白木蓮のことを「花では，この花が一番好きだ」と言っていたのを記憶している。しかし，次女は，祖母が白木蓮という名前を覚えられなかったと言う。長女は，好きな花の名前を覚えられないなどということがあるのだろうかと疑問に思い，本当に祖母は白木蓮の名前を覚えていなかったのかを父親に確認しようとした。
〔問３〕＜表現＞馬淵は，何十年も前の，薄らいでいた記憶をたどり，そのときの自分の服装や気持ちまで思い起こしながら話していた。「記憶を引き寄せる」は，記憶をたどって思い起こすさまを表現している。
〔問４〕＜心情＞馬淵は，庭にどうしても辛夷の木を植えたいと思っていたが，残念なことに，辛夷の苗木を手に入れることはできなかった。その代わり，「辛夷を台木にして白木蓮を接ぎ木したもの」を，職人らしい男に勧められた。辛夷が台木だということは，この木には辛夷の「血」が流れているということになるので，馬淵は，この木に満足し，この木を庭に植えればいいと思った。
〔問５〕＜心情＞馬淵は，母が馬淵の家の庭の白木蓮のことを気にかけている様子を見て，母は孫と眺めるなどして大好きだったあの白木蓮の花を見たがっているのだと気づいた。馬淵は，庭から花の咲いた白木蓮の枝を一本持ってきて，母に見せてやればよかったと後悔した。

四〔論説文の読解―芸術・文学・言語学的分野―芸術〕出典；齋藤亜矢『ヒトはなぜ絵を描くのか

芸術認知科学への招待』。

≪本文の概要≫我々は，自分のそれまでの概念を超えるような風景に出会うと，感動する。絵や写真で新たなモノや新たな世界を知るのは楽しい。絵や写真は，作者のフィルターを通して見た世界である。そのフィルターによって，我々は，ありきたりの風景やモノの知らなかった一面や目を向けていない部分に気づかされ，新しい見え方に出会う。アートは，自分の持っていた「何か」の概念に新しい気づきをもたらし，我々の世界を広く深くしてくれる。自分が持っていた「何か」の概念を逸脱したりくつがえしたりするモノに出会うと驚き戸惑うが，既存の概念を揺るがし更新する過程は，我々の心に深い印象を刻みつける。一度「何か」として見てしまうと，別の見方をするには意識的な努力がいるが，アートは，見方を転換するきっかけを与え，既存の概念をくつがえしてくれる。また，我々は，「何か」がわからないものを見ると，心の底のイメージを探し，記憶や情動を掘り起こそうとする。アートの醍醐味は，「何か」がわからないものに向き合い，自分の中のイメージを探索する過程にある。

〔問１〕＜文章内容＞人は，作者のフィルターを通して描かれた絵によって，ありきたりの風景やモノの知らなかった一面やふだんは目を向けない部分に気づかされると，自分のそれまでの概念を超えた新しい見え方に出会えたことで，感動を覚える。

〔問２〕＜文章内容＞アートによって，自分が持っていた「何か」の概念に新しい気づきがもたらされると，我々の世界に「広さや深さ」がもたらされる。特に，自分が持っていた「何か」の概念を逸脱したり，くつがえしたりするモノに出会うと，我々は驚き戸惑うが，そのとき既存の概念が揺るがされ，更新されることによって，我々は心に深い印象を受けるのである。

〔問３〕＜段落関係＞第十一段では，「ヒト」は全てを常に「何か」として見ようとする「記号的な見方」をするので，「何か」がわからないものに対峙するとき，「ヒト」は心の底にあるイメージを探して掘り起こそうとすると述べている。第十二段では，その具体例として，見方など知らないまま「黒樂茶碗」をしばらく眺めていたら，表面にふっと夕闇にわき立つ雨雲が見えてきたという自分の経験を挙げている。

〔問４〕＜文章内容＞アートを制作することは，作者が「ある瞬間にある空間で切り取った作者のフィルターを通して見た世界」を表現するという，創造的作業である。アートを鑑賞することもまた，作品を見て「何か」わからないものに向き合い，自分の知識や記憶を探索し，何らかのイメージや情動を呼び起こしていくことなので，創造的作業ということになる。

〔問５〕＜作文＞アートは見る人に新しい気づきをもたらすということをふまえ，そのような体験や見聞を挙げて，新しい「何か」に出会うすばらしさや大切さを述べる。

五　**〔説明文の読解─芸術・文学・言語学的分野─文学〕**出典；白洲正子，大岡信「桜を歌う詩人たち」。

〔問１〕＜文章内容＞古代では，中国の伝統を受け継いで，日本でも梅の花を見ながら酒宴をして，詩や歌が詠まれていた。それが，平安朝になり，嵯峨天皇の頃には，花の宴は梅の場合と桜の場合があるようになり，やがて桜が梅に取って代わった。

〔問２〕＜文章内容＞紀貫之の歌は，「夢の中で桜が豪華に散っている感じが非常によく出ている」が，西行の歌では，夢で見た桜の美しさに胸がかき乱されると，自分の心情が詠まれていて，西行のちょっと変わった「桜の見方」が感じられる。

〔問３〕西行には桜の歌が二百首ぐらいあるという大岡さんの発言を受けて，白洲さんは，西行は本当に桜が好きだったのだと同意している。さらに，白洲さんは大岡さんに，紀貫之にも桜の歌がたくさんあるのか問いかけ，話題を西行から貫之に戻して対談を進めようとしている。

〔問４〕＜歴史的仮名遣い＞歴史的仮名遣いの語頭以外のハ行は，原則として，現代仮名遣いでは「わいうえお」になる。「おはしましけり」は，現代仮名遣いでは「おわしましけり」になる。

〔問５〕＜現代語訳＞「鷹狩はそう熱心にもしないで」は「狩はねむごろにもせで」に，「もっぱら酒を飲んでは」は「酒をのみ飲みつつ」に，「和歌を詠むのに熱をいれていた」は「やまと歌にかかれりけり」に当たる。

Memo

誰にもよくわかる

解説と解答

2018年度

東京都　正答率

＊は部分正答も含めた割合

英語

1	A	1	85.8%
		2	84.6%
		3	86.3%
	B	1	73.3%
		2	＊33.2%
2	1		50.1%
	2		79.0%
	3	(1)	72.6%
		(2)	＊46.6%
3	〔問1〕		75.6%
	〔問2〕		73.6%
	〔問3〕		80.7%
	〔問4〕		66.2%
	〔問5〕		84.2%
	〔問6〕		53.1%
	〔問7〕		68.3%
4	〔問1〕		62.0%
	〔問2〕		47.2%
	〔問3〕	(1)	70.0%
		(2)	64.3%
		(3)	44.7%
	〔問4〕	(1)	49.6%
		(2)	54.1%

社会

1	〔問1〕	95.7%
	〔問2〕	28.4%
	〔問3〕	73.5%
2	〔問1〕	53.8%
	〔問2〕	38.8%
	〔問3〕	44.2%
3	〔問1〕	75.7%
	〔問2〕	75.1%
	〔問3〕	＊66.5%
4	〔問1〕	41.6%
	〔問2〕	62.4%
	〔問3〕	58.5%
	〔問4〕	45.8%
5	〔問1〕	94.5%
	〔問2〕	78.1%
	〔問3〕	＊60.2%
	〔問4〕	55.3%
6	〔問1〕	24.4%
	〔問2〕	59.4%
	〔問3〕	32.5%

数学

1	〔問1〕		94.6%
	〔問2〕		92.3%
	〔問3〕		80.2%
	〔問4〕		88.4%
	〔問5〕		92.4%
	〔問6〕		91.3%
	〔問7〕		80.1%
	〔問8〕		87.2%
	〔問9〕		＊83.2%
2	〔問1〕		35.7%
	〔問2〕		＊35.9%
3	〔問1〕		85.3%
	〔問2〕	①	74.9%
		②	8.2%
4	〔問1〕		62.6%
	〔問2〕	①	＊76.1%
		②	19.2%
5	〔問1〕		20.6%
	〔問2〕		14.6%

理科

1	〔問1〕	64.5%
	〔問2〕	83.1%
	〔問3〕	57.5%
	〔問4〕	57.8%
	〔問5〕	73.4%
	〔問6〕	64.1%
	〔問7〕	86.0%
2	〔問1〕	64.4%
	〔問2〕	64.9%
	〔問3〕	59.1%
	〔問4〕	63.1%
3	〔問1〕	46.5%
	〔問2〕	41.4%
	〔問3〕	57.7%
	〔問4〕	37.3%
4	〔問1〕	71.4%
	〔問2〕	55.4%
	〔問3〕	55.3%
5	〔問1〕	56.6%
	〔問2〕	39.2%
	〔問3〕	＊13.4%
6	〔問1〕	70.4%
	〔問2〕作図	＊61.7%
	〔問2〕理由	＊49.6%
	〔問3〕	35.5%
	〔問4〕	41.7%

国語

一	(1)	70.1%
	(2)	62.9%
	(3)	91.2%
	(4)	33.4%
	(5)	93.9%
二	(1)	77.6%
	(2)	61.5%
	(3)	71.7%
	(4)	33.2%
	(5)	73.0%
三	〔問1〕	47.8%
	〔問2〕	75.3%
	〔問3〕	79.0%
	〔問4〕	65.2%
	〔問5〕	76.4%
四	〔問1〕	61.9%
	〔問2〕	43.5%
	〔問3〕	70.4%
	〔問4〕	58.2%
	〔問5〕	＊79.9%
五	〔問1〕	58.2%
	〔問2〕	46.0%
	〔問3〕	63.7%
	〔問4〕	51.1%
	〔問5〕	81.9%

2018年度／東京都立高等学校

英語解答

1 A　＜対話文１＞　エ
　　＜対話文２＞　イ
　　＜対話文３＞　ウ
B　Q１　ア
　　Q２　A beautiful lake view.

2 １　エ　　２　ウ
３　(1)　イ
　　(2)　(例)I am enjoying studying about the culture of my own country. I think it is important to introduce it to people from other countries when I go abroad. I go to the library every weekend and read books about it there.

3 〔問１〕　イ　　〔問２〕　ウ
〔問３〕　イ　　〔問４〕　エ
〔問５〕　ア　　〔問６〕　エ
〔問７〕　ア

4 〔問１〕　ウ　　〔問２〕　イ→エ→ア→ウ
〔問３〕　(1)…ア　(2)…エ　(3)…ア
〔問４〕　(1)…ウ　(2)…イ

1〔放送問題〕

〔問題Ａ〕＜対話文１＞≪全訳≫女性(Ｗ)：すみません。ABC駅へ行きたいんですが。ABC駅行きの次の電車はいつ到着しますか？／男性(Ｍ)：２時50分です。10分待つことになりますね。／Ｗ：わかりました。何色の電車に乗ればいいですか？　色がたくさんありますよね。青や赤や緑やオレンジや…。緑の電車でABC駅へ行けますか？／Ｍ：いいえ。オレンジ色の電車に乗ってください。その他の色の電車はABC駅には行きませんから。／Ｗ：わかりました。ありがとうございます。

Ｑ：「ABC駅へ行くのはどの色の電車ですか」―エ.「オレンジ色の電車」

＜対話文２＞≪全訳≫ボブ(Ｂ)：エミ，放課後に図書館へ行って宿題をしない？／エミ(Ｅ)：ごめんね，ボブ。今日は放課後に買い物に行くの。お姉ちゃん〔妹〕の誕生日パーティー用の食料品を買う予定なんだ。／Ｂ：へえ，楽しそうだね。誕生日はいつなの？／Ｅ：明日よ。家で明日の夜，家族でパーティーをするの。明日，私はお父さんと一緒にお寿司《すし》と誕生日ケーキをつくるのよ。／Ｂ：へえ，すごいな！　お姉〔妹〕さんの誕生日を楽しく過ごしてね。／Ｅ：ありがとう。

Ｑ：「今日の放課後，エミは何をする予定ですか」―イ.「食料品を買いに行く予定です」

＜対話文３＞≪全訳≫女性(Ｗ)：あら，雨！／男性(Ｍ)：そうだね。／Ｗ：それに寒いわね。雪になるかも。この雨，やむかしら？／Ｍ：やむと思うよ。天気予報では，午後は曇りで雨は降らないっていってるからね。／Ｗ：まあ，ほんと？　そうだといいけど。／Ｍ：心配ないよ。テニスを楽しもう。

Ｑ：「天気予報では，午後の天気について何と言っていますか」―ウ.「曇りだと言っています」

〔問題Ｂ〕≪全訳≫タマ温泉にようこそ！　東京から２時間，バスにご乗車になって少々お疲れでしょうか？　いよいよこちらの温泉をお楽しみいただく時間となりました。それでは，タマ温泉についてご説明いたします。この温泉は約1000年前に発見され，それ以来，ここでの入浴が楽しまれてきました。／一年を通じて，この周辺の四季をお楽しみいただけます。例えば，今は春ですが，たくさんの種類の花が咲いています。また，春は山歩きに最高のシーズンです。／こちらには約15の旅館がございます。全て湖のほとりにあり，毎年大勢の方にご来訪いただいております。全ての旅館には美しい浴衣がございます。ぜひ浴衣を着てお楽しみください。窓からは美しい湖の景色をご覧になれます。こちらでの滞在をお楽しみいただければ幸いです。ありがとうございました。

Ｑ１：「どのくらいの間，人々はタマ温泉を楽しんできましたか」―ア.「約1000年間」

Q２：「トムは全ての旅館の窓から何を見ることができますか」―「美しい湖の眺め」

２〔総合問題〕

１＜対話文完成―適語(句)選択―表を見て答える問題＞

≪全訳≫❶キャシー(C)：今度の土曜日にサクラ公園に行こうよ。

❷メアリー(M)：いいね。そこにはスイミングプールがあるんだよね。私，泳ぎたいな。

❸C：うん，泳ごう。ねえメアリー，この公園には日本庭園もあるよ。一緒にそれを見て楽しみたいな。

❹M：おもしろそう！　どっちもしたいな。お金はいくらかかるのかな？

❺C：私は大学生でしょ。あなたは高校生でしょ。私たち２人合わせて2800円かかるね。

❻M：それで日本庭園も見られるし，プールも利用できるんだね。

❼C：そうだよ。

❽M：わかった。この公園が何時に閉園するのか調べてみよう。

❾C：８月は６時に閉まるんだね。

(A)第４段落と第６段落より，庭園とプールの両方を利用することがわかる。また，表Ⅰ－１に子ども料金は小学生と中学生とあるので，大学生と高校生である２人はどちらも大人料金とわかる。１人につき400＋1000＝1400(円)かかり，２人分の料金は1400×２＝2800(円)となる。 both「両方とも」　(B)表Ⅰ－２より，８月の閉園時間は午後６時とわかる。

２＜対話文完成―適語(句)選択―図を見て答える問題＞

≪全訳≫❶メアリー(M)：ここはケヤキ駅でしょ。１番ゲートを通っていけばいいね。まずは日本庭園の見学を楽しもう。

❷キャシー(C)：そうね。その後で，エリアＣに行こう。

❸M：そうだね。

❹C：あと，帰る途中で買い物しようよ，メアリー。

❺M：デパートはケヤキ駅から遠いよ。

❻C：大丈夫だよ。ヒノキ駅から帰ればいいじゃない。

❼M：そうだね。あの駅がデパートに一番近いもんね。

❽C：そうだよ。３番ゲートから出ればいいね。

❾M：その前にエリアＢを通っていきたいな。

❿C：いいわよ。じゃあ行こう。

(A)図Ⅱより，１番ゲートから入って最初にあるのは日本庭園のあるエリアＡとわかる。　(B)図Ⅱより，ヒノキ駅とデパートに最も近い出口は３番ゲートである。

３＜長文読解総合―Ｅメール＞

≪全訳≫こんにちは，メアリー。❶来てくれてうれしかったよ。あなたと過ごせて楽しかったな。あなたも楽しく過ごせたならいいんだけど。一緒に泳いだり日本庭園を見学したりできて楽しかったよ。あの日本庭園には感動したな。日本庭園を見るのはあれが初めてだったんだ。とてもきれいだったよね。あなたも楽しめたかな？　あと，一緒にプールで泳いでいたとき，あなたが楽しそうだったから，私もうれしかったよ。

❷知ってると思うけど，私は日本に来る前から日本文学が好きだったの。それを日本で学びたいと思っていたんだ。日本では，私が勉強していると，日本人の友達がときどき私を手伝ってくれるんだよ。私たちはよく図書館に行って，一緒に日本文学の勉強をするの。その後，いろんなことについて話し合うんだよ。友達は私に日本について教えてくれるし，私は友達に私の国について話すの。日本文学

を学んだり，日本の新しいことについて知ったりすることができて，すごく幸せだよ。今，私には夢があるの。日本文学の学者になることよ。これからも日本文学の勉強を続けるつもりなの。

❸また今度あなたが日本に来たら，一緒に日本中を旅行できたらいいと思ってるんだ。日本にはきれいな所がたくさんあるんだよ。今度はそれをあなたに見せてあげたいな。／じゃあね。キャシー

⑴**＜内容真偽＞**ア.「キャシーはメアリーに再び日本に来て，キャシーの友達に会ったり一緒に日本文学を学んだりしてほしいと思っている」…×　第３段落参照。　イ.「キャシーは日本文学の勉強を続けるつもりで，将来は日本文学の学者になりたいと思っている」…○　第２段落終わりの３文と一致する。　ウ.「キャシーは図書館に行ったときに友達に自国のことを日本語で伝えることが全くできないため，日本語をもっと勉強しなければならないと考えている」…×　第２段落第４～６文参照。　エ.「キャシーはメアリーと日本中を旅して美しい日本庭園を見てうれしく思い，また，それを一緒に楽しく見られて幸せだった」…×　第３段落参照。

⑵**＜テーマ作文＞**

≪全訳≫こんにちは，キャシー。❶Eメールありがとう。楽しく読ませてもらったよ。日本庭園も楽しかったな。おもしろい場所に連れていってくれてありがとう。

❷お姉ちゃんが日本文学の勉強を楽しんでいることがわかるわ。私も今，楽しく勉強していることがあるんだよ。それについて説明するね。

❸(例)私は今，自分の国の文化について勉強するのが楽しいんだ。外国に行ったとき，他の国の人たちに自国の文化を紹介することって大切だと思うの。毎週末，図書館へ行って，それに関する本を読んでいるんだよ。

❹この次に会うときに，もっと詳しく話したいな。

❺あと，お姉ちゃんと一緒に日本中を旅行するのを楽しみにしてるね。／いろいろとありがとう。メアリー

「楽しんで勉強できること」の例を挙げ，それを学ぶ目的や具体的な内容，方法などを説明するとよい。

3〔長文読解総合―会話文〕

≪全訳≫❶アキラ，ダイキ，チカは東京の高校生である。ベラはアメリカから来た高校生だ。彼らは放課後に教室で話をしている。

❷アキラ(A)：先週始まったSF映画，おもしろそうだよね。みんなで見に行かない？

❸ベラ(B)：いいよ。

❹A：その映画には，空飛ぶ自動車とか，びっくりするような機械が登場するんだってよ。

❺ダイキ(D)：おもしろそうだね。今はまだそういうものはつくれないもんね。

❻チカ(C)：将来はつくれるようになるのかな？

❼B：きっとつくれるようになると思うよ。

❽D：どうしてそう思うの？

❾B：スマートフォンのことを考えてみてよ。私たちの親が子どもの頃は，近い将来そんなものをつくれるようになるなんて考えもしなかったんだよ。でも今ではみんな日常生活でスマートフォンを使ってるでしょ。

❿A：僕もそう思うよ，ベラ。今はいろんな新製品があるもんね。新型のロボットを開発している人もいるし。テレビで，将棋を指すロボットを見たよ。そのロボット，将棋を指すのがすごくうまいんだ。

⓫B：そのロボットにはAIが搭載されているんだよ。

⓬C：AI？　聞いたことはあるけど，よくわからないんだよね。

13A：人工知能のことだよ。AIはものすごく大量の情報の中から何かを見つけ出すのが得意なんだ。AIはすばらしい可能性を秘めているんだよ。

14B：自動運転の車がその一例だね。それを利用すれば，どこかへ行くのに自分で運転をする必要が全くなくなるんだよ。

15D：AIは僕らの生活を向上させてくれるのかな？

16B：私はそうなると思うよ。AIがさまざまなものに利用されるようになるだろうね。AIはどんどん改良されてるんだよ。

17C：でもちょっと待って。将来，ある種の職業では AI機器が人間に取って代わるようになるって聞いたよ。AIが私たちの生活を急激に変えてしまうのは心配だな。

18D：君の気持ちはわかるよ。AIが僕らの生活をどう変化させるかわからないもんね。将来がどうなるかなんて誰にもわからないよ。

19B：AIにもできることとできないことがあるんだよ。それを理解することが必要だね。

20A：そのとおりだよ。僕らの生活をより便利にするために，AIを正しい方法で利用するべきだよね。僕は AIについて学びたいし，将来はみんなの役に立てるようなエンジニアになりたいよ。

21B：それはいい考えだね，アキラ。

22C：なんだか AIに興味がわいてきたよ。AIについてもっと詳しく知りたいな。

23A：それを聞いてうれしいよ。AIじゃなくて，自分で自分の未来をつくればいいんだよ。

24C：そうだね。自分の将来について話し合うのは楽しいね。

25D：さっき言ってた映画を見た後で，自分の将来についてもう一度話し合ったらどうかな？

26C：それはいい考えだね。

27B：ひとまずは映画で未来の世界を見て楽しもうよ。

〔問1〕＜英文解釈＞「ベラは(　　)と確信している」―イ．「将来，驚くべき機械がつくられるだろう」　下線部(1)は，直前の Will they make them in the future？という疑問を受けているので，will の後には make them in the future が繰り返しを避けるために省略されていると考えられる。they は people「人々」，them は amazing machines「驚くべき機械」を指している。

〔問2〕＜指示語＞so は直前の Will AI make our lives better？という内容を指しており，自分もそうなると思う，と同意している。これを具体的に表しているのはウの「ベラはAIが私たちの生活をより良くすると考えている」。 ‘make＋目的語＋形容詞’「～を…(の状態)にする」

〔問3〕＜文脈把握＞「(　　)ので，あなたの気持ちはわかります」―イ．「AIが僕たちの生活をどう変えるのか，僕たちにはわからない」　your feelings は，前文にあるチカの「AIが私たちの生活を急激に変えてしまうのは心配だ」という不安を指す。この後ダイキも「AIが僕たちの生活をどう変えるかはわからない」とほぼ同じ内容を繰り返しており，その点について共感していることがわかる。

〔問4〕＜指示語＞「(　　)ということを理解することが私たちには必要です」―エ．「AIにできることもあれば，できないこともある」　That は直前の「AIにできることとできないことがあり，それを理解する必要がある」というベラの発言内容を指しており，その意見に同意しているのである。

〔問5〕＜指示語＞「(　　)はいい考えです」―ア．「その映画を見た後で，私たちの将来について話し合うこと」　That は直前の「映画を見た後で自分の将来についてもう一度話し合ったらどうかな」というダイキの提案を指し，それに賛成している。

〔問6〕＜内容一致＞「自動運転の車を利用すれば，人々は自分で運転(　)いろいろな場所に行けるようになるだろう」―エ．「せずに」　第14段落に，自動運転の車を使えば，自分で運転する必要がなくなるとあるので，「～することなしに，～せずに」の意味の前置詞 without が適切。

〔問７〕＜内容一致＞「今日，放課後に友達と話をしたの。アキラが映画に出てくる空飛ぶ車みたいなびっくりするような機械について話したの。それから(A)私たち自身の未来について話したんだよ。あなたは AIについて知ってる？　AIは大量の情報の中から何かを見つけるのが得意なんだよ。将棋ロボットは AIを利用した一例なの。AIはいろんなものに利用されるようになるだろうな。最初，(B)チカは AIが私たちの生活を急激に変えてしまうことを心配してたの。アキラは自分の夢について話してくれたよ。彼はAIについて勉強して，エンジニアになりたいんだって。AIではなくて，私たちが(A)自分自身の未来をつくるんだってことを忘れずにいるのが大切だよね。AIについて私たちと話した後，(B)チカは「AIに興味がわいてきた」って言ってくれたんだ。／次に会うときは，AIについてあなたと話したいな」　(A)の１つ目は第６段落，２つ目は第23段落からわかる。また(B)の１つ目は第17段落，２つ目は第22段落からわかる。

４〔長文読解総合―物語〕

≪全訳≫❶ジュンコは東京の高校生である。彼女は英語が好きで，将来は英語を話せる旅行ガイドになりたいと思っている。４月に，カナダ出身で英語を話せるルーシーという生徒がジュンコのクラスに転入してきた。ジュンコはそれがうれしかった。まもなく２人は親友になった。ある日，ジュンコはルーシーにこう言った。「今度の日曜日に，私の友達のヤスコと一緒に，東京の名所に行ってみない？」ルーシーは喜んで賛成した。ジュンコは浅草や，他の場所に関する情報を集めたり，役に立ちそうな英単語を覚えたり，計画を立てたりした。ジュンコはルーシーのために良いガイド役を務めたいと思ったのだ。

❷次の日曜日の午前中，ジュンコはルーシーとヤスコを連れて浅草へ行った。ジュンコは２人を次々にいろいろな場所へ案内し，それぞれの場所に関する歴史などについてルーシーに説明した。ルーシーは喜んでいた。その様子を見てジュンコもうれしかった。

❸午後になって，３人の女の子は浅草を出発した。次の場所に向かう途中，ルーシーは自分たちの前に外国から来た若者が何人かいるのに気づいた。ルーシーは，その人たちのバッグについている食品のミニチュアに興味を持った。するとルーシーはその人たちの所へ行って話しかけた。ルーシーは言った。「こんにちは。それ，すごくかわいいですね」　彼らのうちの１人がこう言った。「向こうにある食品サンプルのお店で買ったんですよ」　ヤスコはこう言った。「ジュンコ，ルーシー，そのお店に行ってみない？」　ルーシーは賛成したが，ジュンコはヤスコにこう言った。「予定では別の場所に行くことになってるの。そのお店に行くことは私の計画には入ってないんだよ」　ヤスコは言った。「ねぇジュンコ，そのお店に行こうよ。ルーシーはそこに行ったら喜ぶと思うよ」　ジュンコは渋々ながら同意した。

❹３人の女の子は食品サンプルの店に行った。ルーシーはものすごくたくさんのさまざまな食品のミニチュアを見て驚いていた。それから彼女は原寸大の食品サンプルを見つけた。ルーシーは言った。「わあ，本物みたい！」　ヤスコが言った。「見て！　このポスターに，自分で食品サンプルをつくれるって書いてあるよ」　ルーシーはまたびっくりした。すると店員がこう言った。「申し訳ありませんが，今日はできないんです。ご予約が必要なんですよ。食品サンプルづくりは海外からのお客様の間で大変人気がありますので」　ルーシーは言った。「今つくれないのはちょっと残念だけど，ここに来られてすごく楽しかったよ。ありがとう，ヤスコ」　ジュンコは複雑な心境だった。ジュンコはこう思った。「私はあのお店は予定に入れてなかったんだけどな。すごくいい計画を立てたつもりだったのに，そうじゃなかったってことなのかな」

❺帰宅後，ジュンコは兄のカズオにこの日の観光について話した。カズオはこう言った。「ジュンコは最初その店に行きたくなかったのに，結局は行ったんだよね。それはどうしてなの？」「ルーシーにそ

の店に行って楽しんでほしかったからだよ」とジュンコは答えた。カズオは言った。「計画は大切だけどさ，柔軟に対応することも大事だよ。常に計画どおりに進める必要はないんじゃないかな」

6翌日，学校で，ジュンコはヤスコにこう言った。「ルーシーと一緒にあのお店で食品サンプルをつくる予約をしたいと思うの」　ヤスコは喜んで賛成した。次に，ジュンコはルーシーにその予約について話した。ルーシーはそれはうれしいと言った。ジュンコはルーシーにこう尋ねた。「その後で何かしたいことはある？」　ルーシーはこう答えた。「本物の食べ物を食べたいな」　ジュンコは帰宅すると，食品サンプルづくりの予約をした。

7翌月のある日曜日，ジュンコはヤスコと一緒に，ルーシーを食品サンプルの店に連れていった。３人はそこで食品サンプルづくりを楽しんだ。ルーシーは楽しかったし，そのおかげでジュンコもうれしくなった。店内で，ルーシーはたこ焼きの食品サンプルを見つけ，本物のたこ焼きを食べてみたいと言った。ジュンコはルーシーとヤスコにこう尋ねた。「じゃあ，本物のたこ焼きを食べに行こうか？」　２人は喜んで賛成した。ヤスコはジュンコに言った。「予定が決まってたんじゃないの？」　ジュンコは言った。「うん，でも別にそれはいいの」　ジュンコの計画では，唐揚げを食べることになっていたのだが，ルーシーが興味を持ったことに合わせる方がもっと大切だとジュンコは考えたのだ。あるお寺の近くで，３人はたこ焼きをおいしく食べた。ヤスコは言った。「ジュンコ，あなたは完璧なガイドさんだね。ルーシーが興味を持ったことに進んで合わせてあげて，あの子を喜ばせてあげたんだもん」　ジュンコはうれしかったし，柔軟に対応することは計画を立てることと同じくらい大切だということを実感した。

〔問１〕＜指示語＞「ジュンコは(　　)のでうれしかった」―ウ．「英語を話す新しいクラスメイトができた」　that は「４月にルーシーという英語を話す生徒が転入してきた」という直前の文の内容を指す。

〔問２〕＜要旨把握＞イ．「浅草へ行く前，ジュンコは役に立つ英単語を覚えたり，観光の計画を立てたりした」(第１段落最後から２文目)→エ．「ルーシーはバッグに食品のミニチュアをつけた人たちを見かけ，それらがどこで買えるのかを知った」(第３段落前半)→ア．「ジュンコは食品サンプルの店を訪れたことについて複雑な気持ちになった」(第４段落終わりの５文)→ウ．「ジュンコは，ルーシーが店で食品サンプルをつくって楽しめたのでうれしかった」(第７段落第２，３文)

〔問３〕＜内容一致＞(1)「ジュンコが午前中にルーシーとヤスコと浅草に行ったとき，(　　)」―ア．「ルーシーはジュンコがそれぞれの場所の歴史などについて説明してくれてうれしかった」　第２段落第２，３文参照。　(2)「ルーシーは(　　)ため，食品サンプルの店で少しがっかりした」―エ．「予約していないので食品サンプルをつくることができなかった」　第４段落後半参照。
(3)「２回目に食品サンプルの店に行った後，ルーシーが本物のたこ焼きを食べてみることに賛成したとき，(　　)」―ア．「ジュンコは自分の計画よりもルーシーの興味に従う方が重要だと考えた」　第７段落最後から５文目参照。

〔問４〕＜英問英答＞(1)「ジュンコの兄は計画というものについて何と言ったか」―ウ．「常に計画に従う必要はないと言った」　第５段落最終文参照。　(2)「２回目に食品サンプルの店に行った後，ジュンコは何に気づいたか」―イ．「柔軟に対応することも計画を立てることも，どちらも大切だということに気づいた」　第７段落最終文参照。

数学解答

1 〔問1〕 8　〔問2〕 $4a+9b$

〔問3〕 -5　〔問4〕 $x=-\frac{1}{3}$

〔問5〕 $x=2,\ y=6$

〔問6〕 $x=-7,\ -5$

〔問7〕 あ…4

い…5

〔問8〕 う…1

え…1

お…5

〔問9〕 右図

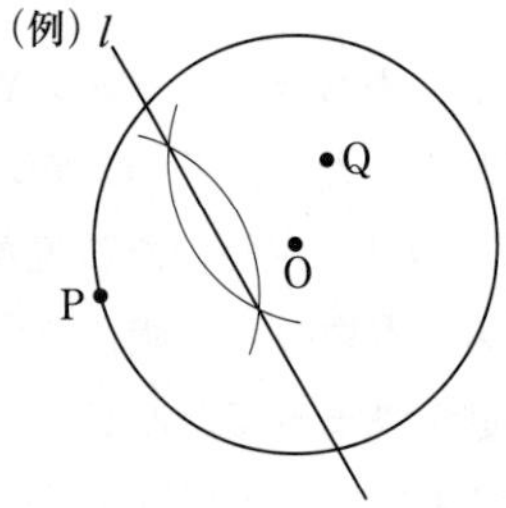

2 〔問1〕 イ

〔問2〕 (例)円柱の側面は，縦の長さが $h$cm，横の長さが底面の円周の長さに等しい長方形だから，

側面積は $2\pi r\times h=2\pi rh$，

底面積は πr^2 となる。

したがって，

表面積 Q は，$Q=2\pi rh+2\pi r^2$……(1)

$l=2\pi r$ だから，

$l(h+r)=2\pi r(h+r)$

$=2\pi rh+2\pi r^2$……(2)

(1)，(2)より，$Q=l(h+r)$

3 〔問1〕 ウ

〔問2〕 ① ア　② (4，8)

4 〔問1〕 エ

〔問2〕

① (例)△ABP と△ARP において，

仮定から，BP＝RP……(1)

半円の弧に対する円周角だから，

∠APB＝90°……(2)

(2)より，AP⊥BR だから，

∠APB＝∠APR……(3)

共通な辺だから，AP＝AP……(4)

(1)，(3)，(4)より，2組の辺とその間の角がそれぞれ等しいから，

△ABP≡△ARP

② か…2　き…3

5 〔問1〕 く…6　け…0

〔問2〕 こ…8　さ…1

1 〔独立小問集合題〕

〔問1〕＜数の計算＞与式＝$5-(-3)=5+3=8$

〔問2〕＜式の計算＞与式＝$8a+8b-4a+b=4a+9b$

〔問3〕＜平方根の計算＞与式＝$(\sqrt{7})^2-(2\sqrt{3})^2=7-12=-5$

〔問4〕＜一次方程式＞$4x-x=-6+5$，$3x=-1$　$\therefore x=-\frac{1}{3}$

〔問5〕＜連立方程式＞$7x-y=8$……①，$-9x+4y=6$……②とする。

①×4 より，$28x-4y=32$……①′

①′＋②より，$28x+(-9x)=32+6$，$19x=38$　$\therefore x=2$

これを①に代入して，$14-y=8$，$-y=-6$　$\therefore y=6$

〔問6〕＜二次方程式＞左辺を因数分解して，$(x+7)(x+5)=0$　$\therefore x=-7,\ -5$

〔問7〕＜資料の活用―割合＞表より，最高気温が18℃以上であった日数は $5+9+4=18$(日)，全体の日数は40日だから，$\frac{18}{40}\times100=45$ より，最高気温が18℃以上であった日数は全体の日数の45％である。

〔問８〕＜図形―角度＞右図１のように，xで示した角の頂点を通り直線lに平行な直線nを引き，３つの角a，b，cを定める。

$a=180°-135°=45°$であり，$l/\!/n$より錯角は等しいから，$b=a=45°$である。

また，$n/\!/m$より錯角は等しいから，$c=70°$である。

よって，$x=b+c=45°+70°=115°$となる。

図１

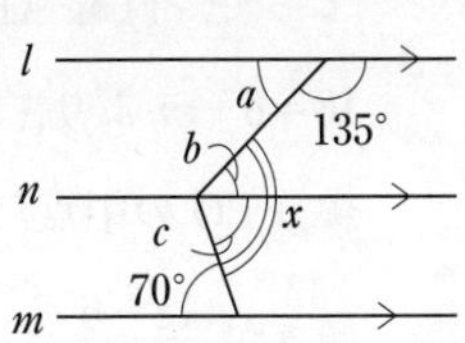

〔問９〕＜図形―作図＞右図２で，直線lを折り目として折ると２点P，Qが重なるから，２点P，Qは直線lについて対称な点となる。

よって，２点P，Qを結ぶと，直線lは線分PQの垂直二等分線となる。したがって，作図は次のようになる。

①２点P，Qを中心とする半径の等しい円の弧をかき（２つの交点をA，Bとする），

②２点A，Bを通る直線を引く。

②の直線が折り目と重なる直線lである。解答参照。

図２

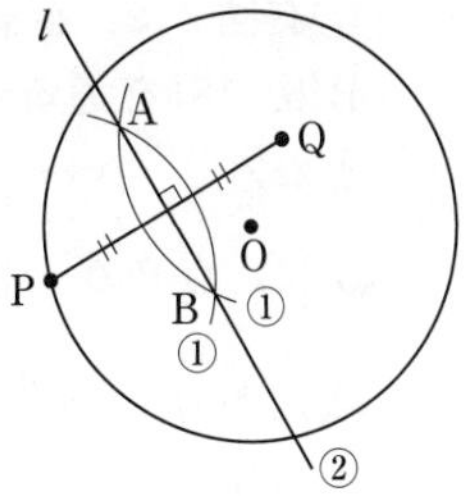

２〔数と式―文字式の利用〕

〔問１〕＜表面積＞右図１で，正六角形ABCDEFの対角線BEを引くと，BEは点Mを通り，正六角形ABCDEFは６つの合同な正三角形△MAB，△MBC，△MCD，△MDE，△MEF，△MFAに分けられる。

$\triangle \mathrm{MAB}=\frac{1}{2}\times \mathrm{AB}\times \mathrm{MN}=\frac{1}{2}\times a\times b=\frac{1}{2}ab$だから，底面積は，

$\frac{1}{2}ab\times 6=3ab$である。

また，〔長方形AGHB〕$=\mathrm{AG}\times \mathrm{AB}=h\times a=ah$だから，側面積は，

$ah\times 6=6ah$である。

よって，正六角柱ABCDEF-GHIJKLの表面積は

$3ab\times 2+6ah=6ab+6ah=6a(b+h)$となるから，$P=6a(b+h)$である。

図１

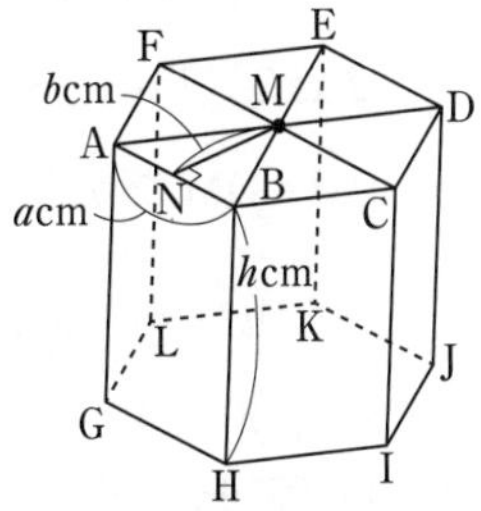

〔問２〕＜表面積＞右図２で，まず，円柱の表面積Qを，h，rを用いて表す。また，$l=2\pi r$だから，これを利用して，$Q=l(h+r)$を示す。

解答参照。

図２

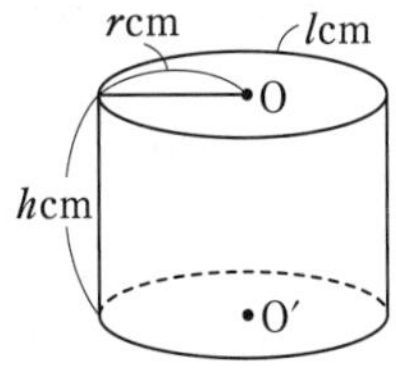

３〔関数―関数$y=ax^2$と直線〕

〔問１〕＜変域＞点Pは関数$y=\frac{1}{2}x^2$のグラフ上にあるので，点Pのx座標aのとる値の範囲$-4\leqq a\leqq 6$において，y座標bは，$a=0$のとき最小で，$b=0$となる。また，$a=6$のとき最大で，$b=\frac{1}{2}\times 6^2=18$である。よって，$b$のとる値の範囲は，$0\leqq b\leqq 18$である。

〔問２〕＜直線の式，座標＞①点Pがy軸上にあるとき，右図１のように，点Pは原点Oにあり，点Qは線分ABとy軸の交点となる。

点Aは関数$y=\frac{1}{2}x^2$のグラフ上の点で，x座標が-4だから，

$y=\frac{1}{2}\times(-4)^2=8$より，A$(-4,\ 8)$である。

点Bも関数$y=\frac{1}{2}x^2$のグラフ上の点で，x座標が６だから，

$y=\frac{1}{2}\times 6^2=18$より，B$(6,\ 18)$である。

図１

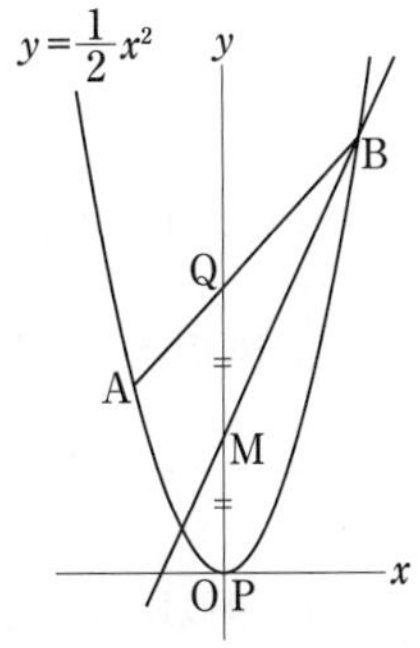

よって，直線ABの傾きは $\frac{18-8}{6-(-4)}=1$ だから，その式は $y=x+m$ とおけ，点Bを通るので，$18=6+m$ より，$m=12$ となる。これより，直線ABの切片が12だから，Q(0, 12)となる。点Mは線分PQの中点だから，y 座標は $\frac{0+12}{2}=6$ となり，M(0, 6)である。したがって，直線BMは，傾きが $\frac{18-6}{6-0}=2$，切片が6だから，その式は $y=2x+6$ となる。

②右図2で，直線BMは原点Oを通るので，その式は $y=nx$ とおけ，B(6, 18)を通るから，$18=n\times6$，$n=3$ より，直線BMの式は $y=3x$ となる。

図2

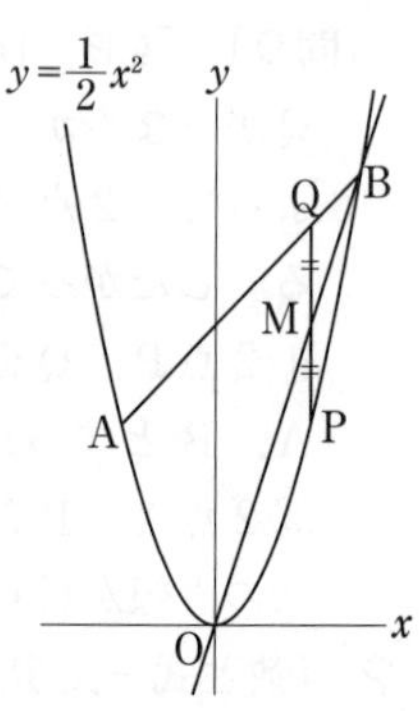

次に，点Pの x 座標を t とおくと，点Pは関数 $y=\frac{1}{2}x^2$ のグラフ上の点だから，$y=\frac{1}{2}t^2$ より，$\mathrm{P}\left(t,\ \frac{1}{2}t^2\right)$ である。①より点Qは直線 $y=x+12$ 上，点Mは直線 $y=3x$ 上の点で x 座標が t だから，$y=t+12$，$y=3t$ より，Q(t, $t+12$)，M(t, $3t$)である。

よって，2点M，Pの y 座標より，$\mathrm{PM}=3t-\frac{1}{2}t^2$ であり，

2点Q，Mの y 座標より，$\mathrm{QM}=t+12-3t=-2t+12$ である。

PM＝QMだから，$3t-\frac{1}{2}t^2=-2t+12$ が成り立ち，$6t-t^2=-4t+24$，$t^2-10t+24=0$，$(t-4)(t-6)=0$ より，$t=4$，6となる。$-4<t<6$ より，$t=4$ だから，$\frac{1}{2}t^2=\frac{1}{2}\times4^2=8$ となり，P(4, 8)である。

4 〔平面図形—円〕

〔問1〕＜角度＞右図1で，2点O，Cを結ぶと，$\overset{\frown}{\mathrm{AC}}=\overset{\frown}{\mathrm{BC}}$ より，$\angle\mathrm{AOC}=\angle\mathrm{BOC}=\frac{1}{2}\times180^\circ=90^\circ$ だから，$\overset{\frown}{\mathrm{BC}}$ に対する円周角と中心角の関係から，$\angle\mathrm{QAC}=\frac{1}{2}\angle\mathrm{BOC}=\frac{1}{2}\times90^\circ=45^\circ$ となる。

図1

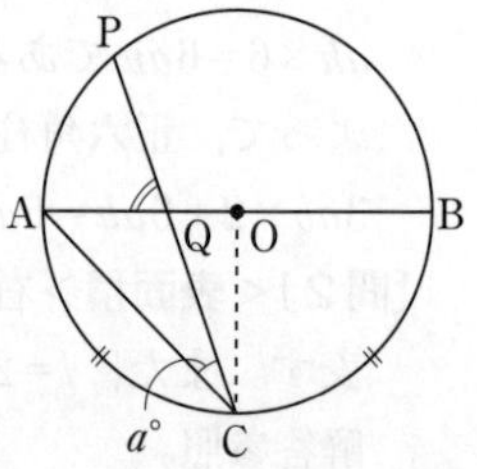

よって，△ACQで内角と外角の関係から，

$\angle\mathrm{AQP}=\angle\mathrm{ACQ}+\angle\mathrm{QAC}=a^\circ+45^\circ=(a+45)^\circ$ である。

〔問2〕＜論証，面積比＞①右図2の△ABPと△ARPで，BP＝RP，AP＝APである。また，半円の弧に対する円周角より，$\angle\mathrm{APB}=90^\circ$ だから，$\angle\mathrm{APB}=\angle\mathrm{APR}=90^\circ$ である。解答参照。

図2

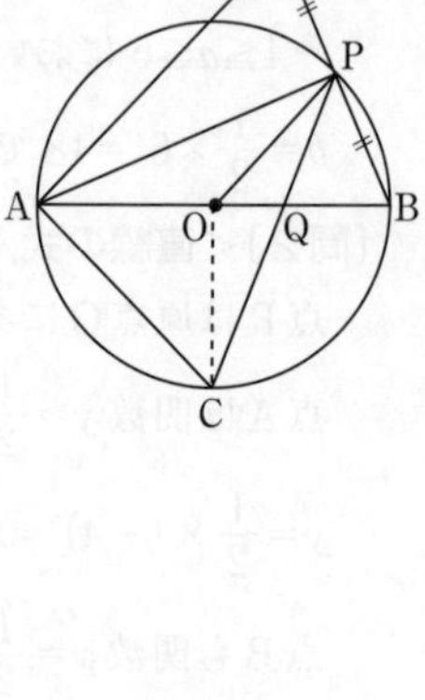

②図2で，AO＝OBより，△AOP＝△OBPであり，

①より△ABP≡△ARPだから，△ARP＝△ABP＝2△OBPである。

よって，〔四角形AOPR〕＝△AOP＋△ARP＝△OBP＋2△OBP＝3△OBPとなる。

次に，△ACQと△OBPにおいて，$\overset{\frown}{\mathrm{AP}}$ に対する円周角より，$\angle\mathrm{ACQ}=\angle\mathrm{OBP}$ である。$\overset{\frown}{\mathrm{BC}}=2\overset{\frown}{\mathrm{BP}}$ より，$\overset{\frown}{\mathrm{BP}}=\frac{1}{2}\overset{\frown}{\mathrm{BC}}$ だから，

$\angle\mathrm{BOP}=\frac{1}{2}\angle\mathrm{BOC}=\frac{1}{2}\times90^\circ=45^\circ$ となり，$\angle\mathrm{CAQ}=\angle\mathrm{BOP}$ である。

よって，2組の角がそれぞれ等しいから，△ACQ∽△OBPとなる。

ここで，OA＝OC，$\angle\mathrm{AOC}=90^\circ$ より，△OACは直角二等辺三角形であるから，△ACQと△OBPの相似比は，AC：OB＝AC：OC＝$\sqrt{2}$：1であり，△ACQ：△OBP＝$(\sqrt{2})^2:1^2=2:1$ となる。こ

れより，△ACQ＝2△OBP である。

したがって，△ACQ：〔四角形 AOPR〕＝2△OBP：3△OBP＝2：3 となるから，△ACQ の面積は四角形 AOPR の面積の$\frac{2}{3}$倍である。

5 〔空間図形―三角柱〕

〔問1〕＜角度＞右図1のように，点Bと点Dを結ぶと，点Pが頂点Cに一致するとき，

AB＝AD＝AP＝9，∠BAP＝∠BAD＝∠PAD＝90° より，

△ABP，△ABD，△ADP は合同な直角二等辺三角形となる。

よって，BP＝BD＝DP となり，△BPD は正三角形だから，

∠BPD＝60° である。

図1

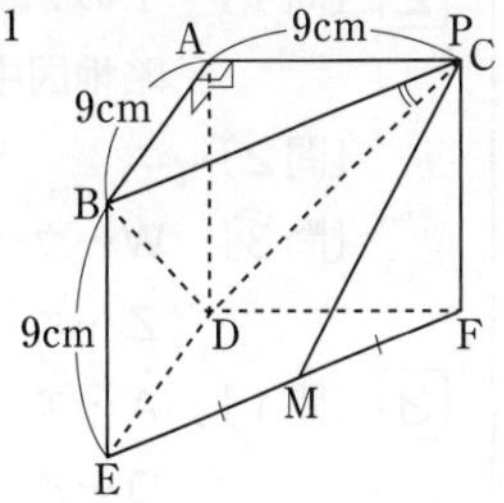

〔問2〕＜体積＞右図2のように，点Pから面 ABED に引いた垂線を PQ とし，点Pを通り面 ABC に平行な面と辺 AD，BE，CF の交点をそれぞれR，S，Tとする。このとき，〔面 RST〕⊥〔面 ABED〕より，線分 PQ は面 RST 上にある。

図2

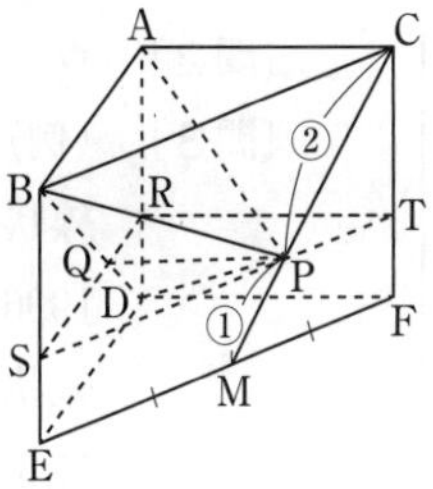

PT∥MF より，△CPT∽△CMF だから，PT：MF＝CP：CM＝2：(2＋1)＝2：3 である。

また，MF＝$\frac{1}{2}$EF＝$\frac{1}{2}$ST だから，PT＝$\frac{2}{3}$MF＝$\frac{2}{3}\times\frac{1}{2}$ST＝$\frac{1}{3}$ST となり，PT：ST＝$\frac{1}{3}$ST：ST＝1：3 となる。

これより，SP：ST＝(3−1)：3＝2：3 である。

さらに，∠SQP＝∠SRT＝90° より，PQ∥TR だから，△SPQ∽△STR となり，

PQ：TR＝SP：ST＝2：3 である。

よって，TR＝CA＝9 より，PQ＝$\frac{2}{3}$TR＝$\frac{2}{3}\times 9=6$ となるので，立体 P-ABD の体積は，

$\frac{1}{3}\times$△ABD$\times$PQ＝$\frac{1}{3}\times\left(\frac{1}{2}\times 9\times 9\right)\times 6=81$ (cm³) となる。

社会解答

1 〔問１〕 エ　〔問２〕 イ
〔問３〕 イ

2 〔問１〕 Ｉのア～エ…ア
略地図中のＡ～Ｄ…Ｄ
〔問２〕 エ
〔問３〕 Ｗ…ウ　Ｘ…ア　Ｙ…イ
Ｚ…エ

3 〔問１〕 Ａ…ア　Ｂ…エ　Ｃ…ウ
Ｄ…イ
〔問２〕 ウ
〔問３〕 (例)この地域は，1961年には曲線状の道路が多く見られたが，1996年には新たに整備された直線状の道路が多く見られるようになった。

4 〔問１〕 エ→イ→ア→ウ　〔問２〕 ア
〔問３〕 イ　〔問４〕 ウ→イ→エ→ア

5 〔問１〕 エ　〔問２〕 ア
〔問３〕 (例)1960年から1995年までの期間では，米の総需要量と生産量に大きな開きがある年が見られたが，1995年から2016年までの期間では，米の総需要量と生産量の開きが小さくなった。
〔問４〕 ウ

6 〔問１〕 Ａ…エ　Ｂ…ア　Ｃ…ウ
Ｄ…イ
〔問２〕 Ｗ…イ　Ｘ…エ　Ｙ…ア
Ｚ…ウ
〔問３〕 ウ

1 〔三分野総合—小問集合問題〕

〔問１〕＜地図の読み取り＞写真手前に高架道路，左手奥に円柱形の石油タンクが見られる。地形図の●地点から矢印方向に有料道路(━•••━)，その奥に丸い構築物(◍)が示されているエの地形図が当てはまる。

〔問２〕＜四大文明＞世界の古代文明のうち，モヘンジョ・ダロやハラッパ〔ハラッパー〕などの都市が建設されたのは，インダス川流域に発達したインダス文明である。インダス文明で用いられたインダス文字は，まだ解読されていない。なお，Ｉの略地図中のアは中国文明が発達した黄河流域，ウはメソポタミア文明が発達したチグリス川とユーフラテス川流域，エはエジプト文明が発達したナイル川流域を示している。

〔問３〕＜財政＞国の借金の返済や利子の支払いなどの支出は国債費である。2017年度の国債費約23兆円は歳出総額の約24％に当たり，社会保障関係費(ア)に次いで多い。なお，ウは地方交付税交付金，エは公共事業関係費を表している。

2 〔世界地理—世界の国々の特色〕

〔問１〕＜産油国の気候＞暖流と偏西風の影響で高緯度のわりに気温が高いのは，北西ヨーロッパなどに見られる西岸海洋性気候の特色である。Ｄはイギリスの首都ロンドンで，西岸海洋性気候に含まれる。イギリスは北海油田の採掘権を持つ産油国である。なお，イのグラフはサウジアラビアの首都リヤド(Ｃ)，ウはメキシコの首都メキシコシティ(Ｂ)，エはブラジルの首都ブラジリア(Ａ)の気候を表している。

〔問２〕＜産業別人口と石炭＞Ｒはインドネシアで，石炭の輸出量は世界第１位(2014年)であるエが当てはまる。また，Ｓのドイツやの韓国と比べると第１次産業(農林水産業)人口の割合が高く，粗鋼の生産量は少ない。なお，アはドイツ，イはベトナム(Ｑ)，ウは韓国を表している。

〔問３〕＜日本との貿易とアルミニウム＞Ｗのカナダとのオーストラリアは，国土が東西に広いので経度差が大きく，複数の標準時が定められている。カナダの西部にはロッキー山脈が連なり，発電方法は水力発電が中心である(ウ)。オーストラリアでは，石炭や鉄鉱石の他に，アルミニウムの原料であるボーキサイトが産出される。また，中国，アメリカ合衆国に次ぐ日本の輸入相手国である(2016年)(ア)。Yのインドの北部にはヒマラヤ山脈が，半島部にはデカン高原がある(イ)。Zのノルウェーには，氷河に削り取られて形成されたフィヨルドと呼ばれる海岸が見られる。また，発電方法はほとんどが水力発電である(エ)。

3〔日本地理―総合〕

〔問1〕＜自然環境と農業＞Aは岩手県で，東部の海岸には複雑に入り組んだリアス海岸が見られ，西部には奥羽山脈が南北に走っている(ア)。Bは鳥取県で，北西の季節風の影響で冬に雪が降る日本海側の気候に属している。また，鳥取砂丘では果樹などの栽培が行われている(エ)。Cは高知県で，北部には四国山地があり南部の沖合を暖流の日本海流〔黒潮〕が流れている。また，山地南側などでは，ブンタンやポンカンなどのかんきつ類が栽培されている(ウ)。Dは長崎県で，多数の半島や島々が見られ，南東部には1990～91年に噴火した雲仙岳がある。また，北海道に次ぐばれいしょ〔じゃがいも〕の産地である(2016年)(イ)。

〔問2〕＜産業別人口と農業＞Zは鹿児島県で，シラスと呼ばれる火山灰地が広がっているため，畑の割合が高い。また，畜産が盛んで，肉用牛の飼育頭数は北海道に次いで全国第2位，豚の飼育頭数は全国第1位である(2017年)。なお，農業産出額が多く，乳牛を飼育して牛乳や乳製品を生産する酪農が盛んで，米の産出額も多いアは北海道(W)に，水田の割合は高いが，第1次産業(農林水産業)の就業人口の割合は低く，農業産出額も少ないイは兵庫県(Y)に，第2次産業(工業など)の就業人口の割合が他道県より高く，農業産出額も多いエは茨城県(X)に当てはまる。

〔問3〕＜地形図の変化＞Ⅱの1961年の地形図では，田の中を通る道路が不規則で曲線状だったが，Ⅲの1996年の地形図では，資料Ⅰの「交通などの環境を整備する」という農業構造改善事業によって，田の中を通る道路が南北と東西方向に規則的で直線状に整備されている。

4〔歴史―情報に関する歴史〕

〔問1〕＜年代整序＞年代の古い順に，律令制度が整った奈良時代の『日本書紀』(エ)，国風文化が栄えた平安時代の『枕草子』(イ)，元寇があった鎌倉時代の「蒙古襲来絵詞」(ア)，観阿弥，世阿弥父子が能〔能楽〕を大成した室町時代の『風姿花伝』(ウ)となる。

〔問2〕＜伊能忠敬＞この日記は，江戸時代後半に日本列島の海岸線を測量して正確な日本地図を作成した伊能忠敬の記したものである。なお，寛政12年は西暦では1800年，文化2年は1805年である。

〔問3〕＜福沢諭吉＞福沢諭吉が，資料Ⅱで述べられている『学問のすゝめ』を著したのは，明治初期の1872年である。

〔問4〕＜年代整序＞年代の古い順に，1937年に始まった日中戦争が長期化する中で1938年に制定された国家総動員法(ウ)，1951年に締結されたサンフランシスコ平和条約による主権回復後の1953年に始まったテレビの本放送(イ)，高度経済成長が続く1970年に開催された大阪万国博覧会(エ)，1980年代後半に始まったバブル景気と，1989年のベルリンの壁の崩壊(ア)となる。

5〔公民―総合〕

〔問1〕＜基本的人権＞日本国憲法は第14条で，法の下の平等や差別の禁止を定めて国民の平等権を保障している。なお，アは自由権の中の精神の自由の一つである表現の自由を保障する条文，イは参政権の中心となる選挙権を保障する条文，ウは社会権に含まれる勤労の権利を保障する条文である。

〔問2〕＜条例＞地方公共団体の議会が法律の範囲内で制定する決まりを，条例と呼ぶ。なお，国会が制定する国の決まりを法律と呼ぶ。法律を実施するために必要な命令のうち，内閣が定める命令を政令，法律や政令を実施するために国務大臣が定める命令を省令と呼ぶ。

〔問３〕＜資料の読み取り＞Ⅱのグラフを見ると，米の総需要量と生産量の関係は，食糧管理法が廃止されて食糧法が施行された1995年を境として，その前の期間では，年による米の生産量の変動が大きく，総需要量との差が大きい年が多かったのに対して，その後の期間では，米の総需要量と生産量の差がほとんどない年が多くなっている。

〔問４〕＜日本の貿易＞世界貿易機関〔WTO〕は1995年に発足し，ヨーロッパ連合〔EU〕は1993年に発足した。アジア州からの輸入額の割合が，始まりでは50％に満たなかったが終わりには50％を超えている時期はアとウ，始まりと終わりを比較して，ヨーロッパ州からの輸入額の割合もヨーロッパ州への輸出額の割合も減少している時期はウである。

6〔三分野総合―国際的な課題〕

〔問１〕＜各国の歴史と都市の交通＞Aは1776年に独立したアメリカ合衆国南部のニューオーリンズで，南流するミシシッピ川の河口に位置する(エ)。Bはロシア東部のウラジオストクで，20世紀初めにシベリア鉄道によって首都のモスクワと結ばれた。ロシアは，1917年のロシア革命後に社会主義国家であるソビエト社会主義共和国連邦〔ソ連〕となったが，ソ連は1991年に崩壊し，現在はロシア連邦となっている(ア)。Cはマレー半島の南端，世界の航路の要衝であるマラッカ海峡に面しているシンガポールである。1965年にイギリスから独立した(ウ)。Dはオランダの港湾都市ロッテルダムで，国際河川であるライン川の河口に位置して，EUの貿易港の役割を果たしている。オランダは，国土の４分の１を，ポルダーと呼ばれる干拓地が占めている(イ)。

〔問２〕＜各国の環境対策＞Wはチリで，メキシコ以南の中南アメリカの他の多くの国と同様に，かつてスペインの支配を受けた影響で，独立後もスペイン語を公用語としている。また，ぶどうやワイン，銅や銅鉱が主要な輸出品となっている(2015年)(イ)。Xはパラオで，「小さい島々」を意味するミクロネシアと呼ばれる地域を構成する島国である。サンゴ礁を見たり，ダイビングを楽しんだりすることのできる美しい海を観光資源としている(エ)。Yはフィリピンで，季節風〔モンスーン〕の影響を受ける東南アジアに位置している。2014年に人口が１億人を超えた(ア)。Zはアフリカ大陸西端でサハラ砂漠の南側に位置するセネガルである。輸出用作物として落花生が生産されている(ウ)。

〔問３〕＜国際連合の取り組み＞2000年は，西暦の1000年ごとの区切りの年という意味のミレニアムと呼ばれ，国際連合でもミレニアムサミットが開催されて「ミレニアム宣言」が発表された。また，2002年には，南アフリカ共和国のヨハネスバーグで「持続可能な開発に関する世界首脳会議」が開催され，「ヨハネスバーグ宣言」が採択された。

理科解答

1 〔問1〕 イ 〔問2〕 ア
〔問3〕 エ 〔問4〕 イ
〔問5〕 エ 〔問6〕 ア
〔問7〕 ウ

2 〔問1〕 エ 〔問2〕 イ
〔問3〕 ア 〔問4〕 ウ

3 〔問1〕 イ 〔問2〕 エ
〔問3〕 ウ 〔問4〕 ア

4 〔問1〕 エ 〔問2〕 ウ
〔問3〕 (1)…イ (2)…ア (3)…ア
(4)…イ

5 〔問1〕 ウ 〔問2〕 エ
〔問3〕 $2H_2 + O_2 \longrightarrow 2H_2O$

6 〔問1〕 ア
〔問2〕 つなぎ方…下図

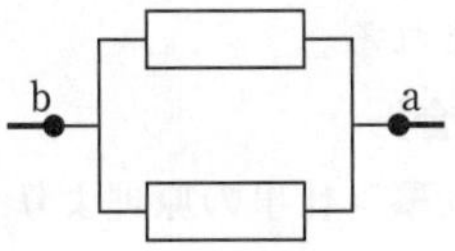

理由…(例)回路全体の抵抗が小さくなり，金属棒に流れる電流が大きくなるから。
〔問3〕 エ 〔問4〕 ウ

1 〔小問集合〕

〔問1〕＜体細胞分裂＞生殖細胞である精子と卵は減数分裂によってつくられ，染色体の数は親の細胞の半分の11本である。これらの生殖細胞が受精してできる受精卵は，それぞれの核が合体するので，染色体の数はそれぞれの染色体の数の和となり，親の細胞と同じ22本である。受精卵は細胞分裂を繰り返して胚になるが，このときの細胞分裂は体細胞分裂である。よって，図1の受精卵と胚の細胞1個にある染色体の数はそれぞれ22本である。

〔問2〕＜太陽＞図2～4で，黒点の位置が移動していることから，太陽が自ら回転(自転)していることがわかる。また，太陽のように自ら光を放つ天体を恒星という。なお，公転は天体が他の天体の周りを回転することで，惑星は，自ら光を出さず，恒星の周りを公転している天体である。

〔問3〕＜凸レンズによる像＞図5のように，物体を焦点の外側に置いたときに，スクリーンに映る像を実像という。実像は，実物と上下左右が逆向きである。また，物体を焦点距離の2倍の位置に置くと，反対側の焦点距離の2倍の位置に物体と同じ大きさの実像ができる。物体を，焦点距離の2倍の位置から焦点に近づけると，できる実像の位置は焦点から遠ざかり，実像の大きさは大きくなる。よって，図5では，電球を焦点距離の10cmと焦点距離の2倍の20cmの間に置いているので，できる実像の大きさは実物より大きくなる。

〔問4〕＜溶解度＞表1より，60℃の水100gにミョウバンは57.4gまで溶けるから，50gのミョウバンは全て溶ける。この水溶液を冷やして20℃にすると，ミョウバンは20℃の水100gには11.4gしか溶けないから，50－11.4＝38.6(g)が溶けきれずに結晶となって出てくる。

〔問5〕＜台車の運動＞図6より，打点の間隔が全て同じ1cmなので，このとき，力学台車は一定時間に移動した距離が同じ，つまり，速さが一定の直線運動(等速直線運動)をしている。また，1秒間に50回打点する記録タイマーを使っているので，位置Aから位置Bまでの5打点を打つのにかかる時間は，(1÷50)×5＝0.1(秒)となる。よって，求める平均の速さは，〔平均の速さ(m/s)〕＝〔移動した距離(m)〕÷〔かかった時間(s)〕より，移動した距離5cmは0.05mで，かかった時間は0.1秒だから，0.05÷0.1＝0.5(m/s)である。

〔問6〕＜実験操作＞炭酸水素ナトリウムを加熱すると，炭酸ナトリウムと水と二酸化炭素に分解する。このとき発生した水が，試験管の加熱部分に流れると，加熱部分が急に冷えて試験管が割れるおそれがある。これを防ぐため，Aのように試験管の口を底よりも少し下げる。また，発生した液体が水であることを調べるために使う指示薬は塩化コバルト紙で，青色の塩化コバルト紙を水につけると赤色(桃色)に変化する。なお，リトマス紙は，液体の性質(酸性，中性，アルカリ性)を調べる指示薬である。

〔問7〕＜神経＞音などの刺激を信号として脳に伝える神経を感覚神経という。また，脳や脊髄からなる神経を中枢神経という。なお，運動神経は中枢神経が出した命令の信号を筋肉などの運動器官に伝える神経で，末梢神経は中枢神経から枝分かれして全身に広がる神経で，感覚神経や運動神経などが含まれる。

2 〔小問集合〕

〔問1〕＜仕事＞仕事の原理より，ケーブルカーを利用したときも徒歩のときも，仕事の大きさは変わらない。また，〔仕事率(W)〕＝$\frac{〔仕事(J)〕}{〔かかった時間(s)〕}$より，仕事の大きさが同じとき，仕事率はかかった時間に反比例する。よって，ケーブルカーを利用したときの時間は，徒歩のときの時間の5÷50＝$\frac{1}{10}$(倍)だから，仕事率は10倍になる。

〔問2〕＜雲のでき方＞気圧は空気の重さによる圧力だから，上空に行くほど，それより上にある空気の重さは小さくなり，気圧は低くなる。空気のかたまりは，周りの気圧が低くなると膨張する。空気には膨張すると温度が下がる性質があるため，上昇するほど空気の温度が下がる。そして，温度が露点より低くなると，水蒸気が水滴になり始めて雲ができる。

〔問3〕＜化学変化と熱＞酸化カルシウムと水の化学変化は周囲に熱を放出する発熱反応なので，弁当を温めることができる。また，鉄粉と活性炭と少量の食塩水を混ぜたときに起こる反応は，鉄が空気中の酸素と化合する反応で，これも発熱反応である。この反応を利用したのが，化学かいろである。なお，周囲から熱を吸収する化学変化を吸熱反応という。

〔問4〕＜分解者のはたらき＞菌類の仲間であるキノコやカビは多細胞生物で，体は菌糸からできている。また，菌類は，有機物を呼吸によって水や二酸化炭素などの無機物に分解し，そのときに取り出されるエネルギーを利用して生活している。なお，このような自然界におけるはたらきから，菌類は分解者と呼ばれる。

3 〔大地のつくりと変化〕

〔問1〕＜凝灰岩＞地層①の試料に図2のような小さな鉱物の粒が観察されたことから，地層①は火山灰などが降り積もってできたことがわかる。また，鉱物の種類や割合から，マグマのねばりけがわかるため，火山の形が推定できる。無色鉱物の割合が多いと，マグマのねばりけが強いので，盛り上がった形の火山になる。なお，マグマが地下の深い所でゆっくり冷えて固まると，鉱物は大きな結晶となり，等粒状組織を持つ深成岩となる。

〔問2〕＜石灰岩＞地層⑤の試料に薄い塩酸をかけると，泡を出しながら溶けたことから，この岩石は石灰岩であることがわかる。石灰岩は生物の死骸が海底に堆積してできた堆積岩で，主成分が炭酸カルシウムなので，薄い塩酸に溶けて二酸化炭素が発生する。なお，チャートも生物の死骸が堆積してできた堆積岩だが，主成分が二酸化ケイ素なので，薄い塩酸をかけても気体は発生しない。

〔問3〕＜示準化石＞クジラはホニュウ類で，ホニュウ類が栄えたのは新生代である。また，C～Fの生物のうち，新生代に生息していたのはビカリアである。このように，地層が堆積した時代を推定するのに役立つ化石を示準化石という。なお，アンモナイトは中生代，サンヨウチュウとフズリナは古生代の示準化石である。

〔問4〕＜地層のでき方＞図1で，地層④と地層⑤は同じ傾きで傾いているので，地層⑤の上に地層④が堆積した後，大きな力がはたらいて重なったまま傾いたと考えられる。また，れき，砂，泥は粒の大きさによって分類され，粒が大きいものから順に，れき，砂，泥である。さらに，流水によって海まで運ばれてきた土砂は，粒の大きなものから海岸に近い所に堆積する。よって，地層②は泥と砂が交互に重なった層，地層③はれきと砂の層より，層をつくる土砂の粒の大きさが大きい地層③は河口や海岸に近い海，小さい地層②は河口や海岸から遠い海で堆積したことがわかる。

4 〔植物の生活と種類〕

〔問１〕＜道管，単子葉類＞着色した水が通ることで赤く染まった部分は，根から吸い上げた水が通る道管である。また，ツユクサのように，葉脈が平行に通り，茎の横断面では維管束がばらばらに散らばっている植物を単子葉類という。R，Sのうち，単子葉類はトウモロコシである。なお，師管は葉でつくられた栄養分が通る管である。また，タンポポは双子葉類であり，葉脈は網目状，茎の横断面では維管束が輪状に並んでいる。

〔問２〕＜蒸散＞ワセリンを塗った部分は，気孔がふさがれるため，蒸散を行うことができない。そのため，それぞれのツユクサで蒸散が行われるのは，ツユクサＡでは葉の裏側と茎，ツユクサＢでは葉の表側と茎，ツユクサＣでは茎，ツユクサＤでは葉の表側と裏側と茎である。よって，結果２より，葉の表側からの蒸散量は，三角フラスコＤの水の減少量から三角フラスコＡの水の減少量をひくことで求められ，$2.0-1.4=0.6$(g)となる。また，葉の裏側からの蒸散量は，三角フラスコＤの水の減少量から三角フラスコＢの水の減少量をひくことで求められ，$2.0-0.9=1.1$(g)である。よって，蒸散は，葉の表側より裏側の方が盛んである。なお，葉の裏側からの蒸散量は，三角フラスコＡの水の減少量から三角フラスコＣの水の減少量をひくことでも求められる。

〔問３〕＜対照実験＞全体にワセリンが塗られたツユクサＥは，気孔が全てふさがれているため，二酸化炭素を取り入れることができない。よって，ツユクサＥに光を当てても，光合成を行うことはできない。そのため，気体Ｅに含まれる二酸化炭素の量は息を吹き込んだときと同じだから，石灰水に通すと白く濁る。また，デンプンはできていないから，葉をヨウ素液につけても色は変化しない。一方，ツユクサＦはワセリンが塗られていないので，光を当てると二酸化炭素を取り入れて光合成を行う。したがって，気体Ｆに含まれる二酸化炭素の量は減少し，石灰水に通しても変化しない。また，光合成によってデンプンがつくられるので，葉をヨウ素液につけると青紫色になる。

5 〔化学変化とイオン〕

〔問１〕＜電池＞結果１より，光電池用モーターが回転した薄い塩酸(塩化水素の水溶液)では電流が取り出せたが，回転しなかった砂糖水とエタノールでは電流は取り出せなかった。これは，塩化水素が電解質で，その水溶液には電流が流れるが，砂糖やエタノールは非電解質で，その水溶液には電流が流れないためである。また，銅板と亜鉛板を使った電池では，銅板が＋極，亜鉛板が－極になるので，電流は＋極から－極へ，図２の矢印Ａの向きに流れる。なお，亜鉛と銅では亜鉛の方がイオンになりやすいため，亜鉛板と銅板をうすい塩酸に入れて導線でつなぐと，亜鉛原子(Zn)が電子を放出して亜鉛イオン(Zn^{2+})となって塩酸中に溶け出す。亜鉛板に残った電子は導線を通って銅板へ移動する。よって，電子の移動の向きと電流が流れる向きは逆向きなので，電流は銅板から光電池用モーターを通って亜鉛板に向かって流れ，銅板が＋極，亜鉛板が－極になる。

〔問２〕＜電池，電気分解＞実験１の(1)の銅板の表面では，亜鉛板から移動した電子が，塩酸中の水素イオン(H^+)に受け取られて水素原子(H)となり，水素原子が２個結びついて水素分子(H_2)になって発生している。また，実験２では塩化銅水溶液の電気分解が起こり，陰極には＋の電気を帯びた銅イオンが引かれ，陰極で電子を受け取って銅となって電極に付着する。なお，塩化銅水溶液中では，塩化銅($CuCl_2$)が銅イオン(Cu^{2+})と塩化物イオン(Cl^-)に電離していて，陰極には陽イオンであるCu^{2+}が引かれ，電子を受け取って銅(Cu)になり，陽極には陰イオンであるCl^-が引かれ，電子を失って塩素原子(Cl)となり，これが２個結びついて塩素分子(Cl_2)となって発生する。

〔問３〕＜燃料電池＞実験３の(1)では電流によって水が水素と酸素に分解され，(3)では水素と酸素が化合して電流が発生している。よって，化学エネルギーが電気エネルギーに変換されるときの化学変化は，電流が発生した水素(H_2)と酸素(O_2)が化合して水(H_2O)ができる反応である。化学反応式は，矢印の左側に反応前の物質の化学式を，右側に反応後の物質の化学式を書き，矢印の左右で原子の種類と数が等しくなるように化学式の前に係数をつける。

6〔電流とその利用〕

〔問１〕＜電流と磁界＞磁界の向きは，方位磁針のＮ極が指す向きである。よって，図２で，方位磁針のＮ極が指す向きより，コイルの周りの磁界の向きはアのようになる。

〔問２〕＜電流が磁界から受ける力＞金属棒は電流が磁界から受ける力によって動くので，結果２の⑵より，金属棒が速く動くようにするには，電流が磁界から受ける力を大きくすればよい。抵抗器を１つ追加することで，電流が磁界から受ける力を大きくするには，金属棒に流れる電流を大きくする必要がある。電源装置の電圧を変えずに，抵抗器を１つ追加することで，金属棒に流れる電流を大きくするには，回路全体の抵抗が小さくなるように，２つの抵抗器を並列につなげばよい。

〔問３〕＜電流が磁界から受ける力＞図３で，磁石による磁界の向きはＮ極から出てＳ極に向かう向きで，磁石は上面がＮ極になるように並べられているので，Ｘは上向きである。また，電流は電源装置の＋極から出て金属棒を通って－極に向かって流れるから，Ｙは手前から奥へ向かう向きである。さらに，点Ｅに置いた金属棒が点Ｆの方向に動いたから，Ｚは右向きである。よって，ア～エのうち，Ｘ，Ｙ，Ｚを矢印で表したものとして適切なのはエである。

〔問４〕＜交流，電磁誘導＞電流の大きさと向きが周期的に変わる電流を交流といい，電流の向きが変わらない電流を直流という。また，実験３の⑷では棒磁石の下面がＮ極になっているから，コイルを点Ｉから点Ｊまで動かしたとき，上面を棒磁石に向けたコイルをＮ極から遠ざけることになる。上面を棒磁石に向けたコイルをＮ極から遠ざける場合と，下面を棒磁石に向けたコイルをＮ極から遠ざける場合では，コイルに流れる誘導電流の向きは逆になる。よって，コイルを点Ｉから点Ｊまで動かしたときにコイルに流れる誘導電流の向きは，実験３の⑶でコイルを点Ｈから点Ｇまで動かしたときと逆になるから，検流計の針の振れる向きも逆になる。したがって，結果３より，実験３の⑶でコイルを点Ｈから点Ｇまで動かしたときに検流計の針が振れる向きは左なので，コイルを点Ｉから点Ｊまで動かしたときに検流計の針が振れる向きは右になる。

国語解答

一 (1) つくろ　(2) ぶよう　(3) じゃっかん　(4) せきはい　(5) まぎ

二 (1) 拾　(2) 郷里　(3) 勤務　(4) 仲裁　(5) 勢

三 〔問1〕 ウ　〔問2〕 イ　〔問3〕 エ　〔問4〕 ア　〔問5〕 エ

四 〔問1〕 イ　〔問2〕 エ　〔問3〕 ウ　〔問4〕 ア

〔問5〕 (例)習い事を選んだ理由を友達にきかれ，「ピアノが好きだから。」と私は答えました。しかし改めて考えると，幼い頃にピアノをひいている母の姿を見て，私も母のようにひきたいと思ったことがきっかけだと気付きました。／自分の意志で決めたと思っていた選択には母の影響がありました。私は今，ピアノに関わる仕事につきたいと考えています。今後も様々な人から影響を受けると思いますが，自分の意志を大切にしていきたいと思います。(200字)

五 〔問1〕 エ　〔問2〕 ア　〔問3〕 イ　〔問4〕 ウ　〔問5〕 イ

一〔漢字〕

(1)破れたり壊れたりしたものを直す，という意味。　(2)踊りのこと。　(3)少しばかり，ということ。　(4)試合などで惜しいところで負ける，という意味。　(5)音読みは「紛失」などの「フン」。

二〔漢字〕

(1)音読みは「拾得」などの「シュウ」と，「拾万円」などの「ジュウ」。　(2)生まれ育った土地のこと。　(3)会社や役所などに勤めて仕事をする，という意味。　(4)争いの間に入り，とりなして仲直りさせる，という意味。　(5)音読みは「勢力」などの「セイ」。

三〔小説の読解〕出典；澤西祐典『辞書に描かれたもの』。

〔問1〕＜心情＞「わたし」は，中学に入って疎遠になった上野に話しかけたかったが，それができずにいた。「わたし」は，辞書を熱心に読む上野の目に自分が映っていないことにいら立ち，思わず乱暴な言葉を発してしまった。しかし上野は，「昔と変わらない，心を許した相手にだけ向けた穏やかな話し方」で応じたので，「わたし」はうちのめされ何も言えなくなってしまった。

〔問2〕＜表現＞学者である上野の母親は，書斎で何冊もの本を広げながら，「調べごとか，考え事」をしていた。集中して懸命に頭の中で考えを巡らせている彼女の様子を，別の次元のものを見ているような印象を与えるたとえを用いて，表現している。

〔問3〕＜心情＞「わたし」が，上野は「わたしへの当てつけであの辞書を描こうとしているのではないか」と思った瞬間，彼は顔を上げた。「わたし」は，上野と目が合えば彼に「わたし」の「邪推」を見抜かれるような気がして，反射的に視線を外し，絵を描き続けているふうを装った。

〔問4〕＜文章内容＞上野が母親から譲り受けた古い辞書には，至るところにそれを使った母親の指跡がついていた。上野は，自分の辞書の絵に，母親の指跡を一つ一つていねいに描き込んでいた。それを見た「わたし」の頭には，辞書を引く上野の手と，書斎で本を広げて考えを巡らせていた彼の母親の姿が思い浮かび，「わたし」は，上野が熱心に辞書を見ることは彼の母親が思索にふけることと通じると気がついた。

〔問5〕＜心情＞「わたし」には，上野の絵に描かれた辞書の周囲の光の筋が，辞書へ向かって伸ばされたいくつもの手の残像のように見えた。「わたし」は，過去の人々の知識が蓄積されている書物に，人々が知識を求め続けてきたこと，そしてこの知の営みが，上野の母から上野へというように受け継がれていくものだということに気づいた。「わたし」は，辞書の一字一字を読み取った人々と同じように，受け継がれていく知の営みに自分も加わりたいと思った。

四〔論説文の読解―哲学的分野―人間〕出典；國分功一郎『中動態の世界』。

≪本文の概要≫私が何ごとかをなすとき，私は，意志を持って自分でそれを遂行しているように感じる。だが，「私が想いに耽る」というのは，「想いに耽る」プロセスが私の頭の中で自動的に進行していることであり，「私が謝る」というのは，私の心の中に謝罪の気持ちが現れ出ることである。だから，「私が何ごとかをする」という表現で示される事態や行為でも，私が自分で意志を持って遂行しているとは言い切れない。「私が何ごとかをする」という文は，能動の形式である。能動の形式は，事態や行為の出発点が「私」にあり，「私」こそが原動力であることを強調する。そのとき「私」の中に想定されているのが，意志である。意志は，目的や計画を実現しようとする精神のはたらきで，意識と結びついている。意志は，自分や周囲のさまざまな条件を意識しながらはたらく。意志は，自分以外のものから影響を受けているが，一方で，周囲の物事から独立していて自発的でなければならない。このような曖昧な概念である意志を，我々は，行為の原動力と見なしている。

〔問1〕＜文章内容＞人は，何ごとかをなすとき，意志を持って自分でその行為を遂行していると感じる。しかし，例えば「想いに耽る」とき，さまざまな想念が自動的に展開し，過去の場面が自然に現れ出るように，行為のプロセスが自分の思いどおりにならない場合，「自分で」その行為をしているとは言い切れない。

〔問2〕＜文章内容＞「私が何ごとかをなす」という文は，能動の形式を用いた文である。しかし，能動の形式で表現される事態や行為でも，心の中で起こることなどは，能動という概念で説明できるとはかぎらない。

〔問3〕＜段落関係＞第十一段では，「私が何ごとかをなす」という能動の形式の文が持つ曖昧さを，具体的に「私が歩く」という文を用いて説明している。第十二段では，第十一段で挙げた「私が歩く」と，この文が実際に示す事態との違いを問題提起して論を進めている。

〔問4〕＜文章内容＞意志は，それまでに得られたさまざまな情報から，さまざまな影響を受けながら，はたらく。一方で，ある人の意志による行為とは，その人の自由な選択のもとに自発的になされる行為のことなので，意志は，さまざまな情報から独立していなければならない。

〔問5〕＜作文＞意志が自分以外のものから影響を受けていると同時に自発的でなければならないということをふまえ，具体的な体験や見聞を挙げて「自分の意志をもつこと」の大切さを述べる。

五〔説明文の読解―芸術・文学・言語学的分野―文学〕出典；陳舜臣，石川忠久『漢詩は人生の教科書』。／和田利男『漱石の漢詩』。

〔問1〕＜文の組み立て＞「ある」は，「意味」という名詞を修飾する連体詞。「かつて」は「持っていた」を，「もし」は「取り入れていなければ」を，「むしろ」は「盛んな」を修飾する副詞。

〔問2〕＜文章内容＞日本語と中国語は，全く異なる言語である。しかし，日本人は，中国の漢文を日本に取り入れ，返り点を打つなど苦心して使いこなすようになった。以後，日本人は，ずっと仮名文字と漢文の両方を日常的に使用してきたのである。

〔問3〕＜文章内容＞石川さんは，江戸時代の漢詩のレベルが非常に高いのは徳川幕府が文治政策を強力に推し進めた結果で，文化の裾野が広がり山が高くなったのだと述べた。陳さんは，この考えに同意したうえで，文治政策を取らない藩は「謀反」を疑われたということを補足し，加賀藩は茶道などの文化に力を入れたという例を挙げている。

〔問4〕＜文章内容＞大正五年九月当時，漱石は，「小説『明暗』を執筆中」だった。陳さんは，漱石が『明暗』を書くときに，書くとっかかりをつかもうとして，「自分の内面を自分で見つめるための詩」という感じの漢詩をつくったと述べている。石川さんは，この時期の漱石の漢詩は従来の自然の美しさを詠んだ漢詩とは違う「内面の告白の漢詩」であり，表現が練られていて実に深く，「日本の漢詩の到達点」という感じもすると述べている。

〔問5〕＜漢詩の内容理解＞第二句の「山居悠久没東西」が，「山中の生活も久しくなって今では方角さえわからない」と訳されている。

解答用紙編

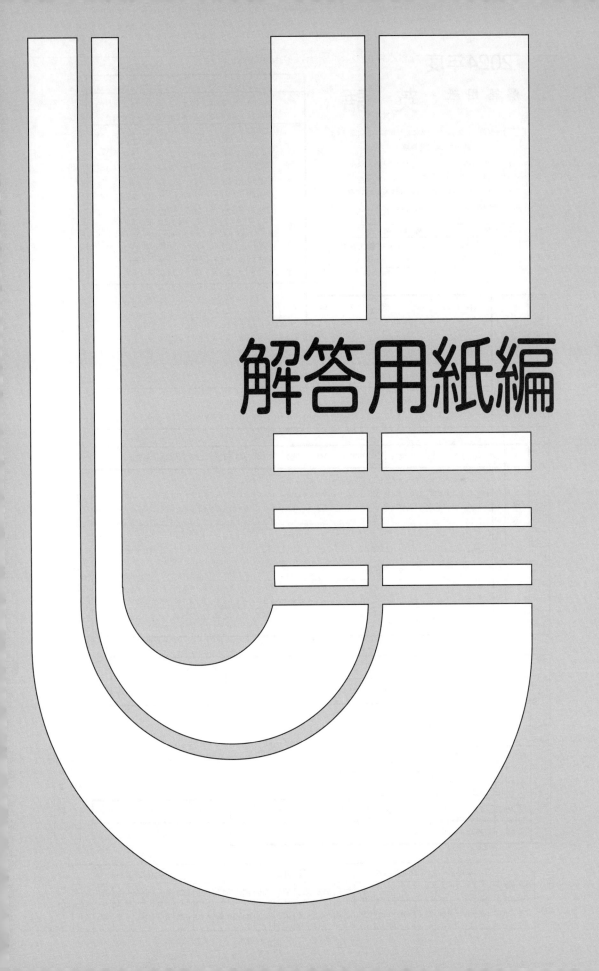

2024年度

解答用紙　英語

□部分がマークシート方式により解答する問題です。

マーク上の注意事項

1　ＨＢ又はＢの鉛筆（シャープペンシルも可）を使って，◯の中を正確に塗りつぶすこと。

2　答えを直すときは，きれいに消して，消しくずを残さないこと。

3　決められた欄以外にマークしたり，記入したりしないこと。

良い例	悪い例		
●	線	小さい	はみ出し
	丸囲み	レ点	うすい

受検番号						
⓪	⓪	⓪	⓪	⓪	⓪	⓪
①	①	①	①	①	①	①
②	②	②	②	②	②	②
③	③	③	③	③	③	③
④	④	④	④	④	④	④
⑤	⑤	⑤	⑤	⑤	⑤	⑤
⑥	⑥	⑥	⑥	⑥	⑥	⑥
⑦	⑦	⑦	⑦	⑦	⑦	⑦
⑧	⑧	⑧	⑧	⑧	⑧	⑧
⑨	⑨	⑨	⑨	⑨	⑨	⑨

1

〔問題Ａ〕	＜対話文１＞	㋐	㋑	㋒	㋓
	＜対話文２＞	㋐	㋑	㋒	㋓
	＜対話文３＞	㋐	㋑	㋒	㋓
〔問題Ｂ〕	＜Question 1＞	㋐	㋑	㋒	㋓
	＜Question 2＞				

2

1	㋐	㋑	㋒	㋓	2	㋐	㋑	㋒	㋓	3	(1)	㋐	㋑	㋒	㋓

3 (2)

3

〔問１〕	㋐	㋑	㋒	㋓	〔問２〕	㋐	㋑	㋒	㋓	〔問３〕	㋐	㋑	㋒	㋓
〔問４〕	㋐	㋑	㋒	㋓	〔問５〕	㋐	㋑	㋒	㋓	〔問６〕	㋐	㋑	㋒	㋓
〔問７〕	㋐	㋑	㋒	㋓										

4

〔問１〕 ㋐ ㋑ ㋒ ㋓

〔問２〕 ㋐㋑㋒㋓ → ㋐㋑㋒㋓ → ㋐㋑㋒㋓ → ㋐㋑㋒㋓

〔問３〕 (1) ㋐ ㋑ ㋒ ㋓　(2) ㋐ ㋑ ㋒ ㋓　(3) ㋐ ㋑ ㋒ ㋓

〔問４〕 (1) ㋐ ㋑ ㋒ ㋓　(2) ㋐ ㋑ ㋒ ㋓

（注）この解答用紙は実物を縮小してあります。Ａ３用紙に149％拡大コピーすると，ほぼ実物大で使用できます。（タイトルと配点表は含みません）

配点

1 (計20点)					2 (計24点)				3 (計28点)							4 (計28点)						
A			B		1	2	3		問1	問2	問3	問4	問5	問6	問7	問1	問2	問3			問4	
1	2	3	1	2			(1)	(2)										(1)	(2)	(3)	(1)	(2)
4点	4点	4点	4点	4点	4点	4点	4点	12点	4点	4点	4点	4点	4点	4点	4点	4点	4点	4点	4点	4点	4点	4点

2024年度

解答用紙　数学

＊ 受検番号欄は次頁にもあります。

受検番号						
⓪	⓪	⓪	⓪	⓪	⓪	⓪
①	①	①	①	①	①	①
②	②	②	②	②	②	②
③	③	③	③	③	③	③
④	④	④	④	④	④	④
⑤	⑤	⑤	⑤	⑤	⑤	⑤
⑥	⑥	⑥	⑥	⑥	⑥	⑥
⑦	⑦	⑦	⑦	⑦	⑦	⑦
⑧	⑧	⑧	⑧	⑧	⑧	⑧
⑨	⑨	⑨	⑨	⑨	⑨	⑨

▭部分がマークシート方式により解答する問題です。

マーク上の注意事項

1　ＨＢ又はＢの鉛筆（シャープペンシルも可）を使って，◯の中を正確に塗りつぶすこと。

2　答えを直すときは，きれいに消して，消しくずを残さないこと。

3　決められた欄以外にマークしたり，記入したりしないこと。

良い例	悪い例
●	線　小さい　はみ出し　丸囲み　レ点　うすい

1

〔問1〕	
〔問2〕	
〔問3〕	
〔問4〕	
〔問5〕	$x=$　　　，$y=$
〔問6〕	
〔問7〕	㋐　㋑　㋒　㋓
〔問8〕 あい　あ	⓪ ① ② ③ ④ ⑤ ⑥ ⑦ ⑧ ⑨
〔問8〕 あい　い	⓪ ① ② ③ ④ ⑤ ⑥ ⑦ ⑧ ⑨
〔問9〕	

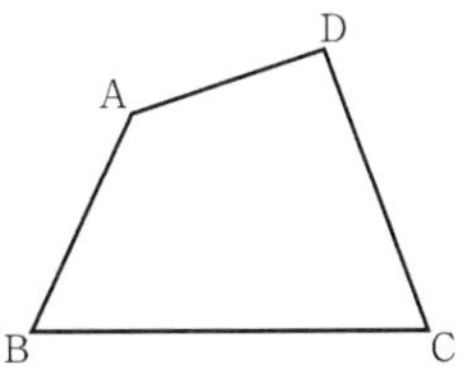

2

〔問1〕 う	う	⓪ ① ② ③ ④ ⑤ ⑥ ⑦ ⑧ ⑨
〔問2〕		＊ 解答欄は次頁にあります。

3

〔問1〕	①	㋐ ㋑ ㋒ ㋓ ㋔ ㋕ ㋖ ㋗
〔問1〕	②	㋐ ㋑ ㋒ ㋓ ㋔ ㋕ ㋖ ㋗
〔問2〕	③	㋐　㋑　㋒　㋓
〔問2〕	④	㋐　㋑　㋒　㋓
〔問3〕		

4

〔問1〕			㋐　㋑　㋒　㋓
〔問2〕	①		＊ 解答欄は次頁にあります。
〔問2〕	② え：おか	え	⓪ ① ② ③ ④ ⑤ ⑥ ⑦ ⑧ ⑨
		お	⓪ ① ② ③ ④ ⑤ ⑥ ⑦ ⑧ ⑨
		か	⓪ ① ② ③ ④ ⑤ ⑥ ⑦ ⑧ ⑨

5

〔問1〕 きく	き	⓪ ① ② ③ ④ ⑤ ⑥ ⑦ ⑧ ⑨
	く	⓪ ① ② ③ ④ ⑤ ⑥ ⑦ ⑧ ⑨
〔問2〕 けこ	け	⓪ ① ② ③ ④ ⑤ ⑥ ⑦ ⑧ ⑨
	こ	⓪ ① ② ③ ④ ⑤ ⑥ ⑦ ⑧ ⑨

2024年度

解答用紙　**数　学**

受　検　番　号

2

〔問2〕　〔証　明〕

4

〔問2〕 ①　〔証　明〕

△BMRと△DQTにおいて，

△BMR ∽ △DQT

（注）この解答用紙は実物を縮小してあります。Ｂ４用紙に139%拡大コピーすると、ほぼ実物大で使用できます。（タイトルと配点表は含みません）

配点

1（計46点）									2（計12点）		3（計15点）			4（計17点）			5（計10点）	
問1	問2	問3	問4	問5	問6	問7	問8	問9	問1	問2	問1	問2	問3	問1	問2 ①	問2 ②	問1	問2
5点	5点	5点	5点	5点	5点	5点	5点	6点	5点	7点	5点	5点	5点	5点	7点	5点	5点	5点

2024年度

解答用紙　社　会

▭部分がマークシート方式により解答する問題です。

マーク上の注意事項

1　ＨＢ又はＢの鉛筆（シャープペンシルも可）を使って，◯の中を正確に塗りつぶすこと。

2　答えを直すときは，きれいに消して，消しくずを残さないこと。

3　決められた欄以外にマークしたり，記入したりしないこと。

良い例	悪い例		
●	線	小さい	はみ出し
	丸囲み	レ点	うすい

受検番号						
⓪①②③④⑤⑥⑦⑧⑨	⓪①②③④⑤⑥⑦⑧⑨	⓪①②③④⑤⑥⑦⑧⑨	⓪①②③④⑤⑥⑦⑧⑨	⓪①②③④⑤⑥⑦⑧⑨	⓪①②③④⑤⑥⑦⑧⑨	⓪①②③④⑤⑥⑦⑧⑨

1

〔問1〕	B	C	D	E
	㋐㋑㋒㋓	㋐㋑㋒㋓	㋐㋑㋒㋓	㋐㋑㋒㋓
〔問2〕	㋐　㋑　㋒　㋓			
〔問3〕	㋐　㋑　㋒　㋓			

2

〔問1〕	略地図中のA～D		Ⅱのア～エ	
	Ⓐ Ⓑ Ⓒ Ⓓ		㋐ ㋑ ㋒ ㋓	
〔問2〕	P	Q	R	S
	㋐㋑㋒㋓	㋐㋑㋒㋓	㋐㋑㋒㋓	㋐㋑㋒㋓
〔問3〕	略地図中のW～Z		ⅠとⅡの表のア～エ	
	Ⓦ Ⓧ Ⓨ Ⓩ		㋐ ㋑ ㋒ ㋓	

3

〔問1〕	A	B	C	D
	㋐㋑㋒㋓	㋐㋑㋒㋓	㋐㋑㋒㋓	㋐㋑㋒㋓
〔問2〕	Ⅰのア～エ		略地図中のW～Z	
	㋐ ㋑ ㋒ ㋓		Ⓦ Ⓧ Ⓨ Ⓩ	
〔問3〕				

4

〔問1〕	㋐㋑㋒㋓ → ㋐㋑㋒㋓ → ㋐㋑㋒㋓ → ㋐㋑㋒㋓			
〔問2〕				
〔問3〕	A	B	C	D
	㋐㋑㋒㋓	㋐㋑㋒㋓	㋐㋑㋒㋓	㋐㋑㋒㋓
〔問4〕	A	B	C	D
	㋐㋑㋒㋓	㋐㋑㋒㋓	㋐㋑㋒㋓	㋐㋑㋒㋓

5

〔問1〕	㋐　㋑　㋒　㋓	
〔問2〕	ⅠのA～D	ア～エ
	Ⓐ Ⓑ Ⓒ Ⓓ	㋐ ㋑ ㋒ ㋓
〔問3〕	㋐　㋑　㋒　㋓	
〔問4〕		

6

〔問1〕	A	B	C	D
	㋐㋑㋒㋓	㋐㋑㋒㋓	㋐㋑㋒㋓	㋐㋑㋒㋓
〔問2〕	㋐　㋑　㋒　㋓			
〔問3〕	㋐　㋑　㋒　㋓			

（注）この解答用紙は実物を縮小してあります。A3用紙に161％拡大コピーすると、ほぼ実物大で使用できます。（タイトルと配点表は含みません）

配点

1（計15点）			2（計15点）			3（計15点）			4（計20点）				5（計20点）				6（計15点）		
問1	問2	問3	問1	問2	問3	問1	問2	問3	問1	問2	問3	問4	問1	問2	問3	問4	問1	問2	問3
5点	5点	5点	5点	5点	5点	5点	5点	5点	5点	5点	5点	5点	5点	5点	5点	5点	5点	5点	5点

2024年度

解答用紙　理　科

□部分がマークシート方式により解答する問題です。

マーク上の注意事項

1　ＨＢ又はＢの鉛筆（シャープペンシルも可）を使って，◯の中を正確に塗りつぶすこと。

2　答えを直すときは，きれいに消して，消しくずを残さないこと。

3　決められた欄以外にマークしたり，記入したりしないこと。

良い例	悪い例
●	線　小さい　はみ出し　丸囲み　レ点　うすい

受検番号						
⓪	⓪	⓪	⓪	⓪	⓪	⓪
①	①	①	①	①	①	①
②	②	②	②	②	②	②
③	③	③	③	③	③	③
④	④	④	④	④	④	④
⑤	⑤	⑤	⑤	⑤	⑤	⑤
⑥	⑥	⑥	⑥	⑥	⑥	⑥
⑦	⑦	⑦	⑦	⑦	⑦	⑦
⑧	⑧	⑧	⑧	⑧	⑧	⑧
⑨	⑨	⑨	⑨	⑨	⑨	⑨

1		
	〔問1〕	㋐　㋑　㋒　㋓
	〔問2〕	㋐　㋑　㋒　㋓
	〔問3〕	㋐　㋑　㋒　㋓
	〔問4〕	㋐　㋑　㋒　㋓
	〔問5〕	㋐　㋑　㋒　㋓
	〔問6〕	㋐　㋑　㋒　㋓

2		
	〔問1〕	㋐　㋑　㋒　㋓
	〔問2〕	㋐　㋑　㋒　㋓
	〔問3〕	㋐　㋑　㋒　㋓
	〔問4〕	㋐　㋑　㋒　㋓

3		
	〔問1〕	㋐　㋑　㋒　㋓
	〔問2〕	2時間ごとに記録した透明半球上の・印のそれぞれの間隔は，
	〔問3〕	㋐　㋑　㋒　㋓
	〔問4〕	㋐　㋑　㋒　㋓

4		
	〔問1〕	㋐　㋑　㋒　㋓
	〔問2〕	㋐　㋑　㋒　㋓
	〔問3〕	㋐　㋑　㋒　㋓

5		
	〔問1〕	㋐　㋑　㋒　㋓
	〔問2〕	㋐　㋑　㋒　㋓
	〔問3〕	<資料>から，
	〔問4〕	㋐　㋑　㋒　㋓

6			
	〔問1〕	㋐　㋑　㋒　㋓	
	〔問2〕	①	②
		㋐㋑㋒㋓	㋐㋑㋒㋓
	〔問3〕	㋐　㋑　㋒　㋓	
	〔問4〕	㋐　㋑　㋒　㋓	

（注）この解答用紙は実物を縮小してあります。A3用紙に152％拡大コピーすると，ほぼ実物大で使用できます。（タイトルと配点表は含みません）

配点

1（計24点）						2（計16点）				3（計16点）				4（計12点）			5（計16点）				6（計16点）			
問1	問2	問3	問4	問5	問6	問1	問2	問3	問4	問1	問2	問3	問4	問1	問2	問3	問1	問2	問3	問4	問1	問2	問3	問4
4点	4点	4点	4点	4点	4点	4点	4点	4点	4点	4点	4点	4点	4点	4点	4点	4点	4点	4点	4点	4点	4点	4点	4点	4点

二〇二四年度

解答用紙 国語

受検番号
０〜９ マーク欄（７桁）

□部分がマークシート方式により解答する問題です。

マーク上の注意事項

1　ＨＢ又はＢの鉛筆（シャープペンシルも可）を使って，◯の中を正確に塗りつぶすこと。

2　答えを直すときは，きれいに消して，消しくずを残さないこと。

3　決められた欄以外にマークしたり，記入したりしないこと。

良い例	悪い例
●	線　丸囲み　小さい　レ点　はみ出し　うすい

一

(1) 挿した	した
(2) 根拠	
(3) 据えて	えて
(4) 陳列	
(5) 純粋	

二

(1) ヨウカン	
(2) ソダてた	てた
(3) キャクシツ	
(4) バイテン	
(5) サクラ	

三

〔問1〕	㋐ ㋑ ㋒ ㋓
〔問2〕	㋐ ㋑ ㋒ ㋓
〔問3〕	㋐ ㋑ ㋒ ㋓
〔問4〕	㋐ ㋑ ㋒ ㋓
〔問5〕	㋐ ㋑ ㋒ ㋓

四

〔問1〕	㋐ ㋑ ㋒ ㋓
〔問2〕	㋐ ㋑ ㋒ ㋓
〔問3〕	㋐ ㋑ ㋒ ㋓
〔問4〕	㋐ ㋑ ㋒ ㋓
〔問5〕	（原稿用紙　20　100　200）

五

〔問1〕	㋐ ㋑ ㋒ ㋓
〔問2〕	㋐ ㋑ ㋒ ㋓
〔問3〕	㋐ ㋑ ㋒ ㋓
〔問4〕	㋐ ㋑ ㋒ ㋓
〔問5〕	㋐ ㋑ ㋒ ㋓

（注）この解答用紙は実物を縮小してあります。Ａ３用紙に159%拡大コピーすると、ほぼ実物大で使用できます。（タイトルと配点表は含みません）

配点

一（計10点）					二（計10点）					三（計25点）					四（計30点）					五（計25点）				
(1)	(2)	(3)	(4)	(5)	(1)	(2)	(3)	(4)	(5)	問1	問2	問3	問4	問5	問1	問2	問3	問4	問5	問1	問2	問3	問4	問5
2点	2点	2点	2点	2点	2点	2点	2点	2点	2点	5点	5点	5点	5点	5点	5点	5点	5点	5点	10点	5点	5点	5点	5点	5点

2023年度

解答用紙　英　語

▭部分がマークシート方式により解答する問題です。

マーク上の注意事項

1　ＨＢ又はＢの鉛筆（シャープペンシルも可）を使って，◯の中を正確に塗りつぶすこと。

2　答えを直すときは，きれいに消して，消しくずを残さないこと。

3　決められた欄以外にマークしたり，記入したりしないこと。

良い例	悪い例
●	線　小さい　はみ出し　丸囲み　レ点　うすい

受	検	番	号			
⓪	⓪	⓪	⓪	⓪	⓪	⓪
①	①	①	①	①	①	①
②	②	②	②	②	②	②
③	③	③	③	③	③	③
④	④	④	④	④	④	④
⑤	⑤	⑤	⑤	⑤	⑤	⑤
⑥	⑥	⑥	⑥	⑥	⑥	⑥
⑦	⑦	⑦	⑦	⑦	⑦	⑦
⑧	⑧	⑧	⑧	⑧	⑧	⑧
⑨	⑨	⑨	⑨	⑨	⑨	⑨

1

〔問題A〕	<対話文１>	㋐	㋑	㋒	㋓
	<対話文２>	㋐	㋑	㋒	㋓
	<対話文３>	㋐	㋑	㋒	㋓
〔問題B〕	<Question 1>	㋐	㋑	㋒	㋓
	<Question 2>				

2

1	㋐	㋑	㋒	㋓	2	㋐	㋑	㋒	㋓	3	(1)	㋐	㋑	㋒ ㋓

3 (2)

3

〔問1〕	㋐	㋑	㋒	㋓	〔問2〕	㋐	㋑	㋒	㋓	〔問3〕	㋐	㋑	㋒	㋓
〔問4〕	㋐	㋑	㋒	㋓	〔問5〕	㋐	㋑	㋒	㋓	〔問6〕	㋐	㋑	㋒	㋓
〔問7〕	㋐	㋑	㋒	㋓										

4

〔問1〕 ㋐ ㋑ ㋒ ㋓

〔問2〕 ㋐㋑㋒㋓ → ㋐㋑㋒㋓ → ㋐㋑㋒㋓ → ㋐㋑㋒㋓

〔問3〕 (1) ㋐ ㋑ ㋒ ㋓　(2) ㋐ ㋑ ㋒ ㋓　(3) ㋐ ㋑ ㋒ ㋓

〔問4〕 (1) ㋐ ㋑ ㋒ ㋓　(2) ㋐ ㋑ ㋒ ㋓

（注）この解答用紙は実物を縮小してあります。A３用紙に149％拡大コピーすると、ほぼ実物大で使用できます。（タイトルと配点表は含みません）

配点

1 (計20点)					2 (計24点)				3 (計28点)							4 (計28点)						
A			B		1	2	3		問1	問2	問3	問4	問5	問6	問7	問1	問2	問3			問4	
1	2	3	1	2			(1)	(2)										(1)	(2)	(3)	(1)	(2)
4点	4点	4点	4点	4点	4点	4点	4点	12点	4点	4点	4点	4点	4点	4点	4点	4点	4点	4点	4点	4点	4点	4点

2023年度

解答用紙　数　学

□部分がマークシート方式により解答する問題です。

＊ 受検番号欄は次頁にもあります。

受	検	番	号			
⓪①②③④⑤⑥⑦⑧⑨	⓪①②③④⑤⑥⑦⑧⑨	⓪①②③④⑤⑥⑦⑧⑨	⓪①②③④⑤⑥⑦⑧⑨	⓪①②③④⑤⑥⑦⑧⑨	⓪①②③④⑤⑥⑦⑧⑨	⓪①②③④⑤⑥⑦⑧⑨

マーク上の注意事項

1　ＨＢ又はＢの鉛筆（シャープペンシルも可）を使って，◯の中を正確に塗りつぶすこと。

2　答えを直すときは，きれいに消して，消しくずを残さないこと。

3　決められた欄以外にマークしたり，記入したりしないこと。

良い例	悪い例
●	線　小さい　はみ出し　丸囲み　レ点　うすい

1			
〔問1〕			
〔問2〕			
〔問3〕			
〔問4〕			
〔問5〕	$x=$　　　，$y=$		
〔問6〕			
〔問7〕	$\frac{あ}{い}$	あ	⓪①②③④⑤⑥⑦⑧⑨
		い	⓪①②③④⑤⑥⑦⑧⑨
〔問8〕	うえ	う	⓪①②③④⑤⑥⑦⑧⑨
		え	⓪①②③④⑤⑥⑦⑧⑨
〔問9〕			

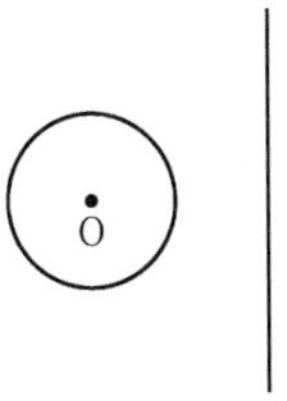

2	
〔問1〕	㋐　㋑　㋒　㋓
〔問2〕	＊ 解答欄は次頁にあります。

3		
〔問1〕		㋐　㋑　㋒　㋓
〔問2〕	①	㋐　㋑　㋒　㋓
	②	㋐　㋑　㋒　㋓
〔問3〕		

4			
〔問1〕	㋐　㋑　㋒　㋓		
〔問2〕①	＊ 解答欄は次頁にあります。		
〔問2〕②	$\frac{お}{かき}$	お	⓪①②③④⑤⑥⑦⑧⑨
		か	⓪①②③④⑤⑥⑦⑧⑨
		き	⓪①②③④⑤⑥⑦⑧⑨

5			
〔問1〕	$\frac{く}{け}$	く	⓪①②③④⑤⑥⑦⑧⑨
		け	⓪①②③④⑤⑥⑦⑧⑨
〔問2〕	こ$\sqrt{さ}$	こ	⓪①②③④⑤⑥⑦⑧⑨
		さ	⓪①②③④⑤⑥⑦⑧⑨

2023年度

解答用紙　数　学

受　検　番　号						

2

〔問2〕　〔証　明〕

$S=(a-b)\ell$

4

〔問2〕 ①　〔証　明〕

△ＡＳＤと△ＣＳＱにおいて，

△ＡＳＤ ∽ △ＣＳＱ

（注）この解答用紙は実物を縮小してあります。Ｂ４用紙に139％拡大コピーすると、ほぼ実物大で使用できます。（タイトルと配点表は含みません）

配点	1（計46点）									2（計12点）		3（計15点）			4（計17点）			5（計10点）	
	問1	問2	問3	問4	問5	問6	問7	問8	問9	問1	問2	問1	問2	問3	問1	問2 ①	問2 ②	問1	問2
	5点	5点	5点	5点	5点	5点	5点	5点	6点	5点	7点	5点	5点	5点	5点	7点	5点	5点	5点

2023年度

解答用紙　社　会

▭部分がマークシート方式により解答する問題です。

マーク上の注意事項

1　ＨＢ又はＢの鉛筆（シャープペンシルも可）を使って，◯の中を正確に塗りつぶすこと。

2　答えを直すときは，きれいに消して，消しくずを残さないこと。

3　決められた欄以外にマークしたり，記入したりしないこと。

良い例	悪い例
●	線　小さい　はみ出し 丸囲み　レ点　うすい

受	検	番	号			
⓪	⓪	⓪	⓪	⓪	⓪	⓪
①	①	①	①	①	①	①
②	②	②	②	②	②	②
③	③	③	③	③	③	③
④	④	④	④	④	④	④
⑤	⑤	⑤	⑤	⑤	⑤	⑤
⑥	⑥	⑥	⑥	⑥	⑥	⑥
⑦	⑦	⑦	⑦	⑦	⑦	⑦
⑧	⑧	⑧	⑧	⑧	⑧	⑧
⑨	⑨	⑨	⑨	⑨	⑨	⑨

1

〔問 1〕	㋐ ㋑ ㋒ ㋓
〔問 2〕	㋐ ㋑ ㋒ ㋓
〔問 3〕	㋐ ㋑ ㋒ ㋓

2

〔問 1〕	略地図中のA～D		IIのア～エ	
	Ⓐ Ⓑ Ⓒ Ⓓ		㋐ ㋑ ㋒ ㋓	
〔問 2〕	W	X	Y	Z
	㋐ ㋑ ㋒ ㋓	㋐ ㋑ ㋒ ㋓	㋐ ㋑ ㋒ ㋓	㋐ ㋑ ㋒ ㋓
〔問 3〕	㋐ ㋑ ㋒ ㋓			

3

〔問 1〕	A	B	C	D
	㋐ ㋑ ㋒ ㋓	㋐ ㋑ ㋒ ㋓	㋐ ㋑ ㋒ ㋓	㋐ ㋑ ㋒ ㋓
〔問 2〕	㋐ ㋑ ㋒ ㋓			
〔問 3〕	〔(1)目的〕 〔(2)敷設《ふせつ》状況及び設置状況〕			

4

〔問 1〕	㋐ ㋑ ㋒ ㋓ → ㋐ ㋑ ㋒ ㋓ → ㋐ ㋑ ㋒ ㋓ → ㋐ ㋑ ㋒ ㋓			
〔問 2〕	㋐ ㋑ ㋒ ㋓			
〔問 3〕	時期			略地図
	㋐ ㋑ ㋒ → ㋐ ㋑ ㋒ → ㋐ ㋑ ㋒			㋐ ㋑ ㋒
〔問 4〕	A	B	C	D
	㋐ ㋑ ㋒ ㋓	㋐ ㋑ ㋒ ㋓	㋐ ㋑ ㋒ ㋓	㋐ ㋑ ㋒ ㋓

5

〔問 1〕	㋐ ㋑ ㋒ ㋓
〔問 2〕	㋐ ㋑ ㋒ ㋓
〔問 3〕	㋐ ㋑ ㋒ ㋓
〔問 4〕	

6

〔問 1〕	A	B	C	D
	㋐ ㋑ ㋒ ㋓	㋐ ㋑ ㋒ ㋓	㋐ ㋑ ㋒ ㋓	㋐ ㋑ ㋒ ㋓
〔問 2〕	Iの略年表中のA～D		略地図中のW～Z	
	Ⓐ Ⓑ Ⓒ Ⓓ		Ⓦ Ⓧ Ⓨ Ⓩ	
〔問 3〕	㋐ ㋑ ㋒ ㋓			

（注）この解答用紙は実物を縮小してあります。A３用紙に154％拡大コピーすると，ほぼ実物大で使用できます。（タイトルと配点表は含みません）

配点

1（計15点）			2（計15点）			3（計15点）			4（計20点）				5（計20点）				6（計15点）		
問1	問2	問3	問1	問2	問3	問1	問2	問3	問1	問2	問3	問4	問1	問2	問3	問4	問1	問2	問3
5点	5点	5点	5点	5点	5点	5点	5点	5点	5点	5点	5点	5点	5点	5点	5点	5点	5点	5点	5点

2023年度

解答用紙　理　科

□部分がマークシート方式により解答する問題です。

マーク上の注意事項

1　ＨＢ又はＢの鉛筆（シャープペンシルも可）を使って，◯の中を正確に塗りつぶすこと。

2　答えを直すときは，きれいに消して，消しくずを残さないこと。

3　決められた欄以外にマークしたり，記入したりしないこと。

良い例	悪い例
●	線　小さい　はみ出し　丸囲み　レ点　うすい

受検番号						
⓪	⓪	⓪	⓪	⓪	⓪	⓪
①	①	①	①	①	①	①
②	②	②	②	②	②	②
③	③	③	③	③	③	③
④	④	④	④	④	④	④
⑤	⑤	⑤	⑤	⑤	⑤	⑤
⑥	⑥	⑥	⑥	⑥	⑥	⑥
⑦	⑦	⑦	⑦	⑦	⑦	⑦
⑧	⑧	⑧	⑧	⑧	⑧	⑧
⑨	⑨	⑨	⑨	⑨	⑨	⑨

1

〔問1〕	㋐ ㋑ ㋒ ㋓
〔問2〕	㋐ ㋑ ㋒ ㋓
〔問3〕	㋐ ㋑ ㋒ ㋓
〔問4〕	㋐ ㋑ ㋒ ㋓
〔問5〕	㋐ ㋑ ㋒ ㋓
〔問6〕	㋐ ㋑ ㋒ ㋓

2

〔問1〕	㋐ ㋑ ㋒ ㋓	
〔問2〕	①	②
	㋐ ㋑	㋐ ㋑
〔問3〕	㋐ ㋑ ㋒ ㋓	
〔問4〕	㋐ ㋑ ㋒ ㋓	

3

〔問1〕				
〔問2〕	①	②		
	㋐ ㋑	㋐ ㋑		
〔問3〕	①	②	③	④
	㋐ ㋑	㋐ ㋑	㋐ ㋑	㋐ ㋑
〔問4〕	㋐ ㋑ ㋒ ㋓			

4

〔問1〕	㋐ ㋑ ㋒ ㋓
〔問2〕	㋐ ㋑ ㋒ ㋓
〔問3〕	㋐ ㋑ ㋒ ㋓

5

〔問1〕	㋐ ㋑ ㋒ ㋓ ㋔	
〔問2〕	㋐ ㋑ ㋒ ㋓	
〔問3〕	㋐ ㋑ ㋒ ㋓	
〔問4〕	①	②
	㋐ ㋑ ㋒	㋐ ㋑ ㋒

6

〔問1〕	㋐ ㋑ ㋒ ㋓
〔問2〕	㋐ ㋑ ㋒ ㋓ ㋔ ㋕
〔問3〕	㋐ ㋑ ㋒ ㋓ ㋔
〔問4〕	㋐ ㋑ ㋒ ㋓

（注）この解答用紙は実物を縮小してあります。Ａ3用紙に152％拡大コピーすると、ほぼ実物大で使用できます。（タイトルと配点表は含みません）

配点

1（計24点）						2（計16点）				3（計16点）				4（計12点）			5（計16点）				6（計16点）			
問1	問2	問3	問4	問5	問6	問1	問2	問3	問4	問1	問2	問3	問4	問1	問2	問3	問1	問2	問3	問4	問1	問2	問3	問4
4点	4点	4点	4点	4点	4点	4点	4点	4点	4点	4点	4点	4点	4点	4点	4点	4点	4点	4点	4点	4点	4点	4点	4点	4点

二〇二三年度

解答用紙　国語

受検番号						
⓪	⓪	⓪	⓪	⓪	⓪	⓪
①	①	①	①	①	①	①
②	②	②	②	②	②	②
③	③	③	③	③	③	③
④	④	④	④	④	④	④
⑤	⑤	⑤	⑤	⑤	⑤	⑤
⑥	⑥	⑥	⑥	⑥	⑥	⑥
⑦	⑦	⑦	⑦	⑦	⑦	⑦
⑧	⑧	⑧	⑧	⑧	⑧	⑧
⑨	⑨	⑨	⑨	⑨	⑨	⑨

□部分がマークシート方式により解答する問題です。

マーク上の注意事項

1　ＨＢ又はＢの鉛筆（シャープペンシルも可）を使って，◯の中を正確に塗りつぶすこと。

2　答えを直すときは，きれいに消して，消しくずを残さないこと。

3　決められた欄以外にマークしたり，記入したりしないこと。

良い例	悪い例
●	線　小さい　はみ出し　丸囲み　レ点　うすい

一

(1)	(2)	(3)	(4)	(5)
伸びる	河畔	掛ける	慕って	狩猟
びる		ける	って	

二

(1)	(2)	(3)	(4)	(5)
ナげる	ウチュウ	エイエン	イチジルしく	ビョウ
げる			しく	

三

〔問1〕	㋐	㋑	㋒	㋓
〔問2〕	㋐	㋑	㋒	㋓
〔問3〕	㋐	㋑	㋒	㋓
〔問4〕	㋐	㋑	㋒	㋓
〔問5〕	㋐	㋑	㋒	㋓

四

〔問1〕	㋐	㋑	㋒	㋓
〔問2〕	㋐	㋑	㋒	㋓
〔問3〕	㋐	㋑	㋒	㋓
〔問4〕	㋐	㋑	㋒	㋓

〔問5〕

20

100

200

五

〔問1〕	㋐	㋑	㋒	㋓
〔問2〕	㋐	㋑	㋒	㋓
〔問3〕	㋐	㋑	㋒	㋓
〔問4〕	㋐	㋑	㋒	㋓
〔問5〕	㋐	㋑	㋒	㋓

（注）この解答用紙は実物を縮小してあります。Ａ３用紙に159％拡大コピーすると、ほぼ実物大で使用できます。（タイトルと配点表は含みません）

配点

	一（計10点）					二（計10点）					三（計25点）					四（計30点）					五（計25点）				
	(1)	(2)	(3)	(4)	(5)	(1)	(2)	(3)	(4)	(5)	問1	問2	問3	問4	問5	問1	問2	問3	問4	問5	問1	問2	問3	問4	問5
	2点	2点	2点	2点	2点	2点	2点	2点	2点	2点	5点	5点	5点	5点	5点	5点	5点	5点	5点	10点	5点	5点	5点	5点	5点

2022年度

解答用紙　英　語

□部分がマークシート方式により解答する問題です。

マーク上の注意事項

1　ＨＢ又はＢの鉛筆（シャープペンシルも可）を使って，◯の中を正確に塗りつぶすこと。

2　答えを直すときは，きれいに消して，消しくずを残さないこと。

3　決められた欄以外にマークしたり，記入したりしないこと。

良い例	悪い例
●	線　小さい　はみ出し　丸囲み　レ点　うすい

受検番号						
0	0	0	0	0	0	0
1	1	1	1	1	1	1
2	2	2	2	2	2	2
3	3	3	3	3	3	3
4	4	4	4	4	4	4
5	5	5	5	5	5	5
6	6	6	6	6	6	6
7	7	7	7	7	7	7
8	8	8	8	8	8	8
9	9	9	9	9	9	9

1

〔問題A〕	<対話文１>	㋐　㋑　㋒　㋓
	<対話文２>	㋐　㋑　㋒　㋓
	<対話文３>	㋐　㋑　㋒　㋓
〔問題B〕	<Question 1>	㋐　㋑　㋒　㋓
	<Question 2>	

2

1		㋐　㋑　㋒　㋓
2		㋐　㋑　㋒　㋓
3	(1)	㋐　㋑　㋒　㋓
3	(2)	

3

〔問1〕	㋐　㋑　㋒　㋓
〔問2〕	㋐　㋑　㋒　㋓
〔問3〕	㋐　㋑　㋒　㋓
〔問4〕	㋐　㋑　㋒　㋓
〔問5〕	㋐　㋑　㋒　㋓
〔問6〕	㋐　㋑　㋒　㋓
〔問7〕	㋐　㋑　㋒　㋓

4

〔問1〕		㋐　㋑　㋒　㋓
〔問2〕		㋐㋑㋒㋓ → ㋐㋑㋒㋓ → ㋐㋑㋒㋓ → ㋐㋑㋒㋓
〔問3〕	(1)	㋐　㋑　㋒　㋓
	(2)	㋐　㋑　㋒　㋓
	(3)	㋐　㋑　㋒　㋓
〔問4〕	(1)	㋐　㋑　㋒　㋓
	(2)	㋐　㋑　㋒　㋓

（注）この解答用紙は実物を縮小してあります。Ａ３用紙に149％拡大コピーすると、ほぼ実物大で使用できます。（タイトルと配点表は含みません）

配点

	1 (計20点)					2 (計24点)				3 (計28点)							4 (計28点)						
	A			B		1	2	3		問1	問2	問3	問4	問5	問6	問7	問1	問2	問3			問4	
	1	2	3	1	2			(1)	(2)										(1)	(2)	(3)	(1)	(2)
配点	4点	4点	4点	4点	4点	4点	4点	4点	12点	4点	4点	4点	4点	4点	4点	4点	4点	4点	4点	4点	4点	4点	4点

2022年度

解答用紙　数学

□部分がマークシート方式により解答する問題です。

マーク上の注意事項

1　ＨＢ又はＢの鉛筆（シャープペンシルも可）を使って，○の中を正確に塗りつぶすこと。

2　答えを直すときは，きれいに消して，消しくずを残さないこと。

3　決められた欄以外にマークしたり，記入したりしないこと。

良い例	悪い例
●	線　小さい　はみ出し　丸囲み　レ点　うすい

＊ 受検番号欄は次頁にもあります。

受検番号						
⓪	⓪	⓪	⓪	⓪	⓪	⓪
①	①	①	①	①	①	①
②	②	②	②	②	②	②
③	③	③	③	③	③	③
④	④	④	④	④	④	④
⑤	⑤	⑤	⑤	⑤	⑤	⑤
⑥	⑥	⑥	⑥	⑥	⑥	⑥
⑦	⑦	⑦	⑦	⑦	⑦	⑦
⑧	⑧	⑧	⑧	⑧	⑧	⑧
⑨	⑨	⑨	⑨	⑨	⑨	⑨

1

〔問1〕			
〔問2〕			
〔問3〕			
〔問4〕			
〔問5〕	$x=$　　　，$y=$		
〔問6〕			
〔問7〕	あ	あ	⓪ ① ② ③ ④ ⑤ ⑥ ⑦ ⑧ ⑨
〔問8〕	いう	い	⓪ ① ② ③ ④ ⑤ ⑥ ⑦ ⑧ ⑨
		う	⓪ ① ② ③ ④ ⑤ ⑥ ⑦ ⑧ ⑨
〔問9〕			

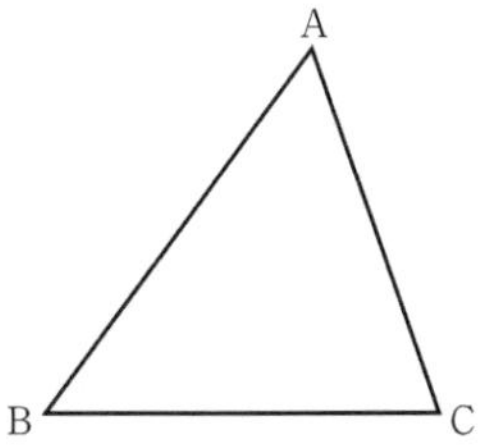

2

〔問1〕	えお	え	⓪ ① ② ③ ④ ⑤ ⑥ ⑦ ⑧ ⑨
		お	⓪ ① ② ③ ④ ⑤ ⑥ ⑦ ⑧ ⑨
〔問2〕	＊ 解答欄は次頁にあります。		

3

〔問1〕	①	㋐ ㋑ ㋒ ㋓ ㋔ ㋕ ㋖ ㋗
	②	㋐ ㋑ ㋒ ㋓ ㋔ ㋕ ㋖ ㋗
〔問2〕	③	㋐ ㋑ ㋒ ㋓
	④	㋐ ㋑ ㋒ ㋓
〔問3〕		

4

〔問1〕	㋐ ㋑ ㋒ ㋓		
〔問2〕	①	＊ 解答欄は次頁にあります。	
	② $\frac{\text{か}}{\text{きく}}$	か	⓪ ① ② ③ ④ ⑤ ⑥ ⑦ ⑧ ⑨
		き	⓪ ① ② ③ ④ ⑤ ⑥ ⑦ ⑧ ⑨
		く	⓪ ① ② ③ ④ ⑤ ⑥ ⑦ ⑧ ⑨

5

〔問1〕	けこ$\sqrt{\text{さ}}$	け	⓪ ① ② ③ ④ ⑤ ⑥ ⑦ ⑧ ⑨
		こ	⓪ ① ② ③ ④ ⑤ ⑥ ⑦ ⑧ ⑨
		さ	⓪ ① ② ③ ④ ⑤ ⑥ ⑦ ⑧ ⑨
〔問2〕	しすせ	し	⓪ ① ② ③ ④ ⑤ ⑥ ⑦ ⑧ ⑨
		す	⓪ ① ② ③ ④ ⑤ ⑥ ⑦ ⑧ ⑨
		せ	⓪ ① ② ③ ④ ⑤ ⑥ ⑦ ⑧ ⑨

2022年度

解答用紙　数学

受検番号

2

〔問2〕　〔証明〕

X－Yの値は11の倍数になる。

4

〔問2〕　①　〔証明〕

△ABPと△ACQにおいて，

△ABP ≡ △ACQ

（注）この解答用紙は実物を縮小してあります。B４用紙に139%拡大コピーすると、ほぼ実物大で使用できます。（タイトルと配点表は含みません）

配点	1（計46点）									2（計12点）		3（計15点）			4（計17点）			5（計10点）	
	問1	問2	問3	問4	問5	問6	問7	問8	問9	問1	問2	問1	問2	問3	問1	問2 ①	問2 ②	問1	問2
	5点	5点	5点	5点	5点	5点	5点	5点	6点	5点	7点	5点	5点	5点	5点	7点	5点	5点	5点

2022年度

解答用紙　社会

▭部分がマークシート方式により解答する問題です。

マーク上の注意事項

1　ＨＢ又はＢの鉛筆（シャープペンシルも可）を使って，◯の中を正確に塗りつぶすこと。

2　答えを直すときは，きれいに消して，消しくずを残さないこと。

3　決められた欄以外にマークしたり，記入したりしないこと。

良い例	悪い例
●	線　小さい　はみ出し　丸囲み　レ点　うすい

受検番号						
⓪	⓪	⓪	⓪	⓪	⓪	⓪
①	①	①	①	①	①	①
②	②	②	②	②	②	②
③	③	③	③	③	③	③
④	④	④	④	④	④	④
⑤	⑤	⑤	⑤	⑤	⑤	⑤
⑥	⑥	⑥	⑥	⑥	⑥	⑥
⑦	⑦	⑦	⑦	⑦	⑦	⑦
⑧	⑧	⑧	⑧	⑧	⑧	⑧
⑨	⑨	⑨	⑨	⑨	⑨	⑨

1

〔問 1〕	㋐　㋑　㋒　㋓
〔問 2〕	㋐　㋑　㋒　㋓
〔問 3〕	㋐　㋑　㋒　㋓

2

〔問 1〕	略地図中のA～D		Ⅱのア～エ	
	Ⓐ Ⓑ Ⓒ Ⓓ		㋐ ㋑ ㋒ ㋓	
〔問 2〕	P	Q	R	S
	㋐㋑㋒㋓	㋐㋑㋒㋓	㋐㋑㋒㋓	㋐㋑㋒㋓
〔問 3〕	略地図中のW～Z		ⅠとⅡの表のア～エ	
	Ⓦ Ⓧ Ⓨ Ⓩ		㋐ ㋑ ㋒ ㋓	

3

〔問 1〕	A	B	C	D
	㋐㋑㋒㋓	㋐㋑㋒㋓	㋐㋑㋒㋓	㋐㋑㋒㋓
〔問 2〕	Ⅰのア～エ		略地図中のW～Z	
	㋐ ㋑ ㋒ ㋓		Ⓦ Ⓧ Ⓨ Ⓩ	
〔問 3〕	〔変化〕			
	〔要因〕			

4

〔問 1〕	㋐㋑㋒㋓ → ㋐㋑㋒㋓ → ㋐㋑㋒㋓ → ㋐㋑㋒㋓
〔問 2〕	㋐　㋑　㋒　㋓
〔問 3〕	㋐㋑㋒㋓ → ㋐㋑㋒㋓ → ㋐㋑㋒㋓ → ㋐㋑㋒㋓
〔問 4〕	㋐　㋑　㋒　㋓

5

〔問 1〕	㋐　㋑　㋒　㋓
〔問 2〕	㋐　㋑　㋒　㋓
〔問 3〕	
〔問 4〕	㋐　㋑　㋒　㋓

6

〔問 1〕	㋐㋑㋒㋓ → ㋐㋑㋒㋓ → ㋐㋑㋒㋓ → ㋐㋑㋒㋓	
〔問 2〕	ⅠのA～D	ⅠのA～Dのア～ウ
	Ⓐ Ⓑ Ⓒ Ⓓ	㋐ ㋑ ㋒
〔問 3〕	Ⓦ　Ⓧ　Ⓨ　Ⓩ	

（注）この解答用紙は実物を縮小してあります。A3用紙に154%拡大コピーすると，ほぼ実物大で使用できます。（タイトルと配点表は含みません）

配点

1（計15点）			2（計15点）			3（計15点）			4（計20点）				5（計20点）				6（計15点）		
問1	問2	問3	問1	問2	問3	問1	問2	問3	問1	問2	問3	問4	問1	問2	問3	問4	問1	問2	問3
5点	5点	5点	5点	5点	5点	5点	5点	5点	5点	5点	5点	5点	5点	5点	5点	5点	5点	5点	5点

2022年度

解答用紙　理　科

□部分がマークシート方式により解答する問題です。

マーク上の注意事項

1　ＨＢ又はＢの鉛筆（シャープペンシルも可）を使って，〇の中を正確に塗りつぶすこと。

2　答えを直すときは，きれいに消して，消しくずを残さないこと。

3　決められた欄以外にマークしたり，記入したりしないこと。

良い例	悪い例
●	線　小さい　はみ出し　丸囲み　レ点　うすい

受　検　番　号						
⓪①②③④⑤⑥⑦⑧⑨	⓪①②③④⑤⑥⑦⑧⑨	⓪①②③④⑤⑥⑦⑧⑨	⓪①②③④⑤⑥⑦⑧⑨	⓪①②③④⑤⑥⑦⑧⑨	⓪①②③④⑤⑥⑦⑧⑨	⓪①②③④⑤⑥⑦⑧⑨

1	〔問1〕	㋐ ㋑ ㋒ ㋓
	〔問2〕	㋐ ㋑ ㋒ ㋓
	〔問3〕	㋐ ㋑ ㋒ ㋓
	〔問4〕	㋐ ㋑ ㋒ ㋓
	〔問5〕	㋐ ㋑ ㋒ ㋓

2	〔問1〕	㋐ ㋑ ㋒ ㋓
	〔問2〕	㋐ ㋑ ㋒ ㋓
	〔問3〕	㋐ ㋑ ㋒ ㋓
	〔問4〕	㋐ ㋑ ㋒ ㋓

3	〔問1〕	㋐ ㋑ ㋒ ㋓
	〔問2〕	㋐ ㋑ ㋒ ㋓
	〔問3〕	㋐ ㋑ ㋒ ㋓
	〔問4〕	㋐ ㋑ ㋒ ㋓

4	〔問1〕	㋐ ㋑ ㋒ ㋓
	〔問2〕	㋐ ㋑ ㋒ ㋓
	〔問3〕	㋐ ㋑ ㋒ ㋓
	〔問4〕	㋐ ㋑ ㋒

5	〔問1〕	㋐ ㋑ ㋒ ㋓
	〔問2〕	㋐ ㋑ ㋒ ㋓ ㋔ ㋕
	〔問3〕	＜化学反応式＞ ______（酸）＋______（アルカリ）→ ______（塩）＋______
	〔問4〕	㋐ ㋑ ㋒ ㋓

6	〔問1〕	㋐ ㋑ ㋒ ㋓
	〔問2〕	㋐ ㋑ ㋒ ㋓
	〔問3〕	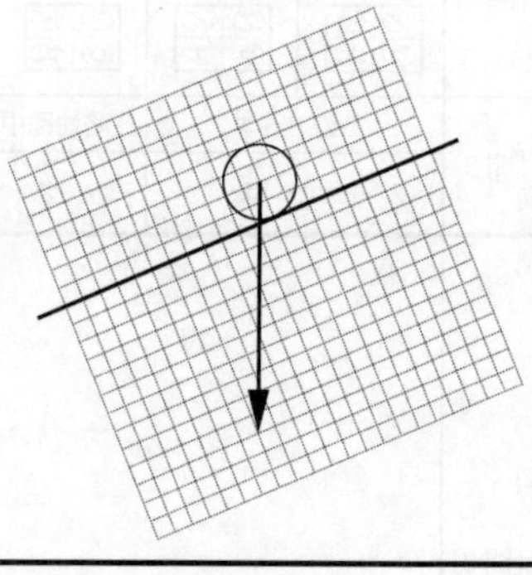
	〔問4〕	㋐ ㋑ ㋒ ㋓

（注）この解答用紙は実物を縮小してあります。Ａ3用紙に152％拡大コピーすると，ほぼ実物大で使用できます。（タイトルと配点表は含みません）

配点

1（計20点）					2（計16点）				3（計16点）				4（計16点）				5（計16点）				6（計16点）			
問1	問2	問3	問4	問5	問1	問2	問3	問4	問1	問2	問3	問4	問1	問2	問3	問4	問1	問2	問3	問4	問1	問2	問3	問4
4点	4点	4点	4点	4点	4点	4点	4点	4点	4点	4点	4点	4点	4点	4点	4点	4点	4点	4点	4点	4点	4点	4点	4点	4点

二〇二二年度

解答用紙 国語

受検番号

□部分がマークシート方式により解答する問題です。

マーク上の注意事項

1　ＨＢ又はＢの鉛筆（シャープペンシルも可）を使って，◯の中を正確に塗りつぶすこと。
2　答えを直すときは，きれいに消して，消しくずを残さないこと。
3　決められた欄以外にマークしたり，記入したりしないこと。

良い例	悪い例
●	線　丸囲み　小さい　レ点　はみ出し　うすい

一

(1) 何　　い

(2) 砕　い　て

(3) 影　　響

(4) 円　　滑

(5) 巡　　る

二

(1) エンじる

(2) ムズカしい

(3) シュクメイ

(4) シュウカン

(5) スコやか

三

〔問1〕 ㋐ ㋑ ㋒ ㋓　〔問2〕 ㋐ ㋑ ㋒ ㋓

〔問3〕 ㋐ ㋑ ㋒ ㋓　〔問4〕 ㋐ ㋑ ㋒ ㋓

〔問5〕 ㋐ ㋑ ㋒ ㋓

四

〔問1〕 ㋐ ㋑ ㋒ ㋓　〔問2〕 ㋐ ㋑ ㋒ ㋓

〔問3〕 ㋐ ㋑ ㋒ ㋓　〔問4〕 ㋐ ㋑ ㋒ ㋓

〔問5〕

20　100　200

五

〔問1〕 ㋐ ㋑ ㋒ ㋓　〔問2〕 ㋐ ㋑ ㋒ ㋓

〔問3〕 ㋐ ㋑ ㋒ ㋓　〔問4〕 ㋐ ㋑ ㋒ ㋓

〔問5〕 ㋐ ㋑ ㋒ ㋓

（注）この解答用紙は実物を縮小してあります。Ａ３用紙に159％拡大コピーすると、ほぼ実物大で使用できます。（タイトルと配点表は含みません）

配点

一（計10点）					二（計10点）					三（計25点）					四（計30点）					五（計25点）				
(1)	(2)	(3)	(4)	(5)	(1)	(2)	(3)	(4)	(5)	問1	問2	問3	問4	問5	問1	問2	問3	問4	問5	問1	問2	問3	問4	問5
2点	2点	2点	2点	2点	2点	2点	2点	2点	2点	5点	5点	5点	5点	5点	5点	5点	5点	5点	10点	5点	5点	5点	5点	5点

2021年度

解答用紙　英語

▭部分がマークシート方式により解答する問題です。

マーク上の注意事項《ちゅうい じこう》

1　ＨＢ又《また》はＢの鉛筆（シャープペンシルも可）を使って，◯の中を正確に塗《ぬ》りつぶすこと。

2　答えを直すときは，きれいに消して，消しくずを残さないこと。

3　決められた欄《らん》以外にマークしたり，記入したりしないこと。

良い例	悪い例
●	線　小さい　はみ出し　丸囲み　レ点　うすい

受検番号						
⓪①②③④⑤⑥⑦⑧⑨	⓪①②③④⑤⑥⑦⑧⑨	⓪①②③④⑤⑥⑦⑧⑨	⓪①②③④⑤⑥⑦⑧⑨	⓪①②③④⑤⑥⑦⑧⑨	⓪①②③④⑤⑥⑦⑧⑨	⓪①②③④⑤⑥⑦⑧⑨

1

〔問題Ａ〕	＜対話文１＞	㋐ ㋑ ㋒ ㋓
	＜対話文２＞	㋐ ㋑ ㋒ ㋓
	＜対話文３＞	㋐ ㋑ ㋒ ㋓
〔問題Ｂ〕	＜Question 1＞	㋐ ㋑ ㋒ ㋓
	＜Question 2＞	

2

1		㋐ ㋑ ㋒ ㋓
2		㋐ ㋑ ㋒ ㋓
3	(1)	㋐ ㋑ ㋒ ㋓
3	(2)	

3

〔問1〕	㋐ ㋑ ㋒ ㋓	〔問2〕	㋐ ㋑ ㋒ ㋓	〔問3〕	㋐ ㋑ ㋒ ㋓
〔問4〕	㋐ ㋑ ㋒ ㋓	〔問5〕	㋐ ㋑ ㋒ ㋓	〔問6〕	㋐ ㋑ ㋒ ㋓
〔問7〕	㋐ ㋑ ㋒ ㋓				

4

〔問1〕	㋐ ㋑ ㋒ ㋓
〔問2〕	㋐㋑㋒㋓ → ㋐㋑㋒㋓ → ㋐㋑㋒㋓ → ㋐㋑㋒㋓
〔問3〕	(1) ㋐ ㋑ ㋒ ㋓　(2) ㋐ ㋑ ㋒ ㋓　(3) ㋐ ㋑ ㋒ ㋓
〔問4〕	(1) ㋐ ㋑ ㋒ ㋓　(2) ㋐ ㋑ ㋒ ㋓

（注）この解答用紙は原本未入手のため、縮小率を掲載していません。

配点

1（計20点）					2（計24点）				3（計28点）							4（計28点）						
A			B		1	2	3		問1	問2	問3	問4	問5	問6	問7	問1	問2	問3			問4	
1	2	3	1	2			(1)	(2)										(1)	(2)	(3)	(1)	(2)
4点	4点	4点	4点	4点	4点	4点	4点	12点	4点	4点	4点	4点	4点	4点	4点	4点	4点	4点	4点	4点	4点	4点

2021年度

解答用紙　数　学

＊ 受検番号欄は次頁にもあります。

受	検	番	号			
⓪	⓪	⓪	⓪	⓪	⓪	⓪
①	①	①	①	①	①	①
②	②	②	②	②	②	②
③	③	③	③	③	③	③
④	④	④	④	④	④	④
⑤	⑤	⑤	⑤	⑤	⑤	⑤
⑥	⑥	⑥	⑥	⑥	⑥	⑥
⑦	⑦	⑦	⑦	⑦	⑦	⑦
⑧	⑧	⑧	⑧	⑧	⑧	⑧
⑨	⑨	⑨	⑨	⑨	⑨	⑨

▭部分がマークシート方式により解答する問題です。

マーク上の注意事項《ちゅういじこう》

1　ＨＢ又《また》はＢの鉛筆（シャープペンシルも可）を使って，◯の中を正確に塗《ぬ》りつぶすこと。

2　答えを直すときは，きれいに消して，消しくずを残さないこと。

3　決められた欄《らん》以外にマークしたり，記入したりしないこと。

良い例	悪い例
●	線　小さい　はみ出し　丸囲み　レ点　うすい

1

〔問1〕	
〔問2〕	
〔問3〕	
〔問4〕	
〔問5〕	$x=$　　　　，$y=$
〔問6〕	
〔問7〕①	㋐ ㋑ ㋒ ㋓ ㋔ ㋕ ㋖ ㋗
〔問7〕②	㋐ ㋑ ㋒ ㋓ ㋔ ㋕ ㋖ ㋗
〔問8〕 $\frac{\text{あ}}{\text{いう}}$ あ	⓪ ① ② ③ ④ ⑤ ⑥ ⑦ ⑧ ⑨
い	⓪ ① ② ③ ④ ⑤ ⑥ ⑦ ⑧ ⑨
う	⓪ ① ② ③ ④ ⑤ ⑥ ⑦ ⑧ ⑨
〔問9〕	

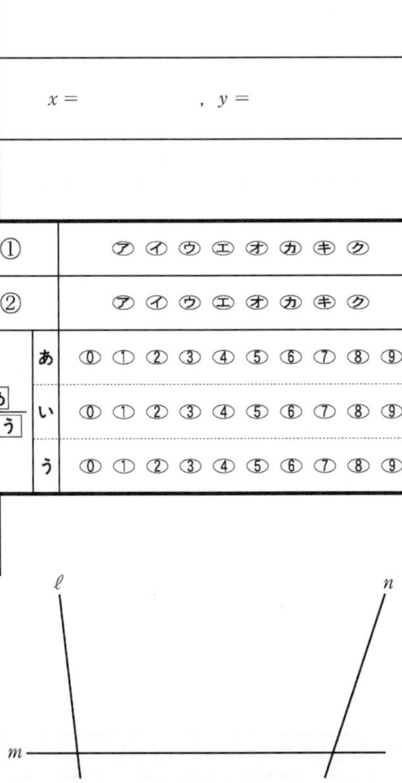

2

〔問1〕①	㋐ ㋑ ㋒ ㋓
〔問1〕②	㋐ ㋑ ㋒ ㋓
〔問2〕	＊ 解答欄は次頁にあります。

3

〔問1〕	え	⓪ ① ② ③ ④ ⑤ ⑥ ⑦ ⑧ ⑨
〔問2〕	①	㋐ ㋑ ㋒ ㋓
〔問2〕	②	㋐ ㋑ ㋒ ㋓
〔問3〕		

4

〔問1〕		㋐ ㋑ ㋒ ㋓
〔問2〕①		＊ 解答欄は次頁にあります。
〔問2〕② $\frac{\text{おか}}{\text{き}}$	お	⓪ ① ② ③ ④ ⑤ ⑥ ⑦ ⑧ ⑨
	か	⓪ ① ② ③ ④ ⑤ ⑥ ⑦ ⑧ ⑨
	き	⓪ ① ② ③ ④ ⑤ ⑥ ⑦ ⑧ ⑨

5

〔問1〕 く	く	⓪ ① ② ③ ④ ⑤ ⑥ ⑦ ⑧ ⑨
〔問2〕 $\frac{\text{けこ}}{\text{さ}}$	け	⓪ ① ② ③ ④ ⑤ ⑥ ⑦ ⑧ ⑨
	こ	⓪ ① ② ③ ④ ⑤ ⑥ ⑦ ⑧ ⑨
	さ	⓪ ① ② ③ ④ ⑤ ⑥ ⑦ ⑧ ⑨

2021年度

解答用紙　**数　学**

受　検　番　号

2

〔問2〕〔証　明〕

X＝Y

4

〔問2〕①〔証　明〕

△ＱＲＰは二等辺三角形である。

（注）この解答用紙は原本未入手のため、縮小率を掲載していません。

配点

1（計46点）									2（計12点）		3（計15点）			4（計17点）			5（計10点）	
問1	問2	問3	問4	問5	問6	問7	問8	問9	問1	問2	問1	問2	問3	問1	問2 ①	問2 ②	問1	問2
5点	5点	5点	5点	5点	5点	5点	5点	6点	5点	7点	5点	5点	5点	5点	7点	5点	5点	5点

2021年度

解答用紙　社会

□部分がマークシート方式により解答する問題です。

マーク上の注意事項《ちゅういじこう》

1　ＨＢ又《また》はＢの鉛筆（シャープペンシルも可）を使って，◯の中を正確に塗《ぬ》りつぶすこと。

2　答えを直すときは，きれいに消して，消しくずを残さないこと。

3　決められた欄《らん》以外にマークしたり，記入したりしないこと。

良い例	悪い例
●	線　小さい　はみ出し　丸囲み　レ点　うすい

受検番号						
⓪〜⑨	⓪〜⑨	⓪〜⑨	⓪〜⑨	⓪〜⑨	⓪〜⑨	⓪〜⑨

1

〔問1〕	㋐ ㋑ ㋒ ㋓
〔問2〕	㋐ ㋑ ㋒ ㋓
〔問3〕	㋐ ㋑ ㋒ ㋓
〔問4〕	㋐ ㋑ ㋒ ㋓

2

〔問1〕	Ⅰの**ア〜エ**		Ⅱの表の**ア〜エ**	
	㋐ ㋑ ㋒ ㋓		㋐ ㋑ ㋒ ㋓	
〔問2〕	P	Q	R	S
	㋐㋑㋒㋓	㋐㋑㋒㋓	㋐㋑㋒㋓	㋐㋑㋒㋓
〔問3〕	ⅠとⅡの表の**ア〜エ**		略地図中の**W〜Z**	
	㋐ ㋑ ㋒ ㋓		Ⓦ Ⓧ Ⓨ Ⓩ	

3

〔問1〕	A	B	C	D
	㋐㋑㋒㋓	㋐㋑㋒㋓	㋐㋑㋒㋓	㋐㋑㋒㋓
〔問2〕	W	X	Y	Z
	㋐㋑㋒㋓	㋐㋑㋒㋓	㋐㋑㋒㋓	㋐㋑㋒㋓
〔問3〕	〔地域の変容〕 〔要因〕			

4

〔問1〕	㋐㋑㋒㋓ →	㋐㋑㋒㋓ →	㋐㋑㋒㋓ →	㋐㋑㋒㋓
〔問2〕	Ⅰの略年表中の**ア〜エ**		Ⅱの略地図中の**A〜D**	
	㋐ ㋑ ㋒ ㋓		Ⓐ Ⓑ Ⓒ Ⓓ	
〔問3〕	㋐ ㋑ ㋒ ㋓			
〔問4〕	A	B	C	D
	㋐㋑㋒㋓	㋐㋑㋒㋓	㋐㋑㋒㋓	㋐㋑㋒㋓

5

〔問1〕	㋐ ㋑ ㋒ ㋓
〔問2〕	㋐ ㋑ ㋒ ㋓
〔問3〕	

6

〔問1〕	㋐㋑㋒㋓ →	㋐㋑㋒㋓ →	㋐㋑㋒㋓ →	㋐㋑㋒㋓
〔問2〕	A	B	C	D
	㋐㋑㋒㋓	㋐㋑㋒㋓	㋐㋑㋒㋓	㋐㋑㋒㋓
〔問3〕	㋐ ㋑ ㋒ ㋓			

（注）この解答用紙は実物を縮小してあります。Ａ３用紙に154％拡大コピーすると、ほぼ実物大で使用できます。（タイトルと配点表は含みません）

配点

1（計20点）				2（計15点）			3（計15点）			4（計20点）				5（計15点）			6（計15点）		
問1	問2	問3	問4	問1	問2	問3	問1	問2	問3	問1	問2	問3	問4	問1	問2	問3	問1	問2	問3
5点	5点	5点	5点	5点	5点	5点	5点	5点	5点	5点	5点	5点	5点	5点	5点	5点	5点	5点	5点

2021年度

解答用紙　理科

▭部分がマークシート方式により解答する問題です。

マーク上の注意事項《ちゅういじこう》

1　ＨＢ又《また》はＢの鉛筆（シャープペンシルも可）を使って，〇の中を正確に塗《ぬ》りつぶすこと。

2　答えを直すときは，きれいに消して，消しくずを残さないこと。

3　決められた欄《らん》以外にマークしたり，記入したりしないこと。

良い例	悪い例		
●	線	小さい	はみ出し
	丸囲み	レ点	うすい

受検番号						
⓪	⓪	⓪	⓪	⓪	⓪	⓪
①	①	①	①	①	①	①
②	②	②	②	②	②	②
③	③	③	③	③	③	③
④	④	④	④	④	④	④
⑤	⑤	⑤	⑤	⑤	⑤	⑤
⑥	⑥	⑥	⑥	⑥	⑥	⑥
⑦	⑦	⑦	⑦	⑦	⑦	⑦
⑧	⑧	⑧	⑧	⑧	⑧	⑧
⑨	⑨	⑨	⑨	⑨	⑨	⑨

1

〔問1〕	㋐ ㋑ ㋒ ㋓	
〔問2〕	㋐ ㋑ ㋒ ㋓	
〔問3〕	㋐ ㋑ ㋒ ㋓	
〔問4〕	①	②
	㋐ ㋑ ㋒ ㋓	㋐ ㋑ ㋒ ㋓
〔問5〕	㋐ ㋑ ㋒ ㋓	
〔問6〕	㋐ ㋑ ㋒ ㋓	

2

〔問1〕	①	②
	㋐ ㋑ ㋒ ㋓	㋐ ㋑ ㋒ ㋓
〔問2〕	㋐ ㋑ ㋒ ㋓	
〔問3〕	㋐ ㋑ ㋒ ㋓	
〔問4〕	㋐ ㋑ ㋒ ㋓	

3

〔問1〕	㋐ ㋑ ㋒ ㋓		
〔問2〕	①	②	③
	㋐ ㋑ ㋒	㋐ ㋑ ㋒	㋐ ㋑ ㋒
〔問3〕	①	②	
	㋐ ㋑ ㋒ ㋓	㋐ ㋑ ㋒ ㋓	
〔問4〕	㋐㋑㋒㋓ → ㋐㋑㋒㋓ → ㋐㋑㋒㋓ → ㋐㋑㋒㋓		

4

〔問1〕	㋐ ㋑ ㋒ ㋓	
〔問2〕	①	②
	㋐ ㋑ ㋒	㋐ ㋑ ㋒
〔問3〕	①	②
	㋐ ㋑ ㋒	㋐ ㋑ ㋒

5

〔問1〕	①	②
	㋐ ㋑ ㋒ ㋓	㋐ ㋑ ㋒
〔問2〕	①	②
	㋐ ㋑ ㋒ ㋓	㋐ ㋑ ㋒ ㋓
〔問3〕	㋐ ㋑ ㋒ ㋓	
〔問4〕	%	

6

〔問1〕	㋐ ㋑ ㋒ ㋓			
〔問2〕				
〔問3〕	㋐㋑㋒㋓ → ㋐㋑㋒㋓ → ㋐㋑㋒㋓ → ㋐㋑㋒㋓			
〔問4〕	①	②	③	④
	㋐ ㋑ ㋒	㋐ ㋑ ㋒	㋐ ㋑ ㋒	㋐ ㋑ ㋒

（注）この解答用紙は実物を縮小してあります。A３用紙に152%拡大コピーすると、ほぼ実物大で使用できます。（タイトルと配点表は含みません）

配点

1（計24点）						2（計16点）				3（計16点）				4（計12点）			5（計16点）				6（計16点）			
問1	問2	問3	問4	問5	問6	問1	問2	問3	問4	問1	問2	問3	問4	問1	問2	問3	問1	問2	問3	問4	問1	問2	問3	問4
4点	4点	4点	4点	4点	4点	4点	4点	4点	4点	4点	4点	4点	4点	4点	4点	4点	4点	4点	4点	4点	4点	4点	4点	4点

二〇二一年度

解答用紙　国語

受検番号						
0	0	0	0	0	0	0
1	1	1	1	1	1	1
2	2	2	2	2	2	2
3	3	3	3	3	3	3
4	4	4	4	4	4	4
5	5	5	5	5	5	5
6	6	6	6	6	6	6
7	7	7	7	7	7	7
8	8	8	8	8	8	8
9	9	9	9	9	9	9

□部分がマークシート方式により解答する問題です。

マーク上の注意事項《ちゅういじこう》

1　HB又《また》はBの鉛筆（シャープペンシルも可）を使って、○の中を正確に塗《ぬ》りつぶすこと。

2　答えを直すときは、きれいに消して、消しくずを残さないこと。

3　決められた欄《らん》以外にマークしたり、記入したりしないこと。

良い例	悪い例
●	線　小さい　はみ出し　丸囲み　レ点　うすい

一

(1) 輝　く　(2) 介　し　て　(3) 傾　斜　(4) 撮　る　(5) 乾　い　た

二

(1) ト　ん　だ　(2) ス　う　(3) ド　ク　ソ　ウ　(4) シ　ャ　ソ　ウ　(5) セ　イ　ケ　ツ

三

〔問1〕㋐ ㋑ ㋒ ㋓　〔問2〕㋐ ㋑ ㋒ ㋓

〔問3〕㋐ ㋑ ㋒ ㋓　〔問4〕㋐ ㋑ ㋒ ㋓

〔問5〕㋐ ㋑ ㋒ ㋓

四

〔問1〕㋐ ㋑ ㋒ ㋓　〔問2〕㋐ ㋑ ㋒ ㋓

〔問3〕㋐ ㋑ ㋒ ㋓　〔問4〕㋐ ㋑ ㋒ ㋓

〔問5〕

20

100

200

五

〔問1〕㋐ ㋑ ㋒ ㋓　〔問2〕㋐ ㋑ ㋒ ㋓

〔問3〕㋐ ㋑ ㋒ ㋓　〔問4〕㋐ ㋑ ㋒ ㋓

〔問5〕㋐ ㋑ ㋒ ㋓

（注）この解答用紙は原本未入手のため、縮小率を掲載していません。

配点

一（計10点）					二（計10点）					三（計25点）					四（計30点）					五（計25点）				
(1)	(2)	(3)	(4)	(5)	(1)	(2)	(3)	(4)	(5)	問1	問2	問3	問4	問5	問1	問2	問3	問4	問5	問1	問2	問3	問4	問5
2点	2点	2点	2点	2点	2点	2点	2点	2点	2点	5点	5点	5点	5点	5点	5点	5点	5点	5点	10点	5点	5点	5点	5点	5点

2020年度

解答用紙　英語

□部分がマークシート方式により解答する問題です。

マーク上の注意事項

1　ＨＢ又はＢの鉛筆（シャープペンシルも可）を使って，◯の中を正確に塗りつぶすこと。

2　答えを直すときは，きれいに消して，消しくずを残さないこと。

3　決められた欄以外にマークしたり，記入したりしないこと。

良い例	悪い例
●	線　小さい　はみ出し　丸囲み　レ点　うすい

受	検	番	号			
⓪	⓪	⓪	⓪	⓪	⓪	⓪
①	①	①	①	①	①	①
②	②	②	②	②	②	②
③	③	③	③	③	③	③
④	④	④	④	④	④	④
⑤	⑤	⑤	⑤	⑤	⑤	⑤
⑥	⑥	⑥	⑥	⑥	⑥	⑥
⑦	⑦	⑦	⑦	⑦	⑦	⑦
⑧	⑧	⑧	⑧	⑧	⑧	⑧
⑨	⑨	⑨	⑨	⑨	⑨	⑨

1	〔問題A〕	<対話文１>	㋐	㋑	㋒	㋓
		<対話文２>	㋐	㋑	㋒	㋓
		<対話文３>	㋐	㋑	㋒	㋓
	〔問題B〕	<Question 1>	㋐	㋑	㋒	㋓
		<Question 2>				

2	1	㋐	㋑	㋒	㋓	2	㋐	㋑	㋒	㋓	3	(1)	㋐	㋑	㋒ ㋓
	3	(2)													

3	〔問1〕	㋐	㋑	㋒	㋓	〔問2〕	㋐	㋑	㋒	㋓	〔問3〕	㋐	㋑	㋒	㋓
	〔問4〕	㋐	㋑	㋒	㋓	〔問5〕	㋐	㋑	㋒	㋓	〔問6〕	㋐	㋑	㋒	㋓
	〔問7〕	㋐	㋑	㋒	㋓										

4	〔問1〕	㋐　㋑　㋒　㋓
	〔問2〕	㋐㋑㋒㋓ → ㋐㋑㋒㋓ → ㋐㋑㋒㋓ → ㋐㋑㋒㋓
	〔問3〕	(1) ㋐　㋑　㋒　㋓　(2) ㋐　㋑　㋒　㋓　(3) ㋐　㋑　㋒　㋓
	〔問4〕	(1) ㋐　㋑　㋒　㋓　(2) ㋐　㋑　㋒　㋓

（注）この解答用紙は実物を縮小してあります。Ａ３用紙に149％拡大コピーすると，ほぼ実物大で使用できます。（タイトルと配点表は含みません）

配点

1（計20点）					2（計24点）				3（計28点）							4（計28点）						
A			B		1	2	3		問1	問2	問3	問4	問5	問6	問7	問1	問2	問3			問4	
1	2	3	1	2			(1)	(2)										(1)	(2)	(3)	(1)	(2)
4点	4点	4点	4点	4点	4点	4点	4点	12点	4点	4点	4点	4点	4点	4点	4点	4点	4点	4点	4点	4点	4点	4点

2020年度

解答用紙　数学

＊ 受検番号欄は次頁にもあります。

受検番号						
0	0	0	0	0	0	0
1	1	1	1	1	1	1
2	2	2	2	2	2	2
3	3	3	3	3	3	3
4	4	4	4	4	4	4
5	5	5	5	5	5	5
6	6	6	6	6	6	6
7	7	7	7	7	7	7
8	8	8	8	8	8	8
9	9	9	9	9	9	9

□部分がマークシート方式により解答する問題です。

マーク上の注意事項

1　ＨＢ又はＢの鉛筆（シャープペンシルも可）を使って，○の中を正確に塗りつぶすこと。

2　答えを直すときは，きれいに消して，消しくずを残さないこと。

3　決められた欄以外にマークしたり，記入したりしないこと。

良い例	悪い例
●	線　小さい　はみ出し　丸囲み　レ点　うすい

1

〔問1〕			
〔問2〕			
〔問3〕			
〔問4〕			
〔問5〕	$x=$　　　，$y=$		
〔問6〕			
〔問7〕	あい	あ	0 1 2 3 4 5 6 7 8 9
		い	0 1 2 3 4 5 6 7 8 9
〔問8〕	うえ	う	0 1 2 3 4 5 6 7 8 9
		え	0 1 2 3 4 5 6 7 8 9

〔問9〕

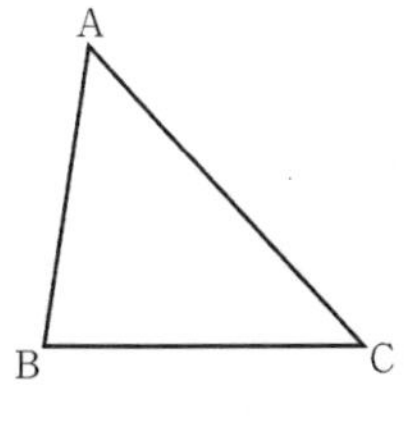

2

〔問1〕	ア　イ　ウ　エ
〔問2〕	＊ 解答欄は次頁にあります。

3

〔問1〕	①	ア イ ウ エ オ カ キ ク
	②	ア イ ウ エ オ カ キ ク
〔問2〕	③	ア　イ　ウ　エ
	④	ア　イ　ウ　エ
〔問3〕		

4

〔問1〕			ア　イ　ウ　エ
〔問2〕	①		＊ 解答欄は次頁にあります。
	② おか：き	お	0 1 2 3 4 5 6 7 8 9
		か	0 1 2 3 4 5 6 7 8 9
		き	0 1 2 3 4 5 6 7 8 9

5

〔問1〕	くけ$\sqrt{こ}$	く	0 1 2 3 4 5 6 7 8 9
		け	0 1 2 3 4 5 6 7 8 9
		こ	0 1 2 3 4 5 6 7 8 9
〔問2〕	さしす	さ	0 1 2 3 4 5 6 7 8 9
		し	0 1 2 3 4 5 6 7 8 9
		す	0 1 2 3 4 5 6 7 8 9

2020年度

解答用紙　数学

受検番号						

2

〔問2〕　〔証　明〕

$Z - W = 2\pi abh$

4

〔問2〕　①　〔証　明〕

△ＡＢＰと△ＥＤＱにおいて，

△ＡＢＰ ≡ △ＥＤＱ

（注）この解答用紙は実物を縮小してあります。Ｂ４用紙に139％拡大コピーすると、ほぼ実物大で使用できます。（タイトルと配点表は含みません）

配点	1（計46点）									2（計12点）		3（計15点）			4（計17点）			5（計10点）	
	問1	問2	問3	問4	問5	問6	問7	問8	問9	問1	問2	問1	問2	問3	問1	問2 ①	問2 ②	問1	問2
	5点	5点	5点	5点	5点	5点	5点	5点	6点	5点	7点	5点	5点	5点	5点	7点	5点	5点	5点

2020年度

解答用紙　社会

▭ 部分がマークシート方式により解答する問題です。

マーク上の注意事項

1　ＨＢ又はＢの鉛筆（シャープペンシルも可）を使って，◯の中を正確に塗りつぶすこと。

2　答えを直すときは，きれいに消して，消しくずを残さないこと。

3　決められた欄以外にマークしたり，記入したりしないこと。

良い例	悪い例		
●	線	小さい	はみ出し
	丸囲み	レ点	うすい

受検番号						
⓪	⓪	⓪	⓪	⓪	⓪	⓪
①	①	①	①	①	①	①
②	②	②	②	②	②	②
③	③	③	③	③	③	③
④	④	④	④	④	④	④
⑤	⑤	⑤	⑤	⑤	⑤	⑤
⑥	⑥	⑥	⑥	⑥	⑥	⑥
⑦	⑦	⑦	⑦	⑦	⑦	⑦
⑧	⑧	⑧	⑧	⑧	⑧	⑧
⑨	⑨	⑨	⑨	⑨	⑨	⑨

1

〔問 1〕	㋐　㋑　㋒　㋓
〔問 2〕	㋐　㋑　㋒　㋓
〔問 3〕	㋐　㋑　㋒　㋓

2

〔問 1〕	略地図中のA～D		Ⅱのア～エ	
	Ⓐ Ⓑ Ⓒ Ⓓ		㋐ ㋑ ㋒ ㋓	
〔問 2〕	P	Q	R	S
	㋐ ㋑ ㋒ ㋓	㋐ ㋑ ㋒ ㋓	㋐ ㋑ ㋒ ㋓	㋐ ㋑ ㋒ ㋓
〔問 3〕	略地図中のW～Z		ⅠとⅡの表のア～エ	
	Ⓦ Ⓧ Ⓨ Ⓩ		㋐ ㋑ ㋒ ㋓	

3

〔問 1〕	A	B	C	D
	㋐ ㋑ ㋒ ㋓	㋐ ㋑ ㋒ ㋓	㋐ ㋑ ㋒ ㋓	㋐ ㋑ ㋒ ㋓
〔問 2〕	P	Q	R	S
	㋐ ㋑	㋐ ㋑	㋐ ㋑	㋐ ㋑
〔問 3〕	〔建設された理由〕 〔建設された効果〕			

4

〔問 1〕	㋐㋑㋒㋓ → ㋐㋑㋒㋓ → ㋐㋑㋒㋓ → ㋐㋑㋒㋓	
〔問 2〕	Ⅰの略年表中のア～エ	Ⅱの略地図中のA～D
	㋐ ㋑ ㋒ ㋓	Ⓐ Ⓑ Ⓒ Ⓓ
〔問 3〕	㋐　㋑　㋒　㋓	
〔問 4〕	㋐　㋑　㋒　㋓	

5

〔問 1〕	㋐　㋑　㋒　㋓
〔問 2〕	㋐　㋑　㋒　㋓
〔問 3〕	㋐　㋑　㋒　㋓
〔問 4〕	㋐　㋑　㋒　㋓

6

〔問 1〕	㋐㋑㋒㋓ → ㋐㋑㋒㋓ → ㋐㋑㋒㋓ → ㋐㋑㋒㋓	
〔問 2〕	略地図中のA～D	ⅠとⅡのグラフのア～エ
	Ⓐ Ⓑ Ⓒ Ⓓ	㋐ ㋑ ㋒ ㋓
〔問 3〕		

（注）この解答用紙は実物を縮小してあります。A3用紙に154％拡大コピーすると，ほぼ実物大で使用できます。（タイトルと配点表は含みません）

配点	1（計15点）			2（計15点）			3（計15点）			4（計20点）				5（計20点）				6（計15点）		
	問1	問2	問3	問1	問2	問3	問1	問2	問3	問1	問2	問3	問4	問1	問2	問3	問4	問1	問2	問3
	5点	5点	5点	5点	5点	5点	5点	5点	5点	5点	5点	5点	5点	5点	5点	5点	5点	5点	5点	5点

2020年度

解答用紙　理　科

▭部分がマークシート方式により解答する問題です。

マーク上の注意事項

1　ＨＢ又はＢの鉛筆（シャープペンシルも可）を使って，◯の中を正確に塗りつぶすこと。

2　答えを直すときは，きれいに消して，消しくずを残さないこと。

3　決められた欄以外にマークしたり，記入したりしないこと。

良い例	悪い例
●	⊘ 線　⊙ 小さい　はみ出し ◎ 丸囲み　レ点　うすい

受検番号						
⓪	⓪	⓪	⓪	⓪	⓪	⓪
①	①	①	①	①	①	①
②	②	②	②	②	②	②
③	③	③	③	③	③	③
④	④	④	④	④	④	④
⑤	⑤	⑤	⑤	⑤	⑤	⑤
⑥	⑥	⑥	⑥	⑥	⑥	⑥
⑦	⑦	⑦	⑦	⑦	⑦	⑦
⑧	⑧	⑧	⑧	⑧	⑧	⑧
⑨	⑨	⑨	⑨	⑨	⑨	⑨

1

〔問 1〕	㋐　㋑　㋒　㋓
〔問 2〕	㋐　㋑　㋒　㋓
〔問 3〕	㋐　㋑　㋒　㋓
〔問 4〕	㋐　㋑　㋒　㋓
〔問 5〕	㋐　㋑　㋒　㋓

2

〔問 1〕	㋐　㋑　㋒　㋓
〔問 2〕	㋐　㋑　㋒　㋓
〔問 3〕	㋐　㋑　㋒　㋓
〔問 4〕	㋐　㋑　㋒　㋓

3

〔問 1〕	㋐　㋑　㋒　㋓	
〔問 2〕	㋐　㋑　㋒　㋓	
〔問 3〕	＊ 解答欄は次頁にあります。	
〔問 4〕	①	②
	㋐ ㋑ ㋒ ㋓	㋐ ㋑ ㋒ ㋓

4

〔問 1〕	①	②	③	
	㋐ ㋑ ㋒ ㋓	㋐ ㋑ ㋒ ㋓	㋐ ㋑ ㋒ ㋓	
〔問 2〕	㋐　㋑　㋒　㋓			
〔問 3〕	①	②	③	④
	㋐ ㋑ ㋒ ㋓	㋐ ㋑ ㋒ ㋓	㋐ ㋑ ㋒ ㋓	㋐ ㋑ ㋒ ㋓
〔問 4〕	＊ 解答欄は次頁にあります。			

5

〔問 1〕	㋐　㋑　㋒　㋓	
〔問 2〕	①	②
	㋐ ㋑ ㋒ ㋓	㋐ ㋑ ㋒ ㋓
〔問 3〕		
〔問 4〕	溶質の名称	
	結晶の質量	g

6

〔問 1〕

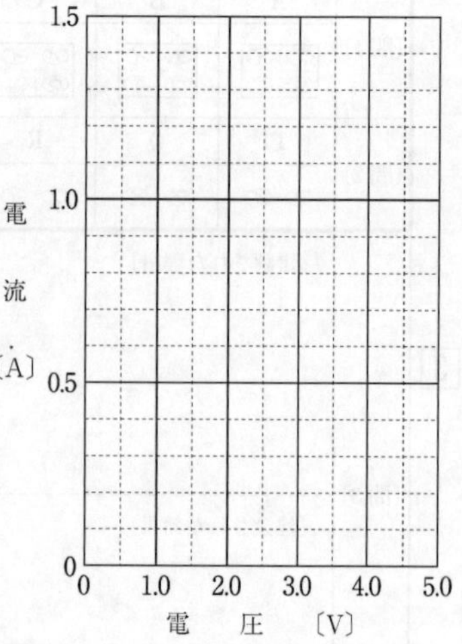

電流の大きさ	A

〔問 2〕	㋐　㋑　㋒　㋓
〔問 3〕	㋐　㋑　㋒　㋓
〔問 4〕	㋐　㋑　㋒　㋓

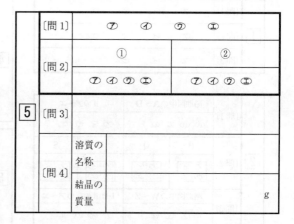

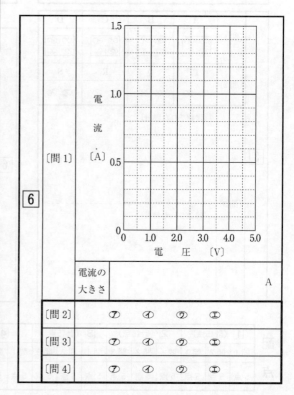

2020年度

解答用紙　**理　科**

受検番号						

3	〔問 3〕	

4	〔問 4〕	

(注) この解答用紙は実物を縮小してあります。Ｂ４用紙に139%拡大コピーすると、ほぼ実物大で使用できます。(タイトルと配点表は含みません)

配点	1 (計20点)					2 (計16点)				3 (計16点)				4 (計16点)				5 (計16点)					6 (計16点)				
	問1	問2	問3	問4	問5	問1	問2	問3	問4	問1	問2	問3	問4	問1	問2	問3	問4	問1	問2	問3	問4		問1		問2	問3	問4
																					名称	質量	グラフ	電流			
	4点	4点	4点	4点	4点	4点	4点	4点	4点	4点	4点	4点	4点	4点	4点	4点	4点	4点	4点	4点	2点	2点	2点	2点	4点	4点	4点

二〇二〇年度

解答用紙 国語

受検番号						
⓪①②③④⑤⑥⑦⑧⑨	⓪①②③④⑤⑥⑦⑧⑨	⓪①②③④⑤⑥⑦⑧⑨	⓪①②③④⑤⑥⑦⑧⑨	⓪①②③④⑤⑥⑦⑧⑨	⓪①②③④⑤⑥⑦⑧⑨	⓪①②③④⑤⑥⑦⑧⑨

□部分がマークシート方式により解答する問題です。

マーク上の注意事項

1　ＨＢ又はＢの鉛筆（シャープペンシルも可）を使って，◯の中を正確に塗りつぶすこと。
2　答えを直すときは，きれいに消して，消しくずを残さないこと。
3　決められた欄以外にマークしたり，記入したりしないこと。

良い例	悪い例
●	線　丸囲み　小さい　レ点　はみ出し　うすい

一

(1) 眺める　める
(2) 返却
(3) 鍛錬
(4) 丁寧
(5) 浸る　る

二

(1) イる　る
(2) クらす　らす
(3) ムれ　れ
(4) ユソウ
(5) ハイケイ

三

〔問1〕 ㋐ ㋑ ㋒ ㋓
〔問2〕 ㋐ ㋑ ㋒ ㋓
〔問3〕 ㋐ ㋑ ㋒ ㋓
〔問4〕 ㋐ ㋑ ㋒ ㋓
〔問5〕 ㋐ ㋑ ㋒ ㋓

四

〔問1〕 ㋐ ㋑ ㋒ ㋓
〔問2〕 ㋐ ㋑ ㋒ ㋓
〔問3〕 ㋐ ㋑ ㋒ ㋓
〔問4〕 ㋐ ㋑ ㋒ ㋓
〔問5〕

20
100
200

五

〔問1〕 ㋐ ㋑ ㋒ ㋓
〔問2〕 ㋐ ㋑ ㋒ ㋓
〔問3〕 ㋐ ㋑ ㋒ ㋓
〔問4〕 ㋐ ㋑ ㋒ ㋓
〔問5〕 ㋐ ㋑ ㋒ ㋓

（注）この解答用紙は実物を縮小してあります。Ａ３用紙に159％拡大コピーすると、ほぼ実物大で使用できます。（タイトルと配点表は含みません）

配点

一（計10点）					二（計10点）					三（計25点）					四（計30点）					五（計25点）				
(1)	(2)	(3)	(4)	(5)	(1)	(2)	(3)	(4)	(5)	問1	問2	問3	問4	問5	問1	問2	問3	問4	問5	問1	問2	問3	問4	問5
2点	2点	2点	2点	2点	2点	2点	2点	2点	2点	5点	5点	5点	5点	5点	5点	5点	5点	5点	10点	5点	5点	5点	5点	5点

2019年度

解答用紙　英語

□部分がマークシート方式により解答する問題です。

マーク上の注意事項

1　ＨＢ又はＢの鉛筆（シャープペンシルも可）を使って，◯の中を正確に塗りつぶすこと。

2　答えを直すときは，きれいに消して，消しくずを残さないこと。

3　決められた欄以外にマークしたり，記入したりしないこと。

良い例	悪い例
●	線　小さい　はみ出し　丸囲み　レ点　うすい

受検番号						
⓪①②③④⑤⑥⑦⑧⑨	⓪①②③④⑤⑥⑦⑧⑨	⓪①②③④⑤⑥⑦⑧⑨	⓪①②③④⑤⑥⑦⑧⑨	⓪①②③④⑤⑥⑦⑧⑨	⓪①②③④⑤⑥⑦⑧⑨	⓪①②③④⑤⑥⑦⑧⑨

1	〔問題Ａ〕	＜対話文１＞	㋐ ㋑ ㋒ ㋓
		＜対話文２＞	㋐ ㋑ ㋒ ㋓
		＜対話文３＞	㋐ ㋑ ㋒ ㋓
	〔問題Ｂ〕	＜Question 1＞	㋐ ㋑ ㋒ ㋓
		＜Question 2＞	

2	1	㋐ ㋑ ㋒ ㋓	2	㋐ ㋑ ㋒ ㋓	3 (1)	㋐ ㋑ ㋒ ㋓
	3 (2)					

3	〔問1〕	㋐ ㋑ ㋒ ㋓	〔問2〕	㋐ ㋑ ㋒ ㋓	〔問3〕	㋐ ㋑ ㋒ ㋓
	〔問4〕	㋐ ㋑ ㋒ ㋓	〔問5〕	㋐ ㋑ ㋒ ㋓	〔問6〕	㋐ ㋑ ㋒ ㋓
	〔問7〕	㋐ ㋑ ㋒ ㋓				

4	〔問1〕	㋐ ㋑ ㋒ ㋓					
	〔問2〕	㋐㋑㋒㋓ → ㋐㋑㋒㋓ → ㋐㋑㋒㋓ → ㋐㋑㋒㋓					
	〔問3〕	(1)	㋐ ㋑ ㋒ ㋓	(2)	㋐ ㋑ ㋒ ㋓	(3)	㋐ ㋑ ㋒ ㋓
	〔問4〕	(1)	㋐ ㋑ ㋒ ㋓	(2)	㋐ ㋑ ㋒ ㋓		

（注）この解答用紙は実物を縮小してあります。A3用紙に149％拡大コピーすると，ほぼ実物大で使用できます。（タイトルと配点表は含みません）

配点

1（計20点）					2（計24点）				3（計28点）							4（計28点）						
A			B		1	2	3		問1	問2	問3	問4	問5	問6	問7	問1	問2	問3			問4	
1	2	3	1	2			(1)	(2)										(1)	(2)	(3)	(1)	(2)
4点	4点	4点	4点	4点	4点	4点	4点	12点	4点	4点	4点	4点	4点	4点	4点	4点	4点	4点	4点	4点	4点	4点

2019年度

解答用紙　数　学

□部分がマークシート方式により解答する問題です。

マーク上の注意事項

1　ＨＢ又はＢの鉛筆（シャープペンシルも可）を使って，◯の中を正確に塗りつぶすこと。

2　答えを直すときは，きれいに消して，消しくずを残さないこと。

3　決められた欄以外にマークしたり，記入したりしないこと。

良い例	悪い例
●	線　小さい　はみ出し 丸囲み　レ点　うすい

＊ 受検番号欄は次頁にもあります。

受検番号						
⓪	⓪	⓪	⓪	⓪	⓪	⓪
①	①	①	①	①	①	①
②	②	②	②	②	②	②
③	③	③	③	③	③	③
④	④	④	④	④	④	④
⑤	⑤	⑤	⑤	⑤	⑤	⑤
⑥	⑥	⑥	⑥	⑥	⑥	⑥
⑦	⑦	⑦	⑦	⑦	⑦	⑦
⑧	⑧	⑧	⑧	⑧	⑧	⑧
⑨	⑨	⑨	⑨	⑨	⑨	⑨

1

〔問1〕			
〔問2〕			
〔問3〕			
〔問4〕			
〔問5〕	$x =$　　　　, $y =$		
〔問6〕			
〔問7〕	あ/い	あ	⓪ ① ② ③ ④ ⑤ ⑥ ⑦ ⑧ ⑨
		い	⓪ ① ② ③ ④ ⑤ ⑥ ⑦ ⑧ ⑨
〔問8〕	うえ	う	⓪ ① ② ③ ④ ⑤ ⑥ ⑦ ⑧ ⑨
		え	⓪ ① ② ③ ④ ⑤ ⑥ ⑦ ⑧ ⑨
〔問9〕			

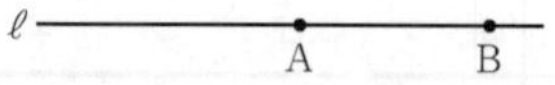

2

〔問1〕	㋐　㋑　㋒　㋓
〔問2〕	＊ 解答欄は次頁にあります。

3

〔問1〕	おか	お	⓪ ① ② ③ ④ ⑤ ⑥ ⑦ ⑧ ⑨
		か	⓪ ① ② ③ ④ ⑤ ⑥ ⑦ ⑧ ⑨
〔問2〕	①		㋐　㋑　㋒　㋓
	②		

4

〔問1〕			㋐　㋑　㋒　㋓
〔問2〕	①		＊ 解答欄は次頁にあります。
	② きく/けこ	き	⓪ ① ② ③ ④ ⑤ ⑥ ⑦ ⑧ ⑨
		く	⓪ ① ② ③ ④ ⑤ ⑥ ⑦ ⑧ ⑨
		け	⓪ ① ② ③ ④ ⑤ ⑥ ⑦ ⑧ ⑨
		こ	⓪ ① ② ③ ④ ⑤ ⑥ ⑦ ⑧ ⑨

5

〔問1〕	さ	さ	⓪ ① ② ③ ④ ⑤ ⑥ ⑦ ⑧ ⑨
〔問2〕	しす√せ	し	⓪ ① ② ③ ④ ⑤ ⑥ ⑦ ⑧ ⑨
		す	⓪ ① ② ③ ④ ⑤ ⑥ ⑦ ⑧ ⑨
		せ	⓪ ① ② ③ ④ ⑤ ⑥ ⑦ ⑧ ⑨

2019年度

解答用紙　数学

受検番号						

2

〔問2〕

$$M = \frac{1}{3}\ell(n+2)$$

4

〔問2〕 ① 〔証明〕

△ＡＢＰと△ＰＤＲにおいて，

△ＡＢＰ ∽ △ＰＤＲ

（注）この解答用紙は実物を縮小してあります。Ｂ４用紙に139％拡大コピーすると、ほぼ実物大で使用できます。（タイトルと配点表は含みません）

配点

1（計46点）									2（計12点）		3（計15点）			4（計17点）			5（計10点）	
問１	問２	問３	問４	問５	問６	問７	問８	問９	問１	問２	問１	問２ ①	問２ ②	問１	問２ ①	問２ ②	問１	問２
５点	５点	５点	５点	５点	５点	５点	５点	６点	５点	７点	５点	５点	５点	５点	７点	５点	５点	５点

2019年度

解答用紙　社　会

▭部分がマークシート方式により解答する問題です。

マーク上の注意事項

1　ＨＢ又はＢの鉛筆（シャープペンシルも可）を使って，◯の中を正確に塗りつぶすこと。

2　答えを直すときは，きれいに消して，消しくずを残さないこと。

3　決められた欄以外にマークしたり，記入したりしないこと。

良い例	悪い例
●	線　小さい　はみ出し　丸囲み　レ点　うすい

受検番号
⓪①②③④⑤⑥⑦⑧⑨（7桁）

1

	B	C	D	E
〔問1〕	㋐㋑㋒㋓	㋐㋑㋒㋓	㋐㋑㋒㋓	㋐㋑㋒㋓
〔問2〕	㋐　㋑　㋒　㋓			
〔問3〕	㋐　㋑　㋒　㋓			

2

	略地図中のA～D	Ⅱのア～エ
〔問1〕	Ⓐ Ⓑ Ⓒ Ⓓ	㋐ ㋑ ㋒ ㋓

	W	X	Y	Z
〔問2〕	㋐㋑㋒㋓	㋐㋑㋒㋓	㋐㋑㋒㋓	㋐㋑㋒㋓
〔問3〕	㋐　㋑　㋒　㋓			

3

	A	B	C	D
〔問1〕	㋐㋑㋒㋓	㋐㋑㋒㋓	㋐㋑㋒㋓	㋐㋑㋒㋓

	Ⅰの表のア～エ	略地図中のW～Z
〔問2〕	㋐ ㋑ ㋒ ㋓	Ⓦ Ⓧ Ⓨ Ⓩ
〔問3〕		

4

〔問1〕	㋐㋑㋒㋓ → ㋐㋑㋒㋓ → ㋐㋑㋒㋓ → ㋐㋑㋒㋓

	Ⅰの略年表中のア～エ	Ⅱの略地図中のA～D
〔問2〕	㋐ ㋑ ㋒ ㋓	Ⓐ Ⓑ Ⓒ Ⓓ

	W	X	Y	Z
〔問3〕	㋐㋑㋒㋓	㋐㋑㋒㋓	㋐㋑㋒㋓	㋐㋑㋒㋓
〔問4〕	㋐　㋑　㋒　㋓			

5

〔問1〕	
〔問2〕	㋐　㋑　㋒　㋓
〔問3〕	㋐　㋑　㋒　㋓
〔問4〕	㋐　㋑　㋒　㋓

6

	A	B	C	D
〔問1〕	㋐㋑㋒㋓	㋐㋑㋒㋓	㋐㋑㋒㋓	㋐㋑㋒㋓
〔問2〕	㋐㋑㋒㋓ → ㋐㋑㋒㋓ → ㋐㋑㋒㋓ → ㋐㋑㋒㋓			
〔問3〕	Ⓦ　Ⓧ　Ⓨ　Ⓩ			

（注）この解答用紙は実物を縮小してあります。A3用紙に154％拡大コピーすると、ほぼ実物大で使用できます。（タイトルと配点表は含みません）

配点

1（計15点）			2（計15点）			3（計15点）			4（計20点）				5（計20点）				6（計15点）		
問1	問2	問3	問1	問2	問3	問1	問2	問3	問1	問2	問3	問4	問1	問2	問3	問4	問1	問2	問3
5点	5点	5点	5点	5点	5点	5点	5点	5点	5点	5点	5点	5点	5点	5点	5点	5点	5点	5点	5点

2019年度

解答用紙　理科

▭部分がマークシート方式により解答する問題です。

マーク上の注意事項

1　ＨＢ又はＢの鉛筆（シャープペンシルも可）を使って，◯の中を正確に塗りつぶすこと。

2　答えを直すときは，きれいに消して，消しくずを残さないこと。

3　決められた欄以外にマークしたり，記入したりしないこと。

良い例	悪い例
●	線　小さい　はみ出し　丸囲み　レ点　うすい

受検番号						
⓪	⓪	⓪	⓪	⓪	⓪	⓪
①	①	①	①	①	①	①
②	②	②	②	②	②	②
③	③	③	③	③	③	③
④	④	④	④	④	④	④
⑤	⑤	⑤	⑤	⑤	⑤	⑤
⑥	⑥	⑥	⑥	⑥	⑥	⑥
⑦	⑦	⑦	⑦	⑦	⑦	⑦
⑧	⑧	⑧	⑧	⑧	⑧	⑧
⑨	⑨	⑨	⑨	⑨	⑨	⑨

1

〔問1〕	㋐ ㋑ ㋒ ㋓
〔問2〕	㋐ ㋑ ㋒ ㋓
〔問3〕	㋐ ㋑ ㋒ ㋓
〔問4〕	㋐ ㋑ ㋒ ㋓
〔問5〕	㋐ ㋑ ㋒ ㋓
〔問6〕	㋐ ㋑ ㋒ ㋓
〔問7〕	㋐ ㋑ ㋒ ㋓

2

〔問1〕	㋐ ㋑ ㋒ ㋓
〔問2〕	㋐ ㋑ ㋒ ㋓
〔問3〕	㋐ ㋑ ㋒ ㋓
〔問4〕	㋐ ㋑ ㋒ ㋓

3

〔問1〕	㋐ ㋑ ㋒ ㋓	
〔問2〕	㋐ ㋑ ㋒ ㋓	
〔問3〕	(1)	km
	(2)	
〔問4〕	㋐ ㋑ ㋒ ㋓	

4

〔問1〕	㋐ ㋑ ㋒ ㋓		
〔問2〕	㋐ ㋑ ㋒ ㋓		
〔問3〕	(1)	(2)	(3)
	㋐ ㋑	㋐ ㋑ ㋒	㋐ ㋑ ㋒

5

〔問1〕	㋐ ㋑ ㋒ ㋓
〔問2〕	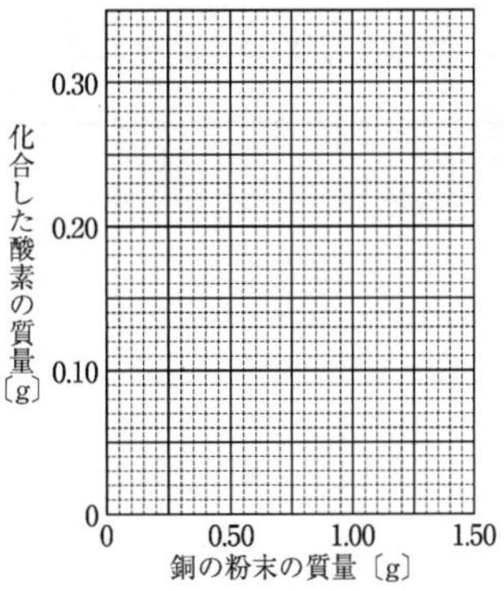
〔問3〕	㋐ ㋑ ㋒ ㋓
〔問4〕	㋐ ㋑ ㋒ ㋓

6

〔問1〕	㋐ ㋑ ㋒ ㋓	
〔問2〕	m／s	
〔問3〕	(1)	(2)
	㋐ ㋑ ㋒ ㋓	㋐ ㋑ ㋒ ㋓

（注）この解答用紙は実物を縮小してあります。Ａ３用紙に154％拡大コピーすると，ほぼ実物大で使用できます。（タイトルと配点表は含みません）

配点

1（計28点）							2（計16点）				3（計16点）					4（計12点）			5（計16点）				6（計12点）		
問1	問2	問3	問4	問5	問6	問7	問1	問2	問3	問4	問1	問2	問3 (1)	問3 (2)	問4	問1	問2	問3	問1	問2	問3	問4	問1	問2	問3
4点	4点	4点	4点	4点	4点	4点	4点	4点	4点	4点	4点	4点	2点	2点	4点	4点	4点	4点	4点	4点	4点	4点	4点	4点	4点

二〇一九年度

解答用紙　国語

受検番号						
⓪①②③④⑤⑥⑦⑧⑨	⓪①②③④⑤⑥⑦⑧⑨	⓪①②③④⑤⑥⑦⑧⑨	⓪①②③④⑤⑥⑦⑧⑨	⓪①②③④⑤⑥⑦⑧⑨	⓪①②③④⑤⑥⑦⑧⑨	⓪①②③④⑤⑥⑦⑧⑨

▭部分がマークシート方式により解答する問題です。

マーク上の注意事項

1　ＨＢ又はＢの鉛筆（シャープペンシルも可）を使って，◯の中を正確に塗りつぶすこと。
2　答えを直すときは，きれいに消して，消しくずを残さないこと。
3　決められた欄以外にマークしたり，記入したりしないこと。

良い例	悪い例
●	線　丸囲み　小さい　レ点　はみ出し　うすい

一

(1) 喝　采
(2) 朗らかな　らかな
(3) 渓　谷
(4) 漂う　う
(5) 催される　される

二

(1) メンミツ
(2) カクチョウ
(3) テツボウ
(4) トじる　じる
(5) トドく　く

三

〔問1〕 ㋐ ㋑ ㋒ ㋓　〔問2〕 ㋐ ㋑ ㋒ ㋓
〔問3〕 ㋐ ㋑ ㋒ ㋓　〔問4〕 ㋐ ㋑ ㋒ ㋓
〔問5〕 ㋐ ㋑ ㋒ ㋓

四

〔問1〕 ㋐ ㋑ ㋒ ㋓　〔問2〕 ㋐ ㋑ ㋒ ㋓
〔問3〕 ㋐ ㋑ ㋒ ㋓　〔問4〕 ㋐ ㋑ ㋒ ㋓
〔問5〕

20
100
200

五

〔問1〕 ㋐ ㋑ ㋒ ㋓　〔問2〕 ㋐ ㋑ ㋒ ㋓
〔問3〕 ㋐ ㋑ ㋒ ㋓　〔問4〕 ㋐ ㋑ ㋒ ㋓
〔問5〕 ㋐ ㋑ ㋒ ㋓

配点

一（計10点）					二（計10点）					三（計25点）					四（計30点）					五（計25点）				
(1)	(2)	(3)	(4)	(5)	(1)	(2)	(3)	(4)	(5)	問1	問2	問3	問4	問5	問1	問2	問3	問4	問5	問1	問2	問3	問4	問5
2点	2点	2点	2点	2点	2点	2点	2点	2点	2点	5点	5点	5点	5点	5点	5点	5点	5点	5点	10点	5点	5点	5点	5点	5点

（注）この解答用紙は実物を縮小してあります。Ａ３用紙に159%拡大コピーすると、ほぼ実物大で使用できます。（タイトルと配点表は含みません）

2018年度

解答用紙　英語

受検番号						
⓪①②③④⑤⑥⑦⑧⑨	⓪①②③④⑤⑥⑦⑧⑨	⓪①②③④⑤⑥⑦⑧⑨	⓪①②③④⑤⑥⑦⑧⑨	⓪①②③④⑤⑥⑦⑧⑨	⓪①②③④⑤⑥⑦⑧⑨	⓪①②③④⑤⑥⑦⑧⑨

□部分がマークシート方式により解答する問題です。

マーク上の注意事項

1　ＨＢ又はＢの鉛筆（シャープペンシルも可）を使って，〇の中を正確に塗りつぶすこと。

2　答えを直すときは，きれいに消して，消しくずを残さないこと。

3　決められた欄以外にマークしたり，記入したりしないこと。

良い例	悪い例
●	線　小さい　はみ出し　丸囲み　レ点　うすい

[1]	〔問題A〕	<対話文1>	㋐	㋑	㋒	㋓
		<対話文2>	㋐	㋑	㋒	㋓
		<対話文3>	㋐	㋑	㋒	㋓
	〔問題B〕	<Question 1>	㋐	㋑	㋒	㋓
		<Question 2>				

[2]	1	㋐	㋑	㋒	㋓	2	㋐	㋑	㋒	㋓	3	(1)	㋐	㋑	㋒	㋓
	3	(2)													

[3]	〔問1〕	㋐	㋑	㋒	㋓	〔問2〕	㋐	㋑	㋒	㋓	〔問3〕	㋐	㋑	㋒	㋓
	〔問4〕	㋐	㋑	㋒	㋓	〔問5〕	㋐	㋑	㋒	㋓	〔問6〕	㋐	㋑	㋒	㋓
	〔問7〕	㋐	㋑	㋒	㋓										

[4]	〔問1〕	㋐	㋑	㋒	㋓										
	〔問2〕	㋐㋑㋒㋓ → ㋐㋑㋒㋓ → ㋐㋑㋒㋓ → ㋐㋑㋒㋓													
	〔問3〕	(1)	㋐	㋑	㋒	㋓	(2)	㋐	㋑	㋒	㋓	(3)	㋐	㋑	㋒	㋓
	〔問4〕	(1)	㋐	㋑	㋒	㋓	(2)	㋐	㋑	㋒	㋓				

（注）この解答用紙は実物を縮小してあります。A3用紙に149%拡大コピーすると，ほぼ実物大で使用できます。（タイトルと配点表は含みません）

配点

[1]（計20点）					[2]（計24点）				[3]（計28点）							[4]（計28点）						
A			B		1	2	3		問1	問2	問3	問4	問5	問6	問7	問1	問2	問3			問4	
1	2	3	1	2			(1)	(2)										(1)	(2)	(3)	(1)	(2)
4点	4点	4点	4点	4点	4点	4点	4点	12点	4点	4点	4点	4点	4点	4点	4点	4点	4点	4点	4点	4点	4点	4点

2018年度

解答用紙　数　学

▭部分がマークシート方式により解答する問題です。

マーク上の注意事項

1　ＨＢ又はＢの鉛筆（シャープペンシルも可）を使って，◯の中を正確に塗りつぶすこと。

2　答えを直すときは，きれいに消して，消しくずを残さないこと。

3　決められた欄以外にマークしたり，記入したりしないこと。

良い例	悪い例
●	線　小さい　はみ出し　丸囲み　レ点　うすい

＊ 受検番号欄は次頁にもあります。

受検番号						
⓪	⓪	⓪	⓪	⓪	⓪	⓪
①	①	①	①	①	①	①
②	②	②	②	②	②	②
③	③	③	③	③	③	③
④	④	④	④	④	④	④
⑤	⑤	⑤	⑤	⑤	⑤	⑤
⑥	⑥	⑥	⑥	⑥	⑥	⑥
⑦	⑦	⑦	⑦	⑦	⑦	⑦
⑧	⑧	⑧	⑧	⑧	⑧	⑧
⑨	⑨	⑨	⑨	⑨	⑨	⑨

1

〔問1〕		
〔問2〕		
〔問3〕		
〔問4〕		
〔問5〕	$x=$　　　，$y=$	
〔問6〕		
〔問7〕 あい	あ	⓪ ① ② ③ ④ ⑤ ⑥ ⑦ ⑧ ⑨
	い	⓪ ① ② ③ ④ ⑤ ⑥ ⑦ ⑧ ⑨
〔問8〕 うえお	う	⓪ ① ② ③ ④ ⑤ ⑥ ⑦ ⑧ ⑨
	え	⓪ ① ② ③ ④ ⑤ ⑥ ⑦ ⑧ ⑨
	お	⓪ ① ② ③ ④ ⑤ ⑥ ⑦ ⑧ ⑨
〔問9〕		

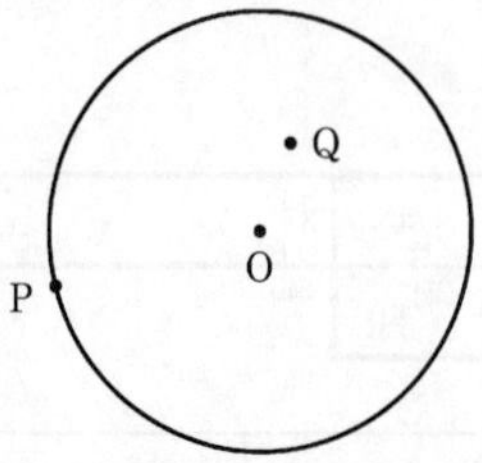

2

〔問1〕	㋐　㋑　㋒　㋓
〔問2〕	＊ 解答欄は次頁にあります。

3

〔問1〕	㋐　㋑　㋒　㋓
〔問2〕①	㋐　㋑　㋒　㋓
〔問2〕②	（　　　，　　　）

4

〔問1〕		㋐　㋑　㋒　㋓
〔問2〕①		＊ 解答欄は次頁にあります。
〔問2〕② $\frac{か}{き}$	か	⓪ ① ② ③ ④ ⑤ ⑥ ⑦ ⑧ ⑨
	き	⓪ ① ② ③ ④ ⑤ ⑥ ⑦ ⑧ ⑨

5

〔問1〕 くけ	く	⓪ ① ② ③ ④ ⑤ ⑥ ⑦ ⑧ ⑨
	け	⓪ ① ② ③ ④ ⑤ ⑥ ⑦ ⑧ ⑨
〔問2〕 こさ	こ	⓪ ① ② ③ ④ ⑤ ⑥ ⑦ ⑧ ⑨
	さ	⓪ ① ② ③ ④ ⑤ ⑥ ⑦ ⑧ ⑨

2018年度

解答用紙　数　学

受検番号

2 〔問2〕　〔証　明〕

$Q = \ell(h + r)$

4 〔問2〕　①　〔証　明〕

△ABPと△ARPにおいて，

△ABP ≡ △ARP

（注）この解答用紙は実物を縮小してあります。B４用紙に139%拡大コピーすると、ほぼ実物大で使用できます。（タイトルと配点表は含みません）

配点	1（計46点）									2（計12点）		3（計15点）			4（計17点）			5（計10点）	
	問1	問2	問3	問4	問5	問6	問7	問8	問9	問1	問2	問1	問2 ①	問2 ②	問1	問2 ①	問2 ②	問1	問2
	5点	5点	5点	5点	5点	5点	5点	5点	6点	5点	7点	5点	5点	5点	5点	7点	5点	5点	5点

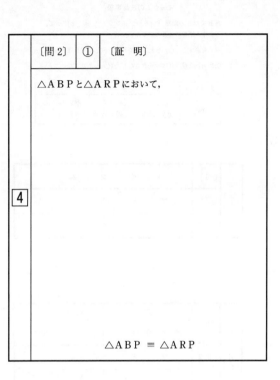

2018年度

解答用紙　社　会

▭部分がマークシート方式により解答する問題です。

マーク上の注意事項

1　ＨＢ又はＢの鉛筆（シャープペンシルも可）を使って，◯の中を正確に塗りつぶすこと。

2　答えを直すときは，きれいに消して，消しくずを残さないこと。

3　決められた欄以外にマークしたり，記入したりしないこと。

良い例	悪い例
●	線　小さい　はみ出し　丸囲み　レ点　うすい

受検番号						
⓪①②③④⑤⑥⑦⑧⑨	⓪①②③④⑤⑥⑦⑧⑨	⓪①②③④⑤⑥⑦⑧⑨	⓪①②③④⑤⑥⑦⑧⑨	⓪①②③④⑤⑥⑦⑧⑨	⓪①②③④⑤⑥⑦⑧⑨	⓪①②③④⑤⑥⑦⑧⑨

1

〔問1〕	㋐ ㋑ ㋒ ㋓
〔問2〕	㋐ ㋑ ㋒ ㋓
〔問3〕	㋐ ㋑ ㋒ ㋓

2

〔問1〕	Ｉのア～エ		略地図中のA～D	
	㋐ ㋑ ㋒ ㋓		Ⓐ Ⓑ Ⓒ Ⓓ	
〔問2〕	㋐ ㋑ ㋒ ㋓			
〔問3〕	W	X	Y	Z
	㋐㋑㋒㋓	㋐㋑㋒㋓	㋐㋑㋒㋓	㋐㋑㋒㋓

3

〔問1〕	A	B	C	D
	㋐㋑㋒㋓	㋐㋑㋒㋓	㋐㋑㋒㋓	㋐㋑㋒㋓
〔問2〕	㋐ ㋑ ㋒ ㋓			
〔問3〕				

4

〔問1〕	㋐㋑㋒㋓ → ㋐㋑㋒㋓ → ㋐㋑㋒㋓ → ㋐㋑㋒㋓
〔問2〕	㋐ ㋑ ㋒ ㋓
〔問3〕	㋐ ㋑ ㋒ ㋓
〔問4〕	㋐㋑㋒㋓ → ㋐㋑㋒㋓ → ㋐㋑㋒㋓ → ㋐㋑㋒㋓

5

〔問1〕	㋐ ㋑ ㋒ ㋓
〔問2〕	㋐ ㋑ ㋒ ㋓
〔問3〕	
〔問4〕	㋐ ㋑ ㋒ ㋓

6

〔問1〕	A	B	C	D
	㋐㋑㋒㋓	㋐㋑㋒㋓	㋐㋑㋒㋓	㋐㋑㋒㋓
〔問2〕	W	X	Y	Z
	㋐㋑㋒㋓	㋐㋑㋒㋓	㋐㋑㋒㋓	㋐㋑㋒㋓
〔問3〕	㋐ ㋑ ㋒ ㋓			

（注）この解答用紙は実物を縮小してあります。Ａ３用紙に154％拡大コピーすると，ほぼ実物大で使用できます。（タイトルと配点表は含みません）

配点

1（計15点）			2（計15点）			3（計15点）			4（計20点）				5（計20点）				6（計15点）		
問1	問2	問3	問1	問2	問3	問1	問2	問3	問1	問2	問3	問4	問1	問2	問3	問4	問1	問2	問3
5点	5点	5点	5点	5点	5点	5点	5点	5点	5点	5点	5点	5点	5点	5点	5点	5点	5点	5点	5点

2018年度

解答用紙　理　科

▭部分がマークシート方式により解答する問題です。

マーク上の注意事項

1　ＨＢ又はＢの鉛筆（シャープペンシルも可）を使って，◯の中を正確に塗りつぶすこと。

2　答えを直すときは，きれいに消して，消しくずを残さないこと。

3　決められた欄以外にマークしたり，記入したりしないこと。

良い例	悪い例
⬬	線　小さい　はみ出し　丸囲み　レ点　うすい

受検番号						
⓪①②③④⑤⑥⑦⑧⑨	⓪①②③④⑤⑥⑦⑧⑨	⓪①②③④⑤⑥⑦⑧⑨	⓪①②③④⑤⑥⑦⑧⑨	⓪①②③④⑤⑥⑦⑧⑨	⓪①②③④⑤⑥⑦⑧⑨	⓪①②③④⑤⑥⑦⑧⑨

1	〔問1〕	㋐　㋑　㋒　㋓
	〔問2〕	㋐　㋑　㋒　㋓
	〔問3〕	㋐　㋑　㋒　㋓
	〔問4〕	㋐　㋑　㋒　㋓
	〔問5〕	㋐　㋑　㋒　㋓
	〔問6〕	㋐　㋑　㋒　㋓
	〔問7〕	㋐　㋑　㋒　㋓

2	〔問1〕	㋐　㋑　㋒　㋓
	〔問2〕	㋐　㋑　㋒　㋓
	〔問3〕	㋐　㋑　㋒　㋓
	〔問4〕	㋐　㋑　㋒　㋓

3	〔問1〕	㋐　㋑　㋒　㋓
	〔問2〕	㋐　㋑　㋒　㋓
	〔問3〕	㋐　㋑　㋒　㋓
	〔問4〕	㋐　㋑　㋒　㋓

4	〔問1〕	㋐　㋑　㋒　㋓			
	〔問2〕	㋐　㋑　㋒　㋓			
	〔問3〕	(1)	(2)	(3)	(4)
		㋐　㋑	㋐　㋑	㋐　㋑	㋐　㋑

5	〔問1〕	㋐　㋑　㋒　㋓
	〔問2〕	㋐　㋑　㋒　㋓
	〔問3〕	

6	〔問1〕	㋐　㋑　㋒　㋓	
	〔問2〕	つなぎ方	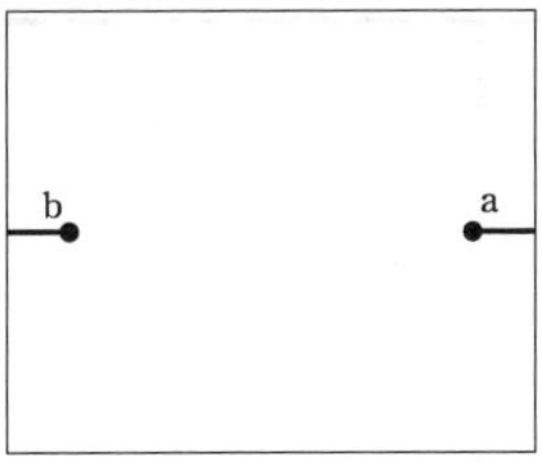
		理由	
	〔問3〕	㋐　㋑　㋒　㋓	
	〔問4〕	㋐　㋑　㋒　㋓	

（注）この解答用紙は実物を縮小してあります。Ａ３用紙に154％拡大コピーすると、ほぼ実物大で使用できます。（タイトルと配点表は含みません）

配点

1（計28点）							2（計16点）				3（計16点）			
問1	問2	問3	問4	問5	問6	問7	問1	問2	問3	問4	問1	問2	問3	問4
4点	4点	4点	4点	4点	4点	4点	4点	4点	4点	4点	4点	4点	4点	4点

4（計12点）			5（計12点）			6（計16点）				
問1	問2	問3	問1	問2	問3	問1	問2		問3	問4
							前の問	後の問		
4点	4点	4点	4点	4点	4点	4点	2点	2点	4点	4点

二〇一八年度

解答用紙 国語

受検番号

受検番号						
⓪①②③④⑤⑥⑦⑧⑨	⓪①②③④⑤⑥⑦⑧⑨	⓪①②③④⑤⑥⑦⑧⑨	⓪①②③④⑤⑥⑦⑧⑨	⓪①②③④⑤⑥⑦⑧⑨	⓪①②③④⑤⑥⑦⑧⑨	⓪①②③④⑤⑥⑦⑧⑨

□部分がマークシート方式により解答する問題です。

マーク上の注意事項

1 HB又はBの鉛筆（シャープペンシルも可）を使って、○の中を正確に塗りつぶすこと。

2 答えを直すときは、きれいに消して、消しくずを残さないこと。

3 決められた欄以外にマークしたり、記入したりしないこと。

良い例	悪い例
●	線　小さい　はみ出し　丸囲み　レ点　うすい

一

(1) 繕う	(2) 舞踊	(3) 若干	(4) 惜敗	(5) 紛れて
う				れて

二

(1) ヒロう	(2) キョウリ	(3) キンム	(4) チュウサイ	(5) イキオい
う				い

三

〔問1〕	㋐ ㋑ ㋒ ㋓	〔問2〕	㋐ ㋑ ㋒ ㋓
〔問3〕	㋐ ㋑ ㋒ ㋓	〔問4〕	㋐ ㋑ ㋒ ㋓
〔問5〕	㋐ ㋑ ㋒ ㋓		

四

〔問1〕	㋐ ㋑ ㋒ ㋓	〔問2〕	㋐ ㋑ ㋒ ㋓
〔問3〕	㋐ ㋑ ㋒ ㋓	〔問4〕	㋐ ㋑ ㋒ ㋓

〔問5〕（原稿用紙　20　100　200）

五

〔問1〕	㋐ ㋑ ㋒ ㋓	〔問2〕	㋐ ㋑ ㋒ ㋓
〔問3〕	㋐ ㋑ ㋒ ㋓	〔問4〕	㋐ ㋑ ㋒ ㋓
〔問5〕	㋐ ㋑ ㋒ ㋓		

（注）この解答用紙は実物を縮小してあります。A3用紙に159%拡大コピーすると、ほぼ実物大で使用できます。（タイトルと配点表は含みません）

配点

一（計10点）					二（計10点）					三（計25点）					四（計30点）					五（計25点）				
(1)	(2)	(3)	(4)	(5)	(1)	(2)	(3)	(4)	(5)	問1	問2	問3	問4	問5	問1	問2	問3	問4	問5	問1	問2	問3	問4	問5
2点	2点	2点	2点	2点	2点	2点	2点	2点	2点	5点	5点	5点	5点	5点	5点	5点	5点	5点	10点	5点	5点	5点	5点	5点

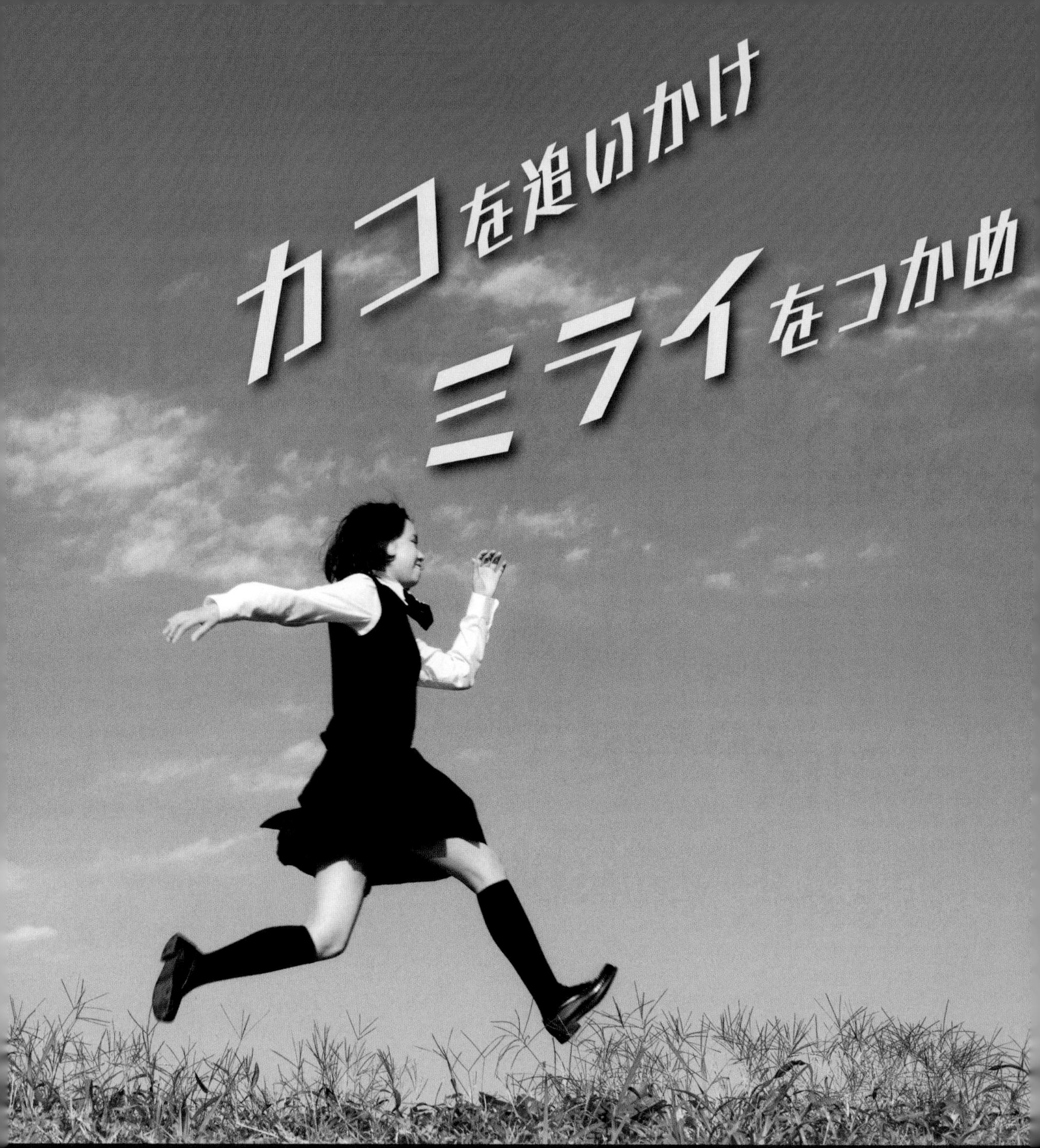
カコを追いかけ
ミライをつかめ

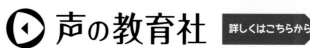